Vahlens Handbücher
der Wirtschafts- und Sozialwissenschaften

Besteuerung von Erträgen

von

Univ.-Prof. Dr. Dietmar Wellisch

und

Prof. Dr. Jörg Kroschel

2., vollständig überarbeitete Auflage

Verlag Franz Vahlen München

ISBN 978-3-8006-3890-1

Satz: DTP-Vorlagen der Autoren
Druck und Bindung: Druckhaus „Thomas Müntzer“ GmbH
Neustädter Str. 1–4, 99947 Bad Langensalza
Gedruckt auf säurefreiem, alterungsbeständigem Papier
(hergestellt aus chlorfrei gebleichtem Zellstoff)

Vorwort

Seit der Veröffentlichung der ersten Auflage dieses Buches sind nunmehr fast neun Jahre vergangen. Eigentlich wäre es aufgrund der fast jährlich wiederkehrenden Änderungen im Ertragsteuerrecht erforderlich gewesen, eine zweite Auflage des Buches viel früher dem Verlag zur Veröffentlichung anzubieten. Der Umstand, dass dies nicht geschah, liegt wohl in erster Linie an den anderen Verpflichtungen, die der Autor der ersten Auflage in der Zwischenzeit zu erfüllen hatte. Umso erfreuter nahm er den Vorschlag seines Koautors, der bereits für die erste Auflage als wissenschaftlicher Mitarbeiter an der Technischen Universität Dresden wichtige Vorarbeiten geleistet hatte und seit einigen Jahren selbst Hochschullehrer an der Hochschule Zittau/Görlitz ist, im Jahr 2010 auf, eine zweite Auflage unter gemeinsamer Autorenschaft zu veröffentlichen.

An der Grundkonzeption des Buches hat sich seit der ersten Auflage nichts geändert. Es beschäftigt sich mit der Besteuerung von Erträgen in der Bundesrepublik Deutschland, die von natürlichen und juristischen Personen erwirtschaftet werden. Es soll dem Leser einen systematischen Überblick über die Einkommensteuer, einschließlich der steuerlichen Gewinnermittlung, die Körperschaftsteuer und die Gewerbesteuer vermitteln, ohne die für die praktische Arbeit erforderlichen Details zu sehr zu vernachlässigen. Das Buch entspricht dem Rechtsstand des Winters 2010/11. Seit der ersten Auflage des Buches hat sich das Ertragsteuerrecht in Deutschland nicht nur in Details geändert. Auch strukturelle Veränderungen sind eingetreten. Hervorzuheben sei hier nur die geänderte Besteuerung von Kapitalerträgen und die so genannte Zinsschrankenregelung für den Abzug von Schuldzinsen auf Unternehmensebene.

Geschrieben ist das Buch von zwei Ökonomen, die nicht nur Erfahrungen in der akademischen Ausbildung und Forschung haben, sondern seit vielen Jahren auch in der Praxis als Steuerberater tätig sind. Deshalb besteht das Ziel des vorliegenden Buches nicht ausschließlich darin, einen systematischen Überblick über wichtige Teile des Ertragssteuerrechts für die akademische Ausbildung zu vermitteln. Vielmehr sollen steuerliche Einzelkomplexe beleuchtet werden und es geht auch darum, die steuerlichen Folgen von privaten und betrieblichen Entscheidungen aufzuzeigen. Das Buch kann daher auch dem praktischen Anwender des Steuerrechts eine wertvolle Entscheidungshilfe bereitstellen. Diese Anwendungsmöglichkeit entspringt besonders dem Umstand, dass – anders als in einem Kommentar – bestimmte Problembereiche zusammenhängend dargestellt werden und sich der Aufbau des Buches nicht zwangsläufig an der Normenstruktur der einzelnen Gesetze orientiert. Beispielsweise werden die Komplexe der Besteuerung von Personengesellschaften, der Betriebsaufspaltungen, des Familienleistungsausgleichs, der Verlustverrechnungsmöglichkeiten, der Besteuerung wiederkehrender Leistungen sowie der steuerlichen Aspekte der Altersvorsorge zusammenhängend beleuchtet. Der praktische Anwender wird nicht nur mit den steuerrechtlichen Regelungen vertraut gemacht, sondern erfährt sowohl die Hintergründe ihrer Entstehung als auch die steuerlichen Konsequenzen bestimmter betrieblicher oder auch privater Einzelentscheidungen und von Entscheidungskomplexen.

Auch bei der Anfertigung der zweiten Auflage des Buches haben wir die Unterstützung und Ermunterung vieler Personen erfahren. Es ist schwierig, allen gerecht zu werden. Dennoch möchten wir einigen Personen besonders danken.

Nach wie vor gilt unser Dank den früheren wissenschaftlichen Mitarbeitern des Lehrstuhls für betriebswirtschaftliche Steuerlehre an der Universität Magdeburg, Herrn Dr. Torsten Bartlitz, Herrn Dr. Maik Näth sowie Herrn Dr. Lutz Neidhardt, die bei der Herstellung des reproduktionsfähigen Manuskripts der ersten Auflage nachhaltige Unterstützung geleistet haben, von der auch noch die zweite Auflage lebt. Zudem möchten wir uns bei den Mitarbeitern des International Tax Institute der Universität Hamburg, Frau Martina Rohwedder, M. A., Herrn Dr. Sven-Oliver Lenz, Herrn Dipl.-Kfm. Tammo Lüken und Herrn Dipl.-Kfm. Julian Siebert für die Hilfe bei der Erstellung des reproduktionsfähigen Manuskripts der zweiten Auflage bedanken.

Von großer Hilfe war uns ebenfalls die von gegenseitigem Vertrauen und von großer Kooperationsbereitschaft getragene Zusammenarbeit mit dem Hause Vahlen. Herauszuheben ist hier sicherlich der seit vielen Jahren bewährte Austausch mit Herrn Diplom-Volkswirt Hermann Schenk, dem verantwortlichen Lektor.

Schließlich gilt unser besonderer Dank unseren Familien. Unseren Ehefrauen Dorothee und Sonja dafür, dass sie uns – obwohl auch berufstätig – die zeitlichen Freiräume zur Fertigstellung des Buches geschaffen haben, sowie unseren Kindern Moritz, Cosima und Nikolaus einerseits sowie Miriam und Marius andererseits, auf die sicherlich künftig wiederum ganz andere steuerliche Regelungen einwirken werden als die in diesem Buch beschriebenen Vorschriften.

Hamburg und Dresden, im März 2011

Dietmar Wellisch

Jörg Kroschel

Laufende Gesetzgebungsverfahren

Am 20.12.2010 hat das Bundesfinanzministerium einen Referentenentwurf für ein **Steuervereinfachungsgesetz 2011** veröffentlicht, das eine Vielzahl wesentlicher Modifikationen des deutschen Ertragsteuerrechts beinhaltet. Der nahezu inhaltsgleiche Gesetzentwurf der Bundesregierung datiert vom 02.02.2011. Das Gesetzgebungsverfahren soll bis Juli 2011 abgeschlossen sein. Unklar ist gegenwärtig (Stand März 2011) neben der genauen, endgültigen Ausgestaltung auch noch, ob die Änderungen zum VZ 2012 oder teilweise bereits rückwirkend zum VZ 2011 gelten werden.

Der Gesetzentwurf der Bundesregierung vom 02.02.2011 beinhaltet folgende wesentliche Änderungen im Bereich des Ertragsteuerrechts:

- Anhebung des jährlichen Arbeitnehmer-Pauschbetrags von 920 Euro auf 1.000 Euro (§ 9a EStG),
- Verzicht auf die persönlichen Anspruchsvoraussetzungen der Eltern bei der Absetzbarkeit von Kinderbetreuungskosten, §§ 9c, 10 EStG,
- Wegfall der Einkünfte- und Bezügegrenze für volljährige Kinder beim Familienleistungsausgleich (§ 32 EStG),
- Vereinfachung bei der Berechnung der Entfernungspauschale (§ 9 Abs. 2 Satz 2 EStG),
- Befreiung von der Pflichtveranlagung bei Arbeitnehmern mit geringem Arbeitslohn bei zu hoher Mindestvorsorgepauschale (§ 46 Abs. 2 Nr. 3 EStG),
- Wegfall der Einbeziehung der abgeltend besteuerten Kapitaleinkünfte in die Ermittlung der zumutbaren Belastung und des Spendenabzugsvolumens (§ 2 Abs. 5b EStG),
- Gleichstellung von Stipendien aus unmittelbaren und mittelbaren öffentlichen Mitteln (§ 3 Nr. 44 EStG),
- Erfassung von Erstattungsüberhängen von Sonderausgaben im Jahr des Zuflusses (§ 10 EStG),
- Vereinheitlichung der Grenzen bei verbilligter Wohnraumüberlassung und Verzicht auf das Erfordernis einer Totalüberschussprognose in diesen Fällen (§ 21 EStG),
- Einführung einer gesetzlichen Betriebsfortführungsfiktion in den Fällen der Betriebsverpachtung und -unterbrechung (§ 16 EStG),
- Eröffnung der Möglichkeit zur gleichzeitigen Abgabe von Einkommensteuererklärungen für zwei Jahre (§ 25a EStG),
- Erleichterte Nachweisanforderungen für Spenden in Katastrophenfällen (§ 51 EStG),
- Abstandnahme vom Kapitalertragsteuerabzug bei Gewinnausschüttungen von Genossenschaften (§ 44a EStG).

Auf die geplanten Änderungen wird an geeigneter Stelle des vorliegenden Buches hingewiesen.

Inhaltsübersicht

Inhaltsverzeichnis

Abkürzungsverzeichnis

A	Abschnitt / Aktiva
a.A.	anderer Auffassung
a.a.O.	am angegebenen Ort
Abs.	Absatz
AEAO	Anwendungserlass zur Abgabenordnung
AER	The American Economic Review (Zeitschrift)
a.F.	alte Fassung
AfA	Absetzung für Abnutzung
AfK	Archiv für Kommunalwissenschaften (Zeitschrift)
AG	Aktiengesellschaft
AktG	Aktiengesetz
Alt.	Alternative
AltZertG	Altersvorsorgeverträge-Zertifizierungsgesetz
Anm.	Anmerkung
AO	Abgabenordnung
Art.	Artikel
AStG	Außensteuergesetz
Aufl.	Auflage
AVmG	Gesetz zur Reform der gesetzlichen Rentenversicherung und zur Förderung eines kapitalgedeckten Altersvorsorgevermögens (Altersvermögensgesetz)
BB	Betriebs-Berater (Zeitschrift)
BBergG	Bundesberggesetz
BBesG	Bundesbesoldungsgesetz
Bd.	Band
BetrAV	Betriebliche Altersversorgung (Zeitschrift)
BetrAVG	Gesetz zur Verbesserung der betrieblichen Altersversorgung (Betriebsrentengesetz)
BewG	Bewertungsgesetz
BFH	Bundesfinanzhof
BFH/NV	Sammlungen amtlich nicht veröffentlichter Entscheidungen des Bundesfinanzhofs
BFuP	Betriebswirtschaftliche Forschung und Praxis (Zeitschrift)
BgA	Betrieb gewerblicher Art

BGB	Bürgerliches Gesetzbuch
BGBl	Bundesgesetzblatt
BGH	Bundesgerichtshof
BierStG	Biersteuergesetz
BMF	Bundesministerium der Finanzen
BR-Drucksache	Bundesrats-Drucksache
BStBl	Bundessteuerblatt
BT-Drucksache	Bundestags-Drucksache
Buchst.	Buchstabe
BuW	Betrieb und Wirtschaft (Zeitschrift)
BV	Betriebsvermögen
BVerfG	Bundesverfassungsgericht
BVerfGE	Entscheidungssammlung des Bundesverfassungsgerichts
bzw.	beziehungsweise
CJE	Canadian Journal of Economics (Zeitschrift)
DB	Der Betrieb (Zeitschrift)
DBA	Doppelbesteuerungsabkommen
DBW	Die Betriebswirtschaft (Zeitschrift)
DfK	Deutsche Zeitschrift für Kommunalwissenschaften (Zeitschrift)
d.h.	das heißt
DM	Deutsche Mark
Doppelbuchst.	Doppelbuchstabe
DRV	Deutsche Rentenversicherung (Zeitschrift)
DStB	Der Steuerberater (Zeitschrift)
DStJG	Veröffentlichungen der Deutschen Steuerjuristischen Gesellschaft e.V. (Zeitschrift)
DStR	Deutsches Steuerrecht (Zeitschrift)
DStZ	Deutsche Steuer-Zeitung (Zeitschrift)
EBITDA	Earnings Before Interest, Tax, Depreciation and Amortization
EDV	Elektronische Datenverarbeitung
EER	European Economic Review (Zeitschrift)
EFG	Entscheidungssammlung der Finanzgerichte
eG	eingetragene Genossenschaft
EG-Vertrag	Vertrag zur Gründung der Europäischen Gemeinschaft

EGBGB	Einführungsgesetz zum bürgerlichen Gesetzbuch
EigZulG	Eigenheimzulagengesetz
einschl.	einschließlich
EK	Eigenkapital
ErbbauVO	Verordnung über das Erbbaurecht
ErbStG	Erbschaftsteuer- und Schenkungsteuergesetz
ESt	Einkommensteuer
EStDV	Einkommensteuer-Durchführungsverordnung
EStG	Einkommensteuergesetz
EStH	amtliche Bearbeitungshinweise des Amtlichen Einkommensteuerhandbuchs zu den Einkommensteuer-Richtlinien
EStR	Einkommensteuer-Richtlinie
etc.	et cetera
EU	Europäische Union
EuGH	Gerichtshof der Europäischen Gemeinschaften
EuGHE	Sammlung der Rechtsprechung des Gerichtshofes und des Gerichts Erster Instanz (Europäischer Gerichtshof)
eV	eingetragener Verein
EWIV	Europäische wirtschaftliche Interessenvereinigung
EWIV-VO	Verordnung Nr. 2137/85 des Rates vom 25. Juli 1985 über die Schaffung einer Europäischen wirtschaftlichen Interessenvereinigung
EWR	Europäischer Wirtschaftsraum
f.	folgende
FAG	Finanzausgleichsgesetz
FB	Finanz-Betrieb (Zeitschrift)
ff.	fortfolgende
FG	Finanzgericht
FGO	Finanzgerichtsordnung
FR	Finanz-Rundschau (Zeitschrift)
GbR	Gesellschaft bürgerlichen Rechts
GenG	Genossenschaftsgesetz
GewO	Gewerbeordnung
GewSt	Gewerbesteuer
GewStDV	Gewerbesteuer-Durchführungsverordnung
GewStG	Gewerbesteuergesetz

GewStR	Gewerbesteuer-Richtlinien
GG	Grundgesetz
ggf.	gegebenenfalls
GHV	Gesamthandsvermögen
gl.A.	gleicher Ansicht
GmbH	Gesellschaft mit beschränkter Haftung
GmbHG	Gesetz betreffend die Gesellschaften mit beschränkter Haftung
GmbHR	GmbH-Rundschau (Zeitschrift)
GmbH-StB	GmbH-Steuerberater (Zeitschrift)
GrStG	Grundsteuergesetz
GRV	gesetzliche Rentenversicherung
GWG	geringwertiges Wirtschaftsgut
H	Hinweis
HFR	Höchstrichterliche Finanzrechtsprechung (Zeitschrift)
HGB	Handelsgesetzbuch
Hrsg.	Herausgeber
i.d.F.	in der Fassung
i.d.R.	in der Regel
i.H.v.	in Höhe von
INF	Die Information über Steuer und Wirtschaft (Zeitschrift)
inkl.	Inklusive
InsO	Insolvenzordnung
InvZulG	Investitionszulagengesetz
IRZ	Zeitschrift für Internationale Rechnungslegung
i.S.d.	im Sinne des
IStR	Internationales Steuerecht (Zeitschrift)
ITAX	International Tax and Public Finance (Zeitschrift)
i.V.m.	in Verbindung mit
IWB	Internationale Wirtschaftsbriefe (Zeitschrift)
JE	Journal of Economics = Zeitschrift für Nationalökonomie (Zeitschrift)
JfNS	Jahrbücher für Nationalökonomie und Statistik (Zeitschrift)
JPubEcon	Journal of Public Economics
JuS	Juristische Schulung (Zeitschrift)

KapErhG	Gesetz über die Kapitalerhöhung aus Gesellschaftsmitteln und über die Gewinn- und Verlustrechnung (Kapitalerhöhungsgesetz)
KG	Kommanditgesellschaft
KGaA	Kommanditgesellschaft auf Aktien
Kfz	Kraftfahrzeug
KSt	Körperschaftsteuer
KStDV	Körperschaftsteuer-Durchführungsverordnung
KStG	Körperschaftsteuergesetz
KStR	Körperschaftsteuer-Richtlinie
KWG	Gesetz über das Kreditwesen
LSt	Lohnsteuer
LStDV	Lohnsteuer-Durchführungsverordnung
LStH	amtliche Bearbeitungshinweise des Amtlichen Lohnsteuerhandbuchs zu den Lohnsteuer-Richtlinien
LStR	Lohnsteuer-Richtlinie
Mrd.	Milliarden
m.w.N.	mit weiteren Nachweisen
NJW	Neue Juristische Wochenschrift (Zeitschrift)
Nr.	Nummer
Nrn.	Nummern
NWB	Neue Wirtschafts-Briefe (Zeitschrift)
OECD-Musterabkommen	Musterabkommen der Organisation für europäische wirtschaftliche Zusammenarbeit und Entwicklung
OFD	Oberfinanzdirektion
o.g.	oben genannt
OHG	Offene Handelsgesellschaft
P	Passiva
p.a.	pro anno
ParteienG	Gesetz über die politischen Parteien
PartGG	Partnerschaftsgesellschaftsgesetz
PC	Personal Computer
PdR	Praxis des Rechnungswesens (Zeitschrift)
PV	Privatvermögen
PWP	Perspektiven der Wirtschaftspolitik (Zeitschrift)
R	Richtlinie

RAP	Rechnungsabgrenzungsposten
RFH	Reichsfinanzhof
RFHE	Entscheidungssammlung des Reichsfinanzhofs
RGBl	Reichsgesetzblatt
RIW	Recht der Internationalen Wirtschaft (Zeitschrift)
Rs.	Rechtssache
RStBl	Reichssteuerblatt
Rz.	Randzahl
Rzn.	Randzahlen
S.	Seite
SBV	Sonderbetriebsvermögen
SJE	Scandinavian Journal of Economics (Zeitschrift)
SGB	Sozialgesetzbuch
sog.	so genannt
SolZ	Solidaritätszuschlag
SolZG	Solidaritätszuschlagsgesetz
Sp.	Spalte
StBÄndG	Gesetz zur Änderung von Vorschriften über die Tätigkeit der Steuerberater (7. Steuerberateränderungsgesetz)
StBerG	Steuerberatungsgesetz
Stbg	Die Steuerberatung (Zeitschrift)
StbJb	Steuerberater-Jahrbuch (Zeitschrift)
StB-Kongreß-Report	Steuerberaterkongress-Report (Zeitschrift)
StEntlG	Steuerentlastungsgesetz
SteuerStud	Steuer & Studium (Zeitschrift)
StGB	Strafgesetzbuch
StSenkG	Gesetz zur Senkung der Steuersätze und zur Reform der Unternehmensbesteuerung (Steuersenkungsgesetz)
StuB	Steuern und Bilanzen (Zeitschrift)
StuW	Steuer und Wirtschaft (Zeitschrift)
SWI	Steuer & Wirtschaft International (Zeitschrift)
TG	Tochtergesellschaft
Tz.	Textziffer
Tzn.	Textziffern
u.a.	unter anderem / und andere
u.ä.	und ähnliches

UBGG	Gesetzes über Unternehmensbeteiligungsgesellschaften
UmwG	Umwandlungsgesetz
UmwStG	Umwandlungssteuergesetz
USA	United States of America
UStG	Umsatzsteuergesetz
UStR	Umsatzsteuer-Richtlinie
usw.	und so weiter
u.U.	unter Umständen
VAG	Versicherungsaufsichtsgesetz
VE	Vieheinheiten
vEK	verwendbares Eigenkapital
VermBG	Vermögensbildungsgesetz
VerschG	Verschollenheitsgesetz
vGA	verdeckte Gewinnauschüttungen
vgl.	vergleiche
VVaG	Versicherungsverein auf Gegenseitigkeit
WiSt	Wirtschaftswissenschaftliches Studium (Zeitschrift)
Wj.	Wirtschaftsjahr
WPg	Die Wirtschaftsprüfung (Zeitschrift)
WPO	Witschaftsprüferordnung
z.B.	zum Beispiel
ZfB	Zeitschrift für Betriebswirtschaft
zfbf	Schmalenbachs Zeitschrift für betriebswirtschaftliche Forschung
ZGR	Zeitschrift für Unternehmens- und Gesellschaftsrecht
ZRP	Zeitschrift für Rechtspolitik

A. Das deutsche Steuersystem

Die Erhebung von Steuern ist kein originärer Staatszweck, sondern nur Mittel zum Zweck. Die Höhe des Steuerbedarfs hängt ab von den Zielen und Aufgaben des Staates. Nach der von Adam Smith formulierten Auffassung des klassischen Liberalismus kommt dem Staat innerhalb des Wirtschaftsgefüges lediglich eine **Nachtwächterfunktion** zu. Im Vertrauen auf die *invisible hand* des Marktes sollte sich der Staat, einem Nachtwächter gleich, von dem Wirtschaftsprozess fernhalten und die Marktteilnehmer lediglich vor Gesetzesbruch schützen. In einer derartigen Situation stellt die Finanzierung staatlicher Aktionen ein Problem von untergeordneter Relevanz dar.

Das Auftreten des modernen Wohlfahrtsstaates steht jedoch in krassem Gegensatz zu dieser liberalistischen Position. So hat der Staat neben der von Adam Smith propagierten rechtsstaatlichen Funktion auch die Aufgabe eines Sozialstaates übernommen und neigt zu einer extensiven Auslegung seiner Kompetenzen in beiden Bereichen. Der Aktionismus des Staates breitet sich leviathangleich über nahezu sämtliche Bereiche des menschlichen Zusammenlebens aus. Selbst persönlichste Lebensbereiche, wie Familie und Freizeit, sind vor der staatlichen Regelungswut nicht sicher. Dem Steuerrecht kommen im Rahmen einer solchen **aktiven Staatsauffassung** nicht nur die Funktionen einer Einnahmenquelle, sondern darüber hinaus auch wirtschafts-, sozial-, kultur- und umweltpolitische **Lenkungsfunktionen** zu. Die wissenschaftliche Beschäftigung mit der Steuer ist in dieser Situation offenbar von erheblichem Interesse. Da die Tätigkeiten des Staates stets in einem Nehmen und Geben bestehen, Steuerstaat und Leistungsstaat also komplementäre Funktionen darstellen, ist die Beschäftigung mit Steuern sowohl eine betriebswirtschaftliche wie eine volkswirtschaftliche, und darüber hinaus auch eine rechtswissenschaftliche Domäne.

Das Steuerrecht beeinflusst jede wirtschaftliche Entscheidung. Die genaue Kenntnis der Höhe, der Zusammensetzung und der Natur der Steuerbelastung wirtschaftlicher Aktivitäten ist unerlässliche Voraussetzung nicht nur für rationale betriebliche Entscheidungen, sondern auch für Entscheidungen der Vermögensanlage und sogar auch für private Konsumentscheidungen. Für betriebliche und private Investitionsentscheidungen ist zu beachten, dass eine Gegenüberstellung der Vorsteuerrenditen verschiedener Investitionsprojekte vielfach nicht dieselbe Reihung ergeben wird wie ein Vergleich der Nachsteuerrenditen. Ohne Beachtung von Steuern lohnende Investitionen werden in vielen Fällen unrentabel. Umgekehrt gelangen Investitionen, die ohne steuerliche Vorschriften nicht empfehlenswert wären, z.B. durch Abschreibungsvergünstigungen oder Investitionszulagen in den rentablen Bereich.

In besonderem Maße als unbefriedigend empfunden wird das Fehlen eines einheitlichen **Unternehmenssteuerrechts**. Zwar hat der Gesetzgeber in den letzten Jahren durchaus in Ansätzen versucht, dem Ziel der **Rechtsformneutralität** näher zu kommen, z.B. durch die Einführung eines ermäßigten Steuersatzes für nicht entnommene Gewinne (§ 34a EStG) zum VZ 2008. Dennoch werden Kapitalgesellschaften einerseits sowie Personengesellschaften und Einzelunternehmen andererseits steuerlich immer noch sehr unterschiedlich behandelt. Auch eine **Finanzierungsneutralität** ist wegen der unterschiedlichen Belastung von Eigenkapital- und Fremdkapitalvergütungen nicht gewährleistet. Selbst unternehmerische Entscheidungen, die nur mittelbar mit der Erzielung von Einkünften im Zusammenhang stehen, wie die Rechtsformwahl und Entscheidungen über die Finanzierung, werden somit von steuerlichen Überlegungen dominiert.

Schließlich soll auf ein Problem jeder Steuererhebung, die auf dem Grundsatz der individuellen Leistungsfähigkeit beruht, hingewiesen werden, nämlich die **Steuermoral**, d.h. die Bereitschaft der Bürger zur gesetzestreuen Steuerentrichtung. Da Steuerzahlungen keine konkrete Gegenleistung des Staates gegenübersteht, der Staat seine Leistungen also auch dem Steuerhinterzieher gewährt, wird „Trittbrettfahren" möglich. Auch sehen nicht wenige Steuerpflichtige in der Steuerhinterziehung kein Vergehen gegenüber den Mitbürgern, sondern ein „Kavaliersdelikt" gegenüber dem anonymen Staat. Die fehlende Bereitschaft zur Identifikation mit dem anonymen Staat wird noch dadurch gefördert, dass das Steuerrecht in vielen Aspekten als ungerecht oder zu kompliziert empfunden wird, Steuermittel in erheblicher Höhe durch den Staat verschwendet werden und der Sozialstaat von vielen Bürgern als überzogen empfunden wird (vgl. auch *K. Tipke* (2000), Bd. 1, S. 236 ff.; ausführlich: *K. Tipke* (2000)).

„Die gerechte Verteilung der Gesamtsteuerlast auf die einzelnen Bürger ist ein Imperativ der Ethik … Die vornehmste Aufgabe eines Rechtsstaates ist es, für gerechte Regeln zu sorgen und sie durchzusetzen, seine Bürger vor Unrecht zu schützen" (*K. Tipke* (2000), Bd. 1, S. 238).

1 Begriff der Steuer

Eine **Legaldefinition** des Begriffes „Steuer" findet sich in § 3 Abs. 1 der Abgabenordnung (AO). Als Anwendungsbereich der Abgabenordnung bestimmt § 1 Abs. 1 AO lediglich den Bereich der Steuern, nicht jedoch die übrigen öffentlich-rechtlichen Abgaben. Die Bezeichnung des Gesetzes als Abgabenordnung ist somit irreführend. Tatsächlich verfügt die Abgabenordnung über den Charakter eines allgemeinen Steuergesetzbuchs, das ergänzend zu den Bestimmungen der speziellen Steuergesetze, z.B. des Einkommensteuergesetzes (EStG), des Körperschaftsteuergesetzes (KStG) oder des Umsatzsteuergesetzes (UStG), allgemeine Bestimmungen, z.B. hinsichtlich der Steuererhebung, des außergerichtlichen Rechtsbehelfsverfahrens sowie des Steuerstrafrechts, enthält.

Nach § 3 Abs. 1 AO sind Steuern

Geldleistungen,	Steuern sind Geldleistungen, keine Naturalleistungen. Sie können einmalig (z.B. Erbschaftsteuer) oder laufend (z.B. Einkommensteuer, Körperschaftsteuer) anfallen. Es gilt das Prinzip des Nominalismus, d.h. die Steuer bemisst sich nicht nach der Kaufkraft, sondern nach den im Gesetz genannten Beträgen.
die nicht eine Gegenleistung für eine besondere Leistung darstellen	Steuern dienen der allgemeinen Deckung des öffentlichen Finanzbedarfs. Sie sind kein Entgelt für eine spezifische Leistung des Staates.

und von einem öffentlich-rechtlichen Gemeinwesen	Empfänger der Steuerzahlung ist eine öffentlich-rechtliche Körperschaft. Das sind neben den Gebietskörperschaften (Bund, Länder, Gemeinden) auch bestimmte Religionsgemeinschaften, die nach dem Kirchensteuerrecht der Länder zur Erhebung von Steuern berechtigt sind.
zur Erzielung von Einnahmen	Die Besteuerung kann auch außerfiskalische, insbesondere wirtschafts-, sozial-, gesundheits- oder umweltpolitische Zwecke verfolgen. Die Erzielung von Einnahmen muss jedoch zumindest Nebenzweck sein. Eine „Erdrosselungsabgabe", die die Entstehung ihrer eigenen Bemessungsgrundlage ausschließen soll, ist keine Steuer. Steuern müssen endgültig vereinnahmt werden. Eine spätere Rückzahlung rechtmäßig vereinnahmter Steuern („Zwangsanleihe") darf nicht vorgesehen sein.
allen, bei denen der Tatbestand zutrifft, an den das Gesetz die Leistungspflicht knüpft,	Steuern dürfen nur, müssen aber auch erhoben werden, wenn der Tatbestand erfüllt ist, an den das Gesetz die Leistungspflicht knüpft. Steueransprüche können weder durch Analogieschluss noch durch bloßes Aushandeln mit den Finanzbehörden entstehen.
auferlegt werden.	Steuern werden auf Grund der Steuerhoheit des Staates zwangsweise erhoben. Sie stehen damit im Gegensatz zu jenen Einnahmen des Staates, die dieser aus erwerbswirtschaftlicher Betätigung erzielt.

2 Stellung der Steuer im System öffentlich-rechtlicher Lasten

Zur Finanzierung der vielfältigen staatlichen Ausgaben hat der Gesetzgeber ein umfangreiches System öffentlich-rechtlicher Lasten installiert. Neben Steuern fließen insbesondere **Gebühren**, **Beiträge**, **Geldbußen** und **Sonderabgaben** in die staatlichen Kassen.

Die Abgrenzung zwischen Steuern und den übrigen Abgaben ist nicht nur formaler Natur, sondern hat auch materielle Bedeutung. Zum einen ist der Anwendungsbereich der Abgabenordnung auf Steuern beschränkt, bezieht sich also nicht auf andere öffentlich-rechtliche Lasten (§ 1 Abs. 1 AO). Ebenfalls auf Steuern beschränkt ist der Anwendungsbereich der Finanzgerichtsordnung (FGO). Der Finanzrechtsweg als Fortsetzung des außergerichtlichen Rechtsbehelfsverfahrens der §§ 347 ff. AO kann nur im Hinblick auf Steuern, nicht jedoch im Hinblick auf die übrigen Finanzierungsinstrumente des Staates, wie Gebühren und Beiträge, eingeschlagen werden (§ 33 FGO).

Des Weiteren richten sich Gesetzgebungs-, Ertrags- und Verwaltungshoheit (vgl. Abschnitt A.6) nur dann nach den Vorschriften der Art. 105 ff. Grundgesetz (GG), wenn sich die

Abgabe als Steuer qualifiziert. Zwar nimmt der Begriff der Steuer in Art. 105 ff. GG nicht unmittelbar auf den Steuerbegriff des § 3 Abs. 1 AO Bezug. Dennoch besteht Einigkeit, dass der verfassungsrechtliche Steuerbegriff im Grundsatz dem Steuerbegriff der Abgabenordnung entspricht (vgl. *K. Tipke / J. Lang* (2010), S. 49).

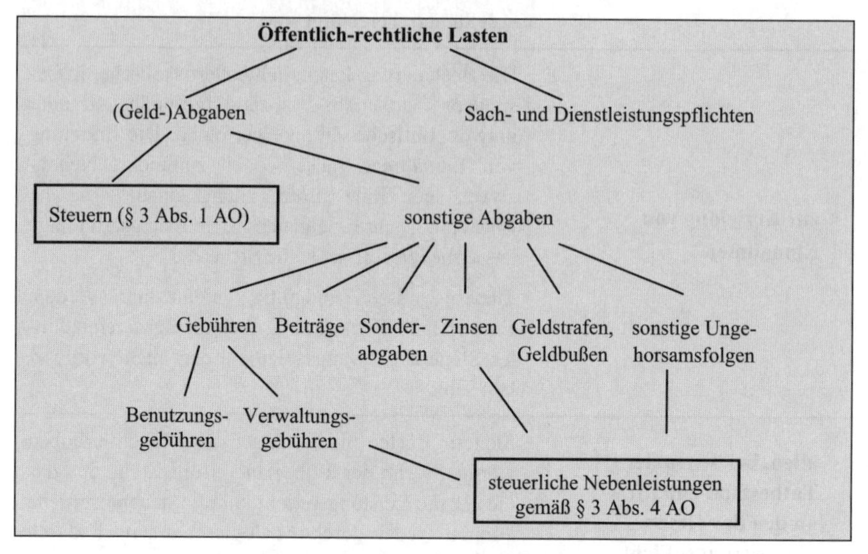

Abbildung A.1: Öffentlich-rechtliche Lasten

2.1 Sach- und Dienstleistungspflichten

Sach- und Dienstleistungspflichten haben im deutschen Rechtssystem, abgesehen von der Möglichkeit zur Enteignung unter den strengen Voraussetzungen des Art. 14 Abs. 3 GG sowie der allgemeinen Wehrpflicht und der Wehrersatzpflicht nach Art. 12a GG, nur eine untergeordnete Bedeutung. Zwangsarbeit ist nach Art. 12 Abs. 3 GG nur bei einer gerichtlich angeordneten Freiheitsentziehung zulässig. Die Verpflichtung zu gemeinnütziger Arbeit als gerichtliche Auflage zur Vermeidung einer bereits verwirkten Freiheitsstrafe steht dem nicht entgegen. Im Übrigen verbietet Art. 12 Abs. 2 GG den Zwang zu einzelnen Arbeiten, soweit diese nicht im Rahmen einer herkömmlichen allgemeinen, für alle gleichen öffentlichen Dienstleistungspflicht zu erbringen sind. Zu denken ist etwa an die Schneeräumpflicht oder die Deichhilfe.

2.2 Gebühren und Beiträge

Eine **Gebühr** wird erhoben für die tatsächliche Inanspruchnahme einer staatlichen Leistung (Beispiel: Passgebühr, Eintrittsgeld für öffentliches Schwimmbad). Ein **Beitrag** wird demgegenüber für das staatliche Angebot einer Nutzungsmöglichkeit, d.h. unabhängig von der tatsächlichen Nutzung erhoben (Beispiel: Straßenanliegerbeitrag, Autobahnvignette).

2.3 Sonderabgaben

Das Rechtsinstitut der **Sonderabgabe** ist durch die Rechtsprechung des Bundesverfassungsgerichts (BVerfG) entwickelt worden und folgt aus dem Konflikt zwischen den allgemeinen Kompetenzbestimmungen zum Erlass von Gesetzen nach Art. 70 ff. GG und den Kompetenzzuweisungen der Art. 105 ff. GG für die Erhebung von Steuern. Einerseits steht die Erhebung von Abgaben, die nicht Steuern sind, den allgemeinen Vorschriften der Art. 70 ff. GG nicht entgegen. Andererseits würde eine unbeschränkte Gesetzgebungskompetenz des Bundes zum Erlass nichtsteuerlicher Abgaben das in der Finanzverfassung der Art. 105 ff. GG geregelte Kompetenz- und Verteilungsgefüge beeinträchtigen. So wäre es für den Gesetzgeber des Bundes unschwer möglich, durch eine Manipulation des gesetzlichen Belastungstatbestands eine Steuer in eine Abgabe, die keine Steuer i.S.d. Art. 105 ff. GG ist, umzufunktionieren, um sich die ihm nach der steuerlichen Ertragsverteilung (Art. 106 GG) nicht zustehenden Erträge zu verschaffen. Das Bundes-verfassungsgericht lässt daher Abgaben, die sich nicht als Steuern (und nicht als Beiträge, Gebühren, Geldbußen, etc., vgl. Abbildung A.1) qualifizieren, nur unter engen Voraussetzungen zu (BVerfG-Urteil vom 6.11.1984, BVerfGE 67, S. 256; BVerfG-Urteil vom 17.7.2003, BVerfGE 108, S. 186). Danach hat der Bund das Recht, als Sonderabgaben bezeichnete Leistungen zu erheben, die sich im Gegensatz zur Steuer dadurch auszeichnen, dass sie nicht zur Finanzierung allgemeiner Staatsausgaben dienen, sondern **zweckgerichtet verwendet werden**. Da Sonderabgaben zur Finanzierung besonderer Aufgaben dienen, werden sie nicht in den Haushaltsplänen erfasst (sog. **parafiskalische Abgaben**). Voraussetzung für die Zulässigkeit von Sonderabgaben ist darüber hinaus, dass

- sich der Kreis der Abgabepflichtigen als **homogene, abgrenzbare Gruppe** darstellt, und
- eine **spezifische Sachnähe** zwischen der Gruppe der Abgabepflichtigen und dem Zweck der Abgabe besteht, z.B. i.S.d. Verursacherprinzips.

Um eine Sonderabgabe handelt es sich beispielsweise bei der Ausgleichsabgabe nach dem Schwerbehindertengesetz. Ebenso würde sich eine Berufsausbildungsabgabe, die von nicht (hinreichend) ausbildenden Unternehmen erhoben wird, als Sonderabgabe qualifizieren. Hingegen ist die Stromabgabe für die Lieferung von Elektrizität an Endverbraucher („Kohlepfennig") nach Ansicht des BVerfG keine Sonderabgabe, da ausnahmslos jeder Bürger als Endverbraucher Strom verwendet und daher der Begriff der homogenen, von Nicht-Mitgliedern abgrenzbaren Gruppe nicht erfüllt ist. Da der Kohlepfennig zudem nicht zur Deckung des allgemeinen Finanzbedarfs dient, sondern zweckgerichtet verwendet wird, und somit auch keine Steuer darstellt, handelt es sich nach Ansicht des BVerfG um eine unzulässige Abgabe (BVerfG-Beschluss vom 11.10.1994, BVerfGE 91, S. 186).

3 Fundamentalprinzipien der Abgabenerhebung

Im Gegensatz zur Erhebung von Steuern folgt die Erhebung von Gebühren, Beiträgen und Sonderabgaben nicht dem Leistungsfähigkeitsprinzip, sondern dem Äquivalenzprinzip. Leistungsfähigkeits- und Äquivalenzprinzip stellen die beiden **Fundamentalprinzipien der Abgabenerhebung** dar, die sich mit der Frage nach der gerechten Abgabenhöhe beschäftigen.

3.1 Leistungsfähigkeitsprinzip

Nach dem **Leistungsfähigkeitsprinzip** erfolgt die Belastung nach der Fähigkeit des Einzelnen, zur Finanzierung der staatlichen Ausgaben beizutragen. Eine Besteuerung nach der Leistungsfähigkeit wird als Ausprägung einer qualitativ gleichen Verantwortung aller Staatsbürger für das Gemeinwohl unter Berücksichtigung quantitativ unterschiedlicher Situationen, in denen sich die Bürger befinden, gesehen (vgl. *W. R. Walz* (1980), S. 163). Die Leistungsfähigkeitsregel ist ein ethisches Prinzip, das untrennbar mit sozialstaatlichen Grundsätzen verknüpft ist, sich zugleich durch eine Rücksichtnahme auf diejenigen, die nicht oder weniger leisten können, den Realitäten anpasst und zudem den sozialen Frieden fördert und damit auch im ureigensten Interesse der in besonderem Maße Leistungsfähigen ist (vgl. auch *K. Tipke* (2000), Bd. 1, S. 479 ff.). Zwar hat das Leistungsfähigkeitsprinzip keinen unmittelbaren Verfassungsrang. Nach allgemeiner Auffassung folgt die Beachtung des Leistungsfähigkeitsprinzips als Grundsatz für die Erhebung von Steuern jedoch mittelbar aus dem Sozialstaatsprinzip des Art. 20 Abs. 1 GG (vgl. *K. Tipke* (2000), Bd. 1, S. 496). Zugleich ist das Leistungsfähigkeitsprinzip so zu konkretisieren, dass eine Kollision mit den Grundrechten ausgeschlossen ist. So folgt aus dem Gleichheitsgrundsatz des Art. 3 Abs. 1 GG, dass ein objektiver Besteuerungsmaßstab gefunden werden muss. Ausprägungen der Leistungsfähigkeit können etwa das Einkommen, das Vermögen oder der Konsum von Steuerpflichtigen sein (vgl. *D. Wellisch* (2000), S. 42 ff.; *S. Homburg* (2010), S. 8 f.). Weiter darf die Besteuerung das Eigentumsrecht des Art. 14 GG nicht verletzen. Eine solche Verletzung war nach Ansicht der Verfassungsrichter jedenfalls dann gegeben, wenn die Erträge des Vermögens unter Beachtung des Zusammenwirkens verschiedener Steuern zu erheblich mehr als 50 % besteuert werden (BVerfG-Beschluss vom 22.06.1995, BStBl II 1995, S. 655). Nach neuerer Rechtsprechung lässt sich eine absolute Belastungsobergrenze in der Nähe einer hälftigen Teilung aus Art. 14 GG allerdings nicht herleiten (BVerfG-Beschluss vom 18.01.2006, BVerfGE 115, S. 97). Schließlich folgt aus dem besonderen Schutz von Ehe und Familie gemäß Art. 6 GG u.a., dass Ehegatten im Vergleich zu einem unverheirateten Paar mit identischen Einkommens- und Vermögensverhältnissen nicht benachteiligt werden dürfen (BVerfG-Urteil vom 03.11.1982, BStBl II 1982, S. 717), sowie dass neben dem Existenzminimum des Steuerpflichtigen auch das Existenzminimum seiner Kinder von der Einkommensbesteuerung freigestellt werden muss (BVerfG-Beschlüsse vom 25.09.1992, BStBl II 1993, S. 413, vom 10.11.1998, BStBl II 1999, S. 174).

3.2 Äquivalenzprinzip

Nach dem **Äquivalenzprinzip** steht hingegen die spezielle Entgeltlichkeit der Abgabe, d.h. der Grundsatz von Leistung und Gegenleistung, im Vordergrund. Die Höhe von Gebühren oder Beiträgen wird i.S.d. marktwirtschaftlichen *do ut des* Prinzips als Preis für die vom Staat erbrachten Leistungen angesehen. Die Abgabenhöhe orientiert sich entweder an dem Nutzen, den die Staatstätigkeit dem einzelnen Wirtschaftssubjekt verschafft (**Nutzenäquivalenz**) oder an den Kosten, die durch die individuelle Inanspruchnahme einer staatlichen Leistung entstehen (**Kostenäquivalenz**) (vgl. *D. Wellisch* (2000), S. 39 ff.).

Im Hinblick auf Steuern kommt das Äquivalenzprinzip hingegen nicht in Frage, da es weder praktikabel ist, noch dem Sozialstaatsgedanken entspricht.

4 Tatbestandsmäßigkeit der Steuererhebung

Nach § 3 Abs. 1 AO dürfen Steuern nur, müssen aber auch, erhoben werden, wenn der Tatbestand erfüllt ist, an den das Gesetz die Leistungspflicht knüpft (vgl. Abschnitt A.1).

Der Tatbestand einer jeden Steuer lässt sich in fünf **Tatbestandsmerkmale** einteilen (vgl. *H.-W. Bayer* (1992), S. 36), die zugleich einen Hinweis auf die Reihenfolge bei der Überprüfung konkreter Sachverhalte auf eine Steuerpflicht geben:

Steuersubjekt	Steuersubjekt ist diejenige Person, die durch eine bestimmte Handlung eine Steuerpflicht auslösen kann. Es ist zugleich diejenige Person, welche die Steuer schuldet.
Steuerobjekt	Steuerobjekt ist die Handlung, die das Steuersubjekt durchführen muss, um eine Steuerpflicht auszulösen. Der Begriff der Handlung ist dabei weit zu fassen. Sie kann auch in einem Dulden oder Unterlassen bestehen.
Räumlicher Anwendungstatbestand	Räumliche Tatbestandsmerkmale können sich auf das Steuersubjekt oder das Steuerobjekt beziehen. Denkbar ist z.B. eine Anknüpfung an den Wohnsitz einer natürlichen Person, den Sitz einer juristischen Person oder den Ort der Vornahme einer bestimmten Handlung.
Steuerbemessungsgrundlage	Bei der Bemessungsgrundlage handelt es sich um eine Wertgröße, die aus der steuerpflichtigen Handlung des Steuersubjekts abgeleitet wird und die der Bestimmung der Höhe der Steuerschuld dient.
Steuersatz bzw. Steuertarif	Die Höhe der Steuerschuld ergibt sich durch die Anwendung des Steuersatzes bzw. des Steuertarifs auf die Bemessungsgrundlage. Während einige Steuern einen einheitlichen Steuersatz auf die gesamte Bemessungsgrundlage anwenden (z.B. Umsatzsteuer, Körperschaftsteuer), verfügen andere Steuern über einen progressiven Tarifverlauf, d.h. die relative Belastung der Bemessungsgrundlage steigt mit zunehmender Bemessungsgrundlage (z.B. Einkommensteuer, Erbschaftsteuer).

5 Einteilung der Steuern

In der betriebswirtschaftlichen, volkswirtschaftlichen und juristischen Literatur wird eine Vielzahl von **Klassifizierungsmöglichkeiten** bestehender Steuern beschrieben. Die Wahl der Einteilungskriterien ist dabei von dem jeweiligen Untersuchungszweck abhängig. Im Folgenden wird eine Auswahl der für das Verständnis der ökonomischen Steuerlehre wichtigsten Klassifizierungen dargestellt.

5.1 Einwirkung der Steuern auf die Vermögenssphäre

Im Hinblick auf die Einwirkung von Steuern auf die Vermögenssphäre ist zu unterscheiden zwischen Steuern, die

- den **Zufluss von Vermögen** (Einkommensteuer, Körperschaftsteuer, Kirchensteuer, Solidaritätszuschlag, Gewerbesteuer),
- den **Vermögensbestand** (Grundsteuer, Kfz-Steuer) oder
- die **Verwendung von Vermögen** (Umsatzsteuer, Grunderwerbsteuer, Versicherungsteuer, Verbrauch- und Aufwandsteuern)

belasten. Probleme bereitet die Zuordnung der Erbschaftsteuer bzw. der Schenkungsteuer. Aus Sicht des Erben bzw. des Beschenkten wird der Zufluss von Vermögen, aus Sicht des Erblassers bzw. des Schenkers die Verwendung von Vermögen belastet. Hat die Erbmasse den Charakter eines Familienvermögens, das durch den Erbfall nur von einer Generation auf die nachfolgende übertragen wird, so kann die Erbschaftsteuer auch als Steuer auf den Vermögensbestand klassifiziert werden. Diese Sichtweise liegt z.B. der Vorschrift des § 1 Abs. 1 Nr. 4 Erbschaftsteuergesetz (ErbStG) zugrunde, die eine erbschaftsteuerliche Erfassung des Vermögens von Familienstiftungen in Zeitabständen von je 30 Jahren vorsieht.

5.2 Überwälzbarkeit von Steuern

Zweck der Einteilung von Steuern in **direkte** und **indirekte Steuern** war ursprünglich die Unterscheidung in nicht überwälzbare und überwälzbare Steuern. Dabei wurde jedoch übersehen, dass die Steuerinzidenz, d.h. die Überwälzbarkeit von Steuern auf andere Marktteilnehmer, wesentlich von den Marktverhältnissen bestimmt wird (vgl. *D. Wellisch* (2000), S. 202; *S. Homburg* (2010), S. 11f.). Zur Verdeutlichung sollen zunächst die folgenden Begriffe eingeführt werden:

- **Steuersubjekt** ist diejenige Person, die die Steuer schuldet.
- **Steuerzahler** ist diejenige Person, die den Steuerbetrag abzuführen hat. Im Falle der Lohnsteuer ist dies der Arbeitgeber, während Steuersubjekt der Arbeitnehmer ist.
- **Steuerdestinatar** ist diejenige Person, die nach dem Willen des Gesetzgebers die Steuer wirtschaftlich tragen soll. Im Falle der Umsatzsteuer ist dies der Endverbraucher, während Steuersubjekt und Steuerzahler der Unternehmer ist.
- **Steuerträger** ist diejenige Person, die die Steuer tatsächlich wirtschaftlich trägt.

Eine Steuer wird allgemein als **direkte Steuer** bezeichnet, wenn Steuersubjekt und Steuerdestinatar identisch sind (z.B. Einkommensteuer, Körperschaftsteuer, Grundsteuer). Sind Steuersubjekt und Steuerdestinatar hingegen nicht identisch, so spricht man von einer **indirekten Steuer** (z.B. Umsatzsteuer, Verbrauchsteuern).

Da jedoch der Steuerdestinatar nicht mit derjenigen Person übereinstimmen muss, die die Steuer tatsächlich wirtschaftlich trägt, hinkt eine Identifikation der direkten Steuern mit den nicht überwälzbaren Steuern. So hängt die Überwälzbarkeit der Umsatzsteuer entscheidend von den Preiselastizitäten des Angebots und der Nachfrage ab. Zur Signalisierung der Steuerinzidenz wäre die Identität von Steuersubjekt und Steuerträger das geeignete Abgrenzungskriterium.

5.3 Personen- und Objektsteuern

Personen- und Objektsteuern lassen sich danach unterscheiden, ob im Rahmen des Steuertatbestandes (Abschnitt A.4) die Bedeutung des Steuersubjekts oder die Bedeutung des Steuerobjekts dominiert.

- **Personensteuern** (z.B. Einkommensteuer, Körperschaftsteuer) zeichnen sich dadurch aus, dass die Erfassung der persönlichen Leistungsfähigkeit des Steuersubjekts im Vordergrund steht.
- **Objektsteuern** (z.B. Grundsteuer, Gewerbesteuer, Umsatzsteuer) knüpfen hingegen weniger an das Steuersubjekt als vielmehr an bestimmte Merkmale des Steuerobjekts, wie Ertrag und Umsatz, an. Die persönlichen Verhältnisse des Steuerschuldners werden weitgehend nicht berücksichtigt.

5.4 Besteuerungsbasis

Die Klassifizierung nach der **Besteuerungsbasis** orientiert sich an der Bedeutung des Steuerobjekts für den Steuerpflichtigen. Als Besteuerungsbasis im Sinne dieser Einteilung kommen der Ertrag, d.h. der Betriebsgewinn bzw. das Einkommen, die Vermögenssubstanz, ein bestimmter Vorgang des Rechts- oder Wirtschaftsverkehrs oder der Verbrauch von Gütern in Frage. Entsprechend unterscheidet man

- **Ertragsteuern** (z.B. Einkommensteuer, Körperschaftsteuer, Gewerbesteuer),
- **Substanzsteuern** (z.B. Grundsteuer, Kfz-Steuer),
- **Verkehrsteuern** (z.B. Grunderwerbsteuer, Versicherungsteuer, Umsatzsteuer) sowie
- **Verbrauchsteuern** (z.B. Energiesteuer, Biersteuer).

5.5 Weitere Klassifikationen

Von der Vielzahl der weiteren Klassifikationen von Steuern seien an dieser Stelle nur die folgenden genannt:

- **Laufende** (auch: ordentliche oder veranlagte) **Steuern** (z.B. Einkommensteuer, Körperschaftsteuer) werden regelmäßig erhoben, während bei **einmaligen** (auch: außerordentlichen oder tarifierten) **Steuern** (z.B. Grunderwerbsteuer, Erbschaftsteuer) der Tatbestand nicht regelmäßig eintritt.
- **Fiskalische Steuern** dienen hauptsächlich der Einnahmeerzielung (z.B. Einkommensteuer, Körperschaftsteuer, Umsatzsteuer), während bei **nicht fiskalischen Steuern** die Einnahmeerzielung nur Nebenzweck ist und lenkungspolitische Ziele dominieren (z.B. Tabaksteuer, Energiesteuer).
- Nach dem Steuergläubiger wird zwischen **Bundessteuern** (z.B. Energiesteuer, Kfz-Steuer, Versicherungsteuer), **Landessteuern** (z.B. Erbschaftsteuer, Grunderwerbsteuer), **Gemeindesteuern** (z.B. Hundesteuer) und **Gemeinschaftsteuern** (z.B. Einkommensteuer, Körperschaftsteuer, Umsatzsteuer) unterschieden (vgl. Abschnitt A.6.2).

6 Die Steuerhoheit

Der X. Abschnitt des Grundgesetzes (Art. 104a – 115 GG) befasst sich mit dem Finanzwesen und kann als Finanzverfassung der Bundesrepublik Deutschland interpretiert werden. Der Steuerhoheit kommt innerhalb dieses Abschnitts eine zentrale Bedeutung zu. Die Art. 105 - 108 GG regeln die drei Komponenten der Steuerhoheit, nämlich die **Gesetzgebungshoheit**, die **Ertragshoheit** und die **Verwaltungshoheit**. Die Regelung der Steuerhoheit zwischen dem Bund auf der einen Seite und den Ländern und Gemeinden auf der anderen Seite ist ein wesentliches Indiz dafür, ob in einem Staat die föderalen oder die zentralstaatlichen Kräfte überwiegen.

6.1 Gesetzgebungshoheit

Die **Gesetzgebungshoheit** bezeichnet das Recht, Steuergesetze zu erlassen. Die steuerliche Gesetzgebungshoheit des Bundes und der Länder wird in Art. 105 GG abschließend geregelt. Art. 105 GG geht als spezielle Vorschrift den allgemeinen Vorschriften der Art. 70 ff. GG zur Gesetzgebungshoheit vor. Die Vorschrift des Art. 105 GG unterscheidet in den Absätzen 1, 2 und 2a zwischen einer **ausschließlichen Gesetzgebung des Bundes**, einer **konkurrierenden Gesetzgebung** und einer **ausschließlichen Gesetzgebungskompetenz der Länder**.

6.1.1 Ausschließliche Gesetzgebung des Bundes

Nach Art. 105 Abs. 1 GG hat der Bund die **ausschließliche Gesetzgebungskompetenz** hinsichtlich der Zölle (§ 3 Abs. 3 AO) und Finanzmonopole.

Einfuhrzölle werden in Deutschland bei der Einfuhr von Waren aus Nicht-EU-Staaten nach den Vorschriften des Zollkodex erhoben (Art. 4 Nr. 10 und 11 des Zollkodex).

Ein **Finanzmonopol** bezeichnet Güter, für die dem Bund das alleinige Produktions- oder Vertriebsrecht zusteht. Finanzmonopole stehen im direkten Gegensatz zum Grundrecht der Berufsfreiheit (Art. 12 GG) und werden somit auch als systemfremde Überbleibsel aus der Zeit des Unternehmerstaates kritisiert (vgl. *H. Ueberschär* (2008)). Nach der Abschaffung des Zündwarenmonopols 1983 gibt es derzeit lediglich noch das 1919 eingeführte Branntweinmonopol.

6.1.2 Konkurrierende Gesetzgebung

Nach Art. 105 Abs. 2 GG besitzt der Bund zudem die **konkurrierende Gesetzgebungskompetenz** hinsichtlich der übrigen Steuern, sofern ihm das Aufkommen ganz oder zum Teil zusteht oder die Voraussetzungen des Art. 72 Abs. 2 GG erfüllt sind, d.h. ein Bedürfnis nach bundeseinheitlicher Regelung besteht. Da das Bundesverfassungsgericht das zweite Kriterium als eine ihrer Natur nach nicht justiziable Frage gesetzgeberischen Ermessens ansieht (z.B. BVerfG-Beschluss vom 30.05.1972, BVerfGE 33, S. 224), kann der Bund mit dem Hinweis auf Art. 72 Abs. 2 GG de facto die Gesetzgebungskompetenz hinsichtlich jedes beliebigen Steuergesetzes an sich ziehen. Tatsächlich sind in der steuerlichen Praxis der Bundesrepublik Deutschland alle wichtigen Steuergesetze Bundesgesetze (z.B. EStG, KStG, GewStG, GrStG, UStG, ErbStG). Ein föderatives Element im Hinblick auf die konkurrierende Gesetzgebung des Bundes sieht allerdings Art. 105 Abs. 3 GG vor. Danach bedürfen Bundesgesetze, die im Rahmen der konkurrierenden Gesetzgebung erlassen werden, der **Zustimmung des Bundesrates**, sofern das Aufkommen der Steuern ganz oder zum Teil den Ländern oder Gemeinden zusteht. Der Begriff der konkurrierenden Gesetzgebung des Art. 105 Abs. 2 GG impliziert schließlich, dass die Länder über das Gesetzgebungsrecht verfügen, sofern der Bund von dem Befugnis zur konkurrierenden Gesetzgebung keinen Gebrauch macht.

6.1.3 Ausschließliche Gesetzgebung der Länder

Die Länder verfügen gemäß Art. 105 Abs. 2a GG über die ausschließliche Gesetzgebungskompetenz hinsichtlich der **örtlichen Verbrauch- und Aufwandsteuern**, solange und soweit sie nicht bundesgesetzlich geregelten Steuern gleichartig sind. Art. 105 Abs. 2a GG bezieht sich auf Steuern, die eine besondere, d.h. über das übliche Maß hinausgehende wirtschaftliche Leistungsfähigkeit erfassen, die sich in dem Konsum bestimmter Verbrauchsgüter, Gebrauchsgüter und Dienstleistungen im Bereich des persönlichen Lebensbedarfs äußert. Zu denken ist in diesem Zusammenhang z.B. an die Vergnügungsteuer, die Zweitwohnungsteuer, die Hundesteuer sowie die Jagd- und Fischereisteuer.

Seit dem 01.09.2006 haben die Länder darüber hinaus das Recht, den Steuersatz der Grunderwerbsteuer zu bestimmen (Art. 105 Abs. 2a Satz 2 GG). Dieser beträgt gemäß § 11 Abs. 1 GrEStG grundsätzlich 3,5 %. Von der Möglichkeit, einen abweichenden Steuersatz festzulegen, haben bisher die folgenden Bundesländer Gebrauch gemacht:

Bundesland	Gültig ab	Steuersatz
Berlin	01.01.2007	4,5 %
Hamburg	01.01.2009	4,5 %
Sachsen-Anhalt	01.03.2010	4,5 %
Brandenburg	01.01.2011	5,0 %
Bremen	01.01.2011	4,5 %
Niedersachsen	01.01.2011	4,5 %
Saarland	01.01.2011	4,0 %
Thüringen	07.04.2011	5,0 %
Übrige Bundesländer		3,5 %

Tabelle A.1: Grunderwerbsteuersätze

6.1.4 Hebesatzrecht der Gemeinden

Den Gemeinden kommt bis auf das Hebesatzrecht des Art. 106 Abs. 6 Satz 2 GG im Hinblick auf die Realsteuern, d.h. die Grundsteuer und die Gewerbesteuer (vgl. § 3 Abs. 2 AO) keine originäre Rechtsetzungsbefugnis zu. Hinsichtlich der örtlichen Verbrauch- und Aufwandsteuern haben die Länder ihre Rechtsetzungsbefugnis allerdings durch den Erlass von Kommunalabgabengesetzen zumindest teilweise an die Gemeinden delegiert (zur Zulässigkeit BVerfG-Beschluss vom 21.12.1966, BVerfGE 21, S. 54), machen jedoch den Erlass von Gemeindesteuersatzungen i.d.R. von der Genehmigung durch eine Aufsichtsbehörde abhängig (vgl. *G. Winands*, JuS 1986, S. 942).

6.1.5 Kirchensteuerberechtigung

Schließlich sind die Religionsgemeinschaften, welche Körperschaften des öffentlichen Rechts sind, nach Art. 140 GG i.V.m. Art. 137 Abs. 6 der Weimarer Reichsverfassung zur Erhebung von Kirchensteuern im Rahmen der landesrechtlichen Bestimmungen berechtigt. Die Kirchensteuer wird von Kirchenmitgliedern als Zuschlagsteuer zur Einkommensteuer erhoben und beträgt derzeit in Bayern und Baden-Württemberg 8 %, in den übrigen Bundesländern 9 % der Einkommensteuer. Zur Erhebung von Kirchensteuern sind neben den Gliedkirchen der Evangelischen Kirche und den Bistümern der Römisch-Katholischen Kirche u.a. auch die jüdischen Gemeinden berechtigt.

Die Länder behalten als Entgelt für den Einzug der Kirchensteuer je nach Bundesland unterschiedlich 2 % (Bayern) bis 4,5 % (Saarland) des Kirchensteueraufkommens ein.

6.2 Ertragshoheit

Die **Ertragshoheit** bezeichnet das Recht, Steuereinnahmen zu beanspruchen. Das Grundgesetz sieht eine vierstufige Vorgehensweise bei der Aufteilung des Steueraufkommens auf die verschiedenen Gebietskörperschaften vor (vgl. *K. Tipke /J. Lang* (2010), S. 64):

- Aufteilung des Steuerertrags auf Bund, Länder und Gemeinden (Art. 106 GG).
- Aufteilung der Landessteuern und des Länderanteils an den Gemeinschaftsteuern auf die einzelnen Länder (Art. 107 Abs. 1 GG).
- Horizontaler Finanzausgleich unter den Ländern (Art. 107 Abs. 2 Sätze 1, 2 GG).
- Vertikaler Finanzausgleich durch Ergänzungszuweisungen des Bundes (Art. 107 Abs. 2 Satz 3 GG).

Im Folgenden soll nur kurz auf die erste Stufe, d.h. die Aufteilung des Steuerertrags auf Bund, Länder und Gemeinden, eingegangen werden:

- Dem Bund fließt gemäß Art. 106 Abs. 1 GG u.a. das Aufkommen der Zölle, der Energiesteuer, der Kfz-Steuer (seit Juli 2009), der Versicherungsteuer, der Kapitalverkehrsteuern und einmaligen Vermögensabgaben sowie der Abgaben im Rahmen der Europäischen Gemeinschaften zu.
- Den Ländern fließt gemäß Art. 106 Abs. 2 GG u.a. die Erbschaftsteuer, die Grunderwerbsteuer, die Biersteuer, die Abgabe von Spielbanken sowie die Vermögensteuer, sofern diese in Zukunft wieder erhoben werden sollte, zu.
- Das Aufkommen der Grundsteuer, der Gewerbesteuer und der örtlichen Verbrauch- und Aufwandsteuern steht den Gemeinden zu (Art. 106 Abs. 6 Satz 1 GG).
- Die aufkommensreichsten Steuern, nämlich die Einkommensteuer, Körperschaftsteuer und Umsatzsteuer, sind gemäß Art. 106 Abs. 3 - 5 GG als Gemeinschaftsteuern ausgestaltet.

Die Aufteilung des **Einkommensteuer**- und des **Körperschaftsteuer-Aufkommens** ergibt sich aus Art. 106 Abs. 3, 5 GG i.V.m. § 1 des Gemeindefinanzreformgesetzes:

	Bund	Länder	Gemeinden
Veranlagte Einkommensteuer und Lohnsteuer	42,5 %	42,5 %	15 %
Körperschaftsteuer und Kapitalertragsteuer (außer Zinsabschlagsteuer)	50 %	50 %	
Zinsabschlagsteuer	44 %	44 %	12 %

Tabelle A.2: Aufteilung des Einkommensteuer- und Körperschaftsteueraufkommens zwischen Bund, Ländern und Gemeinden

Bereits an dieser Stelle sei darauf hingewiesen, dass es sich bei der Lohnsteuer und der Kapitalertragsteuer nicht um eigenständige Steuern, sondern nur um Erhebungsformen der Einkommensteuer handelt (vgl. hierzu ausführlich Abschnitt B.7.4.5 (zur Lohnsteuer) sowie Abschnitt B.7.5.3 (zur Kapitalertragsteuer)).

Das Aufkommen der **Gewerbesteuer** steht zwar gemäß Art. 106 Abs. 6 Satz 1 GG grundsätzlich den Gemeinden zu. Allerdings haben diese nach Art. 106 Abs. 6 Satz 4 GG i.V.m. § 6 des Gemeindefinanzreformgesetzes eine Umlage an Bund und Land weiterzuleiten. Der Anteil des Gewerbesteueraufkommens, der an den Bund abzuführen ist, ergibt sich, indem das Istaufkommen der Gemeinde mit dem Bundesvervielfältiger multipliziert und durch den Hebesatz der Gemeinde geteilt wird. Der Bundesvervielfältiger beträgt gemäß § 6 Abs. 3 Satz 2 Gemeindefinanzreformgesetz ab dem Jahr 2010 14,5 %.

Der Anteil des Gewerbesteueraufkommens, der an das Land abzuführen ist, ergibt sich, indem das Istaufkommen der Gemeinde mit dem Landesvervielfältiger multipliziert und durch den Hebesatz der Gemeinde geteilt wird. Der Landesvervielfältiger für die neuen Bundesländer beträgt 20,5 % ab dem Jahr 2010. Der Landesvervielfältiger für die alten Bundesländer ab dem Jahr 2010 beträgt 49,5 % (§ 6 Abs. 3 Sätze 3 - 5 Gemeindefinanzreformgesetz). Abweichungen können sich bis zum Jahr 2019 aus § 6 Abs. 5 Gemeindefinanzreformgesetz zur Finanzierung von Belastungen aus dem Fonds „Deutsche Einheit" ergeben.

Beispiel A.1:
Eine Gemeinde in den neuen Bundesländern hat ihren Gewerbesteuerhebesatz für das Jahr 2011 auf 400 % festgelegt. Sie muss eine Umlage des Gewerbesteueraufkommens von (14,5 / 400 =) 3,625 % an den Bund und von (20,5 / 400 =) 5,125 % an das Land abführen.

Die **Umsatzsteuer** ist gemäß Art. 106 Abs. 3 GG ebenfalls eine Gemeinschaftsteuer. Die genaue Verteilung ist in § 1 des Finanzausgleichsgesetzes (FAG) geregelt. Danach stehen dem Bund ab 2009 vorab 4,45 % des Umsatzsteueraufkommens als Ausgleich für die Belastungen auf Grund der Senkungen des Beitragssatzes zur Arbeitslosenversicherung um einen Prozentpunkt zu. Von dem verbleibenden Aufkommen stehen dem Bund vorab weitere 5,05 % (ab 2008) als Ausgleich für die Belastungen auf Grund eines zusätzlichen Bundeszuschusses an die Rentenversicherung zu. Vom verbleibenden Aufkommen erhalten die Gemeinden 2,2 %. Der Restbetrag wird im Verhältnis 49,7 zu 50,3 auf Bund und Länder verteilt. Somit ergibt sich gemäß § 1 FAG die folgende Aufteilung des Umsatzsteueraufkommens:

	Bund	**Länder**	**Gemeinden**
Umsatzsteuer	53,37 %	44,63 %	2,00 %

Tabelle A.3: Aufteilung des Umsatzsteueraufkommens zwischen Bund, Länder und Gemeinden

6.3 Verwaltungshoheit

Die **Verwaltungshoheit** bezeichnet das Recht, das Besteuerungsverfahren durchzuführen. Bundesfinanzbehörden verwalten nach Art. 108 Abs. 1 GG Zölle, Finanzmonopole, bundesgesetzlich geregelte Verbrauchsteuern (z.B. Energiesteuer, Kaffeesteuer), die Einfuhrumsatzsteuer, die Kfz-Steuer sowie die Abgaben im Rahmen der Europäischen Gemeinschaften. Bundesfinanzbehörden sind das Bundesfinanzministerium als oberste Behörde, das Bundeszentralamt für Steuern sowie die Bundesmonopolverwaltung für Branntwein als Oberbehörden sowie die lokalen Zollämter.

Landesfinanzbehörden verwalten gemäß Art. 108 Abs. 2 GG alle übrigen Steuern. Verwalten sie Steuern, die ganz oder zum Teil dem Bund zufließen, so werden sie gemäß Art. 108 Abs. 3 GG im Auftrag des Bundes tätig. Landesfinanzbehörden sind das Landesfinanzministerium als oberste Behörde, die Oberfinanzdirektionen als Mittelbehörden sowie die lokalen Finanzämter.

7 Bedeutung der Steuern

Den Steuereinnahmen kommt eine überragende Bedeutung bei der Finanzierung der Staatsausgaben zu. In 2009 erzielten die Gebietskörperschaften in der Bundesrepublik Einnahmen i.H.v. insgesamt 634,3 Mrd. €, davon entfielen 524,0 Mrd. € auf Steuereinnahmen. Dies entspricht einem Anteil von 82,6 %. Innerhalb der Steuereinnahmen wiederum stellt die Einkommensteuer mit einem Aufkommen von 186,6 Mrd. € den größten Einzelposten dar, gefolgt von der Umsatzsteuer mit einem Aufkommen von 177,0 Mrd. €. Die Entwicklung des Steueraufkommens einzelner Steuerarten sowie die Entwicklung des Gesamtsteueraufkommens und der Gesamteinnahmen aller Gebietskörperschaften zwischen 2007 und 2009 geben die folgenden Tabellen wieder (Quelle: *Deutsche Bundesbank* (2010), Statistischer Teil, Abschnitt IX).

	2007 Mrd. €	**2008 Mrd. €**	**2009 Mrd. €**
Einkommensteuer (ohne SolZ)	181,8	204,6	186,6
Davon:			
Veranlagte Einkommensteuer	25,0	32,7	26,4
LSt	131,8	141,9	135,2
Kapitalertragsteuer	25,0	30,0	25,0

Körperschaftsteuer (ohne SolZ)	22,9	15,9	7,2
Solidaritätszuschlag	12,3	13,1	11,9
Gewerbesteuer	40,1	41,0	32,4
Umsatzsteuer (inkl. Einfuhrumsatzsteuer)	169,6	176,0	177,0
Energiesteuer	39,0	39,2	39,8
Tabaksteuer	14,3	13,6	13,4
Versicherungsteuer	10,3	10,5	10,5
Grunderwerbsteuer	7,0	5,7	4,9
Erbschaftsteuer	4,2	4,8	4,6
Grundsteuer	10,7	10,8	10,9
Kfz-Steuer	8,9	8,8	8,2

Tabelle A.4: Entwicklung des Steueraufkommens ausgewählter Steuern zwischen 2007 und 2009

	2007 Mrd. €	**2008 Mrd. €**	**2009 Mrd. €**
Gesamtes Steueraufkommen aller Gebietskörperschaften (einschl. SolZ)	538,2	561,2	524,0
Gesamte Einnahmen aller Gebietskörperschaften	644,8	668,9	634,3
Gesamte Ausgaben aller Gebietskörperschaften	644,2	677,4	722,8

Tabelle A.5: Entwicklung des Gesamtsteueraufkommens, der Gesamteinnahmen sowie der Gesamtausgaben aller Gebietskörperschaften zwischen 2007 und 2009

8 Die steuerberatenden Berufe

Als Folge der hohen Komplexität des Steuerrechts haben sich die steuerberatenden Berufe entwickelt. Neben Steuerberatern sind gemäß § 3 des Steuerberatungsgesetzes (StBerG) auch Rechtsanwälte und Wirtschaftsprüfer zur unbeschränkten Hilfeleistung in Steuersachen befugt.

Der selbständige **Steuerberater** ist, wie auch der Rechtsanwalt und der Wirtschaftsprüfer, freiberuflich i.S.d. § 18 EStG tätig (zu den Einkünften aus freiberuflicher Tätigkeit gemäß § 18 EStG vgl. Abschnitt B.7.3.1). Seine Tätigkeit besteht in der geschäftsmäßigen Hilfeleistung in Steuersachen (§ 32 StBerG), d.h. der Beratung und Vertretung seiner Mandanten sowie der Bearbeitung der Steuerangelegenheiten der Mandanten. Dazu gehören auch Hilfeleistungen in Steuerstrafsachen und in Bußgeldsachen sowie die Erfüllung von Buchführungspflichten (§ 33 StBerG).

Voraussetzung für die Bestellung als Steuerberater ist das Bestehen einer Prüfung, die sich auf folgende Gebiete erstreckt (§ 37 Abs. 3 StBerG):

- Steuerliches Verfahrensrecht sowie Steuerstraf- und Steuerordnungswidrigkeitenrecht
- Steuern vom Einkommen und Ertrag
- Bewertungsrecht, Erbschaftsteuer und Grundsteuer
- Verbrauch- und Verkehrsteuern, Grundzüge des Zollrechts
- Handelsrecht sowie Grundzüge des Bürgerlichen Rechts, des Gesellschaftsrechts, des Insolvenzrechts und des Rechts der Europäischen Gemeinschaft
- Betriebswirtschaft und Rechnungswesen
- Volkswirtschaft
- Berufsrecht

Voraussetzung für die Zulassung zur Steuerberaterprüfung ist gemäß § 36 StBerG, dass der Bewerber

- ein wirtschafts- oder rechtswissenschaftliches Hochschulstudium mit einer **Regelstudienzeit von mindestens vier Jahren** absolviert hat und danach **zwei Jahre** auf steuerlichem Gebiet tätig gewesen ist,
- ein wirtschafts- oder rechtswissenschaftliches Hochschulstudium mit einer **Regelstudienzeit von weniger als vier Jahren** absolviert hat und danach **drei Jahre** auf steuerlichem Gebiet tätig gewesen ist,
- eine Abschlussprüfung in einem kaufmännischen Ausbildungsberuf bestanden hat und danach hauptberuflich **zehn Jahre** bzw. als geprüfter Bilanzbuchhalter oder Steuerfachwirt hauptberuflich **sieben Jahre** auf steuerlichem Gebiet tätig gewesen ist oder
- bei der Finanzverwaltung als Beamter des gehobenen Dienstes oder vergleichbarer Angestellter **sieben Jahre** auf steuerlichem Gebiet tätig gewesen ist.

Wird die geforderte Tätigkeit auf steuerlichem Gebiet als Teilzeitbeschäftigung ausgeübt, dann ist sie gemäß § 36 Abs. 3 StBerG bereits dann vollständig anzurechnen, wenn sie einen Umfang von mindestens 16 Wochenstunden umfasst. Damit erleichtert der Gesetzgeber vor allem Frauen die Zulassungsvoraussetzungen zur Steuerberaterprüfung, da insbesondere sie – aus familiären Gründen – ihre Tätigkeit vielfach in Teilzeitbeschäftigung ausüben.

Ohne eine besondere Prüfung können Personen zu Steuerberatern bestellt werden (§ 38 StBerG),

- die als Professor an einer deutschen Hochschule mindestens zehn Jahre auf steuerlichem Gebiet gelehrt haben,
- die als Finanzrichter mindestens zehn Jahre tätig gewesen sind,
- die als Beamter des höheren Dienstes oder vergleichbarer Angestellter zehn Jahre auf steuerlichem Gebiet als Sachgebietsleiter tätig gewesen sind,
- die als Beamter des gehobenen Dienstes oder vergleichbarer Angestellter als Sachbearbeiter fünfzehn Jahre auf steuerlichem Gebiet tätig waren.

Zu Zulassungsvoraussetzungen und Aufgaben des Steuerberaters siehe auch *G. Rose* (1995); *D. J. Brauner / A. Lauterbach* (2009).

	1.1.2009	**1.1.2010**
Steuerberater	73.454	75.333
Steuerberatungsgesellschaften	7.870	8.169
Steuerbevollmächtigte und Mitglieder nach § 74 Abs. 2 StBerG	2.845	2.777
Mitglieder Steuerberaterkammern in Deutschland	84.169	86.279

Tabelle A.6: Mitglieder Steuerberaterkammern in Deutschland 2009 und 2010

Wirtschaftsprüfer haben die Aufgabe, betriebswirtschaftliche Prüfungen, insbesondere solche von Jahresabschlüssen, durchzuführen und Bestätigungsvermerke über die Vornahme und das Ergebnis solcher Prüfungen zu erteilen (§ 2 Abs. 1 WPO). Wirtschaftsprüfer sind darüber hinaus aber auch befugt, ihre Auftraggeber in steuerlichen Angelegenheiten zu beraten und zu vertreten (§ 2 Abs. 2 WPO). Die Zulassungsvoraussetzungen zum Wirtschaftsprüfer-Examen sind nach §§ 8, 9 WPO beispielsweise dann erfüllt, wenn der Bewerber den Abschluss eines wirtschafts- oder rechtswissenschaftlichen Hochschulstudiums mit einer Regelstudienzeit von mindestens vier Jahren sowie eine dreijährige einschlägige Berufserfahrung, davon mindestens zwei Jahre Prüfungstätigkeit, nachweisen kann.

Neben Steuerberatern, Wirtschaftsprüfern und Rechtsanwälten sind auch **Steuerbevollmächtigte** und **vereidigte Buchprüfer** zur unbeschränkten Hilfeleistung in Steuer-sachen befugt (§ 3 StBerG). Der Beruf des Steuerbevollmächtigten läuft seit 1980, der Beruf des vereidigten Buchprüfers läuft seit 2005 aus. Steuerbevollmächtigte und vereidigte Buchprüfer werden seitdem nicht mehr neu bestellt, bereits bestellte Berufsträger können den Beruf jedoch weiter ausüben.

B. Einkommensteuer

1 Stellung der Einkommensteuer im Steuersystem

Nach den in Abschnitt A.5 beschriebenen Klassifizierungen stellt die Einkommensteuer eine **Ertragsteuer** dar, die den Zufluss von Vermögen bei natürlichen Personen besteuert. Sie ist eine **direkte Steuer**, da Steuersubjekt und Steuerdestinatar identisch sind, sowie eine **Personensteuer**, da die Erfassung der persönlichen Leistungsfähigkeit des Steuersubjekts im Vordergrund steht. Der Bund hat durch den Erlass des Einkommensteuergesetzes (EStG) von seiner konkurrierenden Gesetzgebungsbefugnis Gebrauch gemacht. Die Einkommensteuer ist eine Gemeinschaftsteuer, die von den Landesfinanzbehörden im Auftrag des Bundes verwaltet wird.

1.1 Abgrenzung der Einkommensteuer zu anderen Steuern vom Einkommen

Das wirtschaftliche Ergebnis von natürlichen und juristischen Personen wird in der Bundesrepublik Deutschland durch die **Einkommensteuer**, die **Körperschaftsteuer** sowie die **Gewerbesteuer** erfasst. Darüber hinaus haben Religionsgemeinschaften, denen der Status einer Körperschaft des öffentlichen Rechts verliehen wurde (z.B. die römisch-katholische, die altkatholische, die evangelisch-lutherische und die evangelisch-reformierte Kirche sowie die jüdischen Gemeinden), gemäß den landesrechtlichen Bestimmungen das Recht, **Kirchensteuern** von den natürlichen Personen, die Mitglied ihrer Religionsgemeinschaft sind, zu erheben. Zudem wird seit dem Veranlagungszeitraum 1995 nach 1991 und 1992 erneut ein **Solidaritätszuschlag** nach den Vorschriften des Solidaritätszuschlaggesetzes (SolZG) erhoben. Die Kirchensteuer ist als Zuschlag zur Einkommensteuer, der Solidaritätszuschlag als Zuschlag zur Einkommensteuer und zur Körper-schaftsteuer ausgestaltet. Vorschriften zur Festsetzung und Erhebung dieser Zuschlag-steuern finden sich in § 51a EStG.

Der **Solidaritätszuschlag** beträgt seit dem Veranlagungszeitraum 1998 5,5 % der Einkommensteuer bzw. Körperschaftsteuer (vorher: 7,5 %). Er wird erst erhoben, wenn die (Jahres-) Einkommensteuer 972 € (bei zusammen veranlagten Ehegatten 1.944 €) übersteigt (§ 3 Abs. 3 SolZG). Oberhalb dieser Grenze steigt der Solidaritätszuschlag kontinuierlich an und erreicht ab einer Jahreseinkommensteuer von 1.340 € (bei zusammen veranlagten Ehegatten 2.680 €) den Höchstsatz von 5,5 % (§ 4 Satz 2 SolZG). Bei der Ermittlung der Einkommensteuer sind Kinderfreibeträge auch dann abzuziehen, wenn sie für einkommensteuerliche Zwecke nicht abgezogen werden, da sich der Kinderfreibetrag nicht günstiger auswirkt als das Kindergeld (vgl. Abschnitt B.8.5.5).

Die **Kirchensteuer** beträgt in Bayern und Baden-Württemberg 8 %, in den übrigen Bundesländern 9 % der Einkommensteuer. Wird berücksichtigt, dass die Kirchensteuer gemäß § 10 Abs. 1 Nr. 4 EStG bei der Ermittlung der einkommensteuerlichen Bemessungsgrundlage als Sonderausgabe (siehe Abschnitt B.8.3.6) abzugsfähig ist, so ergibt sich ein geringerer effektiver Kirchensteuersatz. Auch für die Ermittlung der Kirchensteuer sind Kinderfreibeträge selbst dann abzuziehen, wenn sie für einkommensteuerliche Zwecke nicht abgezogen werden (§ 51a Abs. 2 Satz 1 EStG).

Einkommensteuer und **Körperschaftsteuer** sind als Personensteuern ausgestaltet. Im Vordergrund des Steuertatbestandes steht somit das Steuersubjekt, das entsprechend seiner persönlichen Leistungsfähigkeit zur Finanzierung der Staatsausgaben herangezogen werden soll. Persönlich steuerpflichtig sind natürliche Personen hinsichtlich der Einkommensteuer sowie die in den §§ 1, 2 KStG genannten Körperschaften (insbesondere Kapitalgesellschaften) hinsichtlich der Körperschaftsteuer. Auf die persönliche Steuerpflicht wird ausführlich in den Abschnitten B.2 (zur Einkommensteuer) und C.2.1 (zur Körperschaftsteuer) eingegangen. Die **Gewerbesteuer** legt hingegen als Objektsteuer den Schwerpunkt auf die sachliche Steuerpflicht. Besteuert wird der Ertrag von Gewerbebetrieben, und zwar unabhängig davon, ob das Gewerbe von einer natürlichen Person oder einer Körperschaft betrieben wird. Aus dieser Konstruktion folgt, dass bezüglich eines Steuerpflichtigen niemals alle drei der genannten Ertragsteuern, sondern maximal zwei dieser Steuern zugleich anfallen können. Ein Steuerpflichtiger kann entweder nur einkommensteuerpflichtig oder nur körperschaftsteuerpflichtig sein. Betreibt der Steuerpflichtige ein Gewerbe, so tritt zu der Einkommensteuer oder der Körperschaftsteuer zusätzlich die Gewerbesteuer.

Bereits an dieser Stelle sei darauf hingewiesen, dass Personengesellschaften weder einkommensteuer- noch körperschaftsteuerpflichtig sind. Das Einkommen von Personengesellschaften wird nach dem Transparenzprinzip den Gesellschaftern zugerechnet und bei diesen nach den Vorschriften des EStG (bei natürlichen Personen als Gesellschaftern, § 15 Abs. 1 Nr. 2 EStG) oder des KStG (bei Kapitalgesellschaften als Gesellschaftern, § 8 Abs. 1 Satz 1 KStG i.V.m. § 15 Abs. 1 Nr. 2 EStG) versteuert. Für Zwecke der Gewerbesteuer ist die Personengesellschaft hingegen ein eigenständiges Steuersubjekt (vgl. § 5 Abs. 1 Sätze 1, 2 GewStG).

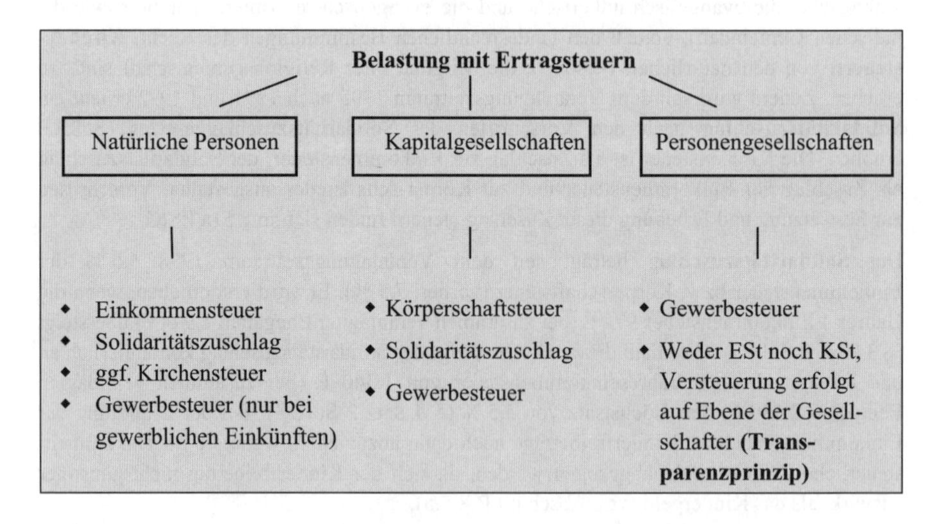

Abbildung B.1: Belastung der Rechtsformen mit Ertragsteuern

1.2 Rechtliche Grundlagen der Besteuerung

Zur Beurteilung steuerrechtlicher Fragen ist eine Vielzahl unterschiedlicher Rechtsquellen von Bedeutung. Neben Gesetzen sind Rechtsverordnungen und Verwaltungsanweisungen, zwischenstaatliche Abkommen sowie einschlägige Urteile von Gerichten zu beachten.

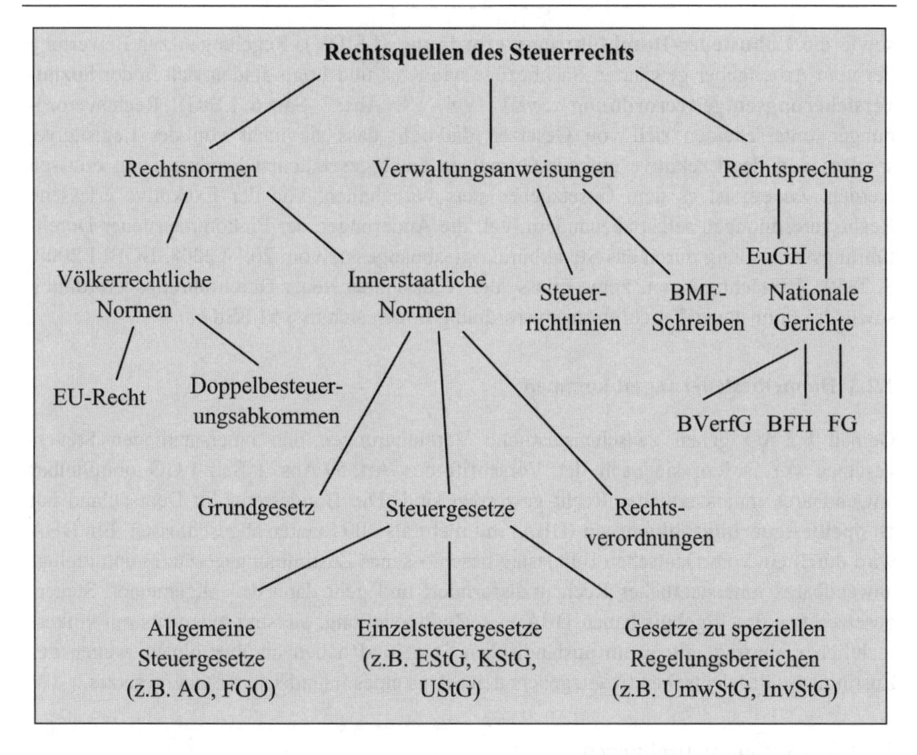

Abbildung B.2: Rechtsquellen des Steuerrechts

1.2.1 Gesetze

Unmittelbare Rechtsgrundlage der Einkommensteuer ist das Einkommensteuergesetz. Einkommensteuerliche Regelungen finden sich darüber hinaus auch in anderen Gesetzen, z.B. dem **Außensteuergesetz** (AStG), dem **Umwandlungssteuergesetz** (UmwStG), dem **Investitionszulagengesetz** (InvZulG), dem **Investmentsteuergesetz** (InvStG) sowie dem **REIT-Gesetz**. Ergänzend sind die allgemeinen steuerlichen Bestimmungen der **Abgabenordnung** (AO), der **Finanzgerichtsordnung** (FGO) und des **Bewertungsgesetzes** (BewG) zu beachten, sofern diese nicht durch speziellere Vorschriften des Einkommensteuergesetzes im Einzelfall überschrieben werden. Zudem knüpfen einkommensteuerliche Vorschriften in vielen Fällen an bürgerlich-rechtliche und handelsrechtliche Regelungen an. Eine Kenntnis grundlegender Vorschriften des **Bürgerlichen Gesetzbuchs** (BGB), des **Handelsgesetzbuchs** (HGB), des **Aktiengesetzes** (AktG), des **GmbH-Gesetzes** (GmbHG) sowie des **Umwandlungsgesetzes** (UmwG) ist daher auch für die Beurteilung steuerlicher Fragen unerlässlich. Zudem sind einkommensteuerliche Vorschriften selbstverständlich auch auf ihre Verfassungsmäßigkeit zu prüfen. Von Bedeutung sind insbesondere die Abschnitte I (Grundrechte) und X (Finanzwesen) des **Grundgesetzes**.

1.2.2 Rechtsverordnungen

Ebenfalls unmittelbar geltendes Recht und damit „Gesetze im materiellen Sinne" sind die zur Konkretisierung der gesetzlichen Vorschriften erlassenen Rechtsverordnungen. Von besonderer Bedeutung sind die **Einkommensteuer-Durchführungsverordnung** (EStDV) sowie die **Lohnsteuer-Durchführungsverordnung** (LStDV). Regelungen zur Bewertung der vom Arbeitgeber gewährten Sachbezüge wie Kost und Logis finden sich in der **Sozialversicherungsentgeltverordnung** (SvEV, vgl. § 8 Abs. 2 Satz 6 EStG). Rechtsverordnungen unterscheiden sich von Gesetzen dadurch, dass sie nicht von der Legislative, sondern von der Exekutive auf der Grundlage einer gesetzlichen Ermächtigung erlassen werden. Zudem ist es dem Gesetzgeber stets vorbehalten, von der Exekutive erlassene Rechtsverordnungen selbst abzuändern, vgl. die Änderungen der Einkommensteuer-Durchführungsverordnung durch das Steuerbürokratieabbaugesetz vom 20.12.2008, BGBl I 2008, S. 2850. Ermächtigungen zum Erlass der Einkommensteuer-Durchführungsverordnung sowie der Lohnsteuer-Durchführungsverordnung finden sich in § 51 EStG.

1.2.3 Doppelbesteuerungsabkommen

Gemäß § 2 AO gehen zwischenstaatliche Vereinbarungen den innerstaatlichen Steuergesetzen vor, sofern sie nach der Vorschrift des Art. 59 Abs. 2 Satz 1 GG unmittelbar anwendbares innerstaatliches Recht geworden sind. Die Bundesrepublik Deutschland hat **Doppelbesteuerungsabkommen** (DBA) mit mehr als 100 Staaten abgeschlossen. Ein DBA wird durch ein vom Deutschen Bundestag beschlossenes Zustimmungsgesetz in unmittelbar anwendbares innerstaatliches Recht transformiert und geht dann den allgemeinen Steuergesetzen vor. Im Ergebnis haben DBA eine Zwitterstellung; sie sind einerseits ein völkerrechtlicher Vertrag mit einem ausländischen Staat und haben darüber hinaus wegen der Zustimmung des deutschen Gesetzgebers den Status eines inländischen Steuergesetzes.

1.2.4 Verwaltungsanweisungen

Im Gegensatz zu Gesetzen und Rechtsverordnungen stellen **Verwaltungsanweisungen** nur interne Arbeitsanweisungen an die ausführenden Stellen der Finanzverwaltung dar, die lediglich die Finanzverwaltung selbst, nicht aber den Bürger und die Finanzgerichte binden. Auf Grund ihrer Anwendung durch die Finanzverwaltung sind sie aber eine wichtige Informationsquelle auf steuerrechtlichem Gebiet. Die von den Finanzbehörden herausgegebenen Verwaltungsanweisungen lassen sich in zwei Gruppen einteilen:

- Richtlinien
- BMF-Schreiben

Richtlinien geben allgemeine, an der Systematik des zugrunde liegenden Gesetzes orientierte Hinweise auf die Anwendung eines Gesetzes. Im Rahmen des Einkommensteuerrechts sind die Einkommensteuer-Richtlinien (EStR) sowie die Lohnsteuer-Richtlinien (LStR) zu nennen.

Darüber hinaus finden sich spezielle Hinweise zu konkret abgegrenzten Sachverhalten in den Schreiben des Bundesfinanzministers an die Finanzverwaltung (**BMF-Schreiben**, zum Teil auch als Erlasse bezeichnet). Wichtige BMF-Schreiben sind beispielsweise die Leasing-Erlasse (BMF-Schreiben vom 19.04.1971, BStBl I 1971, S. 264 und vom 21.03.1972, BStBl I 1972, S. 188), das BMF-Schreiben zur ertragsteuerlichen Behandlung der Erbengemeinschaft (BMF-Schreiben vom 14.03.2006, BStBl I 2006, S. 253), das BMF-Schreiben zur vorweggenommenen Erbfolge (BMF-Schreiben vom 13.01.1993, BStBl I 1993, S. 80, berichtigt durch BStBl I 1993, S. 464, teilweise neugefasst durch BStBl I 2007, S. 269), das BMF-Schreiben zur Abgrenzung zwischen privater Vermögensverwaltung und gewerblichem Grundstückshandel (BMF-Schreiben vom 26.03.2004, BStBl I 2004, S. 434) sowie der Nießbrauch-Erlass (BMF-Schreiben vom 24.07.1998, BStBl I 1998, S. 914, geändert durch BMF vom 09.02.2001, BStBl I 2001, S. 171).

1.2.5 Rechtsprechung

Ebenfalls erhebliche Bedeutung für die Beurteilung steuerrechtlicher Fragen haben die Urteile der Finanzgerichtsbarkeit. Darüber hinaus sind insoweit, wie Verfassungsfragen tangiert sind, Urteile und Beschlüsse des **Bundesverfassungsgerichts** (BVerfG) und insoweit, wie europarechtliche Normen betroffen sind, die Urteile des **Europäischen Gerichtshofs** (EuGH) zu beachten.

Die Finanzgerichtsbarkeit ist im Gegensatz zum Zivilrechtsweg nicht dreistufig, sondern nur zweistufig ausgestaltet. Eingangsinstanz sind die **Finanzgerichte** (FG) der Länder, Revisionsinstanz ist der **Bundesfinanzhof** (BFH) mit Sitz in München (§ 2 FGO). Urteile der Finanzgerichtsbarkeit haben zwar keine allgemeine Bindungswirkung, sondern binden zunächst nur die Prozessparteien. Dennoch bestimmt die Auslegung von Rechtsnormen durch die Gerichte regelmäßig die zukünftige Anwendung dieser Rechtsnormen durch die Finanzverwaltung.

1.3 Wirtschafts- und sozialpolitische Funktion der Einkommensteuer

Gemäß dem Leistungsfähigkeitsprinzip orientiert sich die Höhe der zu entrichtenden Einkommensteuer an der wirtschaftlichen Fähigkeit des Einzelnen, zur Finanzierung der staatlichen Ausgaben beizutragen. Da die individuellen Verhältnisse der Steuerpflichtigen sehr unterschiedlich sein können, bedingt die Orientierung der Besteuerung an der Leistungsfähigkeit, dass die einkommensteuerlichen Vorschriften entsprechend umfangreich und kompliziert sind. Das Prinzip der Besteuerung nach der persönlichen Leistungsfähigkeit kommt sowohl in den Vorschriften zur Bestimmung des zu versteuernden Einkommens, das gemäß § 2 Abs. 5 EStG Bemessungsgrundlage der Einkommensteuer ist (siehe Abschnitt B.3.7), als auch in dem auf diese Bemessungsgrundlage anzuwendenden Steuertarif (siehe Abschnitt B.4.4) zum Ausdruck. Zu nennen sind beispielsweise die folgenden Vorschriften:

- Vorschriften, die das Alter, den Familienstand und / oder die Zahl der Kinder bei der Ermittlung der Bemessungsgrundlage berücksichtigen:
  - **Entlastungsbetrag für Alleinerziehende** von 1.308 € im Kalenderjahr (§ 24b EStG),
  - **Kinderfreibetrag** i.H.v. 2.184 € und **Freibetrag für den Betreuungs- und Erziehungs- oder Ausbildungsbedarf** i.H.v. 1.320 € im Kalenderjahr, sofern nicht das Kindergeld der §§ 62 ff. EStG in Anspruch genommen wird; bei zusammen veranlagten Ehegatten verdoppeln sich die Beträge (§ 32 Abs. 6 EStG),
  - Abzug von **Kinderbetreuungskosten** (2/3 der Aufwendungen, max. 4.000 € je Kind) (§ 9c EStG),
  - **Altersentlastungsbetrag** von bis zu 1.900 € für Personen, die vor Beginn des Kalenderjahres das 64. Lebensjahr vollendet haben (§ 24a EStG),
  - Freibetrag des § 16 Abs. 4 EStG von bis zu 45.000 € für Gewinne aus **Betriebsveräußerung** oder **Betriebsaufgabe** für Personen, die das 55. Lebensjahr vollendet haben oder dauernd berufsunfähig sind,

- Anwendung eines **ermäßigten Steuersatzes** gemäß § 34 Abs. 3 EStG für Gewinne aus einer Betriebsaufgabe oder Betriebsveräußerung für Personen, die das 55. Lebensjahr vollendet haben oder dauernd berufsunfähig sind,

- Abzug zwangsweise anfallender finanzieller Belastungen, welche die entsprechenden Aufwendungen der überwiegenden Mehrzahl der Steuerpflichtigen gleicher Einkommens- und Vermögensverhältnisse und gleichen Familienstands übersteigen, als **außergewöhnliche Belastungen** gemäß §§ 33 – 33b EStG; zu nennen sind beispielsweise
  - Krankheitskosten (R 33.4 EStR),
  - Kosten der Wiederbeschaffung von Hausrat nach Brand oder Diebstahl (R 33.2 EStR),
  - Aufwendungen für die Berufsausbildung eines auswärtig untergebrachten volljährigen Kindes (§ 33a Abs. 2 EStG),
  - Pauschbeträge für Behinderte, Hinterbliebene und Pflegepersonen (§ 33b EStG).

- **Sonderausgabenabzug** für bestimmte Vorsorgebeiträge, insbesondere zur Krankheits- oder Altersvorsorge (§ 10 Abs. 1 Nr. 2, 3, § 10a EStG),

- **progressiver Steuertarif**; ein solcher Tarif ist dadurch gekennzeichnet, dass die durchschnittliche Steuerbelastung mit steigendem Einkommen ansteigt. Personen mit einem höheren Einkommen zahlen also nicht nur absolut, sondern auch relativ mehr als Steuerpflichtige mit einem niedrigeren zu versteuernden Einkommen. Ob der überproportionale Anstieg der Belastung des Einkommens mit steigender Bemessungsgrundlage unmittelbar aus dem Sozialstaatsprinzip des Art. 20 Abs. 1 GG abgeleitet werden kann oder nur den faktischen Regeln politischer und ökonomischer Klugheit folgt, ist umstritten (vgl. *K. Tipke* (2003), Bd. 2, S. 837).

Wirtschafts- und sozialpolitische Lenkungsfunktionen kommen darüber hinaus zum Ausdruck durch

- verschiedene **Abschreibungsvergünstigungen**, z.B. für Gebäude in Sanierungsgebieten gemäß § 7h EStG oder für den Mietwohnungsbau nach § 7 Abs. 5 EStG oder

- die Gewährung von **Investitionszulagen** nach dem Investitionszulagengesetz 2010 für bestimmte betriebliche Investitionen in den neuen Bundesländern.

2 Persönliche Steuerpflicht

§ 3 Abs. 1 AO konstituiert den Grundsatz der Tatbestandsmäßigkeit der Besteuerung. Eine Steuer darf nur erhoben werden, wenn der Tatbestand zutrifft, an den das Gesetz die Leistungspflicht knüpft. Wie in Abschnitt A.4 hervorgehoben wurde, kann der Tatbestand einer jeden Steuer in fünf Tatbestandsmerkmale zerlegt werden, nämlich das Steuersubjekt, das Steuerobjekt, den räumlichen Anwendungstatbestand, der sich sowohl auf das Steuersubjekt wie auch auf das Steuerobjekt beziehen kann, die Steuerbemessungsgrundlage und den Steuertarif. Das Steuersubjekt sowie der auf das Steuersubjekt Bezug nehmende räumliche Anwendungstatbestand können unter dem Begriff der **persönlichen Steuerpflicht** zusammengefasst werden. Unter den Begriff der **sachlichen Steuerpflicht** (Abschnitt B.3) fallen hingegen das Steuerobjekt, der auf das Steuerobjekt bezogene räumliche Anwendungstatbestand sowie die Steuerbemessungsgrundlage. Die Unterscheidung zwischen persönlicher und sachlicher Steuerpflicht folgt der Systematik des EStG, das in § 1 Vorschriften zur persönlichen und in § 2 Vorschriften zur sachlichen Steuerpflicht beschreibt.

Das Tatbestandsmerkmal der persönlichen Steuerpflicht beschäftigt sich mit der Frage, wer Steuerschuldner der Einkommensteuer ist. Nach § 1 EStG können nur **natürliche Personen** einkommensteuerpflichtig sein. Kein Steuersubjekt der Einkommensteuer sind hingegen juristische Personen und Personengesellschaften.

Während **juristische Personen des privaten Rechts** gemäß § 1 Abs. 1 Nrn. 1 - 4 KStG, **nicht eingetragene Vereine** gemäß § 1 Abs. 1 Nr. 5 KStG und **Betriebe gewerblicher Art** von juristischen Personen des öffentlichen Rechts gemäß § 1 Abs. 1 Nr. 6 KStG der Körperschaftsteuer unterliegen (siehe Abschnitt C.2.1.1), sind **Personengesellschaften** weder einkommensteuer- noch körperschaftsteuerpflichtig. Die Einkünfte von Personengesellschaften werden anteilig unmittelbar ihren Gesellschaftern zugerechnet und unterliegen bei diesen der Einkommensteuer (bzw. der Körperschaftsteuer, sofern der Anteilseigner keine natürliche Person, sondern ein körperschaftsteuerpflichtiges Rechtssubjekt ist) (siehe Abschnitt B.5.4.1.1). Die Personengesellschaft ist somit zwar nicht Steuersubjekt, wohl aber Gewinnerzielungssubjekt der Einkommensteuer.

Von dem Begriff des **Steuersubjekts** ist der Begriff des **Steuerpflichtigen**, der in § 33 AO definiert ist, zu unterscheiden. Der Begriff des Steuerpflichtigen ist nach § 33 AO umfassender als der des Steuersubjekts. Er bezeichnet nicht nur denjenigen, der eine Steuer schuldet, sondern auch denjenigen, der für eine (fremde) Steuer haftet, der eine Steuer für Rechnung eines Dritten einzubehalten, Sicherheit zu leisten, Bücher und Aufzeichnungen zu führen oder sonstige durch die Steuergesetze auferlegte Verpflichtungen zu erfüllen hat. Kapital- und Personengesellschaften sind insoweit Steuerpflichtige i.S.d. § 33 AO, als sie Lohnsteuer bzw. Kapitalertragsteuer einzubehalten und abzuführen haben. Personengesellschaften haben zudem Gewinnermittlungs- und andere Mitwirkungspflichten nach den §§ 140 ff. AO.

2.1 Steuersubjekt

2.1.1 Natürliche Personen

Der Begriff der natürlichen Person bezeichnet den lebenden Menschen von der Vollendung der Geburt bis zum Tod (vgl. § 1 BGB). Auf weitere Persönlichkeitsmerkmale, wie die zivilrechtliche Geschäftsfähigkeit, die Staatsangehörigkeit, das Alter oder Verfügungsbeschränkungen aufgrund einer Insolvenz kommt es grundsätzlich nicht an (vgl. auch *W. Heinicke*, in: L. Schmidt (2010), § 1, Rz. 11). So können auch ausländische Mitbürger, beschränkt geschäftsfähige Kinder zwischen dem 7. und dem 18. Lebensjahr (§ 106 BGB) und sogar geschäftsunfähige Kinder unter sieben Jahren (§ 104 Nr. 1 BGB) einkommensteuerpflichtig sein. Bereits an dieser Stelle sei aber darauf hingewiesen, dass dem Persönlichkeitsmerkmal der Staatsangehörigkeit im Rahmen der erweiterten unbeschränkten Einkommensteuerpflicht des § 1 Abs. 2 EStG sowie im Rahmen der erweiterten beschränkten Einkommensteuerpflicht des § 2 AStG Bedeutung zukommt (siehe ausführlich Abschnitte B.2.2.4 und B.2.2.6).

2.1.2 Nasciturus

In aller Regel ist der Begriff der natürlichen Person vom Zeitpunkt der Geburt bis zum Tod unproblematisch. Auf zwei Ausnahmesituationen soll jedoch kurz eingegangen werden. So kommt dem bereits gezeugten, aber noch nicht geborenen Kind (**nasciturus**) eine beschränkte Rechtsfähigkeit im Zivilrecht zu. Beispielsweise ist der nasciturus gemäß § 1923 Abs. 2 BGB erbrechtsfähig. Der persönlichen Einkommensteuerpflicht unterliegt der nasciturus hingegen unstreitig nicht. Hieraus scheint ein Steuervakuum für den Fall zu folgen, dass der noch nicht Geborene bereits gemäß § 1923 Abs. 2 BGB geerbt hat. Einkünfte, die zwischen dem Tod des Erblassers und der Geburt entstehen, unterliegen weder beim Erben der Einkommensteuer, da dieser noch nicht geboren ist, noch können sie dem Erblasser zugerechnet werden, da dessen persönliche Steuerpflicht mit dem Tod geendet hat. Allerdings ist eine Körperschaftsteuerpflicht als Zweckvermögen (!) gemäß § 1 Abs. 1 Nr. 5 KStG zu prüfen.

2.1.3 Verschollene

Ebenfalls problematisch ist die Einkommensteuerpflicht **Verschollener**. Die Todeserklärung wirkt gemäß § 9 Verschollenheitsgesetz (VerschG) auf den vermuteten Todeszeitpunkt zurück. Um aber zu vermeiden, dass die Steuerveranlagungen für den Verschollenen und den oder die Erben nur unter Vorbehalt durchgeführt werden können, gilt der Verschollene gemäß § 49 AO bis zum Tag der Todeserklärung für steuerliche Zwecke als lebend (siehe auch BFH-Urteil vom 21.09.1956, BStBl III 1956, S. 373; FG Köln, Urteil vom 08.02.1984, EFG 1984, S. 551). Bei Verheirateten ist somit bis zum Tag der Todeserklärung eine Zusammenveranlagung möglich (H 26 (Allgemeines) EStH).

2.2 Unbeschränkte und beschränkte Einkommensteuerpflicht

§ 1 EStG unterscheidet zwischen einer unbeschränkten und einer beschränkten Einkommensteuerpflicht. Die **unbeschränkte Steuerpflicht** lässt sich wiederum in eine normale, eine erweiterte und eine fiktive unbeschränkte Steuerpflicht einteilen. Zudem kann zwischen einer normalen und einer erweiterten **beschränkten Steuerpflicht** unterschieden werden (vgl. *J. Kroschel* in Ernst & Young, § 49 EStG, Tz. 40 ff.).

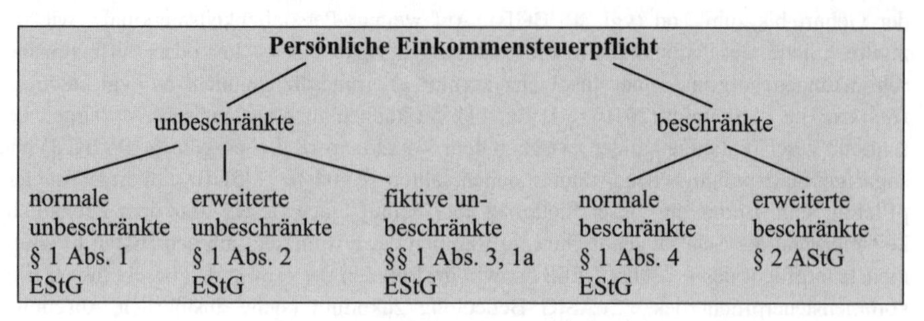

Abbildung B.3: Arten der persönlichen Einkommensteuerpflicht

2.2.1 Territorialitätsprinzip und Universalitätsprinzip

Gemäß § 1 Abs. 1 EStG sind natürliche Personen, die im Inland einen **Wohnsitz** (siehe Abschnitt B.2.2.2.1) oder ihren **gewöhnlichen Aufenthalt** (siehe Abschnitt B.2.2.2.2) haben, unbeschränkt einkommensteuerpflichtig. Hingegen sind natürliche Personen, die im Inland weder einen Wohnsitz noch ihren gewöhnlichen Aufenthalt haben, gemäß § 1 Abs. 4 EStG beschränkt einkommensteuerpflichtig, wenn sie inländische Einkünfte i.S.d. § 49 Abs. 1 EStG erzielen.

Das deutsche Einkommensteuerrecht (wie auch das Steuerrecht der meisten anderen Staaten) stellt eine Mischung aus **Territorialitätsprinzip** und **Universalitätsprinzip** dar. Die unbeschränkte Steuerpflicht orientiert sich am Universalitätsprinzip. Steuerinländer, d.h. natürliche Personen mit Wohnsitz oder gewöhnlichem Aufenthalt im Inland, sind mit ihrem Welteinkommen in Deutschland steuerpflichtig. Die beschränkte Steuerpflicht ist hingegen am Territorialitätsprinzip ausgerichtet. So unterliegen Steuerausländer nur mit inländischen Einkünften i.S.d. § 49 Abs. 1 EStG der deutschen Einkommensteuer. § 49 Abs. 1 EStG zählt abschließend alle Einkünfte aus im Inland gelegenen Einkunftsquellen auf, die die beschränkte Steuerpflicht auslösen. Die Einkunftsarten des § 49 Abs. 1 EStG entsprechen grundsätzlich den in Abschnitt B.7 beschriebenen sieben Einkunftsarten der unbeschränkten Steuerpflicht nach § 2 Abs. 1 EStG. Allerdings sind zusätzlich bestimmte Anknüpfungspunkte zum Inland erforderlich. Beispielsweise unterliegen gewerbliche Einkünfte grundsätzlich nur dann der beschränkten Steuerpflicht, wenn

- dafür eine **Betriebsstätte** (§ 12 AO) im Inland unterhalten wird oder
- ein **ständiger Vertreter** (§ 13 AO) im Inland bestellt ist.

Zum Begriff der Betriebsstätte vgl. BMF-Schreiben vom 24.12.1999, BStBl I 1999, S. 1076; vom 20.11.2000, BStBl I 2000, S. 1509; vom 25.08.2009, BStBl I 2009, S. 888; *Kahle / Ziegler*, DStZ 2009, S. 834; *Blumers*, DB 2006, S. 856; zum Begriff des ständigen Vertreters vgl. *F. Loschelder*, in: L. Schmidt (2010), § 49, Rz. 23 m.w.N.

2.2.2 Normale unbeschränkte Steuerpflicht

Unbeschränkt steuerpflichtig sind

- **natürliche Personen,**
- die im Inland
  - entweder einen **Wohnsitz** (§ 8 AO) oder
  - einen **gewöhnlichen Aufenthalt** (§ 9 AO) haben.

2.2.2.1 Wohnsitz

Abgesehen von den Tatbeständen der erweiterten und der fiktiven unbeschränkten Steuerpflicht ist eine natürliche Person nur dann in der Bundesrepublik Deutschland unbeschränkt einkommensteuerpflichtig, wenn sie im Inland einen Wohnsitz oder ihren gewöhnlichen Aufenthalt hat (§ 1 Abs. 1 Satz 1 EStG).

Einen Wohnsitz hat jemand gemäß § 8 AO dort, wo er eine Wohnung unter Umständen innehat, die darauf schließen lassen, dass er die Wohnung beibehalten und benutzen wird. Der Begriff der Wohnung ist weit auszulegen. Ausreichend ist ein fester, zum Wohnen geeigneter Raum, der nach den Verhältnissen des Steuerpflichtigen eingerichtet ist. Es genügt eine bescheidene Bleibe. Nicht erforderlich ist eine abgeschlossene Wohnung mit Küche und separater Waschgelegenheit (AEAO, zu § 8, Tz. 3). Wohnung in diesem Sinne kann auch ein möbliertes Zimmer, eine Unterkunft in einer Gemeinschaftswohnung, eine Zweitwohnung und selbst ein feststehender Campingwagen sein (BFH-Urteil vom 15.11.1974, BStBl II 1975, S. 278). Die Wohnung muss ständig zur Verfügung stehen und mit einer gewissen Regelmäßigkeit benutzt werden (BFH-Urteil vom 26.07.1972, BStBl II 1972, S. 949). Auf die Anmeldung beim Einwohnermeldeamt kommt es nicht an (BFH-Urteil vom 14.11.1969, BStBl II 1970, S. 153). Selbst eine längere Abwesenheit schließt das Vorliegen eines Wohnsitzes nicht aus (BFH-Urteil vom 19.03.1997, BStBl II 1997, S. 447). Die nur vorübergehende Nutzung einer Wohnung begründet hingegen keinen Wohnsitz. Ob die Wohnung nur vorübergehend genutzt wird oder ob von einer dauerhaften Beibehaltung auszugehen ist, muss unter Beachtung aller Umstände des Einzelfalls geprüft werden. Als Kriterien kommen die Dauer der tatsächlichen Nutzung, Bauausführung, Lage, Ausstattung und Einrichtung in Frage (BFH-Urteil vom 24.04.1964, BStBl III 1964, S. 462).

Nach der beschriebenen Definition des § 8 AO ist es offenbar möglich, dass mehrere Wohnungen eines Steuerpflichtigen einen Wohnsitz darstellen (BFH-Urteil vom 19.03.2002, BFH/NV 2002, S. 1411). Eine Person kann daher der unbeschränkten Steuerpflicht in mehreren Staaten unterliegen. Sie ist dann grundsätzlich in sämtlichen dieser Staaten mit ihrem Welteinkommen steuerpflichtig, sofern die mehrfache Besteuerung nicht durch Doppelbesteuerungsabkommen beseitigt wird.

2.2.2.2 Gewöhnlicher Aufenthalt

Den gewöhnlichen Aufenthalt hat jemand an einem Ort oder in einem Gebiet, wo er sich unter Umständen aufhält, die ein nicht nur vorübergehendes Verweilen erkennen lassen (§ 9 Satz 1 AO, vgl. auch AEAO, zu § 9). Gemäß § 9 Satz 2 AO liegt ein gewöhnlicher Aufenthalt stets dann vor, wenn der Steuerpflichtige sich im Inland mehr als sechs Monate zeitlich zusammenhängend aufhält. Dies gilt nicht, wenn der Aufenthalt ausschließlich zu Besuchs-, Erholungs-, Kur- oder ähnlichen privaten Zwecken besteht und nicht länger als ein Jahr dauert (§ 9 Satz 3 AO). Kurzfristige Unterbrechungen, z.B. der Jahresurlaub eines Gastarbeiters, werden für die Sechs-Monats-Frist nicht berücksichtigt. Die Frist läuft weiter und die Unterbrechungszeit wird mitgerechnet.

Im Gegensatz zum Wohnsitz kommt es für den gewöhnlichen Aufenthalt entscheidend auf die tatsächliche körperliche Anwesenheit an. Eine Wohnung als fester Lebensmittelpunkt muss hingegen nicht unterhalten werden. Auch muss kein gleich bleibender Aufenthaltsort im Inland existieren. Auf Grund der operationalen Sechs-Monats-Frist kann die schwierigere Prüfung des Vorhandenseins eines Wohnsitzes in vielen Fällen unterbleiben. So mag es im Einzelfall nur schwer zu bestimmen sein, ob ein im Inland arbeitender und an wechselnden Orten wohnender Gastarbeiter einen Wohnsitz begründet hat. Bei einem mehr als sechsmonatigen zeitlich zusammenhängenden Aufenthalt im Inland leitet sich die unbeschränkte Steuerpflicht jedoch in jedem Fall aus dem Kriterium des gewöhnlichen Aufenthalts her.

2.2.3 Normale beschränkte Steuerpflicht

Natürliche Personen, die weder einen Wohnsitz noch einen gewöhnlichen Aufenthalt im Inland haben (und auch nicht der erweiterten oder fiktiven unbeschränkten Steuerpflicht unterliegen), sind gemäß § 1 Abs. 4 EStG **beschränkt einkommensteuerpflichtig**, wenn sie inländische Einkünfte i.S.d. § 49 Abs. 1 EStG erzielen. Der beschränkten Steuerpflicht unterliegen nur die inländischen Einkünfte.

Bei der Prüfung, ob die zusätzlichen Anknüpfungspunkte zum Inland nach § 49 Abs. 1 EStG erfüllt sind, ist von dem Grundsatz der **isolierenden Betrachtungsweise** des § 49 Abs. 2 EStG auszugehen. Danach bleiben im Ausland gegebene Besteuerungsmerkmale außer Betracht, soweit bei ihrer Berücksichtigung inländische Einkünfte nach § 49 Abs. 1 EStG nicht angenommen werden könnten (vgl. *F. Loschelder* in L. Schmidt (2010), § 49, Tz. 11; *J. Lüdicke*, DStR 2008, Beilage Heft 17, S. 25/9).

Beispiel B.1:

Eine natürliche Person ohne Wohnsitz und gewöhnlichen Aufenthalt im Inland vermietet ein inländisches Grundstück, das zu einem ausländischen gewerblichen Betriebsvermögen gehört.

Da das Grundstück in einer gewerblichen Betriebsstätte gehalten wird, begründen die Mieteinnahmen gewerbliche Einkünfte. Somit sind die zusätzlichen Anknüpfungspunkte zum Inland für gewerbliche Einkünfte (§ 49 Abs. 1 Nr. 2 EStG) zu prüfen. Da im Inland weder eine Betriebsstätte noch ein ständiger Vertreter vorhanden sind, unterliegen die gewerblichen Einkünfte nicht der beschränkten Steuerpflicht im Inland.

Nach der isolierenden Betrachtungsweise des § 49 Abs. 2 EStG sind jedoch im Ausland gegebene Besteuerungsmerkmale außer Betracht zu lassen, wenn dadurch inländische Einkünfte nach § 49 Abs. 1 EStG nicht angenommen werden könnten. Wird außer Betracht gelassen, dass das Grundstück zu einer im Ausland belegenen gewerblichen Betriebsstätte gehört, so liegen Einkünfte aus Vermietung und Verpachtung vor. In diesem Fall sind die zusätzlichen Anknüpfungspunkte zum Inland für Einkünfte aus Vermietung und Verpachtung (§ 49 Abs. 1 Nr. 6 EStG) zu prüfen. Da das Grundstück im Inland liegt, sind die Voraussetzungen des § 49 Abs. 1 Nr. 6 EStG erfüllt. Die Mieteinnahmen unterliegen der beschränkten Steuerpflicht im Inland (vgl. *J. Kroschel* in Ernst & Young, § 49 EStG, Tz. 86).

Nach § 50 Abs. 1 EStG können beschränkt Steuerpflichtige nur diejenigen Erwerbsaufwendungen abziehen, die mit den inländischen Einkünften in wirtschaftlichem Zusammenhang stehen. Die persönlichen Verhältnisse des Steuerschuldners bleiben weitgehend unberücksichtigt. Insbesondere können gemäß § 50 Abs. 1 Satz 3 EStG grundsätzlich Sonderausgaben nach §§ 10, 10a, 10c EStG, außergewöhnliche Belastungen nach §§ 33 – 33b EStG, der Freibetrag für Betriebsaufgabe- bzw. Betriebsveräußerungsgewinne nach § 16 Abs. 4 EStG, der Entlastungsbetrag für Alleinerziehende nach § 24b EStG und der Kinderfreibetrag sowie der Freibetrag für den Betreuungs- und Erziehungs- oder Ausbildungsbedarf nach § 32 Abs. 6 EStG nicht geltend gemacht werden. Auch die Vorteile des Splitting-Verfahrens bei der Ehegattenbesteuerung können gemäß § 26 Abs. 1 EStG nur in Anspruch genommen werden, wenn beide Ehegatten unbeschränkt steuerpflichtig sind.

2.2.4 Erweiterte unbeschränkte Steuerpflicht

Unbeschränkt steuerpflichtig sind nach § 1 Abs. 2 EStG auch deutsche Staatsangehörige, die im Inland weder einen Wohnsitz noch ihren gewöhnlichen Aufenthalt haben, sofern sie in einem Dienstverhältnis zu einer inländischen juristischen Person des öffentlichen Rechts stehen und dafür Arbeitslohn aus einer inländischen öffentlichen Kasse beziehen (vgl. BFH-Urteil vom 22.02.2006, BStBl II 2007, S. 106). In Frage kommt dieser als **erweiterte unbeschränkte Steuerpflicht** bezeichnete Tatbestand insbesondere für Botschaftsangehörige (siehe auch *M. Rodi*, RIW 1992, S. 484). Die erweiterte unbeschränkte Steuerpflicht erfasst auch Personen, die zum Haushalt des Auslandsbediensteten gehören und entweder die deutsche Staatsangehörigkeit besitzen oder keine Einkünfte oder nur Einkünfte beziehen, die ausschließlich im Inland einkommensteuerpflichtig sind. Weitere Voraussetzung für die erweiterte unbeschränkte Steuerpflicht von Personen, die im Haushalt des Auslandsbediensteten leben, ist allerdings, dass diese in dem ausländischen Staat nur beschränkt steuerpflichtig sind. Durch diese Forderung des § 1 Abs. 2 Satz 2 EStG soll eine doppelte Berücksichtigung der persönlichen Verhältnisse im In- und Ausland, z.B. durch Abzug von Sonderausgaben und außergewöhnlichen Belastungen, im Hinblick auf Haushaltsangehörige vermieden werden. Da auch Haushaltsangehörige des Auslandsbediensteten unbeschränkt einkommensteuerpflichtig sein können, wird die Anwendung des Splitting-Verfahrens eines Auslandsbediensteten mit seinem im gleichen Haushalt lebenden Ehegatten ermöglicht (vgl. auch BMF-Schreiben vom 08.10.1996, BStBl I 1996, S. 1191).

2.2.5 Fiktive unbeschränkte Steuerpflicht

Die **fiktive unbeschränkte Einkommensteuerpflicht** der §§ 1 Abs. 3, 1a EStG folgt konsequent aus der EuGH-Rechtsprechung, insbesondere dem **„Schumacker-Urteil"** (EuGH-Urteil vom 14.02.1995, EuGHE 1995, S. 225). Art. 48 des EG-Vertrages garantiert Arbeitnehmern, die Staatsangehörige eines Mitgliedsstaates der Europäischen Union sind, das Recht auf Freizügigkeit. Da das Recht der Freizügigkeit neben dem Einreise- und Aufenthaltsrecht auch das Recht auf Zugang zum Arbeitsmarkt beinhaltet, folgert der Europäische Gerichtshof, dass ein Mitgliedsstaat den Staatsangehörigen eines anderen Mitgliedsstaates, der im Inland z.B. als **Grenzpendler** Einkünfte erzielt, nicht schlechter als einen eigenen Staatsangehörigen behandeln darf, der sich in vergleichbarer Lage befindet. Insbesondere müssen die persönlichen Verhältnisse, z.B. durch den Abzug von Sonderausgaben und außergewöhnlichen Belastungen sowie durch Anwendung des Splitting-Verfahrens, berücksichtigt werden können.

Mit dem Jahressteuergesetz 1996 wurden die Leitlinien der EuGH-Rechtsprechung durch das Normengefüge der §§ 1 Abs. 3, 1a EStG in nationales Recht umgesetzt. Bemerkenswert ist allerdings, dass § 1 Abs. 3 EStG für alle natürlichen Personen ohne Wohnsitz und gewöhnlichen Aufenthalt im Inland gilt, also nicht nur für EU-Staatsangehörige. Gemäß § 1 Abs. 3 EStG sind Personen, die zwar im Inland weder ihren gewöhnlichen Aufenthalt noch ihren Wohnsitz haben, jedoch mindestens mit 90 % ihrer weltweiten Einkünfte der deutschen Einkommensteuer unterliegen oder nicht der deutschen Einkommensteuer unterliegende Einkünfte von nicht mehr als 8.004 € haben, auf Antrag unbeschränkt einkommensteuerpflichtig.

Beispiel B.2:

Eine natürliche Person A mit Wohnsitz in Belgien arbeitet in Deutschland und fährt täglich von seinem Wohnort in Belgien zur Arbeitsstätte nach Deutschland („Grenzpendler"). Neben den Einkünften aus nichtselbständiger Arbeit aus Deutschland bezieht A keine weiteren Einkünfte.

A ist in Belgien unbeschränkt steuerpflichtig und in Deutschland mangels Wohnsitzes grundsätzlich nur beschränkt steuerpflichtig. Das DBA weist das Besteuerungsrecht für die Einkünfte aus nichtselbständiger Arbeit dem Quellenstaat Deutschland zu. Bei der

Veranlagung zur beschränkten Steuerpflicht in Deutschland werden die persönlichen Verhältnisse des A nicht berücksichtigt, d.h. es können insbesondere keine Sonderausgaben und außergewöhnlichen Belastungen abgezogen werden (§ 50 Abs. 1 Satz 3 EStG) und das Splitting-Verfahren ist nicht anwendbar (§ 26 Abs. 1 EStG). In Belgien könnten die persönlichen Verhältnisse zwar grundsätzlich bei einer Veranlagung zur unbeschränkten Steuerpflicht Berücksichtigung finden, allerdings erzielt A keine Einkünfte aus Belgien. Im Ergebnis wäre A somit schlechter gestellt als eine natürliche Person mit Wohnsitz in Deutschland, die Einkünfte aus nichtselbständiger Arbeit aus Deutschland erzielt.

Gemäß § 1 Abs. 3 EStG kann sich A auf Antrag in Deutschland als (fiktiv) unbeschränkt steuerpflichtig behandeln lassen, da er mindestens 90 % seiner Einkünfte aus Deutschland bezieht. Er ist dann zum Abzug von Sonderausgaben und außergewöhnlichen Belastungen berechtigt und kann gegebenenfalls das Splitting-Verfahren in Anspruch nehmen.

2.2.6 Erweiterte beschränkte Steuerpflicht

Eine erweiterte beschränkte Steuerpflicht konstituiert schließlich § 2 des Außensteuergesetzes. Ein Steuerpflichtiger, der als deutscher Staatsangehöriger mindestens fünf Jahre unbeschränkt steuerpflichtig war und trotz einer Wohnsitzverlegung in ein niedrig besteuerndes Ausland die Bindung zum Inland nicht aufgibt, da er wesentliche wirtschaftliche Interessen im Inland unterhält, ist nach seinem Wegzug unter den Voraussetzungen des § 2 Abs. 1 AStG noch zehn Jahre nicht nur mit seinen Einkünften i.S.d. § 49 EStG steuerpflichtig, sondern mit allen Einkünften, die nicht Einkünfte i.S.d. § 34d EStG sind (erweiterte Inlandseinkünfte, vgl. BMF-Schreiben vom 02.12.1994, BStBl I 1995, Sondernummer 1, Tz. 2.5.0.1).

2.2.7 Vermeidung der doppelten Besteuerung

Da i.d.R. sowohl der Wohnsitzstaat als auch der Quellenstaat das Besteuerungsrecht für sich in Anspruch nehmen, unterliegen Einkünfte, die einem Steuerpflichtigen aus einem Staat, der nicht sein Wohnsitzstaat ist, zufließen, grundsätzlich in beiden Staaten der Einkommensteuer. Allerdings hat die Bundesrepublik Deutschland mit allen wichtigen Industriestaaten und auch vielen weiteren Staaten Abkommen zur Vermeidung der Doppelbesteuerung (sog. **Doppelbesteuerungsabkommen**, DBA) abgeschlossen (vgl. auch *K. Vogel / M. Lehner* (2008)). Diese Abkommen haben eine Vermeidung der Doppelbesteuerung zum Ziel, indem ein Staat auf die Besteuerung verzichtet (**Freistellungsmethode**) oder die im Ausland erhobene Steuer auf die inländische Steuer anrechnet (**Anrechnungsmethode**). Im Hinblick auf Einkünfte, die ein im Inland unbeschränkt Steuerpflichtiger in einem Staat erzielt, mit dem kein Doppelbesteuerungsabkommen besteht, sieht § 34c EStG eine Milderung der Doppelbesteuerung durch eine Anrechnung der im Ausland erhobenen Steuer auf die inländische Steuer (**Anrechnungsmethode**, § 34c Abs. 1 EStG) oder durch einen Abzug der ausländischen Steuer von der inländischen Bemessungsgrundlage (**Abzugsmethode**, § 34c Abs. 2 EStG) vor (vgl. *F. Köhler*, FR 1993, S. 489; *S. Köhler*, DStR 2003, S. 1156).

2.2.8 Wechsel von der beschränkten in die unbeschränkte Steuerpflicht oder umgekehrt

Wechselt der Steuerpflichtige im Laufe eines Kalenderjahres von der beschränkten in die unbeschränkte Steuerpflicht oder umgekehrt (z.B. durch die Begründung oder Aufgabe eines Wohnsitzes), so ist gemäß § 2 Abs. 7 Satz 3 EStG nur eine Veranlagung durchzuführen, und zwar nach den Grundsätzen der unbeschränkten Steuerpflicht. Die während der be-schränkten Steuerpflicht erzielten inländischen (!) Einkünfte sind zu diesem Zweck in die Veranlagung zur unbeschränkten Einkommensteuerpflicht mit einzubeziehen.

3 Sachliche Steuerpflicht

Der Begriff der sachlichen Steuerpflicht bezeichnet die Sache, Geldsumme oder wirtschaftliche Handlung, an deren Vorliegen oder Höhe die Besteuerung anknüpft. Die Einkommensteuer belastet, wie sich aus dem Wortlaut ergibt, das Einkommen des Steuerpflichtigen. Da eine offensichtliche, allgemein anerkannte Definition des Einkommens nicht existiert, stellt sich die Frage, welcher Einkommensbegriff als Bemessungsgrundlage der Einkommensteuer dienen soll.

3.1 Einkommensteuerlicher Einkommensbegriff

Dem deutschen Einkommensteuerrecht liegt kein theoretischer, sondern ein pragmatischer Einkommensbegriff zugrunde. Er ist historisch als Kompromiss zwischen dem quellentheoretischen Einkommensbegriff, der dem Preußischen Einkommensteuergesetz von 1891 zugrunde lag, und dem Einkommensbegriff nach der Reinvermögenszugangs-theorie, auf dem das Reichs-Einkommensteuergesetz von 1920 basierte, zu betrachten (zur Geschichte der Einkommensteuer vgl. *S. E. Franke* (1981); *K. Tipke / J. Lang* (2010), S. 235).

Nach der **Quellentheorie** ist Einkommen die Gesamtheit der Güter, die dem Steuerpflichtigen in einer Periode als Erträge dauernder Quellen zufließen. Einmalige Zuflüsse (z.B. Veräußerungsgewinne, Lotteriegewinne) gehören als Wertveränderungen des Stammvermögens nicht zum Einkommen. Nur die Erträge dauernder Quellen, nicht aber die Quellen selbst inzidieren nach dieser Theorie die wirtschaftliche Leistungsfähigkeit.

Nach der **Reinvermögenszugangstheorie** umfasst Einkommen hingegen alle Reinerträge während einer Periode, also alle Nettozuflüsse zwischen zwei Stichtagen. Bei einer weiten Auslegung der Reinvermögenszugangstheorie zählen auch unrealisierte Wertsteigerungen sowie die fiktive Miete selbstgenutzten Wohneigentums zum Einkommen.

Der Einkommensbegriff des Einkommensteuergesetzes hingegen ist **enumerativer (aufzählender) Natur**. Nur Einkommenszuflüsse, die sich in eine der in § 2 Abs. 1 EStG abschließend aufgezählten und in den §§ 13 - 24 EStG beschriebenen sieben Einkunftsarten einordnen lassen, sind steuerbar. Auch die siebente Einkunftsart (Sonstige Einkünfte) dient dabei nicht als Puffer für alle sonst denkbaren Einkünfte, sondern beinhaltet ihrerseits eine abschließende Aufzählung. Vermögenszuflüsse, die sich unter keine der sieben Einkunftsarten subsumieren lassen, z.B. Lotteriegewinne oder Erbschaften, sind nicht einkommensteuerpflichtig.

Trotz eines solchen pragmatischen Einkommensbegriffs lässt sich aber ein begrenzter Einfluss der beiden theoretischen Ideale der Quellentheorie und der Reinvermögenszugangstheorie auf das geltende Einkommensteuerrecht erkennen. Die sieben Einkunftsarten des § 2 Abs. 1 EStG lassen sich entsprechend ihrer grundsätzlichen Orientierung an einem der beiden theoretischen Ideale in zwei Gruppen einteilen. Die Einkunftsarten des § 2 Abs. 1 Satz 1 Nrn. 1 – 3 EStG, die zusammengefasst als Gewinneinkunftsarten oder betriebliche Einkunftsarten bezeichnet werden, orientieren sich an der Reinvermögenszugangstheorie, ohne dieser jedoch konsequent zu folgen. Die Einkunftsarten des § 2 Abs. 1 Satz 1 Nrn. 4 – 7 EStG (Überschusseinkunftsarten oder private Einkunftsarten) sind in entsprechender Weise an der Quellentheorie ausgerichtet. Die Orientierung an der Quellentheorie bzw. der Reinvermögenszugangstheorie kommt insbesondere dadurch zum Ausdruck, dass (realisierte) Wertsteigerungen des Stammvermögens im Rahmen der Gewinneinkunftsarten, grundsätzlich jedoch nicht im Rahmen der Überschusseinkunftsarten (Ausnahme: Gewinne aus privaten Veräußerungsgeschäften nach § 23 EStG; Gewinne aus dem Verkauf von Anteilen an Kapitalgesellschaften nach § 20 Abs. 2 EStG) steuerpflichtig sind.

3.2 Einkunftsarten

3.2.1 Die sieben Einkunftsarten

Der Einkommensteuer unterliegen gemäß § 2 Abs. 1 Satz 1 Nrn. 1 - 7 EStG die Einkünfte aus den sieben Einkunftsarten, die in den §§ 13 - 24 EStG näher ausgeführt sind.

1. Einkünfte aus Land- und Forstwirtschaft	§§ 13 - 14a EStG
2. Einkünfte aus Gewerbebetrieb	§§ 15 - 17 EStG
3. Einkünfte aus selbständiger Arbeit	§ 18 EStG
4. Einkünfte aus nichtselbständiger Arbeit	§ 19 EStG
5. Einkünfte aus Kapitalvermögen	§ 20 EStG
6. Einkünfte aus Vermietung und Verpachtung	§ 21 EStG
7. Sonstige Einkünfte	§§ 22, 23 EStG
Gemeinsame Vorschriften	§ 24 EStG

Tabelle B.1: Die sieben Einkunftsarten

§ 24 EStG enthält gemeinsame Vorschriften zu den sieben Einkunftsarten. Insbesondere sind gemäß § 24 EStG auch Entschädigungen, die als Ersatz für entgangene oder entgehende Einnahmen gewährt werden (§ 24 Nr. 1 Buchst. a EStG) sowie nachträgliche Einkünfte aus einer ehemaligen Tätigkeit (§ 24 Nr. 2 EStG) einkommensteuerpflichtig. Zu beachten ist, dass § 24 EStG keine neue Einkunftsart schafft, sondern dass eine Zuordnung zu der jeweiligen Einkunftsart des § 2 Abs. 1 Satz 1 Nrn. 1 – 7 EStG zu erfolgen hat.

3.2.2 Nettoprinzip

Nach dem **Nettoprinzip** (vgl. BFH-Beschluss vom 30.01.1995, BStBl II 1995, S. 281) wird bei den einzelnen Einkunftsarten nicht der Rohertrag, sondern nur der Reinertrag besteuert. Einkünfte stellen die Differenz von Einnahmen und Erwerbsaufwendungen dar.

Das Nettoprinzip ist nach der BVerfG-Rechtsprechung eine der Grundentscheidungen des ESt-Rechts; es darf nicht vollständig abgeschafft, bei Vorliegen eines besonderen, sachlich rechtfertigenden Grundes aber eingeschränkt werden (BVerfG-Urteil vom 04.12.2002, BStBl II 2003, S. 534; Birk, DStR 2009, S. 881). Das Nettoprinzip gilt seit 2009 nicht mehr bei den Einkünften aus Kapitalvermögen. Die Abgeltungsteuer von 25 % bezieht sich auf die **Einnahmen** aus Kapitalvermögen; Werbungskosten können nicht mehr abgezogen werden. Dies kann insbesondere bei fremdfinanziertem Erwerb von Vermögensanlagen zu einer effektiven Steuerquote von mehr als 100 % führen.

Beispiel B.3:

Eine natürliche Person erwirbt für ihr Privatvermögen kreditfinanziert Aktien für 100.000 €. In 2011 erhält sie eine Dividende von 6.000 €. Für das Darlehen muss sie in 2011 Schuldzinsen von 5.000 € entrichten.

Einnahmen aus Kapitalvermögen	6.000,00 €
Abgeltungsteuer, 25 % von 6.000 €	– 1.500,00 €
Solidaritätszuschlag, 5,5 % von 1.500 €	– 82,50 €
Schuldzinsen	– 5.000,00 €
Wirtschaftlicher Verlust	– 582,50 €

Eine wirtschaftlich sinnvolle Anlageentscheidung wird somit durch steuerliche Vorschriften unrentabel. Bezogen auf den Vorsteuergewinn von 1.000 € ergibt sich in diesem Beispiel eine Steuerquote von 158,25 %.

3.2.3 Gewinn- und Überschusseinkunftsarten

Die sieben Einkunftsarten können in Gewinn- und Überschusseinkunftsarten einerseits sowie in Haupt- und Nebeneinkunftsarten andererseits gegliedert werden.

1. Einkünfte aus Land- und Forstwirtschaft	Gewinn-einkunftsarten
2. Einkünfte aus Gewerbebetrieb	
3. Einkünfte aus selbständiger Arbeit	
4. Einkünfte aus nichtselbständiger Arbeit	Überschuss-einkunftsarten
5. Einkünfte aus Kapitalvermögen	
6. Einkünfte aus Vermietung und Verpachtung	
7. Sonstige Einkünfte	

Tabelle B.2: Gliederung der Einkunftsarten in Gewinn- und Überschusseinkunftsarten

Die Unterscheidung in **Gewinneinkunftsarten** (auch: **Betriebliche Einkunftsarten**) und **Überschusseinkunftsarten** (auch: **Private Einkunftsarten**) ist in § 2 Abs. 2 EStG normiert und entspricht dem theoretischen Gegensatz zwischen Reinvermögenszugangstheorie und Quellentheorie. Zwar besteuert das deutsche Einkommensteuerrecht grundsätzlich nur den Nettoertrag (Ausnahme: Einkünfte aus Kapitalvermögen, siehe Abschnitt B.3.2.2). Der Begriff der Einkünfte ist also nicht mit Einnahmen identisch, sondern bezeichnet die Differenz zwischen Einnahmen und Erwerbsaufwendungen. Gewinn- und Überschusseinkünfte unterscheiden sich jedoch im Hinblick auf die Einkunftsermittlung (sog. **Dualismus der Einkunftsermittlung**). Die Saldogröße, die die Einkünfte einer Einkunftsart bildet, heißt bei den Einkünften aus Land- und Forstwirtschaft, den Einkünften aus Gewerbebetrieb und den Einkünften aus selbständiger Arbeit **Gewinn** (§ 2 Abs. 2 Nr. 1 EStG) und berechnet sich als laufender Gewinn zuzüglich der Gewinne aus der Veräußerung von Wirtschaftsgütern des Betriebsvermögens. Hingegen werden Veräußerungsgewinne im Rahmen der Überschusseinkünfte bei der Ermittlung der Saldogröße **Überschuss der Einnahmen über die Werbungskosten** (§ 2 Abs. 2 Nr. 2 EStG) grundsätzlich nicht erfasst (zu den Ausnahmen siehe Abschnitt B.6).

3.2.4 Haupt- und Nebeneinkunftsarten

Die Differenzierung in **Haupt- und Nebeneinkunftsarten** bringt zum Ausdruck, dass die Einkünfte aus Kapitalvermögen, die Einkünfte aus Vermietung und Verpachtung und die Sonstigen Einkünfte gegenüber den Gewinneinkunftsarten sowie den Einkünften aus nichtselbständiger Arbeit nachrangig sind, sofern aus der Natur einer Einkunftsquelle keine eindeutige Zuordnung zu einer der Einkunftsarten folgt.

Beispiel B.4:

- Ein Landwirt erhält Zinsen aus einem betrieblichen Bankguthaben. Handelt es sich um Einkünfte aus Land- und Forstwirtschaft oder um Einkünfte aus Kapitalvermögen?
- Ein Gewerbetreibender vermietet eine Lagerhalle, die sich auf seinem Betriebsgrundstück befindet. Handelt es sich bei den Mieteinnahmen um Einkünfte aus Vermietung und Verpachtung oder um Einkünfte aus Gewerbebetrieb?

Die Nebeneinkunftsarten sind gegenüber den Haupteinkunftsarten stets nachrangig. Für die Einkünfte aus Kapitalvermögen folgt dies aus § 20 Abs. 8 EStG, für die Einkünfte aus Vermietung und Verpachtung aus § 21 Abs. 3 EStG, für die Sonstigen Einkünfte aus §§ 22 Nr. 1 Satz 1, Nr. 3 Satz 1, 23 Abs. 2 Satz 1 EStG. Kollisionen zwischen den verschiedenen Einkunftsarten können allerdings auch innerhalb der Haupt- sowie innerhalb der Nebeneinkunftsarten entstehen. Innerhalb der Nebeneinkunftsarten sind die Einkünfte aus Kapitalvermögen gegenüber den Einkünften aus Vermietung und Verpachtung subsidiär (§ 20 Abs. 8 EStG). Sonstige Einkünfte sind sowohl gegenüber den Einkünften aus Vermietung und Verpachtung als auch gegenüber den Einkünften aus Kapitalvermögen subsidiär (§§ 22 Nr. 1 Satz 1, Nr. 3 Satz 1, 23 Abs. 2 Satz 1 EStG). Der Vorschrift des § 15 Abs. 2 Satz 1 EStG, wonach eine Tätigkeit nur dann gewerblich sein kann, wenn es sich nicht um eine land- und forstwirtschaftliche oder freiberufliche Tätigkeit handelt, lässt sich entnehmen, dass die Einkünfte aus Gewerbebetrieb innerhalb der Haupteinkunftsarten gegenüber den Einkünften aus Land- und Forstwirtschaft und den Einkünften aus selbständiger Arbeit nachrangig sind (a.A. *G. Rose / C. Watrin* (2009), unter 2 C 1, wonach die Haupteinkunftsarten untereinander stets gleichrangig sind). Im Übrigen ergeben sich innerhalb der Haupteinkunftsarten i.d.R. keine Kollisionen.

Vereinfacht kann die Vor- bzw. Nachrangigkeit der verschiedenen Einkunftsarten wie folgt beschrieben werden:

Einkunftsart	
1. Einkünfte aus Land- und Forstwirtschaft	Haupt-einkunftsarten
2. Einkünfte aus Gewerbebetrieb	
3. Einkünfte aus selbständiger Arbeit	
4. Einkünfte aus nichtselbständiger Arbeit	
5. Einkünfte aus Kapitalvermögen	Neben-einkunftsarten
6. Einkünfte aus Vermietung und Verpachtung	
7. Sonstige Einkünfte	

Tabelle B.3: Vereinfachende Darstellung der Subsidiarität zwischen den verschiedenen Einkunftsarten

Für das Beispiel B.4 gilt somit:

- Die Zinsen, die der Landwirt aus einem betrieblichen Bankguthaben erhält, sind gemäß § 20 Abs. 8 EStG Einkünfte aus Land- und Forstwirtschaft.
- Die Mieteinnahmen, die dem Gewerbetreibenden aus der Vermietung der Lagerhalle zufließen, zählen gemäß § 21 Abs. 3 EStG zu den Einkünften aus Gewerbebetrieb.

In der steuerlichen Praxis von besonderer Bedeutung ist die Abgrenzung der Einkünfte aus Land- und Forstwirtschaft, der Einkünfte aus selbständiger Tätigkeit, der Einkünfte aus Kapitalvermögen sowie der Einkünfte aus Vermietung und Verpachtung von den Einkünften aus Gewerbebetrieb. Regelmäßig suchen Steuerpflichtige die Qualifizierung als gewerbliche Tätigkeit auf Grund der zusätzlichen Gewerbesteuerpflicht zu vermeiden. Allerdings sollte nicht unerwähnt bleiben, dass mit der Anrechnung der Gewerbesteuer auf die Einkommensteuer nach § 35 EStG seit dem Veranlagungszeitraum 2001 dieser Konflikt entschärft wurde, da die Gewerbesteuer damit weitgehend ihre steuerbelastungserhöhende Wirkung eingebüßt hat. Auf die genannten Abgrenzungen wird in den Abschnitten B.7.1.1 (zur Land- und Forstwirtschaft), B.7.3.5 (zur selbständigen Tätigkeit) sowie B.7.6.4 (zur Vermietung und Verpachtung) ausführlicher eingegangen.

3.3 Nicht steuerbare Zuflüsse

Ein Vermögenszufluss ist einkommensteuerlich unerheblich, wenn er

- **nicht steuerbar** ist oder
- zwar im ersten Schritt grundsätzlich steuerbar, aber im zweiten Schritt auf Grund einer ausdrücklichen Befreiungsvorschrift doch **steuerfrei** ist (siehe nachfolgender Abschnitt).

Nicht steuerbar sind auf Grund des enumerativen (aufzählenden) Charakters des einkommensteuerrechtlichen Einkommensbegriffes Vermögenszuflüsse, die sich nicht unter eine der sieben Einkunftsarten subsumieren lassen, z.B.

- Schenkungen, Erbschaften und Vermächtnisse,
- Lotterie-, Spiel- und Wettgewinne (vgl. FG Nürnberg, Urteil vom 17.01.1979, EFG 1979, S. 339),
- Preise, die nicht als Gegenleistung für eine konkrete Leistung gewährt werden (z.B. Nobelpreis),
- **nicht realisierte** Wertsteigerungen (Ausnahme: Wertaufholungsgebot gemäß § 6 Abs. 1 Nr. 1 Satz 4, Nr. 2 Satz 3 EStG).

Hinsichtlich der Steuerpflicht von **realisierten** Wertsteigerungen ist zwischen Wirtschaftsgütern des Betriebs- und des Privatvermögens zu differenzieren (zu den Begriffen des Betriebs- und Privatvermögens siehe ausführlich Abschnitt B.5.2.3.4.3). Realisierte Wertsteigerungen von Wirtschaftsgütern des Betriebsvermögens sind grundsätzlich steuer-pflichtig, realisierte Wertsteigerungen von Wirtschaftsgütern des Privatvermögens hingegen nur dann, wenn die Realisierung innerhalb der Spekulationsfrist des § 23 EStG erfolgt (siehe Abschnitt B.7.7.5), es sich um einen Anteil an einer Kapitalgesellschaft im Sinne von § 17 EStG handelt (siehe Abschnitt B.7.2.5), es sich um ein Wirtschaftsgut handelt, dass zu Einkünften aus Kapitalvermögen führt (§ 20 Abs. 2 EStG, siehe Abschnitt B.7.5.2) oder die Voraussetzungen des § 22 UmwStG erfüllt sind.

Steuerbar sind nach § 2 Abs. 1 EStG nur diejenigen Zuflüsse, die der Steuerpflichtige aus einer der im Rahmen der sieben Einkunftsarten aufgezählten Tätigkeiten "erzielt". Aus der gesetzlichen Forderung einer Einkunfts"erzielung" wird abgeleitet, dass es für die Entstehung steuerbarer Einkünfte nicht ausreicht, dass sich ein Vermögenszufluss unter eine der sieben Einkunftsarten subsumieren lässt, sondern dass zudem eine **zielgerichtete wirtschaftliche Betätigung** im Sinne von **Leistung und Gegenleistung** erforderlich ist (BFH-Beschluss vom 25.06.1984, BStBl II 1984, S. 751; *K. Tipke / J. Lang* (2010), S. 270). Eine zielgerichtete wirtschaftliche Betätigung liegt vor, wenn die Tätigkeit mit Gewinn- bzw. Überschusserzielungsabsicht (Einkünfteerzielungsabsicht) ausgeübt wird.

An einer **Einkünfteerzielungsabsicht** fehlt es bei „Gewinnen" oder „Verlusten" aus sog. Liebhaberei insbesondere deshalb, weil die entsprechenden Tätigkeiten oftmals auch aus persönlichen Neigungen, z.B. als Hobby, ausgeübt werden. „Gewinne" aus **Liebhaberei** sind nicht steuerpflichtig, „Verluste" als Aufwendungen zur Lebensführung i.S.d. § 12 Nr. 1 EStG nicht abzugsfähig. Die Abgrenzung zwischen steuerpflichtigen Einkünften und steuerfreier Liebhaberei kann im Einzelfall schwierig sein. Auch aus längeren Verlustperioden oder einem Totalverlust kann nicht zwingend auf das Fehlen einer Einkünfteerzielungsabsicht geschlossen werden. Für das Vorhandensein einer Ein-künfteerzielungsabsicht müssen äußere, objektive Umstände sprechen. Es muss sicher-gestellt sein, dass die verlustbringende Tätigkeit nicht nur aus in der Lebensführung liegenden persönlichen Gründen oder Neigungen ausgeübt wird (BFH-Urteil vom 17.06.1998, BStBl II 1998, S. 727; BVerfG-Beschluss vom 30.09.1998, DStR 1998, S. 1743). Verluste sind dann ausgleichsfähig, wenn zumindest auf längere Sicht mit einem Überschuss der Einnahmen bzw. mit Gewinnen zu rechnen ist. Wird hingegen ein Verlust dauerhaft bewusst in Kauf genommen, so liegt Liebhaberei vor, d.h. die Verluste aus dieser Tätigkeit können nicht mit Gewinnen aus anderen Tätigkeiten verrechnet werden (vgl. Spindler, DB 2007, S. 185; BFH-Urteil vom 01.04.2009, BStBl II 2009, S. 776; BMF-Schreiben vom 08.10.2004,

BStBl I 2004, S. 933; BFH-Beschluss vom 25.06.1984, BStBl II 1984, S. 751; BFH-Urteil vom 15.11.1985, BStBl II 1985, S. 205).

Eine Einzelfallentscheidung ist z.B. notwendig bei Ferienwohnungen oder Motorbooten, die sowohl selbstgenutzt als auch vermietet werden können. Dient die Vermietung nur dazu, die Kosten der privaten Freizeitgestaltung zu mindern, ohne dass langfristig ein Gewinn aus der Tätigkeit zu erwarten ist, so sind die Verluste steuerlich unbeachtlich (BFH-Urteil vom 28.08.1987, BStBl II 1988, S. 10).

Keine Gewinnerzielungsabsicht liegt vor, wenn **ausschließlich Steuervorteile** erzielt werden sollen. Zu denken ist beispielsweise an eine Investition, die in den ersten Jahren hohe Verluste erzielt. Selbst wenn die Gewinne in den nachfolgenden Jahren die Verluste nicht decken, könnte eine solche Investition bei einer Abzugsfähigkeit der Verluste in den ersten Jahren und einer Versteuerung der Gewinne in den nachfolgenden Jahren auf Grund von Zins- oder Progressionseffekten lohnend sein. Solchen Projekten, z.B. im Rahmen von bestimmten Verlustzuweisungs- und Abschreibungsgesellschaften, wird jedoch keine Gewinnerzielungsabsicht zugestanden (BFH-Urteil vom 21.08.1990, BStBl II 1991, S. 564). Und selbst für den Fall, dass bei solchen **Steuerstundungsmodellen** eine Totalgewinnerzielungsabsicht noch gegeben sein sollte, ist zusätzlich die Verlustausgleichsbeschränkung des § 15b EStG zu beachten (siehe Abschnitt B.10.1.5).

Schwierig ist die Abgrenzung des steuerbaren vom nicht steuerbaren Bereich auch bei der Teilnahme an Fernsehquizsendungen oder Spielshows. Fraglich ist insbesondere, ob der Kandidat den Gewinn auf Grund einer zielgerichteten wirtschaftlichen Betätigung im Sinne von Leistung und Gegenleistung erhält. Für ein solches gegenseitiges Leistungsverhältnis können sprechen (BMF-Schreiben vom 30.05.2008, BStBl I 2008, S. 645; BFH-Urteil vom 28.11.2007, BFH/NV 2008, S. 642):

- Dem Kandidaten wird vom Produzenten ein bestimmtes Verhaltensmuster vorgegeben.
- Dem Kandidaten wird neben der Gewinnchance und dem damit verbundenen Preisgeld noch ein erfolgsunabhängiges Antritts- oder Tagegeld gezahlt.
- Das Format sieht nicht nur einen einmaligen Auftritt vor, sondern erstreckt sich über mehrere Folgen. Der Kandidat muss hierfür ggf. Urlaub nehmen bzw. von der Arbeit freigestellt werden.
- Das Preisgeld hat die Funktion einer Entlohnung für eine Leistung. Es fließt als Erfolgshonorar zu.

Selbst wenn sich Zuflüsse, z.B. aus Erbschaften oder Lotteriegewinnen, als nicht steuerbar darstellen, sind die **Erträge** aus der **Anlage** solcher Einnahmen einkommensteuerpflichtig.

Beispiel B.5:

Eine natürliche Person gewinnt 500.000 € im Lotto. Der Lottogewinn wird in Aktien und festverzinsliche Wertpapiere angelegt. Zudem wird eine vermietete Wohnung zur Kapitalanlage erworben.

Der Vermögenszufluss (Lottogewinn) ist in voller Höhe nicht steuerbar. Dividenden aus den Aktien und Zinsen aus den festverzinslichen Wertpapieren führen hingegen zu steuerpflichtigen Einkünften aus Kapitalvermögen, die Mieteinnahmen der Wohnung führen zu steuerpflichtigen Einkünften aus Vermietung und Verpachtung.

3.4 Steuerfreie Einnahmen

Bestimmte Einnahmen, die sich grundsätzlich unter eine der Einkunftsarten des § 2 Abs. 1 EStG subsumieren lassen, sind aus wirtschafts- oder sozialpolitischen Gründen insbesondere nach den §§ 3, 3b EStG ausdrücklich von der sachlichen Einkommensteuerpflicht befreit. Nachfolgend seien die wichtigsten der steuerfreien Einnahmen aufgezählt:

- Leistungen aus einer Krankenversicherung, Pflegeversicherung oder gesetzlichen Unfallversicherung (§ 3 Nr. 1 Buchst. a EStG).
- Sachleistungen und Kinderzuschüsse aus den gesetzlichen Rentenversicherungen (§ 3 Nr. 1 Buchst. b EStG).
- Mutterschaftsgeld (§ 3 Nr. 1 Buchst. d EStG) sowie Erziehungs- und Elterngeld (§ 3 Nr. 67 EStG).
- Arbeitslosengeld I und II sowie Kurzarbeitergeld (§ 3 Nr. 2 EStG) und Wohngeld (§ 3 Nr. 58 EStG).
- Erstattungen des Arbeitgebers für Reisekosten, Umzugskosten und Mehraufwendungen bei beruflich bedingter doppelter Haushaltsführung (§ 3 Nrn. 13, 16 EStG).
- unentgeltliche oder verbilligte Überlassung von Vermögensbeteiligungen am Unternehmen des Arbeitgebers bis zu 360 € im Kalenderjahr (§ 3 Nr. 39 EStG).
- 40% der steuerbaren Dividenden und steuerbaren Einnahmen aus der Veräußerung von Anteilen an (inländischen und ausländischen) Kapitalgesellschaften, soweit diese zu den Einkünften aus Land- und Forstwirtschaft, aus Gewerbebetrieb oder aus selbständiger Arbeit gehören (§ 3 Nr. 40 EStG). Dies gilt unabhängig von der Höhe der Beteiligung. Hierzu gehören u.a.
  - Einnahmen aus der Veräußerung oder Entnahme von Anteilen an Kapitalgesellschaften, die in einem Betriebsvermögen gehalten werden (§ 3 Nr. 40 Satz 1 Buchst. a EStG).
  - Steuerbare Einnahmen aus Veräußerungen von im Privatvermögen gehaltenen Anteilen an Kapitalgesellschaften im Sinne von § 17 EStG (§ 3 Nr. 40 Satz 1 Buchst. c, vgl. Abschnitt B.7.2.5).
  - Dividenden sowie den Dividenden gleichgestellte Einnahmen und Bezüge (§ 3 Nr. 40 Satz 1 Buchst. d - h EStG; vgl. Abschnitte B.7.5.1.1, B.7.5.1.7).
- Bestimmte Stipendien (§ 3 Nr. 44 EStG).
- Trinkgelder (§ 3 Nr. 51 EStG).
- Beiträge an eine Pensionskasse, einen Pensionsfonds oder für eine Direktversicherung zum Aufbau einer kapitalgedeckten betrieblichen Altersversorgung, soweit sie 4 % der Beitragsbemessungsgrenze in der gesetzlichen Rentenversicherung nicht übersteigen (§ 3 Nr. 63 EStG). Hierfür ist ohne Bedeutung, ob die Beiträge vom Arbeitgeber oder (auf dem Wege der Entgeltumwandlung) vom Arbeitnehmer geleistet werden.
- Zuschläge, die für Nacht-, Sonntags- und Feiertagsarbeit gezahlt werden, soweit sie bei Nachtarbeit 25 % des Grundlohns, bei Sonntagsarbeit 50 % des Grundlohns sowie an gesetzlichen Feiertagen 125 % des Grundlohns (an den Weihnachtsfeiertagen und am 1. Mai 150 %) nicht übersteigen (§ 3b EStG).

- Investitionszulage, die vom Finanzamt zur Förderung bestimmter betrieblicher Investitionen ausgezahlt wird (§ 13 Satz 1 InvZulG 2010).

Zu beachten ist, dass bestimmte steuerfreie Einnahmen (u.a. Arbeitslosengeld I und II, Mutterschaftsgeld, Elterngeld) im Rahmen des Progressionsvorbehalts (§ 32b EStG) doch zu einer Erhöhung der festzusetzenden Einkommensteuer führen können (siehe ausführlich Abschnitt B.4.4.3).

3.5 Nicht abzugsfähige Ausgaben

Gemäß § 12 EStG können Ausgaben des Steuerpflichtigen für seine private Lebensführung nicht abgezogen werden (vgl. z.B. *Weber*, StuW 2009, S. 184). Die Vorschrift des § 12 EStG grenzt somit die Privatsphäre des Steuerpflichtigen von der Erwerbssphäre ab. Die in § 12 Nrn. 1 – 4 EStG genannten Aufwendungen können weder Betriebsausgaben im Rahmen der Gewinneinkunftsarten noch Werbungskosten im Rahmen der Überschusseinkunftsarten sein. Allerdings ist zu beachten, dass die §§ 10 – 10c und 33 – 33b EStG als Spezialvorschriften zu § 12 EStG den Abzug bestimmter Kosten der privaten Lebensführung aus wirtschafts- oder sozialpolitischen Gründen als Sonderausgaben (vgl. Abschnitt B.8.3) bzw. außergewöhnliche Belastungen (vgl. Abschnitt B.8.4) zulassen.

- **Lebenshaltungskosten**

  § 12 Nr. 1 Satz 1 EStG verbietet den Abzug der **Lebenshaltungskosten** im engeren Sinne, nämlich der Ausgaben des Steuerpflichtigen für seinen Haushalt und den Unterhalt seiner Familienangehörigen. Dieses Abzugsverbot erstreckt sich gemäß § 12 Nr. 1 Satz 2 EStG auch auf Lebensführungskosten, die sich aus der wirtschaftlichen oder gesellschaftlichen Stellung des Steuerpflichtigen erklären, und zwar selbst dann, wenn sie auch der Förderung des Berufs des Steuerpflichtigen dienen. Aus dieser Vorschrift wurde bisher ein Abzugsverbot für **gemischt veranlasste Aufwendungen** hergeleitet (BFH-Beschluss vom 19.10.1970, BStBl II 1971, S. 17, z.B. Aufwendungen für Fernsehgeräte, Schreibmaschinen, Reisekosten für eine teils beruflich, teils privat bedingte Reise). Es sollte vermieden werden, dass Steuerpflichtige auf Grund einer zufälligen oder auch bewusst herbeigeführten Verbindung von beruflichen oder privaten Erwägungen Aufwendungen der privaten Lebensführung in den steuerlich relevanten Bereich verlagern können, während andere Steuerpflichtige diese Aufwendungen nicht abziehen können. Mit Beschluss vom 21.09.2009 ist der BFH nunmehr von dieser Rechtsprechung abgerückt (BFH-Beschluss (GrS), BFH/NV 2010, S. 285; *Pezzer*, DStR 2010, S. 93; *Albert*, FR 2010, S. 220). Weder der Wortlaut der Vorschrift noch die Steuergerechtigkeit oder Gründe der Praktikabilität erlauben es, aus § 12 Nr. 1 EStG ein Abzugsverbot für gemischt veranlasste Aufwendungen herzuleiten. Der berufliche Anteil ist im Zweifel nach § 162 Abs. 1 AO zu schätzen. Mit Schreiben vom 06.07.2010 (DStR 2010, S. 1522) hat sich nun auch das BMF der Auffassung des BFH angeschlossen. Gemischte Aufwendungen können in einen beruflichen und einen privaten Teil aufgeteilt werden, wenn die beruflich veranlassten Anteile dargelegt und nachgewiesen werden und nicht von untergeordneter Bedeutung sind.

- **Freiwillige Zuwendungen**

  Gemäß § 12 Nr. 2 EStG können freiwillige Zuwendungen (einschließlich Zuwendungen auf Grund einer freiwillig begründeten Rechtspflicht) sowie Zuwendungen an eine gegenüber dem Steuerpflichtigen oder seinem Ehegatten unterhaltsberechtigte Person oder deren Ehegatten nicht abgezogen werden. Dies gilt auch für Renten und dauernde

Lasten, die freiwillig oder an unterhaltsberechtigte Personen gezahlt werden. Die Möglichkeit, diese Ausgaben gemäß § 10 Abs. 1 Nr. 1a EStG als Sonderausgaben abzuziehen, wird somit durch § 12 Nr. 2 EStG ausgeschlossen. Dies folgt logisch daraus, dass § 10 Abs. 1 Nr. 1a EStG im Einleitungssatz des § 12 EStG nicht genannt wird (vgl. BFH-Urteil vom 14.07.1993, BStBl II 1994, S. 19). Spiegelbildlich zu dem Abzugsverbot des § 12 Nr. 2 EStG beim zahlenden Teil sind Renten und dauernde Lasten gemäß § 22 Nr. 1 Satz 2 EStG beim Empfänger steuerfrei, sofern diese freiwillig oder gegenüber einer unterhaltsberechtigten Person gewährt werden (vgl. BFH-Urteil vom 20.10.1999, BStBl II 2000, S. 82). Zu Renten und dauernden Lasten sei auf die Ausführungen in Abschnitt B.10.2 verwiesen.

- **Einkommensteuer und sonstige Personensteuern**

  Gemäß § 12 Nr. 3 EStG ist die Einkommensteuer selbst nicht von ihrer eigenen Bemessungsgrundlage abzugsfähig. Dies gilt auch für die Lohnsteuer und die Kapitalertragsteuer als Erhebungsformen der Einkommensteuer. Ebenfalls ausdrücklich nicht abgezogen werden dürfen die übrigen Personensteuern, d.h. der Solidaritätszuschlag sowie die Erbschaft- und Schenkungsteuer. Aus der Vorschrift des § 12 Nr. 3 EStG wird zudem gefolgert, dass auch die Zinsen auf ein zur Begleichung der Einkommensteuer oder der übrigen Personensteuern aufgenommenes Darlehen nicht abgezogen werden können (FG Nds., Urteil vom 28.02.2007, EFG 2007, S. 1147, rkr). Auch steuerliche Nebenleistungen zu den genannten Steuern, z.B. Nachzahlungszinsen (§ 233a AO), können nicht abgezogen werden (BFH-Urteil vom 02.09.2008, BStBl II 2010, S. 25). Hingegen ist die Kirchensteuer, obwohl als Personensteuer ausgestaltet, gemäß § 10 Abs. 1 Nr. 4 EStG als Sonderausgabe abzugsfähig. Die Vorschrift des § 10 Abs. 1 Nr. 4 EStG geht § 12 Nr. 3 EStG als Spezialvorschrift vor. Schließlich verbietet § 12 Nr. 3 EStG den Abzug der Umsatzsteuer auf Entnahmen. Der Unternehmer, der Wirtschaftsgüter aus seinem Betrieb entnimmt, soll nicht besser gestellt werden als ein Steuerpflichtiger, der entsprechende Güter am Markt erwerben muss und den Kaufpreis einschließlich Umsatzsteuer auch nicht von der einkommensteuerlichen Bemessungsgrundlage abziehen kann.

- **Geldstrafen**

  § 12 Nr. 4 EStG verbietet den Abzug von Geldstrafen und sonstigen Aufwendungen mit Strafcharakter. Dies gilt auch für solche Aufwendungen mit Strafcharakter, die von einer ausländischen Behörde verhängt wurden, es sei denn, die ausländische Geldstrafe verletzt wesentliche Grundsätze der deutschen Rechtsordnung (BFH-Urteil vom 31.07.1991, BStBl II 1992, S. 85). Die Vorschrift des § 12 Nr. 4 EStG wird ergänzt durch § 4 Abs. 5 Nr. 8 EStG, wonach auch Geldbußen, Ordnungsgelder und Verwarnungsgelder nicht als Betriebsausgaben (oder Werbungskosten, vgl. § 9 Abs. 5 EStG) abgezogen werden können.

- **Aufwendungen für ein Erststudium**

  § 12 Nr. 5 EStG schließt den Abzug der Aufwendungen für eine erstmalige Berufsausbildung oder ein Erststudium aus, wenn dieses nicht im Rahmen eines Dienstverhältnisses stattfindet. Die Vorschrift verstößt nach allgemeiner Auffassung gegen das Nettoprinzip und ist daher verfassungswidrig (*W. Drenseck* in L. Schmidt (2010), § 12 Tz. 57; *D. Steck*, DStZ 2010, S. 194). Die Vorschrift benachteiligt Steuerpflichtige, die ihr Studium selbst finanzieren müssen, unangemessen gegenüber denjenigen, denen die Berufsausbildung vom Arbeitgeber im Rahmen eines Dienstverhältnisses gestellt wird. Anderer Auffassung ist der BFH in seinem Urteil vom

18.06.2009 (DStR 2009, S. 1952). Nach Auffassung des BFH normiert § 12 Nr. 5 EStG nicht etwa ein Abzugsverbot für Betriebsausgaben / Werbungskosten, sondern bestimmt nur typisierend, dass Aufwendungen für eine erst-malige Berufsausbildung noch nicht mit einer konkreten beruflichen Tätigkeit und hieraus fließenden Einnahmen im Zusammenhang stehen sollen. Zumindest für den Fall, dass ein Erststudium **nach** abgeschlossener Berufsausbildung absolviert wird, wird ein Abzug hingegen zugelassen, und zwar nicht nur begrenzt als Sonderausgaben nach § 10 Abs. 1 Nr. 7 EStG, sondern unbegrenzt als Betriebsausgaben / Werbungskosten.

Weitere Abzugsverbote konstituieren § 4 Abs. 4a - 7 EStG und § 9 Abs. 5 EStG. Ausgeschlossen wird der Abzug von bestimmten Ausgaben, obwohl sich diese als Erwerbsaufwendungen qualifizieren. Die genannten Vorschriften dienen somit nicht der Abgrenzung der Privatsphäre von der Erwerbssphäre und werden daher erst in Abschnitt B.5.5 zu Betriebsausgaben bzw. in Abschnitt B.6.2 zu Werbungskosten behandelt.

Zudem wird durch die Regelung des § 3c Abs. 1 EStG festgelegt, dass Aufwendungen, die mit steuerfreien Einnahmen in **unmittelbarem wirtschaftlichen Zusammenhang** stehen, weder als Betriebsausgaben noch als Werbungskosten abgezogen werden dürfen. Ein bloß mittelbarer wirtschaftlicher Zusammenhang ist nicht ausreichend. Entscheidend ist, dass – unabhängig von der Einkunftsart – Einnahmen und Ausgaben durch dasselbe Ereignis veranlasst sind (vgl. BFH-Urteile vom 26.03.2002, BStBl II 2002, S. 823; vom 24.08.1995, BStBl II 1995, S. 895).

Beispiel B.6:

Für einen beruflich bedingten Umzug entstehen einem Arbeitnehmer Kosten von 2.000 €. Der Arbeitgeber erstattet einen Teil der Kosten in Höhe von 1.500 €.

Die Erstattung der Umzugskosten ist nach § 3 Nr. 16 EStG steuerfrei. Insoweit, d.h. in Höhe von 1.500 €, entfällt der Werbungskostenabzug für die vom Arbeitnehmer entrichteten Umzugskosten. Die vom Arbeitnehmer wirtschaftlich selbst getragenen Umzugskosten (500 €) können als Werbungskosten abgezogen werden.

Nach der Rechtsprechung des BFH kann ein unmittelbarer wirtschaftlicher Zusammenhang zwischen Ausgaben und steuerfreien Einnahmen nur dann bestehen, wenn tatsächlich Einnahmen vorliegen (BFH-Urteile vom 06.07.2005, BStBl II 2006, S. 163; vom 29.05.1996, BStBl II 1997, S. 57). Demnach ist das Abzugsverbot des § 3c Abs. 1 EStG nur insoweit anzuwenden, wie im jeweiligen Veranlagungszeitraum tatsächlich steuerfreie Erträge zufließen.

Das Abzugsverbot des § 3c Abs. 1 EStG greift nicht für steuerfreie **Investitionszulagen**. Aufwendungen im Zusammenhang mit Investitionszulagen, z.B. Rechts- und Steuerberatungskosten, können somit abgezogen werden (Vfg. der OFD Frankfurt a.M. vom 03.08.2000, InvZ-1070, A-9-St II 24). § 3c EStG greift nur für steuerfreie Einnahmen, d.h. Einnahmen, die grundsätzlich unter eine der sieben Einkunftsarten fallen würden, aber auf Grund einer speziellen gesetzlichen Vorschrift ausdrücklich steuerfrei gestellt werden. Investitionszulagen gehören aber gemäß § 13 Satz 1 InvZulG 2010 gar nicht erst zu den Einkünften im Sinne des EStG.

Aufwendungen, die in einem wirtschaftlichen Zusammenhang stehen mit Einnahmen, die gemäß § 3 Nr. 40 EStG zu 40 % steuerfrei sind, dürfen gemäß § 3c Abs. 2 Satz 1 EStG nur zu 60 % als Betriebsausgaben oder Werbungskosten abgezogen werden und zwar unabhängig davon, in welchem Veranlagungszeitraum diese Einnahmen anfallen (§ 3c Abs. 2

Satz 1 EStG). Das Abzugsverbot zu 40 % gilt somit auch für Aufwendungen, die nicht in dem Veranlagungszeitraum entstehen, in denen die Einnahmen anfallen, sondern in früheren oder späteren Veranlagungszeiträumen. Mit Urteil vom 25.06.2009 (BStBl II 2010, S. 220) hatte der BFH entschieden, dass das Abzugsverbot nicht greift, wenn in **keinem** Veranlagungszeitraum Einnahmen anfallen. Nachdem die Finanzverwaltung auf dieses Urteil zunächst mit einem Nichtanwendungserlass reagiert hatte (BMF-Schreiben vom 15.02.2010, BStBl I 2010, S. 181), hat sich die Finanzverwaltung mit BMF-Schreiben vom 28.06.2010 (DStR 2010, S. 1337) der Auffassung des BFH doch angeschlossen. Mit Wirkung zum VZ 2011 hat der Gesetzgeber allerdings die alte Verwaltungsauffassung durch die Einfügung eines neuen Satzes 2 in § 3c Abs. 2 EStG wiederhergestellt. Danach reicht für das Abzugsverbot bereits die Absicht zur Erzielung von Betriebsvermögensmehrungen oder Einnahmen im Sinne des § 3 Nr. 40 EStG aus.

Beispiel B.7:

Der Steuerpflichtige A hat Aktien der X-AG für sein Betriebsvermögen erworben. Diesen Erwerb hat A fremdfinanziert. Ihm entstehen dadurch Finanzierungskosten i.H.v. 15.000 €. A erhält eine Dividende i.H.v. 75.000 € ausgezahlt.

	Steuerpflichtige Einnahme (§ 20 Abs. 1 Nr. 1 i.V.m. § 3 Nr. 40 Buchst. d EStG) (75 000 · 60 % =)	45.000 €
–	Finanzierungskosten (§ 9 Abs. 1 i.V.m. § 3c Abs. 2 EStG) (15.000 · 60 % =)	– 9.000 €
	Steuerpflichtige Einkünfte des A	36.000 €

Bereits an dieser Stelle sei darauf hingewiesen, dass die Einkommensteuer bei den Einkünften aus Kapitalvermögen durch eine Kapitalertragsteuer mit Abgeltungswirkung von 25 % erhoben wird. Da die Abgeltungsteuer ansonsten nicht administrabel wäre, können tatsächliche Werbungskosten nicht abgezogen werden (§ 20 Abs. 9 Satz 1 EStG). Hätte der Steuerpflichtige im obigen Beispiel die Aktien für sein Privatvermögen erworben, wäre somit eine Abgeltungsteuer von (75.000 € · 25 % =) 18.750 € von der depotführenden Bank einzubehalten und an das Finanzamt abzuführen. Die Werbungskosten von 15.000 € wären steuerlich unbeachtlich (siehe ausführlich Abschnitt B.7.5.4).

Ebenfalls nicht anwendbar ist § 3c EStG im Körperschaftsteuerrecht für Dividenden und Veräußerungsgewinne, die nach § 8b Abs. 1 und 2 KStG steuerfrei sind (§ 8b Abs. 3 Satz 2, Abs. 5 Satz 2 KStG). In diesen Fällen gelten pauschal 5 % der steuerfreien Einnahmen als nicht abzugsfähige Betriebsausgaben, die im Zusammenhang mit den steuerfreien Einnahmen stehen. Im Ergebnis sind somit unabhängig von der tatsächlichen Höhe der Betriebsausgaben nur 95 % der Dividenden bzw. Veräußerungsgewinne steuerfrei.

3.6 Zurechnung von Einkünften

Von Bedeutung ist sowohl die Zurechnung von Einkünften **zu einem Steuerpflichtigen** als auch die Zurechnung **zu einer Einkunftsart** bei diesem Steuerpflichtigen.

3.6.1 Zurechnung zum richtigen Steuerpflichtigen

Die Ausnutzung zivilrechtlicher Gestaltungsmöglichkeiten zur Übertragung einzelner Einkunftsquellen auf andere, insbesondere verwandte Personen kann zu einer Reduzierung der kumulierten Einkommensteuerbelastung durch

- eine Mehrfachnutzung von Pauschbeträgen und Freibeträgen sowie
- eine Minderung der Progression des Einkommensteuertarifs

führen.

Beispiel B.8:

Ein zusammen veranlagtes Ehepaar verfügt über festverzinsliche Wertpapiere mit einem Nennwert von 300.000 € und einer Nominalverzinsung von 5 %. Die Einkünfte aus Kapitalvermögen ergeben sich für das Jahr 01, indem von den Zinseinnahmen i.H.v. 15.000 € der Sparer-Pauschbetrag des § 20 Abs. 9 EStG von (2 · 801 =) 1.602 € abgezogen wird (15.000 – 1.602 = 13.398). Die depotführende Bank behält 25 % Abgeltungsteuer ein und führt diesen Betrag an das Finanzamt ab (25 % von 13.398 = 3.350 €).

Mit Wirkung zum 01.01.02 schenken die Ehegatten jedem ihrer zwei Kinder Wertpapiere mit einem Nennwert von 150.000 €. Diese Übertragung wird auch einkommensteuerlich anerkannt. Sofern die Kinder über keine weiteren Einkünfte verfügen, erzielt jedes Kind Einkünfte aus Kapitalvermögen i.H.v. (7.500 – 801 =) 6.699 €. Dieser Betrag liegt unter dem Grundfreibetrag, welcher für den Veranlagungszeitraum 2010 8.004 € beträgt. Die Kinder haben somit keine Steuern zu entrichten. Durch die Schenkung der Wertpapiere an die Kinder sinkt die steuerliche Belastung um 3.350 €.

Nach der Rechtsprechung des BFH steht es Angehörigen grundsätzlich frei, ihre Rechtsverhältnisse so zu gestalten, dass sie steuerlich möglichst günstig sind (BFH-Urteil vom 18.12.1990, BStBl II 1991, S. 391). Derartige Sachverhaltsgestaltungen zwischen Verwandten zum Zwecke der Belastungsminderung werden allerdings steuerlich nur dann anerkannt, wenn sie zivilrechtlich wirksam, klar geregelt und tatsächlich durchgeführt werden. Die Einkunftserzielung muss auf Namen, Rechnung und Gefahr des Beschenkten durchgeführt werden (BFH-Urteil vom 13.05.1980, BStBl II 1981, S. 295). Die schenkweise übertragene Einkunftsquelle darf nicht vom Schenker zurückgefordert werden können (BFH-Urteil vom 05.07.1979, BStBl II 1979, S. 670; a.A. offenbar BFH-Urteil vom 19.11.2003, BFH/NV 2004, S. 1079). Zu den Voraussetzungen für die Anerkennung der Übertragung von Kapitalvermögen auf Kinder siehe Vfg. der OFD Magdeburg vom 26.01.2007, DB 2007, S. 603.

Keine entsprechende Belastungsminderung kann hingegen durch eine schenkweise Übertragung der Einnahmen oder eine Abtretung der Ansprüche auf diese Einnahmen erzielt werden, wenn nicht zugleich die Einkunftsquelle übertragen wird. Schenkungen und Forderungsabtretungen stellen nämlich eine Einkommensverwendung i.S.d. § 12 Nr. 2 EStG dar, die logisch erst nach der Erzielung der Einkünfte beim Schenker oder Abtretenden erfolgt. Lediglich durch eine Abtretung der Zinsforderungen an ihre Kinder hätten die Ehegatten im obigen Beispiel somit keine Steuerminderung erreichen können.

Es sei zudem darauf hingewiesen, dass Einkunftsquellen, die auf persönlichen Leistungen basieren, nicht übertragbar sind. Zwar können land- und forstwirtschaftliche Betriebe, Gewerbebetriebe, Mietobjekte oder Kapitalvermögen übertragen werden. Eine entsprechende Übertragung der Lohneinkünfte eines Arbeitnehmers nach § 19 EStG ist hingegen nicht möglich. Das Gleiche gilt auch für Einkünfte aus selbständiger Arbeit, da die persönliche Mitarbeit des Selbständigen nach § 18 Abs. 1 Nr. 1 Satz 3 EStG ein Tatbestandsmerkmal dieser Einkunftsart ist. Die Einkünfte eines Arbeitnehmers oder eines Freiberuflers sind somit stets bei diesem zu versteuern.

3.6.2 Zurechnung zur richtigen Einkunftsart

Neben der Zurechnung von Einkünften zu einem Steuerpflichtigen ist die richtige Zurechnung der Einkünfte zu den Einkunftsarten von Bedeutung. Zwar stellt das deutsche Einkommensteuerrecht grundsätzlich kein Schedularsteuersystem dar, d.h. die Einkünfte verschiedener Einkunftsarten werden i.d.R. gleich behandelt, insbesondere einem einheitlichen Steuertarif unterworfen. Allerdings wohnen dem deutschen Einkommensteuerrecht in vielerlei Hinsicht einzelne, schedulenhafte Elemente inne, die eine korrekte Zuordnung der Einkünfte zu den Einkunftsarten nicht nur aus formalen, sondern auch aus materiellen Gründen erfordern. Die wichtigsten dieser Regelungen sind im Folgenden beispielhaft aufgezählt:

- Die Zurechnung zu einer Gewinn- oder Überschusseinkunftsart entscheidet über die Methode der Einkunftsermittlung nach der Reinvermögenszugangstheorie oder der Quellentheorie. So unterliegen Gewinne aus der Vermögensstammveräußerung bei den Gewinneinkunftsarten, grundsätzlich jedoch nicht bei den Überschusseinkunftsarten der Einkommensteuer.
- Eine Reihe von Pauschbeträgen, Freibeträgen und Freigrenzen ist an das Vorliegen bestimmter Einkunftsarten geknüpft. Zu denken ist insbesondere an den Arbeitnehmer-Pauschbetrag des § 9a Nr. 1 EStG für die Einkünfte aus nichtselbständiger Arbeit, den Sparer-Pauschbetrag des § 20 Abs. 9 EStG für die Einkünfte aus Kapitalvermögen, den Freibetrag des § 13 Abs. 3 EStG für Land- und Forstwirte sowie die Freigrenze des § 23 Abs. 3 Satz 5 EStG für Gewinne aus privaten Veräußerungsgeschäften.
- Die Möglichkeit des Verlustausgleichs bzw. Verlustabzugs besteht nicht bei allen Einkunftsarten uneingeschränkt. Verlustausgleichs- oder -abzugsbeschränkungen sind insbesondere zu beachten im Hinblick auf Verluste aus gewerblicher Tierzucht oder Tierhaltung und aus bestimmten Termingeschäften (§ 15 Abs. 4 EStG), Verluste aus Kapitalvermögen (§ 20 Abs. 6 EStG), Verluste aus privaten Veräußerungsgeschäften (§ 23 Abs. 3 Sätze 7-10 EStG), ausländische Verluste (§ 2a EStG), Verluste im Zusammenhang mit Steuerstundungsmodellen (§ 15b EStG) sowie Einkünfte des beschränkt haftenden Gesellschafters einer Personengesellschaft (§ 15a EStG).
- Bei der Gewährung des Altersentlastungsbetrags nach § 24a EStG wird zwischen den Einkünften aus nichtselbständiger Arbeit und den übrigen Einkünften differenziert (siehe Abschnitt B.8.1).
- Veranlagungszeitraum ist stets das Kalenderjahr. In der Regel entspricht der Veranlagungszeitraum zudem dem Gewinnermittlungszeitraum. Bei Land- und Forstwirten sowie Gewerbetreibenden kann jedoch ein abweichendes Wirtschaftsjahr als Ermittlungszeitraum zugrunde gelegt werden (siehe Abschnitt B.4.1).
- Die Gewerbesteuer knüpft an die Einkünfte aus Gewerbebetrieb an (siehe Kapitel D.), während die übrigen Einkünfte nicht gewerbesteuerpflichtig sind.
- In § 35 EStG wird für die Einkünfte aus Gewerbebetrieb eine Steuerermäßigung in Höhe des 3,8-fachen des Gewerbesteuer-Messbetrags festgeschrieben (siehe Abschnitt B.7.2.7).
- Die Form der Steuererhebung richtet sich nach der Einkunftsart. So ist die Lohnsteuer regelmäßige Erhebungsform der Einkünfte aus nichtselbständiger Arbeit, die Kapitalertragsteuer (Abgeltungsteuer) regelmäßige Erhebungsform der Einkünfte aus Kapitalvermögen (siehe Abschnitt B.4.5.2.1).

3.7 Ermittlung der einkommensteuerlichen Bemessungsgrundlage

Der Einkommensteuertarif wird gemäß § 32a Abs. 1 Satz 1 EStG auf das **„zu versteuernde Einkommen"** angewendet. Die Ermittlung des „zu versteuernden Einkommens" richtet sich nach den Vorschriften des § 2 Abs. 1 - 5 EStG. Dabei sind zunächst die Zwischengrößen **„Summe der Einkünfte"**, **„Gesamtbetrag der Einkünfte"** und **„Einkommen"** zu berechnen. Die in § 2 Abs. 1 - 5 EStG angegebene Reihenfolge der Ermittlung des zu versteuernden Einkommens ist zwingend einzuhalten, da bei verschiedenen Berechnungsschritten auf die Höhe bereits ermittelter Zwischengrößen zurückgegriffen wird. Beispielsweise hängt die Höhe des Altersentlastungsbetrags nach § 24a EStG von der Summe der Einkünfte ab; die gemäß § 10b EStG abzugsfähigen Spenden nehmen Bezug auf den Gesamtbetrag der Einkünfte; zur Ermittlung der abziehbaren außergewöhnlichen Belastungen ist die Kenntnis des Gesamtbetrags der Einkünfte ebenfalls erforderlich (§ 33 Abs. 3 EStG).

Die Vorschriften des § 2 Abs. 1 – 5 EStG geben die Ermittlung des zu versteuernden Einkommens allerdings nicht vollständig wieder. Eine ausführlichere Darstellung, an der sich das folgende Schema orientiert, findet sich in R 2 EStR.

	Einkünfte aus Land- und Forstwirtschaft
+	Einkünfte aus Gewerbebetrieb
+	Einkünfte aus selbständiger Arbeit
+	Einkünfte aus nichtselbständiger Arbeit
+	Einkünfte aus Kapitalvermögen
+	Einkünfte aus Vermietung und Verpachtung
+	Sonstige Einkünfte
→	ggf. Saldierung
=	**Summe der Einkünfte**
–	Altersentlastungsbetrag (§ 24a EStG), siehe B.8.1
–	Entlastungsbetrag für Alleinerziehende (§ 24b EStG), siehe B.8.2
–	Freibetrag für Land- und Forstwirte (§ 13 Abs. 3 EStG), siehe B.7.1.2
=	**Gesamtbetrag der Einkünfte** (§ 2 Abs. 3 EStG)
–	Verlustabzug (§ 10d EStG), siehe B.10.1.2
–	Sonderausgaben (§§ 10 – 10c, 9c Abs. 2 EStG), siehe B.8.3
–	außergewöhnliche Belastungen (§§ 33 – 33b EStG), siehe B.8.4
–	Steuerbegünstigung für Wohnungen, Gebäude, Baudenkmale und schutzwürdige Kulturgüter (§§ 10e – 10i EStG), siehe B.7.6.11
=	**Einkommen** (§ 2 Abs. 4 EStG)
–	Freibeträge für Kinder (§§ 31, 32 Abs. 6 EStG), siehe B.8.5.2
–	Abzugsbeträge nach § 46 Abs. 3 EStG, § 70 EStDV
=	**zu versteuerndes Einkommen** (§ 2 Abs. 5 EStG)

Tabelle B.4: Ermittlung des zu versteuernden Einkommens

3.8 Ermittlung der festzusetzenden Einkommensteuer

Die festzusetzende Einkommensteuer ermittelt sich nach § 2 Abs. 5, 6 EStG in zwei Schritten. Zunächst ist die **tarifliche Einkommensteuer** durch Anwendung des Steuertarifs des § 32a EStG auf das zu versteuernde Einkommen zu berechnen.

Zu beachten ist, dass sich die tarifliche Einkommensteuer in den Fällen des § 32b EStG, der für bestimmte steuerfreie Vermögensmehrungen einen Progressionsvorbehalt vorsieht, in den Fällen der §§ 34, 34b EStG, die für bestimmte außerordentliche Einkünfte eine Tarifermäßigung vorsehen, in den Fällen des § 34a EStG, der einen ermäßigten Steuersatz für nicht entnommene Gewinne vorsieht, sowie in den Fällen des § 32d EStG, der einen besonderen Steuersatz für Einkünfte aus Kapitalvermögen vorsieht, nach abweichenden Vorschriften bemisst.

In einem zweiten Schritt ist die tarifliche Einkommensteuer um die in § 2 Abs. 6 EStG genannten Beträge zu modifizieren, um die **festzusetzende Einkommensteuer** zu erhalten.

Die folgende Darstellung orientiert sich an dem Schema in R 2 EStR.

Zu versteuerndes Einkommen (§ 2 Abs. 5 EStG)	
→	Anwendung des Steuertarifs nach § 32a EStG (siehe B. 4.4) unter Berücksichtigung
◆	des Progressionsvorbehalts nach § 32b EStG, siehe B.4.4.3
◆	der Tarifermäßigungen nach §§ 34, 34b EStG für außerordentliche Einkünfte, siehe B.4.4.4
◆	des besonderen Steuersatzes für Einkünfte aus Kapitalvermögen nach § 32d EStG, siehe B.4.4.6
◆	des besonderen Steuersatzes für nicht entnommene Gewinne nach § 34a EStG, siehe B.4.4.5
=	**Tarifliche Einkommensteuer** (§ 2 Abs. 5 EStG)
–	anzurechnende ausländische Steuern (§ 34c Abs. 1 EStG)
–	Steuerermäßigung bei Einkünften aus Gewerbebetrieb (§ 35 EStG), siehe B.7.2.7
–	Steuerermäßigung für Beiträge und Spenden an politische Parteien (§ 34g EStG), siehe B.8.3.9
–	Steuerermäßigung bei Aufwendungen für haushaltsnahe Beschäftigungsverhältnisse, haushaltsnahe Dienstleistungen und Handwerkerleistungen (§ 35a EStG), siehe B.9.4
–	Steuerermäßigung bei Belastung mit Erbschaftsteuer (§ 35b EStG), siehe B.9.5
+	Zulage für Altersvorsorge (Riesterrente), wenn Sonderausgabenabzug günstiger (§ 10a Abs. 2 EStG), siehe B.10.3.2.3
+	Kindergeld, soweit das Einkommen um die Freibeträge nach § 32 Abs. 6 EStG gemindert wurde, siehe B.8.5.3
=	**Festzusetzende Einkommensteuer** (§ 2 Abs. 6 EStG)

Tabelle B.5: Ermittlung der Festzusetzenden Einkommensteuer

4 Festsetzung und Erhebung der Einkommensteuer

4.1 Zeitliche Erfassung der Einkünfte

Die Einkommensteuer ist eine **Jahressteuer** (§ 2 Abs. 7 Satz 1 EStG). Der **Veranlagungszeitraum**, d.h. der Zeitraum, für den die Einkommensteuer festgesetzt wird, ist nach § 25 Abs. 1 EStG stets das Kalenderjahr. Regelmäßig ist der Veranlagungszeitraum zudem mit dem **Ermittlungszeitraum**, d.h. mit dem Zeitraum, für den das zu versteuernde Einkommen zu ermitteln ist, identisch (§ 2 Abs. 7 Satz 2 EStG). In einigen Fällen wird der Jahresgewinn allerdings zunächst nach den Verhältnissen eines vom Kalenderjahr abweichenden Zeitraums ermittelt und erst dann einem Veranlagungszeitraum zugewiesen.

Wechsel zwischen beschränkter und unbeschränkter Steuerpflicht

Eine solche Ausnahme von dem Grundsatz, dass der Ermittlungszeitraum mit dem Veranlagungszeitraum übereinstimmt, sieht das Gesetz für den Fall eines Wechsels von der unbeschränkten zur beschränkten Steuerpflicht oder umgekehrt vor. In diesem Fall sind die für den Zeitraum der beschränkten Steuerpflicht (Ermittlungszeitraum) erzielten inländischen Einkünfte in eine Jahresveranlagung zur unbeschränkten Steuerpflicht einzubeziehen (§ 2 Abs. 7 Satz 3 EStG). Der einheitliche Veranlagungszeitraum bezieht sich somit auf zwei Ermittlungszeiträume, nämlich den Zeitraum, für den die beschränkt steuerpflichtigen Einkünfte zu ermitteln sind, und den Zeitraum, für den die unbeschränkt steuerpflichtigen Einkünfte zu ermitteln sind.

Abweichendes Wirtschaftsjahr für Land- und Forstwirte und Gewerbetreibende

Eine weitere und in der Praxis bedeutsamere Ausnahme von dem Grundsatz der Identität von Veranlagungs- und Ermittlungszeitraum sieht § 4a EStG für Land- und Forstwirte sowie Gewerbetreibende vor. Diese haben den Gewinn nach dem **Wirtschaftsjahr**, das vom Kalenderjahr abweichen kann, zu ermitteln.

Regelmäßiges Wirtschaftsjahr für **Land- und Forstwirte** ist der Zeitraum vom 1. Juli bis zum 30. Juni (§ 4a Abs. 1 Satz 2 Nr. 1 EStG). Dies gilt selbst dann, wenn der Land- und Forstwirt freiwillig oder auf Grund einer gesetzlichen Pflicht Bücher führt und Abschlüsse erstellt. § 8c EStDV erlaubt darüber hinaus für bestimmte Land- und Forstwirte andere Wirtschaftsjahre, die sich an den üblichen Saisonzeiten der jeweiligen Betriebsart orientieren. So können

- Betriebe mit einem Futterbauanteil von mindestens 80 % der landwirtschaftlichen Nutzungsfläche den Zeitraum vom 1. Mai bis zum 30. April,
- Betriebe reiner Forstwirtschaft den Zeitraum vom 1. Oktober bis zum 30. September (sog. Forstwirtschaftsjahr) und
- Betriebe, die reinen Weinbau betreiben, den Zeitraum vom 1. September bis zum 31. August

als Wirtschaftsjahr bestimmen (§ 8c Abs. 1 EStDV). Dies gilt auch dann, wenn in geringem Umfang noch eine andere land- und forstwirtschaftliche Nutzung vorhanden ist (§ 8c Abs. 1 Satz 2 EStG, vgl. auch H 4a EStH „Wirtschaftsjahr bei Land- und Forstwirten“ sowie BFH-Urteil vom 03.12.1987, BStBl II 1988, S. 269 zum Begriff des geringen Umfangs).

Darüber hinaus können Gartenbaubetriebe und reine Forstbetriebe gemäß § 8c Abs. 2 EStDV auch das Kalenderjahr als Wirtschaftsjahr bestimmen.

Beispiel B.9:

Ein reiner Forstbetrieb kann als Wirtschaftsjahr entweder den Zeitraum vom 1. Juli bis zum 30. Juni (regelmäßiges Wirtschaftsjahr gemäß § 4a Abs. 1 Nr. 1 EStG), den Zeitraum vom 1. Oktober bis zum 30. September (§ 8c Abs. 1 Nr. 2 EStDV) oder den Zeitraum vom 1. Januar bis zum 31. Dezember (§ 8c Abs. 2 EStDV) wählen.

Für **Gewerbetreibende**, deren Firma im Handelsregister eingetragen ist, gilt als Wirtschaftsjahr der Zeitraum, für den sie regelmäßig Abschlüsse erstellen, d.h. der handelsrechtliche Gewinnermittlungszeitraum (§ 4a Abs. 1 Nr. 2 EStG). Gewerbetreibende, die nicht im Handelsregister eingetragen sind, haben ihren Gewinn hingegen nach dem Kalenderjahr zu ermitteln (vgl. aber § 4a Abs. 1 Nr. 3 Satz 2 EStG).

Eröffnung und Aufgabe eines Betriebs

Schließlich stimmt der Ermittlungszeitraum von Land- und Forstwirten und Gewerbetreibenden dann nicht mit dem Kalenderjahr überein, wenn ein Betrieb eröffnet, erworben, aufgegeben oder veräußert wird oder der Steuerpflichtige von einem zulässigen Wirtschaftsjahr auf ein anderes zulässiges Wirtschaftsjahr übergeht. In diesen Fällen entsteht gemäß § 8b EStDV jeweils ein Rumpfwirtschaftsjahr, das weniger als zwölf Monate umfasst (Ausnahme: § 8c Abs. 2 Sätze 2, 3 EStDV). Zudem ist zu beachten, dass die Umstellung auf ein vom Kalenderjahr abweichendes Wirtschaftsjahr durch Gewerbetreibende, die im Handelsregister eingetragen sind, steuerlich nur wirksam ist, wenn sie im Einvernehmen mit dem Finanzamt vorgenommen wird (§ 4a Abs. 1 Nr. 2 Satz 2 EStG, § 8b Nr. 2 Satz 2 EStDV). Die Zustimmung durch das Finanzamt ist nur dann zu erteilen, wenn der Steuerpflichtige gewichtige, in der Organisation des Betriebs gelegene Gründe für die Umstellung anführen kann (H 4a EStH; BFH-Urteil vom 09.01.1974, BStBl II 1974, S. 238). Als Gründe kommen z.B. in Betracht: Inventurschwierigkeiten zum 31.12., Begründung einer Organschaft, Einbeziehung in einen Konzern. Rein steuerliche Gründe reichen nicht aus (BFH-Urteil vom 15.06.1983, BStBl II 1983, S. 672). Eine Umstellung auf das Kalenderjahr als Wirtschaftsjahr ist hingegen ohne Zustimmung des Finanzamts möglich.

Zuweisung des Gewinns eines abweichenden Ermittlungszeitraums

Weicht der Zeitraum, für den der Gewinn zu ermitteln ist, von dem Veranlagungszeitraum, d.h. dem Zeitraum, für den die Einkommensteuer festzusetzen ist, ab, so sind Vorschriften erforderlich, welche die Zuweisung des für den abweichenden Zeitraum ermittelten Gewinns zu einem Veranlagungszeitraum regeln. Solche Zuweisungsvorschriften finden sich in § 4a Abs. 2 EStG.

Der Gewinn eines vom Kalenderjahr abweichenden Wirtschaftsjahres ist bei **Land- und Forstwirten** entsprechend dem zeitlichen Anteil auf den Veranlagungszeitraum, in dem das Wirtschaftsjahr beginnt, und den Veranlagungszeitraum, in dem das Wirtschaftsjahr endet, aufzuteilen (§ 4a Abs. 2 Nr. 1 Satz 1 EStG). Sind in dem Gewinn des abweichenden Wirtschaftsjahres auch Gewinne aus der Veräußerung oder Aufgabe eines land- und forstwirtschaftlichen Betriebs oder Teilbetriebs oder eines Anteils an einem land- und forstwirtschaftlichen Betriebsvermögen i.S.d. § 14 EStG enthalten, so sind diese abweichend von der Aufteilungsrechnung des § 4a Abs. 2 Nr. 1 Satz 1 EStG dem Kalenderjahr zuzurechnen, in dem sie entstanden sind (§ 4a Abs. 2 Nr. 1 Satz 2 EStG; zur Betriebsveräußerung und Betriebsaufgabe siehe ausführlich Abschnitt B.5.3.3.1).

Beispiel B.10:

Ein Landwirt erzielt für das Wirtschaftsjahr 01.07.01 bis 30.06.02 einen Gewinn von 22.000 € und für das Wirtschaftsjahr 01.07.02 bis 30.06.03 einen Gewinn von 46.000 €. In dem Gewinn des Wirtschaftsjahres 02/03 ist ein Gewinn aus der Veräußerung eines landwirtschaftlichen Teilbetriebs i.S.d. § 14 EStG i.H.v. 30.000 € enthalten. Der Teilbetrieb wurde zum 30.09.02 veräußert.

Bei der Veranlagung für das Kalenderjahr 02 wird ein Gewinn von 49.000 € als Einkünfte aus Land- und Forstwirtschaft angesetzt (§ 4a Abs. 2 Nr. 1 EStG):

Hälfte des Gewinns aus 01/02:	11.000 €
+ Gewinn aus Teilbetriebsveräußerung i.S.d. § 14 EStG	+ 30.000 €
+ Hälfte des verbleibenden Gewinns aus 02/03 (½ von (46.000 – 30.000) =)	+ 8.000 €
	49.000 €

Bei **Gewerbetreibenden** wird der Gewinn eines vom Kalenderjahr abweichenden Wirtschaftsjahrs hingegen gemäß der unwiderlegbaren Fiktion des § 4a Abs. 2 Nr. 2 EStG stets dem Veranlagungszeitraum zugewiesen, in dem das jeweilige Wirtschaftsjahr endet. Dies gilt auch für einen Gewinn aus einer Betriebsveräußerung bzw. Betriebsaufgabe nach § 16 EStG, und zwar selbst dann, wenn die Veräußerung oder Aufgabe in dem vorhergehenden Kalenderjahr erfolgt ist.

Beispiel B.11:

Ein im Handelsregister eingetragener Gewerbetreibender hat ein abweichendes Wirtschaftsjahr und macht seinen Abschluss jeweils zum 31. März. In dem Wirtschaftsjahr vom 01.04.01 bis zum 31.03.02 hat er einen Gewinn von 24.000 € erzielt.

Bei der Einkommensteuerveranlagung für das Kalenderjahr 02 wird bei den Einkünften aus Gewerbebetrieb ein Gewinn von 24.000 € angesetzt. Der Steuerpflichtige wird so behandelt, als ob der Gewinn des abweichenden Wirtschaftsjahres 01/02 vollständig im Kalenderjahr 02 bezogen worden wäre (§ 4a Abs. 2 Nr. 2 EStG).

Die Versteuerung in dem Kalenderjahr, in dem das Wirtschaftsjahr endet, hat zur Folge, dass es bei einer Betriebseröffnung oder einer Umstellung auf ein vom Kalenderjahr abweichendes Wirtschaftsjahr zu einer Steuerpause kommen kann.

Beispiel B.12:

Ein Gewerbebetrieb wird zum 01.02.01 eröffnet. Wirtschaftsjahr ist der Zeitraum vom 01.02. bis zum 31.01.

Der Gewinn des Jahres 01 wird vollständig dem Kalenderjahr 02 zugerechnet.

Beispiel B.13:

Ein Gewerbetreibender hat seinen Gewinn bisher für das Kalenderjahr ermittelt. Mit Wirkung zum 01.03.02 wechselt er zum Wirtschaftsjahr 01.03. bis 28.02.

Der Gewinn des Rumpfwirtschaftsjahres 01.01.02 bis 28.02.02 wird im Veranlagungszeitraum 02 versteuert, der Gewinn des Wirtschaftsjahres 01.03.02 bis 28.02.03 hingegen erst im Veranlagungszeitraum 03.

4.2 Veranlagung zur Einkommensteuer

Nach § 25 Abs. 1 EStG handelt es sich bei der Einkommensteuer um eine zu veranlagende Steuer. Als **Veranlagung** wird das förmliche Verfahren der Steuerfestsetzung bezeichnet. Für jeden Steuerpflichtigen wird das zu versteuernde Einkommen nach Ablauf des **Veranlagungszeitraums** ermittelt und die zu erhebende Einkommensteuer in einem Steuerbescheid festgesetzt.

Grundsätzlich ist jeder Steuerpflichtige einzeln zu veranlagen. Ein Wahlrecht zu einer **getrennten** Veranlagung nach § 26a EStG oder zu einer **gemeinsamen** Veranlagung nach § 26b EStG besteht gemäß § 26 Abs. 1 Satz 1 EStG für Ehegatten, wenn

- die Ehegatten rechtswirksam verheiratet sind (§§ 1303 ff. BGB),
- nicht dauernd getrennt leben und
- beide unbeschränkt einkommensteuerpflichtig sind.

Dabei reicht es aus, wenn die genannten Bedingungen zu irgendeinem Zeitpunkt des Veranlagungszeitraums, und sei es nur an einem einzigen Tag, gemeinsam vorgelegen haben. Eine Eheschließung am 31. Dezember berechtigt bei Vorliegen der übrigen Voraussetzungen zu einer gemeinsamen Veranlagung für das gesamte abgelaufene Kalenderjahr.

Eine **eheähnliche Lebensgemeinschaft** oder eine **eingetragene Lebenspartnerschaft** berechtigen nicht zu einer gemeinsamen Veranlagung (BFH-Urteil vom 26.01.2006, BStBl II 2006, S. 515; dagegen Verfassungsbeschwerde Az 2 BvR 909/06; zur möglichen Verfassungswidrigkeit siehe auch *I. Rauch*, DStR 2006, S. 1823).

Ehegatten leben **dauernd getrennt**, wenn die zum Wesen der Ehe gehörende Lebens- und Wirtschaftsgemeinschaft nach dem Gesamtbild der Verhältnisse auf Dauer nicht mehr besteht. Dabei ist unter Lebensgemeinschaft die räumliche, persönliche und geistige Gemeinschaft, unter Wirtschaftsgemeinschaft die gemeinsame Erledigung der die Ehegatten gemeinsam berührenden wirtschaftlichen Fragen und die gemeinsame Entscheidung über das Familieneinkommen anzusehen (BFH-Urteile vom 27.08.1971, BStBl II 1972, S. 173; vom 09.03.1973, BStBl II 1973, S. 487; vom 15.06.1973, BStBl II 1973, S. 640; H 26 EStH „Getrenntleben"; vgl. auch § 1567 BGB). Die bloße Wirtschaftsgemeinschaft kann für eine gemeinsame Veranlagung ausreichen, wenn die Rückkehr zur ehelichen Lebensgemeinschaft von beiden Ehegatten zumindest angestrebt wird (vgl. *S. F. Seeger*, in: L. Schmidt (2010), § 26, Rz. 10; BFH-Urteil vom 24.04.2007, BFH/NV 2007, S. 1893).

Die geforderte **unbeschränkte Einkommensteuerpflicht** beider Ehegatten wird nicht nur durch die normale unbeschränkte Steuerpflicht des § 1 Abs. 1 EStG, sondern auch durch die erweiterte unbeschränkte Steuerpflicht des § 1 Abs. 2 EStG sowie die fiktive unbeschränkte Steuerpflicht des § 1 Abs. 3 EStG erfüllt (vgl. Abschnitt B.2.2).

Ist über das Vermögen eines der Ehegatten das **Insolvenzverfahren** eröffnet worden, wird das Wahlrecht zur gemeinsamen Veranlagung oder getrennten Veranlagung vom Insolvenzverwalter ausgeübt (BGH-Urteil vom 24.05.2007, DB 2007, S. 1638; a.A. *S. F. Seeger*, in: L. Schmidt (2010), § 26, Rz. 4).

Liegen die genannten Voraussetzungen des § 26 Abs. 1 Satz 1 EStG vor, so können die Ehegatten gemeinsam die Zusammenveranlagung nach § 26b EStG wählen. In diesem Fall haben die Ehegatten gemäß § 25 Abs. 3 Satz 2 EStG eine gemeinsame Einkommensteuererklärung abzugeben. Für die Wahl der getrennten Veranlagung reicht hingegen bereits eine einseitige Erklärung eines der Ehegatten aus (§ 25 Abs. 3 Satz 3 EStG; R 26 Abs. 3 EStR).

Für den Veranlagungszeitraum der Eheschließung kann zudem die **besondere Veranlagung** nach § 26c EStG gewählt werden. Bei der besonderen Veranlagung werden Ehegatten steuerlich so behandelt, als ob sie noch unverheiratet wären. Obwohl in diesem Fall auf den Vorteil des günstigeren Steuertarifs für Ehegatten (Splittingtarif) verzichtet wird, kann die Wahl der besonderen Veranlagung nach § 26c EStG sinnvoll sein, da einkommensteuerliche Vergünstigungen teilweise nur Alleinstehenden gewährt werden. Zu denken ist in diesem Zusammenhang insbesondere an den Entlastungsbetrag für Alleinerziehende nach § 24b EStG (Abschnitt B.8.2) oder das Splittingverfahren aus Billigkeitsgründen nach § 32a Abs. 6 EStG. Diese Vorteile werden durch das Splitting mit dem neuen Ehegatten insbesondere dann oft nicht ausgeglichen, wenn beide Ehegatten über ein annähernd gleiches Einkommen verfügen.

Im Falle der Einzelveranlagung, der getrennten Veranlagung sowie der besonderen Veranlagung ist die Einkommensteuer mit Hilfe des **Grundtarifs** nach § 32a Abs. 1 EStG zu ermitteln (siehe Abschnitt B.4.4.1). Für zusammenveranlagte Ehegatten ist hingegen der günstigere **Splittingtarif** des § 32a Abs. 5 EStG anzuwenden (siehe Abschnitt B.4.4.2).

Ausnahmsweise kann das Splittingverfahren bei Vorliegen der Billigkeitsgründe des § 32a Abs. 6 EStG auch von einer unverheirateten Person angewendet werden (sog. **Gnadensplitting**):

- Nach § 32a Abs. 6 **Nr. 1** EStG wird das Splittingverfahren für verwitwete Personen in dem Veranlagungszeitraum, der dem Tod des Ehegatten folgt, angewendet, sofern beide Ehegatten im Vorjahr die Voraussetzungen der Ehegattenveranlagung erfüllten. Hierdurch sollen Härten gemildert werden, die durch den Übergang von dem Splittingtarif zum Grundtarif entstehen. Allerdings ist das Gnadensplitting nach § 32a Abs. 6 Nr. 1 EStG auch dann anzuwenden, wenn für das Todesjahr des Ehegatten die getrennte Veranlagung (oder die besondere Veranlagung nach § 26c EStG) gewählt wurde.
- Nach § 32a Abs. 6 **Nr. 2** EStG wird das Splittingverfahren zudem für eine einzelne geschiedene Person in dem Veranlagungszeitraum, in dem die Scheidung stattgefunden hat, angewendet, sofern der bisherige Ehegatte wieder geheiratet hat und beide Ehen, d.h. sowohl die geschiedene Ehe als auch die neue Ehe des bisherigen Ehegatten, die Voraussetzungen des Ehegattensplittings erfüllen. Hätte der geschiedene Ehepartner nicht wieder geheiratet, so könnte für die erste Ehe das Splittingverfahren angewendet werden. Da dies nun nicht möglich ist (für eine Person kann das Splittingverfahren in einem Veranlagungszeitraum nur für eine Ehe angewendet werden), wird die nicht wieder verheiratete Person so gestellt, als hätte der Ehegatte nicht wieder geheiratet.

4.3 Steuererklärung

Die Veranlagung zur Einkommensteuer erfolgt auf der Grundlage einer **Steuererklärung**, die der Steuerpflichtige dem Finanzamt einzureichen hat. Die Steuererklärung muss grundsätzlich bis spätestens fünf Monate nach Ende des Veranlagungszeitraums abgegeben werden (§ 149 Abs. 2 Satz 1 AO). Die Frist kann jedoch auf Antrag verlängert werden. Für von Steuerberatern bzw. von Lohnsteuerhilfevereinen gefertigte Steuererklärungen gilt eine antragsfreie, allgemeine Fristverlängerung bis zum 31.12. des Folgejahres. Diese Frist kann in begründeten Fällen auf Antrag nochmals bis zum 28.02. des übernächsten Jahres verlängert werden.

Der Gesetzentwurf eines Steuervereinfachungsgesetzes 2011 vom 02.02.2011 sieht vor, dass Steuererklärungen künftig für zwei Jahre gemeinsam abgegeben werden können. Die Frist soll grundsätzlich fünf Monate nach dem Ende des zweiten Jahres enden (§ 25a EStG-Entwurf). Voraussetzung für die gemeinsame Abgabe von Steuererklärungen für zwei Jahre soll sein, dass

- in beiden Veranlagungszeiträumen nur Überschusseinkünfte (keine Gewinneinkünfte) erzielt werden und
- die Summe der nicht einem inländischen Steuerabzug unterliegenden jährlichen Einnahmen nach § 20, § 21 und § 22 Nrn. 1, 2 und 3 EStG 13.000 € (26.000 € bei Ehegatten) nicht übersteigt.

4.4 Steuertarif

Der Grundtarif des deutschen Einkommensteuerrechts ist in § 32a Abs. 1 EStG beschrieben (siehe Abschnitt B.4.4.1), der Splittingtarif in § 32a Abs. 5 EStG (siehe Abschnitt B.4.4.2).

Abweichend von den allgemeinen Tarifbestimmungen des § 32a EStG sind zudem zu beachten (§ 32a Abs. 1 Einleitungssatz des Satzes 2 EStG):

- der Progressionsvorbehalt nach § 32b EStG (siehe Abschnitt B.4.4.3),
- die Tarifermäßigungen der §§ 34 und 34b EStG für außerordentliche Einkünfte (siehe Abschnitt B.4.4.4),
- der besondere Steuersatz für nicht entnommene Gewinne nach § 34a EStG (siehe Abschnitt B.4.4.5) sowie
- der besondere Steuersatz für Einkünfte aus Kapitalvermögen nach § 32d EStG (siehe Abschnitt B.4.4.6).

4.4.1 Grundtarif

Die Vorschriften zum Steuertarif waren in den vergangenen Jahren erheblichen Veränderungen unterworfen. So wurde ab dem Veranlagungszeitraum 2007 durch das Steueränderungsgesetz 2007 (BGBl I 2006, S. 1652) eine fünfte Tarifzone für Einkommen über 250.000 € mit einem erhöhten Steuersatz von 45 % (sog. „**Reichensteuer**“) eingeführt. Der Grundfreibetrag ist durch das Konjunkturpaket II (BGBl I 2009, S. 416) für den Veranlagungszeitraum 2009 auf 7.834 € und ab dem Veranlagungszeitraum 2010 auf 8.004 € angehoben worden. Die übrigen Grenzen zwischen den Tarifzonen sind ab 2009 um 400 € und ab 2010 um weitere 330 € angehoben worden. Zudem wurde der Ein-gangssteuersatz von 15 % auf 14 % gesenkt (vgl. *F. Hechtner*, DStZ 2009, S. 233).

Der ab dem Veranlagungszeitraum 2010 anzuwendende Steuertarif ist gemäß § 32a Abs. 1 EStG **zweistufig linear-progressiv** ausgestaltet:

bis 8.004 €:	**Grundfreibetrag**
8.005 € – 13.469 €:	**Erste Progressionszone**, der Steuersatz steigt linear von 14 % (Eingangssteuersatz) bis auf 24 %

13.470 € – 52.881 €:	**Zweite Progressionszone**, der Steuersatz steigt linear von 24 % bis auf 42 %
52.882 € – 250.730 €:	**Erste Proportionalzone**, Steuersatz 42 %
ab 250.731 €:	**Zweite Proportionalzone** („Reichensteuer"), Spitzensteuersatz 45 %

Tabelle B.6: Grundtarif ab 2010

Ein **progressiver Tarif** ist dadurch gekennzeichnet, dass die durchschnittliche Steuerbelastung mit steigendem Einkommen ansteigt. Personen mit einem höheren Einkommen zahlen also nicht nur absolut, sondern auch relativ mehr als Steuerpflichtige mit einem niedrigeren zu versteuernden Einkommen. Die Bezeichnung als zweistufig linear-progressiver Tarif folgt daraus, dass der (Grenz-)Steuersatz innerhalb jeder der zwei Progressionsstufen linear ansteigt. In der ersten Progressionszone steigt der (Grenz-)Steuersatz relativ steil an (1,83 Prozentpunkte pro 1.000 €), in der zweiten Progressionszone erheblich flacher (0,46 Prozentpunkte pro 1.000 €). Auch in den Proportionalzonen steigt die durchschnittliche Tarifbelastung weiter an, da ein immer höherer Teil des Einkommens den hohen Steuersätzen von 42 % bzw. 45 % unterliegt.

4.4.2 Splittingtarif

Der Splittingtarif des § 32a Abs. 5 EStG wird bei Ehegatten angewendet, welche die Zusammenveranlagung nach § 26b EStG wählen. Darüber hinaus ist der Splittingtarif ausnahmsweise bei unverheirateten Personen anzuwenden, sofern die Voraussetzungen des § 32a Abs. 6 Nr. 1 oder 2 EStG (Gnadensplitting) erfüllt sind.

Das Splittingverfahren wurde als Reaktion auf das BVerfG-Urteil vom 17.01.1957 (BStBl I 1957, S. 193) eingeführt. Durch dieses Urteil wurde § 26 EStG 1951, der die Anwendung des auch für Alleinstehende geltenden Steuertarifs auf das gemeinsame Einkommen von Ehegatten vorsah, für verfassungswidrig erklärt. Aus der Progressivität des Steuertarifs folgte damals, dass Ehegatten eine höhere Steuer zu entrichten hatten als ein unverheiratetes Paar mit identischen Einkommensverhältnissen, wenn beide Partner verdienten. Diese Benachteiligung von Ehegatten im Vergleich zu unverheirateten Paaren widerspricht dem verfassungsrechtlich gebotenen Schutz von Ehe und Familie (Art. 6 Abs. 1 GG).

Nach dem Splittingverfahren werden die Einkünfte jedes Ehegatten wie bei einer getrennten Veranlagung zunächst unabhängig voneinander ermittelt. Die Gesamtbeträge der Einkünfte werden dann addiert. Für die weitere Berechnung, insbesondere die Ermittlung von Sonderausgaben und außergewöhnlichen Belastungen, werden die Ehegatten gemeinsam als ein Steuerpflichtiger behandelt. Sofern sich Freibeträge im Fall der Zusammenveranlagung verdoppeln, ist dies im Gesetz ausdrücklich angegeben (z.B. §§ 10 Abs. 3, 10c Satz 2, 13 Abs. 3 Satz 3, 20 Abs. 9 Satz 2 EStG).

Die tarifliche Einkommensteuer beträgt nach dem Splittingverfahren bei Ehegatten das Zweifache des Steuerbetrags, der sich für die Hälfte ihres gemeinsamen zu versteuernden Einkommens ergibt (§ 32a Abs. 5 Satz 1 EStG). Durch die rechnerische Verteilung des Einkommens auf beide Ehegatten zu gleichen Teilen wird die progressive Wirkung des Einkommensteuertarifs gemildert. Durch die zweimalige Anwendung des Grundtarifs auf das halbierte zu versteuernde Einkommen können der Grundfreibetrag und die niedrigen Eingangssteuersätze der beiden Progressionszonen doppelt in Anspruch genommen werden.

Der Splittingtarif berücksichtigt somit den idealtypischen Sachverhalt einer intakten Ehe, dass jeder der Ehegatten an den Einnahmen und Ausgaben des anderen zur Hälfte teilhat.

Als Splittingvorteil wird der Vorteil des Splittingverfahrens gegenüber der getrennten Veranlagung von Ehegatten bezeichnet. Dieser ist umso größer, je größer die Einkommensdifferenz zwischen beiden Ehegatten ist. Der maximale Splittingvorteil kommt dem Alleinverdienerhaushalt zu. Hingegen beträgt der Splittingvorteil Null, wenn beide Ehegatten über ein identisches Einkommen verfügen.

Beispiel B.14:

Ein Ehepaar verfügt im Kalenderjahr 2010 über ein zu versteuerndes Einkommen von 120.000 €. Der Anteil der beiden Ehegatten an diesem zu versteuernden Einkommen beträgt:

	Ehemann	**Ehefrau**
Fall a)	120.000 €	0 €
Fall b)	80.000 €	40.000 €
Fall c)	60.000 €	60.000 €

Wählen die Ehegatten die Zusammenveranlagung, beträgt die tarifliche Einkommensteuer für das zu versteuernde Einkommen von 120.000 € nach § 32a Abs. 5 EStG 34.056 €.

Wählen die Ehegatten hingegen die getrennte Veranlagung, so ergeben sich folgende Einkommensteuerbeträge nach § 32a Abs. 1 EStG:

	Fall a)	**Fall b)**	**Fall c)**
Ehemann	42.228 €	25.428 €	17.028 €
Ehefrau	0 €	9.007 €	17.028 €
Summe	42.228 €	34.435 €	34.056 €
Einkommensteuer bei Splitting	34.056 €	34.056 €	34.056 €
Splittingvorteil	8.172 €	379 €	0 €

In letzter Zeit ist der Splittingvorteil zunehmend in die Kritik geraten. An dieser Stelle sei vor einer Abschaffung oder Kappung des Splittingvorteils aber ausdrücklich gewarnt. Durch das Splittingverfahren wird sichergestellt, dass die Höhe der Einkommensteuer unabhängig von der Verteilung des Einkommens auf beide Ehegatten ist. Es handelt sich bei dem Splittingverfahren nicht um eine Steuerbegünstigung von Ehegatten, die zur Disposition des Gesetzgebers stünde, sondern um ein Mittel zur Erreichung horizontaler Steuergerechtigkeit. Eine ungleiche Belastung von Ehegatten mit dem gleichen Gesamteinkommen widerspricht dem Bild der Ehe als Lebens- und Wirtschaftsgemeinschaft und ist daher vor dem Hintergrund des Art. 6 Abs. 1 GG (Schutz von Ehe und Familie) und des Art. 3 Abs. 1 GG (allgemeiner Gleichheitssatz) verfassungsrechtlich höchst bedenklich (vgl. auch *D. Wellisch* (2000), S. 48 ff.). Zudem wäre zu erwarten, dass Ehegatten, wie vor der Einführung des Splittingverfahrens, durch Vermögensübertragungen, Scheinarbeitsverhältnisse etc. versuchen würden, eine möglichst gleichmäßige Verteilung eines gegebenen Gesamteinkommens auf beide Personen zu erreichen.

4.4.3 Progressionsvorbehalt

In Abschnitt B.3.4 wurde eine Reihe von grundsätzlich steuerbaren, aber steuerbefreiten Vermögensmehrungen aufgezählt. Die Steuerfreiheit von Einkünften impliziert auf Grund des progressiven Steuertarifs, dass sich auch der durchschnittliche Steuersatz, der auf das übrige Einkommen zu entrichten ist, mindert.

Beispiel B.15:

Ein lediger Steuerpflichtiger verfüge über ein zu versteuerndes Einkommen von 30.000 € sowie darüber hinaus über ausländische Einkünfte, die auf Grund eines Doppelbesteuerungsabkommens im Inland steuerfrei zu stellen sind, von ebenfalls 30.000 €.

Wären die ausländischen Einkünfte im Inland steuerpflichtig, so ergäbe sich ein inländisches zu versteuerndes Einkommen von 60.000 € und somit eine Einkommensteuer nach dem Grundtarif 2010 von 17.028 €.

Die Steuerfreiheit der ausländischen Einkünfte würde ohne Beachtung des Progressionsvorbehalts nach § 32b EStG nicht bloß eine Halbierung der Einkommensteuer auf 8.514 € bewirken. Vielmehr ergäbe sich bei Anwendung des Grundtarifs auf ein zu versteuerndes Einkommen von 30.000 € eine überproportionale Minderung der Einkommensteuer auf 5.625 €. Ohne Beachtung des Progressionsvorbehalts nach § 32b EStG würde die Steuerfreiheit der ausländischen Einkünfte somit eine Minderung des Durchschnittssteuersatzes von (17.028 / 60.000 =) 28,38 % auf (5.625 / 30.000 =) 18,75 % bewirken.

Eine solche doppelte Begünstigung durch eine Steuerfreiheit von Einkünften einerseits sowie eine Minderung des durchschnittlichen Steuersatzes auf das übrige Einkommen andererseits wird im Hinblick auf bestimmte steuerfreie Vermögensmehrungen als unangemessen empfunden. Der Vermeidung dieser doppelten Begünstigung dient der Progressionsvorbehalt des § 32b EStG. Nach dieser Vorschrift wird die Einkommensteuer auf das zu versteuernde Einkommen (ausschließlich der steuerfreien Einkünfte) nach dem Steuersatz ermittelt, der sich für das zu versteuernde Einkommen zuzüglich der in § 32b Abs. 1 EStG aufgeführten steuerfreien Einkünfte ergäbe. Es erfolgt somit eine Veranlagung nur mit den steuerpflichtigen Einkünften, aber nach dem fiktiven (Durchschnitts-) Steuersatz, der sich unter Einbeziehung der steuerfreien Einkünfte ergäbe (BFH-Urteil vom 28.04.1982, BStBl II 1982, S. 566). Das gilt auch dann, wenn die steuerpflichtigen Einkünfte ansonsten den Grundfreibetrag nicht übersteigen (BFH-Urteil vom 09.08.2001, BStBl II 2001, S. 778).

Die steuerfreien Einkünfte, für die der Progressionsvorbehalt gilt, sind in § 32b Abs. 1 EStG abschließend aufgezählt:

- Lohnersatzleistungen, insbesondere Arbeitslosengeld I und II, Kurzarbeitergeld, Krankengeld, Mutterschaftsgeld, Elterngeld (§ 32b Abs. 1 Nr. 1 EStG). Abzuziehen ist allerdings der Arbeitnehmer-Pauschbetrag des § 9a Satz 1 Nr. 1 EStG i.H.v. 920 €, soweit er sich noch nicht bei der Ermittlung der Einkünfte aus nichtselbständiger Arbeit ausgewirkt hat (§ 32b Abs. 2 Nr. 1 EStG).
- Im Falle des Wechsels von der beschränkten zur unbeschränkten Steuerpflicht oder umgekehrt sind die während der beschränkten Steuerpflicht erzielten ausländischen Einkünfte gemäß § 2 Abs. 7 Satz 3 EStG in die Veranlagung zur unbeschränkten Steuerpflicht einzubeziehen (vgl. Abschnitt B.2.2).

Der Progressionsvorbehalt gilt für die steuerfreien ausländischen Einkünfte während der beschränkten Steuerpflicht (§ 32b Abs. 1 Nr. 2 EStG; vgl. *W. Heinicke*, in: L. Schmidt (2010), § 32b, Rz. 30).

- Einkünfte, die nach einem Abkommen zur Vermeidung der Doppelbesteuerung steuerfrei sind, sowie nicht steuerbare Auslandseinkünfte von Personen, die der fiktiven unbeschränkten Steuerpflicht der §§ 1 Abs. 3, 1a EStG unterliegen (§ 32b Abs. 1 Nr. 3, 5 EStG).

Beispiel B.16:

Es sei an den Sachverhalt aus dem vorhergehenden Beispiel angeknüpft.

Wären die ausländischen Einkünfte im Inland steuerpflichtig, so ergäbe sich ein inländisches zu versteuerndes Einkommen von 60.000 € und somit eine Einkommensteuer nach dem Grundtarif 2010 von 17.028 €. Dies entspricht einem (durchschnittlichen) Steuersatz von (17.028 / 60 000 =) 28,38 %. Dieser Steuersatz ist gemäß § 32b Abs. 2 EStG auf das tatsächliche zu versteuernde Einkommen von 30.000 € anzuwenden. Der Steuerpflichtige hat eine Einkommensteuer von 8.514 € zu entrichten.

Durch das Jahressteuergesetz 2009 (BGBl I 2008, S. 2794) sind nach einem Doppelbesteuerungsabkommen steuerfreie Einkünfte nicht mehr in den Progressionsvorbehalt einzubeziehen, wenn diese aus einem EU-Staat oder den EWR-Staaten Island oder Norwegen stammen (§ 32b Abs. 1 Sätze 2, 3, § 2a Abs. 2a EStG; vgl. *J. Holthaus*, DStZ 2009, S. 188).

- 20 % der außerordentlichen Einkünfte, die in ausländischen Einkünften i.S.d. § 32b Abs. 1 Nrn. 2 - 5 EStG enthalten sind (§ 32b Abs. 2 Nr. 2 EStG). Die Berücksichtigung lediglich eines Fünftels der außerordentlichen ausländischen Einkünfte erfolgt in Anlehnung an die Fünftelregelung des § 34 Abs. 1 EStG zur Besteuerung außerordentlicher Einkünfte (siehe Abschnitt B.4.4.4) und soll eine übermäßige Progressionsverschärfung vermeiden.

Beispiel B.17:

In Abwandlung des Sachverhalts aus Beispiel B.16 verfüge der Steuerpflichtige zusätzlich über außerordentliche ausländische Einkünfte i.H.v. 20.000 €, die auf Grund eines Doppelbesteuerungsabkommens im Inland steuerfrei zu stellen sind.

Bei der Bemessung des Steuersatzes sind 20 % der außerordentlichen ausländischen Einkünfte zu berücksichtigen (20% von 20.000 = 4.000 €). Es ergibt sich somit eine Steuersatzbemessungsgrundlage von 60.000 € + 4.000 € = 64.000 €. Nach dem Grundtarif 2010 beträgt die Einkommensteuer hierauf 18.708 €. Dies entspricht einem durchschnittlichen Steuersatz von (18.708 / 64.000 =) 29,23 %. Bei Anwendung dieses Steuersatzes auf das tatsächlich zu versteuernde Einkommen von 30.000 € errechnet sich eine Einkommensteuer von (29,23 % von 30.000 =) 8.769 €.

Würden die Vorschriften des § 32b Abs. 2 Nr. 2 EStG nicht berücksichtigt, dann wären nur Einkünfte i.H.v. 60.000 € in die Steuersatzbemessungsgrundlage einzubeziehen. Daraus ergäbe sich eine Steuerlast (Grundtarif 2010) von 17.028 €, die einem durchschnittlichen Steuersatz von (17.028 / 60.000 =) 28,38 % entspricht. Auf das tatsächlich zu versteuernde Einkommen von 30.000 € angewandt, ergäbe sich eine Steuerlast von 8.514 € (vgl. Beispiel B.16). Die Regelung des § 32b Abs. 2 Nr. 2 EStG führt somit zu einer zusätzlichen Steuerlast i.H.v. (8.769 – 8.514 =) 255 €.

Für alle anderen steuerfreien Einkünfte gilt der Progressionsvorbehalt des § 32b EStG nicht. So fallen beispielsweise die durch § 3 Nr. 40 EStG steuerbefreiten Bezüge und Vermögensmehrungen aus der Beteiligung an Körperschaften nicht unter den Progressionsvorbehalt.

4.4.4 Tarifbegünstigung für außerordentliche Einkünfte

Fallen Einkünfte, die wirtschaftlich mehrere Jahre betreffen, in einem einzelnen Jahr an, so kann es auf Grund der Progressivität des Einkommensteuertarifs zu einer ungerechtfertigt hohen Besteuerung kommen. Zur Milderung von Härtefällen werden daher bestimmte außerordentliche Einkünfte nach § 34 EStG einem besonderen Steuersatz unterworfen.

Die nach § 34 EStG begünstigten außerordentlichen Einkünfte sind in § 34 Abs. 2 EStG abschließend aufgezählt:

- Gewinne aus einer **Betriebsveräußerung** oder **Betriebsaufgabe** nach §§ 14, 14a Abs. 1, 16 und 18 Abs. 3 EStG (§ 34 Abs. 2 Nr. 1 EStG).

  Ausgenommen hiervon ist jedoch der steuerpflichtige Teil von Veräußerungsgewinnen, die nach § 3 Nr. 40 Buchst. b EStG zu 40 % steuerbefreit sind (vgl. Abschnitt B.3.4).

- **Entschädigungen** i.S.d. § 24 Nr. 1 EStG, d.h. insbesondere Entschädigungen, die einen Ausgleich für entgangene oder entgehende Einnahmen darstellen, Entschädigungen für die Aufgabe oder Nichtausübung einer Tätigkeit sowie Ausgleichszahlungen an Handelsvertreter nach § 89b HGB. Voraussetzung ist, dass die Zahlung zu einer Zusammenballung von Einkünften, die sich wirtschaftlich auf mehrere Jahre beziehen, in einem Veranlagungszeitraum führt (§ 34 Abs. 2 Nr. 2 EStG).

- **Nutzungsvergütungen** für die Inanspruchnahme von Grundstücken für öffentliche Zwecke i.S.d. § 24 Nr. 3 EStG, die für einen Zeitraum von mehr als drei Jahren nachgezahlt werden (§ 34 Abs. 2 Nr. 3 EStG).

- **Vergütungen für mehrjährige Tätigkeiten** (§ 34 Abs. 2 Nr. 4 EStG). Mehrjährig ist eine Tätigkeit, wenn sie sich über mindestens zwei Veranlagungszeiträume erstreckt und einen Zeitraum von mehr als zwölf Monaten umfasst. Erfasst werden grundsätzlich nur Vergütungen für mehrjährige Tätigkeiten, die im Rahmen der Überschusseinkunftsarten anfallen, z.B. nachgezahlter Arbeitslohn (BFH-Urteil vom 17.02.1993, BFH/NV 1993, S. 593) sowie Entlassungsentschädigungen (BMF-Schreiben vom 24.05.2004, BStBl. I 2004, S. 505). Ausnahmsweise werden jedoch auch Einkünfte aus selbständiger Arbeit be-günstigt, wenn der Steuerpflichtige sich während mehrerer Kalenderjahre ausschließlich einer bestimmten Aufgabe gewidmet und die Vergütung dafür in einem Veranlagungszeitraum erhalten hat oder wenn der Steuerpflichtige über einen Zeitraum von mehreren Kalenderjahren eine Sondertätigkeit ausgeführt hat, die von der übrigen Tätigkeit des Steuerpflichtigen ausreichend abgrenzbar ist und für diese Tätigkeit in einem einzigen Veranlagungszeitraum entlohnt wird (Zusammenballung von Einkünften); allein ein großes Einzelmandat für einen Rechtsanwalt begründet noch keine Sondertätigkeit (BFH-Urteil vom 30.07.2007, BFH/NV 2007, S. 1890).

- Einkünfte aus **außerordentlichen Holznutzungen** i.S.d. § 34b Abs. 1 Nr. 1 EStG (§ 34 Abs. 2 Nr. 5 EStG). Für außerordentliche forstwirtschaftliche Einkünfte i.S.d. § 34b Abs. 1 EStG sind zudem die Vorschriften des § 34b Abs. 2 bis 4 EStG zu beachten.

4.4.4.1 Fünftelungsregelung

Die Einkommensteuer auf außerordentliche Einkünfte beträgt gemäß § 34 Abs. 1 Satz 2 EStG das Fünffache des Unterschiedsbetrags zwischen der Einkommensteuer für das um diese Einkünfte verminderte zu versteuernde Einkommen und der Einkommensteuer für das um diese Einkünfte verminderte zu versteuernde Einkommen zuzüglich eines Fünftels dieser Einkünfte. Durch die rechnerische Verteilung der außerordentlichen Einkünfte auf fünf Jahre wird erreicht, dass sich nur ein Fünftel dieser Einkünfte progressionssteigernd auswirkt.

Beispiel B.18:

Ein lediger Steuerpflichtiger erzielt in 2010 ein zu versteuerndes Einkommen von 60.000 €. Darin sind außerordentliche Einkünfte i.H.v. 20.000 € enthalten, die aus der Vergütung für eine mehrjährige Tätigkeit resultieren (§ 34 Abs. 2 Nr. 4 EStG).

Einkommensteuer nach § 32a Abs. 1 EStG auf das zu versteuernde Einkommen ohne außerordentliche Einkünfte zuzüglich $^1/_5$ der außerordentlichen Einkünfte, also auf (40.000 + 4.000 =) 44.000 €	10.488 €
– Einkommensteuer nach § 32a Abs. 1 EStG auf das zu versteuernde Einkommen ohne außerordentliche Einkünfte, also auf 40.000 €	9.007 €
Differenz	1.481 €
Fünffacher Differenzbetrag	7.405 €
Gesamte Einkommensteuer (9.007 € + 7.405 € =)	16.412 €

Hingegen wäre ohne die Tarifermäßigung des § 34 EStG nach § 32a Abs. 1 EStG in 2010 auf ein zu versteuerndes Einkommen von 60.000 € eine Einkommensteuer von 17.028 € zu zahlen. Durch § 34 EStG wird somit eine Steuerermäßigung i.H.v. (17.028 – 16.412 =) 616 € gewährt.

Die Vorschrift des § 34 Abs. 1 Satz 3 EStG stellt sicher, dass es auch dann zu einer Besteuerung außerordentlicher Einkünfte kommt, wenn die nach Abzug der außerordentlichen Einkünfte verbleibenden übrigen Einkünfte negativ sind. In diesem Fall berechnet sich die Einkommensteuer auf außerordentliche Einkünfte abweichend von § 34 Abs. 1 Satz 2 EStG als das Fünffache der Einkommensteuer auf ein Fünftel des positiven zu versteuernden Einkommens.

Beispiel B.19:

Ein lediger Steuerpflichtiger erzielt im Jahr 2010 außerordentliche Einkünfte von 500.000 € und ein negatives übriges zu versteuerndes Einkommen von 100.000 €. Das zu versteuernde Einkommen beträgt somit 400.000 €.

Ohne Berücksichtigung des § 34 Abs. 1 Satz 3 EStG ergäbe sich eine Einkommensteuer auf die außerordentlichen Einkünfte von Null, da sowohl die Einkommensteuer auf die übrigen Einkünfte (– 100.000) als auch die Einkommensteuer auf die übrigen Einkünfte plus einem Fünftel der außerordentlichen Einkünfte (– 100.000 + 500.000 / 5 =) Null beträgt.

Gemäß § 34 Abs. 1 Satz 3 EStG ergibt sich hingegen eine Einkommensteuer von 127.140 €:

Einkommensteuer nach § 32a Abs. 1 EStG auf $^1/_5$ des positiven zu versteuernden Einkommens, also auf (400.000 / 5 =) 80.000 €	25.428 €
multipliziert mit Fünf	127.140 €

4.4.4.2 „Halber" durchschnittlicher Steuersatz

Für Veräußerungs- und Aufgabegewinne eines gewerblichen, selbständigen oder land- und forstwirtschaftlichen Unternehmens bis zu einer Höhe von 5 Millionen € wird gemäß § 34 Abs. 3 Satz 1 EStG ein Wahlrecht gewährt. Anstelle der Fünftelungsregelung des § 34 Abs. 1 EStG können begünstigte Steuerpflichtige für eine Besteuerung mit 56 % des durchschnittlichen persönlichen Steuersatzes optieren. Durch das Haushaltsbegleitgesetz 2004 wurde der ermäßigte Steuersatz ab 01.01.2004 von 50 % auf 56 % des durchschnittlichen Steuersatzes angehoben (BGBl I 2003, S. 2840). Dennoch spricht man im Zusammenhang mit § 34 Abs. 3 EStG nach wie vor von dem **„halben"** durchschnittlichen Steuersatz. Da die Vorschrift des § 34 Abs. 3 in Konkurrenz zur Fünftelungsregel des § 34 Abs. 1 EStG steht, sind im Einzelfall komplizierte Berechnungen erforderlich, welche Regel sich günstiger auswirkt.

Zur Ermittlung des durchschnittlichen Steuersatzes ist das gesamte zu versteuernde Einkommen einschließlich der außerordentlichen Einkünfte und der Einkünfte, die dem Progressionsvorbehalt nach § 32b EStG unterliegen, heranzuziehen (§ 34 Abs. 3 Satz 2 EStG). Mindestens ist für die außerordentlichen Einkünfte aber ein Steuersatz von 14 % zu erheben (ab 2009, § 52 Abs. 47 Satz 7 EStG). Der Mindeststeuersatz von 14 % bewirkt, dass ein Lediger ab dem Veranlagungszeitraum 2010 nur bei einem Einkommen (zu versteuerndes Einkommen zuzüglich außerordentlicher und dem Progressionsvorbehalt unterliegender Einkünfte) von über 47.700 € (Einkommenshöhe, die im Veranlagungszeitraum 2010 mit einem durchschnittlichen Steuersatz von (14 % · 100 / 56 =) 25 % besteuert wird) den „halben" Steuersatz tatsächlich anwenden kann. Bei einem geringeren Einkommen kommt nicht der „halbe" Steuersatz, sondern der (höhere) Steuersatz von 14 % für die außerordentlichen Einkünfte zur Anwendung.

Begünstigt sind Steuerpflichtige, die das 55. Lebensjahr vollendet haben oder im sozialversicherungsrechtlichen Sinne dauernd berufsunfähig sind (§ 34 Abs. 3 Satz 1 EStG). Damit will der Gesetzgeber aus dem Berufsleben ausscheidenden Unternehmern zur Absicherung der Altersversorgung eine steuerliche Entlastung gewähren. Die Besteuerung mit dem „halben" durchschnittlichen Steuersatz kann nur einmal im Leben für genau einen einzigen Aufgabe- oder Veräußerungsgewinn in Anspruch genommen werden (§ 34 Abs. 3 Sätze 4, 5 EStG).

Beispiel B.20:

Der ledige Einzelunternehmer A, Jahrgang 1951, gibt im Jahr 2010 sein gewerbliches Einzelunternehmen auf. Er erzielt im Jahr 2010 außerordentliche Einkünfte i.S.d. § 34 Abs. 2 Nr. 1 EStG von 30.000 € und weitere steuerpflichtige Einkünfte von 50.000 €.

A erfüllt die persönlichen Voraussetzungen des § 34 Abs. 3 Satz 1 EStG. Er kann daher zwischen der Fünftelungsregel des § 34 Abs. 1 EStG und der Besteuerung mit dem „halben" durchschnittlichen Steuersatz gemäß § 34 Abs. 3 EStG wählen.

Fall 1: „Halber" durchschnittlicher Steuersatz

Einkommensteuer gemäß § 32a Abs. 1 EStG auf das gesamte zu versteuernde Einkommen i.S.d. § 34 Abs. 3 Satz 2 EStG von (30.000 + 50.000) = 80.000 €	25.428 €
persönlicher durchschnittlicher Einkommensteuersatz:	31,79 %
56 % des durchschnittlichen Steuersatzes (mindestens 14 %):	17,80 %
Einkommensteuer auf die außerordentlichen Einkünfte (30.000 · 17,80 %) =	5.339 €
+ Einkommensteuer gemäß § 32a Abs. 1 EStG auf das übrige zu versteuernde Einkommen (ohne außerordentliche Einkünfte) von 50.000 €	+ 12.847 €
gesamte Einkommensteuer	18.186 €

Fall 2: Fünftelungsregel

Einkommensteuer nach § 32a Abs. 1 EStG auf das zu versteuernde Einkommen ohne außerordentliche Einkünfte zuzüglich $^1/_5$ der außerordentlichen Einkünfte, also auf (50.000 + 6.000 =) 56.000 €	15.348 €
– Einkommensteuer nach § 32a Abs. 1 EStG auf das zu versteuernde Einkommen ohne außerordentliche Einkünfte, also auf 50.000 €	12.847 €
Differenz	2.501 €
Fünffacher Differenzbetrag	12.505 €
Gesamte Einkommensteuer (12.847 + 12.505 =)	25.352 €

Einzelunternehmer A kann Steuern i.H.v. (28.352 – 18.186) = 10.166 € sparen, wenn er für seinen Aufgabegewinn eine Besteuerung nach § 34 Abs. 3 EStG („halber" durchschnittlicher Steuersatz) wählt.

4.4.5 Sondersteuersatz für nicht entnommene Gewinne

Gewinne von Kapitalgesellschaften unterliegen ab dem Veranlagungszeitraum 2008 auf Grund der Absenkung des KSt-Satzes auf 15 % und der GewSt-Messzahl auf 3,5 % nur noch einer Thesaurierungsbelastung von 29,83 % (bei einem GewSt-Hebesatz von 400 %) (vgl. ausführlich Abschnitt C.3.3). Bei Einzelunternehmen und Personengesellschaften ergibt sich hingegen bei Berücksichtigung eines persönlichen Einkommensteuersatzes von 45 %, dem Solidaritätszuschlag von 5,5 % sowie einem GewSt-Hebesatz von 400 % eine Gesamtbelastung von 47,44 % (vgl. *R. Wacker* in Schmidt (2010), § 34a, Tz. 3 ff.).

Bei einer Thesaurierung von Gewinnen werden Einzelunternehmen und Personengesellschaften somit im Vergleich zu Kapitalgesellschaften deutlich höher besteuert. Zur Annäherung an das Ziel einer rechtsformneutralen Besteuerung wurde § 34a EStG durch das Unternehmenssteuerreformgesetz (BGBl I 2007, S. 1912) mit Wirkung zum 01.01.2008 eingefügt (§ 52 Abs. 48 EStG). Damit folgt der Gesetzgeber weitgehend dem sog. T-Modell des Wissenschaftlichen Beirats von *Ernst & Young* (BB 2005, S. 1653). Zum Ziel der Rechtsformneutralität vgl. auch *J. Hey*, DStR 2007, S. 925).

Zur Beseitigung des Belastungsgefälles zwischen Kapitalgesellschaften und Personenunternehmen gewährt § 34a EStG auf Antrag für den nicht entnommenen Gewinn eine Tarifermäßigung in Form eines linearen **Sondersteuersatzes** von 28,25 %. Bei einer späteren Entnahme entfällt der Begünstigungsgrund und es kommt zu einer **Nachversteuerung** mit einem Satz von 25 % (§ 34a Abs. 4 EStG). Zur Tarifermäßigung des § 34a EStG siehe im Detail BMF-Schreiben vom 11.08.2008, BStBl I 2008, S. 838.

Wie sich aus nachfolgender Tabelle ergibt, führt die Tarifermäßigung nach § 34a EStG zu einer weitgehenden Annäherung der Belastung zwischen Personenunternehmen und Kapitalgesellschaften sowohl im Thesaurierungsfall wie auch bei späterer Ausschüttung bzw. Entnahme (GewSt-Hebesatz im Beispiel: 400 %):

<table>
<tr><th></th><th>Thesaurierung</th><th>Ausschüttung bzw. Entnahme</th></tr>
<tr><td>Personenunternehmen, Besteuerung <u>ohne</u> § 34a</td><td>ESt 45,00 %
GewSt-Anrechnung – 13,30 % 31,70 %
SolZ 1,74 %
GewSt 14,00 %
47,44 %</td><td>Keine zusätzliche Belastung</td></tr>
<tr><td>Personenunternehmen, Besteuerung <u>mit</u> § 34a</td><td>ESt 28,25 %
GewSt-Anrechnung – 13,30 % 14,95 %
SolZ 0,82 %
GewSt 14,00 %
29,77 %</td><td>ESt 25,00 %
SolZ 1,38 %</td></tr>
<tr><td>Kapitalgesellschaften</td><td>KSt 15,00 %
SolZ 0,83 %
GewSt 14,00 %
29,83 %</td><td>AbgSt 25,00 %
SolZ 1,38 %</td></tr>
</table>

Tabelle B.7: Belastungsvergleich

Beispiel B.21:

Ein lediger Steuerpflichtiger erzielt im Jahr 2010 ein zu versteuerndes Einkommen von 150.000 €. In diesem Betrag sind Einkünfte aus Gewerbebetrieb von 100.000 € enthalten, die thesauriert werden.

Sondersteuersatz von 28,25 % auf nicht entnommenen Gewinn	28.250 €	
Einkommensteuer nach § 32a Abs. 1 EStG auf den verbleibenden Betrag von (150.000 – 100.000 =) 50.000 €	12.847 €	
– Gewerbesteueranrechnung (100.000 · 3,5 % · 380 % =)	– 13.300 €	27.797 €
Solidaritätszuschlag (5,5 % von 27.797 €)		1.528 €
Gewerbesteuer (100.000 · 3,5 % · 400 % =)		14.000 €
Gesamte Steuerbelastung		43.325 €

Die Tarifbegünstigung nach § 34a EStG kann in Anspruch genommen werden für nicht entnommene Gewinne aus

- Einzelunternehmen,
- Beteiligungen an Mitunternehmerschaften.

Die Tarifermäßigung kann nur in Anspruch genommen werden bei Gewinnermittlung nach § 4 Abs. 1 oder § 5 EStG (d.h. bei Gewinnermittlung durch Betriebsvermögensvergleich), nicht jedoch bei Gewinnermittlung durch Einnahmen-Überschuss-Rechnung (§ 4 Abs. 3 EStG) oder Gewinnermittlung bei Land- und Forstwirten nach Durchschnittssätzen (§ 13a EStG).

4.4.5.1 Ausübung des Wahlrechts

Der besondere Steuersatz von 28,25 % auf nicht entnommene Gewinne wird nur auf Antrag gewährt. Der Antrag ist grundsätzlich für jeden Betrieb und Mitunternehmeranteil gesondert zu stellen. Dabei kann der Steuerpflichtige wählen, ob und in welcher Höhe er den gesonderten Steuersatz für den einzelnen Betrieb bzw. Mitunternehmeranteil in Anspruch nehmen möchte.

Ein **Mitunternehmer** kann den Sondersteuersatz nur wählen, wenn sein Anteil am Gewinn (aus Hauptbilanz, Sonderbilanz und Ergänzungsbilanz) mehr als 10 % **oder** der Gewinn mehr als 10.000 € beträgt (§ 34a Abs. 1 Satz 3 EStG). Eine einheitliche Antragstellung aller Mitunternehmer einer Personengesellschaft ist nicht erforderlich.

Da bei Inanspruchnahme der Tarifbegünstigung des § 34a EStG eine Nachversteuerung bei späterer Entnahme der zunächst thesaurierten Gewinne in Kauf genommen werden muss, wird man den Antrag auf ermäßigten Steuersatz nur stellen, wenn

- der persönliche Steuersatz hoch ist **und**
- die thesaurierten Gewinne langfristig im Unternehmen verbleiben sollen.

4.4.5.2 Nicht entnommener Gewinn

Der besondere Steuersatz von 28,25 % kann auf den nicht entnommenen Gewinn angewendet werden. Nicht entnommener Gewinn ist der nach § 4 Abs. 1 Satz 1 EStG ermittelte Gewinn, vermindert um den positiven Saldo der Entnahmen und Einlagen des Wirtschaftsjahres (§ 34a Abs. 2 EStG).

Bei Personengesellschaften beinhaltet der Gewinn nach § 4 Abs. 1 Satz 1 EStG auch die Ergebnisse von Sonderbilanzen und Ergänzungsbilanzen.

Nicht abziehbare Betriebsausgaben mindern den nach § 4 Abs. 1 Satz 1 EStG ermittelten Gewinn. Sie werden erst in einem zweiten Schritt außerbilanziell wieder hinzugerechnet. Soweit der steuerpflichtige Gewinn auf einer Hinzurechnung nicht abzugsfähiger Betriebsausgaben beruht, kann § 34a EStG nicht in Anspruch genommen werden.

Entsprechend sind steuerfreie Einnahmen in dem Gewinn nach § 4 Abs. 1 Satz 1 EStG noch enthalten. Sie können aber nicht Gegenstand der Tarifermäßigung sein.

Steuerpflichtiger Gewinn
– nicht abzugsfähige Betriebsausgaben (z.B. nach § 4 Abs. 4a, 5, 5a und 5b EStG)
+ steuerfreie Einnahmen (z.B. nach Teileinkünfteverfahren steuerfreie Gewinne oder steuerfreie Investitionszulagen)
= Gewinn nach § 4 Abs. 1 Satz 1 EStG
– Saldo (Entnahmen – Einlagen)
= Nicht entnommener Gewinn (§ 34a Abs. 2 EStG)

Tabelle B.8: Ermittlung des nicht entnommenen Gewinns nach § 34a Abs. 2 EStG

Beispiel B.22:

Der Gewinn vor Hinzurechnung nicht abzugsfähiger Betriebsausgaben beträgt 80.000 €. Nicht abzugsfähige Betriebsausgaben nach § 4 Abs. 5 EStG sind in Höhe von 16.000 € zu berücksichtigen. Während des Wirtschaftsjahres sind Entnahmen von 25.000 € und Einlagen von 10.000 € erfolgt.

Gewinn laut Steuerbilanz (§ 4 Abs. 1 EStG)		80.000 €
+ nicht abzugsfähige Betriebsausgaben		+ 16.000 €
Steuerpflichtiger Gewinn		96.000 €

Gewinn laut Steuerbilanz (§ 4 Abs. 1 EStG)		80.000 €
– Saldo Entnahmen	25.000 €	
– Einlagen	– 10.000 €	– 15.000 €
Nicht entnommener Gewinn		65.000 €

Der steuerpflichtige Gewinn beträgt 96.000 €. Der Antrag nach § 34a EStG kann aber nur für einen Gewinn von maximal 65.000 € gestellt werden.

4.4.5.3 Nachversteuerung

Zur Durchführung der Nachversteuerung sind zunächst der **Begünstigungsbetrag** (§ 34a Abs. 3 Satz 1 EStG) und der **nachversteuerungspflichtige Betrag** (§ 34a Abs. 3 Satz 2 EStG) zu ermitteln.

Begünstigungsbetrag ist der Teil des nicht entnommenen Gewinns, für den der Steuerpflichtige den Antrag auf begünstigten Steuersatz gestellt hat.

Beispiel B.23:

Der nicht entnommene Gewinn beträgt 200.000 €. Der Steuerpflichtige stellt für einen Teilbetrag von 50.000 € den Antrag nach § 34a EStG.

Begünstigungsbetrag, zu versteuern mit Sondersteuersatz von 28,25 %	50.000 €
Tariflich zu versteuern	150.000 €

Einkommensteuer für Begünstigungsbetrag (28,25 % von 50.000 =)	14.125 €
Solidaritätszuschlag (5,5 % von 14.125 =)	+ 776 €
	14.901 €

Der Begünstigungsbetrag abzüglich der darauf entfallenden Einkommensteuer und Solidaritätszuschlag (aber ohne Kirchensteuer und Gewerbesteuer) ist der **nachversteuerungspflichtige Betrag**.

Beispiel B.24:

Das Beispiel schließt an den Sachverhalt des vorhergehenden Beispiels an.

Begünstigungsbetrag	50.000 €
– Einkommensteuer	– 14.125 €
– Solidaritätszuschlag	– 776 €
Nachversteuerungspflichtiger Betrag	35.099 €

Der nachversteuerungspflichtige Betrag ist jährlich fortzuschreiben und zum Ende des Veranlagungszeitraums für jeden Betrieb oder Mitunternehmeranteil gesondert festzustellen (§ 34a Abs. 3 Satz 3 EStG).

Ist der Saldo von Entnahmen und Einlagen höher als der nach § 4 Abs. 1 Satz 1 EStG ermittelte Gewinn eines Jahres, erfolgt bis zu dieser Höhe eine Nachversteuerung des festgestellten nachversteuerungspflichtigen Betrages (§ 34a Abs. 4 EStG). Im Verlustfall ist der positive Saldo von Entnahmen und Einlagen bis zur Höhe des nachversteuerungspflichtigen Betrages vollständig nachzuversteuern. Soweit Beträge für Erbschaftsteuer oder Schenkungsteuer anlässlich der Übertragung des Betriebs oder Mitunternehmeranteils entnommen wurden, ist der Nachversteuerungsbetrag insoweit zu reduzieren (§ 34a Abs. 4 Satz 3 EStG, siehe im Einzelnen Tz. 30 des BMF-Schreibens vom 11.08.2008, BStBl I 2008, S. 838).

Beispiel B.25:

Der Steuerpflichtige hat einen Gewinn nach § 4 Abs. 1 EStG von 70.000 €. Die Entnahmen betragen 100.000 €. Auf das Ende des Vorjahres wurde ein nachversteuerungspflichtiger Betrag von 220.000 € festgestellt.

Der Gewinn des laufenden Jahres von 70.000 € muss nach § 32a EstG tariflich versteuert werden.

Der Entnahmeüberhang von 30.000 € ist nachzuversteuern:

– Einkommensteuer, 25 % von 30.000 €	7.500 €
– Solidaritätszuschlag, 5,5 % von 7.500 €	412 €
Nachversteuerungspflichtiger Betrag Ende Vorjahr	220.000 €
– nachversteuert im laufenden Jahr	– 30.000 €
Nachversteuerungspflichtiger Betrag Ende laufendes Jahr	190.000 €

Auch bei der Übertragung von Wirtschaftsgütern in ein anderes Betriebsvermögen erfolgt grundsätzlich eine Nachversteuerung (§ 34a Abs. 5 Satz 1 EStG). Erfolgt die Übertragung von einzelnen Wirtschaftsgütern allerdings gemäß § 6 Abs. 5 EStG zum Buchwert (siehe Abschnitt B.5.4.2.1), so kann der Steuerpflichtige eine Übertragung des (anteiligen) nachversteuerungspflichtigen Betrages in das aufnehmende Betriebsvermögen beantragen (§ 34a Abs. 5 Satz 2 EStG).

Nach § 34a Abs. 6 EStG ist eine Nachversteuerung auch in folgenden Fällen vorzunehmen:

- Betriebsveräußerung oder Betriebsaufgabe (siehe Abschnitt B.5.3.3.1),
- Umwandlungsfälle,
- Wechsel von der Gewinnermittlung durch Betriebsvermögensvergleich zu einer anderen Gewinnermittlungsart (insbesondere der Gewinnermittlung durch Einnahmen-Überschuss-Rechnung nach § 4 Abs. 3 EStG), siehe Abschnitt B.5.2.4.4.3,
- Antrag des Steuerpflichtigen auf Nachversteuerung.

Erfolgt eine Nachversteuerung nach § 34a Abs. 6 Nrn. 1 und 2 EStG (Betriebsveräußerung, Betriebsaufgabe, Umwandlungsfälle), so kann die Nachsteuer auf Antrag über einen Zeitraum von bis zu zehn Jahren zinslos gestundet werden (§ 34a Abs. 6 Satz 2 EStG).

4.4.6 Sondersteuersatz für Einkünfte aus Kapitalvermögen

Einen weiteren Sondersteuersatz konstituiert § 32d Abs. 1 Satz 1 EStG für die Einkünfte aus Kapitalvermögen. Diese werden ab dem 01.01.2009 grundsätzlich mit einem linearen Satz von 25 % belastet. Hinzu kommt eine Belastung mit Solidaritätszuschlag (5,5 %) sowie gegebenenfalls Kirchensteuer (i.d.R. 9 %). Ausländische Steuern können bis zur Höhe von 25 % angerechnet werden (§ 32d Abs. 1 Satz 2, Abs. 5 EStG). Darüber hinaus sieht § 32d Abs. 1 Satz 3 EStG in den Fällen einer zusätzlichen Kirchensteuerpflicht eine vereinfachte, formelmäßige Anrechnung der Kirchensteuer vor.

Die Einkommensteuer beträgt dann:

$$\text{ESt} = \frac{e - 4q}{4 + k}$$

e = Einkünfte aus Kapitalvermögen

q = anrechenbare ausländische Steuern

k = Kirchensteuersatz

Beispiel B.26:

Die Einkünfte aus Kapitalvermögen betragen 100.000 €. Der Steuerpflichtige ist nicht kirchensteuerpflichtig.

Einkünfte aus Kapitalvermögen	100.000 €
– Einkommensteuer (25 % von 100.000 =)	– 25.000 €
– Solidaritätszuschlag (5,5 % von 25.000 =)	– 1.375 €
	73.625 €

Abwandlung: Der Steuerpflichtige ist kirchensteuerpflichtig (Steuersatz: 9 %).

Einkünfte aus Kapitalvermögen	100.000 €
– Einkommensteuer (100.000 / (4 + 0,09) =)	– 24.450 €
– Kirchensteuer (9 % von 24.450 =)	– 2.200 €
– Solidaritätszuschlag (5,5 % von 24.450 =)	– 1.344 €
	72.006 €

Regelmäßige Erhebungsform der Einkommensteuer bei den Einkünften aus Kapitalvermögen ist die **Kapitalertragsteuer**, die ab 2009 mit Abgeltungswirkung („**Abgeltungsteuer**") erhoben wird. Da die Kapitalertragsteuer Abgeltungswirkung hat, müssen Einkünfte aus Kapitalvermögen bei der Einkommensteuererklärung nicht mehr angegeben werden. Der Steuerpflichtige kann allerdings gemäß § 32d Abs. 4, 6 EStG beantragen, die Kapitalerträge in die Veranlagung einzubeziehen (Veranlagungsoption). Dies kann für den Steuerpflichtigen vorteilhaft sein, wenn

- der persönliche Grenzsteuersatz unter 25 % liegt oder
- der Sparer-Pauschbetrag (§ 20 Abs. 9 EStG) nicht in voller Höhe berücksichtigt worden ist, z.B. weil den Banken kein Freistellungsauftrag erteilt wurde.

Darüber hinaus muss der Steuerpflichtige Einkünfte, die nicht der Kapitalertragsteuer unterlegen haben, in der Einkommensteuererklärung angeben (§ 32d Abs. 3 EStG).

Beispiel B.27:

Der Steuerpflichtige A hat seinem Arbeitskollegen für den Kauf eines neuen Pkw ein zu 5 % verzinsliches Darlehen über 20.000 € gewährt. Er erhält in 01 Zinsen von 1.000 €.

A erzielt Einkünfte aus Kapitalvermögen von 1.000 €. Da der Arbeitskollege nicht zum Einbehalt von Kapitalertragsteuer verpflichtet ist, muss A die Einkünfte in seiner Einkommensteuererklärung angeben. Die Besteuerung erfolgt (ggf. nach Abzug eines nicht ausgeschöpften Sparer-Pauschbetrags) mit dem Sondersteuersatz von 25 %.

4.5 Erhebungsformen der Einkommensteuer

Die Einkommensteuer ist nach § 25 EStG eine zu veranlagende Steuer. Das zu versteuernde Einkommen wird nach Ablauf des Veranlagungszeitraums für diesen Veranlagungszeitraum ermittelt und die Einkommensteuer in einem Steuerbescheid festgesetzt. Diese ist innerhalb eines Monats nach Bekanntgabe des Steuerbescheids zu entrichten (§ 36 Abs. 4 Satz 1 EStG).

Um eine zeitnahe Erhebung der Steuerzahlung zu gewährleisten, wird die Einkommensteuer jedoch zum Teil bereits während des laufenden Veranlagungszeitraums erhoben. Zweck ist neben der Erzielung eines stetigen Steueraufkommens die Sicherung der Steueransprüche des Staates. Die während des Veranlagungszeitraums gezahlten Steuern werden auf die nach Bekanntgabe des Steuerbescheids zu entrichtende Abschlusszahlung angerechnet (§ 36 Abs. 2 Nrn. 1, 2 EStG). Zu unterscheiden ist zwischen zwei Formen der zeitnahen Erhebung von Steuern. Es handelt sich dabei um

- Einkommensteuer-Vorauszahlungen gemäß § 37 EStG (siehe Abschnitt B.4.5.1) und
- im Abzugswege erhobene Steuern. Hierzu gehören
  - die Lohnsteuer gemäß §§ 38 – 42f EStG (siehe Abschnitt B.4.5.2.1),
  - die Kapitalertragsteuer gemäß §§ 43 – 45e EStG (siehe Abschnitt B.4.5.2.1) sowie
  - der Steuerabzug bei beschränkt Steuerpflichtigen gemäß § 50a EStG (siehe Abschnitt B.4.5.2.2).
- Pauschalierung der Einkommensteuer für Sachprämien und Sachzuwendungen nach §§ 37a, 37b EStG, (siehe Abschnitt B.4.5.4).

4.5.1 Vorauszahlungen

Gemäß § 37 Abs. 1 EStG hat der Steuerpflichtige vierteljährliche Abschläge auf die voraussichtliche Steuerschuld zu entrichten (**Vorauszahlungen**). Durch diese Vorschrift soll vermieden werden, dass Steuerpflichtige, die mangels Lohn- und Kapitaleinkünften keine Abzugsteuern zu entrichten haben, bevorzugt behandelt werden. Steuervorauszahlungen sind ebenso wie im Abzugswege erhobene Steuern auf die Einkommensteuerschuld anzurechnen. Sie unterscheiden sich von Letzteren dadurch, dass Vorauszahlungen grundsätzlich nach der Höhe der Einkommensteuerschuld bei der letzten Veranlagung berechnet werden, während Abzugsteuern auf die Verwirklichung eines Steuertatbestands im laufenden Veranlagungszeitraum abstellen. Als weiterer Unterschied ist zu nennen, dass Abzugsteuern an der Quelle erhoben werden. Steuerzahler ist der Vergütungsschuldner, z.B. der Arbeitgeber oder der Zinsschuldner. Der Steuerpflichtige erhält nur den Nettobetrag nach Einbehaltung der Abzugsteuer ausbezahlt. Hingegen sind Vorauszahlungen vom Einkommensteuerpflichtigen selbst zu entrichten.

Vorauszahlungen sind gemäß § 37 Abs. 1 Satz 1 EStG am 10. März, 10. Juni, 10. September und 10. Dezember zu leisten. Bemessungsgrundlage der Vorauszahlungen ist die voraussichtliche Steuerschuld des laufenden Veranlagungszeitraums. Mangels anderer Anhaltspunkte bemessen sich die Vorauszahlungen gemäß § 37 Abs. 3 Satz 2 EStG grundsätzlich nach der Einkommensteuer, die sich nach Anrechnung der Steuerabzugsbeträge bei der letzten Veranlagung ergeben hatte. Kann der Steuerpflichtige allerdings glaubhaft machen, dass die voraussichtliche Einkommensteuerschuld niedriger als die Vorjahressteuer ist (z.B. mit Hilfe der vorläufigen GuV für das laufende Jahr), so gilt diese niedrigere voraussichtliche Steuerschuld als Bemessungsgrundlage für die Vorauszahlungen. Die Vorauszahlungen sind in vier gleichen Teilbeträgen zu leisten, und zwar selbst dann, wenn der Steuerpflichtige seine Einnahmen im Wesentlichen in einer bestimmten Saison erzielt hat (vgl. auch *W. Drenseck*, in: L. Schmidt (2010), § 37, Rz. 3; FG Baden-Württemberg, Urteil vom 24.07.2008, EFG 2009, S. 1389, Rev. VIII R 11/09). Gemäß § 37 Abs. 5 Satz 1 EStG werden Vorauszahlungen nur erhoben, wenn sie mindestens 400 € im Kalenderjahr und mindestens 100 € je Vorauszahlungszeitpunkt betragen.

4.5.2 Abzugsteuern

In drei wichtigen Bereichen wird die Einkommensteuer als Abzugsteuer an der Einkommensquelle erhoben, nämlich im Falle der Lohnsteuer, der Kapitalertragsteuer (einschließlich der Zinsabschlagsteuer) sowie der Abzugsteuer des § 50a EStG für beschränkt Steuerpflichtige (**Quellenbesteuerung**).

4.5.2.1 Lohnsteuer und Kapitalertragsteuer

Die Lohnsteuer ist die regelmäßige Erhebungsform der Einkünfte aus nichtselbständiger Arbeit, die Kapitalertragsteuer die regelmäßige Erhebungsform der Einkünfte aus Kapitalvermögen. Die Lohnsteuer wird auf die Einkommensteuer im Rahmen der Veranlagung angerechnet. Die Kapitalertragsteuer hat seit 2009 grundsätzlich Abgeltungswirkung. Kapitaleinkünfte, die der Kapitalertragsteuer unterlegen haben, müssen bei der Einkommensteuererklärung nicht mehr angegeben werden.

Eine ausführliche Darstellung erfolgt in Abschnitt B.7.4.5 im Rahmen der Einkünfte aus nichtselbständiger Arbeit bzw. in Abschnitt B.7.5.3 im Rahmen der Einkünfte aus Kapitalvermögen. Der Steuerpflichtige kann allerdings gemäß § 32d Abs. 4, 6 EStG beantragen, die Kapitalerträge in die Veranlagung einzubeziehen (Veranlagungsoption, siehe Abschnitt B.4.4.6). In diesem Fall wird die Kapitalertragsteuer auf die festzusetzende Einkommensteuer angerechnet.

4.5.2.2 Abzugsteuer für beschränkt Steuerpflichtige

Die Abzugsteuer des § 50a EStG hat nur für **beschränkt Steuerpflichtige** Bedeutung:

- Auf Vergütungen, die beschränkt steuerpflichtige Personen für eine Tätigkeit als Mitglied des Aufsichtsrats, Verwaltungsrats oder eines entsprechenden Überwachungs-organs von inländischen Körperschaften erhalten, wird eine **Aufsichtsratsteuer** von 30 % der Einnahmen erhoben (§ 50a Abs. 1 Nr. 4 EStG).
- Auf Einkünfte, die durch künstlerische, sportliche, artistische oder ähnliche Darbietungen im Inland oder durch deren Verwertung im Inland erzielt werden, sowie auf Einkünfte aus der Nutzungsüberlassung von Rechten ist eine Abzugsteuer von 15 % der Einnahmen zu entrichten (§ 50a Abs. 1 Nr. 1 – 3 EStG).

Die Abzugsteuer ist grundsätzlich von den Einnahmen (ohne Abzug von Erwerbsaufwendungen) zu bemessen. Der Schuldner der Vergütung darf allerdings dann von Einnahmen im Sinne des § 50a Abs. 1 Nrn. 1, 2 und 4 EStG mit ihnen in unmittelbarem Zusammenhang stehende Betriebsausgaben oder Werbungskosten abziehen, wenn der beschränkt Steuerpflichtige ihm diese in einer für das Finanzamt nachprüfbaren Form nachgewiesen hat.

Unter den Voraussetzungen des § 50 Abs. 2 EStG ist die Steuerschuld mit Entrichtung der Abzugsteuer abgegolten. Voraussetzung für die Abgeltungswirkung der Abzugsteuer ist danach insbesondere, dass die Einkünfte nicht Betriebseinnahmen eines inländischen Betriebes sind.

4.5.3 Abschlusszahlung

Ergibt sich nach Anrechnung der Vorauszahlungen und der Abzugsteuern auf die festzusetzende Einkommensteuer ein Fehlbetrag, so hat der Steuerpflichtige diesen innerhalb eines Monats nach Bekanntgabe des Steuerbescheids zu entrichten (§ 36 Abs. 4 Satz 1 EStG). Übersteigen die anrechnungsfähigen Beträge hingegen die festzusetzende Einkommensteuer, so wird die Differenz dem Steuerpflichtigen nach Bekanntgabe des Steuer-bescheids ausbezahlt (§ 36 Abs. 4 Satz 2 EStG).

4.5.4 Pauschalierung der Einkommensteuer

Schließlich sehen die zum 01.01.1997 eingeführten §§ 37a, 37b EStG eine pauschale Erhebung der Einkommensteuer vor:

Pauschalierung der Einkommensteuer bei Sachprämien aus Kundenbindungsprogrammen (§ 37a EStG)

Sachprämien (z.B. aus Miles-and-More-Programmen oder anderen Kundenbindungsprogrammen), die im Zusammenhang mit einer dienstlichen Tätigkeit erworben wurden, stellen grundsätzlich steuerpflichtige Einnahmen dar, z.B. Freiflüge aufgrund von dienstlich gesammelten Meilen.

Nach § 3 Nr. 38 EStG sind solche Sachprämien allerdings bis zu einem Wert von 1.080 € im Kalenderjahr steuerfrei. Das Unternehmen, das solche Sachprämien gewährt, kann die Einkommensteuer für den Teil der Sachprämien, die nicht nach § 3 Nr. 38 EStG steuerfrei sind, mit 2,25 % pauschalieren. Bemessungsgrundlage ist der gesamte Wert der Prämien, die den im Inland ansässigen Steuerpflichtigen zufließen, also auch der nach § 3 Nr. 38 EStG steuerfreie Teil. Mit der Pauschalsteuer ist die Einkommensteuer des Prämienempfängers abgegolten (§ 37a Abs. 2 Satz 1 i.V.m. § 40 Abs. 3 EStG). Das Unternehmen hat den Prämienempfänger von der Steuerübernahme zu unterrichten (§ 37a Abs. 2 Satz 2 EStG).

Pauschalierung der Einkommensteuer bei Sachzuwendungen (§ 37b EStG)

Unternehmen pflegen ihre Geschäftsbeziehungen häufig durch verschiedene Sachzuwendungen, die an Geschäftspartner oder deren Arbeitnehmer gegeben werden. Solche Sachzuwendungen gehören bei dem Empfänger grundsätzlich zu den steuerpflichtigen Einnahmen. Allerdings kann der Zuwendende die Einkommensteuer für den Beschenkten mit einem Pauschalsteuersatz von 30 % erheben, sofern es sich nicht um Geldzuwendungen handelt und die Aufwendungen je Empfänger und Wirtschaftsjahr 10.000 € nicht übersteigen (§ 37b Abs. 1 EStG). Die pauschal besteuerten Sachzuwendungen bleiben dann bei der Ermittlung der Einkünfte des Empfängers außer Ansatz (§ 37b Abs. 3 Satz 1 EStG).

Darüber hinaus kann auch die Einkommensteuer für Sachzuwendungen an eigene Arbeitnehmer nach § 37b Abs. 2 EStG unter bestimmten Voraussetzungen mit 30 % pauschaliert werden.

Zur Pauschalierung der Einkommensteuer bei Sachzuwendungen nach § 37b EStG siehe ausführlich das Anwendungsschreiben des BMF vom 29.04.2008 (BStBl I 2008, S. 566).

5 Gewinnermittlung

5.1 Gewinneinkunftsarten

Zu den Gewinneinkunftsarten gehören gemäß § 2 Abs. 2 EStG

- die Einkünfte aus Land- und Forstwirtschaft (§ 2 Abs. 1 Nr. 1 EStG, siehe Abschnitt B.7.1),
- die Einkünfte aus Gewerbebetrieb (§ 2 Abs. 1 Nr. 2 EStG, siehe Abschnitt B.7.2) sowie
- die Einkünfte aus selbständiger Arbeit (§ 2 Abs. 1 Nr. 3 EStG, siehe Abschnitt B.7.3).

Die Einkünfte dieser Einkunftsarten bezeichnet § 2 Abs. 2 Nr. 1 EStG als **Gewinn**.

Zum Gewinn der jeweiligen Gewinneinkunftsart gehören sowohl die laufenden Gewinne, die im Rahmen des jeweiligen land- und forstwirtschaftlichen, gewerblichen bzw. selbständigen Betriebs erwirtschaftet werden, als auch Gewinne aus der Veräußerung oder Aufgabe dieses Betriebs bzw. eines Teilbetriebs oder Mitunternehmeranteils. Die Veräußerung und Aufgabe von Betrieben, Teilbetrieben und Mitunternehmeranteilen wird in einem separaten Abschnitt behandelt (siehe Abschnitt B.5.3.3.1).

Das Ergebnis einer Einkunftsart kann auch negativ sein. Entgegen dem üblichen Sprachgebrauch wird der Begriff „Gewinn“ im Sinne des § 2 Abs. 2 Nr. 1 EStG nicht als Gegensatz zum Begriff „Verlust" verwendet, sondern er schließt ein negatives Ergebnis ein (BFH-Beschluss vom 26.10.1987, BStBl II 1988, S. 348).

Der einkommensteuerliche Gewinnbegriff orientiert sich an der Reinvermögenszugangstheorie. Es wird das Gesamtergebnis der unternehmerischen Betätigung, einschließlich (realisierter) Vermögensstammänderungen, erfasst (vgl. *K. Tipke / J. Lang* (2010), § 9, Rz. 181 ff.).

5.2 Gewinnermittlungsmethoden

Das Einkommensteuergesetz sieht mit

- dem **Betriebsvermögensvergleich nach § 4 Abs. 1 EStG,**
- dem **Betriebsvermögensvergleich nach § 5 EStG**
- der **Einnahmen-Überschuss-Rechnung** (§ 4 Abs. 3 EStG) und
- der **Gewinnermittlung nach Durchschnittssätzen** (§ 13a EStG)

vier Methoden zur Gewinnermittlung vor. Bevor nachfolgend die einzelnen Gewinnermittlungsmethoden dargestellt werden, soll zunächst ihr persönlicher Geltungsbereich, d.h. die Frage, für wen welche Gewinnermittlungsart vorgesehen ist, geklärt werden.

5.2.1 Anwendungsbereiche der Gewinnermittlungsmethoden

Grundlegende Vorschrift zum persönlichen Anwendungsbereich der Gewinnermittlungsmethoden ist § 4 Abs. 3 Satz 1 EStG. Danach können Land- und Forstwirte, Gewerbetreibende und Selbständige, die nicht auf Grund gesetzlicher Vorschriften verpflichtet sind, Bücher zu führen und regelmäßig Abschlüsse zu machen, und die auch nicht freiwillig Bücher führen und Abschlüsse machen, den Gewinn mit Hilfe der Einnahmen-Überschuss-Rechnung nach § 4 Abs. 3 EStG ermitteln. Aus dieser Vorschrift kann im Umkehrschluss gefolgert werden, dass der Betriebsvermögensvergleich nach § 4 Abs. 1 EStG bzw. nach § 5 EStG von Steuerpflichtigen, die entweder verpflichtet sind, Bücher zu führen und Abschlüsse zu machen oder dies freiwillig tun, vorzunehmen ist. Eine Verpflichtung zur Führung von Büchern für steuerliche Zwecke kann sich aus § 140 AO oder § 141 AO ergeben.

Buchführungspflicht nach § 140 AO

Nach § 140 AO sind Steuerpflichtige, die nach dem Handelsrecht Bücher zu führen haben, auch für steuerliche Zwecke zur Führung von Büchern verpflichtet. Zur handelsrechtlichen Führung von Büchern sind gemäß § 238 Abs. 1 HGB die Kaufleute verpflichtet. Da die **Kaufmannseigenschaft** der §§ 1 ff. HGB somit für die Anwendung der steuerlichen Gewinnermittlungsmethoden entscheidende Bedeutung hat, wird im nachfolgenden Abschnitt B.5.2.2 ausführlich auf diese eingegangen.

Durch das Bilanzrechtsmodernisierungsgesetz (BGBl I 2009, S. 1102) wurde § 241a HGB neu eingefügt. Nach dieser Vorschrift sind Einzelkaufleute (nicht aber Personen- und Kapitalgesellschaften!), die an zwei aufeinander folgenden Abschlussstichtagen Umsatzerlöse von nicht mehr als 500.000 € **und** einen Jahresüberschuss von nicht mehr als 50.000 € aufweisen, nicht nach handelsrechtlichen Vorschriften buchführungspflichtig. Bei Neugründung sind die Verhältnisse am ersten Abschlussstichtag maßgebend (siehe auch *J. Kroschel / J. Richter* (2010), S. 12 f.). Einzelkaufleute, welche die genannten Grenzen nicht überschreiten, sind im Ergebnis auch nicht nach § 140 AO für steuerliche Zwecke buchführungspflichtig. Nach Auffassung des Gesetzgebers soll diese Maßnahme zu einer Kostenentlastung von ca. 1 Mrd. € führen, da die betroffenen Kaufleute nur noch eine Einnahmen-Überschuss-Rechnung nach § 4 Abs. 3 EStG für steuerliche Zwecke aufstellen müssen. Mit der Einführung des § 241a HGB wurde eine Annäherung an die Schwellenwerte des § 141 AO (siehe unten) erreicht, allerdings bestehen bei der Ermittlung der Umsätze und des Gewinns im Detail Unterschiede. So wird gemäß § 141 AO nicht auf den handelsrechtlichen Jahresüberschuss, sondern auf den steuerlichen Gewinn abgestellt. Zudem sind nach § 141 AO die Grenzen an nur einem Abschlussstichtag maßgebend.

Buchführungspflicht nach § 141 AO

Nach § 141 AO ergibt sich eine Pflicht zur Führung von Büchern für rein steuerliche Zwecke zudem für Land- und Forstwirte sowie Gewerbetreibende (nicht jedoch bei den Einkünften aus selbständiger Arbeit!), die nicht schon nach dem Handelsgesetzbuch zur Führung von Büchern verpflichtet sind, und über

- Umsätze von mehr als 500.000 € im Kalenderjahr,
- eine selbst bewirtschaftete land- und forstwirtschaftliche Fläche mit einem Wirtschaftswert i.S.d. § 46 BewG von mehr als 25.000 € oder
- einen Gewinn aus Gewerbebetrieb von mehr als 50.000 € im Wirtschaftsjahr bzw. einen Gewinn aus Land- und Forstwirtschaft von mehr als 50.000 € im Kalenderjahr

verfügen. Die Verpflichtung zur Führung von Büchern gilt vom Beginn des Wirtschaftsjahrs an, das auf die Bekanntgabe der Verpflichtung durch die Finanzbehörden folgt (§ 141 Abs. 2 Satz 1 AO).

Gewinnermittlungsmethode

<table>
<tr><td colspan="3">Betriebsvermögensvergleich
(§ 4 Abs. 1 bzw. § 5 EStG)</td><td>Einnahmen-Überschuss-Rechnung
(§ 4 Abs. 3 EStG)</td></tr>
<tr><td>a) § 140 AO</td><td>Steuerpflichtige, die nach Handelsrecht</td><td rowspan="2">verpflichtet sind, Bücher zu führen und regelmäßig Abschlüsse zu machen</td><td rowspan="2">alle Land- und Forstwirte, Gewerbetreibende und selbständig Tätige, die weder verpflichtet sind, Bücher zu führen und regelmäßig Abschlüsse zu machen, noch dies freiwillig tun (bei Land- und Forstwirten ist allerdings die Besteuerung nach Durchschnittssätzen (§ 13a EStG) zu beachten)</td></tr>
<tr><td>b) § 141 AO</td><td>alle Land- und Forstwirte und Gewerbetreibenden, die wegen Überschreiten bestimmter Grenzen</td></tr>
<tr><td colspan="3">c) Land- u. Forstwirte, Gewerbetreibende und selbständig Tätige, die ohne eine Verpflichtung freiwillig Bücher führen und regelmäßig Abschlüsse machen</td><td>häufigster Anwendungsbereich: Kaufleute, die keinen in kaufmännischer Weise eingerichteten Geschäftsbetrieb benötigen und zudem die Grenzen des § 141 AO nicht überschreiten, sowie selbständig Tätige</td></tr>
</table>

Abbildung B.4: Persönlicher Anwendungsbereich von Betriebsvermögensvergleich und Einnahmen-Überschuss-Rechnung

Ergibt sich nach den Vorschriften der §§ 140, 141 AO eine Verpflichtung zur Führung von Büchern oder führt der Steuerpflichtige freiwillig Bücher, so hat die Gewinnermittlung durch Betriebsvermögensvergleich zu erfolgen. Der Betriebsvermögensvergleich nach § 5 EStG ist von Gewerbetreibenden, der Betriebsvermögensvergleich nach § 4 Abs. 1 EStG von Land- und Forstwirten und Selbständigen anzuwenden.

Land- und Forstwirte können ihren Gewinn, abweichend von den geschilderten Regelungen, nach Durchschnittssätzen gemäß § 13a EStG ermitteln, sofern

- der Steuerpflichtige weder nach handelsrechtlichen Vorschriften noch nach § 141 AO buchführungspflichtig ist (§ 13a Abs. 1 Nr. 1 EStG),
- die selbstbewirtschaftete Fläche der landwirtschaftlichen Nutzung (ohne Sonderkulturen i.S.d. § 52 BewG) 20 Hektar nicht überschreitet (§ 13a Abs. 1 Nr. 2 EStG),
- eine Obergrenze an Tierbeständen nicht überschritten wird (§ 13a Abs. 1 Nr. 3 EStG) und
- der Wert der selbstbewirtschafteten Sondernutzungen i.S.d. § 13a Abs. 5 EStG 2.000 DM je Sondernutzung nicht übersteigt (§ 13a Abs. 1 Nr. 4 EStG).

Die verschiedenen Gewinnermittlungsmethoden stellen unterschiedliche Anforderungen an die Buchführung des Steuerpflichtigen. Für den Betriebsvermögensvergleich nach § 4 Abs. 1 EStG bzw. nach § 5 EStG ist eine ordnungsgemäße Buchführung und die Fortschreibung von Bilanzen notwendig. Für die Ermittlung des Gewinns als Überschuss der Betriebseinnahmen über die Betriebsausgaben nach § 4 Abs. 3 EStG ist keine Bilanz, sondern nur eine Einnahmen-Ausgaben-Rechnung erforderlich. Zusätzlich muss allerdings ein Anlageverzeichnis im Sinne von § 4 Abs. 3 Sätze 4, 5 EStG erstellt werden. Für die Gewinnermittlung nach Durchschnittssätzen gemäß § 13a EStG schließlich ist weder die Fortschreibung von Bilanzen noch die Führung einer Einnahmen-Ausgaben-Rechnung notwendig.

Höhere Anforderungen an die Rechnungslegung können nur durch entsprechend höheren Zeit- und Kosteneinsatz erfüllt werden. Die aus den Aufzeichnungspflichten resultierende Zeit- und Kostenbelastung ist bei der Gewinnermittlung mittels Betriebsvermögensvergleich am höchsten, bei der Gewinnermittlung nach Durchschnittssätzen am geringsten.

Schätzung nach § 162 AO

Verletzt der Steuerpflichtige seine Pflicht zur Ermittlung des Gewinns oder weist seine Gewinnermittlung schwerwiegende Mängel auf, so ist der Gewinn durch die Finanzbehörden gemäß § 162 AO unter Berücksichtigung aller Umstände des Einzelfalls zu **schätzen** (BFH-Urteil vom 22.07.1988, BStBl II 1988, S. 995). Die Vorschrift des § 162 AO konstituiert allerdings keine eigenständige Gewinnermittlungsmethode, sondern lediglich eine Hilfsmethode, die der möglichst korrekten Erfassung der Besteuerungsgrundlagen dient. Der Schätzung der Besteuerungsgrundlage „Gewinn“ ist die Gewinnermittlungsmethode zugrunde zu legen, die für den Steuerpflichtigen – ggf. nach Ausübung eines Wahlrechts – gilt (BFH-Urteile vom 28.01.1992, BStBl II 1992, S. 881; vom 12.11.1992, BStBl II 1993, S. 366). Bei buchführungspflichtigen Steuerpflichtigen ist der Gewinn daher nach § 5 EStG (Gewerbetreibende) bzw. § 4 Abs. 1 EStG (Land- und Forstwirte) zu schätzen. Nicht buchführungspflichtige Steuerpflichtige haben die Wahl zwischen der Gewinnermittlung nach Einnahmen-Überschuss-Rechnung und der Gewinnermittlung nach Betriebsvermögensvergleich. Hat der Steuerpflichtige sein Wahlrecht erkennbar zugunsten einer der

Gewinnermittlungsarten ausgeübt, so ist der Gewinn nach den Grundsätzen dieser Gewinnermittlungsart zu schätzen (BFH-Urteil vom 15.04.1999, BStBl II 1999, S. 481; vom 19.03.2009, BStBl II 2009, S. 659). Wurden weder Bücher geführt noch Aufzeichnungen vorgenommen, aus denen festgestellt werden kann, dass die Gewinnermittlung nach § 4 Abs. 3 EStG gewählt wurde, so ist der Gewinn sowohl für Gewerbetreibende als auch für Nicht-Gewerbetreibende nach den Grundsätzen des § 4 Abs. 1 EStG durch Bestandsvergleich zu schätzen (BFH-Urteile vom 30.09.1980, BStBl II 1981, S. 301; vom 03.07.1991, BStBl II 1991, S. 802; vom 13.10.1989, BStBl II 1990, S. 287).

5.2.2 Kaufmannseigenschaft

Gemäß § 238 Abs. 1 HGB sind die Kaufleute zur Führung von Büchern verpflichtet. Ausgenommen sind nur **Einzel**kaufleute, die an zwei aufeinander folgenden Abschlussstichtagen Umsatzerlöse von nicht mehr als 500.000 € **und** einen Jahresüberschuss von nicht mehr als 50.000 € aufweisen (siehe Abschnitt B.5.2.1). Das Handelsgesetzbuch kennt die folgenden Kaufmannsbegriffe (vgl. auch *E. Schaefer*, DB 1998, S. 1269):

- **Istkaufmann gemäß § 1 HGB**

  Istkaufmann i.S.d. § 1 HGB ist, wer ein Handelsgewerbe betreibt.

  Als Handelsgewerbe gilt gemäß § 1 Abs. 2 HGB

  - jedes Gewerbe,
  - es sei denn, dass das Unternehmen nach Art oder Umfang einen in kaufmännischer Weise eingerichteten Geschäftsbetrieb nicht erfordert.

  Von Bedeutung ist, ob ein in kaufmännischer Weise eingerichteter Geschäftsbetrieb **benötigt** wird. Das tatsächliche Vorhandensein eines solchen kann lediglich als Indiz für die Notwendigkeit herangezogen werden. Zusätzlich sind im Rahmen einer Einzelfallprüfung Kriterien wie die Anzahl der Lieferanten, die Vielfalt der Erzeugnisse, die Größe der Geschäftsräume und die Anzahl der Mitarbeiter relevant.

  Der Gewerbebetriebsbegriff des § 1 Abs. 2 HGB entspricht weitgehend dem Begriff des Gewerbebetriebs nach § 15 Abs. 2 EStG. Ein Gewerbebetrieb ist nach dieser Vorschrift eine

  - selbständige
  - nachhaltige Tätigkeit,
  - die mit der Absicht, Gewinn zu erzielen, unternommen wird,
  - sich als Beteiligung am allgemeinen wirtschaftlichen Verkehr darstellt,
  - kein land- und forstwirtschaftlicher und kein freiberuflicher Betrieb ist und
  - über die bloße private Vermögensverwaltung hinausgeht.

  Zur Beschreibung einer gewerblichen Tätigkeit i.S.d. § 15 Abs. 2 EStG wird auf Abschnitt B.7.2.1 verwiesen. Es sei allerdings darauf hingewiesen, dass der Gewerbebetriebsbegriff des § 1 Abs. 2 HGB nur erlaubte Handlungen erfasst, während Gewerbe i.S.d. § 15 Abs. 2 EStG auch eine gesetzes- oder sittenwidrige Tätigkeit (z.B. Hehlerei, Zuhälterei) sein kann (siehe auch § 40 AO).

Betreibt ein Unternehmer ein Gewerbe, das sich nach den vorstehend beschriebenen Vorschriften als Handelsgewerbe darstellt, so besteht eine Verpflichtung zur Handelsregistereintragung. Dabei ist die Eintragung ins Handelsregister jedoch nur deklaratorischer Natur. Istkaufleute verfügen auch ohne eine Eintragung in das Handelsregister über die Kaufmannseigenschaft.

- **gewerblicher Kannkaufmann gemäß § 2 HGB**

  Kannkaufmann i.S.d. § 2 HGB ist ein

  - gewerbliches Unternehmen,
  - das einen in kaufmännischer Weise eingerichteten Geschäftsbetrieb **nicht** benötigt und
  - ins Handelsregister eingetragen ist.

  Der Unternehmer ist im Gegensatz zum Istkaufmann nicht zur Eintragung ins Handelsregister verpflichtet (§ 2 Satz 2 HGB). Lässt er sich eintragen, so wird er zum Kaufmann. Die Eintragung hat somit konstitutive, d.h. die Kaufmannseigenschaft begründende Wirkung.

- **land- und forstwirtschaftlicher Kannkaufmann gemäß § 3 HGB**

  Kannkaufmann i.S.d. § 3 HGB ist ein

  - land- und forstwirtschaftliches Unternehmen,
  - das einen in kaufmännischer Weise eingerichteten Geschäftsbetrieb benötigt und
  - ins Handelsregister eingetragen ist.

  Der land- und forstwirtschaftliche ist wie der gewerbliche Kannkaufmann nicht zur Eintragung ins Handelsregister verpflichtet (§ 3 Abs. 2 HGB). Mit der (konstitutiven!) Eintragung entsteht die Kaufmannseigenschaft. Im Gegensatz zum gewerblichen Kannkaufmann, der über einen in kaufmännischer Weise eingerichteten Geschäftsbetrieb in Abgrenzung zum Istkaufmann nicht verfügen darf, muss der land- und forst-wirtschaftliche Kannkaufmann jedoch gerade über einen solchen verfügen.

- **vermögensverwaltender Kannkaufmann gemäß § 105 Abs. 2 HGB**

  Wird eine Tätigkeit der privaten Vermögensverwaltung, die nicht gewerblichen Charakter hat, z.B. die Vermietung von Grundbesitz oder die Anlage von Vermögenswerten in Aktien, von mehreren Personen gemeinschaftlich durchgeführt, so verfügen diese gemäß § 105 Abs. 2 i.V.m. § 2 Satz 2 HGB über ein Wahlrecht, sich als OHG (oder KG) ins Handelsregister eintragen zu lassen. Die Eintragung begründet die Kaufmannseigenschaft, verfügt also über konstitutive Wirkung.

- **Formkaufmann gemäß § 6 Abs. 1 HGB**

  Formkaufleute i.S.d. § 6 Abs. 1 HGB sind die Handelsgesellschaften. Unabhängig vom Gegenstand des Unternehmens gelten die Aktiengesellschaft (AG) (§ 3 Abs. 1 AktG), die Kommanditgesellschaft auf Aktien (KGaA) (§ 278 Abs. 3 i.V.m. § 3 Abs. 1 AktG) und die GmbH (§ 13 Abs. 3 GmbHG) als Handelsgesellschaften. Diese Gesellschaften sind somit auch dann Kaufmann, wenn sie kein Handelsgewerbe i.S.d. § 1 Abs. 2 HGB betreiben, und sogar dann, wenn sie überhaupt kein Gewerbe betreiben.

Ebenfalls Handelsgesellschaften und somit Formkaufleute i.S.d. § 6 Abs. 1 HGB sind die Personenhandelsgesellschaften OHG und KG. Gemäß § 105 Abs. 2 HGB wird auch vermögensverwaltenden und kleingewerblichen Gesellschaften der Weg zur OHG bzw. KG geöffnet. § 6 Abs. 1 HGB stellt klar, dass diese Gesellschaften, die keine Istkaufleute i.S.d. § 1 Abs. 1 HGB sind, selbst Kaufmannseigenschaft besitzen.

Ebenfalls zur Buchführung und damit gemäß § 140 AO zur Gewinnermittlung durch Betriebsvermögensvergleich verpflichtet sind zudem die eingetragene Genossenschaft (eG) gemäß § 17 Abs. 2 Genossenschaftsgesetz (GenG) sowie der Versicherungsverein auf Gegenseitigkeit (VVaG) gemäß § 16 Versicherungsaufsichtsgesetz (VAG).

- **Scheinkaufmann**

  Es lassen sich zwei Formen des Kaufmanns kraft Rechtsschein unterscheiden:

  - Nach § 5 HGB kann sich eine Person, die im Handelsregister eingetragen ist, nicht darauf berufen, die Eintragung sei zu Unrecht erfolgt, da kein Handelsgewerbe betrieben werde.

    Der ins Handelsregister Eingetragene ist **Fiktivkaufmann** kraft Eintragung. Ein Dritter, gleichgültig ob gutgläubig oder bösgläubig, kann sich auf die Kaufmannseigenschaft dieser Person kraft Eintragung ins Handelsregister verlassen.

  - Scheinkaufmann kraft tatsächlichen Verhaltens ist, wer im Rechts- oder Geschäftsverkehr als Kaufmann auftritt (z.B. durch Verwendung einer Firma), ohne Kaufmann im Sinne der §§ 1, 2, 3 oder 6 HGB zu sein. Im Gegensatz zum Fiktivkaufmann des § 5 HGB kann sich auf ein derartiges Auftreten allerdings nur ein gutgläubiger Dritter berufen. Gutgläubig ist, wer von der fehlenden Kaufmannseigenschaft keine Kenntnis hat.

Beispiel B.28:

Der Freiberufler A bürgt im Rahmen seines Geschäftsbetriebs für einen Geschäftsfreund B. Als der Bürgschaftsempfänger C auf die erforderliche Schriftform der Bürgschaftserklärung gemäß § 766 BGB verweist, lehnt der A die schriftliche Erteilung mit dem Hinweis, er sei Kaufmann und könne daher gemäß § 350 HGB formlos bürgen, ab. C hat keine positive Kenntnis von der fehlenden Kaufmannseigenschaft.

A ist Scheinkaufmann kraft tatsächlichen Verhaltens, der Bürgschaftsvertrag ist wirksam.

Zur Buchführung nach § 238 HGB sind der Istkaufmann des § 1 HGB, der Kannkaufmann des § 2 sowie des § 3 HGB und der Formkaufmann des § 6 HGB, nicht jedoch der Scheinkaufmann verpflichtet. Da § 140 AO die Verpflichtung, für steuerliche Zwecke Bücher zu führen und Abschlüsse zu machen, an die handelsrechtliche Buchführungspflicht knüpft, haben diese Personen ihren Gewinn durch Betriebsvermögensvergleich zu ermitteln.

In jedem Fall keine Kaufleute und damit nicht zur Gewinnermittlung durch Betriebsvermögensvergleich verpflichtet sind die Freiberufler. Obwohl auch die vermögensverwaltende kannkaufmännische OHG oder KG über Kaufmannseigenschaft verfügt und somit gemäß § 238 HGB zur handelsrechtlichen Buchführung verpflichtet ist, kommt eine Gewinnermittlung durch Betriebsvermögensvergleich ebenfalls nicht in Frage. Der Betriebsvermögensvergleich des § 4 Abs. 1 EStG bzw. des § 5 EStG kann nur im Rahmen der Gewinneinkunftsarten angewendet werden. Die private Vermögensverwaltung ist hingegen den Überschusseinkünften, z.B. den Einkünften aus Vermietung und Verpachtung oder den Einkünften aus Kapitalvermögen, zuzurechnen.

Die Regelungen zur Kaufmannseigenschaft lassen sich schematisch wie folgt zusammenfassen:

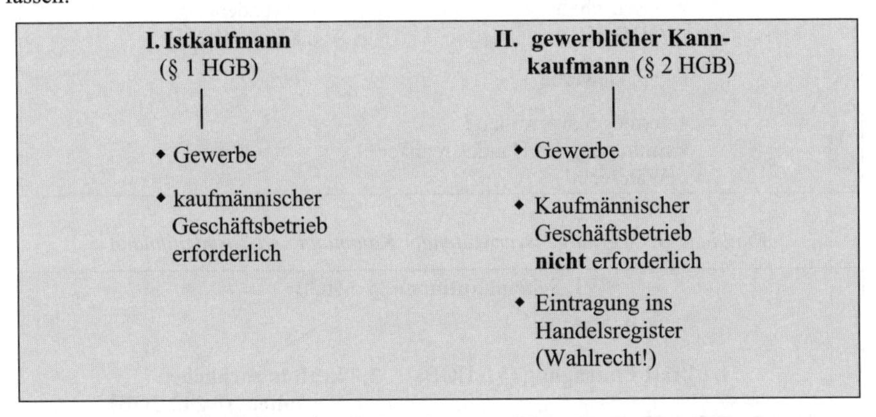

Abbildung B.5: Istkaufmann und gewerblicher Kannkaufmann

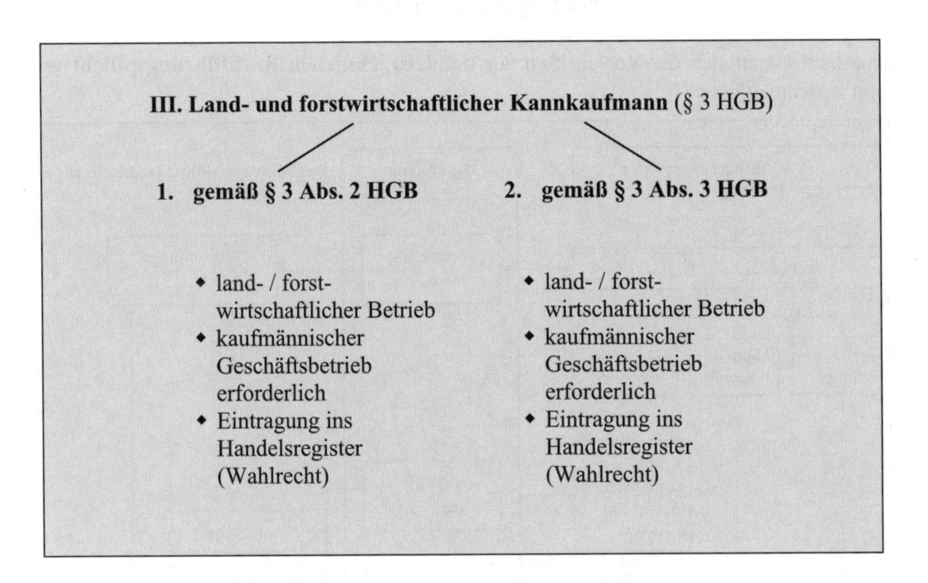

Abbildung B.6: Land- und forstwirtschaftlicher Kannkaufmann

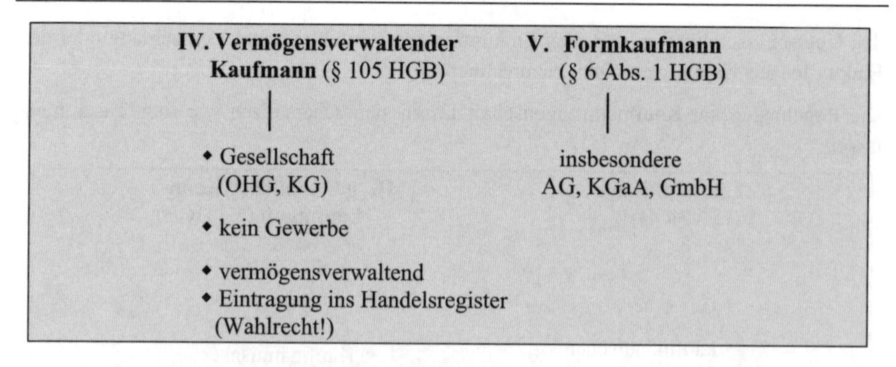

Abbildung B.7: Vermögensverwaltender Kaufmann und Formkaufmann

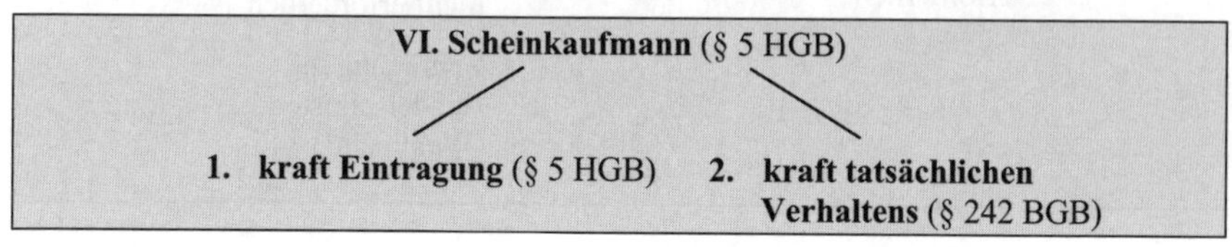

Abbildung B.8: Scheinkaufmann

Insgesamt lassen sich die Vorschriften zur **handelsrechtlichen Buchführungspflicht** wie folgt zusammenfassen:

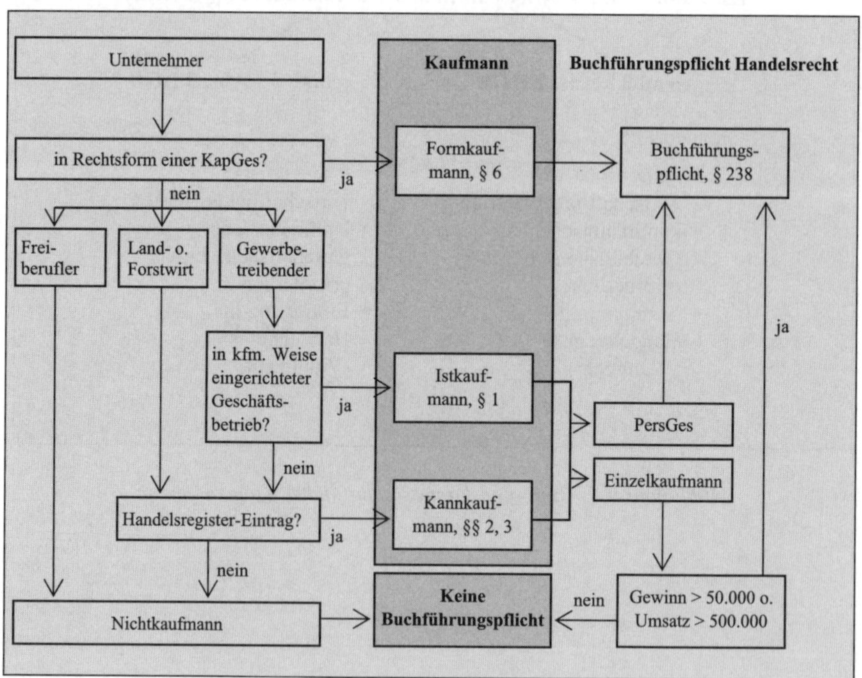

Abbildung B.9: Die handelsrechtlichen Kaufmannsbegriffe

5.2.3 Betriebsvermögensvergleich

Nachdem der persönliche Anwendungsbereich des Betriebsvermögensvergleichs bereits in Abschnitt B.5.2.1 erläutert wurde, beschäftigen sich die nachfolgenden Ausführungen damit, was im Rahmen des Betriebsvermögensvergleichs unter „Gewinn“ zu verstehen ist und wie dieser Gewinn zu ermitteln ist.

5.2.3.1 Gewinnbegriff

Dem Betriebsvermögensvergleich nach § 5 EStG und dem Betriebsvermögensvergleich nach § 4 Abs. 1 EStG ist gemeinsam, dass der Gewinn als Unterschiedsbetrag zwischen dem Betriebsvermögen zum Schluss des Wirtschaftsjahres und dem Betriebsvermögen zum Schluss des vorangegangenen Wirtschaftsjahres ermittelt wird. Dieser Unterschiedsbetrag ist um Einlagen zu mindern und um Entnahmen zu erhöhen (§ 4 Abs. 1 Satz 1 EStG bzw. § 5 Abs. 1 Satz 1 i.V.m. § 4 Abs. 1 Satz 1 EStG). Unter Betriebsvermögen ist jeweils das Betriebsreinvermögen, d.h. die Differenz zwischen Vermögen und Schulden, zu verstehen.

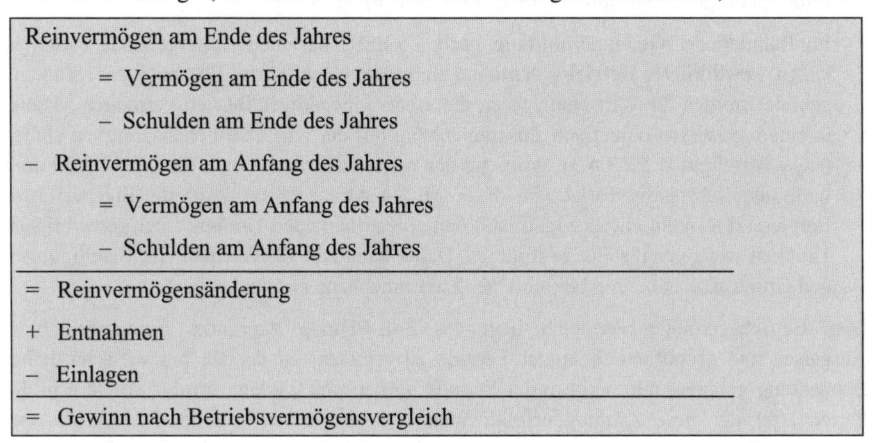

	Reinvermögen am Ende des Jahres
	= Vermögen am Ende des Jahres
	– Schulden am Ende des Jahres
–	Reinvermögen am Anfang des Jahres
	= Vermögen am Anfang des Jahres
	– Schulden am Anfang des Jahres
=	Reinvermögensänderung
+	Entnahmen
–	Einlagen
=	Gewinn nach Betriebsvermögensvergleich

Tabelle B.9: Ermittlung des Gewinns nach Betriebsvermögensvergleich

Um von dieser Gewinngröße zum steuerpflichtigen Gewinn zu gelangen, sind ggf. steuerfreie Einnahmen (siehe Abschnitt B.3.4) abzuziehen und nicht abziehbare Betriebsausgaben (siehe Abschnitt B.3.5) hinzuzurechnen.

Grundlage für den Vermögensvergleich, d.h. die Gegenüberstellung zweier Betriebsvermögen, sind die zum Schluss jeden Wirtschaftsjahres zu erstellenden Bilanzen. Die Bilanz ist eine Vermögensübersicht, welche die nach den einkommensteuerlichen Vorschriften anzusetzenden und zu bewertenden positiven und negativen Wirtschaftsgüter einander gegenüberstellt.

Der Betriebsvermögensvergleich nach § 5 EStG unterscheidet sich von dem bei bilanzierenden Land- und Forstwirten und selbständig Tätigen anzuwendenden Verfahren nach § 4 Abs. 1 EStG im Wesentlichen in zwei Punkten:

- Im Falle des § 4 Abs. 1 EStG erfolgt die Gewinnermittlung mittels einer **originären Steuerbilanz**, die nur auf steuerrechtlichen Vorschriften beruht und nicht aus der Handelsbilanz abzuleiten ist. Bei dem Betriebsvermögensvergleich nach § 5 EStG hingegen sind die handelsrechtlichen Grundsätze ordnungsmäßiger Buchführung auch bei der Aufstellung der Steuerbilanz zu beachten (§ 5 Abs. 1 Satz 1 EStG). Im Ergebnis beruht der Betriebsvermögensvergleich nach § 5 EStG somit auf einer derivativen Steuerbilanz, d.h. einer Bilanz, die grundsätzlich aus der Handelsbilanz abgeleitet wird, sofern nicht steuerrechtliche Vorschriften eine abweichende Regelung enthalten (vgl. *H. Weber-Grellet*, in: L. Schmidt (2010), § 5, Rz. 21). Dieser Grundsatz wird als **Maßgeblichkeit** der Handelsbilanz für die Steuerbilanz bezeichnet und in Abschnitt B.5.2.3.2 erläutert.

Beim Betriebsvermögensvergleich nach § 5 EStG sind die handelsrechtlichen Grundsätze ordnungsmäßiger Buchführung ausnahmslos zu beachten (§ 5 Abs. 1 Satz 1 EStG), soweit nicht steuerlich etwas anderes gilt. Hingegen finden die §§ 238, 240 – 242 Abs. 1 HGB sowie §§ 243 – 256 HGB gemäß § 141 Abs. 1 Satz 2 AO beim Betriebsvermögensvergleich nach § 4 Abs. 1 EStG nur sinngemäß Anwendung. Nicht verwiesen wird in § 141 Abs. 1 Satz 2 AO auf § 242 Abs. 2 HGB, der die Aufstellung einer Gewinn- und Verlustrechnung vorschreibt. Damit reicht für den Betriebsvermögens-ergleich bereits eine **einfache Buchführung**; eine **doppelte Buchführung** ist nicht erforderlich (vgl. *G. Niemeier et. al.* (2009), S. 136).

- Im Rahmen der Gewinnermittlung nach § 5 EStG bestehen weitergehende Möglichkeiten, **gewillkürtes Betriebsvermögen** zu bilden. Gewillkürtes Betriebsvermögen kann gebildet werden für Wirtschaftsgüter, die, ohne notwendiges Betriebsvermögen zu sein, in einem gewissen objektiven Zusammenhang mit der wirtschaftlichen Tätigkeit stehen (siehe Abschnitt B.5.2.3.4.3). Während der wirtschaftliche Bereich für Land- und Forstwirte und selbständig Tätige (für diese gilt § 4 Abs. 1 EStG) durch die Eigenart ihres Berufes i.d.R. recht eng gezogen ist, können Kaufleute den Umfang ihrer gewerblichen Tätigkeit weitgehend selbst bestimmen. Daher kann z.B. für Wertpapiere, Beteiligungen und Grundstücke eher ein betrieblicher Zusammenhang begründet werden.

Dem Betriebsvermögensvergleich liegt das **Soll-Prinzip** zugrunde. Einnahmen bzw. Ausgaben sind grundsätzlich in der Periode zu erfassen, zu der sie bei wirtschaftlicher Betrachtung gehören, d.h. nicht in der Periode, in der eine Zahlung erfolgt, sondern in der Periode, für die diese Zahlung erfolgt. Weicht diese Periode von der Periode des tatsächlichen Zahlungseingangs bzw. -ausgangs ab, so ist die Bilanz z.B. mittels Rechnungsabgrenzungsposten zu korrigieren.

Beispiel B.29:

Ein Gewerbetreibender, dessen Wirtschaftsjahr dem Kalenderjahr entspricht und der seinen Gewinn durch Betriebsvermögensvergleich nach § 5 EStG ermittelt, überweist am 01.12.01 Mietzinsen i.H.v. 1.200 € für die Zeit vom 01.12.01 bis zum 30.11.02.

Nur i.H.v. 100 € entfällt diese Betriebsausgabe auf das Wirtschaftsjahr 01. Der verbleibende Betrag von 1.100 € ist gemäß § 5 Abs. 5 Nr. 1 EStG als aktiver Rechnungsabgrenzungsposten zu führen und im nachfolgenden Wirtschaftsjahr 02 gewinnmindernd aufzulösen.

Ebenfalls dem Soll-Prinzip entspricht es, dass Verbindlichkeiten, bei denen entweder die Höhe oder die Entstehung der Schuld (oder beides) am Bilanzstichtag ungewiss ist, bereits gewinnmindernd berücksichtigt werden. Solche Verbindlichkeiten sind nach den Vorschriften der §§ 249 HGB, 5 Abs. 3 - 4b EStG gewinnmindernd in Rückstellungen einzustellen (für die Rückstellungsbildung im Rahmen des § 4 Abs. 1 EStG vgl. BFH-Urteil vom 20.11.1980, BStBl II 1981, S. 398). Werden die Verbindlichkeiten zu einem späteren Zeitpunkt beglichen, ist die Rückstellung erfolgsneutral aufzulösen.

Beispiel B.30:

Ein Gewerbetreibender, der seinen Gewinn durch Betriebsvermögensvergleich nach § 5 EStG ermittelt, wird wegen Patentverletzung auf Schadensersatz verklagt. Das Urteil des Gerichts steht am Bilanzstichtag noch aus.

In Höhe der voraussichtlichen Inanspruchnahme kann gewinnmindernd eine Rückstellung gebildet werden, die im Zeitpunkt der späteren Zahlung erfolgsneutral auszubuchen ist.

Schließlich soll darauf hingewiesen werden, dass Wertsteigerungen von Wirtschaftsgütern des Betriebsvermögens im Rahmen des Betriebsvermögensvergleichs grundsätzlich nur zu berücksichtigen sind, wenn diese durch Veräußerung, Tausch oder Entnahme realisiert werden (Realisationsprinzip; § 252 Abs. 1 Nr. 4 (letzter Halbsatz) HGB i.V.m. § 5 Abs. 1 Satz 1 EStG). Die Berücksichtigung von Wertverlusten wird in Abschnitt B.5.2.3.6.10 erläutert.

Ausgehend von der allgemeinen Definition des Gewinns in § 4 Abs. 1 EStG als Betriebsvermögensdifferenz, korrigiert um Entnahmen und Einlagen, ist nachfolgend zu klären

- welche Wirtschaftsgüter und anderen Bilanzpositionen im Rahmen des Betriebvermögens ansatzpflichtig bzw. ansetzfähig sind (siehe Abschnitte B.5.2.3.3 und B.5.2.3.4),
- wie diese Bilanzpositionen zu bewerten sind (siehe Abschnitte B.5.2.3.5, B.5.2.3.6 und B.5.2.3.7) sowie
- was Gegenstand von Entnahmen bzw. Einlagen sein kann und wie deren Bewertung zu erfolgen hat (siehe Abschnitt B.5.2.3.8).

Die einkommensteuerlichen Ansatz- und Bewertungsvorschriften finden sich in § 5 Abs. 1a – 6 EStG sowie in den §§ 6 – 7k EStG. Auf Grund des Maßgeblichkeitsprinzips (siehe folgender Abschnitt) sind für den Betriebsvermögensvergleich nach § 5 EStG zusätzlich die Vorschriften der §§ 238 – 278 HGB zu beachten.

5.2.3.2 Maßgeblichkeit

Der **Maßgeblichkeitsgrundsatz** wird aus § 5 Abs. 1 Satz 1 EStG abgeleitet. Danach ist steuerlich das Betriebsvermögen anzusetzen, das nach den handelsrechtlichen Grundsätzen ordnungsmäßiger Buchführung auszuweisen ist. § 5 Abs. 1 Satz 1 EStG bestimmt somit, dass für die steuerliche Gewinnermittlung nach § 5 EStG die Ansatz- und Bewertungsvorschriften des Handelsrechts grundsätzlich relevant sein sollen. Die Maßgeblichkeit der Handelsbilanz für die Steuerbilanz erstreckt sich jedoch nicht auf Handelsbilanzansätze, die handelsrechtlich oder steuerlich unzulässig sind bzw. den Grundsätzen ordnungsmäßiger Buchführung widersprechen (vgl. *H. Weber-Grellet*, in: L. Schmidt (2010), § 5, Rz. 26). Insbesondere entfaltet ein falscher Handelsbilanzansatz keine Wirkung für die Steuerbilanz.

In letzter Zeit wurde immer wieder für eine Abschaffung des Maßgeblichkeitsprinzips plädiert (vgl. *J. Hennrichs*, StuW 2005, S. 256). Begründet wird dies mit der Gegenläufigkeit von Grundsätzen ordnungsmäßiger Buchführung und Steuerbilanzzwecken. Subjektive Würdigungen des Kaufmanns und Generalnormen, wie die undefinierten Grundsätze ordnungsmäßiger Buchführung, hätten bei der Ermittlung des Gewinns als Besteuerungsgrundlage nichts zu suchen. Mit der Abschaffung der **umgekehrten Maßgeblichkeit** (und der damit verbundenen Beibehaltung der einfachen Maßgeblichkeit) zum

01.01.2009 durch das Bilanzrechtsmodernisierungsgesetz (BGBl I 2009, S. 1102) hat der Gesetzgeber sich aber gegen die oben genannten Stimmen aus der Literatur positioniert. Zur Abschaffung der umgekehrten Maßgeblichkeit siehe *J. Kroschel / J. Richter* (2010), S. 40; *K. P. Künkele / C. Zwirner*, DStR 2009, S. 1277; *R. P. Schenke / M. Risse*, DB 2009, S. 1957).

Gemäß § 5 Abs. 1 Satz 1 EStG ist in der Steuerbilanz das Betriebsvermögen anzusetzen, das nach den handelsrechtlichen Grundsätzen ordnungsmäßiger Buchführung auszuweisen ist, es sei denn, im Rahmen der Ausübung eines steuerlichen Wahlrechts wird oder wurde ein anderer Ansatz gewählt. Im Einzelnen lassen sich die in der nachfolgenden Tabelle dargestellten und in den Abschnitten B.5.2.3.2.1 und B.5.2.3.2.2 näher erläuterten Fallgruppen unterscheiden (vgl. BMF-Schreiben vom 12.03.2010 (BStBl I 2010, S. 239):

		Steuerrecht		
		Keine Vorschrift	*Zwingende Vorschrift*	*Wahlrecht*
Handelsrecht	*Zwingende Vorschrift*	Maßgeblichkeit	Keine Maßgeblichkeit	Keine Maßgeblichkeit
	Wahlrecht	Handelsrechtliches Aktivierungs**wahlrecht** = steuerliches Aktivierungs**gebot** Handelsrechtliches Passivierungs**wahlrecht** = steuerliches Passivierungs**verbot** Handelsrechtliches Bewertungswahlrecht: Maßgeblichkeit	Keine Maßgeblichkeit	Keine Maßgeblichkeit; Wahlrechte können unterschiedlich ausgeübt werden

Tabelle B.10: Maßgeblichkeit der Handelsbilanz für die Steuerbilanz

Ab 2009 setzt die Ausübung steuerlicher Wahlrechte die Beachtung bestimmter **Aufzeichnungspflichten** voraus. Gemäß § 5 Abs. 1 Satz 2 EStG müssen Wirtschaftsgüter, die in Ausübung eines steuerlichen Wahlrechtes mit einem vom Handelsbilanzansatz abweichenden Wert angesetzt werden sollen, in **besondere, laufend zu führende Verzeichnisse** aufgenommen werden. In den Verzeichnissen sind der Tag der Anschaffung oder Herstellung, die Anschaffungs- oder Herstellungskosten, die Vorschrift des ausgeübten steuerlichen Wahlrechts und die vorgenommenen Abschreibungen nachzuweisen (§ 5 Abs. 1 Sätze 2, 3 EStG). Die laufende Führung der genannten Verzeichnisse ist Tatbestandsvoraussetzung für die wirksame Ausübung des steuerlichen Wahlrechtes. Wird das Verzeichnis nicht oder nicht vollständig geführt, ist der Gewinn so zu ermitteln, als wäre das Wahlrecht nicht ausgeübt worden (Tz. 21 des BMF-Schreibens vom 12.03.2010).

5.2.3.2.1 Zwingende handelsrechtliche Vorschrift

Eine zwingende Vorschrift kann in Form

- eines Aktivierungs- bzw. Passivierungsgebotes,
- eines Aktivierungs- bzw. Passivierungsverbotes oder
- einer zwingenden Bewertungsregel

gegeben sein.

Hinsichtlich der Auswirkung einer derartigen handelsrechtlichen Vorschrift auf das Steuerrecht ist zu unterscheiden, ob steuerrechtlich

- keine Regelung,
- ebenfalls eine zwingende Vorschrift oder
- ein Wahlrecht

besteht:

- **Fall 1: Es besteht keine steuerliche Regelung.**

  Liegt steuerlich keine Regelung vor, so gilt die handelsrechtliche Vorschrift zwingend auch im Steuerrecht (Tz. 3, 4 des BMF-Schreibens vom 12.03.2010).

  Beispiel B.31:

  Handelsrechtlich besteht gemäß § 249 Abs. 1 Satz 1 EStG ein Passivierungsgebot für Rückstellungen für ungewisse Verbindlichkeiten.

  Über den Grundsatz der Maßgeblichkeit müssen solche Rückstellungen auch in der Steuerbilanz gebildet werden (sofern sich nicht z.B. aus § 5 Abs. 3, 4 EStG ausnahmsweise ein Passivierungsverbot ergibt).

- **Fall 2: Es besteht eine zwingende steuerliche Vorschrift.**

  Steht der zwingenden handelsrechtlichen Regelung eine zwingende steuerliche Regelung gegenüber und weichen die Bestimmungen voneinander ab, so ist für die Steuerbilanz die steuerliche Vorschrift anzuwenden. Es kommt zu einem Auseinanderfallen von Handelsbilanz und Steuerbilanz und somit zu einer Durchbrechung der Maßgeblichkeit.

  Beispiel B.32:

  Für die Verpflichtung zu einer Zuwendung an einen Arbeitnehmer anlässlich eines 10-jährigen Dienstjubiläums ist handelsrechtlich eine Rückstellung nach § 249 Abs. 1 Satz 1 HGB zu bilden.

  In der Steuerbilanz ist die Bildung einer Rückstellung hingegen nicht zulässig, da § 5 Abs. 4 EStG für die Rückstellungsbildung u.a. fordert, dass das Dienstjubiläum ein mindestens 15-jähriges Bestehen des Dienstverhältnisses voraussetzt.

  Beispiel B.33:

  Eine Rückstellung wegen Verletzung fremder Patentrechte ist gemäß § 249 Abs. 2 Satz 2 HGB nur aufzulösen, wenn mit einer Inanspruchnahme nicht mehr zu rechnen ist. In der Steuerbilanz hingegen ist die Rückstellung nach § 5 Abs. 3 Satz 2

EStG spätestens in der Bilanz des dritten auf ihre erstmalige Bildung folgenden Wirtschaftsjahres aufzulösen, wenn Ansprüche nicht geltend gemacht worden sind.

- **Fall 3: Es besteht steuerlich ein Wahlrecht.**

  Steuerliche Wahlrechte können unabhängig vom handelsrechtlichen Wertansatz ausgeübt werden (§ 5 Abs. 1 Satz 1 Halbsatz 2 EStG, vgl. BMF-Schreiben vom 12.03.2010, Tz. 13).

Beispiel B.34:

Stille Reserven aus der Veräußerung bestimmter Anlagegüter können zur Vermeidung der Besteuerung gemäß § 6b EStG auf die Anschaffungs- oder Herstellungskosten bestimmter anderer Wirtschaftsgüter übertragen werden bzw. es kann eine den steuerlichen Gewinn mindernde Rücklage gebildet werden (siehe Abschnitt B.5.2.3.4.1).

Eine Minderung der Anschaffungs- oder Herstellungskosten oder die Bildung einer Rücklage ist nach den Vorschriften des HGB nicht zulässig. Die Abweichung vom Handelsbilanzansatz in der Steuerbilanz wird durch § 5 Abs. 1 Satz 1 Halbsatz 2 EStG zugelassen (vgl. Tz. 14 des BMF-Schreibens vom 12.03.2010).

Beispiel B.35:

Vermögensgegenstände des Anlage- und Umlaufvermögens sind bei voraussichtlich dauernder Wertminderung in der Handelsbilanz außerplanmäßig abzuschreiben (§ 253 Abs. 3 Satz 3, Abs. 4 HGB).

Nach § 6 Abs. 1 Nr. 1 Satz 2, Nr. 2 Satz 2 EStG **kann** bei einer voraussichtlich dauernden Wertminderung der niedrigere Teilwert angesetzt werden. Die Vornahme einer außerplanmäßigen Abschreibung in der Handelsbilanz ist nicht zwingend in der Steuerbilanz durch eine Teilwertabschreibung nachzuvollziehen. Der Steuerpflichtige kann darauf auch verzichten (vgl. Tz. 15 des BMF-Schreibens vom 12.03.2010).

5.2.3.2.2 Handelsrechtliches Wahlrecht

Liegt handelsrechtlich ein Ansatz- oder Bewertungs**wahlrecht** vor, ist hinsichtlich der Auswirkungen auf die Steuerbilanz wiederum danach zu differenzieren, ob steuerlich keine Regelung, eine zwingende Vorschrift oder ein Wahlrecht vorliegt:

- **Fall 1: Es besteht keine steuerliche Regelung.**

  Nach ständiger BFH-Rechtsprechung sind handelsrechtliche **Ansatz**wahlrechte für die Steuerbilanz nicht maßgeblich. Seit der BFH-Entscheidung vom 03.02.1969 (BStBl II 1969, S. 291) gelten die folgenden Regelungen:

  - Handelsrechtliche Aktivierungs**wahlrechte** führen zu einer steuerlichen Aktivierungs**pflicht**.
  - Handelsrechtliche Passivierungs**wahlrechte** führen zu einem steuerlichen Passivierungs**verbot**.

Begründet wird diese Regelung mit der unterschiedlichen Zielsetzung der handelsrechtlichen und steuerlichen Bilanzierung. Die Handelsbilanz dient insbesondere der

Information über das Reinvermögen des Unternehmens im Verhältnis zu Eigentümern und Gläubigern dieses Unternehmens. Die Ermittlung des Periodengewinns ist nur Nebenzweck. Die handelsbilanzielle Gewinnermittlung folgt dem Vorsichtsprinzip. Der Kaufmann soll sich nicht reicher darstellen können als er tatsächlich ist. Ansatzwahlrechte gewähren ihm allerdings die Möglichkeit, sich ärmer darzustellen, als er tatsächlich ist. Das Steuerrecht folgt hingegen nicht dem Vorsichtsprinzip. Vielmehr ist es das Ziel der Steuerbilanz, eine periodengerechte Gewinnermittlung durchzuführen, während die Ermittlung des Reinvermögens nur Nebenzweck ist. Der Kaufmann soll sich, abgesehen von bestimmten Ausnahmen, die aus konjunkturpolitischen Gründen zulässig sind, z.B. Sonderabschreibungen, nicht weniger vermögend darstellen können als er tatsächlich ist, da dies den Steueranspruch des Staates reduzieren würde. Die Wahlrechte des Handelsrechts, die es dem Kaufmann i.S.d. Vorsichtsprinzips erlauben, sich ärmer darzustellen, können daher im Steuerrecht nicht gelten. Handelsrechtliche Wahlrechte sind daher steuerlich als Aktivierungspflicht bzw. Passivierungsverbot zu interpretieren.

Beispiel B.36:

Gemäß § 250 Abs. 3 HGB besteht handelsrechtlich ein Wahlrecht, ein Disagio im Zeitpunkt der Darlehensaufnahme zu aktivieren. Demnach **muss** das Disagio in der Steuerbilanz aktiviert werden (BFH-Urteil vom 21.4.1988, BStBl II 1989, S. 722).

Handelsrechtliche **Bewertungs**wahlrechte wirken hingegen bei einem Fehlen einer steuerlichen Vorschrift wegen dem Grundsatz der Maßgeblichkeit auch auf die Steuerbilanz.

Beispiel B.37:

Fremdkapitalzinsen dürfen in die Herstellungskosten einbezogen werden (§ 255 Abs. 3 Satz 2 HGB).

Steuerlich besteht keine Regelung. Sind Fremdkapitalzinsen in die handelsrechtlichen Herstellungskosten einbezogen worden, so sind sie auch in der Steuerbilanz als Herstellungskosten anzusetzen (Tz. 6 des BMF-Schreibens vom 12.03.2010).

- **Fall 2: Es besteht eine zwingende steuerliche Vorschrift.**

Bei Vorliegen einer zwingenden steuerlichen Vorschrift wird das Maßgeblichkeitsprinzip durchbrochen. Das handelsrechtliche Wahlrecht gilt im Steuerrecht nicht. Wird das handelsrechtliche Wahlrecht nicht in Übereinstimmung mit der zwingenden steuerlichen Regelung ausgeübt, so weichen Handelsbilanz und Steuerbilanz voneinander ab.

Beispiel B.38:

Selbst geschaffene immaterielle Vermögensgegenstände des Anlagevermögens **können** handelsrechtlich als Aktivposten in die Bilanz aufgenommen werden, wenn es sich nicht um Marken, Drucktitel, Verlagsrechte, Kundenlisten oder vergleichbare immaterielle Werte handelt (§ 248 Abs. 2 HGB).

Dieses handelsrechtliche Wahlrecht wird für die Steuerbilanz durch das Ansatzverbot des § 5 Abs. 2 EStG außer Kraft gesetzt.

- **Fall 3: Es besteht ein steuerliches Wahlrecht.**

  Im Fall eines handelsrechtlichen **und** eines steuerlichen Wahlrechts kann das steuerliche Wahlrecht unabhängig vom handelsrechtlichen Wertansatz ausgeübt werden (§ 5 Abs. 1 Satz 1 Halbsatz 2 EStG). Die Wahlrechte können somit in Handels- und Steuerbilanz unterschiedlich ausgeübt werden.

Beispiel B.39:

Gemäß § 256 HGB kann für den Wertansatz gleichartiger Vermögensgegenstände des Vorratsvermögens in Abweichung von dem Einzelbewertungsgrundsatz eine bestimmte Verbrauchsfolge unterstellt werden (FIFO oder LIFO).

Steuerlich besteht nach § 6 Abs. 1 Nr. 2a EStG dieses Wahlrecht nur für das LIFO-Verfahren. Wird handelsrechtlich das FIFO-Verfahren gewählt, ist steuerlich dennoch das LIFO-Verfahren möglich.

5.2.3.3 Begriff des Wirtschaftsgutes

Der Begriff des Wirtschaftsguts besitzt im Rahmen der steuerlichen Gewinnermittlung eine zentrale Bedeutung. In die Steuerbilanz, auf der der Betriebsvermögensvergleich basiert, sind als wichtigste Positionen die Wirtschaftsgüter aufzunehmen. Zu weiteren Bilanz-positionen (z.B. Rückstellungen, Rechnungsabgrenzungsposten) siehe den nachfolgenden Abschnitt B.5.2.3.4).

Handelsrechtlich sind Vermögensgegenstände, steuerlich sind Wirtschaftsgüter zu aktivieren. Der einkommensteuerliche Begriff des Wirtschaftsgutes stimmt im Wesentlichen mit dem handelsrechtlichen Begriff des Vermögensgegenstandes überein (BFH-Beschluss vom 26.10.1987, GrS, BStBl II 1988, S. 348; vom 07.08.2000, GrS, BStBl II 2000, S. 632).

Nach ständiger Rechtsprechung sind Wirtschaftsgüter nicht nur Gegenstände i.S.d. bürgerlichen Rechts, sondern auch tatsächliche Zustände, konkrete Möglichkeiten und sämtliche Vorteile für den Betrieb,

- deren Erlangung sich der Kaufmann etwas kosten lässt,
- die einen wesentlichen, über die Dauer des einzelnen Steuerabschnitts hinausreichenden Wert für das Unternehmen haben,
- nach der Verkehrsauffassung selbständig bewertbar sind und
- allein oder zusammen mit dem Betrieb verkehrsfähig oder auf andere Weise wirtschaftlich nutzbar sind (BFH-Beschluss vom 02.03.1970, BStBl II 1970, S. 382; BFH-Urteile vom 06.12.1990, BStBl II 1991, S. 346; vom 03.08.1993, BStBl II 1994, S. 444; vom 24.07.1996, BFH/NV 1997, S. 105).

Die Beurteilung dieser Voraussetzungen erfolgt nicht nur nach bürgerlich-rechtlichen, sondern auch nach wirtschaftlichen Gesichtspunkten (BFH-Urteil vom 12.04.1984, BStBl II 1984, S. 554).

Wirtschaftsgüter sind demnach neben materiellen auch unkörperliche Gegenstände wie Rechte (Forderungen, Patente, Gebrauchsmuster- und Warenzeichenrechte, Urheber- und Verlagsrechte, Lizenzen, Belieferungsrechte) und Werte ohne Rechtscharakter (Know-How, Firmenwert sowie andere tatsächliche Zustände, Möglichkeiten und Vorteile, die nach der Verkehrsauffassung selbständig bewertbar sind).

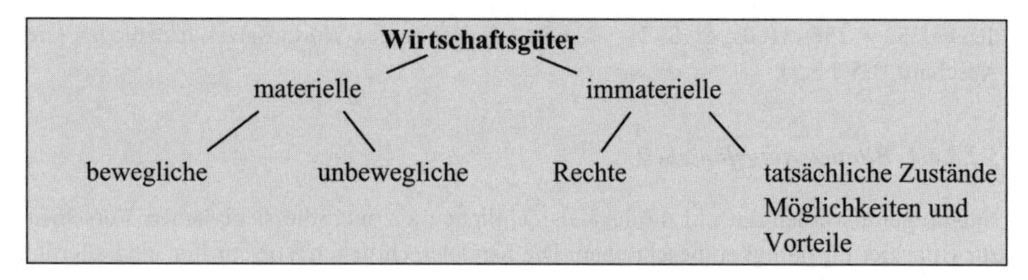

Abbildung B.10: Einteilung der Wirtschaftsgüter

Grundsätzlich sind die unter die obige Definition fallenden materiellen und immateriellen Gegenstände als einheitliche Wirtschaftsgüter zu behandeln. Bei unbeweglichen Gütern sind jedoch die folgenden Ausnahmen zu beachten:

- Grund und Boden und aufstehendes Gebäude sind separate Wirtschaftsgüter, obwohl das Gebäude zivilrechtlich wesentlicher Bestandteil des Grundstücks ist (BFH-Urteil vom 31.01.1985, BStBl II 1985, S. 395). Diese Trennung ist allein schon deshalb notwendig, weil das Gebäude der Abnutzung unterliegt, der Grund und Boden jedoch nicht.
- Einzelne Gebäudeteile, die nicht in einem einheitlichen Nutzungs- und Funktionszusammenhang mit dem Gebäude stehen, sind selbständige Wirtschaftsgüter, und zwar auch, wenn sie zivilrechtlich wesentliche Bestandteile des Gebäudes sind. Selbständige Gebäudeteile in diesem Sinne sind insbesondere **Betriebsvorrichtungen** (BFH-Be-schluss vom 29.11.1973, BStBl II 1974, S. 132; BFH-Urteil vom 28.07.1993, BStBl II 1994, S. 164; gleich lautende Ländererlasse vom 31.03.1992, BStBl I 1992, S. 342), **Scheinbestandteile** (BFH-Urteil vom 31.07.1997, BFH/NV 1998, S. 215), **Ladenein-bauten** (BFH-Beschluss vom 26.11.1973, BStBl II 1974, S. 132) und **Mietereinbauten** (BFH-Urteile vom 28.07.1993, BStBl II 1994, S. 164; vom 11.06.1997, BStBl II 1997, S. 774).
- Wird ein Gebäude **teils eigenbetrieblich, teils fremdbetrieblich, teils zu eigenen Wohnzwecken, teils zu fremden Wohnzwecken** genutzt, so ist jedes der bis zu vier unterschiedlich genutzten Gebäudeteile ein selbständiges Wirtschaftsgut (BFH-Urteile vom 07.11.1991, BStBl II 1992, S. 141; vom 14.07.1989, BStBl II 1989, S. 903).

5.2.3.4 Ansatzvorschriften

Die Ansatzvorschriften befassen sich mit der Frage, welche Positionen in die Steuerbilanz aufzunehmen sind.

Die Ermittlung der anzusetzenden Wirtschaftsgüter erfolgt in drei Stufen (vgl. *A. Bordewin*, in: A. Bordewin / J. Brandt, §§ 4-5, Rz. 670):

- Zunächst ist zu entscheiden, ob eine Position bilanzierungsfähig ist, d.h. ob eine Bilanzierung grundsätzlich in Betracht kommt (siehe Abschnitt B.5.2.3.4.1).
- Anschließend ist festzustellen, wem das Wirtschaftsgut aus steuerlicher Sicht zuzurechnen ist (siehe Abschnitt B.5.2.3.4.2).
- In einem dritten Schritt ist das Verhältnis des Wirtschaftsgutes zum Betrieb des Steuerpflichtigen zu beurteilen. Es ist zu bestimmen, ob das Wirtschaftsgut dem Betriebsvermögen oder dem Privatvermögen zugeordnet werden muss bzw. kann (siehe Abschnitt B.5.2.3.4.3).

Ist der Ansatz einer Vermögens- oder Schuldposition im Betriebsvermögen eines Steuerpflichtigen nach obiger Prüfungsfolge zu bejahen, so ist anhand der Bewertungsvorschriften der §§ 252 – 256a HGB, §§ 6, 7 – 7k EStG die Höhe des Wertansatzes festzulegen (siehe Abschnitt B.5.2.3.5).

5.2.3.4.1 Bilanzierungsfähigkeit

Nachfolgend werden sowohl die handelsrechtlichen als auch die steuerlichen Vorschriften zur Bilanzierungsfähigkeit beschrieben. Die handelsrechtlichen Vorschriften sind allerdings unmittelbar nur beim Betriebsvermögensvergleich nach § 5 EStG zu berücksichtigen. Wird der Gewinn nach § 4 Abs. 1 EStG ermittelt, so ist die Bilanzierungsfähigkeit anhand der steuerlichen Vorschriften zu beurteilen.

Das Vollständigkeitsgebot des § 246 Abs. 1 HGB stellt die grundlegende Vorschrift zur handelsrechtlichen Bilanzierungsfähigkeit dar. Danach hat der Jahresabschluss sämtliche

- Vermögensgegenstände,
- Schulden,
- Rechnungsabgrenzungsposten,
- Aufwendungen und Erträge

zu enthalten, soweit gesetzlich nichts anderes vorgeschrieben ist. Während die Vermögensgegenstände und Rechnungsabgrenzungsposten in der Bilanz abzubilden sind, erfolgt die Gegenüberstellung von Aufwendungen und Erträgen in der Gewinn- und Verlustrechnung. Lediglich der Saldo aus Erträgen und Aufwendungen ist in die Bilanz zu übernehmen.

Spezielle handelsrechtliche Vorschriften erklären zudem weitere Positionen als bilanzierungsfähig, nämlich

- den entgeltlich erworbenen Firmenwert (§ 246 Abs. 1 Satz 4 HGB),
- (aktive und passive) latente Steuern (§§ 274 HGB).

Die Position „Schulden" lässt sich in Verbindlichkeiten (nach Höhe und Fälligkeit sichere Schulden) und Rückstellungen (nach Höhe und / oder Fälligkeit unsichere Schulden) einteilen. Insgesamt können in der Bilanz somit folgende Positionen enthalten sein:

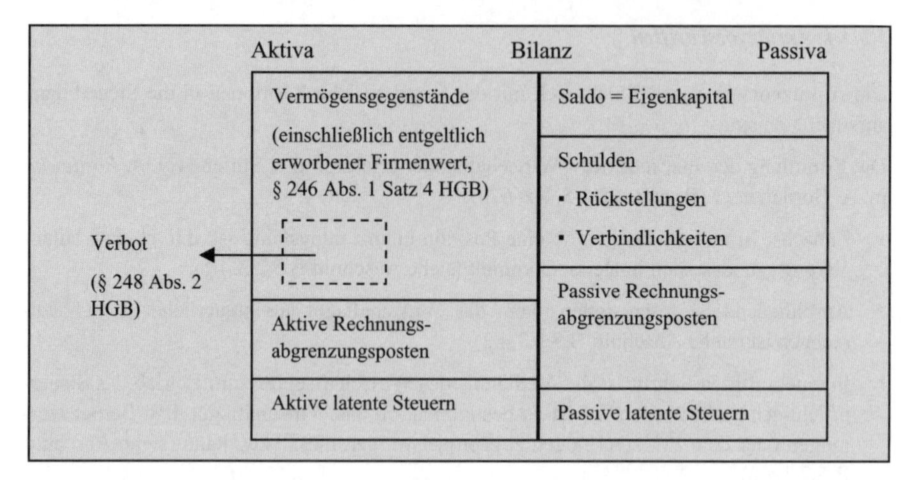

Abbildung B.11: Bilanzpositionen in der Handelsbilanz

Latente Steuern werden in der Steuerbilanz nicht ausgewiesen (*H. Weber-Grellet* in L. Schmidt (2010), § 5, Rz. 270 „Latente Steuern"; *K. Küting / C. Zwirner*, BB 2005, S. 1553).

Zusätzlich zu den handelsrechtlichen Ansatzmöglichkeiten können in der Steuerbilanz weitere Positionen enthalten sein:

- Zölle und Verbrauchsteuern (§ 5 Abs. 5 Satz 2 Nr. 1 EStG),
- Umsatzsteuer auf Anzahlungen (§ 5 Abs. 5 Satz 2 Nr. 1 EStG),
- Beteiligung an Mitunternehmerschaften,
- steuerfreie Rücklagen, insbesondere
  - Reinvestitionsrücklage (§ 6b EStG)
  - Ersatzbeschaffungsrücklage (R 6.6 EStR)

Bilanzierungsfähig im Steuerrecht sind somit:

Aktiva	Bilanz	Passiva
Wirtschaftsgüter		Saldo = Eigenkapital
		Steuerfreie Rücklagen
Beteiligungen an Mitunternehmerschaften		Schulden ▪ Rückstellungen ▪ Verbindlichkeiten
Aktive Rechnungsabgrenzungsposten		
Zölle und Verbrauchsteuern		Passive Rechnungsabgrenzung
Umsatzsteuer auf Anzahlungen		

Abbildung B.12: Bilanzpositionen in der Steuerbilanz

- **Vermögensgegenstände (Wirtschaftsgüter)**

  Der Begriff des Wirtschaftsguts, dessen Umfang sowie seine inhaltliche Übereinstimmung mit dem handelsrechtlichen Begriff des Vermögensgegenstandes wurde bereits in Abschnitt B.5.2.3.3 erläutert.

  Es ist zu beachten, dass **selbst geschaffene immaterielle Vermögensgegenstände des Anlagevermögens** (z.B. selbst entwickelte Patente) handelsrechtlich in die Bilanz aufgenommen werden können (Wahlrecht, § 248 Abs. 2 Satz 1 HGB). Nicht aufgenommen werden dürfen lediglich selbst geschaffene Marken, Drucktitel, Verlagsrechte, Kundenlisten oder vergleichbare immaterielle Vermögensgegenstände des Anlagevermögens (§ 248 Abs. 2 Satz 2 HGB). Steuerlich sind selbst geschaffene immaterielle Wirtschaftsgüter des Anlagevermögens hingegen nicht bilanzierungsfähig.

Nur entgeltlich erworbene immaterielle Wirtschaftsgüter des Anlagevermögens sind in die Steuerbilanz aufzunehmen (§ 5 Abs. 2 EStG).

- **Beteiligungen an Mitunternehmerschaften**

  Besonderheiten sind zudem zu beachten bei dem handelsrechtlichen und steuerlichen Ansatz von Beteiligungen an einer Personengesellschaft.

  - **Handelsrechtlich** sind Beteiligungen an Personengesellschaften und die daraus entstehenden Erträge eigenständig auszuweisen – ebenso wie Beteiligungen an Kapitalgesellschaften und die daraus resultierenden Erträge (vgl. *M. Dietel*, DStR 2002, S. 2140). Die Beteiligung an einer Personengesellschaft ist in der Bilanz des Gesellschafters somit als eigenständiger Vermögensgegenstand unter Beachtung des Anschaffungskosten- und Realisationsprinzips zu bilanzieren.

  - In der **Steuerbilanz** wird die Beteiligung zwar ebenfalls zunächst mit den Anschaffungskosten bilanziert. Für die steuerliche Gewinnermittlung hat dieser Bilanzposten jedoch keine selbständige Bedeutung. Der Gewinn der Personengesellschaft wird auf Ebene der Gesellschaft einheitlich festgestellt (§ 179 AO), d.h. die steuerliche Gewinnermittlung erfolgt ausschließlich auf Ebene der Personengesellschaft. Erst in einem zweiten Schritt werden die Gewinne den Gesellschaftern nach § 15 Abs. 1 Nr. 2 EStG anteilig zugewiesen, und zwar außerhalb der Steuerbilanz (vgl. *T. Bürkle / A. Knebel*, DStR 1998, S. 1067).

    Auf Ebene des Gesellschafters wird die Beteiligung an der Personengesellschaft zwar in der Steuerbilanz ausgewiesen; diese Posten haben aber keine selbständige Bedeutung, nehmen also am Betriebsvermögensvergleich nicht teil. Sie stellen lediglich einen „Merkposten" dar, in dem Gewinne oder Verluste der Personengesellschaft nach der **Spiegelbildmethode** nachvollzogen werden (*L. Mayer*, DB 2003, S. 2034; *U. Ley*, DStR 2004, S. 1498; *R. Wacker* in L. Schmidt (2010), § 15, Rz. 690). Nach der Spiegelbildmethode wird die Beteiligung in der Bilanz des Gesellschafters mit dem Wert angesetzt, den das Kapitalkonto in der Bilanz der Personengesellschaft für den jeweiligen Gesellschafter ausweist, d.h. der Wert des Kapitalkontos wird spiegelbildlich als Aktivposten in die Bilanz des Gesellschafters übernommen. Werden dem Gesellschafter Gewinne aus der Personengesellschaft zugewiesen, so erhöhen diese das Kapitalkonto des Gesellschafters in der Bilanz der Personengesellschaft und damit auch den Wert, mit dem die Beteiligung beim Gesellschafter bilanziert ist.

- **Rechnungsabgrenzungsposten (§ 250 Abs. 1, 2 HGB, § 5 Abs. 5 Satz 1 EStG)**

  In Bezug auf Rechnungsabgrenzungsposten beinhalten § 250 Abs. 1, 2 HGB und § 5 Abs. 5 Satz 1 EStG identische Vorschriften:

  Als Rechnungsabgrenzungsposten sind nur **transitorische** Posten anzusetzen, d.h.

  - auf der Aktivseite Ausgaben vor dem Abschlussstichtag, soweit sie Aufwand für eine bestimmte Zeit nach diesem Tag darstellen und

  - auf der Passivseite Einnahmen vor dem Abschlussstichtag, soweit sie Ertrag für eine bestimmte Zeit nach diesem Tag darstellen.

  Die im Zeitpunkt der Verausgabung (Vereinnahmung) voll als Betriebsausgabe (Betriebseinnahme) verbuchte Zahlung wird am Ende des Wirtschaftsjahres anteilig aufwandsmindernd (ertragsmindernd) als Rechnungsabgrenzungsposten aktiviert (passiviert). In Höhe des aktivierten (passivierten) Betrages wird der Zahlungsvorgang gewinnneutral. Erst bei Auflösung schlägt sich der Rechnungsabgrenzungsposten gewinnmindernd (gewinnerhöhend) nieder.

Beispiel B.40:

Ein Gewerbetreibender, dessen Wirtschaftsjahr dem Kalenderjahr entspricht und der seinen Gewinn durch Betriebsvermögensvergleich nach § 5 EStG ermittelt, überweist am 01.12.01 Mietzinsen i.H.v. 1.200 € für die Zeit vom 01.12.01 bis zum 30.11.02.

Nur i.H.v. 100 € entfällt diese Betriebsausgabe auf das Wirtschaftsjahr 01. Der verbleibende Betrag von 1.100 € ist gemäß § 5 Abs. 5 Nr. 1 EStG als aktiver Rechnungsabgrenzungsposten zu führen und im nachfolgenden Wirtschaftsjahr 02 gewinnmindernd aufzulösen.

Für **antizipative** Posten, d.h. Aufwendungen bzw. Erträge vor dem Abschlussstichtag, die erst nach diesem Tag zu Ausgaben bzw. Einnahmen werden, darf kein Rechnungsabgrenzungsposten gebildet werden. Haben sich aus den zugrundeliegenden Geschäftsvorfällen jedoch bereits Forderungen bzw. Verbindlichkeiten ergeben, so stellen diese antizipativen Posten der Rechnungsabgrenzung ansatzpflichtige Positionen dar, die sowohl in Handels- als auch in Steuerbilanz unter der Position „sonstige Forderungen" bzw. „sonstige Verbindlichkeiten" auszuweisen sind (R 5.6 Abs. 3 EStR).

- **Rückstellungen (§ 249 HGB, § 5 Abs. 2a, 3, 4, 4a, 4b, § 6a EStG)**

Als Rückstellungen werden Verbindlichkeiten eines Unternehmens bezeichnet, bei denen die Höhe und / oder die Entstehung der Schuld am Bilanzstichtag ungewiss ist (BFH-Urteil vom 20.11.1962, BStBl III 1963, S. 113).

Betriebswirtschaftlich wird die Funktion der Rückstellungen unterschiedlich erklärt: Die **statische** Bilanzauffassung versteht die Bilanz als stichtagsbezogenen Vermögensausweis. Danach haben Rückstellungen die Aufgabe, Verbindlichkeiten gegenüber Dritten auszuweisen, die der Höhe und / oder Entstehung nach ungewiss sind, für die jedoch die wesentlichen wirtschaftlichen Ursachen bereits bis zum Bilanzstichtag vorliegen. Die Aufgabe des Rechnungsabschlusses besteht nach der **dynamischen** Bilanzauffassung darin, durch eine zutreffende Periodenabgrenzung die Ergebnisermittlung vergleichbar zu machen. Um dies zu erreichen, sind Aufwendungen bereits in dem Wirtschaftsjahr zu berücksichtigen, dem sie wirtschaftlich zuzuordnen sind.

Nach handelsrechtlichen Vorschriften sind Rückstellungen zu bilden (Passivierungsgebote) für

- ungewisse Verbindlichkeiten (§ 249 Abs. 1 Satz 1 HGB),
- drohende Verluste aus schwebenden Geschäften (§ 249 Abs. 1 Satz 1 HGB),
- im Geschäftsjahr unterlassene Aufwendungen für Instandhaltung, die im folgenden Geschäftsjahr innerhalb von drei Monaten nachgeholt werden (§ 249 Abs. 1 Satz 2 Nr. 1 HGB),
- im Geschäftsjahr unterlassene Aufwendungen für Abraumbeseitigung, die im folgenden Geschäftsjahr nachgeholt werden (§ 249 Abs. 1 Satz 2 Nr. 1 HGB),
- Gewährleistungen, die ohne rechtliche Verpflichtung erbracht werden (§ 249 Abs. 1 Satz 2 Nr. 2 HGB).

Zu den Rückstellungen für ungewisse Verbindlichkeiten i.S.d. § 249 Abs. 1 Satz 1 HGB gehören beispielsweise auch Pensionsrückstellungen, Urlaubsrückstellungen, Prozessrückstellungen oder Steuerrückstellungen.

Für andere als die oben genannten Zwecke dürfen in der Handelsbilanz keine Rückstellungen gebildet werden (§ 249 Abs. 3 Satz 1 EStG). Insbesondere sind die Wahlrechte für bestimmte Aufwandsrückstellungen (§ 249 Abs. 1 Satz 3, Abs. 2 HGB a.F.) durch das Bilanzrechtsmodernisierungsgesetz (BGBl I 2009, S. 1102) mit Wirkung für Geschäftsjahre, die nach dem 31.12.2009 beginnen, gestrichen worden.

Bei der Gewinnermittlung nach § 5 EStG sind nach dem Maßgeblichkeitsprinzip des § 5 Abs. 1 Satz 1 EStG handelsrechtliche Passivierungsgebote auch im Steuerrecht zu beachten. Demnach sind steuerlich Rückstellungen in den oben genannten Fällen zu bilden, wenn dem nicht eine spezielle steuerliche Regelung entgegensteht. Steuerliche Sonderregelungen zu Rückstellungen finden sich in § 5 Abs. 2a, 3, 4, 4a, 4b, § 6a EStG. An dieser Stelle sei insbesondere hingewiesen auf § 6a EStG, der die Bildung von Pensionsrückstellungen für steuerliche Zwecke regelt, sowie auf § 5 Abs. 4a EStG, der die Bildung von Rückstellungen für drohende Verluste aus schwebenden Geschäften in der Steuerbilanz untersagt.

Beispiel B.41:

Ein Gewerbetreibender, der seinen Gewinn durch Betriebsvermögensvergleich nach § 5 EStG ermittelt, wird wegen Patentverletzung auf Schadensersatz verklagt. Das Urteil des Gerichts steht am Bilanzstichtag noch aus. Mit einer Verurteilung durch das Gericht muss gerechnet werden.

Da die Voraussetzungen des § 5 Abs. 3 Satz 1 EStG erfüllt sind, besteht die Pflicht, in Höhe der voraussichtlichen Inanspruchnahme eine gewinnmindernde Rückstellung zu bilden. Im Zeitpunkt der Schadensersatzzahlung ist diese dann erfolgsneutral auszubuchen.

- **Zölle und Verbrauchsteuern (§ 5 Abs. 5 Satz 2 Nr. 1 EStG)**

Handelsrechtlich war bis 2009 ein Aktivierungswahlrecht für als Aufwand berücksichtigte Zölle und Verbrauchsteuern zu beachten, soweit diese auf am Abschlussstichtag auszuweisende Vermögensgegenstände des Vorratsvermögens entfallen (§ 250 Abs. 1 Nr. 1 HGB a.F.). Dieses Aktivierungswahlrecht ist durch das Bilanzrechtsmodernisierungsgesetz (BGBl I 2009, S. 1102) mit Wirkung für Geschäftsjahre, die nach dem 31.12.2009 beginnen, aufgehoben worden. Im Steuerrecht besteht hingegen unverändert eine Aktivierungspflicht (§ 5 Abs. 5 Satz 2 Nr. 1 EStG).

Zölle und Verbrauchsteuern (insbesondere Biersteuer, Energiesteuer, Tabaksteuer) für Wirtschaftsgüter des Vorratsvermögens sind im Zeitpunkt ihrer Entstehung als Aufwand zu buchen (BFH-Urteil vom 26.02.1975, BStBl II 1976, S. 13). Zölle entstehen im Zeitpunkt der Einfuhr der betreffenden Güter; Verbrauchsteuern grundsätzlich in dem Zeitpunkt, in dem die Güter vom Ort der Herstellung oder aus einem Lager entnommen werden (z.B. bei Biersteuer: Entfernung aus Brauerei oder Bierlager (§ 14 i.V.m. § 4 BierStG).

Sind die Güter, für welche die Zölle bzw. Verbrauchsteuern angefallen sind, am Bilanzstichtag noch nicht veräußert, so steht diesem Aufwand noch kein realisierter Ertrag gegenüber. Um den Aufwand zu neutralisieren, muss diesem in der Steuerbilanz eine entsprechende Position als selbständiger Aktivposten gegenübergestellt werden (vgl. *H. Weber-Grellet*, in: L. Schmidt (2010), § 5, Rz. 259). Zweck dieser Regelung ist es, dass die Abgaben in dem Jahr erfolgswirksam werden, in dem das mit der Abgabe belastete Gut veräußert oder entnommen wird; zu diesem Zeitpunkt ist der Posten aufzulösen.

Lasten Verbrauchsteuern nicht auf Fertigprodukten, sondern auf Roh- oder Hilfsstoffen, die zur Herstellung der Fertigprodukte verwendet werden, so gehören diese Verbrauchsteuern zu den Herstellungskosten der Fertigprodukte, d.h. § 5 Abs. 5 Satz 2 Nr. 1 EStG ist insoweit nicht anzuwenden (BFH-Urteil vom 05.05.1983, BStBl II 1983, S. 559). So gehört beispielsweise die auf Branntwein lastende Branntweinsteuer zu den Herstellungskosten der aus Branntwein gewonnenen Markenspirituosen.

- **Umsatzsteuer auf Anzahlungen (§ 5 Abs. 5 Satz 2 Nr. 2 EStG)**

Für Umsatzsteuer, die als Aufwand berücksichtigt wurde und auf am Abschlussstichtag auszuweisende Anzahlungen entfällt, bestand im Handelsrecht ebenfalls ein Aktivierungswahlrecht (§ 250 Abs. 1 Nr. 2 HGB a.F.), welches durch das Bilanzrechtsmodernisierungsgesetz aufgehoben wurde. Im Steuerrecht besteht unverändert eine Aktivierungspflicht (§ 5 Abs. 5 Satz 2 Nr. 2 EStG).

Die Umsatzsteuer auf erhaltene Anzahlungen entsteht gemäß § 13 Abs. 1 Nr. 1 Buchst. a UStG mit Ablauf des Voranmeldezeitraums, in dem die Anzahlung vereinnahmt worden ist. Wird die Anzahlung mit dem Bruttobetrag, d.h. einschließlich Umsatzsteuer, passiviert, so wirkt die Umsatzsteuer gewinnmindernd. Durch den zu bildenden Aktivposten wird der Zahlungsvorgang neutralisiert, d.h. die Gewinnminderung verhindert. Der Aktivposten ist zum Zeitpunkt der Erfüllung des Geschäfts, gemeinsam mit der passivierten Anzahlung, aufzulösen.

Beispiel B.42:

Ein Bauunternehmer erhält eine Anzahlung von 20.000 € zuzüglich 3.800 € Umsatzsteuer und bucht:

Bank	an Anzahlungen (Verb.)	23.800 €
Umsatzsteuer-Aufwand	an Bank	3.800 €

Zur Neutralisierung des Umsatzsteueraufwands muss in der Steuerbilanz die folgende Ausgleichsbuchung vorgenommen werden:

Umsatzsteuer auf Anzahlungen	an Umsatzsteuer-Aufwand	3.800 €

- **Rücklagen (§ 6b EStG, R 6.6 EStR)**

Scheiden Wirtschaftsgüter aus dem Betriebsvermögen aus, so ist die Differenz zwischen dem Veräußerungserlös oder einer sonstigen Gegenleistung (z.B. Versicherungsleistung bei gestohlenen Wirtschaftsgütern) und dem Buchwert des Wirtschaftsgutes als Gewinn zu versteuern. In bestimmten Situationen erlauben es steuerliche Vorschriften jedoch, auf eine sofortige Aufdeckung der stillen Reserven zu verzichten und diese stattdessen auf andere Wirtschaftsgüter zu übertragen. Sind diese neuen Wirtschaftsgüter zum Bilanzstichtag noch nicht angeschafft, so können die übertragungsfähigen stillen Reserven in eine steuerfreie Rücklage eingestellt werden.

Durch die Möglichkeiten, stille Reserven zu übertragen und steuerfreie Rücklagen zu bilden, wird für die aufgedeckten stillen Reserven i.d.R. keine endgültige Steuerersparnis oder gar Steuerfreiheit, sondern lediglich eine Steuerstundung erreicht. Dem Steuerpflichtigen wird somit ein zinsloser Steuerkredit mit den damit verbundenen Liquiditäts- und Rentabilitätsvorteilen gewährt. Eine Steuerersparnis kann erreicht werden, wenn die zeitliche Verlagerung des Gewinns zu einer Milderung der Steuerprogression führt.

Die wichtigsten Rücklagen zur Übertragung stiller Reserven sind

- die **Ersatzbeschaffungsrücklage** nach R 6.6 EStR und
- die **Rücklage für die Übertragung stiller Reserven bei Veräußerung bestimmter Anlagegüter** nach § 6b EStG.

Eine weitere Form der Rücklage, die nicht im Zusammenhang mit dem Ausscheiden von Wirtschaftsgütern aus dem Betriebsvermögen steht, beschreibt R 6.5 Abs. 4 EStR. Werden Zuschüsse für die Anschaffung von Anlagegütern gewährt (z.B. staatliche Investitionszuschüsse) und erfolgt die Anschaffung erst in einem auf die Gewährung des Zuschusses folgenden Wirtschaftsjahr, so kann der Zuschuss zunächst in eine steuerfreie Rücklage eingestellt werden (**Zuschussrücklage**), die dann im Anschaffungsjahr mit den Anschaffungskosten zu verrechnen ist.

Die Rücklagenbildung stellt ein steuerliches Wahlrecht dar. In der Handelsbilanz kann die Rücklage nach der Abschaffung des § 247 Abs. 3 HGB durch das Bilanzrechtsmodernisierungsgesetz (BGBl I 2009, S. 1102) ab 2010 nicht mehr gebildet werden.

5.2.3.4.2 Persönliche Zuordnung von Wirtschaftsgütern

Neben der sachlichen Zurechnung ist für die Bilanzierung die persönliche Zuordnung eines Wirtschaftsguts von Bedeutung.

Wirtschaftsgüter sind gemäß § 39 Abs. 1 AO grundsätzlich dem „Eigentümer" zuzurechnen. In Bezug auf Sachen, d.h. körperliche Gegenstände, ist dies der zivilrechtliche Eigentümer. In Bezug auf Rechte verwendet das Zivilrecht nicht den Begriff des Eigentums. § 39 Abs. 1 AO ist daher hinsichtlich von Rechten so zu interpretieren, dass mit „Eigentümer" der zivilrechtliche Rechtsinhaber gemeint ist.

§ 39 Abs. 2 AO beschreibt jedoch zwei Ausnahmen von dem Grundsatz, dass Wirtschaftsgüter dem Eigentümer zuzuordnen sind:

- Übt ein anderer als der Eigentümer die tatsächliche Herrschaft über ein Wirtschaftsgut in der Weise aus, dass er den Eigentümer im Regelfall für die gewöhnliche Nutzungsdauer von der Einwirkung auf das Wirtschaftsgut ausschließen kann, so ist ihm das Wirtschaftsgut zuzurechnen (§ 39 Abs. 2 Nr. 1 AO). Relevant ist somit nicht das zivilrechtliche, sondern das sog. **wirtschaftliche Eigentum**.

  Bedeutung hat diese Vorschrift insbesondere bei Leasing-Verträgen, deren Zuordnung insbesondere durch die BMF-Schreiben vom 19.04.1971 (BStBl I 1971, S. 264) und vom 21.03.1972 (BStBl I 1972, S. 188) geregelt wird. An dieser Stelle soll lediglich kurz auf die Zurechnungsbestimmungen beim Finanzierungsleasing beweglicher Wirtschaftsgüter eingegangen werden:

  Das **Finanzierungsleasing** zeichnet sich dadurch aus, dass der Leasingvertrag unkündbar über eine bestimmte Zeit (Grundmietzeit) abgeschlossen wird und die vom Leasingnehmer während dieser Grundmietzeit zu zahlenden Leasingraten die Anschaffungs- bzw. Herstellungskosten des Leasinggegenstandes (einschließlich aller Nebenkosten) decken. Nach dem o.g. BMF-Schreiben vom 19.04.1971 wird der Leasinggegenstand dem Leasingnehmer zugerechnet, wenn die vereinbarte Grundmietzeit weniger als 40 % oder mehr als 90 % der betriebsgewöhnlichen Nutzungsdauer des Leasinggegenstandes beträgt. Im zweiten Fall wird der Leasinggegenstand während der Grundmietzeit praktisch verbraucht, im ersten Fall wird eine Grundmietzeit von weniger als 40 % bei voller Bezahlung aller Kosten nur der vereinbaren, der in dieser Zeit den Leasinggegenstand verschleißt. Als wirtschaftlicher Eigentümer ist daher jeweils der Leasingnehmer anzusehen. Darüber hinaus ist der Leasinggegenstand dem Leasingnehmer auch dann zuzurechnen, wenn die Grundmietzeit zwar nicht weniger als 40 % und nicht mehr als 90 % der Nutzungsdauer des Leasinggegenstandes beträgt, jedoch eine Mietverlängerungsoption bzw. Kaufoption besteht und

- bei Ausübung der Mietverlängerungsoption die zu zahlende Anschlussmiete den Werteverzehr des Leasinggegenstandes nicht deckt, der sich auf der Basis des unter Berücksichtigung der linearen AfA ermittelten Buchwerts und der Restnutzungsdauer laut amtlicher AfA-Tabelle ergibt, bzw.
- bei Ausübung der Kaufoption der zu zahlende Kaufpreis geringer als der Buchwert am Ende der Grundmietzeit bei linearer AfA ist.

Das wirtschaftliche Eigentum am Leasinggegenstand ist auch in diesen Fällen dem Leasingnehmer zuzurechnen, da bei Festlegung solch niedriger Mieten bzw. Kaufpreise davon ausgegangen werden kann, dass der Leasingnehmer die jeweilige Option ausüben wird und er den Leasinggeber somit auf Dauer von der Einwirkung auf den Leasinggegenstand ausschließt.

Auch bei einer Lieferung unter **Eigentumsvorbehalt** fallen wirtschaftliches und zivilrechtliches Eigentum auseinander. Das unter Eigentumsvorbehalt gelieferte Wirtschaftsgut ist dem wirtschaftlichen Eigentümer, d.h. dem Erwerber des Wirtschaftsgutes, zuzurechnen (§ 246 Abs. 1 Satz 2 HGB, § 39 Abs. 2 Nr. 1 AO).

Der Mieter oder Pächter einer Sache hingegen ist nicht als wirtschaftlicher Eigentümer dieser Sache anzusehen. Der Miet- bzw. Pachtgegenstand ist dem Vermieter zuzurechnen.

- Wirtschaftsgüter, die mehreren Personen zur gesamten Hand zustehen, werden den Beteiligten anteilig zugerechnet, soweit eine getrennte Zurechnung für die Besteuerung erforderlich ist (§ 39 Abs. 2 Nr. 2 AO).

5.2.3.4.3 Abgrenzung zwischen Betriebs- und Privatvermögen

Der Begriff des Betriebsvermögens ist im Rahmen der Gewinnermittlung von zentraler Bedeutung. Nach § 4 Abs. 1 EStG wird nur das **Betriebsvermögen** in die Gewinnermittlung einbezogen. Demzufolge dürfen Erträge und Aufwendungen, die durch Nutzung oder Veräußerung von Wirtschaftsgütern des Privatvermögens entstehen, den Gewinn nicht erhöhen bzw. mindern. Entsprechend wichtig ist die Entscheidung, ob ein Wirtschaftsgut dem Betriebsvermögen oder dem Privatvermögen angehört.

Die Praxis hat versucht, die Anforderungen an den Zusammenhang, der zwischen der betrieblichen Tätigkeit und einem Wirtschaftsgut bestehen soll, damit dieses Wirtschaftsgut Betriebsvermögen ist bzw. sein kann, begrifflich zu fassen. Resultat ist eine Dreiteilung des Vermögens in notwendiges Betriebsvermögen, gewillkürtes Betriebsvermögen und notwendiges Privatvermögen. Da das Gesetz nur „Betriebsvermögen" kennt, kann es von Gesetzes wegen nur „Betriebsvermögen" und „Nicht-Betriebsvermögen" (= Privatvermögen) geben. Die Unterteilung des Betriebsvermögens in „notwendig" und „gewillkürt" ist somit lediglich als Hilfsmittel zur Abgrenzung zwischen Betriebsvermögen und Privatvermögen zu verstehen.

Wirtschaftsgüter			
Betriebsvermögen		Privatvermögen	
notwendiges Betriebsvermögen	gewillkürtes Betriebsvermögen	Teil des Privatvermögens, der gewillkürtes Betriebsvermögen sein kann	notwendiges Privatvermögen

Abbildung B.13: Einteilung der Wirtschaftsgüter nach ihrer Zugehörigkeit zum Betriebs- bzw. Privatvermögen

Notwendiges Betriebsvermögen ist anzunehmen, wenn Wirtschaftsgüter dem Betrieb in dem Sinne dienen, dass sie objektiv erkennbar zum unmittelbaren Einsatz im Betrieb bestimmt sind (BFH-Urteil vom 19.02.1997, BStBl II 1997, S. 399). Die Zuordnung von Wirtschaftsgütern zum notwendigen Betriebsvermögen kann sich entweder aus der Natur des Gegenstandes (**typisierende Betrachtungsweise**) oder aus der objektiv erkennbaren konkreten Zweckbestimmung des Wirtschaftsgutes (**konkretisierende Betrachtungsweise**) ergeben (BFH-Urteil vom 06.03.1991, BStBl II 1991, S. 829). Zum notwendigen Betriebsvermögen zählen somit zum einen Wirtschaftsgüter, die ihrer Natur nach eine so enge Beziehung zu dem Betrieb haben, dass eine private Nutzung nicht in Frage kommt (z.B. Fabrikanlagen, Warenforderungen), sowie Wirtschaftsgüter, die zwar grundsätzlich auch privat genutzt werden könnten, jedoch tatsächlich ausschließlich und unmittelbar eigenbetrieblichen Zwecken dienen (z.B. ausschließlich betrieblich genutzter Personalcomputer).

Bei Wirtschaftsgütern, die gewillkürtes Betriebsvermögen sein können, hat der Steuerpflichtige das Wahlrecht, diese dem Betriebsvermögen oder dem Privatvermögen zuzuordnen. Dem gewillkürten Betriebsvermögen können i.d.R. Wirtschaftsgüter zugerechnet werden, wenn sie objektiv dazu geeignet und erkennbar dazu bestimmt sind, den Betrieb zu fördern (BFH-Urteil vom 19.02.1997, BStBl II 1997, S. 399; R 4.2 Abs. 1 Satz 3 EStR). Hierfür kommen beispielsweise Mietshäuser (BFH-Urteil vom 25.11.1997, BStBl II 1998, S. 461), Bargeld und Bankguthaben (BFH-Urteil vom 05.06.1985, BStBl II 1985, S. 619) sowie Wertpapiere (BFH-Urteil vom 23.10.1990, BStBl II 1991, S. 401) in Betracht. Die Zuordnung zum gewillkürten Betriebsvermögen (Ausübung des Wahlrechts) muss in einer Weise kundgemacht werden, dass ein sachverständiger Dritter (z.B. ein Betriebsprüfer) ohne weitere Erklärung des Steuerpflichtigen eindeutig die Zugehörigkeit zum Betriebsvermögen erkennen kann. Dies geschieht regelmäßig durch die Aufnahme des betreffenden Wirtschaftsgutes in die Buchführung, kann jedoch auch durch andere unmissverständliche Handlungsweisen erfolgen, wie z.B. die Aufnahme in das betriebliche Bestandsverzeichnis (BFH-Urteil vom 21.04.2005, BStBl II 2005, S. 604).

Seit dem BFH-Urteil vom 02.10.2003 (BStBl II 2004, S. 985) ist die Möglichkeit, gewillkürtes Betriebsvermögen zu bilden, nicht mehr auf Steuerpflichtige beschränkt, die ihren Gewinn durch Betriebsvermögensvergleich ermitteln. Auch bei Gewinnermittlung durch Einnahmen-Überschuss-Rechnung nach § 4 Abs. 3 EStG kann nunmehr gewillkürtes Betriebsvermögen gebildet werden. Lediglich bei Gewinnermittlung nach Durchschnittssätzen gemäß § 13a EStG kann nach wie vor kein gewillkürtes Betriebsvermögen gebildet werden (BFH-Urteil vom 23.05.1991, BStBl II 1991, S. 798).

Das Privatvermögen ergibt sich als Gegenstück zum Betriebsvermögen, d.h. jedes Nicht-Betriebsvermögen ist Privatvermögen (vgl. *W. Heinicke*, in: L. Schmidt (2010), § 4, Rz. 106). Auch die Zuordnung zum notwendigen Privatvermögen kann sich auf Grund der typisierenden Betrachtungsweise (z.B. Hausrat, Schmuck) oder der konkretisierenden Betrachtungsweise (z.B. ausschließlich privat genutzter Pkw) ergeben.

Werden Wirtschaftsgüter sowohl betrieblich als auch privat genutzt (z.B. gemischt genutzter Pkw), so ist der Anteil der betrieblichen Nutzung festzustellen. Überwiegt der betriebliche Anteil, d.h. wird das Wirtschaftsgut zu mehr als 50 % eigenbetrieblich genutzt, so stellt es notwendiges Betriebsvermögen dar. Hingegen wird bei einer betrieblichen Nutzung von weniger als 10 % notwendiges Privatvermögen unterstellt. Bei einer betrieblichen Nutzung zwischen 10 % und 50 % kann das Wirtschaftsgut gewillkürtes Betriebsvermögen sein (BFH-Urteil vom 23.05.1991, BStBl II 1991, S. 798). Wird die „Willkürung" vorgenommen, so sind zunächst alle Aufwendungen, die im Zusammenhang mit dem Wirtschaftsgut stehen, Betriebsausgaben. Die Aufwendungen, die dem privat genutzten Anteil entsprechen, werden dem Gewinn im Rahmen der Gewinnermittlung als (Nutzungs-) Entnahmen aber wieder hinzugerechnet.

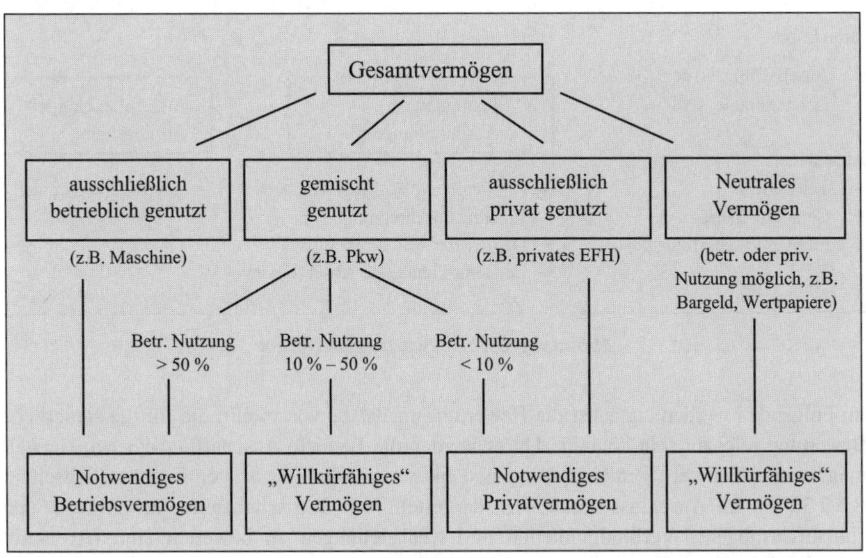

Abbildung B.14: Einteilung der Wirtschaftsgüter in notwendiges Betriebsvermögen, „willkürfähiges" Vermögen und notwendiges Privatvermögen

Wird ein Gebäude **teils eigenbetrieblich, teils fremdbetrieblich, teils zu eigenen Wohnzwecken, teils zu fremden Wohnzwecken** genutzt, so ist jedes der bis zu vier unterschiedlich genutzten Gebäudeteile ein selbständiges Wirtschaftsgut (siehe Abschnitt B.5.2.3.3). Wird beispielsweise das Erdgeschoss eines Gebäudes als Ladenlokal und die 1. Etage als Wohnung des Gewerbetreibenden genutzt, so ist das Erdgeschoss notwendiges Betriebsvermögen, die 1. Etage hingegen notwendiges Privatvermögen.

Eine Ausnahme von diesem Grundsatz ergibt sich aus § 8 EStDV. Danach brauchen eigenbetrieblich genutzte Grundstücksteile nicht als Betriebsvermögen behandelt zu werden, wenn ihr Wert nicht mehr als ein Fünftel des gemeinen Werts des gesamten Grundstücks und nicht mehr als 20.500 € beträgt (z.B. ein gewerblich genutztes Arbeitszimmer in einem Einfamilienhaus des Gewerbetreibenden).

5.2.3.5 Bewertungsvorschriften

Wurde die Bilanzierungsfähigkeit bejaht, stellt sich in einem zweiten Schritt die Frage, wie das Wirtschaftsgut, die Rückstellung etc. zu bewerten ist, d.h. mit welchem Wert die Position in der Bilanz angesetzt werden muss bzw. kann. Unterschieden wird zwischen den Fällen der Erstbewertung (Bewertung in dem Zeitpunkt, in dem ein Wirtschaftsgut Betriebsvermögen wird) und den Fällen der Folgebewertung.

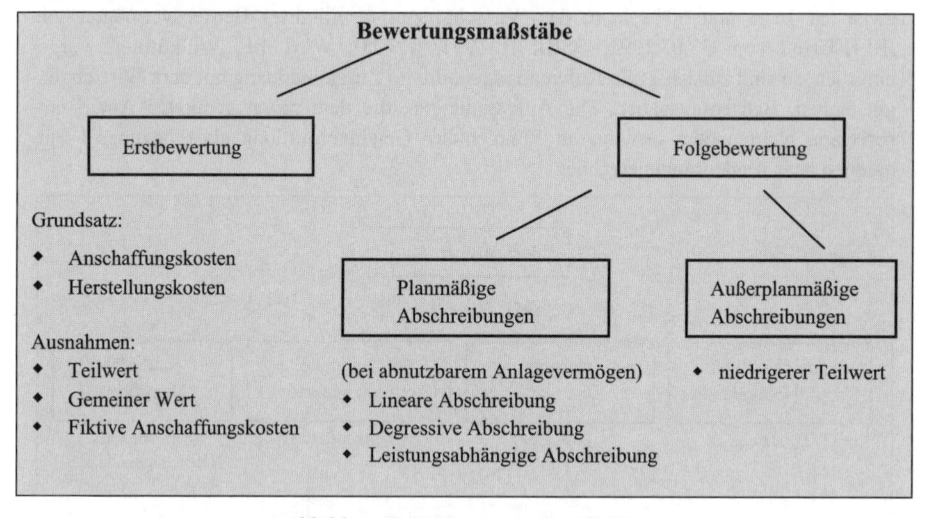

Abbildung B.15: Bewertungsmaßstäbe

Im Folgenden werden zunächst die Bewertungsmaßstäbe vorgestellt, die für die steuerliche Bewertung relevant sein können, d.h. es werden die Begriffe Anschaffungskosten, Herstellungskosten, Teilwert, gemeiner Wert und fiktive Anschaffungskosten erläutert (Abschnitt B.5.2.3.5.1). Im Anschluss daran wird dargestellt, wie Wirtschaftsgüter des Anlage- und Umlaufvermögens, Verbindlichkeiten und Rückstellungen zu bewerten sind (Abschnitt B.5.2.3.5.2 – B.5.2.3.5.5). Dabei wird auf die vorher erläuterten Bewertungsmaßstäbe zurückgegriffen. Abschließend werden die wichtigsten Abschreibungsregelungen erläutert (siehe Abschnitt B.5.2.3.6).

Die für sämtliche Kaufleute geltenden handelsrechtlichen Bewertungsvorschriften sind in den §§ 252 bis 256a HGB zusammengefasst und gelten auf Grund des Maßgeblichkeitsprinzips (siehe Abschnitt B.5.2.3.2) auch im Rahmen der steuerlichen Bewertung, soweit § 6 EStG nichts anderes vorschreibt.

Die Bewertung richtet sich regelmäßig nach den Verhältnissen am Bilanzstichtag. Dagegen sind im Zeitpunkt des Wirtschaftsjahres erworbene Wirtschaftsgüter im Zeitpunkt des Zugangs zu bewerten. Einlagen bzw. Entnahmen sind für den Zeitpunkt der Zuführung bzw. Entnahme zu bewerten (vgl. *E. Kulosa*, in: L. Schmidt (2010), § 6, Rz. 9).

5.2.3.5.1 Bewertungsmaßstäbe

§ 1 Abs. 1 BewG bestimmt, dass die allgemeinen Bewertungsvorschriften des BewG für alle öffentlich-rechtlichen Abgaben, also auch im Einkommensteuerrecht, anwendbar sind. § 6 EStG normiert jedoch eigene, von den Grundsätzen des BewG abweichende Bewertungsmaßstäbe. Die Vorschriften des BewG sind somit nur ausnahmsweise anzuwenden, nämlich dann, wenn das EStG keine ausdrückliche Regelung enthält.

Folgende fünf Bewertungsmaßstäbe (Wertbegriffe) bilden die Grundlage der Bewertung im Rahmen des Einkommensteuerrechts:

- Anschaffungskosten
- Herstellungskosten
- Teilwert
- gemeiner Wert
- fiktive Anschaffungskosten

Anschaffungskosten (§ 255 Abs. 1 HGB, R 6.2 EStR, H 6.2 EStH)

Handelsrechtlich sind Anschaffungskosten nach § 255 Abs. 1 HGB alle Aufwendungen, die geleistet werden, um einen Vermögensgegenstand zu erwerben und ihn in einen betriebsbereiten Zustand zu versetzen, soweit sie dem Vermögensgegenstand einzeln zugeordnet werden können. Dazu gehören auch Nebenkosten und nachträgliche Anschaffungskosten; Anschaffungspreisminderungen sind abzusetzen.

Dieser Anschaffungskostenbegriff ist über § 5 Abs. 1 Satz 1 EStG auch für das Steuerrecht maßgebend und stimmt mit der BFH-Rechtsprechung (BFH-Urteile vom 14.11.1985, BStBl II 1986, S. 60; vom 13.04.1988, BStBl II 1988, S. 892; vom 14.01.1992, BStBl II 1992, S. 464) überein.

Grundsätzlich ist der Anschaffungspreis ohne Umsatzsteuer, d.h. netto, anzusetzen, da die Umsatzsteuer den Unternehmer auf Grund des Vorsteuerabzugs nicht belastet (§ 9b Abs. 1 EStG). Nur in den Fällen, in denen die Vorsteuer ganz oder teilweise vom Abzug ausgeschlossen ist (§ 15 Abs. 1a, 2, 4, 4a, § 19 Abs. 1 Satz 4 UStG), ist sie den Anschaffungskosten hinzuzurechnen.

	Anschaffungspreis (vertragliches Hauptentgelt, Nettorechnungspreis – ohne abzugsfähige Vorsteuer)
–	**Anschaffungspreisminderungen** (z.B. Rabatte, Skonti, Boni)
+	**Anschaffungsnebenkosten** (z.B. Verpackungs- und Transportkosten, Maklerprovision, Grunderwerbsteuer)
+	**Aufwendungen zur Versetzung in Betriebsbereitschaft** (z.B. Fundamentierung, Montage, Probeläufe)
–	**Übertragung steuerfreier Rücklagen** (z.B. Rücklage nach § 6b EStG, Rücklage nach R 6.6 EStR)
–	**gewährte Investitionszuschüsse** (Wahlrecht)
=	**Anschaffungskosten**

Tabelle B.11: Anschaffungskosten

Anschaffungsnebenkosten sind u.a.

- Beurkundungskosten für den der Anschaffung zugrundeliegenden Vertragsabschluss (BFH-Urteil vom 13.10.1983, BStBl II 1984, S. 101),
- Reisekosten zur Besichtigung und zum Erwerb des Wirtschaftsgutes (BFH-Urteil vom 10.03.1981, BStBl II 1981, S. 470),
- Gutachterkosten im Zusammenhang mit dem erworbenen Wirtschaftsgut, wenn sie nach einer grundsätzlich gefassten Erwerbsentscheidung entstehen und die Erstellung des Gutachtens nicht lediglich eine Maßnahme zur Vorbereitung einer noch unbestimmten, erst später zu treffenden Erwerbsentscheidung darstellt (BFH-Urteil vom 27.03.2007, BStBl II 2010, S. 159),
- Vermittlungsprovisionen, die den Erwerbsvorgang betreffen (BFH-Urteil vom 13.10.1983, BStBl II 1984, S. 101),
- Steuern, die durch den Erwerbsvorgang ausgelöst werden und den Erwerber unmittelbar treffen (BFH-Urteil vom 15.07.1966, BStBl III 1966, S. 643, zur damaligen Börsenumsatzsteuer; BFH-Urteil vom 14.01.1992, BStBl II 1992, S. 464, zur Grunderwerbsteuer),
- Transportkosten, soweit sie zum Erwerbsvorgang gehören (BFH-Urteil vom 14.11.1985, BStBl II 1986, S. 60).

Zu den **Kosten der Betriebsbereitschaft** gehören beispielsweise

- Kosten für die technische Umrüstung (BFH-Urteil vom 14.11.1985, BStBl II 1986, S. 60; a.A. FG München, Urteil vom 10.05.2006, EFG 2006, S. 1238, rkr, zur Lackierung und Beschriftung neu angeschaffter Firmenfahrzeuge, uE unzutreffend),
- die Montagekosten (RFH-Urteil vom 14.04.1931, RStBl 1931, S. 504), Kosten für Fundamentierung, Fußbodenverstärkung oder Probeläufe.

Anschaffungspreisminderungen können durch Preisnachlässe verschiedener Art hervorgerufen werden: Nachträgliche (Mengen-, Großhandels- oder Treue-) **Rabatte** (BFH-Urteil vom 16.08.1962, BStBl III 1962, S. 518) mindern die Anschaffungskosten ebenso wie **Boni**, Treueprämien, Umsatzprämien oder Umsatzvergütungen (BFH-Urteil vom 07.11.1957, BStBl III 1958, S. 65, a.A. Meyering, StuW 2009, S. 42, 47). Der Einbehalt von **Skonto** mindert die Anschaffungskosten erst im Zeitpunkt der tatsächlichen Inanspruchnahme (BFH-Urteil vom 27.02.1991, BStBl II 1991, S. 456; H 6.2 „Skonto“ EStH). Auch von dritter Seite, z.B. vom Vermittler, gezahlte Beträge, die keine besonderen, über die Anschaffung hinausgehenden Leistungen abdecken sollen, mindern die Anschaffungskosten (BFH-Urteil vom 16.03.2004, BStBl II 2004, S. 1046).

Neben Preisnachlässen führt auch die **Übertragung steuerfreier Rücklagen** zur Minderung der Anschaffungskosten (BFH-Urteil vom 11.04.1989, BStBl II 1989, S. 697). Hinsichtlich gewährter **Investitionszuschüsse** besteht ein Wahlrecht: Die Zuschüsse können gewinnerhöhend (bei ungeminderten Anschaffungskosten) oder anschaffungskostenmindernd (ohne Gewinnauswirkung) angesetzt werden (BFH-Urteil vom 19.07.1995, BStBl II 1996, S. 28, R 6.5 Abs. 2 EStR).

Aus der Forderung, dass die Aufwendungen dem Wirtschaftsgut einzeln zuordenbar sein müssen, folgt, dass **Gemeinkosten** nicht zu den Anschaffungskosten gehören (BFH-Urteil vom 13.04.1988, BStBl II 1988, S. 892).

Die Ebenen Güterbeschaffung und Geldbeschaffung werden grundsätzlich voneinander getrennt. Fremdkapitalkosten gehören demnach nicht zu den Anschaffungskosten der mit dem Fremdmitteleinsatz erworbenen Wirtschaftsgüter, sondern zu den sofort abzugsfähigen Betriebsausgaben (BFH-Urteil vom 13.10.1983, BStBl II 1984, S. 101).

Beim **Ratenkauf** ist die Verbindlichkeit gemäß § 6 Abs. 1 Nr. 3 EStG bei einer Laufzeit von mindestens 12 Monaten mit einem Zinssatz von 5,5 % abzuzinsen. Entsprechend sind dann auch die Anschaffungskosten nur mit dem abgezinsten Betrag anzusetzen (*S. Viskorf*, DB 2006, S. 1231). Bei einem Erwerb gegen Übernahme einer **Rentenverpflichtung** entspricht der Rentenbarwert den Anschaffungskosten (BFH-Urteil vom 30.07.2003, BStBl II 2004, S. 211).

Herstellungskosten (§ 255 Abs. 2, 2a, 3 HGB, R 6.3 EStR, H 6.3 EStH)

Handelsrechtlich werden Herstellungskosten definiert als Aufwendungen, die durch den Verbrauch von Gütern und die Inanspruchnahme von Diensten für die Herstellung eines Vermögensgegenstandes, seine Erweiterung oder für eine über seinen ursprünglichen Zustand hinausgehende wesentliche Verbesserung entstehen (§ 255 Abs. 2 Satz 1 HGB). Diese Begriffsdefinition ist auch steuerlich zugrunde zu legen (BFH-Beschluss vom 04.07.1990, GrS, BStBl II 1990, S. 830; BFH-Urteil vom 17.10.2001, BStBl II 2002, S. 349).

Handelsrechtlich sind mindestens die Fertigungseinzelkosten, die Materialeinzelkosten und die Sondereinzelkosten der Fertigung in die Herstellungskosten einzubeziehen. Für Geschäftsjahre, die nach dem 31.12.2009 beginnen, müssen auch angemessene Teile der Materialgemeinkosten, der Fertigungsgemeinkosten und des Werteverzehrs des Anlagevermögens, soweit dieser durch die Fertigung veranlasst ist, einbezogen werden (§ 255 Abs. 2 Sätze 1, 2 HGB i.d.F. des Bilanzrechtsmodernisierungsgesetzes, BGBl I 2009, S. 1102, vorher: Wahlrecht).

Nach § 255 Abs. 2 Satz 3 HGB können auch die **Kosten der allgemeinen Verwaltung** sowie angemessene Aufwendungen für soziale Einrichtungen des Betriebs, für freiwillige soziale Leistungen und für die betriebliche Altersversorgung in die handelsrechtlichen Herstellungskosten einbezogen werden, soweit sie auf den Zeitraum der Herstellung entfallen. Gleiches gilt für **Zinsen für Fremdkapital**, das zur Finanzierung der Herstellung verwendet wird, soweit die Zinsen auf den Zeitraum der Herstellung entfallen (Wahlrecht, § 255 Abs. 3 HGB). Zu denken ist insbesondere an die langfristige Auftragsfertigung (z.B. Schiffsproduktion, Großanlagenbau). Sind die Herstellungskosten in diesem Fall von dem Produzenten vorzufinanzieren, kann er die bis zum Ende der Herstellung entstehenden Zinsen bei den Herstellungskosten ansetzen (sog. **Bauzeitzinsen**).

Über den Grundsatz der Maßgeblichkeit (§ 5 Abs. 1 Satz 1 EStG) entfaltet die handelsrechtliche Ausübung des Wahlrechtes auch Wirkung für die steuerliche Gewinnermittlung. Sind Fremdkapitalzinsen in die handelsrechtlichen Herstellungskosten einbezogen worden, sind sie auch in der Steuerbilanz als Herstellungskosten anzusetzen (Tz. 6 des BMF-Schreibens vom 12.03.2010, BStBl I 2010, S. 239). Etwas anderes soll nach Tz. 8 des genannten BMF-Schreibens für Kosten der allgemeinen Verwaltung, angemessene Aufwendungen für soziale Einrichtungen des Betriebs, für freiwillige soziale Leistungen und für die betriebliche Altersversorgung gelten. Für diese besteht zwar nach § 255 Abs. 2 Satz 3 HGB handelsrechtlich ebenfalls ein Einbeziehungswahlrecht. Nach Meinung der Finanzverwaltung besteht für diese Aufwendungen aber ein steuerliches Einbeziehungsgebot, da nach § 6 Abs. 1 Nr. 2 EStG die Herstellungskosten anzusetzen sind (zwingende steuerliche Vorschrift), und damit alle Kosten gemeint sein sollen, die ihrer Art nach Herstellungskosten sind. Dazu sollen auch die Kosten der allgemeinen Verwaltung, angemessene Aufwendungen für soziale Einrichtungen des Betriebs, für freiwillige soziale Leistungen und für die betriebliche Altersversorgung zählen.

Forschungs- und Vertriebskosten dürfen weder bei den handelsrechtlichen noch bei den steuerlichen Herstellungskosten angesetzt werden (§ 255 Abs. 2 Satz 4 HGB, R 33 Abs. 5 Satz 3 EStR). Während Forschungskosten nicht in die Herstellungskosten einbezogen werden dürfen, sind die bei der **Entwicklung** von selbst geschaffenen immateriellen Vermögensgegenständen des Anlagevermögens anfallenden Aufwendungen als Herstellungskosten anzusetzen (§ 255 Abs. 2a Satz 1 HGB). Offenbar kommt der Abgrenzung der Forschungsphase von der Entwicklungsphase entscheidende Bedeutung zu:

- **Forschung** ist die eigenständige und planmäßige Suche nach neuen wissenschaftlichen oder technischen Erkenntnissen oder Erfahrungen allgemeiner Art, über deren technische Verwertbarkeit und wirtschaftliche Erfolgsaussichten grundsätzlich keine Aussagen gemacht werden können (§ 255 Abs. 2a Satz 3 HGB). Gemeint ist somit die tendenziell **produktferne Grundlagenforschung**.
- **Entwicklung** hingegen ist die Anwendung von Forschungsergebnissen oder von anderem Wissen für die Neuentwicklung oder Weiterentwicklung von Gütern oder Verfahren mittels wesentlicher Änderungen (§ 255 Abs. 2a Satz 2 HGB). Hierunter fallen offenbar **produktnahe, anwendungsorientierte F+E-Tätigkeiten**.

Können Forschung und Entwicklung nicht verlässlich voneinander unterschieden werden, ist eine Aktivierung als Herstellungskosten ausgeschlossen (§ 255 Abs. 2a Satz 4 HGB).

Zusammenfassend ergeben sich somit nach Auffassung der Finanzverwaltung folgende Wertunter- und -obergrenzen für die Handels- und Steuerbilanz:

	Materialeinzelkosten
+	Fertigungseinzelkosten
+	Sondereinzelkosten der Fertigung
+	Materialgemeinkosten
+	Fertigungsgemeinkosten
+	Werteverzehr des Anlagevermögens
=	**Untergrenze** der **handelsrechtlichen** Herstellungskosten
+	Kosten der allgemeinen Verwaltung
+	Aufwendungen für soziale Einrichtungen des Betriebs, für freiwillige soziale Leistungen und für betriebliche Altersversorgung
=	**Untergrenze** der **steuerlichen** Herstellungskosten
+	Zinsen, die auf die Herstellung entfallen
=	**Obergrenze** der **handelsrechtlichen** und **steuerlichen** Herstellungskosten

Tabelle B.12: Untergrenze und Obergrenze für Herstellungskosten

Zu den Herstellungskosten zählen gemäß § 255 Abs. 2 Satz 1 HGB nicht nur Aufwendungen für die **(Neu-) Herstellung** eines Vermögensgegenstandes, sondern auch Aufwendungen für seine

- **Erweiterung** oder
- über den ursprünglichen Zustand hinausgehende **wesentliche Verbesserung**.

Zu den Begriffen der Erweiterung und der wesentlichen Verbesserung hat das BMF für den Fall der Gebäudesanierung mit Schreiben vom 18.07.2003 (BStBl I 2003, S. 386) in Anlehnung an die BFH-Urteile vom 12.09.2001 (BStBl II 2003, S. 569, 574) Stellung genommen.

Danach liegt eine **Erweiterung** eines Gebäudes in den folgenden Fällen vor (Tz. 19 ff. des BMF-Schreibens vom 18.07.2003):

- **Aufstockung** oder **Anbau,**
- **Vergrößerung der nutzbaren Fläche**, z.B. Einbau einer bisher nicht vorhandenen Dachgaube, eines Balkons oder Schaffung eines ausbaufähigen Dachraums,
- **Vermehrung der Substanz**, z.B. Einsetzen von zusätzlichen Trennwänden, Errichtung einer Außentreppe, Einbau einer Alarmanlage.

Keine Substanzvermehrung und damit keine (nachträglichen) Herstellungskosten liegen hingegen vor, wenn nur alte Teile ersetzt werden, z.B.

- Umstellung einer Heizungsanlage von Einzelöfen auf eine Zentralheizung,
- Vergrößern eines bereits vorhandenen Fensters,
- Versetzen von Wänden.

Eine über den ursprünglichen Zustand hinausgehende **wesentliche Verbesserung** liegt vor, wenn die Maßnahmen über eine substanzerhaltende Erneuerung hinausgehen, den Gebrauchswert des Gebäudes deutlich erhöhen und damit für die Zukunft eine erweiterte Nutzungsmöglichkeit geschaffen wird.

Für den konkreten Fall einer Wohngebäudemodernisierung hat das BMF in Anlehnung an die BFH-Rechtsprechung Kriterien formuliert, die die Handhabung des unbestimmten Begriffs der Gebrauchswerterhöhung erleichtern (Tz. 9 ff. des BMF-Schreibens vom 18.07.2003). Danach wird der Gebrauchswert eines Wohngebäudes insbesondere durch die Modernisierung derjenigen Einrichtungen erhöht, die ihn maßgeblich bestimmen. Dies sind vor allem die Heizungs-, Sanitär- und Elektroinstallationen sowie die Fenster. Immer dann, wenn ein Wohngebäude bei mindestens drei von vier dieser zentralen Ausstattungsmerkmale von einem sehr einfachen auf einen mittleren oder von einem mittleren auf einen sehr anspruchsvollen Standard gehoben wird, liegen nachträgliche Herstellungskosten vor.

Beispiel B.43:

In ein Gebäude wird im bisher als Keller genutzten Untergeschoss ein Badezimmer eingebaut. Zusätzlich werden einfach verglaste Fenster durch doppelt verglaste Fenster ersetzt und es werden dreiphasige anstelle der bisherigen zweiphasigen Elektroleitungen eingebaut.

Die Kosten für den Einbau des Badezimmers sind Herstellungskosten, da es sich um eine **Erweiterung** handelt.

Die Kosten für die Fenster und die Elektroinstallation sind ebenfalls Herstellungskosten, da eine **wesentliche Verbesserung** vorliegt (bei drei von vier Ausstattungsmerkmalen, d.h. bei Sanitär, Elektro und Fenstern, kommt es zu einer Standardhebung).

Schließlich sei auf zwei Regelungen hingewiesen, die im Rahmen der Ausführungen zu den Anschaffungskosten erläutert wurden und in der dort dargestellten Weise auch bei der Ermittlung der Herstellungskosten anzuwenden sind. Es handelt sich dabei um die Vorschrift des § 9b EStG zum umsatzsteuerrechtlichen Vorsteuerabzug sowie das Wahlrecht, Zuschüsse entweder anschaffungs-/herstellungskostenmindernd oder sofort gewinnerhöhend anzusetzen.

Anschaffungsnahe Herstellungskosten (§ 6 Abs. 1 Nr. 1a EStG)

Eine Erweiterung des handelsrechtlichen Herstellungskostenbegriffes enthält der mit Wirkung zum 01.01.2004 eingefügte § 6 Abs. 1 Nr. 1a EStG. Danach zählen zu den steuerlichen Herstellungskosten auch die sog. anschaffungsnahen Herstellungskosten.

Aufwendungen für die Instandsetzung und Modernisierung eines Gebäudes, die im Anschluss an den Erwerb aufgewendet werden, sind Anschaffungskosten, wenn sie dazu dienen, das Gebäude in einen betriebsbereiten Zustand zu versetzen (§ 255 Abs. 1 HGB). Wird ein Gebäude im Zeitpunkt des Erwerbs aber bereits genutzt (z.B. durch Vermietung), so ist das Gebäude bereits betriebsbereit. Eine Aktivierung als Anschaffungskosten scheidet demnach aus. In Betracht kommt zudem eine Aktivierung als Herstellungskosten, allerdings nur dann, wenn es durch die Instandsetzungs- oder Modernisierungsarbeiten zu einer wesentlichen Verbesserung im Sinne des § 255 Abs. 2 Satz 1 HGB kommt. Ansonsten stellen die Aufwendungen für Instandsetzung oder Modernisierung handelsrechtlich sofort abziehbaren Aufwand dar.

Die handelsrechtliche Rechtslage führt allerdings zu einer Ungleichbehandlung zweier wirtschaftlich eigentlich vergleichbarer Sachverhalte:

- Erwirbt ein Kaufmann ein Gebäude und saniert es nach Erwerb selbst, so stellen die Kosten der Instandsetzung und Modernisierung sofort abziehbaren Aufwand dar.
- Erwirbt der Kaufmann hingegen ein noch vom Verkäufer saniertes Gebäude für einen entsprechend höheren Kaufpreis, so ist der gesamte Kaufpreis als Anschaffungskosten zu aktivieren und wird nur über Abschreibungen zu Aufwand.

Aus steuerlicher Sicht wäre offenbar die erste Alternative vorzuziehen, da die Kosten der Instandsetzung und Modernisierung sofort einkommensmindernd geltend gemacht werden könnten. Um ein solches Ergebnis zu vermeiden, bestimmt § 6 Abs. 1 Nr. 1a EStG, dass Aufwendungen für Instandsetzungs- oder Modernisierungsarbeiten, die **innerhalb von drei Jahren** nach der Anschaffung eines Gebäudes durchgeführt werden, noch zu den Herstellungskosten zählen, wenn die Aufwendungen (ohne Umsatzsteuer) **15 % der Anschaffungskosten des Gebäudes übersteigen**.

Beispiel B.44:

A erwirbt am 15.02.01 ein Wohngebäude zum Preis von 300.000 €. Bis zum 31.12.02 werden Instandsetzungskosten von 50.000 € für eine Sanierung des Objektes aufgewendet, die nicht zu einer wesentlichen Verbesserung im Sinne des § 255 Abs. 2 HGB führen.

Handelsrechtlich belaufen sich die Anschaffungskosten des Gebäudes auf 300.000 €. Die Instandsetzungsaufwendungen von 50.000 € sind sofort abziehbarer Aufwand.

Steuerlich stellen die Instandsetzungskosten von 50.000 € hingegen anschaffungsnahe

Herstellungskosten im Sinne von § 6 Abs. 1 Nr. 1a EStG dar, da die Arbeiten innerhalb von drei Jahren nach Erwerb durchgeführt werden und die Kosten 15 % der Anschaffungskosten übersteigen. Das Gebäude ist somit mit 350.000 € zu aktivieren.

Teilwert (§ 6 Abs. 1 Nr. 1 Satz 3 EStG, § 10 BewG)

Nach § 6 Abs. 1 Nr. 1 Satz 3 EStG ist der Teilwert der Betrag, den ein Erwerber des ganzen Betriebes im Rahmen des Gesamtkaufpreises für das einzelne Wirtschaftsgut ansetzen würde; dabei ist davon auszugehen, dass der Erwerber den Betrieb fortführt. Diese Definition ist deckungsgleich mit der Begriffsbestimmung in § 10 Sätze 2, 3 BewG.

Der Teilwert entspricht i.d.R. dem Marktwert. Es sind jedoch Fälle denkbar, in denen sich Teilwert und Marktwert erheblich unterscheiden. Zu denken ist beispielsweise an eine Spezialmaschine, die genau auf das Produktionsprogramm eines bestimmten Industrieunternehmens zugeschnitten ist. Da diese Maschine von anderen Unternehmen nicht einsetzbar ist, wird am Markt nur ein sehr geringer Preis zu erzielen sein, der sich im Extremfall am Schrottwert orientieren könnte. Für einen gedachten Erwerber des ganzen Unternehmens, der das Unternehmen fortzuführen beabsichtigt, verfügt die Maschine dagegen über einen Wert, der den Schrottwert erheblich übersteigt.

Die Ermittlung des Teilwertes anhand der gesetzlichen Definition hat sich als sehr unpraktikabel erwiesen. Aus diesem Grund hat die Rechtsprechung in einer Vielzahl von Entscheidungen versucht, den Teilwertbegriff durch Aufstellen von Teilwertvermutungen zu operationalisieren (vgl. *D. Schneeloch* (2008), S. 254), die von der Finanzverwaltung im Wesentlichen übernommen wurden (H 6.7 „Teilwertvermutungen" EStH). Danach sind folgende Teilwertvermutungen zu beachten:

- Im Zeitpunkt des Erwerbs oder der Fertigstellung eines Wirtschaftsgutes entspricht der Teilwert den Anschaffungs- oder Herstellungskosten (BFH-Urteil vom 13.04.1988, BStBl II 1988, S. 892).
- Zu späteren, dem Zeitpunkt der Anschaffung oder Herstellung nachfolgenden Bewertungsstichtagen ist zu differenzieren:
  - Bei nicht abnutzbaren Wirtschaftsgütern des Anlagevermögens entspricht der Teilwert unverändert den Anschaffungs- oder Herstellungskosten (BFH-Urteil vom 21.07.1982, BStBl II 1982, S. 758).
  - Bei abnutzbaren Wirtschaftsgütern des Anlagevermögens entspricht der Teilwert den um die lineare AfA verminderten Anschaffungs- oder Herstellungskosten (BFH-Urteil vom 30.11.1988, BStBl II 1989, S. 183).
- Bei Wirtschaftsgütern des Umlaufvermögens entspricht der Teilwert grundsätzlich den Wiederbeschaffungskosten.

Die Teilwertvermutungen können widerlegt werden, wobei der Steuerpflichtige den entsprechenden Nachweis zu erbringen hat. Als mögliche Gründe für die Entkräftung der Teilwertvermutungen kommen in Betracht (vgl. *H. Weber-Grellet* (1996), § 19, Rz. 11):

- bei Waren oder Erzeugnissen ein Sinken der voraussichtlichen Verkaufserlöse unter die Wiederbeschaffungskosten oder Selbstkosten (BFH-Urteil vom 27.10.1983, BStBl II 1984, S. 35),
- Wertminderungen durch Mängel, Lagerschäden, Überalterung; Ausfallgefahr bei Forderungen,

- Fehlmaßnahmen, z.B. Erwerb von Maschinen, die sich in einer kurz danach beginnenden Rezession als überdimensioniert erweisen, oder neue gesetzliche Regelungen, die das Wirtschaftsgut nutzlos machen (BFH-Urteile vom 17.09.1987, BStBl II 1987, S. 488; vom 30.11.1988, BStBl II 1990, S. 117).

Kann die Teilwertvermutung widerlegt werden, so ist der Teilwert zu schätzen. Im Rahmen der Teilwertschätzung

- ist bei Wirtschaftsgütern des Anlagevermögens der Einzelveräußerungspreis als untere Grenze anzusehen (BFH-Urteil vom 30.01.1980, BStBl II 1980, S. 327).
- bilden die gewöhnlichen Wiederbeschaffungskosten die obere Grenze (BFH-Urteil vom 13.12.1979, BStBl II 1980, S. 346).

Bei entbehrlichen Wirtschaftsgütern wird sich der Teilwert am Einzelveräußerungspreis orientieren, da an einer Wiederbeschaffung kein Interesse besteht. Für Wirtschaftsgüter, die für die Betriebsfortführung notwendig sind, wird sich der Teilwert hingegen eher am Wiederbeschaffungspreis orientieren.

Der Teilwert von zum Absatz bestimmten Waren liegt um die Gewinnspanne unterhalb des Einzelveräußerungspreises, da ein gedachter Erwerber des Unternehmens die Gewinnspanne für sich selbst einkalkulieren würde. Der Teilwert von Waren kann bei gesunkenen Verkaufspreisen retrograd ermittelt werden (BMF-Schreiben vom 25.02.2000, BStBl I 2000, S. 372, R 6.8 EStR).

Gemeiner Wert (§ 9 BewG)

Nach § 9 Abs. 2 BewG entspricht der gemeine Wert dem Preis, der im gewöhnlichen Geschäftsverkehr nach der Beschaffenheit des Wirtschaftsgutes bei einer Veräußerung zu erzielen wäre. Dabei sind alle Umstände, die den Preis beeinflussen, zu berücksichtigen. Ungewöhnliche oder persönliche Verhältnisse sind nicht zu berücksichtigen.

Der gemeine Wert ist anzusetzen, wenn

- das EStG keine Regelung enthält und somit die allgemeine Vorschrift in § 9 Abs. 1 BewG greift oder
- das EStG ausdrücklich eine Bewertung mit dem gemeinen Wert vorschreibt.

Im Falle einer Betriebsaufgabe sind diejenigen Wirtschaftsgüter, die nicht veräußert, sondern ins Privatvermögen übernommen werden, mit dem gemeinen Wert im Zeitpunkt der Aufgabe anzusetzen (§ 16 Abs. 3 Satz 7 EStG).

Beim Tausch von Wirtschaftsgütern ist der gemeine Wert der hingegebenen Wirtschaftsgüter als Anschaffungskosten für die empfangenen Wirtschaftsgüter anzusetzen (§ 6 Abs. 6 Satz 1 EStG).

Werden einzelne Wirtschaftsgüter aus einem Betriebsvermögen unentgeltlich erworben, so ist für diese der gemeine Wert als Anschaffungskosten anzusetzen (§ 6 Abs. 4 EStG).

Der gemeine Wert unterscheidet sich vom Teilwert im Wesentlichen wie folgt (vgl. *E. Kulosa* in L. Schmidt (2010), § 6, Rz. 235):

- Der gemeine Wert berücksichtigt im Gegensatz zum Teilwert nicht den wertbeeinflussenden Faktor der Betriebszugehörigkeit eines Wirtschaftsgutes.

- Der Teilwert von Waren liegt um die Gewinnspanne unter dem gemeinen Wert, da der gedachte Erwerber des gesamten Unternehmens die Gewinnspanne für sich selbst beanspruchen wird.
- Beim Teilwert können auch ungewöhnliche Verhältnisse berücksichtigt werden (BFH-Urteil vom 05.11.1981, BStBl II 1982, S. 258).

Fiktive Anschaffungskosten (§ 6 Abs. 3 EStG, § 11d EStDV)

Der Bewertungsmaßstab der fiktiven Anschaffungskosten findet im Bereich des unentgeltlichen Erwerbs seine Anwendung. Unter Bewertung mit fiktiven Anschaffungskosten ist die Übernahme der Werte des Rechtsvorgängers zu verstehen.

§ 6 Abs. 3 EStG konstituiert für die unentgeltliche Übertragung eines Betriebs, Teilbetriebs oder Mitunternehmeranteils durch Schenkung oder Erbschaft die „**Fußstapfentheorie**“, wonach der Rechtsnachfolger an die Buchwerte des Vorgängers gebunden ist.

Ebenfalls im Sinne der Fußstapfentheorie regelt § 11d Abs. 1 Satz 1 EStDV, dass bei einer unentgeltlichen Übertragung von nicht zu einem Betriebsvermögen gehörenden Wirtschaftsgütern (z.B. einem Gebäude bei den Einkünften aus Vermietung und Verpachtung) der Rechtsnachfolger die Absetzungen für Abnutzung nach den Anschaffungs- bzw. Herstellungskosten des Vorgängers zu bemessen hat.

5.2.3.5.2 Bewertung des Anlagevermögens

Der Begriff des Anlagevermögens ist im Steuerrecht nicht definiert. Die Begriffsdefinition und die Abgrenzung des Anlagevermögens vom Umlaufvermögen muss sich daher an den handelsrechtlichen Vorschriften orientieren (BFH-Urteile vom 13.12.2006, BStBl II 2008, S. 137; vom 10.08.2005, BStBl II 2006, S. 58). Danach gehören die Vermögensgegenstände (bzw. Wirtschaftsgüter) zum Anlagevermögen, die dazu bestimmt sind, dem Betrieb auf Dauer zu dienen (§ 247 Abs. 2 HGB), d.h. die zum Gebrauch bestimmt sind (BFH-Urteil vom 11.04.1986, BStBl II 1986, S. 551). Die Zugehörigkeit eines Wirtschaftsgutes zum Anlagevermögen wird somit aus seiner Zweckbestimmung abgeleitet. Diese hängt zwar subjektiv vom Willen des Steuerpflichtigen ab, muss jedoch anhand objektiver Merkmale nachvollziehbar sein (BFH-Urteil vom 25.10.2001, BStBl II 2002, S. 289). Das Anlagevermögen gliedert sich in Immaterielle Vermögensgegenstände, Sachanlagen und Finanzanlagen (vgl. Gliederung in § 266 Abs. 2 A. HGB; R 6.1 EStR).

Hinsichtlich der Bewertung des Anlagevermögens ist zu unterscheiden zwischen abnutzbarem Anlagevermögen und nicht abnutzbarem Anlagevermögen.

Wirtschaftsgüter des Anlagevermögenssind abnutzbar, wenn ihre Nutzung zeitlich begrenzt ist, jedoch über den Bilanzstichtag des Jahres ihrer Anschaffung bzw. Herstellung hinausgeht. Dabei kann sich die zeitliche Begrenzung sowohl durch Abnutzung (i.d.R. bei Sachanlagen, z.B. Gebäuden, Maschinen, Kraftfahrzeugen) als auch durch Zeitablauf (i.d.R. bei immateriellen Wirtschaftsgütern, z.B. zeitlich begrenzten Nutzungsrechten und be-fristeten Wettbewerbsverboten) ergeben.

Wirtschaftsgüter des Anlagevermögenssind nicht abnutzbar, wenn ihre Nutzung zeitlich nicht begrenzt ist. Hierzu gehören insbesondere Grund und Boden, Beteiligungen und andere Finanzanlagen.

Bewertung von abnutzbaren Wirtschaftsgütern des Anlagevermögens

Abnutzbare Wirtschaftsgüter des Anlagevermögens sind handelsrechtlich (§ 253 Abs. 1, 3, 5 HGB) und steuerlich (§ 6 Abs. 1 Nr. 1 EStG) mit den Anschaffungs- oder Herstellungskosten vermindert um die planmäßigen und außerplanmäßigen Abschreibungen anzusetzen. Steuerlich kommen neben den planmäßigen Abschreibungen gegebenenfalls noch erhöhte Absetzungen nach §§ 7h, 7i EStG, Sonderabschreibungen nach § 7g EStG so-wie Abzüge nach § 6b EStG und ähnliche Abzüge in Betracht.

Beispiel B.45:

Der gewerbliche Einzelunternehmer A, der seinen Gewinn nach § 5 EStG ermittelt, erwirbt zu Beginn des Jahres 01 eine Maschine mit einer betriebsgewöhnlichen Nutzungsdauer von 10 Jahren für 10.000 €. Die Maschine soll linear abgeschrieben werden.

Die Maschine ist zum 31.12.01 mit 9.000 €, zum 31.12.02 mit 8.000 €, zum 31.12.03 mit 7.000 € usw. zu bewerten. Zum 31.12.10 ist die Maschine vollständig abgeschrieben.

Bewertung von nicht abnutzbaren Wirtschaftsgütern des Anlagevermögens

Nicht abnutzbare Wirtschaftsgüter des Anlagevermögens sind handelsrechtlich (§ 253 Abs. 1, 3, 5 HGB) und steuerlich (§ 6 Abs. 1 Nr. 2 EStG) mit den Anschaffungs- oder Herstellungskosten, vermindert um die außerplanmäßigen Abschreibungen anzusetzen. Planmäßige Abschreibungen sind bei nicht abnutzbaren Wirtschaftsgütern nicht vorzunehmen. Gegebenenfalls kommen allerdings noch Abzüge nach § 6b EStG und ähnliche Abzüge in Betracht.

5.2.3.5.3 Bewertung des Umlaufvermögens

Der Begriff des Umlaufvermögens kann nur durch die Negativabgrenzung zum Begriff des Anlagevermögens bestimmt werden; beide Vermögensarten schließen einander aus und zwischen ihnen gibt es keine dritte Vermögensart (BFH-Urteil vom 13.01.1972, BStBl II 1972, S. 744). Zum Umlaufvermögen gehören somit die Wirtschaftsgüter, die nicht dazu bestimmt sind, dauernd dem Geschäftsbetrieb zu dienen. Dabei handelt es sich im Wesentlichen um die Wirtschaftsgüter, die zum Verbrauch oder zur sofortigen Veräußerung bestimmt sind (BFH-Urteil vom 13.12.2006, BStBl II 2008, S. 137). § 266 Abs. 2 B. HGB differenziert hinsichtlich des Umlaufvermögens zwischen Vorräten, Forderungen und sonstigen Vermögensgegenständen, Wertpapieren sowie Kassenbestand, Bankguthaben u.ä.

Sollen Wirtschaftsgüter des Anlagevermögens verkauft werden, kann eine Umwidmung ins Umlaufvermögen notwendig sein. Der bloße Veräußerungsentschluss reicht hierfür jedoch nicht aus, erforderlich ist das aktive, nach außen objektiv hervor tretende Schaffen von Veräußerungsmöglichkeiten (BFH-Urteil vom 25.10.2001, BStBl II 2002, S. 289).

Wirtschaftsgüter des Umlaufvermögens sind handelsrechtlich (§ 253 Abs. 1, 4 HGB) und steuerlich (§ 6 Abs. 1 Nr. 2 EStG) mit den Anschaffungs- und Herstellungskosten, vermindert um die außerplanmäßigen Abschreibungen anzusetzen. Steuerlich kommen zudem noch gegebenenfalls die Abzüge nach § 6b EStG und ähnliche Abzüge in Betracht.

5.2.3.5.4 Verbindlichkeiten

Handelsrechtlich sind Verbindlichkeiten gemäß § 253 Abs. 1 Satz 2 HGB mit ihrem Erfüllungsbetrag anzusetzen. Dies ist in der Regel der Nennwert (Rückzahlungsbetrag). Verbindlichkeiten, die eine Sach- oder Dienstleistungsverpflichtungen zum Gegenstand haben, sind mit dem Geldwert der Aufwendungen zu bewerten, die zur Bewirkung der Sachleistung oder Dienstleistung erforderlich sind (BFH-Urteil vom 19.07.1983, BStBl II 1984, S. 56). Die durch das Bilanzrechtsmodernisierungsgesetz (BGBl I 2009, S. 1102) mit Wirkung für Wirtschaftsjahre, die nach dem 31.12.2009 beginnen, eingeführte Formulierung „Erfüllungsbetrag" statt „Rückzahlungsbetrag" weist dabei darauf hin, dass die Preis- und Kostenverhältnisse zum voraussichtlichen Anfall maßgebend sind. Die Bewertung von Sach- und Dienstleistungsverpflichtungen ist damit zukunftsorientiert; künftige Preis- und Kostensteigerungen sind bei der Bewertung zu berücksichtigen.

In der **Steuerbilanz** sind Verbindlichkeiten nach § 6 Abs. 1 Nr. 3 EStG unter sinngemäßer Anwendung der Vorschriften des § 6 Abs. 1 Nr. 2 EStG anzusetzen und mit einem Zinssatz von 5,5 % abzuzinsen.

Unter sinngemäßer Anwendung von § 6 Abs. 1 Nr. 2 EStG ist zu verstehen, dass Verbindlichkeiten grundsätzlich mit ihren „Anschaffungskosten" anzusetzen sind. Als Anschaffungskosten einer Verbindlichkeit gilt dabei der Erfüllungsbetrag im Sinne des § 253 Abs. 1 Satz 2 HGB, d.h. in der Regel der Nennwert (Rückzahlungsbetrag) der Verbindlichkeit (BFH-Urteil vom 15.07.1998, BStBl 1998 II, S. 728). Insoweit ergibt sich somit kein Unterschied zum Handelsrecht.

Seit 1999 sind Verbindlichkeiten mit einem Zinssatz von 5,5 % abzuzinsen (§ 6 Abs. 1 Nr. 3 Satz 1 EStG, vgl. *M. Groh*, DB 2007, S. 2275). Von diesem Abzinsungsgebot ausgenommen sind jedoch nach § 6 Abs. 1 Nr. 3 Satz 2 EStG

- Verbindlichkeiten, deren Laufzeit am Bilanzstichtag weniger als 12 Monate beträgt,
- Verbindlichkeiten, die verzinslich sind, und
- Verbindlichkeiten, die auf einer Anzahlung oder Vorausleistung beruhen.

Nach dem BMF-Schreiben vom 23.08.1999 (BStBl I 1999, S. 818) liegt eine verzinsliche Verbindlichkeit vor, wenn ein Zinssatz von mehr als 0 % vereinbart ist. (Bei Zinssätzen nahe 0 % ist eine missbräuchliche Gestaltung im Sinne von § 42 AO zu prüfen.) Wird zwischen den Parteien zwar keine Verzinsung im vorstehenden Sinne, jedoch eine Darlehensgewährung unter bewertbaren Auflagen vereinbart, so können diese Auflagen wirtschaftlich als Verzinsung angesehen werden mit der Folge, dass eine Abzinsung der Verbindlichkeit nicht vorzunehmen ist. Generell sind Verbindlichkeiten trotz formaler Unverzinslichkeit als verzinslich zu betrachten, wenn die Darlehensgewährung für den Darlehensgeber zwar nicht mit unmittelbar finanziellen, jedoch mit anderen wirtschaftlichen Vorteilen verbunden ist. Da Darlehen in den meisten Fällen verzinslich sind oder als verzinslich gelten, wird bei diesen eine Abzinsung regelmäßig nicht erfolgen.

Beispiel B.46:

Der Gewerbetreibende X, der seinen Gewinn nach § 5 EStG ermittelt, nimmt zum 31.12.01 ein Darlehen über 100.000 US-$ auf. Das Darlehen soll am 31.12.04 zurückgezahlt werden. Der Kurs beträgt am 31.12.01 1,10 €/$. Bis zum 31.12.02 steigt der Kurs auf 1,15 €/$ (voraussichtlich andauernder Kursanstieg). Bis zum 31.12.03 sinkt der Kurs auf 1,08 €/$ und verbleibt auf diesem Wert bis zum 31.12.04.

Darlehensgeber ist

a) eine amerikanische Bank. Das Darlehen ist verzinslich.

b) ein amerikanischer Geschäftsfreund. Das Darlehen ist unverzinslich.

zu a) Eine Abzinsung ist nicht erforderlich, da das Darlehen verzinslich ist. Das Darlehen ist in der Bilanz zum 31.12.01 mit (100.000 $ · 1,10 €/$ =) 110.000 € anzusetzen. Bis zum 31.12.02 kommt es zu einem voraussichtlich andauernden Kursanstieg und damit zu einer voraussichtlich dauernden Werterhöhung des Darlehens. X kann das Darlehen zum 31.12.02 mit dem höheren Teilwert von (100.000 $ · 1,15 €/$ =) 115.000 € ansetzen. Zum 31.12.03 ist der Kurs auf 1,08 €/$ gesunken. Aufgrund des Wertaufholungsgebots ist das Darlehen wieder abzuwerten, jedoch nicht auf (100.000 $ · 1,08 €/$ =) 108.000 €, sondern nur bis zum ursprünglich angesetzten Wert von 110.000 €. Am 31.12.04 wird das Darlehen zurückgezahlt und erscheint deshalb nicht mehr in der Bilanz von X.

zu b) Die in Fall a) ermittelten Werte sind nun abzuzinsen, da das Darlehen unter keinen der Nichtabzinsungs-Tatbestände des § 6 Abs. 1 Nr. 3 Satz 2 EStG fällt. So ergibt sich der Bilanzansatz zum 31.12.01, indem der in a) ermittelte Wert von 110.000 € mit dem Zinssatz von 5,5 % um 3 Jahre (Zeitraum zwischen Bilanzstichtag 31.12.01 und Rückzahlungstermin 31.12.04) abgezinst wird. Es ergeben sich somit folgende Bilanzansätze:

31.12.01:	$110.000\,€ / (1{,}055)^3 =$	93.677 €
31.12.02:	$115.000\,€ / (1{,}055)^2 =$	103.322 €
31.12.03:	$110.000\,€ / (1{,}055)^1 =$	104.265 €

Bei Verbindlichkeiten, die auf einer Anzahlung oder Vorausleistung beruhen, ist keine Abzinsung vorzunehmen, da dies zu einem Ausweis von Gewinnen aus schwebenden Geschäften führen würde.

5.2.3.5.5 Rückstellungen

Im **Handelsrecht** sind Rückstellungen in Höhe des nach vernünftiger kaufmännischer Beurteilung notwendigen Erfüllungsbetrages anzusetzen (§ 253 Abs. 1 Satz 2 HGB). Aus der ab 2010 geltenden Formulierung „Erfüllungsbetrag" wird geschlossen, dass die Preis- und Kostenverhältnisse zum voraussichtlichen Anfall maßgebend sind. Die Bewertung von Rückstellungen ist damit zukunftsorientiert; künftige Preis- und Kostensteigerungen sind bei der Bewertung zu berücksichtigen.

Bei dem „nach vernünftiger kaufmännischer Beurteilung notwendigen Betrag" handelt es sich weniger um einen bestimmten Wertmaßstab als um einen Schätzrahmen, innerhalb welchem sich der für eine Rückstellung gewählte Wertansatz befinden muss. Es besteht somit ein gewisser Bewertungsspielraum. Jedoch muss objektiv nachprüfbar sein, wie der Wert, mit dem die Rückstellung angesetzt wird, ermittelt wurde. Eine willkürliche Bewertung ist also nicht möglich.

Ab 2010 sind Rückstellungen mit einer Restlaufzeit von mehr als einem Jahr in der Handelsbilanz abzuzinsen (§ 253 Abs. 2 HGB). Dabei ist wie folgt zu differenzieren:

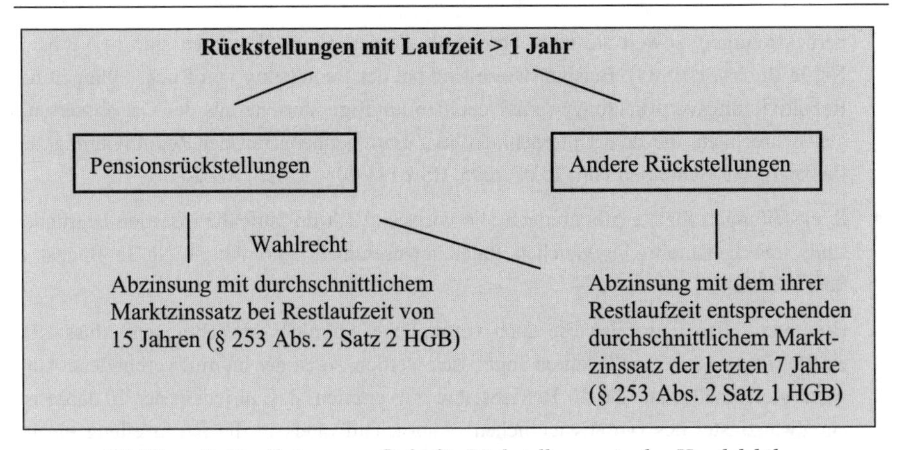

Abbildung B.16: Abzinsungspflicht für Rückstellungen in der Handelsbilanz

Die Abzinsungssätze nach § 253 Abs. 2 Sätze 1 und 2 HGB werden von der Deutschen Bundesbank ermittelt und bekannt gegeben (§ 253 Abs. 2 Satz 4 HGB) unter:

www.bundesbank.de/download/statistik/abzinsungszinssaetze.pdf

Beispiel B.47:

Die T-GmbH hat im Januar 01 umfangreiche Einbauten in den gepachteten Geschäftsräumen vorgenommen. Der Mietvertrag läuft bis zum 31.12.07. Die T-GmbH hat sich zum Rückbau der Einbauten verpflichtet. Die Rückbaukosten betragen schätzungsweise 100.000 € nach den Wertverhältnissen zum 31.12.01. Der von der Deutschen Bundesbank bekannt gegebene Abzinsungssatz nach § 253 Abs. 2 HGB betrage 5 %. Die jährliche Inflationsrate wird auf 3 % p.a. geschätzt.

Die Rückstellung zum 31.12.01 in der Handelsbilanz ergibt sich wie folgt:

$100.000\ € \cdot 1{,}03^{6} \cdot 1{,}05^{-6} = 89.102\ €$

Für die **steuerliche** Bewertung von Rückstellungen sind nach § 6 Abs. 1 Nr. 3a EStG die folgenden Besonderheiten zu beachten:

- Hat sich in der Vergangenheit gezeigt, dass bestimmte gleichartige Verpflichtungen nur zu einem Teil der Summe dieser Verpflichtungen in Anspruch genommen werden, so ist zukünftig bei der Bewertung von Rückstellungen für derartige Verpflichtungen diese Wahrscheinlichkeit zu berücksichtigen (§ 6 Abs. 1 Nr. 3a Buchst. a EStG).
- Rückstellungen für Sachleistungsverpflichtungen sind mit den Einzelkosten und den angemessenen Teilen der notwendigen Gemeinkosten zu bewerten (§ 6 Abs. 1 Nr. 3a Buchst. b EStG). Ein Ansatz mit Vollkosten kommt somit nicht in Betracht. Kalkulatorische Kostenbestandteile dürfen nicht einbezogen werden (BFH-Urteil vom 15.09.2004, BStBl II 2009, S. 100)
- Sind mit der Erfüllung einer Verpflichtung, für welche eine Rückstellung zu bilden ist, künftige Vorteile verbunden, so sind diese bei der Bewertung der Rückstellung zu

berücksichtigen, soweit sie nicht bereits als Forderung zu aktivieren sind (§ 6 Abs. 1 Nr. 3a Buchst. c EStG). Beispielsweise sind bei der Bemessung von Rückstellungen für Rekultivierungsverpflichtungen für Deponien künftige Vorteile aus der Gasverwertung gegenzurechnen, die dem Unternehmen im Zusammenhang mit der Rekultivierung zufließen (BMF-Schreiben vom 25.07.2005, BStBl I 2005, S. 826, Rz. 20).

- Rückstellungen für Verpflichtungen, die wirtschaftlich im laufenden Betrieb begründet sind, sind zeitanteilig in gleichen Raten anzusammeln (§ 6 Abs. 1 Nr. 3a Buchst. d Satz 1 EStG).

  Hierunter fallen beispielsweise auch vertragliche Abbruchverpflichtungen. Muss z.B. ein Betriebsgebäude in 20 Jahren abgerissen werden, so ist der hiermit verbundene Aufwand gleichmäßig auf die 20 Betriebsjahre zu verteilen, d.h. in jedem der 20 Jahre ist ein Zwanzigstel des (voraussichtlichen) Abbruchaufwands in die Rückstellung einzustellen.

  Besonderheiten sind zu beachten für die Verpflichtung zur Stillegung eines Kernkraftwerkes (§ 6 Abs. 1 Nr. 3a Buchst. d Satz 3 EStG).

- Ebenso wie Verbindlichkeiten (vgl. Abschnitt B.5.2.3.5.4) sind auch Rückstellungen für Verpflichtungen mit einem Zinssatz von 5,5 % abzuzinsen, soweit ihre Laufzeit am Bilanzstichtag nicht weniger als 12 Monate beträgt, sie nicht verzinslich sind und sie nicht auf einer Anzahlung oder Vorauszahlung beruhen (§ 6 Abs. 1 Nr. 3a Buchst. e EStG). Dabei ist bei der Abzinsung von Rückstellungen für Sachleistungsverpflichtungen der Zeitraum bis zum Beginn der Erfüllung dieser Verpflichtung maßgeblich.

Beispiel B.48:

Für die Aufwendungen zur Archivierung von Geschäftsunterlagen ist eine Rückstellung für ungewisse Verbindlichkeiten zu bilden, weil dafür eine öffentlich-rechtliche Aufbewahrungspflicht besteht (§ 257 HGB, § 147 AO). Beispielweise sind Buchungsbelege zehn Jahre aufzubewahren.
In die Rückstellung sind die künftigen Kosten (anteilige Miete für das Archiv, anteilige Personalkosten etc.) einzustellen. Eine Abzinsung kommt nicht in Betracht, da für die Abzinsung von Sachleistungsverpflichtungen der Zeitraum bis zum Beginn der Erfüllung maßgebend ist und die Aufbewahrungspflicht mit dem Entstehen der Unterlagen beginnt (Vfg. der OFD Hannover vom 27.06.2007, Az. S-2137-106-StO 222/221).

- Bei der Bewertung von Rückstellungen sind die Wertverhältnisse am Bilanzstichtag maßgebend. Künftige Preis- und Kostensteigerungen dürfen im Gegensatz zum Handelsrecht nicht berücksichtigt werden (§ 6 Abs. 1 Nr. 3a Buchst. f EStG).

Die oben genannten Bewertungsvorschriften in § 6 Abs. 1 Nr. 3a EStG können zu einer Abweichung der Steuerbilanz von der Handelsbilanz führen.

Beispiel B.49:

Die T-GmbH hat im Januar 01 umfangreiche Einbauten in den gepachteten Geschäftsräumen vorgenommen. Der Mietvertrag läuft bis zum 31.12.07. Die T-GmbH hat sich zum Rückbau der Einbauten verpflichtet. Die Rückbaukosten betragen schätzungsweise 100.000 € nach den Wertverhältnissen zum 31.12.01. Der von der Deutschen

Bundesbank bekannt gegebene Abzinsungssatz nach § 253 Abs. 2 HGB betrage 5 %. Die jährliche Inflationsrate wird auf 3 % p.a. geschätzt.

In der Handelsbilanz ist eine Rückstellung von 89.102 € zu bilden (siehe oben Beispiel B.47).

In der Steuerbilanz dürfen künftige Kostensteigerungen nicht berücksichtigt werden (§ 6 Abs. 1 Nr. 3a Buchst. f). Zudem erfolgt eine Abzinsung mit 5,5 % (§ 6 Abs. 1 Nr. 3a Buchst. e EStG). Der handelsrechtliche Abzinsungssatz des § 253 Abs. 2 HGB (im Beispiel: 5 %) ist ohne Bedeutung. Somit ergibt sich in der Steuerbilanz zum 31.12.01 eine Rückstellung von:

100.000 € / $1{,}055^6$ = 72.525 €

Besondere Vorschriften bestehen im Einkommensteuerrecht zudem nach § 6a EStG für die Bewertung von Pensionsrückstellungen (siehe *H. Weber-Grellet* in L. Schmidt (2010), § 6a EStG; *K. Meier*, BB 2009, S. 998):

- Grundsätzlich dürfen Pensionsrückstellungen für Pensionszusagen erstmals für das Wirtschaftsjahr gebildet werden, bis zu dessen Mitte der Pensionsberechtigte das 27. Lebensjahr vollendet hat, oder für das Wirtschaftsjahr, in dessen Verlauf die Pensionsanwartschaft unverfallbar wird, d.h. auch bei einem Ausscheiden des Arbeitnehmers nicht mehr entzogen werden darf (§ 6a Abs. 2 Nr. 1 EStG).
- Die Pensionsrückstellungen dürfen höchstens mit dem Teilwert der Pensionsverpflichtung angesetzt werden, wobei der Berechnung dieses Teilwerts ein Rechnungszinsfuß von 6 % zugrunde zu legen ist (§ 6a Abs. 3 Sätze 1, 3 EStG). Die Ermittlung des Teilwertes ist in § 6a Abs. 3 Satz 2 EStG im Detail beschrieben.

5.2.3.6 Abschreibungen

Wie in den vorangegangenen Ausführungen deutlich wurde, sind für die Bewertung von Wirtschaftsgütern, neben den in Abschnitt B.5.2.3.5.1 erläuterten Bewertungsmaßstäben, vor allem die Abschreibungsvorschriften von großer Bedeutung. Auf diese soll nachfolgend eingegangen werden.

Die im Rahmen der **handelsrechtlichen** Bewertung anzuwendenden Abschreibungsvorschriften sind in § 253 Abs. 3 – 5 HGB enthalten. Es wird zwischen planmäßigen und außerplanmäßigen Abschreibungen unterschieden.

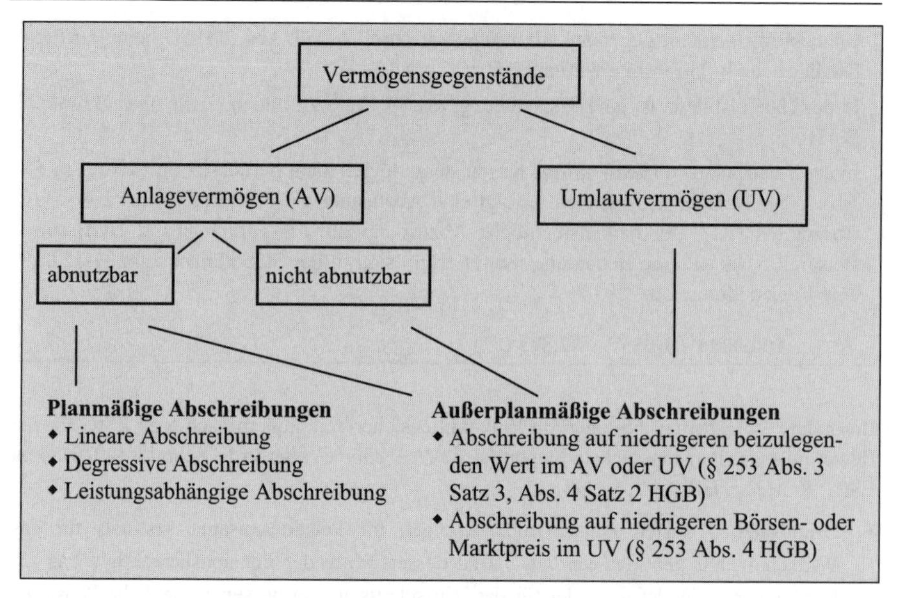

Abbildung B.17: Handelsrechtliche Abschreibungen

Außerplanmäßige Abschreibungen **sind** handelsrechtlich vorzunehmen im Umlaufvermögen (sog. strenges Niederstwertprinzip, § 253 Abs. 4 HGB). Im Anlagevermögen besteht eine Pflicht für außerplanmäßige Abschreibungen nur bei einer voraussichtlich dauernden Wertminderung (gemildertes Niederstwertprinzip, § 253 Abs. 3 Satz 3 HGB). Bei einer Wertminderung, die voraussichtlich nicht von Dauer ist, besteht bei Finanzanlagen ein Abschreibungswahlrecht und bei anderen Vermögensgegenständen ein Abschreibungsverbot (§ 253 Abs. 3 Satz 4 HGB).

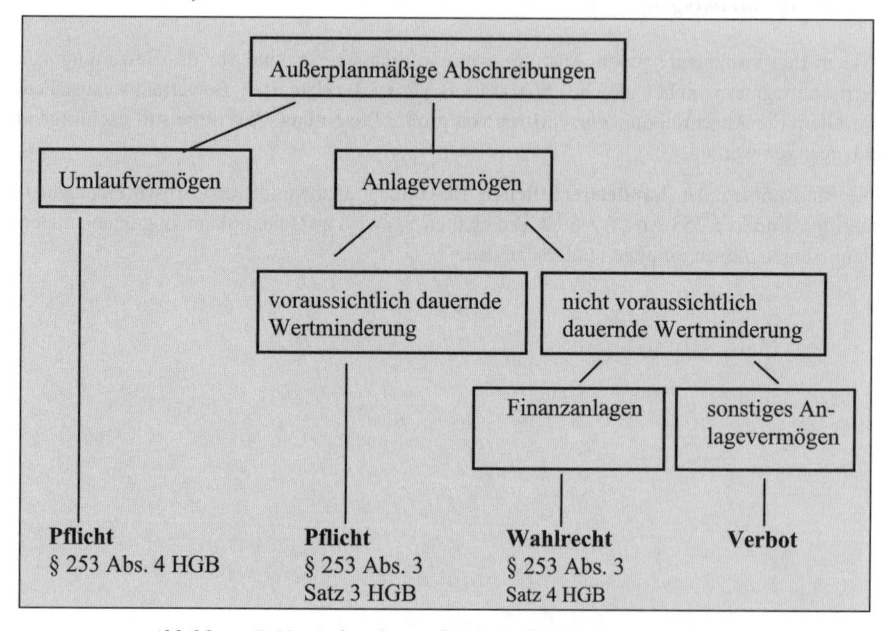

Abbildung B.18: Außerplanmäßige Abschreibungen nach HGB

Im Steuerrecht existieren eigene, zwingend anzuwendende Abschreibungsvorschriften. Daraus folgt, dass die handelsrechtlichen Abschreibungsvorschriften für die steuerliche Bewertung nicht maßgeblich sind (Durchbrechung des Maßgeblichkeitsprinzips, vgl. Abschnitt B.5.2.3.2). Die steuerliche Abschreibung wird im Einkommensteuergesetz in den §§ 6 – 7k geregelt. Darüber hinaus enthalten die §§ 81 – 82i EStDV zahlreiche Sonderregelungen für Sonderabschreibungen, erhöhte Absetzungen, Bewertungsfreiheiten und die Verteilung von Erhaltungsaufwendungen. Die meisten dieser Vorschriften sind auf neu verwirklichte Sachverhalte nicht mehr anzuwenden.

Ertragsteuerlich ist zwischen folgenden Abschreibungsarten zu unterscheiden:

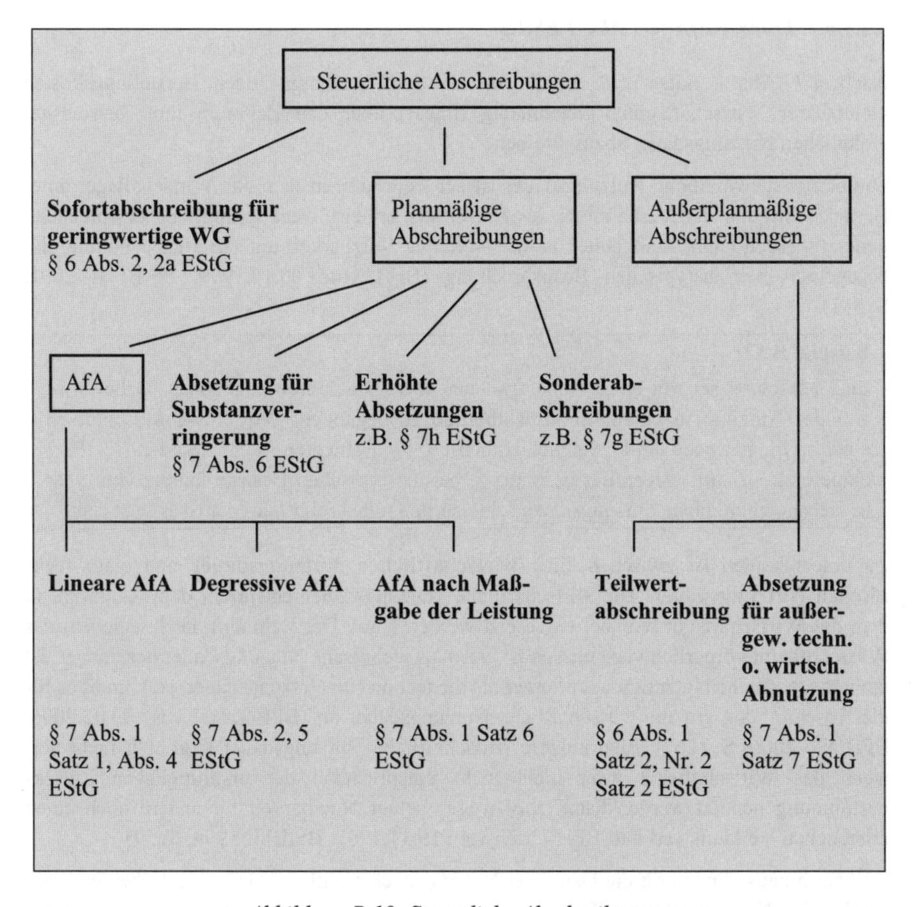

Abbildung B.19: Steuerliche Abschreibungen

Sofern das Steuerrecht eine vom Handelsrecht abweichende **zwingende** Regelung enthält, weichen Handelsbilanz und Steuerbilanz voneinander ab.

Beispiel B.50:

Bei Wirtschaftsgütern, die im Laufe des Jahres 2008 angeschafft wurden, war steuerlich keine degressive Abschreibung möglich (vgl. § 7 Abs. 2 EStG). Es musste somit steuerlich linear abgeschrieben werden. Wurde handelsrechtlich die degressiv Abschreibung gewählt, so weichen Handelsbilanz und Steuerbilanz insoweit ab.

Wird steuerlich hingegen ein **Wahlrecht** gewährt, so kann das Wahlrecht unabhängig von der Handelsbilanz ausgeübt werden (BMF-Schreiben vom 12.03.2010, BStBl I 2010, S. 239, Rz. 13).

Beispiel B.51:

Wirtschaftsgüter, die nach dem 31.12.2008 und vor dem 1.1.2011 angeschafft werden, können steuerlich wahlweise linear oder degressiv abgeschrieben werden (§ 7 Abs. 2 EStG). Wird handelsrechtlich die degressive (lineare) Abschreibung gewählt, kann steuerlich nichtsdestotrotz die lineare (degressive) Abschreibung gewählt werden.

5.2.3.6.1 Lineare AfA (§ 7 Abs. 1 EStG)

Nach § 7 Abs. 1 Sätze 1, 2 EStG sind die Anschaffungs- oder Herstellungskosten abnutzbarer Wirtschaftsgüter gleichmäßig (linear) über den Zeitraum ihrer betriebsgewöhnlichen Nutzungsdauer abzuschreiben.

Die betriebsgewöhnliche Nutzungsdauer ist der Zeitraum, in dem das Wirtschaftsgut unter Berücksichtigung der Verhältnisse des Einzelfalls seiner Zweckbestimmung entsprechend genutzt werden kann. Maßgeblich ist die objektive Nutzbarkeit unter Berücksichtigung der besonderen betriebstypischen Beanspruchung (BFH vom 09.12.1999, BStBl II 2001, S. 311).

Beispiel B.52:

Eine Maschine sei mit einer Nutzungsdauer von zehn Jahren angegeben. Dabei wird von der Nutzung in einem Einschichtbetrieb ausgegangen. Wird diese Maschine in einem Unternehmen mit Mehrschichtbetrieb (3 Schichten à 8 Stunden je Tag) eingesetzt, so wird wegen der besonderen betriebstypischen Beanspruchung von einer betriebsgewöhnlichen Nutzungsdauer von deutlich unter zehn Jahren auszugehen sein.

Zu unterscheiden ist zwischen einer **wirtschaftlichen Nutzungsdauer** und einer **technischen Nutzungsdauer**. Die wirtschaftliche Nutzungsdauer entspricht dem Zeitraum, in dem das Wirtschaftsgut rentabel eingesetzt werden kann. Der Zeitraum, nach welchem das Wirtschaftsgut körperlich verschlissen ist, wird als technische Nutzungsdauer bezeichnet. Ist die wirtschaftliche Nutzungsdauer kürzer als die technische Nutzungsdauer, so kommt es für die Abschreibung auf die wirtschaftliche Nutzungsdauer an (BFH-Urteil vom 09.02.2006, BFH/NV 2006, S. 1267). Eine kürzere wirtschaftliche Nutzungsdauer liegt aber nicht vor, wenn das Wirtschaftsgut zwar nicht mehr entsprechend der ursprünglichen Zweckbestimmung genutzt werden kann, aber wegen seiner Nutzbarkeit für andere noch einen erheblichen Verkaufswert hat (BFH-Urteil vom 19.11.1997, BStBl II 1998, S. 59).

Darüber hinaus können für die Dauer der Nutzung auch rechtliche Gründe entscheidend sein (**rechtliche Nutzungsdauer**; Zeitraum, in dem das Wirtschaftsgut genutzt werden darf). Dies gilt insbesondere bei vertraglicher Begrenzung der Nutzungszeit immaterieller Wirtschaftsgüter, beispielsweise bei Patenten, Gebrauchsmustern, Markenschutzrechten, Optionen und Nutzungsrechten (BFH-Urteil vom 31.10.1978, BStBl II 1979, S. 399).

Die Festlegung der Nutzungsdauer kann praktisch nur mittels Schätzung erfolgen (BFH-Urteil vom 19.05.1976, BStBl II 1977, S. 60), wobei es im Wesen der Schätzung liegt, dass hierbei gewisse Ungenauigkeiten in Kauf genommen werden müssen. Da der Steuerpflichtige die betrieblichen Verhältnisse am besten kennt, kommt seiner Auffassung besondere Bedeutung zu, es sei denn, seine Schätzung liegt eindeutig außerhalb des angemessenen Rahmens (FG Köln vom 23.01.2001, EFG 2001, S. 675, rkr). Zur Erleichterung der Schätzung hat die Finanzverwaltung unter Auswertung der Erfahrungen der steuerlichen Außenprüfung und unter Mitwirkung der Fachverbände der Wirtschaft amtliche AfA-Tabellen aufgestellt. Die AfA-Tabellen sollen einen Anhaltspunkt dafür liefern, ob die Nutzungsdauer eines Wirtschaftsgutes zutreffend geschätzt wurde. Die AfA-Tabellen haben aber keine Gesetzeskraft. In Einzelfällen ist es daher möglich, von den in den AfA-Tabellen angegebenen Sätzen abzuweichen. Hierfür ist allerdings eine besondere Begründung erforderlich (BFH-Urteil vom 08.11.1996, BFH/NV 1997, S. 288). Zu unter-scheiden ist zwischen den AfA-Tabellen für allgemein verwendbare Anlagegüter (BStBl I 2000, S. 1532) und branchenspezifischen AfA-Tabellen, die vorrangig anzuwenden sind (BStBl I 2001, S. 837). Im Folgenden sind beispielhaft einige Nutzungsdauern aus der AfA-Tabelle für allgemein verwendbare Anlagegüter aufgezählt:

Pkw	6 Jahre
Lkw	9 Jahre
PC, Notebook, Peripheriegeräte	3 Jahre
Büromöbel	13 Jahre
Werkstätten- und Laboreinrichtung	14 Jahre
Telefonanlagen	8 Jahre
Mobilfunkgeräte	5 Jahre
Fernseher, CD-Player, Kameras	7 Jahre

Tabelle B.13: Ausgewählte Nutzungsdauern laut AfA-Tabellen

Die Nutzungsdauer muss 12 Monate überschreiten (BFH-Urteil vom 26.08.1993, BStBl II 1994, S. 232). Unterschreitet die betriebsgewöhnliche Nutzungsdauer den Zeitraum von 12 Monaten, so können die Anschaffungs- oder Herstellungskosten vollständig im Jahr der Anschaffung oder Herstellung abgesetzt werden.

Bei gebraucht erworbenen Wirtschaftsgütern sind die Anschaffungskosten über die Restnutzungsdauer zu verteilen.

Im Jahr der Anschaffung bzw. Herstellung ist **monatsgenau** abzuschreiben (§ 7 Abs. 1 Satz 4 EStG). Für den Monat der Anschaffung oder Herstellung ist eine volle Monats-AfA anzusetzen, selbst wenn das Wirtschaftsgut nicht zu Beginn des Monats angeschafft bzw. hergestellt wurde.

Auch für das Jahr des Ausscheidens kann nur der Teil einer vollen Jahres-AfA abgesetzt werden, der dem Zeitraum vom Beginn des Jahres bis zum Zeitpunkt des Ausscheidens entspricht (R 7.4 Abs. 8 EStR).

Beispiel B.53:

Eine Maschine mit einer betriebsgewöhnlichen Nutzungsdauer von 7 Jahren wird am 12.05.01 zu Anschaffungskosten von 21.000 € erworben.

In 01 ist die Maschine monatsgenau abzuschreiben. Es ergibt sich eine AfA in 01 von ($21.000 \cdot {}^{1}/_{7} \cdot {}^{8}/_{12} =$) 2.000 €, in den Jahren 02 bis 07 eine AfA von ($21.000 \cdot {}^{1}/_{7} =$) 3.000 € und in 08 eine AfA von ($21.000 \cdot {}^{1}/_{7} \cdot {}^{4}/_{12} =$) 1.000 €.

Wird die Maschine am 30.04.03 veräußert, so ist für das Jahr 03 eine AfA von (21.000 $\cdot {}^{1}/_{7} \cdot {}^{4}/_{12}$ =) 1.000 € vorzunehmen.

5.2.3.6.2 Lineare Gebäude-AfA (§ 7 Abs. 4 EStG)

Die lineare Gebäude-AfA (§ 7 Abs. 4 EStG) wird im Rahmen der Ausführungen zu den Einkünften aus Vermietung und Verpachtung in Abschnitt B.7.6.8 erläutert.

5.2.3.6.3 Degressive AfA (§ 7 Abs. 2, 3 EStG)

Bewegliche Wirtschaftsgüter des Anlagevermögens, die in 2009 oder 2010 angeschafft oder hergestellt wurden, können nach § 7 Abs. 2 EStG wahlweise degressiv, d.h. in fallenden anstatt in gleichen Jahresbeträgen, abgeschrieben werden.

§ 7 Abs. 2 EStG sieht die geometrisch-degressive Methode vor, bei welcher ein über die Jahre gleichbleibender Prozentsatz auf die Anschaffungs- bzw. Herstellungskosten im Erstjahr und den jeweiligen Restwert in den Folgejahren anzuwenden ist. Der gleichbleibende Prozentsatz ist der Höhe nach begrenzt. Er darf

- höchstens das Zweieinhalbfache des bei linearer AfA anzuwendenden Prozentsatzes betragen und
- 25 % nicht übersteigen.

Wenige Vorschriften des Einkommensteuerrechts sind in den vergangenen zehn Jahren so häufig geändert worden, wie die Vorschriften zur degressiven Abschreibung:

30.7.1981 bis 31.12.2000	1.1.2001 bis 31.12.2005	1.1.2006 bis 31.12.2007	1.1.2008 bis 31.12.2008	1.1.2009 bis 31.12.2010	ab 1.1.2011
3-faches der linearen AfA	2-faches der linearen AfA	3-faches der linearen AfA	keine degressive AfA zulässig	2,5-faches der lin. AfA	keine degressive AfA zulässig
max. 30 %	max. 20 %	max. 30 %		max. 25 %	

Tabelle B.14: Entwicklung der Vorschriften zur degressiven AfA

Bei Anschaffung bzw. Herstellung im Jahresverlauf ist die Abschreibung im Erstjahr wie bei der linearen Abschreibung monatsgenau vorzunehmen, d.h. die volle Jahres-AfA ist zu zwölfteln.

Beispiel B.54:

Eine Maschine mit einer betriebsgewöhnlichen Nutzungsdauer von 7 Jahren wird am 12.05.01 zu Anschaffungskosten von 21.000 € erworben (siehe Beispiel B.53).

In 01 ist die Maschine monatsgenau abzuschreiben. Es ergibt sich eine degressive AfA in 01 von (21.000 $\cdot$ 25 % $\cdot {}^{8}/_{12}$ =) 3.500 €.

Nach § 7 Abs. 3 Satz 1 EStG ist der Übergang von der AfA in fallenden Jahresbeträgen zur AfA in gleichen Jahresbeträgen zulässig. Wird von dieser Möglichkeit Gebrauch gemacht, so bemisst sich die AfA vom Zeitpunkt des Übergangs an nach dem noch vorhandenen

Restwert (Restbuchwert) und der Restnutzungsdauer des Wirtschaftsgutes (§ 7 Abs. 3 Satz 2 EStG). Motivation für diesen Übergang können sein (vgl. *P. Brandis*, in: W. Blümich, § 7, Rz. 445):

- das Restwertproblem: Bei der degressiven AfA würde ansonsten niemals ein Restwert von Null erreicht;
- der ab einem bestimmten Zeitpunkt höhere Wert der linearen AfA;
- das Vorliegen einer außergewöhnlichen technischen oder wirtschaftlichen Abnutzung des Wirtschaftsgutes. Gemäß § 7 Abs. 2 Satz 4 EStG sind bei Wirtschaftsgütern, für die die AfA in fallenden Jahresbeträgen (degressiv) vorgenommen wird, keine Absetzungen für außergewöhnliche technische oder wirtschaftliche Abnutzung zulässig.

Ein Wechsel in umgekehrter Richtung, d.h. von der AfA nach § 7 Abs. 1 EStG zur AfA nach § 7 Abs. 2 EStG, ist dagegen nicht möglich (§ 7 Abs. 3 Satz 3 EStG).

Beispiel B.55:

Eine Maschine mit einer betriebsgewöhnlichen Nutzungsdauer von 7 Jahren wird am 12.01.2010 zu Anschaffungskosten von 21.000 € erworben. Es soll mit degressiver AfA begonnen und – mit dem Ziel einer Minimierung des steuerlichen Gewinns in den jeweiligen Veranlagungszeiträumen – zur linearen AfA übergegangen werden. Es ergibt sich folgender Abschreibungsplan:

	Buchwert Beginn	**Abschreibung**	**Buchwert Ende**
Jahr 01:	21.000 €	5.250 €	15.750 €
Jahr 02:	15.750 €	3.937 €	11.813 €
Jahr 03:	11.813 €	2.953 €	8.860 €
Jahr 04:	8.860 €	**2.215 €**	6.645 €
Jahr 05:	6.645 €	**2.215 €**	4.430 €
Jahr 06:	4.430 €	**2.215 €**	2.215 €
Jahr 07:	2.215 €	**2.215 €**	0 €

Für das Jahr 04 beträgt sowohl die lineare als auch die degressive AfA 25 % ($^1/_4$) von 8.860 € = 2.215 €. Ab dem Jahr 05 ist die lineare AfA (2.215 € pro Jahr) höher als die degressive AfA (in 05: 25 % von 6.645 € = 1.661,25 €; in den Folgejahren weiter sinkend). Die den steuerlichen Gewinn der jeweiligen Veranlagungszeiträume minimierende AfA für die Jahre 04 bis 07 beträgt somit 2.215 €.

5.2.3.6.4 Degressive Gebäude-AfA (§ 7 Abs. 5 EStG)

Die degressive Gebäude-AfA (§ 7 Abs. 5 EStG) wird im Rahmen der Ausführungen zu den Einkünften aus Vermietung und Verpachtung in Abschnitt B.7.6.8.4 erläutert.

5.2.3.6.5 AfA nach Maßgabe der Leistung (§ 7 Abs. 1 Satz 6 EStG)

Eine besondere Form der linearen AfA ist die Leistungs-AfA nach § 7 Abs. 1 Satz 6 EStG. Für **bewegliche** Wirtschaftsgüter des Anlagevermögens, deren Leistung über die Jahre i.d.R.

erheblich schwankt und deren Verschleiß dementsprechend wesentliche Unterschiede aufweist, kann die AfA nach der Maßgabe der Leistung des Wirtschaftsgutes vorgenommen werden. Die AfA bemisst sich nach **Leistungseinheiten** (z.B. km-Leistung eines Lkw) oder nach **Zeiteinheiten** (z.B. Betriebsstunden einer Maschine). Dazu ist zunächst die Gesamtleistung zu schätzen. In der Folge sind die auf die einzelnen Jahre entfallenden Leistungs- bzw. Zeiteinheiten nachzuweisen, z.B. durch Betriebsstundenzählwerke oder Kilometerzähler (R 7.4 Abs. 5 EStR).

Beispiel B.56:

Eine Maschine mit einer betriebsgewöhnlichen Nutzungsdauer von 7 Jahren wird am 12.05.01 zu Anschaffungskosten von 21.000 € erworben (siehe Beispiel B.54).

Die Gesamtleistung der Maschine wird auf 200.000 Einheiten geschätzt. Im Jahr 01 produziert die Maschine 30.000 Einheiten, in den Jahren 02 und 03 jeweils 60.000 Einheiten, in den Jahren 04 und 05 jeweils 20.000 Einheiten und im Jahr 07 schließlich 10.000 Einheiten.

Nach Maßgabe der Leistung können in 01 ($^{30}/_{200}$ =) 15 %, in 02 und 03 jeweils ($^{60}/_{200}$ =) 30 %, in 04 und 05 jeweils ($^{20}/_{200}$ =) 10 % und in 07 ($^{10}/_{200}$ =) 5 % der Anschaffungskosten (21.000 €) als AfA angesetzt werden.

Es sei an dieser Stelle ausdrücklich darauf hingewiesen, dass die lineare AfA bei Gebäuden nicht nach § 7 Abs. 1 EStG, sondern nach dem in Abschnitt B.7.6.8 erläuterten § 7 Abs. 4 EStG erfolgt.

5.2.3.6.6 Bewertungsfreiheit für geringwertige Wirtschaftsgüter nach § 6 Abs. 2, 2a EStG

Gemäß § 7 EStG sind abnutzbare Wirtschaftsgüter des Anlagevermögens über den Zeitraum ihrer betriebsgewöhnlichen Nutzungsdauer abzuschreiben. Aus Vereinfachungsgründen sieht § 6 Abs. 2, 2a EStG für bestimmte **geringwertige Wirtschaftsgüter** abweichende Regelungen vor. Für geringwertige Wirtschaftsgüter können alternativ zwei Verfahren zur Anwendung kommen, nämlich die **Sofortabschreibung** nach § 6 Abs. 2 EStG oder die **Poolvariante** nach § 6 Abs. 2a EStG.

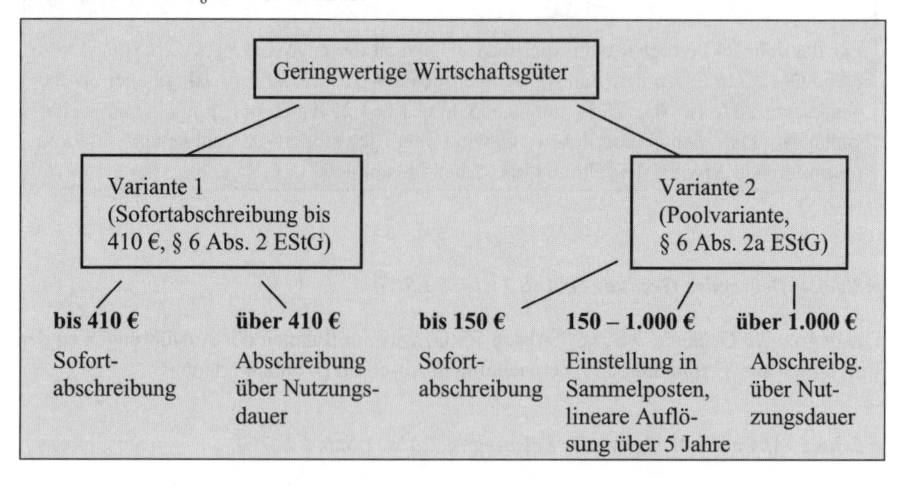

Abbildung B.20: Bewertungsfreiheit für geringwertige Wirtschaftsgüter

Im Rahmen des Unternehmensteuerreformgesetzes (BGBl I 2007, S. 1912) hatte der Gesetzgeber die Sofortabschreibung bis 410 € (Variante 1) mit Wirkung zum 01.01.2008 aufgehoben und durch die Poolvariante (Variante 2) ersetzt. Ziel war einerseits, Sofortabschreibungen zu reduzieren, um ein höheres Steueraufkommen zu generieren. Durch die Einführung des Sammelpostens sollte auf der anderen Seite sicher gestellt werden, dass Wirtschaftsgüter zwischen 150 € und 1.000 € nicht in das Anlageverzeichnis aufgenommen und bei der Inventur berücksichtigt werden müssen.

Zum 01.01.2010 hat der Gesetzgeber die Variante 1 wieder zugelassen (Wachstumsbeschleunigungsgesetz, BGBl I 2009, S. 3950, vgl. § 52 Abs. 16 Satz 14 EStG). Seither sind beide Varianten wahlweise möglich. Das Wahlrecht zur Poolvariante kann aber für alle in einem Wirtschaftsjahr angeschafften oder hergestellten Wirtschaftsgüter nur einheitlich ausgeübt werden (§ 6 Abs. 2a Satz 5 EStG). Im Einzelnen siehe das BMF-Schreiben vom 30.09.2010 (DStR 2010, S. 2034).

Bei den Regelungen zur Sofortabschreibung handelt es sich um Wahlrechte. Statt der Sofortabschreibung bei geringwertigen Wirtschaftsgütern bis 410 € (bzw. bis 150 €) kann wahlweise auch eine Abschreibung über die Nutzungsdauer erfolgen. Das Wahlrecht zwischen Sofortabschreibung und Abschreibung über die Nutzungsdauer kann für jedes Wirtschaftsgut einzeln ausgeübt werden (Rz. 2 des BMF-Schreibens vom 30.09.2010).

Das Wahlrecht der sofortigen Abschreibung bzw. der Einbeziehung in den Sammelposten kann nur im Jahr der Anschaffung bzw. Herstellung ausgeübt werden; eine Nachholung für in den Vorjahren angeschaffte oder hergestellte Wirtschaftsgüter ist nicht zulässig (BFH-Urteil vom 17.03.1982, BStBl II 1982, S. 545).

Bei § 6 Abs. 2 EStG handelt es sich, trotz der Zugehörigkeit zu § 6 EStG, nicht um eine Bewertungsvorschrift, sondern um eine Sonderregelung der AfA (BFH-Urteil vom 19.01.1984, BStBl II 1984, S. 312). Somit wäre die Bezeichnung „Absetzungsfreiheit" treffender als die gebräuchliche Bezeichnung „Bewertungsfreiheit" (vgl. *T. Ehmcke*, in: W. Blümich, § 6, Rz. 1100).

Geringwertige Wirtschaftsgüter

Die Vorschriften des § 6 Abs. 2 EStG (Variante 1) und § 6 Abs. 2a EStG (Variante 2) gelten für **geringwertige Wirtschaftsgüter** (GWG). Hierfür müssen drei Voraussetzungen erfüllt sein:

- Es handelt sich um bewegliche abnutzbare Wirtschaftsgüter des Anlagevermögens.
- Die Wirtschaftsgüter sind einer selbständigen Nutzung fähig.
- Die Anschaffungs- bzw. Herstellungskosten für das einzelne Wirtschaftsgut betragen nicht mehr als 410 € (Variante 1) bzw. 1.000 € (Variante 2).

An einer selbständigen Nutzungsfähigkeit fehlt es, wenn das Wirtschaftsgut nach seiner Zweckbestimmung nur zusammen mit anderen Wirtschaftsgütern des Anlagevermögens genutzt werden kann und die Wirtschaftsgüter technisch aufeinander abgestimmt sind (ausführlich: R 6.13 Abs. 1 EStR, zu Einzelfällen siehe *E. Kulosa*, in: L. Schmidt (2010), § 6, Rz. 598 f.).

Beispiel B.57:

Teile einer Computeranlage (Rechner, Monitor, Drucker, Scanner) sind nicht selbstständig nutzungsfähig und daher keine geringwertigen Wirtschaftsgüter im Sinne von

§ 6 Abs. 2, 2a EStG (BFH-Urteil vom 19.02.2004, BStBl II 2004, S. 958). Eine Sofortabschreibung bzw. eine Einbeziehung in den Sammelposten kommen daher nicht in Betracht.

Eine PC-Maus soll nach Meinung der Finanzverwaltung hingegen als „Nutzungseinheit" mit dem PC anzusehen sein und daher mit den Anschaffungskosten des PC im Sammelposten zu erfassen sein (Rz. 11 des BMF-Schreibens vom 30.09.2010, DStR 2010, S. 2034).

Trivialprogramme sind abnutzbare bewegliche und selbständig nutzbare Wirtschaftsgüter und fallen demnach unter § 6 Abs. 2, 2a EStG. Computerprogramme, deren Anschaffungskosten nicht mehr als 410 € betragen, sind stets als Trivialprogramme zu behandeln (R 5.5 Abs. 1 EStR).

Der Höchstbetrag der Anschaffungs- bzw. Herstellungskosten von 410 € versteht sich ohne Umsatzsteuer; dies gilt auch dann, wenn diese nicht als Vorsteuer abgezogen werden darf (R 9b Abs. 2 EStR; BFH-Urteil vom 17.12.1974, BStBl 1975 II, S. 365). Bei aus mehreren Teilen zusammengefügten Wirtschaftsgütern (z.B. Regale) ist für die sofortige Abzugsfähigkeit darauf abzustellen, ob die Summe der Anschaffungs- bzw. Herstellungskosten der Einzelteile zuzüglich etwaiger Montagekosten je Wirtschaftsgut die 410 €-Grenze nicht übersteigt (BFH-Urteil vom 26.07.1979, BStBl 1980 II, S. 176).

Variante 1: Sofortabschreibung bis 410 €

Nach § 6 Abs. 2 EStG können die Anschaffungs- bzw. Herstellungskosten von geringwertigen Wirtschaftsgütern im Jahr ihrer Anschaffung bzw. Herstellung in vollem Umfang als Betriebsausgaben angesetzt und die Wirtschaftsgüter somit vollständig abgeschrieben werden, wenn die Anschaffungs- bzw. Herstellungskosten für das einzelne Wirtschaftsgut nicht mehr als 410 € betragen.

Seit dem 01.01.2010 sind Wirtschaftsgüter, deren Wert 150 € übersteigt und für die die Sofortabschreibung nach § 6 Abs. 2 EStG geltend gemacht wird, in ein besonderes laufend zu führendes Verzeichnis aufzunehmen. Das Verzeichnis muss den Tag der Anschaffung oder Herstellung und die Anschaffungs- oder Herstellungskosten enthalten (§ 6 Abs. 2 Satz 4 EStG). Sind diese Angaben ohnehin aus der Buchführung ersichtlich, so braucht ein besonderes Verzeichnis nicht geführt zu werden (§ 6 Abs. 2 Satz 5 EStG).

Variante 2: Poolvariante – Sammelposten

Wird die Poolvariante (§ 6 Abs. 2a EStG) gewählt, so können alle im Wirtschaftsjahr angeschafften oder hergestellten geringwertigen Wirtschaftsgüter, deren Anschaffungs- oder Herstellungskosten 150 € nicht übersteigen, sofort abgeschrieben werden.

Wirtschaftsgüter mit Anschaffungs- oder Herstellungskosten von mehr als 150 € und nicht mehr als 1.000 € sind in einen Sammelposten aufzunehmen. Dieser Sammelposten ist über einen Zeitraum von fünf Jahren (d.h. im Jahr der Anschaffung bzw. Herstellung und den folgenden vier Jahren) gleichmäßig gewinnmindernd aufzulösen. Die jeweiligen Zugänge sind buchmäßig zu erfassen. Darüber hinaus sind keine weiteren Aufzeichnungspflichten zu beachten.

Der Sammelposten ist kein Wirtschaftsgut, sondern eine bloße Rechengröße (Rz. 8 des BMF-Schreibens vom 30.09.2010, DStR 2010, S. 2034). Die einzelnen geringwertigen

Wirtschaftsgüter verlieren im Sammelposten ihre Identität. Veräußerungen, Entnahmen oder Wertminderungen berühren den Wertansatz des Sammelpostens nicht. Der Sammelposten wird auch dann über fünf Jahre verteilt, wenn einzelne geringwertige Wirtschaftsgüter bereits nach weniger als fünf Jahren wieder verkauft werden oder eine Nutzungsdauer von weniger als fünf Jahren haben (R 13.6 Abs. 6 EStR). Dies hat den Vorteil, dass solche Wirtschaftsgüter nicht im Anlageverzeichnis geführt und nicht im Rahmen der Inventur aufgenommen werden müssen. Eine übermäßige Aufblähung des Anlageverzeichnisses und des Inventars wird somit vermieden.

Für jedes Wirtschaftsjahr, in dem geringwertige Wirtschaftsgüter zwischen 150 € und 1.000 € angeschafft oder hergestellt werden, ist ein gesonderter Sammelposten zu bilden (R 6.13 Abs. 5 EStR). Dies hat zur Folge, dass in der Steuerbilanz bis zu vier Sammelposten gleichzeitig enthalten sein können.

Beispiel B.58:

Der Steuerpflichtige A hat im Wirtschaftsjahr 01 geringwertige Wirtschaftsgüter zwischen 150 € und 1.000 € für insgesamt 20.000 € angeschafft. In diesem Betrag ist ein Reklameschild enthalten, das im März 01 für 900 € angeschafft wurde, aber wegen einer Änderung des Firmenlogos bereits im November 01 wieder verschrottet wird. Zudem ist in dem Betrag von 20.000 € ein PC für 500 € enthalten, der im Jahr 03 für 200 € wieder verkauft wird.

In den Sammelposten 01 ist ein Betrag von 20.000 € aufzunehmen. Dieser ist in den Jahren 01 bis 05 gewinnmindernd mit jeweils 4.000 € aufzulösen, obwohl das Reklameschild bereits in 01 und der PC in 03 aus dem Betriebsvermögen ausscheiden. Der Verkauf des PC führt in 03 zu einer Betriebseinnahme von 200 €.

5.2.3.6.7 Absetzung für Substanzverringerung (§ 7 Abs. 6 EStG)

Bei Bergbauunternehmen, Steinbrüchen und anderen Betrieben, die einen Verbrauch der Substanz mit sich bringen, sind die Anschaffungskosten für die abbaufähige Bodensubstanz durch Absetzungen für Substanzverringerung (AfS) über die Nutzungsdauer zu verteilen (§ 7 Abs. 6 EStG). Dabei sind die Anschaffungskosten für den Grund und Boden (die Erdoberfläche) von den Anschaffungskosten des Bodenschatzes, der ein selbständiges Wirtschaftsgut ist, zu trennen. Nur die Anschaffungskosten des Bodenschatzes (z.B. Kohle, Erdöl, Sand) können zu Absetzungen für Substanzverringerung führen.

§ 7 Abs. 6 EStG verweist auf § 7 Abs. 1 EStG. Zulässige Methoden für die Absetzung sind somit die lineare Absetzung (§ 7 Abs. 1 Satz 1 EStG), die Absetzung für außergewöhnliche Abnutzung (§ 7 Abs. 1 Satz 7 EStG) sowie die Absetzung nach dem Substanzverzehr (§ 7 Abs. 1 Satz 6 EStG). Da die lineare Absetzung den tatsächlichen Verhältnissen häufig nicht gerecht wird, ist die Absetzung nach dem Substanzverzehr die regelmäßige Methode. Hierbei ergibt sich die jährliche AfS wie folgt:

AfS = Anschaffungskosten x Förderung im Wirtschaftsjahr / abbaufähiger Substanzvorrat

5.2.3.6.8 Erhöhte Absetzungen (§§ 7h, 7i EStG)

Die erhöhten Absetzungen bei Gebäuden in Sanierungsgebieten und städtebaulichen Entwicklungsbereichen (§ 7h EStG) sowie bei Baudenkmalen (§ 7i EStG) werden im

Rahmen der Ausführungen zu den Einkünften aus Vermietung und Verpachtung in Abschnitt B.7.6.10 erläutert.

5.2.3.6.9 Investitionsabzugsbetrag und Sonderabschreibungen (§ 7g EStG)

Ab 2007 wird die Anschaffung oder Herstellung von abnutzbaren beweglichen Wirtschaftsgütern des Anlagevermögens von **kleinen und mittleren Betriebe** gefördert durch

- den Investitionsabzugsbetrag von bis zu 40 % nach § 7g Abs. 1 EStG **und**
- Sonderabschreibungen von bis zu 20 % nach § 7g Abs. 5 EStG.

Zu Einzelheiten hat das BMF mit Schreiben vom 08.05.2009 (BStBl I 2009, S. 633) Stellung genommen.

Größenmerkmale

Investitionsabzugsbetrag und Sonderabschreibungen können gemäß § 7g Abs. 1 Satz 2 Nr. 1 EStG nur in Anspruch genommen werden, wenn

- bei Gewerbebetrieben oder der selbständigen Arbeit dienenden Betrieben, die ihren Gewinn durch Betriebsvermögensvergleich (§ 4 Abs. 1 oder § 5 EStG) ermitteln, das Betriebsvermögen 235.000 € (in 2009 und 2010: 335.000 €) nicht überschreitet,
- bei Betrieben der Land- und Forstwirtschaft der Wirtschaftswert 125.000 € (in 2009 und 2010: 175.000 €) nicht überschreitet oder
- bei Betrieben, die ihren Gewinn durch Einnahmen-Überschuss-Rechnung (§ 4 Abs. 3 EStG) ermitteln, der Gewinn 100.000 € (in 2009 und 2010: 200.000 €) nicht überschreitet.

Für Wirtschaftsjahre, die nach dem 31.12.2008 und vor dem 01.01.2011 enden, sind die Größenmerkmale befristet erhöht worden, so dass in diesem Zeitraum eine größere Zahl von Betrieben die Möglichkeiten des § 7g EStG nutzen kann (siehe Klammerwerte).

Für den Investitionsabzugsbetrag kommt es auf den Schluss des Wirtschaftsjahres an, in dem der Abzug vorgenommen wird, für Sonderabschreibungen kommt es auf den Schluss des Wirtschaftsjahres an, das der Anschaffung oder Herstellung vorangeht.

Zur Ermittlung des Betriebsvermögens im Sinne von § 7g Abs. 1 Satz 2 Nr. 1 EStG wird auf das BMF-Schreiben vom 08.05.2009, Rz. 8, verwiesen.

Investitionsabzugsbetrag

Steuerpflichtige, welche die oben beschriebenen Größenmerkmale erfüllen, können bei geplanter Anschaffung oder Herstellung eines abnutzbaren beweglichen Wirtschaftsgutes des Anlagevermögens bis zu 40 % der voraussichtlichen Anschaffungs- oder Herstellungskosten bereits bis zu drei Jahre vor der Anschaffung oder Herstellung außerbilanziell abziehen (§ 7g Abs. 1 EStG).

Voraussetzung für den Abzug ist nach § 7g Abs. 1 Satz 2 Nr. 2 EStG, dass der Steuerpflichtige beabsichtigt,

- das Wirtschaftsgut in den dem Wirtschaftsjahr des Abzugs folgenden drei Wirtschaftsjahren anzuschaffen oder herzustellen und

- das Wirtschaftsgut mindestens bis zum Ende des dem Wirtschaftsjahr der Anschaffung oder Herstellung folgenden Wirtschaftsjahres in einer inländischen Betriebsstätte ausschließlich oder fast ausschließlich betrieblich zu nutzen.

Eine **fast ausschließlich betriebliche Nutzung** setzt voraus, dass das Wirtschaftsgut zu mindestens 90 % betrieblich genutzt wird (Rz. 46 des BMF-Schreibens vom 08.05.2009). Der Investitionsabzugsbetrag wird somit insbesondere bei gemischt genutzten Pkw in vielen Fällen nicht in Betracht kommen.

Im Hinblick auf die geplante Investition ist eine Prognoseentscheidung erforderlich. Der Steuerpflichtige muss das Wirtschaftsgut in den beim Finanzamt einzureichenden Unterlagen **seiner Funktion nach benennen** und die Höhe der voraussichtlichen Anschaffungs- oder Herstellungskosten angeben. Sammelbeschreibungen wie „Maschinen" oder „Fuhrpark" sind ausreichend, wenn sie mindestens mit einer stichwortartigen Funktionsbeschreibung verbunden sind (BMF-Schreiben vom 08.05.2009, Rz. 41), z.B. „Fuhrpark / Lkw zum Warentransport".

Die Investitionsabzugsbeträge sind **der Höhe nach begrenzt**. Die Summe der Investitionsabzugsbeträge, die im laufenden oder den drei vorhergehenden Wirtschaftsjahren abgezogen wurden und nicht nach § 7g Abs. 2 EStG wieder hinzugerechnet oder nach § 7g Abs. 3, 4 EStG rückgängig gemacht wurden, darf 200.000 € nicht übersteigen (§ 7g Abs. 1 Satz 4 EStG).

Im Jahr der Anschaffung oder Herstellung ist der für das Wirtschaftsgut in Anspruch genommene Investitionsabzugsbetrag in Höhe von max. 40 % der Anschaffungs- oder Herstellungskosten **außerbilanziell wieder hinzuzurechnen**. Zugleich können (Wahlrecht!) die Anschaffungs- oder Herstellungskosten des Wirtschaftsgutes um 40 %, höchstens aber den in Anspruch genommenen Investitionsabzugsbetrag, gewinnmindernd herabgesetzt werden. Die Bemessungsgrundlage für künftige Abschreibungen reduziert sich entsprechend (§ 7g Abs. 2 EStG). Durch die außerbilanzielle Hinzurechnung des Investitionsabzugsbetrages sowie die gleichzeitige gewinnmindernde Absetzung von den Anschaffungs- oder Herstellungskosten wird der außerbilanzielle Investitionsabzugsbetrag im Ergebnis in eine bilanzielle Gewinnminderung transformiert. Auswirkungen auf das zu versteuernde Einkommen ergeben sich in der Regel nicht.

Für die künftige Anschaffung eines Wirtschaftsgutes ist eine Prognoseentscheidung erforderlich. Dennoch ist es aber natürlich möglich, dass das betreffende Wirtschaftsgut dann doch nicht (oder nicht innerhalb der nächsten drei Wirtschaftsjahre) angeschafft wird. In diesem Fall ist der Abzug des Investitionsabzugsbetrages rückwirkend für das Wirtschaftsjahr des Abzugs rückgängig zu machen (§ 7g Abs. 3 EStG). Das Finanzamt wird den Steuerbescheid für das zurück liegende Jahr rückwirkend ändern. Es wird in diesem Fall regelmäßig zu einer Verzinsung der Steuernachforderung nach § 233a AO kommen.

Sonderabschreibung

Zusätzlich zu dem Investitionsabzugsbetrag in einem Wirtschaftsjahr bis zu drei Jahre **vor** der Anschaffung oder Herstellung können **im** Jahr der Anschaffung oder Herstellung (oder in den vier folgenden Jahren) Sonderabschreibungen von insgesamt bis zu 20 % der Anschaffungs- oder Herstellungskosten geltend gemacht werden (§ 7g Abs. 5 EStG).

Neben den Sonderabschreibungen ist zusätzlich die AfA nach § 7 Abs. 1 EStG (lineare AfA, Leistungs-AfA oder Absetzung wegen außergewöhnlicher Abnutzung) oder nach § 7 Abs. 2 EStG (degressive AfA) vorzunehmen.

Voraussetzung für die Sonderabschreibung ist, wie im Falle des Investitionsabzugsbetrag, dass die Größenmerkmale des § 7g Abs. 1 Satz 2 Nr. 1 EStG erfüllt sind (§ 7g Abs. 6 Nr. 1 EStG). Zudem muss das Wirtschaftsgut mindestens bis zum Ende des dem Wirtschaftsjahr der Anschaffung oder Herstellung folgenden Wirtschaftsjahres in einer inländischen Betriebsstätte ausschließlich oder fast ausschließlich betrieblich genutzt werden (§ 7g Abs. 6 Nr. 2 EStG).

Beispiel B.59:

In 01 plant ein Steuerpflichtiger, eine Maschine für voraussichtlich 100.000 € in 04 anzuschaffen. Die Voraussetzungen des § 7g Abs. 1 Satz 2 EStG seien erfüllt.

Am 01.07.04 wird die Maschine tatsächlich für 100.000 € angeschafft.

Es ergeben sich folgende Gewinnauswirkungen bei Anwendung von § 7g EStG:

		Außerbilanzielle Gewinnänderung	**Bilanzielle Gewinnänderung**
Jahr 01:	Investitionsabzugsbetrag (§ 7g Abs. 1 EStG)	– 40.000 €	
Jahr 04:	Hinzurechnung Investitionsabzugsbetrag (§ 7g Abs. 2 Satz 1 EStG)	+ 40.000 €	
	Herabsetzung der Anschaffungskosten (§ 7g Abs. 2 Satz 2 EStG)		– 40.000 €
	Sonderabschreibung (§ 7g Abs. 5 EStG), 20 % von 60.000 €		– 12.000 €
	„normale“ AfA, degressiv (§ 7 Abs. 2 EStG), 60.000 · 25 % · 6/12		– 7.500 €

5.2.3.6.10 Teilwertabschreibungen (§ 6 Abs. 1 Nr. 1 Satz 2, Nr. 2 Satz 2 EStG)

Handelsrechtlich sind **außerplanmäßige Abschreibungen** im Umlaufvermögen vorzunehmen (sog. strenges Niederstwertprinzip, § 253 Abs. 4 HGB). Im Anlagevermögen besteht eine Pflicht für außerplanmäßige Abschreibungen nur bei einer voraussichtlich dauernden Wertminderung (gemildertes Niederstwertprinzip, § 253 Abs. 3 Satz 3 HGB). Bei einer Wertminderung, die voraussichtlich nicht von Dauer ist, besteht bei Finanzanlagen ein Abschreibungswahlrecht und bei anderen Vermögensgegenständen ein Abschreibungsverbot (§ 253 Abs. 3 Satz 4 HGB).

Im **Steuerrecht** spricht man nicht von außerplanmäßigen Abschreibungen, sondern von **Teilwertabschreibungen**. Im Vergleich zum Handelsrecht sind folgende wesentliche Unterschiede zu beachten:

- Teilwertabschreibungen **können** geltend gemacht werden (§ 6 Abs. 1 Nr. 1 Satz 2, Nr. 2 Satz 2 EStG). Das Steuerrecht kennt somit sowohl im Anlagevermögen als auch im Umlaufvermögen ein Abschreibungswahlrecht, kein Abschreibungsgebot. Das steuerliche Wahlrecht kann unabhängig von dem handelsrechtlichen Wertansatz ausgeübt werden. In einem solchen Fall weichen Handelsbilanz und Steuerbilanz voneinander ab.

- Teilwertabschreibungen können nur bei voraussichtlich dauernder Wertminderung geltend gemacht werden. Bei nur vorübergehender Wertminderung sind Teilwertabschreibungen nicht möglich. Erneut kann es zu Abweichungen zwischen Handelsbilanz und Steuerbilanz kommen.

Zur Frage, wann eine Wertminderung voraussichtlich dauernd ist, hat das BMF mit Schreiben vom 25.02.2000 (BStBl I 2000, S. 372) ausführlich Stellung genommen.

Eine Wertminderung ist voraussichtlich dauernd, wenn der Steuerpflichtige hiermit aus Sicht des Bilanzstichtags ernsthaft zu rechnen hat. Aus der Sicht eines sorgfältigen und gewissenhaften Kaufmanns müssen mehr Gründe für als gegen eine Nachhaltigkeit sprechen. Wertminderungen aus besonderem Anlass (z.B. Katastrophen, Beschädigungen, technischer Fortschritt) sind regelmäßig von Dauer. Zusätzliche Erkenntnisse bis zur Bilanzaufstellung sind zu berücksichtigen (Tz. 4 des BMF-Schreibens vom 25.02.2000).

Abnutzbares Anlagevermögen

Bei Wirtschaftsgütern des abnutzbaren Anlagevermögens kann von einer dauernden Wertminderung ausgegangen werden, wenn der Wert des Wirtschaftsgutes zum Bilanzstichtag mindestens für die halbe Restnutzungsdauer unter dem planmäßigen Restbuchwert liegt (Tz. 6 ff. des BMF-Schreibens vom 25.02.2000).

Beispiel B.60:

Der Steuerpflichtige A, der seinen Gewinn nach § 5 EStG ermittelt, erwarb zu Beginn des Jahres 01 eine Maschine mit einer betriebsgewöhnlichen Nutzungsdauer von 10 Jahren für 10.000 €. Die Maschine wird linear abgeschrieben.

Der Wert der Maschine beträgt am 31.12.02 nur noch 2.000 €.

Zum 31.12.02 beträgt die Restnutzungsdauer der Maschine 8 Jahre, die halbe Restnutzungsdauer somit 4 Jahre. Es ist von einer voraussichtlich dauernden Wertminderung auszugehen, wenn nach 4 Jahren, d.h. am 31.12.06, der Teilwert (2.000 €) unter dem planmäßigen Buchwert ($10.000 - 6 \cdot 1.000 = 4.000$ €) liegt. Da dies hier der Fall ist, kann A die Maschine in der Steuerbilanz zum 31.12.02 mit 2.000 € (niedrigerer Teilwert) ansetzen (Wahlrecht). Er kann aber auch den bisherigen Buchwert von 8.000 € beibehalten. Handelsrechtlich besteht hingegen eine Abschreibungspflicht (§ 253 Abs. 3 Satz 3 HGB).

Nicht abnutzbares Anlagevermögen

Für nicht abnutzbare Wirtschaftsgüter des Anlagevermögens ist bei der Überprüfung einer voraussichtlich dauernden Wertminderung darauf abzustellen, ob die Gründe für eine niedrigere Bewertung voraussichtlich anhalten werden. Kursschwankungen von börsennotierten Wirtschaftsgütern des Anlagevermögens stellen nur eine vorübergehende Wertminderung dar und berechtigen somit nicht zum Ansatz des niedrigeren Teilwerts (vgl. Tz. 11 ff. des BMF-Schreibens vom 25.02.2000).

Beispiel B.61:

Der gewerbliche Einzelunternehmer A, der seinen Gewinn nach § 5 EStG ermittelt, hat Aktien der B-AG zum Preis von 120 € je Stück erworben. Die Aktien sind als langfristige Kapitalanlage dazu bestimmt, dauernd dem Geschäftsbetrieb zu dienen.

a) Der Aktienkurs schwankt in der Folgezeit zwischen 70 und 130 €. Am Bilanzstichtag ist ein Kurs von 100 € je Aktie festgestellt worden.

Eine Teilwertabschreibung ist nicht zulässig, da der niedrigere Börsenpreis am Bilanzstichtag durch Kursschwankungen verursacht wurde. Es handelt sich um eine vorübergehende Wertminderung. Handelsrechtlich besteht hingegen für Finanzanlagen bei vorübergehender Wertminderung ein Abschreibungswahlrecht (§ 253 Abs. 3 Satz 4 HGB).

b) Der B-AG droht ein Insolvenzverfahren. Der Kurs bricht auf 40 € ein. Nach der Aufstellung eines Sanierungsplanes erholt sich der Kurs wieder auf 60 € und schwankt nachfolgend zwischen 50 € und 60 €. Am Bilanzstichtag wurde die Aktie mit 55 € notiert.

Der Kurseinbruch wurde durch einen besonderen, auf Dauer wirkenden Anlass verursacht. Eine Teilwertabschreibung unter Berücksichtigung der Kurserholung ist möglich. Die Aktien können demzufolge mit 60 € je Stück angesetzt werden. Der niedrigere Stichtagskurs (55 €) ist hingegen durch Kursschwankungen verursacht und stellt somit eine vorübergehende Wertminderung dar.

Umlaufvermögen

Von einer voraussichtlich dauernden Wertminderung ist bei Wirtschaftsgütern des Umlaufvermögens auszugehen, wenn die Wertminderung bis zum Zeitpunkt der Aufstellung der Bilanz oder dem vorangegangenen Verkaufs- bzw. Verbrauchszeitpunkt anhält. Dabei sind zusätzliche Kenntnisse (z.B. Kursschwankungen von börsennotierten Wirtschaftsgütern des Umlaufvermögens), die bis zu diesem Zeitpunkt erlangt werden, zu berücksichtigen (vgl. BMF-Schreiben vom 25.02.2000, Rz. 23 ff.).

Beispiel B.62:

Unternehmer A, der seinen Gewinn nach § 5 EStG ermittelt, erwirbt Aktien zum Preis von 250 € je Stück, um einen kurzfristigen Spekulationsgewinn zu erzielen. Am Bilanzstichtag werden die Aktien mit 220 € je Stück notiert. Bis zum Zeitpunkt der Bilanzaufstellung schwankt der Börsenkurs zwischen 210 und 230 € je Stück.

Da der Aktienkurs auch bis zum Zeitpunkt der Bilanzaufstellung stets unter 250 € je Stück liegt, ist die Wertminderung voraussichtlich von Dauer. Eine Teilwertabschreibung zum Bilanzstichtag ist somit dem Grunde nach zulässig.

Die Entwicklung bis zum Zeitpunkt der Bilanzaufstellung hat jedoch gezeigt, dass die zum Bilanzstichtag festgestellte Wertminderung von 30 € je Stück nicht in voller Höhe von Dauer war. Eine voraussichtlich dauernde Wertminderung ist nur i.H.v. 20 € je Stück gegeben, so dass eine Teilwertabschreibung nur in dieser Höhe vorgenommen werden kann. A kann die Aktien steuerlich auf 230 € je Stück abschreiben (Wahlrecht).

Handelsrechtlich ist im Umlaufvermögen hingegen das strenge Niederstwertprinzip zu beachten (§ 253 Abs. 4 Sätze 1, 2 HGB). Es muss daher auf den niedrigeren Börsenwert am Bilanzstichtag (220 € je Stück) abgeschrieben werden.

Verbindlichkeiten

Verbindlichkeiten sind unter sinngemäßer Anwendung des § 6 Abs. 1 Nr. 2 EStG anzusetzen (§ 6 Abs. 1 Nr. 3 EStG). Demnach können Verbindlichkeiten bei Vorliegen einer voraussichtlich dauernden Wert**erhöhung** mit ihrem höheren Teilwert angesetzt werden. Bei Absinken des Wertes unter die ursprünglichen Anschaffungskosten ist aufgrund des Realisationsprinzips der Ansatz eines niedrigeren Teilwerts dagegen nicht möglich. Bei Ansatz eines höheren Teilwerts und anschließender Wertminderung ist die Verbindlichkeit entsprechend abzuwerten, jedoch mindestens mit ihren Anschaffungskosten anzusetzen (Wertaufholungsgebot).

So sind Fremdwährungsverbindlichkeiten zunächst im Zeitpunkt des Entstehens mit dem aktuellen Kurs zu bewerten (BFH-Urteil vom 23.04.2009, BStBl II 2009, S. 778). Steigt der Kurs dauerhaft, so **kann** die Verbindlichkeit mit dem höheren Teilwert angesetzt werden. Fallende Kurse führen dagegen nicht zum Ansatz eines niedrigeren Teilwerts. Kommt es nach vorherigem Ansatz eines höheren Teilwerts zu einem Kursrückgang, so ist der Wertansatz der Verbindlichkeit – maximal bis zum ursprünglichen Ansatz – zu mindern. Relevant ist ab 2010 jeweils der Devisenkassamittelkurs am Stichtag (§ 256a Satz 1 HGB).

Wertaufholung

Gemäß § 6 Abs. 1 Nr. 1 Satz 4, Nr. 2 Satz 3 EStG muss an jedem Bilanzstichtag überprüft werden, ob der Ansatz eines niedrigeren Teilwertes noch gerechtfertigt ist. Bei gestiegenem Teilwert ist somit eine gewinnerhöhende Zuschreibung (bis maximal zu den um planmäßige Abschreibungen fortgeschriebenen Anschaffungs- oder Herstellungskosten) vorzunehmen (Wertaufholungsgebot). Auch handelsrechtlich besteht seit 2010 ein allgemeines Wertaufholungsgebot (§ 253 Abs. 5 Satz 1 HGB).

Beispiel B.63:

Der Steuerpflichtige A, der seinen Gewinn nach § 5 EStG ermittelt, erwarb zu Beginn des Jahres 01 eine Maschine mit einer betriebsgewöhnlichen Nutzungsdauer von 10 Jahren für 10.000 €. Die Maschine wird zum 31.12.02 auf den niedrigeren Teilwert (Steuerbilanz) bzw. den niedrigeren beizulegenden Wert (Handelsbilanz) von 2.000 € abgeschrieben, vgl. Beispiel B.60.

Bis zum 31.12.03 ist der Wert der Maschine wieder auf 3.000 € gestiegen.

A muss die Maschine in der Handelsbilanz und in der Steuerbilanz zum 31.12.03 mit 3.000 € ansetzen.

Besonderheiten bei Anteilen an Kapitalgesellschaften

Nach dem sog. Teileinkünfteverfahren sind bei Anteilseignern, die natürliche Personen sind und die Anteile im Betriebsvermögen halten, 40 % der Dividendeneinnahmen von der Steuer befreit (§ 3 Nr. 40 Buchst. d EStG), die verbleibenden 60 % werden in die Bemessungsgrundlage der Einkommensteuer einbezogen. Hierzu korrespondierend sind auch nur 60% der Aufwendungen, die im Zusammenhang mit Dividendeneinnahmen stehen, als Betriebsausgaben abzugsfähig (§ 3c Abs. 2 EStG). Somit können auch Teilwertabschreibungen auf eine zum Betriebsvermögen gehörende Beteiligung an einer Kapitalgesellschaft nur noch zu 60 % steuerlich geltend gemacht werden. 40 % einer in der Steuerbilanz vorgenommenen Teilwertabschreibung sind außerbilanziell wieder hinzuzurechnen.

Für Anteilseigner, die Körperschaften sind und demnach nicht der Einkommensteuer, sondern der Körperschaftsteuer unterliegen, sind Dividenden in voller Höhe steuerfrei (§ 8b Abs. 1 KStG). Gewinnminderungen, die im Zusammenhang mit dem Anteil stehen, können nicht als Betriebsausgaben abgezogen werden (§ 8b Abs. 3 Satz 3 KStG). Somit können auch Teilwertabschreibungen auf Beteiligungen an Kapitalgesellschaften steuerlich nicht geltend gemacht werden. Erneut ist in Höhe der in der Steuerbilanz vorgenommenen Teilwertabschreibung eine außerbilanzielle Hinzurechnung vorzunehmen. Im Einzelnen siehe Abschnitt C.5.3.6.

Entsprechend unterliegen auch Wertaufholungen auf die Beteiligungen an Kapitalgesellschaften nach dem Teileinkünfteverfahren

- bei Anteilseignern, die natürliche Personen sind und die Anteile im Betriebsvermögen halten, nur zu 60 % der Besteuerung, sofern die ursprüngliche Teilwertabschreibung den Gewinn nur zu 60 % minderte (§ 3 Nr. 40 Buchst. a Satz 1 EStG),
- bei Anteilseignern, die Körperschaften sind, nicht der Besteuerung, sofern die ursprüngliche Teilwertabschreibung den Gewinn nicht minderte (§ 8b Abs. 2 Satz 3 KStG).

5.2.3.6.11 Absetzungen für außergewöhnliche technische oder wirtschaftliche Abnutzung (§ 7 Abs. 1 Satz 7 EStG)

Gemäß § 7 Abs. 1 Satz 7 EStG sind Absetzungen für außergewöhnliche technische oder wirtschaftliche Abnutzung (AfaA) möglich.

- Die **außergewöhnliche technische Abnutzung** setzt eine Beeinträchtigung der Substanz eines Wirtschaftsgutes voraus, d.h. Zerstörung, Beschädigung oder Verlust (BFH-Urteil vom 09.12.2003, BStBl II 2004, S. 491).
- Die **außergewöhnliche wirtschaftliche Abnutzung** ist eine Beeinträchtigung der wirtschaftlichen Nutzungsfähigkeit, z.B. Änderung der Nachfrage oder Wandel des modischen Geschmacks bei Wirtschaftsgütern des Umlaufvermögens, Unrentabilität einer Maschine auf Grund technischen Fortschritts.

Bloße Marktpreisschwankungen reichen hingegen für eine außergewöhnliche Abnutzung ebenso wenig aus wie eine Minderung der Rentabilität einer vermieteten Wohnung wegen eines Überangebots (FG Schleswig-Holstein vom 04.06.2009, EFG 2009, S. 1453, Rev. eingelegt).

Die AfaA ist möglich in dem Jahr, in dem die außergewöhnliche technische oder wirtschaftliche Abnutzung eingetreten ist, spätestens aber im Jahr der Entdeckung des Schadens. Eine bewusst unterlassene AfaA darf nicht später nachgeholt werden (BFH-Urteil vom 01.12.1992, BStBl II 1994, S. 11).

Bei außergewöhnlicher technischer Abnutzung ist der Teil des Buchwerts abzusetzen, der dem Substanzverlust entspricht. Bei außergewöhnlicher wirtschaftlicher Abnutzung ist das Verhältnis der Verminderung der Nutzbarkeit zur normalen Nutzbarkeit des Wirtschaftsgutes maßgebend (*E. Kulosa* in L. Schmidt (2010), § 7, Rz. 125).

Bedeutung hat die Absetzung für außergewöhnliche Abnutzung vor allem

- bei den Überschusseinkunftsarten (insbesondere Vermietung und Verpachtung),
- bei Gewinnermittlung nach § 4 Abs. 3 EStG.

Bei der Gewinnermittlung durch Betriebsvermögensvergleich (§ 4 Abs. 1 bzw. § 5 EStG) werden Wertminderungen hingegen ohnehin schon durch die Teilwertabschreibung erfasst. Allerdings kann die AfaA im Einzelfall zu höheren Absetzungsbeträgen kommen als die Teilwertabschreibung. Bei den Überschusseinkunftsarten sowie bei Gewinnermittlung nach

§ 4 Abs. 3 EStG kommt die Teilwertabschreibung dagegen nicht zur Anwendung (vgl. Eingangssatz des § 6 Abs. 1 EStG).

Absetzungen für außergewöhnliche technische oder wirtschaftliche Abnutzung können nur bei linearer Abschreibung, nicht aber bei degressiver Abschreibung vorgenommen werden (§ 7 Abs. 2 Satz 4 EStG).

Auch bei der AfaA ist in Wertaufholungsfällen eine Zuschreibung verpflichtend vorzunehmen (§ 7 Abs. 1 Satz 7 Halbsatz 2 EStG).

Beispiel B.64:

Eine vermietete Eigentumswohnung wird im Dezember 01 bei einem Brand völlig zerstört. Der Restbuchwert nach linearer AfA (§ 7 Abs. 4 EStG) zum 31.12.01 beträgt 150.000 €.

In Höhe von 150.000 € kann in 01 eine AfaA bei den Einkünften aus Vermietung und Verpachtung geltend gemacht werden. Eine Teilwertabschreibung ist bei den Einkünften aus Vermietung und Verpachtung hingegen nicht möglich.

5.2.3.7 Tausch von Wirtschaftsgütern

Wirtschaftlich besteht ein Tausch aus einer Veräußerung (mit Gewinnrealisierung in Höhe der Differenz zwischen dem Wert des hingegebenen Wirtschaftsgutes und seinem Buchwert) und einer Anschaffung (mit Anschaffungskosten in Höhe des gemeinen Werts des **hingegebenen** Wirtschaftsgutes).

Im Rahmen der Gewinnermittlung nach Betriebsvermögensvergleich wird beim Tausch von Wirtschaftsgütern das alte Wirtschaftsgut mit dem zu Buche stehenden Wert ausgebucht und das neue Wirtschaftsgut mit dem gemeinen Wert (§ 9 Abs. 2 BewG) des hingegebenen Wirtschaftsguts eingebucht (§ 6 Abs. 6 Satz 1 EStG). In Höhe der Differenz zwischen gemeinem Wert und Buchwert des hingegebenen Wirtschaftsguts wird ein Gewinn realisiert.

5.2.3.8 Einlagen und Entnahmen

Gewinn ist nach § 4 Abs. 1 Satz 1 EStG die Differenz zwischen dem Betriebsvermögen am Schluss des Wirtschaftsjahres und dem Betriebsvermögen am Schluss des vorangegangenen Wirtschaftsjahres, vermehrt um die Entnahmen und vermindert um die Einlagen. Die Entnahmen sind der Reinvermögensänderung hinzuzurechnen, da sie aus dem Unternehmen abgeflossen sind, ohne Betriebsausgaben zu sein. Entsprechend sind Einlagen zu subtrahieren, da sie das Reinvermögen vermehrt haben, ohne betrieblich erwirtschaftet worden zu sein.

Entnahmen sind alle Wirtschaftsgüter (Barentnahmen, Waren, Erzeugnisse, Nutzungen und Leistungen), die der Steuerpflichtige dem Betrieb für sich, seinen Haushalt oder andere betriebsfremde Zwecke entnimmt (§ 4 Abs. 1 Satz 2 EStG). **Einlagen** sind alle Wirtschaftsgüter (Bareinzahlungen und sonstige Wirtschaftsgüter), die der Steuerpflichtige dem Betrieb zuführt (§ 4 Abs. 1 Satz 7 EStG). Der Begriff des entnahme- bzw. einlagefähigen Gutes entspricht damit grundsätzlich dem Begriff des Wirtschaftsgutes (siehe Abschnitt B.5.2.3.3). Nach Auffassung des BFH hat der Klammerzusatz (Nutzungen und Leistungen) nicht begriffsbestimmende Bedeutung (BFH-Beschluss vom 26.10.1987, GrS, BStBl II 1988, S. 348; BFH-Urteil vom 19.12.2002, BFH/NV 2003, S. 979); er ist vielmehr so auszulegen, dass nicht Nutzungen als solche einlage- und entnahmefähig sind, sondern nur Nutzungs**rechte**, die selbständige Wirtschaftsgüter darstellen.

Bareinlagen und Barentnahmen

Der Ansatz von Bareinlagen und -entnahmen mit dem Nennwert ist unproblematisch.

Sacheinlagen und Sachentnahmen

Entnahmen und Einlagen werden grundsätzlich mit dem Teilwert angesetzt (§ 6 Abs. 1 Nr. 4 Satz 1, Nr. 5 Satz 1 EStG). Durch eine Bewertung von **Einlagen** zum Teilwert soll sichergestellt werden, dass Werterhöhungen, die vor der Einlage im Privatvermögen entstanden sind, nicht bei einer späteren Veräußerung zu versteuern sind. Die Bewertung von **Entnahmen** zum Teilwert soll sicherstellen, dass Werterhöhungen, die vor der Entnahme im betrieblichen Bereich entstanden sind, im Zeitpunkt der Entnahme einer Abschlussbesteuerung unterliegen.

In bestimmten Fällen wird jedoch von der Bewertung mit dem Teilwert abgewichen:

- Wird ein Wirtschaftsgut unmittelbar nach seiner Entnahme an bestimmte gemeinnützige Organisationen verschenkt, so kann die Entnahme zum Buchwert (ohne Aufdeckung stiller Reserven) erfolgen (§ 6 Abs. 1 Nr. 4 Sätze 4, 5 EStG).
- Einlagen sind höchstens mit den Anschaffungs- oder Herstellungskosten anzusetzen, wenn das zugeführte Wirtschaftsgut
  - innerhalb der letzten drei Jahre vor dem Zeitpunkt der Einlage angeschafft oder hergestellt worden ist (§ 6 Abs. 1 Nr. 5 Buchst. a EStG) oder
  - ein Anteil an einer Kapitalgesellschaft ist und der Steuerpflichtige zu einem Zeitpunkt innerhalb der letzten fünf Jahre unmittelbar oder mittelbar zu mindestens 1 % an dieser Kapitalgesellschaft beteiligt war (§ 6 Abs. 1 Nr. 5 Buchst. b EStG i.V.m. § 17 Abs. 1 EStG; siehe auch Abschnitt B.7.2.5) oder
  - ein Wirtschaftsgut im Sinne des § 20 Abs. 2 EStG ist (Anteile an Kapitalgesellschaften, Wertpapiere, Kapitalforderungen etc.).

  Wertsteigerungen vor dem Einlagezeitpunkt sollen bei den genannten Wirtschaftsgütern nicht zu einer Erhöhung des Abschreibungspotentials führen und – im Falle einer Wiederveräußerung aus dem Betriebsvermögen – auch nicht den steuerpflichtigen Veräußerungsgewinn mindern.

Beispiel B.65:

A legt aus seinem Privatvermögen ein unbebautes Grundstück, welches er am 15.02.01 erworben hatte (Anschaffungskosten: 50.000 €), in sein Unternehmen ein. Die Einlage erfolgt

a) im Jahr 02 (Teilwert: 55.000 €)

b) im Jahr 07 (Teilwert: 70.000 €)

Erfolgt die Einlage im Jahr 02, so beträgt der Zeitraum zwischen Anschaffung und Einlage weniger als drei Jahre. Nach § 6 Abs. 1 Nr. 5 Buchst. a EStG ist diese Einlage mit den Anschaffungskosten (50.000 €) zu bewerten.

Erfolgt die Einlage im Jahr 07, so ist das Grundstück gemäß § 6 Abs. 1 Nr. 5 Satz 1 EStG mit seinem Teilwert (70.000 €) anzusetzen. Wird dieses Grundstück aus dem Betriebsvermögen veräußert und beträgt der Zeitraum zwischen Anschaffung (15.02.01) und Veräußerung weniger als zehn Jahre, so wird nachträglich ein privates Veräußerungsgeschäft fingiert (§ 23 Abs. 1 Satz 1 Nr. 1 i.V.m. § 23 Abs. 1 Satz 5 Nr. 1 EStG). In diesem Fall unterliegt der Unterschiedsbetrag zwischen dem Einlagewert (im Fall a 50.000 €; im Fall b 70.000 €) und den Anschaffungskosten (50.000 €) als Gewinn aus privaten Veräußerungsgeschäften nachträglich der Einkommensteuer (§ 23 Abs. 3 Sätze 1, 2 EStG). Da im Fall a der Einlagewert den Anschaffungskosten entspricht, entsteht durch die Veräußerung kein nachträglicher Veräußerungsgewinn i.S.d. § 23 Abs. 3 EStG.

Ohne die Regelung des § 23 Abs. 1 Satz 5 Nr. 1 EStG entstünde im Veräußerungszeitpunkt ein betrieblicher Veräußerungsgewinn in Höhe des Unterschiedsbetrags zwischen dem Veräußerungspreis und dem Wert, mit dem das Grundstück im Einlagezeitpunkt bewertet wurde (bei Vernachlässigung von Teilwertabschreibungen, etc.). Dann würde nur im Fall a auch die im Zeitraum zwischen Anschaffung und Einlage eingetretene Wertsteigerung der Besteuerung unterliegen.

Ausführlich wird auf die Problematik der privaten Veräußerungsgeschäfte nach § 23 EStG in Abschnitt B.7.7.5.1 eingegangen.

Nutzungseinlagen und Nutzungsentnahmen

Wie oben dargestellt, sind Nutzungen als solche nicht einlage- oder entnahmefähig, sondern nur Nutzungs**rechte**, die selbstständige Wirtschaftsgüter darstellen (z.B. bereits von Dritten erworbene Lizenzen). Auch solche Nutzungsrechte sind grundsätzlich mit dem Teilwert zu bewerten.

Werden Wirtschaftsgüter des Betriebsvermögens privat bzw. Wirtschaftsgüter des Privatvermögens betrieblich genutzt, so ist wie folgt zu verfahren:

- Werden Wirtschaftsgüter des Privatvermögens teilweise betrieblich genutzt („**Nutzungseinlage**"), so sind die durch die betriebliche Nutzung verursachten (anteiligen) Aufwendungen Betriebsausgaben (§ 4 Abs. 4 EStG). Diese sind mit den anteiligen Selbstkosten, d.h. mit den Kosten, die durch die betrieblich veranlasste Nutzung des eigenen betriebsfremden Vermögens entstehen, anzusetzen (BFH-Beschluss vom 26.10.1987, GrS, BStBl II 1988, S. 348).

Beispiel B.66:

Ein zum Privatvermögen gehörender Pkw wird zu 30 % betrieblich genutzt.

30 % der gesamten Kosten des Pkw (Kraftstoff, Reparaturen, Versicherung, Kfz-Steuer, AfA etc.) sind als Betriebsausgaben zu berücksichtigen.

- Werden Wirtschaftsgüter des Betriebsvermögens teilweise privat genutzt („**Nutzungsentnahme**", z.B. Pkw-, Telefonnutzung), so stellt der Privatanteil nicht abziehbare Lebenshaltungskosten nach § 12 Nr. 1 EStG dar (vgl. BFH-Urteil vom 19.12.2002, BFH/NV 2003, S. 979; *W. Zenthöfer / D. Schulze zur Wiesche* (2009), S. 358). Auch diese sind mit den (anteiligen) Selbstkosten zu bewerten (*E. Kulosa* in L. Schmidt (2010), § 6, Rz. 507).

  Besonderheiten sind zu beachten bei der privaten Nutzung eines betrieblichen Pkw, die nach § 6 Abs. 1 Nr. 4 Sätze 2, 3 EStG zu bewerten ist (ausführlich BMF-Schreiben vom 18.11.2009, BStBl I 2009, S. 1326):

Listenpreismethode (§ 6 Abs. 1 Nr. 4 Satz 2 EStG)

Die private Nutzung eines betrieblichen Kfz, **das zu mehr als 50 % betrieblich genutzt wird**, ist für jeden Kalendermonat der privaten Nutzung mit 1 % des inländischen Listenpreises im Zeitpunkt der Erstzulassung (einschließlich Umsatzsteuer) anzusetzen. Gewillkürtes Betriebsvermögen kann somit nicht nach der Listenpreismethode bewertet werden.

Fahrtenbuchmethode (§ 6 Abs. 1 Nr. 4 Satz 3 EStG)

Alternativ kann die private Nutzung auch mit den auf die Privatfahrten entfallenden Aufwendungen angesetzt werden, wenn die für das Kfz insgesamt entstehenden Aufwendungen durch Belege und das Verhältnis der privaten zu den betrieblichen Fahrten durch ein ordnungsgemäßes Fahrtenbuch nachgewiesen werden.

Beispiel B.67:

Es ist ordnungsgemäß nachgewiesen, dass ein betrieblicher Pkw zu 20 % privat genutzt wurde. Der inländische Listenpreis im Zeitpunkt der Erstzulassung betrug 20.000 €. Für das Wirtschaftsjahr sind folgende Aufwendungen nachgewiesen:

Benzin, Wartung, Reparaturen:	2.000 €
Kfz-Steuer und Versicherung:	500 €
AfA:	2.500 €
Zinsen Anschaffungsdarlehen:	500 €

Listenpreismethode

1 % des inländischen Listenpreises von 20.000 € =	200 €
für 12 Monate: 200 € · 12 =	2.400 €

Fahrtenbuchmethode

Summe der Aufwendungen:	5.500 €
20 % davon:	1.100 €

Die Bewertung der Nutzungsentnahme mit den tatsächlichen Aufwendungen (§ 6 Abs. 1 Nr. 4 Satz 3 EStG, Fahrtenbuchmethode) führt im Beispiel zu einem günstigeren Ergebnis als die pauschale Bewertung (§ 6 Abs. 1 Nr. 4 Satz 2 EStG, Listenpreismethode).

Ausschluss oder Beschränkung des Besteuerungsrechts der Bundesrepublik Deutschland

Mit Wirkung für Wirtschaftsjahre, die nach dem 31.12.2005 enden, ist § 4 Abs. 1 Sätze 3, 4 EStG eingefügt worden (§ 52 Abs. 8b EStG). Danach steht es einer Entnahme gleich, wenn das Besteuerungsrecht der Bundesrepublik Deutschland hinsichtlich des Gewinns aus der Veräußerung eines Wirtschaftsgutes ausgeschlossen oder beschränkt wird (sog. Entstrickung stiller Reserven), z.B. Überführung eines Wirtschaftsgutes in eine ausländische Betriebsstätte, wenn der ausländische Betriebsstättengewinn nach einem Doppelbesteuerungsabkommen in Deutschland nicht besteuert werden kann (vgl. auch BMF-Schreiben vom

20.05.2009, BStBl I 2009, S. 671). In diesem Fall ist das Wirtschaftsgut im Entstrickungszeitpunkt mit dem gemeinen Wert anzusetzen (§ 6 Abs. 1 Nr. 4 Satz 1 Halbsatz 2 EStG).

Gemäß § 4g EStG kann für Wirtschaftsgüter des Anlagevermögens in Höhe der Differenz zwischen dem Buchwert und dem gemeinen Wert im Entstrickungszeitpunkt auf Antrag des Steuerpflichtigen ein Ausgleichsposten gebildet werden, soweit das Wirtschaftsgut einer Betriebsstätte desselben Steuerpflichtigen in einem anderen EU-Staat zuzuordnen ist. Der Ausgleichsposten ist im Wirtschaftsjahr der Bildung und in den folgenden vier Wirtschaftsjahren zu je einem Fünftel gewinnerhöhend aufzulösen (§ 4g Abs. 2 Satz 1 EStG). Die Vorschrift des § 4g EStG führt somit zu einer zeitlich gestreckten Versteuerung der stillen Reserven. Wenn das Wirtschaftsgut vor Ablauf der fünf Jahre aus dem Betriebsvermögen des Steuerpflichtigen ausscheidet, ist ein verbleibender Ausgleichsposten aber in diesem Zeitpunkt vollständig gewinnerhöhend aufzulösen (§ 4g Abs. 2 Satz 2 EStG).

5.2.4 Einnahmen-Überschuss-Rechnung

Auch für die Einnahmen-Überschuss-Rechnung nach § 4 Abs. 3 EStG wird, analog zur Vorgehensweise beim Betriebsvermögensvergleich, zunächst der Gewinnbegriff erläutert (siehe Abschnitt B.5.2.4.1). Auf die Ermittlung dieses Gewinns wird in Abschnitt B.5.2.4.3 eingegangen, nachdem in Abschnitt B.5.2.4.2 die wesentlichen Unterschiede zwischen Betriebsvermögensvergleich und Einnahmen-Überschuss-Rechnung dargestellt wurden.

Wird der Gewinn durch Einnahmen-Überschuss-Rechnung ermittelt, so ist der Einkommensteuererklärung seit 2004 eine Gewinnermittlung nach amtlich vorgeschriebenem Vordruck beizufügen (Anlage EÜR). Dies ist nur dann nicht erforderlich, wenn die Summe der Betriebseinnahmen 17.500 € nicht übersteigt (OFD Münster, Vfg. vom 07.04.2006, DStZ 2006, S. 350). Für Wirtschaftsjahre, die nach dem 31.12.2010 beginnen, ist die Einnahmen-Überschuss-Rechnung nach amtlich vorgeschriebenem Datensatz durch Datenfernübertragung zu übermitteln (§ 60 Abs. 4 EStDV).

5.2.4.1 Gewinnbegriff

§ 4 Abs. 3 Satz 1 EStG definiert den Gewinn als Differenz zwischen Betriebseinnahmen und Betriebsausgaben.

Betriebseinnahmen des Wirtschaftsjahres
– Betriebsausgaben des Wirtschaftsjahres
= Gewinn nach § 4 Abs. 3 Satz 1 EStG

Tabelle B.15: Ermittlung des Gewinns nach Einnahmen-Überschuss-Rechnung

Der Begriff der **Betriebseinnahmen** ist gesetzlich nicht definiert. Nach allgemeiner Auffassung hat sich seine Interpretation jedoch an dem Begriff der Einnahmen im Rahmen der Überschusseinkunftsarten (§ 8 Abs. 1 EStG) zu orientieren. Betriebseinnahmen sind danach alle Zugänge in Form von Geld oder Geldeswert, die durch den Betrieb veranlasst sind (BFH-Urteile vom 22.07.1988, BStBl II 1988, S. 995; vom 14.03.1989, BStBl II 1989, S. 650). Hierzu gehören insbesondere die zugeflossenen Entgelte aus Lieferungen und Leistungen (Warenverkäufe bzw. Erbringung von Dienstleistungen), Mieteinnahmen, Provisionseinnahmen sowie Zinseinnahmen aus betrieblichen Guthaben und Forderungen.

Betriebsausgaben sind gemäß § 4 Abs. 4 EStG Aufwendungen, die durch den Betrieb veranlasst sind. Eine betriebliche Veranlassung ist gegeben, wenn die Aufwendungen objektiv mit dem Betrieb zusammenhängen und subjektiv dazu bestimmt sind, dem Betrieb zu dienen (BFH-Urteil vom 29.10.1991, BStBl II 1992, S. 647).

5.2.4.2 Unterschiede zum Betriebsvermögensvergleich

Die Gewinnermittlung nach § 4 Abs. 3 EStG stellt eine gegenüber der Gewinnermittlung nach § 4 Abs. 1 bzw. § 5 EStG vereinfachte Methode dar. Basierend auf der Überlegung, dass sich jede Veränderung des Betriebsvermögens zu irgendeinem Zeitpunkt in einem Zufluss oder Abfluss niederschlagen muss, werden im Rahmen der Einnahmen-Überschuss-Rechnung keine Betriebsvermögensänderungen, sondern Betriebseinnahmen und Betriebsausgaben erfasst.

Im Vergleich zu dem in Abschnitt B.5.2.3 erläuterten Betriebsvermögensvergleich ergeben sich insbesondere die folgenden wesentlichen Unterschiede:

- Grundlegend ist die unterschiedliche Behandlung bei der zeitlichen Erfassung der jeweiligen Erfolgsgrößen: Während die Erträge und Aufwendungen im Rahmen des Betriebsvermögensvergleichs in der Periode erfasst werden, der sie wirtschaftlich zuzurechnen sind (**Soll-Prinzip**, vgl. Abschnitt B.5.2.3.1), werden die Betriebseinnahmen und Betriebsausgaben im Rahmen der Einnahmen-Überschuss-Rechnung in der Periode erfolgswirksam berücksichtigt, in der sie tatsächlich zu- bzw. abfließen (**Ist-Prinzip**).

Beispiel B.68:

Unternehmer A verkauft am 17.12.01 Waren für 11.900 € (einschließlich Umsatzsteuer) auf Ziel. Der Zahlungseingang erfolgt am 07.01.02. Die im Verkaufspreis enthaltene Umsatzsteuer führt A am 10.01.02 an das Finanzamt ab.

Ermittelt A seinen Gewinn durch Betriebsvermögensvergleich, so ergeben sich aus diesem Geschäftsvorfall die nachfolgenden Buchungen:

					Gewinnauswirkung
in 01:	Forderungen	11.900	an Warenverkauf	10.000	+ 10.000
			an Umsatzsteuer	1.900	
in 02:	Bank	11.900	an Forderungen	11.900	keine
	Umsatzsteuer	1.900	an Bank	1.900	

Ermittelt A seinen Gewinn dagegen nach Einnahmen-Überschuss-Rechnung, so ergeben sich die folgenden Aufzeichnungen und Gewinnauswirkungen:

in 01:	keine Aufzeichnungen	keine
in 02:	Betriebseinnahme (Zahlungseingang)	+ 11.900
	Betriebsausgabe (Umsatzsteuerabführung)	– 1.900

Zudem ist zu beachten, dass beim Betriebsvermögensvergleich zur Ermittlung des Gewinns in 01 der Wareneinsatz (Buchwert der veräußerten Waren) dem Warenverkaufspreis gegenzurechnen ist. Bei der Einnahmen-Überschuss-Rechnung wirken die Anschaffungskosten der Waren dagegen schon im Anschaffungszeitpunkt gewinnmindernd (siehe Abschnitt B.5.2.4.3.2).

Beispiel B.69:

Unternehmer B zahlt am 30.09.01 Miete i.H.v. 12.000 € für ein Jahr im Voraus.

Ermittelt A seinen Gewinn durch Betriebsvermögensvergleich, so ergeben sich aus diesem Geschäftsvorfall die nachfolgenden Buchungen:

					Gewinnauswirkung
in 01:	Mietaufwand	3.000	an Bank	12.000	– 3.000
	aktiver RAP	9.000			
in 02:	Mietaufwand	9.000	an aktiver RAP	9.000	– 9.000

Ermittelt A seinen Gewinn dagegen nach Einnahmen-Überschuss-Rechnung, so ergeben sich die folgenden Aufzeichnungen und Gewinnauswirkungen:

in 01:	Betriebsausgabe	– 12.000
in 02:	keine Aufzeichnungen	keine

- Aus der Tatsache, dass bei der Gewinnermittlung nach Einnahmen-Überschuss-Rechnung der Gewinn als Saldo zwischen Betriebseinnahmen und Betriebsausgaben und nicht als Differenz zweier Vermögensbestände ermittelt wird, resultiert, dass bei der Gewinnermittlung nach § 4 Abs. 3 EStG auf jährliche Bestandsaufnahmen (Inventur) verzichtet werden kann. Es reicht aus, Aufzeichnungen über die Betriebseinnahmen und Betriebsausgaben sowie ein Verzeichnis über die Wirtschaftsgüter des Anlagevermögens und bestimmte Wirtschaftsgüter des Umlaufvermögens (§ 4 Abs. 3 Satz 5 EStG) zu führen. Diese Erleichterung ist als wesentlicher Vorteil der Gewinnermittlung nach Einnahmen-Überschuss-Rechnung gegenüber der Gewinn-ermittlung nach Betriebsvermögensvergleich anzusehen.
- Da die Einnahmen-Überschuss-Rechnung, wie oben dargestellt, nach dem Ist-Prinzip erfolgt, sind Erfolgsabgrenzungen durch Rechnungsabgrenzungsposten oder Rückstellungen im Rahmen dieser Gewinnermittlungsart ausgeschlossen. Ebenso können Wertberichtigungen und Abschreibungen auf den niedrigeren Teilwert (§ 6 Abs. 1 Nr. 1 Satz 2, Nr. 2 Satz 2 EStG) bei der Gewinnermittlung nach Einnahmen-Überschuss-Rechnung nicht vorgenommen werden (wohl aber Absetzungen für außergewöhnliche technische oder wirtschaftliche Abnutzung, siehe Abschnitt B.5.2.3.6.11).

  Die Wirkung von Erfolgsabgrenzungen und Teilwertabschreibungen besteht in einer zeitlichen Verschiebung von Gewinnen zwischen einzelnen Gewinnermittlungsperioden, nicht jedoch in einer Änderung des über die gesamte Lebensdauer kumulierten Gewinns (Totalgewinn). Daraus folgt, dass man unabhängig davon, ob der Gewinn nach Betriebsvermögensvergleich oder nach Einnahmen-Überschuss-Rechnung ermittelt wird, grundsätzlich zum gleichen (undiskontierten) Totalgewinn gelangt (vgl. BFH-Urteile vom 23.02.1984, BStBl II 1984, S. 516; vom 02.10.2003, BStBl II 2004, S. 985). Ein identischer Totalgewinn ist jedoch nicht gleichbedeutend mit einer identischen Steuerlast. Vielmehr wird die Progressivität des Einkommensteuertarifs dazu führen, dass aus einer unterschiedlichen Periodisierung des Totalgewinns auch Unterschiede hinsichtlich der steuerlichen Belastung resultieren. Darüber hinaus ist natürlich – auch bei identischem Totalgewinn und gleichbleibendem Steuersatz – der zeitfernere Ausweis von Gewinnen aufgrund von Zinsvorteilen weniger belastend.

5.2.4.3 Steuerliche Erfassung des laufenden Gewinns

Betriebseinnahmen (Zuflussprinzip)	
–	**Betriebsausgaben** (Abflussprinzip)
=	**Einnahmen- / Ausgaben-Überschuss**
–	durchlaufende Posten, für andere vereinnahmt (Abschnitt B.5.2.4.3.1)
+	durchlaufende Posten, für andere verausgabt (Abschnitt B.5.2.4.3.1)
–	Abschreibungen auf die abnutzbaren Wirtschaftsgüter des Anlagevermögens (Abschnitt B.5.2.4.3.3)
–	Buchwert veräußerter oder entnommener Wirtschaftsgüter des Anlagevermögens (Abschnitte B. 5.2.4.3.3, B.5.2.4.3.4)
+ (–)	regelmäßig wiederkehrende Einnahmen (Ausgaben) i.S.d. § 11 Abs. 1 Satz 2 (§ 11 Abs. 2 Satz 2) EStG, die in anderen Kalenderjahren für das laufende Kalenderjahr zugeflossen (abgeflossen) sind (Abschnitt B.5.2.4.3.6)
– (+)	regelmäßig wiederkehrende Einnahmen (Ausgaben) i.S.d. § 11 Abs. 1 Satz 2 (§ 11 Abs. 2 Satz 2) EStG, die im laufenden Kalenderjahr für andere Kalenderjahre zugeflossen (abgeflossen) sind (Abschnitt B.5.2.4.3.6)
=	**korrigierter Einnahmen- / Ausgaben- Überschuss**
+	nichtabzugsfähige Betriebsausgaben (Abschnitt B.5.2.4.3.10)
–	steuerfreie Einnahmen (Abschnitt B.5.2.4.3.10)
–	Investitionsabzugsbeträge nach § 7g Abs. 1 EStG (Abschnitt B.5.2.3.6.9)
–	Bildung steuerfreier Rücklagen nach § 6c i.V.m. § 6b EStG, R 6.6 EStR (Abschnitt B.5.2.3.4.1)
+	Sachentnahmen (Abschnitt B.5.2.4.3.9)
–	Sacheinlagen (Abschnitt B.5.2.4.3.9)
=	**steuerpflichtige Einkünfte**

Tabelle B.16: Gewinn nach Einnahmen-Überschuss-Rechnung

Unter der Voraussetzung, dass die (undiskontierten) Totalgewinne übereinstimmen, wird toleriert, dass sich die Periodengewinne, die nach Einnahmen-Überschuss-Rechnung ermittelt werden, von denen, die sich nach Betriebsvermögensvergleich ergeben, in gewissem Maße unterscheiden. Eine konsequente Anwendung des Zu- bzw. Abflussprinzips im Rahmen der Gewinnermittlung nach § 4 Abs. 3 EStG würde jedoch bei einer Reihe von Geschäftsvorfällen die Periodengewinne so stark verzerren, dass dies mit dem Leistungsfähigkeitsprinzip nicht mehr vereinbar wäre.

Es gibt daher eine Reihe von Durchbrechungen des Zu- bzw. Abflussprinzips, die dazu dienen, die Abweichungen des Gewinns nach Einnahmen-Überschuss-Rechnung von dem Gewinn nach Betriebsvermögensvergleich auf ein akzeptables Maß zu reduzieren. Um vom Überschuss der Einnahmen über die Ausgaben zum tatsächlichen steuerpflichtigen Periodengewinn zu gelangen, sind somit einige Korrekturen notwendig. Die wichtigsten dieser

Korrekturen sind in dem folgenden Schema zusammengefasst (ähnlich: *E. Biergans* (1992), S. 673).

5.2.4.3.1 Durchlaufende Posten

Gemäß § 4 Abs. 3 Satz 2 EStG sind durchlaufende Posten, d.h. Beträge, die der Steuerpflichtige im Namen und für Rechnung eines anderen vereinnahmt oder verausgabt (z.B. Gerichtskostenvorschüsse des Mandanten an den Anwalt, an Lottovermittler gezahlte Spieleinsätze) im Rahmen der Gewinnermittlung nach § 4 Abs. 3 EStG nicht als Betriebseinnahmen bzw. Betriebsausgaben anzusetzen. Wurden durchlaufende Posten dennoch erfolgswirksam erfasst, so ist der Einnahmen-Ausgaben-Überschuss entsprechend zu korrigieren.

Nach der BFH-Rechtsprechung führen die Zahlung und Erstattung von Auslagen eines Rechtsanwalts für Porti und Telefon sowie die Vereinnahmung und Verausgabung von Umsatzsteuer zu Betriebseinnahmen bzw. Betriebsausgaben und stellen somit keine durchlaufenden Posten i.S.d. § 4 Abs. 3 Satz 2 EStG dar (BFH-Urteil vom 29.05.2006, BFH/NV 2006, S. 1827).

5.2.4.3.2 Wirtschaftsgüter des Umlaufvermögens

Die Anschaffungskosten von Wirtschaftsgütern des Umlaufvermögens stellen im Rahmen der Gewinnermittlung durch Einnahmen-Überschuss-Rechnung – im Gegensatz zur Gewinnermittlung durch Betriebsvermögensvergleich, bei der sie erst im Zeitpunkt der Weiterveräußerung, zeitgleich mit den Verkaufserlösen als Wareneinsatz, erfolgswirksam zu berücksichtigen sind – sofort abzugsfähige Betriebsausgaben i.S.d. § 4 Abs. 3 Satz 1 EStG dar (BFH-Urteil vom 12.07.1990, BStBl II 1991, S. 13).

Beispiel B.70:

Einzelhändler A erwirbt am 30.12.01 Waren für 10.000 € (zuzüglich 19 % Umsatzsteuer), welche er auch sofort bezahlt. Die Waren werden in 02 für 20.000 € (+ 19 % Umsatzsteuer) veräußert. Sowohl die Vorsteuererstattung durch das Finanzamt als auch die Umsatzsteuerabführung an das Finanzamt erfolgen im Jahr 02.

Es ergeben sich folgende Aufzeichnungen und Gewinnauswirkungen:

			Gewinnauswirkung
in 01:	Warenerwerb:	Betriebsausgabe	– 11.900
in 02:	Warenveräußerung:	Betriebseinnahme	+ 23.800
	Vorsteuer-Erstattung:	Betriebseinnahme	+ 1.900
	Umsatzsteuer-Abführung:	Betriebsausgabe	– 3.800

Durch das Missbrauchseindämmungsgesetz (BGBl I 2006, S. 1095) wurden mit Wirkung zum 06.05.2006 (§ 52 Abs. 10 Satz 2 EStG) die Sätze 4 und 5 in § 4 Abs. 3 EStG eingefügt. Danach dürfen die Anschaffungs- bzw. Herstellungskosten folgender Wirtschaftsgüter des **Umlaufvermögens** erst im Zeitpunkt des Zuflusses des Veräußerungserlöses gewinnmindernd berücksichtigt werden:

- Anteile an Kapitalgesellschaften
- Wertpapiere und vergleichbare nicht verbriefte Forderungen und Rechte

- Grund und Boden, Gebäude

Ziel der Regelung ist es, nach Auffassung des Gesetzgebers nicht hinnehmbare zeitliche Verzerrungen beim Ansatz von Betriebseinnahmen und Betriebsausgaben zu vermeiden.

Beispiel B.71:

Ein Immobilienhändler hält ein Grundstück, das er Anfang 01 für 200.000 € erworben hat, im Umlaufvermögen. Im Dezember 02 verkauft er das Grundstück für 300.000 €. Der Kaufpreis fließt aber erst im Januar 03 zu.

Gemäß § 4 Abs. 3 Satz 4 EStG sind die Anschaffungskosten für das Grundstück nicht bereits im Abflusszeitpunkt (01), sondern zeitgleich mit dem Zufluss des Veräußerungserlöses in 03 als Betriebsausgabe anzusetzen. In 03 ist somit eine Betriebseinnahme von 300.000 € sowie eine Betriebsausgabe von 200.000 € zu berücksichtigen.

Gemäß § 4 Abs. 3 Satz 5 EStG sind die genannten Wirtschaftsgüter des Umlaufvermögens mit ihrem Anschaffungszeitpunkt und ihren Anschaffungskosten in besondere, laufend zu führende Verzeichnisse aufzunehmen.

5.2.4.3.3 Abnutzbare Wirtschaftsgüter des Anlagevermögens

Grundsätzlich sind Betriebsausgaben im Rahmen der Gewinnermittlung durch Einnahmen-Überschuss-Rechnung im Zeitpunkt ihres Abflusses gewinnmindernd zu berücksichtigen. Würde an diesem Grundsatz auch bei der Anschaffung, Herstellung oder Einlage von Wirtschaftsgütern des Anlagevermögens festgehalten, würde dies zu Verzerrungen der Periodengewinne führen, die hinsichtlich ihres Ausmaßes nicht mehr mit dem Leistungsfähigkeitsprinzip gerechtfertigt werden könnten. Aus diesem Grund sind die Anschaffungs- bzw. Herstellungskosten oder der Einlagewert von abnutzbaren Wirtschaftsgütern des Anlagevermögens nicht bereits im Abflusszeitpunkt gewinnmindernd zu berücksichtigen, sondern nach den Abschreibungsregeln der §§ 7 ff. EStG über die Zeitdauer der Nutzung zu verteilen (§ 4 Abs. 3 Satz 3 EStG).

Beispiel B.72:

Der Kleingewerbetreibende A, der seinen Gewinn nach § 4 Abs. 3 EStG ermittelt, erwirbt am 17.11.01 eine Büromaschine für 10.000 € (+ 19 % Umsatzsteuer). Die Rechnung über 11.900 € bezahlt A am 12.02.02. Die in diesem Betrag enthaltene Vorsteuer wird erst im Jahr 03 vom Finanzamt erstattet. Die betriebsgewöhnliche Nutzungsdauer der Büromaschine beträgt 4 Jahre und es wird linear abgeschrieben.

Die gezahlte Umsatzsteuer ist nicht in die Anschaffungskosten und somit auch nicht in die AfA-Bemessungsgrundlage einzubeziehen (§ 9b Abs. 1 EStG, siehe auch Abschnitt B.5.2.3.5.1). Es ergeben sich die folgenden Gewinnauswirkungen:

			Gewinnauswirkung
in 01:	AfA: $^{2}/_{12}$ von $^{1}/_{4}$ von 10.000 € =		– 417
in 02:	AfA: $^{1}/_{4}$ von 10.000 € =	– 2.500	
	gezahlte Vorsteuer:	– 1.900	– 4.400
in 03:	AfA: $^{1}/_{4}$ von 10.000 € =	– 2.500	
	erstattete Vorsteuer:	+ 1.900	– 600
in 04:	AfA: $^{1}/_{4}$ von 10.000 € =		– 2.500
in 05:	AfA: $^{10}/_{12}$ von $^{1}/_{4}$ von 10.000 € =		– 2.083

Geringwertige Wirtschaftsgüter können, wie in Abschnitt B.5.2.3.6.6 beschrieben, sofort abgeschrieben (§ 6 Abs. 2 EStG) oder in einen Sammelposten aufgenommen werden (§ 6 Abs. 2a EStG).

Abschreibungen auf den niedrigeren Teilwert (§ 6 Abs. 1 Nr. 1 Satz 2 EStG) sind ausgeschlossen, da deren Zweck in der Berücksichtigung von Wertschwankungen des Betriebsvermögens liegt, derartige Korrekturposten jedoch dem Charakter der Einnahmen-Überschuss-Rechnung widersprechen (BFH-Urteil vom 24.11.1955, BStBl III 1956, S. 38). Hingegen sind Absetzungen für außergewöhnliche technische oder wirtschaftliche Abnutzung möglich (§ 7 Abs. 1 Satz 7 EStG, siehe Abschnitt B.5.2.3.6.11).

Werden Wirtschaftsgüter des abnutzbaren Anlagevermögens veräußert oder entnommen, so ist zur Ermittlung des Veräußerungs- bzw. Entnahmegewinns die Differenz aus Anschaffungs- / Herstellungskosten bzw. Einlagewert und den bis zu diesem Zeitpunkt vorgenommenen Abschreibungen dem Veräußerungspreis bzw. dem Entnahmewert gegenüberzustellen.

	Veräußerungspreis bzw. Entnahmewert
–	fortgeführte Anschaffungs- oder Herstellungskosten
=	Veräußerungs- / Entnahmegewinn
	Anschaffungs- / Herstellungskosten bzw. Einlagewert
–	bis zum Veräußerungs- / Entnahmezeitpunkt vorgenommene Abschreibungen
=	fortgeführte Anschaffungs- oder Herstellungskosten

Tabelle B.17: Ermittlung des Veräußerungsgewinns von abnutzbaren Wirtschaftsgütern des Anlagevermögens nach § 4 Abs. 3 EStG

Beispiel B.73:

Wird die Büromaschine aus dem vorhergehenden Beispiel zum 31.12.04 für 2.000 € (+ 19 % Umsatzsteuer) veräußert und die im Verkaufspreis enthaltene Umsatzsteuer erst im Jahr 05 an das Finanzamt abgeführt, so ergeben sich in den Jahren 04 und 05 die folgenden Gewinnauswirkungen:

		Gewinnauswirkung	
in 04:	AfA: ¼ von 10.000 € =	– 2.500	
Veräußerungsverlust:	(2.000 – (10.000 – 7.917)) =	– 83	
	Umsatzsteuer-Vereinnahmung: 19 % von 2.000 =	+ 380	– 2.203
in 05:	Umsatzsteuer-Abführung:		– 380

5.2.4.3.4 Nicht abnutzbare Wirtschaftsgüter des Anlagevermögens

Die Ausführungen zu abnutzbaren Wirtschaftsgütern des Anlagevermögens gelten grundsätzlich auch für nicht abnutzbare Wirtschaftsgüter des Anlagevermögens. Allerdings können die Anschaffungskosten dieser Wirtschaftsgüter nur im Zeitpunkt der Entnahme bzw.

bei Zufluss des Veräußerungserlöses, also nicht im Rahmen von Abschreibungen, gel-tend gemacht werden (§ 4 Abs. 3 Satz 4 EStG).

Da nicht abnutzbare Wirtschaftsgüter des Anlagevermögens i.d.R. zu den Fundamenten eines Unternehmens zählen, wird zwischen dem Erwerb und der Veräußerung häufig ein sehr langer Zeitraum liegen. Im Einzelfall können dies mehrere Jahrzehnte sein. Um zu gewährleisten, dass die historischen Anschaffungskosten von nicht abnutzbaren Wirtschaftsgütern des Anlagevermögens zum Veräußerungszeitpunkt noch bekannt sind, bestimmt § 4 Abs. 3 Satz 5 EStG, dass die nicht abnutzbaren Wirtschaftsgüter des Anlagevermögens mit ihrem Anschaffungszeitpunkt und ihren Anschaffungskosten in besondere, laufend zu führende Verzeichnisse aufzunehmen sind.

Beispiel B.74:

Der Kleingewerbetreibende K erwirbt in 01 einen zum notwendigen Betriebsvermögen gehörenden Genossenschaftsanteil für 2.500 €. Er bezahlt den Kaufpreis in 02. In 03 verkauft er den Anteil für 3.000 €.

Weder in 01 noch in 02 können die Anschaffungskosten als Betriebsausgaben berücksichtigt werden. In 03 sind anzusetzen:

		Gewinnauswirkung
in 03:	Betriebseinnahmen (Verkaufspreis):	+ 3.000
	Betriebsausgaben (Anschaffungskosten, § 4 Abs. 3 Satz 4 EStG):	– 2.500

5.2.4.3.5 Besonderheiten bei der Umsatzsteuer

Besondere Regelungen bestehen für die Behandlung der Umsatzsteuer. Diese soll nach dem Willen des Gesetzgebers vom Endverbraucher getragen werden, also auf betrieblicher Ebene kostenneutral sein. Obwohl die Umsatzsteuer i.d.R. wirtschaftlich den Charakter eines durchlaufenden Postens hat, fällt sie nicht unter die Ausnahme vom Zufluss-Prinzip nach § 4 Abs. 3 Satz 2 EStG (siehe Abschnitt B.5.2.4.3.1).

Während die Umsatzsteuer bei der Gewinnermittlung durch Betriebsvermögensvergleich in jedem Veranlagungszeitraum erfolgsneutral behandelt wird, ist die Umsatzsteuer bei der Einnahmen-Überschuss-Rechnung nur bei Betrachtung der Totalperiode neutral. Zwischen den einzelnen Veranlagungszeiträumen kommt es zu zeitlichen Verschiebungen der Gewinnauswirkungen, da bei jedem Zu- oder Abfluss von Umsatzsteuer, d.h. bei

- der Vereinnahmung von Umsatzsteuerbeträgen aus Kundenzahlungen,
- der Zahlung von Vorsteuer bei der Begleichung von Lieferantenschulden,
- der Zahlung von Umsatzsteuer an das Finanzamt,
- der Erstattung von Vorsteuerbeträgen durch das Finanzamt,

eine Betriebseinnahme bzw. Betriebsausgabe und somit eine Gewinnwirkung eintritt.

Beispiel B.75:

Im Dezember 01 erwirbt der Unternehmer A ein Wirtschaftsgut zum Preis von 5.000 € (+ 950 € Umsatzsteuer). Auf Grund der Umsatzsteuer-Voranmeldung für Dezember 01 erhält A im Februar 02 den Betrag von 950 € vom Finanzamt erstattet.

Es ist in 01 eine Betriebsausgabe und in 02 eine Betriebseinnahme i.H.v. jeweils 950 € anzusetzen.

Zu beachten ist allerdings, dass die Anfang Januar für einen Voranmeldungszeitraum des Vorjahres abgeführte Umsatzsteuer eine regelmäßig wiederkehrende Ausgabe im Sinne des § 11 Abs. 2 EStG darstellt, wenn die Zahlung innerhalb von 10 Tagen, d.h. bis zum 10. Januar, erfolgt (BFH-Urteil vom 01.08.2007, BStBl II 2008, S. 282). Zur Behandlung wiederkehrender Einnahmen und Ausgaben siehe den nachfolgenden Abschnitt.

In den Fällen des Vorsteuerabzugsverbots nach § 15 Abs. 1a, 2, 4 UStG verliert die Umsatzsteuer den wirtschaftlichen Charakter eines durchlaufenden Postens. Die gezahlte Vorsteuer wird nicht vom Finanzamt erstattet und führt somit zu einer definitiven Belastung des Unternehmens.

Entstehen nicht abziehbare Vorsteuerbeträge im Zusammenhang mit der Herstellung oder Anschaffung eines Wirtschaftsgutes, so sind diese – im Umkehrschluss des § 9b Abs. 1 EStG – Bestandteil der Anschaffungs- bzw. Herstellungskosten dieses Wirtschaftsgutes.

5.2.4.3.6 Regelmäßig wiederkehrende Einnahmen und Ausgaben

Regelmäßig wiederkehrende Einnahmen und Ausgaben sind auch dann dem Jahr ihrer wirtschaftlichen Zugehörigkeit zuzurechnen, wenn sie kurze Zeit vor Beginn oder nach Beendigung dieses Kalenderjahres zu- bzw. abfließen (§ 11 Abs. 1 Satz 2, Abs. 2 Satz 2 EStG, vgl. Abschnitt B.6.4 für den Fall der Überschusseinkunftsarten). Als kurze Zeit gilt ein Zeitraum von bis zu 10 Tagen.

Die Vorschrift des § 11 Abs. 1 Satz 2, Abs. 2 Satz 2 EStG verfolgt das Ziel, Zufälligkeiten bei der Gewinnermittlung zu vermeiden. Beispiele für regelmäßig wiederkehrende Einnahmen und Ausgaben sind

- monatliche Abschlagszahlungen der kassenärztlichen Vereinigung (BFH-Urteil vom 24.07.1986, BStBl II 1987, S. 16),
- Guthabenzinsen, die zum Beispiel am 2. Januar eines Jahres für das Vorjahr gutgeschrieben werden (BFH-Urteil vom 10.12.1985, BStBl II 1986, S. 342),
- die Anfang Januar für den Monat Dezember abgeführte Umsatzsteuer (BFH-Urteil vom 01.08.2007, BStBl II 2008, S. 282).

Ausgaben, die für eine Nutzungsüberlassung von mehr als fünf Jahren im Voraus geleistet werden, sind gleichmäßig auf den Zeitraum zu verteilen, für den die Vorauszahlung geleistet wird. Das gilt nicht für ein marktübliches Damnum oder Disagio (§ 11 Abs. 2 Sätze 3, 4 EStG). Bei Einnahmen, die aus einer entsprechenden Nutzungsüberlassung von mehr als fünf Jahren resultieren, **kann** eine Verteilung auf den Zeitraum der Nutzung erfolgen (§ 11 Abs. 1 Satz 3 EStG).

5.2.4.3.7 Darlehensaufnahme und -rückzahlung

Durch die Aufnahme oder Hingabe von betrieblichen Darlehen werden betrieblich veranlasste Zu- bzw. Abflüsse begründet. Da die Darlehensbeträge jedoch auf Grund der bestehenden Rückzahlungsverpflichtung nicht endgültig zu- bzw. abfließen, ist die Aufnahme oder Hingabe bzw. Rückzahlung von Darlehen bei der Einnahmen-Überschuss-Rechnung nicht als Betriebseinnahme bzw. Betriebsausgabe zu erfassen (BFH-Urteil vom 08.10.1969, BStBl II 1970, S. 44). Der BFH begründet dies damit, dass es sich bei der Darlehenshingabe um Anschaffungskosten für ein nicht abnutzbares Wirtschaftsgut des

Anlagevermögens „Forderung" handelt (BFH-Urteil vom 06.12.1972, BStBl II 1973, S. 293; *W. Heinicke* in L. Schmidt (2010), § 4, Rz. 383).

Als Betriebseinnahme bzw. Betriebsausgabe sind lediglich die Entlohnungen für die Bereitstellung von Kaufkraft, d.h. die Zinszahlungen sowie ein eventuelles Disagio (Damnum), anzusetzen (vgl. auch *W. Heinicke*, in: L. Schmidt (2010), § 4, Rz. 385).

Der Ausfall einer betrieblichen Darlehensforderung kann in dem Zeitpunkt gewinnmindernd berücksichtigt werden, in dem der Verlust feststeht (BFH-Urteil vom 02.09.1971, BStBl II 1972, S. 334).

Beispiel B.76:

Anfang 01 wird ein betriebliches Darlehen i.H.v. 10.000 € (Damnum: 500 €) vergeben. Die jeweils zum 31.12. eines Jahres fälligen Zinsen (10 %) werden für 01 erst im März 02 und für 02 termingerecht gezahlt. Ebenfalls in 02 kommt es zu einer Tilgung i.H.v. 5.000 €. In 03 verstirbt der Schuldner ohne Erben; die zu diesem Zeitpunkt noch bestehende Darlehensforderung wird uneinbringlich.

		Gewinnauswirkung	
in 01:	Auszahlungsbetrag (9.500 €)	keine Betriebsausgabe	
	Damnum (500 €)	Betriebseinnahme	500 €
in 02:	Zinszahlung für 01 (1.000 €)	Betriebseinnahme	1.000 €
	Zinszahlung für 02 (1.000 €)	Betriebseinnahme	1.000 €
	Tilgung (5.000 €)	keine Betriebseinnahme	

Die Ausnahmeregelung des § 11 Abs. 1 Satz 2 EStG ist bei den Schuldzinsen für 01 nicht anwendbar, da der Zufluss nicht kurze Zeit nach Beendigung des Jahres 01 stattfindet.

in 03:	Ausfall der Forderung	Betriebsausgabe	5.000 €

Bei Darlehen in ausländischer Währung kann sich auf Grund von Veränderungen des Wechselkurses ein Währungsgewinn oder -verlust ergeben. Dieser Gewinn bzw. Verlust ist zum Zeitpunkt der Darlehenstilgung, d.h. bei Realisierung, zu erfassen (BFH-Urteil vom 15.11.1990, BStBl II 1991, S. 228). Bei Teiltilgungen kommt es jeweils zu einer anteiligen Erfassung des Währungsgewinns bzw. -verlusts.

Beispiel B.77:

Der Kleingewerbetreibende A gewährt einem amerikanischen Geschäftsfreund ein betriebliches Darlehen i.H.v. 100.000 US-$. Der Wechselkurs im Zeitpunkt der Darlehensgewährung beträgt 0,90 €/$. Zum Rückzahlungszeitpunkt ist der Wechselkurs auf 0,80 €/$ gefallen. Der Wertverlust i.H.v. 10.000 € ist im Jahr der Darlehensrückzahlung als Betriebsausgabe gewinnmindernd anzusetzen.

5.2.4.3.8 Ratenzahlungen und Rentenverpflichtungen

Wirtschaftsgüter des Anlagevermögens werden in Anbetracht der Tatsache, dass sie über einen längeren Zeitraum wirtschaftlichen Nutzen stiften und ihre Anschaffungskosten recht hoch sein können, vielfach nicht durch eine einmalige Zahlung, sondern gegen Ratenzahlungen oder eine Leibrentenverpflichtung erworben. Besondere Bedeutung haben Rentenverpflichtungen zudem beim Kauf eines ganzen Unternehmens.

Wie in den Abschnitten B.5.2.4.3.3 und B.5.2.4.3.4 dargestellt wurde, können die Anschaffungskosten von abnutzbaren und nicht abnutzbaren Wirtschaftsgütern des Anlagevermögens erst im Zeitpunkt der Veräußerung oder Entnahme bzw. über Abschreibungen gewinnmindernd berücksichtigt werden. An dieser Regelung ist auch festzuhalten, wenn die Wirtschaftsgüter des Anlagevermögens nicht gegen Einmalzahlung, sondern gegen eine Ratenzahlung oder eine Rentenverpflichtung erworben werden.

Ratenzahlung

Bei einer Laufzeit von mehr als einem Jahr ist die Summe der Raten aufzuspalten in Anschaffungskosten des Wirtschaftsgutes und Zinszahlungen (BFH-Urteil vom 26.06.1996, BFH/NV 1997, S. 175). Als Anschaffungskosten des angeschafften Wirtschaftsgutes ist der Barwert der Raten anzusehen. Der Betrag, um den die Summe der Raten den Barwert der Raten übersteigt, stellt die Summe der Zinsen dar. Der Teil der Raten, der als Anschaffungskosten anzusehen ist, kann im Zahlungszeitpunkt nicht als erfolgsmindernde Betriebsausgabe angesetzt werden; der Teil, der als Zinszahlung anzusehen ist, dagegen schon. Der Zinsanteil ist dabei definiert als Unterschiedsbetrag zwischen der jährlichen Rate einerseits und dem Rückgang des Barwerts der Rentenverpflichtung andererseits.

Leibrentenverpflichtung

Werden Wirtschaftsgüter des Anlagevermögens gegen eine **Leibrentenverpflichtung** angeschafft, so gewährt die Finanzverwaltung in R 4.5 Abs. 4 EStR das Wahlrecht, alternativ zur jährlichen Ermittlung des Zinsanteils und dessen Geltendmachung als Betriebsausgabe, die einzelnen Rentenzahlungen zunächst vollständig mit dem Barwert der ursprünglichen Leibrentenverpflichtung zu verrechnen. Solange die Summe der Rentenzahlungen kleiner ist als dieser Barwert, werden die Rentenzahlungen in voller Höhe erfolgsneutral behandelt. Ab dem Zeitpunkt, in dem die Summe der Rentenzahlungen diesen Barwert übersteigt, stellen die Rentenzahlungen in voller Höhe (gewinnmindernde) Betriebsausgaben dar. Vergleicht man die beiden Vorgehensweisen, so ist festzustellen, dass die Höhe der insgesamt, d.h. über den gesamten Rentenzahlungszeitraum, entstehenden Betriebsausgaben identisch ist, die Betriebsausgaben bei jährlicher Ermittlung und Geltendmachung des Zinsanteils jedoch tendenziell früher anfallen.

Werden **geringwertige Wirtschaftsgüter** gegen Ratenzahlungen oder eine Leibrentenverpflichtung erworben (z.B. im Zusammenhang mit einem Unternehmenskauf), so können die Anschaffungskosten der geringwertigen Wirtschaftsgüter, d.h. der Barwert der Ratenzahlung, zum Zeitpunkt des Erwerbs in voller Höhe als Betriebsausgaben angesetzt werden. Erfolgt die Anschaffung gegen eine Leibrentenverpflichtung, so wird von der Finanzverwaltung hinsichtlich der Behandlung des in den einzelnen Rentenzahlungen enthaltenen Zinsanteils wiederum das oben beschriebene Wahlrecht gewährt.

Werden Wirtschaftsgüter des **Umlaufvermögens** gegen Ratenzahlung oder eine Leibrentenverpflichtung erworben, so stellen die Raten bzw. Rentenzahlungen zum Zahlungszeitpunkt in voller Höhe Betriebsausgaben dar.

Beispiel B.78:

Ein Rechtsanwalt erwirbt am 01.04.01 im Rahmen eines Kanzleikaufs verschiedene Wirtschaftsgüter gegen eine Zeitrente mit 12-jähriger Laufzeit, wobei monatlich 2.000 € zu zahlen sind. Der nach finanzmathematischen Methoden berechnete Rentenbarwert beträgt 200.000 €. Davon entfallen auf die einzelnen Wirtschaftsgüter folgende Beträge:

Grund und Boden	40.000 €
Gebäude	136.000 €
Geringwertige Wirtschaftsgüter	22.000 €
Vorräte	2.000 €
Summe:	200 000 €

Am 31.12.01 beträgt der Rentenbarwert 186.000 €. Das Gebäude ist nach § 7 Abs. 4 Satz 1 Nr. 2 Buchst. a EStG, d.h. jährlich mit 2 % der Anschaffungskosten, abzuschreiben.

In 01 erfolgen Rentenzahlungen i.H.v. (9 · 2.000 € =) 18.000 €. Der hierin enthaltene Tilgungsanteil beträgt (200.000 € – 186.000 € =) 14.000 €. Als Zinsanteil ergibt sich ein Betrag von (18.000 € – 14.000 € =) 4.000 €.

In 01 sind als Betriebsausgaben abzugsfähig:

Zinsanteil:	4.000 €
Vorräte: $^{2.000}/_{200.000}$ von 14.000 €	140 €
Anschaffungskosten der geringwertigen Wirtschaftsgüter	22.000 €
Gebäudeabschreibung: $^{9}/_{12}$ von 2 % von 136.000 €	2.040 €
	28.180 €

Die auf die Vorräte (= Umlaufvermögen) entfallenden Rentenzahlungen sind im Zahlungszeitpunkt in voller Höhe als Betriebsausgaben abzugsfähig. Von den restlichen Rentenzahlungen ist nur der Zinsanteil sofort steuerlich abzugsfähig.

Die Anschaffungskosten der geringwertigen Wirtschaftsgüter, d.h. der anteilig auf die geringwertigen Wirtschaftsgüter entfallende Rentenbarwert von 22.000 €, können im Zeitpunkt des Erwerbs in voller Höhe als Betriebsausgaben geltend gemacht werden. Von den Anschaffungskosten des Gebäudes kann die (monatsgenaue) Absetzung für Abnutzung als Betriebsausgabe angesetzt werden.

Eine ausführliche Darstellung der steuerlichen Behandlung von Renten erfolgt in Abschnitt B.10.2.

5.2.4.3.9 Sacheinlagen und Sachentnahmen

Wie in Abschnitt B.5.2.3.8 dargestellt, ist beim Betriebsvermögensvergleich der Reinvermögenszugang nicht nur um Sach- und Nutzungseinlagen bzw. -entnahmen, sondern auch um Bareinlagen bzw. -entnahmen zu korrigieren.

Bei der Einnahmen-Überschuss-Rechnung sind hingegen nur Korrekturen für Sach- und Nutzungseinlagen bzw. -entnahmen vorzunehmen, d.h. eine Korrektur um Geldeinlagen bzw. -entnahmen ist nicht erforderlich. Im Rahmen der Einnahmen-Überschuss-Rechnung werden Betriebseinnahmen und Betriebsausgaben einander gegenübergestellt. Betriebseinnahmen und Betriebsausgaben sind definiert als betrieblich veranlasste Geldbewegungen, d.h. als Zu- bzw. Abflüsse, die nicht (Geld-) Einlagen bzw. (Geld-) Entnahmen sind. Einer Hinzurechnung der Barentnahmen bzw. einer Kürzung um die Bareinlagen bedarf es daher nicht mehr. Dagegen werden bei der Gewinnermittlung nach Betriebsvermögensvergleich Betriebsvermögen miteinander verglichen. Da in diesen Betriebsvermögen auch Geldvermögen enthalten sind, ist beim Betriebsvermögensvergleich eine Bereinigung um die nicht betrieblich bedingten Geldbewegungen erforderlich.

Sacheinlagen

Auch die Sacheinlagen (und Nutzungseinlagen) sind nicht in den Betriebseinnahmen, d.h. in den betrieblich veranlassten Geldbewegungen, enthalten. Sacheinlagen führen jedoch im Zeitpunkt der Veräußerung bzw. Entnahme des Einlagegegenstandes zu Betriebseinnahmen. Und auch aus Nutzungseinlagen resultieren spätere Betriebseinnahmen, beispielsweise bei der Veräußerung oder Entnahme der betrieblichen Leistung, deren Erstellung sie gedient haben. Der Grund, weshalb der Einnahmen-Ausgaben-Überschuss um die Sach- und Nutzungseinlagen zu korrigieren ist, besteht also nicht darin, dass diese Einlagen als Betriebseinnahmen erfasst wurden, sondern darin, dass diese Einlagen in einem späteren Zeitpunkt zu Betriebseinnahmen führen.

Es sei darauf hingewiesen, dass Sacheinlagen u.U. nicht bereits im Zeitpunkt der Einlage als fiktive Betriebsausgaben zu berücksichtigen sind. Die Einlage eines Wirtschaftsgutes wird so behandelt, als würde dieses Wirtschaftsgut angeschafft oder hergestellt werden. So wirkt der Einlagewert von Wirtschaftsgütern des Anlagevermögens – analog zu deren Anschaffungs- bzw. Herstellungskosten – erst im Zeitpunkt ihrer Entnahme oder Veräußerung bzw. über Abschreibungen als Betriebsausgabe gewinnmindernd.

Sachentnahmen

Analog werden im Rahmen der Einnahmen-Überschuss-Rechnung auch Sachentnahmen nicht als Betriebsausgaben erfasst. Eine Korrektur des Einnahmen-Ausgaben-Überschusses um die Sachentnahmen wird vorgenommen, um den Entnahmetatbestand einem Verkauf gleichzusetzen: Der Entnahmewert (fiktive Betriebseinnahme) wird den Anschaffungs- bzw. Herstellungskosten oder dem an deren Stelle getretenen Wert (Betriebsausgabe) gegenübergestellt.

Aufwendungen, die für entnommene Nutzungen entstehen, werden als Betriebsausgaben behandelt und führen somit zu einer Gewinnminderung. Da diese Aufwendungen jedoch nicht betrieblich veranlasst sind und somit den Gewinn nicht mindern dürfen, ist der Wert der Nutzungsentnahmen dem Einnahmen-Ausgaben-Überschuss wieder hinzuzurechnen.

Einlagen und Entnahmen sind grundsätzlich mit ihrem Teilwert anzusetzen (§ 6 Abs. 1 Nr. 4 Satz 1, Nr. 5 Satz 1 EStG). Es sind jedoch auch im Rahmen der Gewinnermittlung nach Einnahmen-Überschuss-Rechnung die in Abschnitt B.5.2.3.8 genannten Ausnahmen zu beachten.

Beispiel B.79:

Der Steuerpflichtige A überführt im Jahr 05 ein unbebautes Grundstück aus dem Betriebsvermögen seines Unternehmens in sein Privatvermögen. Die Anschaffungskosten in 01 betrugen 10.000 €, der Teilwert bei Entnahme in 05 beträgt 45.000 €.

Betriebseinnahmen (Entnahme zum Teilwert)	45.000 €
Betriebsausgaben (Anschaffungskosten)	– 10.000 €
Gewinnauswirkung im Jahr 05	+ 35 000 €

Auch bei Gewinnermittlung nach Betriebsvermögensvergleich würde sich der Gewinn des Jahres 05 durch diese Entnahme um 35.000 € erhöhen.

Beispiel B.80:

Der Steuerpflichtige betreibt einen Gebrauchtwarenhandel. Im Jahr 05 legt er eine private Modelleisenbahn, die er in 01 für 500 € (+ 95 € Umsatzsteuer) privat angeschafft hatte, zum Verkauf in seine Auslage. Der Teilwert beträgt zu diesem Zeitpunkt 900 € (netto). Er verkauft sie im Jahr 06 für 1.190 €.

Einlagewert ist – wegen Ablauf der Dreijahresfrist des § 6 Abs. 1 Nr. 5 Buchst. a EStG – der Teilwert. Da die Modelleisenbahn verkauft werden soll, ist sie nicht dazu bestimmt, dem Betrieb dauernd zu dienen. Sie gehört somit zum Umlaufvermögen. Der Einlagewert wird deshalb sofort als Betriebsausgabe abgezogen (vgl. Abschnitt B.5.2.4.3.2). Der Steuerpflichtige kann daher 900 € als Betriebsausgaben in 05 absetzen. Im Jahr 06 hat er 1.190 € als Betriebseinnahmen zu versteuern.

5.2.4.3.10 Nichtabzugsfähige Ausgaben und steuerfreie Einnahmen

Die Abzugsverbote des § 4 Abs. 4a – 7 EStG (z.B. Geschenke, Bewirtungskosten; siehe ausführlich Abschnitt B.5.5) stellen allgemeine Vorschriften im Rahmen der Gewinnermittlung dar. Sie gelten daher nicht nur für die Gewinnermittlung durch Betriebsvermögensvergleich, sondern auch bei der Gewinnermittlung durch Einnahmen-Überschuss-Rechnung.

Die Abzugsverbote des § 12 EStG (z.B. Einkommensteuer, Umsatzsteuer auf den Eigenverbrauch; siehe Abschnitt B.3.5) gelten für alle Einkunftsarten, d.h. sowohl für die betrieblichen als auch für die privaten Einkunftsarten. Sie sind somit auch im Rahmen der Gewinnermittlung nach § 4 Abs. 3 EStG zu befolgen.

Wurden Ausgaben, die durch § 4 Abs. 4a - 7 bzw. § 12 EStG als nicht abzugsfähig erklärt werden, als Betriebsausgaben erfasst, so sind sie dem Überschuss der Betriebseinnahmen über die Betriebsausgaben wieder hinzuzurechnen.

Beispiel B.81:

Unternehmer B lädt einen Geschäftspartner aus geschäftlichem Anlass in eine Gaststätte ein. Ihm entstehen Aufwendungen i.H.v. 50 € (+ 19 % Umsatzsteuer).

Nach § 4 Abs. 5 Nr. 2 EStG sind Aufwendungen für die Bewirtung von Personen aus geschäftlichem Anlass nur bis zu 70 % der nach allgemeiner Verkehrsauffassung angemessenen Aufwendungen abzugsfähig.

Als Betriebsausgaben sind abzugsfähig:

70 % von 50 € = 35 €

Entsprechend ist zu beachten, dass bestimmte Betriebseinnahmen nach dem Katalog des § 3 EStG steuerfrei sind (vgl. Abschnitt B.3.4). Zudem sind Investitionszulagen gemäß § 13 Satz 1 InvZulG 2010 nicht steuerbar. Diese Einnahmen sind vom Überschuss der Betriebseinnahmen über die Betriebsausgaben abzuziehen.

5.2.4.4 Wechsel der Gewinnermittlungsmethode

Nachfolgend wird auf den Übergang von der Gewinnermittlung nach Einnahmen-Überschuss-Rechnung zur Gewinnermittlung nach Betriebsvermögensvergleich sowie den Übergang in umgekehrter Richtung eingegangen.

5.2.4.4.1 Notwendigkeit der Gewinnkorrektur

Nach dem Prinzip der Besteuerung nach der Leistungsfähigkeit ist die Forderung nach identischen (undiskontierten) Totalgewinnen auch im Fall des Wechsels der Gewinnermittlungsart zu beachten, d.h. der Totalgewinn sollte gänzlich unabhängig davon sein, ob der Gewinn über die gesamte Lebensdauer des Unternehmens durch Betriebsvermögensvergleich oder durch Einnahmen-Überschuss-Rechnung ermittelt wurde oder ob zwischenzeitlich ein Wechsel zwischen diesen beiden Gewinnermittlungsarten stattgefunden hat.

In Abschnitt B.5.2.4.2 wurde dargestellt, dass die Gewinnermittlung nach § 4 Abs. 3 EStG und die Gewinnermittlung nach § 4 Abs. 1 bzw. § 5 EStG zwar grundsätzlich zum gleichen Totalgewinn führen, sie sich jedoch durch eine unterschiedliche Periodisierung der Gewinne unterscheiden können. Diese unterschiedliche Periodisierung der Gewinne würde beim Übergang von einer zur anderen Methode dazu führen, dass einzelne Gewinnpositionen **doppelt** oder **gar nicht** erfasst werden. Um sicherzustellen, dass trotz eines Wechsels der Gewinnermittlungsmethode jeder Geschäftsvorfall erfasst und kein Geschäftsvorfall doppelt erfasst wird, ist es notwendig, im Jahr des Übergangs zu einer anderen Gewinnermittlungsmethode **Gewinnkorrekturen** durchzuführen (vgl. z.B. BFH-Urteil vom 24.01.1985, BStBl II 1985, S. 255), d.h. dem Grundsatz der richtigen Besteuerung des Totalgewinns ist Vorrang gegenüber dem Grundsatz der korrekten Besteuerung des Periodengewinns einzuräumen (BFH-Urteil vom 28.05.1968, BStBl II 1968, S. 650).

Zwar gibt es darüber, wie diese Gewinnkorrekturen durchzuführen sind, keine gesetzliche Regelung. Jedoch haben die von der Verwaltung erlassenen Anweisungen (R 4.6 EStR, H 4.6 EStH und Anlage zu R 4.6 EStR) allgemeine Anerkennung gefunden (BFH-Urteil vom 30.03.1994, BStBl II 1994, S. 852).

5.2.4.4.2 Übergang von der Einnahmen-Überschuss-Rechnung zum Betriebsvermögensvergleich

Zunächst soll der Fall betrachtet werden, dass von der Gewinnermittlung nach § 4 Abs. 3 EStG zur Gewinnermittlung nach § 4 Abs. 1 bzw. § 5 EStG übergegangen wird. Dabei wird zunächst auf die praktische Bedeutung und die Gründe des Übergangs zum Betriebsvermögensvergleich eingegangen. Die daran anschließenden Ausführungen beschäftigen sich mit der bei diesem Übergang aufzustellenden Eröffnungsbilanz sowie den vorzunehmenden Gewinnkorrekturen.

Praktische Bedeutung und Gründe für den Übergang

Zumeist ist eine Gewinnermittlung durch Betriebsvermögensvergleich für neugegründete Unternehmen auf Grund ihrer geringen Größe nicht erforderlich. Mit der Etablierung des Unternehmens am Markt und der Ausdehnung des Geschäftsvolumens kann die erleichterte Form der Gewinnermittlung durch Einnahmen-Überschuss-Rechnung jedoch später vielfach nicht mehr in Anspruch genommen werden. Der Übergang von der Einnahmen-Überschuss-Rechnung zum Betriebsvermögensvergleich ist daher in der Praxis von erheblicher Bedeutung.

Ein Übergang von der Gewinnermittlung nach § 4 Abs. 3 EStG zur Gewinnermittlung nach § 4 Abs. 1 bzw. § 5 EStG kann entweder durch gesetzliche Regelungen erzwungen oder freiwillig durchgeführt werden.

Eine **Verpflichtung** zum Übergang zur Gewinnermittlung nach Betriebsvermögensvergleich ergibt sich bei

- Eintritt der gesetzlichen Buchführungspflicht. Die Verpflichtung, Bücher zu führen, entsteht dadurch,
  - dass durch die Ausweitung der Unternehmenstätigkeit ein in kaufmännischer Weise eingerichteter Geschäftsbetrieb erforderlich wird und (bei Einzelkaufleuten) die Grenzen des § 241a HGB überschritten sind; der Unternehmer wird zum Istkaufmann gemäß § 1 HGB;
  - dass sich ein Unternehmer entscheidet, seinen Gewerbebetrieb, für welchen ein in kaufmännischer Weise eingerichteter Geschäftsbetrieb nicht erforderlich ist, ins Handelsregister eintragen zu lassen und (bei Einzelkaufleuten) die Grenzen des § 241a HGB überschritten sind; der Unternehmer wird Kannkaufmann gemäß § 2 HGB;
  - dass sich ein Unternehmer entscheidet, sein land- oder forstwirtschaftliches Unternehmen ins Handelsregister eintragen zu lassen und (bei Einzelkaufleuten) die Grenzen des § 241a HGB überschritten sind; der Unternehmer wird Kannkaufmann gemäß § 3 HGB;
  - dass bei Einzelkaufleuten (Ist- oder Kannkaufleuten) die Grenzen des § 241a HGB überschritten werden;
  - dass der Betrieb eines gewerblichen Unternehmers oder eines Land- und Forstwirts erstmalig die Grenzen des § 141 AO überschreitet; die Pflicht, den Gewinn durch Betriebsvermögensvergleich zu ermitteln, wird dem Steuerpflichtigen durch das Finanzamt mitgeteilt und ist mit Beginn des auf die Mitteilung folgenden Wirtschaftsjahres zu befolgen (§ 141 Abs. 2 AO).
- Veräußerung oder Aufgabe des Betriebs (§ 16 Abs. 2 EStG, R 4.5 Abs. 6 EStR).
- erstmaliger Schätzung des Gewinns, wenn der Betrieb bisher seinen Gewinn durch Einnahmen-Überschuss-Rechnung ermittelt hat, nun jedoch wegen des Fehlens von Aufzeichnungen, die für die Einnahmen-Überschuss-Rechnung erforderlich wären, nicht festgestellt werden kann, dass der Steuerpflichtige von dem Wahlrecht zur Gewinnermittlung nach § 4 Abs. 3 EStG Gebrauch gemacht hat (R 4.6 Abs. 1 Satz 1 EStR).

Zudem kann jeder Steuerpflichtige, der seinen Gewinn bisher durch Einnahmen-Überschuss-Rechnung ermittelt hat, **freiwillig** zur Buchführung und somit zur Gewinnermittlung durch Betriebsvermögensvergleich übergehen. Ein Motiv hierfür könnte beispielsweise in der Möglichkeit der Teilwertabschreibung (§ 6 Nr. 1 Satz 2, Nr. 2 Satz 2 EStG) liegen, welche nur bei Gewinnermittlung nach Betriebsvermögensvergleich möglich ist (siehe Abschnitt B.5.2.4.2). Bei einem Wechsel hat der Steuerpflichtige das Wahlrecht zum Betriebsvermögensvergleich erst dann ausgeübt, wenn er zeitnah eine Eröffnungsbilanz aufstellt, eine ordnungsmäßige kaufmännische Buchführung einrichtet und aufgrund von Bestandsaufnahmen einen Abschluss macht (BFH-Urteil vom 19.10.2005, BStBl II 2005, S. 509).

Erstellung der Eröffnungsbilanz

Beim Übergang zum Betriebsvermögensvergleich ist auf der Grundlage einer Inventur eine Eröffnungsbilanz auf den Zeitpunkt des Übergangs zu erstellen, in welche das gesamte positive und negative Vermögen des Unternehmens aufzunehmen ist. Die einzelnen

Wirtschaftsgüter sind dabei mit den Werten anzusetzen, mit denen sie zu Buche stehen würden, wenn der Gewinn von Anfang an mittels Betriebsvermögensvergleich ermittelt worden wäre (BFH-Urteil vom 23.11.1961, BStBl III 1962, S. 199).

Beispiel B.82:

Die Anschaffungskosten eines zum Betriebsvermögen gehörenden Genossenschaftsanteils haben im Jahr 01 1.500 € betragen. Mit diesem Betrag ist er in das Verzeichnis nach § 4 Abs. 3 Satz 5 EStG aufgenommen worden. Der Teilwert beträgt am 01.01.06, dem Zeitpunkt des Übergangs zur Buchführung und Gewinnermittlung nach Betriebsvermögensvergleich, 1.800 €.

In der Eröffnungsbilanz zum 01.01.06 ist der Genossenschaftsanteil mit 1.500 € anzusetzen.

Korrektur des Gewinns

Folge der Gewinnkorrektur soll sein, dass der Steuerpflichtige Gewinne in der Höhe erzielt, die er erzielt hätte, wenn er den Gewinn von Anfang an nach der neuen Gewinnermittlungsmethode ermittelt hätte (BFH-Urteil vom 24.01.1985, BStBl II 1985, S. 255). Der im ersten Jahr des Betriebsvermögensvergleichs ausgewiesene Gewinn ist demnach so zu korrigieren, dass der bis zu diesem Zeitpunkt entstandene Totalgewinn die Höhe aufweist, die sich auch ergeben hätte, wenn der Gewinn von Anfang an mittels Betriebsvermögensvergleich ermittelt worden wäre. Die Gewinnunterschiede, die sich bis zum Übergangszeitpunkt dadurch ergeben haben, dass bei der Einnahmen-Überschuss-Rechnung Betriebseinnahmen und Betriebsausgaben, beim Betriebsvermögensvergleich dagegen Erträge und Aufwendungen erfolgswirksam sind, müssen ausgeglichen werden, d.h.

- bereits entstandene Erträge und Aufwendungen, die mangels Zu- bzw. Abflusses im Rahmen der Einnahmen-Überschuss-Rechnung noch nicht erfolgswirksam wurden, sind beim ersten Betriebsvermögensvergleich gewinnerhöhend bzw. -mindernd zu berücksichtigen.
- Betriebseinnahmen und Betriebsausgaben, die noch nicht zu Erträgen bzw. Aufwendungen geführt haben, jedoch im Rahmen der Einnahmen-Überschuss-Rechnung bereits erfolgswirksam berücksichtigt wurden, sind beim ersten Betriebsvermögensvergleich rückgängig zu machen.

Der Übergangsgewinn bzw. -verlust, der sich als Summe aller erforderlichen Gewinnkorrekturen ergibt, ist Teil des laufenden Gewinns bzw. Verlusts des Übergangsjahres, d.h. des Jahres, in welchem der Gewinn erstmals durch Betriebsvermögensvergleich ermittelt wird (vgl. z.B. BFH-Urteil vom 24.01.1985, BStBl II 1985, S. 255). Dies gilt auch dann, wenn ein land- und forstwirtschaftlicher Betrieb durch Strukturwandel (z.B. durch Überschreitung der Gren-zen für gewerbliche Tierhaltung, § 13 Abs. 1 Nr. 1 Satz 2 EStG) zu einem Gewerbebetrieb wird und daher von der Gewinnermittlung nach § 4 Abs. 3 EStG zum Betriebsvermögensvergleich nach § 5 EStG übergegangen werden muss. Obwohl in diesem Falle die Korrekturpositionen ursprünglich im Rahmen der Einkünfte aus Land- und Forstwirtschaft begründet wurden, werden sie beim Übergang nicht als nachträgliche Einkünfte aus Land- und Forstwirtschaft i.S.d. § 24 Nr. 2 EStG, sondern als Einkünfte aus Gewerbebetrieb behandelt (BFH-Urteil vom 01.07.1981, BStBl II 1981, S. 780).

Als Ergebnis der durchzuführenden Gewinnkorrekturen kann sich im Jahr des Übergangs ein außerordentlich hoher Gewinn und somit eine außerordentlich hohe Steuerlast ergeben. Um Härtefälle zu vermeiden, gestattet die Finanzverwaltung auf Antrag des Steuerpflichtigen, den beim Wechsel zum Betriebsvermögensvergleich entstehenden Übergangsgewinn gleichmäßig auf das Jahr des Übergangs und das Folgejahr oder auf das Jahr des Übergangs und die beiden folgenden Jahre zu verteilen (R 4.6 Abs. 1 Satz 4 EStR; vgl. auch FG Münster, Urteil vom 28.11.2007, rkr, EFG 2008, S. 763, für den Übergang zum Betriebsvermögensvergleich bei Einbringung eines Einzelunternehmens in eine GbR).

Der Übergangsgewinn /-verlust ermittelt sich vereinfacht wie folgt (vgl. auch Anlage zu R 4.6 EStR):

	Anfangsbestand an Waren, Erzeugnissen, Roh-, Hilfs- und Betriebsstoffen
+	Anfangsbestand der Kundenforderungen und der Sonstigen Forderungen
+	Anfangsbestand der aktiven Rechnungsabgrenzungsposten
–	Anfangsbestand der Lieferantenverbindlichkeiten und der Sonstigen Verbindlichkeiten
–	Anfangsbestand der passiven Rechnungsabgrenzungsposten
–	Anfangsbestand der Rückstellungen
=	Übergangsgewinn bzw. -verlust

Tabelle B.18: Ermittlung des Übergangsgewinns beim Übergang zum Betriebsvermögensvergleich

- **Hinzurechnung des Anfangsbestandes an Waren, Erzeugnissen, Roh-, Hilfs- und Betriebsstoffen**

  Die Anschaffungskosten von Vorräten werden im Rahmen der Einnahmen-Überschuss-Rechnung bereits im Zeitpunkt der Zahlung gewinnmindernd berücksichtigt (siehe Abschnitt B.5.2.4.3.2). Beim Übergang zum Betriebsvermögensvergleich ist der Warenbestand in der Eröffnungsbilanz anzusetzen. Im Veräußerungszeitpunkt tritt durch die Auflösung dieser Bilanzposition als Wareneinsatz eine erneute Gewinnminderung ein. Um eine doppelte erfolgswirksame Berücksichtigung zu vermeiden, sind dem ersten Bilanzgewinn die Anschaffungskosten des Warenanfangsbestandes hinzuzurechnen. Entsprechend ist mit den Beständen an Erzeugnissen, Roh-, Hilfs- und Betriebsstoffen zu verfahren.

Beispiel B.83:

Ein Möbelhändler, der bisher seinen Gewinn nach § 4 Abs. 3 EStG ermittelt hat, geht ab dem 01.01.02 zum Betriebsvermögensvergleich nach § 5 EStG über. Im Zeitpunkt des Übergangs liegt eine Polstergarnitur, die am 20.09.01 für 5.000 € erworben wurde, in den Geschäftsräumen zum Verkauf bereit. Diese wird am 30.01.02 für 6.000 € veräußert.

		Gewinnauswirkung
20.09.01:	Anschaffung	– 5.000 €
30.01.02:	Veräußerungserlös	+ 6.000 €
	Ausbuchung zum Buchwert (Wareneinsatz)	– 5.000 €
31.12.02:	Korrekturposten (Warenanfangsbestand)	+ 5.000 €
		+ 1.000 €

- **Abzug der Lieferantenverbindlichkeiten und der Sonstigen Verbindlichkeiten**

Bestehen zum Zeitpunkt des Wechsels der Gewinnermittlungsart Lieferantenschulden, so würden diese weder im Entstehungszeitpunkt noch im Zahlungszeitpunkt gewinnmindernd berücksichtigt werden. Im Entstehungszeitpunkt, zu welchem die Gewinnermittlung noch mittels Einnahmen-Überschuss-Rechnung erfolgt, kommt es mangels Geldabflusses zu keiner Betriebsausgabe und somit zu keiner Gewinnminderung. Auch im Zahlungszeitpunkt, in welchem die Gewinnermittlung bereits durch Betriebsvermögensvergleich erfolgt, wird der Geschäftsvorfall erfolgsneutral (Buchung: Verbindlichkeit an Kasse / Bank) behandelt. Um diesen Betrag dennoch erfolgswirksam zu erfassen, ist vom ersten Bilanzgewinn ein Abschlag in Höhe der zum Übergangszeitpunkt bestehenden Lieferantenschulden vorzunehmen.

Beispiel B.84:

Ein Betrieb, der zum 01.01.02 von der Gewinnermittlung nach § 4 Abs. 3 EStG zur Gewinnermittlung nach § 5 EStG übergeht, kauft am 12.10.01 für 5.000 € Waren auf Ziel. Die Waren werden am 14.12.01 für 8.000 € veräußert, die Lieferantenschuld wird am 05.02.02 beglichen.

		Gewinnauswirkung
12.10.01:	Kauf der Waren auf Ziel	keine
14.12.01:	Veräußerungserlös	+ 8.000 €
31.12.02:	Korrekturposten (Verbindlichkeiten)	– 5.000 €
		+ 3.000 €

Ebenso sind, mit analoger Begründung, im Übergangszeitpunkt bestehende sonstige Verbindlichkeiten vom ersten Bilanzgewinn abzuziehen.

Beispiel B.85:

Ein Unternehmen, das zum 01.01.02 von der Gewinnermittlung nach § 4 Abs. 3 EStG zur Gewinnermittlung nach § 5 EStG übergeht, zahlt Miete für das Jahr 01 i.H.v. 5.000 € erst am 12.02.02.

Die Entstehung der Mietschuld in 01 stellt nach § 4 Abs. 3 EStG keine Betriebsausgabe dar und führt daher zu keiner Gewinnminderung. Die Zahlung der Miete in 02 wird im Rahmen des Betriebsvermögensvergleichs erfolgsneutral behandelt (Buchung: sonstige Verbindlichkeiten (Mietschulden) an Kasse / Bank). Um eine erfolgswirksame Berücksichtigung der Miete dennoch zu gewährleisten, ist der erste Bilanzgewinn um die im Übergangszeitpunkt bestehenden Mietschulden, d.h. um 5.000 €, zu kürzen.

- **Hinzurechnung der Kundenforderungen und der Sonstigen Forderungen**

Im Rahmen der Einnahmen-Überschuss-Rechnung wirkt der Zielverkauf von Wirtschaftsgütern des Vorratsvermögens nicht bereits im Veräußerungszeitpunkt, sondern erst im Zahlungszeitpunkt gewinnerhöhend. Wird vor Eingang der Zahlung zur Gewinnermittlung nach Betriebsvermögensvergleich übergegangen, so kann sich der Zufluss der Geldmittel nicht mehr gewinnerhöhend auswirken, da die Bezahlung von Forderungen im Rahmen des Betriebsvermögensvergleichs erfolgsneutral (Buchung: Kasse / Bank an Forderungen) behandelt wird. Damit der Zielverkauf der Wirtschaftsgüter dennoch erfolgswirksam berücksichtigt wird, ist der erste Bilanzgewinn um den Anfangsbestand der Warenforderungen zu erhöhen.

Beispiel B.86:

Ein Betrieb, der seinen Gewinn bisher durch Einnahmen-Überschuss-Rechnung ermittelt hat, geht zum 01.01.02 zur Gewinnermittlung nach Betriebsvermögensvergleich über. Zu diesem Zeitpunkt beträgt der Bestand an Warenforderungen 20.000 €. Diese Forderungen wurden am 20.12.01 begründet und werden am 31.01.02 beglichen.

		Gewinnauswirkung
20.12.01:	Lieferung (Verkauf der Ware auf Ziel)	keine
31.01.02:	Zahlungseingang	keine
31.12.02:	Korrekturposten (Forderungen)	+ 20.000 €
		+ 20.000 €

Neben dem Anfangsbestand der Warenforderungen ist dem ersten Bilanzgewinn mit analoger Begründung auch der Anfangsbestand der sonstigen Forderungen hinzuzurechnen.

Beispiel B.87:

Ein Unternehmen, das zum 01.01.02 von der Gewinnermittlung nach § 4 Abs. 3 EStG zur Gewinnermittlung nach § 5 EStG übergeht, erhält eine Mietzahlung für das Jahr 01 i.H.v. 5.000 € erst am 12.02.02.

Die Entstehung der Mietforderung in 01 stellt keine Betriebseinnahme dar und führt daher zu keiner Gewinnerhöhung. Die Zahlung der Miete in 02 wird im Rahmen des Betriebsvermögensvergleichs erfolgsneutral behandelt (Buchung: Kasse / Bank an sonstige Forderungen (Mietforderung)). Um eine erfolgswirksame Berücksichtigung der Miete dennoch zu gewährleisten, ist der erste Bilanzgewinn um die im Übergangszeitpunkt bestehende Mietforderung, d.h. um 5.000 €, zu erhöhen.

- **Rechnungsabgrenzungsposten**

  Beträge, die in die aufzustellende Eröffnungsbilanz als aktive Rechnungsabgrenzungsposten (siehe Abschnitt B.5.2.3.4.1) aufgenommen werden, haben den Gewinn bei der Einnahmen-Überschuss-Rechnung bereits im Zahlungszeitpunkt gemindert. Im Zeitpunkt der Auflösung dieser Bilanzpositionen (Buchung: Aufwand an aktive Rechnungsabgrenzungsposten) kommt es nach dem Wechsel zum Betriebsvermögensvergleich erneut zu einer Gewinnminderung. Um eine zweifache erfolgswirksame Berücksichtigung zu vermeiden, ist der erste Bilanzgewinn um den Betrag der in der Eröffnungsbilanz enthaltenen aktiven Rechnungsabgrenzungsposten zu erhöhen.

  Mit einer analogen Begründung ist der erste Bilanzgewinn um den Betrag der in die Eröffnungsbilanz eingestellten passiven Rechnungsabgrenzungsposten zu kürzen.

Beispiel B.88:

Ein Unternehmen, das seinen Gewinn nach § 4 Abs. 3 EStG ermittelt, nimmt am 30.09.01 Mietzahlungen i.H.v. 4.000 € für ein Jahr im Voraus entgegen. Die gesamten 4.000 € stellen Betriebseinnahmen dar und führen somit zu einer Erhöhung des steuerpflichtigen Gewinns. Zum 01.01.02 wird zur Gewinnermittlung nach § 5 EStG übergegangen. In die zu erstellende Eröffnungsbilanz wird ein passiver Rechnungsabgrenzungsposten i.H.v. 3.000 € eingestellt. Dieser wird im Jahr 02 gewinnerhöhend aufgelöst (Buchung: passiver Rechnungsabgrenzungsposten an Mieterträge). Um zu vermeiden, dass der Teil der Mietzahlungen, der dem Jahr 02 zuzuordnen ist, den Gewinn zweimal erhöht, ist der Bilanzgewinn des Jahres 02 um 3.000 € zu kürzen.

- **Behandlung des Anlagevermögens**

Die Anschaffungskosten von Wirtschaftsgütern des Anlagevermögens werden sowohl beim Betriebsvermögensvergleich als auch bei der Einnahmen-Überschuss-Rechnung nicht bereits beim Erwerb, sondern erst bei der Veräußerung bzw. im Rahmen von Abschreibungen berücksichtigt. Beim Wechsel zwischen Einnahmen-Überschuss-Rechnung und Betriebsvermögensvergleich ist daher grundsätzlich keine, die Wirtschaftsgüter des Anlagevermögens betreffende, Gewinnkorrektur notwendig.

Korrekturen sind auch dann nicht erforderlich, wenn die Anschaffung der Wirtschaftsgüter des Anlagevermögens durch Aufnahme eines Darlehens finanziert wird. Dies liegt darin begründet, dass Darlehensverbindlichkeiten nicht nur im Rahmen des Betriebsvermögensvergleichs, sondern auch bei der Einnahmen-Überschuss-Rechnung zu allen Zeitpunkten erfolgsneutral behandelt werden (siehe Abschnitt B.5.2.4.3.7).

Beispiel B.89:

Ein Betrieb erwirbt eine Maschine zum 01.01.01 zum Preis von 60.000 €. Dabei wird nur ein Betrag von 20.000 € bar gezahlt. Der verbleibende Betrag wird kreditiert und am 01.04.02 zuzüglich 3.000 € Zinsen gezahlt. Zum 01.01.02 ist der Betrieb von der Gewinnermittlung durch Einnahmen-Überschuss-Rechnung zur Gewinnermittlung durch Betriebsvermögensvergleich übergegangen. Die erworbene Maschine besitzt eine betriebsgewöhnliche Nutzungsdauer von 10 Jahren und wird linear abgeschrieben.

		Gewinnauswirkung
01.01.01:	Anschaffung der Maschine und Kreditaufnahme sind bei § 4 Abs. 3 EStG erfolgsneutral	keine
31.12.01:	Abschreibung: $^{1}/_{10}$ von 60.000 €	– 6.000 €
01.01.02:	Aktivierung einer sonstigen Verbindlichkeit in Höhe der dem Jahr 01 zuzurechnenden Schuldzinsen: $^{12}/_{15}$ von 3.000 € = 2.400 €	keine
01.04.02:	Erfolgsneutrale Ausbuchung des Darlehens (Darlehen an Kasse / Bank 40.000 €)	keine
	Erfolgsneutrale Behandlung der dem Jahr 01 zuzurechnenden Zinszahlung (Sonstige Verbindlichk. an Kasse / Bank 2.400 €)	keine
	Erfolgswirksame Behandlung der dem Jahr 02 zuzurechnenden Zinszahlung (Zinsaufwand an Kasse / Bank 600 €)	– 600 €
31.12.02:	Abschreibung: $^{1}/_{10}$ von 60.000 €	– 6.000 €
	Korrekturposten (Sonstige Verbindlichkeiten)	– 2.400 €

- **Behandlung der Umsatzsteuer**

Bei der Gewinnermittlung durch Betriebsvermögensvergleich wird die Umsatzsteuer grundsätzlich in jedem Wirtschaftsjahr erfolgsneutral behandelt. Dies geschieht dadurch, dass zeitgleich zu jeder Vorsteuerzahlung bzw. Umsatzsteuervereinnahmung ein Vorsteuer-Erstattungsanspruch bzw. eine Umsatzsteuer-Verbindlichkeit gegenüber dem Finanzamt in gleicher Höhe gebucht wird.

Bei der Gewinnermittlung durch Einnahmen-Überschuss-Rechnung führt die Vereinnahmung von Umsatzsteuer bei der Veräußerung eines Wirtschaftsgutes zu einer Betriebseinnahme, welcher bei der Abführung dieses Betrags an das Finanzamt eine Betriebsausgabe in gleicher Höhe gegenübersteht. Entsprechend führt eine Vorsteuerzahlung zu einer Betriebsausgabe, welche bei der späteren Erstattung dieses Betrags durch das Finanzamt eine Betriebseinnahme in gleicher Höhe gegenübersteht. Erfolgen Umsatzsteuervereinnahmung und Umsatzsteuerabführung bzw. Vorsteuerzahlung und Vorsteuererstattung in verschiedenen Perioden, dann ist keine Erfolgsneutralität der Umsatzsteuer in den einzelnen Wirtschaftsjahren gegeben.

Wurden im Rahmen der Einnahmen-Überschuss-Rechnung durch die Umsatzsteuer Erfolgswirkungen hervorgerufen, so sind diese beim Übergang zum Betriebsvermögensvergleich rückgängig zu machen.

Beispiel B.90:

Der Gewerbetreibende A, der seinen Gewinn bisher nach § 4 Abs. 3 EStG ermittelte, geht zum 01.01.02 zur freiwilligen Buchführung und somit zur Gewinnermittlung nach § 5 EStG über. Aus den Geschäftsvorfällen des 4. Quartals 01 resultiert gegenüber dem Finanzamt ein Vorsteuererstattungsanspruch i.H.v. 300 € sowie eine Umsatzsteuerschuld i.H.v. 800 €. Die sich aus diesen beiden Positionen ergebende Umsatzsteuerzahllast i.H.v. 500 € wird am 12.01.02 überwiesen.

		Gewinnauswirkung
IV/01:	gezahlte Vorsteuer	– 300 €
	erhaltene Umsatzsteuer	+ 800 €
01.01.02:	Umsatzsteuer-Zahllast (500 €) wird in Eröffnungsbilanz eingestellt	keine
12.01.02:	erfolgsneutrale Ausbuchung der Umsatzsteuer-Zahllast (Umsatzsteuer an Bank 500 €)	keine
31.12.02:	Korrekturposten (Umsatzsteuer)	– 500 €

- **Rückstellungen**

Werden beim Übergang zum Betriebsvermögensvergleich Rückstellungen in die Eröffnungsbilanz eingestellt, so entsteht bei ihrer späteren Inanspruchnahme kein gewinnmindernder Aufwand mehr. Der erste Bilanzgewinn ist daher um den Betrag der in die Eröffnungsbilanz eingestellten Rückstellungen zu mindern.

- **Berücksichtigung von Teilwertabschreibungen**

Wie in Abschnitt B.5.2.4.2 dargestellt, sind Teilwertabschreibungen (§ 6 Abs. 1 Nr. 1 Satz 2, Nr. 2 Satz 2 EStG) im Rahmen der Gewinnermittlung nach § 4 Abs. 3 EStG nicht zulässig. Beim Übergang zum Betriebsvermögensvergleich können diese jedoch nachgeholt werden. Hinsichtlich der Durchführung der Teilwertabschreibung kann zwischen den beiden folgenden Vorgehensweisen gewählt werden:

- Zum einen kann der niedrigere Teilwert bereits in der Eröffnungsbilanz, d.h. unmittelbar beim Übergang zum Betriebsvermögensvergleich, berücksichtigt werden. In diesem Fall würde der Teil der historischen Anschaffungs- bzw. Herstellungskosten, in dessen Höhe die Teilwertabschreibung vorgenommen wird, weder im Rahmen der Einnahmen-Überschuss-Rechnung noch beim Betriebsvermögensvergleich gewinnmindernd berücksichtigt. Es ist daher eine Korrektur in der Form vorzunehmen, dass der erste Bilanzgewinn um den Betrag der vorgenommenen Teilwertabschreibung gemindert wird.
- Zum anderen ist es möglich, die Teilwertabschreibung erst in der Schlussbilanz des Wirtschaftsjahres, in dem der Gewinn erstmals durch Betriebsvermögensvergleich ermittelt wird, durchzuführen.

Da der Betrag der Teilwertabschreibung in beiden Fällen bei der Ermittlung des ersten Bilanzgewinns berücksichtigt wird, gelangen beide Vorgehensweisen zum gleichen Ergebnis.

- **Steuerfreie Rücklagen**

Steuerfreie Rücklagen können bei der Gewinnermittlung nach § 4 Abs. 3 EStG ebenfalls gebildet werden (§ 6c i.V.m. § 6b EStG, R 6.6 Abs. 5 EStR). Gleiches gilt für den Investitionsabzugsbetrag (§ 7g Abs. 1 EStG). Steuerfreie Rücklagen können nach dem Wechsel zur Gewinnermittlung nach § 4 Abs. 3 EStG fortgeführt werden.

5.2.4.4.3 Übergang vom Betriebsvermögensvergleich zur Einnahmen-Überschuss-Rechnung

Analog zur Vorgehensweise in Abschnitt B.5.2.4.4.2 wird auch hier zunächst dargestellt, welche praktische Bedeutung der Wechsel vom Betriebsvermögensvergleich zur Einnahmen-Überschuss-Rechnung besitzt und welche Gründe für ihn ursächlich sein können. Daran anschließend wird auf die beim Übergang zu erstellende Schlussbilanz sowie die vorzunehmenden Gewinnkorrekturen eingegangen.

Praktische Bedeutung und Gründe für den Übergang

Während der Übergang von der Einnahmen-Überschuss-Rechnung zum Betriebsvermögensvergleich im Lebenszyklus eines wachsenden Unternehmens auf Grund des Überschreitens der Grenzen des § 141 AO in aller Regel einmal vorzunehmen ist, besitzt der Übergang in umgekehrter Richtung in der Praxis eine erheblich geringere Bedeutung.

Zu einem Übergang vom Betriebsvermögensvergleich zur Einnahmen-Überschuss-Rechnung kommt es, wenn

- die gesetzliche Buchführungspflicht endet und auch freiwillig keine Bücher geführt werden. Die Verpflichtung, Bücher zu führen, erlischt
  - bei einem Istkaufmann nach § 1 HGB dann, wenn ein in kaufmännischer Weise eingerichteter Geschäftsbetrieb nicht mehr benötigt wird.
  - bei einem Kannkaufmann nach § 2 HGB oder § 3 HGB dann, wenn er beschließt, sein Unternehmen im Handelsregister löschen zu lassen.

- bei einem Einzelkaufmann (Ist- oder Kannkaufmann), wenn die Grenzen des § 241a HGB unterschritten werden.
- bei einem Unternehmer, welcher auf Grund des Überschreitens der Grenzen des § 141 AO zur Buchführung verpflichtet war, wenn der Wirtschaftswert der selbstbewirtschafteten land- und forstwirtschaftlichen Flächen, der Umsatz und der Gewinn unter die Grenzwerte des § 141 AO sinken. Die Verpflichtung zur Buchführung endet in diesem Falle mit dem Ablauf des Wirtschaftsjahrs, das auf das Wirtschaftsjahr folgt, in dem das Finanzamt das Unterschreiten der Grenzen gegenüber dem Steuerpflichtigen feststellt (§ 141 Abs. 2 Satz 2 AO).

- das Wahlrecht zur Gewinnermittlung nach § 4 Abs. 3 EStG ausgeübt wird, nachdem der Gewinn gemäß § 162 AO geschätzt wurde und diese Gewinnschätzung nach den Grundsätzen des Betriebsvermögensvergleiches vorgenommen wurde.
- ein Unternehmer, der bisher freiwillig Bücher geführt hat, zukünftig auf das Führen von Büchern verzichtet.

Bei Unternehmen, die auf Grund des Überschreitens der Grenzen des § 141 AO zur Buchführung und somit zur Gewinnermittlung nach Betriebsvermögensvergleich verpflichtet sind, kann sich die Möglichkeit des Übergangs zum Einnahmen-Überschuss-Rechnung auch dann ergeben, wenn die in § 141 AO enthaltenen Grenzwerte erhöht werden. Ebenso konnten Einzelunternehmen nach der Einfügung des § 241a HGB durch das Bilanzrechtsmodernisierungsgesetz (BGBl I 2009, S. 1102) zur Einnahmen-Überschuss-Rechnung übergehen, wenn die Grenzen des § 241a HGB nicht überschritten wurden (vgl. *J. Kroschel / J. Richter* (2010), S. 15 ff.).

Der Übergang von der Gewinnermittlung durch Betriebsvermögensvergleich zur Gewinnermittlung durch Einnahmen-Überschuss-Rechnung liegt immer im Ermessen des Steuerpflichtigen. Der Wechsel zur Einnahmen-Überschuss-Rechnung kann in jedem Falle dadurch verhindert werden, dass der Steuerpflichtige zur freiwilligen Buchführung übergeht bzw. an dieser festhält.

Erstellen der Schlussbilanz

Beim Übergang von der Gewinnermittlung durch Betriebsvermögensvergleich zur Gewinnermittlung durch Einnahmen-Überschuss-Rechnung ist eine Schlussbilanz zu erstellen, welche die Grundlage für die beim Übergang zur Einnahmen-Überschuss-Rechnung vorzunehmenden Gewinnkorrekturen darstellt. Bei der Erstellung der Schlussbilanz sind die auch sonst geltenden Vorschriften über die Ermittlung des laufenden Gewinns anzuwenden. Es kommt somit grundsätzlich nicht zur Aufdeckung stiller Reserven.

Nach § 4 Abs. 3 Satz 5 EStG sind im Rahmen der Gewinnermittlung nach § 4 Abs. 3 EStG die nicht abnutzbaren Wirtschaftsgüter des Anlagevermögens und bestimmte Wirtschaftsgüter des Umlaufvermögens mit ihren Anschaffungs- bzw. Herstellungskosten oder mit dem an deren Stelle getretenen Wert in besondere, laufend zu führende Verzeichnisse aufzunehmen. Wird vom Betriebsvermögensvergleich zur Einnahmen-Überschuss-Rechnung übergegangen, so sind die zur Erstellung dieses Verzeichnisses notwendigen Angaben der Schlussbilanz oder der Buchführung zu entnehmen.

Korrektur des Gewinns

Auch beim Übergang von der Gewinnermittlung nach § 4 Abs. 1 bzw. § 5 EStG zur Gewinnermittlung nach § 4 Abs. 3 EStG sind Gewinnkorrekturen erforderlich, um sicherzustellen, dass jeder Geschäftsvorfall erfasst und kein Geschäftsvorfall doppelt erfasst wird.

Die Gewinnkorrekturen sind im ersten Jahr nach dem Übergang zur Gewinnermittlung nach § 4 Abs. 3 EStG vorzunehmen (R 4.6 Abs. 2 EStR). Da der Übergang stets freiwillig erfolgt, kommt eine Verteilung des Übergangsgewinnes auf zwei bzw. drei Jahre wie bei dem Übergang in umgekehrter Richtung (R 4.6 Abs. 1 Satz 4 EStR) nicht in Betracht (BFH-Urteil vom 03.10.1961, BStBl III 1961, S. 565).

Nachfolgend werden die einzelnen Gewinnkorrekturen, die beim Übergang von der Gewinnermittlung nach § 4 Abs. 1 bzw. § 5 EStG zur Gewinnermittlung nach § 4 Abs. 3 EStG erforderlich sind, erläutert. Dabei besteht eine hohe Ähnlichkeit zu den Darstellungen in Abschnitt B.5.2.4.4.2 (Gewinnkorrekturen beim Übergang zum Betriebsvermögensvergleich). Die Bilanzpositionen bzw. Geschäftsvorfälle, die beim Übergang zur Einnahmen-Überschuss-Rechnung Gewinnkorrekturen erforderlich machen, sind grundsätzlich identisch mit denen, die in dem oben genannten Abschnitt abgehandelt wurden. Der Übergangsgewinn /-verlust ermittelt sich vereinfacht wie folgt:

	Endbestand der Lieferantenverbindlichkeiten und der Sonstigen Verbindlichkeiten
+	Endbestand der passiven Rechnungsabgrenzungsposten
+	Endbestand der Rückstellungen
–	Endbestand an Waren, Erzeugnissen, Roh-, Hilfs- und Betriebsstoffen
–	Endbestand der Kundenforderungen und der Sonstigen Forderungen
–	Endbestand der aktiven Rechnungsabgrenzungsposten
=	Übergangsgewinn bzw. -verlust

Tabelle B.19: Ermittlung des Übergangsgewinns beim Übergang zur Einnahmen-Überschuss-Rechnung

- **Abzug des Endbestandes an Waren, Erzeugnissen, Roh-, Hilfs- und Betriebsstoffen**

  Die Anschaffungskosten von Waren werden bei der Gewinnermittlung nach Betriebsvermögensvergleich erst in dem Zeitpunkt, in dem diese Waren veräußert werden, als Wareneinsatz gebucht und damit erfolgswirksam. Wird jedoch vor der Veräußerung zur Einnahmen-Überschuss-Rechnung übergegangen, so kommt es im Veräußerungszeitpunkt zu keiner Gewinnminderung, da mangels Zahlungsabflusses keine Betriebsausgabe vorliegt. Um zu gewährleisten, dass auch die Anschaffungskosten der im Übergangszeitpunkt auf Lager befindlichen Waren erfolgswirksam berücksichtigt werden, ist der Gewinn des Übergangsjahres um den Betrag des in der Schlussbilanz angesetzten Warenbestandes zu mindern. Mit den im Übergangszeitpunkt vorliegenden Beständen an Erzeugnissen, Roh-, Hilfs- und Betriebsstoffen ist mit analoger Begründung in gleicher Weise zu verfahren.

Beispiel B.91:

Ein Kleingewerbetreibender geht zum 01.01.02 von der Gewinnermittlung nach § 5 EStG zur Gewinnermittlung nach § 4 Abs. 3 EStG über. In die zu erstellende Schlussbilanz wird ein Warenbestand i.H.v. 14.000 € aufgenommen.

Der Kleingewerbetreibende hat den Gewinn des Jahres 02 um den in der Schlussbilanz ausgewiesenen Warenbestand, d.h. um 14.000 €, zu mindern.

- **Hinzurechnung des Endbestandes an Lieferantenverbindlichkeiten und Sonstigen Verbindlichkeiten**

  Während Verbindlichkeiten im Rahmen der Gewinnermittlung nach § 4 Abs. 1 bzw. § 5 EStG bereits im Entstehungszeitpunkt zu einer Gewinnminderung führen, werden sie bei der Gewinnermittlung nach § 4 Abs. 3 EStG erst in dem Zeitpunkt, in dem sie beglichen werden, gewinnmindernd berücksichtigt. Wird zwischen Entstehungs- und Zahlungszeitpunkt von der Gewinnermittlung durch Betriebsvermögensvergleich zur Gewinnermittlung durch Einnahmen-Überschuss-Rechnung übergegangen, kommt es zu einer doppelten Gewinnminderung. Um dies zu korrigieren, ist der Gewinn des Übergangsjahres um den Betrag der in der Schlussbilanz ausgewiesenen Lieferantenverbindlichkeiten und Sonstigen Verbindlichkeiten zu erhöhen.

Beispiel B.92:

Ein Kleingewerbetreibender geht zum 01.01.02 von der Gewinnermittlung nach § 5 EStG zur Gewinnermittlung nach § 4 Abs. 3 EStG über. Im Jahr 01 wurden Waren für 12.000 € erworben, welche erst im Jahr 02 bezahlt und weiterveräußert werden. In die zu erstellende Schlussbilanz werden folglich Warenbestände und Lieferantenverbindlichkeiten i.H.v. jeweils 12.000 € aufgenommen.

Der Kleingewerbetreibende hat den Gewinn des Jahres 02 um den in der Schlussbilanz ausgewiesenen Warenbestand, d.h. um 12.000 €, zu mindern und um den Betrag der in der Schlussbilanz ausgewiesenen Lieferantenverbindlichkeiten, d.h. um 12.000 €, zu erhöhen. Als Saldo der Gewinnkorrekturen ergibt sich in diesem Falle ein Wert von Null.

Beispiel B.93:

Ein Unternehmen, welches zum 01.01.02 von der Gewinnermittlung nach § 4 Abs. 1 EStG zur Gewinnermittlung nach § 4 Abs. 3 EStG übergeht, zahlt Miete für das Jahr 01 i.H.v. 3.000 € erst am 14.02.02. In die zu erstellende Schlussbilanz wird hierfür eine Sonstige Verbindlichkeit aufgenommen.

Der Gewinn des Jahres 02 ist um den Betrag der Sonstigen Verbindlichkeit, d.h. um 3.000 €, zu erhöhen.

- **Abzug der Kundenforderungen und der Sonstigen Forderungen**

  Forderungen werden bei Gewinnermittlung nach § 4 Abs. 1 bzw. § 5 EStG im Zeitpunkt ihrer Entstehung erfolgswirksam, d.h. gewinnerhöhend, berücksichtigt. Dagegen werden sie im Rahmen der Gewinnermittlung nach § 4 Abs. 3 EStG erst in dem Zeitpunkt zu Betriebseinnahmen, in dem der durch die Forderung begründete Zahlungseingang erfolgt. Wird zwischen Forderungsentstehung und Zahlungseingang von der Gewinnermittlung nach § 4 Abs. 1 bzw. § 5 EStG zur Gewinnermittlung nach § 4 Abs. 3 EStG übergegangen, so führt die Forderung sowohl im Rahmen der Gewinnermittlung nach § 4 Abs. 1 bzw. § 5 EStG als auch im Rahmen der Gewinnermittlung nach § 4 Abs. 3 EStG zur Erhöhung des Gewinnes. Um diese Doppelerfassung zu korrigieren, ist der Gewinn des Übergangsjahres um den Betrag der in der Schlussbilanz enthaltenen Forderungsbestände zu mindern.

Beispiel B.94:

Architekt A, der bisher seinen Gewinn nach § 4 Abs. 1 EStG ermittelte, geht zum 01.01.02 zur Gewinnermittlung nach § 4 Abs. 3 EStG über. Am 31.12.01 betrug die

> Höhe der noch ausstehenden Honorarforderungen 12.000 €.
>
> A hat den Gewinn des Jahres 02 um den Betrag der zum 31.12.01 noch ausstehenden Honorarforderungen, d.h. um 12.000 €, zu mindern.

> **Beispiel B.95:**
>
> Bei einem Unternehmen, das zum 01.01.02 von der Gewinnermittlung nach § 4 Abs. 1 EStG zur Gewinnermittlung nach § 4 Abs. 3 EStG übergeht, geht eine Mietzahlung für das Jahr 01 i.H.v. 3.000 € erst am 14.02.02 ein. Folglich wird in die Schlussbilanz zum 31.12.01 eine Forderung in dieser Höhe eingestellt.
>
> Der Gewinn des Jahres 02 ist um den Betrag der Forderung, d.h. um 3.000 €, zu mindern.

- **Rechnungsabgrenzungsposten**

Beträge, die in der beim Übergang zur Gewinnermittlung nach Einnahmen-Überschuss-Rechnung zu erstellenden Schlussbilanz als aktive Rechnungsabgrenzungsposten auszuweisen sind, haben im Rahmen der Gewinnermittlung nach Betriebsvermögensvergleich bereits zu einem Zahlungsmittelabfluss, nicht jedoch zu einer Gewinnminderung geführt. Da nach dem Wechsel der Gewinnermittlungsart mangels Zahlung keine Betriebsausgabe entsteht, werden diese Beträge auch im Rahmen der Einnahmen-Überschuss-Rechnung nicht gewinnmindernd berücksichtigt. Um im Zeitpunkt des Wechsels der Gewinnermittlungsmethode bestehende aktive Rechnungsabgrenzungsposten dennoch erfolgswirksam werden zu lassen, ist der Gewinn des Übergangsjahres um den Betrag zu kürzen, mit dem diese Rechnungsabgrenzungsposten in der Schlussbilanz ausgewiesen sind.

> **Beispiel B.96:**
>
> Ein Unternehmer, der zum 01.01.02 von der Gewinnermittlung nach § 5 EStG zur Gewinnermittlung nach § 4 Abs. 3 EStG übergeht, zahlt am 01.11.01 die Miete für seine Büroräume i.H.v. 12.000 € für ein Jahr im Voraus. Zum 31.12.01 wird hierfür ein aktiver Rechnungsabgrenzungsposten i.H.v. 10.000 € in die Schlussbilanz eingestellt.
>
> Der Unternehmer hat den Gewinn des Jahres 02 um den Betrag des in der Schlussbilanz angesetzten aktiven Rechnungsabgrenzungspostens, d.h. um 10.000 €, zu mindern.

Mit einer analogen Begründung ist der Übergangsgewinn um den Betrag der in die Schlussbilanz eingestellten passiven Rechnungsabgrenzungsposten zu erhöhen.

- **Behandlung des Anlagevermögens**

Sowohl bei der Gewinnermittlung durch Betriebvermögensvergleich als auch bei der Gewinnermittlung durch Einnahmen-Überschuss-Rechnung werden die Anschaffungskosten von Wirtschaftsgütern des Anlagevermögens nicht bereits beim Erwerb, sondern erst bei der Veräußerung bzw. im Rahmen von Abschreibungen berücksichtigt. Somit folgt, dass beim Übergang vom Betriebsvermögensvergleich zur Einnahmen-Überschuss-Rechnung hinsichtlich des Anlagevermögens keine Gewinnkorrekturen erforderlich sind. Gewinnkorrekturen sind auch dann nicht durchzuführen, wenn die Anschaffung der Wirtschaftsgüter des Anlagevermögens durch die Aufnahme eines Darlehens finanziert wird. Dies liegt darin begründet, dass auch Darlehensverbindlichkeiten bei beiden Gewinnermittlungsmethoden zu allen Zeitpunkten erfolgsneutral behandelt werden.

- **Behandlung der Umsatzsteuer**

  Eine in der Schlussbilanz ausgewiesene Umsatzsteuerschuld gegenüber dem Finanzamt würde bei Beibehaltung der Gewinnermittlung nach Betriebsvermögensvergleich im Zeitpunkt ihrer Begleichung erfolgsneutral behandelt werden. Wird jedoch zur Einnahmen-Überschuss-Rechnung übergegangen, so stellt die Abführung der Umsatzsteuer an das Finanzamt eine Betriebsausgabe dar, aus der eine Gewinnminderung resultiert. Um eine erfolgsneutrale Behandlung der Umsatzsteuer zu gewährleisten, ist diese Erfolgswirkung rückgängig zu machen, indem der Gewinn des Übergangsjahres um den Betrag der in der Schlussbilanz ausgewiesenen Umsatzsteuerschuld erhöht wird.

  In analoger Weise ist zu begründen, dass der Gewinn des Übergangsjahres um den Betrag eines in der Schlussbilanz ausgewiesenen Vorsteuererstattungsanspruchs zu mindern ist.

  Beispiel B.97:

  Ein Kleingewerbetreibender wechselt am 01.01.02 von der Gewinnermittlung nach § 5 EStG zur Gewinnermittlung nach § 4 Abs. 3 EStG. In der Schlussbilanz zum 31.12.01 wird eine Umsatzsteuerschuld i.H.v. 700 € ausgewiesen.

  Der Gewinn des Jahres 02 ist um die in der Schlussbilanz ausgewiesene Umsatzsteuerschuld von 700 € zu erhöhen.

- **Rückstellungen**

  Rückstellungen wirken bei Gewinnermittlung durch Betriebsvermögensvergleich bereits im Zeitpunkt ihrer Bildung gewinnmindernd. Die spätere Inanspruchnahme der Rückstellung wird dagegen erfolgsneutral behandelt. Wird zwischen Rückstellungsbildung und der Inanspruchnahme zur Gewinnermittlung durch Einnahmen-Überschuss-Rechnung übergegangen, so wird auch die Inanspruchnahme erfolgswirksam und es kommt zu einer doppelten Gewinnminderung. Um dies zu korrigieren, ist der Gewinn des Übergangsjahres um den Betrag der in der Schlussbilanz ausgewiesenen Rückstellungen zu erhöhen.

5.2.5 Gewinnermittlung nach Durchschnittssätzen

Regelmäßige Gewinnermittlungsmethode für Land- und Forstwirte ist die Gewinnermittlung nach Durchschnittssätzen gemäß § 13a EStG. Diese ist gemäß § 13a Abs. 1 EStG dann anzuwenden, wenn

- der Steuerpflichtige weder nach handelsrechtlichen Vorschriften noch nach § 141 AO buchführungspflichtig ist,
- die selbst bewirtschaftete Fläche der landwirtschaftlichen Nutzung (ohne Sonderkulturen i.S.d. § 52 BewG) 20 Hektar nicht überschreitet,
- eine Obergrenze an Tierbeständen nicht überschritten wird und
- der Wert der selbst bewirtschafteten Sondernutzungen i.S.d. § 13a Abs. 5 EStG 2.000 DM je Sondernutzung nicht übersteigt.

Allerdings kann der Gewinn auf Antrag des Steuerpflichtigen trotz Vorliegens dieser Voraussetzungen gemäß § 13a Abs. 2 EStG für einen Zeitraum von vier Jahren

- durch Betriebsvermögensvergleich nach § 4 Abs. 1 EStG ermittelt werden, wenn der Steuerpflichtige für diese Wirtschaftsjahre Bücher führt bzw.
- durch Einnahmen-Überschuss-Rechnung nach § 4 Abs. 3 EStG ermittelt werden, sofern der Steuerpflichtige für diese Wirtschaftsjahre zwar keine Bücher, aber Aufzeichnungen über die Betriebseinnahmen und Betriebsausgaben führt.

Jeweils nach Abschluss eines Vierjahreszeitraums kann der Land- und Forstwirt einen Antrag für einen weiteren Vierjahreszeitraum stellen (R 13a.1 Abs. 4 Nr. 3 Buchst. a EStR).

Der Gewinnermittlung nach Durchschnittssätzen ist gemäß § 13a Abs. 3 EStG das folgende (vereinfachte) Schema zugrunde zu legen:

Grundbetrag (§ 13a Abs. 4 EStG)	
+	Zuschläge für Sondernutzungen (§ 13a Abs. 5 EStG)
+	gesondert zu ermittelnde Gewinne aus
•	Forstwirtschaft
•	Veräußerung oder Entnahme von Grund und Boden und Gebäuden sowie der im Zusammenhang mit einer Betriebsumstellung stehenden Veräußerung oder Entnahme von Wirtschaftsgütern des übrigen Anlagevermögens,
•	land- und forstwirtschaftlichen Dienstleistungen und vergleichbaren Tätigkeiten, soweit diese nicht für andere Betriebe der Land- und Forstwirtschaft erbracht werden,
•	der Auflösung von Rücklagen nach § 6c EStG und R 6.6 EStR, soweit diese insgesamt 1.534 € übersteigen (§ 13a Abs. 6 EStG)
+	vereinnahmte Miet- und Pachtzinsen
+	vereinnahmte Kapitalerträge, die sich aus Kapitalanlagen von Veräußerungserlösen aufgrund der Veräußerung von Grund und Boden und Gebäuden sowie der im Zusammenhang mit einer Betriebsumstellung stehenden Veräußerung von Wirtschaftsgütern des übrigen Anlagevermögens ergeben
–	verausgabte Pachtzinsen
–	Schuldzinsen und dauernde Lasten, die Betriebsausgaben sind
=	Gewinn nach § 13a EStG

Tabelle B.20: Gewinnermittlung nach Durchschnittssätzen

Der Grundbetrag nach § 13a Abs. 4 EStG richtet sich nach dem Hektarwert i.S.d. § 40 Abs. 1 Satz 3 BewG der landwirtschaftlichen Nutzung (ohne Sonderkulturen i.S.d. § 52 BewG, z.B. Hopfen, Spargel) und beträgt

- bei einem Hektarwert bis 300 DM 205 € je Hektar,
- bei einem Hektarwert über 300 DM bis 500 DM 307 € je Hektar,
- bei einem Hektarwert über 500 DM bis 1.000 DM 358 € je Hektar,
- bei einem Hektarwert über 1.000 DM bis 1.500 DM 410 € je Hektar,

- bei einem Hektarwert über 1.500 DM bis 2.000 DM 461 € je Hektar,
- bei einem Hektarwert über 2.000 DM 512 € je Hektar.

Gemäß § 13a Abs. 5 Satz 3 EStG ist für jede Sondernutzung i.S.d. § 13a Abs. 5 Satz 1 EStG, deren Wert 500 DM übersteigt, ein Zuschlag von 512 € zu berücksichtigen. Als Sondernutzungen i.S.d. § 13a Abs. 5 EStG gelten z.B. forstwirtschaftliche, weinbauliche oder gärtnerische Nutzungen, Nebenbetriebe i.S.d. § 42 BewG und die Sonderkulturen des § 52 BewG.

Der gemäß § 13a Abs. 6 EStG gesondert zu ermittelnde Gewinn aus Forstwirtschaft sowie aus der Veräußerung oder Entnahme von Grund und Boden und Gebäuden sowie im Falle der Betriebsumstellung auch der Wirtschaftsgüter des übrigen Anlagevermögens ist durch Einnahmen-Überschuss-Rechnung nach § 4 Abs. 3 EStG zu ermitteln. Der Gewinn aus Dienstleistungen und vergleichbaren Tätigkeiten, soweit diese nicht für andere Betriebe der Land- und Forstwirtschaft erbracht werden, ist pauschal mit 35 % der Einnahmen anzusetzen.

Beispiel B.98:

Der unverheiratete Landwirt L betreibt einen land- und forstwirtschaftlichen Betrieb, der nicht der Buchführungspflicht unterliegt. Im Rahmen dieses Betriebes baut er zum einen verschiedene Getreidesorten an und unterhält zum anderen eine Baumschule. Darüber hinaus umfasst sein Betrieb im Wirtschaftsjahr 01/02 folgenden Viehbestand:

1 Zuchtbulle

1 Zugochse

3 Mastrinder

20 Legehennen

Einen Teil der bewirtschafteten Fläche hat er von einem Landbesitzer für 1.600 € im Jahr gepachtet. Für einen Kredit, der für die Finanzierung seines neuen Mähdreschers erforderlich war, hat L im Wirtschaftsjahr 01/02 Zinsaufwendungen i.H.v. 2.200 € zu tragen. Die untere Etage seiner Scheune hat er an einen Oldtimer-Club zum Abstellen von Fahrzeugen für monatlich 160 € vermietet.

Der aktuelle Einheitswertbescheid des Betriebs der Land- und Forstwirtschaft des L weist folgende Werte aus:

- Selbst bewirtschaftete Fläche ohne Sonderkulturen 16 ha
- Hektarwert 890 DM
- Sondernutzung Baumschule 1.800 DM

Der zutreffend ermittelte Gewinn für das Wirtschaftsjahr 00/01 beträgt 6.228 €.

Der Gewinn des Landwirtes L für den Veranlagungszeitraum 01 ist nach § 13a EStG zu ermitteln, weil sämtliche Voraussetzungen des § 13a Abs. 1 EStG erfüllt werden:

- L ist nicht buchführungspflichtig (§ 13a Abs. 1 Nr. 1 EStG).
- Die selbst bewirtschaftete Fläche übersteigt nicht den zulässigen Wert von 20 Hektar (§ 13a Abs. 1 Nr. 2 EStG).
- Die Tierbestände übersteigen mit 5,8 Vieheinheiten nicht den zulässigen Wert von 50 Vieheinheiten (§ 13a Abs. 1 Nr. 3 EStG; Anlage 1 zum BewG):

	Anzahl	VE pro Vieh	VE insgesamt
Zuchtbulle	1	1,2	1,2 VE
Zugochse	1	1,2	1,2 VE
Mastrind	3	1,0	3,0 VE
Legehennen	20	0,02	0,4 VE
Summe			5,8 VE

- Der Wert der selbst bewirtschafteten Sondernutzungen übersteigt nicht den zulässigen Wert von 2.000 DM je Sondernutzung (§ 13a Abs. 1 Nr. 4 EStG).

Die Einkünfte aus Land- und Forstwirtschaft für den Veranlagungszeitraum 01 errechnen sich auf Grund des vom Kalenderjahr abweichenden Wirtschaftsjahres (§ 4a Abs. 1 Nr. 1 EStG) zu 50 % aus dem Gewinn des Wirtschaftsjahres 00/01 und zu 50 % aus dem Gewinn des Wirtschaftsjahres 01/02 (§ 4a Abs. 2 Nr. 1 EStG).

	Grundbetrag: 16 Hektar · 358 € (§ 13a Abs. 4 Nr. 3 EStG)	5.728 €
+	Zuschlag für Sondernutzung Baumschule (§ 13a Abs. 5 EStG)	512 €
+	Mieteinnahmen: 12 Monate · 160 € (§ 13a Abs. 3 Nr. 4 EStG)	1.920 €
–	Verausgabte Pacht (§ 13a Abs. 3 Satz 2 EStG)	– 1.600 €
–	Verausgabte Schuldzinsen (§ 13a Abs. 3 Satz 2 EStG)	– 2.200 €
=	Gewinn des Wirtschaftsjahres 01/02	4.360 €

	50% des Gewinns des Wirtschaftsjahres 00/01	3.114 €
+	50% des Gewinns des Wirtschaftsjahres 01/02	2.180 €
=	Summe	5.294 €
–	Freibetrag (§ 13 Abs. 3 EStG, siehe Abschnitt B.7.1.2)	– 670 €
=	Einkünfte aus Land- und Forstwirtschaft	4.624 €

5.3 Betriebsgründung, -umwandlung und -liquidation

Während sich die Ausführungen der vorangegangenen Abschnitte mit der laufenden Gewinnermittlung beschäftigten, geht es nun um die Behandlung von Betriebsgründungen, -umwandlungen und -liquidationen, d.h. um die steuerliche Behandlung **aperiodischer Tatbestände**.

Dabei wird im Rahmen dieses Abschnitts B.5.3 insbesondere auf die Gründung, Umwandlung und Liquidation von Einzelunternehmen eingegangen. Die Gründung, Um-wandlung und Liquidation von Personengesellschaften setzt das Verständnis der laufenden Gewinnermittlung, die in Abschnitt B.5.4.1 erläutert wird, voraus und ist deshalb Gegenstand der Abschnitte B.5.4.3 – B.5.4.6.

5.3.1 Betriebsgründung

Die Gründung eines Einzelunternehmens kann erfolgen durch

- Kauf einzelner Wirtschaftsgüter (Abschnitt B.5.3.1.1),
- Einlage einzelner Wirtschaftsgüter aus dem Privatvermögen (Abschnitt B.5.3.1.2),

- Einlage einzelner Wirtschaftsgüter aus einem anderen Betriebsvermögen (Abschnitt B.5.3.1.3) oder
- Kauf eines Betriebs (Abschnitt B.5.3.1.4).

5.3.1.1 Gründung durch Kauf einzelner Wirtschaftsgüter

Wird das Einzelunternehmen durch den Kauf einzelner Wirtschaftsgüter gegründet, so sind diese bei Gewinnermittlung nach Betriebsvermögensvergleich mit den Anschaffungskosten (siehe Abschnitt B.5.2.3.5.1) zu bewerten, und zwar unabhängig davon, ob es sich um Wirtschaftsgüter des Umlaufvermögens, des abnutzbaren oder des nicht abnutzbaren Anlagevermögens handelt.

Eine Sofortabschreibung oder Aufnahme in den Sammelposten ist für geringwertige Wirtschaftsgüter des abnutzbaren Anlagevermögens möglich (§ 6 Abs. 2, 2a EStG, vgl. Abschnitt B.5.2.3.6.6). Ansonsten werden die Anschaffungskosten erst im Veräußerungszeitpunkt, im Entnahmezeitpunkt bzw. im Rahmen von Abschreibungen zu Betriebsausgaben.

Bei Gewinnermittlung durch Einnahmen-Überschuss-Rechnung können dagegen die Anschaffungskosten von Wirtschaftsgütern des Umlaufvermögens bereits im Zeitpunkt der Anschaffung in voller Höhe steuerlich geltend gemacht werden (vgl. Abschnitt B.5.2.4.3.2).

5.3.1.2 Gründung durch Einlage einzelner Wirtschaftsgüter aus dem Privatvermögen

Aufgrund des Verweises in § 6 Abs. 1 Nr. 6 EStG ist hinsichtlich der Einlage von Wirtschaftsgütern zur Gründung eines Betriebs analog zur Einlage bei bestehenden Betrieben zu verfahren. Es kann deshalb auf die Ausführungen in Abschnitt B.5.2.3.8 zur Behandlung von Einlagen beim Betriebsvermögensvergleich sowie in Abschnitt B.5.2.4.3.9 zur Behandlung von Einlagen bei Einnahmen-Überschuss-Rechnung verwiesen werden.

Beispiel B.99:

Ein Unternehmer, der seinen Gewinn nach § 5 EStG ermittelt, legt bei der Gründung seines Einzelunternehmens ein unbebautes Grundstück, dessen Teilwert 200.000 € beträgt, ein. Dieses Grundstück hatte er vor 12 Jahren für 150.000 € für sein Privatvermögen erworben.

Das Grundstück ist im Gründungszeitpunkt mit dem Teilwert von 200.000 € zu bewerten (§ 6 Abs. 1 Nr. 6 i.V.m. Nr. 5 EStG).

5.3.1.3 Gründung durch Einbringung einzelner Wirtschaftsgüter aus einem anderen Betriebsvermögen

Die Vorschrift des § 6 Abs. 1 Nr. 4 EStG, wonach Entnahmen zum Teilwert zu bewerten sind, verfolgt den Zweck, die stillen Reserven von Wirtschaftsgütern, die durch eine Überführung ins Privatvermögen in Zukunft nicht mehr der Steuerpflicht unterliegen, abschließend zu erfassen.

Bei der Überführung eines Wirtschaftsgutes von einem in ein anderes Betriebsvermögen desselben Steuerpflichtigen ändert sich hingegen nichts an der Steuerverstrickung der stillen Reserven. Dieser Fall ist daher nicht als (steuerpflichtige) Entnahme im bisherigen sowie als Einlage im neuen Betriebsvermögen zu behandeln. Die Wirtschaftsgüter sind vielmehr zum

Buchwert, d.h. ohne Aufdeckung der stillen Reserven, in das neue Betriebsvermögen zu übertragen (§ 6 Abs. 5 Satz 1 EStG, siehe ausführlich in Abschnitt B.5.4.2.1.1).

5.3.1.4 Gründung durch Kauf eines Betriebs

Wird ein (Einzel-) Unternehmen erworben, so wird regelmäßig ein Kaufpreis gezahlt, der das bilanzielle Eigenkapital des Unternehmens übersteigt. Dies kann folgende Ursachen haben:

- In einzelnen Wirtschaftsgütern des Unternehmens sind stille Reserven enthalten, d.h. ihre Teilwerte sind höher als die Buchwerte.
- Der Wert des Unternehmens ist größer als die Summe der Teilwerte der einzelnen Wirtschaftsgüter (abzüglich der Schulden), da in dem Unternehmen ein **Geschäfts- oder Firmenwert** enthalten ist.

  Geschäfts- oder Firmenwert ist der Mehrwert, der einem Unternehmen über den Substanzwert der einzelnen materiellen und immateriellen Wirtschaftsgüter abzüglich Schulden hinaus innewohnt (BFH-Urteil vom 26.11.2009, BFH/NV 2010, S. 721). Er ist Ausdruck der Gewinnchancen eines Unternehmens, soweit diese nicht auf einzelnen Wirtschaftsgütern oder der Person des Unternehmers, sondern auf dem Betrieb des lebenden Unternehmens beruhen. Der Geschäfts- oder Firmenwert wird insbesondere bestimmt durch

  - den guten Ruf des Unternehmens,
  - den Kundenstamm,
  - die Motivation und Ausbildung der Mitarbeiter,
  - technisches Know How,
  - Auftragsbestand, künftige Ertragserwartungen.

§ 6 Abs. 1 Nr. 7 EStG schreibt vor, dass bei einem entgeltlichen Erwerb eines Betriebs die Wirtschaftsgüter mit ihrem Teilwert, höchstens jedoch mit ihren Anschaffungskosten anzusetzen sind.

Fall 1: Positiver Firmenwert

Ist die Differenz zwischen dem Kaufpreis und der Summe der Teilwerte positiv, so ist diese Differenz in der Handelsbilanz (§ 246 Abs. 1 Satz 4 HGB) als (derivativer) Firmenwert zu bilanzieren. Wegen dem Grundsatz der Maßgeblichkeit (§ 5 Abs. 1 Satz 1 EStG) gilt dies auch für die Steuerbilanz. Das bisherige handelsrechtliche Aktivierungs**wahlrecht** (§ 255 Abs. 4 HGB a.F.) ist durch das Bilanzrechtsmodernisierungsgesetz (BGBl I 2009, S. 1102) mit Wirkung ab 2010 durch eine Aktivierungspflicht ersetzt worden.

Handelsrechtlich ist ein Firmenwert entsprechend § 253 HGB planmäßig oder gegebenenfalls außerplanmäßig abzuschreiben. Für die planmäßige Abschreibung muss die individuelle betriebliche Nutzungsdauer des Firmenwertes, die zum Zeitpunkt der Aktivierung zu schätzen ist, zugrunde gelegt werden. Dabei sind beispielsweise die Art und die voraussichtliche Bestandsdauer des erworbenen Unternehmens, die Besonderheiten der jeweiligen Branche, der Lebenszyklus der Produkte, die wirtschaftlichen Rahmenbedingungen, die Laufzeit wichtiger Absatz- oder Beschaffungsverträge, die Mitarbeiterbindung oder das erwartete Verhalten potentieller Wettbewerber entscheidende Merkmale.

Die bislang nach § 255 Abs. 4 HGB a.F. ebenfalls zulässige pauschale Abschreibung von 25 % p.a. ist entfallen. Soll der derivative Firmenwert über einen Zeitraum von mehr als fünf Jahren planmäßig abgeschrieben werden, muss im Anhang dargelegt werden, aus welchen Gründen der Firmenwert über einen Zeitraum von mehr als fünf Jahren genutzt werden kann (§ 285 Nr. 13 HGB). In der Regel wird eine Abschreibung über mehr als fünf Jahre in der Handelsbilanz nicht in Betracht kommen.

Steuerlich ist der Firmenwert hingegen bei gewerblichen sowie land- und forst-wirtschaftlichen Unternehmen stets über eine fiktive Nutzungsdauer von 15 Jahren linear abzuschreiben (§ 7 Abs. 1 Satz 3 EStG).

Beispiel B.100:

Am 01.04.01 kauft der Steuerberater A die Kanzlei seines Berufskollegen B und zahlt als Kaufpreis 200.000 €. Hiervon entfällt 50.000 € auf die Betriebs- und Geschäftsausstattung sowie 150.000 € auf den Geschäfts- oder Firmenwert (insbesondere den Kundenstamm). Der Geschäftswert hat eine betriebsgewöhnliche Nutzungsdauer von 5 Jahren. A finanziert den Kaufpreis von 200.000 € zur Hälfte aus seinem privaten Vermögen und zur Hälfte durch ein Bankdarlehen. Die Gewinnermittlung erfolgt durch Betriebsvermögensvergleich nach § 4 Abs. 1 EStG.

Eröffnungsbilanz A, 01.04.01

Firmenwert	50.000	Eigenkapital	100.000
BGA	150.000	Fremdkapital	100.000
	200.000		200.000

Da es sich bei dem Steuerberater nicht um ein gewerbliches oder land- und forstwirtschaftliches Unternehmen handelt, ist der Firmenwert nicht über die fiktive Nutzungsdauer des § 7 Abs. 1 Satz 3 EStG von 15 Jahren, sondern über die tatsächliche Nutzungsdauer von 5 Jahren abzuschreiben.

Fall 2: Negativer „Firmenwert“

Ist die Summe der Teilwerte dagegen ausnahmsweise höher als der Kaufpreis, so sind lediglich stille Reserven in Höhe der Differenz zwischen Kaufpreis und der Summe der Buchwerte aufzulösen. Dabei sind die Buchwerte der Wirtschaftsgüter gleichmäßig nach dem Verhältnis ihrer stillen Reserven aufzustocken (BFH-Urteil vom 24.05.1984, BStBl II 1984, S. 747; kritisch: *S. Meyering*, DStR 2008, S. 1008).

Beispiel B.101:

A erwirbt ein Einzelunternehmen für 475.000 €. Die Summe der Buchwerte der Wirtschaftsgüter dieses Unternehmens beträgt 400.000 €; die Summe der Teilwerte 550.000 €.

Da die Anschaffungskosten niedriger sind als die Summe der Teilwerte, sind die Wirtschaftsgüter mit ihren Anschaffungskosten anzusetzen.

Dazu sind $\left(\frac{475.000 - 400.000}{550.000 - 400.000}\right) = 50\ \%$ der in den einzelnen Wirtschaftsgütern enthaltenen stillen Reserven aufzulösen.

Liegt die Summe der Teilwerte sogar unter den Buchwerten, so muss eine Abstockung der Buchwerte erfolgen. Ein negativer „Firmenwert" darf nicht ausgewiesen werden.

5.3.2 Umwandlungen

Als Umwandlung wird die Änderung der Rechtsform bezeichnet, in der ein Unternehmen betrieben wird. Für ein Einzelunternehmen sind als Umwandlungen insbesondere denkbar

- die Gründung einer Personengesellschaft durch Aufnahme von Gesellschaftern gegen Bar- oder Sacheinlagen,
- die Einbringung des Einzelunternehmens in eine bestehende Personengesellschaft,
- der Zusammenschluss mehrerer Einzelunternehmen zur Gründung einer Personengesellschaft,
- die Einbringung des Einzelunternehmens in eine Kapitalgesellschaft.

Umwandlung in eine Personengesellschaft

Für die drei erstgenannten Möglichkeiten sei auf die Ausführungen in Abschnitt B.5.4.3 zur Gründung von Personengesellschaften verwiesen.

Umwandlung in eine Kapitalgesellschaft

Die Einbringung eines Einzelunternehmens in eine Kapitalgesellschaft erfolgt nach den Vorschriften des Sechsten Teils des Umwandlungssteuergesetzes (§§ 20 - 23 UmwStG). Wird ein Betrieb, ein Teilbetrieb oder ein Mitunternehmeranteil in eine Kapitalgesellschaft eingebracht und erhält der Einbringende dafür neue Anteile an der Kapitalgesellschaft, so hat die übernehmende Kapitalgesellschaft das Betriebsvermögen des bisherigen Einzelunternehmens grundsätzlich mit dem **gemeinen Wert** anzusetzen. In Höhe der aufgedeckten stillen Reserven, d.h. in Höhe der Differenz zwischen dem gemeinen Wert und dem Buchwert im Einzelunternehmen, wird ein Einbringungsgewinn realisiert, der vom Inhaber des eingebrachten Einzelunternehmens zu versteuern ist. Dieser Gewinn ist unter den Voraussetzungen des § 20 Abs. 4 UmwStG nach §§ 16 Abs. 4, 34 EStG begünstigt. Voraussetzung ist u.a., dass bei der Einbringung sämtliche stillen Reserven aufgelöst werden (siehe ausführlicher in Abschnitt B.5.4.1.4.4 für den Fall der Einbringung eines Mitunternehmeranteils in eine Kapitalgesellschaft).

Unter den Voraussetzungen des § 20 Abs. 2 Satz 2 Nrn. 1 – 3 UmwStG kann die Kapitalgesellschaft das übernommene Betriebsvermögen allerdings wahlweise auch mit dem bisherigen **Buchwert** oder einem beliebigen **Zwischenwert** ansetzen. Es ist somit möglich, die in dem Betriebsvermögen enthaltenen stillen Reserven nicht oder nur teilweise aufzudecken. Voraussetzung ist insbesondere, dass das Besteuerungsrecht der Bundesrepublik Deutschland hinsichtlich der stillen Reserven durch die Einbringung nicht ausgeschlossen wird (§ 20 Abs. 2 Satz 2 Nr. 3 UmwStG), wie dies z.B. bei der Einbringung in eine ausländische Kapitalgesellschaft der Fall wäre.

Sofern der Einbringende die erhaltenen Anteile an der Kapitalgesellschaft allerdings innerhalb eines Zeitraumes von sieben Jahren nach der Einbringung veräußert, ist der Einbringungsgewinn rückwirkend im Zeitpunkt der Einbringung zu versteuern. Der rückwirkend zu versteuernde Einbringungsgewinn reduziert sich für jedes volle Jahr, das seit der Einbringung vergangen ist, um ein Siebtel (§ 22 Abs. 1 UmwStG).

Wird der Gewinn im Einzelunternehmen nach Einnahmen-Überschuss-Rechnung ermittelt, so ist bei der Einbringung in eine Kapitalgesellschaft eine Schlussbilanz für das Einzelunternehmen zu erstellen. Es wird somit ein Übergang zur Gewinnermittlung nach Betriebsvermögensvergleich vorgenommen. Zum Wechsel der Gewinnermittlungsart von der Einnahmen-Überschuss-Rechnung zum Betriebsvermögensvergleich sei auf die Ausführungen des Abschnitts B.5.2.4.4.2 verwiesen.

5.3.3 Beendigung der unternehmerischen Tätigkeit

Ein Einzelunternehmer kann seine unternehmerische Tätigkeit beenden durch

- Veräußerung des Betriebs,
- Aufgabe des Betriebs,
- Schenkung oder teilentgeltliche Übertragung des Betriebs sowie
- Verpachtung des Betriebs.

Auf die Veräußerung, Aufgabe und unentgeltliche (Schenkung) bzw. teilentgeltliche Übertragung des Betriebs wird in den nachfolgenden Abschnitten B.5.3.3.1 und B.5.3.3.2 näher eingegangen. Da es bei der Betriebsverpachtung auch um die Frage geht, ob der Verpachtende Einkünfte aus Gewerbebetrieb oder Einkünfte aus Vermietung und Verpachtung erzielt, soll diese erst thematisiert werden, nachdem die einzelnen Einkunftsarten behandelt wurden (siehe Abschnitt B.7.9.2).

5.3.3.1 Betriebsveräußerung und Betriebsaufgabe

Gewinne (bzw. Verluste) aus der Veräußerung einzelner Wirtschaftsgüter eines land- und forstwirtschaftlichen, gewerblichen oder selbständigen Betriebsvermögens sind im Rahmen der jeweiligen Einkunftsart steuerpflichtig (bzw. abzugsfähig). § 16 Abs. 1 EStG stellt darüber hinaus klar, dass auch Gewinne aus der Veräußerung oder Aufgabe eines ganzen Gewerbebetriebs, eines Teilbetriebs oder eines ganzen Mitunternehmeranteils Einkünfte aus Gewerbebetrieb darstellen. Als Teilbetrieb gilt auch die das gesamte Nennkapital umfassende Beteiligung an einer Kapitalgesellschaft (§ 16 Abs. 1 Nr. 1 Satz 2 EStG).

Auf Grund der Verweise in § 14 und § 18 Abs. 3 EStG auf § 16 EStG gilt Entsprechendes für Gewinne aus der Veräußerung oder Aufgabe eines land- und forstwirtschaftlichen bzw. selbständigen Betriebs, Teilbetriebs und Mitunternehmeranteils.

Zu beachten ist, dass betriebliche Veräußerungs- und Aufgabegewinne, soweit diese auf die Veräußerung von Anteilen an Kapitalgesellschaften entfallen, dem Teileinkünfteverfahren unterliegen (§ 3 Nr. 40 Buchst. b EStG i.V.m. § 16 Abs. 2 EStG).

Es sei betont, dass § 16 EStG insoweit, wie er Gewinne aus der Veräußerung oder Aufgabe von ganzen Betrieben, Teilbetrieben und Mitunternehmeranteilen für steuerpflichtig erklärt, nur klarstellende Bedeutung hat. Auch ohne die Vorschrift des § 16 EStG wären diese Gewinne nach den allgemeinen Vorschriften zur Gewinnermittlung steuerpflichtig (BFH-Urteil vom 15.06.2004, BStBl II 2004, S. 754). Die Bedeutung des § 16 EStG liegt vielmehr darin, dass für die genannten Gewinne verschiedene steuerliche Vergünstigungen gewährt werden:

Freibetrag nach § 16 Abs. 4 EStG

Steuerpflichtige, die das 55. Lebensjahr vollendet haben oder im sozialversicherungsrechtlichen Sinne dauernd berufsunfähig sind, können für Gewinne aus einer Betriebsveräußerung oder Betriebsaufgabe auf Antrag einen Freibetrag i.H.v. 45.000 € in Anspruch nehmen (§ 16 Abs. 4 Satz 1 EStG). Der Freibetrag ermäßigt sich um den Betrag, um den der Veräußerungs- oder Aufgabegewinn 136.000 € übersteigt (§ 16 Abs. 4 Satz 3 EStG). Ab einem Veräußerungs- oder Aufgabegewinn von 181.000 € ist der Freibetrag somit vollständig abgeschmolzen. Der Freibetrag nach § 16 Abs. 4 EStG wird dem Steuerpflichtigen im Laufe seines Lebens nur einmal gewährt (§ 16 Abs. 4 Satz 2 EStG). Er ist auch dann vollständig verbraucht, wenn er auf Grund der Abschmelzungsregelung des § 16 Abs. 4 Satz 3 EStG oder auf Grund eines Veräußerungsgewinns von weniger als 45.000 € nicht in voller Höhe in Anspruch genommen werden kann (R 16 Abs. 13 Satz 4 EStR). Im Einzelfall mag es sich daher anbieten, auf den Antrag nach § 16 Abs. 4 Satz 1 EStG zu verzichten, um den Freibetrag für einen späteren Veräußerungsvorgang aufzusparen.

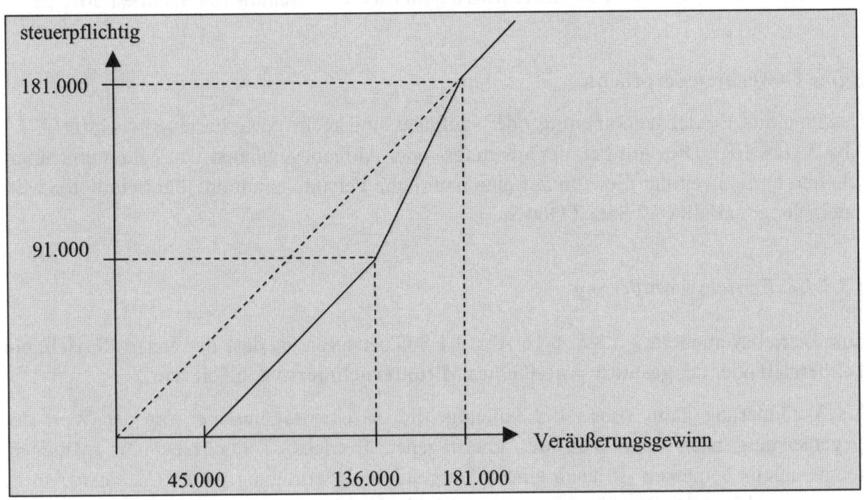

Abbildung B.21: Auswirkung des Freibetrags nach § 16 Abs. 4 EStG

Beispiel B.102:

Gewinn aus Betriebsveräußerung		153.400 €
Freibetrag	45.000 €	
– Abschmelzung (153.400 – 136.000 =)	– 17.400 €	– 27.600 €
Steuerpflichtiger Veräußerungsgewinn		125.800 €

Durch den Freibetrag nach § 16 Abs. 4 EStG soll der Ausstieg aus dem Berufsleben insbesondere für Kleingewerbetreibende, deren einziges Alterskapital auf Grund der fehlenden Rentenversicherungspflicht oftmals ihr Gewerbebetrieb ist, erleichtert werden.

Tarifermäßigung nach § 34 EStG

Gewinne aus einer Betriebsveräußerung oder Betriebsaufgabe, die nicht bereits nach § 16 Abs. 4 EStG steuerfrei sind und die nicht nach dem Teileinkünfteverfahren besteuert werden, sind außerordentliche Einkünfte i.S.d. § 34 Abs. 2 Nr. 1 EStG und unterliegen als solche der Tarifermäßigung des § 34 Abs. 1 EStG, d.h. es erfolgt eine rechnerische Verteilung über fünf Jahre. Steuerpflichtige, die das 55. Lebensjahr vollendet haben oder die im sozialversicherungsrechtlichen Sinne dauernd berufsunfähig sind, können anstelle der Tarifermäßigung des § 34 Abs. 1 EStG eine Besteuerung mit 56 % des persönlichen Steuersatzes, mindestens aber 15 % (14 % nach dem Entwurf des JStG 2010), nach § 34 Abs. 3 EStG wählen. Diese besondere Begünstigung wird einem Steuerpflichtigen nur einmal im Leben gewährt und gilt nur für außerordentliche Einkünfte von maximal 5 Millionen €.

Durch die Tarifermäßigung nach § 34 EStG soll dem Umstand Rechnung getragen werden, dass bei einer Betriebsveräußerung oder Betriebsaufgabe stille Reserven in dem Betriebsvermögen aufgedeckt werden, die über einen Zeitraum von vielen Jahren gebildet wurden. Die geballte Versteuerung dieser stillen Reserven würde auf Grund des progressiven Tarifverlaufs zu ungerechtfertigten Härten führen.

Die Tarifermäßigung nach § 34 EStG wird ausführlich in Abschnitt B.4.4.4 erläutert.

Keine Gewerbesteuerpflicht

Gewinne aus Betriebsveräußerung oder -aufgabe sind nicht gewerbesteuerpflichtig (A 7.1 Abs. 3 GewStR). Dies gilt bei Veräußerungs- oder Aufgabegewinnen von Mitunternehmerschaften nur, soweit der Gewinn auf eine natürliche Person als unmittelbar beteiligten Mitunternehmer entfällt (§ 7 Satz 2 GewStG).

5.3.3.1.1 Betriebsveräußerung

Eine Betriebsveräußerung i.S.d. § 16 Abs. 1 EStG setzt voraus, dass der ganze **Betrieb**, ein **Teilbetrieb** oder der **gesamte Anteil eines Mitunternehmers** veräußert wird.

Als Veräußerung kann neben der vollentgeltlichen Übertragung, bei der der Wert der Gegenleistung nach dem Wert des übertragenen Betriebs, Teilbetriebs oder Mitunternehmeranteils bemessen ist, auch eine teilentgeltliche Übertragung gelten (*R. Wacker* in L. Schmidt (2010), § 16, Rz. 58). Ein nach §§ 16 Abs. 4, 34 begünstigter Veräußerungsgewinn entsteht dabei in den Fällen, in denen der Wert der Gegenleistung den Buchwert des übertragenen Betriebsvermögens übersteigt (siehe Abschnitt B.5.3.3.2).

Veräußerung des ganzen Betriebs

Die Übertragung eines ganzen Betriebs liegt vor, wenn der Betrieb mit allen seinen **wesentlichen Betriebsgrundlagen** gegen Entgelt in der Weise auf einen Erwerber übertragen wird, dass der Betrieb als geschäftlicher Organismus fortgeführt werden kann. Nicht erforderlich ist, dass der Erwerber den Betrieb tatsächlich fortführt (R 16 Abs. 1 EStR).

Ausreichend für eine Betriebsveräußerung i.S.d. § 16 Abs. 1 EStG ist, dass sämtliche wesentliche Betriebsgrundlagen in einem einheitlichen Vorgang übertragen werden. Wirtschaftsgüter, die nicht zu den wesentlichen Betriebsgrundlagen zählen, können somit von der Veräußerung ausgenommen sein, ohne dass dies der Wertung als begünstigte Betriebsveräußerung entgegenstünde. Bei der weiteren steuerlichen Behandlung zurückbehaltener Wirtschaftsgüter ist wie folgt zu differenzieren:

- Der Steuerpflichtige kann die Wirtschaftsgüter in ein anderes Betriebsvermögen überführen. Die Übertragung in das andere Betriebsvermögen desselben Steuerpflichtigen erfolgt zum bisherigen Buchwert, stille Reserven werden fortgeführt (§ 6 Abs. 5 Satz 1 EStG).

- Werden Wirtschaftsgüter nicht in ein anderes Betriebsvermögen des Steuerpflichtigen überführt, so gilt:
  - Wirtschaftsgüter, **die ihrer Art nach nur betrieblich genutzt werden können** (z.B. Warenvorräte), gelten auch nach der Betriebsveräußerung als notwendiges Zwangsrest-betriebsvermögen (BFH-Urteil vom 14.11.1990, BFH/NV 1991, S. 373 m.w.N., vgl. auch BFH-Urteil vom 09.09.1993, BStBl II 1994, S. 105). Sie können nicht ins Privatvermögen überführt werden. Ihre spätere Veräußerung führt zu nachträglichen, nicht begünstigten Einkünften aus Gewerbebetrieb (bzw. aus Land- und Forstwirtschaft oder selbständiger Arbeit), § 24 Nr. 2 EStG.
  - Wirtschaftsgüter, **die ihrer Art nach auch privat genutzt werden können**, werden analog § 16 Abs. 3 Satz 7 EStG mit dem gemeinen Wert ins Privatvermögen überführt (BFH-Urteil vom 28.04.1988, BStBl II 1988, S. 829). In Höhe der Differenz zwischen gemeinem Wert und bisherigem Buchwert sind stille Reserven aufzudecken und zu versteuern. Die stillen Reserven der ins Privatvermögen überführten Wirtschaftsgüter gehören zu dem begünstigten Gewinn aus der Betriebsveräußerung.

Wesentliche Betriebsgrundlagen

Der Begriff der **wesentlichen Betriebsgrundlagen** ist nach der Rechtsprechung des BFH im Sinne einer kombinierten funktional-quantitativen Betrachtungsweise auszulegen (BFH-Urteile vom 02.10.1997, BStBl II 1998, S. 104; vom 13.02.1996, BStBl II 1996, S. 409). Demnach sind wesentliche Betriebsgrundlagen:

- Wirtschaftsgüter, die nach ihrer Funktion und ihrer organisatorischen Zusammengehörigkeit die Geschäftsgrundlage des Betriebs bilden, d.h. Wirtschaftsgüter, die für die Betriebsfortführung unentbehrlich sind (**funktionale Betrachtungsweise**). Diese Wirtschaftsgüter sind unabhängig davon, ob in ihnen nennenswerte stille Reserven enthalten sind, wesentliche Betriebsgrundlagen.
- Wirtschaftsgüter, die zwar funktional für den Betrieb nicht erforderlich sind, in denen aber erhebliche stille Reserven enthalten sind (**quantitative Betrachtungsweise**).

Beispiel B.103:

Bei einem Autohaus (Handel mit Fahrzeugen sowie Erbringung von Reparaturleistungen) sind das speziell für den Betrieb erstellte Betriebsgrundstück samt Gebäuden und Aufbauten sowie die fest mit dem Grund und Boden verbundenen Betriebsvorrichtungen im Regelfall die alleinigen wesentlichen Betriebsgrundlagen (BFH-Urteil vom 11.10.2007, BStBl II 2008, S. 220).

Veräußerung eines Teilbetriebs

Der Veräußerung eines ganzen Betriebs steht die Veräußerung eines Teilbetriebs gleich (§ 16 Abs. 1 Nr. 1 Satz 1 EStG). Ein Teilbetrieb ist ein mit einer gewissen Selbständigkeit ausgestatteter, organisch geschlossener Teil des Gesamtbetriebs, der für sich lebensfähig ist (R 16 Abs. 3 Satz 1 EStR). Maßgebend ist das Gesamtbild der Verhältnisse (BFH-Beschluss vom 13.07.1998, BFH/NV 1999, S. 38). Indizien für das Vorliegen eines Teilbetriebs sind beispielsweise eine räumliche Trennung vom Hauptbetrieb, eigenes Anlagevermögen, eigene Belegschaft, gesonderte Buchführung und Kostenrechnung, selbständige Preisgestaltung und ein eigener Kundenstamm (vgl. *R. Wacker*, in: L. Schmidt (2010), § 16, Rz. 148 m.w.N.).

Auch für die Teilbetriebsveräußerung reicht es aus, dass sämtliche wesentliche Betriebsgrundlagen des Teilbetriebs veräußert werden. Im Hinblick auf die Zurückbehaltung von Wirtschaftsgütern, die keine wesentlichen Betriebsgrundlagen sind, gelten die gleichen Bestimmungen wie für die Veräußerung eines ganzen Betriebs.

Veräußerung einer 100 % igen Beteiligung an einer Kapitalgesellschaft

Gemäß § 16 Abs. 1 Nr. 1 Satz 2 EStG gilt als Teilbetrieb auch die 100 % ige Beteiligung an einer Kapitalgesellschaft, die in einem Betriebsvermögen gehalten wird. Aus der Formulierung „als Teilbetrieb gilt" wird gefolgert, dass die 100 % ige Beteiligung an einer Kapitalgesellschaft kein Teilbetrieb ist, sondern diesem für die Begünstigung des § 16 Abs. 4 EStG nur gleichgestellt wird. Eine Gewerbesteuerbefreiung kommt daher für Gewinne aus der Veräußerung einer 100 % igen Beteiligung an einer Kapitalgesellschaft nicht in Betracht (BFH-Urteil vom 01.07.1992, BStBl II 1993, S. 131; vgl. A 7.1 Abs. 3 GewStR).

Voraussetzung für die Gewährung des Freibetrags nach § 16 Abs. 4 EStG ist, dass die 100 % ige Beteiligung vollständig innerhalb eines Wirtschaftsjahres veräußert wird (*R. Wacker* in L. Schmidt (2010), § 16, Rz. 164). Bei der Veräußerung einer 100 % igen Beteiligung an einer Kapitalgesellschaft ist zudem zu beachten, dass der Veräußerungsgewinn gemäß § 3 Nr. 40 Buchst. b i.V.m. § 3c Abs. 2 EStG dem Teileinkünfteverfahren unterliegt und somit bei dessen Ermittlung 40 % des Veräußerungspreises sowie 40 % der damit im Zusammenhang stehenden Betriebsausgaben nicht berücksichtigt werden. Der unter Anwendung des Teileinkünfteverfahrens ermittelte Veräußerungsgewinn kann dann um den Freibetrag des § 16 Abs. 4 EStG gemindert werden. Dabei ist der zu gewährende Freibetrag nicht etwa nur zu 60 % anzusetzen, weil bei der Ermittlung des Veräußerungsgewinns das Teileinkünfteverfahren angewandt wurde (vgl. R 17 Abs. 9 EStR im Zusammenhang mit dem Freibetrag nach § 17 Abs. 3 EStG). Eine Tarifbegünstigung nach § 34 EStG für den nach dem Teileinkünfteverfahren steuerpflichtigen Teil kommt allerdings nicht in Betracht (§ 34 Abs. 2 Nr. 1 EStG).

Veräußerung des gesamten Anteils eines Mitunternehmers

Schließlich umfasst der Begriff der Betriebsveräußerung auch die Veräußerung von Mitunternehmeranteilen (§ 16 Abs. 1 Nr. 2 EStG) sowie von Anteilen eines persönlich haftenden Gesellschafters an einer KGaA (§ 16 Abs. 1 Nr. 3 EStG). Mitunternehmer ist, wer Gesellschafter einer Personengesellschaft oder einer vergleichbaren Gemeinschaft ist und eine gewisse unternehmerische Initiative entfalten kann sowie unternehmerisches Risiko trägt (H 15.8 Abs. 1 EStH „Allgemeines"; BFH-Beschluss vom 25.06.1984, BStBl II 1984, S. 751; BFH-Urteil vom 15.07.1986, BStBl II 1986, S. 896). Zum Begriff der Mitunternehmerschaft siehe ausführlich Abschnitt B.7.2.2.

Es sei darauf hingewiesen, dass Gewinne aus der Veräußerung eines Mitunternehmeranteils nur dann begünstigt sind, wenn der **gesamte Anteil** veräußert wird (§ 16 Abs. 1 Satz 1 Nr. 2 EStG). Gewinne aus der Veräußerung eines Bruchteils eines Mitunternehmeranteils stellen somit laufenden Gewinn dar (§ 16 Abs. 1 Satz 2 EStG).

Der Mitunternehmeranteil umfasst neben der Beteiligung am Gesamthandsvermögen auch das **Sonderbetriebsvermögen** (z.B. ein an die Gesellschaft vermietetes Grundstück). Sofern Wirtschaftsgüter des Sonderbetriebsvermögens wesentliche Betriebsgrundlagen der Personengesellschaft darstellen, müssen diese mitveräußert werden, damit die Begünstigungen der §§ 16, 34 EStG gewährt werden. Der Gewinn aus der Veräußerung des Sonderbetriebsvermögens ist dann ebenfalls begünstigt.

Werden hingegen Wirtschaftsgüter des Sonderbetriebsvermögens nicht mitveräußert, sondern in ein anderes Betriebsvermögen des Mitunternehmers überführt, so ist die Überführung gemäß § 6 Abs. 5 Satz 2 EStG zum Buchwert ohne Aufdeckung stiller Reserven vorzunehmen. In diesem Fall liegt allerdings insgesamt keine begünstigte Betriebsveräußerung vor (H 16 Abs. 4 EStH „Sonderbetriebsvermögen“; BFH-Urteil vom 02.10.1997, BStBl II 1998, S. 104).

5.3.3.1.2 Betriebsaufgabe

Gemäß § 16 Abs. 3 EStG gilt als Veräußerung auch die Aufgabe eines ganzen Betriebs, Teilbetriebs oder Mitunternehmeranteils. Für die Betriebsaufgabe gelten somit die gleichen Rechtsfolgen wie für die Betriebsveräußerung. Insbesondere sind auch Gewinne aus der Aufgabe eines ganzen Betriebs, Teilbetriebs oder Mitunternehmeranteils durch §§ 16 Abs. 4, 34 Abs. 1 bzw. Abs. 3 EStG begünstigt und nicht gewerbesteuerpflichtig.

Aufgabe eines Betriebs oder Teilbetriebs

Die Aufgabe eines Betriebs oder Teilbetriebs i.S.d. § 16 Abs. 3 Satz 1 EStG liegt vor, wenn

- aufgrund eines Entschlusses des Steuerpflichtigen, den Betrieb aufzugeben
- alle wesentlichen Betriebsgrundlagen des Betriebs oder Teilbetriebs
- innerhalb eines einheitlichen Vorgangs (d.h. innerhalb kurzer Zeit)
- entweder in das Privatvermögen überführt oder an verschiedene Abnehmer veräußert oder teils veräußert und teils in das Privatvermögen überführt werden
- und der Betrieb als selbständiger Organismus endgültig untergeht (z.B. BFH-Urteil vom 21.08.1996; BFH/NV 1997, S. 226).

Keine Betriebsaufgabe liegt demnach insbesondere dann vor, wenn wesentliche Betriebsgrundlagen weder ins Privatvermögen überführt noch veräußert werden. So ist bei Überführung wesentlicher Betriebsgrundlagen in ein anderes Betriebsvermögen desselben Steuerpflichtigen der gesamte Gewinn aus der Aufgabe des Betriebs oder Teilbetriebs als laufender Gewinn zu besteuern, für den die Vergünstigungen der §§ 16 Abs. 4, 34 Abs. 1, 3 EStG sowie die Gewerbesteuerfreiheit nicht in Betracht kommen.

Im Falle einer schrittweisen Veräußerung bzw. Überführung ins Privatvermögen muss der gesamte Aufgabevorgang innerhalb „kurzer Zeit“ durchgeführt werden, damit die Aufgabehandlungen wirtschaftlich noch als einheitlicher Vorgang gewertet werden können (H 16 Abs. 2 EStH „Allgemeines“). Der Begriff der kurzen Zeit darf nicht zu eng aufgefasst werden. Bei einem Zeitraum von mehr als 36 Monaten kann allerdings in jedem Fall nicht mehr von einem wirtschaftlich einheitlichen Vorgang ausgegangen werden (BFH-Urteil vom 26.04.2001, BStBl II 2001, S. 798).

Als Betriebsaufgabe gilt auch eine Betriebsverlagerung ins Ausland, wenn dadurch das inländische Besteuerungsrecht ausgeschlossen oder beschränkt wird, da das Besteuerungsrecht durch ein Doppelbesteuerungsabkommen dem anderen Staat zugewiesen ist (§ 16 Abs. 3a EStG). In diesem Fall werden die stillen Reserven als Betriebsaufgabegewinn erfasst, auch wenn diese Gewinne nicht tatsächlich realisiert werden. Die Aufdeckung stiller Reserven kann allerdings durch entsprechende Anwendung des § 4g EStG zeitlich hinausgezögert werden (R 16 Abs. 2 Satz 3 EStR), vgl. Abschnitt B.5.2.3.8.

Zu beachten ist, dass Gewinne aus der Veräußerung von Wirtschaftsgütern, die zwar im zeitlichen, aber nicht im wirtschaftlichen Zusammenhang mit der Aufgabe realisiert werden, zum laufenden Gewinn gehören und demnach nicht durch §§ 16 Abs. 4, 34 Abs. 1, 3 EStG begünstigt und nicht von der Gewerbesteuer befreit sind. Ein wirtschaftlicher Zusammenhang fehlt beispielsweise, wenn Waren im zeitlichen Zusammenhang mit der Betriebsaufgabe an den bisherigen Kundenkreis veräußert werden (Räumungsverkauf).

Aufgabe eines Mitunternehmeranteils

Die Aufgabe eines Mitunternehmeranteils durch einen Gesellschafter liegt beispielsweise dann vor, wenn dieser seinen Mitunternehmeranteil unentgeltlich auf seine Kinder überträgt, diese den Mitunternehmeranteil alsbald an einen Dritten veräußern und sie in der Zeit ihrer Gesellschafterstellung nicht als Mitunternehmer anzusehen sind, da sie keine Mitunternehmerinitiative entfalten und / oder kein Mitunternehmerrisiko tragen. In diesem Fall entsteht ein Aufgabegewinn in der Person des Vaters (BFH-Urteil vom 15.07.1986, BStBl II 1986, S. 896; H 16 Abs. 6 EStG „Unentgeltliche Übertragung eines Mitunternehmeranteils").

Erfolgt die Überführung in ein anderes Betriebsvermögen im Zuge der Realteilung einer Mitunternehmerschaft, so wird grundsätzlich kein Aufgabegewinn realisiert, da in diesem Fall die Buchwerte des überführten Betriebsvermögens fortzuführen sind (§ 16 Abs. 3 Satz 2 EStG). Auf die Realteilung von Mitunternehmerschaften wird ausführlich in Abschnitt B.5.4.6.3 eingegangen.

5.3.3.1.3 Veräußerungs- bzw. Aufgabegewinn

Der steuerbegünstigte Gewinn aus einer Betriebsveräußerung bzw. Betriebsaufgabe ergibt sich als Differenz zwischen dem Veräußerungserlös einerseits und den Veräußerungskosten sowie dem bisherigen Buchwert des Betriebsvermögens andererseits:

	erhaltene Gegenleistung
+	gemeiner Wert der ins Privatvermögen überführten Wirtschaftsgüter
–	gemeiner Wert der ins Privatvermögen übernommenen Schulden
=	Veräußerungspreis
–	Veräußerungskosten
–	Buchwert des veräußerten oder ins Privatvermögen überführten Betriebsvermögens
=	Veräußerungs- bzw. Aufgabegewinn nach § 16 Abs. 2 EStG

Tabelle B.21: Ermittlung des Veräußerungs- oder Aufgabegewinns

Erfolgt die Veräußerung durch einen Steuerpflichtigen, der den Gewinn des zu veräußernden bzw. aufzugebenden Betriebs durch Einnahmen-Überschuss-Rechnung ermittelt, so ist der Steuerpflichtige – wie auch im Falle der Umwandlung des Unternehmens (vgl. Abschnitt B.5.3.2) – so zu behandeln, als wäre er im Zeitpunkt der Veräußerung bzw. Aufgabe zur Gewinnermittlung durch Betriebsvermögensvergleich übergegangen (R 4.5 Abs. 6 EStR). Auf den Zeitpunkt der Betriebsveräußerung bzw. -aufgabe ist eine Schlussbilanz zu erstellen. Für den Übergang von der Gewinnermittlung nach Einnahmen-Überschuss-Rechnung zur Gewinnermittlung nach Betriebsvermögensvergleich sei auf Abschnitt B.5.2.4.4.2 verwiesen. Die durch den Wechsel der Gewinnermittlungsart bedingten Hinzu- und Abrechnungen sind laufender Gewinn (vgl. A 7.1 Abs. 3 Satz 7 GewStR).

Zu beachten ist, dass Wirtschaftsgüter, die nicht veräußert oder ins Privatvermögen übernommen, sondern in ein anderes Betriebsvermögen desselben Steuerpflichtigen überführt werden, bei der Ermittlung des Veräußerungsgewinns nicht zu berücksichtigen sind. Eine Überführung in ein anderes Betriebsvermögen desselben Steuerpflichtigen hat gemäß § 6 Abs. 5 Satz 1 EStG zum Buchwert zu erfolgen, stille Reserven sind insoweit nicht aufzudecken. Soweit es sich bei diesen Wirtschaftsgütern um wesentliche Betriebsgrundlagen handelt, kommt eine begünstigte Betriebsveräußerung oder Betriebsaufgabe allerdings ohnehin nicht in Betracht.

Zur Aufteilung des Freibetrags nach § 16 Abs. 4 EStG und Gewährung der Tarifermäßigung nach § 34 EStG für den Fall, dass sich die Betriebsaufgabe auf zwei Kalenderjahre erstreckt siehe das BMF-Schreiben vom 20.12.2005, BStBl I 2006, S. 7.

Gemäß § 16 Abs. 2 Satz 3, Abs. 3 Satz 5 EStG ist der Veräußerungs- bzw. Aufgabegewinn insoweit als laufender Gewinn anzusehen, wie auf der Seite des Veräußerers und des Erwerbers dieselben Personen Unternehmer oder Mitunternehmer sind. Soweit sich die Veräußerung bei wirtschaftlicher Betrachtung als Veräußerung „an sich selbst“ darstellt, kommt eine Begünstigung nach §§ 16 Abs. 4, 34 Abs. 1 bzw. Abs. 3 EStG somit nicht in Betracht.

Beispiel B.104:

Der Steuerpflichtige A, 60 Jahre, veräußert sein gewerbliches Einzelunternehmen zum 31.12.01 zum Preis von 200.000 € an die AB-OHG, an der er zu 50 % am Kapital sowie am Gewinn und Verlust beteiligt ist. Zum 31.12.01 beträgt die Summe der Buchwerte des Betriebsvermögens seines Einzelunternehmens 75.000 €. Von der Veräußerung ausgenommen sind Warenvorräte (Buchwert 15.000 €, Teilwert 25.000 €), ein Pkw (Buchwert 2.500 €, gemeiner Wert 4.000 €) und ein Personalcomputer (Buchwert 3.000 €, Teilwert 3.500 €). Die Warenvorräte verbleiben als Rest-Betriebsvermögen, den Pkw überführt A ins Privatvermögen, den Personalcomputer überführt er gemäß § 6 Abs. 5 Satz 1 EStG zum Buchwert in das Betriebsvermögen eines anderen, ihm gehörenden Einzelunternehmens. Bei den von der Veräußerung ausgenommenen Wirtschaftsgütern handelt es sich nicht um wesentliche Betriebsgrundlagen des veräußerten Einzelunternehmens. Die Kosten der Veräußerung an die AB-OHG betragen 7.500 €.

Gemäß § 16 Abs. 2 Satz 3 EStG gilt der Gewinn aus der Veräußerung an die AB-OHG zur Hälfte als laufender Gewinn, da A an der AB-OHG zu 50 % beteiligt ist und A daher bei wirtschaftlicher Betrachtung zur Hälfte an sich selbst veräußert. Für den laufenden Gewinn kommen die Begünstigungen der §§ 16 Abs. 4, 34 Abs. 1, 3 EStG nicht in Frage.

Buchwert des Betriebsvermögens	75.000 €
– Buchwert des Rest-Betriebsvermögens (Warenvorräte)	– 15.000 €
– Buchwert des ins Privatvermögen überführten Pkw	– 2.500 €
– Buchwert des in ein anderes Betriebsvermögen überführten Computers	– 3.000 €
= Buchwert des an die AB-OHG veräußerten Betriebsvermögens	54.500 €

Erhaltene Gegenleistung	200.000 €
– Veräußerungskosten	– 7.500 €
– Buchwert des veräußerten Betriebsvermögens	– 54.500 €
= Gewinn aus der Veräußerung an die AB-OHG	138.000 €
→ zur Hälfte laufender Gewinn	69.000 €
→ zur Hälfte begünstigter Veräußerungsgewinn	69.000 €

Zu dem begünstigten Veräußerungsgewinn sind allerdings noch die stillen Reserven des ins Privatvermögen überführten Wirtschaftsgutes hinzuzurechnen:

Begünstigter Veräußerungsgewinn aus der Veräußerung an die AB-OHG	69.000 €
+ gemeiner Wert des ins Privatvermögen überführten Pkw	+ 4.000 €
– Buchwert des Pkw	– 2.500 €
= begünstigter Veräußerungsgewinn	70.500 €
– Freibetrag nach § 16 Abs. 4 EStG	– 45.000 €
= Einkünfte aus Gewerbebetrieb, die der Tarifermäßigung des § 34 Abs. 1 bzw. Abs. 3 EStG unterliegen	25.500 €

Die stillen Reserven in dem Rest-Betriebsvermögen (Warenvorräte) werden erst bei einer späteren Veräußerung aufgedeckt und sind dann nachträgliche, nicht begünstigte Einkünfte aus Gewerbebetrieb.

Es sei an dieser Stelle nochmals darauf hingewiesen, dass betriebliche Veräußerungs- und Aufgabegewinne, die aus der Veräußerung einer Beteiligung an einer Kapitalgesellschaft resultieren, dem Teileinkünfteverfahren unterliegen (vgl. Abschnitt B.5.3.3.1.1). Die dem Teileinkünfteverfahren unterliegenden Veräußerungsgewinne werden aus den außerordentlichen Einkünften, die der Tarifbegünstigung nach § 34 Abs. 1 bzw. Abs. 3 EStG unterliegen, ausgenommen (vgl. Abschnitt B.4.4.4). Damit wird eine doppelte Begünstigung vermieden.

Beispiel B.105:

Der Einzelhändler A, 58 Jahre, veräußert zum 31.12.01 seine im Betriebsvermögen gehaltene 100 % ige Beteiligung an der X-GmbH zu einem Preis von 200.000 € an den Einzelunternehmer B. Der Buchwert der Beteiligung beträgt zum 31.12.01 nur 50.000 €. A entstehen Veräußerungskosten i.H.v. 10.000 €. A hat bisher noch keine begünstigte Betriebsveräußerung bzw. Betriebsaufgabe verwirklicht.

Die Veräußerung einer 100 % igen Beteiligung an einer Kapitalgesellschaft gilt gemäß § 16 Abs. 1 Satz 1 Nr. 1 Satz 2 EStG als Veräußerung eines Teilbetriebs. Der begünstigte Veräußerungsgewinn ermittelt sich wie folgt:

Veräußerungserlös gemäß § 16 Abs. 2 i.V.m. § 3 Nr. 40 Buchst. b EStG (60 % von 200.000 €)	120.000 €
– Buchwert der Beteiligung gemäß § 16 Abs. 2 i.V.m. § 3c Abs. 2 EStG (60 % von 50.000 €)	– 30.000 €
– Veräußerungskosten gemäß § 16 Abs. 2 i.V.m. § 3c Abs. 2 EStG (60 % von 10.000 €)	– 6.000 €
= Veräußerungsgewinn	84.000 €

A kann den Freibetrag gemäß § 16 Abs. 4 EStG in der vollen Höhe von 45.000 € beanspruchen. Der restliche Veräußerungsgewinn von 39.000 € unterliegt der Besteuerung als laufende gewerbliche Einkünfte. Die Tarifbegünstigung gemäß § 34 Abs. 1 bzw. Abs. 3 EStG kommt nicht zur Anwendung, da der Veräußerungsgewinn dem Teileinkünfteverfahren unterlag.

5.3.3.2 Unentgeltliche und teilentgeltliche Übertragung

Unentgeltliche Übertragung

Wird ein gesamter Betrieb, Teilbetrieb oder Mitunternehmeranteil **unentgeltlich** übertragen (insbesondere **Schenkung** oder **Erbschaft**), so übernimmt der Rechtsnachfolger die Buchwerte seines Vorgängers (§ 6 Abs. 3 Satz 1 EStG). Stille Reserven werden nicht aufgedeckt. Erforderlich ist, dass eine lebende betriebliche Einheit übertragen wird, die Zerschlagung fällt nicht unter § 6 Abs. 3 EStG (FG Nds., Urteil vom 20.06.2007, EFG 2007, S. 1584). Eine Übertragung des gesamten Betriebes liegt bereits dann vor, wenn sämtliche wesentliche Betriebsgrundlagen an einen Erwerber unentgeltlich übertragen werden. Werden einzelne Wirtschaftsgüter, die nicht zu den wesentlichen Betriebsgrundlagen zählen, verkauft oder ins Privatvermögen übernommen, so sind die in diesen Wirt-schaftsgütern enthaltenen stillen Reserven als laufender, d.h. nicht nach §§ 16, 34 EStG begünstigter, Veräußerungs- bzw. Entnahmegewinn zu versteuern. Welche Wirtschaftsgüter zu den wesentlichen Betriebsgrundlagen gehören, bestimmt sich für § 6 Abs. 3 EStG (im Gegensatz zu § 16 EStG) nur nach **funktionalen Kriterien** (Tz. 3 des BMF-Schreibens vom 03.03.2005, BStBl I 2005, S. 458).

Wird nur ein Teil der wesentlichen Betriebsgrundlagen unentgeltlich übertragen und der übrige Teil veräußert oder ins Privatvermögen übernommen, so liegt eine Betriebsaufgabe i.S.d. § 16 Abs. 3 EStG vor (siehe Abschnitt B.5.3.3.1.2). Bezüglich der unentgeltlich übertragenen Wirtschaftsgüter wird fingiert, dass diese vor der Übertragung im Rahmen der Betriebsaufgabe zum gemeinen Wert (§ 16 Abs. 3 Satz 7 EStG) ins Privatvermögen entnommen wurden. Die in ihnen enthaltenen stillen Reserven sind somit aufzudecken. Der resultierende Gewinn ist nach §§ 16 Abs. 4, 34 EStG begünstigt.

Wird ein Betrieb, Teilbetrieb oder Mitunternehmeranteil unentgeltlich übertragen, **ohne** dass der Übertragende die Absicht hat, den Empfänger zu bereichern (z.B. aufgrund Insolvenzgefahr des übertragenen Betriebs), kommt es zu einem abziehbaren Veräußerungsverlust in Höhe des Buchwerts des Kapitalkontos (BFH-Urteil vom 26.06.2002, BStBl II 2003, S. 112).

Teilentgeltliche Übertragung

Im Falle einer **teilentgeltlichen** Betriebsübertragung, d.h. bei einer Veräußerung eines Betriebs zu einem Preis, der den Wert des Betriebes unterschreitet, ist danach zu unterscheiden, ob der Veräußerungserlös höher oder geringer ist als die Summe der Buchwerte der Wirtschaftsgüter (vgl. *R. Wacker* in L. Schmidt (2010), § 16, Rz. 58; BMF-Schreiben vom 13.01.1993, BStBl I 1993, S. 80, Tz. 35-39). Die Übertragung wird nach h.M. nicht anteilig in eine voll entgeltliche Übertragung und eine voll unentgeltliche Übertragung aufgeteilt (**Trennungstheorie**), sondern ist einheitlich als voll entgeltlich zu bewerten, wenn der Wert der Gegenleistung den Buchwert übersteigt bzw. als voll unentgeltlich, wenn der Wert der Gegenleistung geringer ist als der Buchwert (**Einheitstheorie**):

- **Wert der Gegenleistung *übersteigt* den Buchwert des übertragenen Betriebsvermögens**

  Übersteigt der Wert der Gegenleistung den Buchwert des übertragenen Betriebsvermögens, handelt es sich um eine Betriebsveräußerung im Sinne von § 16 EStG (siehe hierzu Abschnitt B.5.3.3.1.1), d.h. der resultierende Veräußerungsgewinn ist durch §§ 16 Abs. 4, 34 Abs. 1 bzw. Abs. 3 EStG begünstigt (BFH-Urteil vom 07.02.1995, BStBl II 1995, S. 770). Der Erwerber hat die übernommenen Wirtschaftsgüter mit den Anschaffungskosten anzusetzen. Dabei sind die Buchwerte der übernommenen Wirtschaftsgüter gleichmäßig nach dem Verhältnis ihrer stillen Reserven aufzustocken (BFH-Urteil vom 24.05.1984, BStBl II 1984, S. 747).

- **Wert der Gegenleistung ist *geringer* als der Buchwert des übertragenen Betriebsvermögens**

  Ist der Wert der Gegenleistung hingegen geringer als der Buchwert des übertragenen Betriebsvermögens, so hat der Erwerber den Buchwert gemäß § 6 Abs. 3 EStG fortzuführen. Der Veräußerer kann keinen Verlust nach § 16 Abs. 1 EStG ansetzen (BFH-Urteil vom 07.02.1995, BStBl II 1995, S. 770). Der Erwerber hat zusätzlich die Kaufpreisverbindlichkeit als Betriebsschuld zu passivieren.

Beispiel B.106:

Der Eigentümer V eines Einzelunternehmens veräußert den ganzen Betrieb, der über einen steuerlichen Buchwert von 200.000 € und einen Teilwert von 800.000 € verfügt, im Rahmen der vorweggenommenen Erbfolge zum Preis von 150.000 € an seinen Sohn S.

S übernimmt das Einzelunternehmen gemäß § 6 Abs. 3 EStG zum bisherigen Buchwert von 200.000 €. V kann keinen Veräußerungsverlust ansetzen.

Wird hingegen ein Veräußerungspreis von 300.000 € vereinbart, so hat V einen nach §§ 16 Abs. 4, 34 Abs. 1 bzw. Abs. 3 EStG begünstigten Veräußerungsgewinn i.H.v. 100.000 € anzusetzen. S übernimmt das Unternehmen mit einem auf 300.000 € aufgestockten Buchwert.

5.4 Besonderheiten der Gewinnermittlung bei Personengesellschaften

Personengesellschaften sind als solche weder einkommensteuer- noch körperschaftsteuerpflichtig. Das Einkommen von Personengesellschaften wird nach dem **Transparenzprinzip** den Gesellschaftern zugerechnet und bei diesen nach den Vorschriften des EStG (bei natürlichen Personen als Gesellschaftern, § 15 Abs. 1 Nr. 2 EStG) oder des KStG (bei Kapitalgesellschaften als Gesellschaftern, § 8 Abs. 1 Satz 1 KStG i.V.m. § 15 Abs. 1 Nr. 2 EStG) versteuert.

Im Rahmen dieses Abschnitts soll auf die Besonderheiten der Gewinnermittlung bei Personengesellschaften eingegangen werden. Zunächst werden in Abschnitt B.5.4.1 die Besonderheiten der **laufenden Gewinnermittlung** dargestellt. Danach werden die Vorschriften zur Behandlung **aperiodischer Tatbestände** erläutert. Im Einzelnen geht es dabei um

- die Übertragung von Wirtschaftsgütern (Abschnitt B.5.4.2),
- die Gründung einer Personengesellschaft (Abschnitt B.5.4.3),
- Änderungen in der personellen Zusammensetzung einer Personengesellschaft (Abschnitt B.5.4.4)
- die Umwandlung einer Personengesellschaft (Abschnitt B.5.4.5) sowie
- die Liquidation einer Personengesellschaft (Abschnitt B.5.4.6).

5.4.1 Laufende Gewinnermittlung

Personengesellschaften, die nicht aufgrund einer Kaufmannseigenschaft (§ 140 AO) oder durch Überschreiten der Grenzen des § 141 AO zur Buchführung verpflichtet sind und auch nicht freiwillig Bücher führen, können ihren Gewinn durch Einnahmen-Überschuss-Rechnung gemäß § 4 Abs. 3 EStG ermitteln. Im Folgenden beschränkt sich die Darstellung auf den Regelfall der Gewinnermittlung bei gewerblichen Mitunternehmerschaften – die Gewinnermittlung durch Betriebsvermögensvergleich nach § 5 EStG.

Unabhängig davon, nach welcher Gewinnermittlungsmethode eine Personengesellschaft ihren Gewinn ermittelt, hat die Festsetzung der den Gesellschaftern zuzurechnenden Einkünfte nach dem Verfahren der **einheitlichen und gesonderten Gewinnfeststellung** zu erfolgen, auf die in Abschnitt B.5.4.1.1 näher eingegangen wird.

Ein zentraler Begriff im Rahmen der Gewinnermittlung bei Personengesellschaften ist der der **Sondervergütungen**. Hierbei handelt es sich um Vergütungen, die die Gesellschaft an Gesellschafter für Tätigkeiten im Dienste der Gesellschaft, für die Hingabe von Darlehen oder für die Überlassung von Wirtschaftsgütern entrichtet. Die steuerliche Behandlung der Sondervergütungen wird in Abschnitt B.5.4.1.2 erläutert.

Wie in Abschnitt B.5.2.3 dargestellt wurde, basiert der Betriebsvermögensvergleich nach § 5 EStG aufgrund des Maßgeblichkeitsprinzips (§ 5 Abs. 1 Satz 1 EStG) auf einer aus der Handelsbilanz abgeleiteten (derivativen) Steuerbilanz. Da jedoch in der Handelsbilanz

- nur diejenigen Vermögenswerte enthalten sind, die Gesellschaftsvermögen darstellen, d.h. die den Gesellschaftern entsprechend ihrem Anteil an der Gesellschaft zur gesamten Hand zustehen, und
- Bewertungswahlrechte von allen Gesellschaftern einheitlich ausgeübt werden müssen,

ist die Gewinnermittlung auf der Basis einer aus der Handelsbilanz abgeleiteten Steuerbilanz bei Personengesellschaften problematisch, wenn die Beteiligung der verschiedenen Gesellschafter durch Asymmetrien, die nicht lediglich in unterschiedlich hohen Anteilen an der Gesellschaft bestehen, gekennzeichnet ist. In diesen Fällen sind ergänzend zur eigentlichen Steuerbilanz (**Gesamthandsbilanz**) noch **Sonderbilanzen** und **Ergänzungsbilanzen** zu erstellen. Die Wirtschaftsgüter, die in der Gesamthandsbilanz zu bilanzieren sind, werden als Gesamthandsvermögen bezeichnet, da sie allen Gesellschaftern entsprechend ihrer Beteiligung an der Gesellschaft gemeinsam (= zur gesamten Hand) zustehen. Die Wirtschaftsgüter, die in einer Sonderbilanz ausgewiesen werden, werden als Sonderbetriebsvermögen bezeichnet. Wirtschaftsgüter des Sonderbetriebsvermögens stehen nicht allen Gesellschaftern gemeinsam zu, sondern gehören nur einzelnen Gesellschaftern. Ergänzungsbilanzen schließlich dienen der Korrektur des Wertansatzes von Wirtschaftsgütern des Gesamthandsvermögens. Eine Abgrenzung von Gesamthandsvermögen und Sonderbetriebsvermögen erfolgt in Abschnitt B.5.4.1.3. Die Führung von Sonderbilanzen wird im Rahmen des Abschnitts B.5.4.1.4 dargestellt. Auf Ergänzungsbilanzen wird in Abschnitt B.5.4.1.5 näher eingegangen.

5.4.1.1 Einheitliche und gesonderte Gewinnfeststellung

Der Gewinn der Personengesellschaft wird den Gesellschaftern anteilig zugerechnet und ist bei diesen zu versteuern. Das für die Zurechnung der Gewinne aus Personengesellschaften anzuwendende Verfahren ist in den §§ 179 Abs. 2, 180 Abs. 1 Nr. 2 Buchst. a AO beschrieben und wird als **einheitliche und gesonderte Gewinnfeststellung** bezeichnet.

Gesonderte Gewinnfeststellung bedeutet, dass der Gewinn der Personengesellschaft durch einen eigenständigen Verwaltungsakt festzustellen ist. Der auf den einzelnen Gesellschafter entfallende Anteil am Gewinn der Personengesellschaft stellt für dessen Einkommensteuerveranlagung eine Besteuerungsgrundlage dar. Grundsätzlich sind Besteuerungsgrundlagen gemäß § 157 Abs. 2 AO nicht gesondert, sondern nur im Rahmen des jeweiligen Steuerbescheids festzustellen.

Beispiel B.107:

Die Einkünfte aus Vermietung und Verpachtung eines Hauseigentümers sind für seine Einkommensteuerveranlagung eine Besteuerungsgrundlage. Diese Besteuerungsgrundlage ist nicht gesondert festzustellen, d.h. nicht durch einen eigenständigen Verwaltungsakt, sondern stellt einen nicht gesondert anfechtbaren Teil des Einkommensteuerbescheids dar.

§ 180 Abs. 1 Nr. 2 Buchst. a AO bestimmt davon abweichend, dass Besteuerungsgrundlagen, die mehreren Personen zuzurechnen sind, durch einen eigenständigen Verwaltungsakt, d.h. gesondert, festzustellen sind. Der Gewinn einer Personengesellschaft ist mehreren Personen zuzurechnen und somit durch einen eigenständigen Feststellungsbescheid, der die Qualität eines Steuerbescheids hat, festzustellen. Gegen diesen Feststellungsbescheid kann separat durch Einlegung von Rechtsmitteln (Einspruch, Anfechtungsklage) vorgegangen werden.

Unter **einheitlicher Gewinnfeststellung** ist zu verstehen, dass die Gewinne der einzelnen Mitunternehmer nicht getrennt ermittelt werden, sondern sich diese vielmehr als Anteil an einem einzigen, einheitlich festzustellenden Gewinn errechnen. Es findet also keine Gewinnfeststellung für jeden einzelnen Mitunternehmer, sondern nur eine Gewinnfeststellung für die Gesellschaft als Ganzes statt (§ 179 Abs. 2 Satz 2 AO).

Gegenstand der einheitlichen und gesonderten Gewinnfeststellung sind die auf den gewerblichen Mitunternehmer entfallenden, aus der Beteiligung an der Mitunternehmerschaft resultierenden Einkünfte aus Gewerbebetrieb. Gemäß § 15 Abs. 1 Nr. 2 Satz 1 EStG gehören zu diesen Einkünften nicht nur die Gewinnanteile der Gesellschafter, sondern – unter bestimmten Voraussetzungen – auch Vergütungen, die von der Gesellschaft an die Gesellschafter entrichtet werden. Auf diese Vergütungen, die als Sondervergütungen bezeichnet werden, wird im nun folgenden Abschnitt näher eingegangen.

5.4.1.2 Sondervergütungen

Zivilrechtlich sind Vertragsbeziehungen zwischen der Personengesellschaft und ihren Eigentümern, beispielsweise in Form von Darlehens- oder Arbeitsverträgen, möglich. Die von der Gesellschaft gezahlten Vergütungen, z.B. Zinsen oder Arbeitslohn, stellen handelsrechtlich Aufwand dar. Würde dies auch steuerlich gelten, so könnte eine Personengesellschaft z.B. durch Zahlung von Zinsen oder Arbeitslohn an ihre Gesellschafter eine Umqualifizierung von Einkünften aus Gewerbebetrieb in Einkünfte aus Kapitalvermögen oder Einkünfte aus nichtselbständiger Arbeit bewirken. Da die Gewerbesteuer an die Einkünfte aus Gewerbebetrieb laut EStG als Bemessungsgrundlage anknüpft (§ 7 Satz 1 GewStG), könnte so die gewerbesteuerliche Bemessungsgrundlage erodiert werden. Ein Einzelunternehmer auf der anderen Seite hätte nicht die gleiche Möglichkeit zur Reduzierung der gewerbesteuerlichen Bemessungsgrundlage, da Darlehensverträge, Arbeitsverträge etc. zwischen Einzelunternehmer und seinem Einzelunternehmen zivilrechtlich nicht möglich sind (Rechtssubjektidentität von Einzelunternehmer und seinem Einzelunternehmen; der Abschluss von Verträgen setzt aber die Existenz von mindestens zwei Rechtssubjekten voraus). Dieses Ergebnis wurde nach alter Rechtsprechung durch die **Bilanzbündeltheorie** vermieden. Nach Aufgabe der Bilanzbündeltheorie sind Zins-, Miet- und Lohnzahlungen an den Gesellschafter nunmehr als Sondervergütungen den Einkünften aus Gewerbebetrieb wieder hinzuzurechnen:

Alte Rechtsprechung: Bilanzbündeltheorie

Wie oben dargestellt, ist die Personengesellschaft nicht Steuersubjekt der Einkommensteuer. Vielmehr sind die Gesellschafter gemäß § 1 Abs. 1 EStG im Durchgriff durch die Personengesellschaft selbst Steuersubjekt. Die Gewinne der Gesellschaft werden den Gesellschaftern anteilig unmittelbar zugerechnet und sind bei diesen zu versteuern. Nach **alter Rechtsprechung** wurde aus der fehlenden Steuerpflicht der Gesellschaft der Schluss gezogen, dass der Gewinn oder Verlust der einzelnen Gesellschafter nicht durch einen Vermögensvergleich der Gesellschaft, sondern durch einen Vermögensvergleich der einzelnen Gesellschafter zu ermitteln sei. Die Bilanz der Gesellschaft stelle daher keine eigenständige Grundlage für die Gewinnermittlung dar. Vielmehr sei die Gesellschaftsbilanz nur eine Bündelung der Einzelbilanzen der Gesellschafter, die aus der Gesellschaftsbilanz zu dekomprimieren seien. Aufgrund der fehlenden Eigenständigkeit der Gesellschaft waren somit Rechtsbeziehungen zwischen Gesellschaft und Gesellschafter steuerlich nicht beachtlich. Analog dazu, dass ein Einzelunternehmer kein Darlehen an seine Einzelunternehmung vergeben kann, war steuerlich auch keine Darlehensbeziehung etc. zwischen Gesellschaft und Gesellschafter möglich.

Sondervergütungen

Diese als **Bilanzbündeltheorie** bezeichnete Auffassung hat der BFH zwischenzeitlich aufgegeben (vgl. BFH-Beschluss vom 25.06.1984, GrS, BStBl II 1984, S. 751). Die Personengesellschaft wird nun zwar nicht als Subjekt der Einkommensbesteuerung, jedoch als Subjekt der Gewinnerzielung und -ermittlung angesehen.

Aus der Eigenständigkeit der Gesellschaft als Subjekt der Gewinnerzielung folgt insbesondere, dass schuldrechtliche Beziehungen zwischen der Gesellschaft und ihren Gesellschaftern steuerlich möglich sind.

Vergütungen, die von der Gesellschaft an die Gesellschafter

- für eine Tätigkeit im Dienst der Gesellschaft,

- für die Hingabe von Darlehen oder
- für die Überlassung von Wirtschaftsgütern

gezahlt werden, sind somit nach Aufgabe der Bilanzbündeltheorie grundsätzlich steuerlich beachtlich, d.h. bei der Gesellschaft als Betriebsausgaben abziehbar und bei dem Steuerpflichtigen als Einkünfte aus nichtselbständiger Arbeit, aus Kapitalvermögen bzw. aus Vermietung und Verpachtung zu versteuern.

Diese Regelung findet jedoch ihre Grenze in § 15 Abs. 1 Nr. 2 Satz 1 EStG. Danach gelten Vergütungen für diese Leistungen (**Sondervergütungen**) steuerlich als Einkünfte aus Gewerbebetrieb, d.h. Vergütungen für Leistungen, die der Gesellschafter als Beitrag zur Förderung des Gesellschaftszwecks erbringt, dürfen den einheitlich und gesondert festzustellenden Gewinn der Personengesellschaft nicht mindern. Sie sind selbst dann Einkünfte aus Gewerbebetrieb, wenn das zugrundeliegende Rechtsverhältnis zivilrechtlich z.B. ein Arbeits-, Darlehens-, Miet- oder Pachtvertrag ist. Für die Klassifikation der Vergütungen als Einkünfte aus Gewerbebetrieb kommt es somit nicht auf die zivilrechtliche Ausgestaltung des zwischen Gesellschaft und Gesellschafter bestehenden Vertrags an, sondern allein darauf, ob sich die Leistung wirtschaftlich als Beitrag zur Förderung des Gesellschaftszwecks darstellt.

Beispiel B.108:

Pensionszahlungen an ehemalige Gesellschafter sind nachträgliche Einkünfte aus Gewerbebetrieb (§ 15 Abs. 1 Nr. 2 i.V.m. § 24 Nr. 2 EStG).

Beispiel B.109:

Gehaltszahlungen an den Geschäftsführer einer KG, Zinszahlungen der Gesellschaft an einen Gesellschafter für ein Darlehen zur Verstärkung des Geschäftskapitals oder Mietzahlungen der Gesellschaft an einen Gesellschafter für die Überlassung von Betriebsvermögen stellen Sondervergütungen und beim Gesellschafter Einkünfte aus Gewerbebetrieb dar. Sie mindern nicht den einheitlich und gesondert festzustellenden Gewinn der Personengesellschaft.

Nur im Ausnahmefall stellt die Leistung eines Gesellschafters, für welche er von der Gesellschaft eine Vergütung erhält, keinen Beitrag zur Förderung des Gesellschaftszwecks dar. Dies ist dann der Fall, wenn das Tätigwerden des Gesellschafters nicht durch das Gesellschaftsverhältnis veranlasst ist, diese also nur zufällig zusammentreffen (BFH-Urteil vom 10.07.2002, BStBl II 2003, S. 191).

Beispiel B.110:

Ein an einer Publikums-KG mit einem geringen Bruchteil beteiligter Steuerberater berät diese gelegentlich in steuerlichen Fragen.

Es liegen keine Sondervergütungen vor.

In aller Regel stellen Vergütungen der Gesellschaft an einen Gesellschafter, die zivilrechtlich auf einem Arbeits-, Darlehens-, Miet-, Pacht- oder ähnlichen Vertrag beruhen, somit Sondervergütungen dar, die bei dem Gesellschafter als Einnahmen aus Gewerbebetrieb gemäß § 15 Abs. 1 Nr. 2 Satz 1 EStG zu versteuern sind. Da diese Vergütungen in der Handelsbilanz als Aufwand behandelt werden, müssen sie im Rahmen der einheitlichen und gesonderten Gewinnfeststellung dem Gewinn wieder hinzugerechnet werden.

Beispiel B.111:

A und B sind zu je 50 % an einer OHG beteiligt, die ein Omnibusunternehmen betreibt. Die OHG erzielt im Wirtschaftsjahr 01 einen Gewinn in Höhe von 400.000 €. Als Aufwand wurden Geschäftsführergehälter an den A in Höhe von 50.000 €, Mietzahlungen für einen von B gemieteten Omnibus in Höhe von 30.000 € sowie Zinsen für ein von A gewährtes Darlehen in Höhe von 10.000 € gebucht.

	A	B
je 50 % des OHG-Gewinns	200.000 €	200.000 €
Sondervergütungen:		
Geschäftsführergehalt	50.000 €	
Mietertrag		30.000 €
Zinsertrag	10.000 €	
Einkünfte aus Gewerbebetrieb	260.000 €	230.000 €

Neben **Sondervergütungen** der Gesellschaft an ihre Gesellschafter sind auch Einnahmen oder Ausgaben eines Gesellschafters denkbar, die zwar nicht aus einem Rechtsverhältnis mit der Gesellschaft, sondern aus einem Rechtsverhältnis mit einem Dritten resultieren, wirtschaftlich jedoch trotzdem durch die Beteiligung an der Gesellschaft veranlasst sind. Auch diese Einnahmen bzw. Ausgaben erhöhen bzw. mindern als **Sonderbetriebseinnahmen** bzw. **Sonderbetriebsausgaben** die Einkünfte aus Gewerbebetrieb des Gesellschafters und sind somit im Rahmen der einheitlichen und gesonderten Gewinnfeststellung zu berücksichtigen.

Beispiel B.112:

Ein Gesellschafter hat zur Aufbringung der Gesellschaftereinlage ein Darlehen bei einer Bank aufgenommen.

Die Zinsen, die der Gesellschafter für dieses Darlehen an die Bank zu zahlen hat, sind Sonderbetriebsausgaben des Gesellschafters (BFH-Urteil vom 09.04.1981, BStBl II 1981, S. 621).

Beispiel B.113:

Der Komplementär einer Autohandels-KG hat bei einem Preisausschreiben, welches ein Autohersteller für Händler veranstaltete, gewonnen.

Der Ertrag hat seine Ursache im Gesellschaftsverhältnis. Er erhöht als Sonderbetriebseinnahme des Gesellschafters den einheitlich und gesondert festzustellenden Gewinn der KG.

Vergütungen des Gesellschafters an die Gesellschaft selbst sind hingegen keine Sonderbetriebsausgaben des Gesellschafters. Vielmehr handelt es sich auf der Seite des Gesellschafters

- um Betriebsausgaben, sofern sie mit einer anderen Einkunftsquelle einer Gewinneinkunftsart im Zusammenhang stehen,
- um Werbungskosten, sofern sie mit einer Überschusseinkunftsart im Zusammenhang stehen oder
- um nichtabzugsfähige Ausgaben, sofern es sich um Ausgaben der privaten Lebensführung (§ 12 Nr. 1 EStG) handelt.

Für die Gesellschaft stellen sie in jedem Fall eine steuerpflichtige Betriebseinnahme dar.

Beispiel B.114:

Eine OHG gewährt ihrem Gesellschafter ein Darlehen zu marktüblichen Konditionen zur Finanzierung privater Konsumausgaben.

Die Darlehensforderung wird in der Bilanz der OHG als Aktivposten geführt. Die vom Mitunternehmer gezahlten Zinsen erhöhen als Betriebseinnahmen den Gewinn der OHG. Der Gesellschafter kann die gezahlten Zinsen gemäß § 12 Nr. 1 EStG nicht gewinnmindernd berücksichtigen.

5.4.1.3 Betriebsvermögen bei Personengesellschaften

Handelsrechtlich können nur diejenigen Wirtschaftsgüter bilanziert werden, die Gesamthandsvermögen sind, d.h. die bei wirtschaftlicher Betrachtung allen Gesellschaftern gemeinsam („zur gesamten Hand") zustehen (§§ 242 Abs. 1, 246 Abs. 1 Satz 2 HGB). Daraus folgt,

- dass es für die Bilanzierung irrelevant ist, ob die Wirtschaftsgüter betrieblich genutzt werden; im Gegensatz zu Einzelunternehmen sind auch Wirtschaftsgüter zu bilanzieren, die keinen betrieblichen Bezug haben;
- dass Vermögensgegenstände oder Schulden, die im Eigentum eines oder einiger Gesellschafter stehen, nicht bilanziert werden dürfen.

Diese beiden Regelungen widersprechen jedoch dem steuerlichen Ziel der korrekten Gewinnermittlung nach dem Leistungsfähigkeitsprinzip. Es wäre nicht mit dem Leistungsfähigkeitsprinzip vereinbar, wenn z.B. Abschreibungen auf nicht betrieblich genutzte Wirtschaftsgüter den Gewinn mindern könnten oder Abnutzungen von betrieblich genutzten Wirtschaftsgütern nur deshalb unbeachtlich wären, weil diese Wirtschaftsgüter im Eigentum eines einzelnen Gesellschafters stehen.

Aus diesem Grund orientiert sich der Umfang des steuerlichen Betriebsvermögens stärker an dem betrieblichen Bezug der Wirtschaftsgüter. Wirtschaftsgüter, die zwar allen Gesellschaftern zur gesamten Hand zustehen, jedoch ohne jeglichen betrieblichen Bezug sind, dürfen nicht bilanziert werden. Auf der anderen Seite sind Wirtschaftsgüter als Sonderbetriebsvermögen zu bilanzieren, die zwar nicht allen Gesellschaftern zur gesamten Hand zustehen, aber dennoch betrieblich genutzt werden.

Nachfolgend wird erläutert, welche Wirtschaftsgüter im Gesamthandsvermögen (Abschnitt B.5.4.1.3.1) und im Sonderbetriebsvermögen (Abschnitt B.5.4.1.3.2) zu bilanzieren sind bzw. bilanziert werden können.

5.4.1.3.1 Gesamthandsvermögen

Die Bilanzierungsfähigkeit eines Wirtschaftsgutes im steuerlichen Gesamthandsvermögen ist in zwei Schritten zu überprüfen:

- Zunächst ist festzustellen, ob es sich bei dem Wirtschaftsgut um **Gesamthandsvermögen** der Gesellschaft handelt. Wirtschaftsgüter sind steuerlich gemäß § 39 Abs. 1 AO grundsätzlich dem (zivilrechtlichen) Eigentümer zuzurechnen. Übt ein anderer als der Eigentümer die tatsächliche Herrschaft über ein Wirtschaftsgut in der Weise aus, dass er den Eigentümer im Regelfall für die gewöhnliche Nutzungsdauer von der Einwirkung auf das Wirtschaftsgut ausschließen kann, so ist ihm das Wirtschaftsgut zuzurechnen (sog. „**wirtschaftliches Eigentum**"; § 39 Abs. 2 Nr. 1 AO) Fallen **zivilrechtliches** und **wirtschaftliches Eigentum** auseinander, so ist somit das wirtschaftliche Eigentum entscheidend (siehe auch Abschnitt B.5.2.3.4.2). Im Ergebnis stellen Wirtschaftsgüter Gesamthandsvermögen dar, wenn sie bei wirtschaftlicher Betrachtung allen Gesellschaftern gemeinschaftlich zuzurechnen sind.

- In einem zweiten Schritt ist zu prüfen, inwieweit die Wirtschaftsgüter in einem **Zusammenhang mit dem Betrieb** der Personengesellschaft stehen. Zwar sind nach dem Grundsatz der Maßgeblichkeit der Handelsbilanz für die Steuerbilanz zunächst sämtliche Wirtschaftsgüter des Gesamthandsvermögens auch in die Steuerbilanz zu übernehmen. Dies gilt unabhängig davon, ob die Wirtschaftsgüter unmittelbar dem Betrieb der Personengesellschaft dienen, oder nur in einem mittelbaren Zusammenhang mit dem Betrieb der Personengesellschaft stehen. Für Wirtschaftsgüter des Gesamthandsvermögens hat die Personengesellschaft somit, anders als der Einzelunternehmer, kein Wahlrecht, sie als Betriebs- oder Privatvermögen zu behandeln. Gewillkürtes Betriebsvermögen kann es in der (Gesamthands-) Steuerbilanz einer Personengesellschaft nicht geben (*R. Wacker* in L. Schmidt (2010), § 15, Rz. 481).

  Dagegen zählen Wirtschaftsgüter des Gesamthandsvermögens, für die jeglicher betriebliche Anlass fehlt, nicht zum Betriebsvermögen, sondern zum notwendigen Privatvermögen. Diese Wirtschaftsgüter sind handelsrechtlich bilanzierungspflichtig, steuerrechtlich jedoch nicht bilanzierungsfähig (BFH-Urteil vom 25.11.2004, BStBl II 2005, S. 354). Das Maßgeblichkeitsprinzip wird somit durchbrochen.

Beispiel B.115:

Ein Grundstück, das zum Gesamthandsvermögen einer gewerblich tätigen und bilanzierenden Personengesellschaft gehört, dient ausschließlich eigenen Wohnzwecken der Gesellschafter, die für die Grundstücksüberlassung kein Entgelt entrichten.

Das Grundstück ist nicht Betriebsvermögen der Gesellschaft, da es an einem betrieblichen Anlass fehlt (BFH-Urteil vom 06.06.1973, BStBl II 1973, S. 705). Es ist in der Handelsbilanz, nicht jedoch in der Steuerbilanz anzusetzen.

5.4.1.3.2 Sonderbetriebsvermögen

Wirtschaftsgüter, die nicht zum Gesamthandsvermögen der Gesellschaft gehören, sondern im Eigentum einzelner Gesellschafter stehen, können ebenfalls dem Betrieb der Personengesellschaft dienen. Eine Ausklammerung dieser Wirtschaftsgüter aus dem Betriebsvermögensvergleich widerspräche dem Ziel einer korrekten Ermittlung des Betriebsgewinns. Diese Wirtschaftsgüter sind daher als Sonderbetriebsvermögen der Gesellschafter, die Eigentümer dieser Wirtschaftsgüter sind, in den Betriebsvermögensvergleich einzubeziehen.

Nach R 4.2. Abs. 2 EStR sind als Sonderbetriebsvermögen bei einer Personengesellschaft Wirtschaftsgüter zu bilanzieren, die nicht Gesamthandsvermögen der Mitunternehmer entsprechend den Beteiligungsverhältnissen an der Personengesellschaft sind, aber einem, mehreren oder allen beteiligten Gesellschaftern gehören und dazu geeignet und bestimmt sind

- dem Betrieb der Personengesellschaft zu dienen (**Sonderbetriebsvermögen I**) oder
- die Mitunternehmerstellung des Gesellschafters bzw. der Gesellschafter zu begründen oder zu stärken (**Sonderbetriebsvermögen II**).

Sonderbetriebsvermögen können sein

- Wirtschaftsgüter, die einem Mitunternehmer **allein** zuzurechnen sind.

Beispiel B.116:

Der Gesellschafter einer OHG vermietet ein Grundstück an diese, welches von der OHG betrieblich genutzt wird. Der Gesellschafter hat das Grundstück bisher im Betriebsvermögen eines von ihm betriebenen Einzelunternehmens gehalten.

Das Grundstück stellt nicht mehr Betriebsvermögen des Einzelunternehmens, sondern Sonderbetriebsvermögen des Gesellschafters an der OHG dar. Es ist zum Buchwert aus dem Betriebsvermögen des Einzelunternehmens in das Sonderbetriebsvermögen bei der OHG zu überführen (§ 6 Abs. 5 Satz 2 EStG).

- Wirtschaftsgüter, die einer **Bruchteilsgemeinschaft** (z.B. Erbengemeinschaft) gehören, der ein Gesellschafter oder mehrere Gesellschafter angehören (BFH-Urteil vom 28.01.1981, BStBl II 1981, S. 430).

- Wirtschaftsgüter, die einer **Gesamthandsgemeinschaft** gehören, an der ein Gesellschafter oder mehrere Gesellschafter beteiligt sind (Schwester-Personengesellschaft); Voraussetzung ist hierbei jedoch, dass diese Gesamthandsgemeinschaft weder gewerblich tätig noch gewerblich geprägt ist. Bei einer gewerblich tätigen bzw. geprägten Gesamthandsgemeinschaft gehören die Wirtschaftsgüter zwingend zum Betriebsvermögen dieser Gesamthandsgemeinschaft; sie können somit nicht Sonderbetriebsvermögen bei einer anderen Personengesellschaft sein (BFH-Urteile vom 16.06.1994, BStBl II 1996, S. 82; vom 23.04.1996, BStBl II 1998, S. 325; BMF-Schreiben vom 28.04.1998, BStBl I 1998, S. 583).

  Wichtigstes Beispiel ist die Betriebsaufspaltung (siehe Abschnitt B.7.9.1) zwischen Schwesterpersonengesellschaften. Hierbei ist ein vermietetes oder verpachtetes Wirtschaftsgut nicht als Sonderbetriebsvermögen der überlassenden an der nutzenden Personengesellschaft, sondern als eigenes Betriebsvermögen der überlassenden Personengesellschaft anzusehen (BMF-Schreiben vom 18.01.1996 (BStBl I 1996, S. 86) zur Anwendung der BFH-Urteile vom 16.06.1994, BStBl II 1996, S. 82 und vom 22.11.1994, BStBl II 1996, S. 93; siehe auch *J. Kroschel / D. Wellisch*, SteuerStud 1999, S. 400 ff.).

  Sind an der (nicht gewerblich tätigen) Bruchteilsgemeinschaft oder Gesamthandsgemeinschaft auch Personen beteiligt, die keine Mitunternehmer sind, so können Wirtschaftsgüter dieser Bruchteils- bzw. Gesamthandsgemeinschaft nur insoweit Sonderbetriebsvermögen sein, als sie anteilig auf die Beteiligten entfallen, die auch Mitunternehmer sind (§ 39 Abs. 2 Nr. 2 AO, vgl. auch BFH-Urteil vom 11.07.2008, BFH/NV 2008, S. 2002).

Beispiel B.117:

Die vermögensverwaltende (nicht gewerblich tätige) ABC-OHG, an der A und B jeweils zu 30 % und C zu 40 % beteiligt sind, stellt der AB-KG, an der A und B jeweils zu 50 % beteiligt sind, gegen Entgelt ein Grundstück zur betrieblichen Nutzung bereit.

Das Grundstück ist nur zu 60 %, d.h. in Höhe der Summe der Beteiligungen von A und B an der ABC-OHG, Sonderbetriebsvermögen bei der AB-KG und auch nur in dieser Höhe im Betriebsvermögensvergleich der AB-KG zu berücksichtigen.

- Forderungen eines Gesellschafters gegen die Gesellschaft (vgl. BFH-Urteil vom 18.12.1991, BStBl II 1992, S. 585).
- Verbindlichkeiten, die zur Finanzierung von Wirtschaftsgütern des Sonderbetriebsvermögens oder der Finanzierung der Beteiligung an der Personengesellschaft dienen. Diese bilden negatives Sonderbetriebsvermögen (BFH-Urteil vom 18.12.1991, BStBl II 1992, S. 585).

Im Gegensatz zum Gesamthandsvermögen, das kein gewillkürtes Vermögen kennt (siehe Abschnitt B.5.4.1.3.1), kann beim Sonderbetriebsvermögen zwischen **notwendigem** und **gewillkürtem Sonderbetriebsvermögen** (SBV) differenziert werden. Die Abgrenzung zwischen notwendigem und gewillkürtem Sonderbetriebsvermögen entspricht der – in Abschnitt B.5.2.3.4.3 erläuterten – Abgrenzung zwischen notwendigem und gewillkürtem Betriebsvermögen bei Einzelunternehmern.

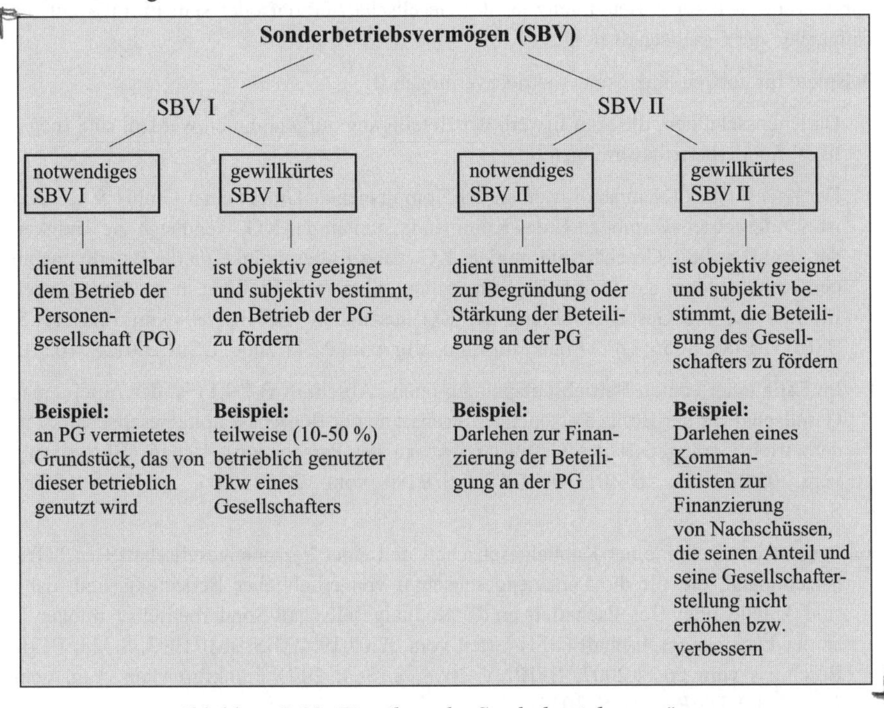

Abbildung B.22: Einteilung des Sonderbetriebsvermögens

Notwendiges Sonderbetriebsvermögen I

Ein Wirtschaftsgut ist notwendiges Sonderbetriebsvermögen I, wenn es unmittelbar dem Betrieb der Personengesellschaft dient. Dies gilt unabhängig von der zivilrechtlichen Ausgestaltung der Nutzungsüberlassung. Sonderbetriebsvermögen I kann durch eine gesellschaftsvertragliche Beitragspflicht oder einen Miet-, Pacht-, Leih- oder ähnlichen Vertrag begründet werden. Wird aufgrund eines Miet- oder Pachtvertrages ein Entgelt an den Gesellschafter gezahlt, so stellt dieses zudem eine Sondervergütung gemäß § 15 Abs. 1 Nr. 2 Satz 1 EStG dar (siehe Abschnitt B.5.4.1.2). Zum notwendigen Sonderbetriebsvermögen I gehören auch Darlehensschulden, die im Zusammenhang mit dem Erwerb eines Wirtschaftsgutes des Sonderbetriebsvermögens I aufgenommen werden.

Beispiel B.118:

Der Gesellschafter einer Personengesellschaft nimmt privat ein Darlehen auf. Die Mittel verwendet er für die Anschaffung eines Grundstücks, das er an die Personengesellschaft vermietet. Die Personengesellschaft nutzt das Grundstück als Geschäftsgrundstück.

Darlehen und Grundstück stellen notwendiges Sonderbetriebsvermögen I dar. Die Miete für das Grundstück ist Sonderbetriebseinnahme, die Darlehenszinsen sind Sonderbetriebsausgaben des Gesellschafters.

Notwendiges Sonderbetriebsvermögen II

Ein Wirtschaftsgut ist notwendiges Sonderbetriebsvermögen II, wenn es die Beteiligung des Mitunternehmers an der Personengesellschaft unmittelbar fördert, d.h. die Stellung des Gesellschafters in der Personengesellschaft stärkt. Die Stellung des Gesellschafters wird gestärkt, wenn sich seine Beteiligung an der Gesellschaft erhöht oder sein Einfluss auf die Tätigkeiten der Gesellschaft steigt.

Beispiele für notwendiges Sonderbetriebsvermögen II:

- Darlehensschulden, die zum Erwerb der Beteiligung aufgenommen werden, sind (negatives) Sonderbetriebsvermögen II.
- Der Anteil eines Kommanditisten an der Komplementär-GmbH einer GmbH & Co. KG ist Sonderbetriebsvermögen II des Kommanditisten an der KG, wenn sich die Tätigkeit der GmbH auf die Geschäftsführung der KG (nahezu) beschränkt, da die Beteiligung an der GmbH es dem Kommanditisten ermöglicht, über seine Stellung in der GmbH einen Einfluss auf die Geschäftsführung der KG auszuüben (BFH-Urteil vom 12.11.1985, BStBl II 1986, S. 55; OFD Frankfurt/Main, Vfg. vom 22.11.2000, DStR 2001, S. 1032).
- Im Falle einer echten Betriebsaufspaltung (siehe Abschnitt B.7.9.1) ist der Anteil eines Gesellschafters der Besitz-Personengesellschaft an der Betriebs-Kapitalgesellschaft Sonderbetriebsvermögen II des Gesellschafters an der Personengesellschaft (BFH-Urteile vom 05.07.1972, BStBl II 1972, S. 928; vom 20.03.2006, BFH/NV 2006, S. 1093).
- Bestehen zwischen einer Kapitalgesellschaft und einer Personengesellschaft Geschäftsbeziehungen, die für die Personengesellschaft von erheblicher Bedeutung sind, dann sind Anteile eines Gesellschafters an der Kapitalgesellschaft Sonderbetriebsvermögen II an der Personengesellschaft (BFH-Urteil vom 07.07.1992, BStBl II 1993, S.328; BFH-Beschluss vom 06.11.2007, BFH/NV 2008, S. 364; OFD Frankfurt/Main, Vfg. vom 22.11.2000, DStR 2001, S. 1032).

Gewillkürtes Sonderbetriebsvermögen I und II

Während es für die Zuordnung eines Wirtschaftsgutes zum notwendigen Sonderbetriebsvermögen erforderlich ist, dass dieses Wirtschaftsgut **unmittelbar** dem Betrieb der Personengesellschaft dient bzw. **unmittelbar** die Beteiligung des Mitunternehmers an der Personengesellschaft stärkt, ist für die Zuordnung eines Wirtschaftsgutes zum gewillkürten Sonderbetriebsvermögen schon eine geringere Beziehung dieses Wirtschaftsguts zum Betrieb der Personengesellschaft ausreichend.

Wirtschaftsgüter sind gewillkürtes Sonderbetriebsvermögen, wenn sie objektiv geeignet und subjektiv bestimmt sind, mittelbar

- dem Betrieb der Personengesellschaft zu dienen (**gewillkürtes Sonderbetriebsvermögen I**) oder

- die Beteiligung des Mitunternehmers an der Personengesellschaft zu stärken (**gewillkürtes Sonderbetriebsvermögen II**)

und die Willkürung durch eine Aufnahme in die (Sonder-) Bilanz deutlich gemacht wird.

Beispiele für gewillkürtes Sonderbetriebsvermögen:

- Wertpapiere, die ein Gesellschafter zur Sicherung von Krediten der Personengesellschaft verpfändet, können gewillkürtes Sonderbetriebsvermögen I sein (BFH-Urteil vom 04.04.1973, BStBl II 1973, S. 628).
- Ein teilweise betrieblich und teilweise privat genutzter Pkw eines Gesellschafters kann gewillkürtes Sonderbetriebsvermögen I sein.

5.4.1.4 Erfassung von Sonderbetriebsvermögen und Sonderbetriebseinnahmen bzw. -ausgaben

Während in die Handelsbilanz keine Wirtschaftsgüter aufgenommen werden dürfen, die nicht Gesamthandseigentum aller Gesellschafter sind, können solche Wirtschaftsgüter steuerlich notwendiges oder gewillkürtes Sonderbetriebsvermögen sein (siehe Abschnitt B.5.4.1.3.2). Erträge und Aufwendungen, die dem Gesellschafter aus der Nutzung oder Veräußerung von Wirtschaftsgütern des Sonderbetriebsvermögens entstehen, sind Sonderbetriebseinnahmen bzw. Sonderbetriebsausgaben des Gesellschafters. Zudem können dem Gesellschafter Sonderbetriebseinnahmen bzw. Sonderbetriebsausgaben entstehen, die nicht mit einem Wirtschaftsgut im Zusammenhang stehen. Hierbei sind insbesondere die Sondervergütungen für Arbeitsleistungen i.S.d. § 15 Abs. 1 Nr. 2 Satz 1 EStG zu nennen (vgl. auch Abschnitt B.5.4.1.2).

Würden das Sonderbetriebsvermögen, die Sonderbetriebseinnahmen und die Sonderbetriebsausgaben ohne besondere Trennung in der Steuerbilanz bzw. der Gewinn- und Verlust-Rechnung der Mitunternehmerschaft erfasst werden, so würde die Zurechnung der Sonderbetriebsgewinne auf die einzelnen Gesellschafter erheblich erschwert. Aus diesem Grund werden in der Steuerpraxis Wirtschaftsgüter des Sonderbetriebsvermögens sowie Sonderbetriebseinnahmen und Sonderbetriebsausgaben in aller Regel in Sonderbereichen, d.h. in Sonderbilanzen bzw. in gesonderten Gewinn- und Verlust-Rechnungen, erfasst.

Im Rahmen der einheitlichen und gesonderten Gewinnfeststellung wird zunächst der einheitliche Gewinn der Gesellschaft festgestellt, indem der Gewinn des Gesamthandsbereichs und die Gewinne der Sonderbereiche addiert werden. Das Ergebnis ist Grundlage für die Ermittlung der Gewerbesteuer, die als Objektsteuer von der Personengesellschaft und nicht von den einzelnen Gesellschaftern zu zahlen ist (zur Gewerbesteuer siehe Kapitel D). Um die Einkünfte aus Gewerbebetrieb der einzelnen Gesellschafter für Zwecke der Einkommensteuer zu ermitteln, wird der einheitliche Gewinn der Personengesellschaft anschließend auf die Gesellschafter aufgeteilt. Der auf den einzelnen Gesellschafter entfallende Gewinn ergibt sich als Summe aus dem Sonderbilanzgewinn dieses Gesellschafters und dem Anteil dieses Gesellschafters am Gesamthandsgewinn.

Die Führung von Sonderbilanzen und gesonderten Gewinn- und Verlust-Rechnungen wird in den nachfolgenden Abschnitten B.5.4.1.4.1 bis B.5.4.1.4.4 dargestellt. Es wird darauf eingegangen,

- wie die **Überlassung von Wirtschaftsgütern** durch einen Gesellschafter an die Gesellschaft behandelt wird (Abschnitt B.5.4.1.4.1),

- wie die **Hingabe von Darlehen** durch einen Gesellschafter an die Gesellschaft behandelt wird (Abschnitt B.5.4.1.4.2),
- wie Entgelte für von einem Gesellschafter **in der Gesellschaft geleistete Dienste** zu verbuchen sind (Abschnitt B.5.4.1.4.3) und
- in welchen Fällen es zu einer **Auflösung von Sonderbetriebsvermögen** kommt und wie diese Fälle steuerlich zu behandeln sind (Abschnitt B.5.4.1.4.4).

5.4.1.4.1 Überlassung von Wirtschaftsgütern

Zuerst sei der Fall betrachtet, dass ein Gesellschafter ein Wirtschaftsgut an eine gewerbliche Mitunternehmerschaft zur betrieblichen Nutzung vermietet (oder verpachtet).

Im Gegensatz zum Handelsbilanzgewinn darf der einheitlich und gesondert festzustellende Gewinn der Personengesellschaft nicht um den Mietaufwand gemindert werden. Gemäß § 15 Abs. 1 Nr. 2 Satz 1 EStG stellt die Mietzahlung eine Sondervergütung des Gesellschafters dar, die zu dessen gewerblichen Einkünften aus der Beteiligung an der Personengesellschaft zählt. Die Mietzahlung erhöht somit den gewerblichen Gewinn des vermietenden Gesellschafters.

Für Zwecke der Steuerbilanz sind folgende Buchungen vorzunehmen:

Gesamthandsbilanz

Mietaufwand an Bank / Kasse

Sonderbilanz des Gesellschafters

Entnahme an Mietertrag

Dem Mietaufwand in der Gesamthandsbilanz steht in der Sonderbilanz des vermietenden Gesellschafters ein Ertrag in gleicher Höhe gegenüber. Im Ergebnis wird der Vorgang somit erfolgsneutral behandelt.

Beispiel B.119:

Eine OHG, an der A und B zu je 50 % beteiligt sind, betreibt ihren Geschäftsbetrieb auf einem Grundstück, welches A an die Gesellschaft vermietet. Die an A gezahlte Jahresmiete beträgt 5.000 €. Sie wurde in der handelsrechtlichen Buchführung als Aufwand gebucht. Der Gewinn laut Handelsbilanz beträgt 17.000 €. Die Haus- und Grundstücksaufwendungen i.H.v. 600 € (Grundsteuer, Reparaturen usw.) hat A vereinbarungsgemäß selbst getragen. Bei Gründung der OHG betrug der steuerlich anzusetzende Wert des Grundstücks 50.000 €. Davon entfallen 10.000 € auf den Grund und Boden und 40.000 € auf ein Gebäude, welches linear mit 2 % jährlich abgeschrieben wird. Zum Zeitpunkt der Einlage von Grund und Boden sowie Gebäude am 01.01.02 ist die folgende Sonderbilanz für A aufzustellen:

Aktiva	Sonderbilanz A zum 01.01.02		Passiva
Grund und Boden	10.000	Kapital	50.000
Gebäude	40.000		
	50.000		50.000

Die Aufwendungen und Erträge, die A im Zusammenhang mit dem Grundstück entstehen, sind in einer ergänzenden Gewinn- und Verlust-Rechnung zusammenzufassen:

Ergänzende GuV für A 02

Erträge	
Mieterträge	5.000 €
Aufwendungen	
Haus- und Grundstücksaufwendungen	– 600 €
AfA Gebäude	– 800 €
Gewinn	3.600 €

Somit ergibt sich zum 31.12.02 folgende Sonderbilanz für A:

Aktiva		Sonderbilanz A zum 31.12.02			Passiva
Grund und Boden		10.000	Kapital	50.000	
Gebäude	40.000		– Entnahmen	– 5.000	
– AfA	– 800	39.200	+ Einlagen	+ 600	
			+ Gewinn	+ 3.600	49.200
		49.200			49.200

Anhand dieser Angaben kann der einheitlich und gesondert festzustellende Gewinn ermittelt werden:

	Gewinn laut Handelsbilanz	17.000 €
+	Miete A (§ 15 Abs. 1 Nr. 2 EStG)	+ 5.000 €
–	Haus- und Grundstücksaufwendungen	– 600 €
–	AfA	– 800 €
=	steuerrechtlicher Gewinn	20.600 €

oder einfacher:

	Gewinn laut Handelsbilanz	17.000 €
+	Gewinn laut Sonderbilanz A	+ 3.600 €
		20.600 €

Dieser gesondert festgestellte Gewinn ist auch Grundlage für die Ermittlung des Gewerbeertrags, d.h. der Bemessungsgrundlage für die Gewerbesteuer.

Im Rahmen der einheitlichen und gesonderten Gewinnfeststellung ist der Gewinn der Personengesellschaft zudem auf die Gesellschafter zu verteilen:

	insgesamt	**A**	**B**
Steuerrechtlicher Gewinn	20.600 €		
– Gewinn laut Sonderbilanz	3.600 €	3.600 €	
= Restgewinn	17.000 €	8.500 €	8.500 €
Gewinnanteile		12.100 €	8.500 €

5.4.1.4.2 Hingabe von Darlehen

Auch Vergütungen (Zinsen), die ein Gesellschafter für die Hingabe von Darlehen von seiner Gesellschaft erhält, sind Sondervergütungen im Sinne von § 15 Abs. 1 Nr. 2 Satz 1 EStG. Die Darlehensforderung selbst ist als (aktives) Sonderbetriebsvermögen in einer Sonderbilanz des Gesellschafters zu führen.

Beispiel B.120:

A und B sind zu je 50 % an der AB-OHG beteiligt. A gibt der OHG zum 01.01.02 ein Darlehen über 100.000 € aus seinem privaten Vermögen. Es wird eine Verzinsung von 5 % p.a. vereinbart. Die Zinsen für 02 i.H.v. 5.000 € zahlt die OHG erst am 08.01.03. Der Gewinn laut Gesamthandsbilanz beträgt 400.000 € (nach Abzug des Zinsaufwands von 5.000 €).

Folgende Buchungen sind in der Gesamthandsbilanz und der Sonderbilanz in 02 durchzuführen:

Gesamthandsbilanz

Bank / Kasse	an Darlehen	100.000	(Aufnahme Darlehen)
Zinsaufwand	an Sonstige Verb.	5.000	(Zinsbuchung)

Sonderbilanz des Gesellschafters

Darlehensforderung	an Einlage	100.000	(Vergabe Darlehen)
Sonstige Forderung	an Mietertrag	5.000	(Zinsbuchung)

Zum 31.12.02 ergibt sich folgende Sonderbilanz

Aktiva	Sonderbilanz A zum 31.12.02			Passiva
Darlehensforderung	100.000	Kapital	100.000	
Sonstige Forderung	5.000	Gewinn	5.000	105.000
	105.000			105.000

Der einheitlich und gesondert festzustellende Gewinn der OHG beträgt 405.000 € und ist wie folgt auf die beiden Gesellschafter zu verteilen:

	insgesamt	A	B
Gewinn laut Gesamthandsbilanz	400.000 €	200.000 €	200.000 €
+ Gewinn laut Sonderbilanz	5.000 €	5.000 €	
= Einkünfte aus Gewerbebetrieb	405.000 €	205.000 €	200.000 €

5.4.1.4.3 Behandlung von Sondervergütungen für geleistete Dienste in der Gesellschaft

Die Behandlung von Sondervergütungen für geleistete Dienste entspricht im Grundsatz der in den beiden vorhergehenden Abschnitten dargestellten Behandlung von Mietzahlungen und Zinszahlungen der Gesellschaft an den Gesellschafter. Allerdings beziehen sich die Vergütungen für geleistete Dienste nicht auf ein Wirtschaftsgut, das in der Sonderbilanz aktiviert werden müsste. Es genügt daher, im Sonderbereich des Gesellschafters eine gesonderte Gewinn- und Verlust-Rechnung zu führen. Eine Sonderbilanz ist nicht erforderlich.

Beispiel B.121:

Eine OHG, an der A und B zu je 50 % beteiligt sind, zahlt ihrem Geschäftsführer A für 02 ein Jahresgehalt von 96.000 €. Der Gewinn laut Handelsbilanz beträgt 500.000 €. Das Gehalt des A ist als Aufwand gebucht worden.

Alternative 1: ohne Berücksichtigung eines Sonderbereichs für A

Gesamthandsbilanz

Entnahme A	an Kasse / Bank	96.000
Kapital A	an Entnahme A	96.000

Aufgrund der erfolgsneutralen Buchung ist der Steuerbilanzgewinn um 96.000 € höher als der Handelsbilanzgewinn und beträgt 596.000 €.

Dieser Gewinn von 596.000 € entspricht dem einheitlich und gesondert festzustellenden Gewinn, da die Gehaltszahlung an den A wegen § 15 Abs. 1 Nr. 2 Satz 1 EStG nicht gewinnmindernd berücksichtigt werden darf.

Die auf die beiden Gesellschafter entfallenden Gewinnanteile sind in einer Nebenrechnung außerhalb der Bilanz zu ermitteln:

	A	B	gesamt
Tätigkeitsvergütung	96.000 €	0 €	96.000 €
+ Rest 50 : 50	250.000 €	250.000 €	500.000 €
= Einkünfte aus Gewerbebetrieb	346.000 €	250.000 €	596.000 €

Ein Nachteil des Verzichts auf einen Sonderbereich für A besteht darin, dass eine Korrektur der Kapitalkonten der Gesellschafter erforderlich wird. Durch die Buchung als Entnahme belastet die Gehaltszahlung von 96.000 € ausschließlich das Kapitalkonto des A, obwohl das Gehalt nicht von A allein, sondern von der OHG aufzubringen ist. Die zu hohe Belastung des Kapitalkontos i.H.v. (50 % von 96.000 =) 48.000 € ist durch folgende Buchung zu berichtigen:

Gesamthandsbilanz

Kapital B	an Kapital A	48.000

Alternative 2: mit Berücksichtigung eines Sonderbereichs für A

Gesamthandsbilanz

Lohnaufwand	an Kasse / Bank	96.000

Sonderbereich A

Entnahme	an Lohneinnahmen	96.000

Da dem Lohnaufwand im Gesamthandsbereich ein Ertrag in gleicher Höhe im Sonderbereich des A gegenübersteht, wird der Sachverhalt insgesamt erfolgsneutral behandelt. Dies entspricht der Vorschrift des § 15 Abs. 1 Nr. 2 Satz 1 EStG, wonach die Lohnzahlungen den gewerblichen Gewinn nicht mindern dürfen.

Abschließend soll die buchungstechnische Vorgehensweise für den Fall aufgezeigt werden, dass die vereinbarte Vergütung i.H.v. 96.000 € bis zum Jahresende nicht an den A ausbezahlt wird:

Gesamthandsbilanz

Lohnaufwand	an Sonstige Verbindl.	96.000

Sonderbereich A

Sonstige Forderung	an Lohneinnahmen	96.000

In der Sonderbilanz des A ergibt sich nun ein positives Kapitalkonto:

Aktiva	Sonderbilanz A zum 31.12.02			Passiva
Sonstige Forderung	96.000	Kapital 01.01.	0	
		+ Gewinn	96.000	96.000
	96.000			96.000

5.4.1.4.4 Auflösung von Sonderbetriebsvermögen

Es sind verschiedene Sachverhalte denkbar, die zu einer Auflösung von Sonderbetriebsvermögen führen, z.B.:

- Wirtschaftsgüter des Sonderbetriebsvermögens werden veräußert.
- Der Mitunternehmeranteil an einer Personengesellschaft wird durch den Gesellschafter veräußert.
- Der Mitunternehmeranteil an einer Personengesellschaft wird durch den Gesellschafter in eine Kapitalgesellschaft oder eine Personengesellschaft gegen Gewährung von Anteilen an dieser Gesellschaft eingebracht.

Es ist dabei jeweils zu klären, inwieweit eine Aufdeckung und Versteuerung der in den Wirtschaftsgütern des Sonderbetriebsvermögens enthaltenen stillen Reserven erfolgen kann bzw. muss. Handelt es sich bei dem Mitunternehmer, dessen Sonderbetriebsvermögen aufgelöst wird, um eine natürliche Person, ist zudem von Interesse, ob der ggf. resultierende steuerpflichtige Gewinn durch die §§ 16 Abs. 4, 34 EStG steuerlich begünstigt und von der Gewerbesteuer befreit ist.

Zu einer Auflösung von Sonderbetriebsvermögen kommt es auch bei

- einer Übertragung von Wirtschaftsgütern des Sonderbetriebsvermögens in das Gesamthandsvermögen der Personengesellschaft gegen Entgelt oder Gewährung von Gesellschaftsrechten,
- einer Übertragung von Wirtschaftsgütern des Sonderbetriebsvermögens in das Privatvermögen des Gesellschafters oder
- einer Übertragung von Wirtschaftsgütern des Sonderbetriebsvermögens in ein anderes Betriebsvermögen des Gesellschafters.

Die steuerliche Behandlung dieser (und anderer) Übertragungsvorgänge ist Gegenstand von Abschnitt B.5.4.2.

Fall 1: Veräußerung von Wirtschaftsgütern des Sonderbetriebsvermögens

Zunächst soll der Fall betrachtet werden, dass ein Gesellschafter Wirtschaftsgüter des Sonderbetriebsvermögens veräußert. Durch die Veräußerung entstehen Gewinne bzw. Verluste, sofern der Veräußerungserlös größer bzw. kleiner ist als der Buchwert des veräußerten Wirtschaftsgutes. Der Gewinn bzw. Verlust ist Bestandteil des einheitlich und gesondert festzustellenden Gewinns der Personengesellschaft und als solcher auch gewerbesteuerpflichtig. Hinsichtlich der Einkommensteuer- bzw. Körperschaftsteuerpflicht ist der Veräußerungsgewinn bzw. -verlust grundsätzlich nicht der Gesamthandsgemeinschaft, sondern dem Gesellschafter, in dessen Eigentum das veräußerte Wirtschaftsgut stand, zuzurechnen. Allerdings kann im Gesellschaftsvertrag eine abweichende Vereinbarung bezüglich der Gewinnverteilung von Veräußerungsgewinnen, die durch die Veräußerung eines im Alleineigentum eines Gesellschafters stehenden Wirtschaftsgutes entstehen, getroffen werden.

Eine Steuerbegünstigung nach §§ 16 Abs. 4, 34 EStG kommt in jedem Fall nicht in Betracht.

Beispiel B.122:

Es wird an den Sachverhalt von Beispiel B.119 angeknüpft. Gesellschafter A veräußert das bebaute Grundstück zum 01.01.03 zum Preis von 60.000 €. Die Sonderbilanz zum 01.01.03 (vor Veräußerung) hat folgendes Aussehen (vgl. Beispiel B.119):

Aktiva	Sonderbilanz A zum 01.01.03		Passiva
Grund und Boden	10.000	Kapital	49.200
Gebäude	39.200		
	49.200		49.200

Der Verkauf am 01.01.03 wird im Sonderbereich des A wie folgt gebucht:

Sonderbereich A

Entnahmen	60.000	an Grund und Boden	10.000
		an Gebäude	39.200
		an Sonstige Erträge	10.800

Im Sonderbereich des A entsteht somit ein steuerpflichtiger Gewinn aus Gewerbebetrieb i.H.v. 10.800 €. In der Sonderbilanz des A sind nach Durchführung dieser Buchung keine Bestände mehr vorhanden.

Fall 2: Veräußerung des Mitunternehmeranteils

Die Veräußerung des gesamten Mitunternehmeranteils wird der Veräußerung eines Gewerbebetriebs gleichgesetzt (§ 16 Abs. 1 Nr. 2 EStG). Der Gewinn aus der Veräußerung eines Mitunternehmeranteils ergibt sich als Differenz zwischen dem Veräußerungserlös und dem Eigenkapitalkonto des ausscheidenden Gesellschafters. Dieser Veräußerungsgewinn wird begünstigt durch

- die Gewährung eines Freibetrags i.H.v. maximal 45.000 €, sofern der veräußernde Gesellschafter im Veräußerungszeitpunkt das 55. Lebensjahr vollendet hat oder dauernd berufsunfähig ist (§ 16 Abs. 4 EStG),
- die Tarifbegünstigung des § 34 EStG für außerordentliche Einkünfte (§ 34 Abs. 2 Nr. 1 EStG) und
- eine Befreiung von der Gewerbesteuerpflicht, soweit der Gewinn auf eine natürliche Person als unmittelbar beteiligter Mitunternehmer entfällt (§ 7 Satz 2 GewStG).

Eine steuerbegünstigte Veräußerung i.S.d. § 16 Abs. 1 Nr. 2 EStG ist durch eine entgeltliche Übertragung des Eigentums an dem ganzen Mitunternehmeranteil gekennzeichnet. Der Mitunternehmeranteil umfasst auch das Sonderbetriebsvermögen. Sind in dem Sonderbetriebsvermögen Wirtschaftsgüter enthalten, die **wesentliche Betriebsgrundlagen** der Personengesellschaft sind (siehe Abschnitt B.5.3.3.1.1), so müssen diese mitveräußert werden, damit eine begünstigte Betriebsveräußerung im Sinne von § 16 Abs. 1 EStG vorliegt. Werden wesentliche Betriebsgrundlagen des Sonderbetriebsvermögens ins Privatvermögen überführt, so liegt eine ebenfalls begünstigte Betriebsaufgabe im Sinne von § 16 Abs. 3 EStG vor (BFH-Urteil vom 18.05.1983, BStBl II 1983, S. 771). Bei Übertragung in ein anderes Betriebsvermögen ist der Vorgang hingegen in vollem Umfang nicht begünstigt.

Wird der Mitunternehmeranteil gemeinsam mit dem Sonderbetriebsvermögen des Gesellschafters veräußert, so ist auch der Teil des Veräußerungsgewinns begünstigt, der auf die Veräußerung der Wirtschaftsgüter des Sonderbetriebsvermögens entfällt. Lediglich insoweit, wie Wirtschaftsgüter des aufzulösenden Sonderbetriebsvermögens veräußert werden und auf der Seite des Veräußerers und auf der Seite des Erwerbers dieselben Personen Unternehmer oder Mitunternehmer sind, ist der sich ergebende Gewinn nicht als Aufgabegewinn, sondern als laufender Gewinn zu behandeln, d.h. von der Steuerbegünstigung auszunehmen (§ 16 Abs. 3 Satz 5 EStG).

Zum Wesen und zur steuerlichen Behandlung von Betriebsveräußerungen und Betriebsaufgaben sei an dieser Stelle auch auf die Ausführungen in Abschnitt B.5.3.3.1 verwiesen.

Fall 3: Einbringung des Mitunternehmeranteils in eine Kapital- oder Personengesellschaft

Die Einbringung eines Mitunternehmeranteils in eine Kapitalgesellschaft gegen Gewährung neuer Anteile oder in eine Personengesellschaft gegen Gewährung einer Mitunternehmerstellung richtet sich nach den Vorschriften des Umwandlungssteuergesetzes (§ 20 UmwStG bzw. § 24 UmwStG), die an dieser Stelle nur gestreift werden können.

Die Einbringung erfolgt grundsätzlich unter Aufdeckung und Versteuerung stiller Reserven mit dem gemeinen Wert. Bei Vorliegen weiterer Voraussetzungen kann die Einbringung wahlweise zum Buchwert oder einem beliebigen Zwischenwert erfolgen (§ 20 Abs. 2 UmwStG bzw. § 24 Abs. 2 UmwStG). Erforderlich ist in jedem Fall, dass der Mitunternehmeranteil einschließlich der Wirtschaftsgüter des Sonderbetriebsvermögens, die wesentliche Betriebsgrundlagen sind, eingebracht wird. Bei Einbringung in eine Personengesellschaft ist es möglich, dass diese Wirtschaftsgüter wiederum Sonderbetriebsvermögen werden. Verzichtet werden kann auf die Einbringung von Wirtschaftsgütern des Sonderbetriebsvermögens, die keine wesentlichen Betriebsgrundlagen sind (vgl. auch *J. Schmitt*, in: J. Schmitt / R. Hörtnagl / R.-C. Stratz (2009), § 20, Rzn. 148 f., § 24, Rz. 67).

Wird ein Wertansatz gewählt, der den Buchwert übersteigt, so entsteht ein Einbringungsgewinn in Höhe der aufgedeckten stillen Reserven, d.h. in Höhe des Unterschiedsbetrages zwischen dem gewählten Wertansatz und dem (bisherigen) Buchwert (= Eigenkapital) des Mitunternehmeranteils. Die Einbringung eines Mitunternehmeranteils in eine Kapital- oder Personengesellschaft stellt grundsätzlich eine begünstigte Transaktion i.S.d. § 16 Abs. 1 Nr. 2 EStG dar (vgl. auch *R. Wacker*, in: L. Schmidt (2010), § 16, Rz. 413), d.h. die in Abschnitt B.5.3.3.1 genannten Steuervergünstigungen werden grundsätzlich gewährt. Allerdings wird sowohl die Gewährung des Freibetrages des § 16 Abs. 4 EStG als auch die Tarifbegünstigung des § 34 EStG durch die vorrangigen Vorschriften des UmwStG an weitere Voraussetzungen geknüpft:

- Die Begünstigungen der §§ 16 Abs. 4, 34 EStG sind nur dann auf den Einbringungsgewinn anwendbar, wenn die Übertragung zum gemeinen Wert, d.h. unter vollständiger Aufdeckung der stillen Reserven, erfolgt (§ 20 Abs. 4 Satz 1 bzw. § 24 Abs. 3 Satz 2 UmwStG).
- Die Begünstigungen werden nur gewährt, wenn der **ganze** Mitunternehmeranteil eingebracht wird (20 Abs. 4 Satz 1 bzw. § 24 Abs. 3 Satz 2 UmwStG).
- Bei Einbringung in eine Personengesellschaft ist der Einbringungsgewinn insoweit nicht begünstigt, als auf der Seite des Einbringenden und auf der Seite der aufnehmenden Gesellschaft dieselben Personen Unternehmer oder Mitunternehmer sind (§ 24 Abs. 3 Satz 3 UmwStG i.V.m. § 16 Abs. 2 Satz 3 EStG, siehe auch Abschnitt B.5.3.3.1.3).

Ist der Gewinn aus der Einbringung eines Mitunternehmeranteils in eine Personengesellschaft oder eine Kapitalgesellschaft steuerlich begünstigt, so ist auch der Teil des Einbringungsgewinns begünstigt, der aus der Aufdeckung der stillen Reserven in den eingebrachten Wirtschaftsgütern des Sonderbetriebsvermögens resultiert.

5.4.1.5 Ergänzungsbilanzen

Grundsätzlich müssen alle Gesellschafter einer Personengesellschaft ihren Gewinn einheitlich ermitteln, d.h. die gleichen Ansatz- und Bewertungsvorschriften anwenden und Wahlrechte einheitlich ausüben. Eine Ausnahme besteht hinsichtlich der Wirtschaftsgüter, die nicht im Gesamthandseigentum stehen, sondern nur einem oder einigen Gesellschaftern gehören. Diese Wirtschaftsgüter sind daher nicht in der Gesamthandsbilanz, sondern in Sonderbilanzen zu erfassen.

Aber auch hinsichtlich der Wirtschaftsgüter, die im Gesamthandseigentum stehen, können

- Bewertungsgebote bestehen, die nur für einzelne Gesellschafter gelten, oder
- Bilanzierungs- bzw. Bewertungswahlrechte existieren, die nur einzelnen Gesellschaftern zustehen.

Diese Bewertungsgebote bzw. Bilanzierungs- und Bewertungswahlrechte können dazu führen, dass die betroffenen Gesellschafter ihr anteiliges Gesamthandsvermögen anders bewerten müssen oder dürfen als die übrigen Gesellschafter.

Eine Möglichkeit der technischen Umsetzung bestünde darin, für jeden Gesellschafter hinsichtlich seines Anteiles am Gesamthandsvermögen eine eigene (anteilige) Bilanz sowie eine eigene (anteilige) Gewinn- und Verlust-Rechnung zu erstellen. Die Gesamtbilanz und die Gesamt-GuV wären in eine Summe von Einzelbüchern aufzuteilen, die der Anzahl der Gesellschafter entspricht. In der Buchführung jedes Gesellschafters wären zum einen die

Geschäftsvorfälle, die alle Gesellschafter betreffen, anteilig aufzuzeichnen. Zum anderen wären die Geschäftsvorfälle aufzuzeichnen, die nur den jeweiligen Gesellschafter betreffen.

Die geschilderte Vorgehensweise hätte jedoch den Nachteil, dass diejenigen Geschäftsvorfälle, die alle Gesellschafter gleichmäßig betreffen – d.h. i.d.R. die weit überwiegende Zahl der Geschäftsvorfälle – in jeder Einzelbilanz anteilig gebucht werden müssten, womit der Buchführungsaufwand multiplikativ anstiege. Außerdem könnten aus den einzelnen Buchungen nur begrenzt Rückschlüsse auf den zugrundeliegenden Geschäftsvorfall gezogen werden, da in jeder Einzelbilanz nur eine anteilige Buchung des Geschäftsvorfalls erfolgte.

Aus diesem Grund werden in der Praxis neben einer Hauptbilanz Ergänzungsbilanzen geführt. Während Bewertungswahlrechte in der Hauptbilanz nur einheitlich ausgeübt werden können, enthält die Ergänzungsbilanz eines Gesellschafters Korrekturposten, welche die für den jeweiligen Gesellschafter abweichende Bilanzierung oder Bewertung dokumentieren.

Ergänzungsbilanzen beziehen sich nicht wie Sonderbilanzen auf Wirtschaftsgüter, die im Eigentum einzelner Gesellschafter stehen, sondern auf Wirtschaftsgüter, die Gesamthandseigentum sind, für die jedoch bezüglich einzelner Gesellschafter spezielle Bewertungspflichten oder -wahlrechte bestehen. Ergänzungsbilanzen stellen daher einen aus technischen Gründen ausgesonderten Bestandteil der Gesamthandsbilanz dar.

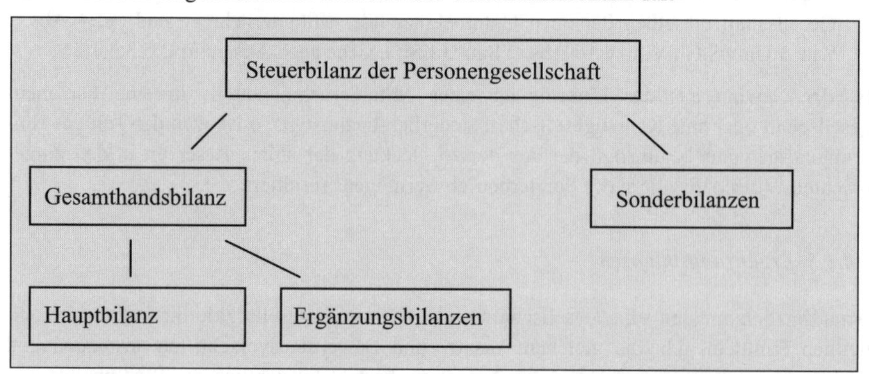

Abbildung B.23: Bestandteile der Steuerbilanz einer Personengesellschaft

Die Gewinne bzw. Verluste, die sich aus der Führung von Ergänzungsbilanzen ergeben, sind in den einheitlich und gesondert festzustellenden Gewinn der Personengesellschaft mit einzubeziehen. Bei der Gewinnverteilung werden sie allerdings nur dem jeweiligen Gesellschafter zugerechnet. Dieses Vorgehen entspricht der Behandlung von Sonderbilanzgewinnen bzw. -verlusten.

Die Führung von Ergänzungsbilanzen wird im Folgenden anhand eines Beispiels verdeutlicht.

Beispiel B.123:

A will sich an der zu gründenden A&B-OHG (Beteiligung von A und B jeweils 50 %) mit einer Einlage i.H.v. 200.000 € beteiligen. Hierfür bringt A in die A&B-OHG ein vor zwei Jahren erworbenes unbebautes Grundstück ein, dessen Teilwert im Einbringungszeitpunkt 200.000 € beträgt. Die Anschaffungskosten betrugen 160.000 €. Durch die Übereignung des Grundstücks auf die OHG entstehen Nebenkosten (Grunderwerbsteuer, Notar- und Grundbuchkosten) i.H.v. 8.000 €, die von der OHG übernommen werden. Der andere Gesellschafter B überweist seine Einlage von 200.000 € auf das betriebliche Bankkonto.

Gemäß § 6 Abs. 1 Nr. 6 i.V.m. Nr. 5 Buchst. a EStG ist die Einlage mit den Anschaffungskosten i.H.v. 160.000 € zu bewerten (siehe auch Abschnitt B.5.2.3.8). Diese Regelung soll sicherzustellen, dass die im Privatvermögen entstandene Wertsteigerung i.H.v. 40.000 € nicht endgültig der Besteuerung entgeht. Durch die Bilanzierung mit 160.000 € wird erreicht, dass bei einer späteren Veräußerung des Grundstücks ein Veräußerungsgewinn in Höhe des Veräußerungspreises abzüglich des Buchwertes von 160.000 € zu versteuern ist. Die Wertsteigerung im Privatvermögen wird somit steuerlich erfasst.

Da die Wertsteigerung i.H.v. 40.000 € im Privatvermögen des A entstanden ist, sollte dieser Betrag bei einer späteren Veräußerung jedoch nicht von der Gesamthandsgemeinschaft, sondern ausschließlich von A zu versteuern sein. Würde der Ansatz mit den historischen Anschaffungskosten von 160.000 € in der für alle geltenden Hauptbilanz erfolgen, so würde bilanztechnisch nicht dokumentiert, dass stille Reserven i.H.v. 40.000 € ausschließlich auf A entfallen. Aus diesem Grund wird in die Hauptbilanz der Teilwert des Grundstücks i.H.v. 200.000 € (zuzüglich Nebenkosten) eingestellt. Die für den A geltenden geringeren Anschaffungskosten von 160.000 € werden durch die Passivierung eines Minderwertes von 40.000 € in einer für den A einzurichtenden Ergänzungsbilanz dargestellt.

Hinsichtlich des Grundstücks ergibt sich folgende Bilanzierung:

Aktiva	Hauptbilanz A&B-OHG		Passiva
Grund und Boden	208.000	Kapital A	200.000
Bankguthaben	200.000	Kapital B	200.000
		Sonstige Verbindlichkeiten	8.000
	408.000		408.000

Aktiva	Ergänzungsbilanz A		Passiva
Minderkapital	40.000	Minderwert Grundstück	40.000

Insgesamt ist für A das steuerlich richtige Kapital von 160.000 € ausgewiesen. Dieses ergibt sich als Summe des positiven Kapitals i.H.v. 200.000 € in der Hauptbilanz und des negativen (Minder-) Kapitals i.H.v. 40.000 € in der Ergänzungsbilanz.

Wird das Grundstück nun zu einem späteren Zeitpunkt zu einem Preis von z.B. 220.000 € veräußert, so wird gebucht:

Hauptbilanz

Bank / Kasse	220.000	an Grund und Boden	208.000
		an Sonstige Erträge	12.000

Ergänzungsbilanz A

Minderwert Grundstück	40.000	an Sonstige Erträge	40.000

In Höhe von 40.000 €, d.h. in Höhe der ursprünglich im Privatvermögen des A erzielten Wertsteigerung, entsteht somit ein Gewinn im Ergänzungsbereich des A. Der Gewinn i.H.v. 12.000 €, der in der Hauptbilanz verbucht wird, entfällt zu gleichen Teilen auf die Gesellschafter A und B, so dass A insgesamt 46.000 € und B 6.000 € zu versteuern hat.

5.4.2 Übertragung von Wirtschaftsgütern

Die Ausführungen dieses Abschnitts beschäftigen sich mit den Fällen der Übertragung von Wirtschaftsgütern, die sich auf die betriebliche Vermögenssphäre einer Mitunternehmerschaft auswirken. Insbesondere geht es dabei um die Frage, mit welchem Wert die jeweils übertragenen Wirtschaftsgüter weiterzuführen sind, d.h. ob die in den übertragenen Wirtschaftsgütern gebundenen stillen Reserven aufzulösen und zu versteuern sind oder fortgeführt werden können.

Die ertragsteuerliche Behandlung der Übertragung von Wirtschaftsgütern zwischen verschiedenen Betriebsvermögen bzw. zwischen Betriebsvermögen und Privatvermögen ist in § 6 Abs. 3 – 7 EStG geregelt. Hinsichtlich einer Übertragung von Wirtschaftsgütern, die sich auf die betriebliche Vermögenssphäre einer Mitunternehmerschaft auswirkt, sind folgende Fälle denkbar:

- Übertragung von Wirtschaftsgütern aus einem Sonderbetriebsvermögen in das Gesamthandsvermögen und umgekehrt,
- Übertragung von Wirtschaftsgütern zwischen verschiedenen Sonderbetriebsvermögen,
- Übertragung von Wirtschaftsgütern aus dem Gesamthandsvermögen oder einem Sonderbetriebsvermögen in das Privatvermögen eines Gesellschafters und umgekehrt,
- Übertragung von Wirtschaftsgütern aus einem anderen Betriebsvermögen eines Mitunternehmers in das Gesamthandsvermögen oder ein Sonderbetriebsvermögen der Personengesellschaft und umgekehrt.

Die verschiedenen Übertragungsvorgänge lassen sich in folgender Matrix zusammenfassen:

von \ nach	**Sonderbetriebsvermögen**	**Gesamthandsvermögen**	**Anderes Betriebsvermögen**	**Privatvermögen**
Sonderbetriebsvermögen	**Fall 1** § 6 Abs. 5 Satz 2, Satz 3 Nr. 3 EStG	**Fall 3** § 6 Abs. 5 Satz 3 Nr. 2 EStG	**Fall 7** § 6 Abs. 5 Satz 2 EStG	**Fall 11** § 6 Abs. 1 Nr. 4 EStG
Gesamthandsvermögen	**Fall 2** § 6 Abs. 5 Satz 3 Nr. 2 EStG		**Fall 6** § 6 Abs. 5 Satz 3 Nr. 1 EStG	**Fall 10** Tauschähnlicher Vorgang
Anderes Betriebsvermögen	**Fall 4** § 6 Abs. 5 Satz 2 EStG	**Fall 5** § 6 Abs. 5 Satz 3 Nr. 1 EStG		
Privatvermögen	**Fall 8** § 6 Abs. 1 Nr. 5 EStG	**Fall 9** Tauschähnlicher Vorgang		

Tabelle B.22: Übertragungsfälle von Wirtschaftsgütern bei Mitunternehmerschaften

Vier Felder in der rechten unteren Ecke der Matrix bleiben frei, da die Personengesellschaft in diesen Fällen weder als abgebendes noch als aufnehmendes Betriebsvermögen beteiligt ist. Die weitere freie Stelle beruht darauf, dass eine Übertragung aus dem Gesamthands- in das gleiche Gesamthandsvermögen logisch nicht möglich ist.

Zusätzlich ist danach zu differenzieren, ob die Übertragung

- entgeltlich,
- unentgeltlich oder
- gegen Gewährung oder Minderung von Gesellschaftsrechten erfolgt.

Auf Grund von teilweise identischen Rechtsfolgen ist es nicht notwendig, die steuerliche Behandlung für alle 11 dargestellten Fälle separat aufzuzeigen. Nachfolgend soll unterschieden werden zwischen

- den Fällen, in denen die Übertragung der Wirtschaftsgüter aus einem Betriebsvermögen in ein Betriebsvermögen erfolgt (Fälle 1 bis 7, siehe Abschnitt B.5.4.2.1) und
- den Fällen, in denen Wirtschaftsgüter entweder aus dem Privatvermögen in ein Betriebsvermögen oder aus einem Betriebsvermögen in das Privatvermögen übertragen werden (Fälle 8 bis 11, siehe Abschnitt B.5.4.2.2).

5.4.2.1 Übertragung von Wirtschaftsgütern zwischen verschiedenen Betriebsvermögen

Nachfolgend soll zunächst der Fall betrachtet werden, dass Wirtschaftsgüter aus dem Betriebsvermögen eines Steuerpflichtigen in ein anderes Betriebsvermögen **dieses** Steuerpflichtigen übertragen werden (siehe Abschnitt B.5.4.2.1.1), z.B. Übertragung von einem Einzelunternehmen in ein anderes Einzelunternehmen desselben Steuerpflichtigen oder Übertragung zwischen verschiedenen Sonderbetriebsvermögen desselben Steuerpflichtigen bei verschiedenen Mitunternehmerschaften.

Daran anschließend wird auf die Übertragungen eingegangen, bei denen das Betriebsvermögen, aus dem die Wirtschaftsgüter übertragen werden, und das Betriebsvermögen, in das die Wirtschaftsgüter übertragen werden, nicht (vollständig) demselben Steuerpflichtigen zuzurechnen sind (siehe Abschnitt B.5.4.2.1.2).

5.4.2.1.1 Übertragung zwischen verschiedenen Betriebsvermögen desselben Steuerpflichtigen

Wird ein einzelnes Wirtschaftsgut von einem Betriebsvermögen in ein anderes Betriebsvermögen desselben Steuerpflichtigen übertragen, so hat diese Übertragung gemäß § 6 Abs. 5 Satz 1 EStG unter Fortführung des Buchwertes zu erfolgen, sofern die Besteuerung der in diesem Wirtschaftsgut gebundenen stillen Reserven sichergestellt ist. § 6 Abs. 5 Satz 1 EStG bezieht sich auf die Übertragung von Wirtschaftsgütern zwischen Betriebsvermögen ohne Rechtsträgerwechsel, d.h. den Fall, dass Wirtschaftsgüter von einem Einzelunternehmen in ein anderes Einzelunternehmen desselben Steuerpflichtigen über-tragen werden. Eine Übertragung ohne Aufdeckung stiller Reserven nach § 6 Abs. 5 Satz 1 EStG ist auch dann möglich, wenn Wirtschaftsgüter zwischen Betrieben unterschiedlicher Einkunftsarten übertragen werden, z.B. Übertragung von einem land- und forst-wirtschaftlichen in ein gewerbliches Einzelunternehmen desselben Steuerpflichtigen (vgl. *E. Kulosa* in L. Schmidt (2010), § 6, Rz. 684).

Wird das Wirtschaftsgut und damit die in ihm gebundenen stillen Reserven durch eine Übertragung in eine ausländische Betriebsstätte der deutschen Besteuerung entzogen (**Steuerentstrickung**), so sind die stillen Reserven im Übertragungszeitraum grundsätzlich aufzudecken und zu versteuern. Allerdings kann der Entstrickungsgewinn, soweit er sich auf Wirtschaftsgüter des **Anlagevermögens** bezieht, nach § 4g EStG auf Antrag des Steuerpflichtigen in einen Ausgleichsposten eingestellt werden, wenn das Wirtschaftsgut einer Betriebsstätte desselben Steuerpflichtigen in einem anderen EU-Staat zuzuordnen ist (vgl. BMF-Schreiben vom 25.08.2009, BStBl I 2009, S. 888, Tz. 2.6.1). Der Ausgleichsposten ist im Wirtschaftsjahr der Bildung und in den folgenden vier Wirtschaftsjahren zu je einem Fünftel gewinnerhöhend aufzulösen (§ 4g Abs. 2 Satz 1 EStG). Die Vorschrift des § 4g EStG führt somit zu einer zeitlich gestreckten Versteuerung der stillen Reserven. Wenn das Wirtschaftsgut vor Ablauf der fünf Jahre aus dem Betriebsvermögen des Steuerpflichtigen ausscheidet, ist ein verbleibender Ausgleichsposten aber in diesem Zeitpunkt vollständig gewinnerhöhend aufzulösen (§ 4g Abs. 2 Satz 2 EStG).

Gemäß § 6 Abs. 5 Satz 2 EStG ist § 6 Abs. 5 Satz 1 EStG auch dann einschlägig, wenn

- ein Wirtschaftsgut aus einem eigenen Betriebsvermögen eines Steuerpflichtigen in das Sonderbetriebsvermögen dieses Steuerpflichtigen bei einer Mitunternehmerschaft überführt wird (§ 6 Abs. 5 Satz 2 Halbsatz 1 EStG); dies entspricht **Fall 4** in der obigen Tabelle;
- ein Wirtschaftsgut aus dem Sonderbetriebsvermögen eines Steuerpflichtigen bei einer Mitunternehmerschaft in ein eigenes Betriebsvermögen dieses Steuerpflichtigen überführt wird (§ 6 Abs. 5 Satz 2 Halbsatz 1 EStG); dies entspricht **Fall 7** in der obigen Tabelle;
- ein Wirtschaftsgut zwischen verschiedenen Sonderbetriebsvermögen desselben Steuerpflichtigen bei verschiedenen Mitunternehmerschaften überführt übertragen wird (§ 6 Abs. 5 Satz 2 Halbsatz 2 EStG), vgl. **Fall 1** in der obigen Tabelle.

Somit sind auch in diesen Fällen die Buchwerte der übertragenen Wirtschaftsgüter grundsätzlich fortzuführen.

Hat der Steuerpflichtige in der Vergangenheit die Tarifbegünstigung des § 34a EStG für nicht entnommene Gewinne in Anspruch genommen und ist daher ein nachversteuerungspflichtiger Betrag im Sinne des § 34a Abs. 3 Satz 2 EStG festgestellt worden (siehe Abschnitt B.4.4.5.3), so kann die Übertragung eines Wirtschaftsgutes nach § 6 Abs. 5 EStG zu einer Nachversteuerung führen (§ 34a Abs. 5 EStG).

5.4.2.1.2 Übertragungen, bei denen sich die Zuordnung zu Steuerpflichtigen ändert

In den **Fällen 2, 3, 5 und 6** der obigen Tabelle sind das Betriebsvermögen, aus welchem Wirtschaftsgüter übertragen werden, und das Betriebsvermögen, in welches diese Übertragung erfolgt, nicht (in voller Höhe) demselben Steuerpflichtigen zuzurechnen. Gleiches gilt für **Fall 1** bei einer Übertragung zwischen Sonderbetriebsvermögen von verschiedenen Mitunternehmern bei derselben Mitunternehmerschaft.

Die steuerliche Behandlung der Übertragung ist davon abhängig, ob die Übertragung entgeltlich, unentgeltlich oder gegen Gewährung bzw. Minderung von Gesellschaftsrechten erfolgt. Im Folgenden wird die steuerliche Behandlung jeweils am Beispiel der Übertragung von Wirtschaftsgütern aus dem Sonderbetriebsvermögen in das Gesamthandsvermögen dargestellt.

Unentgeltliche Übertragung von Wirtschaftsgütern

Bei einer unentgeltlichen Übertragung von Wirtschaftsgütern werden als Gegenleistung für die Übertragung eines Wirtschaftsgutes weder Gesellschaftsrechte gewährt noch ein Entgelt gezahlt (verdeckte Einlage). Eine unentgeltliche Übertragung in das Gesamthandsvermögen liegt beispielsweise vor, wenn in der Gesamthandsbilanz als passive Gegenposition zu dem übertragenen Wirtschaftsgut eine gesamthänderisch gebundene Kapitalrücklage in entsprechender Höhe eingebucht wird.

§ 6 Abs. 5 Satz 3 EStG regelt, dass bei unentgeltlichen Übertragungen von Wirtschaftsgütern

- aus einem Betriebsvermögen eines Mitunternehmers in das Gesamthandsvermögen einer Mitunternehmerschaft und umgekehrt (§ 6 Abs. 5 Satz 3 Nr. 1 EStG)
- aus dem Sonderbetriebsvermögen eines Mitunternehmers in das Gesamthandsvermögen derselben Mitunternehmerschaft oder einer anderen Mitunternehmerschaft, an der er beteiligt ist, und umgekehrt (§ 6 Abs. 5 Satz 3 Nr. 2 EStG)
- zwischen den Sonderbetriebsvermögen verschiedener Mitunternehmer derselben Mitunternehmerschaft (§ 6 Abs. 5 Satz 3 Nr. 3 EStG)

keine Aufdeckung von stillen Reserven der übertragenen Wirtschaftsgüter erfolgt. Es kommt somit in voller Höhe zu einer Fortschreibung des Buchwertes des unentgeltlich übertragenen Wirtschaftsgutes, unabhängig davon, ob und inwieweit eine Übertragung für fremde Rechnung vorliegt. Gegebenenfalls kommt eine Nachversteuerung nach § 34a Abs. 5 EStG in Betracht (siehe Abschnitt B.5.4.2.1.1).

Die massive **Verletzung des Subjektprinzips** durch die Regelung des § 6 Abs. 5 Satz 3 EStG sei an zwei Beispielen erläutert. Zum einen erlaubt § 6 Abs. 5 Satz 3 Nr. 3 EStG die steuerneutrale Übertragung von Wirtschaftsgütern zwischen den Sonderbetriebsvermögen verschiedener Gesellschafter derselben Mitunternehmerschaft. Hierbei gehen die in dem übertragenen Wirtschaftsgut gebundenen stillen Reserven in voller Höhe von einem Gesellschafter auf einen anderen Gesellschafter über – die vom übertragenden Gesellschafter erwirtschafteten stillen Reserven sind im Falle einer späteren Aufdeckung in voller Höhe beim empfangenden Gesellschafter zu versteuern. Zum anderen ist es ebenso möglich, Wirtschaftsgüter steuerneutral zwischen Schwestergesellschaften, d.h. zwischen Personengesellschaften, an denen derselbe Mitunternehmer beteiligt ist, zu übertragen. Dies ist unabhängig davon möglich, wie hoch die Beteiligungen des Gesellschafters sind, der an beiden Gesellschaften beteiligt ist. Hierzu ist das Wirtschaftsgut – jeweils steuerneutral nach § 6 Abs. 5 Satz 3 Nr. 2 EStG – zunächst aus dem Gesamthandsvermögen der übertragenden Gesellschaft in das Sonderbetriebsvermögen des Mitunternehmers bei der empfangenden Gesellschaft und anschließend aus dem Sonderbetriebsvermögen des Mitunternehmers bei der empfangenden Gesellschaft in das Gesamthandsvermögen der empfangenden Gesellschaft zu übertragen.

Beispiel B.124:

An der A&B OHG sind A zu 1 % und B zu 99 %, an der A&C OHG sind A zu 1 % und C zu 99 % beteiligt. Es wird – auf dem oben beschriebenen Weg – ein Wirtschaftsgut aus dem Gesamthandsvermögen der A&B OHG in das Gesamthandsvermögen der A&C OHG übertragen.

Die Beteiligung an den stillen Reserven des Wirtschaftsgutes entspricht den jeweiligen Beteiligungen an den Gesellschaften; d.h. während A sowohl vor als auch nach der

Übertragung zu 1 % an den stillen Reserven des Wirtschaftsgutes beteiligt ist, gehen die restlichen 99 % der stillen Reserven von B auf C über.

Wird das Wirtschaftsgut im zweiten Übertragungsschritt aus dem Sonderbetriebsvermögen des A bei der A&C OHG nicht in das Gesamthandsvermögen der A&C OHG, sondern – steuerneutral gemäß § 6 Abs. 5 Satz 3 Nr. 3 EStG – in das Sonderbetriebsvermögen des C übertragen, so gehen die stillen Reserven des Wirtschaftsgutes sogar vollkommen auf Gesellschafter C, welcher zu Beginn der Übertragung nicht an den stillen Reserven des Wirtschaftsgutes beteiligt war, über.

Wie eine solche Übertragung von stillen Reserven vermieden werden kann, wird in Abschnitt B.5.4.6.3.4 erläutert.

Werden also Wirtschaftsgüter unentgeltlich in das Gesamthandsvermögen einer Mitunternehmerschaft übertragen, so sind diese mit ihrem bisherigen Buchwert in die Gesamthandsbilanz aufzunehmen.

Beispiel B.125:

Gesellschafter A überträgt aus seinem Sonderbetriebsvermögen unentgeltlich ein unbebautes Grundstück auf die A&B OHG. Im Übertragungszeitpunkt beträgt der Buchwert dieses Grundstücks 200.000 €, der Wert des Grundstücks beträgt 300.000 €.

Die A&B OHG hat den Buchwert des Grundstücks (200.000 €) fortzuschreiben. Es wird wie folgt gebucht:

Gesamthandsbereich

Grund und Boden	200.000	an gemeinsames Kapital	200.000

Sonderbilanz A

Entnahme	200.000	an Grund und Boden	200.000

Übertragung von Wirtschaftsgütern gegen Gewährung bzw. Minderung von Gesellschaftsrechten

Eine Übertragung gegen Gewährung von Gesellschaftsrechten liegt vor, wenn die durch die Übertragung eintretende Erhöhung des Vermögens der Personengesellschaft dem Kapitalkonto des einbringenden Gesellschafters, das für seine Beteiligung am Gesellschaftsvermögen maßgebend ist, gutgeschrieben wird.

Bei Übertragungen von Wirtschaftsgütern gegen Gewährung oder Minderung von Gesellschaftsrechten

- aus einem Betriebsvermögen des Mitunternehmers in das Gesamthandsvermögen einer Mitunternehmerschaft und umgekehrt (§ 6 Abs. 5 Satz 3 Nr. 1 EStG)
- aus dem Sonderbetriebsvermögen eines Mitunternehmers in das Gesamthandsvermögen derselben Mitunternehmerschaft oder einer anderen Mitunternehmerschaft, an der er beteiligt ist, und umgekehrt (§ 6 Abs. 5 Satz 3 Nr. 2 EStG)

sind die Buchwerte der übertragenen Wirtschaftsgüter fortzuführen.

Beispiel B.126:

A ist Gesellschafter der A&B OHG. Er überträgt ein Grundstück, das er bisher mit einem Buchwert von 200.000 € im Sonderbetriebsvermögen gehalten hat, gegen Gewährung von Gesellschaftsrechten in Höhe von 200.000 € auf die OHG. Der

Teilwert des Grundstücks zum Zeitpunkt der Übertragung beträgt 350.000 €.

Die Personengesellschaft muss für das Grundstück den Wert, der für das Grundstück im Sonderbetriebsvermögen des A zu Buche stand, – also 200.000 € – ansetzen. Es wird wie folgt gebucht:

Gesamthandsbereich

Grund und Boden	200.000	an Kapital A	200.000

Sonderbilanz A

Entnahme	200.000	an Grund und Boden	200.000

Zur Darstellung mittels Ergänzungsbilanzen, wenn dem Gesellschafter A Gesellschaftsrechte in Höhe von 350.000 € gutgeschrieben werden, siehe Abschnitt B.5.4.3.2.2.

Auch bei einer Übertragung gegen Gewährung oder Minderung von Gesellschaftsrechten kann es offenbar zu einem Überspringen stiller Reserven, und damit zu einer Verletzung des Subjektprinzips kommen (siehe oben). Zudem kommt auch hier gegebenenfalls eine Nachversteuerung nach § 34a Abs. 5 EStG in Betracht (siehe Abschnitt B.5.4.2.1.1).

Entgeltliche Übertragung von Wirtschaftsgütern

Werden Wirtschaftsgüter zu fremdüblichen Bedingungen entgeltlich übertragen, so werden die in ihnen enthaltenen stillen Reserven in voller Höhe aufgedeckt. In dem Betriebsvermögen, aus dem die Übertragung erfolgt, entsteht – analog zu dem in Abschnitt B.5.4.1.4.4 dargestellten Fall der Veräußerung von Wirtschaftsgütern des Sonderbetriebsvermögens an fremde Dritte – ein Ertrag in Höhe der Differenz zwischen Veräußerungspreis und Buchwert. Im aufnehmenden Betriebsvermögen sind Anschaffungskosten in Höhe des Kaufpreises (zuzüglich Anschaffungsnebenkosten) zu aktivieren.

Beispiel B.127:

Gesellschafter A ist zu 50 % an der A&B OHG beteiligt. Er veräußert ein unbebautes Grundstück, dessen Wert 400.000 € beträgt, zum Preis von 400.000 € an die OHG. Das Grundstück war bisher in der Sonderbilanz des A bei der A&B OHG als Sonderbetriebsvermögen mit Anschaffungskosten von 150.000 € aktiviert.

Es ergeben sich folgende Buchungen:

Gesamthandsbereich

Grund und Boden	400.000	an Bank	400.000

Sonderbilanz A

Entnahme	400.000	an Grund und Boden	150.000
		an sonstige Erträge	250.000

Gegebenenfalls kommt eine Übertragung stiller Reserven nach § 6b EStG in Betracht.

Die Forderung nach Bedingungen, die auch gegenüber fremden Dritten vereinbart worden wären, ist nicht erfüllt, sofern das Entgelt den tatsächlichen Wert des Wirtschaftsgutes übersteigt oder unterschreitet.

Übersteigt – bezugnehmend auf das obige Beispiel einer Veräußerung aus dem Sonderbetriebsvermögen in das Gesamthandsvermögen – das von der Gesellschaft gezahlte Entgelt den Preis, den die Gesellschaft einem fremden Dritten zahlen würde, so werden ebenfalls nur stille Reserven in Höhe der Differenz zwischen dem tatsächlichem Wert und dem Buchwert aufgedeckt. Der darüber hinausgehende Betrag, d.h. die Differenz zwischen dem Veräußerungspreis und dem tatsächlichen Wert, ist als Entnahme des Gesellschafters aus dem Gesamthandsvermögen zu behandeln. Der Kaufpreis wird also insoweit nicht anerkannt. Der Gesellschaft entstehen Anschaffungskosten nur in Höhe des tatsächlichen Werts des Wirtschaftsgutes. Der darüber hinausgehende Teilbetrag des Kaufpreises mindert das Kapitalkonto des Gesellschafters an der Personengesellschaft.

Beispiel B.128:

Es sei der Sachverhalt von Beispiel B.127 aufgegriffen. Allerdings zahlt die OHG dem Gesellschafter einen Preis von 500.000 €.

Es ergeben sich folgende Buchungen:

Gesamthandsbereich

Grund und Boden	400.000	an Bank	500.000
Entnahme A	100.000		

Sonderbilanz A

Entnahme	400.000	an Grund und Boden	150.000
		an sonstige Erträge	250.000

Wird das Wirtschaftsgut dagegen zu einem unangemessen **niedrigen Preis** veräußert, so liegt eine teilentgeltliche Übertragung vor. Teilentgeltliche Übertragungen aus privaten Gründen sind in eine voll entgeltliche Übertragung und eine voll unentgeltliche Übertragung aufzuspalten (BMF-Schreiben vom 27.03.1998, DStR 1998, S. 766; BFH-Urteil vom 12.12.2007; BStBl II 2008, S. 579; *I. van Lishaut*, DB 2000, S. 1784 ff.; anderer Auffassung *A. Düll / G. Fuhrmann / M. Eberhard*, DStR 2000, S. 1713 (1715): Buchwertfortführung, sofern Entgelt niedriger als Buchwert).

Beispiel B.129:

Es sei wiederum der Sachverhalt von Beispiel B.127 aufgegriffen. Allerdings zahlt die OHG dem Gesellschafter nun einen Preis von 300.000 €.

Der gezahlte Preis entspricht ¾ des Wertes des Grundstücks. Es liegt somit zu ¾ eine entgeltliche Übertragung und zu ¼ eine unentgeltliche Übertragung vor. Dem Veräußerungserlös sind daher zur Ermittlung des Veräußerungsgewinns ¾ des Buchwerts gegenüberzustellen. Es ergibt sich ein Gewinn i.H.v. (300.000 – ¾ · 150.000 =) 187.500 €.

entgeltlicher Teil:

Gesamthandsbereich

Grund und Boden	300.000	an Bank	300.000

Sonderbilanz A

Entnahme	300.000	an Grund und Boden	112.500
		an sonstige Erträge	187.500

unentgeltlicher Teil:

Gesamthandsbereich

Grund und Boden	37.500	an Kapital	37.500

Sonderbilanz A

Entnahme	37.500	an Grund und Boden	37.500

insgesamt:

Gesamthandsbereich

Grund und Boden	337.500	an Bank	300.000
		an Kapital	37.500

Sonderbilanz A

Entnahme	337.500	an Grund und Boden	150.000
		an sonstige Erträge	187.500

Übertragung von Wirtschaftsgütern gegen Gewährung bzw. Minderung von Gesellschaftsrechten und sonstiges Entgelt

Analog zur Vorgehensweise bei einer Veräußerung gegen unangemessen niedriges Entgelt ist die Übertragung in einen gewinnrealisierenden und einen gewinnneutralen Vorgang aufzuteilen. Entgeltliche Veräußerungen führen zur Gewinnrealisierung. Dagegen fällt die Übertragung von Wirtschaftsgütern gegen Gewährung bzw. Minderung von Gesellschaftsrechten unter § 6 Abs. 5 Satz 3 EStG, d.h. der Buchwert der übertragenen Wirtschaftsgüter ist fortzuführen.

Beispiel B.130:

Gesellschafter A hält ein unbebautes Grundstück mit Anschaffungskosten von 210.000 € in seinem Sonderbetriebsvermögen bei der A&B OHG, an der er zu 50 % beteiligt ist. Er überträgt das Grundstück zum Preis von 200.000 € sowie gegen Gewährung von Gesellschaftsrechten auf die OHG. Der Teilwert des Grundstücks beträgt 600.000 €.

Das Veräußerungsgeschäft ist für steuerliche Zwecke zu (200.000 / 600.000 =) $^1/_3$ als entgeltliche Übertragung und zu $^2/_3$ als Übertragung gegen Gewährung von Gesellschaftsrechten anzusehen. A erzielt im Sonderbetriebsvermögen einen sonstigen Ertrag i.H.v. (200.000 – $^1/_3 \cdot$ 210.000 =) 130.000 €.

Es ist wie folgt zu buchen:

entgeltlicher Teil:

Gesamthandsbereich

Grund und Boden	200.000	an Bank	200.000

Sonderbilanz A

Entnahme	200.000	an Grund und Boden	70.000
		an sonstige Erträge	130.000

Gewährung von Gesellschaftsrechten:

Gesamthandsbereich

Grund und Boden	140.000	an Kapital A	140.000

Sonderbilanz A

Entnahme	140.000	an Grund und Boden	140.000

insgesamt:

Gesamthandsbereich

Grund und Boden	340.000	an Bank	200.000
		an Kapital A	140.000

Sonderbilanz A

Entnahme	340.000	an Grund und Boden	210.000
		an sonstige Erträge	130.000

5.4.2.1.3 Missbrauchsverhinderungsvorschriften

Durch § 6 Abs. 5 Satz 3 EStG sollen Unternehmensumstrukturierungen erleichtert werden. Damit diese Erleichterungen nicht für missbräuchliche Gestaltungen genutzt werden, wurden zusätzlich die Vorschriften des § 6 Abs. 5 Sätze 4 – 6 EStG eingeführt.

Veräußerung innerhalb einer Sperrfrist von drei Jahren (§ 6 Abs. 5 Satz 4 EStG)

Fällt eine Übertragung von Wirtschaftsgütern unter die in § 6 Abs. 5 Satz 3 EStG genannten Fälle, so erfolgt diese Übertragung unter Fortführung der Buchwerte. Wird das Wirtschaftsgut anschließend veräußert oder entnommen, so wären die aufgedeckten stillen Reserven von allen Gesellschaftern – entsprechend ihrem Beteiligungsverhältnis – zu versteuern. Um bei einer zeitnahen Veräußerung bzw. Entnahme sicherzustellen, dass die aufgedeckten stillen Reserven allein durch den Gesellschafter zu versteuern sind, der das Wirtschaftsgut eingebracht hat, wurde § 6 Abs. 5 Satz 4 in das Einkommensteuergesetz aufgenommen. Danach ist rückwirkend auf den Zeitpunkt der Übertragung der Teilwert des übertragenen Wirtschaftsgutes anzusetzen, wenn das übertragene Wirtschaftsgut innerhalb einer **Sperrfrist** veräußert oder entnommen wird. Die Sperrfrist endet drei Jahre nachdem der Übertragende seine Steuererklärung für den Veranlagungszeitraum, in dem die Übertragung erfolgte, abgegeben hat.

Auf einen rückwirkenden Ansatz des Teilwertes wird verzichtet, wenn die bis zur Übertragung entstandenen stillen Reserven durch die Erstellung einer **Ergänzungsbilanz** dem übertragenden Gesellschafter zugeordnet wurden. In diesem Fall ist – auch ohne rückwirkenden Ansatz des Teilwertes – gesichert, dass die bis zum Zeitpunkt der Übertragung entstandenen stillen Reserven bei einer Entnahme oder Veräußerung allein beim übertragenden Gesellschafter versteuert werden.

Übertragung stiller Reserven auf eine Körperschaft (§ 6 Abs. 5 Satz 5 EStG)

Durch die Vorschriften des § 6 Abs. 5 Sätze 5 und 6 EStG soll verhindert werden, dass stille Reserven unmittelbar oder mittelbar auf eine Kapitalgesellschaft übertragen werden. Wäre die Übertragung von stillen Reserven auf eine Kapitalgesellschaft möglich, so würde hieraus ein steuerlicher Vorteil resultieren, falls die Aufdeckung der stillen Reserven in der Kapitalgesellschaft einer geringeren steuerlichen Belastung unterliegt als in dem Betriebsvermögen, aus dem die Übertragung erfolgt.

Nach § 6 Abs. 5 Satz 5 EStG ist bei einer Übertragung von Wirtschaftsgütern eine Buchwertfortführung insoweit nicht möglich, wie sich durch diese Übertragung der Anteil einer Körperschaft, Personenvereinigung oder Vermögensmasse an dem übertragenen Wirtschaftsgut unmittelbar oder mittelbar erhöht. Voraussetzung dafür, dass sich der Anteil einer Körperschaft an einem Wirtschaftsgut durch eine Übertragung erhöht, ist die Beteiligung dieser Körperschaft (z.B. einer GmbH) an einer Mitunternehmerschaft. Zu einer größtmöglichen Erhöhung des Anteils der GmbH an einem Wirtschaftsgut kommt es, wenn dieses Wirtschaftsgut aus dem Sonderbetriebsvermögen einer natürlichen Person in das Sonderbetriebsvermögen der GmbH übertragen wird.

Beispiel B.131:

An der XY-GmbH & Co. KG sind X zu 45 %, Y zu 40 % und die XY-GmbH zu 15 % beteiligt. An der XY-GmbH wiederum sind X und Y je zu 50 % beteiligt. Im Jahr 01 überträgt X aus seinem Sonderbetriebsvermögen ein unbebautes Grundstück, welches mit 80.000 € zu Buche steht, in das Sonderbetriebsvermögen der XY-GmbH. Der Wert des Grundstücks beträgt zu diesem Zeitpunkt 200.000 €.

Es handelt sich um eine Übertragung zwischen Sonderbetriebsvermögen verschiedener Mitunternehmer bei derselben Mitunternehmerschaft. Derartige Übertragungen sind gemäß § 6 Abs. 5 Satz 3 Nr. 3 EStG grundsätzlich steuerneutral durchzuführen. Da sich jedoch durch die Übertragung der Anteil der XY-GmbH an dem Grundstück von Null auf 100 % erhöht, ist gemäß § 6 Abs. 5 Satz 5 EStG eine Buchwertfortführung nicht möglich. Vielmehr ist das Grundstück im Sonderbetriebsvermögen der XY-GmbH mit dem Teilwert (200.000 €) anzusetzen. Die Auflösung der stillen Reserven führt bei X zu einem steuerpflichtigen Gewinn i.H.v. (200.000 – 80.000 =) 120.000 €.

Wird ein Wirtschaftsgut aus dem Sonderbetriebsvermögen eines Kommanditisten der KG in das Gesamthandsvermögen der GmbH & Co. KG übertragen, so erhöht sich der Anteil der GmbH an dem übertragenen Wirtschaftsgut von Null auf die Höhe der Beteiligung der GmbH an der GmbH & Co. KG. Da § 6 Abs. 5 Satz 5 EStG vorschreibt, dass der Teilwert anzusetzen ist, **soweit** sich der Anteil der GmbH erhöht, sind stille Reserven nur in Höhe der Beteiligung der GmbH an der GmbH & Co. KG aufzulösen.

Beispiel B.132:

Es sei der Sachverhalt von Beispiel B.131 aufgegriffen, allerdings überträgt X das Grundstück nun im Jahr 01 nicht in das Sonderbetriebsvermögen der XY-GmbH, sondern in das Gesamthandsvermögen der XY-GmbH & Co. KG.

Es handelt sich nun um eine Übertragung aus dem Sonderbetriebsvermögen in das Gesamthandsvermögen bei derselben Mitunternehmerschaft. Auch diese Übertragung ist gemäß § 6 Abs. 5 Satz 3 Nr. 2 EStG grundsätzlich steuerneutral durchzuführen. Da die XY-GmbH zu 15 % am Gesamthandsvermögen der XY-GmbH & Co. KG beteiligt ist, erhöht sich durch die Übertragung der Anteil der XY-GmbH an dem Grundstück von Null auf 15 %. Insoweit ist gemäß § 6 Abs. 5 Satz 5 EStG eine Buchwertfortführung nicht möglich. Es sind stille Reserven i.H.v. (15 % von (200.000 – 80.000) =) 18.000 € aufzulösen und bei X zu versteuern. In der Gesamthandsbilanz der XY-GmbH & Co. KG ist das Grundstück mit (80.000 + 18.000 =) 98.000 € anzusetzen.

Erhöhung des Anteils einer Körperschaft an dem Wirtschaftsgut innerhalb von 7 Jahren (§ 6 Abs. 5 Satz 6 EStG)

Der Teilwert des übertragenen Wirtschaftsgutes ist nach § 6 Abs. 5 Satz 6 EStG auch insoweit anzusetzen, als sich der Anteil einer Körperschaft, Personenvereinigung oder Vermögensmasse an diesem Wirtschaftsgut innerhalb von sieben Jahren **nach** der Übertragung des Wirtschaftsgutes aus einem anderen Grund unmittelbar oder mittelbar erhöht. Dabei hat der Ansatz des Teilwertes rückwirkend für das Jahr der Übertragung des Wirtschaftsgutes zu erfolgen. Die Veranlagung für dieses Jahr muss also gemäß § 175 Abs. 1 Nr. 2 AO (**rückwirkendes Ereignis**) geändert werden. Resultieren hieraus höhere Abschreibungen für die Folgejahre, so sind die Steuerbescheide dieser Jahre entsprechend zu korrigieren.

Beispiel B.133:

Es sei der Sachverhalt des vorangegangenen Beispiels aufgegriffen. Im Jahr 02 scheidet Y als Gesellschafter der XY-GmbH & Co. KG aus. Sein Gesellschaftsanteil wächst X und der XY-GmbH an.

Hierdurch erhöht sich der Anteil der XY-GmbH an der XY-GmbH & Co. KG und somit an dem im Jahr 01 übertragenen Grundstück von 15 % auf 25 %. Rückwirkend für das Jahr 01 sind stille Reserven i.H.v. weiteren (10 % von (200.000 – 80.000) =) 12.000 € aufzulösen und bei X zu versteuern. Das Grundstück ist in der Gesamthandsbilanz der XY-GmbH & Co. KG nunmehr mit (98.000 + 12.000 =) 110.000 € anzusetzen.

5.4.2.2 Übertragung von Wirtschaftsgütern zwischen Betriebsvermögen und Privatvermögen

Nachdem im letzten Abschnitt die Übertragung von Wirtschaftsgütern zwischen zwei Betriebsvermögen betrachtet wurde, geht es nun um Übertragungen zwischen Betriebsvermögen und Privatvermögen. Gegenstand dieses Abschnitts ist somit die steuerliche Behandlung

- der Übertragung von Wirtschaftsgütern aus dem Privatvermögen des Mitunternehmers in das Betriebsvermögen einer Personengesellschaft (siehe Abschnitt B.5.4.2.2.1; dies entspricht den **Fällen 8 und 9** der Tabelle in Abschnitt B.5.4.2) sowie
- der Übertragung von Wirtschaftsgütern aus dem Betriebsvermögen einer Personengesellschaft in das Privatvermögen eines Mitunternehmers (siehe Abschnitt B.5.4.2.2.2; dies entspricht den **Fällen 10 und 11** der Tabelle in Abschnitt B.5.4.2).

5.4.2.2.1 Übertragung von Wirtschaftsgütern aus dem Privatvermögen eines Mitunternehmers in das Betriebsvermögen der Personengesellschaft

Übertragungen von Wirtschaftsgütern aus dem Privatvermögen eines Gesellschafters in das Betriebsvermögen einer Personengesellschaft können

- gegen Entgelt,
- unentgeltlich oder
- gegen Gewährung von Gesellschaftsrechten erfolgen.

Entgeltliche Übertragung

Erfolgt die Übertragung eines Wirtschaftsgutes gegen Entgelt, so wird in vollem Umfang ein Veräußerungsgeschäft angenommen. Folglich entsteht im Privatvermögen des Gesellschafters ein steuerpflichtiger Gewinn, sofern

- ein privates Veräußerungsgeschäft i.S.d. § 23 EStG (vgl. Abschnitt B.7.7.5),
- die Veräußerung einer Beteiligung an einer Kapitalgesellschaft i.S.d. § 17 EStG (vgl. Abschnitt B.7.2.5) oder
- die Veräußerung eines Wirtschaftsgutes, das zu Einkünften aus Kapitalvermögen führt, i.S.d. § 20 Abs. 2 EStG (vgl. Abschnitt B.7.5.2)

vorliegt. Im Gesamthandsvermögen der Gesellschaft liegen Anschaffungskosten in Höhe des Kaufpreises (zuzüglich eventueller Anschaffungsnebenkosten) vor.

Beispiel B.134:

A, der zu 50 % an der A&B OHG beteiligt ist, veräußert ein Grundstück, das er vor 5 Jahren für sein Privatvermögen gegen Zahlung von 200.000 € erworben hat, für 300.000 € an die OHG. Der Preis von 300.000 € entspricht dem Teilwert des Grundstücks.

Gesamthandsbereich

Grund und Boden	300.000	an Bank	300.000

Da der Zeitraum zwischen der Anschaffung des Grundstücks durch A und der Veräußerung an die OHG nicht mehr als 10 Jahre beträgt, liegt für A ein privates Veräußerungsgeschäft i.S.d. § 23 Abs. 1 Nr. 1 EStG vor. Er hat den Veräußerungsgewinn i.H.v. 100.000 € als Sonstige Einkünfte (§ 22 Nr. 2 i.V.m. § 23 Abs. 1 Nr. 1 EStG, vgl. Abschnitt B.7.7.5) zu versteuern.

Erfolgt die Übertragung gegen ein **überhöhtes Entgelt**, so wird – analog zur Vorgehensweise bei der entgeltlichen Übertragung aus einem Sonderbetriebsvermögen in das Gesamthandsvermögen (vgl. Abschnitt B.5.4.2.1.2) – in Höhe der Differenz zwischen dem gezahlten Preis und dem Wert des Wirtschaftsgutes eine Entnahme des Gesellschafters angenommen.

Beispiel B.135:

Es sei an den Sachverhalt des vorherigen Beispiels angeknüpft, allerdings beträgt der Kaufpreis des Grundstücks 350.000 €.

Gesamthandsbereich

Grund und Boden	300.000	an Bank	350.000
Entnahme A	50.000		

Da das Veräußerungsgeschäft steuerlich nur bis zu einem Veräußerungspreis in Höhe des Teilwerts (300.000 €) anerkannt wird, beträgt der steuerpflichtige Gewinn aus privatem Veräußerungsgeschäft unverändert 100.000 €.

Unentgeltliche Übertragung

Die unentgeltliche Übertragung eines Wirtschaftsgutes aus dem Privatvermögen eines Gesellschafters in das Betriebsvermögen einer Personengesellschaft stellt eine Einlage dar, die gemäß § 6 Abs. 1 Nr. 5 EStG grundsätzlich zum Teilwert zu bewerten ist.

Da die Übertragung in das Gesamthandsvermögen in aller Regel gegen Gewährung von Gesellschaftsrechten (siehe unten) und nur im Ausnahmefall unentgeltlich erfolgen wird, kommt der unentgeltlichen Übertragung hauptsächlich bei einer Einlage ins Sonderbetriebsvermögen Bedeutung zu.

Beispiel B.136:

Gesellschafter A vermietet ein unbebautes Grundstück, das er vor 7 Jahren zum Preis von 300.000 € für sein Privatvermögen erworben hatte, an die A&B OHG. Mit der Vermietung kommt es zu einer Einlage in das Sonderbetriebsvermögen des A. Der Teilwert des Grundstücks im Einlagezeitpunkt beträgt 500.000 €.

Da zwischen Anschaffung und Einbringung des Grundstücks ein Zeitraum von mehr als 3 Jahren liegt, ist das Grundstück im Sonderbetriebsvermögen gemäß § 6 Abs. 1 Nr. 5 EStG mit dem Teilwert (500.000 €) anzusetzen.

Sonderbereich des A

Grund und Boden	500.000	an Einlage	500.000

Es sei darauf hingewiesen, dass für A rückwirkend auf den Zeitpunkt der Einlage ein privater Veräußerungsgewinn entsteht, wenn das Grundstück innerhalb der nächsten 3 Jahre aus dem Betriebsvermögen veräußert wird. In diesem Fall beträgt der Zeitraum zwischen der Anschaffung durch A und der Veräußerung nicht mehr als 10 Jahre (§ 23 Abs. 1 Satz 5 EStG, vgl. Abschnitt B.7.7.5). A hat dann die Differenz zwischen dem Teilwert und den Anschaffungskosten rückwirkend zu versteuern.

Erfolgt die Übertragung in das Gesamthandsvermögen zwar nicht unentgeltlich, jedoch zu einem Preis **unterhalb des Teilwerts**, so ist die Übertragung in einen entgeltlichen Teil und einen unentgeltlichen Teil aufzuspalten. Dabei bemisst sich der Anteil der entgeltlichen Übertragung nach dem Verhältnis zwischen dem Veräußerungspreis und dem Teilwert des Wirtschaftsgutes (vgl. *R. Zimmermann et. al.* (2009), B. Rz. 402).

Beispiel B.137:

Gesellschafter A veräußert ein unbebautes Grundstück, das er vor 7 Jahren zum Preis von 300.000 € für sein Privatvermögen erworben hatte, für 200.000 € an die A&B OHG. Der Teilwert des Grundstücks beträgt 500.000 €.

Es handelt sich zu (200.000 / 500.000 =) $^2/_5$ um einen entgeltlichen Vorgang und zu $^3/_5$ um einen unentgeltlichen Vorgang. Für A ergibt sich ein Gewinn aus privatem Veräußerungsgeschäft i.H.v. (200.000 – $^2/_5 \cdot$ 300.000 =) 80.000 €. Läge in vollem Umfang eine unentgeltliche Übertragung vor, würde die Höhe der zu buchenden Einlage 500.000 € betragen. Da die Übertragung nur zu $^3/_5$ unentgeltlich ist, beträgt die Höhe der Einlage ($^3/_5 \cdot$ 500.000 =) 300.000 €. Im Betriebsvermögen der OHG ist das Grundstück wiederum mit einem Wert von 500.000 € anzusetzen.

Übertragung gegen Gewährung bzw. Minderung von Gesellschaftsrechten

Bis zum Urteil des BFH-Urteil vom 19.10.1998 (BStBl II 2000, S. 230) behandelte die Finanzverwaltung die Einlage von Wirtschaftsgütern aus dem Privatvermögen in das Betriebsvermögen einer Personengesellschaft gegen Gewährung von Gesellschaftsrechten als Einlage. Im genannten Urteil entschied der BFH dagegen, dass es sich bei der Einbringung einer Beteiligung i.S.d. § 17 EStG gegen Gewährung von Gesellschaftsrechten um einen tauschähnlichen Vorgang handelt (bestätigt zuletzt durch BFH-Beschluss vom 06.04.2009, BFH/NV 2009, S. 1262). Hierin kommt die Vorstellung zum Ausdruck, dass die in Geld ausgedrückte Einlageschuld, die der Einbringende auf Grund der Gewährung von Gesellschaftsrechten eingeht, mit dem objektiven Wert der Sacheinlage verrechnet wird und die Sacheinlage aus Sicht der Personengesellschaft somit einen entgeltlichen Erwerbsvorgang darstellt.

Die Finanzverwaltung hat sich der Auffassung des BFH angeschlossen und zudem klargestellt, dass die Rechtsgrundsätze des oben genannten Urteils nicht nur dann gelten, wenn eine Beteiligung i.S.d. § 17 EStG gegen Gewährung von Gesellschaftsrechten eingebracht wird, sondern in allen Fällen einer Übertragung einzelner Wirtschaftsgüter aus dem Privatvermögen in das betriebliche Gesamthandsvermögen gegen Gewährung von Gesellschaftsrechten (BMF-Schreiben vom 29.03.2000, BStBl I 2000, S. 462; weitere Anwendung bestätigt durch BMF-Schreiben vom 23.04.2010, BStBl I 2010, S. 391). Werden also Wirtschaftsgüter des Privatvermögens in eine Personengesellschaft eingebracht und werden hierfür Gesellschaftsrechte in Höhe des Verkehrswerts des eingebrachten Vermögens gewährt, so liegt für den Einbringenden ein Veräußerungsgeschäft und für die übernehmende Personengesellschaft ein Anschaffungsgeschäft vor. Unterliegt das Veräußerungsgeschäft der Ertragsbesteuerung (§§ 17, 20 Abs. 2, 23 EStG), so löst die Übertragung einen steuerpflichtigen Vorgang aus.

Beispiel B.138:

A bringt ein Grundstück aus seinem Privatvermögen in das Gesamthandsvermögen einer OHG ein. Als Gegenleistung hierfür werden ihm Gesellschaftsrechte in Höhe des Verkehrswertes des Grundstücks gewährt. A hatte dieses Grundstück vor 8 Jahren zum Preis von 200.000 € erworben. Im Einbringungszeitpunkt beträgt der Grundstückswert 500.000 €.

Da die Zeitspanne zwischen dem Erwerb des Grundstücks und der Einbringung nicht mehr als 10 Jahre beträgt, handelt es sich bei dem Veräußerungsgeschäft des A um ein privates Veräußerungsgeschäft i.S.d. § 23 Abs. 1 Nr. 1 EStG. Es entsteht ein steuerpflichtiger Gewinn i.H.v. 300.000 €. Die OHG hat das Grundstück mit einem Wert von 500.000 € anzusetzen.

B hält in seinem Privatvermögen eine Beteiligung an der XY-GmbH i.H.v. 2 %. Er bringt diese Beteiligung in eine OHG ein, die ihm hierfür Gesellschaftsrechte in Höhe des Verkehrswertes der eingebrachten Beteiligung gewährt. Die Anschaffungskosten der Beteiligung hatten ursprünglich 150.000 € betragen. Bis zum Einbringungszeitpunkt ist ihr Wert auf 400.000 € gestiegen.

Bei der 2 % igen Beteiligung an der XY-GmbH handelt es sich um eine Beteiligung i.S.d. § 17 EStG. Aus dem Veräußerungsgeschäft ergibt sich für B ein Veräußerungsgewinn i.H.v. 250.000 €. Die OHG hat die Beteiligung mit 400.000 € anzusetzen.

Für den Fall, dass der Wert des übertragenen Wirtschaftsgutes den Wert der gewährten Gesellschaftsrechte übersteigt, sieht das o.g. BMF-Schreiben vor, die Übertragung in einen tauschähnlichen Vorgang und in eine Einlage aufzuteilen. Aufteilungsmaßstab ist hierbei das Verhältnis des Werts der eingeräumten Gesellschaftsrechte zum Verkehrswert des übertragenen Wirtschaftsguts (vgl. BFH-Urteil vom 17.07.1980, BStBl II 1981, S. 11).

Beispiel B.139:

Es sei der Sachverhalt von Beispiel B.138 aufgegriffen. Allerdings werden A als Gegenleistung für die Einlage des Grundstücks nur Gesellschaftsrechte im Wert von 300.000 € gewährt.

Es liegt zu (300.000 / 500.000 =) 60 % ein tauschähnlicher Vorgang und zu 40 % eine Einlage vor. Für A ergibt sich ein Gewinn aus privatem Veräußerungsgeschäft i.H.v. (300.000 – 60 % von 200.000 =) 180.000 €. Da auch der Teil des Grundstücks, der als Einlage gilt, mit dem Teilwert (200.000 €) zu bewerten ist, hat die OHG das Grundstück wiederum mit 500.000 € anzusetzen.

5.4.2.2.2 Übertragung von Wirtschaftsgütern in das Privatvermögen eines Mitunternehmers

Die steuerliche Behandlung von Übertragungen von Wirtschaftsgütern aus dem Betriebsvermögen einer Personengesellschaft in das Privatvermögen eines Gesellschafters ist grundsätzlich analog zu der Übertragung in entgegengesetzter Richtung zu behandeln. Entsprechend ist auch hier zu unterscheiden zwischen

- Übertragungen gegen Entgelt,
- unentgeltlichen Übertragungen und
- Übertragungen gegen Minderung von Gesellschaftsrechten.

Entgeltliche Übertragung

Bei einer entgeltlichen Übertragung eines Wirtschaftsgutes aus dem Gesamthandsvermögen oder Sonderbetriebsvermögen in das Privatvermögen eines Gesellschafters wird in vollem Umfang ein Veräußerungsgeschäft angenommen.

Im Betriebsvermögen, aus dem das Wirtschaftsgut übertragen wird, entsteht somit ein Veräußerungsgewinn in Höhe der Differenz zwischen dem Veräußerungserlös und dem Buchwert. Liegen die Voraussetzungen des **§ 6b EStG** vor, so kann durch die Übertragung der stillen Reserven auf ein angeschafftes Wirtschaftsgut bzw. die Bildung einer entsprechenden Rücklage die sofortige Versteuerung des Gewinns vermieden werden.

Im Privatvermögen des Gesellschafters entstehen Anschaffungskosten in Höhe des Veräußerungspreises (zuzüglich eventueller Anschaffungsnebenkosten). Diese sind beispielsweise dann von Bedeutung, wenn es sich bei dem Wirtschaftsgut um ein Grundstück handelt, das zur Einkünfteerzielung nach § 21 EStG dient oder innerhalb von 10 Jahren weiterveräußert wird.

Beispiel B.140:

Eine OHG veräußert ein Grundstück, das in der Gesamthandsbilanz mit einem Buchwert von 400.000 € geführt wird, zum Teilwert von 500.000 € an ihren Gesellschafter A, der es ins Privatvermögen überführt.

Gesamthandsbilanz

Bank	500.000	an Grund und Boden	400.000
		an Sonstiger Ertrag	100.000

Erfolgt die Übertragung gegen ein **überhöhtes Entgelt**, so die Differenz zwischen dem Veräußerungspreis und dem tatsächlichem Wert des Wirtschaftsgutes als Einlage des Gesellschafters zu behandeln.

Beispiel B.141:

Es sei der Sachverhalt des vorhergehenden Beispiels aufgegriffen, allerdings beträgt der Veräußerungspreis nun 650.000 €. Nun ist zu buchen:

Gesamthandsbilanz

Bank	650.000	an Grund und Boden	400.000
		an Sonstiger Ertrag	100.000
		an Einlage A	150.000

Unentgeltliche Übertragung

Wird ein Wirtschaftsgut unentgeltlich in das Privatvermögen eines Gesellschafters übertragen, so liegt eine Entnahme vor. Diese hat gemäß § 6 Abs. 1 Nr. 4 EStG grundsätzlich zum Teilwert zu erfolgen. Da die Übertragung aus dem Gesamthandsvermögen in das Privatvermögen eines Gesellschafters in aller Regel gegen Minderung von Gesellschaftsrechten (siehe unten) und nur im Ausnahmefall unentgeltlich erfolgen wird, kommt der unentgeltlichen Übertragung hauptsächlich bei einer Entnahme von Wirtschaftsgütern des Sonderbetriebsvermögens Bedeutung zu.

Beispiel B.142:

Ein Grundstück mit einem Buchwert von 500.000 € und einem Teilwert von 1.000.000 € wird aus dem Gesamthandsvermögen der A&B OHG in das Privatvermögen des A übertragen. A zahlt hierfür 200.000 € an die Gesellschaft.

Es liegt zu (200.000 / 1.000 000 =) $^1/_5$ eine entgeltliche Übertragung und zu $^4/_5$ eine unentgeltliche Übertragung vor. Würde das Grundstück vollkommen unentgeltlich übertragen, läge eine Entnahme i.H.v. 1.000.000 € vor. Da die Übertragung nur zu $^4/_5$ unentgeltlich ist, beträgt die Höhe der Entnahme ($^4/_5 \cdot$ 1.000.000 =) 800.000 €. Dies entspricht der Differenz zwischen dem Teilwert des Grundstücks und dem gezahlten Preis. Die gesamten stillen Reserven werden aufgelöst und sind zu versteuern. Für die OHG entsteht somit ein Gewinn i.H.v. (1.000.000 – 500.000 =) 500.000 €.

Wird das Wirtschaftsgut zwar nicht unentgeltlich, jedoch zu einem Preis, der den **Teilwert unterschreitet**, übertragen, so ist die Übertragung in einen entgeltlichen Teil und einen unentgeltlichen Teil aufzuspalten. Es liegt dann eine Entnahme in Höhe des Betrages vor, um den der Teilwert des Wirtschaftsgutes den vereinbarten Kaufpreis übersteigt.

Die Entnahme ist grundsätzlich dem erwerbenden Gesellschafter zuzurechnen, d.h. dem Kapitalkonto dieses Gesellschafters zu belasten. Vertraglich kann jedoch eine abweichende Bestimmung, z.B. eine anteilige Belastung der Entnahme auf den Kapitalkonten aller Gesellschafter, vereinbart sein.

Beispiel B.143:

A und B sind jeweils zu 50 % an der A&B OHG beteiligt. Die OHG veräußert ein unbebautes Grundstück für 300.000 € an A, welches dieser nachfolgend in seinem Privatvermögen hält. Der Teilwert beträgt 400.000 €, der Buchwert 100.000 €. Es ist vertraglich vereinbart, dass der Entnahmegewinn nur dem A zuzurechnen ist und die Entnahme ausschließlich seinem Kapitalkonto zu belasten ist.

Das Rechtsgeschäft ist steuerlich zu ($^{300.000}/_{400.000}$ =) $^{3}/_{4}$ als entgeltliche und zu $^{1}/_{4}$ als unentgeltliche Übertragung zu behandeln.

Behandlung des entgeltlichen Teils:

Die OHG erzielt einen sonstigen betrieblichen Ertrag von

Veräußerungserlös	300.000 €
– 75 % des Buchwerts	75.000 €
	225.000 €

Dieser Veräußerungsgewinn von 225.000 € ist den Gesellschaftern entsprechend ihrem Beteiligungsverhältnis, d.h. hälftig, zuzurechnen:

Gesamthandsbilanz

Bank	300.000	an Grund und Boden	75.000
		an Sonstiger Ertrag	225.000

Behandlung des unentgeltlichen Teils

Der Entnahmegewinn des A beträgt

25 % des Teilwerts	100.000 €
– 25 % des Buchwerts	25.000 €
	75.000 €

Gesamthandsbilanz

Entnahme A	100.000	an Grund und Boden	25.000
		an Sonstiger Ertrag A	75.000

Ist dagegen vertraglich bestimmt, dass die Entnahme allen Kapitalkonten zu gleichen Teilen zu belasten und der Entnahmegewinn allen Gesellschaftern zu gleichen Teilen zuzuordnen ist, ergeben sich folgende Buchungen:

Gesamthandsbilanz

Entnahme A	50.000	an Grund und Boden	25.000
Entnahme B	50.000	an Sonstiger Ertrag GHV	75.000

Übertragung gegen Minderung von Gesellschaftsrechten

Nach dem BFH-Urteil vom 19.10.1998 (BStBl II 2000, S. 230) handelt es sich bei der Einbringung einer Beteiligung i.S.d. § 17 EStG aus dem Privatvermögen in das Betriebsvermögen einer Personengesellschaft gegen Gewährung von Gesellschaftsrechten um einen tauschähnlichen Vorgang. Wie in Abschnitt B.5.4.2.2.1 erläutert wurde, überträgt die Finanzverwaltung die Rechtsfolgen dieses Urteils allgemein auf die Einbringung von

(Einzel-) Wirtschaftsgütern aus dem Privatvermögen in das Betriebsvermögen einer Personengesellschaft gegen Gewährung von Gesellschaftsrechten. Darüber hinaus heißt es im entsprechenden BMF-Schreiben vom 29.03.2000 (BStBl I 2000, S. 462) weiter, dass „entsprechendes" auch im umgekehrten Fall einer Übertragung eines Einzelwirtschaftsgutes aus dem Betriebsvermögen einer Personengesellschaft in das Privatvermögen gegen Minderung von Gesellschaftsrechten gilt. Wird also ein Wirtschaftsgut aus dem Gesamthandsvermögen einer Personengesellschaft in das Privatvermögen eines Gesellschafters übertragen und werden im Gegenzug hierfür die Gesellschaftsrechte dieses Gesellschafters in entsprechender Höhe gemindert, so handelt es sich auch hierbei um einen tauschähnlichen Vorgang. In Analogie zum umgekehrten Fall liegt für die Personengesellschaft, aus deren Vermögen das Wirtschaftsgut ausscheidet, ein Veräußerungsgeschäft und für den Gesellschafter, der das Wirtschaftsgut in sein Privatvermögen übernimmt, ein Anschaffungsgeschäft vor.

Beispiel B.144:

Die A&B OHG überträgt aus ihrem Gesamthandsvermögen ein Grundstück in das Privatvermögen von Gesellschafter A. Im Übertragungszeitpunkt steht das Grundstück mit einem Wert von 300.000 € zu Buche. Der Preis, zu dem die OHG das Grundstück an einen fremden Dritten veräußern könnte, beträgt 500.000 €. Im Gegenzug hierfür werden die Gesellschaftsrechte des A um 500.000 € gemindert.

Für die OHG liegt ein Veräußerungsgeschäft vor, aus welchem ein steuerpflichtiger Gewinn i.H.v. 200.000 € resultiert. Für A betragen die Anschaffungskosten des Grundstücks 500.000 €. Veräußert A das Grundstück innerhalb der Zehnjahresfrist des § 23 Abs. 1 Nr. 1 EStG weiter, so entsteht hierbei ein steuerpflichtiger Gewinn aus privatem Veräußerungsgeschäft gemäß § 22 Nr. 2 EStG in Höhe des Betrages, um den der Veräußerungspreis die Anschaffungskosten von 500.000 € übersteigt.

Ist der Wert des übertragenen Wirtschaftsguts höher als der Betrag, um den die Gesellschaftsrechte des Gesellschafters, der das Wirtschaftsgut in sein Privatvermögen übernimmt, gemindert werden, so ist die Übertragung in einen tauschähnlichen Vorgang und in eine Entnahme aufzuteilen. Aufteilungsmaßstab ist dabei das Verhältnis zwischen dem Betrag, um den die Gesellschaftsrechte gemindert werden, und dem Verkehrswert des übertragenen Wirtschaftsguts.

5.4.3 Gründung einer Personengesellschaft

Wie Einzelunternehmen sind auch Personenhandelsgesellschaften gemäß § 242 Abs. 1 HGB verpflichtet, bei Beginn ihres Handelsgewerbes eine Eröffnungsbilanz zu erstellen. Die Eröffnungsbilanz ist zwar auf den Gründungszeitpunkt bezogen und somit, wie alle Bilanzen, eine statische Gegenüberstellung von Vermögen und Schulden. Als Ausgangsbasis für die künftige Gewinnermittlung wohnt ihr jedoch eine wichtige dynamische Komponente inne.

Die Erstellung der Eröffnungsbilanz hängt insbesondere von der Art der Gründung ab. Die Gründung kann erfolgen als

- Bargründung (Abschnitt B.5.4.3.1),
- Sachgründung (Abschnitt B.5.4.3.2) oder
- Schenkungsgründung (Abschnitt B.5.4.3.3).

Natürlich ist auch eine Kombination der verschiedenen Gründungsalternativen möglich, z.B. eine kombinierte Bar- und Sachgründung.

5.4.3.1 Bargründung

In der **handelsrechtlichen Eröffnungsbilanz** wird der Nennbetrag der Einlagen passiviert. Vor der Einzahlung durch den Gesellschafter steht diesem Betrag auf der Aktivseite eine Forderung der Personengesellschaft an ihren Teilhaber gegenüber. Nach der Einzahlung wird die Forderung auf das jeweilige Finanzkonto (Bank bzw. Kasse) umgebucht.

In der **steuerlichen Eröffnungsbilanz** sind nur die tatsächlich geleisteten Einzahlungen auf dem Kapitalkonto des Gesellschafters zu erfassen, da nur Bareinzahlungen und sonstige Wirtschaftsgüter einlagefähig sind (§ 4 Abs. 1 Satz 7 EStG). Es ist zu buchen:

Bank / Kasse an Kapital

Vor der Zahlung erfolgt kein steuerlicher Bilanzausweis der Einlagen.

5.4.3.2 Sachgründung

Eine Sachgründung kann erfolgen durch die Einbringung von

- einzelnen Wirtschaftsgütern aus dem Privatvermögen (Abschnitt B.5.4.3.2.1),
- einzelnen Wirtschaftsgütern aus einem anderen Betriebsvermögen (Abschnitt B.5.4.3.2.2),
- Betrieben, Teilbetrieben oder Mitunternehmeranteilen (siehe Abschnitt B.5.4.3.2.3).

5.4.3.2.1 Einbringung von Wirtschaftsgütern aus dem Privatvermögen

In Abschnitt B.5.4.2.2.1 wurde der Fall betrachtet, dass Wirtschaftsgüter aus dem Privatvermögen in das Gesamthandsvermögen einer bereits bestehenden Personengesellschaft gegen Gewährung von Gesellschaftsrechten übertragen werden. Die steuerliche Behandlung der Einbringung von Wirtschaftsgütern ist unabhängig davon, ob die Personengesellschaft, in deren Gesamthandsvermögen die Wirtschaftsgüter eingebracht werden, bereits besteht oder erst durch die Einbringung der Wirtschaftsgüter begründet wird. Deshalb gelten für die steuerliche Behandlung der Gründung einer Personengesellschaft durch Einbringung von Wirtschaftsgütern aus dem Privatvermögen die Ausführungen des Abschnitts B.5.4.2.2.1 entsprechend, d.h. die Gründung durch Einbringung von Wirtschaftsgütern aus dem Privatvermögen wird als tauschähnlicher Vorgang behandelt. Für den Einbringenden liegt ein Veräußerungsgeschäft vor, das in den Fällen der §§ 17, 20 Abs. 2, 23 EStG zu einer Besteuerung führt. Für die Personengesellschaft stellt die Übernahme der Wirtschaftsgüter ein Anschaffungsgeschäft dar.

5.4.3.2.2 Einbringung von Wirtschaftsgütern aus einem anderen Betriebsvermögen

Die Einbringung von Wirtschaftsgütern aus einem anderen Betriebsvermögen zur Gründung einer Personengesellschaft wird steuerlich wie die Einbringung von Wirtschaftsgütern aus einem anderen Betriebsvermögen in eine bestehende Personengesellschaft gegen Erhöhung von Gesellschaftsrechten behandelt. In beiden Fällen sind gemäß § 6 Abs. 5 Satz 3 Nr. 1

EStG grundsätzlich die Buchwerte der übertragenen Wirtschaftsgüter fortzuführen. Es sei hierzu auf die Ausführungen des Abschnitts B.5.4.2.1 verwiesen.

Sollen die in dem eingebrachten Wirtschaftsgut enthaltenen stillen Reserven, die im Betriebsvermögen des einbringenden Gesellschafters entstanden sind, ausschließlich von dem einbringenden Gesellschafter versteuert werden, kann dies buchungstechnisch erreicht werden, indem das Wirtschaftsgut in die Hauptbilanz der Gesellschaft mit seinem Teilwert eingestellt wird und die Differenz zwischen Teilwert und Buchwert als Minderwert in einer für den einbringenden Gesellschafter zu führenden Ergänzungsbilanz (siehe Abschnitt B.5.4.1.5) passiviert wird.

Neben der Höhe des Betrags, mit dem das Wirtschaftsgut bei der übernehmenden Personengesellschaft anzusetzen ist, sind bei der Übertragung von Wirtschaftsgütern aus einem Betriebsvermögen in eine Personengesellschaft weitere Fragen von Interesse. Insbesondere ist zu klären,

- ob die übernehmende Personengesellschaft an die AfA-Methode des einbringenden Gesellschafters gebunden ist und
- ob Fristen, die für die Besteuerung von Bedeutung sind, weiter laufen oder unterbrochen werden.

Diese Fragen lassen sich durch eine analoge Anwendung des § 24 UmwStG beantworten. Gemäß § 24 Abs. 4 UmwStG gilt § 23 Abs. 1 UmwStG, welcher primär für Einbringungen in Kapitalgesellschaften gilt, in entsprechender Weise auch für Einbringungen von Betriebsvermögen in Personengesellschaften. Wird das eingebrachte Betriebsvermögen mit dem Buchwert angesetzt, was für die Einbringung von einzelnen Wirtschaftsgüter aus einem Betriebsvermögen in Personengesellschaften gemäß § 6 Abs. 5 EStG zwingend vorgeschrieben ist, gelten gemäß § 23 Abs. 1 UmwStG die Vorschriften der §§ 4 Abs. 2 Satz 3, 12 Abs. 3 UmwStG. Danach tritt die Personengesellschaft in die steuerliche Rechtsstellung des einbringenden Gesellschafters ein (§ 12 Abs. 3 UmwStG). Dies gilt insbesondere auch im Hinblick auf die Bewertung der übernommenen Wirtschaftsgüter und die vorzunehmenden Absetzungen für Abnutzung. Damit ist die Personengesellschaft an die AfA-Methode des einbringenden Gesellschafters gebunden.

Zudem findet durch die Einbringung keine Unterbrechung der Besitzzeiten statt, d.h. der Zeitraum, in dem sich die eingebrachten Wirtschaftsgüter im Betriebsvermögen des einbringenden Gesellschafters befanden, kann bei der Personengesellschaft angerechnet werden (§ 4 Abs. 2 Satz 3 UmwStG). Von Bedeutung ist dies für Übertragungen stiller Reserven nach § 6b EStG. Nach § 6b EStG können unter bestimmten Voraussetzungen stille Reserven von Wirtschaftsgütern, die veräußert werden, auf andere Wirtschaftsgüter übertragen werden. Somit kann eine Aufdeckung der stillen Reserven verhindert werden. Gemäß § 6b Abs. 4 Satz 1 Nr. 2 EStG ist eine Übertragung stiller Reserven jedoch nur dann möglich, wenn die Wirtschaftsgüter, die veräußert und deren stille Reserven übertragen werden sollen, mindestens sechs Jahre ununterbrochen zum Anlagevermögen einer inländischen Betriebsstätte des Steuerpflichtigen gehört haben. Werden also Wirtschaftsgüter aus dem Betriebsvermögen eines Gesellschafters in die Personengesellschaft eingebracht und durch diese später veräußert, so kann bei der Feststellung, ob die Wirtschaftsgüter seit mindestens sechs Jahren zum Betriebsvermögen gehören, der Zeitraum angerechnet werden, in dem sich die Wirtschaftsgüter im Betriebsvermögen des einbringenden Gesellschafters befanden (vgl. *F. Loschelder* in L. Schmidt (2010), § 6b, Rz. 73).

Beispiel B.145:

A und B gründen zum 01.01.06 die A&B OHG, an der A zu 60 %, B zu 40 % beteiligt ist. A zahlt in die Personengesellschaft 360.000 € in bar ein. B legt einen Kran ein, welcher bisher zum Betriebsvermögen eines von ihm (auch weiterhin) betriebenen Einzelunternehmens gehörte. Dort war der Kran zu Beginn des Jahres 03 für 350.000 € angeschafft worden. Die betriebsgewöhnliche Nutzungsdauer des Krans beträgt 7 Jahre. Der Kran wurde linear abgeschrieben, so dass der Buchwert zum 01.01.06 (350.000 € – 3 Jahre · 50.000 € Abschreibung pro Jahr =) 200.000 € beträgt. Der Teilwert des Krans beträgt zu diesem Zeitpunkt 240.000 €.

Der Kran ist gemäß § 6 Abs. 5 Satz 3 Nr. 1 EStG mit dem Buchwert anzusetzen. Um sicherzustellen, dass die stillen Reserven, die im Zeitpunkt der Einbringung im Kran enthalten sind, bei einer späteren Veräußerung oder Entnahme des Krans allein durch B versteuert werden, ist der Kran in der Gesamthandsbilanz mit seinem Teilwert (240.000 €) zu aktivieren. Die Differenz zwischen Teilwert (240.000 €) und Buchwert (200.000 €) ist als Minderkapital (40.000 €) in die Ergänzungsbilanz von B einzustellen:

Aktiva	Eröffnungsbilanz A&B OHG zum 01.01.06		Passiva
Kran	240.000	Kapital A	360.000
Bank / Kasse	360.000	Kapital B	240.000
	600.000		600.000

Aktiva	Ergänzungsbilanz B zum 01.01.06		Passiva
Minderkapital B	40.000	Minderwert Kran	40.000
	40.000		40.000

Im Einzelunternehmen des B ist zu buchen:

Entnahme	200.000	an Maschinen (Kran)	200.000

Der Kran ist weiterhin linear abzuschreiben. Die Restnutzungsdauer beträgt 4 Jahre. Die jährliche Abschreibung ist den beiden Gesellschaftern wie folgt "zuzurechnen":

	A (60%)	**B (40%)**
Gesamthandsbilanz: (240.000 € / 4 Jahre =) 60.000 €	36.000 €	24.000 €
Ergänzungsbilanz B (Minderwert): (– 40.000 € / 4 Jahre =) – 10.000 €		– 10.000 €
Insgesamt (60.000 € – 10.000 € =) 50.000 €	36.000 €	14.000 €

5.4.3.2.3 Einbringung von Betrieben, Teilbetrieben und Mitunternehmeranteilen

Die Einbringung eines Betriebs, Teilbetriebs oder Mitunternehmeranteils in eine Personengesellschaft gegen Gewährung von Gesellschaftsrechten ist in § 24 UmwStG geregelt. Nach § 24 Abs. 2 UmwStG hat die Personengesellschaft das eingebrachte Betriebsvermögen grundsätzlich mit dem gemeinen Wert anzusetzen. Abweichend davon kann die Personengesellschaft das eingebrachte Betriebsvermögen auch mit dem bisherigen Buchwert oder einem beliebigen Zwischenwert ansetzen, wenn das Besteuerungsrecht der Bundesrepublik Deutschland hinsichtlich des eingebrachten Betriebsvermögens nicht eingeschränkt oder ausgeschlossen wird (sog. Entstrickung stiller Reserven), z.B. Überführung in eine ausländische Betriebsstätte, wenn der ausländische Betriebsstättengewinn nach einem Doppelbesteuerungsabkommen in Deutschland nicht besteuert werden kann.

Es sei darauf hingewiesen, dass sich das Wahlrecht des Ansatzes zum gemeinen Wert, Teilwert oder Zwischenwert auf das gesamte eingebrachte Betriebsvermögen, nicht die einzelnen Wirtschaftsgüter, bezieht. Diese Unterscheidung ist von Bedeutung, da der gemeine Wert des gesamten Betriebsvermögens größer sein kann als die Summe der gemeinen Werte der einzelnen Wirtschaftsgüter, wenn ein unabhängiger Firmenwert, z.B. wegen des eingeführten Namens des Unternehmens oder des Kundenstammes, besteht. Zum Firmenwert siehe Abschnitt B.5.3.1.4. Im Falle des Buchwertansatzes ergibt sich hingegen kein Unterschied, da der Buchwert des gesamten Unternehmens dem steuerlichen Eigenkapital, d.h. der Differenz von Vermögensgegenständen (zum Buchwert) und Schulden (zum Buchwert), entspricht.

Nachfolgend werden die ertragsteuerlichen Konsequenzen der Einbringung eines Betriebs, Teilbetriebs oder Mitunternehmeranteils getrennt für folgende Fälle dargestellt:

- Einbringung zum gemeinen Wert,
- Einbringung zum Buchwert,
- Einbringung zu einem Zwischenwert.

Ertragsteuerliche Konsequenzen bei Ansatz des gemeinen Wertes

Wird das eingebrachte Betriebsvermögen unter Aufdeckung stiller Reserven mit dem gemeinen Wert angesetzt, so wird gemäß § 24 Abs. 4 i.V.m. § 23 Abs. 4 UmwStG fingiert, dass auf Seiten der Personengesellschaft ein **Anschaffungsgeschäft** und somit auf Seiten des einbringenden Gesellschafters ein Veräußerungsgeschäft vorliegt. Aus der Fingierung eines Anschaffungsgeschäftes folgt, dass der Personengesellschaft Anschaffungskosten in Höhe des gemeinen Wertes entstehen. Diese Anschaffungskosten bilden auch die neue AfA-Bemessungsgrundlage, d.h. die Gesellschaft übernimmt nicht die AfA-Bemessungsgrundlage des einbringenden Gesellschafters. Die von der Personengesellschaft vorzunehmende AfA richtet sich nach der nunmehr zu ermittelnden Restnutzungsdauer. Sofern bei angeschafften Vermögensgegenständen die Bedingungen des § 6 Abs. 2, 2a EStG erfüllt sind (**geringwertige Wirtschaftsgüter**), können die Anschaffungskosten sofort als Betriebsausgabe abgesetzt bzw. in einen Sammelposten eingestellt werden. **Steuerliche Fristen** werden nicht von dem einbringenden Gesellschafter übernommen, sondern beginnen neu zu laufen. So findet keine Besitzzeitzusammenrechnung i.S.d. § 6b Abs. 4 Nr. 2 EStG statt (*F. Loschelder* in L. Schmidt (2010), § 6b, Rz. 77). Begünstigte Gewinne nach § 6b EStG, die im Betriebsvermögen des übertragenden Gesellschafters aufgedeckt wurden, können hingegen nach der gesellschafterbezogenen Betrachtungsweise des § 6b EStG auf die Personengesellschaft übertragen werden (R 6b.2 Abs. 6 Satz 1 Nr. 2 EStR; vgl. auch *F. Loschelder* in L. Schmidt (2010), § 6b, Rz. 44).

Übersteigt der gemeine Wert des Betriebsvermögens die Summe der gemeinen Werte der einzelnen Wirtschaftsgüter, so ist die Differenz als derivativer Firmenwert zu aktivieren und gemäß § 7 Abs. 1 Satz 3 EStG über einen Zeitraum von 15 Jahren linear abzuschreiben. Das

Aktivierungsverbot für immaterielle Wirtschaftsgüter des Anlagevermögens nach § 5 Abs. 2 EStG gilt nicht für den Fall eines entgeltlichen Erwerbs.

Dem einbringenden Gesellschafter entsteht ein steuerpflichtiger Veräußerungsgewinn in Höhe der Differenz zwischen gemeinem Wert und Buchwert. Dieser Veräußerungsgewinn ist nach §§ 16 Abs. 4, 34 Abs. 1 bzw. 3 EStG begünstigt, soweit das eingebrachte Betriebsvermögen auf die anderen Gesellschafter übergeht (§ 24 Abs. 3 Sätze 2, 3 UmwStG, § 16 Abs. 2 Satz 3 EStG). Eine Besteuerung nach § 34 EStG ist jedoch nur für den Teil des Veräußerungsgewinns möglich, der beim einbringenden Gesellschafter nicht dem Teileinkünfteverfahren unterliegt (§ 24 Abs. 3 Satz 2 Halbsatz 2 UmwStG, vgl. auch Abschnitt B.5.4.1.4.4, Fall 3). Zudem wird gefordert, dass der begünstigte Gewinn durch einen Vergleich des Betriebsvermögens zu gemeinen Werten und Buchwerten erfolgt. Wurde der Gewinn im einzubringenden Unternehmen nach Einnahmen-Überschuss-Rechnung ermittelt, ist für Zwecke der Einbringung eine Einbringungsbilanz zu erstellen. Es wird somit ein Übergang zur Gewinnermittlung nach Betriebsvermögensvergleich gefordert (siehe hierzu Abschnitt B.5.2.4.4.2).

Sofern die Voraussetzungen des § 6b EStG erfüllt sind, kann der Gesellschafter den Veräußerungsgewinn (eventuell durch Bildung einer Rücklage) auf andere Wirtschaftsgüter übertragen (Tz. 24.04 i.V.m. Tz. 20.38 BMF-Schreiben vom 25.03.1998 (UmwSt-Erlass), BStBl I 1998, S. 268, geändert durch BMF vom 21.08.2001, BStBl I 2001, S. 543). Dann wird die Begünstigung des § 34 Abs. 1 EStG allerdings nicht gewährt (§ 34 Abs. 1 Satz 4 EStG).

Beispiel B.146:

X und Y gründen zum 01.01.02 eine OHG. Beide Gesellschafter sind zu je 50 % beteiligt. X bringt sein Einzelunternehmen ein. Y leistet per Banküberweisung eine Geldeinlage von 600.000 €. X hat in seinem Einzelunternehmen zum 31.12.01 folgende Schlussbilanz erstellt:

Aktiva	Einzelunternehmen X 31.12.01		Passiva
Sonstige Aktiva	600.000	Kapital X	200.000
Bank	100.000	Verbindlichkeiten	500.000
	700.000		700.000

In den sonstigen Aktiva, bei welchen es sich um Grund und Boden, Gebäude, Maschinen und Warenvorräte handelt, sind stille Reserven i.H.v. 400.000 € enthalten. Das eingebrachte Betriebsvermögen wird mit dem gemeinen Wert angesetzt. Die Eröffnungsbilanz der A&B-OHG lautet dann wie folgt:

Aktiva	Eröffnungsbilanz OHG zum 01.01.02		Passiva
Sonstige Aktiva	1.000.000	Kapital X	600.000
Bank	700.000	Kapital Y	600.000
		Verbindlichkeiten	500.000
	1.700.000		1.700.000

Durch die Auflösung der stillen Reserven entsteht für Gesellschafter X folgender Veräußerungsgewinn:

Gemeiner Wert des eingebrachten Betriebsvermögens	600.000 €
– Buchwert des eingebrachten Betriebsvermögens (= Eigenkapital)	– 200.000 €
= Veräußerungsgewinn	400.000 €

Nach § 24 Abs. 3 S. 3 UmwStG ist der Veräußerungsgewinn nur insoweit nach § 16 Abs. 4 und § 34 EStG begünstigt, wie die stillen Reserven auf andere Gesellschafter übergehen.

Begünstigt:	50 % (Beteiligung Y) von 400.000 € = 200.000 €
Nicht begünstigt:	50 % (Beteiligung X) von 400.000 € = 200.000 €

Ertragsteuerliche Konsequenzen bei Buchwert-Ansatz

Aus der Verweisungskette der §§ 24 Abs. 4, 23 Abs. 1, 12 Abs. 3 Halbsatz 1 UmwStG folgt, dass die übernehmende Personengesellschaft bezüglich der übernommenen Wirtschaftsgüter in die Rechtsstellung des einbringenden Gesellschafters eintritt.

Die Personengesellschaft übernimmt somit die AfA-Methode sowie die AfA-Bemessungsgrundlage des übertragenden Gesellschafters (§ 12 Abs. 3 Halbsatz 1 UmwStG). Eine Sofortabschreibung bzw. eine Aufnahme in den Sammelposten nach § 6 Abs. 2, 2a EStG kann nicht geltend gemacht werden, da die Übertragung nicht als Anschaffungsgeschäft angesehen wird. Eine Übertragung steuerfreier Rücklagen, die im Betriebsvermögen des Gesellschafters gebildet wurden, auf die Gesellschaft ist hingegen möglich (Tz. 24.04 i.V.m. Tz. 22.06 UmwSt-Erlass (BMF-Schreiben vom 25.03.1998, BStBl I 1998, S. 268, geändert durch BMF-Schreiben vom 21.08.2001, BStBl I 2001, S. 543)).

Für die Besteuerung bedeutsame Fristen werden von dem einbringenden Gesellschafter auf die Gesellschaft übertragen (§ 23 Abs. 1 i.V.m. § 4 Abs. 2 Satz 3 UmwStG). Es erfolgt somit eine Zusammenrechnung der Besitzzeiten i.S.d. § 6b EStG. Die Besitzzeit des einbringenden Gesellschafters wird der Personengesellschaft angerechnet.

Eine Aktivierung des in dem übertragenen Betrieb enthaltenen (originären) Firmenwertes ist nicht möglich, da dieser nur bei einer entgeltlichen Übertragung aktiviert werden darf (§ 5 Abs. 2 EStG), die Übertragung jedoch nicht als Veräußerungsgeschäft, sondern als Eintritt der Personengesellschaft in die Rechtsstellung des Gesellschafters gewertet wird.

In dem übertragenen Betriebsvermögen enthaltene stille Reserven werden aufgrund des Buchwert-Ansatzes nicht aufgedeckt. Um sicherzustellen, dass diese stillen Reserven bei einer späteren Realisierung (z.B. bei Veräußerung) ausschließlich von dem einbringenden Gesellschafter zu versteuern sind, werden die Wirtschaftsgüter (einschließlich des Firmenwertes) in der Hauptbilanz der Gesellschaft regelmäßig mit ihrem gemeinen Wert angesetzt und die Differenz zwischen gemeinem Wert und Buchwert als Minderwert in einer für den einbringenden Gesellschafter zu führenden Ergänzungsbilanz passiviert.

Für den einbringenden Gesellschafter entsteht im Zeitpunkt der Einbringung kein zu versteuernder Veräußerungsgewinn.

Beispiel B.147:

Es sei der Sachverhalt des vorangegangenen Beispiels aufgegriffen. Allerdings soll das eingebrachte Betriebsvermögen nun mit dem Buchwert angesetzt werden.

Die Eröffnungsbilanz der Personengesellschaft lautet dann grundsätzlich wie folgt:

Aktiva	Eröffnungsbilanz OHG zum 01.01.02		Passiva
Sonstige Aktiva	600.000	Kapital X	200.000
Bank	700.000	Kapital Y	600.000
		Verbindlichkeiten	500.000
	1.300.000		1.300.000

Durch diese Darstellung wird jedoch nicht zum Ausdruck gebracht, dass X und Y zu gleichen Teilen an der OHG beteiligt sind. Bei der Festlegung der Beteiligungsquote zwischen X und Y wurde nämlich berücksichtigt, dass X neben Wirtschaftsgütern mit einem Buchwert von 200.000 € auch stille Reserven i.H.v. 400.000 € eingebracht hat. In der Bilanz sollte somit zum einen zum Ausdruck kommen, dass das Beteiligungsverhältnis 50:50 beträgt. Zum anderen sollte sichergestellt werden, dass die stillen Reserven, die im Einzelunternehmen von X entstanden sind, bei einer späteren Realisierung ausschließlich X zugeordnet werden. Die Finanzverwaltung sieht hierfür zwei Möglichkeiten vor (Tz. 24.14 UmwSt-Erlass = BMF-Schreiben vom 25.03.1998, BStBl I 1998, S. 268, geändert durch BMF vom 21.08.2001, BStBl I 2001, S. 543), die jeweils zum gleichen Ergebnis gelangen.

1. Möglichkeit

Die Wirtschaftsgüter werden mit ihren gemeinen Werten in die **Hauptbilanz** aufgenommen und die Differenz zwischen gemeinen Werten und Buchwerten wird als Minderwert in eine **Ergänzungsbilanz** für X eingestellt.

Aktiva	Eröffnungsbilanz OHG zum 01.01.02		Passiva
Sonstige Aktiva	1.000.000	Kapital X	600.000
Bank	700.000	Kapital Y	600.000
		Verbindlichkeiten	500.000
	1.700.000		1.700.000

Aktiva	Ergänzungsbilanz X 01.01.02		Passiva
Minderkapital X	400.000	Minderwert sonstige Aktiva	400.000

Insgesamt ist das Betriebsvermögen dann mit den bisherigen Buchwerten berücksichtigt, da der zu hohe Ansatz in der Gesamthandsbilanz durch den Minderwert in der Ergänzungsbilanz kompensiert wird.

2. Möglichkeit

Zum anderen ist es möglich, die Buchwerte der Wirtschaftsgüter in die Hauptbilanz zu übernehmen. Damit das Beteiligungsverhältnis von 50:50 korrekt dargestellt ist, muss jedoch in der Hauptbilanz für jeden Gesellschafter ein Kapital von 400.000 € erscheinen.

Aktiva	Eröffnungsbilanz OHG zum 01.01.02		Passiva
Sonstige Aktiva	600.000	Kapital X	400.000
Bank	700.000	Kapital Y	400.000
		Verbindlichkeiten	500.000
	1.300.000		1.300.000

Y hat jedoch eine Einzahlung von 600.000 € geleistet, d.h. 200.000 € mehr als für ihn in der Hauptbilanz als buchmäßiges Kapital ausgewiesen ist. Y hat mit diesen 200.000 € praktisch die Hälfte der stillen Reserven von X abgekauft. Er muss in diesem Fall sein in der Bilanz der Personengesellschaft nicht ausgewiesenes Mehrkapital in einer Ergänzungsbilanz ausweisen.

Aktiva	Ergänzungsbilanz Y 01.01.02		Passiva
Mehrwert sonstige Aktiva	200.000	Mehrkapital Y	200.000

Da X Wirtschaftsgüter mit einem Buchwert von 200.000 € eingebracht hat, in der Hauptbilanz aber für ihn ein Kapital von 400.000 € erscheint, ist auch für ihn eine Ergänzungsbilanz zu bilden. In diese ist ein Minderwert i.H.v. 200.000 € einzustellen

Aktiva	Ergänzungsbilanz X 01.01.02		Passiva
Minderkapital X	200.000	Minderwert sonstige Aktiva	200.000

Ertragsteuerliche Konsequenzen beim Zwischenwert-Ansatz

Zwischenwert ist jeder Wert, der über dem Buchwert, aber unter dem gemeinen Wert liegt. Im Falle eines Zwischenwertansatzes tritt die Personengesellschaft aufgrund der Verweisungskette §§ 24 Abs. 4, 23 Abs. 3, 12 Abs. 3 Halbsatz 1 UmwStG grundsätzlich wie beim Buchwertansatz in die Rechtsstellung des Gesellschafters ein. Aufgrund der Ausnahmen in § 23 Abs. 3 Nrn. 1, 2 UmwStG und aufgrund des gegenüber § 23 Abs. 1 UmwStG fehlenden Verweises auf § 4 Abs. 2 Satz 3 UmwStG in § 23 Abs. 3 UmwStG ergeben sich jedoch gegenüber dem Buchwertansatz einige Unterschiede und Besonderheiten.

Die Personengesellschaft hat die in den Wirtschaftsgütern, Schulden und steuerfreien Rücklagen ruhenden stillen Reserven um einen einheitlichen Vomhundertsatz aufzulösen. Dieser Vomhundertsatz entspricht dem Verhältnis zwischen dem Betrag, in dessen Höhe insgesamt eine Aufstockung erfolgt (Differenz zwischen anzusetzendem Zwischenwert und Buchwert) und dem Gesamtbetrag der vorhandenen stillen Reserven des eingebrachten Betriebsvermögens (BFH-Urteil vom 24.05.1984, BStBl II 1984, S. 747). Dabei sind grundsätzlich sowohl das Anlage- als auch das Umlaufvermögen zu berücksichtigen. Die AfA-Bemessungsgrundlage entspricht den aufgestockten Buchwerten (§ 23 Abs. 3 Nrn. 1, 2 UmwStG). Hinsichtlich der AfA-Methode tritt die Personengesellschaft in die Rechtsstellung des übertragenden Gesellschafters ein (§ 12 Abs. 3 Halbsatz 1 UmwStG). Die Personengesellschaft kann keine Sofortabschreibung nach § 6 Abs. 2 EStG geltend machen, da die Übertragung nicht als Anschaffungsgeschäft angesehen wird. Eine Besitzzeitzusammenrechnung findet wegen dem fehlenden Verweis auf § 4 Abs. 2 Satz 3 UmwStG nicht statt, d.h. die 6-Jahres-Frist des § 6b Abs. 4 Nr. 2 EStG beginnt neu zu laufen.

Einen Firmenwert darf die übernehmende Personengesellschaft nur ansetzen, wenn die übrigen Wirtschaftsgüter bis zu den gemeinen Werten aufgestockt sind, aber gegenüber dem Wert, mit dem das Betriebsvermögen angesetzt werden soll, noch eine Differenz verbleibt (Tz. 24.13 i.V.m. Tz. 22.08 UmwSt-Erlass = BMF-Schreiben vom 25.03.1998, BStBl I 1998, S. 268, geändert durch BMF vom 21.08.2001, BStBl I 2001, S. 543).

Dem einbringenden Gesellschafter entsteht ein steuerpflichtiger Veräußerungsgewinn in Höhe der Differenz zwischen Zwischenwert und Buchwert. Dieser Gewinn ist gemäß § 24 Abs. 3 Satz 2 UmwStG **nicht** nach § 16 Abs. 4, § 34 EStG begünstigt. Sofern die Voraussetzungen des § 6b EStG erfüllt sind, kann der Gesellschafter den Veräußerungsgewinn (eventuell durch Bildung einer Rücklage) auf andere Wirtschaftsgüter übertragen (Tz. 24.04 i.V.m. Tz. 20.38 UmwSt-Erlass = BMF-Schreiben vom 25.03.1998, BStBl I 1998, S. 268, geändert durch BMF-Schreiben vom 21.08.2001, BStBl I 2001, S. 543).

5.4.3.3 Schenkungsgründungen

Eine Schenkungsgründung zeichnet sich dadurch aus, dass der Inhaber eines Einzelunternehmens durch eine Schenkung von Teilen des Kapitals an andere Personen eine Personengesellschaft gründet. Vielfach erfolgt die schenkweise Gründung einer Personengesellschaft durch eine Aufnahme von Kindern als Kommanditisten in das elterliche Unternehmen (schenkweise Gründung einer Familienpersonengesellschaft).

Die **Aufnahme von Kindern** in das elterliche Unternehmen kann aus verschiedenen (steuerlichen und nicht steuerlichen) Gründen erfolgen:

- Sofern die Kinder über kein oder nur ein geringes Einkommen verfügen, ist eine Reduzierung der Steuerbelastung durch eine **Progressionsminderung** möglich.
- Durch eine Schenkung zu Lebzeiten der Eltern kann **Erbschaftsteuer vermieden** werden. Allerdings unterliegt die Schenkung der Schenkungsteuer (§§ 1 Abs. 1 Nr. 2, 7 Abs. 1 Nr. 1 ErbStG), die sich durch identische Steuersätze wie die Erbschaftsteuer auszeichnet. Eine Minderung der Erbschaft- / Schenkungsteuerlast ist jedoch möglich, wenn der Vermögensübergang in mehreren Schritten stattfindet, die in Abständen von jeweils mehr als 10 Jahren aufeinanderfolgen (vgl. § 14 Abs. 1 ErbStG).
- Zudem kann die Schenkung von Unternehmensanteilen dazu dienen, **Kinder an die Mitarbeit im Unternehmen heranzuführen**.

Nachfolgend wird zunächst dargestellt, unter welchen Voraussetzungen die Gründung einer Familienpersonengesellschaft steuerlich anerkannt wird (Abschnitt B.5.4.3.3.1). Daran anschließend werden die Vorschriften zur Gewinnverteilung bei Familienpersonengesellschaften erläutert. Dabei geht es insbesondere um die Frage, wann eine Gewinnverteilung als angemessen bzw. unangemessen beurteilt wird (Abschnitt B.5.4.3.3.2).

5.4.3.3.1 Steuerliche Anerkennung einer Familienpersonengesellschaft

Die steuerliche Anerkennung der schenkweisen Gründung einer Familienpersonengesellschaft setzt voraus, dass ein zivilrechtlich wirksamer Schenkungsvertrag und ein zivilrechtlich wirksamer Gesellschaftsvertrag abgeschlossen werden. Einer zwingenden notariellen Beurkundung des Schenkungsvertrages bedarf es zwar bei der Einräumung einer stillen Beteiligung oder einer Unterbeteiligung an einem Mitunternehmeranteil (BFH-Urteil vom 19.09.1974, BStBl II 1975, S. 141), nicht jedoch beim Eintritt eines Kindes als Komplementär oder Kommanditist in ein Einzelunternehmen (BMF-Schreiben vom 08.12.1975, BStBl I 1975, S. 1130; *R. Wacker* in L. Schmidt (2010), § 15, Rz. 773). Der Abschluss eines Gesellschaftsvertrages mit Minderjährigen muss aber gegebenenfalls familiengerichtlich genehmigt werden (§ 1643 Abs. 1 i.V.m. § 1822 Nr. 3 BGB; BFH-Urteil vom 27.01.1994, BStBl II 1994, S. 635). Bei schenkweiser Aufnahme von Kindern in eine rein vermögensverwaltende KG ist eine familiengerichtliche Genehmigung nach neuerer Rechtsprechung allerdings wohl nicht erforderlich (vgl. OLG München, Urteil vom 06.11.2008, GmbHR 2008, S. 1264). Zudem ist gemäß § 1909 BGB ein Ergänzungspfleger zu bestellen, der das minderjährige Kind bei Abschluss und grundlegenden Änderungen des Gesellschaftsvertrages vertritt. Zwar sind die Eltern als gesetzliche Vertreter grundsätzlich dazu ermächtigt, Verträge mit Wirkung für ihre Kinder abzuschließen. Um einen Interessenkonflikt der Eltern zu vermeiden, dürfen sie jedoch aufgrund des **Selbstkontrahierungsverbots** des § 181 BGB ihr Kind bei Verträgen zwischen Eltern und Kind nicht selbst vertreten.

Des Weiteren wird für die steuerliche Anerkennung der Familienpersonengesellschaft gefordert, dass die beteiligten Kinder die **Stellung eines Mitunternehmers** erlangen. Eine Mitunternehmerschaft zwischen Eltern und Kindern wird nur anerkannt, wenn **Inhalt** und **Durchführung** des Gesellschaftsvertrages wenigstens annäherungsweise dem entsprechen, was zwischen Fremden üblich ist (BFH-Urteile vom 14.04.1983, BStBl II 1983, S. 555; vom 10.11.1987, BStBl II 1989, S. 758; FG Saarland, Urteil vom 16.04.1986, EFG 1986, S. 413). Die Kinder müssen ein **Mitunternehmerrisiko** tragen und **Mitunternehmerinitiative** entfalten können. Unschädlich ist aber beispielsweise eine Rückfallklausel, wonach die Beteiligung bei Vorversterben des Beschenkten, Notbedarf des Schenkers oder groben Undank des Beschenkten an den Schenker zurückfällt (BFH-Urteil vom 27.01.1994, BStBl II 1994, S. 635).

Mitunternehmerrisiko setzt voraus, dass die Kinder sowohl am Gewinn als auch am Verlust beteiligt sind. Die Beteiligung am Gewinn beinhaltet die Beteiligung an den stillen Reserven für den Fall des Ausscheidens oder der Liquidation. Können minderjährige Kinder über ihre Gewinnanteile nicht frei verfügen, so liegt grundsätzlich keine steuerliche Mitunternehmerschaft vor.

Zur Beurteilung der Frage, ob **Mitunternehmerinitiative** vorliegt, ist die Stellung des Kindes mit den im BGB bzw. HGB gewährten Rechten eines Gesellschafters zu vergleichen. So verfügt ein Kind, das Kommanditist einer Familien-KG ist, in der Regel nur dann über Unternehmerinitiative, wenn es

- über ein **Stimmrecht** in der Gesellschafterversammlung (§ 161 Abs. 2 i.V.m. § 119 HGB),
- über ein **Widerspruchsrecht** gegenüber außergewöhnlichen Handlungen der Geschäftsführung (§ 164 HGB) sowie
- über **Kontrollrechte** gemäß § 166 HGB

verfügt.

Wird die Gründung einer Familienpersonengesellschaft durch schenkweise Aufnahme von Kindern als Kommanditisten dem Grunde nach anerkannt, so führt die unentgeltliche Übertragung eines Teils des Kapitalkontos an Kinder nicht zur Gewinnrealisierung. Der Beschenkte hat gemäß § 6 Abs. 3 EStG die bisherigen Buchwerte fortzuführen, d.h. es werden keine stillen Reserven aufgedeckt. Insoweit, wie die Gewinnanteile der Kinder der Höhe nach angemessen sind (siehe Abschnitt B.5.4.3.3.2), stellen sie eigene Einkünfte der Kinder aus Gewerbebetrieb dar.

Wird die Gründung einer Familienpersonengesellschaft hingegen dem Grunde nach nicht anerkannt, so ist die Personengesellschaft steuerlich weiterhin als Einzelunternehmen anzusehen. Dies gilt selbst dann, wenn die Gründung einer Personengesellschaft zivilrechtlich wirksam ist. Die Gewinnanteile der Kinder sind nicht eigene Einkünfte aus Gewerbebetrieb. Sie sind vielmehr als Einkünfte aus Gewerbebetrieb von dem Inhaber des Einzelunternehmens zu versteuern.

Beispiel B.148:

A betrieb bisher ein Einzelunternehmen. In einer notariellen Schenkungsurkunde schenkt er seinem Kind B 100.000 € von seinem Kapitalkonto. Gleichzeitig schließt er in einer zweiten Urkunde einen Gesellschaftsvertrag (KG-Vertrag) mit seinem Kind ab. Das Kind ist durch einen ordnungsmäßig bestellten Ergänzungspfleger vertreten. In dem Vertrag verpflichtet sich A, sein bisheriges Einzelunternehmen in die Gesellschaft einzubringen. Der Gesellschaftsvertrag wird auf unbestimmte Dauer geschlossen. Jedoch darf B das Gesellschaftsverhältnis bis zum Tode des Schenkers nicht kündigen. Der Gewinn des Kommanditisten B muss der Gesellschaft als Darlehen verbleiben. Dieses darf erstmals nach dem Tode des A gekündigt werden. Das Widerspruchsrecht gemäß § 164 HGB ist ausgeschlossen. A darf in allen Angelegenheiten einschließlich Änderung des Gesellschaftsvertrags und Auflösung der Gesellschaft allein entscheiden.

Die Gesellschaft erzielt im Jahr 01 einen Gewinn von 300.000 €. Von diesem entfallen 250.000 € auf A und 50.000 € auf B.

Das Gesellschaftsverhältnis ist steuerlich dem Grunde nach nicht anzuerkennen, da A weiterhin die volle Verfügungsmacht über das Unternehmen hat. Das Kind ist nicht Mitunternehmer geworden. Die KG ist daher steuerlich als Einzelunternehmen des A zu behandeln. Der Gewinn von 300.000 € ist in gesamter Höhe A zuzurechnen.

5.4.3.3.2 Angemessene Gewinnverteilung

Ausgehend vom Grundsatzurteil des BFH vom 22.08.1951 (BStBl III 1951, S. 181) ist bei der rechtlichen Beurteilung von Familienpersonengesellschaften zwischen der Anerkennung der Gesellschaft als solcher und der Anerkennung der vereinbarten Gewinnverteilung zu unterscheiden. Wird also die Gründung einer Familienpersonengesellschaft durch die schenkweise Aufnahme von Kindern dem Grunde nach anerkannt, so ist unabhängig davon zu entscheiden, ob die Gewinnverteilung, insbesondere die Gewinnbeteiligung minderjähriger Kinder, aus steuerlicher Sicht angemessen ist. Die Gewinnverteilung muss so bemessen sein, dass sie aufgrund der Leistungen der einzelnen Gesellschafter, d.h. aufgrund deren Arbeitseinsatz sowie Kapitalrisiko, wirtschaftlich begründet ist und auch unter Fremden denkbar wäre.

Werden Kinder, die nicht im Unternehmen mitarbeiten, schenkweise als Kommanditisten aufgenommen, so ist eine Gewinnverteilung im allgemeinen dann nicht zu beanstanden, wenn die durchschnittliche Rendite nicht mehr als 15 % des tatsächlichen Werts der Beteiligung beträgt (BFH-Beschluss vom 29.05.1972, GrS, BStBl II 1973, S. 5). Bei Veränderung der tatsächlichen Verhältnisse, z.B. wenn ein bei Abschluss des Gesellschaftsvertrages nicht erwarteter Gewinnsprung eintritt, muss die vereinbarte Rendite korrigiert werden (BFH-Urteil vom 19.02.2009, BStBl II 2009, S. 798).

Ergibt die Gewinnverteilungsabrede einen unangemessen hohen Gewinn des Kindes, so ist die Gewinnverteilung so vorzunehmen, als ob eine angemessene Gewinnverteilungsabrede getroffen worden wäre (BFH-Urteil vom 06.11.1991, BFH/NV 1992, S. 452). Die dem Kind zugewiesenen Gewinnanteile sind, soweit sie die angemessene Gewinnhöhe übersteigen, den übrigen Gesellschaftern (dem Komplementär) zuzurechnen.

Um die Angemessenheit eines Gewinnanteils festzustellen, ist zunächst der tatsächliche Wert des Anteils des Kindes zu ermitteln. Hierfür ist eine Bewertung des Unternehmens erforderlich, wobei stille Reserven und ggf. ein Firmenwert zu berücksichtigen sind. Im zweiten Schritt ist zu überprüfen, ob der Gewinn, der dem Kind zugewiesen werden soll, die Grenze von 15 % des tatsächlichen Wertes der Beteiligung übersteigt. Hierbei ist nicht auf den tatsächlichen Gewinn abzustellen, der in den einzelnen Geschäftsjahren erzielt wird, sondern auf den Gewinn, der nach den zum Zeitpunkt der Gewinnverteilungsvereinbarung bekannten Umständen und der sich aus ihnen für die Zukunft (i.d.R. den nächsten fünf Jahren) ergebenden wahrscheinlichen Entwicklung zu erwarten ist (vgl. BFH-Beschluss vom 29.05.1972, BStBl II 1973, S. 5). Wird dieser Wert in einzelnen Jahren bei besonders günstiger Geschäftsentwicklung überschritten oder bei besonders ungünstiger Entwicklung unterschritten, so hat das auf die tatsächliche Gewinnverteilung keinen Einfluss (BFH-Urteile vom 14.02.1973, BStBl II 1973, S. 395; vom 29.03.1973, BStBl II 1973, S. 489).

Für die Prüfung der Angemessenheit des Gewinnanteils ist dieser zukünftig zu erwartende Gewinn ggf. zu mindern um

- Vorabgewinne des Komplementärs (beispielsweise Erfolgs- oder Risikoprämien) sowie
- Vergütungen im Sinne von § 15 Abs. 1 Nr. 2 EStG (beispielsweise Geschäftsführervergütungen, siehe auch Abschnitt B.5.4.1.2).

Beispiel B.149:

V nimmt seinen Sohn S zum 01.01.01 unter gleichzeitiger Gründung einer KG als Kommanditisten in sein Unternehmen auf. V schenkt S den Gesellschaftsanteil und zweigt von seinem Buchkapital i.H.v. 500.000 € einen Betrag von 100.000 € (tatsächlicher Wert = 200.000 €) ab. Nach dem Gesellschaftsvertrag erhält V vom Jahresgewinn vorab ein Geschäftsführergehalt von 130.000 € und als Vergütung für das Haftungsrisiko 20.000 €. Der Restgewinn wird laut Gesellschaftsvertrag im Verhältnis 80 : 20 zwischen V und S aufgeteilt. S arbeitet nicht im Betrieb mit. Der zukünftig jährlich zu erwartende Jahresgewinn beträgt 330.000 €.

Im Jahr 01 wird ein Gewinn i.H.v. 400.000 € erzielt. Laut Gesellschaftsvertrag ergibt sich folgende Gewinnverteilung:

	Gesamt	**V**	**S**
Gehalt	130.000 €	130.000 €	0 €
Haftungsrisiko	20.000 €	20.000 €	0 €
Restgewinn 80 : 20	250.000 €	200.000 €	50.000 €
Gewinnanteile	400.000 €	350.000 €	50.000 €

Angemessenheitsprüfung:

Der jährlich zu erwartende Gewinn beträgt 330.000 €. Von diesem Betrag sind V vorab (130.000 + 20.000 =) 150.000 € zuzurechnen, so dass durchschnittlich 180.000 € nach dem Gewinnverteilungsschlüssel zwischen S und V zu verteilen sind.

Der tatsächliche Wert der Beteiligung von S beträgt 200.000 €. Somit ist die Gewinnverteilung angemessen, wenn A durchschnittlich ein Gewinn von nicht mehr als (15 % von 200.000 =) 30.000 € zugewiesen wird. 30.000 € / 180.000 € = 16,67 %, d.h. die Gewinnverteilung ist angemessen, wenn S 16,67 % des nach dem Gewinnverteilungsschlüssel zu verteilenden Gewinns erhält. Somit kann S im Jahr 01 ein Gewinn i.H.v. (16,67 % von 250.000 =) 41.667 € zugewiesen werden.

Es ergibt sich im vorliegenden Fall folgende steuerliche Gewinnverteilung:

	Gesamt	**V**	**S**
Gehalt	130.000 €	130.000 €	0 €
Haftungsrisiko	20.000 €	20.000 €	0 €
Restgewinn 80 : 20	250.000 €	208.333 €	41.667 €
Gewinnanteile	400.000 €	358.333 €	41.667 €

Arbeitet das Kind hingegen im Unternehmen mit, so kann eine höhere Rendite als 15 % des tatsächlichen Wertes der Beteiligung angemessen sein.

5.4.4 Änderung der personellen Zusammensetzung einer Personengesellschaft

Die personelle Zusammensetzung einer Personengesellschaft ändert sich bei

- der Aufnahme eines neuen Gesellschafters (Abschnitt B.5.4.4.1),
- einem Gesellschafterwechsel (Abschnitt B.5.4.4.2) sowie
- dem Ausscheiden eines bisherigen Gesellschafters (Abschnitt B.5.4.4.3).

5.4.4.1 Aufnahme eines neuen Gesellschafters

Eine Personengesellschaft kann einen neuen Mitunternehmer unentgeltlich oder gegen Leistung einer Bar- oder Sacheinlage aufnehmen.

Unentgeltliche Aufnahme eines Gesellschafters

Die unentgeltliche Aufnahme fällt unter § 6 Abs. 3 EStG. Gemäß Satz 1 dieser Vorschrift erfolgt der Übergang von ganzen Betrieben, Teilbetrieben oder Mitunternehmeranteilen zum Buchwert. Es kommt somit zu keiner Auflösung von stillen Reserven. Ein Veräußerungsgewinn wird nicht realisiert.

Wird, wie bei der Aufnahme von Gesellschaftern, nur ein Teil eines Mitunternehmeranteils übertragen, so müssen für den Buchwertansatz allerdings zusätzliche Bedingungen erfüllt sein:

- Die Übertragung erfolgt nur dann zum Buchwert, wenn eine **natürliche Person** aufgenommen wird (§ 6 Abs. 3 Satz 1 Halbsatz 2 EStG).
- Sämtliche Wirtschaftsgüter des Sonderbetriebsvermögens, die nach funktionaler Betrachtungsweise wesentliche Betriebsgrundlagen sind (vgl. Abschnitt B.5.3.3.1.1), müssen quotal an die natürliche Person mitübertragen werden, damit eine Übertragung zum Buchwert nach § 6 Abs. 3 **Satz 1** EStG vorliegt (BMF-Schreiben vom 03.03.2005, BStBl I 2005, S. 458, Tz. 10, 11). Werden Wirtschaftsgüter des Sonderbetriebsvermögens nicht mitübertragen, so liegt nach § 6 Abs. 3 **Satz 2** EStG ebenfalls eine Übertragung des Mitunternehmeranteils zum Buchwert vor, allerdings nur dann, wenn

der Übernehmer den Mitunternehmeranteil mindestens fünf Jahre nicht veräußert oder aufgibt.

Aufnahme eines Gesellschafters gegen Bar- oder Sacheinlage

Bei der Aufnahme eines Gesellschafters in eine Personengesellschaft gegen eine Bar- oder Sacheinlage wird fingiert, dass

- die bisherigen Gesellschafter ihre Mitunternehmeranteile und
- der neue Gesellschafter seine Bar- oder Sacheinlage

in eine „neue", vergrößerte Personengesellschaft einbringen.

Hinsichtlich der steuerlichen Behandlung ist zwischen den bisherigen Gesellschaftern und dem neuen Gesellschafter zu unterscheiden.

Die **bisherigen Gesellschafter** bringen ihre Mitunternehmeranteile in die vergrößerte Personengesellschaft ein. Dieser Sachverhalt erfüllt den Tatbestand des § 24 Abs. 1 UmwStG. Die Vorschriften des § 24 UmwStG sind somit anwendbar. Für die bisherigen Gesellschafter gelten die in Abschnitt B.5.4.3.2.3 zur Einbringung von Betrieben, Teilbetrieben oder Mitunternehmeranteilen in eine neue Personengesellschaft geschilderten Grundsätze. Danach ist das eingebrachte Betriebsvermögen grundsätzlich mit dem gemeinen Wert anzusetzen. Sofern das Besteuerungsrecht der Bundesrepublik Deutschland hinsichtlich des eingebrachten Betriebsvermögens nicht eingeschränkt oder ausgeschlossen wird, kann die Personengesellschaft das von den Gesellschaftern eingebrachte Betriebsvermögen aber auch mit dem bisherigen Buchwert oder einem beliebigen Zwischenwert ansetzen. Da nicht die bisherige Personengesellschaft die Einbringende ist, sondern jeder Mitunternehmer seinen eigenen Mitunternehmeranteil in die „neue" Personengesellschaft einbringt, stellt die Einlage jedes Mitunternehmers jeweils einen separaten Einbringungsvorgang i.S.d. § 24 UmwStG dar. Das Wahlrecht kann daher bei jedem Gesellschafter anders ausgeübt werden. Wählen einzelne Gesellschafter einen Ansatz zu Buch- oder Zwischenwerten, so sind die diesen Gesellschaftern zuzuordnenden nicht aufgelösten stillen Reserven in einer für diese Gesellschafter zu führenden Ergänzungsbilanz darzustellen. Für eine ausführliche Darstellung sei auf Abschnitt B.5.4.3.2.3 verwiesen.

Die Behandlung der Einlage **des neuen Gesellschafters** hängt davon ab, ob es sich um

- eine Bareinlage (vgl. Abschnitt B.5.4.3.1),
- eine Einlage einzelner Wirtschaftsgüter aus dem Privatvermögen (vgl. Abschnitt B.5.4.3.2.1),
- eine Einlage einzelner Wirtschaftsgüter aus dem Betriebsvermögen (vgl. Abschnitt B.5.4.3.2.2) oder
- eine Einlage eines Betriebs, Teilbetriebs oder Mitunternehmeranteils (vgl. Abschnitt B.5.4.3.2.3)

handelt. Für eine ausführliche Darstellung sei wiederum auf die jeweils genannten Abschnitte verwiesen.

5.4.4.2 Gesellschafterwechsel

Ein Gesellschafter kann seinen Mitunternehmeranteil entgeltlich oder unentgeltlich auf einen neuen Gesellschafter übertragen.

Unentgeltliche Übertragung des Mitunternehmeranteils

Erfolgt eine unentgeltliche Übertragung des Mitunternehmeranteils, so tritt der neue Gesellschafter nach § 6 Abs. 3 EStG in die Rechtsstellung des bisherigen Gesellschafters ein. Der ausscheidende Gesellschafter erzielt somit keinen Veräußerungsgewinn; der neue Gesellschafter führt die Buchwerte seines Rechtsvorgängers fort. Erforderlich für die Buchwertfortführung nach § 6 Abs. 3 **Satz 1** EStG ist allerdings, dass der ganze Mitunternehmeranteil einschließlich etwaiger Wirtschaftsgüter des Sonderbetriebsvermögens, die nach funktionaler Betrachtungsweise wesentliche Betriebsgrundlagen sind (vgl. Abschnitt B.5.3.3.1.1), übertragen wird (BMF-Schreiben vom 03.03.2005, BStBl I 2005, S. 458, Tz. 10, 11). Werden Wirtschaftsgüter des Sonderbetriebsvermögens nicht mitübertragen, so liegt nach § 6 Abs. 3 **Satz 2** EStG eine Übertragung des Mitunternehmeranteils zum Buchwert nur dann vor, wenn der Übernehmer den Mitunternehmeranteil mindestens fünf Jahre nicht veräußert oder aufgibt.

Übertragung des Mitunternehmeranteils gegen Entgelt

Wird der Mitunternehmeranteil gegen Entgelt übertragen, so erzielt der veräußernde Gesellschafter einen nach § 16 Abs. 1 Nr. 2 i.V.m. § 15 EStG steuerpflichtigen Veräußerungsgewinn in Höhe des Unterschiedsbetrags zwischen dem Veräußerungserlös einerseits und den Veräußerungskosten sowie dem Buchwert des Mitunternehmeranteils, d.h. dem Bestand des Kapitalkontos, andererseits. Dieser Gewinn ist grundsätzlich durch §§ 16 Abs. 4, 34 Abs. 1 bzw. 3 EStG begünstigt (vgl. Abschnitt B.5.3.3.1).

Der eintretende Gesellschafter hat Anschaffungskosten in Höhe des Kaufpreises. Übersteigt der Kaufpreis den Buchwert der anteilig übernommenen Wirtschaftsgüter, so sind stille Reserven in Höhe des Differenzbetrages aufzulösen und die Buchwerte entsprechend aufzustocken. Die aufgelösten stillen Reserven entfallen jedoch nicht auf die bisherigen Gesellschafter, die in dem Unternehmen verbleiben, sondern ausschließlich auf den ausscheidenden Gesellschafter, da er die aufgelösten stillen Reserven als Veräußerungsgewinn versteuert hat. Diese Auflösung der stillen Reserven sollte somit ausschließlich dem neu eintretenden Gesellschafter zugeordnet werden, da nur er erhöhte Anschaffungskosten für die übernommenen Wirtschaftsgüter hat. Deshalb wird der Buchwert der anteilig übernommenen Wirtschaftsgüter nicht in der Hauptbilanz, sondern in einer für den eintretenden Gesellschafter zu erstellenden **Ergänzungsbilanz** aufgestockt. Die Anschaffungskosten des eintretenden Gesellschafters werden somit in Höhe des bisherigen Buchwerts in der Hauptbilanz sowie in Höhe der Differenz zwischen Kaufpreis und bisherigem Buchwert in der Ergänzungsbilanz aktiviert. Im Allgemeinen entfällt der vom eintretenden Gesellschafter zu zahlende Mehrpreis auf verschiedene Wirtschaftsgüter, da in verschiedenen Wirtschaftsgütern stille Reserven enthalten sind. In diesem Fall ist der Mehrwert in der Ergänzungsbilanz auf die betroffenen Wirtschaftsgüter aufzuteilen.

Die Mehrwerte der Wirtschaftsgüter in der Ergänzungsbilanz kennzeichnen ein erhöhtes Aufwandspotenzial für den eingetretenen Gesellschafter, da er über höhere Anschaffungskosten verfügt als die übrigen Gesellschafter. Dieses erhöhte Aufwandspotential wird durch zusätzliche Abschreibungen in der Ergänzungsbilanz bzw. bei Veräußerung der Wirtschaftsgüter durch erhöhte Anschaffungskosten zu einem gewinnmindernden Aufwand.

Soweit die Mehrzahlung auf abnutzbare Anlagegüter entfällt, ist für die Berechnung der Mehr-AfA innerhalb der Ergänzungsbilanz grundsätzlich die gleiche AfA-Methode wie in der Hauptbilanz zu unterstellen, da Wahlrechte im Gesamthandsvermögen der Personengesellschaft nur einheitlich ausgeübt werden können (*R. Wacker* in L. Schmidt (2010), § 15,

Rz. 465; a.A. *U. Niehus*, StuW 2002, S. 116, 123). Ausnahmsweise gilt dies nicht, wenn ein Gebäude bisher nach § 7 Abs. 5 EStG abgeschrieben wurde, der neue Gesellschafter die Voraussetzungen für eine Fortführung dieser AfA-Methode jedoch nicht erfüllt. In diesem Fall kann der Erwerber nur die AfA nach § 7 Abs. 4 EStG geltend machen. Die Restnutzungsdauer ist wie bei nachträglichen Anschaffungs- oder Herstellungskosten neu zu schätzen (Niedersächsisches FG, Urteil vom 28.10.2003, EFG 2004, S. 1670).

Hat der neu eingetretene Gesellschafter eine abweichende AfA-Methode oder Restnutzungsdauer anzuwenden, so wird es nicht beanstandet, wenn die Abweichungen nur hinsichtlich der Ergänzungsbilanz durchgeführt werden und nicht zusätzlich für den Teil der Hauptbilanz, der anteilig auf den neu eingetretenen Gesellschafter entfällt.

Entfällt die Mehrzahlung auf Waren, so ist am Ende jedes der folgenden Jahre zu prüfen, ob diese Waren noch vorhanden sind. Sind die Waren nicht mehr vorhanden, so ist die Mehrzahlung als Aufwand in der Ergänzungsbilanz anzusetzen, denn der in der Hauptbuchführung ausgewiesene Wareneinsatz ist für den eingetretenen Gesellschafter gerade um die Mehrzahlung zu niedrig.

Beispiel B.150:

A veräußert am 01.01.01 seinen Anteil an einer OHG für 360.000 € an B. Das Kapitalkonto beträgt im Zeitpunkt des Gesellschafterwechsels 200.000 €.

A erzielt einen Veräußerungsgewinn i.S.d. § 16 EStG i.H.v. 160.000 €. B weist den Mehrpreis von 160.000 € in einer steuerlichen Ergänzungsbilanz aus.

Von dem Mehrpreis entfallen 80.000 € auf ein Gebäude, 50.000 € auf ein unbebautes Grundstück und 30.000 € auf den Warenbestand. B ist, wie zuvor A, zu 20 % an der OHG beteiligt. Die OHG schreibt das Gebäude seit der Anschaffung gemäß § 7 Abs. 4 Satz 1 Nr. 2 Buchst. a EStG linear mit 2 % der Anschaffungskosten (1.500.000 €) ab. Die jährliche AfA beträgt somit 30.000 €. Am 01.01.01, nach 20 Jahren, beträgt der Buchwert des Gebäudes 900.000 €, der Teilwert 1.300.000 €, die Restnutzungsdauer 50 Jahre. B hat von den stillen Reserven des Gebäudes 80.000 € (20 % von 400.000) übernommen.

Zum 01.01.01 ergibt sich folgende Ergänzungsbilanz für B:

Aktiva	Ergänzungsbilanz für B zum 01.01.01		Passiva
Mehrwert Grundstück	50.000	Mehrkapital	160.000
Mehrwert Gebäude	80.000		
Mehrwert Warenbestand	30.000		
	160.000		160.000

B hat, bezogen auf das Gebäude, Anschaffungskosten i.H.v. 260.000 € (20 % von 1.300.000 €). B schreibt seinen Anteil an dem Gebäude nicht über die Restabschreibungsdauer von 30 Jahren, sondern über eine Restnutzungsdauer von 50 Jahren ab. Die dem B zustehende jährliche AfA beträgt somit 5.200 € (2 % von 260.000 €).

Die AfA laut Hauptbilanz beträgt weiterhin jährlich 2 % von 1.500.000 € = 30.000 €. Davon entfallen auf B 20 % = 6.000 €, d.h. (6.000 – 5.200) = 800 € mehr, als ihm zustehen. Der Ausgleich findet in der Ergänzungsbilanz statt.

Das unbebaute Grundstück wird in der Ergänzungsbilanz nicht abgeschrieben. Sind die Waren, auf die ein Mehrpreis i.H.v. 30.000 € entfiel, am 31.12.01 nicht mehr vorhanden, so ist die Ergänzungsbilanz wie folgt fortzuschreiben:

Aktiva	Ergänzungsbilanz für B zum 31.12.01				Passiva
Grundstück		50.000	Mehrkapital	160.000	
Gebäude	80.000		– Verlust	– 29.200	130.800
+ Minder-AfA	+ 800	80.800			
Waren	30.000				
– Wareneinsatz	– 30.000	0			
		130.800			130.800

In der Ergänzungsbilanz ist 30 Jahre lang die AfA-Differenz i.H.v. jährlich 800 € durch Zuschreibung beim Gebäude gewinnerhöhend zu berücksichtigen, bis das Gebäude in der Hauptbilanz auf 0 € abgeschrieben ist. In der Ergänzungsbilanz zum 31.12.30 ist das Gebäude mit einem Wert von (80.000 + 30 · 800 =) 104.000 € angesetzt. Danach beträgt die AfA in der Ergänzungsbilanz 20 Jahre lang jährlich (104.000 / 20 =) 5.200 €, bis auch hier der Stand von 0 € erreicht ist.

5.4.4.3 Ausscheiden eines Gesellschafters

Scheidet ein Gesellschafter aus, so können die verbleibenden Gesellschafter die Gesellschaftsanteile des ausscheidenden Gesellschafters entgeltlich oder unentgeltlich übernehmen.

Unentgeltliche Übertragung des Mitunternehmeranteils

Wie bei einer unentgeltlichen Übertragung eines Mitunternehmeranteils auf einen neuen Mitunternehmer ist auch bei einer unentgeltlichen Übertragung des Mitunternehmeranteils auf die übrigen Gesellschafter § 6 Abs. 3 EStG einschlägig (siehe vorheriger Abschnitt). Danach treten die verbleibenden Gesellschafter in die Rechtsstellung des ausscheidenden Gesellschafters ein. Der ausscheidende Gesellschafter erzielt keinen Veräußerungsgewinn, die verbleibenden Gesellschafter führen die Buchwerte fort. Sofern der Schenkungsvertrag keine abweichende Regelung enthält, wird das Kapitalkonto des ausscheidenden Gesellschafters den verbleibenden Gesellschaftern im Verhältnis ihrer Beteiligungsquoten zugeschlagen.

Übertragung des Mitunternehmeranteils gegen Entgelt

Erfolgt die Übertragung des Mitunternehmeranteils auf die verbleibenden Gesellschafter gegen Entgelt, so wird – wie bei einer entgeltlichen Übertragung eines Mitunternehmeranteils auf einen neuen Mitunternehmer –

- ein Veräußerungsgeschäft auf Seiten des ausscheidenden Gesellschafters sowie
- ein Anschaffungsgeschäft auf Seiten der übernehmenden Gesellschafter unterstellt.

Der vom ausscheidenden Gesellschafter erzielte Gewinn aus der Veräußerung seines Mitunternehmeranteils gehört gemäß § 16 Abs. 1 Nr. 2 EStG zu den Einkünften aus Gewerbebetrieb. Steuerpflichtiger Veräußerungsgewinn ist gemäß § 16 Abs. 2 EStG die Differenz zwischen dem Veräußerungserlös einerseits und den Veräußerungskosten sowie dem Buchwert des Mitunternehmernanteils, d.h. dem Bestand des Kapitalkontos, andererseits. Der Veräußerungsgewinn ist grundsätzlich nach §§ 16 Abs. 4, 34 Abs. 1 bzw. 3 EStG begünstigt (vgl. Abschnitt B.5.3.3.1).

Die verbleibenden Gesellschafter haben Anschaffungskosten in Höhe der Abfindungszahlung an den ausscheidenden Gesellschafter. Sind in der Gesellschaft stille Reserven enthalten, so wird die Abfindung regelmäßig das Kapitalkonto des ausscheidenden Gesellschafters übersteigen. Mit dem übersteigenden Betrag kaufen die verbleibenden Gesellschafter dem ausscheidenden Gesellschafter seinen Anteil an den stillen Reserven der Personengesellschaft ab. Die verbleibenden Gesellschafter müssen deshalb die Buchwerte der Wirtschaftsgüter des Betriebsvermögens aufzustocken. Verbleibt nach Aufdeckung aller auf den ausscheidenden Gesellschafter entfallenden stillen Reserven in den einzelnen Wirtschaftsgütern, d.h. bei einer Bilanzierung aller Wirtschaftsgüter, soweit sie anteilig auf den ausscheidenden Gesellschafter entfielen, mit Teilwerten, noch ein Restbetrag, so ist dieser als (derivativer) Firmenwert anzusetzen.

Die verbleibenden Gesellschafter haben grundsätzlich die bisher angewandte AfA-Methode fortzuführen (*R. Wacker* in L. Schmidt (2010), § 15, Rz. 465; a.A. *U. Niehus*, StuW 2002, S. 116, 123). Auf den von dem ausscheidenden Gesellschafter erworbenen Anteil an Gebäuden, die nach § 7 Abs. 5 EStG abgeschrieben werden, kann diese AfA-Methode allerdings i.d.R. nicht angewendet werden, da eine Abschreibung gemäß § 7 Abs. 5 EStG dem Bauherrn und nur dann dem Erwerber zusteht, wenn der Erwerb im Jahr der Herstellung erfolgt. Die erworbenen Gebäudeteile sind somit i.d.R. nach § 7 Abs. 4 EStG abzuschreiben. Die Restnutzungsdauer ist wie bei nachträglichen Anschaffungs- oder Herstellungskosten neu zu schätzen (Niedersächsisches FG, Urteil vom 28.10.2003, EFG 2004, S. 1670).

In der Praxis hat sich durchgesetzt, in der Hauptbilanz unverändert die Buchwerte fortzuschreiben. Die aufgedeckten stillen Reserven werden in steuerlichen Ergänzungsbilanzen für die übernehmenden Gesellschafter angesetzt und fortgeschrieben. Da alle verbleibenden Gesellschafter entsprechend ihrem Anteil in der Gesellschaft an den übernommenen stillen Reserven partizipieren, wäre aber auch denkbar, auf Ergänzungsbilanzen zu verzichten und die aufgedeckten stillen Reserven unmittelbar in der (steuerlichen) Hauptbilanz zu zeigen.

Ist die Abfindung höher als die Summe der Teilwerte aller Wirtschaftsgüter, so wird dies i.d.R. dadurch begründet sein, dass die Differenz einen Ausgleich für einen immateriellen Firmenwert darstellt. Denkbar ist jedoch auch, dass die verbleibenden Gesellschafter einem **„lästigen“ Gesellschafter** einen Betrag zahlen, der den Wert seines Mitunternehmeranteils (einschließlich stiller Reserven und Firmenwert) übersteigt, um ihn loszuwerden (z.B. weil sich der Gesellschafter betriebsschädigend verhalten hat). Während ein Firmenwert zu aktivieren und über einen Zeitraum von 15 Jahren abzuschreiben ist (§ 7 Abs. 1 Satz 3 EStG), kann eine überhöhte Abfindung an einen lästigen Gesellschafter sofort als Betriebsausgabe abgesetzt werden (Sonderbetriebsausgaben der übrigen Gesellschafter, BFH-Urteil vom 14.06.1994, BStBl II 1995, S. 246). Die verbleibenden Gesellschafter haben daher ein Interesse an einer steuerlichen Anerkennung des ausscheidenden Gesellschafters als „lästig“. Ist die Abfindung höher als die Summe der Teilwerte, so wird vermutet, dass die Differenz einen Firmenwert darstellt. Die verbleibenden Gesellschafter können diese Vermutung jedoch widerlegen. Eine Mehrabfindung ist sofort abzugsfähig,

- soweit sie den wirklichen Wert des Anteils (d.h. das Kapitalkonto einschließlich der anteiligen stillen Reserven und dem anteiligen Firmenwert) übersteigt und
- soweit sie gezahlt wird, um Kosten, Ärger und Geschäftsschaden durch eine langwierige Ausschlussklage zu vermeiden.

Gründe für eine Ausschlussklage nach § 140 HGB sind u.a. ein Handeln zum Nachteil der Gesellschaft, eine Verletzung des Wettbewerbsverbots oder eine Überschreitung des Entnahmerechts. An die Anerkennung eines ausscheidenden Gesellschafters als lästig wird ein strenger Maßstab angelegt. Eine Anerkennung erfolgt nur in Ausnahmefällen.

Erfolgt die Abfindung des ausscheidenden Gesellschafters nicht gegen Zahlung von Barmitteln, sondern gegen Sachwerte aus dem Betriebsvermögen, so sind zudem die Ausführungen des Abschnitts B.5.4.6.2 zu beachten.

Beispiel B.151:

Die Bilanz einer OHG enthält die folgenden Werte:

Aktiva	Bilanz OHG zum 31.12.01		Passiva
Grund und Boden	20.000	Kapital A	20.000
Gebäude	82.000	Kapital B	20.000
Maschinen	15.000	Kapital C	20.000
Vorräte	65.000	Verbindlichkeiten	140.000
Sonstige Aktiva	18.000		
	200.000		200.000

C, der mit $^1/_3$ am Gewinn beteiligt war, scheidet vereinbarungsgemäß aus und erhält von A und B aus dem Betriebsvermögen der OHG eine Abfindung von 60.000 €, also 40.000 € mehr als sein Kapitalkonto ausweist. In den Wirtschaftsgütern sind stille Reserven in folgender Höhe enthalten:

	Teilwert	Buchwert	Stille Reserven
Grund und Boden	30.000 €	20.000 €	10.000 €
Maschinen	18.000 €	15.000 €	3.000 €
Vorräte	77.000 €	65.000 €	12.000 €
GWG	5.000 €	0 €	5.000 €
	130.000 €	100.000 €	30.000 €

An den stillen Reserven ist C – ebenso wie am Gewinn – mit $^1/_3$, d.h. 10.000 € beteiligt. Wenn darüber hinaus nun weitere 30.000 € gezahlt werden, so handelt es sich dabei offensichtlich um die Abfindung für den Firmenwert.

Die Abfindungszahlung i.H.v. 60.000 € ist somit wie folgt zu verbuchen:

Gesamthandsbilanz

Grund und Boden	3.333		
Maschinen	1.000		
Vorräte	4.000		
GWG	1.667		
Firmenwert	30.000		
Kapital C	20.000	an Bank	60.000

Nur die Zahlung für die geringwertigen Wirtschaftsgüter stellt sofort Aufwand dar. Der Mehrpreis für die Maschinen und den Firmenwert wird erst über Abschreibungen in Aufwand transformiert. Die Mehrzahlung für die Vorräte erscheint bei deren Veräußerung als Wareneinsatz.

5.4.4.4 Besonderheiten

Folgende Fragen, die sich im Zusammenhang mit einer Änderung der personellen Zusammensetzung einer Personengesellschaft stellen, wurden bisher noch nicht beantwortet:

- Laufen steuerlich bedeutsame Fristen (z.B. Besitzzeit i.S.d. § 6b Abs. 4 Satz 2 EStG) weiter oder werden sie unterbrochen?
- Können gebildete Rücklagen (z.B. nach § 6b EStG) weitergeführt werden?
- Bleibt ein nach § 7g Abs. 1 EStG in Anspruch genommener Investitionsabzugsbetrag erhalten?
- Ist ein Zwischenabschluss durch Einfügen eines Rumpfwirtschaftsjahres erforderlich?

Rücklagen nach § 6b EStG

Im Hinblick auf die Laufzeit von Fristen und die Fortführung von Rücklagen nach § 6b EStG gilt die **gesellschafterbezogene Sichtweise** (vgl. auch *U. Höreth / B. Schiegl / L. Zipfel*, BB 2002, S. 485 ff.). Die Voraussetzungen des § 6b EStG müssen somit nicht von der Gesellschaft, sondern von den Gesellschaftern erfüllt werden. Ändert sich also die Zusammensetzung der Personengesellschaft, so kann die Rücklage nach § 6b EStG nur insoweit weitergeführt werden, wie sie auf verbleibende Gesellschafter entfällt.

Beispiel B.152:

An der ABC-OHG sind die Gesellschafter A, B und C zu je $^1/_3$ beteiligt. In der Bilanz der Gesellschaft ist eine Rücklage nach § 6b EStG i.H.v. 60.000 € ausgewiesen.

Veräußert A seinen Mitunternehmeranteil an D, so ist $^1/_3$ der Rücklage (= 20.000 €) gewinnerhöhend aufzulösen und bei A als Teil seines (grundsätzlich nach §§ 16, 34 EStG begünstigten) Veräußerungsgewinns zu besteuern.

$^1/_3$ der Rücklage wäre auch dann erfolgswirksam aufzulösen und bei A zu versteuern, wenn A seinen Mitunternehmeranteil nicht an D, sondern an B und C veräußern würde.

Ebenso wird die erforderliche Vorbesitzzeit nach § 6b Abs. 4 Nr. 2 EStG insoweit anteilig unterbrochen, wie das Wirtschaftsgut nach der Änderung der personellen Zusammensetzung anderen Personen zuzuordnen ist. Abweichend von diesem Grundsatz findet jedoch eine Besitzzeitzusammenrechnung statt, wenn

- eine Person als Rechtsnachfolger in die Stellung eines Gesellschafters i.S.d. § 6 Abs. 3 EStG eintritt, da sie den Mitunternehmeranteil unentgeltlich übernimmt (R 6b.3 Abs. 5 EStR), oder
- die Verweisungskette in § 24 Abs. 4, § 23 Abs. 1, § 4 Abs. 2 Satz 3 EStG greift, d.h. wenn ein ganzer Betrieb, Teilbetrieb oder Mitunternehmeranteil gegen Gewährung von Gesellschaftsrechten unter dem gemeinen Wert in eine Personengesellschaft eingebracht werden.

Im ersten Ausnahmefall ist die Besitzzeit von Wirtschaftsgütern, die sich bereits im Besitz der Personengesellschaft befanden, auch für eintretende Gesellschafter anzuerkennen. Im zweiten Fall ist die Besitzzeit von Wirtschaftsgütern, die ein neuer Gesellschafter einbringt, auch für die anderen Gesellschafter anzuerkennen.

Investitionsabzugsbetrag nach § 7g EStG

Wird ein Anteil an einer Personengesellschaft veräußert, so bleibt der Vorteil des Investitionsabzugsbetrages dem ausscheidenden Gesellschafter endgültig erhalten, sofern die Investition später tatsächlich von der Personengesellschaft vorgenommen wird (vgl. *E. Kulosa* in L. Schmidt (2010), § 7g, Rz. 8). Der Erwerber hingegen hat die Mehrsteuer aus dem Hinzurechnungsbetrag nach § 7g Abs. 2 EStG alleine zu tragen. Allerdings steht ihm dann auch die Sonderabschreibung nach § 7g Abs. 5 EStG alleine zu.

Wird die Investition nicht innerhalb von drei Jahren nach Geltendmachung des Investitionsabzugsbetrages getätigt, ist der Investitionsabzugsbetrag für den ausgeschiedenen Gesellschafter rückwirkend im Abzugsjahr rückgängig zu machen (§ 7g Abs. 3 EStG).

Zum Investitionsabzugsbetrag bei Personengesellschaften siehe auch *B. Meyer / J. Ball*, FR 2009, S. 641; *D. Grützner*, StuB 2008, S. 332; BMF-Schreiben vom 08.05.2009, BStBl I 2009, S. 633, Rz. 2, 15.

Zwischenbilanz

Abschließend ist zu klären, in welchen Fällen Änderungen der personellen Zusammensetzung einer Personengesellschaft die Erstellung einer Zwischenbilanz erfordern. Hierzu ist festzustellen, dass ein Zwischenabschluss nur in den Fällen notwendig ist, in denen die Änderung der personellen Zusammensetzung dazu führt, dass aus einem Einzelunternehmen eine Personengesellschaft oder aus einer Personengesellschaft ein Einzelunternehmen wird.

Durch einen Gesellschafterwechsel, d.h. ein Ausscheiden eines Gesellschafters bei gleichzeitigem Eintritt eines neuen Gesellschafters, wird der Bestand der Personengesellschaft nicht berührt. Es erfolgt somit kein Wechsel des Wirtschaftsjahres (BFH-Urteil vom 14.09.1978, BStBl II 1979, S. 159). Ein Zwischenabschluss ist nicht zu erstellen.

Scheidet ein Gesellschafter aus einer Personengesellschaft aus, so ist zu unterscheiden, ob auch nach dem Ausscheiden noch eine Personengesellschaft existiert oder die Personengesellschaft in ein Einzelunternehmen übergeht. Nur im zweiten Fall ist ein Zwischenabschluss zu erstellen. Im Zeitpunkt der Umwandlung der Personengesellschaft in ein Einzelunternehmen endet das Wirtschaftsjahr der Personengesellschaft und beginnt das erste Wirtschaftsjahr des Einzelunternehmens (BFH-Urteil vom 10.02.1989, BStBl II 1989, S. 519).

Wird ein neuer Gesellschafter aufgenommen, so ist zu unterscheiden, ob bereits vor der Aufnahme eine Personengesellschaft bestanden hat oder ob ein Einzelunternehmen zu einer Personengesellschaft wird. Wiederum ist nur im zweiten Fall ein Zwischenabschluss zu erstellen. Im Zeitpunkt der Umwandlung des Einzelunternehmens in die Personengesellschaft, d.h. im Zeitpunkt der Aufnahme des neuen Gesellschafters, endet das Wirtschaftsjahr des bisherigen Einzelunternehmens und beginnt das erste Wirtschaftsjahr der neu gegründeten Personengesellschaft (BFH-Urteil vom 26.05.1994, BStBl II 1994, S. 891).

5.4.5 Umwandlungen

Als Varianten der Umwandlung einer Personengesellschaft sind grundsätzlich die Umwandlung in ein Einzelunternehmen, die Umwandlung in eine (andere Rechtsform einer) Personengesellschaft sowie die Umwandlung in eine Kapitalgesellschaft denkbar.

Für die steuerliche Behandlung der **Umwandlung in ein Einzelunternehmen** sei auf die Ausführungen in Abschnitt B.5.4.6.2 zur Auseinandersetzung von Personengesellschaften durch Ausscheiden von Gesellschaftern verwiesen.

Die rein **formwechselnde Umwandlung** einer Personengesellschaft (z.B. OHG in KG) löst in der Regel keine steuerlichen Folgen aus, da für beide Mitunternehmerschaften die gleichen steuerlichen Bestimmungen gelten. Es wird zwar die Rechtsform, nicht aber die Identität der Gesellschaft geändert (BFH-Urteil vom 26.06.1974, BStBl II 1974, S. 724). Steuerliche Folgen ergeben sich aber natürlich dann, wenn sich im Rahmen der Rechtsformänderung zugleich die personelle Zusammensetzung der Personengesellschaft ändert. In diesem Fall gelten die in Abschnitt B.5.4.4 beschriebenen Grundsätze. Steuerliche Auswirkungen können sich auch nach § 15a EStG (siehe Abschnitt B.10.1.4) ergeben, wenn im Zusammenhang mit einer Änderung von OHG zu KG (oder umgekehrt) Vollhafter zu Teilhaftern (oder umgekehrt) werden.

Die **Einbringung einer Personengesellschaft in eine Kapitalgesellschaft** sowie die **Umwandlung einer Personengesellschaft in eine Kapitalgesellschaft** werden durch die Vorschriften des Sechsten Teils des Umwandlungssteuergesetzes geregelt (§§ 20 – 23, § 25 i.V.m. §§ 20 – 23 UmwStG). Es sei hierzu auf die (knappen) Ausführungen in Abschnitt B.5.3.2 zur Umwandlung bzw. Einbringung eines Einzelunternehmens in eine Kapitalgesellschaft verwiesen. Diese gelten gleichermaßen, wenn nicht ein Einzelunternehmen, sondern eine Personengesellschaft in eine Kapitalgesellschaft um-gewandelt bzw. eingebracht wird. Aus steuerlicher Sicht handelt es sich dabei um die Einbringung von Mitunternehmeranteilen in eine Kapitalgesellschaft, die unter § 20 UmwStG fällt.

5.4.6 Liquidation einer Personengesellschaft

Die Eliminierung einer Personengesellschaft stellt einen mehrstufigen Vorgang dar. Zu unterscheiden ist zwischen der zivilrechtlichen Auflösung der Gesellschaft und der Auseinandersetzung der Gesellschafter über das Betriebsvermögen.

Eine OHG kann gemäß § 131 Abs. 1 HGB aufgelöst werden durch

- Ablauf der Zeit, für welche sie eingegangen ist,
- Beschluss der Gesellschafter,
- Eröffnung des Insolvenzverfahrens über das Vermögen der Gesellschaft,
- gerichtliche Entscheidung.

Gemäß § 161 Abs. 2 i.V.m. § 131 Abs. 1 HGB gelten diese Auflösungsgründe auch für die KG. Die Vorschrift des § 131 HGB regelt jedoch lediglich, unter welchen Voraussetzungen eine OHG bzw. KG aufgelöst werden kann. Sie gibt keinen Hinweis darauf, wie mit den im Zeitpunkt der Auflösung vorhandenen Vermögensgegenständen und Schulden der Gesellschaft zu verfahren ist. Diesbezügliche Vorschriften enthalten die §§ 145 ff. HGB für die OHG bzw. § 161 Abs. 2 i.V.m §§ 145 ff. HGB für die KG. Gemäß § 145 Abs. 1 HGB findet nach der Auflösung der Gesellschaft die Auseinandersetzung der Gesellschafter über das Vermögen statt. Als Formen der Auseinandersetzung unterscheidet § 145 Abs. 1 HGB zwischen

- der Liquidation,
- dem Insolvenzverfahren und
- von den Gesellschaftern vereinbarten, anderen Formen der Auseinandersetzung.

Der Begriff der **Liquidation** bezeichnet die planmäßige Verflüssigung der Vermögenswerte der Gesellschaft mit dem Ziel, aus dem Erlös die Gläubiger zu befriedigen und den eventuell verbleibenden Rest an die Gesellschafter zu verteilen.

Auch die Durchführung eines **Insolvenzverfahrens** ist dem Ziel gewidmet, die Gläubiger der Gesellschaft zu befriedigen, indem das Vermögen der Gesellschaft verwertet und der Erlös verteilt wird (§ 1 Satz 1 Insolvenzordnung (InsO)). Das Insolvenzverfahren wird nur auf Antrag des Gläubigers oder des Schuldners eröffnet (§ 13 Abs. 1 InsO). Allgemeiner Eröffnungsgrund ist die Unfähigkeit des Schuldners, seine fälligen Zahlungspflichten zu erfüllen (§ 17 InsO, **Zahlungsunfähigkeit**). Der Schuldner (nicht aber der Gläubiger) kann auch bereits bei **drohender Zahlungsunfähigkeit** die Eröffnung des Insolvenzverfahrens beantragen (§ 18 InsO). Bei einer Kapitalgesellschaft sowie bei einer Personengesellschaft ohne natürliche Person als persönlich haftender Gesellschafter ist zudem die **Überschuldung** Eröffnungsgrund (§ 19 InsO).

Im Falle der Liquidation und der Insolvenz geht die Personengesellschaft als Rechtssubjekt unter, ohne dass ein direktes Nachfolgeunternehmen entsteht. Die Besteuerung einer Personengesellschaft in der Liquidations- oder Insolvenzphase erfolgt nach den Regeln für die Besteuerung von Mitunternehmerschaften. Die Gewinne aus der Verflüssigung des Vermögens der Gesellschaft werden den einzelnen Gesellschaftern zugerechnet und bei diesen besteuert.

Neben der Liquidation können die Gesellschafter auch eine abweichende Form der Auseinandersetzung vereinbaren, bei der das Unternehmen planmäßig auf ein oder mehrere Nachfolgeunternehmen übergeht:

- Veräußerung der Personengesellschaft an einen neuen Einzelunternehmer (**Betriebsveräußerung**, siehe Abschnitt B.5.4.6.1),
- Ausscheiden von Gesellschaftern durch entgeltliche oder unentgeltliche Übertragung ihres Gesellschaftsanteils auf die übrigen Gesellschafter (siehe Abschnitt B.5.4.6.2),
- Realteilung, d.h. Aufteilung der Wirtschaftsgüter der Personengesellschaft auf verschiedene Betriebsvermögen (z.B. Einzelunternehmen) mit oder ohne Spitzenausgleich (siehe Abschnitt B.5.4.6.3).

Zudem können die Gesellschafter eine Auseinandersetzung durch Veräußerung der Wirtschaftsgüter des Betriebsvermögens als Einzelgüter bzw. Überführung einzelner Wirtschaftsgüter ins Privatvermögen vereinbaren (**Betriebsaufgabe**, siehe Abschnitt B.5.4.6.1). In diesem Fall endet die Rechtssubjektivität der Personengesellschaft wie bei der Liquidation, ohne dass ein direktes Nachfolgeunternehmen entsteht.

Eine **Erbengemeinschaft**, die ein gewerbliches Unternehmen führt, wird sowohl vor der Auseinandersetzung als auch im Rahmen der Auseinandersetzung grundsätzlich wie eine Mitunternehmerschaft behandelt. Deshalb gelten die Ausführungen in den Abschnitten B.5.4.6.1 – B.5.4.6.3 grundsätzlich auch für Erbengemeinschaften. Besonderheiten, die im Falle der Auseinandersetzung von Erbengemeinschaften zu beachten sind, werden in Abschnitt B.5.4.6.4 dargestellt. Zur ertragsteuerlichen Behandlung der Erbengemeinschaft siehe auch das BMF-Schreiben vom 14.03.2006, BStBl I 2006, S. 253.

5.4.6.1 Veräußerung des Betriebs oder der Wirtschaftsgüter des Betriebs einer Personengesellschaft

Wird die gesamte Personengesellschaft an einen Erwerber veräußert, so liegt eine **Betriebsveräußerung** i.S.d. § 16 Abs. 1 **Nr. 2** EStG vor. Die Übertragung des „gesamten Anteils eines Gesellschafters" ist gegeben, wenn der Mitunternehmeranteil einschließlich derjenigen Wirtschaftsgüter des Sonderbetriebsvermögens veräußert wird, die wesentliche Betriebsgrundlagen der Personengesellschaft darstellen.

Veräußert die Personengesellschaft selbst ihren ganzen Gewerbebetrieb an einen Dritten, so liegt eine **Betriebsveräußerung** i.S.d. § 16 Abs. 1 **Nr. 1** EStG vor (*R. Wacker* in L. Schmidt (2010), § 16, Rz. 110). Auch hier müssen sämtliche Wirtschaftsgüter des Betriebsvermögens, d.h. auch die Wirtschaftsgüter des Sonderbetriebsvermögens der einzelnen Gesellschafter, übertragen werden.

Werden alle wesentlichen Betriebsgrundlagen des Betriebs der Personengesellschaft entweder in das Privatvermögen überführt oder an verschiedene Abnehmer veräußert oder teils veräußert und teils in das Privatvermögen übernommen und geht somit der Betrieb als selbständiger Organismus unter, so liegt eine **Betriebsaufgabe** im Sinne von § 16 Abs. 3 EStG vor.

Betriebsveräußerung und Betriebsaufgabe lösen in der Regel die gleichen Rechtsfolgen aus. Es wird jeweils ein grundsätzlich nach §§ 16 Abs. 4, 34 Abs. 1 bzw. 3 EStG begünstigter Veräußerungsgewinn erzielt.

Für eine ausführliche Darstellung der Voraussetzungen für eine Betriebsveräußerung bzw. -aufgabe und deren steuerliche Behandlung sei auf die Ausführungen des Abschnitts B.5.3.3.1 verwiesen.

Bei Personengesellschaften ergibt sich dahingehend eine Besonderheit, dass für jeden Gesellschafter ein Veräußerungs- bzw. Aufgabegewinn zu ermitteln ist. Hierfür ist jeweils folgende Rechnung aufzustellen:

	Anteil des Gesellschafters am Veräußerungserlös
+	Gemeiner Wert der ins Privatvermögen des Gesellschafters übernommenen Wirtschaftsgüter
–	Bestand des Kapitalkontos des Gesellschafters
–	Anteilige Veräußerungskosten
=	Veräußerungs- bzw. Aufgabegewinn des Gesellschafters

Tabelle B.23: Ermittlung des Veräußerungs- bzw. Aufgabegewinns

In Abschnitt B.5.3.3.1 zur Betriebsveräußerung von Einzelunternehmen wurde dargestellt, dass Wirtschaftsgüter, die keine wesentlichen Betriebsgrundlagen sind und im Rahmen der Betriebsveräußerung bzw. -aufgabe nicht veräußert werden, zum Buchwert in ein anderes Betriebsvermögen des Steuerpflichtigen übernommen werden können. Analog hierzu können bei der Veräußerung bzw. Aufgabe einer Personengesellschaft Wirtschaftsgüter aus dem Gesamthandsvermögen der Personengesellschaft in die Betriebsvermögen der Gesellschafter zum Buchwert, d.h. ohne Aufdeckung stiller Reserven, übertragen werden (§ 6 Abs. 5 Satz 3 Nr. 1 EStG).

5.4.6.2 Auseinandersetzung durch Ausscheiden von Gesellschaftern

Das Ausscheiden eines Gesellschafters durch einen Übergang seines Gesellschaftsanteils auf die übrigen Gesellschafter kann

- unentgeltlich (Abschnitt B.5.4.6.2.1),
- gegen eine Barabfindung (Abschnitt B.5.4.6.2.2) oder
- gegen eine Sachwertabfindung (Abschnitt B.5.4.6.2.3) erfolgen.

5.4.6.2.1 Unentgeltliches Ausscheiden

Ein typischer Praxisfall für ein unentgeltliches Ausscheiden ist, dass sich ein Gewerbetreibender einige Zeit nachdem er sein Kind als Nachfolger in das Unternehmen aufgenommen hat, im Rahmen der vorweggenommenen Erbfolge aus dem Geschäft zurückzieht.

Die ertragsteuerlichen Konsequenzen entsprechen denen, die in Abschnitt B.5.4.4.3 für den Fall dargestellt wurden, in dem der ausscheidende Gesellschafter seinen Mitunternehmeranteil unentgeltlich auf die verbleibenden Gesellschafter überträgt. Der verbleibende Gesellschafter führt gemäß § 6 Abs. 3 EStG die Buchwerte des Betriebsvermögens fort. Für den ausscheidenden Gesellschafter entsteht kein Veräußerungsgewinn. Diese Rechtsfolgen sind unabhängig davon, ob nach dem Ausscheiden des Gesellschafters noch mindestens zwei Gesellschafter verbleiben und die Personengesellschaft erhalten bleibt oder nur noch ein Gesellschafter verbleibt und die Personengesellschaft in ein Einzelunternehmen übergeht.

5.4.6.2.2 Barabfindung

Für den Fall, dass der ausscheidende Gesellschafter durch Zahlung von Barmitteln abgefunden wird, kann auf die Ausführungen in Abschnitt B.5.4.4.3 zum Ausscheiden eines Gesellschafters bei entgeltlicher Übertragung des Mitunternehmeranteils verwiesen werden. Erneut ist die steuerliche Behandlung unabhängig davon, ob das Unternehmen durch das Ausscheiden des Gesellschafters zu einem Einzelunternehmen wird oder weiterhin als Personengesellschaft bestehen bleibt.

Die Übertragung des Mitunternehmeranteils auf den verbleibenden Gesellschafter wird als Veräußerungsgeschäft auf der Seite des ausscheidenden Gesellschafters und als Anschaffungsgeschäft auf der Seite des übernehmenden Gesellschafters gesehen. In Höhe der Differenz zwischen dem Veräußerungserlös einerseits und dem Kapitalkonto zuzüglich eventueller Veräußerungskosten andererseits entsteht dem ausscheidenden Gesellschafter ein grundsätzlich nach §§ 16 Abs. 4, 34 Abs. 1 bzw. 3 EStG begünstigter Veräußerungsgewinn. Der verbleibende Gesellschafter hat die Buchwerte der Wirtschaftsgüter anteilig um die aufgedeckten stillen Reserven zu erhöhen.

5.4.6.2.3 Sachwertabfindung

Erhält der ausscheidende Gesellschafter keine Barabfindung, sondern eine Sachwertabfindung, so ist danach zu differenzieren, ob der ausscheidende Gesellschafter die übernommenen Sachwerte

- in sein Privatvermögen oder

- in ein Betriebsvermögen überführt.

Fall 1: Überführung in das Privatvermögen

Übernimmt der ausscheidende Gesellschafter die Sachwerte in sein Privatvermögen, so ist der Vorgang der Sachwertabfindung in zwei gedanklich nacheinander erfolgende Schritte zu zerlegen (BFH-Urteil vom 23.11.1995, BStBl II 1996, S. 194; BMF-Schreiben vom 14.03.2006, BStBl I 2006, S. 253, Tz. 51, für den Fall einer Erbengemeinschaft):

- **1. Schritt: Veräußerung des Mitunternehmeranteils**

  Zunächst erfolgt die Veräußerung des Mitunternehmeranteils an den verbleibenden Gesellschafter. Dem ausscheidenden Gesellschafter entsteht ein Abfindungsanspruch in Höhe des gemeinen Wertes des für die Abfindung vorgesehenen Sachwertes. Er hat einen (grundsätzlich begünstigten) Veräußerungsgewinn in Höhe der Differenz zwischen dem Abfindungsanspruch einerseits und dem Kapitalkonto zuzüglich eventueller Veräußerungskosten andererseits zu versteuern. Für die Gesellschaft stellt dieser Abfindungsanspruch eine Verbindlichkeit, d.h. einen Passivposten dar. Insoweit wie der Abfindungsanspruch die Höhe des Kapitalkontos des ausscheidenden Gesellschafters übersteigt, sind die Buchwerte der Aktiva aufzustocken.

2. Schritt: Übertragung des Sachwerts

Im zweiten Schritt erfolgt die Übertragung des Sachwertes. Der Abfindungsanspruch wird hierdurch getilgt. In Höhe der Differenz zwischen Abfindungsanspruch und (aufgestocktem) Buchwert des übertragenen Sachwertes entsteht dem verbleibenden Gesellschafter ein steuerpflichtiger Veräußerungsgewinn. Dieser Veräußerungsgewinn ist allerdings kein begünstigter Veräußerungsgewinn i.S.d. § 16 EStG, da die Transaktion für ihn keine Betriebsveräußerung oder -aufgabe darstellt. Sind die Voraussetzungen des § 6b EStG erfüllt, so kann der verbleibende Gesellschafter diesen Veräußerungsgewinn von den Anschaffungs- / Herstellungskosten anderer Wirtschaftsgüter abziehen oder zunächst in eine Rücklage einstellen.

Mit diesem Verfahren zur Sachwertabfindung wird sichergestellt, dass

- die stillen Reserven, die in dem zur Abfindung herausgegebenen Wirtschaftsgut enthalten sind, in gesamter Höhe versteuert werden. Verbleibende und ausscheidende Gesellschafter haben jeweils den Teil der stillen Reserven zu versteuern, der ihnen aufgrund ihrer Beteiligungshöhe zuzurechnen ist.
- die stillen Reserven, die in den in der Gesellschaft verbleibenden Wirtschaftsgütern enthalten sind, insoweit versteuert werden, wie sie dem ausscheidenden Gesellschafter aufgrund seiner Beteiligungshöhe zuzurechnen sind. Die Besteuerung dieser stillen Reserven erfolgt beim ausscheidenden Gesellschafter.

Beispiel B.153:

(vgl. auch das Beispiel in Tz. 51 des BMF-Schreibens vom 14.03.2006, BStBl I 2006, S. 253)

A und B sind Gesellschafter der A&B OHG. A ist am Gewinn und Vermögen der Gesellschaft zu $^{1}/_{3}$ beteiligt, B zu $^{2}/_{3}$. Die Bilanz des Unternehmens sieht wie folgt aus:

Aktiva	Bilanz A&B OHG		Passiva
Wirtschaftsgut 1	100.000	Kapitalkonto A	100.000
Wirtschaftsgut 2	200.000	Kapitalkonto B	200.000
	300.000		300.000

Der gemeine Wert der beiden Wirtschaftsgüter beträgt 1.000.000 € (Wirtschaftsgut 1) bzw. 2.000.000 € (Wirtschaftsgut 2). B scheidet aus der OHG aus. Als Abfindung erhält er das Wirtschaftsgut 2, das er in sein Privatvermögen überführt.

Zunächst erfolgt die Veräußerung des Mitunternehmeranteils gegen Entstehung eines Abfindungsanspruchs. Die Höhe des Abfindungsanspruchs entspricht dem gemeinen Wert von Wirtschaftsgut 2, d.h. 2.000.000 €. Der Abfindungsanspruch übersteigt den Wert des Kapitalkontos von B um 1.800.000 €. Die Buchwerte der Wirtschaftsgüter sind somit insgesamt um 1.800.000 € aufzustocken, d.h. $^2/_3$ der stillen Reserven sind aufzulösen. Es ergeben sich damit Buchwerte von (100.000 + 600.000 =) 700.000 € für Wirtschaftsgut 1 und (200.000 + 1.200.000 =) 1.400.000 € für Wirtschaftsgut 2.

Die Bilanz hat daraufhin das folgende Aussehen:

Aktiva	Bilanz Einzelunternehmen A (vor Abfindung B)		Passiva
Wirtschaftsgut 1	700.000	Kapitalkonto A	100.000
Wirtschaftsgut 2	1.400.000	Abfindungsanspruch B	2.000.000
	2.100.000		2.100.000

Wirtschaftsgut 2 wird nun an B übertragen und der Ausgleichsanspruch damit getilgt. Dabei erfolgt eine Aufdeckung der in Wirtschaftsgut 2 enthaltenen stillen Reserven. Es ist zu buchen:

Abfindungsanspruch B	2.000.000		
		an Wirtschaftsgut 2	1.400.000
		an sonstige Erträge	600.000

Dem verbleibenden Gesellschafter A entsteht ein Veräußerungsgewinn i.H.v. 600.000 €, welcher nicht durch §§ 16 Abs. 4, 34 Abs. 1 bzw. 3 EStG begünstigt ist. Er hat die stillen Reserven des Wirtschaftsgutes 2 zu versteuern, die auf ihn entfallen ($^1/_3$ von 1.800.000 €).

Dem ausscheidenden Gesellschafter B entsteht ein Veräußerungsgewinn i.H.v. (2.000.000 – 200.000 =) 1.800.000 €. Er hat die in den Wirtschaftsgütern 1 und 2 enthaltenen stillen Reserven zu versteuern, soweit diese auf ihn entfallen ($^2/_3$ von 2.700.000 €).

Fall 2: Überführung in ein anderes Betriebsvermögen

Überträgt der ausscheidende Gesellschafter die übernommenen Wirtschaftsgüter in ein anderes, ihm gehörendes Betriebsvermögen, so sind die Buchwerte dieser Wirtschaftsgüter fortzuführen, sofern die Besteuerung der stillen Reserven sichergestellt ist (§ 6 Abs. 5 Satz 3 Nr. 1 i.V.m. Satz 1 EStG, vgl. auch Abschnitt B.5.4.2.1.2). Es erfolgt somit keine Aufdeckung stiller Reserven und es entsteht kein Veräußerungsgewinn.

Beispiel B.154:

A und B sind Gesellschafter der A&B OHG. A ist zu 80 % beteiligt, B zu 20 %. Die Bilanz des Unternehmens sieht wie folgt aus:

Aktiva	Bilanz A&B OHG		Passiva
Wirtschaftsgut 1	210.000	Kapitalkonto A	200.000
Wirtschaftsgut 2	40.000	Kapitalkonto B	50.000
	250.000		250.000

Der gemeine Wert des Wirtschaftsgutes 1 beträgt 240.000 €, der des Wirtschaftsgutes 2 beträgt 60.000 €. B scheidet aus und erhält das Wirtschaftsgut 2, welches er in das Betriebsvermögen seines Einzelunternehmens überführt.

Wirtschaftsgut 2 scheidet zum Buchwert (40.000 €) gegen Minderung der Gesellschaftsrechte von B (um 40.000 € auf 10.000 €) aus:

Kapital B	40.000		
		an Wirtschaftsgut 2	40.000

B bucht das Grundstück mit einem Wert von 40.000 € in sein Einzelunternehmen ein. Im Fall einer späteren Veräußerung hat er stille Reserven i.H.v. (60.000 – 40.000 =) 20.000 € zu versteuern, obwohl ihm aufgrund seiner Beteiligungshöhe nur stille Reserven i.H.v. (20 % von 50.000 =) 10.000 € zustehen würden. Somit sind stille Reserven i.H.v. (20.000 – 10.000 =) 10.000 € auf B übergegangen. Das restliche Kapitalkonto des B i.H.v. 10.000 € ist auf A zu übertragen:

Kapital B	10.000		
		an Kapital A	10.000

Es ergibt sich somit folgende Bilanz für das Einzelunternehmen von A (nach Ausscheiden von B):

Aktiva	Bilanz Einzelunternehmen A		Passiva
Wirtschaftsgut 1	210.000	Kapital	210.000

Bei dieser Vorgehensweise kommt es zwischen den Gesellschaftern zu einem Übergang von stillen Reserven. Hieraus folgt, dass ein Teil der stillen Reserven nicht bei dem Gesellschafter versteuert wird, dem sie aufgrund der Beteiligungsverhältnisse zuzurechnen sind. Dies widerspricht dem steuerlichen Subjektprinzip. Zu Möglichkeiten, wie erreicht werden kann, dass jeder Gesellschafter stille Reserven in der ihm zustehenden Höhe versteuert, sei auf die Ausführungen des Abschnitts B.5.4.6.3.4 verwiesen.

Wurden in der Personengesellschaft Rücklagen nach § 6b EStG gebildet, so kann der ausscheidende Gesellschafter den Teil der Rücklagen, der anteilig auf ihn entfällt, in ein von ihm betriebenes Einzelunternehmen übernehmen (R 6b.2 Abs. 7 Nr. 3 EStR). Dies folgt daraus, dass es sich bei der Rücklage nach § 6b EStG um eine personenbezogene (gesellschafterbezogene) Rücklage und nicht um eine gesellschaftsbezogene Rücklage handelt (vgl. Abschnitt B.5.4.4.4).

5.4.6.3 Auseinandersetzung durch Realteilung

5.4.6.3.1 Begriff der Realteilung

Die im vorangegangenen Abschnitt dargestellten Regelungen zur Sachwertabfindung sind nur dann anzuwenden, wenn der Betrieb der bisherigen Personengesellschaft durch einen oder mehrere der bisherigen Gesellschafter fortgeführt wird. Dabei ist eine Fortführung des bisherigen Betriebs nur gegeben, wenn

- der ausscheidende Gesellschafter keine wesentlichen Betriebsgrundlagen erhält oder
- der ausscheidende Gesellschafter zwar wesentliche Betriebsgrundlagen erhält, zwischen der bisherigen Tätigkeit der Personengesellschaft und der zukünftigen Tätigkeit der fortführenden Unternehmung aber ein sachlicher Zusammenhang in wirtschaftlicher, finanzieller und organisatorischer Hinsicht besteht und somit die wirtschaftliche Identität des Betriebs erhalten bleibt.

Die Realteilung ist eine besondere Form der Betriebsaufgabe. Auch bei einer Realteilung gehen Wirtschaftsgüter der Personengesellschaft auf die Gesellschafter über. Im Unterschied zur Sachwertabfindung wird jedoch der bisherige Betrieb der Personengesellschaft nicht fortgeführt. Eine Realteilung liegt also vor, wenn

- die Wirtschaftsgüter einer Personengesellschaft entsprechend den Beteiligungsverhältnissen real auf die Gesellschafter aufgeteilt werden,
- die Gesellschafter mit diesen Wirtschaftsgütern jeweils ein Einzelunternehmen (oder eine Mitunternehmerschaft) begründen bzw. fortführen und
- der Betrieb der abgebenden Personengesellschaft aufgegeben wird.

Im Einzelnen sind die Rechtsfolgen der Realteilung im BMF-Schreiben vom 28.02.2006 (BStBl I 2006, S. 228) geregelt.

5.4.6.3.2 Grundsatz der Buchwertfortführung

Gemäß § 16 Abs. 3 Satz 2 EStG sind bei Realteilungen die Buchwerte fortzuführen, und zwar unabhängig davon, ob die bisherigen Mitunternehmer einen Teilbetrieb, einen Mitunternehmeranteil oder einzelne Wirtschaftsgüter erhalten. Ebenso wie bei der Vorschrift des § 6 Abs. 5 Satz 1 EStG zur steuerneutralen Übertragung einzelner Wirtschaftsgüter wird auch hier für die Buchwertfortführung vorausgesetzt, dass die Besteuerung der stillen Reserven gesichert ist (vgl. dazu Abschnitt B.5.4.2.1.1).

Ebenso wie in § 6 Abs. 5 EStG sind **Ausnahmeregelungen** vorgesehen, nach denen bei einer Realteilung nicht der Buchwert, sondern der gemeine Wert der übertragenen Wirtschaftsgüter anzusetzen ist:

- Werden bei einer Realteilung einzelne Wirtschaftsgüter übertragen, so ist rückwirkend der gemeine Wert anzusetzen, soweit innerhalb einer Sperrfrist von 3 Jahren übertragener Grund und Boden, übertragene Gebäude oder andere übertragene wesentliche Betriebsgrundlagen **veräußert** oder **entnommen** werden (§ 16 Abs. 3 Satz 3 EStG). Die dreijährige Sperrfrist beginnt genau in dem Zeitpunkt, in dem die Mitunternehmerschaft die Steuererklärung für den Veranlagungszeitraum der Realteilung abgibt.

- Bei Realteilungen, bei denen einzelne Wirtschaftsgüter übertragen werden, ist der gemeine Wert auch anzusetzen, soweit die Wirtschaftsgüter unmittelbar oder mittelbar auf eine Körperschaft, Personenvereinigung oder Vermögensmasse übertragen werden (§ 16 Abs. 3 Satz 4 EStG).

Für weitere Erläuterungen dieser Missbrauchsverhinderungsvorschriften sei auf die Ausführungen des Abschnitts B.5.4.2.1.3 verwiesen.

5.4.6.3.3 Realteilung und Spitzenausgleich

Es ist zu unterscheiden zwischen Realteilungen ohne Ausgleichszahlung (**ohne Spitzenausgleich**) und Realteilungen mit Ausgleichszahlung (**mit Spitzenausgleich**). Auf einen Spitzenausgleich wird man verzichten, wenn

- die Verkehrswerte der von den einzelnen Gesellschaftern übernommenen Wirtschaftsgüter dem gemeinen Wert des jeweiligen Gesellschaftsanteils (d.h. dem Kapitalkonto zuzüglich der anteiligen stillen Reserven) entsprechen und
- jeder Gesellschafter stille Reserven in der Höhe übernimmt, in der sie ihm aufgrund seiner Beteiligungshöhe zuzurechnen sind.

Beispiel B.155:

An der A&B-OHG sind die Gesellschafter A und B zu je 50 % am Vermögen sowie am Gewinn und Verlust beteiligt.

Vor der Realteilung ergibt sich folgende Schlussbilanz der OHG:

Aktiva	Bilanz A&B OHG		Passiva
Wirtschaftsgüter „Masse 1" (gemeiner Wert: 200.000)	100.000	Kapitalkonto A	100.000
Wirtschaftsgüter „Masse 2" (gemeiner Wert: 200.000)	100.000	Kapitalkonto B	100.000
	200.000		200.000

Die Gesellschafter beschließen, dass A die Wirtschaftsgüter 1 und B die Wirtschaftsgüter 2 übernehmen soll. Beide gründen mit diesen Wirtschaftsgütern jeweils ein Einzelunternehmen.

A und B übernehmen jeweils die auf sie entfallenden Wirtschaftsgüter und ihren Kapitalanteil zu Buchwerten. Eine Ausgleichszahlung ist ausnahmsweise nicht erforderlich, da A und B je zur Hälfte am Gewinn und Verlust und am Liquidationserlös beteiligt sind und sie sowohl Wirtschaftsgüter in gleichem Wert als auch stille Reserven in gleicher Höhe übernehmen.

Die Eröffnungsbilanzen der Einzelunternehmen lauten dann:

Aktiva	Eröffnungsbilanz A		Passiva
Wirtschaftsgüter „Masse 1"	100.000	Kapitalkonto	100.000

Aktiva	Eröffnungsbilanz B		Passiva
Wirtschaftsgüter „Masse 2"	100.000	Kapitalkonto	100.000

Im Regelfall wird eine angemessene Verteilung des Vermögens jedoch nur mit Hilfe von Ausgleichszahlungen zu erreichen sein. Bei diesen **Realteilungen mit Spitzenausgleich** resultiert aus dem Wertausgleich grundsätzlich ein Gewinn. Nach Ansicht der Finanzverwaltung (BMF-Schreiben vom 28.02.2006, BStBl I 2006, S. 228, unter VI.) und der herrschenden Lehre (vgl. stellvertretend *R. Wacker* in L. Schmidt (2010), § 16, Rz. 549; a.A. noch BFH-Urteil vom 01.12.1992, BStBl II 1994, S. 607) erwirbt der Ausgleichsleistende durch die Ausgleichszahlung einen Teil des von ihm übernommenen Vermögens entgeltlich vom Ausgleichsberechtigten. Dieser entgeltlich erworbene Teil bemisst sich nach dem Verhältnis der Ausgleichszahlung zu dem Verkehrswert des vom Ausgleichsleistenden insgesamt übernommenen Vermögens. Zur Ermittlung des Gewinns des Ausgleichsberechtigen ist die Ausgleichszahlung dem Buchwert des entgeltlich erworbenen Ver-mögens gegenüberzustellen. Für den Ausgleichsleistenden stellt die Ausgleichszahlung wiederum Anschaffungskosten dar.

Der vom Ausgleichsberechtigten erzielte Veräußerungsgewinn ist nach Auffassung der Finanzverwaltung nicht nach §§ 16 Abs. 4, 34 EStG begünstigt, da nicht sämtliche stille Reserven aufgedeckt werden.

Beispiel B.156:

An einer OHG sind die Gesellschafter A und B im Verhältnis 80 : 20 am Vermögen sowie am Gewinn und Verlust beteiligt. Vor der Realteilung ergibt sich folgende Bilanz der OHG:

Aktiva	Bilanz OHG vor Realteilung		Passiva
Teilbetrieb 1 (gemeiner Wert: 2.100.000)	900.000	Kapitalkonto A	1.200.000
Teilbetrieb 2 (gemeiner Wert: 900.000)	600.000	Kapitalkonto B	300.000
	1.500.000		1.500.000

A soll im Rahmen der Realteilung Teilbetrieb 1 und B Teilbetrieb 2 übernehmen (jeweils zur Neugründung eines Einzelunternehmens).

Das Vermögen der OHG (einschließlich stiller Reserven) beträgt 3.000.000 €. Hiervon stehen B aufgrund seiner Beteiligungshöhe 20 %, d.h. 600.000 € zu. Indem er Teilbetrieb 2 übernimmt, erhält er jedoch Vermögen i.H.v. 900.000 €. Zum Ausgleich leistet er an A eine Zahlung i.H.v. 300.000 €.

Lösung:

B erwirbt (300.000 € (Ausgleichzahlung) / 900.000 € (Verkehrswert Teilbetrieb 2) =) $^1/_3$ des Teilbetriebs 2 entgeltlich von A. Die restlichen $^2/_3$ von Teilbetrieb 2 gehen unentgeltlich von der OHG auf B über.

Der von A erzielte Veräußerungsgewinn ergibt sich als Differenz zwischen der Ausgleichszahlung und dem Buchwert des entgeltlich veräußerten Anteils von Teilbetrieb 2. Der Gewinn beträgt somit (300.000 – 200.000 =) 100.000 €. Es handelt sich um einen laufenden Gewinn, der nicht nach §§ 16 Abs. 4, 34 EStG begünstigt ist.

B hat das aus der OHG übernommene Vermögen in seiner Eröffnungsbilanz mit 700.000 € anzusetzen. Dieser Wert ergibt sich folgendermaßen:

unentgeltliche Übernahme ($^{2}/_{3} \cdot$ 600.000 (Buchwert) =)	400.000 €
+ entgeltlicher Erwerb (Ausgleichszahlung = Anschaffungskosten)	300.000 €
	700.000 €

Es ergeben sich somit folgende Eröffnungsbilanzen:

Aktiva	Eröffnungsbilanz A		Passiva
Teilbetrieb 1	900.000	Kapital	1.200.000
Forderung Ausgleichszahl.	300.000		
	1.200.000		1.200.000

Aktiva	Eröffnungsbilanz B		Passiva
Teilbetrieb 2	700.000	Kapital	400.000
		Verbindl. Ausgleichszahl.	300.000
	700.000		700.000

Durch die Ausgleichszahlungen wird zwar erreicht, dass jeder Gesellschafter Vermögen in der ihm zustehenden Höhe erhält. Jedoch stellt die Behandlung dieser Ausgleichszahlungen nicht sicher, dass die Gesellschafter auch stille Reserven in der ihnen zuzurechnenden Höhe übernehmen. B stehen aufgrund seiner Beteiligungshöhe stille Reserven i.H.v. (20 % von 1.500.000 =) 300.000 € zu. In der Eröffnungsbilanz des Einzelunternehmens von B sind in Teilbetrieb 2 aber nur stille Reserven i.H.v. 200.000 € enthalten. Zudem kommt es zu einer Aufstockung des Kapitalkontos **bei B** um 100.000 €, **obwohl A** einen Veräußerungsgewinn von 100.000 € zu versteuern hat. Dies ist Ausfluss der Kapitalkontenanpassungsmethode (BMF-Schreiben vom 26.02.2006, BStBl I 2006, S. 228, unter VII.).

Wie erreicht werden kann, dass jeder Gesellschafter stille Reserven in der ihm zustehenden Höhe erhält (oder zumindest versteuert), ist Gegenstand des nachfolgenden Abschnitts.

Soweit das Vermögen der Personengesellschaft „unentgeltlich“ auf die Gesellschafter übergeht, treten die Gesellschafter in die Rechtsstellung der Personengesellschaft ein. Dies bedeutet, dass AfA-Methode und AfA-Bemessungsgrundlage fortzuführen sind. Zudem wird die Besitzzeit der Personengesellschaft i.S.d. § 6b Abs. 4 Nr. 2 EStG dem jeweils übernehmenden Gesellschafter angerechnet. Ein Bewertungswahlrecht gemäß § 6 Abs. 2, 2a EStG kann nicht ausgeübt werden, da kein Anschaffungsvorgang vorliegt.

Soweit das Vermögen bei Realteilungen mit Spitzenausgleich entgeltlich erworben wird, tritt der übernehmende Gesellschafter nicht in die Rechtsstellung der Personengesellschaft ein. Vielmehr wird ein Veräußerungsgeschäft fingiert. Für die entgeltlich erworbenen Wirtschaftsgüter ist die AfA-Methode nicht von der Personengesellschaft zu übernehmen, sondern neu festzusetzen. Auch findet für die entgeltlich erworbenen Wirtschaftsgüter keine Besitzzeitzusammenrechnung i.S.d. § 6b EStG statt. Werden geringwertige Wirtschaftsgüter entgeltlich erworben, so können deren Anschaffungskosten gemäß § 6 Abs. 2, 2a EStG sofort als Betriebsausgabe geltend gemacht oder in einen Sammelposten eingestellt werden.

5.4.6.3.4 Steuerbelastungsdivergenzen

Selbst wenn die gemeinen Werte der von den einzelnen Gesellschaftern übernommenen Wirtschaftsgüter den gemeinen Werten ihrer Gesellschaftsanteile entsprechen und somit insoweit kein Spitzenausgleich notwendig ist, werden häufig einzelne Gesellschafter stille Reserven in einer Höhe übernehmen, die die Höhe der stillen Reserven, die ihnen aufgrund ihrer Beteiligungshöhe zustehen würde, übersteigt oder unterschreitet.

Es kommt somit zu einer Verlagerung von stillen Reserven zwischen den Gesellschaftern. Diese Verlagerung stiller Reserven widerspricht dem steuerlichen Subjektprinzip (vgl. auch Abschnitt B.5.4.2.1.2), da ein Teil der stillen Reserven nicht bei dem Gesellschafter versteuert wird, dem diese stillen Reserven aufgrund der Beteiligungsverhältnisse zuzurechnen wären:

- Übernimmt ein Gesellschafter mehr stille Reserven als ihm aufgrund seiner Beteiligungshöhe zuzurechnen wären, so führt dies bei diesem Gesellschafter zu einer steuerlichen Mehrbelastung, da er bei einer späterer Realisierung (Verkauf oder Entnahme der Wirtschaftsgüter) auch die zu viel übernommenen stillen Reserven versteuern muss. Bei Realteilung und späterer Realisierung der stillen Reserven ist die auf ihn entfallende Steuerlast somit höher als wenn die stillen Reserven in der Personengesellschaft aufgelöst und versteuert worden wären.
- Auf der anderen Seite werden Gesellschafter, die weniger stille Reserven übernehmen als ihnen aufgrund ihrer Beteiligungshöhe zuzurechnen wären, steuerlich entlastet – sie haben bei einer späteren Realisierung weniger stille Reserven zu versteuern als wenn die stillen Reserven in der Personengesellschaft aufgelöst und versteuert worden wären.

Die Übertragung stiller Reserven zwischen den Gesellschaftern und die daraus resultierenden zukünftigen Steuerbelastungsdivergenzen können verhindert werden, indem

- im Rahmen der Realteilung ein Teil der stillen Reserven aufgedeckt wird; dies widerspricht jedoch dem Gebot der Buchwertfortführung nach § 16 Abs. 3 Satz 2 EStG,
- durch Bildung von Ausgleichsposten die Übertragung stiller Reserven korrigiert wird.

Schließlich können zwischen den Gesellschaftern Steuererstattungsansprüche zur Korrektur der zukünftigen Steuerbelastungsdivergenzen vereinbart werden. Auch die auf Grundlage dieser Steuererstattungsansprüche fließenden Ausgleichzahlungen ermöglichen – ohne Korrektur der Höhe der übernommenen stillen Reserven – eine dem Subjektprinzip entsprechende Verteilung der Steuerlast.

Es sei angemerkt, dass durch diese Methoden in **allen Fällen** der Übertragung von Betriebsvermögen ein Übergang von stillen Reserven zwischen einzelnen Gesellschaftern vermieden oder steuerlich kompensiert werden kann. So könnten diese Methoden neben der Realteilung beispielsweise auch bei der Übertragung einzelner Wirtschaftsgüter zwischen verschiedenen Betriebsvermögen (vgl. Abschnitt B.5.4.2.1) und im Rahmen der Sachwertabfindung durch Übertragung von Wirtschaftsgütern in ein Betriebsvermögen des ausscheidenden Gesellschafters (vgl. Abschnitt B.5.4.6.2.3) angewendet werden.

Die genannten Methoden seien nachfolgend anhand eines Beispiels erläutert.

Beispiel B.157:

Ausgangsfall

A und B sind jeweils zu 50 % an der A&B OHG beteiligt, welche zum 31.12.01 folgende Schlussbilanz aufweist:

Aktiva	A&B OHG vor Realteilung		Passiva
Wirtschaftsgut 1	100.000	Kapitalkonto A	150.000
Wirtschaftsgut 2	200.000	Kapitalkonto B	150.000
	300.000		300.000

Der Teilwert der beiden Wirtschaftsgüter beträgt jeweils 200.000 €.

Zum 01.01.02 wird die OHG real geteilt. A übernimmt Wirtschaftsgut 1 und gründet Einzelunternehmen A. B übernimmt Wirtschaftsgut 2 und gründet Einzelunternehmen B.

Fall 1: Teilweise Aufdeckung stiller Reserven

Eine Übertragung stiller Reserven zwischen den Gesellschaftern könnte vermieden werden, wenn eine Realteilung nur insoweit erfolgsneutral vorgenommen wird, wie die Gesellschafter stille Reserven in der ihnen zustehenden Höhe übernehmen. Übernimmt ein Gesellschafter Wirtschaftsgüter (oder einen Teilbetrieb) mit stillen Reserven, die höher sind als die ihm zustehenden stillen Reserven, so hat der Gesellschafter die ihm nicht zustehenden stillen Reserven erfolgswirksam aufzulösen. Der resultierende Gewinn ist von dem Gesellschafter zu versteuern, der weniger stille Reserven übernimmt als ihm aufgrund des Beteiligungsverhältnisses zuzurechnen wären.

Beispiel B.158:
Fall 1: Teilweise Aufdeckung stiller Reserven

A übernimmt Wirtschaftsgut 1, in welchem stille Reserven i.H.v. 100.000 € enthalten sind. A stehen jedoch aufgrund seiner Beteiligungshöhe nur stille Reserven i.H.v. 50.000 € zu.

Es sind somit stille Reserven i.H.v. (100.000 – 50.000 =) 50.000 € aufzulösen. Wirtschaftsgut 1 ist in der Eröffnungsbilanz von Einzelunternehmen A somit mit einem Buchwert von 150.000 € anzusetzen. Der Aufgabegewinn i.H.v. 50.000 € ist von B zu versteuern.

Im Ergebnis versteuern beide Gesellschafter stille Reserven i.H.v. 50.000 € – B im Veranlagungszeitraum der Realteilung; A bei Veräußerung oder Entnahme von Wirtschaftsgut 1.

Diese Vorgehensweise wurde beispielsweise von Reiß und Biergans vorgeschlagen – allerdings unter der bis zum Jahr 1998 geltenden Rechtslage (vgl. *W. Reiß*, StuW 1995, S. 199 (206); *E. Biergans* (1992), S. 823 f.). Mit dem nunmehr geltenden Gebot der Buchwertfortführung in § 16 Abs. 3 Satz 2 EStG ist eine (teilweise) Auflösung der stillen Reserven allerdings **nicht vereinbar**. Somit ist die oben dargestellte Vorgehensweise unter der heutigen Rechtslage abzulehnen. Auch weist diese Möglichkeit den Nachteil auf, dass der Gesellschafter, der Wirtschaftsgüter mit weniger stillen Reserven übernimmt, die vom anderen Gesellschafter übernommenen stillen Reserven bereits während der Realteilung versteuern muss, soweit sie auf ihn entfallen. Der andere Gesellschafter muss die auf ihn entfallenden stillen Reserven erst später versteuern und hat damit Liquiditäts- und Zinsvorteile.

Fall 2: Bildung von Ausgleichsposten

Um dem steuerlichen Subjektprinzip zu entsprechen, muss erreicht werden, dass die stillen Reserven jeweils bei dem Gesellschafter versteuert werden, dem sie aufgrund der Beteiligungsverhältnisse zuzurechnen sind. Es muss also verhindert werden, dass es zu einer Verlagerung stiller Reserven zwischen den Gesellschaftern kommt.

Diese Problematik ist vergleichbar mit der Übertragung eines Wirtschaftsgutes aus einem inländischen Betriebsvermögen in eine ausländische Betriebsstätte. Auch hier soll eine Verlagerung stiller Reserven verhindert werden. Es soll sichergestellt werden, dass die in dem Wirtschaftsgut im Zeitpunkt der Überführung enthaltenen stillen Reserven dort besteuert werden, wo sie entstanden sind – im Inland.

Gemäß § 4g EStG kann in Höhe der Differenz zwischen dem Buchwert und dem gemeinen Wert im Entstrickungszeitpunkt auf Antrag des Steuerpflichtigen ein Ausgleichsposten gebildet werden, soweit das Wirtschaftsgut einer Betriebsstätte desselben Steuerpflichtigen in einem anderen EU-Staat zuzuordnen ist. Der Ausgleichsposten ist im Wirtschaftsjahr der Bildung und in den folgenden vier Wirtschaftsjahren zu je einem Fünftel gewinnerhöhend aufzulösen (§ 4g Abs. 2 Satz 1 EStG). Die Vorschrift des § 4g EStG führt somit zu einer zeitlich gestreckten Versteuerung der stillen Reserven.

Überträgt man diese Vorgehensweise auf die Realteilung, so könnte sichergestellt werden, dass jeder Gesellschafter stille Reserven genau in der Höhe zu versteuern hat, in der sie ihm aufgrund seiner Beteiligungshöhe zuzurechnen sind. Denkbar wäre es, die überspringenden stillen Reserven in einen Ausgleichsposten einzustellen, der, abweichend von § 4g EStG, erst dann aufgelöst wird, wenn das Wirtschaftsgut aus dem Betriebsvermögen ausscheidet. Bei abnutzbaren Wirtschaftsgütern wäre der Ausgleichsposten bereits vor dem Ausscheiden zeitanteilig – gemäß der Restnutzungsdauer – auszulösen.

Diese Vorgehensweise wäre – im Unterschied zu der im vorangegangenen Abschnitt beschriebenen – mit dem Gebot der Buchwertfortführung des § 16 Abs. 3 Satz 2 EStG vereinbar, da sie zu keiner (sofortigen) Auflösung von stillen Reserven führt.

Beispiel B.159:

Fall 2: Bildung von Ausgleichsposten

A übernimmt stille Reserven i.H.v. 100.000 €, obwohl ihm aufgrund seiner Beteiligungshöhe nur stille Reserven i.H.v. 50.000 € zuzurechnen wären. A hat deshalb einen aktiven Ausgleichsposten über 50.000 € in der Eröffnungsbilanz seines Einzelunternehmens zu bilden. B bildet einen passiven Ausgleichsposten in gleicher Höhe. Es ergeben sich somit folgende Eröffnungsbilanzen zum 01.01.02:

Aktiva	Einzelunternehmen A		Passiva
Wirtschaftsgut 1	100.000	Kapital	150.000
Ausgleichsposten	50.000		
	150.000		150.000

Aktiva	Einzelunternehmen B		Passiva
Wirtschaftsgut 2	200.000	Kapital	150.000
		Ausgleichsposten	50.000
	200.000		200.000

Angenommen, bei Wirtschaftsgut 1 handele es sich um ein **nicht abnutzbares Wirtschaftsgut** und A veräußere dieses Wirtschaftsgut zum 31.12.03 für 200.000 €.

Dann hätte A zu buchen:

Bank	200.000	an Wirtschaftsgut 1	100.000
		an Ausgleichsposten	50.000
		an sonstige Erträge	50.000

Für B ergäbe sich folgende Buchung:

Ausgleichsposten	50.000	an sonstige Erträge	50.000

Bei der Veräußerung von Wirtschaftsgut 1 werden stille Reserven i.H.v. 100.000 € realisiert. Durch die im Zeitpunkt der Veräußerung erfolgende Auflösung der Ausgleichsposten wird erreicht, dass diese stillen Reserven nicht in voller Höhe bei A, sondern bei beiden Gesellschaftern je zur Hälfte versteuert werden.

Nun sei angenommen, bei Wirtschaftsgut 1 handele es sich um ein **abnutzbares Wirtschaftsgut** mit einer Restnutzungsdauer von 5 Jahren.

Bei linearer AfA wäre zum 31.12. der Jahre 02 bis 06 bei A zu buchen:

AfA	20.000	an Wirtschaftsgut 1	20.000
sonstiger Aufwand	10.000	an Ausgleichsposten	10.000

B hätte jeweils zu buchen:

Ausgleichsposten	10.000	an sonstige Erträge	10.000

A kann eine jährliche AfA i.H.v. 20.000 € geltend machen. Wären die stillen Reserven des Wirtschaftsguts 1 vor oder bei der Realteilung aufgelöst worden, würde Wirtschaftsgut 1 zum 01.01.02 mit 200.000 € zu Buche stehen und die jährliche AfA 40.000 € betragen. Somit führt die Übernahme von stillen Reserven i.H.v. 100.000 € bei A zu einer Minderung der AfA und damit zu einer Erhöhung des steuerlichen Gewinns um jährlich 20.000 €. Durch die simultan zur AfA erfolgende Auflösung der Ausgleichsposten wird die Hälfte dieses Gewinns bei B versteuert, so dass die stillen Reserven im Ergebnis bei beiden Gesellschaftern den steuerlichen Gewinn jährlich um jeweils 10.000 €, insgesamt jeweils um 50.000 €, erhöhen.

Im Unterschied zur teilweisen Aufdeckung der stillen Reserven (Fall 1) haben die Gesellschafter die stillen Reserven zum selben Zeitpunkt zu versteuern.

Allerdings wird diese Vorgehensweise seitens des BFH bisher entschieden abgelehnt (BFH-Urteil vom 10.12.1991, BStBl II 1992, S. 385). Begründet wird dies damit, dass diese Methode in gravierender Weise den Grundsätzen ordnungsmäßiger Gewinnermittlung widerspreche und sehr unpraktikabel sei. Ein Hauptkritikpunkt besteht darin, dass der Gesellschafter, der einen passiven Ausgleichsposten bildet, diesen Ausgleichsposten aufzulösen hat, ohne dass er selbst einen Realisierungstatbestand verwirklicht. Die Auflösung dieses Ausgleichspostens erfolgt nur, weil der andere Gesellschafter, d.h. der Gesellschafter, der einen aktiven Ausgleichsposten gebildet hat, einen Realisierungstat-be-stand erfüllt. Dies verstößt sowohl gegen das Prinzip der Tatbestandsmäßigkeit der Be-steuerung als auch gegen das Realisationsprinzip, wonach die Besteuerung an einen vom Steuerpflichtigen selbst verwirklichten Tatbestand anzuknüpfen hat. Diesem Kritikpunkt ist unter der gegenwärtigen Gesetzeslage jedoch entgegenzuhalten, dass die Realisierung eines Erfüllungstatbestands durch den Gesellschafter, der zu wenige stille Reserven übernimmt, nur im Zeitpunkt der Realteilung möglich wäre – eine Realisierung von stillen Reserven ist zu diesem Zeitpunkt jedoch aufgrund des Gebots der Buchwertfortführung des § 16 Abs. 3 Satz 2 EStG nicht möglich.

Den Bedenken des BFH könnte durch eine weitergehende Annäherung an die Vorschrift des § 4g EStG Rechnung getragen werden, indem der Ausgleichsposten gleichmäßig über fünf Jahre aufgelöst wird. In diesem Fall würde nicht mehr an einen Realisationstatbestand bei dem anderen Gesellschafter angeknüpft.

Fall 3: Ausgleichszahlungen

Schließlich ist es möglich, dass zwischen den Gesellschaftern ein Steuererstattungsanspruch vereinbart wird. Auf der Grundlage dieser Vereinbarung leisten die Gesellschafter, die weniger stille Reserven übernehmen als ihnen aufgrund ihrer Beteiligungshöhe zuzurechnen sind, Zahlungen an die Gesellschafter, die zu viel stille Reserven übernehmen, um diese für deren spätere höhere Steuerbelastung zu entschädigen.

Dabei sind die Höhe des Steuererstattungsanspruchs und der Zeitpunkt der Zahlungen individuell zwischen den Gesellschaftern zu regeln. So kann beispielsweise bezüglich des Zahlungszeitpunktes festgelegt werden, dass die Zahlungen sofort im Zeitpunkt der Realteilung erfolgen oder alternativ erst dann, wenn die Steuermehrbelastung tatsächlich eingetreten ist. Der Steuererstattungsanspruch sollte so hoch sein, dass im Ergebnis jeder Gesellschafter die Steuern für stille Reserven in der Höhe trägt, in der sie ihm aufgrund seiner Beteiligungshöhe zuzurechnen sind.

Es bestehen unterschiedliche Auffassungen darüber, wie die Vereinbarung eines Steuererstattungsanspruchs und die daraus resultierenden Zahlungen zu behandeln sind. Zum einen werden diese Vereinbarungen und Zahlungen der nichtsteuerbaren Privatsphäre zugewiesen (BFH-Urteil vom 10.02.1972, BStBl II 1972, S. 419). Dies würde bedeuten, dass beim Zahlenden kein steuerlicher Aufwand und beim Zahlungsempfänger kein zu versteuernder Ertrag entsteht (steuerneutrale Behandlung, vgl. auch *B. Knobbe-Keuk* (1993), § 22 IX; *B. Keuk*, DB 1972, S. 598 (602 f.)).

Dagegen vertritt der überwiegende Teil der Literatur die Ansicht, dass die Vereinbarung eines Steuererstattungsanspruchs zu einer Gewinnrealisierung führt (vgl. beispielsweise *R. Wacker*, in: L. Schmidt (2010), § 16, Rz. 548, m.w.N.). Der Zahlungsempfänger hat einen Gewinn in Höhe des Erstattungsanspruchs zu versteuern; der Zahlende hat Betriebsausgaben in gleicher Höhe (steuerwirksame Behandlung).

Beispiel B.160:

Fall 3: Ausgleichszahlungen

Es sei angenommen, dass A und B jeweils einem persönlichen Steuersatz von 40 % unterliegen. B übernimmt 50.000 € stille Reserven weniger als ihm aufgrund seiner Beteiligungshöhe zuzurechnen wären. Die beiden Gesellschafter vereinbaren deshalb, dass B in dem Zeitpunkt, in dem A die zu viel übernommenen stillen Reserven zu versteuern hat, an A einen Betrag i.H.v. (40 % von 50.000 =) 20.000 € zahlt.

steuerneutrale Behandlung:

Zum 01.01.02 sind – jeweils erfolgsneutral – die Kapitalkonten an die übernommenen Buchwerte anzupassen:

Kapital A	50.000	an Kapital B	50.000

Wird Wirtschaftsgut 1 nun zum 31.12.02 für 200.000 € veräußert, so hat A insgesamt stille Reserven i.H.v. 100.000 € zu versteuern und damit Steuern i.H.v. (40 % von 100.000 =) 40.000 € zu zahlen. Er erhält von B 20.000 € erstattet, so dass im Ergebnis jeder der beiden Gesellschafter die Hälfte der Steuerlast trägt.

steuerwirksame Behandlung:

Der Unterschied zur steuerneutralen Behandlung besteht darin, dass Gesellschafter A durch die Ausgleichszahlung ein steuerpflichtiger Gewinn i.H.v. 20.000 € entsteht; B hat einen steuerlich abzugsfähigen Aufwand in gleicher Höhe.

Berücksichtigt man, dass A den Steuererstattungsanspruch zu versteuern hat und B ihn als Betriebsausgabe abziehen kann, so trägt A bei wirtschaftlicher Betrachtung eine Steuerlast i.H.v. (40.000 – 20.000 · (1 – 0,4) =) 28.000 € und B i.H.v. (20.000 · (1 – 0,4) =) 12.000 €. Um zu erreichen, dass beide Gesellschafter steuerlich in gleicher Höhe belastet werden, müsste ein Steuererstattungsanspruch i.H.v. (20.000 / (1 – 0,4) =) 33.333 € vereinbart werden.

Weichen die persönlichen Steuersätze der Gesellschafter voneinander ab, stellt sich die Frage, nach welchem Steuersatz der Steuererstattungsanspruch bemessen werden soll:

- Verwendet man den Steuersatz des Gesellschafters, der zu geringe stille Reserven übernimmt, so wird zwar erreicht, dass dieser Gesellschafter im Ergebnis stille Reserven in der ihm zuzurechnenden Höhe mit seinem persönlichen Steuersatz zu versteuern hat. Der Steuererstattungsanspruch ist dann jedoch geringer (höher) als die Steuer, die der andere Gesellschafter auf die zu viel übernommenen stillen Reserven zu zahlen hat, wenn dieser andere Gesellschafter einen höheren (niedrigeren) persönlichen Steuersatz hat. Im Ergebnis wird der Gesellschafter, der zu geringe stille Reserven übernommen hat, in korrekter Höhe belastet; der andere Gesellschafter wird jedoch nicht in korrekter Höhe entlastet.
- Wird dagegen der Steuersatz verwendet, dem der Gesellschafter unterliegt, der zu hohe stille Reserven übernimmt, so entspricht die Höhe des Steuererstattungsanspruchs zwar der Steuer, die dieser auf die zu viel übernommenen stillen Reserven zu zahlen hat. Der Steuererstattungsanspruch ist jedoch geringer (höher) als die Steuer, die der Gesellschafter, der zu wenig stille Reserven übernommen hat, zahlen müsste, wenn er diese stillen Reserven tatsächlich selbst versteuern würde und er einen höheren (niedrigeren) persönlichen Steuersatz hat. Somit wird der Gesellschafter, der zu hohe stille Reserven übernommen hat, in korrekter Höhe entlastet; der andere Gesellschafter wird jedoch nicht in korrekter Höhe belastet.

Ein Kompromissvorschlag bestünde darin, den Mittelwert der persönlichen Steuersätze der Gesellschafter zu verwenden.

5.4.6.4 Auseinandersetzung einer Erbengemeinschaft

Gehört ein gewerbliches, land- und forstwirtschaftliches oder freiberufliches Unternehmen in einen Nachlass, so wird es Gesamthandsvermögen der Erben. Die Erben können das Unternehmen als Erbengemeinschaft unbegrenzt fortführen. Allerdings kann jeder Miterbe auch grundsätzlich jederzeit die Auseinandersetzung der Erbengemeinschaft verlangen (§ 2042 BGB).

Die Erbengemeinschaft ist eine Mitunternehmerschaft i.S.d. § 15 Abs. 1 Nr. 2 EStG. Die Miterben verfügen über Mitunternehmerrisiko, da sie Gewinn und Verlust tragen sowie für Unternehmensschulden haften. Sie verfügen über Mitunternehmerinitiative, da sie gemäß § 2038 Abs. 1 BGB zur gemeinschaftlichen Verwaltung des Nachlasses berechtigt sind (Rz. 3 des BMF-Schreibens vom 14.03.2006, BStBl I 2006, S. 253).

Da die Erbengemeinschaft ertragsteuerlich eine Mitunternehmerschaft darstellt, verwirklichen die Erben gemeinsam den Tatbestand der Einkunftserzielung. Die Einkünfte sind den Erben ab dem Zeitpunkt des Todes des Erblassers zuzurechnen, da der Erblasser mit diesem Zeitpunkt die Rechtsfähigkeit, d.h. die Fähigkeit, Träger von Rechten und Pflichten zu sein, verliert. Die Zurechnung der Einkünfte auf die einzelnen Erben erfolgt entsprechend der Höhe der Erbanteile.

Da die Erbengemeinschaft als Mitunternehmerschaft anzusehen ist, erfolgt ihre Auseinandersetzung grundsätzlich nach den in den vorangegangenen Abschnitten dargestellten Grundsätzen, vgl. auch Tz. 10 ff. des BMF-Schreibens zur ertragsteuerlichen Behandlung der Erbengemeinschaft und ihrer Auseinandersetzung vom 14.03.2006, BStBl I 2006, S. 253.

Die Erbengemeinschaft ist eine Zufallsgemeinschaft, die von ihrem Wesen her von vornherein auf Teilung angelegt ist. Die Auseinandersetzung wird jedoch immer einen gewissen Zeitraum in Anspruch nehmen. Um zu vermeiden, dass auch bei einer sehr schnellen Auseinandersetzung der Erbengemeinschaft allen Miterben laufende Einkünfte zuzurechnen sind, kann nach Auffassung der Finanzverwaltung eine Erbengemeinschaft steuerlich in der Regel als sofort auseinandergesetzt gelten (gemäß den in den vorangegangenen Abschnitten geschilderten Grundsätzen), sofern die Auseinandersetzung innerhalb von 6 Monaten ab dem Zeitpunkt des Erbfalles stattfindet (Tz. 8 des BMF-Schreibens vom 14.03.2006). Die laufenden Einkünfte können somit in voller Höhe demjenigen Miterben zugerechnet werden, der die Einkunftsquelle, z.B. den Gewerbebetrieb, übernimmt.

5.5 Nicht abziehbare Betriebsausgaben

Nachdem in Abschnitt B.5.2 die verschiedenen Gewinnermittlungsmethoden beschrieben wurden, soll nun auf eine Frage eingegangen werden, die für jede Form der betrieblichen Gewinnermittlung gleichermaßen relevant ist – die Frage der nicht abziehbaren Betriebsausgaben.

Nach § 4 Abs. 4 EStG sind Betriebsausgaben Aufwendungen, die durch den Betrieb veranlasst sind. Aufwendungen sind alle in Geld oder Geldeswert bestehenden Güter, die aus dem Vermögen des Steuerpflichtigen ausscheiden (BFH-Urteil vom 20.08.1986, BStBl II 1987, S. 108). Aufwendungen sind durch den Betrieb veranlasst, wenn sie ihre Ursache im Betrieb haben oder sonst in einem engen wirtschaftlichen Zusammenhang zu dem Betrieb stehen. Das deutsche Einkommensteuerrecht basiert somit auf einem **kausalen** und nicht auf einem finalen **Betriebsausgabenbegriff** (vgl. *W. Heinicke*, in: L. Schmidt (2010), § 4, Rz. 483). Es wird für das Vorliegen von Betriebsausgaben lediglich ein betrieblicher Zusammenhang verlangt, jedoch nicht, dass die Aufwendungen für den Betrieb notwendig, angemessen, zweckmäßig oder üblich sind. Allerdings muss der Steuerpflichtige nachweisen, dass die in Frage stehende Aufwendung in einem tatsächlichen oder wirtschaftlichen Zusammenhang mit einer konkreten Gewinnerzielungsabsicht angefallen ist (BFH-Beschluss vom 06.10.1993, BFH/NV 1994, S. 173).

Sind Aufwendungen teilweise betrieblich und teilweise privat veranlasst (**gemischte Aufwendungen**), so sind diese in einen beruflichen und einen privaten Teil aufzuteilen, wenn die beruflich veranlassten Anteile dargelegt und nachgewiesen werden und nicht von untergeordneter Bedeutung sind (BFH-Beschluss vom 21.09.2009, GrS, BFH/NV 2010, S. 285; BMF-Schreiben vom 06.07.2010, DStR 2010, S. 1522), vgl. Abschnitt B.3.5.

Neben den Betriebsausgaben können seit 2006 auch die sog. „erwerbsbedingten Kinderbetreuungskosten" nach § 9c Abs. 1 EStG (2006 – 2008: § 4f EStG) zu zwei Dritteln (max. 4.000 € je Kind) **wie** Betriebsausgaben abgezogen werden (**fiktive Betriebsausgaben**, siehe Abschnitt B.8.3.10.1).

Nach § 4 Abs. 4a – 7 EStG sind jedoch eine Reihe von Aufwendungen, die sich zwar als Betriebsausgaben i.S.d. § 4 Abs. 4 EStG qualifizieren, dennoch nicht oder nur zum Teil abziehbar. Darüber hinaus gelten die allgemeinen Abzugsverbote des § 12 EStG (siehe Abschnitt B.3.5) auch hinsichtlich der Gewinneinkunftsarten. Die Abzugsverbote des § 4 Abs. 4a – 7 EStG sollen beispielsweise verhindern, dass betriebliche Zinsaufwendungen, die auf unangemessen hohen Privatentnahmen zurückzuführen sind, unangemessener betrieblicher Repräsentationsaufwand oder Aufwendungen mit Strafcharakter den Gewinn mindern können. Solche Aufwendungen sollen nicht durch eine steuerliche Abzugsfähigkeit teilweise auf die Allgemeinheit abgewälzt werden können.

Die Definition von Betriebsausgaben in § 4 Abs. 4 EStG sowie die Abzugsverbote des § 4 Abs. 4a – 7 EStG gelten für sämtliche Gewinneinkunftsarten, d.h. sowohl für die Einkünfte aus Land- und Forstwirtschaft als auch für die Einkünfte aus Gewerbebetrieb und die Einkünfte aus selbständiger Arbeit. Darüber hinaus sind die Abzugsbeschränkungen des § 4 Abs. 5 Nrn. 1 – 5, 6b – 8a, 10 und 12 sowie des § 4 Abs. 6 EStG auch im Rahmen der Überschusseinkunftsarten zu beachten (§ 9 Abs. 5 EStG).

5.5.1 Schuldzinsen

Durch die Einfügung der Vorschrift des § 4 Abs. 4a EStG zum VZ 1999 hat der Gesetzgeber auf den Beschluss des BFH vom 08.12.1997 (BStBl II 1998, S. 193) reagiert, der den Abzug von Schuldzinsen im Rahmen sog. Zwei- oder Mehrkontenmodelle (reines Betriebsausgabenkonto, privat belastbares Betriebseinnahmenkonto, eventuell noch reines Privatkonto) zugelassen hatte. Danach war es einem Steuerpflichtigen möglich, betriebliche Mittel für private Zwecke (z.B. zur Finanzierung eines Eigenheims) zu entnehmen, den auf betrieblicher Ebene dadurch entstehenden Finanzierungsbedarf durch Fremdmittel zu decken und die hierauf entstehenden Schuldzinsen als Betriebsausgaben abzuziehen. Diese private Entnahmefinanzierung sah der Große Senat des Bundesfinanzhofes erst dann als schädlich an, wenn dem Betrieb keine entnahmefähigen Barmittel mehr zur Verfügung stehen, d.h. sofern die Entnahme nur dadurch ermöglicht wird, dass dem Betrieb Darlehensmittel zufließen (BFH-Beschluss vom 08.12.1997, BStBl 1998 II, S. 193 unter B I 6). Aus derartigen Krediten resultierende Schuldzinsen können nicht als betrieblich veranlasst gelten.

§ 4 Abs. 4a EStG sucht den Abzug von Schuldzinsen, die bei wirtschaftlicher Betrachtung der Finanzierung von Entnahmen dienen, auszuschließen. Dabei wird nicht an das Vorliegen von zwei oder mehr betrieblichen Konten abgestellt, sondern es wird der Abzug von betrieblich veranlassten Schuldzinsen, die auf **Überentnahmen** zurückgehen, untersagt. Zu beachten ist dabei, dass die Abzugsbeschränkung nicht für Darlehen gilt, die zur Finanzierung der Anschaffungs- oder Herstellungskosten betrieblicher Anlagegüter aufgenommen werden (§ 4 Abs. 4a Satz 5 EStG).

§ 4 Abs. 4a EStG ist eine Regelung zur Begrenzung des Schuldzinsenabzugs im Betriebsvermögen; die Vorschrift ist im Rahmen der privaten Einkunftsarten nicht anwendbar (kein Verweis in § 9 Abs. 5 EStG auf § 4 Abs. 4a EStG). Die Regelung des § 4 Abs. 4a EStG gilt sowohl bei Gewinnermittlung durch Betriebsvermögensvergleich gemäß §§ 4 Abs. 1, 5 EStG als auch bei Gewinnermittlung durch Einnahmen-Überschuss-Rechnung gemäß § 4 Abs. 3 EStG (§ 4 Abs. 4a Satz 6 EStG).

Die steuerliche Abziehbarkeit von Schuldzinsen ist in einem zweistufigen Verfahren zu überprüfen (BMF-Schreiben vom 17.11.2005, BStBl I 2005, S. 1019, Rz. 1).

1. Stufe:

Zunächst ist zu ermitteln, ob und inwieweit Schuldzinsen zu den betrieblich veranlassten Aufwendungen gehören.

Beispiel B.161:

Der Steuerpflichtige A unterhält ein Betriebsausgabenkonto, das einen Schuldsaldo von 100.000 € aufweist. Auf dem Betriebseinnahmenkonto besteht ein Guthaben von 50.000 €; hiervon entnimmt A 40.000 €.

Die Schuldzinsen auf dem Betriebsausgabenkonto sind in vollem Umfang betrieblich veranlasst (vgl. Rz. 5 des BMF-Schreibens vom 17.11.2005).

Beispiel B.162:

Der Steuerpflichtige B benötigt zum Kauf einer Ferienwohnung, die er zu eigenen Erholungszwecken nutzen will, 25.000 €. Da sein betriebliches Konto keine ausreichende Liquidität für eine Entnahme aufweist, nimmt er zur Erhöhung seines betrieblichen Girokontos einen „betrieblichen“ Kredit auf und entnimmt dann von dem Girokonto den benötigten Betrag.

Das Darlehen ist privat veranlasst, da es zur Finanzierung einer Entnahme verwendet wird und dem Betrieb keine entnahmefähigen Barmittel zur Verfügung standen. Die auf das Darlehen entfallenden Schuldzinsen sind dem privaten Bereich zuzurechnen und damit in voller Höhe nicht abzugsfähig (vgl. Rz. 7 des BMF-Schreibens vom 17.11.2005).

2. Stufe:

Ist in Stufe 1 eine betriebliche Veranlassung bejaht worden, so muss nun geprüft werden, ob der Betriebsausgabenabzug im Hinblick auf Überentnahmen eingeschränkt ist (§ 4 Abs. 4a Satz 1 EStG).

Überentnahmen liegen vor, sofern und soweit die Entnahmen höher sind als die Summe aus Gewinn und Einlagen des Wirtschaftsjahres (§ 4 Abs. 4a Satz 2 EStG). Maßgebend ist der steuerliche Gewinn unter Berücksichtigung der außerbilanziellen Hinzurechnung nicht abziehbarer Betriebsausgaben (aber vor Anwendung des § 4 Abs. 4a EStG); vgl. auch BFH-Urteil vom 07.03.2006, BStBl II 2006, S. 588. Auch Gewinne aus der Veräußerung oder Aufgabe eines Betriebes zählen zum Gewinn (Rz. 9 des BMF-Schreibens vom 17.11.2005).

Beispiel B.163:

Einzelhändler A hat im Jahr 01 einen Gewinn von 25.000 € erwirtschaftet. Im April des Jahres 01 hat er 5.000 € zur Verstärkung der betrieblichen Liquidität in das Unternehmen eingelegt. A entnimmt im November des Jahres 01 45.000 €.

Entnahmen 01	45.000 €
– Einlagen 01	– 5.000 €
– Gewinn 01	– 25.000 €
= Überentnahme	15.000 €

Überentnahmen führen dazu, dass betrieblich veranlasste Schuldzinsen teilweise zu nicht abziehbaren Betriebsausgaben umqualifiziert werden. Damit wird für das Abzugsverbot nicht an den einzelnen Zahlungsvorgang angeknüpft, sondern auf die gesamte Eigenkapitalentwicklung abgestellt.

Gemäß § 4 Abs. 4a Satz 3 Halbsatz 1 EStG erfolgt eine pauschale Umqualifizierung i.H.v. 6 % der Überentnahmen. Dabei sind die Überentnahmen des jeweiligen Wirtschaftsjahres zunächst um Überentnahmen vorangegangener Wirtschaftsjahre zu erhöhen und um Unterentnahmen vorangegangener Wirtschaftsjahre zu mindern (§ 4 Abs. 4a Satz 3 Halbsatz 1 EStG).

Der in nicht abziehbare Betriebsausgaben umqualifizierte Betrag ist dem Gewinn hinzuzurechnen. Dabei wird dieser Hinzurechnungsbetrag nach oben begrenzt. Dem Gewinn hinzuzurechnen ist höchstens der – um 2.050 € verminderte – Betrag der im Wirtschaftsjahr angefallenen, betrieblich veranlassten Schuldzinsen, soweit diese nicht auf die Finanzierung von Anlagegütern zurückzuführen sind (§ 4 Abs. 4a Sätze 4, 5 EStG). Im Ergebnis wird sichergestellt, dass dem Gewinn nicht mehr Zinsen hinzugerechnet werden als tatsächlich gezahlt wurden. Von den insgesamt angefallenen Schuldzinsen sind die Zinsen zur Finanzierung von Anlagegütern **zusätzlich** zu dem Bagatellbetrag von 2.050 € abzuziehen (FG Münster, Urteil vom 29.03.2006, EFG 2006, S. 1152, rkr). Die Anschaffung von Umlaufvermögen ist hingegen nicht begünstigt (FG Rheinland-Pfalz, Gerichtsbescheid vom 27.04.2009, EFG 2009, S. 1446, Rev. eingelegt).

Beispiel B.164:

Es sei an den Sachverhalt des vorhergehenden Beispiels angeknüpft (Überentnahme: 15.000 €). Im Jahr 01 fielen betrieblich veranlasste Schuldzinsen i.H.v. 5.500 € an. Davon entfallen 3.000 € auf die Finanzierung von Wirtschaftsgütern des Anlagevermögens.

Pauschalierte Ermittlung der auf die Überentnahme entfallenden Schuldzinsen:

15.000 € · 6 % =	900 €

Berechnung des Höchstbetrages:

tatsächlich angefallene Schuldzinsen	5.500 €
– Schuldzinsen zur Finanzierung Anlagevermögen, § 4 Abs. 4a Satz 5 EStG	– 3.000 €
– Bagatellbetrag, § 4 Abs. 4a Satz 4 EStG	– 2.050 €
	450 €

Der Betrag von 900 € übersteigt den Höchstbetrag (450 €). Damit sind Schuldzinsen von 450 € dem Gewinn als nicht abziehbare Betriebsausgaben hinzuzurechnen.

Wird kein Gewinn erwirtschaftet, so ermittelt sich die Überentnahme als der Betrag, um den die Entnahmen die Einlagen übersteigen (Entnahmenüberschuss). In **Verlustjahren** entstehende Überentnahmen erhöhen sich damit nicht noch um den Verlust. Der Verlust ist jedoch mit Unterentnahmen vergangener und zukünftiger Wirtschaftsjahre zu verrechnen (BMF-Schreiben vom 17.11.2005, Tz. 11 ff.).

Beispiel B.165:

Der Einzelhändler A hat im Jahr 01 einen Gewinn von 25.000 € erwirtschaftet. Im April des Jahres 01 hat er 5.000 € zur Verstärkung der betrieblichen Liquidität in das Unternehmen eingelegt. A tätigt in 01 Entnahmen i.H.v. 24.000 €.

Entnahmen 01	24.000 €
– Einlagen 01	– 5.000 €
– Gewinn 01	– 25.000 €
= Unterentnahme	– 6.000 €

Das Wirtschaftsjahr 02 schließt A mit einem Verlust von 10.000 € ab. A tätigt keine Entnahmen und Einlagen. Der Verlust bewirkt keine Überentnahme. Er ist mit der Unterentnahme des vorangegangenen Jahres zu verrechnen.

Verlust 02	10.000 €
– Unterentnahme aus 01	– 6.000 €
= mit künftigen Unterentnahmen zu verrechnender Verlustbetrag	4.000 €

Beispiel B.166:

In Abwandlung des vorhergehenden Beispiels tätigt A trotz des Verlustes in 02 Entnahmen i.H.v. 24.000 €.

Es entsteht eine Überentnahme von 24.000 €. Dieser erhöht sich jedoch nicht um den Verlust. Der Verlust des Jahres 02 ist allerdings wiederum mit der Unterentnahme des Jahres 01 zu verrechnen. Damit kann die Überentnahme des Jahres 02 für Zwecke des Schuldzinsenabzugs nicht um die Unterentnahme des Jahres 01 gekürzt werden. Im Jahr 02 ist somit zum Zwecke der Bestimmung der nicht abzugsfähigen Schuldzinsen von einer Überentnahme i.H.v. 24.000 € auszugehen.

Der verbleibende Verlustbetrag von 4.000 € ist in beiden Fällen formlos festzuhalten und mit künftigen Unterentnahmen zu verrechnen.

Bei **Mitunternehmerschaften** ist nach Tz. 30 des BMF-Schreibens vom 17.11.2005 (BStBl II 2005, S. 1019) die Berechnung von Überentnahmen **gesellschaftsbezogen** durchzuführen, d.h. unabhängig von der Verteilung der Entnahmen auf die einzelnen Gesellschafter. Zur Ermittlung des Höchstbetrages ist der Kürzungsbetrag von 2.050 € nur einmal anzusetzen. Der Hinzurechnungsbetrag ist auf die Mitunternehmer nach dem Gewinnverteilungsschlüssel zu verteilen, sofern keine abweichende Verteilung vereinbart wurde. Möglich ist somit eine gesellschaftsvertragliche Regelung, dass der auf Gesellschaftsebene einheitlich ermittelte Hinzurechnungsbetrag bei disquotalen Entnahmen den einzelnen Gesellschaftern entsprechend ihren tatsächlichen Anteilen an der Überentnahme hinzugerechnet werden kann (Tz. 30 des BMF-Schreibens vom 17.11.2005).

5.5.2 Geschenke

Nach § 4 Abs. 5 Nr. 1 EStG können Aufwendungen für Geschenke an Personen, die nicht Arbeitnehmer des Steuerpflichtigen sind, nur abgezogen werden, wenn die Anschaffungs- oder Herstellungskosten der dem einzelnen Empfänger im Wirtschaftsjahr insgesamt zugewendeten Gegenstände 35 € nicht übersteigen. Geschenke sind unentgeltliche Zuwendungen, die nicht als Gegenleistung für eine bestimmte Leistung des Empfängers gedacht sind (BFH-Urteil vom 23.06.1993, BStBl II 1993, S. 806; R 4.10 Satz 2 EStR). In Frage kommen insbesondere Geschenke an Kunden, Geschäftspartner sowie an Personen, zu dem der Steuerpflichtige auf Grund eines Werkvertrags oder eines Handelsvertretervertrags (Handelsvertreter sind keine Arbeitnehmer!) geschäftliche Beziehungen unterhält. Nicht unter das Abzugsverbot des § 4 Abs. 5 Nr. 1 EStG fallen beispielsweise Preisnachlässe für gute Kunden sowie Geschenke, die beim Empfänger ausschließlich betrieblich genutzt werden können (R 4.10 Abs. 2 Satz 4 EStR, z.B. Ärztemuster).

Der Betrag von 35 € ist eine Freigrenze. Überschreiten die Aufwendungen für Geschenke an den einzelnen Empfänger 35 €, so sind sie in voller Höhe, nicht nur in Höhe des 35 € übersteigenden Teils, nicht abziehbar. Das Abzugsverbot gilt sowohl für Geldgeschenke als auch für Sachzuwendungen (z.B. Incentive-Reisen, Eintrittskarten für Sportveranstaltungen).

Der Abzug der Aufwendungen für Geschenke setzt ferner voraus, dass der Name des Empfängers aufgezeichnet wird (§ 4 Abs. 7 EStG). Auf die Aufzeichnung kann nur verzichtet werden, wenn wegen des geringen Werts des zugewendeten Gegenstandes (z.B. Taschenkalender, Kugelschreiber) anzunehmen ist, dass die Freigrenze von 35 € bei dem einzelnen Empfänger nicht überschritten wird (R 4.11 Abs. 2 EStR).

Neben der Frage, ob Aufwendungen für Geschenke beim Schenker abzugsfähig sind, ist auch die **steuerliche Behandlung beim Beschenkten** von Interesse. Erhält beispielsweise ein Unternehmer (oder dessen Arbeitnehmer) von einem anderen Unternehmer aus betrieblichem Anlass ein (Werbe-) Geschenk, so zählt dieses grundsätzlich bei dem Empfänger zu den steuerpflichtigen Einkünften. Mit Wirkung zum 01.01.2007 wurde aller-dings § 37b EStG eingefügt, wonach der Schenker die Einkommensteuer für den Beschenkten mit einem Pauschalsteuersatz von 30 % erheben kann, sofern es sich nicht um Geldzuwendungen handelt und die Aufwendungen je Empfänger und Wirtschaftsjahr 10.000 € nicht übersteigen (§ 37b Abs. 1 EStG). Die pauschal besteuerten Sachzuwendungen bleiben dann bei der Ermittlung der Einkünfte des Empfängers außer Ansatz (§ 37b Abs. 3 Satz 1 EStG). Zur Pauschalierung der Einkommensteuer bei Sachzuwendungen nach § 37b EStG siehe auch das Anwendungsschreiben des BMF vom 29.04.2008, BStBl I 2008, S. 566.

5.5.3 Bewirtungskosten

Aufwendungen für die Bewirtung von Personen aus geschäftlichem Anlass können gemäß § 4 Abs. 5 Nr. 2 EStG nur abgezogen werden, soweit sie 70 % der angemessenen Aufwendungen nicht übersteigen.

Bewirtungsaufwendungen können privat, geschäftlich oder allgemein betrieblich veranlasst sein:

- **Private Bewirtungskosten** sind als Aufwendungen für die Lebensführung des Steuerpflichtigen vollständig nicht abziehbar (§ 12 Nr. 1 EStG, siehe Abschnitt B.3.5).
- **Geschäftliche Bewirtungskosten** unterliegen der Abzugsbeschränkung des § 4 Abs. 5 Nr. 2 EStG, sind also nur teilweise (zu 70 %) abzugsfähig. Ein geschäftlicher Anlass besteht insbesondere bei der Bewirtung von Personen, zu denen schon Geschäftsbeziehungen bestehen oder zu denen sie angebahnt werden sollen (R 4.10 Abs. 6 Satz 2 EStR). Auch die Bewirtung von Besuchern des Betriebs z.B. im Rahmen der Öffentlichkeitsarbeit, ist geschäftlich veranlasst (R 4.10 Abs. 6 Satz 3 EStR).
- **Allgemein betrieblich veranlasst** ist ausschließlich die Bewirtung von Arbeitnehmern des Steuerpflichtigen (R 4.10 Abs. 7 Satz 1 EStR). Diese können in voller Höhe als Betriebsausgaben abgezogen werden.

Die der Abzugsbeschränkung des § 4 Abs. 5 Nr. 2 EStG unterliegenden Bewirtungskosten umfassen neben den Aufwendungen für die reine Bewirtung auch Nebenkosten, z.B. Garderobegebühren, Taxikosten und Trinkgelder (vgl. *W. Heinicke*, in L. Schmidt (2010), § 4, Rz. 545; R 4.10 Abs. 6 Satz 5 Nr. 5 EStG). Nicht lediglich beschränkt abzugsfähig nach § 4 Abs. 5 Nr. 2 EStG, sondern in voller Höhe nicht abzugsfähig sind hingegen z.B. in Nachtlokalen getätigte Aufwendungen bei einem offensichtlichen Missverhältnis des Wertes der verzehrten Speisen und Getränke zur Höhe der Aufwendungen (BFH-Urteil vom 16.02.1990, BStBl II 1990, S. 575).

Zudem sind für Bewirtungskosten besondere Aufzeichnungspflichten zu beachten. Zum Nachweis der Höhe und der betrieblichen Veranlassung hat der Steuerpflichtige Ort, Tag, Teilnehmer und Anlass der Bewirtung sowie die Höhe der Aufwendungen schriftlich aufzuzeichnen (§ 4 Abs. 5 Nr. 2 Satz 2 EStG). Liegen diese Aufzeichnungen nicht vor, so sind die Bewirtungskosten in voller Höhe (nicht nur zu 30 %) nicht abzugsfähig.

5.5.4 Gästehäuser

Aufwendungen für Einrichtungen, die der Bewirtung, Beherbergung oder Unterhaltung von Personen, die nicht Arbeitnehmer des Steuerpflichtigen sind, dienen und sich außerhalb des Orts eines Betriebs des Steuerpflichtigen befinden, können gemäß § 4 Abs. 5 Nr. 3 EStG nicht abgezogen werden. Im Umkehrschluss folgt, dass Aufwendungen für Gästehäuser am Ort eines Betriebs oder für Gästehäuser für Arbeitnehmer (Beispiel: Erholungsheim in den Alpen) abgezogen werden können. Als Betrieb gelten in diesem Zusammenhang auch Zweigniederlassungen und Betriebsstätten mit einer gewissen Selbständigkeit, die üblicherweise von Geschäftsfreunden besucht werden (R 4.10 Abs. 10 Satz 3 EStR). Zu den nicht abziehbaren Aufwendungen gehören sämtliche mit dem Gästehaus im Zusammenhang stehenden Ausgaben.

Gästehäuser, die im Betriebsvermögen gehalten werden, sind trotz ihrer ausschließlichen oder fast ausschließlichen Nutzung zu Repräsentationszwecken in vollem Umfang Wirtschaftsgüter des Betriebsvermögens. Daraus folgt, dass sie nach den Vorschriften des Einkommensteuergesetzes zu bewerten und somit auch abzuschreiben sind. Da auch Absetzungen für Abnutzung zu den Aufwendungen gehören, die gemäß § 4 Abs. 5 Nr. 3 EStG den steuerlichen Gewinn nicht mindern dürfen, sind – bei Gewinnermittlung durch Betriebsvermögensvergleich – die AfA-Beträge außerhalb der Bilanz dem Gewinn wieder hinzuzurechnen bzw. durch einen steuerlichen Korrekturposten zu neutralisieren. Aus der Zuordnung zum Betriebsvermögen folgt ebenso, dass ein aus der Veräußerung des Gästehauses resultierender Veräußerungsgewinn steuerpflichtig ist und sich die Höhe dieses steuerpflichtigen Veräußerungsgewinns ermittelt als Differenz zwischen dem um Veräußerungskosten geminderten Veräußerungspreis einerseits und dem sich unter Berücksichtigung der AfA ergebenden Buchwert andererseits (BFH-Urteil vom 12.12.1973, BStBl II 1974, S. 207). Somit sind die AfA-Beträge einerseits nicht als Betriebsausgaben abzugsfähig, andererseits erhöhen sie jedoch den steuerlichen Veräußerungsgewinn – eine für den Steuerpflichtigen besonders nachteilige Regelung.

Soweit der Steuerpflichtige das Gästehaus mit Gewinnerzielungsabsicht betreibt, z.B. als Hotel oder Pension, greift das Abzugsverbot des § 4 Abs. 5 Nr. 3 EStG nicht (§ 4 Abs. 5 Satz 2 EStG).

5.5.5 Aufwendungen für Jagd oder Fischerei, für Segeljachten, Motorjachten oder ähnliche Zwecke

§ 4 Abs. 5 Nr. 4 EStG enthält eine beispielhafte Aufzählung von Aufwendungen, deren betriebliche Veranlassung im Einzelfall kaum nachprüfbar ist und die selbst dann, wenn eine betriebliche Veranlassung vorliegt, mit hoher Wahrscheinlichkeit auch einen erheblichen privaten Nutzen stiften. Diese Aufwendungen werden pauschal für nicht abzugsfähig erklärt. Weitere Beispiele für Aufwendungen, die von § 4 Abs. 5 Nr. 4 EStG erfasst werden, sind Tennis- oder Golfplätze sowie Schwimmbäder.

Wie im Falle von Gästehäusern greift das Abzugsverbot des § 4 Abs. 5 Nr. 4 EStG gemäß § 4 Abs. 5 Satz 2 EStG nicht, wenn der Steuerpflichtige das Objekt mit Gewinnerzielungsabsicht betreibt. Ebenso wird die Qualifizierung der genannten Objekte als Betriebsvermögen von § 4 Abs. 5 Nr. 4 EStG nicht berührt.

5.5.6 Verpflegungsmehraufwendungen

Mehraufwendungen für die Verpflegung des Steuerpflichtigen aus betrieblichem Anlass können grundsätzlich nicht abgezogen werden. Sie können jedoch ausnahmsweise dann berücksichtigt werden, wenn der Steuerpflichtige vorübergehend von seiner Wohnung und dem Mittelpunkt seiner dauerhaft angelegten betrieblichen Tätigkeit entfernt tätig wird (**Einsatzwechseltätigkeit**) sowie dann, wenn der Steuerpflichtige typischerweise nur an ständig wechselnden Tätigkeitsstätten oder auf einem Fahrzeug tätig ist (**Fahrtätigkeit**). Abzugsfähig sind in diesem Fall gemäß § 4 Abs. 5 Nr. 5 Satz 2 EStG je Kalendertag pauschal

- 24 € bei einer Abwesenheit von 24 Stunden,
- 12 € bei einer Abwesenheit von mindestens 14, aber weniger als 24 Stunden,
- 6 € bei einer Abwesenheit von mindestens 8, aber weniger als 14 Stunden.

Darüber hinausgehende tatsächliche Mehraufwendungen können nicht abgezogen werden. Im Falle der Einsatzwechseltätigkeit bezieht sich der genannte Zeitraum auf die Abwesenheit von der Wohnung **und** dem Tätigkeitsmittelpunkt, im Falle der Fahrtätigkeit nur auf die Abwesenheit von der Wohnung.

Der Abzug für Verpflegungsmehraufwendungen ist im Falle der Einsatzwechseltätigkeit (nicht jedoch der Fahrtätigkeit) auf die ersten drei Monate der Tätigkeit an derselben Tätigkeitsstätte beschränkt (§ 4 Abs. 5 Nr. 5 Satz 5 EStG). Bei einer Einsatzwechsel- oder Fahrtätigkeit im Ausland treten an die genannten Pauschalen des § 4 Abs. 5 Nr. 5 Satz 2 EStG länderspezifische Sätze gemäß § 4 Abs. 5 Nr. 5 Satz 4 EStG.

Die Pauschbeträge des § 4 Abs. 5 Nr. 5 Satz 2 EStG sowie die Dreimonatsfrist des § 4 Abs. 5 Nr. 5 Satz 5 EStG gelten auch für den Abzug von Verpflegungsmehraufwendungen bei einer aus betrieblichem Anlass begründeten doppelten Haushaltsführung (§ 4 Abs. 5 Nr. 5 Satz 6 EStG). Die Dreimonatsfrist ist nach Auffassung des FG Baden-Württemberg (Urteil vom 08.05.2007, EFG 2007, S. 1500, Rev. eingelegt) nicht verfassungswidrig.

5.5.7 Aufwendungen für Wege zwischen Wohnung und Betriebsstätte und für Familienheimfahrten

Aufwendungen des Steuerpflichtigen für Wege zwischen Wohnung und Arbeitsstätte sind nur unter den Beschränkungen des § 4 Abs. 5 Nr. 6 EStG abziehbar. Dabei ist danach zu differenzieren, ob für diese Wege ein Kraftfahrzeug benutzt wird oder nicht.

5.5.7.1 Keine Benutzung eines Kraftfahrzeugs

Wird kein Kraftfahrzeug benutzt, sind Aufwendungen für Wege zwischen Wohnung und Betriebsstätte für jeden Arbeitstag, an dem der Steuerpflichtige die Betriebsstätte aufsucht, pauschal abziehbar mit 0,30 € je vollen Kilometer der (einfachen) Entfernung zwischen Wohnung und Betriebsstätte (§ 4 Abs. 5 Nr. 6 Satz 2 i.V.m. § 9 Abs. 1 Satz 3 Nr. 4 Satz 2 EStG). Dabei wird der abzugsfähige Betrag auf 4.500 € im Kalenderjahr beschränkt.

Bei Benutzung öffentlicher Verkehrsmittel können die tatsächlichen Aufwendungen auch dann angesetzt werden, wenn sie die Entfernungspauschale übersteigen (§ 4 Abs. 5 Nr. 6 Satz 2 i.V.m. § 9 Abs. 2 Satz 2 EStG).

Beispiel B.167:

Ein Gewerbetreibender fährt an 210 Tagen im Jahr mit öffentlichen Verkehrsmitteln eine Strecke von 25 Kilometern (einfache Entfernung) von seiner Wohnung zur Betriebsstätte. Werden keine höheren tatsächlichen Aufwendungen nachgewiesen, ergibt sich der abzugsfähige Betrag der Aufwendungen für Wege zwischen Wohnung und Betriebsstätte wie folgt:

0,30 € · 25 (km) · 210 (Tage) = 1.575 €

Für die Entfernung ist die kürzeste Straßenverbindung zwischen Wohnung und Betriebsstätte maßgebend; eine andere als die kürzeste Straßenverbindung kann zugrunde gelegt werden, wenn diese offensichtlich verkehrsgünstiger ist und vom Steuerpflichtigen regelmäßig genutzt wird (§ 4 Abs. 5 Nr. 6 Satz 2 i.V.m. § 9 Abs. 1 Satz 3 Nr. 4 Satz 4 EStG).

Aufwendungen für **Familienheimfahrten** bei einer aus beruflichem Anlass begründeten **doppelten Haushaltsführung** können jeweils nur für eine Familienheimfahrt wöchentlich abgezogen werden, und zwar unabhängig davon, aus welchen Gründen die doppelte Haushaltsführung beibehalten wird. Hierbei ist eine Entfernungspauschale von 0,30 € für jeden Kilometer der Entfernung zwischen dem Ort des eigenen Hausstands und dem Beschäftigungsort anzusetzen (§ 4 Abs. 5 Nr. 6 Satz 2 i.V.m. § 9 Abs. 1 Satz 3 Nr. 5 Sätze 3–5 EStG).

Behinderte können unter bestimmten Voraussetzungen anstelle dieser Entfernungspauschalen ihre tatsächlichen Aufwendungen für die Fahrten zwischen Wohnung und

Betriebsstätte sowie für die Familienheimfahrten ansetzen. Voraussetzung hierfür ist ein Behinderungsgrad von mindestens 70 oder ein Behinderungsgrad von mindestens 50 und eine erhebliche Beeinträchtigung der Bewegungsfähigkeit im Straßenverkehr (§ 4 Abs. 5 Nr. 6 Satz 2 i.V.m. § 9 Abs. 2 Satz 3 EStG).

5.5.7.2 Benutzung eines Kraftfahrzeugs

Wird für den Weg zwischen Wohnung und Betriebsstätte ein Kraftfahrzeug benutzt, ist der positive Unterschiedsbetrag zwischen

- 0,03 % des inländischen Listenpreises des Kraftfahrzeugs im Zeitpunkt der Erstzulassung zuzüglich der Kosten für Sonderausstattung einschließlich Umsatzsteuer je Kalendermonat für jeden Entfernungskilometer und
- dem sich nach § 9 Abs. 1 Satz 3 Nr. 4 EStG ergebenden Betrag (0,30 € je Entfernungskilometer, siehe den vorhergehenden Abschnitt) oder dem sich nach § 9 Abs. 2 EStG ergebenden Betrag (die höheren tatsächlichen Aufwendungen für bestimmte Behinderte)

nicht abzugsfähige Betriebsausgabe (§ 4 Abs. 5 Nr. 6 Satz 3 EStG).

Beispiel B.168:

Es sei der Sachverhalt aus dem vorhergehenden Beispiel aufgegriffen. Allerdings legt der Gewerbetreibende den Weg zwischen Wohnung und Betriebsstätte nun mit seinem Pkw zurück. Dessen Listenpreis einschließlich Umsatzsteuer betrug im Zeitpunkt der Erstzulassung 36.000 €.

Der nach § 4 Abs. 5 Nr. 6 Satz 3 EStG nicht abzugsfähige Betrag der Aufwendungen für Wege zwischen Wohnung und Betriebsstätte errechnet sich wie folgt:

	0,03 % · 36.000 € · 12 (Monate) · 25 (km)	3.240 €
–	Betrag nach § 9 Abs. 1 Satz 3 Nr. 4 EStG (siehe vorhergehendes Beispiel)	– 1.575 €
=	Unterschiedsbetrag	1.665 €

Von den Aufwendungen für die Fahrten während des gesamten Wirtschaftsjahres ist somit ein Betrag i.H.v. 1.665 € nicht abzugsfähig.

Durch die Regelung soll erreicht werden, dass Unternehmer keine höheren Fahrtkosten ansetzen können als Arbeitnehmer, die nach § 9 Abs. 1 Satz 3 Nr. 4 EStG grundsätzlich auch nur die Entfernungspauschale von 0,30 € je Entfernungskilometer abziehen dürfen.

Es sei darauf hingewiesen, dass der willkürliche Anteil von 0,03 % des inländischen Listenpreises zu einer von den tatsächlichen Kfz-Kosten unabhängigen Pauschalierung führt. Der nicht abzugsfähige Betrag steigt listenpreisabhängig und mit der Entfernung an. Durch den Ansatz des Listenpreises wird der Abzug von Aufwendungen bei Verwendung eines unangemessen teuren Kraftfahrzeugs eingeschränkt.

Wird für **Familienheimfahrten** bei einer aus beruflichem Anlass begründeten **doppelten Haushaltsführung** ein Kraftfahrzeug benutzt, ist die positive Differenz zwischen

- 0,002 % des inländischen Listenpreises des Kraftfahrzeugs im Zeitpunkt der Erstzulassung zuzüglich der Kosten für Sonderausstattung einschließlich Umsatzsteuer für jeden Entfernungskilometer und

- dem sich nach § 9 Abs. 1 Satz 3 Nr. 5 Sätze 4 bis 6 EStG ergebenden Betrag (0,30 € je Entfernungskilometer) oder dem sich nach § 9 Abs. 2 EStG ergebenden Betrag (die tatsächlichen Aufwendungen für bestimmte Behinderte)

nicht abzugsfähige Betriebsausgabe (§ 4 Abs. 5 Nr. 6 Satz 3 EStG).

Beispiel B.169:

Ein Unternehmer begründet einen doppelten Haushalt an einem 230 km von seinem Wohnort entfernten Ort. Der Pkw, mit dem die wöchentlichen Familienheimfahrten durchgeführt werden, hatte im Zeitpunkt der Erstzulassung einen Listenpreis von 32.000 €.

Der nach § 4 Abs. 5 Nr. 6 Satz 3 EStG nicht abzugsfähige Betrag der Aufwendungen für Familienheimfahrten ergibt sich wie folgt:

0,002 % · 32.000 € · 230 (km)	147,20 €
– 0,30 € · 230 (km)	– 69,00 €
= Unterschiedsbetrag	78,20 €

Von den Aufwendungen für eine Familienheimfahrt ist somit ein Betrag i.H.v. 78,20 € nicht abzugsfähig.

Verwendet der Steuerpflichtige das Kraftfahrzeugneben Fahrten zwischen Wohnung und Betriebsstätte, Familienheimfahrten und anderen betrieblichen Fahrten **auch für private Fahrten**, so ist zudem der private Nutzungsanteil als Entnahme aus dem Betriebsvermögen gemäß § 6 Abs. 1 Nr. 4 EStG dem betrieblichen Gewinn hinzuzurechnen (vgl. Abschnitt B.5.2.3.8). Weist der Steuerpflichtige den privaten Nutzungsanteil durch die Führung eines **Fahrtenbuches** nach und ermittelt die private Nutzung mit den auf die privaten Fahrten tatsächlich entfallenden Aufwendungen nach § 6 Abs. 1 Nr. 4 Satz 3 EStG und nicht pauschal nach § 6 Abs. 1 Nr. 4 Satz 2 EStG, so hat er auch die nicht abzugsfähigen Aufwendungen für Wege zwischen Wohnung und Betriebsstätte und für Familienheimfahrten gemäß § 4 Abs. 5 Nr. 6 Satz 3 letzter Halbsatz EStG nicht pauschal zu berechnen.

Die nicht abzugsfähigen Aufwendungen für Wege zwischen Wohnung und Betriebsstätte ermitteln sich in diesem Fall als Unterschiedsbetrag zwischen den tatsächlichen Aufwendungen für diese Fahrten und dem sich nach § 9 Abs. 1 Satz 3 Nr. 4 EStG ergebenden Betrag (je Entfernungskilometer 0,30 €; siehe oben) oder dem sich nach § 9 Abs. 2 EStG ergebenden Betrag (die tatsächlichen Aufwendungen für bestimmte Behinderte). Die nicht abzugsfähigen Aufwendungen je Familienheimfahrt errechnen sich als Unterschiedsbetrag zwischen den tatsächlichen Aufwendungen für diese Fahrten und dem sich nach § 9 Abs. 1 Satz 3 Nr. 5 Satz 4 EStG ergebenden Betrag (je Ent-fernungskilometer 0,30 €; siehe oben).

Beispiel B.170:

Es sei angenommen, dass der Gewerbetreibende aus Beispiel B.166 ein Fahrtenbuch führt und den privaten Nutzungsanteil des Pkws nach den tatsächlichen Aufwendungen gemäß § 6 Abs. 1 Nr. 4 Satz 3 EStG ermittelt. Die tatsächlichen Aufwendungen betragen 0,40 € je gefahrenem Kilometer, d.h. 0,80 € je Entfernungskilometer.

Der nach § 4 Abs. 5 Nr. 6 Satz 3 EStG nicht abzugsfähige Betrag der Aufwendungen für Fahrten zwischen Wohnung und Betriebsstätte ergibt sich wie folgt:

0,80 € · 25 (km) · 210 (Tage)	4.200 €
– 0,30 € · 25 (km) · 210 (Tage)	– 1.575 €
= Unterschiedsbetrag	2.625 €

Von den Aufwendungen für die Fahrten während des gesamten Wirtschaftsjahres ist somit ein Betrag i.H.v. 2.625 € nicht abzugsfähig.

Beispiel B.171:

Es sei angenommen, dass der Unternehmer aus Beispiel B.167 ein Fahrtenbuch führt und den privaten Nutzungsanteil des Pkws nach den tatsächlichen Aufwendungen gemäß § 6 Abs. 1 Nr. 4 Satz 3 EStG ermittelt. Die tatsächlichen Aufwendungen betragen 0,22 € je gefahrenem Kilometer, d.h. 0,44 € je Entfernungskilometer.

Der nach § 4 Abs. 5 Nr. 6 Satz 3 EStG nicht abzugsfähige Betrag der Aufwendungen je Familienheimfahrt ergibt sich wie folgt:

0,44 € · 230 (km)	101,20 €
– 0,30 € · 230 (km)	– 69,00 €
= Unterschiedsbetrag	32,20 €

Von den Aufwendungen für eine Familienheimfahrt ist somit ein Betrag i.H.v. 32,20 € nicht abzugsfähig.

5.5.8 Mehraufwendungen wegen doppelter Haushaltsführung

Seit dem Veranlagungszeitraum 1996 begrenzte § 4 Abs. 5 Nr. 6a EStG den Abzug für Mehraufwendungen wegen einer aus betrieblichem Anlass begründeten doppelten Haushaltsführung (insbesondere Mietaufwendungen am Arbeitsort) auf einen Zeitraum von zwei Kalenderjahren.

Mit Beschluss vom 04.12.2002 (BStBl II 2003, S. 534) hat das BVerfG entschieden, dass die zeitliche Begrenzung auf zwei Jahre zwar grundsätzlich verfassungsgemäß ist, aber nicht bei doppelter Haushaltsführung von Doppelverdienern sowie bei Kettenabordnungen über zwei Jahre hinaus. Der Gesetzgeber hat dies zum Anlass genommen, das Abzugsverbot des § 4 Abs. 5 Nr. 6a EStG nicht nur für die vom BVerfG genannten Einzelfälle sondern insgesamt aufzuheben, und zwar ab VZ 2003 sowie rückwirkend für alle noch änderbaren Altfälle.

Erstattet der Arbeitgeber Mehraufwendungen bei doppelter Haushaltsführung, so ist dies nach § 3 Nr. 16 EStG konsequenterweise steuerfrei.

Zu beachten ist allerdings noch die Abzugsbegrenzung für Verpflegungsmehraufwendungen wegen doppelter Haushaltsführung gemäß § 4 Abs. 5 Nr. 5 EStG (vgl. Abschnitt B.5.5.6). Diese können nur innerhalb der ersten drei Monate berücksichtigt werden. Die Dreimonatsfrist ist nach Auffassung des FG Baden-Württemberg (Urteil vom 08.05.2007, EFG 2007, S. 1500, Rev. eingelegt) nicht verfassungswidrig.

Für Familienheimfahrten im Rahmen der doppelten Haushaltsführung gilt die in Abschnitt B.5.5.7 beschriebene Abzugsbegrenzung des § 4 Abs. 5 Nr. 6 EStG.

5.5.9 Aufwendungen für ein häusliches Arbeitszimmer

Ebenfalls seit dem VZ 1996 sind Aufwendungen für ein häusliches Arbeitszimmer (z.B. anteilige Miet- und Heizkosten, Grundsteuer und sonstige Nebenkosten, AfA und Zinsen,

Reinigungskosten, Renovierungskosten) sowie Kosten der Ausstattung gemäß § 4 Abs. 5 Nr. 6b EStG nur noch unter bestimmten Voraussetzungen abzugsfähig. Die Vorschrift ist durch das StÄndG 2007 geändert worden. Danach sind Aufwendungen für ein häusliches Arbeitszimmer sowie Kosten der Ausstattung ab 2007 nur ausnahmsweise dann abzugsfähig, wenn das Arbeitszimmer den Mittelpunkt der gesamten betrieblichen und beruflichen Betätigung bildet.

Ein häusliches Arbeitszimmer ist ein Raum, der in die häusliche Sphäre des Steuerpflichtigen eingebunden ist, vorwiegend der Erledigung gedanklicher, schriftlicher, verwaltungstechnischer oder organisatorischer Arbeiten dient und ausschließlich oder nahezu ausschließlich zu betrieblichen oder beruflichen Zwecken verwendet wird; eine untergeordnete private Mitbenutzung (< 10 %) ist unschädlich (BMF-Schreiben vom 02.03.2011, Rz. 3). Kein häusliches Arbeitszimmer ist demnach beispielsweise die in das private Einfamilienhaus integrierte Arztpraxis oder Steuerberaterkanzlei, wenn diese Räumlichkeiten für einen intensiven und dauerhaften Publikumsverkehr geöffnet sind (Rz. 5 des BMF-Schreibens vom 02.03.2011; BFH-Urteil vom 05.12.2002, BStBl II 2003, S. 463). In diesen Fällen sind die Aufwendungen somit unbeschränkt abzugsfähig.

Zu den Kosten der Ausstattung zählen z.B. Tapeten, Teppiche, Vorhänge, Deckenlampen etc. Nicht zu den Kosten der Ausstattung zählen hingegen Arbeitsmittel, z.B. Bücherschrank, Stuhl, Schreibtisch, PC etc. Letztere Kosten sind somit von dem Abzugsverbot nicht betroffen (Rz. 8 des BMF-Schreibens vom 02.03.2011).

Die Vorschrift gilt über § 9 Abs. 5 EStG auch bei den Überschusseinkunftsarten.

Beispiel B.172:

Ein Lehrer hat in der Schule keine Möglichkeit, sich auf den Unterricht vorzubereiten. Er hat daher zu Hause ein Arbeitszimmer eingerichtet, das er ausschließlich zur Vorbereitung auf den Unterricht nutzt.

Da das häusliche Arbeitszimmer nicht den Mittelpunkt der gesamten betrieblichen und beruflichen Betätigung bildet, sind die Kosten nach § 4 Abs. 5 Nr. 6b EStG a.F. nicht abziehbar (siehe aber unten).

Mit Beschluss vom 06.07.2010 (2 BvL 13/09) hat das BVerfG die Vorschrift allerdings teilweise für verfassungswidrig erklärt (vgl. *G. Eismann*, NJW 2010, S. 2647). Nach Auffassung des Gerichts verstößt das Abzugsverbot gegen das Grundgesetz, wenn dem Steuerpflichtigen für die betriebliche oder berufliche Tätigkeit kein anderer Arbeitsplatz zur Verfügung steht, wie dies z.B. bei Lehrern oder Außendienstmitarbeitern regelmäßig der Fall ist. Dagegen wird es für verfassungskonform gehalten, dass Steuerpflichtige, die noch einen anderen Arbeitsplatz haben, steuerlich keine Kosten für das häusliche Arbeitszimmer geltend machen können, selbst wenn die Nutzung des heimischen Büros mehr als die Hälfte der Arbeitszeit ausmacht.

Den Beschluss des BVerfG hat der Gesetzgeber durch das JStG 2010 umgesetzt. Danach gilt das Abzugsverbot für Aufwendungen im Zusammenhang mit einem häuslichen Arbeitszimmer **nicht**, wenn für die betriebliche oder berufliche Tätigkeit kein anderer Arbeitsplatz zur Verfügung steht. In diesem Fall wird die Höhe der abziehbaren Aufwendungen allerdings auf 1.250 € begrenzt. Die Beschränkung auf 1.250 € gilt nicht, wenn das Arbeitszimmer den Mittelpunkt der gesamten betrieblichen und beruflichen Betätigung bildet. Die Neuregelung gilt rückwirkend ab dem VZ 2007 (§ 52 Abs. 12 Satz 9 EStG). Steuerbescheide für vergangene VZ ab 2007, die noch nicht bestandskräftig sind, können somit noch geändert werden.

Die Prüfung der Abzugsfähigkeit von Aufwendungen nach § 4 Abs. 5 Nr. 6b EStG wird durch das folgende Schema veranschaulicht:

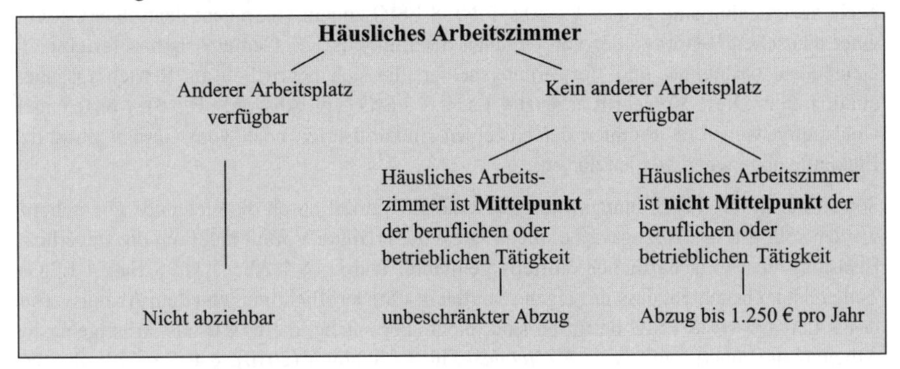

Abbildung B.24: Abzugsfähigkeit von Aufwendungen für ein häusliches Arbeitszimmer

5.5.10 Sonstige unangemessene Aufwendungen

Die oben beschriebenen Abzugsbeschränkungen bzw. Abzugsverbote des § 4 Abs. 5 Nrn. 1 – 6 und 6b EStG verfolgen u.a. den Zweck, den steuerlichen Abzug von unangemessenem Repräsentationsaufwand oder von Kosten, bei denen eine private Mitveranlassung wahrscheinlich ist, einzuschränken. Neben diesen genau umrissenen Aufwendungen sind gemäß § 4 Abs. 5 Nr. 7 EStG auch alle anderen Aufwendungen, soweit diese nach der allgemeinen Verkehrsauffassung als unangemessen anzusehen sind, nicht abzugsfähig. Die Vorschrift des § 4 Abs. 5 Nr. 7 EStG wird als Schlüssel zum Verständnis des § 4 Abs. 5 EStG bezeichnet (BFH-Urteil vom 30.07.1980, BStBl II 1981, S. 58), da erst durch diesen Auffangtatbestand der Zweck der speziellen Abzugsverbote in § 4 Abs. 5 Nrn. 1 – 6 und 6b EStG deutlich wird.

Auch § 4 Abs. 5 Nr. 7 EStG bezieht sich nicht auf die Qualifizierung eines Objektes als Betriebsvermögen, sondern nur auf den Abzug von Aufwendungen einschließlich der Abschreibungen für Wirtschaftsgüter, soweit diese als unangemessen anzusehen sind (BFH-Urteil vom 20.08.1986, BStBl II 1987, S. 108, vgl. Abschnitt B.5.5.4). Nicht abzugsfähig ist nur der unangemessene Teil der Aufwendungen.

Die Angemessenheit von Aufwendungen kann nur unter Berücksichtigung aller Umstände des Einzelfalls geprüft werden. Im Rahmen dieser Prüfung sind u.a. die Größe des Unternehmens, die Höhe des Umsatzes und Gewinns sowie die Bedeutung der Aufwendung für den Geschäftserfolg sowie der Grad der Berührung der privaten Lebenssphäre des Steuerpflichtigen in Betracht zu ziehen (z.B. BFH-Urteil vom 20.08.1986, BStBl II 1986, S. 904; BFH-Beschluss vom 19.10.1995, BFH/NV 1996, S. 308; H 4.10 Abs. 12 EStH „Angemessenheit"). In Frage kommt das Abzugsverbot des § 4 Abs. 5 Nr. 7 EStG u.a. für Luxuswagen (BFH-Urteile vom 08.10.1987, BStBl II 1987, S. 853; vom 23.05.1991, BFH/NV 1992, S. 207), Hubschrauber (BFH-Urteil vom 27.02.1985, BStBl II 1985, S. 458), luxuriöse Ausstattungen der Geschäftsräume (BFH-Urteil vom 20.08.1986, BStBl II 1987, S. 108) oder Übernachtungen anlässlich einer Geschäftsreise in Luxushotels (R 4.10 Abs. 12 EStR).

5.5.11 Geldbußen, Ordnungsgelder und Verwarnungsgelder

Nicht abzugsfähig sind gemäß § 4 Abs. 5 Nr. 8 EStG zudem von einem deutschen Gericht, einer deutschen Behörde oder von Organen der Europäischen Gemeinschaften festgesetzte Geldbußen, Ordnungs- und Verwarnungsgelder, die sich begrifflich als Betriebsausgaben qualifizieren. Diese Vorschrift ergänzt § 12 Nr. 4 EStG (vgl. Abschnitt B.3.5), wonach auch Geldstrafen weder im Rahmen der einzelnen Einkunftsarten noch vom Gesamtbetrag der Einkünfte abgezogen werden dürfen.

Soweit der durch die Ordnungswidrigkeit erlangte Vorteil durch die Geldbuße abgeschöpft werden soll, gilt das Abzugsverbot nicht, wenn der erlangte Vorteil nicht um die steuerliche Belastung des wirtschaftlichen Vorteils gemindert wurde (§ 4 Abs. 5 Nr. 8 Satz 4 EStG). Zudem ist zu beachten, dass nur eigene Strafen des Steuerpflichtigen von dem Abzugsverbot des § 4 Abs. 5 Nr. 8 EStG betroffen sind, nicht aber solche, die er z.B. als Arbeitgeber für Arbeitnehmer übernimmt (vgl. *W. Heinicke*, in: L. Schmidt (2010), § 4, Rz. 520 „Strafen/ Geldbußen"; BFH-Urteil vom 22.07.2008, BStBl II 2009, S. 151).

5.5.12 Zinsen auf hinterzogene Steuern

Hinterziehungszinsen auf betriebliche Steuern gemäß § 235 AO sind zwar begrifflich Betriebsausgaben, dürfen jedoch gemäß § 4 Abs. 5 Nr. 8a EStG den Gewinn nicht mindern.

5.5.13 Bestechungs- und Schmiergelder

Bestechungs- und Schmiergelder sind gemäß § 4 Abs. 5 Nr. 10 EStG nicht abzugsfähig, sofern die Zuwendung eine rechtswidrige Tat darstellt, die einen Straftatbestand verwirklicht oder mit einer Geldbuße geahndet werden kann. Eine tatsächliche gerichtliche Ahndung oder Bußgeldverhängung ist nicht erforderlich, um den Abzug der Zuwendungen auszuschließen.

Zu beachten ist darüber hinaus für Schmiergelder, die nicht von dem Abzugsverbot des § 4 Abs. 5 Nr. 10 EStG erfasst werden, dass der Steuerpflichtige gemäß § 160 Abs. 1 AO auf Verlangen der Finanzbehörde den Empfänger benennen muss, um die Abzugsfähigkeit zu erreichen.

5.5.14 Zuschläge nach § 162 Abs. 4 AO

Gemäß § 90 Abs. 3 AO hat der Steuerpflichtige **erweiterte Mitwirkungspflichten bei Sachverhalten, die Vorgänge mit Auslandsbezug** betreffen. Der Steuerpflichtige hat in diesem Fall über die Art und den Inhalt seiner Geschäftsbeziehungen mit nahe stehenden Personen Aufzeichnungen zu erstellen. Einzelheiten regelt die Gewinnabgrenzungsaufzeichnungsverordnung (GAufzV, BGBl I 2003, S. 2296; geändert durch UntStRefG, BGBl I 2007, S. 1912).

Legt ein Steuerpflichtiger Aufzeichnungen im Sinne des § 90 Abs. 3 AO nicht vor oder sind vorgelegte Aufzeichnungen im Wesentlichen unverwertbar, ist ein Zuschlag von mindestens 5 % und höchstens 10 % des Mehrbetrags der Einkünfte aus einer Berichtigung nach § 162 Abs. 3 AO, mindestens aber 5.000 € festzusetzen (§ 162 Abs. 4 Sätze 1, 2 AO). Bei verspäteter Vorlage von verwertbaren Aufzeichnungen beträgt der Zuschlag bis zu 1.000.000 €, mindestens jedoch 100 € für jeden vollen Tag der Fristüberschreitung (§ 162

Abs. 4 Satz 3 AO). Von der Festsetzung eines Zuschlags ist abzusehen, wenn die Nichterfüllung der Pflichten nach § 90 Abs. 3 AO entschuldbar erscheint oder ein Verschulden nur geringfügig ist (§ 162 Abs. 4 Satz 5 AO).

Zuschläge nach § 162 Abs. 4 AO zählen zu den nicht abziehbaren Betriebsausgaben (§ 4 Abs. 5 Nr. 12 EStG).

5.5.15 Gewerbesteuer

Ab dem VZ 2008 (§ 52 Abs. 12 Satz 7 EStG) kann die Gewerbesteuer nicht mehr als Betriebsausgabe abgezogen werden (§ 4 Abs. 5b EStG). Nach altem Recht war einerseits der Gewinn aus dem Gewerbebetrieb laut EStG bzw. KStG Ausgangspunkt bei der Ermittlung der Bemessungsgrundlage für die Gewerbesteuer (§ 7 Satz 1 GewStG). Andererseits konnte die Gewerbesteuer bei der Ermittlung des Gewinns aus dem Gewerbebetrieb laut EStG bzw. KStG als Betriebsausgabe abgezogen werden. Im Ergebnis war somit die Gewerbesteuer von ihrer eigenen Bemessungsgrundlage abzugsfähig. Mit dem Abzugsverbot des § 4 Abs. 5b EStG endet die wechselseitige Beeinflussung der Bemessungsgrundlagen der Gewerbesteuer und der Einkommensteuer / Körperschaftsteuer. Die Gewinnermittlung wird damit erleichtert.

Von dem Abzugsverbot werden auch **Nebenleistungen** im Sinne des § 3 Abs. 4 AO erfasst, z.B. Verspätungszuschläge, Zinsen und Säumniszuschläge.

Zwar ist die Gewerbesteuer nach dem Wortlaut des § 4 Abs. 5b EStG keine Betriebsausgabe. Unseres Erachtens handelt es sich bei der Gewerbesteuer aber begrifflich um eine Betriebsausgabe, die gemäß § 4 Abs. 5b EStG lediglich nicht abziehbar und daher außerbilanziell zu korrigieren ist (gl.A. *Niemeier et al.* (2009), S. 295). Würde es sich nicht um eine Betriebsausgabe handeln, müsste die Gewerbesteuer als Entnahme gebucht werden.

Auch Aufwand aus der Bildung von **Gewerbesteuerrückstellungen** ist außerbilanziell wieder hinzuzurechnen. Umgekehrt sind Gewerbesteuererstattungen (sowie Erträge aus der Auflösung von Gewerbesteuerrückstellungen) steuerfreie Betriebseinnahmen (negative nicht abziehbare Aufwendungen).

5.5.16 Parteispenden

Spenden an politische Parteien sind gemäß § 4 Abs. 6 EStG ausdrücklich vom Abzug als Betriebsausgabe ausgenommen, selbst wenn ein betrieblicher Zusammenhang im Einzelfall hergestellt werden könnte (sog. **Lobbying**). Allerdings können Parteispenden gemäß § 34g EStG bis zur Höhe von 1.650 € zur Hälfte von der tariflichen Einkommensteuer abgezogen werden. Darüber hinaus erlaubt § 10b Abs. 2 EStG einen Abzug von weiteren 1.650 € als Sonderausgaben (vgl. Abschnitt B.8.3.9). Für zusammen veranlagte Ehegatten verdoppeln sich diese Beträge jeweils.

5.5.17 Aufzeichnungspflicht

§ 4 Abs. 5 Nrn. 1 – 4, 6b und 7 EStG schildert teilweise keine Abzugsverbote, sondern nur Abzugsbeschränkungen. Gemäß § 4 Abs. 7 EStG ist ein Abzug der genannten Aufwendungen jedoch auch insoweit, wie die Abzugsbeschränkungen nicht greifen, nur möglich, wenn die Aufwendungen einzeln und getrennt von den übrigen Betriebsausgaben aufgezeichnet werden. Gemeint ist eine Aufzeichnung auf einem besonderen Konto oder in einer besonderen Spalte der Buchführung (BFH-Beschluss vom 26.06.1989, BFH/NV 1990, S. 165; vgl. aber R 4.11 Abs. 1 Sätze 1 – 3 EStR). Die Aufzeichnung muss fortlaufend und zeitnah erfolgen, eine Umbuchung am Ende des Geschäftsjahres reicht nicht aus (BFH-Urteil vom 22.01.1988, BStBl II 1988, S. 535).

5.5.18 Zinsschranke

Durch das Unternehmensteuerreformgesetz 2008 wurde § 4h EStG eingefügt, der den Abzug von Zinsen als Betriebsausgaben begrenzt (sog. „Zinsschranke"). Die Vorschrift ist erstmals für Wirtschaftsjahre anzuwenden, die nach dem 25.05.2007 beginnen und nicht vor dem 01.01.2008 enden (§ 52 Abs. 12d Satz 1 EStG). Zu Einzelheiten vgl. das Anwendungsschreiben des BMF vom 04.07.2008, BStBl I 2008, S. 718.

Hintergrund ist das Ziel des Gesetzgebers, einer übermäßigen Fremdkapitalfinanzierung von internationalen Konzernen, die über Betriebe im In- und Ausland verfügen, den Boden zu entziehen. Ohne die Vorschriften zur Zinsschranke hätten solche Konzerne im Sinne einer konzernweiten Steueroptimierung ein Interesse daran, Fremdkapital überwiegend in Hochsteuerländern aufzunehmen.

Beispiel B.173:

Ein Konzern hat einen Betrieb im Inland (Ertragsteuersatz: 30 %) und im Ausland (Ertragsteuersatz: 20 %). Die Bilanzen der beiden Betriebe stellen sich wie folgt dar:

Aktiva	Betrieb Inland	Passiva	
Aktive Wirtschaftsgüter	50.000.000	Eigenkapital	10.000.000
		Fremdkapital	40.000.000
	50.000.000		50.000.000

Aktiva	Betrieb Ausland		Passiva
Aktive Wirtschaftsgüter	50.000.000	Eigenkapital	10.000.000
		Fremdkapital	40.000.000
	50.000.000		50.000.000

Da der Ertragsteuersatz im Inland höher ist, sinkt die Gesamtsteuerlast des Konzerns, wenn möglichst viel Fremdkapital von dem inländischen Betrieb aufgenommen wird und somit möglichst viel Zinsaufwand im Inland anfällt. Optimal aus Konzernsicht ist folgende Aufteilung von Eigen- und Fremdkapital:

Aktiva	Betrieb Inland		Passiva
Aktive Wirtschaftsgüter	50.000.000	Eigenkapital	0
		Fremdkapital	50.000.000
	50.000.000		50.000.000

Aktiva	Betrieb Ausland		Passiva
Aktive Wirtschaftsgüter	50.000.000	Eigenkapital	20.000.000
		Fremdkapital	30.000.000
	50.000.000		50.000.000

Eine solche willkürliche Zuordnung von Fremdkapital zu Lasten des deutschen Fiskus soll durch die Vorschriften zur Zinsschranke unattraktiv gemacht werden, indem Zinsen teilweise nicht abziehbar sind, wenn die Eigenkapitalquote des inländischen Betriebs geringer ist als die Eigenkapitalquote im Konzern.

Die Vorschrift zur Zinsschranke (§ 4 h EStG) ist im Einkommensteuerrecht angesiedelt, da auch Einzelunternehmen und Personengesellschaften grundsätzlich konzernzugehörig sein können. Hauptanwendungsfall dürften aber international operierende Konzerne sein, die regelmäßig eher als Kapitalgesellschaften operieren. Die Vorschrift des § 4h EStG ist über § 8 Abs. 1 Satz 1 KStG auch im Körperschaftsteuerrecht anzuwenden. § 8a KStG enthält zudem ergänzende Bestimmungen für Körperschaften.

Obwohl nach dem Willen des Gesetzgebers insbesondere internationale Konzerne getroffen werden sollen, die Fremdkapital überwiegend in Deutschland aufnehmen, ist die Vorschrift nicht auf internationale Konzerne beschränkt. Grundsätzlich kann es auch bei rein national operierenden Konzernen zu einer Nichtabzugsfähigkeit von Zinsaufwand nach § 4h EStG kommen. Wäre die Anwendbarkeit des § 4h EStG auf international operierende Konzerne beschränkt, so würde die Vorschrift gegen die EU-Grundfreiheiten (insbesondere gegen das Recht auf Freizügigkeit und das Recht auf freien Kapitalverkehr) verstoßen (vgl. EuGH-Urteil vom 12.12.2002, DStR 2003, S. 25, zu § 8a KStG a.F.).

5.5.18.1 Übersicht

Nach § 4h Abs. 1 Satz 1 EStG sind Zinsaufwendungen eines Betriebes zunächst in Höhe des Zinsertrages abziehbar. Ein darüber hinausgehender Zinssaldo ist grundsätzlich nur bis zu 30 % des EBITDA abziehbar (siehe Abschnitt B.5.5.18.7).

Die Vorschriften zur Zinsschranke sind allerdings nicht anzuwenden, wenn eine der Voraussetzungen des § 4h Abs. 2 Satz 1 Buchst. a – c EStG gegeben ist:

- **Freigrenze**
  Der Zinssaldo (= Zinsaufwendungen – Zinserträge) beträgt weniger als 3.000.000 € (siehe Abschnitt B.5.5.18.4).
- **Konzern-Klausel**
  Der Betrieb gehört nicht oder nur anteilmäßig zu einem Konzern (siehe Abschnitt B.5.5.18.5).
- **Escape-Klausel**
  Der Betrieb gehört zwar zu einem Konzern, seine Eigenkapitalquote zum vorangegangenen Abschlussstichtag ist aber gleich hoch oder höher als die des Konzerns. Ein Unterschreiten der Eigenkapitalquote des Konzerns um bis zu 2 Prozentpunkte ist unschädlich (siehe Abschnitt B.5.5.18.6).

Für den Bereich des Körperschaftsteuerrechts sind die Konzern-Klausel sowie die Escape-Klausel nach § 8a Abs. 2, 3 KStG nur dann wirksam, wenn zusätzlich keine schädliche Gesellschafter-Fremdfinanzierung vorliegt (siehe Abschnitt B.5.5.18.9).

Folgende Abbildung gibt die Prüfung der Tatbestandsvoraussetzungen des § 4h EStG schematisch wider:

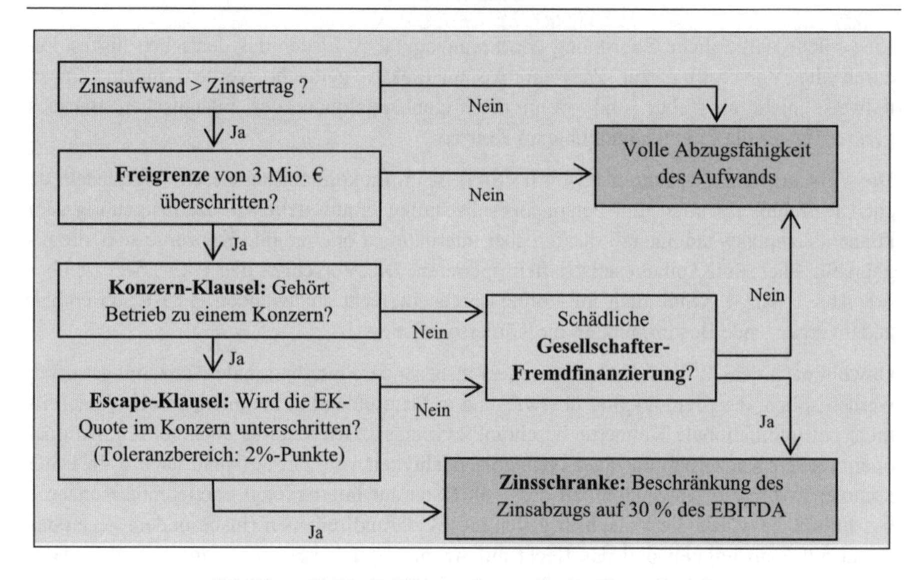

Abbildung B.25: Prüfungsschema für die Zinsschranke

5.5.18.2 Betrieb

Die Vorschrift des § 4 h EStG ist betriebsbezogen. Die Abzugsfähigkeit von Zinsen ist somit für jeden einzelnen Betrieb gesondert zu prüfen.

Zum Begriff des Betriebs hat das BMF in Rz. 2–10 des Schreibens vom 04.07.2008 (BStBl I 2008, S. 718) Stellung genommen. Danach kann ein Einzelunternehmer mehrere Betriebe haben. Eine Mitunternehmerschaft hat nur einen Betrieb im Sinne der Zinsschranke. Zum Betrieb der Mitunternehmerschaft gehören neben dem Gesamthandsvermögen auch Wirtschaftsgüter des Sonderbetriebsvermögens. Auch Kapitalgesellschaften haben grundsätzlich nur einen Betrieb im Sinne der Zinsschranke. Ein körperschaftsteuerlicher Organkreis (siehe Abschnitt C.7.2) gilt für Zwecke der Zinsschranke als ein Betrieb (§ 15 Nr. 3 KStG).

5.5.18.3 Zinssaldo

In einem ersten Schritt werden die Zinsaufwendungen einer Periode den Zinserträgen gegenübergestellt. Bis zur Höhe der Zinserträge sind die Zinsaufwendungen uneingeschränkt abzugsfähig. Nur ein positiver Unterschiedsbetrag zwischen Zinsaufwendungen und Zinserträgen (= Zinssaldo) kann von der Abzugsbeschränkung des § 4h EStG betroffen sein.

Zinsaufwendungen sind Vergütungen für Fremdkapital, die den Gewinn gemindert haben (§ 4h Abs. 3 Satz 2 EStG). Zinserträge sind Erträge aus Kapitalforderungen jeder Art, die den Gewinn erhöht haben (§ 4h Abs. 3 Satz 3 EStG). Hierzu gehören auch Zinsen zu einem variablen Zinssatz, Vergütungen für partiarische Darlehen und typische stille Beteiligungen sowie ein Damnum oder Disagio. Keine Zinsaufwendungen sind Skonti oder Boni (Rz. 15, 16 des BMF-Schreibens vom 04.07.2008).

Der Zinsschranke unterliegen nur solche Zinsaufwendungen und Zinserträge, die den Gewinn gemindert oder erhöht haben. Nach § 4 Abs. 4a EStG nicht abzugsfähige Zinsen (siehe Abschnitt B.5.5.1) oder als verdeckte Gewinnausschüttungen nicht abzugsfähige Zinsen (siehe Abschnitt C.5.5) sind daher nicht zu berücksichtigen (Rz. 18 des BMF-Schreibens vom 04.07.2008).

Zinsaufwendungen, die Sondervergütungen eines Mitunternehmers im Sinne von § 15 Abs. 1 Satz 1 Nr. 2 EStG sind, stellen für Zwecke der Zinsschranke weder Zinsaufwendungen der Mitunternehmerschaft noch Zinserträge des Mitunternehmers dar. Zinsen, die Sonderbetriebsausgaben oder Sonderbetriebseinnahmen eines Mitunternehmers sind, werden der Mitunternehmerschaft zugeordnet (Tz. 19 des BMF-Schreibens vom 04.07.2008).

Die aus der Auf- bzw. Abzinsung unverzinslicher oder niedrig verzinslicher Verbindlichkeiten oder Kapitalforderungen resultierenden Ergebnisse sind ebenfalls als Zinserträge bzw. Zinsaufwendungen anzusetzen (§ 4h Abs. 3 Satz 4 EStG).

5.5.18.4 Freigrenze

Sofern die Zinsaufwendungen die Zinserträge übersteigen, ist die Ausnahme des § 4h Abs. 2 Satz 1 Buchst. a EStG zu prüfen. Danach greift die Abzugsbegrenzung nicht, wenn der Zinssaldo weniger als 3 Mio. € beträgt. Bei diesem Betrag handelt es sich um eine **Freigrenze**. Beträgt der Zinssaldo 3 Mio. € oder mehr, so sind die Regelungen der Zinsschranke (Abzugsbegrenzung auf 30 % des EBITDA) in vollem Umfang anzuwenden.

Beispiel B.174:

Ein Gewerbebetrieb weist in den Jahren 01 bis 03 folgende Zinsaufwendungen und Zinserträge auf:

	01	02	03
Zinserträge	2.500.000	1.000.000	800.000
Zinsaufwendungen	1.700.000	3.900.000	4.100.000
Zinssaldo	+ 800.000	– 2.900.000	– 3.300.000

In 01 und 02 sind die Abzugsbegrenzungen des § 4h EStG nicht zu beachten, da sich in 01 ein positiver Zinssaldo ergibt und der negative Zinssaldo in 02 die Freigrenze von 3 Mio. € unterschreitet. In 03 ist der Abzug des Zinssaldos von 3,3 Mio. € auf 30 % des EBITDA begrenzt (sofern nicht die Konzern-Klausel oder die Escape-Klausel greift).

5.5.18.5 Konzern-Klausel

Die Abzugsbegrenzung des § 4h EStG greift nicht (d.h. Zinsaufwendungen können in voller Höhe abgezogen werden), wenn der Betrieb nicht oder nur anteilmäßig zu einem Konzern gehört (§ 4h Abs. 2 Satz 1 Buchst. b EStG).

Ein Betrieb gehört zu einem Konzern, wenn er mit einem oder mehreren anderen Betrieben nach den Vorschriften des HGB oder IFRS konsolidiert wird oder werden könnte (§ 4h Abs. 3 Satz 5 EStG). Für einen Konzernabschluss nach HGB ergibt sich die Pflicht zur Aufstellung aus § 290 HGB. Da es bereits ausreicht, dass ein Konzernabschluss erstellt werden **könnte**, gehen die größenabhängigen Befreiungen des § 293 HGB sowie die Befreiungen des § 296 HGB für Zwecke der Zinsschranke ins Leere. Auf den Konzernbegriff nach HGB und IFRS kann an dieser Stelle nicht vertiefend eingegangen werden. Zur anteilmäßigen Konsolidierung bei Gemeinschaftsunternehmen siehe § 310 HGB.

Liegt kein Konzern im Sinne des § 4h Abs. 3 Satz 5 EStG vor, sind die Voraussetzungen des § 4h Abs. 3 Satz 6 EStG zu prüfen (sog. **Gleichordnungskonzern**). Voraussetzung für einen Gleichordnungskonzern ist, dass die Finanz- und Geschäftspolitik mehrerer Betriebe einheitlich bestimmt werden kann. Als Gleichordnungskonzerne kommen beispielsweise in Betracht:

- Eine natürliche Person hält Anteile von jeweils mehr als 50 % an zwei (oder mehr) Kapitalgesellschaften im Privatvermögen.
- Eine natürliche Person betreibt ein Einzelunternehmen und ist gleichzeitig Gesellschafter zu mehr als 50 % an einer Kapitalgesellschaft.

Die Konzern-Klausel ist vor dem Hintergrund zu sehen, dass eine übermäßige Fremdkapitalfinanzierung von deutschen Landesgesellschaften internationaler Konzerne durch die Zinsschranke unattraktiv gemacht werden soll (siehe Abschnitt B.5.5.18). Bei fehlender Konzernzugehörigkeit besteht somit kein Grund für eine Begrenzung des Zinsabzugs.

5.5.18.6 Escape-Klausel

Eine übermäßige Fremdfinanzierung liegt auch dann nicht vor, wenn die Eigenkapitalquote des Betriebs der Eigenkapitalquote des Konzerns (nahezu) entspricht oder sogar höher ist. Nach § 4h Abs. 2 Satz 1 Buchst. c EStG sind die Vorschriften zur Zinsschranke daher auch dann nicht anzuwenden, wenn der Betrieb zwar zu einem Konzern gehört, aber die Eigenkapitalquote des Betriebs zum vorangegangenen Abschlussstichtag gleich hoch oder höher ist als die Eigenkapitalquote des Konzerns. Ein Unterschreiten der Eigenkapitalquote des Konzerns um bis zu zwei Prozentpunkte ist unschädlich. Der Toleranzbereich ist durch das WachsBeschlG (BGBl I 2009, S. 3950) mit Wirkung ab dem VZ 2010 von einem auf zwei Prozentpunkte erhöht worden.

Die Eigenkapitalquote ermittelt sich als Verhältnis des Eigenkapitals zur Bilanzsumme. Zugrunde zu legen ist der Jahresabschluss oder Einzelabschluss des Betriebs sowie der Konzernabschluss, der den Betrieb umfasst. Dabei sind Wahlrechte im Einzelabschluss und Konzernabschluss einheitlich auszuüben. Das Eigenkapital des Betriebs ist zudem wie folgt zu modifizieren (§ 4h Abs. 2 Satz 1 Buchst. c Satz 5 EStG; vgl. Rz. 75 des BMF-Schreibens vom 04.07.2008):

	Eigenkapital des Betriebs laut Jahresabschluss oder Einzelabschluss
+	im Konzernabschluss enthaltener Firmenwert, soweit er auf den Betrieb entfällt
+ / –	Korrektur der Wertansätze der Vermögensgegenstände und Schulden (Ausweis mit den im Konzernabschluss enthaltenen Werten)
+	Hälfte des Sonderpostens mit Rücklagenanteil (§ 273 HGB)
–	Eigenkapital, das keine Stimmrechte vermittelt (mit Ausnahme von Vorzugsaktien)
–	Anteile an anderen Konzerngesellschaften
–	Einlagen der letzten 6 Monate vor dem Abschlussstichtag, soweit ihnen Entnahmen oder Ausschüttungen innerhalb der ersten 6 Monate nach dem Abschlussstichtag gegenüberstehen
+ / –	Sonderbetriebsvermögen (ist der Mitunternehmerschaft zuzuordnen)
=	Eigenkapital des Betriebs für Zwecke der Zinsschranke

Tabelle B.24: Ermittlung des Eigenkapitals des Betriebs für Zwecke der Zinsschranke

Die Bilanzsumme des Betriebs ist wie folgt zu modifizieren (§ 4h Abs. 2 Satz 1 Buchst. c Satz 6 EStG; vgl. Rz. 76 des BMF-Schreibens vom 04.07.2008):

	Bilanzsumme des Betriebs laut Jahresabschluss oder Einzelabschluss
+	im Konzernabschluss enthaltener Firmenwert, soweit er auf den Betrieb entfällt
+ / –	Korrektur der Wertansätze der Vermögensgegenstände und Schulden (Ausweis mit den im Konzernabschluss enthaltenen Werten)
–	Anteile an anderen Konzerngesellschaften
–	Einlagen der letzten 6 Monate vor dem Abschlussstichtag, soweit ihnen Entnahmen oder Ausschüttungen innerhalb der ersten 6 Monate nach dem Abschlussstichtag gegenüberstehen
–	Kapitalforderungen, die nicht im Konzernabschluss ausgewiesen sind und denen Verbindlichkeiten im Sinne des § 4h Abs. 3 EStG in mindestens gleicher Höhe gegenüberstehen
+ / –	Sonderbetriebsvermögen (ist der Mitunternehmerschaft zuzuordnen)
=	Bilanzsumme des Betriebs für Zwecke der Zinsschranke

Tabelle B.25: Ermittlung der Bilanzsumme des Betriebs für Zwecke der Zinsschranke

5.5.18.7 ***Beschränkung auf 30 % des EBITDA***

Greift weder die Freigrenze noch die Konzern-Klausel oder die Escape-Klausel, so ist der Abzug eines positiven Unterschiedsbetrages zwischen Zinsaufwendungen und Zinserträgen (= Zinssaldo) auf 30 % des EBITDA beschränkt. (EBITDA = Earnings Before Interest, Taxes, Depreciation and Amortization; Gewinn vor Zinsen, Steuern und Abschreibungen).

Das EBITDA ermittelt sich wie folgt (vgl. Rz. 40 des BMF-Schreibens vom 04.07.2008):

	Steuerpflichtiger Gewinn vor Anwendung des § 4h EStG
–	Zinserträge
+	Zinsaufwendungen
+	Abschreibungen nach § 6 Abs. 2, 2a, § 7 EStG
=	steuerliches EBITDA

Tabelle B.26: Ermittlung des EBITDA für Zwecke der Zinsschranke

Beispiel B.175:

Maßgeblicher Gewinn (Gewinn vor Zinsschranke)		18.000.000 €
darin berücksichtigt:		
Zinsaufwendungen	12.000.000 €	
Zinserträge	400.000 €	
Abschreibungen nach § 7 EStG	4.000.000 €	

Die Zinsschranke ist anzuwenden, da der Zinssaldo (11.600.000 €) die Freigrenze von 3.000.000 € nicht unterschreitet.

Maßgeblicher Gewinn	18.000.000 €	
– Zinserträge	– 400.000 €	
+ Zinsaufwendungen	+ 12.000.000 €	
+ Abschreibungen	+ 4.000.000 €	
Steuerliches EBITDA	33.600.000 €	
30 % davon	10.080.000 €	
Zinssaldo	11.600.000 €	
– abzugsfähige Zinsen (30 % EBITDA)	– 10.080.000 €	
Nicht abzugsfähige Zinsen	1.520.000 €	
Maßgeblicher Gewinn (Gewinn vor Zinsschranke)		18.000.000 €
+ Nicht abzugsfähige Zinsen		+ 1.520.000 €
= Steuerpflichtiger Gewinn		19.520.000 €

5.5.18.8 EBITDA-Vortrag und Zinsvortrag

Übersteigt das verrechenbare EBITDA (= 30 % des steuerlichen EBITDA) den Zinssaldo des Betriebs, so wird das nicht genutzte Abzugsvolumen gemäß § 4h Abs. 1 Satz 3 EStG als **EBITDA-Vortrag** in die folgenden fünf Wirtschaftsjahre vorgetragen; ein EBITDA-Vortrag entsteht nicht in Wirtschaftsjahren, in denen eine Ausnahmeregelung nach § 4h Abs. 2 Satz 1 EStG greift (Freigrenze, Konzern-Klausel oder Escape-Klausel).

Bis zur Höhe der EBITDA-Vorträge kann ein über das verrechenbare EBITDA des laufenden Wirtschaftsjahres hinausgehender Zinssaldo in der Folgezeit abgezogen werden. Eine Verrechnung mit den EBITDA-Vorträgen erfolgt nach dem FIFO-Prinzip, d.h. die ältesten EBITDA-Vorträge werden zuerst verwendet.

Können Zinsaufwendungen nach der Vorschrift des § 4h EStG nicht abgezogen werden, so entsteht gemäß § 4h Abs. 1 Satz 5 EStG ein zeitlich unbefristeter **Zinsvortrag**. Der Zinsvortrag erhöht die Zinsaufwendungen der Folgejahre, jedoch nicht den maßgeblichen Gewinn (§ 4h Abs. 1 Satz 6 EStG). Besteht in einem Folgejahr noch Abzugsvolumen, da der Zinssaldo das verrechenbare EBITDA unterschreitet, kann der Zinsvortrag in diesem Jahr genutzt werden.

Die zeitliche Nutzung von Zinsaufwendungen kann somit wie folgt beschrieben werden (siehe *C. Grefe* (2010), S. 118):

1. Schritt:	Abzug von Zinsaufwendungen bis zur Höhe der Zinserträge
2. Schritt:	Abzug der nach dem 1. Schritt verbleibenden Zinsaufwendungen bis zur Höhe des verrechenbaren EBITDA (30 % des steuerlichen EBITDA)
3. Schritt:	Abzug der nach dem 2. Schritt verbleibenden Zinsaufwendungen bis zur Höhe der EBITDA-Vorträge
4. Schritt:	Berücksichtigung der nach dem 3. Schritt verbleibenden Zinsaufwendungen als zeitlich unbefristeter Zinsvortrag

Tabelle B.27: Zeitliche Verrechnung von Zinsaufwendungen nach § 4h EStG

Der EBITDA-Vortrag und ein nicht genutzter Zinsvortrag gehen bei Aufgabe oder Übertragung des Betriebs unter (§ 4h Abs. 5 Satz 1 EStG). Bei Mitunternehmerschaften gehen der EBITDA-Vortrag und der Zinsvortrag mit der Quote unter, mit der der ausgeschiedene Gesellschafter an der Mitunternehmerschaft beteiligt war (§ 4h Abs. 5 Satz 2 EStG). Bei Beteiligung einer Körperschaft an einer Mitunternehmerschaft ist § 8c KStG entsprechend anzuwenden (§ 4h Abs. 5 Satz 3 EStG).

5.5.18.9 Gesellschafter-Fremdfinanzierung

§ 8a Abs. 2 und 3 KStG enthält für Körperschaften weitergehende Voraussetzungen für die Anwendung der Konzern-Klausel und der Escape-Klausel. Beide Ausnahmen können nur in Anspruch genommen werden, wenn keine schädliche Gesellschafter-Fremdfinanzierung vorliegt.

Schädliche Gesellschafter-Fremdfinanzierung bei Konzern-Klausel (§ 8a Abs. 2 KStG)

Körperschaften, die nicht zu einem Konzern gehören, können sich nur dann auf die Konzern-Klausel (§ 4h Abs. 2 Satz 1 Buchst. b EStG) berufen, wenn keine schädliche Gesellschafter-Fremdfinanzierung vorliegt (§ 8a Abs. 2 KStG).

Eine schädliche Gesellschafter-Fremdfinanzierung liegt vor, wenn die Vergütungen für Fremdkapital, die an

- einen zu mehr als 25 % unmittelbar oder mittelbar beteiligten Anteilseigner,
- eine diesem im Sinne von § 1 Abs. 2 AStG nahe stehende Person oder
- einen Dritten, der auf den zu mehr als 25 % beteiligten Anteilseigner oder eine diesem nahe stehende Person zurückgreifen kann,

mehr als 10 % des Zinssaldos (= Zinsaufwendungen – Zinserträge) der Körperschaft betragen. Die Körperschaft ist nachweispflichtig, dass keine schädliche Gesellschafter-Fremdfinanzierung vorliegt.

Zum Rückgriff auf den zu mehr als 25 % beteiligten Anteilseigner oder eine diesem nahe stehende Person siehe Rz. 83 des BMF-Schreibens vom 04.07.2008.

Schädliche Gesellschafter-Fremdfinanzierung bei Escape-Klausel (§ 8a Abs. 3 KStG)

Körperschaften, die zu einem Konzern gehören, können sich nur dann auf die Escape-Klausel (§ 4h Abs. 2 Satz 1 Buchst. c EStG) berufen, wenn der Nachweis, dass keine schädliche Gesellschafter-Fremdfinanzierung vorliegt (siehe oben), für **jeden** konzernzugehörigen Rechtsträger gelingt (§ 8a Abs. 3 KStG). Konzerninterne Finan-zierungen sind unschädlich (§ 8a Abs. 3 Satz 2 KStG, Rz. 80 des BMF-Schreibens vom 04.07.2008), siehe das folgende Beispiel (in Anlehnung an *B. Jäger / F. Lang* (2009), S. 380):

Beispiel B.176:

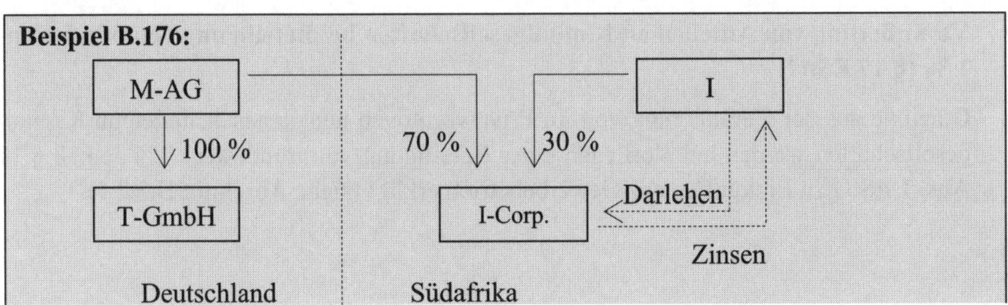

Zum M-Konzern gehört auch eine Tochtergesellschaft in Südafrika (I-Corp.), an der die M-AG zu 70 % beteiligt ist. Wenn für eine Konzerngesellschaft, nämlich hier die I-Corp. in Südafrika, eine schädliche Gesellschafter-Fremdfinanzierung durch einen nicht zum Konzern gehörenden, aber zu mehr als 25 % beteiligten Dritten erfolgt, kann sich die T-GmbH nicht auf die Escape-Klausel berufen. Dies ist dann der Fall, wenn die Zinsen der I-Corp. an I mindestens 10 % des Zinssaldos der I-Corp. ausmachen.

6 Überschuss der Einnahmen über die Werbungskosten

Zu den Überschusseinkunftsarten gehören gemäß § 2 Abs. 2 EStG

- die Einkünfte aus nichtselbständiger Arbeit (§ 2 Abs. 1 Nr. 4 EStG),
- die Einkünfte aus Kapitalvermögen (§ 2 Abs. 1 Nr. 5 EStG),
- die Einkünfte aus Vermietung und Verpachtung (§ 2 Abs. 1 Nr. 6 EStG) sowie
- die sonstigen Einkünfte (§ 2 Abs. 1 Nr. 7 EStG).

Die Saldogröße, welche die Einkünfte im Rahmen dieser Einkunftsarten bezeichnet, heißt gemäß § 2 Abs. 2 Nr. 2 EStG „**Überschuss der Einnahmen über die Werbungskosten**". Die Ermittlung der Einnahmen sowie der Werbungskosten richtet sich nach den §§ 8 – 9a EStG. Im Gegensatz zu den Gewinneinkunftsarten wird nicht zwischen verschiedenen Methoden der Einkunftsermittlung unterschieden. Die Einkunftsermittlung folgt dem **Zu- bzw. Abflussprinzip** des § 11 EStG. Relevant ist die Erlangung bzw. die Aufgabe der wirtschaftlichen Verfügungsmacht über Geld oder Sachleistungen. Zu Ausnahmen vom Zu- bzw. Abflussprinzip siehe Abschnitt B.6.4.

Einkunftsermittlungszeitraum im Rahmen der Überschusseinkunftsarten ist stets das Kalenderjahr. Ein abweichendes Wirtschaftsjahr kann nicht gewählt werden.

Theoretischer Unterschied der Einkunftsermittlung im Rahmen der Überschusseinkunftsarten im Vergleich zu den Gewinneinkunftsarten ist die Orientierung am **Quellenprinzip** im Gegensatz zum **Reinvermögenszugangsprinzip** (zur Unterscheidung vgl. Abschnitt B.3.1). Gewinne aus der Veräußerung von Wirtschaftsgütern, die keinem Betriebsvermögen angehören, sind wegen der Orientierung an der Quellentheorie grundsätzlich nicht steuerpflichtig. Dies gilt selbst dann, wenn die Wirtschaftsgüter der Einkunftserzielung im Rahmen einer Überschusseinkunftsart dienen (z.B. Mietshäuser). Verschiedene Vorschriften begründen jedoch als Ausnahme von der Regel eine Steuerpflicht von Veräußerungsgewinnen auch im Privatvermögen. In den vergangenen Jahren sind diese Ausnahmen immer weiter ausgedehnt worden, so dass von der Orientierung am Quellenprinzip letztlich nur wenig übrig geblieben ist. Im Einzelnen werden Veräußerungsgewinne im Privatvermögen durch folgende Vorschriften für steuerpflichtig erklärt:

- **Veräußerung von Anteilen an Kapitalgesellschaften bei Beteiligung von mindestens 1 % (§ 17 EStG)**

  Gewinne aus der Veräußerung von im Privatvermögen gehaltenen Anteilen an Kapitalgesellschaften werden bei Vorliegen einer Beteiligung von mindestens 1% gemäß § 17 Abs. 1 EStG zu Einkünften aus Gewerbebetrieb erklärt (siehe Abschnitt B.7.2.5).

- **Wegbezugsbesteuerung (§ 6 AStG)**

  Wird eine natürliche Person, die mindestens zehn Jahre unbeschränkt steuerpflichtig war, durch einen Wegzug aus dem Inland beschränkt steuerpflichtig, so ist gemäß § 6 AStG die Vorschrift des § 17 EStG im Zeitpunkt des Wegzugs auch dann anzuwenden, wenn keine Veräußerung von Anteilen an einer Kapitalgesellschaft stattfindet. Es wird im Zeitpunkt des Wegzugs eine Veräußerung der Anteile fingiert, um einen Entzug der gebildeten stillen Reserven aus der Steuerhoheit des inländischen Fiskus zu verhindern.

- **Veräußerung von Wirtschaftsgütern, die zu Einkünften aus Kapitalvermögen führen (§ 20 Abs. 2 EStG)**

  Seit 2009 ist die Veräußerung von Wirtschaftsgütern, die zu Einkünften aus Kapitalvermögen führen, gemäß § 20 Abs. 2 EStG generell steuerpflichtig (siehe Abschnitt B.7.5.2). Dies betrifft insbesondere Anteile an Kapitalgesellschaften, Derivate, festverzinsliche Wertpapiere und unverbriefte Kapitalforderungen.

- **Einkünfte aus privaten Veräußerungsgeschäften (§ 22 Nr. 2, § 23 EStG)**

  Gewinne aus der Veräußerung von anderen Wirtschaftsgütern des Privatvermögens innerhalb der Frist des § 23 Abs. 1 EStG sind als sonstige Einkünfte nach § 22 Nr. 2 EStG steuerpflichtig (siehe Abschnitt B.7.7.5).

- **Veräußerung einbringungsgeborener Anteile (§ 22 UmwStG)**

  Werden Anteilen an einer Kapitalgesellschaft, die gemäß § 20 Abs. 2 Satz 2 UmwStG durch eine Sacheinlage in die Kapitalgesellschaft ohne vollständige Versteuerung der in den eingebrachten Sachwerten enthaltenen stillen Reserven erworben wurden (sog. einbringungsgeborene Anteile), innerhalb von sieben Jahren nach der Einbringung veräußert, ist der Gewinn aus der Einbringung rückwirkend im Wirtschaftsjahr der Einbringung gemäß § 22 Abs. 1 UmwStG zu versteuern. Der steuerpflichtige Gewinn reduziert sich um jeweils ein Siebtel für jedes seit der Einbringung abgelaufene Zeitjahr. § 20 Abs. 2 Satz 2 UmwStG erlaubt die steuerfreie Einbringung von Betrieben, Teilbetrieben und Mitunternehmeranteilen in eine Kapitalgesellschaft; stille Reserven brauchen grundsätzlich nicht aufgedeckt zu werden. Damit der Steuerpflichtige die Versteuerung der im betrieblichen Bereich erwirtschafteten stillen Reserven nicht durch eine Veräußerung der einbringungsgeborenen Anteile teilweise steuerfrei (Teileinkünfteverfahren!) erreichen kann, erklärt § 22 Abs. 1 UmwStG die Einbringung rückwirkend für steuerpflichtig. Technisch ist somit nicht die Veräußerung der Anteile steuerpflichtig, diese löst nur eine rückwirkende Besteuerung der im Einbringungszeitpunkt vorhandenen stillen Reserven aus.

6.1 Einnahmen

Nach § 8 Abs. 1 EStG sind Einnahmen alle Güter, die in Geld oder Geldeswert bestehen und dem Steuerpflichtigen im Rahmen einer Überschusseinkunftsart zufließen.

Der Begriff der Einnahme ist weit zu fassen. Er ist nicht auf den Zufluss liquider Mittel beschränkt, sondern umfasst auch **Sachwerte** sowie andere bewertbare Vermögensvorteile, wie **Nutzungsüberlassungen** (z.B. verbilligte Werkswohnung, Dienstfahrzeug) oder Rechte (z.B. Optionen auf den Bezug von Mitarbeiteraktien) (BFH-Beschluss vom 26.10.1987, BStBl II 1988, S. 348; BFH-Urteil vom 10.03.1972, BStBl II 1972, S. 596). Keine

Einnahmen sind hingegen bloße **Annehmlichkeiten**, die der Arbeitgeber seinen Arbeitnehmern gewährt, sofern er diese ganz überwiegend im betrieblichen Interesse oder in Erfüllung seiner Fürsorgepflicht gegenüber der Belegschaft im Allgemeinen gewährt und die Annehmlichkeit nach Art, Üblichkeit und Wert nicht als Gegenleistung für die Arbeitskraft anzusehen ist (z.B. Einrichtung einer Werkskantine, Zurverfügungstellung von Mitarbeiterparkplätzen oder Genussmittel / Getränke zum Verzehr im Betrieb) (vgl. *W. Drenseck*, in: L. Schmidt (2010), § 8, Rz. 21; R 19.6 LStR). Ebenfalls keine Einnahmen sind bloße **Aufmerksamkeiten**, die im gesellschaftlichen Verkehr üblicherweise ausgetauscht werden und zu keiner ins Gewicht fallenden Bereicherung des Arbeitnehmers führen. Hierzu zählen Sachzuwendungen bis zu einem Wert von 40 €, z.B. Blumen, ein Buch oder Tonträger, die einem Arbeitnehmer aus Anlass eines besonderen persönlichen Ereignisses (Geburtstag, Geburt eines Kindes etc.) zugewendet werden (R 19.6 Abs. 1 LStR).

Steuerpflichtige Einnahmen liegen nur dann vor, wenn sie nicht nach §§ 3, 3b EStG ausdrücklich von der Steuerpflicht befreit sind. Dies gilt etwa für Kranken-, Pflege- und gesetzliche Unfallversicherungsleistungen (§ 3 Nr. 1 Buchst. a EStG), Mutterschaftsgeld (§ 3 Nr. 1 Buchst. d EStG), Arbeitslosengeld I und II (§ 3 Nr. 2 EStG), Erziehungs- und Elterngeld (§ 3 Nr. 67 EStG), Trinkgelder (§ 3 Nr. 51 EStG) sowie Zuschläge für Sonntags-, Feiertags- und Nachtarbeit (§ 3b EStG) (vgl. Abschnitt B.3.4).

Einnahmen, die nicht in Geld bestehen, sind gemäß § 8 Abs. 2 Satz 1 EStG grundsätzlich mit den „um übliche Preisnachlässe geminderten üblichen Endpreisen am Abgabeort" anzusetzen. Gemeint ist der Abgabepreis an Letztverbraucher einschließlich Umsatzsteuer. § 8 Abs. 2 Sätze 2 – 9, Abs. 3 EStG normieren jedoch verschiedene Ausnahmen bzw. Konkretisierungen dieses Grundsatzes:

Besteuerung geldwerter Vorteile

verbilligte Überlassung von Waren oder DL, die **auch** gegenüber Dritten erbracht werden

- anzusetzen mit dem um 4 % verminderten Endpreis am Abgabeort (§ 8 Abs. 3 Satz 1 EStG)
- Freibetrag 1.080 € im Jahr (§ 8 Abs. 3 Satz 2 EStG)
- ggf. Pauschalierung mit durchschnittlichem Steuersatz (§ 40 Abs. 1 Nr. 1 EStG)

verbilligte Überlassung von Waren oder DL die **nicht** gegenüber Dritten erbracht werden

- anzusetzen mit den um übliche Preisnachlässe geminderten üblichen Endpreisen am Abgabeort (§ 8 Abs. 2 Satz 1 EStG)
- Freigrenze 44 € im Monat (§ 8 Abs. 2 Satz 9 EStG)
- ggf. Pauschalierung mit 25 % (§ 40 Abs. 2 Satz 1 EStG) oder 15 % (§ 40 Abs. 2, Satz 2 EStG)

(Besonderheiten für die **Kfz-Gestellung** in § 8 Abs. 2 Sätze 3 – 5 EStG)

(Besonderheiten für **Verpflegung und Unterkunft** in § 8 Abs. 2 Satz 6 EStG i.V.m. § 2 SvEV)

Abbildung B.26: Besteuerung geldwerter Vorteile

- **Waren oder Dienstleistungen, die der Arbeitgeber auch gegenüber Dritten erbringt**

Waren oder Dienstleistungen, die ein Arbeitnehmer auf Grund seines Dienstverhältnisses vom Arbeitgeber erhält und die dieser nicht überwiegend für den Bedarf seiner Arbeitnehmer, sondern hauptsächlich für Dritte (Kunden) erbringt, sind mit den um 4 % verminderten Endpreisen am Abgabeort anzusetzen (§ 8 Abs. 3 Satz 1 EStG). Die Waren und Dienstleistungen sollen mit dem Wert angesetzt werden, den Dritte hierfür zu zahlen hätten. Durch den 4 % igen Preisabschlag wird berücksichtigt, dass auf den Endpreis am Abgabeort, d.h. den Angebotspreis, oftmals Preisnachlässe (beispielsweise Skonti oder Rabatte) gewährt werden. Der vom Arbeitnehmer zu versteuernde geldwerte Vorteil ergibt sich als Differenz zwischen diesem korrigierten Endpreis und dem von ihm für die erhaltenen Waren und Dienstleistungen gezahlten Entgelt. Allerdings gewährt § 8 Abs. 3 Satz 2 EStG einen Personal- bzw. Belegschaftsrabatt in Höhe von 1.080 €, d.h. der geldwerte Vorteil ist steuerfrei, soweit er pro Kalenderjahr 1.080 € nicht übersteigt.

Beispiel B.177:

Eine Bank gewährt ihrem Mitarbeiter anlässlich eines Hauskaufes ein niedrigverzinsliches Darlehen über 40.000 € zu 1,5 % p.a. Entsprechende Darlehen bietet die Bank ihren Kunden zu 5 % p.a. an.

Nach Abzug eines Abschlags von 4 % beträgt der Maßstabszinssatz 4,8 %. Der Zinsvorteil des Mitarbeiters beträgt somit (4,8 % – 1,5 % =) 3,3 %. Bei einem Darlehensbetrag von 40.000 € ergibt sich ein jährlicher Zinsvorteil von (40.000 € · 3,3 % =) 1.320 €. Nach Abzug des Freibetrags von 1.080 € beträgt der steuerpflichtige geldwerte Vorteil 240 € (vgl. das Beispiel in Tz. 17 des BMF-Schreibens vom 01.10.2008, BStBl I 2008, S. 892).

Neben der individuellen Besteuerung kommt für die genannten Sachbezüge auch die Pauschalierung der Lohnsteuer nach § 40 Abs. 1 Nr. 1 EStG durch den Arbeitgeber mit dem durchschnittlichen Steuersatz unter Zugrundelegung der durchschnittlichen Arbeitslöhne der Arbeitnehmer in Betracht. Voraussetzung ist, dass von dem Arbeitgeber sonstige Bezüge in einer größeren Zahl von Fällen gewährt werden. Ausgeschlossen ist die Pauschalierung, soweit der Arbeitgeber einem Arbeitnehmer sonstige Bezüge von mehr als 1.000 € im Kalenderjahr gewährt (§ 40 Abs. 1 Satz 3 EStG). Die pauschale Steuererhebung durch den Arbeitgeber hat Abgeltungswirkung, d.h. der Arbeitnehmer muss den geldwerten Vorteil in seiner Steuererklärung nicht mehr angeben (§ 40 Abs. 3 Satz 3 EStG).

- **Waren oder Dienstleistungen, die der Arbeitgeber nicht gegenüber Dritten erbringt**

Waren oder Dienstleistungen, die ein Arbeitnehmer auf Grund seines Dienstverhältnisses vom Arbeitgeber erhält und die dieser nicht gegenüber Dritten (Kunden) erbringt, sind mit den um übliche Preisnachlässe geminderten üblichen Endpreisen am Abgabeort anzusetzen (§ 8 Abs. 2 Satz 1 EStG) anzusetzen. Nach § 8 Abs. 2 Satz 9 EStG ist eine **Freigrenze** von 44 € im Monat anzuwenden. Übersteigt der geldwerte Vorteil den Betrag von 44 €, so ist der Betrag in voller Höhe steuerpflichtig.

Nach der neueren Rechtsprechung des BFH (Urteile vom 11.11.2010, Az. VI R 27/09, VI R 41/10, VI R 21/09) liegt ein Sachbezug auch dann vor, wenn der Arbeitgeber seine Zahlung an den Arbeitnehmer mit der Auflage verbindet, den empfangenen Geldbetrag nur in einer bestimmten Weise zu verwenden.

Beispiel B.178:

- Der Arbeitgeber räumt seinen Arbeitnehmern das Recht ein, auf Kosten des Arbeitgebers gegen Vorlage einer Tankkarte bei einer Vertragstankstelle zu tanken. Auf der Karte sind die Literzahl eines bestimmten Kraftstoffes und der Höchstbetrag von 44 € gespeichert.
- Die Arbeitnehmer dürfen mit einem vom Arbeitgeber ausgestellten Gutschein eine bestimmte Litermenge Treibstoff an einer beliebigen Tankstelle tanken. Anschließend erstattet der Arbeitgeber die hierfür entstandenen Kosten.
- Der Arbeitgeber schenkt seinen Arbeitnehmern zum Geburtstag Geschenkgutscheine einer Einzelhandelskette im Wert von 20 €.

Der BFH hat in seinen Urteilen vom 11.11.2010 in allen drei Fällen steuerfreien Sachlohn angenommen.

Sofern es sich bei den Sachbezügen um solche im Sinne des § 40 Abs. 2 EStG handelt und die Freigrenze von 44 € überschritten ist, kann der Arbeitgeber die Lohnsteuer mit 25 % (§ 40 Abs. 2 Satz 1 EStG) bzw. 15 % (§ 40 Abs. 2 Satz 2 EStG) pauschalieren.

- **Überlassung eines betrieblichen Kraftfahrzeugs zur privaten Nutzung des Arbeitnehmers**

Hinsichtlich der Ermittlung des geldwerten Vorteils eines betrieblichen Kraftfahrzeugs, das einem Arbeitnehmer unentgeltlich (oder verbilligt) überlassen wird, verweist § 8 Abs. 2 Satz 2 EStG auf die Regelung des § 6 Abs. 1 Nr. 4 Satz 2 EStG. Danach ist die private Nutzung eines Kraftfahrzeugs für jeden Kalendermonat mit 1 % des inländischen Listenpreises im Zeitpunkt der Erstzulassung zuzüglich der Kosten für Sonderausstattung und einschließlich Umsatzsteuer anzusetzen. Der geldwerte Vorteil kann auch dann nach der Listenpreismethode ermittelt werden, wenn das Kraftfahrzeug zu 50 % und mehr von dem Arbeitnehmer für private Fahrten verwendet wird, da auch die private Nutzung des Arbeitnehmers aus Sicht des Arbeitgebers eine betriebliche Nutzung darstellt.

Beispiel B.179:

Ein Arbeitnehmer nutzt ein Dienstfahrzeug, das ihm von seinem Arbeitgeber unentgeltlich überlassen wurde, auch für Privatfahrten. Der Listenpreis im Zeitpunkt der Erstzulassung einschließlich Umsatzsteuer hat 23.000 € betragen.

Der jährliche geldwerte Vorteil beträgt pauschal:

1 % · 23.000 € · 12 (Monate) = 2.760 €.

- **Überlassung eines betrieblichen Kraftfahrzeugs für Fahrten zwischen Wohnung und Arbeitsstätte**

Wird das dem Arbeitnehmer zur Nutzung überlassene betriebliche Fahrzeug auch für Fahrten zwischen Wohnung und Arbeitsstätte verwendet, so ist zusätzlich als geldwerter Vorteil ein Betrag von 0,03 % des Listenpreises je Kalendermonat für jeden Entfernungskilometer zwischen Wohnung und Arbeitsstätte anzusetzen (§ 8 Abs. 2 Satz 3 EStG). Allerdings kann der Arbeitnehmer für die Fahrten zwischen Wohnung und Arbeitsstätte zugleich den Werbungskostenabzug des § 9 Abs. 1 Nr. 4 EStG (vgl. Abschnitt B.6.2) in Anspruch nehmen.

Beispiel B.180:

Der Arbeitnehmer aus dem vorhergehenden Beispiel nutzt das Fahrzeug auch für Fahrten zwischen Wohnung und Arbeitsstätte an 220 Tagen im Jahr. Die Entfernung beträgt 24 Kilometer.

Der geldwerte Vorteil für die Nutzung für Fahrten zwischen Wohnung und Arbeitsstätte beträgt pauschal:

0,03 % · 23.000 € · 24 (km) · 12 (Monate) = 1.987,20 €

Als Werbungskosten können gemäß § 9 Abs. 1 Nr. 4 EStG abgezogen werden:

220 (Tage) · 24 (km) · 0,30 € = 1.584 €

- **Fahrtenbuchmethode bei Nutzungsüberlassung eines betrieblichen Kraftfahrzeugs**

  Statt der pauschalen Bewertung des geldwerten Vorteils mit 1 % bzw. 0,03 % des Listenpreises gemäß § 8 Abs. 2 Satz 2 bzw. 3 EStG kann der geldwerte Vorteil mit dem auf die private Nutzung bzw. auf die Fahrten zwischen Wohnung und Arbeitsstätte entfallenden Anteil an den gesamten Kfz-Aufwendungen angesetzt werden, sofern dieser Anteil durch ein Fahrtenbuch und die Höhe der Aufwendungen durch Belege nachgewiesen sind (§ 8 Abs. 2 Satz 4 EStG). Zu den Anforderungen an ein Fahrtenbuch siehe R 8.1 Abs. 9 Nr. 2 EStR; H 8.1 Abs. 9–10 EStH.

Es fällt auf, dass § 4 Abs. 5 Nr. 6 und § 8 Abs. 2 Satz 3 EStG einerseits sowie § 6 Abs. 1 Nr. 4 Satz 2 und § 8 Abs. 2 Satz 2 EStG andererseits identische Berechnungsvorschriften enthalten:

- Der Inhaber eines Betriebes kann als Betriebsausgaben gemäß § 4 Abs. 5 Nr. 6 EStG für Fahrten zwischen Wohnung und Arbeitsstätte den gleichen Betrag nicht absetzen, den ein Arbeitnehmer bei Benutzung eines betrieblichen Fahrzeugs gemäß § 8 Abs. 2 Satz 3 EStG zu versteuern hat.
- Der Inhaber eines Betriebes hat den gleichen Betrag, den ein Arbeitnehmer bei privater Nutzung eines dienstlichen Fahrzeugs gemäß § 8 Abs. 2 Satz 2 EStG zu versteuern hat, gemäß § 6 Abs. 1 Nr. 4 Satz 2 EStG als eine gewinnerhöhende Entnahme zu behandeln.

Die geschilderten Regelungen dienen offenbar dazu, die private Kfz-Nutzung des Geschäftsinhabers sowie eines Arbeitnehmers einer identischen steuerlichen Behandlung zu unterwerfen.

6.2 Werbungskosten

Nach § 9 Abs. 1 Satz 1 EStG sind Werbungskosten Aufwendungen zur Erwerbung, Sicherung und Erhaltung der Einnahmen. Die im vorangegangenen Abschnitt beschriebenen Voraussetzungen für Einnahmen gelten für Aufwendungen in umgekehrter Form. Aufwendungen sind Güter in Geld oder Geldeswert, die im Rahmen einer Überschusseinkunftsart abfließen. Mangels Abflusses sind insbesondere ersparte Aufwendungen, z.B. der Einsatz der eigenen Arbeitskraft zur Reparatur eines Mietshauses (BFH-Urteil vom 01.10.1985, BStBl II 1986, S. 142), nicht abzugsfähig. Gleiches gilt für den Verzicht auf Einnahmen, z.B. die Umwandlung des Bonusanspruchs in Freizeit (Vfg. OFD Düsseldorf vom 23.05.2005, DB 2005, S. 1250).

Aufwendungen zur **Erwerbung von Einnahmen** sind gegeben, wenn sie unmittelbar der Erzielung von Einnahmen dienen (z.B. Fahrtkosten eines Arbeitnehmers). Aufwendungen zur **Sicherung der Einnahmen** schützen vor dem Verlust fließender Einnahmen (z.B. Kosten einer Feuerversicherung für ein Mietshaus). Aufwendungen zur **Erhaltung der Einnahmen** sichern den Weiterbezug von Einnahmen (z.B. Reparaturkosten einer Mietsache).

Nicht erforderlich ist, dass die Aufwendungen in einem zeitlichen Zusammenhang zu den Einnahmen stehen. Auch vorweggenommene Aufwendungen (z.B. Bewerbungskosten eines Arbeitnehmers) oder nachträgliche Aufwendungen (z.B. Schadenersatzleistungen, BFH-Urteil vom 14.10.1960, BStBl III 1961, S. 20) können Werbungskosten darstellen. Bei vorweggenommenen Aufwendungen ist es nicht erforderlich, dass es später tatsächlich zu Einnahmen kommt (z.B. Bewerbungskosten für ein Arbeitsverhältnis, das nicht zustande kommt). Es genügt, wenn ein ausreichend bestimmter wirtschaftlicher Zusammenhang mit einer in Aussicht stehenden Einnahme besteht. Schuldzinsen, die nach der Veräußerung eines vermieteten Objektes entfallen, erkennt der BFH hingegen nicht als nachträgliche Werbungskosten an (BFH-Urteil vom 16.09.1999, BStBl II 2001, S. 528).

Qualifizieren sich Ausgaben begrifflich sowohl als Werbungskosten als auch als Sonderausgaben im Sinne der § 10 ff. EStG, so geht der Werbungskostenabzug vor (Einleitungssatz des § 10 Abs. 1 EStG; BFH-Urteil vom 18.04.1996, BFH/NV 1996, S. 740).

§ 9 Abs. 1 Satz 3 EStG zählt Aufwendungen auf, die Werbungskosten darstellen. Der Formulierung „Werbungskosten sind auch" lässt sich entnehmen, dass es sich um keine abschließende Aufzählung handelt. Die Nummern 2, 3 und 6 des § 9 Abs. 1 Satz 3 EStG verfügen nur über klarstellende Bedeutung. Steuern vom Grundbesitz, sonstige öffentliche Abgaben (z.B. Straßenanliegerbeiträge) und Versicherungsbeiträge für Vermögenswerte, die der Einnahmeerzielung dienen (§ 9 Abs. 1 Satz 3 Nr. 2 EStG), Beiträge zu Berufsverbänden (§ 9 Abs. 1 Satz 3 Nr. 3 EStG) sowie Aufwendungen für Arbeitsmittel (§ 9 Abs. 1 Satz 3 Nr. 6 EStG) wären auch ohne ausdrückliche Nennung als Werbungskosten abzugsfähig. Von materieller Bedeutung sind die folgenden Vorschriften des § 9 Abs. 1 Satz 3 EStG:

- **Leibrenten**

  Leibrenten, die mit einer Überschusseinkunftsart in wirtschaftlichem Zusammenhang stehen, können nur in Höhe des Ertragsanteils i.S.d. § 22 Nr. 1 Satz 3 Buchst. a Doppelbuchst. bb EStG abgezogen werden (§ 9 Abs. 1 Satz 3 Nr. 1 EStG). Durch diese Vorschrift wird sichergestellt, dass der leistende Teil einen Betrag abziehen kann, der dem beim Empfänger steuerpflichtigen Betrag entspricht. Zur Besteuerung von Leibrenten siehe ausführlich Abschnitt B.10.2.1.

- **Aufwendungen für Wege zwischen Wohnung und Arbeitsstätte**

  Für Wege zwischen Wohnung und Arbeitsstätte kann für jeden Tag, an dem der Arbeitnehmer die Arbeitsstätte aufsucht, je Kilometer der Entfernung zwischen Wohnung und Arbeitsstätte eine Pauschale von 0,30 € je Entfernungskilometer geltend gemacht werden. Maximal kann jedoch ein Betrag von 4.500 € angesetzt werden. Die Beschränkung auf 4.500 € gilt jedoch nicht, soweit der Arbeitnehmer für den Weg zwischen Wohnung und Arbeitsstätte einen eigenen oder ihm zur Nutzung überlassenen Kraftwagen benutzt (§ 9 Abs. 1 Satz 3 Nr. 4 Satz 2 EStG). Für die Entfernung ist die kürzeste Straßenverbindung zwischen Wohnung und Betriebsstätte maßgebend; eine andere als die kürzeste Straßenverbindung kann zugrunde gelegt werden, wenn diese offensichtlich verkehrsgünstiger ist und vom Steuerpflichtigen regelmäßig genutzt wird

(§ 9 Abs. 1 Nr. 4 Satz 4 EStG). Die **Entfernungspauschale** ist auch anzuwenden, wenn tatsächlich geringere Kosten oder gar keine Kosten (z.B. bei Fußweg oder Nutzung einer Fahrgemeinschaft) angefallen sind.

Durch die Entfernungspauschale sind sämtliche Aufwendungen abgegolten, die durch die Wege zwischen Wohnung und Arbeitsstätte veranlasst sind (§ 9 Abs. 2 Satz 1 EStG). So können beispielsweise Parkgebühren, Tunnelmaut oder Kosten für Motorschäden, die auf dem Weg zur Arbeitsstätte eingetreten sind, nicht gesondert abgezogen werden. Den Abzug von Unfallkosten lässt die Finanzverwaltung hingegen neben der Entfernungspauschale zu (BMF-Schreiben vom 31.08.2009, BStBl I 2009, S. 891, Tz. 4).

Aufwendungen für die Benutzung öffentlicher Verkehrsmittel können auch dann abgezogen werden, wenn sie die Entfernungspauschale (sowie den Betrag von 4.500 €) übersteigen (§ 9 Abs. 2 Satz 2 EStG). Behinderte i.S.d. § 9 Abs. 2 Satz 3 EStG können statt der genannten Pauschalen wahlweise die tatsächlichen Aufwendungen ansetzen.

- **Doppelte Haushaltsführung**

  Der Abzug von Mehraufwendungen wegen einer aus beruflichem Anlass begründeten doppelten Haushaltsführung ist gemäß § 9 Abs. 1 Satz 3 Nr. 5 EStG abziehbar. Mit Beschluss vom 04.12.2002 (BStBl II 2003, S. 534) hat das BVerfG entschieden, dass die ursprüngliche zeitliche Begrenzung auf zwei Jahre zwar grundsätzlich verfassungsgemäß ist, aber nicht bei doppelter Haushaltsführung von Doppelverdienern sowie bei Kettenabordnungen über zwei Jahre hinaus. Der Gesetzgeber hat dies zum Anlass genommen, die zeitliche Begrenzung insgesamt aufzuheben. Wenn die doppelte Haushaltsführung aus beruflichem Anlass begründet wurde, sind Mehraufwendungen unabhängig davon abziehbar, aus welchen Gründen die doppelte Haushaltsführung beibehalten wird.

  Darüber hinaus ist die weitergehende Begrenzung für **Verpflegungsmehraufwendungen** wegen doppelter Haushaltsführung gemäß § 4 Abs. 5 Nr. 5 EStG (vgl. Abschnitt B.5.5.6) zu beachten, die gemäß § 9 Abs. 5 EStG auch im Rahmen der Überschusseinkünfte gilt. Diese können in jedem Fall nur innerhalb der ersten drei Monate berücksichtigt werden.

  Aufwendungen für **Familienheimfahrten** im Rahmen der doppelten Haushaltsführung können nur für eine Familienheimfahrt wöchentlich abgezogen werden. Dabei ist eine Entfernungspauschale von 0,30 € für jeden vollen Entfernungskilometer anzusetzen (§ 9 Abs. 1 Satz 3 Nr. 5 Sätze 3, 4 EStG). Erneut können Behinderte i.S.d. § 9 Abs. 2 Satz 3 EStG statt der genannten Pauschalen wahlweise die tatsächlichen Aufwendungen ansetzen. Höhere Aufwendungen für öffentliche Verkehrsmittel können ebenfalls angesetzt werden (§ 9 Abs. 2 Satz 2 EStG).

- **Abschreibungen**

  Werbungskosten sind auch die Anschaffungs- oder Herstellungskosten von Wirtschaftsgütern, die im Rahmen einer Überschusseinkunftsart eingesetzt werden. Allerdings können diese gemäß § 9 Abs. 1 Satz 3 Nr. 7 EStG nur im Rahmen der Vorschriften zur Absetzung für Abnutzung nach § 6 Abs. 2, §§ 7 – 7k EStG geltend gemacht werden.

Gemäß § 9 Abs. 5 EStG gelten die in § 4 Abs. 5 Nrn. 1 – 5, 6b – 8a, 10, 12, Abs. 6 EStG für die Gewinneinkunftsarten aufgezählten Abzugsbeschränkungen (siehe Abschnitt B.5.5) auch für die Überschusseinkunftsarten. Ebenso sind die Vorschriften zu anschaffungsnahen

Aufwendungen auch im Rahmen der Überschusseinkunftsarten, insbesondere den Einkünften aus Vermietung und Verpachtung anzuwenden (§ 9 Abs. 5 Satz 2 i.V.m. § 6 Abs. 1 Nr. 1a EStG; zu anschaffungsnahen Aufwendungen siehe Abschnitt B.7.6.7).

Neben den Werbungskosten können seit 2006 auch die sog. „erwerbsbedingten Kinderbetreuungskosten" nach § 9 Abs. 5 i.V.m. § 9c Abs. 1 EStG (2006 – 2008: § 4f EStG) zu zwei Dritteln (max. 4.000 € je Kind) **wie** Werbungskosten abgezogen werden (**fiktive Werbungskosten**, siehe Abschnitt B.8.3.10.1).

6.3 Pauschbeträge für Werbungskosten

§ 9a EStG gewährt für die Einkünfte aus nichtselbständiger Arbeit sowie die sonstigen Einkünfte Werbungskosten-Pauschbeträge. Hierbei handelt es sich um Abzugsbeträge, die der Steuerpflichtige auch ohne Nachweis geltend machen kann, wenn ihm keine oder geringere Aufwendungen entstanden sind. Werbungskosten-Pauschbeträge dienen der Vereinfachung. Bei einer geringen Höhe der Werbungskosten würde der Nachweis der Werbungskosten durch den Steuerpflichtigen sowie die Prüfung der Angaben durch die Finanzbehörde einen unverhältnismäßigen Aufwand darstellen. Die Werbungskosten-Pauschbeträge des § 9a EStG betragen

- bei den Einkünften aus nichtselbständiger Arbeit (§ 9a Satz 1 Nr. 1 Buchst. a EStG) — 920 €
- bei den Einkünften aus nichtselbständiger Arbeit, soweit es sich um Versorgungsbezüge im Sinne des § 19 Abs. 2 EStG handelt (§ 9a Satz 1 Nr. 2 Buchst. b EStG) — 102 €
- bei den Sonstigen Einkünften im Sinne des § 22 Nr. 1, 1a, 1b, 1c, 5 EStG (§ 9a Satz 1 Nr. 3 EStG) — 102 €

Nach dem Gesetzentwurf vom 02.02.2011 für ein Steuervereinfachungsgesetz 2011 soll der Pauschbetrag bei den Einkünften aus nichtselbständiger Arbeit von 920 € auf 1.000 € erhöht werden. Unklar ist noch, ob die Änderung ab dem VZ 2012 oder bereits rückwirkend ab dem VZ 2011 gelten soll.

Der Pauschbetrag für die Sonstigen Einkünfte bezieht sich nicht auf alle Kategorien Sonstiger Einkünfte nach § 22 EStG, sondern nur auf Einkünfte aus wiederkehrenden Bezügen i.S.d. § 22 Nr. 1, 1a, 1b, 1c und 5 EStG, nicht aber auf die Nrn. 2, 3 und 4 des § 22 EStG.

Versorgungsbezüge im Sinne des § 19 Abs. 2 EStG sind beispielsweise Beamtenpensionen und Betriebsrenten von privaten Arbeitgebern. Weitere Beispiele finden sich in R 19.8 LStR, siehe auch Abschnitt B.7.4.4.

Ein Pauschbetrag für die Einkünfte aus Vermietung und Verpachtung wird seit dem Veranlagungszeitraum 1999 nicht mehr gewährt.

Ein Antrag des Steuerpflichtigen auf Gewährung des Pauschbetrags ist nicht erforderlich. Es besteht ein Rechtsanspruch auf den Pauschbetrag, und zwar selbst dann, wenn feststeht, dass keine oder nur geringere Werbungskosten entstanden sind. Sind höhere Werbungskosten entstanden, so dürfen diese **nicht zusätzlich** zu dem Pauschbetrag, sondern **anstelle** des Pauschbetrags abgezogen werden.

Die Pauschbeträge beziehen sich auf die Einkünfte innerhalb einer bestimmten Einkunftsart. Bezieht ein Steuerpflichtiger innerhalb einer Einkunftsart Einkünfte aus verschiedenen Einkunftsquellen (z.B. aus zwei nichtselbständigen Arbeitsverhältnissen), so wird der Pauschbetrag nur einmal gewährt (BFH-Urteil vom 03.04.1959, BStBl III 1959, S. 220). Durch den Abzug eines Pauschbetrags dürfen (im Gegensatz zum Abzug tatsächlicher Werbungskosten!) im Rahmen der jeweiligen Einkunftsart keine Verluste entstehen. Der Pauschbetrag kann somit maximal bis zur Höhe der Einnahmen innerhalb der entsprechenden Einkunftsart angesetzt werden. Die Pauschbeträge können von zusammenveranlagten Ehegatten nur dann und insoweit von beiden Partnern geltend gemacht werden, wie beide Partner entsprechende Einnahmen beziehen.

Beispiel B.181:

A und B sind zusammenveranlagte Ehegatten. A bezieht in 2010 Einnahmen aus nichtselbständiger Arbeit i.H.v. 30.000 €, B i.H.v. 500 €.

Werden keine höheren Werbungskosten nachgewiesen, so kann A einen Pauschbetrag für die Einkünfte aus unselbständiger Arbeit von 920 € sowie B i.H.v. 500 € geltend machen. Der nicht ausgeschöpfte Pauschbetrag von B i.H.v. 420 € kann nicht auf A übertragen werden.

Zusätzlich zu dem Werbungskosten-Pauschbetrag dürfen allerdings ausnahmsweise die erwerbsbedingten Kinderbetreuungskosten des § 9c Abs. 1 EStG (siehe Abschnitt B.8.3.10.1) abgezogen werden.

Zu unterscheiden sind die Pauschbeträge des § 9a EStG von dem **Sparer-Pauschbetrag** des § 20 Abs. 9 EStG. Der Sparer-Pauschbetrag bei den Einkünften aus Kapitalvermögen in Höhe von 801 € (bzw. 1.602 € für zusammen veranlagte Ehegatten) wird zwar auch anstelle der Werbungskosten abgezogen. Allerdings können hier eventuelle höhere tatsächliche Werbungskosten nicht angesetzt werden (§ 20 Abs. 9 Satz 1 Halbsatz 2 EStG). Zudem kann der Sparer-Pauschbetrag, anders als die Pauschbeträge des § 9a EStG, auf den anderen Ehegatten übertragen werden, wenn ein Ehegatte Erträge aus Kapitalvermögen von weniger als 801 € hat (§ 20 Abs. 9 Satz 2 EStG). Für den Sparer-Pauschbetrag wird auf Abschnitt B.7.5.4 verwiesen.

Pauschbeträge sind **Jahresbeträge**. Ein Pauschbetrag kann auch dann in voller Höhe angesetzt werden, wenn eine Einkunftsquelle nur für den Bruchteil eines Jahres bestanden hat. So kann auch ein Arbeitnehmer, der im Laufe eines Kalenderjahres beispielsweise nur für einen Zeitraum von drei Monaten beschäftigt war, den vollen Arbeitnehmer-Pauschbetrag von 920 € in Anspruch nehmen. Beschränkt Steuerpflichtige können den Werbungskosten-Pauschbetrag bei den Einkünften aus nichtselbständiger Arbeit hingegen nur zeitanteilig geltend machen für den Bruchteil des Jahres, für den Einnahmen aus nichtselbständiger Arbeit bezogen wurden (§ 50 Abs. 1 Satz 5 EStG).

Zusätzlich zu den allgemeinen Werbungskosten-Pauschbeträgen des § 9a EStG für verschiedene Einkunftsarten kennt das Einkommensteuerrecht Pauschbeträge für bestimmte Anlässe. Zu nennen sind etwa der Pauschbetrag für Fahrten zwischen Wohnung und Arbeitsstätte (§ 9 Abs. 1 Nr. 4 EStG) sowie der Pauschbetrag für dienstlich veranlasste Umzüge (R 9.9 Abs. 2 LStR). Allerdings unterscheidet sich der Pauschbetrag für Fahrten zwischen Wohnung und Arbeitsstätte nach § 9 Abs. 1 Nr. 4 EStG grundlegend von den allgemeinen Werbungskosten-Pauschbeträgen des § 9a EStG. Der Pauschbetrag für Fahrten zwischen Wohnung und Arbeitsstätte kann zwar auch dann angesetzt werden, wenn niedrigere tatsächliche Aufwendungen entstehen. Im Gegensatz zu den Werbungskosten-Pauschbeträgen des § 9a EStG können jedoch anstelle des Pauschbetrags nicht die höheren tatsächlichen Aufwendungen angesetzt werden.

6.4 Zeitraum der Vereinnahmung und Verausgabung

Für Einnahmen und Werbungskosten gilt das Zu- bzw. Abflussprinzip des § 11 EStG, das zudem für die Gewinnermittlung durch Einnahmen-Überschuss-Rechnung nach § 4 Abs. 3 EStG und die Ermittlung von Sonderausgaben nach §§ 10 – 10c EStG und außergewöhnlichen Belastungen nach §§ 33 – 33b EStG relevant ist.

Der Zeitpunkt des Zuflusses von Einnahmen bzw. der Leistung von Ausgaben orientiert sich an der Erlangung bzw. der Aufgabe der **wirtschaftlichen Verfügungsmacht**, nicht an bürgerlich-rechtlichen Maßstäben. Der Zeitpunkt der Fälligkeit sowie der Zeitraum, für den die Leistung erfolgt, sind grundsätzlich ohne Bedeutung. So erfolgt im Falle einer Banküberweisung die Leistung mit der Übergabe des Überweisungsauftrags an die Bank (BFH-Urteil vom 24.08.2004, BFH/NV 2005, S. 49), der Zufluss hingegen mit der Gutschrift auf dem Empfängerkonto. Leistung und Zufluss können somit zeitlich auseinanderfallen.

Beispielhaft sei auf die Rechtsprechung zum Zuflusszeitpunkt von **Belegschaftsaktien** hingewiesen. Da Belegschaftsaktien regelmäßig einer Veräußerungssperrfrist unterliegen, stellt sich die Frage, ob bereits im Zeitpunkt der Eigentumsübertragung eine hinreichende wirtschaftliche Verfügungsmacht besteht, die einen Zufluss i.S.d. § 11 Abs. 1 EStG rechtfertigt, oder ob ein Zufluss erst in dem Zeitpunkt angenommen werden kann, in dem die Veräußerungssperrfrist ausläuft, der Arbeitnehmer also uneingeschränkt über die Anteile verfügen kann. Die Rechtsprechung nimmt in diesem Fall einen Zufluss bereits im Zeitpunkt der Übertragung der Belegschaftsaktien an den Arbeitnehmer an (BFH-Urteile vom 16.11.1984, BStBl II 1985, S. 136; vom 07.04.1989, BStBl II 1989, S. 927). Trotz des zeitlich befristeten Veräußerungsverbots wird eine wirtschaftliche Verfügungsmacht damit begründet, dass dem Mitarbeiter bereits ab dem Übertragungszeitpunkt ein begrenztes Verfügungsrecht, z.B. durch Verpfändung, zusteht und ihm darüber hinaus weitere Rechte, insbesondere ein Stimmrecht und ein Anspruch auf Dividenden, zukommen.

Hinsichtlich der Einnahmen und Werbungskosten bestehen jedoch zahlreiche Ausnahmen vom Zuflussprinzip des § 11 EStG, die im Folgenden kurz zusammengefasst werden sollen:

- **Regelmäßig wiederkehrende Einnahmen und Ausgaben**

  Nach § 11 Abs. 1 Satz 2, Abs. 2 Satz 2 EStG sind regelmäßig wiederkehrende Einnahmen bzw. Ausgaben, die kurze Zeit vor Beginn oder kurze Zeit nach Ende des Kalenderjahres, zu dem sie wirtschaftlich gehören, zufließen bzw. geleistet werden, in dem Kalenderjahr der wirtschaftlichen Verursachung anzusetzen. Als „kurze Zeit" gilt ein Zeitraum von bis zu 10 Tagen (H 11 „kurze Zeit" EStH). Regelmäßig wiederkehrend sind Leistungen, die nach dem zu Grunde liegenden Rechtsverhältnis grundsätzlich am Beginn oder Ende eines Kalenderjahres zu zahlen sind (BFH-Urteil vom 24.07.1986, BStBl II 1987, S. 16). Auf eine gleiche Höhe der Zahlungen kommt es nicht an.

Beispiel B.182:

- Guthabenzinsen, die am 02.01.02 für das Jahr 01 gutgeschrieben werden, sind Einnahmen des Jahres 01 (BFH-Urteil vom 10.12.1985, BStBl II 1986, S. 342).
- Die Miete für den Monat Dezember 01, die zum 31.12.01 fällig ist, aber erst am 04.01.02 bezahlt wird, ist eine Einnahme des Jahres 01.

- **Im Voraus geleistete Zahlungen für eine Nutzungsüberlassung von mehr als fünf Jahren**

  Ausgaben, die für eine Nutzungsüberlassung von mehr als fünf Jahren im Voraus geleistet werden, sind gleichmäßig auf den Zeitraum zu verteilen, für den die Vorauszahlung geleistet wird. Das gilt nicht für ein marktübliches Damnum oder Disagio (§ 11 Abs. 2 Sätze 3, 4 EStG). Bei **Einnahmen**, die aus einer entsprechenden Nutzungsüberlassung von mehr als fünf Jahren resultieren, **kann** eine Verteilung auf den Zeitraum der Nutzung erfolgen (§ 11 Abs. 1 Satz 3 EStG).

- **Einnahmen aus nichtselbständiger Arbeit**

  Nach § 11 Abs. 1 Satz 4 i.V.m. §§ 38a Abs. 1 Satz 2 EStG gilt **laufender Arbeitslohn** als in dem Kalenderjahr bezogen, in dem der Lohnzahlungszeitraum endet. Lohnzahlungszeitraum ist der Zeitraum, für den die Lohnzahlung nach Tarifvertrag, Betriebsvereinbarung oder Einzelarbeitsvertrag erfolgt. In den meisten Fällen ist Lohnzahlungszeitraum der Kalendermonat, möglich sind aber auch Tageslöhne oder Wochenlöhne. Für sonstige Bezüge, d.h. Arbeitslohn, der nicht als laufender Arbeitslohn gezahlt wird (z.B. Weihnachtsgeld, Bonuszahlungen), gilt hingegen nach § 11 Abs. 1 Satz 4 i.V.m. § 38a Abs. 1 Satz 3 EStG das Zuflussprinzip. Zur Unterscheidung zwischen laufendem Arbeitslohn und sonstigen Bezügen vgl. R 39b LStR.

- **Abzugsbeschränkungen**

  Die in § 4 Abs. 5 Nrn. 1 – 5, 6b – 8a, 10, 12 und Abs. 6 EStG für die Gewinneinkunftsarten aufgezählten Abzugsbeschränkungen (siehe Abschnitt B.5.5) gelten gemäß § 9 Abs. 5 EStG auch im Rahmen der Überschusseinkünfte.

- **Abschreibungen**

  Nach § 9 Abs. 1 Nr. 7 EStG sind die Vorschriften des § 7 EStG zur Absetzung für Abnutzung sowie des § 6 Abs. 2 EStG zur Sofortabschreibung geringwertiger Wirtschaftsgüter auch hinsichtlich der Überschusseinkunftsarten zu beachten. Von besonderer Bedeutung sind die Abschreibungsregelungen für die Einkünfte aus Vermietung und Verpachtung. Aber auch z.B. im Rahmen der Einkünfte aus nichtselbständiger Arbeit werden in vielen Fällen Wirtschaftsgüter mit einer Nutzungsdauer von mehr als einem Jahr eingesetzt. Zu denken ist in diesem Zusammenhang insbesondere an Personalcomputer.

  Zur Ermittlung der Werbungskosten aus Vermietung und Verpachtung sind in Ergänzung zu § 7 EStG die besonderen Abschreibungsvorschriften der §§ 7a – 7k EStG und §§ 82a – 82i EStDV für bestimmte Objekte zu beachten. Die wichtigsten Abschreibungsvorschriften für Gebäude werden im Zusammenhang mit den Einkünften aus Vermietung und Verpachtung erläutert (Abschnitt B.7.6.8).

7 Die einzelnen Einkunftsarten

7.1 Einkünfte aus Land- und Forstwirtschaft

Kennzeichnend für die Einkünfte aus Land- und Forstwirtschaft ist eine Tätigkeit, die die planmäßige Nutzung der natürlichen Kräfte des Bodens zur Erzeugung von Pflanzen und Tieren und die Verwertung der dadurch selbstgewonnenen Erzeugnisse zum Gegenstand hat (R 15.5 Abs. 1 Satz 1 EStR, BFH-Urteil vom 18.03.1976, BStBl II 1976, S. 482).

Nach § 13 Abs. 1, 2 EStG resultieren Einkünfte aus Land- und Forstwirtschaft insbesondere aus

- Landwirtschaft, Forstwirtschaft, Weinbau, Gartenbau und aus allen Betrieben, die Pflanzen und Pflanzenteile mit Hilfe der Naturkräfte gewinnen (§ 13 Abs. 1 Nr. 1 Satz 1 EStG);
- Tierzucht und Tierhaltung innerhalb der Grenzen des § 13 Abs. 1 Nr. 1 Satz 2 EStG;
- Binnenfischerei, Teichwirtschaft, Fischzucht für Binnenfischerei und Teichwirtschaft, Imkerei, Wanderschäferei und Saatzucht (§ 13 Abs. 1 Nr. 2 EStG i.V.m. § 62 BewG);
- Jagdbetrieben, wenn diese mit dem Betrieb einer Land- oder Forstwirtschaft im Zusammenhang stehen (§ 13 Abs. 1 Nr. 3 EStG).
- land- und forstwirtschaftlichen Nebenbetrieben, die dem land- und forstwirtschaftlichen Hauptbetrieb zu dienen bestimmt sind (§ 13 Abs. 2 Nr. 1 EStG); zu unterscheiden ist zwischen Verarbeitungsbetrieben (z.B. Molkereien) sowie Substanzbetrieben (Abbauland i.S.d. § 43 BewG wie z.B. Sandgruben, Kiesgruben, Torfstichen); Verarbeitungsbetriebe qualifizieren sich als land- und forstwirtschaftlicher Nebenbetrieb, wenn überwiegend im eigenen Hauptbetrieb erzeugte Rohstoffe verarbeitet werden oder umgekehrt von Dritten übernommene Rohstoffe (z.B. organische Abfälle) verarbeitet werden, um im eigenen Hauptbetrieb verwendet zu werden (R 15.5 Abs. 3 Satz 1 EStR); Substanzbetriebe können land- und forstwirtschaftlicher Nebenbetrieb sein, wenn die gewonnene Substanz überwiegend im eigenen Hauptbetrieb verwendet wird (R 15.5 Abs. 3 Satz 3 EStR);
- dem Nutzungswert der zu eigenen Wohnzwecken oder zu Wohnzwecken des Altenteilers genutzten Wohnung des Land- und Forstwirts, wenn die Wohnung eine Größe, die bei Betrieben gleicher Art üblich ist, nicht überschreitet und das Gebäude ein Baudenkmal ist (§ 13 Abs. 2 Nr. 2 EStG); diese Vorschrift hat allerdings nur noch für Altfälle Bedeutung, in denen die Voraussetzungen für die Besteuerung des Nutzungswertes bereits im VZ 1986 vorlagen; zudem kann der Steuerpflichtige seit dem VZ 1999 unwiderruflich die Nichtanwendung der Nutzungswertbesteuerung der Wohnung beantragen (§ 13 Abs. 4 Satz 2 EStG); in diesem Fall gelten die Wohnung und der dazugehörende Grund und Boden als im Zeitpunkt der letztmaligen Anwendung der Nutzwertbesteuerung aus dem land- und forstwirtschaftlichen Betrieb entnommen; der dabei entstehende Entnahmegewinn bleibt außer Ansatz (§ 13 Abs. 4 Sätze 4, 5 EStG);
- der Produktionsaufgaberente nach dem Gesetz zur Förderung der Einstellung der landwirtschaftlichen Erwerbstätigkeit (§ 13 Abs. 2 Nr. 3 EStG).

Wie in Abschnitt B.5.2.1 dargestellt wurde, kommen für Land- und Forstwirte die Gewinnermittlung durch **Betriebsvermögensvergleich** (§ 4 Abs. 1 EStG), die Gewinnermittlung durch **Einnahmen-Überschuss-Rechnung** (§ 4 Abs. 3 EStG) sowie die Gewinnermittlung nach **Durchschnittssätzen** (§ 13a EStG) in Betracht. Dabei stellt die Gewinnermittlung nach Durchschnittssätzen den Regelfall dar (siehe hierzu Abschnitt B.5.2.5).

Wirtschaftsjahr für Land- und Forstwirte ist regelmäßig der Zeitraum vom 01. Juli bis zum 30. Juni (§ 4a Abs. 1 Nr. 1 Satz 1 EStG). Zu abweichenden Wirtschaftsjahren für Land- und Forstwirte sei auf die Ausführungen des Abschnitts B.4.1 verwiesen. Gemäß § 4a Abs. 2 Nr. 1 EStG ist der Gewinn aus Land- und Forstwirtschaft auf die Kalenderjahre des Beginns und des Endes des Wirtschaftsjahres zeitanteilig aufzuteilen. Im Regelfall des § 4a Abs. 1 Nr. 1 Satz 1 EStG ist der Gewinn somit hälftig in beiden Veranlagungszeiträumen zu erfassen.

7.1.1 Abgrenzung zum Gewerbebetrieb

Der Begriff der Land- und Forstwirtschaft stellt auf die planmäßige Nutzung der natürlichen Kräfte des Bodens und die Verwertung der dadurch gewonnenen Erzeugnisse ab. Erfüllt die Bewirtschaftung des Bodens dieses Kriterium nicht, so ist von einer gewerblichen Bodenbewirtschaftung auszugehen.

So liegt insbesondere dann ein Gewerbebetrieb vor, wenn fremde Erzeugnisse mit dem Ziel der Weiterveräußerung dauernd und nachhaltig zugekauft werden. Die Finanzverwaltung erkennt eine Land- und Forstwirtschaft regelmäßig dann noch an, wenn der Zukauf fremder Erzeugnisse, gemessen an deren Einkaufswert, 30 % des Umsatzes nicht übersteigt (R 15.5 Abs. 5 Satz 4 EStR). Ebenfalls keine planmäßige Nutzung des Bodens liegt vor, wenn Futtermittel im Rahmen der **Tierzucht** oder **Tierhaltung** dauernd und nachhaltig hinzugekauft werden müssen. In diesem Zusammenhang legt § 13 Abs. 1 Nr. 1 Satz 2 EStG Obergrenzen für die Viehbestände pro Hektar Land fest, bei deren Überschreiten eine gewerbliche Tierzucht und Tierhaltung unwiderleglich vermutet wird. Allerdings gilt nur der diese Grenzen übersteigende Tierbestand als gewerbliche Tierzucht oder Tierhaltung (§ 13 Abs. 1 Nr. 1 Satz 4 i.V.m. § 51 Abs. 2 BewG; vgl. auch R 13.2 Abs. 2 Satz 1 EStR).

Ebenfalls gewerblicher Natur ist der Abbau von Bodenschätzen, da es sich nicht um die Verwertung durch die Bodenbewirtschaftung gewonnener Erzeugnisse handelt. Werden die Bodenschätze allerdings überwiegend im Rahmen eines land- und forstwirtschaftlichen Hauptbetriebs verwendet, so liegt kein gewerbliches Unternehmen, sondern ein landwirtschaftlicher Nebenbetrieb i.S.d. § 13 Abs. 2 Nr. 1 EStG vor.

7.1.2 Freibetrag nach § 13 Abs. 3 EStG

§ 13 Abs. 3 EStG sieht einen **Freibetrag** für Einkünfte aus Land- und Forstwirtschaft i.H.v. 670 € vor. Für zusammenveranlagte Ehegatten verdoppelt sich dieser Freibetrag. Voraussetzung für die Gewährung des Freibetrags ist, dass die Summe der Einkünfte den Betrag von 30.700 € (bzw. von 61.400 € bei zusammenveranlagten Ehegatten) nicht übersteigt.

In § 13 Abs. 3 Satz 1 EStG heißt es: „Die Einkünfte aus Land- und Forstwirtschaft werden bei der Ermittlung des Gesamtbetrags der Einkünfte nur berücksichtigt, soweit sie den Betrag von 670 € übersteigen". Aus dieser Formulierung ergibt sich, dass der Freibetrag nicht direkt von den Einkünften aus Land- und Forstwirtschaft abzuziehen ist, sondern erst bei der Ermittlung des Gesamtbetrags der Einkünfte; der Abzug erfolgt somit von der

Summe der Einkünfte (BFH-Urteil vom 25.02.1988, BStBl II 1988, S. 827), vgl. das Einkommensermittlungsschema in Abschnitt B.3.7. Hierdurch wird sichergestellt, dass der Freibetrag für Land- und Forstwirte nicht die Bemessungsgrundlage des Altersentlastungsbetrags nach § 24a EStG, der auf die positive Summe der Einkünfte abstellt, mindert.

Der Abzug des Freibetrags darf nicht zu negativen Einkünften aus Land- und Forstwirtschaft führen. Obwohl er nicht direkt von den Einkünften aus Land- und Forstwirtschaft abzuziehen ist, darf er die Summe der Einkünfte maximal bis zur Höhe der Einkünfte aus Land- und Forstwirtschaft mindern.

Beispiel B.183:

Ein Landwirt bezieht in 2010 Einkünfte aus Land- und Forstwirtschaft i.H.v. 12.000 €, Arbeitslohn i.H.v. 20.000 € sowie negative Einkünfte aus Gewerbebetrieb i.H.v. 15.000 €. Der Landwirt hat das 64. Lebensjahr in 2008 vollendet.

Der Gesamtbetrag der Einkünfte ermittelt sich wie folgt:

	Einkünfte aus Land- und Forstwirtschaft	12.000 €
+	Einnahmen aus nichtselbständiger Arbeit (Arbeitslohn)	+ 20.000 €
–	Verluste aus Gewerbebetrieb	– 15.000 €
=	Für den Altersentlastungsbetrag maßgebliches Einkommen	17.000 €
–	Werbungskosten-Pauschbetrag für Einkünfte aus nichtselbständiger Arbeit (§ 9a Satz 1 Nr. 1 EStG)	– 920 €
=	Summe der Einkünfte	16.080 €
–	Altersentlastungsbetrag (33,6 % von 17.000 €, max. 1.596 €)	– 1.596 €
–	Freibetrag gemäß § 13 Abs. 3 EStG	– 670 €
=	Gesamtbetrag der Einkünfte	13.814 €

7.2 Einkünfte aus Gewerbebetrieb

§ 15 Abs. 1 EStG zählt drei Arten von Tätigkeiten auf, die Einkünfte aus Gewerbebetrieb begründen können. Einkünfte aus Gewerbebetrieb sind danach

- Einkünfte aus **gewerblichen Einzelunternehmen** (§ 15 Abs. 1 Nr. 1 EStG, siehe Abschnitt B.7.2.1),
- Gewinnanteile aus **gewerblichen Mitunternehmerschaften** (§ 15 Abs. 1 Nr. 2 EStG, siehe Abschnitt B.7.2.2) sowie
- Gewinnanteile der **persönlich haftenden Gesellschafter einer KGaA** (§ 15 Abs. 1 Nr. 3 EStG, siehe Abschnitt B.7.2.3).

Darüber hinaus führen nach der **Abfärbe- und Geprägetheorie** des § 15 Abs. 3 EStG bestimmte weitere, nicht originär gewerbliche Tätigkeiten zu Einkünften aus Gewerbebetrieb (siehe Abschnitt B.7.2.4).

Es sei zudem bereits an dieser Stelle darauf hingewiesen, dass der einkommensteuerliche Gewerbebetriebsbegriff des § 15 EStG gemäß § 2 Abs. 1 Satz 2 GewStG auch für die Gewerbesteuer relevant ist.

Als Gewinnermittlungsmethode kommt für Gewerbetreibende der **Betriebsvermögensvergleich** nach § 5 EStG sowie die **Einnahmen-Überschuss-Rechnung** nach § 4 Abs. 3 EStG in Frage (vgl. Abschnitt B.5.2.1).

Der Gewinn ist gemäß § 4a Abs. 1 Satz 1 EStG für das **Wirtschaftsjahr** zu ermitteln. Für Gewerbetreibende, deren Firma im Handelsregister eingetragen ist, ist Wirtschaftsjahr der handelsrechtliche Gewinnermittlungszeitraum (§ 4a Abs. 1 Satz 2 Nr. 2 EStG). Im Übrigen gilt als Wirtschaftsjahr das Kalenderjahr (§ 4a Abs. 1 Satz 2 Nr. 3 EStG). Bei vom Kalenderjahr abweichendem Wirtschaftsjahr gilt der Gewinn des Wirtschaftsjahres als in dem Kalenderjahr bezogen, in dem das Wirtschaftsjahr endet (§ 4a Abs. 2 Nr. 2 EStG).

Steuerpflichtig sind nicht nur laufende Gewinne aus gewerblicher Tätigkeit, sondern auch Gewinne aus Betriebsveräußerung und Betriebsaufgabe nach § 16 EStG (siehe ausführlich Abschnitt B.5.3.3.1).

7.2.1 Einkünfte aus gewerblichen Einzelunternehmen

Einzelunternehmer beziehen gemäß § 15 Abs. 1 Nr. 1 EStG Einkünfte aus Gewerbebetrieb, sofern sie einer gewerblichen Tätigkeit i.S.d. § 15 Abs. 2 EStG nachgehen. Ein Gewerbebetrieb i.S.d. § 15 Abs. 2 EStG zeichnet sich zwingend durch **vier Positiv- und drei Negativmerkmale** aus. Ein Gewerbebetrieb ist jede

◆ selbständige und ◆ nachhaltige Tätigkeit, ◆ die mit Gewinnerzielungsabsicht unternommen wird und ◆ sich als Beteiligung am allgemeinen wirtschaftlichen Verkehr darstellt,	vier Positivmerkmale
◆ sofern es sich weder um eine Tätigkeit der Land- und Forstwirtschaft ◆ noch um eine freiberufliche oder sonstige selbständige Arbeit ◆ noch um eine Tätigkeit der privaten Vermögensverwaltung handelt.	drei Negativmerkmale

Selbständigkeit

Selbständigkeit setzt voraus, dass die Tätigkeit auf eigene Rechnung und Gefahr ausgeübt wird. Der Gewerbetreibende trägt das **Unternehmerrisiko** und übt zugleich **Unternehmerinitiative** aus (H 15.1 „Allgemeines" EStH; BFH-Urteil vom 27.09.1988, BStBl II 1989, S. 414). Zum Arbeitnehmerbegriff in Abgrenzung zu einer selbständigen Tätigkeit vgl. § 1 LStDV. Danach liegt ein (nicht selbständiges) Dienstverhältnis vor, wenn der Beschäftigte dem Arbeitgeber seine Arbeitskraft schuldet. Dies ist der Fall, wenn die Person unter der Leitung des Arbeitgebers steht oder im geschäftlichen Organismus des Arbeitgebers dessen Weisungen zu folgen verpflichtet ist.

Problematisch ist in diesem Zusammenhang insbesondere die Klassifizierung von sog. freien Mitarbeitern, Versicherungsvertretern oder Heimarbeitern. Maßgeblich ist das Gesamtbild der Verhältnisse. Für und gegen ein Arbeitsverhältnis sprechende Merkmale sind gegeneinander abzuwägen. Für eine selbständige Tätigkeit sprechen insbesondere die fehlende Weisungsgebundenheit hinsichtlich Ort, Zeit und Inhalt der Tätigkeit, freie Arbeitszeiten, das Schulden eines Erfolges statt der bloßen Arbeitskraft (so dass die Tätigkeit an eigene Arbeitskräfte delegiert werden kann) sowie die Erfolgsabhängigkeit der Bezüge (vgl. z.B. BFH-Urteil vom 14.06.1985, BStBl II 1985, S. 661). Vgl. BFH-Urteil vom 24.07.1992, BStBl II 1993, S. 155 zu **freien Mitarbeitern**, R 15.1 Abs. 1 EStR und BFH-Urteil vom 26.10.1977, BStBl II 1978, S. 137 zu **Versicherungsvertretern** sowie R 15.1 Abs. 2 EStR zu **Heimarbeitern**. Arbeitnehmerähnliche Selbständige im Sinne des § 2 Satz 1 Nr. 9 SGB VI sind steuerlich regelmäßig selbständig tätig (R 15.1 Abs. 3 EStR).

Nachhaltigkeit

Eine Tätigkeit ist nachhaltig, wenn sie auf längere Dauer ausgerichtet ist, d.h. zumindest mit der Absicht einer regelmäßigen Wiederholung ausgeübt wird (H 15.2 EStH). Zwar kann die subjektive Wiederholungsabsicht regelmäßig nur aus objektiven Merkmalen, insbesondere der tatsächlichen Wiederholung, geschlossen werden. Unter Umständen kann die Wiederholungsabsicht aber auch bei einer nur einmaligen Tätigkeit vorliegen, wenn der Entschluss zur Wiederholung gefasst ist, diese aber z.B. mangels Gelegenheit unterbleibt (BFH-Urteil vom 13.12.1995, BStBl II 1996, S. 232). Auch eine nur auf wenige Wochen angelegte Tätigkeit kann nachhaltig sein (BFH-Urteil vom 31.07.1990, BStBl II 1990, S. 66). Dies gilt selbst bei einem einmaligen Grundstücksverkauf, wenn die Erfüllung dieses Geschäfts eine Vielzahl von Einzeltätigkeiten erfordert, die in ihrer Gesamtheit die Würdigung rechtfertigen, der Steuerpflichtige sei nachhaltig tätig geworden (BFH-Urteil vom 03.08.2004, BFH/NV 2005, S. 517). Keine Nachhaltigkeit begründet dem gegenüber z.B. der gelegentliche Verkauf einzelner Hausratgegenstände (kein Handel!) auf einem Flohmarkt oder im Internet.

Gewinnerzielungsabsicht

Eine gewerbliche Tätigkeit setzt zudem die Absicht voraus, einen durch Betriebsvermögensvergleich oder Einnahmen-Überschuss-Rechnung erfassbaren Gewinn zu erzielen. Ausreichend ist das Streben nach einem über die gesamte Lebensdauer des Unternehmens gerechneten Totalgewinn, d.h. eine Gewinnerzielungsabsicht muss nicht im Hinblick auf jedes einzelne Wirtschaftsjahr bestehen. Zwischenzeitliche Verluste (insbesondere Anlaufverluste) dürfen in Kauf genommen werden. Verluste der Anlaufzeit sind nur dann nicht zu berücksichtigen, wenn die Tätigkeit von Anfang an ungeeignet ist, auf Dauer einen Gewinn zu erwirtschaften (H 15.3 EStH). Dabei ist zu berücksichtigen, dass sich bei vielen Berufsgruppen (z.B. Künstlern, Schriftstellern) positive Einkünfte oft erst nach einer längeren Anlaufzeit ergeben (BFH-Urteil vom 06.03.2004, BStBl II 2004, S. 602).

Auch reicht es aus, wenn die Gewinnerzielungsabsicht lediglich Nebenzweck ist (§ 15 Abs. 2 Satz 3 EStG). Kein Gewerbebetrieb liegt hingegen vor, wenn nur Erträge in Höhe der Kosten erwirtschaftet werden sollen (BFH-Urteil vom 22.08.1984, BStBl II 1985, S. 61). Ebenfalls keine Gewinnerzielungsabsicht kann in dem ausschließlichen Ziel, Steuervorteile zu erlangen, gesehen werden. Sog. Verlustzuweisungsgesellschaften, die ihren Gesellschaftern lediglich Verlustanteile zum Ausgleich mit anderen, positiven Einkünften zuweisen wollen, begründen keine gewerbliche Tätigkeit (z.B. BFH-Urteil vom 12.12.1995, BStBl II 1996, S. 219). In Zweifelsfällen ist die Veranlagung nach § 165 AO vorläufig durchzuführen (BFH-Urteil vom 25.10.1989, BStBl II 1990, S. 278).

Teilnahme am allgemeinen wirtschaftlichen Verkehr

Die Teilnahme am allgemeinen wirtschaftlichen Verkehr setzt voraus, dass Leistungen für Dritte erkennbar angeboten werden (BFH-Urteil vom 28.10.1993, BStBl II 1994, S. 463). Notwendig ist ein Hervortreten nach Außen, d.h. ein Angebot der Leistungen am Markt.

Nicht erforderlich ist hingegen, dass der Steuerpflichtige tatsächlich für eine unbestimmte Vielzahl von Kunden tätig wird. Insbesondere bei typischer kaufmännischer Tätigkeit kann es bereits ausreichend sein, wenn der Steuerpflichtige nur für einen einzigen Kunden tätig wird oder seine Leistungen nur einem eng begrenzten Kreis von Personen anbietet (BFH-Urteil vom 24.01.1990, BFH/NV 1990, S. 798). So kann auch das Tätigwerden für nur einen Kunden genügen, wenn nach Art und Umfang dem Bild der unternehmerischen Marktteilnahme entsprochen wird (z.B. Dienstleistungen für die Bundeswehr, Vermietung von mehreren Wohnimmobilien an eine einzige GmbH, vgl. BFH-Urteil vom 22.01.2003, BStBl II 2003, S. 464).

Keine Teilnahme am allgemeinen wirtschaftlichen Verkehr ist hingegen beispielsweise die bloße verzinsliche Geldanlage (BFH-Urteil vom 18.07.1990, BStBl II 1990, S. 1073) oder die Vermietung von Wirtschaftsgütern (z.B. eines Pkw oder einer Wohnung) an einen Angestellten (BFH-Urteil vom 11.12.1970, BStBl II 1971, S. 173).

Negativmerkmale

Zusätzlich zu den genannten vier Positivmerkmalen müssen drei Negativmerkmale erfüllt sein. Die Tätigkeit darf sich **nicht** als land- und forstwirtschaftliche Tätigkeit, als selbständige Arbeit oder als private Vermögensverwaltung darstellen. Die ersten beiden Negativmerkmale sind in § 15 Abs. 2 Satz 1 EStG gesetzlich normiert, das dritte Merkmal ist durch die Rechtsprechung des BFH entwickelt worden (z.B. BFH-Beschluss vom 25.06.1984, BStBl II 1984, S. 751). Zur Abgrenzung des Gewerbebetriebs von der Land- und Forstwirtschaft vgl. Abschnitt B.7.1.1, von der selbständigen Arbeit vgl. Abschnitt B.7.3.5. Zwar schließt der Wortlaut des § 15 Abs. 2 EStG die private Vermögensverwaltung (z.B. die Verwaltung von Grundbesitz) nicht aus. Nach allgemeiner Ansicht stellt der Gewerbebetrieb jedoch einen Spezialfall des wirtschaftlichen Geschäftsbetriebs nach § 14 AO dar. Nach dieser Norm werden ausdrücklich nur solche Tätigkeiten erfasst, die über den Rahmen einer Vermögensverwaltung hinausgehen. Auch die Verwaltung eines sehr großen Vermögens ist Vermögensverwaltung. Die Grenze zum Gewerbebetrieb wird dann überschritten, wenn die Vermögensnutzung gegenüber der Ausnutzung substanzieller Vermögenswerte durch Umschichtung entscheidend zurücktritt (R 15.7 Abs. 1 EStR). Maßgeblich ist grundsätzlich das Gesamtbild der Verhältnisse, d.h. die Berücksichtigung sämtlicher Umstände des Einzelfalls (BFH-Beschluss vom 25.06.1984, BStBl II 1984, S. 751).

Drei-Objekte-Theorie

Zur Abgrenzung der privaten Vermögensverwaltung vom gewerblichen Grundstückshandel hat der BFH allerdings im Sinne der Rechtssicherheit eine operationale Drei-Objekte-Theorie entwickelt, die auch von der Finanzverwaltung angewendet wird (BMF-Schreiben vom 26.03.2004, BStBl I 2004, S. 434). Danach liegt ein gewerblicher Grundstückshandel i.d.R. erst dann vor, wenn der Steuerpflichtige mehr als drei Objekte innerhalb eines Zeitraums von fünf Jahren veräußert (**Erste Fünfjahresgrenze**). Die Veräußerung von mehr als drei Objekten innerhalb des genannten Zeitraums führt zur Gewerblichkeit aller – d.h. auch der ersten drei – Objektveräußerungen.

Objekte im Sinne der Drei-Objekt-Grenze sind nur solche Objekte, bei denen ein enger zeitlicher Zusammenhang zwischen Errichtung, Erwerb oder Modernisierung und Verkauf besteht (Tz. 6 des BMF-Schreibens vom 26.03.2004). Ein enger zeitlicher Zusammenhang ist gegeben, wenn zwischen Errichtung, Erwerb oder Modernisierung und Verkauf nicht mehr als fünf Jahre liegen (Tz. 20 des BMF-Schreibens vom 26.03.2004, **zweite Fünfjahresgrenze**).

Die Drei-Objekte-Theorie hat nur Indizwirkung. Bei Überschreiten der Fünfjahresgrenze wird nach der Lebenserfahrung widerleglich (!) vermutet, dass der Steuerpflichtige bereits beim Kauf bzw. der Errichtung der Objekte zumindest eine bedingte Verkaufsabsicht hatte und die Verkäufe daher eine gewerbliche Tätigkeit begründen. Für eine ausführliche Darstellung der Drei-Objekt-Theorie wird auf Abschnitt B.7.6.4.1 verwiesen.

Gewerblichkeit von Wertpapiergeschäften

Die Anschaffung und Veräußerung von Wertpapieren sowie die Ausübung von hieraus resultierenden (Stimm-) Rechten ist regelmäßig private Vermögensverwaltung. Wertpapiergeschäfte auf eigene Rechnung sind im Allgemeinen auch dann der privaten Vermögensverwaltung zuzurechnen, wenn diese in größerem Umfang erfolgen. Der Wertpapierhandel ist erst dann als gewerblich anzusehen, wenn bestimmte, für die private Vermögensverwaltung ungewöhnliche Verhaltensweisen vorliegen – beispielsweise das Unterhalten eines Büros oder einer Organisation zur Durchführung von Geschäften, die Ausnutzung eines Marktes unter Einsatz beruflicher Erfahrungen, regelmäßiger Börsenbesuch, das Anbieten von Wertpapiergeschäften gegenüber einer breiteren Öffentlichkeit oder die Finanzierung von Wertpapiergeschäften mit Kredit (BFH-Urteile vom 19.02.1997, BStBl II 1997, S. 399; vom 04.03.1980, BStBl II 1980, S. 389).

7.2.2 Gewinnanteile aus gewerblichen Mitunternehmerschaften

Personengesellschaften sind als solche weder einkommen- noch körperschaftsteuerpflichtig, da sie weder natürliche Personen i.S.d. § 1 EStG noch Körperschaften i.S.d. § 1 KStG sind. Vielmehr rechnet § 15 Abs. 1 Nr. 2 EStG den von der Personengesellschaft erzielten Gewinn anteilig unmittelbar den einzelnen Gesellschaftern bzw. bei mehrstöckigen Personengesellschaften den Gesellschaftern der obersten Gesellschaft zu, die diesen Gewinn im Rahmen ihrer persönlichen Einkommensteuer- oder Körperschaftsteuerveranlagung zu versteuern haben (sog. **Transparenzprinzip**, siehe auch Abschnitt B.1.1).

Sind an einem gewerblichen Unternehmen mehrere Personen beteiligt, so beziehen diese anteilig Einkünfte aus Gewerbebetrieb, sofern sie als **Mitunternehmer** des Betriebs anzusehen sind (§ 15 Abs. 1 Nr. 2 EStG). Neben der Erzielung gewerblicher Einkünfte i.S.d. § 15 Abs. 2 EStG (vgl. den vorangegangenen Abschnitt) ist somit die Mitunternehmereigenschaft von entscheidender Bedeutung für das Vorliegen von Einkünften aus Gewerbebetrieb.

Mitunternehmer ist, wer Gesellschafter einer Personengesellschaft oder einer vergleichbaren Gemeinschaft ist und eine gewisse **unternehmerische Initiative** entfalten kann sowie **unternehmerisches Risiko** trägt (H 15.8 Abs. 1 EStH „Allgemeines"; BFH-Beschluss vom 25.06.1984, BStBl II 1984, S. 751; BFH-Urteil vom 15.07.1986, BStBl II 1986, S. 896). Ob eine Mitunternehmerschaft vorliegt, kann nur anhand der gesellschaftsvertraglichen Vereinbarungen im Rahmen einer Einzelfallprüfung entschieden werden. Bei den Merkmalen der Mitunternehmerinitiative und des Mitunternehmerrisikos handelt es sich um Typusbegriffe, die einander in Grenzen substituieren können. Zwar müssen beide Merkmale vorliegen, sie können jedoch im Einzelfall mehr oder weniger ausgeprägt sein. Beispielsweise reicht bei besonders starker Ausprägung des Mitunternehmerrisikos bereits eine vergleichsweise geringe Mitunternehmerinitiative aus.

Mitunternehmerinitiative bedeutet die Teilhabe an den unternehmerischen Entscheidungen. Ausreichend ist schon die Möglichkeit zur Ausübung von Gesellschafterrechten, die wenigstens den Stimm-, Kontroll- und Widerspruchsrechten angenähert sind, die einem Kommanditisten nach dem HGB zustehen (BFH-Beschluss vom 25.06.1984, BStBl II 1984, S. 751).

Mitunternehmerrisiko trägt, wer am Gewinn und Verlust des Unternehmens und an den stillen Reserven einschließlich eines Geschäftswerts beteiligt ist (BFH-Beschluss vom 25.06.1984, BStBl II 1984, S. 751).

Teilhaber einer OHG, einer EWIV, einer GbR sowie die Komplementäre einer KG sind auf Grund der unbegrenzten Haftung und der grundsätzlich gemeinschaftlichen Geschäftsführung (§ 709 BGB, §§ 114, 161 Abs. 2 HGB) regelmäßig als Mitunternehmer anzusehen. Dies gilt trotz der fehlenden unbegrenzten Haftung regelmäßig auch für die Kommanditisten einer KG. Allerdings ist der Kommanditist dann mangels Mitunternehmerinitiative kein Mitunternehmer, wenn sowohl sein Stimmrecht als auch sein Widerspruchsrecht durch Gesellschaftsvertrag faktisch ausgeschlossen ist (BFH-Urteil vom 11.10.1988, BStBl II 1989, S. 762). Ebenfalls Mitunternehmer i.S.d. § 15 Abs. 1 Nr. 2 EStG ist der **atypisch stille Gesellschafter**, der über ein Mitbestimmungsrecht verfügt sowie auch an den stillen Reserven und am Verlust der Gesellschaft beteiligt ist (BFH-Urteil vom 06.07.1995, BStBl II 1996, S. 269). Dies gilt nicht nur für eine atypisch stille Beteiligung an einer Personengesellschaft, sondern auch für eine atypisch stille Beteiligung an einer Kapitalgesellschaft (insbesondere die GmbH & atypisch still). Hingegen sind die Gewinnanteile des **typisch stillen Gesellschafters**, dessen gesellschaftsrechtliche Stellung weitgehend der Grundstruktur der §§ 230 ff. HGB folgt, als Einkünfte aus Kapitalvermögen (§ 20 Abs. 1 Nr. 4 EStG) zu versteuern. Eine Mitunternehmerstellung können nicht nur Gesellschaften sondern auch vergleichbare Gemeinschaften vermitteln, z.B. die eheliche Gütergemeinschaft (§§ 1415 ff. BGB), die Erbengemeinschaft (§§ 2032 ff. BGB) sowie die Bruchteilsgemeinschaft (§§ 1008 ff. BGB), H 15.8 Abs. 1 EStH „Gesellschafter".

Eine KG, deren einziger Kommanditist Treuhänder des persönlich haftenden Gesellschafters ist (sog. **Treuhand-Modell**), ist keine Mitunternehmerschaft, sondern wird steuerlich wie ein Einzelunternehmen des Komplementärs behandelt (BFH-Urteil vom 03.02.2010, BFH/NV 2010, S. 1035).

Der einzelne Mitunternehmer hat gemäß § 15 Abs. 1 Nr. 2 Satz 1 Halbsatz 1 EStG den anteilig auf ihn entfallenden Gewinn der Mitunternehmerschaft als Einkünfte aus Ge-werbebetrieb zu versteuern. Darüber hinaus hat der Mitunternehmer gemäß § 15 Abs. 1 Nr. 2 Satz 1 Halbsatz 2 EStG Vergütungen, die er von der Gesellschaft für die Überlassung von Arbeitskraft, Darlehen oder Wirtschaftsgütern erhält, als **Sondervergütungen** den Einkünften aus Gewerbebetrieb hinzuzurechnen. Durch die Vereinbarung eines Arbeits-, Darlehens-, Miet- oder Pachtvertrags kann somit die Gewerblichkeit der Einkünfte (und damit insbesondere die Gewerbesteuerpflicht) nicht umgangen werden. Die entsprechenden Vergütungen werden gemäß § 15 Abs. 1 Nr. 2 Satz 1 Halbsatz 2 EStG von Einkünften aus unselbständiger Arbeit, Einkünften aus Kapitalvermögen bzw. Einkünften aus Vermietung und Verpachtung zu gewerblichen Einkünften umqualifiziert.

Die der Mitunternehmerschaft zur Nutzung überlassenen Vermögenswerte sind als **Sonderbetriebsvermögen** bei der Mitunternehmerschaft zu führen. Wesentliche Folge der Qualifizierung als Sonderbetriebsvermögen ist, dass Gewinne aus der Veräußerung oder Entnahme solcher Wirtschaftsgüter der Einkommensteuer (und über § 2 Abs. 1 Satz 2 GewStG grundsätzlich auch der Gewerbesteuer) unterliegen. Für eine ausführliche Beschreibung der

Ermittlung des aus der Beteiligung an einer Mitunternehmerschaft resultierenden Gewinns sei auf die Ausführungen in Abschnitt B.5.4.1 verwiesen.

Einkünfte aus Gewerbebetrieb liegen gemäß § 15 Abs. 1 Nr. 2 Satz 2 EStG auch vor bei einer nur **mittelbaren Beteiligung an einer Mitunternehmerschaft** über eine oder mehrere Personengesellschaften (**doppelstöckige oder mehrstöckige Personengesellschaft**).

Keine Mitunternehmerschaft begründen hingegen **Beteiligungen an einer Kapitalgesellschaft**. Regelmäßig führen Gewinnausschüttungen einer Kapitalgesellschaft beim Anteilseigner zu Einkünften aus Kapitalvermögen i.S.d. § 20 Abs. 1 Nr. 1 EStG. Wird die Beteiligung an der Kapitalgesellschaft allerdings in einem land- und forstwirtschaftlichen, gewerblichen oder selbständigen Betriebsvermögen gehalten, so führen die Gewinnausschüttungen zu Einkünften aus Land- und Forstwirtschaft, Gewerbebetrieb oder selbständiger Arbeit.

7.2.3 Gewinnanteile der persönlich haftenden Gesellschafter einer KGaA

Die KGaA ist eine Mischform zwischen Aktiengesellschaft und Kommanditgesellschaft. Es handelt sich gemäß § 278 Abs. 1 AktG um eine Kapitalgesellschaft, bei der mindestens ein Gesellschafter als Komplementär den Gesellschaftsgläubigern unbeschränkt haftet und die übrigen Gesellschafter an dem in Aktien zerlegten Grundkapital als Kommanditaktionäre beteiligt sind, ohne persönlich für die Verbindlichkeiten der Gesellschaft zu haften. Das Rechtsverhältnis der Komplementäre richtet sich nach den Vorschriften des HGB zur Kommanditgesellschaft (§ 278 Abs. 2 AktG), im Übrigen sind die Vorschriften des AktG zur Aktiengesellschaft anzuwenden (§ 278 Abs. 3 AktG).

Während die Kommanditaktionäre mit ihren Gewinnausschüttungen Einkünfte aus Kapitalvermögen nach § 20 Abs. 1 Nr. 1 EStG beziehen, erzielt der persönlich haftende Gesellschafter Einkünfte aus Gewerbebetrieb gemäß § 15 Abs. 1 Nr. 3 EStG. Dies gilt, wie im Falle von Mitunternehmern einer Personengesellschaft, auch für Vergütungen, die der Komplementär von der Gesellschaft für die Überlassung von Arbeitskraft, Darlehen oder Wirtschaftsgütern erhält. Wirtschaftsgüter, die ein Komplementär der KGaA zur Nutzung überlässt, sind wie bei gewerblichen Mitunternehmerschaften des § 15 Abs. 1 Nr. 2 EStG als Sonderbetriebsvermögen bei der Gesellschaft zu führen.

Zur Gewinnermittlung der KGaA vgl. z.B. *W. Mathiak*, DStR 1989, S. 661 (667); *S. Kusterer*, DStR 2008, S. 484.

7.2.4 Abfärbe- und Geprägetheorie

Neben den in § 15 Abs. 1 EStG aufgezählten Tätigkeiten führen gemäß § 15 Abs. 3 EStG weitere, nicht originär gewerbliche Tätigkeiten zu Einkünften aus Gewerbebetrieb:

Abfärbetheorie

Ist eine Personengesellschaft **auch** gewerblich i.S.d. § 15 Abs. 2 EStG tätig, so begründen auch die übrigen, nicht originär gewerblichen Tätigkeiten der Personengesellschaft Einkünfte aus Gewerbebetrieb. Die gewerblichen Aktivitäten färben gemäß § 15 Abs. 3 Nr. 1 EStG auf die nicht originär gewerblichen Tätigkeiten ab (siehe auch *R. Demuth*, KöSDI 2005, S. 14487). Auch eine nur geringfügige gewerbliche Tätigkeit der Personengesellschaft führt grundsätzlich zu einer Umqualifizierung der nicht gewerblichen Einkünfte in gewerbliche. Bei einem äußerst geringen Anteil soll aber nach dem Verhältnismäßigkeitsgrundsatz keine

Umqualifizierung erfolgen. Der BFH hat in seinem Urteil vom 11.08.1999 (BStBl II 2000, S. 229) festgestellt, dass jedenfalls bei einem Anteil von 1,25 % der originär gewerblichen Tätigkeit die Umqualifizierung nicht greift. Die Finanzverwaltung scheint die Abfärbetheorie stets bei einem Überschreiten der Grenze von 1,25 % anwenden zu wollen (Vfg. der OFD Frankfurt/Main vom 28.02.2007, DB 2007, S. 1282), obwohl dies von dem Wortlaut des BFH-Urteils nicht gedeckt ist. In der Literatur wird ein Anteil von ca. 2-3 % für angemessen gehalten (vgl. *R. Wacker* in L. Schmidt (2010), § 15, Rz. 188).

Die Abfärbetheorie ist auch anzuwenden, wenn eine nur vermögensverwaltende Personengesellschaft (Obergesellschaft), die Einkünfte aus Vermietung und Verpachtung erzielt, an einer gewerblich tätigen Personengesellschaft (Untergesellschaft) beteiligt ist.

Geprägetheorie

Des Weiteren erzielt auch eine Personengesellschaft, die keine originär gewerbliche Tätigkeit betreibt, in vollem Umfang Einkünfte aus Gewerbebetrieb, sofern ausschließlich eine oder mehrere Kapitalgesellschaften persönlich haftende Gesellschafter sind und nur diese oder Personen, die nicht Gesellschafter sind, zur Geschäftsführung befugt sind (**gewerblich geprägte Personengesellschaft**, § 15 Abs. 3 Nr. 2 EStG).

Zu beachten ist, dass **sowohl die Abfärbe- als auch die Geprägetheorie** nur hinsichtlich von Tätigkeiten greift, für die Einkünfteerzielungsabsicht besteht. Betreibt beispielsweise eine OHG neben einer gewerblichen Tätigkeit auch ein Gestüt für private Erholungszwecke der Gesellschafter, ohne dass hierfür Einkünfteerzielungsabsicht vorliegt, so färbt die gewerbliche Tätigkeit der OHG nicht auf diese Tätigkeit ab.

Die Abfärbe- und die Geprägetheorie gelten jedoch nur für Personengesellschaften (KG, OHG, EWIV, GbR), nicht aber für andere Mitunternehmerschaften, insbesondere eheliche Gütergemeinschaften, Erbengemeinschaften sowie Bruchteilsgemeinschaften (R 15.8 Abs. 5 EStR).

7.2.5 Gewinne aus der Veräußerung von Anteilen an Kapitalgesellschaften nach § 17 EStG

Gewinne (und Verluste) aus der Veräußerung von Wirtschaftsgütern des Privatvermögens sind grundsätzlich steuerlich unbeachtlich. Verschiedene Vorschriften begründen jedoch ausnahmsweise eine Steuerpflicht von Veräußerungsgewinnen auch im Privatvermögen (vgl. Abschnitt B.6).

Vor dem 01.01.2009 waren Gewinne aus der Veräußerung von Anteilen an Kapitalgesellschaften, die im Privatvermögen gehalten wurden, außerhalb der Zwölfmonatsfrist des § 23 EStG grundsätzlich nicht steuerpflichtig. Allerdings erklärte (und erklärt) § 17 Abs. 1 EStG solche Gewinne ausnahmsweise zu steuerpflichtigen Einkünften **aus Gewerbebetrieb**, sofern der Veräußerer zu einem Zeitpunkt innerhalb der letzten fünf Jahre zu mindestens 1 % am Kapital der Gesellschaft unmittelbar oder mittelbar beteiligt war. Die Betrachtung eines Zeitraums von fünf Jahren dient dazu, Steuerumgehungen durch Teilverkäufe zu verhindern.

Mit Wirkung zum 01.01.2009 wurden Gewinne aus der Veräußerung von Anteilen an Kapitalgesellschaften durch das UntStRefG zu steuerpflichtigen Einkünften aus Kapitalvermögen im Sinne des § 20 Abs. 2 Satz 1 EStG erklärt. Einkünfte aus Kapitalvermögen werden mit einem Sondersteuersatz von 25 % belastet (§ 32d Abs. 1 EStG). Regelmäßige Erhebungsform ist die Kapitalertragsteuer mit Abgeltungswirkung (Abgeltungsteuer) gemäß

§ 43 Abs. 1 Nr. 9, § 43a Abs. 1 Nr. 1 EStG. Die Steuerfreiheit bei Überschreiten einer zwölfmonatigen Haltefrist gilt nur noch für Altfälle, d.h. für Veräußerungen von Anteilen nach dem 31.12.2008, wenn der Erwerb vor dem 01.01.2009 erfolgte (§ 52a Abs. 10 Satz 1 EStG).

Bis zum Veranlagungszeitraum 1998 unterlagen Veräußerungsgewinne einer Besteuerung als gewerbliche Einkünfte, sofern der Veräußerer an der Kapitalgesellschaft innerhalb der letzten fünf Jahre zu irgendeinem Zeitpunkt wesentlich, d.h. zu mehr als 25 %, beteiligt war. Durch das Steuerentlastungsgesetz 1999/2000/2002 wurde die Beteiligungsgrenze für Veräußerungsgewinne, die ab dem 01.01.1999 erzielt wurden, gesenkt. Eine wesentliche Beteiligung lag bereits dann vor, wenn der Veräußerer zu mindestens 10 % beteiligt war. Mit dem Steuersenkungsgesetz wurde die Beteiligungsgrenze ab 2002 nochmals gesenkt. Seither unterliegen Veräußerungsgewinne einer Besteuerung nach § 17 EStG, wenn innerhalb der letzten fünf Jahre eine mittelbare oder unmittelbare Beteiligung von mindestens 1 % vorlag (§ 17 Abs. 1 Satz 1 EStG). Das Gesetz spricht seitdem auch nicht mehr von einer „wesentlichen" Beteiligung.

Vor der Senkung der Beteiligungsgrenze von 25 % auf 10 % wurde die Vorschrift des § 17 EStG zum Teil damit gerechtfertigt, dass ein wesentlich beteiligter Anteilseigner eine Sperrminorität (§ 179 Abs. 2 AktG, § 53 Abs. 2 GmbHG) besitzt, die ihm bei wirtschaftlicher Betrachtung einem Mitunternehmer vergleichbare Initiativen ermöglicht, so dass die Anteilsveräußerung ähnlich zu besteuern sei wie die Veräußerung von Mitunternehmeranteilen nach § 16 Abs. 1 Nr. 2 EStG. Nach der Absenkung der Be-teiligungsgrenze auf 10 % überwog das Ziel, wenigstens für Gesellschafter mit einer ent-sprechenden Beteiligungshöhe ein Umfunktionieren steuerpflichtiger Gewinnausschüttun-gen in steuerfreie Veräußerungsgewinne auszuschließen und damit die Einmalbesteuerung der von der Kapitalgesellschaft erwirtschafteten Gewinne sicherzustellen (vgl. BFH-Urteil vom 08.10.1985, BStBl II 1986, S. 596). Dementsprechend begründete der Gesetzgeber die weitere Absenkung der Beteiligungsgrenze auf 1 % mit der Vermeidung von Steuerumgehungen (vgl. Begründung zur Entwurfsfassung des Steuersenkungsgesetzes, BT-Drucksache 14/2683, S. 114).

Da Veräußerungsgewinne seit dem 01.01.2009 auch im Privatvermögen (mit Ausnahme von Altfällen, bei denen die Beteiligung bereits vor dem 01.01.2009 erworben wurde) **stets steuerpflichtig** sind, besteht unseres Erachtens kein Bedürfnis mehr für die Vorschrift des § 17 EStG. Im Sinne einer Vereinfachung des Steuerrechts sollte die Vorschrift gestrichen oder zumindest auf die genannten Altfälle beschränkt werden.

Gegenwärtig besteht die wesentliche Bedeutung des § 17 EStG darin, dass Veräußerungsgewinne ab einer Beteiligung von 1 % nicht mit dem Sondersteuersatz von 25 % (Abgeltungsteuer), sondern nach dem **Teileinkünfteverfahren** besteuert werden. Darüber hinaus gewährt § 17 Abs. 3 EStG einen Freibetrag von maximal 9.060 €.

7.2.5.1 Beteiligung von mindestens 1 %

Eine Umqualifizierung zu Einkünften aus Gewerbebetrieb erfolgt, wenn der Veräußerer zu irgendeinem Zeitpunkt innerhalb der letzten fünf Jahre vor der Veräußerung zu mindestens 1 % am Kapital der Gesellschaft unmittelbar oder mittelbar beteiligt war (§ 17 Abs. 1 Satz 1 EStG).

Liegen **mittelbare und unmittelbare Beteiligungen** zugleich vor, so werden sie addiert. Eine mittelbare Beteiligung für sich allein kann eine Beteiligung im Sinne von § 17 EStG aber nicht begründen, da nur unmittelbar gehaltene Anteile veräußert werden können. Mittelbare Beteiligungen erlangen somit nur durch Zusammenrechnung mit einer unmittelbaren Beteiligung Bedeutung (BFH-Urteil vom 28.06.1978, BStBl II 1978, S. 590). Eine zu berücksichtigende Beteiligung liegt nach herrschender Auffassung sowohl bei einer Vermittlung durch eine Personen- wie durch eine Kapitalgesellschaft und auch bei einer mittelbaren Beteiligung über mehrere Stufen vor (BFH-Beschluss vom 10.02.1982, BStBl II 1982, S. 392). Mittelbare Beteiligungen sind unabhängig davon einzubeziehen, ob der Anteilseigner die vermittelnde Kapitalgesellschaft beherrscht (BFH-Urteil vom 14.10.2003, BFH/NV 2004, S. 620).

Beispiel B.184:

A ist zu 0,3 % an der X-GmbH und zu 30 % an der Y-GmbH beteiligt. Die Y-GmbH hält wiederum 5 % an der X-GmbH.

A besitzt 0,3 % an der X-GmbH unmittelbar und (30 % · 5 % =) 1,5 % mittelbar. Er ist somit insgesamt zu 1,8 % beteiligt. Bei einer Veräußerung der unmittelbaren Beteiligung ist § 17 EStG anzuwenden.

Auch **in einem Betriebsvermögen gehaltene Anteile** zählen bei der Ermittlung der Beteiligungshöhe mit (H 17.2 EStH „Anteile im Betriebsvermögen").

Beispiel B.185:

A hält 0,5 % der Anteile an der X-GmbH im Privatvermögen sowie weitere 5 % im Betriebsvermögen.

Werden die im Privatvermögen gehaltenen 0,5 % veräußert, so ist § 17 EStG anzuwenden, da A zu insgesamt 5,5 % beteiligt ist. Damit ist für den Verkauf der Anteile aus dem Privatvermögen nicht der Sondersteuersatz nach § 32d EStG (25 %) anzuwenden, sondern es greift das Teileinkünfteverfahren (40 % des Veräußerungsgewinns steuerfrei, Rest nach individuellem Steuersatz zu versteuern).

Werden von der Kapitalgesellschaft **eigene Anteile** gehalten, so ist von dem um die eigenen Anteile verminderten Nennkapital auszugehen (H 17.2 EStH „Eigene Anteile").

Beispiel B.186:

A ist mit 1.000 € am Stammkapital der X-GmbH von 120.000 € beteiligt. Einen Geschäftsanteil von 25.000 € besitzt die GmbH als eigenen Anteil.

Es ist von einem Stammkapital von 95.000 € auszugehen. A ist daran zu $^1/_{95}$, also zu mehr als 1 % beteiligt. Es liegt eine Beteiligung im Sinne von § 17 EStG vor.

Hat der Veräußerer die Anteile innerhalb der letzten fünf Jahre **unentgeltlich**, d.h. durch Schenkung oder Erbschaft, erworben, so reicht es für die Steuerpflicht nach § 17 EStG aus, wenn zwar nicht der Veräußerer, aber der Rechtsvorgänger, d.h. der Schenker oder Erblasser, innerhalb der letzten fünf Jahre vor der Veräußerung die kritische Beteiligungsgrenze von 1 % erreicht oder überschritten hat (§ 17 Abs. 1 Satz 4 EStG).

7.2.5.2 Besteuerung des Veräußerungsgewinns

Veräußerungsgewinn ist nach § 17 Abs. 2 EStG grundsätzlich der Betrag, um den der Veräußerungspreis nach Abzug der Veräußerungskosten die Anschaffungskosten übersteigt.

Die Besteuerung erfolgt nach dem **Teileinkünfteverfahren**, d.h. 40 % des Veräußerungspreises ist steuerfrei (§ 3 Nr. 40 Buchst. c EStG) und 40 % der Veräußerungskosten und der

Anschaffungskosten sind nicht abzugsfähig (§ 3c Abs. 2 EStG). Der Veräußerungsgewinn nach § 17 Abs. 2 EStG ermittelt sich somit nach folgender Rechnung:

60 % des Veräußerungspreises
– 60 % der Veräußerungskosten
– 60 % der Anschaffungskosten
= steuerpflichtiger Veräußerungsgewinn nach § 17 Abs. 2 EStG

Tabelle B.28: Ermittlung des Veräußerungsgewinns nach § 17 Abs. 2 EStG

Der **Veräußerungspreis** ist der Wert der Gegenleistung, die der Veräußerer für die Übertragung der Anteile erhält (BFH-Urteil vom 07.03.1995, BStBl II 1995, S. 693). Die Gegenleistung kann in jeder Leistung, die einen wirtschaftlichen Wert hat, bestehen. Neben Geldzahlungen ist auch der Wert von Sach- und Dienstleistungen zum Veräußerungspreis zu zählen. Sach- und Dienstleistungen sind mit dem gemeinen Wert nach § 9 BewG zu bewerten.

Veräußerungskosten sind sämtliche Aufwendungen, die in einem unmittelbaren sachlichen Zusammenhang zu dem Veräußerungsgeschäft stehen. In Frage kommen insbesondere Bankspesen, Maklerprovisionen, Anwalts- und Notarkosten.

Anschaffungskosten schließlich sind sämtliche Aufwendungen zur Erlangung der Anteile (BFH-Urteil vom 24.02.1987, BStBl II 1987, S. 810). Zu nennen sind neben dem Anschaffungspreis auch Nebenkosten wie Bankspesen, Maklerprovisionen, Anwalts- und Notarkosten sowie die (zwischenzeitlich abgeschaffte) Börsenumsatzsteuer. Hat der Veräußerer die Anteile unentgeltlich erworben, so sind die Anschaffungskosten des Rechtsvorgängers, der die Anteile zuletzt entgeltlich erworben hat, als fiktive Anschaffungskosten anzusetzen (§ 17 Abs. 2 Satz 5 EStG).

Die Steuerpflicht nach § 17 Abs. 1 EStG entsteht in dem Zeitpunkt des Übergangs des **wirtschaftlichen Eigentums** an den veräußerten Anteilen (BFH-Urteil vom 10.03.1988, BStBl II 1988, S. 832; FG München, Urteil vom 28.01.2004, rkr, EFG 2004, S. 801). Im Gegensatz zu privaten Veräußerungsgeschäften nach § 23 EStG kommt es auf den Zeitpunkt der schuldrechtlichen Vereinbarung (Verpflichtungsgeschäft) nicht an. Ebenfalls ohne Bedeutung ist der Zeitpunkt der Kaufpreiszahlung. Der Zeitpunkt des Übergangs des wirtschaftlichen Eigentums ist zudem nach herrschender Meinung für die Berechnung der Fünfjahresfrist maßgeblich (vgl. beispielsweise *H. Weber-Grellet*, in: L. Schmidt (2010), § 17, Rz. 74; H 17 Abs. 2 EStH „Fünfjahreszeitraum“).

Bei der Anteilsveräußerung werden stille Reserven, die sich über mehrere Jahre gebildet haben, in einem einzigen Veranlagungszeitraum aufgedeckt und versteuert. Um Härten zu mildern, die aus der Anwendung des progressiven Einkommensteuertarifs auf die geballt aufgedeckten stillen Reserven resultieren können, werden folgende Steuerbegünstigungen gewährt:

- § 17 Abs. 3 EStG erlaubt den Abzug eines Freibetrags von maximal 9.060 € (siehe Abschnitt B.7.2.5.3).
- Zwar werden Gewinne aus der Veräußerung von Beteiligungen im Sinne von § 17 EStG zu Einkünften aus Gewerbebetrieb erklärt (§ 17 Abs. 1 EStG). Sie unterliegen jedoch nicht der Gewerbesteuerpflicht (A 7.1 Abs. 3 GewStR).

7.2.5.3 Freibetrag nach § 17 Abs. 3 EStG

§ 17 Abs. 3 EStG erlaubt den Abzug eines Freibetrags von dem nach § 17 Abs. 2 EStG ermittelten Veräußerungsgewinn. Der Freibetrag beträgt grundsätzlich 9.060 €, ist jedoch Gegenstand einer doppelten Abschmelzungsregelung:

- Der Freibetrag von 9.060 € bezieht sich auf den Fall der Veräußerung einer 100 % igen Beteiligung an der Kapitalgesellschaft. Bei der Veräußerung einer geringeren Beteiligung ermäßigt sich der Freibetrag entsprechend (§ 17 Abs. 3 Satz 1 EStG).
- Der Freibetrag von 9.060 € im Falle der Veräußerung einer 100 % igen Beteiligung ermäßigt sich um den Betrag, um den der Veräußerungsgewinn 36.100 € übersteigt. Ab einem Veräußerungsgewinn von 45.160 € ist der Freibetrag somit vollständig abgeschmolzen. Werden weniger als 100 % der Anteile veräußert, ermäßigen sich die Beträge von 9.060 € und 36.100 € entsprechend (§ 17 Abs. 3 Satz 2 EStG).

Für die Berechnung des Freibetrags ist der nach § 3 Nr. 40 Buchst. c, § 3c Abs. 2 EStG steuerfrei bleibende Teil nicht zu berücksichtigen (R 17 Abs. 9 EStR).

Eigene Anteile der Kapitalgesellschaft bleiben bei der Ermittlung der Beteiligungshöhe, wie bereits bei der Ermittlung der 1 %- Grenze, außer Betracht (vgl. auch *H. Weber-Grellet*, in: L. Schmidt (2010), § 17, Rz. 192).

Beispiel B.187:

A ist zu 30 % am Stammkapital der X-GmbH beteiligt. In 01 veräußert er diese Beteiligung, die er vor Jahren zu Anschaffungskosten von 150.000 € erworben hatte, zum Preis von 162.500 €.

Der steuerpflichtige Veräußerungsgewinn ermittelt sich gemäß § 17 Abs. 2 EStG i.V.m. § 3 Nr. 40 Buchst. c, § 3c Abs. 2 EStG wie folgt:

60 % des Veräußerungspreises	97.500 €
– 60 % der Anschaffungskosten	– 90.000 €
= Veräußerungsgewinn	7.500 €

Der nach § 17 Abs. 3 Satz 1 EStG reduzierte Freibetrag (9.060 · 30 % =) 2.718 € unterliegt keiner weiteren Minderung, da der Veräußerungsgewinn (7.500 €) den Betrag von (36.100 · 30% =) 10.830 € nicht übersteigt.

Veräußerungsgewinn	7.500 €
– Freibetrag nach § 17 Abs. 3 EStG	– 2.718 €
= Einkünfte nach § 17 EStG	4.782 €

7.2.5.4 Berücksichtigung von Veräußerungsverlusten

Gemäß § 17 Abs. 2 Satz 6 EStG können Veräußerungsverluste in den folgenden Fällen nicht berücksichtigt werden:

- **Unentgeltlicher Erwerb**

  Nach § 17 Abs. 2 Satz 6 Buchst. a EStG kann ein Veräußerungsverlust nicht geltend gemacht werden, wenn der Veräußerer die Anteile innerhalb der letzten fünf Jahre unentgeltlich erworben hat (Schenkung oder Erbschaft), es sei denn sein Rechtsvorgänger hätte seinerseits den Veräußerungsverlust geltend machen können, wenn er die Anteile anstelle des Steuerpflichtigen veräußert hätte.

- **Entgeltlicher Erwerb**

  Nach § 17 Abs. 2 Satz 6 Buchst. b EStG kann ein Veräußerungsverlust nicht geltend gemacht werden, wenn der Veräußerer die Anteile entgeltlich erworben hat und diese nicht innerhalb der gesamten letzten fünf Jahre zu einer Beteiligung des Steuerpflichtigen von mindestens 1 % gehört haben. Dies gilt nicht für innerhalb der letzten fünf Jahre erworbene Anteile, wenn deren Erwerb zur Begründung einer Beteili-gung i.H.v. mindestens 1 % geführt hat oder wenn deren Erwerb nach der Begründung einer Beteiligung von mindestens 1 % erfolgte.

  Die vorangegangenen Ausführungen zur Ausgleichsfähigkeit von Veräußerungsverlusten nach § 17 Abs. 2 Satz 6 EStG werden in folgendem Schaubild zusammengefasst:

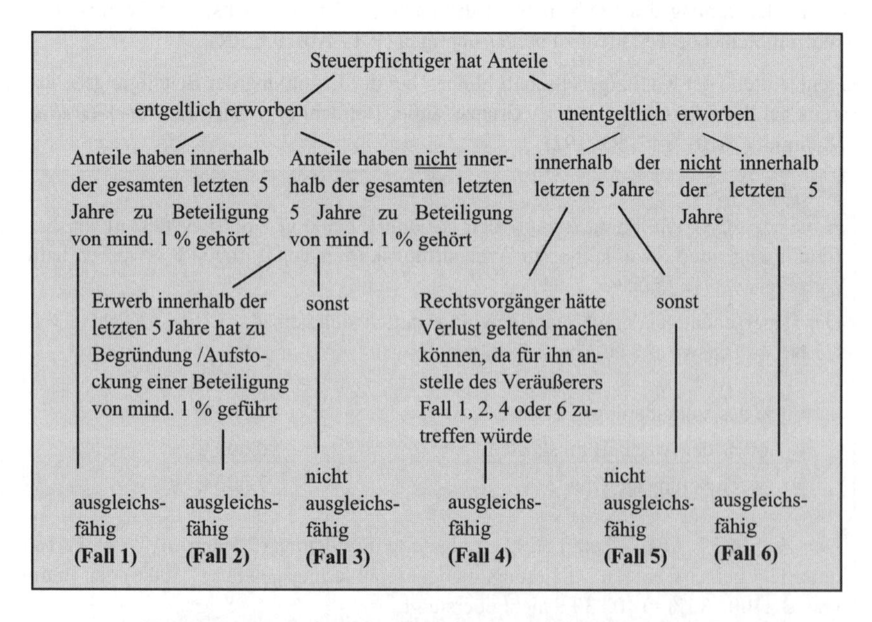

Abbildung B.27: Ausgleichsfähigkeit von Veräußerungsverlusten nach § 17 Abs. 2 Satz 6 EStG

Beispiel B.188:

A erwirbt am 01.07.01 eine Beteiligung von 0,5 % an der Z-GmbH. Am 01.04.02 und am 01.08.02 erwirbt er jeweils weitere 0,8 %. Zum 15.05.04 veräußert A die gesamte Beteiligung von 2,1 % an der Z-GmbH mit Verlust.

Gemäß § 17 Abs. 2 Satz 6 Buchst. b EStG kann der Verlust aus der Veräußerung der am 01.07.01 erworbenen Anteile nicht geltend gemacht werden, da die Anteile nicht innerhalb der gesamten letzten fünf Jahre zu einer Beteiligung von A i.H.v. mindestens 1 % gehört haben und ihr Erwerb auch nicht zur Begründung oder Aufstockung einer Beteiligung von mindestens 1 % geführt hat.

Hingegen hatte der Erwerb am 01.04.02 die Begründung einer Beteiligung von mindestens 1 % und der Erwerb am 01.08.02 die Aufstockung einer solchen Beteiligung zur Folge. Die Verluste aus der Veräußerung dieser Anteile können somit geltend gemacht werden.

7.2.5.5 Auflösung, Kapitalherabsetzung und Ausschüttung aus dem steuerlichen Einlagekonto

Gemäß § 17 Abs. 4 Satz 1 EStG werden der Veräußerung von Anteilen gleichgestellt:

- die Auflösung der Kapitalgesellschaft,
- die Herabsetzung des Stamm- oder Grundkapitals sowie
- die Ausschüttung aus dem steuerlichen Einlagekonto i.S.d. § 27 KStG, d.h. die Rückzahlung von über das Grund- oder Stammkapital hinaus geleisteten Einlagen der Gesellschafter, wie z.B. ein Ausgabeagio (vgl. dazu Abschnitt C.5.3.4).

Auch in diesen Fällen sind die Vorschriften

- des § 17 Abs. 1 EStG zu den Voraussetzungen der Steuerpflicht (Anteile im Privatvermögen, Beteiligungshöhe mindestens 1 % zu irgendeinem Zeitpunkt innerhalb der letzten 5 Jahre),
- des § 17 Abs. 2 Sätze 1 – 5 EStG zur Ermittlung des Veräußerungsgewinns,
- des § 17 Abs. 2 Satz 6 EStG zur Ausgleichsfähigkeit von Veräußerungsverlusten sowie
- des § 17 Abs. 3 EStG zum Abzug eines Freibetrags

sowie das Teileinkünfteverfahren gemäß § 3 Nr. 40 Buchst. c, § 3c Abs. 2 EStG anzuwenden.

Es ist jedoch gemäß § 17 Abs. 4 Satz 3 EStG danach zu differenzieren, ob die Leistung der Kapitalgesellschaft an den Anteilseigner aus in der Vergangenheit erwirtschafteten Gewinnen (d.h. insbesondere aus den Gewinnrücklagen) erbracht wird oder als Rückzahlung des eingesetzten Kapitals (d.h. Grund- bzw. Stammkapital oder Beträge des steuerlichen Einlagekontos) anzusehen ist. Da nur im zweiten Fall eine Kapitalrückzahlung vorliegt, gelten nur Leistungen aus dem Grund- bzw. Stammkapital oder dem steuerlichen Einlagekonto als Veräußerungspreis im Rahmen des § 17 EStG. Hingegen begründen Leistungen aus den Gewinnrücklagen Einkünfte aus Kapitalvermögen nach § 20 Abs. 1 Nr. 1 oder Nr. 2 EStG (siehe Abschnitt B.7.5.1.1).

Sachleistungen sind gemäß § 17 Abs. 4 Satz 2 EStG mit dem gemeinen Wert (§ 9 BewG) anzusetzen.

Beispiel B.189:

A hat im Jahr 01 eine 20 % ige Beteiligung an der B-GmbH gegen Zahlung von 70.000 € übernommen. Zum Ende des Jahres 07 wird die B-GmbH aufgelöst. A erhält das auf ihn entfallende anteilige Stammkapital von 25.000 € sowie die auf ihn entfallenden Gewinnrücklagen i.H.v. 60.000 €:

Auskehrung der Gewinnrücklagen	60.000 €
= Einkünfte aus Kapitalvermögen nach § 20 Abs. 1 Nr. 2 EStG	60.000 €
→ Sondersteuersatz 25 %, § 32d EStG	

60 % des Veräußerungspreises (des ausgekehrten Stammkapitals)	15.000 €
– 60 % der Anschaffungskosten	– 42.000 €
= Veräußerungsverlust nach § 17 EStG	– 27.000 €

Der Veräußerungsverlust kann im Rahmen der Verlustverrechnung berücksichtigt werden, da die Anteile innerhalb der gesamten letzten fünf Jahre zu einer Beteiligung (mindestens 1 %) von A gehörten.

7.2.6 Begrenzung der Verlustnutzung

Die Verrechnung von Verlusten aus Gewerbebetrieb mit anderen positiven Einkünften ist durch eine Reihe von Vorschriften eingeschränkt. Insbesondere ergeben sich Einschränkungen bei folgenden gewerblichen Einkünften:

- Verluste aus gewerblicher Tierzucht und Tierhaltung (§ 15 Abs. 4 Sätze 1, 2 EStG);
- Verluste aus Termingeschäften (§ 15 Abs. 4 Sätze 3 – 5 EStG);
- Verluste bei beschränkter Haftung (§ 15a EStG);
- Verluste im Zusammenhang mit Steuerstundungsmodellen (§ 15b EStG).

Die Vorschriften werden in Abschnitt B.10.1 zur Verlustverrechnung behandelt.

7.2.7 Steuerermäßigung nach § 35 EStG

Seit dem VZ 2001 wird die doppelte Belastung gewerblicher Einkünfte mit Einkommensteuer und Gewerbesteuer durch die Steuerermäßigung des § 35 EStG gemildert. § 35 EStG erlaubt eine Anrechnung der Gewerbesteuer auf die Einkommen-steuer. Im Ergebnis kann allerdings nicht die tatsächliche Gewerbesteuer, sondern nur die bei dem fiktiven Hebesatz von 380 % zu entrichtende Gewerbesteuer, maximal aber die tat-sächliche Gewerbesteuer, auf die Einkommensteuer angerechnet werden. Übersteigt der Gewerbesteuer-Hebesatz 380 %, so kommt es somit nur zu einer teilweisen Anrechnung der Gewerbesteuer auf die Einkommensteuer. Eine vollständige Anrechnung der Gewerbesteuer soll nicht erfolgen, da die Gemeinden ansonsten einen Anreiz hätten, den Hebesatz beliebig hoch festzusetzen. Bei einer vollständigen Anrechnung der Gewerbesteuer würde dies die Unternehmen nicht belasten. Die Gemeinden könnten somit das ihnen zustehende Gewerbesteueraufkommen zu Lasten des dem Bund und den Ländern zustehenden Einkommensteueraufkommens erhöhen.

Das BMF hat zur Anwendung des § 35 EStG mit Schreiben vom 24.02.2009 Stellung genommen (BStBl I 2009, S. 440).

7.2.7.1 Grundsatz

Um die gewerblichen Einkünfte von der ertragsteuerlichen Doppelbelastung zu befreien, ermäßigt sich die tarifliche Einkommensteuer nach § 35 EStG

- bei **gewerblichen Einzelunternehmen** um das 3,8 -fache des nach § 14 GewStG festgesetzten Gewerbesteuer-Messbetrages des Erhebungszeitraumes (§ 35 Abs. 1 Satz 1 Nr. 1 EStG) und

- bei **gewerblichen Mitunternehmerschaften** um das 3,8 -fache des nach § 14 GewStG festgesetzten anteiligen Gewerbesteuer-Messbetrages des Erhebungszeitraumes (§ 35 Abs. 1 Satz 1 Nr. 2 EStG).

Beispiel B.190:

Der verheiratete Steuerpflichtige A erzielt im Jahr 2010 Einkünfte aus Gewerbebetrieb aus einem Einzelunternehmen von 57.500 €. Gewerbesteuerliche Hinzurechnungen und Kürzungen sind nicht zu beachten. Die Sonderausgaben betragen 10.000 €. Der Gewerbesteuer-Hebesatz beträgt 400 %.

Gewerbesteuer

Einkünfte aus Gewerbebetrieb laut EStG	57.500 €
+ Hinzurechnungen (§ 8 GewStG)	–
– Kürzungen (§ 9 GewStG)	–
= Gewerbeertrag	57.500 €
– Freibetrag (§ 11 Abs. 1 Satz 3 GewStG)	– 24.500 €
= Zwischensumme	33.000 €
x Steuermesszahl 3,5 % (§ 11 Abs. 2 GewStG)	
= Steuermessbetrag	1.155 €
x Hebesatz der Gemeinde 400 % (§ 11 Abs. 2 GewStG)	
= Gewerbesteuer	4.620 €

Einkommensteuer

Einkünfte aus Gewerbebetrieb	57.500 €
+ Übrige Einkünfte	0 €
= Summe der Einkünfte	57.500 €
– Sonderausgaben	– 10.000 €
= zu versteuerndes Einkommen	47.500 €
→ ESt laut Splittingtarif 2010	7.488 €
– Steuerermäßigung nach § 35 EStG 1.155 € · 3,8 =	– 4.389 €
= Festzusetzende Einkommensteuer	3.099 €

Zwar muss einerseits Gewerbesteuer bei einem Hebesatz von 400 % in Höhe von 4.620 € an die Gemeinde gezahlt werden. Andererseits mindert sich die Einkommensteuer um die fiktive Gewerbesteuer bei einem Hebesatz von 380 % (= 4.389 €). Die effektive Belastung mit Gewerbesteuer beträgt somit nur (4.620 – 4.389 =) 231 €.

Die Steuerermäßigung nach § 35 EStG mindert die Bemessungsgrundlage des Solidaritätszuschlags (§ 3 Abs. 2 SolZG), nicht aber die Bemessungsgrundlage der Kirchensteuer (§ 51a Abs. 2 Satz 3 EStG).

7.2.7.2 Begrenzung auf die tarifliche Einkommensteuer

Die Vorschrift des § 35 EStG führt zu einer Steuerermäßigung, wenn die tarifliche Einkommensteuer (vermindert um die sonstigen Steuerermäßigungen mit Ausnahme der §§ 34g und

35a EStG) positiv ist. Sie führt jedoch nicht zu einer Steuererstattung, wenn der nach § 35 Abs. 1 EStG ermittelte Ermäßigungsbetrag die auf die gewerblichen Einkünfte entfallende tarifliche Einkommensteuer übersteigt. Auch ist ein Vor- oder Rücktrag eines positiven Unterschiedsbetrags zwischen dem Ermäßigungsbetrag und der tariflicher Einkommensteuer, die auf Einkünfte aus Gewerbebetrieb entfällt, nicht vorgesehen. Die volle Entlastungswirkung tritt somit nur dann ein, wenn die auf die Einkünfte aus Gewerbebetrieb entfallende Einkommensteuer mindestens so hoch ist wie der 3,8-fache (positive) Gewerbesteuer-Messbetrag.

Beispiel B.191:

Der ledige Steuerpflichtige A erzielt im Rahmen seines Einzelunternehmens in 2010 Einkünfte aus Gewerbebetrieb (§ 15 Abs. 1 Satz 1 Nr. 1 EStG) i.H.v. 50.500 € und Verluste aus Vermietung und Verpachtung (§ 21 EStG) i.H.v. 27.500 €. Der Gewerbesteuer-Messbetrag beläuft sich auf ((50.500 – 24.500) · 3,5 % =) 910 €, die Sonderausgaben betragen 7.000 €.

Einkommensteuer

Einkünfte aus Gewerbebetrieb	50.500 €
– Verluste aus Vermietung und Verpachtung	– 27.500 €
– Sonderausgaben	– 7.000 €
= Zu versteuerndes Einkommen	16.000 €
→ ESt laut Grundtarif 2010	1.659 €
– Steuerermäßigung nach § 35 EStG 910 € · 3,8 = 3.458 €, maximal die tarifliche ESt (1.659 €)	– 1.659 €
= Festzusetzende Einkommensteuer	0 €

7.2.7.3 ***Begrenzung auf die tatsächlich zu zahlende Gewerbesteuer***

Die Steuerermäßigung ist auf die tatsächlich zu zahlende Gewerbesteuer begrenzt (§ 35 Abs. 1 Satz 5 EStG). Diese Begrenzung greift offenbar dann, wenn der Gewerbesteuer-Hebesatz geringer ist als 380 %.

Beispiel B.192:

Gegeben sei der Sachverhalt aus Beispiel B.187. Allerdings beträgt der Gewerbesteuer-Hebesatz nun nur 360 %.

Gewerbesteuer

Steuermessbetrag (siehe Beispiel B.187)	1.155 €
x Hebesatz der Gemeinde 360 % (§ 11 Abs. 2 GewStG)	
= Gewerbesteuer	4.158 €

Einkommensteuer

ESt laut Splittingtarif 2010 (siehe Beispiel B.187)	7.488 €
– Steuerermäßigung nach § 35 EstG (1.155 € · 3,8 = 4.389 €), maximal die tatsächlich zu zahlende GewSt	– 4.158 €
= Festzusetzende Einkommensteuer	3.330 €

Im Ergebnis wird die Gewerbesteuer durch die Steuerermäßigung bei der Einkommensteuer regelmäßig nur bei Hebesätzen bis zu 380 % vollständig neutralisiert.

7.2.7.4 Begrenzung auf die Einkommensteuer, die auf die gewerblichen Einkünfte entfällt

Die Ermäßigung kann nur für den Teil der tariflichen Einkommensteuer beansprucht werden, der auf die im zu versteuernden Einkommen enthaltenen Einkünfte aus Gewerbebetrieb entfällt (**Ermäßigungshöchstbetrag**). Der Ermäßigungshöchstbetrag ergibt sich ab 2008 wie folgt (§ 35 Abs. 1 Sätze 2 – 4 EStG):

$$\text{Ermäßigungshöchstbetrag} = \frac{\text{Summe der positiven gewerblichen Einkünfte}}{\text{Summe aller positiven Einkünfte}} \cdot (\text{Tarifliche ESt} - \text{anzurechnende ausl. Steuern})$$

Abbildung B.28: Ermäßigungshöchstbetrag nach § 35 Abs. 1 Sätze 2 – 4 EStG

Dabei erfolgt für diese Berechnung weder ein interner Verlustausgleich innerhalb einer Einkunftsart noch ein externer Verlustausgleich mit anderen Einkunftsarten (gl.A. BMF-Schreiben vom 24.02.2009, Rz. 16; a.A. *R. Wacker*, in: L. Schmidt (2010), § 35, Rz. 12).

Beispiel B.193:

Es sei der Sachverhalt aus Beispiel B.188 aufgegriffen. Allerdings erzielt A nun zusätzlich positive Einkünfte aus Vermietung und Verpachtung aus einem weiteren Grundstück von 5.000 €.

Einkommensteuer

	Einkünfte aus Gewerbebetrieb	50.500 €
–	Verluste aus V+V Grundstück 1	– 27.500 €
+	positive Einkünfte aus V+V Grundstück 2	+ 5.000 €
–	Sonderausgaben	– 7.000 €
=	Zu versteuerndes Einkommen	21.000 €
→	ESt laut Grundtarif 2010	2.972 €
–	Steuerermäßigung nach § 35 EStG 910 € · 3,8 = 3.458 €, maximal die anteilig auf die gewerblichen Einkünfte entfallende tarifliche ESt: Anteil der positiven gewerblichen Einkünfte an der Summe aller positiven Einkünfte (50.500 / 55.500 =) 0,9099 Anteilige ESt: (2.972 · 0,9099 =)	– 2.704 €
=	Festzusetzende Einkommensteuer	268 €

7.2.7.5 Steuerermäßigung bei Mitunternehmerschaften

Im Fall von gewerblichen Mitunternehmerschaften werden die auf die einzelnen Mitunternehmer entfallenden Anteile am Gewerbesteuer-Messbetrag nach dem allgemeinen Gewinnverteilungsschlüssel ermittelt; Vorabgewinnanteile sind nicht zu berücksichtigen (§ 35 Abs. 2 Satz 2 EStG).

Beispiel B.194:

An der A&B OHG sind A zu 70 % und B zu 30 % beteiligt. Laut gesellschaftsvertraglicher Gewinnverteilungsabrede erhalten A und B vorab einen festen Betrag von je 10.000 €. Der Restgewinn wird im Verhältnis 70 : 30 verteilt.

Für die Aufteilung des Gewerbesteuermessbetrags ist der allgemeine Gewinnverteilungsschlüssel von 70 : 30 relevant. Die Vorabzuteilungen von je 10.000 € sind in diesem Zusammenhang ohne Bedeutung.

Beispiel B.195:

Der ledige Steuerpflichtige A erwirtschaftet im Rahmen seines Einzelunternehmens in 2010 einen Verlust i.H.v. 60.000 €. Zudem ist A zu 50 % an der A&B-OHG beteiligt. Der Gewinn der A&B-OHG in 2010 beträgt 150.500 €. Der Gewerbesteuer-Messbetrag beläuft sich auf ((150.500 – 24.500) · 3,5 % =) 4.410 €. Schließlich erzielt A in 2010 Einkünfte aus Vermietung und Verpachtung i.H.v. 20.000 €. Die Sonderausgaben betragen 8.000 €.

Einkommensteuer

	Einkünfte aus Gewerbebetrieb (Mitunternehmerschaft), 50 % von 150.500 €	75.250 €
+	Einkünfte aus Vermietung und Verpachtung	+ 20.000 €
=	Summe der positiven Einkünfte	95.250 €
–	Verluste aus Gewerbebetrieb (Einzelunternehmen)	– 60.000 €
=	Summe der Einkünfte	35.250 €
–	Sonderausgaben	– 8.000 €
=	Zu versteuerndes Einkommen	27.250 €
→	ESt laut Grundtarif 2010	4.775 €
–	Steuerermäßigung nach § 35 Abs. 1 Nr. 2 EStG 4.410 € · 50 % · 3,8 = 8.379 €, maximal die anteilig auf die gewerblichen Einkünfte entfallende tarifliche ESt: Anteil der positiven gewerblichen Einkünfte an der Summe aller positiven Einkünfte (75.250 / 95.250 =) 0,7900 Anteilige ESt: (4.775 · 0,7900 =)	– 3.772 €
=	Festzusetzende Einkommensteuer	1.003 €

> Der Verlust aus dem Einzelunternehmen und der Gewinn aus der Mitunternehmerschaft sind für die Berechnung der Steuerermäßigung nach § 35 EStG nicht miteinander zu verrechnen. Aus der Beteiligung an der Mitunternehmerschaft sind A aufgrund seiner Beteiligungshöhe 50 % des Gewinns und 50 % des Gewerbesteuer-Messbetrags zuzurechnen. Die Einkommensteuer mindert sich um die auf den Gewinn aus der Mitunternehmerschaft entfallende Einkommensteuer (3.772 €), da diese niedriger ist als der 3,8 -fache anteilige Gewerbesteuer-Messbetrag der Mitunternehmerschaft (8.379 €).

Zu doppelstöckigen oder mehrstöckigen Mitunternehmerschaften siehe Rz. 27 ff. des BMF-Schreibens vom 24.02.2009 (BStBl I 2009, S. 440).

7.2.7.6 Steuerermäßigung bei Organschaften

§ 35 EStG ist eine Begünstigungsvorschrift für gewerbliche Einzelunternehmen und Mitunternehmer von gewerblichen Personengesellschaften. Ist ein Einzelunternehmen oder eine gewerbliche Mitunternehmerschaft Organträger einer Organschaft im Sinne von §§ 14 ff. KStG sowie § 2 Abs. 2 Satz 2 GewStG, so ist der Gewerbeertrag der Organgesellschaft (Kapitalgesellschaft) dem Organträger zuzurechnen. Ebenso wird das nach dem KStG ermittelte Einkommen der Organgesellschaft unmittelbar dem Organträger zugerechnet und unterliegt bei diesem der Einkommensteuer.

Der Organträger ist zur Gewerbesteueranrechnung auch in Bezug auf den Steuermessbetrag berechtigt, der sich auf den von der Organgesellschaft erwirtschafteten Gewerbeertrag bezieht. Zur Berechnung des Ermäßigungsbetrags nach § 35 Abs. 1 EStG ist ebenfalls der gesamte Gewerbesteuer-Messbetrag der Organschaft zugrunde zu legen.

Auf die Voraussetzungen und die steuerliche Behandlung von körperschaftsteuerlichen und gewerbesteuerlichen Organschaften wird in den Abschnitten C.7.2 und D.6.2 ausführlich eingegangen.

7.3 Einkünfte aus selbständiger Arbeit

§ 18 Abs. 1 EStG zählt vier Arten von Tätigkeiten auf, die Einkünfte aus selbständiger Arbeit begründen können. Einkünfte aus selbständiger Arbeit sind danach

- Einkünfte aus **freiberuflicher Tätigkeit** (§ 18 Abs. 1 Nr. 1 EStG, Abschnitt B.7.3.1),
- Einkünfte der **Einnehmer einer staatlichen Lotterie**, wenn sie nicht Einkünfte aus Gewerbebetrieb sind (§ 18 Abs. 1 Nr. 2 EStG, Abschnitt B.7.3.2),
- Einkünfte aus **sonstiger selbständiger Arbeit**, insbesondere für Testamentsvollstreckung, Vermögensverwaltung und Aufsichtsratstätigkeit (§ 18 Abs. 1 Nr. 3 EStG, Abschnitt B.7.3.3),
- Einkünfte, die ein Beteiligter an bestimmten **Wagniskapital-Gesellschaften oder -Gemeinschaften** als Vergütung für Leistungen zur Förderung des Gesellschafts- oder Gemeinschaftszwecks erzielt, wenn die Vergütung unter der Voraussetzung gewährt wird, dass die Gesellschafter oder Gemeinschafter ihr eingezahltes Kapital zurückerhalten haben (§ 18 Abs. 1 Nr. 4 EStG, Abschnitt B.7.3.4).

Wie sich der Formulierung des § 18 Abs. 1 EStG („Einkünfte aus selbständiger Arbeit sind...“) entnehmen lässt, handelt es sich um eine **erschöpfende Aufzählung** der Einkünfte aus selbständiger Arbeit.

H 15.6 EStH „Allgemeines" stellt klar, dass die vier Positivmerkmale der gewerblichen Tätigkeit (Selbständigkeit, Nachhaltigkeit, Gewinnerzielungsabsicht und Teilnahme am allgemeinen wirtschaftlichen Verkehr) auch im Rahmen der Einkünfte aus selbständiger Arbeit erfüllt sein müssen (vgl. auch BFH-Urteil vom 14.03.1985, BStBl II 1985, S. 424). Zwar werden von den Einkünften aus selbständiger Arbeit gemäß § 18 Abs. 2 EStG ausdrücklich auch vorübergehende Tätigkeiten erfasst. Nach Auffassung des BFH ist allerdings auch unter einer vorübergehenden Tätigkeit eine Betätigung zu verstehen, die zwar zunächst nur einmal oder wenige Male ausgeübt wird, dies jedoch zumindest mit der Absicht, sie bei sich bietender Gelegenheit zu wiederholen (BFH-Urteil vom 10.09.2003, BStBl II 2004, S. 218).

Gemäß § 18 Abs. 4 Satz 2 EStG gelten die Vorschriften des § 15 Abs. 1 Nr. 2 EStG zu gewerblichen **Mitunternehmerschaften** sinngemäß auch für die Einkünfte aus selbständiger Arbeit. Sind an einem Unternehmen, das eine selbständige Tätigkeit i.S.d. § 18 Abs. 1 EStG ausübt, mehrere Personen beteiligt, so beziehen diese anteilig Einkünfte aus selbständiger Arbeit, sofern sie als Mitunternehmer des Betriebs anzusehen sind. Zur Mitunternehmerschaft vgl. Abschnitt B.7.2.2. Die Gesellschafter einer **Partnerschaftsgesellschaft**, die gemäß § 1 PartGG nur von Angehörigen freier Berufe i.S.d. § 18 Abs. 1 Nr. 1 EStG gebildet werden kann, sind regelmäßig als Mitunternehmer anzusehen. Auch Vergütungen, die der Mitunternehmer von der Mitunternehmerschaft für die Überlassung von Arbeitskraft, Darlehen oder anderen Wirtschaftsgütern erhält, sind als **Sondervergütungen** den Einkünften aus selbständiger Arbeit hinzuzurechnen.

Die der Mitunternehmerschaft zur Nutzung überlassenen Wirtschaftsgüter sind als Sonderbetriebsvermögen bei der Mitunternehmerschaft zu führen, d.h. durch Veräußerung oder Entnahme realisierte Wertsteigerungen dieser Wirtschaftsgüter werden ebenfalls von den Einkünften aus selbständiger Arbeit erfasst. Auf Grund des fehlenden Verweises in § 18 Abs. 4 EStG auf § 15 Abs. 3 EStG sind die Vorschriften zur **Abfärbung** und **Prägung** hingegen nicht sinngemäß bei den Einkünften aus selbständiger Arbeit anzuwenden.

Ebenso anzuwenden sind gemäß § 18 Abs. 4 Satz 2 EStG die Verlustausgleichsbeschränkungen der §§ 15a und 15b EStG (siehe Abschnitte B.10.1.4 und B.10.1.5) sowie die Vorschriften zur Betriebsveräußerung und Betriebsaufgabe nach § 16 EStG (§ 18 Abs. 3 EStG; siehe Abschnitt B.5.3.3.1).

7.3.1 Freiberufliche Tätigkeiten

Freiberufliche Tätigkeiten sind gemäß § 18 Abs. 1 Nr. 1 EStG

- die selbständig ausgeübte wissenschaftliche, künstlerische, schriftstellerische, unterrichtende oder erzieherische Tätigkeit,
- die in § 18 Abs. 1 Nr. 1 Satz 2 EStG aufgezählten selbständig ausgeübten „**Katalogberufe**" (Ärzte, Zahnärzte, Tierärzte, Rechtsanwälte, Notare, Patentanwälte, Vermessungsingenieure, Ingenieure, Architekten, Handelschemiker, Wirtschaftsprüfer, Steuerberater, beratende Volks- und Betriebswirte, vereidigte Buchprüfer, Steuerbevollmächtigte, Heilpraktiker, Dentisten, Krankengymnasten, Journalisten, Bildberichterstatter, Dolmetscher, Übersetzer und Lotsen) und
- den Katalogberufen ähnliche Berufe.

Den genannten freiberuflichen Tätigkeiten ist in Abgrenzung zur gewerblichen Tätigkeit gemein, dass die Tätigkeiten in starkem Maße auf der Ausbildung und dem Können des

Steuerpflichtigen beruhen. Der Freiberufler setzt zwar auch Kapital ein. Der Einsatz von Kapital tritt jedoch gegenüber dem insbesondere geistigen Arbeitseinsatz in den Hintergrund.

Gemäß § 18 Abs. 1 Nr. 1 Sätze 3, 4 EStG muss der Freiberufler (zusätzlich zu den vier Positivmerkmalen des § 15 Abs. 2 EStG) **leitend und eigenverantwortlich** tätig sein. Er darf Hilfskräfte beschäftigen und sich bei Abwesenheit vertreten lassen. Er muss jedoch das gesamte Spektrum der berufstypischen Arbeiten noch selbst erledigen.

Ist für die Ausübung eines der Katalogberufe eine gesetzliche Berufsausbildung vorgeschrieben, so ist diese für das Vorliegen von Einkünften aus selbständiger Arbeit erforderlich (H 15.6 EStH „Allgemeines"; BFH-Urteil vom 01.10.1986, BStBl II 1987, S. 116).

In der steuerlichen Praxis von besonderer Bedeutung ist die Frage, ob es sich bei einer Tätigkeit um eine den Katalogberufen **ähnliche** Tätigkeit handelt. Für die Qualifikation als ähnlicher Beruf i.S.d. § 18 Abs. 1 Nr. 1 EStG ist das gesamte Berufsbild zu betrachten. Es reicht jedoch nicht aus, den freiberuflichen Tätigkeiten insgesamt ähnlich zu sein (keine Gruppenähnlichkeit). Es muss vielmehr ein spezieller Katalogberuf gefunden werden, der mit allen Merkmalen dem Gesamtbild der zu beurteilenden Tätigkeit vergleichbar ist (BFH-Urteile vom 19.09.2002, BStBl II 2003, S. 27; vom 12.10.1989, BStBl II 1990, S. 64). Zu Beispielen für freie Berufe vgl. H 15.6 EStH „Abgrenzung selbständige Arbeit / Gewerbebetrieb".

Beispielhaft soll auf die „Ähnlichkeit" mit einem beratenden Betriebswirt eingegangen werden. Hierzu hat der BFH in seinem Urteil vom 19.09.2002 (BStBl II 2003, S. 27) Stellung genommen. Den Beruf eines beratenden Betriebswirts im Sinne des § 18 Abs. 1 Nr. 1 EStG übt danach derjenige aus, der nach einem entsprechenden Studium oder vergleichbaren Selbststudium, verbunden mit praktischer Erfahrung, mit den hauptsächlichen Bereichen der Betriebswirtschaft (Unternehmensführung, Leistungserstellung, Materialwirtschaft, Finanzierung, Vertrieb, Verwaltung, Rechnungswesen, Personalwesen) und nicht nur mit einzelnen Spezialgebieten vertraut ist und diese fachliche Breite seines Wissens auch bei seinen praktischen Tätigkeiten einsetzt.

Beispiel B.196:

a) Ein Professor, der einen Aufsatz für eine betriebswirtschaftliche Fachzeitschrift schreibt und hierfür ein Honorar erhält, ist wissenschaftlich (und schriftstellerisch) tätig. Selbst bei einer nur einmaligen Veröffentlichung kann Wiederholungsabsicht unterstellt werden, da die fachschriftstellerische Tätigkeit eines Professors eine typische Nebentätigkeit ist.

b) Ein Ingenieur, der in einem Hoch- und Tiefbauunternehmen angestellt ist, bezieht Einkünfte aus nichtselbständiger Tätigkeit nach § 19 EStG. Zwar ist der Beruf des Ingenieurs in dem Katalog des § 18 Abs. 1 Nr. 1 EStG aufgezählt, hier fehlt es jedoch an der Selbständigkeit.

c) Ein selbständiger EDV-Berater übt keine ingenieurähnliche Tätigkeit aus, es sei denn er betreibt die Entwicklung qualifizierter Software durch eine klassische ingenieurmäßige Vorgehensweise (Planung, Konstruktion, Überwachung), BFH-Urteil vom 04.05.2004, BStBl II 2004, S. 989).

7.3.2 Einnehmer einer staatlichen Lotterie

Gemäß § 18 Abs. 1 Nr. 2 EStG beziehen die Einnehmer einer staatlichen Lotterie Einkünfte aus selbständiger Arbeit, sofern ihre Tätigkeit nach Art und Umfang nicht als Gewerbebetrieb aufzufassen ist. Gewerbliche Einkünfte liegen vor, wenn der Lotterieeinnehmer zum Absatz der Lose einen in kaufmännischer Weise eingerichteten Geschäftsbetrieb unterhält oder die Lose im Rahmen eines anderen, von ihm geführten Gewerbebetriebs absetzt (vgl. *R. Wacker*, in: L. Schmidt (2010), § 18, Rz. 135). So begründen Lottoannahmestellen, die in Tabakwarengeschäfte integriert sind, stets gewerbliche Einkünfte.

7.3.3 Sonstige selbständige Arbeit

§ 18 Abs. 1 Nr. 3 EStG nennt als Einkünfte aus sonstiger selbständiger Arbeit Vergütungen für die Vollstreckung von Testamenten, für die Verwaltung von Vermögen sowie für die Tätigkeit als Aufsichtsratsmitglied. Neben diesen ausdrücklich genannten Tätigkeiten kommen auch solche in Frage, die den genannten nach ihrem Gesamtbild ähnlich sind, z.B. die Tätigkeiten als Insolvenzverwalter, Nachlasspfleger, Hausverwalter oder Verwaltungsratsmitglied (vgl. BFH-Urteil vom 28.08.2003, BStBl II 2004, S. 112).

Charakteristikum der sonstigen selbständigen Arbeit ist, wie im Falle der freiberuflichen Tätigkeit, dass der Steuerpflichtige seine persönliche Arbeitsleistung einbringt und der Einsatz von Kapital im Vergleich zur persönlichen Arbeitsleistung in den Hintergrund tritt. Nach der von der Rechtsprechung entwickelten **Vervielfältigungstheorie** ist die Grenze zum Gewerbebetrieb zudem dann überschritten, wenn sich der Steuerpflichtige der Mitarbeit von mehr als einem qualifizierten Mitarbeiter bedient (BFH-Urteil vom 12.12.2001, BStBl II 2002, S. 202; H 15.6 EStH „Sonstige selbständige Arbeit").

7.3.4 Wagniskapital-Gesellschaften

Die Vorschrift des § 18 Abs. 1 Nr. 4 EStG bezieht sich auf sog. **Venture Capital Fonds** bzw. **Private Equity Fonds**. In solchen Fonds, die meist von einem oder mehreren Initiatoren gegründet werden, schließen sich Kapitalanleger insbesondere zum Zweck der Beteiligung an nicht börsennotierten Kapitalgesellschaften mit Finanzierungsbedarf zusammen. Gehalten werden insbesondere Anteile an jungen, wachstumsstarken Unternehmen oder an Unternehmen mit Umstrukturierungsbedarf. Ziel ist es, die Unternehmen innerhalb kurzer Zeit (regelmäßig nicht mehr als 3-5 Jahre) börsenfähig zu machen und das Engagement durch gewinnbringende Veräußerung der Anteile wieder zu beenden.

Solche Fonds werden beispielsweise in der Rechtsform einer KG betrieben, an der neben einer Komplementär-GmbH private und institutionelle Anleger sowie in geringem Umfang die Initiatoren beteiligt sind. Die Initiatoren sind entsprechend ihrem Kapitalanteil an den laufenden Ergebnissen des Fonds beteiligt. Zusätzlich erhalten sie regelmäßig eine Vergütung für ihre Anlageentscheidungen von z.B. 20 % der Gewinne des Fonds, die erst nach der Ausschüttung der Gewinne an die übrigen Gesellschafter ausgezahlt wird (sog. **Carried Interest**).

Ertragsteuerlich ist insbesondere von Interesse, ob der Fonds gewerbliche oder private Einkünfte erzielt und wie der Carried Interest zu beurteilen ist.

Einkünfte des Fonds

Die Tätigkeit des Fonds begründet eine private Vermögensverwaltung, wenn sich die Betätigung noch als Nutzung von Vermögen im Sinne einer Fruchtziehung aus Substanzwerten darstellt und die Ausnutzung substanzieller Vermögenswerte durch Umschichtung nicht entscheidend in den Vordergrund tritt. Das BMF hat mit Schreiben vom 16.12.2003 (BStBl I 2004, S. 40) Kriterien formuliert, nach denen zu prüfen ist, ob noch eine private Tätigkeit oder bereits eine gewerbliche Tätigkeit vorliegt. Für einen gewerblichen Wertpapierhandel können danach im Rahmen einer Gesamtbetrachtung sprechen:

- Einsatz von Bankkrediten statt Anlage von Eigenkapital,
- Unterhaltung eines Büros oder einer Organisation zur Durchführung von Geschäften,
- Ausnutzung eines Marktes unter Einsatz beruflicher Erfahrungen,
- Anbieten von Wertpapiergeschäften einer breiten Öffentlichkeit gegenüber oder Wertpapiergeschäfte auch auf Rechnung Dritter,
- eigenes unternehmerisches Tätigwerden in den Portfolio-Gesellschaften.

Die Annahme einer vermögensverwaltenden Tätigkeit kann sich auch aus § 19 Wagniskapitalbeteiligungsgesetz (WKBG) ergeben, wonach Wagniskapitalbeteiligungsgesellschaften in der Rechtsform einer Personengesellschaft stets als vermögensverwaltend gelten, wenn sie ausschließlich Anteile an Kapitalgesellschaften halten und bestimmte weitere Voraussetzungen erfüllen. So dürfen nur Kapitalgesellschaften erworben werden, die ein Eigenkapital von nicht mehr als 20 Mio. € aufweisen und deren Gründung nicht länger als zehn Jahre zurück liegt (§ 2 Abs. 3 WKBG).

Ist der Fonds nach den genannten Kriterien vermögensverwaltend tätig, so unterliegen die Einkünfte bei den Anlegern als Einkünfte aus Kapitalvermögen grundsätzlich der Abgeltungsteuer von 25 %. Bei einer Beteiligung von mindestens 1 % ist davon abweichend § 17 EStG anzuwenden, so dass die Besteuerung nach dem Teileinkünfteverfahren (siehe Abschnitt B.7.2.5) erfolgt. Liegen die Voraussetzungen des WKBG vor, so wird ein gegenüber § 17 Abs. 3 EStG erhöhter Freibetrag gewährt (§ 20 WKBG).

Carried Interest

Der Carried Interest („Gewinnvorzug"), d.h. die Vergütung an die Investoren für Leistungen zur Förderung des Gesellschafts- oder Gemeinschaftszweckes, ist als Einkünfte aus selbständiger Arbeit zu behandeln, wenn die Voraussetzungen des § 18 Abs. 1 Nr. 4 EStG erfüllt sind:

- Der Fonds muss als **vermögensverwaltende** Personengesellschaft oder (Bruchteils-) Gemeinschaft ausgestaltet sein. Ob es sich bei der Tätigkeit um eine Vermögensverwaltung handelt, ist nach den oben genannten Kriterien zu prüfen.
- Zweck des Fonds muss in dem **Erwerb, Halten und in der Veräußerung** von Anteilen an **Kapitalgesellschaften** bestehen.
- Der Bezieher des Carried Interest muss an dem Fonds **kapitalmäßig beteiligt** sein (keine Mindestbeteiligungsquote).
- Der Anspruch auf die Vergütung (Carried Interest) muss unter der Voraussetzung eingeräumt worden sein, dass die Gesellschafter oder Gemeinschafter ihr eingezahltes Kapital **vollständig zurückerhalten** haben.

- Der Fonds darf **nicht** nach der **Abfärbe- oder Geprägetheorie** (siehe Abschnitt B.7.2.4) als gewerblich zu beurteilen sein.

Begründet der Carried Interest Einkünfte aus selbständiger Arbeit nach § 18 Abs. 1 Nr. 4 EStG, so ist das Teileinkünfteverfahren anzuwenden (§ 3 Nr. 40a EStG), d.h. der Carried Interest ist zu 40 % steuerfrei.

7.3.5 Abgrenzung zum Gewerbebetrieb

Die Abgrenzung zwischen Einkünften aus selbständiger Arbeit und Einkünften aus Gewerbebetrieb hat zum einen Bedeutung für die Buchführungspflicht und Gewinnermittlungsmethode. Selbständige im Sinne des § 18 EStG sind weder handelsrechtlich noch nach § 141 AO buchführungspflichtig und können ihren Gewinn daher durch Einnahmen-Überschuss-Rechnung nach § 4 Abs. 3 EStG ermitteln. Nur bei einer freiwilligen Führung von Büchern ist der Betriebsvermögensvergleich nach § 4 Abs. 1 EStG anzuwenden.

Von ungleich größerer Bedeutung ist die Abgrenzung zwischen Einkünften aus selbständiger Arbeit und Einkünften aus Gewerbebetrieb jedoch für die Gewerbesteuerpflicht. Nach § 2 Abs. 1 Satz 2 GewStG knüpft die Gewerbesteuerpflicht an den einkommensteuerlichen Begriff des Gewerbebetriebs an. Nahezu alle Prozesse über Abgrenzungsfragen wurden, ähnlich wie bei der Abgrenzung zwischen Vermögensverwaltung und Gewerbebetrieb, wegen der Gewerbesteuerpflicht geführt.

Abgrenzungsfragen entstehen insbesondere im Hinblick auf Berufe, bei denen zweifelhaft ist, ob sie einem Katalogberuf des § 18 Abs. 1 Nr. 1 EStG oder einer der in § 18 Abs. 1 Nr. 3 EStG genannten Tätigkeiten ähnlich sind. Insoweit kann auf die Ausführungen in den vorhergehenden Abschnitten verwiesen werden.

Durch die Einführung des § 35 EStG (siehe Abschnitt B.7.2.7) dürfte sich diese Problematik allerdings entschärft haben, da die Gewerbesteuer dadurch ihre belastende Wirkung weitgehend verloren hat.

7.4 Einkünfte aus nichtselbständiger Arbeit

7.4.1 Arbeitnehmer

Die Einkünfte aus nichtselbständiger Arbeit sind die Einkünfte der Arbeitnehmer. § 1 Abs. 1 LStDV entwirft einen eigenständigen steuerlichen Arbeitnehmerbegriff, der nicht mit dem arbeits- oder sozialrechtlichen Arbeitnehmerbegriff identisch ist (BFH-Urteile vom 02.12.1998, BStBl II 1999, S. 534; vom 08.05.2008, BStBl II 2008, S. 868). Arbeitnehmer im steuerlichen Sinne sind danach

- Personen, die im öffentlichen oder privaten Dienst beschäftigt sind oder waren und aus diesem gegenwärtigen oder früheren Dienstverhältnis Arbeitslohn beziehen, sowie
- Rechtsnachfolger dieser Personen, soweit sie Arbeitslohn aus dem früheren Dienstverhältnis ihres Rechtsvorgängers beziehen.

Merkmale eines Dienstverhältnisses im Gegensatz zu einer selbständigen Tätigkeit sind das Schulden der Arbeitskraft statt einer bestimmten Leistung (z.B. einen Arbeitserfolg wie bei einem Werkvertrag) (§ 1 Abs. 2 LStDV, BFH-Urteil vom 23.10.1992, BStBl II 1993, S. 303), die Weisungsgebundenheit gegenüber dem Arbeitgeber im Hinblick auf Art, Ort und Zeit der Tätigkeit sowie das Fehlen eines Unternehmerrisikos (BFH-Urteil vom 18.01.1991, BStBl II 1991, S. 409). Zu weiteren Merkmalen vgl. H 19.2 LStH. Im Zweifelsfall ist nach dem Gesamtbild der Tätigkeit zu entscheiden, ob die Merkmale eines Dienstverhältnisses oder einer selbständigen Tätigkeit dominieren (BFH-Urteil vom 20.02.1979, BStBl II 1979, S. 414; R 15.1 EStR). Ein großes Maß an Selbständigkeit schließt die Arbeitnehmertätigkeit im steuerlichen Sinne nicht aus, sofern die Selbständigkeit nicht aus eigener Machtvollkommenheit, sondern aus dem Willen des Arbeitgebers resultiert (z.B. Geschäftsführer einer GmbH, Universitätsprofessor). Der Dienstverpflichtete kann nur eine natürliche Person sein. Auf Alter und Geschäftsfähigkeit kommt es nicht an. Arbeitnehmerähnliche Selbständige im Sinne des § 2 Satz 1 Nr. 9 SGB VI sind steuerlich regelmäßig selbständig tätig (R 15.1 Abs. 3 EStR).

7.4.2 Einnahmen

Einnahmen aus unselbständiger Arbeit i.S.d. § 19 Abs. 1 EStG sind alle **einmaligen oder laufenden Barzahlungen oder Sachleistungen**, die einem Arbeitnehmer oder seinem Rechtsnachfolger (z.B. Erben) im Zusammenhang mit einem bestehenden oder früheren Dienstverhältnis zufließen. Einnahmen sind durch das Dienstverhältnis veranlasst, wenn sie im weitesten Sinne als Gegenleistung für die Arbeitskraft des Arbeitnehmers angesehen werden können. Als Arbeitslohn kommen u.a. in Betracht:

- Löhne und Gehälter von Arbeitern, Angestellten und Beamten,
- Beamtenpensionen (BFH-Urteil vom 19.04.1985, BStBl II 1985, S. 465) sowie Pensionen an Witwen und Waisen von Beamten (§ 19 Abs. 1 Satz 1 Nr. 2 EStG),
- Betriebsrenten (BFH-Beschluss vom 04.07.2005, BFH/NV 2005, S. 1998),
- einmalige Zahlungen wie Weihnachtsgeld und Urlaubsgeld, 13. und 14. Monatsgehälter,
- gewinnabhängige Bezüge (Tantiemen, Boni), sofern die Merkmale eines Dienstverhältnisses noch überwiegen,
- Personalrabatte und andere geldwerte Vorteile, z.B. die freie oder verbilligte Nutzung von Fahrzeugen oder Wohnungen,
- Prämien für Verbesserungsvorschläge,
- Gewährung von Belegschaftsaktien oder Aktienoptionen,
- Abfindungen.

Ohne Bedeutung ist, ob die mit dem Dienstverhältnis im Zusammenhang stehende Entlohnung vom Arbeitgeber oder einer dritten Person erfolgt. Trinkgelder, d.h. freiwillige Leistungen Dritter, sind allerdings nach § 3 Nr. 51 EStG ausdrücklich steuerfrei.

Einnahmen, die nicht in Geld bestehen (**geldwerte Vorteile**), sind nach § 8 Abs. 2 Satz 1 EStG grundsätzlich mit den um übliche Preisnachlässe geminderten üblichen Endpreisen am Abgabeort zu bewerten. Zu Ausnahmen von diesem Grundsatz siehe ausführlich Abschnitt B.6.1.

Wenn Bezüge aus einer sonstigen, nicht auf dem Dienstverhältnis beruhenden Beziehung zwischen Arbeitgeber und Arbeitnehmer resultieren (Beispiel: ein Arbeitnehmer vermietet ein privates Grundstück an seinen Arbeitgeber und erhält dafür Mietzinsen), so liegen grundsätzlich keine Einnahmen aus nichtselbständiger Tätigkeit vor.

Eine Reihe von Einnahmen aus der Arbeitnehmertätigkeit ist durch verschiedene Vorschriften ausdrücklich steuerbefreit:

- **Aufmerksamkeiten**

  Steuerfrei sind Sachzuwendungen, die als bloße Aufmerksamkeiten gewährt werden, wenn diese üblich und von geringem Wert sind. Sachzuwendungen in diesem Sinne können z.B. sein

  - ein Blumenstrauß, ein Tonträger oder ein Buch zum Geburtstag, Dienstjubiläum, Geburt eines Kindes o.ä.,
  - Getränke und Genussmittel, die der Arbeitgeber dem Arbeitnehmer zum Verzehr im Betrieb unentgeltlich oder teilentgeltlich überlässt (R 19.6 Abs. 2 Satz 1 LStR) sowie
  - Speisen, die der Arbeitgeber dem Arbeitnehmer anlässlich und während eines außergewöhnlichen Arbeitseinsatzes (beispielsweise während einer außergewöhnlichen betrieblichen Besprechung) unentgeltlich oder teilentgeltlich überlässt (R 19.6 Abs. 2 Satz 2 LStR).

  Nach R 19.6 LStR sind solche Sachzuwendungen bis zu einem Wert von 40 € steuerfrei. Dabei ist der Wert von 40 € als Freigrenze, nicht als Freibetrag zu verstehen, d.h. Sachzuwendungen im Wert von beispielsweise 50 € gehören in voller Höhe zum Arbeitslohn. Geldzuwendungen sind hingegen auch bei Unterschreiten der Grenze von 40 € stets steuerpflichtig (R 19.6 Abs. 1 Satz 3 LStR).

- **Eigenbetriebliches Interesse des Arbeitgebers**

  Steuerfrei sind Zuwendungen, die in ganz überwiegend eigenbetrieblichem Interesse des Arbeitgebers liegen, z.B. betriebliche Fortbildungsleistungen (R 19.7 LStR), Zuwendungen im Rahmen von Betriebsveranstaltungen bis zu 110 € je Veranstaltung (R 19.5 LStR), Bereitstellung von Aufenthalts- und Erholungsräumen.

- **Erstattungen des Arbeitgebers**

  Steuerfrei sind Erstattungen des Arbeitgebers für Reisekosten, Umzugskosten und Mehraufwendungen bei beruflich bedingter doppelter Haushaltsführung (§ 3 Nrn. 13, 16 EStG).

- **Trinkgelder** (§ 3 Nr. 51 EStG)

- **Vermögensbeteiligungen**

  Bei Überlassung einer Vermögensbeteiligung (z.B. Belegschaftsaktien) vor dem 01.01.2016 auf Grund einer am 31.03.2009 bestehenden Vereinbarung ist die Überlassung bis zum halben Wert der Vermögensbeteiligung, maximal jedoch 135 € im Kalenderjahr, steuerfrei (§ 19a i.V.m. § 52 Abs. 35 EStG).

- **Zukunftssicherungsleistungen**

  Zu den steuerfreien Zukunftssicherungsleistungen nach § 3 Nr. 62 EStG zählen die Arbeit**geber**beiträge zu den gesetzlichen Sozialversicherungen sowie freiwillige Leistungen des Arbeitgebers für entsprechende Zwecke.

- **Pensionskasse, Pensionsfonds, Direktversicherung**

  Steuerfrei sind bestimmte Beiträge des Arbeitgebers an einen Pensionsfonds, eine Pensionskasse oder für eine Direktversicherung (§ 3 Nrn. 56, 63 EStG).

- **Zuschläge für Nacht-, Sonntags- und Feiertagsarbeit**

  Zuschläge, die für Nacht-, Sonntags- und Feiertagsarbeit gezahlt werden, sind gemäß § 3b EStG steuerfrei bis zu

  - 25 % des Grundlohns bei Nachtarbeit (20 Uhr bis 6 Uhr),
  - 50 % des Grundlohns bei Sonntagsarbeit,
  - 125 % des Grundlohns für Arbeit am 31. Dezember ab 14 Uhr und an gesetzlichen Feiertagen,
  - 150 % des Grundlohns für Arbeit am 24. Dezember ab 14 Uhr, am 25. und 26. Dezember und am 1. Mai.

  Wird die Nachtarbeit vor 0 Uhr aufgenommen, erhöht sich der Zuschlagssatz für die Zeit von 0 Uhr bis 4 Uhr auf 40 %. Als Sonntags- oder Feiertagsarbeit gilt auch die Zeit von 0 Uhr bis 4 Uhr des auf den Sonntag oder Feiertag folgenden Tages (§ 3b Abs. 3 EStG).

Beispiel B.197:

Ein Schichtarbeiter erhält einen Grundlohn von 16 € je Stunde. Für eine Nachtschicht in der Zeit von 20 Uhr bis 6 Uhr (kein Sonn- oder Feiertag) erhält er einen Zuschlag von 5 € je Stunde.

Grundlohn	20 – 6 Uhr:	10 h · 16 €/h =	160 €	steuerpflichtig
Zuschlag	20 – 0 Uhr:	4 h · 4 €/h =	16 €	steuerfrei
		4 h · 1 €/h =	4 €	steuerpflichtig
	0 – 4 Uhr:	4 h · 5 €/h =	20 €	steuerfrei
	4 – 6 Uhr:	2 h · 4 €/h =	8 €	steuerfrei
		2 h · 1 €/h =	2 €	steuerpflichtig

Von dem Gesamtlohn von 210 € sind somit 166 € steuerpflichtig und 44 € steuerfrei.

Einnahmen sind nach dem **Zuflussprinzip** des § 11 Abs. 1 EStG anzusetzen. Zum Zuflussprinzip sowie Ausnahmen vom Zuflussprinzip siehe Abschnitt B.6.4.

7.4.3 Werbungskosten

Zu den Werbungskosten aus nichtselbständiger Tätigkeit gehören sämtliche Aufwendungen, die durch den Beruf veranlasst sind, d.h. die in einem wirtschaftlichen Zusammenhang mit der auf Einkünfteerzielungsabsicht gerichteten Tätigkeit des Arbeitnehmers stehen (BFH-Urteil vom 25.05.1992, BStBl II 1993, S. 44). Zum Begriff der Werbungskosten siehe ausführlich Abschnitt B.6.2.

Als Werbungskosten für Arbeitnehmer kommen insbesondere in Frage:

- **Beiträge zu Berufsverbänden**, insbesondere Beiträge zu Gewerkschaften, zum Beamtenbund oder zum Richterbund (§ 9 Abs. 1 Satz 3 Nr. 3 EStG),
- **Aufwendungen für Fahrten zwischen Wohnung und Arbeitsstätte** (§ 9 Abs. 1 Satz 3 Nr. 4 EStG), siehe Abschnitt B.6.2,

- Mehraufwendungen wegen einer aus beruflichem Anlass begründeten **doppelten Haushaltsführung** einschließlich Familienheimfahrten (§ 9 Abs. 1 Satz 3 Nr. 5 EStG),
- Aufwendungen für **Arbeitsmittel**, z.B. Werkzeuge und typische Berufskleidung (§ 9 Abs. 1 Satz 3 Nr. 6 EStG),
- Kosten eines **beruflich veranlassten Umzugs**, z.B. Fahrtkosten, Transportkosten, doppelte Miete und Maklerkosten (gefordert wird eine Wegezeitersparnis von einer Stunde täglich, damit von einem beruflich veranlassten Umzug auszugehen ist, siehe BFH-Urteil vom 22.11.1991, BStBl II 1992, S. 494; R 9.9 LStR; H 9.9 LStH),
- Aufwendungen für ein **häusliches Arbeitszimmer** (§ 9 Abs. 5 i.V.m. § 4 Abs. 5 Satz 1 Nr. 6b EStG),
- **Fortbildungskosten** (zur Abgrenzung zwischen Fortbildungskosten, die als Werbungskosten im Rahmen der Einkünfte aus nichtselbständiger Arbeit abgezogen werden können, und Ausbildungskosten, die als Sonderausgaben nur unter Beachtung der Grenzen des § 10 Abs. 1 Nr. 7 EStG abzugsfähig sind, siehe Abschnitt B.8.3.7).

Gemäß § 9 Abs. 5 EStG gelten die originär für die Gewinneinkunftsarten definierten **Abzugsbegrenzungen** des § 4 Abs. 5 Satz 1 Nrn. 1 – 5, 6b – 8a, 10, 12 und Abs. 6 EStG auch im Rahmen der Überschusseinkunftsarten. Vgl. hierzu die Ausführungen in Abschnitt B.5.5. Insbesondere die Begrenzungen für Verpflegungsmehraufwendungen (§ 4 Abs. 5 Satz 1 Nr. 5 EStG), Aufwendungen für ein häusliches Arbeitszimmer (§ 4 Abs. 5 Satz 1 Nr. 6b EStG), unangemessene Aufwendungen (§ 4 Abs. 5 Satz 1 Nr. 7 EStG) sowie Geldbußen, Ordnungs- und Verwarnungsgelder (§ 4 Abs. 5 Satz 1 Nr. 8 EStG) können auch im Rahmen der Einkünfte aus nichtselbständiger Tätigkeit von Bedeutung sein.

§ 9a Satz 1 Nr. 1 Buchst. a EStG gewährt für die Einkünfte aus nichtselbständiger Arbeit einen **Werbungskosten-Pauschbetrag** i.H.v. 920 €. Vgl. hierzu ausführlich Abschnitt B.6.3. Der Gesetzentwurf für ein Steuervereinfachungsgesetz 2011 vom 02.02.2011 sieht eine Erhöhung des Pauschbetrags von 920 € auf 1.000 € entweder ab dem VZ 2011 oder dem VZ 2012 vor.

Für Versorgungsbezüge (siehe den nachfolgenden Abschnitt) wird nur ein reduzierter Werbungskosten-Pauschbetrag von 102 € gewährt (§ 9a Satz 1 Nr. 1 Buchst. b EStG).

Werbungskosten sind nach dem Abflussprinzip des § 11 Abs. 2 EStG anzusetzen. Zum Abflussprinzip sowie Ausnahmen vom Abflussprinzip siehe Abschnitt B.6.4.

7.4.4 Versorgungsfreibetrag

Versorgungsbezüge werden gemäß § 19 Abs. 2 EStG durch einen **Versorgungsfreibetrag** sowie einen **Zuschlag zum Versorgungsfreibetrag** entlastet. Beide Beträge werden in den Jahren 2005 bis 2040 im Zuge der Angleichung der Rentenbesteuerung und der Besteuerung von Beamtenpensionen schrittweise abgebaut. Der Versorgungsfreibetrag wird nach den Verhältnissen im Jahr des Versorgungsbeginns ermittelt und bleibt grundsätzlich während der gesamten Bezugsdauer unverändert (Kohorten-Prinzip).

Der **Versorgungsfreibetrag** ist ein bestimmter Prozentsatz der Versorgungsbezüge. Bei Versorgungsbeginn in 2005 oder früher sind 40 % der in den Einkünften aus nichtselbständiger Arbeit enthaltenen Versorgungsbezüge (vor Abzug der Werbungskosten) steuerfrei. Mit dem **Zuschlag zum Versorgungsfreibetrag** wird der Versorgungsfreibetrag zudem um eine einkommensunabhängige Komponente ergänzt.

Versorgungsbezüge sind

- Bezüge aus früheren Dienstleistungen, die als Ruhegehalt, Witwen- und Waisengeld oder Ähnliches auf Grund beamtenrechtlicher oder entsprechender Vorschriften gewährt werden sowie
- Bezüge aus früheren Dienstleistungen, die wegen Erreichens einer Altersgrenze (mindestens 63 Jahre bzw. 60 Jahre im Falle von Schwerbehinderten), verminderter Erwerbsfähigkeit oder als Hinterbliebenenbezüge gewährt werden.

Beispiele für Versorgungsbezüge sind Beamtenpensionen, Bezüge der Beamten im einstweiligen Ruhestand, Pensionen an Witwen und Waisen von Beamten sowie Betriebsrenten von privaten Arbeitgebern. Weitere Beispiele finden sich in R 19.8 LStR. Hingegen werden die Leistungen aus gesetzlichen oder privaten Rentenversicherungen nicht erfasst, da es sich nicht um Bezüge aus früheren Dienstleistungen handelt, die zu Einkünften aus nichtselbständiger Arbeit führen. Rentenversicherungsleistungen stellen vielmehr Sonstige Einkünfte i.S.d. § 22 Nr. 1 EStG dar.

Bei Versorgungsbeginn in den Jahren bis 2011 ermitteln sich der Versorgungsfreibetrag und der Zuschlag zum Versorgungsfreibetrag wie folgt:

Jahr des Versorgungsbeginns	Versorgungsfreibetrag		Zuschlag zum Versorgungs-freibetrag
	in % der Versorgungsbezüge	Höchstbetrag	
bis 2005	40,0 %	3.000 €	900 €
2006	38,4 %	2.880 €	864 €
2007	36,8 %	2.760 €	828 €
2008	35,2 %	2.640 €	792 €
2009	33,6 %	2.520 €	756 €
2010	32,0 %	2.400 €	720 €
2011	30,4 %	2.280 €	684 €

Tabelle B.29: Versorgungsfreibetrag und Zuschlag zum Versorgungsfreibetrag

In den Folgejahren reduzieren sich die Beträge schrittweise weiter. Erst bei Versorgungsbeginn ab dem Jahr 2040 wird ein Versorgungsfreibetrag nicht mehr gewährt.

Zum Versorgungsfreibetrag vgl. auch das BMF-Schreiben vom 30.01.2008, BStBl. I 2008, S. 390, Rz. 68–87.

Beispiel B.198:

Ein Beamter wird zum 01.01.2011 pensioniert. In 2011 erhält er Versorgungsbezüge von monatlich 2.500 €. Werbungskosten werden nicht nachgewiesen. Die Einkünfte aus nichtselbständiger Arbeit ermitteln sich wie folgt:

Versorgungsbezüge	30.000 €
– Versorgungsfreibetrag, 30,4 % von 30.000 €, max. 2.280 €	– 2.280 €
– Zuschlag zum Versorgungsfreibetrag	– 684 €

– Werbungskosten-Pauschbetrag, § 9a Nr. 1b) EStG	– 102 €
Einkünfte aus nichtselbständiger Arbeit	26.934 €

7.4.5 Lohnsteuer

Die Lohnsteuer ist die regelmäßige Erhebungsform der Einkünfte aus nichtselbständiger Arbeit. Das Lohnsteuerabzugsverfahren stellt eine vereinfachte Berechnung der Einkommensteuer für Arbeitnehmer dar.

Lohnsteuer wird nach § 38 Abs. 1 EStG erhoben, wenn

- der Arbeitgeber Wohnsitz (§ 8 AO), gewöhnlichen Aufenthalt (§ 9 AO), Geschäftsleitung (§ 10 AO), Sitz (§ 11 AO), eine Betriebsstätte (§ 12 AO) oder einen ständigen Vertreter (§ 13 AO) im Inland hat oder
- als ausländischer Verleiher einem Dritten Arbeitnehmer zur Arbeitsleistung im Inland überlässt.

Der Arbeitnehmer hat seinem Arbeitgeber eine von seiner Wohnsitzgemeinde ausgestellte Lohnsteuerkarte vorzulegen, in die gemäß § 39 Abs. 3 EStG seine persönlichen Verhältnisse wie Zahl der Kinderfreibeträge, Zugehörigkeit zu einer Religionsgemeinschaft sowie die den Familienstand dokumentierende Lohnsteuerklasse (§ 38b EStG) einzutragen sind. Darüber hinaus kann gemäß § 39a Abs. 1 EStG ein Freibetrag eingetragen werden, der Werbungskosten, Sonderausgaben, außergewöhnliche Belastungen und bestimmte weitere Positionen repräsentiert.

Eine Lohnsteuerkarte wird letztmalig für das Kalenderjahr 2010 ausgestellt (§ 39 Abs. 1 Satz 1 EStG) und gilt auch für 2011. Ab 2012 soll die Lohnsteuerkarte in Papierform durch ein elektronisches Verfahren ersetzt werden (Elektronische Lohnsteuerabzugsmerkmale, ELStAM, § 39e Abs. 9 EStG, § 52b EStG).

Der Arbeitgeber hat mit Hilfe der Angaben auf der Lohnsteuerkarte bzw. mit Hilfe der elektronischen Lohnsteuerabzugsmerkmale entsprechend der in § 39b Abs. 2 und 3 EStG enthaltenen Regelungen die Lohnsteuer zu berechnen. Die so ermittelte Lohnsteuer wird vom Bruttolohn einbehalten und vom Arbeitgeber an das Finanzamt abgeführt. Der Arbeitgeber zahlt dem Arbeitnehmer nur den Nettolohn aus und quittiert ihm die abgeführte Lohnsteuer.

Gemäß § 46 Abs. 4 EStG ist die Einkommensteuer durch den Lohnsteuerabzug abgegolten, d.h. die Lohnsteuer verfügt über eine **definitive Wirkung**, sofern nicht eine Veranlagung zur Einkommensteuer nach § 46 Abs. 2 EStG vorzunehmen ist. Eine Veranlagung ist nach dieser Vorschrift insbesondere dann vorzunehmen, wenn

- die positive Summe der nicht lohnsteuerpflichtigen Einkünfte, abzüglich dem Freibetrag für Land- und Forstwirte nach § 13 Abs. 3 EStG und dem Altersentlastungsbetrag nach § 24a EStG, oder die positive Summe der Einkünfte, die dem Progressionsvorbehalt unterliegen, mehr als 410 € beträgt (§ 46 Abs. 2 Nr. 1 EStG),
- der Steuerpflichtige nebeneinander von mehreren Arbeitgebern Arbeitslohn bezogen hat (§ 46 Abs. 2 Nr. 2 EStG),
- Ehegatten, die zusammen zu veranlagen sind, beide Arbeitslohn bezogen haben und einer nach der Lohnsteuerklasse V oder VI besteuert worden ist oder das Faktorverfahren nach § 39f EStG angewendet worden ist (§ 46 Abs. 2 Nr. 3a EStG),

- auf der Steuerkarte ein Freibetrag eingetragen worden ist und (ab 2009, § 52 Abs. 55j EStG) der im Kalenderjahr erzielte Arbeitslohn 10.200 € bzw. bei Ehegatten 19.400 € übersteigt (§ 46 Abs. 2 Nr. 4 EStG),
- die Veranlagung beantragt wird (§ 46 Abs. 2 Nr. 8 EStG).

Ist eine Veranlagung nach § 46 Abs. 2 EStG vorzunehmen, so wird die Lohnsteuer gemäß § 36 Abs. 2 Nr. 2 EStG auf die Einkommensteuer angerechnet.

Bei beschränkt Steuerpflichtigen wirkt die Lohnsteuer gemäß § 50 Abs. 2 Satz 1 EStG grundsätzlich definitiv. Auf Antrag wird allerdings eine Veranlagung zur Einkommensteuer vorgenommen, in deren Rahmen dann die Lohnsteuer auf die Einkommensteuer angerechnet wird (§ 50 Abs. 2 Satz 2 Nr. 4 Buchst. b EStG).

Eine ausführliche Beschreibung der Lohnsteuer kann auf Grund der Komplexität der Vorschriften an dieser Stelle nicht erfolgen, verwiesen wird auf die einschlägige Literatur, z.B. *W. Schönfeld / J. Plenker* (2011) und *J. Kirschbaum / R. Volk* (2010).

7.5 Einkünfte aus Kapitalvermögen

Durch das Unternehmensteuerreformgesetz (UntStRefG, BGBl I 2007, S. 1912) wurde die Besteuerung von Kapitaleinkünften mit Wirkung zum 01.01.2009 völlig neu geregelt.

Nach altem Recht waren die Einkünfte aus Kapitalvermögen an der Quellentheorie (vgl. Abschnitt B.3.1) ausgerichtet und erfassten somit lediglich die **laufenden Erträge** der privaten Geldkapitalanlage. Substanzgewinne (**Veräußerungsgewinne**) wurden grundsätzlich nicht erfasst. Lediglich in den Fällen der §§ 17, 23 EStG und des § 22 UmwStG waren Veräußerungsgewinne ausnahmsweise auch im Privatvermögen zu versteuern (vgl. Abschnitt B.6). Von den Besonderheiten des § 17 EStG und des § 22 UmwStG abgesehen, waren Gewinne aus der Veräußerung von Aktien, festverzinslichen Wertpapieren etc. somit nur steuerpflichtig, wenn die Veräußerung innerhalb eines Jahres nach Erwerb erfolgte (§ 23 Abs. 1 Nr. 2 EStG a.F.).

Ab dem 01.01.2009 wurde die Besteuerung der Einkünfte aus Kapitalvermögen in zweierlei Hinsicht grundlegend geändert:

- Zum einen sind **Veräußerungsgewinne** nunmehr, unabhängig von der Haltedauer, **stets steuerpflichtig** (§ 20 Abs. 2 EStG). Für Wertpapiere, die vor dem 01.01.2009 erworben wurden, gilt allerdings eine Übergangsregelung (siehe Abschnitt B.7.5.2.1).
- Die Steuererhebung erfolgt nach wie vor bereits an der Quelle durch die Kapitalertragsteuer. Allerdings ist diese nun nicht mehr auf die (Jahres-) Einkommensteuer im Wege der Veranlagung anzurechnen, sondern ist als **Abgeltungsteuer** ausgestaltet, d.h. mit der Einbehaltung der Kapitalertragsteuer von 25 % ist die Einkommensteuer für die Kapitaleinkünfte in der Regel abgegolten. Im Rahmen der Einkommensteuererklärung müssen die Kapitaleinkünfte grundsätzlich nicht mehr angegeben werden.

Die Einkünfte aus Kapitalvermögen sind in § 20 Abs. 1 und 2 EStG im Einzelnen aufgeführt. Dabei enthält § 20 Abs. 1 EStG **Kapitalerträge** (Zinsen, Dividenden etc.) und § 20 Abs. 2 EStG **Veräußerungsgewinne**.

Nicht zu den Einkünften aus Kapitalvermögen gehören in jedem Fall Kapitalerträge, die begrifflich Einkünfte aus Land- und Forstwirtschaft, Gewerbebetrieb, selbständiger Arbeit oder Vermietung und Verpachtung darstellen (§ 20 Abs. 8 EStG). Die Einkünfte aus Kapitalvermögen sind gegenüber den genannten Einkunftsarten **subsidiär**.

7.5.1 Kapitalerträge (§ 20 Abs. 1 EStG)

7.5.1.1 Einnahmen aus der Beteiligung an juristischen Personen (§ 20 Abs. 1 Nrn. 1, 2 EStG)

Zu den Einnahmen aus Kapitalvermögen gehören nach § 20 Abs. 1 Nr. 1 EStG die Gewinnanteile von Aktiengesellschaften, Gesellschaften mit beschränkter Haftung, eingetragenen Genossenschaften sowie die Gewinnanteile der Kommanditaktionäre einer Kommanditgesellschaft auf Aktien. Die Aufzählung ist nicht abschließend. Leistungen anderer Gesellschaften, z.B. ausländischer Gesellschaften, begründen Einkünfte aus Kapitalvermögen aber nur dann, wenn sie im Hinblick auf eine kapitalmäßige Beteiligung geleistet werden (BFH-Urteil vom 08.02.1995, BStBl II 1995, S. 552). Bloße Mitgliedschaftsrechte ohne eine Beteiligung am Kapital reichen nicht aus. In Bezug auf ausländische Gesellschaften ist daher zu prüfen, ob die Beteiligungsrechte denen einer deutschen AG, GmbH, eG oder KGaA vergleichbar sind. Zu den Kriterien siehe im Einzelnen das BMF-Schreiben vom 19.03.2004 (BStBl I 2004, S. 411) zur US-amerikanischen Limited Liability Company.

Ausdrücklich zu den Einnahmen aus Kapitalvermögen gehören gemäß § 20 Abs. 1 Nr. 1 Satz 2 EStG auch **verdeckte Gewinnausschüttungen** (vgl. ausführlich Abschnitt C.5.5), d.h. Zuwendungen an den Gesellschafter, die durch das Gesellschaftsverhältnis veranlasst sind, aber nicht im Zusammenhang mit einer offenen, auf einem handelsrechtlichen Gewinnverwendungsbeschluss beruhenden Gewinnausschüttung stehen. Beispiele für verdeckte Gewinnausschüttungen sind

- überhöhte Gehaltszahlungen an den Gesellschafter-Geschäftsführer einer GmbH,
- die Vergabe eines zinslosen oder niedrigverzinslichen Darlehens durch eine AG an einen Aktionär oder
- die Bildung überhöhter Pensionsrückstellungen einer GmbH für ihren Gesellschafter-Geschäftsführer (A 38 KStR).

Gemäß § 20 Abs. 1 Nr. 2 EStG gehören auch Bezüge, die auf Grund einer **Kapitalherabsetzung** oder **Auflösung** einer unbeschränkt steuerpflichtigen Körperschaft erfolgen, beim Anteilseigner zu den Einnahmen aus Kapitalvermögen.

Die **Rückzahlung von Nennkapital** sowie die **Ausschüttung aus dem steuerlichen Einlagekonto** führt hingegen nicht zu steuerbaren Einkünften aus Kapitalvermögen (§ 20 Abs. 1 Nr. 1 Satz 3, Nr. 2 Satz 1 i.V.m. Nr. 1 Satz 3 EStG). Das steuerliche Einlagekonto enthält Einlagen der Anteilseigner, beispielsweise das Ausgabeagio bei Aktienemissionen (siehe auch Abschnitt C.5.3.4). Ausschüttungen aus dem steuerlichen Einlagekonto haben somit den Charakter einer Kapitalrückzahlung und nicht den Charakter einer Gewinnausschüttung. Vom Grundsatz, dass die Rückzahlung von Nennkapital nicht zu steuerbaren Einnahmen führt, gibt es eine Ausnahme. Ist Nennkapital durch die Umwandlung von Gewinnrücklagen entstanden, so führt die Ausschüttung dieser Nennkapitalteile zu Einnahmen aus Kapitalvermögen (§ 28 KStG, siehe hierzu Abschnitt C.5.3.7).

Die **Gewinne von Kapitalgesellschaften** (und anderen juristischen Personen des privaten Rechts) werden auf **zwei Ebenen besteuert**. Zunächst hat die Kapitalgesellschaft auf Gewinne, unabhängig davon, ob sie ausgeschüttet oder thesauriert werden, eine Körperschaftsteuer von 15 % zu entrichten (§ 23 Abs. 1 KStG). Hinzu kommen der Solidaritätszuschlag von 5,5 % der Körperschaftsteuer sowie die Gewerbesteuer, deren Höhe von dem Hebesatz der Gemeinde abhängig ist. Bei Berücksichtigung eines Hebesatzes von

400 % ergibt sich eine Gesamtbelastung auf Ebene der Kapitalgesellschaft von 29,83 % (siehe das nachfolgende Beispiel).

Die Steuern auf Ebene der Kapitalgesellschaft führen zu einer definitiven Belastung. Werden Gewinne (nach Abzug der Steuern auf Ebene der Kapitalgesellschaft) an Anteilseigner ausgeschüttet, so kommt es zu einer zweiten Besteuerung. Die Dividende stellt für den Anteilseigner Einkünfte aus Kapitalvermögen nach § 20 Abs. 1 Nr. 1 EStG dar, die mit der Kapitalertragsteuer (Abgeltungsteuer) von 25 % (zuzüglich Solidaritätszuschlag und gegebenenfalls Kirchensteuer) belastet wird.

Beispiel B.199:

A ist zu 10 % an der inländischen X-AG beteiligt und hält die Anteile im Privatvermögen. Die X-AG erzielt in 2010 ein zu versteuerndes Einkommen von 100.000 €. Gewerbesteuerliche Hinzurechnungen und Kürzungen sind nicht zu beachten. In 2011 schüttet die X-AG den nach Steuern verbleibenden Gewinn 2010 an ihre Anteilseigner aus.

1. Ebene: Kapitalgesellschaft (X-AG)

	Gewinn vor Steuern	100.000 €
–	Körperschaftsteuer, 15 %	– 15.000 €
–	Solidaritätszuschlag (5,5 % von 15.000 =)	– 825 €
–	Gewerbesteuer (100.000 · 3,5 % · 400 % =)	– 14.000 €
=	Gewinn nach Steuern	70.175 €

2. Ebene: Anteilseigner (Herr A)

	Dividende (Einkünfte aus Kapitalvermögen, § 20 Abs. 1 Nr. 1 EStG), 10 % von 70.175 €	7.017 €
–	Kapitalertragsteuer (Abgeltungsteuer), 25 %	– 1.754 €
–	Solidaritätszuschlag (5,5 % von 1.754 =)	– 96 €
=	Nettodividende	5.167 €

Werden die Anteile hingegen im **Betriebsvermögen** gehalten, so erfolgt die Besteuerung auf Ebene des Anteilseigners nach dem **Teileinkünfteverfahren**. Es wird zwar ebenfalls Kapitalertragsteuer einbehalten, diese hat aber keine abgeltende Wirkung (§ 43 Abs. 5 Satz 2 EStG). Gemäß § 3 Nr. 40 Buchst. d EStG sind in diesem Fall 40 % der Dividende steuerfrei. Der steuerpflichtige Teil (= 60 %) unterliegt bei den Einkünften aus Land- und Forstwirtschaft, selbständiger Arbeit oder Gewerbebetrieb der Besteuerung nach dem individuellen Steuersatz. Die Kapitalertragsteuer wird auf die so ermittelte Einkommensteuer gemäß § 36 Abs. 2 Nr. 2 EStG angerechnet. Zum Teileinkünfteverfahren siehe Abschnitt C.5.3.

7.5.1.2 Einnahmen des typisch stillen Gesellschafters und Einnahmen aus partiarischen Darlehen (§ 20 Abs. 1 Nr. 4 EStG)

Einkünfte aus Kapitalvermögen begründen auch die Einnahmen aus der Beteiligung an einem Handelsgewerbe als **typisch stiller Gesellschafter** (§ 20 Abs. 1 Nr. 4 EStG). Der typisch stille Gesellschafter ist dadurch gekennzeichnet, dass seine gesellschaftsrechtliche Stellung weitgehend der Grundstruktur der stillen Gesellschaft nach den §§ 230 ff. HGB folgt. Der **atypisch stille Gesellschafter**, der abweichend von der Grundstruktur der §§ 230 ff. HGB über ein Mitbestimmungsrecht verfügt, das über das reine Kontrollrecht des § 233 HGB hinausgeht, sowie auch an den stillen Reserven der Gesellschaft beteiligt ist, ist hingegen Mitunternehmer i.S.d. § 15 Abs. 1 Nr. 2 EStG und bezieht i.d.R. Einkünfte aus Gewerbebetrieb (vgl. auch Abschnitt B.7.2.2 sowie BFH-Urteil vom 08.04.2008, BStBl II 2008, S. 852).

Es sei darauf hingewiesen, dass eine Beteiligung, die zu Einkünften aus Kapitalvermögen nach § 20 Abs. 1 Nr. 4 EStG führt, nicht nur aus einer stillen Beteiligung an einer Kapitalgesellschaft, sondern auch aus einer stillen Beteiligung an einer Personengesellschaft sowie einem Einzelunternehmen bestehen kann.

Eine stille Beteiligung nach den §§ 230 ff. HGB kann nur an einem Handelsgewerbe begründet werden. Eine stille Beteiligung an einem land- und forstwirtschaftlichen Einzel- oder Personenunternehmen, das kein Kannkaufmann nach § 3 HGB ist, sowie eine stille Beteiligung an einem freiberuflichen Einzel- oder Personenunternehmen sind daher nicht möglich. Allerdings begründen Beteiligungen an einem solchen Unternehmen, die in ihrer Ausgestaltung einer typisch stillen Beteiligung entsprechen, ebenfalls Einnahmen aus Kapitalvermögen nach § 20 Abs. 1 Nr. 4 EStG (sog. Innengesellschaften, BFH-Urteil vom 21.09.1989, BFH/NV 1990, S. 692).

Schließlich erfüllen auch die Einnahmen aus einem **partiarischen Darlehen** den Tatbestand des § 20 Abs. 1 Nr. 4 EStG. Ein partiarisches Darlehen zeichnet sich durch eine gewinn- oder umsatzabhängige Verzinsung der Einlage aus, die durch die Vereinbarung einer Mindestverzinsung ergänzt sein kann.

Im Gegensatz zum stillen Gesellschafter verfügt der partiarische Darlehensgeber über einen Anspruch auf Rückzahlung des Kapitals, ist also nicht an den Verlusten der Gesellschaft beteiligt (zur Abgrenzung siehe BFH-Urteil vom 19.10.2005, BStBl II 2006, S. 334). In Abgrenzung zum gewöhnlichen Darlehen, das Einnahmen aus Kapitalvermögen i.S.d. § 20 Abs. 1 Nr. 7 EStG begründet, ist ein partiarisches Darlehen dann gegeben, wenn die Bedeutung der gewinnabhängigen Vergütung im Vergleich zur Mindestverzinsung überwiegt.

Für Verluste aus stillen Gesellschaften sieht § 20 Abs. 1 Nr. 4 Satz 2 EStG ein **Ausgleichs- und Abzugsverbot** vor. Solche Verluste dürfen weder mit anderen Einnahmen aus Kapitalvermögen noch mit Einkünften aus den übrigen Einkunftsarten ausgeglichen werden noch dürfen solche Verluste nach § 10d EStG in anderen Veranlagungszeiträumen abgezogen werden. Verluste aus einer stillen Beteiligung im Sinne von § 20 Abs. 1 Nr. 4 EStG dürfen lediglich mit positiven Einkünften aus **derselben** stillen Beteiligung aus dem vorangegangenen Veranlagungszeitraum oder künftigen Veranlagungszeiträumen verrechnet werden (§ 20 Abs. 1 Nr. 4 Satz 2 i.V.m. § 15 Abs. 4 Satz 7 EStG).

7.5.1.3 Zinsen aus Hypotheken, Grundschulden und Renten aus Rentenschulden (§ 20 Abs. 1 Nr. 5 EStG)

Der Vorschrift des § 20 Abs. 1 Nr. 5 EStG kommt in der Praxis keine besondere Bedeutung zu. Die Grundpfandrechte Hypothek (§§ 1113 ff. BGB) und Grundschuld (§§ 1191 ff. BGB) dienen in aller Regel der Sicherung persönlicher Forderungen, deren Zinsen unter § 20 Abs. 1 Nr. 7 EStG fallen. Von Bedeutung ist die Vorschrift daher nur, wenn der Grundstückseigentümer nicht der Schuldner der persönlichen Forderung ist und als solcher vom Gläubiger in Anspruch genommen wird (*Niemeier et al.* (2009), S. 954).

Wesentlicher Unterschied der Einnahmen nach § 20 Abs. 1 Nr. 5 EStG zu den Einnahmen aus sonstigen Kapitalforderungen nach § 20 Abs. 1 Nr. 7 EStG ist, dass die Einnahmen aus Hypotheken, Grund- und Rentenschulden nicht der Kapitalertragsteuer nach § 43 EStG unterliegen.

7.5.1.4 Zinsen bei Kapital-Lebensversicherungen (§ 20 Abs. 1 Nr. 6 EStG)

Durch das Alterseinkünftegesetz wurde die Besteuerung von Kapital-Lebensversicherungen ab dem 01.01.2005 völlig neu geregelt. Für Altverträge, d.h. Verträge, die vor dem 01.01.2005 abgeschlossenen wurden, ist das bisherige Recht weiter anzuwenden. Demnach muss zwischen der steuerlichen Behandlung von Altverträgen und Neuverträgen unterschieden werden:

Altverträge (bis 31.12.2004 abgeschlossen)

Die von dem Versicherungsnehmer zu entrichtenden Lebensversicherungsprämien setzen sich aus einem Spar- und einem Risikoanteil zusammen. Der Sparanteil wird dem Versicherungsnehmer verzinst. Diese Zinsen sind Einnahmen aus Kapitalvermögen nach § 20 Abs. 1 Nr. 6 EStG a.F.

Allerdings ist zu beachten, dass Zinsen auf den Sparanteil gemäß § 20 Abs. 1 Nr. 6 Satz 2 EStG a.F. **steuerfrei** sind, wenn es sich um

- Rentenversicherungen ohne Kapitalwahlrecht,
- Rentenversicherungen mit Kapitalwahlrecht gegen laufende Beitragsleistung, wenn das Kapitalwahlrecht nicht vor Ablauf von 12 Jahren nach Vertragsabschluss ausgeübt werden kann,
- Kapitalversicherungen gegen laufende Beitragsleistung, wenn der Vertrag für die Dauer von mindestens 12 Jahren abgeschlossen ist,

handelt und die Zinsen entweder

- mit Beiträgen verrechnet werden oder
- im Versicherungsfall ausgezahlt werden oder
- nach Ablauf von 12 Jahren seit Vertragsschluss durch Rückkauf ausgezahlt werden.

Neuverträge (ab 01.01.2005 abgeschlossen)

Die Ablaufleistung von nach dem 31.12.2004 abgeschlossenen Kapitallebensversicherungen ist als Zinsertrag gemäß § 20 Abs. 1 Nr. 6 EStG steuerpflichtig. Steuerpflichtig ist der Unterschied zwischen der Versicherungsleistung und der Summe der geleisteten Beiträge. Dies gilt bei Auszahlung im Erlebensfall sowie bei Rückkauf des Vertrags.

Die **Hälfte** des genannten Unterschiedsbetrages ist **steuerfrei** (§ 20 Abs. 1 Nr. 6 Satz 2 EStG), wenn

- die Versicherungssumme nach Vollendung des 60. Lebensjahres des Steuerpflichtigen **und**
- nach Ablauf von 12 Jahren seit dem Vertragsabschluss ausgezahlt wird.

Die Kapitalertragsteuer von 25 % ist auf den Unterschied zwischen der Versicherungsleistung und der Summe der geleisteten Beiträge **ohne** Abzug des nach § 20 Abs. 1 Nr. 6 Satz 2 EStG steuerfreien Teiles anzuwenden (§ 43 Abs. 1 Nr. 4 Satz 1 Halbsatz 2 EStG). Bei

Kapitaleinkünften im Sinne von § 20 Abs. 1 Nr. 6 Satz 2 EStG hat die Kapitalertragsteuer allerdings keine abgeltende Wirkung (§ 32d Abs. 2 Nr. 2 EStG). Die Besteuerung erfolgt nach dem normalen Steuertarif (Grund- oder Splittingtarif) im Rahmen der Einkommensteuerveranlagung. Die Kapitalertragsteuer von 25 % wird auf die Einkommensteuer angerechnet.

Zu § 20 Abs. 1 Nr. 6 EStG siehe im Einzelnen das BMF-Schreiben vom 22.12.2005 (BStBl I 2006, S. 92).

7.5.1.5 Zinsen aus sonstigen Kapitalforderungen (§ 20 Abs. 1 Nr. 7 EStG)

Nach der Auffangvorschrift des § 20 Abs. 1 Nr. 7 EStG gehören zu den Einkünften aus Kapitalvermögen Zinsen aus Kapitalforderungen jeder Art, die nicht bereits von § 20 Abs. 1 Nrn. 5, 6, 8 EStG erfasst werden. Kapitalforderung ist jede auf Geldleistung gerichtete Forderung, die nicht über Beteiligungscharakter verfügt, ohne Rücksicht auf die Dauer der Kapitalüberlassung oder den Rechtsgrund des Anspruchs (BFH-Urteile vom 26.06.1996, BFH/NV 1997, S. 175; vom 19.04.2005, Az. VIII R 80/02). Zu nennen sind insbesondere Zinsen aus Guthaben bei Banken und Bausparkassen, Zinsen aus Schuldverschreibungen, Gewinnobligationen, Wandel- und Optionsanleihen, Finanzierungsschätzen und Bundesschatzbriefen. Ohne Bedeutung ist, ob die Zinsen auf Grund einer vertraglichen Vereinbarung oder auf Grund gesetzlicher Bestimmungen entstehen. So sind beispielsweise auch Prozesszinsen sowie Verzugszinsen nach § 288 Abs. 1 BGB Einnahmen nach § 20 Abs. 1 Nr. 7 EStG (BFH-Urteil vom 25.10.1994, BStBl II 1995, S. 121).

Durch das JStG 2010 hat der Gesetzgeber auf das entgegenstehende BFH-Urteil vom 15.06.2010 (Az. VIII R 33/07) reagiert und „klarstellend“ in § 20 Abs. 1 Nr. 7 Satz 2 EStG geregelt, dass auch Erstattungszinsen i.S.d. § 233a AO erfasst werden.

Erfolgt keine regelmäßige Zinszahlung, sondern eine Zinsthesaurierung (z.B. Bundesschatzbriefe Typ B, Finanzierungsschätze, Nullkuponanleihen), so fließen die Zinsen in einer Summe bei Fälligkeit zu.

Beispiel B.200:

A kauft am 01.04.01 Bundesschatzbriefe Typ B zum Nennwert von 10.000 €. Es ist eine ansteigende Verzinsung vereinbart: im ersten bis dritten Jahr 2 %, im vierten und fünften Jahr 3 % sowie im sechsten und siebten Jahr 3,5 %.

Zum 1.4.08 erhält A eine Rückzahlung (Nennwert zuzüglich Zinsen) i.H.v. ($10.000 \cdot 1{,}02^3 \cdot 1{,}03^2 \cdot 1{,}035^2 =$) 12.060 €. Die Zinsen i.H.v. 2.060 € fließen in einer Summe im Kalenderjahr 08 zu. Nach Abzug von Kapitalertragsteuer (Abgeltungsteuer) und Solidaritätszuschlag wird A ein Betrag von 11.517 € ausbezahlt:

Rückzahlung brutto	12.060 €
– Kapitalertragsteuer (25 % von 2.060 =)	– 515 €
– Solidaritätszuschlag (5,5 % von 515 =)	– 28 €
= Rückzahlung netto	11.517 €

7.5.1.6 Diskonterträge von Wechseln (§ 20 Abs. 1 Nr. 8 EStG)

Diskonterträge von Wechseln sind Einnahmen aus Kapitalvermögen nach § 20 Abs. 1 Nr. 8 EStG. Als Diskont wird die Differenz zwischen dem Nominalbetrag des Wechsels und dem

Kreditbetrag bezeichnet. Einkünfte nach § 20 Abs. 1 Nr. 8 EStG sind nicht kapitalertragsteuerpflichtig (kein Verweis in § 43 EStG auf § 20 Abs. 1 Nr. 8 EStG).

Beispiel B.201:

A erwirbt am 15.11.01 einen Wechsel über 20.000 € von B, zahlt diesem jedoch nur einen Betrag von 19.700 € aus. Bei Fälligkeit am 15.02.02 löst B den Wechsel gegen Zahlung von 20.000 € ein.

A hat in 02 den Diskontertrag i.H.v. 300 € als Einnahme aus § 20 Abs. 1 Nr. 8 EStG zu versteuern.

Zinsen im Sinne des Art. 5 Wechselgesetz fallen hingegen unter § 20 Abs. 1 Nr. 7 EStG.

7.5.1.7 Einnahmen aus der Beteiligung an juristischen Personen nach § 20 Abs. 1 Nrn. 9, 10 EStG

Zu den Einnahmen aus Kapitalvermögen im Sinne von § 20 Abs. 1 **Nr. 1** EStG gehören Gewinnausschüttungen von Kapitalgesellschaften und Erwerbs- und Wirtschaftsgenossenschaften, nicht jedoch Vermögensübertragungen anderer unbeschränkt steuerpflichtiger Gesellschaften bzw. Vermögensmassen i.S.d. § 1 Abs. 1 KStG an die hinter diesen stehenden Personen (wie z.B. Vermögensübertragung an den Landkreis als Gewährsträger einer Kreissparkasse). Da diese Vermögensübertragungen bei wirtschaftlicher Betrachtung mit den Gewinnausschüttungen i.S.d. § 20 Abs. 1 Nr. 1 EStG vergleichbar sind, sollten aus Gründen der steuerlichen Gleichbehandlung auch sie auf Ebene des „Anteilseigners" der Besteuerung unterliegen.

Deshalb wurden im Zusammenhang mit der Einführung des Halbeinkünfteverfahrens (nun: Teileinkünfteverfahren) zwei neue Einkommensteuertatbestände in § 20 Abs. 1 EStG eingefügt.

Danach führen auch

- Leistungen (Bezüge) von Versicherungsvereinen auf Gegenseitigkeit, sonstigen juristischen Personen des privaten Rechts, nichtrechtsfähigen Vereinen, Anstalten, Stiftungen und anderen Zweckvermögen des privaten Rechts, soweit sie nicht bereits zu den Einnahmen nach § 20 Abs. 1 Nr. 1 EStG gehören (§ 20 Abs. 1 Nr. 9 EStG),
- Leistungen, die zu vergleichbaren Einnahmen führen wie Gewinnausschüttungen und erbracht werden von Betrieben gewerblicher Art i.S.d. § 4 KStG (siehe hierzu Abschnitt C.2.1.1.6), die nicht von der Körperschaftsteuer befreit sind und eine eigene Rechtspersönlichkeit besitzen (§ 20 Abs. 1 Nr. 10 Buchst. a EStG), und
- unter den Voraussetzungen des § 20 Abs. 1 Nr. 10 Buchst. b EStG
  - Leistungen von Betrieben gewerblicher Art im Sinne von § 4 KStG (siehe hierzu Abschnitt C.2.1.1.6), die keine eigene Rechtspersönlichkeit besitzen, sowie
  - Leistungen von wirtschaftlichen Geschäftsbetrieben der von der Körperschaftsteuer befreiten Körperschaften, Personenvereinigungen oder Vermögensmassen (siehe hierzu Abschnitt C.2.1.4)

zu Einkünften aus Kapitalvermögen.

Da jedoch die „Anteilseigner" dieser Gesellschaften bzw. Vermögensmassen häufig unter die Steuerbefreiung des § 5 Abs. 1 KStG fallen, kann allein dadurch, dass diese Vermögensübertragungen unter § 20 EStG subsumiert werden, eine Besteuerung auf Ebene des „Anteilseigners" nicht sichergestellt werden. Dies geschieht dadurch, dass gemäß § 5 Abs. 2 Nr. 1 KStG von der Steuerbefreiung durch § 5 Abs. 1 KStG solche Steuern ausgenommen sind, die auf dem Wege des Steuerabzugs erhoben werden (**partielle Körperschaftsteuerpflicht**, siehe Abschnitt C.2.1.4). Deshalb werden diese Vermögensübertragungen, d.h. die Leistungen i.S.d. § 20 Abs. 1 Nrn. 9, 10 EStG, der Kapitalertragsteuer unterworfen (§ 43 Abs. 1 Satz 1, Nrn. 7a, 7b, 7c EStG, siehe Abschnitt B.7.5.3). Damit wird eine weitgehend lückenlose Besteuerung auf Ebene des Anteilseigners erreicht.

7.5.1.8 Stillhalterprämien (§ 20 Abs. 1 Nr. 11 EStG)

Ebenfalls zu den Einkünften aus Kapitalvermögen zählt die Stillhalterprämie, die für die Einräumung einer Option entrichtet wird („Risikozins" für Preisgarantie).

Optionen sind Rechte (Anwartschaften), eine bestimmte Finanzposition (Wertpapiere, Devisen etc.) zu einem vorab festgelegten Preis (Basispreis) innerhalb einer bestimmten Zeitspanne oder zu einem bestimmten Termin zu kaufen oder zu verkaufen. Der Stillhalter erhält hierfür eine Prämie für die Bindung und die Risiken, die er eingeht. Schließt der Stillhalter ein Glattstellungsgeschäft (Sicherungsgeschäft) ab, so ist nur die Differenz zwischen der Stillhalterprämie und der im Glattstellungsgeschäft gezahlten Prämie steuerpflichtig.

7.5.2 Veräußerungsgewinne (§ 20 Abs. 2 EStG)

7.5.2.1 Veräußerung von Anteilen an einer Körperschaft (§ 20 Abs. 2 Nr. 1 EStG)

Seit dem 01.01.2009 führt auch die Veräußerung von im Privatvermögen gehaltenen Anteilen an einer Körperschaft im Sinne des § 20 Abs. 1 Nr. 1 EStG zu steuerpflichtigen Einkünften aus Kapitalvermögen.

Bei Anschaffungen vor dem 01.01.2009 gilt für die Steuerpflicht von Veräußerungsgewinnen noch altes Recht (§ 52a Abs. 10 Satz 1 EStG). Werden vor 2009 erworbene Anteile in 2009 oder später veräußert, ist der Veräußerungsgewinn somit steuer-frei, wenn die Veräußerung mehr als 12 Monate nach Erwerb erfolgt (§ 23 Abs. 1 Nr. 2 EStG a.F.).

Beispiel B.202:

A erwirbt im April 2007 an der Börse Aktien zum Preis von 10.000 € für sein Privatvermögen. Im Dezember 2010 veräußert er diese Aktien für 20.000 €.

Der Veräußerungsgewinn ist steuerfrei, da die Aktien vor 2009 erworben und mehr als ein Jahr gehalten wurden.

Wären die Aktien hingegen im April 2009 erworben worden, lägen steuerpflichtige Einkünfte aus Kapitalvermögen vor. Der Gewinn von 10.000 € unterläge der Abgeltungsteuer von 25 %.

Bei einer im Privatvermögen gehaltenen Beteiligung von mindestens 1 % werden Veräußerungsgewinne hingegen nicht nach § 20 EStG, sondern nach § 17 EStG besteuert. In diesem Fall unterliegt der Veräußerungsgewinn nicht dem Sondersteuersatz von 25 % (§ 32d EStG), sondern wird unter Anwendung des Teileinkünfteverfahrens mit dem persönlichen Steuersatz belastet (siehe Abschnitt B.7.2.5).

7.5.2.2 Veräußerung von Zins- und Dividendenforderungen (§ 20 Abs. 2 Nr. 2 EStG)

Zins- und Dividendenforderungen stellen eigenständige Forderungen dar, die grundsätzlich unabhängig von dem Stammrecht veräußert werden können. Von Bedeutung ist die Eigenständigkeit von Stammrecht und abgeleitetem Recht insbesondere im Hinblick auf festverzinsliche Wertpapiere und Aktien, bei denen das Recht auf die Zinsen bzw. Dividenden durch Zins- bzw. Dividendenscheine verkörpert ist.

Werden Zins- bzw. Dividendenscheine **ohne** das entsprechende Stammrecht veräußert, so stellt das Entgelt Einnahmen aus Kapitalvermögen nach § 20 Abs. 2 Nr. 2 EStG dar. Der Erwerber der Zins- bzw. Dividendenscheine hat Anschaffungskosten in Höhe des Entgelts. Die Einziehung der Zins- bzw. Dividendenscheine stellt sich beim Erwerber als Kapitalrückzahlung dar (BFH-Urteil vom 12.12.1969, BStBl II 1970, S. 212).

Werden **Aktien** zusammen **mit** Dividendenscheinen veräußert, so ist der einheitliche Kaufpreis nicht in einen auf das Stammrecht und einen auf die Dividendenscheine entfallenden Betrag aufzuteilen. Dem Veräußerer entstehen gegebenenfalls insgesamt Einkünfte aus Kapitalvermögen im Sinne des § 20 Abs. 2 Nr. 1 EStG.

Werden **festverzinsliche Wertpapiere** zusammen **mit** Zinsscheinen veräußert, so hat ebenfalls keine Aufteilung des einheitlichen Kaufpreises auf das Stammrecht und die Zinsscheine zu erfolgen. Es erfolgt allerdings eine Besteuerung des Veräußerungsgewinns (einschließlich des für die Stückzinsen vereinnahmten Betrages) nach § 20 Abs. 2 Nr. 7 EStG.

Der Erwerber kann die Stückzinsen bereits im Jahr der Zahlung als negative Einnahmen im Sinne von § 20 Abs. 1 Nr. 7 EStG berücksichtigen. Die Stückzinsen sind nicht erst im Jahr der Einlösung des Zinsscheines von den Einnahmen abzuziehen (vgl. *H. Weber-Grellet*, in: L. Schmidt (2010), § 20, Rz. 176; BMF-Schreiben vom 22.12.2009, BStBl I 2010, S. 94, Rz. 51). Da es sich bei den gezahlten Stückzinsen um negative Einnahmen und nicht um Werbungskosten handelt, können sie neben dem Sparer-Pauschbetrag nach § 20 Abs. 9 EStG abgezogen werden.

Beispiel B.203:

A hat am 1.4.01 Bundesanleihen zum Nominalbetrag von 10.000 € erworben. Am 1.4.02 fließen ihm 5 % Zinsen (= 500 €) zu. Am 1.10.02 veräußert er die Anleihen samt Zinsscheinen an B. Auf Grund des gestiegenen Zinsniveaus kann A für das Stammrecht nur noch einen Betrag von 9.500 € erlösen. Daneben wird für die Stückzinsen ein Betrag von 250 € gesondert ausgewiesen. Am 01.04.03 fließen dem B Zinsen i.H.v. 500 € zu.

A hat in 02 Einnahmen aus Kapitalvermögen nach § 20 Abs. 1 Nr. 7 EStG i.H.v. 500 € (Zinsen 01.04.02). Daneben entsteht ein Veräußerungsverlust nach § 20 Abs. 2 Nr. 7 EStG von 250 € (Veräußerung des Stammrechts einschließlich Zinsscheinen für 9.750 € bei Anschaffungskosten von 10.000 €), der gemäß § 20 Abs. 6 Satz 1, § 43a Abs. 3 Satz 2 EStG mit den positiven Einkünften aus Kapitalvermögen von 500 € verrechnet werden kann.

B erwirbt die Anleihen zu Anschaffungskosten von 9.500 €. Die Anschaffungskosten sind von Bedeutung für die Ermittlung eines eventuellen Veräußerungsgewinns, sofern B die Anleihen seinerseits weiterveräußert. In 02 hat B negative Einnahmen aus Kapitalvermögen i.H.v. 250 €, in 03 positive Einnahmen i.H.v. 500 €.

7.5.2.3 Gewinn bei Termingeschäften (§ 20 Abs. 2 Nrn. 3 EStG)

Zu Einkünften aus Kapitalvermögen führt auch der Gewinn bei Termingeschäften (§ 20 Abs. 2 Nr. 3 EStG).

Der Begriff des Termingeschäfts umfasst sämtliche als Options- oder Festgeschäft ausgestaltete Finanzinstrumente sowie Kombinationen zwischen Options- und Festgeschäften, deren Preis unmittelbar oder mittelbar abhängt von

- dem Börsen- oder Marktpreis von Wertpapieren,
- dem Börsen- oder Marktpreis von Geldmarktinstrumenten,
- dem Kurs von Devisen oder Rechnungseinheiten,
- Zinssätzen oder anderen Erträgen,
- dem Börsen- oder Marktpreis von Waren oder Edelmetallen.

Zu den Termingeschäften gehören insbesondere Optionsgeschäfte, Swaps, Devisentermingeschäfte und Forwards oder Futures (Rz. 9 des BMF-Schreibens vom 22.12.2009, BStBl I 2010, S. 94).

7.5.2.4 Veräußerung anderer Stammrechte (§ 20 Abs. 2 Nrn. 4 – 8 EStG)

Einkünfte aus Kapitalvermögen begründet weiterhin der Gewinn aus der Veräußerung von Wirtschaftsgütern, die zu Einkünften aus § 20 Abs. 1 Nrn. 4 – 7, 9 EStG führen, insbesondere:

- Typisch stille Beteiligungen und partiarische Darlehen (§ 20 Abs. 2 Nr. 4 EStG),
- Kapitallebensversicherungen (§ 20 Abs. 2 Nr. 6 EStG),
- Festverzinsliche Wertpapieren und andere Kapitalforderungen (§ 20 Abs. 2 Nr. 7 EStG).

7.5.3 Kapitalertragsteuer

7.5.3.1 Kapitalertragsteuerpflichtige Einkünfte

Regelmäßige Erhebungsform der Einkünfte aus Kapitalvermögen ist die Kapitalertragsteuer. Diese wird in den in § 43 Abs. 1 EStG genannten Fällen erhoben. Ausnahmsweise **nicht erhoben** wird sie danach insbesondere bei folgenden Kapitalerträgen:

- Kapitalerträge im Sinne des § 20 Abs. 1 Nr. 5 EStG (**Zinsen aus Hypotheken und Grundschulden sowie Renten aus Rentenschulden**),
- Kapitalerträge im Sinne des § 20 Abs. 1 Nr. 7 EStG (**Zinsen aus sonstigen Kapitalforderungen**), wenn es sich weder um Anleihen oder Forderungen handelt, die in ein öffentliches Schuldbuch eingetragen sind noch der Schuldner ein inländisches Kreditinstitut oder Finanzdienstleistungsinstitut ist (Umkehrschluss aus § 43 Abs. 1 Nr. 7 EStG),
- Kapitalerträge im Sinne des § 20 Abs. 1 Nr. 8 EStG (**Diskontbeträge von Wechseln**),

- Kapitalerträge im Sinne des § 20 Abs. 2 Nr. 4, 5 und 6 EStG (insbesondere **Gewinne aus der Veräußerung stiller Beteiligungen und partiarischer Darlehen**),
- **Veräußerungsgewinne** sowie **ausländische Dividenden**, wenn
  - der Steuerpflichtige eine **unbeschränkt körperschaftsteuerpflichtige** Person ist (insbesondere eine inländische Kapitalgesellschaft) (§ 43 Abs. 2 Satz 3 Nr. 1 EStG) oder
  - die Kapitalerträge **Betriebseinnahmen** eines inländischen land- und forstwirtschaftlichen, selbständigen oder gewerblichen Betriebs sind (§ 43 Abs. 2 Satz 3 Nr. 2 EStG).

Beispiel B.204:

Herr A hat seinem Jugendfreund, Herrn B, zur Finanzierung eines Autokaufs ein Darlehen über 10.000 € zu 2,5 % Zinsen gegeben. Am 30.12.01 zahlt B die Zinsen 01 von 250 €.

Herr B muss keine Kapitalertragsteuer abführen, da die Forderung nicht in ein öffentliches Schuldbuch eingetragen ist und Herr B kein inländisches Kreditinstitut oder Finanzdienstleistungsinstitut ist (§ 43 Abs. 1 Nr. 7 EStG).

Herr A muss die Zinsen in seiner Steuererklärung als Einkünfte aus Kapitalvermögen angeben. Die Zinsen sind nicht nach dem individuellen Steuertarif zu versteuern, sondern unterliegen dem besonderen Steuersatz des § 32d Abs. 1 EStG von 25 %.

Beispiel B.205:

Herr C betreibt ein gewerbliches Einzelunternehmen. Auf seinem betrieblichen Konto werden Zinsen gutgeschrieben. Zudem erhält er eine Dividende aus einer Beteiligung an einer AG, die im Betriebsvermögen gehaltenen wird. Am Ende des Jahres veräußert er die Beteiligung mit Gewinn.

Sowohl die Zinsen als auch die Dividende und die Veräußerungsgewinne stellen keine Einkünfte aus Kapitalvermögen, sondern Einkünfte aus Gewerbebetrieb dar (§ 20 Abs. 8 EStG). Für die Zinsen und die Dividende ist Kapitalertragsteuer von 25 % einzubehalten (§ 43 Abs. 1 Nrn. 1, 7 EStG), nicht jedoch für den Veräußerungsgewinn (§ 43 Abs. 2 Satz 3 Nr. 2 i.V.m. Abs. 1 Nr. 9 EStG). Die Kapitalertragsteuer ist auf die Einkommensteuer anzurechnen (§ 36 Abs. 2 Nr. 2 EStG). Die Versteuerung der Dividende sowie des Veräußerungsgewinns erfolgt nach dem Teileinkünfteverfahren, d.h. 40 % der Dividende sowie des Veräußerungsgewinns ist steuerfrei (§ 3 Nr. 40, § 3c Abs. 2 EStG). Der steuerpflichtige Teil ist nach dem individuellen Steuertarif zu versteuern.

7.5.3.2 Abgeltungswirkung

Seit dem 01.01.2009 hat die Kapitalertragsteuer Abgeltungswirkung (§ 43 Abs. 5 Satz 1 EStG), d.h. die Kapitalertragsteuer (**Abgeltungsteuer**) wird nicht mehr im Rahmen der Einkommensteuerveranlagung auf die (Jahres-) Einkommensteuer angerechnet; vielmehr ist die Einkommensteuer auf die Kapitalerträge mit der Kapitalertragsteuer abgegolten. Im Rahmen der Einkommensteuererklärung brauchen die Einkünfte aus Kapitalvermögen daher grundsätzlich nicht mehr angegeben zu werden. Zur Kapitalertragsteuer (Abgeltungsteuer) hat das BMF ausführlich mit Schreiben vom 22.12.2009 (BStBl I 2010, S. 94) Stellung genommen.

Ausnahmsweise **keine Abgeltungswirkung** hat die Kapitalertragsteuer insbesondere in den folgenden Fällen:

- Kapitalerträge im Sinne des § 20 Abs. 1 Nr. 4 und 7 EStG (**Zinsen aus typisch stillen Beteiligungen und partiarischen Darlehen sowie sonstigen Kapitalforderungen**) sowie Kapitalerträge im Sinne des § 20 Abs. 2 Nr. 4 und 7 EStG (Gewinne aus der Veräußerung von typisch stillen Beteiligungen und partiarischen Darlehen sowie sonstigen Kapitalforderungen), wenn
    - Gläubiger und Schuldner einander **nahe stehende Personen** sind, d.h. wenn es sich um Angehörige im Sinne von § 15 AO handelt oder der Gläubiger auf den Schuldner (oder umgekehrt) einen beherrschenden Einfluss ausüben kann (Rz. 136 des BMF-Schreibens vom 22.12.2009) (§ 43 Abs. 5 Satz 2 i.V.m. § 32d Abs. 2 Nr. 1 Buchst. a EStG),
    - die Kapitalerträge von einer Kapitalgesellschaft oder Genossenschaft an einen zu mindestens 10 % beteiligten Anteilseigner (oder an eine diesem nahe stehende Person) gezahlt werden (§ 43 Abs. 5 Satz 2 i.V.m. § 32d Abs. 2 Nr. 1 Buchst. b EStG),
- Kapitalerträge im Sinne des § 20 Abs. 1 Nr. 6 Satz 2 EStG (**Auszahlung einer Kapitallebensversicherung**), wenn die Leistung wegen Auszahlung nach Vollendung des 60. Lebensjahres und mindestens 12-jähriger Laufzeit zur Hälfte steuerfrei ist, siehe Abschnitt B.7.5.1.4 (§ 43 Abs. 5 Satz 2 i.V.m. § 32d Abs. 2 Nr. 2 EStG),
- **auf Antrag** Kapitalerträge im Sinne des § 20 Abs. 1 Nr. 1 und 2 EStG (insbesondere **Dividenden aus der Beteiligung an einer Kapitalgesellschaft**), wenn der Steuerpflichtige
    - zu mindestens 25 % an der Kapitalgesellschaft beteiligt ist **oder**
    - zu mindestens 1 % an der Kapitalgesellschaft beteiligt ist und beruflich für diese tätig ist (§ 43 Abs. 5 Satz 2 i.V.m. § 32d Abs. 2 Nr. 3 EStG),

  Die Kapitalerträge unterliegen dann dem Teileinkünfteverfahren, d.h. 40 % der Beteiligungserträge sind nach § 3 Nr. 40 Buchst. d EStG steuerfrei; die verbleibenden 60 % sind nach dem individuellen Steuertarif zu versteuern.
- Kapitalerträge, die zu den (vorrangigen, § 20 Abs. 8 EStG!) Einkünften aus Land- und Forstwirtschaft, aus selbständiger Arbeit, aus Gewerbebetrieb oder aus Vermietung und Verpachtung gehören (§ 43 Abs. 5 Satz 2 EStG).

Für **beschränkt Steuerpflichtige** entfaltet die Kapitalertragsteuer unter den Voraussetzungen des § 50 Abs. 2 EStG eine Abgeltungswirkung. Voraussetzung hierfür ist insbesondere, dass die Einkünfte nicht Betriebseinnahmen eines inländischen Betriebs sind.

7.5.3.3 Steuersatz der Kapitalertragsteuer

Allgemeiner Steuersatz der Kapitalertragsteuer ist 25 % (§ 43a Abs. 1 Nr. 1 EStG). Kapitalerträge im Sinne des § 20 Abs. 1 Nr. 10 EStG werden hingegen nur mit 15 % besteuert (§ 43a Abs. 1 Nr. 2 i.V.m. § 43 Abs. 1 Nrn. 7b, 7c EStG).

Zu den Einkünften nach § 20 Abs. 1 Nr. 10 EStG zählen insbesondere Leistungen von Betrieben gewerblicher Art i.S.d. § 4 KStG (siehe ausführlicher Abschnitt B.7.5.1.7).

Beispiel B.206:

Die als Betrieb gewerblicher Art (BgA) organisierte Stadtparkasse überweist der Stadt den in 01 erzielten Gewinn von 10 Mio. €.

Die Ausschüttung führt zu Einnahmen im Sinne von § 20 Abs. 1 Nr. 10 Buchst. a EStG. Die Stadt ist mit diesen Einnahmen beschränkt körperschaftsteuerpflichtig nach § 2 Nr. 2 KStG. Es ist gemäß § 43a Abs. 1 Nr. 2 i.V.m. § 43 Abs. 1 Nr. 7b EStG eine Kapitalertragsteuer von 15 % (= 1,5 Mio. €) abzuführen. Die Kapitalertragsteuer hat Abgeltungswirkung (§ 43 Abs. 5 Satz 1 EStG).

Zusätzlich zur Kapitalertragsteuer sind der Solidaritätszuschlag (§ 3 Abs. 1 Nr. 5 SolZG) sowie gegebenenfalls Kirchensteuer einzubehalten und abzuführen.

Im Falle der Kirchensteuerpflicht sieht § 43a Abs. 1 Satz 2 EStG ein vereinfachtes Verfahren der Anrechnung der Kirchensteuer auf die Einkommensteuer vor. Danach ermäßigt sich die Kapitalertragsteuer um 25 % der auf die Kapitalerträge entfallenden Kirchensteuer. Die Kapitalertragsteuer ergibt sich wie folgt:

$$\text{KapESt} = \frac{e}{4 + k}$$

e = Einkünfte aus Kapitalvermögen

k = Kirchensteuersatz

Beispiel B.207:

A erhält von seiner Bank eine Zinsgutschrift über 10.000 €. A ist kirchensteuerpflichtig (KiSt-Satz: 9 %).

	Einkünfte aus Kapitalvermögen	10.000,00 €
–	Kapitalertragsteuer (10.000 / 4,09 =)	– 2.444,99 €
–	Solidaritätszuschlag (5,5 % von 2.444,99 =)	– 134,47 €
–	Kirchensteuer (9 % von 2.444,99 =)	– 220,05 €
=	Nettobetrag	7.200,49 €

7.5.3.4 Abzugsverpflichteter

Schuldner der Kapitalertragsteuer ist der Gläubiger der Kapitalerträge (§ 44 Abs. 1 Satz 1 EStG). Die Kapitalertragsteuer entsteht in dem Zeitpunkt, in dem die Kapitalerträge dem Gläubiger zufließen (§ 44 Abs. 1 Satz 2 EStG).

Abzuführen ist die Kapitalertragsteuer aber nicht von dem Gläubiger der Kapitalerträge (= Schuldner der Kapitalertragsteuer), sondern für diesen von dem Schuldner der Kapitalerträge bzw. der ausführenden oder auszahlenden Stelle, § 44 Abs. 1 Satz 3 EStG.

Die innerhalb eines Monats einbehaltene Kapitalertragsteuer ist bis zum 10. Tag des folgenden Monats an das Finanzamt abzuführen (§ 44 Abs. 1 Satz 5 EStG).

Beispiel B.208:

A hält Aktien der XY-AG im Depot bei der B-Bank. A erhält eine Dividende.

Die Kapitalertragsteuer ist gemäß § 44 Abs. 1 Satz 3 i.V.m. § 43 Abs. 1 Nr. 1 **Satz 1** EStG von dem Schuldner der Kapitalerträge (= XY-AG) einzubehalten und an das Finanzamt abzuführen.

Nach Gutschrift der Dividende verkauft A die Aktien mit Gewinn.

Die Kapitalertragsteuer ist gemäß § 44 Abs. 1 Satz 3 i.V.m. § 43 Abs. 1 Nr. 1 **Satz 2** EStG von der den Verkaufsauftrag ausführenden Stelle (= B-Bank) einzubehalten und an das Finanzamt abzuführen

7.5.4 Werbungskosten und Sparer-Pauschbetrag

Bei der Ermittlung der Einkünfte aus Kapitalvermögen ist als Werbungskosten ein **Sparer-Pauschbetrag** von 801 € (zusammen veranlagte Ehegatten: 1.602 €) abzuziehen. Der Abzug der tatsächlichen Werbungskosten ist ausgeschlossen (§ 20 Abs. 9 Satz 1 EStG). Damit können seit 2009 über den Betrag von 801 € (bzw. 1.602 €) hinausgehende Werbungskosten (z.B. Schuldzinsen; Depot- und Safegebühren; Reisekosten für die Fahrt zur Hauptversammlung einer AG; Kosten für Zeitungen oder Zeitschriften, die ausschließlich über Wertpapiere informieren) nicht mehr abgezogen werden. Betragen die tatsächlichen Werbungskosten hingegen weniger als 801 € (bzw. 1.602 €), so kann in jedem Fall mindestens der Sparer-Pauschbetrag von 801 € bzw. 1.602 € abgezogen werden.

Beispiel B.209:

A hat Aktien der X-AG für 100.000 € erworben. Er hat hierfür ein Darlehen über 100.000 € aufgenommen, das zu 5 % p.a. verzinst wird. In 01 erhält A eine Dividende von 6.000 € und muss Zinsen von 5.000 € zahlen. Der Sparer-Pauschbetrag ist bereits durch andere Kapitaleinkünfte aufgebraucht.

Die Dividende von 6.000 € führt zu Einkünften aus Kapitalvermögen. Es wird eine Kapitalertragsteuer von 25 % (= 1.500 €) einbehalten. Die Zinsaufwendungen von 5.000 € sind steuerliche ohne Bedeutung. Im Ergebnis ist die steuerliche Belastung (1.500 €) somit höher als die Nettoeinkünfte vor Steuern (1.000 €) aus der Anlage.

Bei zusammen veranlagten Ehegatten wird der gemeinsame Sparer-Pauschbetrag von 1.602 € beiden Ehegatten zur Hälfte gewährt. Sind die Kapitalerträge eines Ehegatten niedriger als 801 € kann der nicht verbrauchte Teil des Sparer-Pauschbetrags auf den anderen Ehegatten übertragen werden (§ 20 Abs. 9 Sätze 2, 3 EStG).

Beispiel B.210:

Herr Herrmann Herr erzielt in 01 Einnahmen aus Kapitalvermögen von 4.000 €, seine Ehefrau Frau Frauke Herr erzielt Einnahmen von 600 €. Die Eheleute werden zusammen veranlagt.

	Ehemann	**Ehefrau**
Einnahmen	4.000 €	600 €
– Sparer-Pauschbetrag	– 801 €	– 600 €
– Übertrag von Ehefrau	– 201 €	
Einkünfte aus Kapitalvermögen	2.998 €	0 €

7.5.5 Freistellungsauftrag und NV-Bescheinigung

Legt der (unbeschränkt!) Steuerpflichtige dem Abzugsverpflichteten (i.d.R. seiner Bank) einen **Freistellungsauftrag** i.S.d. § 44a Abs. 2 Nr. 1 EStG vor, so kann auf die Erhebung der Kapitalertragsteuer insoweit verzichtet werden. Der Freistellungsauftrag dient der Freistellung des Sparer-Pauschbetrags von 801 € (bzw. 1.602 € bei zusammen veranlagten Ehegatten). Der Steuerpflichtige kann daher gegenüber der zum Steuerabzug verpflichteten Stelle einen Freistellungsauftrag i.H.v. maximal 801 € (bzw. 1.602 €) vorlegen. Der Freistellungsauftrag muss nicht in voller Höhe einem Schuldner erteilt werden, sondern kann auf eine beliebige Anzahl von Stellen verteilt werden. Die Summe der erteilten Freistellungsaufträge darf allerdings 801 € (bzw. 1.602 €) nicht übersteigen. Der Abzugsverpflichtete hat den Freistellungsauftrag dem Bundeszentralamt für Steuern zu übermitteln (§ 45d EStG), so dass geprüft werden kann, ob die Summe der erteilten Freistellungsaufträge den genannten Höchstbetrag übersteigt.

Durch das JStG 2010 ist § 44a Abs. 2a EStG eingefügt worden, wonach der Freistellungsauftrag auch die Steuer-**Identifikationsnummer** (§ 139b AO) des Steuerpflichtigen beinhalten muss. Bestehende Freistellungsaufträge bleiben allerdings bis Ende 2015 gültig.

Ebenfalls auf einen Steuerabzug verzichtet werden kann, wenn der Steuerpflichtige dem Abzugsverpflichteten eine Nichtveranlagungs-Bescheinigung (**NV-Bescheinigung**) vorlegt (§ 44a Abs. 2 Nr. 2 EStG). Die NV-Bescheinigung wird vom Finanzamt erteilt, wenn anzunehmen ist, dass wegen der geringen Summe der Einkünfte keine Steuer entstehen wird. Die NV-Bescheinigung wird unter dem Vorbehalt des Widerrufs erteilt und darf höchstens für drei Jahre gelten (§ 44a Abs. 2 Sätze 2, 3 EStG).

Beispiel B.211:

S ist Student und hat in 01 außer Zinseinnahmen von 5.000 € keine weiteren Einkünfte.

Zwar übersteigen die Zinseinnahmen den Sparer-Pauschbetrag von 801 €. Bei Berücksichtigung des Grundfreibetrags von 8.004 € (§ 32a Abs. 1 EStG) entsteht jedoch keine Einkommensteuer (vgl. Günstigerprüfung nach § 32d Abs. 6 EStG im nachfolgenden Abschnitt). Das Finanzamt wird daher eine NV-Bescheinigung erteilen. Legt S diese seiner Bank vor, braucht keine Kapitalertragsteuer einbehalten zu werden.

7.5.6 Günstigerprüfung

Die Abgeltungsteuer von 25 % soll für Steuerpflichtige mit höherem individuellen Steuersatz eine Begünstigung darstellen; sie soll aber nicht Steuerpflichtige mit einem individuellen Steuersatz von weniger als 25 % belasten. Steuerpflichtige können daher die Einkünfte aus Kapitalvermögen in ihrer Steuererklärung angeben. In diesem Fall nimmt das Finanzamt nach § 32d Abs. 6 EStG eine **Günstigerprüfung** vor. Ist die Einkommensteuer bei Anwendung des individuellen Steuersatzes (und Anrechnung der Kapitalertragsteuer auf die Einkommensteuer) geringer als die ohne Berücksichtigung der Kapitaleinkünfte zu entrichtende Einkommensteuer, so kommt es im Ergebnis zu einer Erstattung der zu viel entrichteten Kapitalertragsteuer.

Beispiel B.212:

Der Steuerpflichtige A, ledig, verfügt über ein zu versteuerndes Einkommen (ohne Kapitaleinkünfte) von 10.000 €. Zudem hat er Zinseinnahmen von 3.001 € bezogen. Von den Zinseinkünften wurde Kapitalertragsteuer von ((3.001 – 801) · 25 % =) 550 € einbehalten.

Ohne Günstigerprüfung ergibt sich bei einem zu versteuernden Einkommen von 10.000 € nach dem Grundtarif 2010 eine tarifliche Einkommensteuer von 315 €.

Werden die Einkünfte aus Kapitalvermögen berücksichtigt, ergibt sich eine Einkommensteuer von nur 198 €:

Zinseinnahmen	3.001 €
– Sparer-Pauschbetrag	– 801 €
Einkünfte aus Kapitalvermögen	2.200 €
Übriges zu versteuerndes Einkommen	10.000 €
Zu versteuerndes Einkommen	12.200 €
⟶ ESt nach Grundtarif (12.200 €)	748 €
Anrechnung der Kapitalertragsteuer	– 550 €
	198 €

Die Angabe der Einkünfte aus Kapitalvermögen in der Steuererklärung kann bzw. muss auch in den folgenden Fällen erfolgen:

- Der Steuerpflichtige hat seiner Bank **nicht mitgeteilt**, dass er **kirchensteuerpflichtig** ist. In diesem Fall müssen die Einkünfte aus Kapitalvermögen bei der Einkommensteuererklärung angegeben werden, damit Kirchensteuer nacherhoben werden kann.
- Der Steuerpflichtige hat seiner Bank **keinen Freistellungsauftrag** erteilt bzw. die erteilten Freistellungsaufträge sind nicht ausgeschöpft worden, während bei anderen Banken Kapitalertragsteuer einbehalten wurde. Der Steuerpflichtige kann die Einkünfte aus Kapitalvermögen in diesem Fall bei der Steuererklärung angeben, um eine Erstattung der zu viel einbehaltenen Kapitalertragsteuer zu erreichen (§ 32d Abs. 4 EStG).
- Kapitalerträge, die nicht der Kapitalertragsteuer unterlegen haben (z.B. Zinsen von Nichtbanken, siehe Abschnitt B.7.5.1.5, oder ausländische Kapitalerträge), müssen in der Steuererklärung angegeben werden (§ 32d Abs. 3 EStG). Diese Kapitalerträge unterliegen dem besonderen Steuersatz für Kapitalerträge nach § 32d Abs. 1 EStG von 25 %.
- Eine Angabe der Kapitaleinkünfte in der Steuererklärung kann schließlich erfolgen, damit ein noch nicht berücksichtigter Verlust oder noch nicht berücksichtigte, anrechnungsfähige ausländische Steuern angesetzt werden können (§ 32d Abs. 4 EStG).

7.5.7 Verluste aus Kapitalvermögen

Gemäß § 20 Abs. 6 EStG dürfen Verluste aus Kapitalvermögen nicht mit positiven Einkünften aus anderen Einkunftsarten ausgeglichen werden. Verluste aus der Veräußerung von Aktien können nur mit Gewinnen aus der Veräußerung von Aktien ausgeglichen werden (§ 20 Abs. 6 Satz 5 EStG). Im Übrigen können Verluste aus Kapitalvermögen nach folgender Reihenfolge verrechnet werden:

1. Stufe: Verrechnung im Rahmen eines Verlustpools bei der jeweiligen auszahlenden Stelle

Die erste Stufe der Verlustverrechnung erfolgt bereits auf Ebene der auszahlenden Stelle (Kreditinstitut). Gemäß § 20 Abs. 6 Satz 1 i.V.m. § 43a Abs. 3 EStG richtet die auszahlende Stelle für den Steuerpflichtigen einen **Verlustverrechnungstopf** ein (bzw. zwei Verlustverrechnungstöpfe, wenn Veräußerungsverluste aus dem Verkauf von Aktien sowie aus dem Verkauf von anderen Finanzinstrumenten vorliegen, „allgemeiner Topf" und „Aktientopf", siehe BMF-Schreiben vom 22.12.2009, BStBl I 2010, S. 94, Tz. 228).

2. Stufe: Verrechnung von Altverlusten aus § 23 EStG

Werden vor dem 01.01.2009 für das Privatvermögen erworbene Wirtschaftsgüter nach dem 31.12.2008 veräußert, so gilt noch altes Recht, d.h. Veräußerungsgewinne sind nur bei einer Haltedauer von bis zu einem Jahr (Wertpapiere) bzw. bis zu 10 Jahren (andere Wirtschaftsgüter) steuerpflichtig. Veräußerungsverluste sind entsprechend grundsätzlich abzugsfähig, wenn die Haltedauer erfüllt ist. Verluste können allerdings nur mit Gewinnen aus anderen privaten Veräußerungsgeschäften nach § 23 EStG ausgeglichen werden (§ 23 Abs. 3 Satz 8 EStG).

Bis einschließlich zum 31.12.2013 dürfen Verluste aus privaten Veräußerungsgeschäften nach § 23 EStG zudem mit Veräußerungsgewinnen nach § 20 **Abs. 2** EStG ausgeglichen bzw. in künftige Veranlagungszeiträume vorgetragen werden (§ 20 Abs. 6 Satz 1, § 23 Abs. 3 Sätze 9, 10, § 52a Abs. 11 Satz 11 EStG). Ein Rücktrag ist hingegen nicht möglich.

3. Stufe: Verrechnung mit positiven Einkünften aus Kapitalvermögen und Verlustvortrag

Schließlich können Verluste aus Kapitalvermögen mit anderen positiven Einkünften aus Kapitalvermögen desselben Veranlagungszeitraums verrechnet werden. Ein verbleibender Betrag ist in künftige Veranlagungszeiträume zeitlich unbefristet vorzutragen (§ 20 Abs. 6 Satz 3 EStG). Ein Verlustrücktrag ist nicht vorgesehen. Zudem ist stets darauf zu beachten, dass Verluste aus dem Verkauf von Aktien nur mit Gewinnen aus dem Verkauf von Aktien ausgeglichen werden können.

Bei Kapitalerträgen im Sinne von § 32d Abs. 2 EStG ist nicht der besondere Steuersatz von 25 %, sondern der individuelle Steuersatz anzuwenden; die Kapitalertragsteuer verfügt über keine Abgeltungswirkung (siehe Abschnitt B.7.5.3.2). Bei diesen Kapitalerträgen **gelten die Verlustabzugsbeschränkungen nicht**. Derartige Verluste können nach den Regeln des § 10d EStG mit positiven Einkünften aus anderen Einkunftsarten verrechnet werden (§ 32d Abs. 2 Satz 2 EStG).

Eine weitere Verlustabzugsbegrenzung enthält § 20 Abs. 7 EStG, der auf die Vorschrift des § 15b EStG (Beschränkung des Verlustabzugs bei **Steuerstundungsmodellen**) verweist. Zu § 15b EStG siehe Abschnitt B.10.1.5.

7.6 Einkünfte aus Vermietung und Verpachtung

Die **Vermietung** ist ein bürgerlich-rechtlicher Vertrag, bei dem der Vermieter dem Mieter eine Sache während der vereinbarten Mietdauer gegen Entgelt zum Gebrauch überlässt (§ 535 BGB). Bei der **Verpachtung** sieht der Vertrag neben der Gebrauchsüberlassung zusätzlich das Recht vor, aus dem verpachteten Gegenstand Früchte zu ziehen (§ 581 BGB).

Beispiel B.213:
Vermietung einer Wohnung oder eines Kraftfahrzeugs,
Verpachtung eines Obstgartens oder eines Gewerbebetriebs.

Es besteht jedoch Einigkeit in Literatur und Rechtsprechung, dass die einkommensteuerlichen Begriffe Vermietung und Verpachtung in § 21 EStG nicht i.S.d. Zivilrechts zu interpretieren sind. Wesensmerkmal der Einkünfte aus Vermietung und Verpachtung ist die entgeltliche Gebrauchsüberlassung von Wirtschaftsgütern an Dritte. Für die Qualifizierung von Einkünften unter den Tatbestand des § 21 EStG kommt es nicht auf die zivilrechtliche Form oder Bezeichnung der von den Beteiligten geschlossenen Verträge, sondern auf den wirtschaftlichen Gehalt der Vertragsbeziehung an (BFH-Urteil vom 05.10.1973, BStBl II 1974, S. 130). Wichtige Sachverhalte, bei denen die steuerliche Beurteilung nicht an den zivilrechtlichen Miet- oder Pachtbegriff anknüpft, sind im Folgenden aufgeführt:

Erbbaurechte und Nießbrauch

Neben der Miete und der Pacht sieht das Zivilrecht eine Reihe weiterer Konstruktionen vor, die sich dadurch auszeichnen, dass nicht der Eigentümer einer Sache, sondern eine andere Person bestimmte Nutzungen aus dieser Sache ziehen kann. Zu nennen sind insbesondere die Einräumung von **Erbbaurechten** (ErbbauVO) oder die entgeltliche **Nießbrauchbestellung** (§§ 1030 ff. BGB). Auch für diese Nutzungsüberlassungen, die der Miete bzw. Pacht wirtschaftlich vergleichbar sind, ist § 21 EStG einschlägig (BFH-Urteil vom 20.09.2006, BStBl II 2007, S. 112, für den Fall des Erbbaurechts).

Veräußerung mit einer Verpflichtung zur Rückübertragung

Ebenso wird sich die **Veräußerung** von Wirtschaftsgütern mit einer **Verpflichtung zu einer Rückübertragung** regelmäßig zumindest dann für steuerliche Zwecke als entgeltliche Gebrauchsüberlassung, die unter den Tatbestand des § 21 EStG fällt, darstellen, wenn die Rückübertragungsverpflichtung nicht lediglich der Sicherung von Ansprüchen dient, sondern bei Berücksichtigung sämtlicher Umstände des Einzelfalls zu erwarten ist, dass die Rückübertragung tatsächlich durchgeführt wird (vgl. BFH-Beschluss vom 11.03.1976, BStBl II 1976, S. 535, zur Übereignung eines Grundstücks mit der Verpflichtung zur Rückübertragung nach der Ausbeutung von Bodenschätze; vgl. auch Vfg. des Bayer. Landesamtes für Steuern vom 16.07.2008, DB 2008, S. 2110).

Leasing

Schließlich ist auch bei der Beurteilung von **Leasing-Verträgen**, die bei wirtschaftlicher Betrachtung zwischen Kauf und Miete anzusiedeln sind, unter Berücksichtigung aller Umstände des Einzelfalls zu prüfen, ob ein Veräußerungsgeschäft anzunehmen ist, das im Rahmen der Überschusseinkünfte regelmäßig steuerlich unbeachtlich wäre, oder ob die Leasingraten Einkünfte aus Vermietung und Verpachtung begründen. Die Auffassung der Finanzverwaltung, die im Grundsatz der einschlägigen Rechtsprechung folgt, findet sich in den verschiedenen **Leasing-Erlassen** des Bundesfinanzministers (BMF-Schreiben vom 19.04.1971, BStBl I 1971, S. 264; vom 21.03.1972, BStBl I 1972, S. 188; vom 23.12.1991, BStBl I 1992, S. 13). Zwar gelten diese nach ihrem Wortlaut nur für den Fall, dass Leasing-Geber und Leasing-Nehmer gewerblich tätig sind, und behandeln neben der Abgrenzung zwischen Veräußerung und Miete insbesondere die bilanzsteuerliche Darstellung von Leasingverträgen. Allerdings besteht Einigkeit, dass die grundsätzlichen Gedanken der Leasing-Erlasse auch im Rahmen des Privatvermögens anzuwenden sind. Danach liegen Einkünfte aus Vermietung und Verpachtung insbesondere bei Leasing-Verträgen vor, bei denen keine feste Grundmietzeit vereinbart ist, die also kurzfristig kündbar sind (sog. Operating-Leasing, vgl. BFH-Urteil vom 26.01.1970, BStBl II 1970, S. 264). Werden sämtliche Kosten des Leasing-Gebers (Anschaffungs- bzw. Herstellungskosten sowie Nebenkosten einschließlich der Kosten der Finanzierung) durch die Leasingraten während der festen Grundmietzeit aufgebracht (sog. Vollamortisations-Leasing oder Finanzierungsleasing, siehe hierzu auch Abschnitt B.5.2.3.4.2), so wird für steuerliche Zwecke ein Ratenkauf fingiert. Dem Leasing-Geber entstehen keine Einkünfte aus Vermietung und Verpachtung. Vielmehr stellen die Leasingraten einen im Privatvermögen grundsätzlich steuerlich unbeachtlichen Veräußerungserlös dar. Differenziertere Vorschriften sind schließlich für das sog. Teilamortisations-Leasing vorgesehen, bei dem die Kosten des Leasing-Gebers nicht vollständig durch die Leasingraten während der festen Grundmietzeit aufgebracht werden (BMF-Schreiben vom 23.12.1991, BStBl I 1992, S. 13). Allerdings wird sich die Abgrenzung zwischen Kauf und Miete bei Leasingverträgen im Rahmen des § 21 EStG nur selten stellen, da Leasing-Geber in aller Regel Gewerbetreibende sind.

7.6.1 Arten der Einkünfte aus Vermietung und Verpachtung

Der einkommensteuerliche Begriff der Vermietung und Verpachtung nach § 21 EStG geht zwar insoweit über den entsprechenden zivilrechtlichen Begriff hinaus, als auch wirtschaftlich vergleichbare Nutzungsüberlassungen, z.B. die Gewährung von Erbbaurechten oder die entgeltliche Nießbrauchbestellung, erfasst werden. Umgekehrt beziehen sich die Einkünfte aus Vermietung und Verpachtung im Vergleich zur zivilrechtlichen Begriffsbestimmung allerdings insoweit auf einen engeren Sachverhalt, als sie nur die Vermietung oder Verpachtung von Vermögensgegenständen erfassen, die in § 21 Abs. 1 EStG abschließend aufgezählt sind:

Vermietung und Verpachtung von unbeweglichem Vermögen (§ 21 Abs. 1 Nr. 1 EStG)

Zum unbeweglichen Vermögen i.S.d. § 21 Abs. 1 Nr. 1 EStG zählen neben Grundstücken, Gebäuden und Gebäudeteilen auch grundstücksgleiche Rechte. Insbesondere sind Erbbauzinsen, die der Grundstückseigentümer von dem Erbbauberechtigten für die Bestellung des Erbbaurechts erhält, sowie Einnahmen aus einer entgeltlichen Nießbrauchbestellung an Grundstücken Einkünfte aus Vermietung und Verpachtung. Zur Definition und Behandlung von Erbbau- und Nießbrauchrechten siehe ausführlich den nachfolgenden Abschnitt. Weitere grundstücksgleiche Rechte sind insbesondere das Bergrecht (Art. 67 EGBGB, BBergG, BGBl I 1980, S. 1310 mit späteren Änderungen) sowie das Mineralgewinnungsrecht (Art. 68 EGBGB). In der Aufzählung des § 21 Abs. 1 Nr. 1 EStG sind als unbewegliches (!) Vermögen zudem ausdrücklich auch Schiffe, die in ein öffentliches Schiffsregister eingetragen sind, aufgeführt.

Beispiel B.214:

Ein Steuerpflichtiger verpachtet eine Sandgrube gegen eine Pachtzahlung von 5.000 € pro Jahr zuzüglich 10 € je abgebauter Tonne Sand.

Sowohl die Pauschalzahlung als auch die von der Abbaumenge abhängige Zahlung begründet Einnahmen aus Vermietung und Verpachtung, sofern die Sandgrube beim Verpächter nicht einem Betriebsvermögen zuzurechnen ist.

Vermietung und Verpachtung von Sachinbegriffen (§ 21 Abs. 1 Nr. 2 EStG)

Sachinbegriffe sind **Vielheiten von beweglichen Wirtschaftsgütern**, die funktionell und technisch so aufeinander abgestimmt sind, dass sie einem einheitlichen Zweck dienen (vgl. *H. Wendland*, DB 1992, S. 1699). So sind etwa Einkünfte aus der Verpachtung des beweglichen Betriebsvermögens eines Gewerbebetriebs sowie der auf die Möbel entfallende Mietanteil bei der Vermietung von möblierten Wohnungen Einkünfte aus Vermietung und Verpachtung.

Zeitlich begrenzte Überlassung von Rechten (§ 21 Abs. 1 Nr. 3 EStG)

Dies können z.B. **Patente, Lizenzen, Urheberrechte** oder **gewerbliche Erfahrungen** sein. Zum Begriff des Urheberrechts vgl. auch § 73a Abs. 2 EStDV. Da die Einnahmen, die der Künstler, Schriftsteller oder Erfinder selbst aus der Überlassung seiner planmäßig erstellten Werke bezieht, auf Grund der Subsidiaritätsvorschrift des § 21 Abs. 3 EStG regelmäßig Einkünfte aus selbständiger Arbeit begründen, erfasst § 21 Abs. 1 Nr. 3 EStG nur die zeitlich begrenzte Überlassung von **erworbenen** Rechten (vgl. *W. Drenseck*, in: L. Schmidt (2010), § 21, Rz. 54) sowie von Zufallserfindungen.

Beispiel B.215:

Ein Ingenieur entwickelt **planmäßig** Erfindungen. Die daraus resultierenden Patenteinnahmen begründen Einkünfte aus selbständiger Arbeit nach § 18 Abs. 1 Nr. 1 EStG.

Ein Steuerpflichtiger entwickelt **im Rahmen seiner Arbeitnehmertätigkeit** für ein Ingenieurbüro Erfindungen, die seinem Arbeitgeber zustehen. Er erzielt Einkünfte aus nichtselbständiger Arbeit nach § 19 EStG.

Ein **Zufallserfinder** erzielt Patenteinnahmen. Da es bei dem Zufallserfinder an einer Nachhaltigkeit der Tätigkeit fehlt (BFH-Urteil vom 10.09.2003, BStBl II 2004, S. 218), liegen weder Einkünfte aus Gewerbebetrieb noch Einkünfte aus selbständiger Arbeit vor. Die Subsidiaritätsvorschrift des § 21 Abs. 3 EStG greift nicht, die Patenteinnahmen begründen Einkünfte aus Vermietung und Verpachtung.

Veräußerung von Miet- und Pachtzinsforderungen (§ 21 Abs. 1 Nr. 4 EStG)

Erfasst werden lediglich Ansprüche, die im Veräußerungszeitpunkt bereits entstanden sind, d.h. rückständige Miet- und Pachtzinsforderungen, nicht jedoch zukünftige Miet- und Pachtansprüche. Zudem ist nur die Veräußerung von Miet- oder Pachtforderungen gemeint, die aus der Vermietung oder Verpachtung eines Vermögensgegenstandes i.S.d. § 21 Abs. 1 Nrn. 1 – 3 EStG resultieren.

Den wichtigsten Anwendungsfall des § 21 Abs. 1 Nr. 4 EStG stellt die Veräußerung von Grundstücken einschließlich rückständiger Mietzinsen dar. Wird in diesem Fall lediglich ein Gesamtpreis vereinbart, so hat für steuerliche Zwecke eine Aufteilung des Kaufpreises zu erfolgen.

Beispiel B.216:

A veräußert ein Mietwohngrundstück, das er im Privatvermögen hält, an B. Außerdem tritt A dem B Mietforderungen an verschiedene Mieter ab. Das Entgelt für die rückständigen Mieten von 40.000 €, das voraussichtlich in voller Höhe zu realisieren sein wird, ist im Gesamtkaufpreis des Grundstücks von 400.000 € enthalten.

A hat den Erlös von 40.000 € aus der Abtretung als Einnahme nach § 21 Abs. 1 Nr. 4 EStG zu versteuern. Der Grundstückserlös, der zur Ermittlung eines eventuellen privaten Veräußerungsgewinns nach § 23 EStG von Bedeutung ist, beträgt nur 360.000 €. B hat Anschaffungskosten für das Grundstück von ebenfalls 360.000 €. Der Einzug des rückständigen Mietbetrags von 40.000 € durch B gehört nicht zu den Einkünften aus Vermietung und Verpachtung i.S.d. § 21 Abs. 1 Nr. 1 EStG, da es sich hierbei lediglich um den Einzug einer entgeltlich erworbenen Forderung handelt.

Wird für die Mietforderung ein Preis unterhalb des Nennwerts vereinbart, da die Mietforderung voraussichtlich nicht in voller Höhe eingezogen werden kann, so begründet nur dieser niedrigere Kaufpreis Einkünfte aus Vermietung und Verpachtung nach § 21 Abs. 1 Nr. 4 EStG. Später eintretende Umstände, die den Wert der Forderung beeinflussen, sind als Vorgänge der privaten Vermögenssphäre steuerlich unbeachtlich.

Nicht in der Aufzählung des § 21 Abs. 1 EStG enthalten ist die **Vermietung einzelner beweglicher Sachen**. Die Vermietung einzelner beweglicher Sachen, z.B. eines Kraftfahrzeugs, begründet daher keine Einkünfte aus Vermietung und Verpachtung. Vielmehr ist der Tatbestand der Sonstigen Einkünfte nach § 22 Nr. 3 EStG erfüllt. Die materielle Bedeutung der Abgrenzung zwischen Einkünften aus Vermietung und Verpachtung und Sonstigen Einkünften i.S.d. § 22 Nr. 3 EStG ergibt sich aus § 22 Nr. 3 Sätze 2 – 4 EStG:

- Gemäß § 22 Nr. 3 Satz 2 EStG wird für die Sonstigen Einkünfte des § 22 Nr. 3 EStG eine **Freigrenze** i.H.v. 256 € gewährt. Solche Einkünfte sind nicht steuerpflichtig, wenn sie weniger als 256 € im Kalenderjahr betragen. Betragen sie hingegen 256 € oder mehr, so sind sie in voller Höhe, d.h. nicht nur in Höhe des übersteigenden Teils, steuerpflichtig.
- Gemäß § 22 Nr. 3 Sätze 3, 4 EStG können negative Sonstige Einkünfte des § 22 Nr. 3 EStG nicht mit den übrigen positiven Einkünften ausgeglichen werden. Negative Sonstige Einkünfte des § 22 Nr. 3 EStG können nur nach den Vorschriften des § 10d EStG in den vorhergehenden Veranlagungszeitraum zurückgetragen sowie in die nachfolgenden Veranlagungszeiträume zeitlich unbegrenzt vorgetragen und in diesen Jahren mit positiven Sonstigen Einkünften nach § 22 Nr. 3 EStG ausgeglichen werden.

7.6.2 Dingliche und obligatorische Nutzungsrechte an Grundstücken

Den Tatbestand der Einkünfte aus Vermietung und Verpachtung erfüllt diejenige Person, die Sachen oder Rechte i.S.d. § 21 Abs. 1 EStG an andere zur Nutzung gegen Entgelt überlässt (BFH-Urteil vom 26.04.1983, BStBl II 1983, S. 502). Dies muss nicht der Eigentümer der überlassenen Sache sein. Auch eine Person, die nur zur Nutzung der Sache berechtigt ist, ohne selbst Eigentümer zu sein, kann Einkünfte aus Vermietung und Verpachtung erzielen, wenn ihr die volle Besitz- und Verwaltungsbefugnis zusteht, sie die Sache kraft dieser Befugnis vermietet oder verpachtet und die Miet- oder Pachtzinsen ihr und nicht dem Eigentümer der Sache zustehen (vgl. BMF-Schreiben vom 24.07.1998 (**Nießbrauch-Erlass**), BStBl I 1998, S. 914, geändert durch BMF vom 09.02.2001, BStBl I 2001, S. 171, Rz. 1).

Das deutsche Zivilrecht sieht eine Vielzahl rechtlicher Konstruktionen vor, bei denen nicht der Eigentümer einer Sache, sondern eine andere Person bestimmte Nutzungen aus dieser Sache ziehen kann oder bestimmte Rechte an dieser Sache hat. Beispielsweise hat der Mieter einer Sache für den Zeitraum der Mietdauer das alleinige Nutzungsrecht und kann den Eigentümer von der Nutzung der Mietsache ausschließen.

Beispiel B.217:

Der Mieter M einer Wohnung vermietet ein Zimmer mit Genehmigung des Eigentümers E an eine dritte Person U zur **Untermiete**. M erzielt mit den von U empfangenen Mietzahlungen Einkünfte aus Vermietung und Verpachtung. Als Werbungskosten kann er die anteilig auf das untervermietete Zimmer entfallende Miete, die er an E entrichtet, geltend machen (vgl. Tz. 36 Nießbrauch-Erlass).

Nutzungsrechte an Sachen können **dingliche** oder **obligatorische** Rechte sein:

- **Dingliche Nutzungsrechte**

  Dingliche Nutzungsrechte beruhen auf **sachenrechtlichen Verträgen**. Der Inhaber eines dinglichen Rechts kann die belastete Sache kraft eigenen Rechts nutzen, d.h. er hat nicht lediglich einen Anspruch gegenüber dem Eigentümer auf eine Überlassung zur Nutzung. Ist ein Grundstück mit einem in das Grundbuch eingetragenen dinglichen Recht belastet, so ist dieses Recht unabhängig von dem jeweiligen Eigentümer des Grundstücks. Wechselt der Eigentümer des Grundstücks, so wirkt die Belastung auch gegen den neuen Eigentümer. Von den dinglichen Rechten der §§ 1018 – 1203 BGB gewähren der Nießbrauch (§§ 1030 – 1089 BGB) sowie das Wohnungsrecht (§ 1093 BGB) die Befugnis, den Eigentümer von der Nutzung der Sache auszuschließen.

  Ein **Nießbrauch** ist gemäß § 1030 BGB das Recht, die Nutzungen aus der Sache zu ziehen. Das Nießbrauchsrecht bezieht sich grundsätzlich auf alle Nutzungen, kann jedoch gemäß § 1030 Abs. 2 BGB durch den Ausschluss einzelner Nutzungen beschränkt werden. Ein **Wohnungsrecht** ist gemäß § 1093 Abs. 1 BGB das Recht, ein Gebäude oder einen Teil eines Gebäudes unter Ausschluss des Eigentümers als Wohnung zu benutzen.

  Vermietet der durch einen Nießbrauch oder ein Wohnungsrecht Begünstigte die Sache an eine dritte Person, so kann er unter noch zu erörternden Voraussetzungen selbst den Tatbestand des § 21 EStG erfüllen, d.h. Einkünfte aus Vermietung und Verpachtung beziehen.

- **Obligatorische Nutzungsrechte**

  Obligatorische Nutzungsrechte beruhen hingegen nicht auf sachenrechtlichen, sondern auf **schuldrechtlichen Verträgen**. Zwar kann auch ein schuldrechtlicher Vertrag das Recht auf die Nutzung einer Sache verleihen. Jedoch ist nicht die Sache selbst belastet. Vielmehr ist der Vertragschließende, i.d.R. der Eigentümer der Sache, verpflichtet, dem Vertragspartner die Nutzung der Sache zu ermöglichen. Wechselt das Eigentum an der Sache, so kann der Anspruch auf Nutzung der Sache gegenüber dem neuen Eigentümer nicht geltend gemacht werden.

  Obligatorische Nutzungsrechte, die dem Inhaber das Recht gewähren, unter Ausschluss des Eigentümers über eine Sache zu verfügen, sind die **Miete** (§§ 535 – 580a BGB), die **Pacht** (§§ 581 – 584b BGB), die **Landpacht** als spezielle Form des Pachtvertrags (§§ 585 – 597 BGB) und die **Leihe** (§§ 598 – 606 BGB).

Ist eine vermietete Sache mit einem dinglichen oder obligatorischen Nutzungsrecht belastet, so stellen sich insbesondere die folgenden Fragen:

- Erzielt der Eigentümer oder der durch das dingliche oder obligatorische Nutzungsrecht Berechtigte Einkünfte aus Vermietung und Verpachtung?
- Kann der Eigentümer oder der Nutzungsberechtigte Abschreibungen auf die vermietete Sache geltend machen?
- Ist das Nutzungsrecht selbst ein abschreibungsfähiges Wirtschaftsgut?

Die Auffassung der Finanzverwaltung zur Behandlung von dinglichen und obligatorischen Nutzungsrechten im Rahmen der Einkünfte aus Vermietung und Verpachtung ist unter Bezugnahme auf die einschlägige Rechtsprechung im sog. **Nießbrauch-Erlass** des Bundesfinanzministers (BMF-Schreiben vom 24.07.1998, BStBl I 1998, S. 914, geändert durch BMF vom 09.02.2001, BStBl I 2001, S. 171; BMF vom 16.09.2004, BStBl I 2004, S. 922; BMF vom 29.05.2006, BStBl I 2006, S. 392) dargelegt. Danach ist wie folgt zu unterscheiden:

- **Vorbehaltsnießbrauch** (Rzn. 39 – 48 Nießbrauch-Erlass).

  Ein Vorbehaltsnießbrauch liegt nach Rz. 39 Nießbrauch-Erlass vor, wenn bei der Übertragung des Eigentums an einem Grundstück gleichzeitig ein Nießbrauch für den bisherigen Eigentümer bestellt wird.

  Ist das mit dem Vorbehaltsnießbrauch belastete Grundstück vermietet, so erzielt der Nießbraucher, d.h. der bisherige Eigentümer, weiterhin Einkünfte aus Vermietung und Verpachtung. Er darf auch die AfA für das Gebäude wie zuvor als Eigentümer in Anspruch nehmen (Rzn. 41 – 44 Nießbrauch-Erlass). Begründet wird dies damit, dass der Vorbehaltsnießbraucher, anders als der Zuwendungsnießbraucher (siehe unten), die bestehenden Mietverträge selbst abgeschlossen hat. Er leitet sein Nutzungsrecht nicht von dem neuen Eigentümer ab, es stammt vielmehr unmittelbar aus seinem früheren Eigentum (z.B. BFH-Urteil vom 07.12.1982, BStBl II 1983, S. 627).

  Der Erwerber hat Anschaffungskosten in Höhe des Kaufpreises. Der Kapitalwert des Nießbrauchs gehört nicht zu den Anschaffungskosten des Erwerbers. Bis zum Erlöschen des Nießbrauchs darf der neue Eigentümer allerdings keine AfA geltend machen. Das AfA-Volumen des neuen Eigentümers vermindert sich zudem um die AfA-Beträge auf die Anschaffungskosten des neuen Eigentümers, die auf den Zeitraum zwischen Anschaffung und Erlöschen des Nießbrauchs entfallen (Rzn. 45 – 48 Nießbrauch-Erlass).

Beispiel B.218:

A erwirbt am 01.01.01 ein bebautes Grundstück zum Preis von 500.000 € und vermietet es fortan an den X. Von dem Kaufpreis entfällt ein Teilbetrag von 100.000 € auf den Grund und Boden sowie von 400.000 € auf das aufstehende Gebäude. A schreibt das Gebäude in den folgenden Jahren linear gemäß § 7 Abs. 4 EStG mit jährlich 2 % ab. Die fortgeschriebenen Anschaffungskosten zum 01.01.05 betragen somit (400.000 – 4 · 8.000 =) 368.000 €. Zum 01.01.05 veräußert A das Grundstück unter Vereinbarung eines Vorbehaltsnießbrauchs an B. Als Kaufpreis wird ein Betrag von 90.000 € für den Grund und Boden sowie von 360.000 € für das Gebäude vereinbart.

A bezieht nach wie vor Einkünfte aus Vermietung und Verpachtung und kann Abschreibungen i.H.v. 8.000 € jährlich abziehen. B erwirbt den Grund und Boden zu Anschaffungskosten von 90.000 € und das Gebäude zu Anschaffungskosten i.H.v. 360.000 €. Bis zum Erlöschen des Nießbrauchs kann B allerdings keine AfA geltend machen. Bei Anwendung des § 7 Abs. 4 EStG reduziert sich das AfA-Volumen des B zudem bis zum Erlöschen des Nießbrauchs um jährlich 2 % von 360.000 €, d.h. um jährlich 7.200 €).

- **Vorbehaltenes Wohnungsrecht** (Rzn. 49 – 50 Nießbrauch-Erlass) und **vorbehaltenes obligatorisches Nutzungsrecht** (Rzn. 51 – 54 Nießbrauch-Erlass).

  Die Grundsätze zum Vorbehaltsnießbrauch gelten entsprechend auch für das Wohnungsrecht, das sich der bisherige Eigentümer bei einer Übertragung des Grundstücks vorbehält (Rz. 49 Nießbrauch-Erlass). Gleiches gilt auch für den Fall, dass Käufer und

Verkäufer des Grundstücks vereinbaren, dass der bisherige Eigentümer das Grundstück weiter als Mieter nutzen kann. Ist das Grundstück an eine dritte Person vermietet (Weitervermietung, Untervermietung), so bezieht erneut der bisherige Eigentümer Einkünfte aus Vermietung und Verpachtung und kann die Gebäude-AfA in Anspruch nehmen.

- **Zuwendungsnießbrauch** (Rzn. 10 – 31 Nießbrauch-Erlass).

Zuwendungsnießbrauch liegt im Gegensatz zum Vorbehaltsnießbrauch dann vor, wenn der Nießbrauch von dem Eigentümer eines Grundstückes unabhängig von einer Eigentumsübertragung bestellt wird (Rz. 10 Nießbrauch-Erlass).

Der Eigentümer hat das für die Bestellung des Nießbrauchs gezahlte Entgelt grundsätzlich im Jahr des Zuflusses als Einnahme aus Vermietung und Verpachtung zu behandeln. Alternativ **kann** der Steuerpflichtige die Einnahmen gemäß § 11 Abs. 1 Satz 3 EStG gleichmäßig auf die Laufzeit des Nießbrauchs verteilen, wenn die Laufzeit des Nießbrauchs mehr als fünf Jahre beträgt. Beträgt die Laufzeit bis zu fünf Jahren, soll nach der Billigkeitsregel der Rz. 29 Nießbrauch-Erlass ebenfalls eine Verteilung über die Laufzeit des Nießbrauchs erfolgen können. Der Eigentümer ist, da ihm Einnahmen aus Vermietung und Verpachtung zuzurechnen sind, zur Vornahme von Abschreibungen auf die mit dem Nießbrauch belastete Sache berechtigt (Rzn. 28 – 30 Nießbrauch-Erlass).

Beim Nießbraucher ist das Nießbrauchsrecht als immaterieller Vermögensgegenstand zu behandeln, der über Anschaffungskosten in Höhe des bei Bestellung des Nießbrauchs entrichteten Entgelts verfügt. Nutzt der Nießbraucher das Wirtschaftsgut seinerseits durch Vermietung, so erzielt auch er Einkünfte aus Vermietung und Verpachtung. In diesem Fall kann er die Anschaffungskosten des Nießbrauchsrechts nach der Vorschrift des § 7 Abs. 1 EStG linear abschreiben (Rzn. 26, 27 Nießbrauch-Erlass, BFH-Urteil vom 27.06.1978, BStBl II 1979, S. 38).

Beispiel B.219:

A bestellt ein 15-jähriges Nießbrauchsrecht an einem bebauten Grundstück zugunsten des B gegen eine einmalige Zahlung i.H.v. 60.000 €. B vermietet das Grundstück in der Folgezeit gegen eine jährliche Mietzahlung von 10.000 € an C.

A hat die Zahlung i.H.v. 60.000 € als Einnahme aus Vermietung und Verpachtung zu behandeln. A kann gemäß § 11 Abs. 1 Satz 3 EStG allerdings auch eine Versteuerung dieses Betrags in 15 gleichen Teilbeträgen von je 4.000 € im Jahr des Zuflusses sowie den 14 nachfolgenden Jahren wählen. A ist unverändert zu Abschreibungen seiner ursprünglichen Anschaffungskosten berechtigt.

Die jährliche Mietzahlung i.H.v. 10.000 € stellt Einnahmen aus Vermietung und Verpachtung für den B dar. B hat zudem Anschaffungskosten für das Nießbrauchsrecht i.H.v. 60.000 €. Diese kann er gemäß § 7 Abs. 1 EStG linear über einen Zeitraum von 15 Jahren abschreiben.

- **Zugewendetes Wohnungsrecht** (Rzn. 33, 34 Nießbrauch-Erlass) und **zugewendetes obligatorisches Nutzungsrecht** (Rzn. 35 – 38 Nießbrauch-Erlass).

Die Grundsätze zum Zuwendungsnießbrauch gelten entsprechend für das zugewendete Wohnungsrecht (Rz. 33 Nießbrauch-Erlass) sowie das zugewendete obligatorische Nutzungsrecht (Rzn. 36, 37 Nießbrauch-Erlass). Allerdings entsteht im Falle von obligatorischen Nutzungsrechten, d.h. Miet- oder Pachtverträgen, kein eigenständiges immaterielles Wirtschaftsgut, dessen Anschaffungskosten nach § 7 Abs. 1 EStG abgeschrieben werden könnten. Vermietet der Mieter die Sache seinerseits weiter, so kann er vielmehr die an den Eigentümer gezahlten Mietzinsen grundsätzlich im Zahlungszeitpunkt als Werbungskosten abziehen. Sofern allerdings Mietzinsen für einen Zeitraum von mehr als fünf Jahren im Voraus geleistet werden, müssen diese gemäß § 11 Abs. 2 Satz 3 EStG gleichmäßig auf den Zeitraum, für den sie geleistet werden, verteilt werden.

Die vorstehenden Ausführungen beziehen sich nur auf den Fall, dass das dingliche oder obligatorische Nutzungsrecht vollentgeltlich übertragen wurde. Für den Fall des teilentgeltlichen sowie des unentgeltlichen Erwerbs sieht der Nießbrauch-Erlass besondere Vorschriften vor, auf die jedoch im Rahmen des vorliegenden Werkes nicht eingegangen werden soll.

7.6.3 Abgrenzung zur Liebhaberei

Einkünfte aus Vermietung und Verpachtung liegen nur vor, wenn zumindest die Absicht besteht, über längere Sicht einen Überschuss der Einnahmen über die Werbungskosten zu erzielen. Bei fehlender Überschusserzielungsabsicht handelt es sich um eine steuerlich unbeachtliche Liebhaberei. Gewinne aus Tätigkeiten, die sich als Liebhaberei qualifizieren, sind nicht steuerpflichtig, Verluste sind als Aufwendungen der privaten Lebensführung i.S.d. § 12 Nr. 1 EStG nicht abzugsfähig. Die Inkaufnahme vorübergehender Verluste schließt die Gewinnerzielungsabsicht hingegen nicht aus. Keine Überschusserzielungsabsicht liegt allerdings vor, wenn nur Einnahmen in Höhe der Selbstkosten erwirtschaftet werden sollen (BFH-Urteil vom 22.08.1984, BStBl II 1985, S. 61) oder wenn die Vermietung nur dazu dient, die Kosten der privaten Freizeitgestaltung zu mindern (BFH-Urteil vom 28.08.1987, BStBl II 1988, S. 10).

Beispiel B.220:

Vermietung einer Wohnung an Familienangehörige zu einem Mietzins, der lediglich die laufenden Kosten deckt.

Gelegentliche Vermietung eines privaten Ferienhauses mit dem Ziel, die Kosten der Unterhaltung des im Übrigen zu eigenen Erholungszwecken genutzten Hauses zu reduzieren.

In beiden Fällen liegt steuerlich unbeachtliche Liebhaberei vor. Die aus den Tätigkeiten resultierenden Verluste können nicht abgezogen werden.

Zwar ist die Überschusserzielungsabsicht ein subjektives Tatbestandsmerkmal. Nach Ansicht des BFH kann auf das Vorliegen der Überschusserzielungsabsicht jedoch nur anhand äußerer, objektiver Merkmale geschlossen werden (BFH-Urteil vom 18.12.1969, BStBl II 1970, S. 377). Werden tatsächlich Überschüsse erzielt, so steht die Überschusserzielungsabsicht nach diesem Kriterium in aller Regel außer Zweifel. Größere Schwierigkeiten bereitet die Beurteilung der Überschusserzielungsabsicht allerdings dann, wenn auch auf längere Sicht negative Einkünfte erzielt werden. Der Beweis des ersten Anscheins spricht in diesem Fall gegen das Vorliegen einer Überschusserzielungsabsicht. Für eine solche Absicht mögen jedoch beispielsweise ein unerwarteter Mietzinsrückgang sowie angemessene Reaktionen des Steuerpflichtigen auf unerwartete Zwischenverluste angeführt werden können (vgl. auch *W. Drenseck*, in: L. Schmidt (2010), § 21, Rz. 10, 11). Einigkeit besteht allerdings dahingehend, dass das ausschließliche Ziel, Steuervorteile zu erreichen, keine Überschusserzielungsabsicht begründet. Zu denken ist beispielsweise an eine Investition, die in den ersten Jahren hohe Verluste erzielt. Selbst wenn die Gewinne in den nachfolgenden Jahren die Verluste nicht decken, könnte eine solche Investition bei einer Abzugsfähigkeit der Verluste in den ersten Jahren und einer Versteuerung der Gewinne in den nachfolgenden Jahren auf Grund von Zins- oder Progressionseffekten lohnend sein. Solchen Projekten, z.B. im Rahmen von Abschreibungs- oder Verlustzuweisungsgesellschaften, wird jedoch keine Gewinnerzielungsabsicht zugestanden (BFH-Urteil vom 21.08.1990, BStBl II 1991, S. 564; vgl. auch Abschnitt B.10.1.5).

Bei der Prüfung der Frage, ob Überschusserzielungsabsicht vorliegt, ist auf das einzelne Objekt, nicht auf die Menge sämtlicher vermieteter Objekte, abzustellen (vgl. *W. Drenseck*, in: L. Schmidt (2010), § 21, Rz. 10). Voraussichtliche Wertgewinne des Mietobjekts sind dabei nicht zu berücksichtigen, da diese im Privatvermögen nicht steuerpflichtig sind. Wenn eine Investition nur einschließlich eines geplanten Veräußerungsgewinns rentabel ist, liegt somit keine Überschusserzielungsabsicht im Rahmen der Einkünfte aus Vermietung und Verpachtung vor.

7.6.4 Abgrenzung zu gewerblichen Einkünften

Gemäß § 21 Abs. 3 EStG sind die Einkünfte aus Vermietung und Verpachtung gegenüber den übrigen Einkunftsarten mit Ausnahme der Sonstigen Einkünfte (§ 22 Nr. 1 Satz 1, Nr. 3 Satz 1 EStG) **subsidiär**, d.h. Einkünfte, die ihrer Natur nach sowohl den Einkünften aus Vermietung und Verpachtung als auch einer der übrigen Einkunftsarten (außer Sonstigen Einkünften) zugerechnet werden könnten, sind vorrangig bei der jeweils anderen in Frage stehenden Einkunftsart zu erfassen.

Beispiel B.221:

Ein Gewerbetreibender vermietet eine auf einem Betriebsgelände belegene Wohnung an einen Arbeitnehmer, der als Hausmeister ständig auf dem Grundstück anwesend sein muss.

Die Wohnung ist notwendiges Betriebsvermögen (R 4.2 Abs. 4 Satz 2 EStR). Die Vermietung begründet Einkünfte aus Gewerbebetrieb, nicht Einkünfte aus Vermietung und Verpachtung.

Problematisch ist die Abgrenzung zwischen gewerblichen Einkünften und Einkünften aus Vermietung oder Verpachtung jedoch für den Fall, dass die Vermietungs- oder Verpachtungstätigkeit nicht im Rahmen einer anderen Tätigkeit erfolgt, die sich schon als gewerbliche Tätigkeit qualifiziert. In diesem Fall stellt sich die Frage, ob hinsichtlich der Vermietungs- oder Verpachtungstätigkeit selbst bereits die Grenze zur gewerblichen Tätigkeit überschritten ist.

Die Grenze zum Gewerbebetrieb wird dann überschritten, wenn die Vermögensnutzung durch Vermietung oder Verpachtung gegenüber der Ausnutzung von Substanzwertsteigerungen entscheidend zurücktritt (BFH-Urteil vom 10.12.2001, BStBl II 2002, S. 291). Einigkeit besteht in diesem Zusammenhang dahingehend, dass die Vermietung oder Verpachtung

- von umfangreichem Grundbesitz oder
- von Grundbesitz, der vom Mieter nur gewerblich genutzt werden kann (z.B. eine Fabrikanlage),

für sich genommen noch keine Einkünfte aus Gewerbebetrieb begründet, und zwar selbst dann nicht, wenn die Vermietungs- oder Verpachtungstätigkeit erheblichen Verwaltungsaufwand erfordert.

7.6.4.1 Drei-Objekte-Theorie

Zur Beurteilung der Frage, ob die Vermögensnutzung oder die Ausnutzung von Substanzwertsteigerungen im Vordergrund steht, ist das Gesamtbild der Verhältnisse maßgeblich (BFH-Beschluss vom 25.06.1984, BStBl II 1984, S. 751). Im Sinne der Rechtssicherheit hat der BFH zur Abgrenzung der privaten Vermögensverwaltung vom gewerblichen Grundstückshandel allerdings eine operationale **Drei-Objekte-Theorie** entwickelt, die auch von der Finanzverwaltung angewendet wird (BMF-Schreiben vom 26.03.2004, BStBl I 2004, S. 434). Danach liegt ein gewerblicher Grundstückshandel i.d.R. erst dann vor, wenn der Steuerpflichtige mehr als drei Objekte innerhalb eines Zeitraums von fünf Jahren veräußert (**Erste Fünfjahresgrenze**). Die Veräußerung von mehr als drei Objekten inner-halb des genannten Zeitraums führt zur Gewerblichkeit aller – d.h. auch der ersten drei – Objektveräußerungen. Die zeitliche Grenze von fünf Jahren hat keine starre Bedeutung. Beispielsweise kann die Gewerblichkeit nicht durch eine Veräußerung mehrerer Objekte kurz nach Ende des Fünfjahreszeitraumes vermieden werden (Tz. 5 des BMF-Schreibens vom 26.03.2004).

Objekte im Sinne der Drei-Objekt-Grenze sind nur solche Objekte, bei denen ein enger zeitlicher Zusammenhang zwischen Errichtung, Erwerb oder Modernisierung und Verkauf besteht (Tz. 6 des BMF-Schreibens vom 26.03.2004). Ein enger zeitlicher Zusammenhang ist gegeben, wenn zwischen Errichtung, Erwerb oder Modernisierung und Verkauf nicht mehr als fünf Jahre liegen (Tz. 20 des BMF-Schreibens vom 26.03.2004, **zweite Fünfjahresgrenze**). Ist ein derartiger zeitlicher Zusammenhang nicht gegeben, so können bis zur zeitlichen Obergrenze von zehn Jahren Objekte nur mitgerechnet werden, wenn weitere Umstände den Schluss rechtfertigen, dass im Zeitpunkt der Errichtung, des Erwerbs oder der Modernisierung eine Veräußerungsabsicht vorgelegen hat (Tz. 6 des BMF-Schreibens vom 26.03.2004).

Beispiel B.222:

Ein Steuerpflichtiger nimmt folgende Veräußerungen vor:

Juli 06:	Veräußerung eines im Oktober 01 erworbenen Grundstücks
Mai 07:	Veräußerung eines im Dezember 04 erworbenen Grundstücks
März 09:	Veräußerung eines im Januar 08 erworbenen Grundstücks
April 12:	Veräußerung eines im Dezember 10 erworbenen Grundstücks

Es liegt kein gewerblicher Grundstückshandel nach der Drei-Objekte-Theorie vor. Zwar sind vier Objekte im engen zeitlichen Zusammenhang mit dem Erwerb, d.h. nicht mehr als fünf Jahre nach Erwerb, veräußert worden. Die Veräußerungen sind allerdings von Juli 06 bis April 12, d.h. nicht innerhalb eines Fünfjahreszeitraums, erfolgt.

Die Drei-Objekte-Theorie hat nur **Indizwirkung**. Bei Überschreiten der Fünfjahresgrenze wird nach der Lebenserfahrung widerleglich (!) vermutet, dass der Steuerpflichtige bereits beim Kauf bzw. der Errichtung der Objekte zumindest eine bedingte Verkaufsabsicht hatte und die Verkäufe daher eine gewerbliche Tätigkeit begründen. An die Widerlegung sind allerdings umso strengere Voraussetzungen zu stellen, je enger der zeitliche Zusammenhang zwischen Erwerb (bzw. Fertigstellung) und Verkauf ist (BFH-Urteil vom 24.01.1996, BStBl II 1996, S. 303; vgl. auch Tz. 30 des BMF-Schreibens vom 26.03.2004).

Umgekehrt entfällt zwar die Indizwirkung bei einem mehr als fünfjährigen Abstand zwischen Erwerb (bzw. Fertigstellung) und Verkauf, kann dann aber durch andere Umstände, z.B. eine hohe Anzahl von Veräußerungen nach Ende des Fünfjahreszeitraums in Verbindung mit Branchennähe (BFH-Beschluss vom 06.02.2009, BFH/NV 2009, S. 919) oder zusätzliche Aktivitäten wie Erschließung und Modernisierung, ersetzt werden (vgl. *R. Wacker*, in: L. Schmidt (2010), § 15, Rz. 50). Die Drei-Objekt-Grenze kann somit nur in einem eingeschränkten Sinne als „*safe haven*" interpretiert werden.

7.6.4.2 Betriebsaufspaltung und Betriebsverpachtung

Bereits an dieser Stelle sei zudem darauf hingewiesen, dass mit der **Betriebsaufspaltung** und der **Betriebsverpachtung** zwei von der Rechtsprechung entwickelte Rechtsinstitute existieren, die eine Umqualifizierung von Verpachtungstätigkeiten in gewerbliche Tätigkeiten zur Folge haben können.

Betriebsaufspaltung

Verpachtet eine natürliche Person oder eine Personengesellschaft als Besitzunternehmen wesentliche Betriebsgrundlagen an ein Betriebsunternehmen in der Rechtsform einer Personen- oder Kapitalgesellschaft, und sind Besitz- und Betriebsunternehmen in der Form personell miteinander verflochten, dass in beiden Unternehmen ein einheitlicher geschäftlicher Betätigungswille herrscht (**Betriebsaufspaltung**), so wird die Gewerblichkeit der Betriebsgesellschaft dem Besitzunternehmen zugerechnet. Die Eigentümer des Besitzunternehmens beziehen somit mit den Pachtzinsen Einkünfte aus Gewerbebetrieb und nicht Einkünfte aus Vermietung und Verpachtung (H 15.7 Abs. 4 EStR).

Betriebsverpachtung

Erfolgt die Einstellung der eigenen betrieblichen Tätigkeit eines gewerblichen Unternehmers dadurch, dass der gesamte Betrieb an eine andere Person verpachtet wird, so dass der Verpächter nach Beendigung des Pachtverhältnisses den Betrieb wieder aufnehmen kann, so kann der Verpächter, statt die Betriebsaufgabe zu erklären und fortan Einkünfte aus Vermietung und Verpachtung zu erzielen, wahlweise den verpachteten Betrieb als fortbestehenden gewerblichen Betrieb behandeln, d.h. mit den Pachteinnahmen Einkünfte aus Gewerbebetrieb beziehen (**Betriebsverpachtung mit Aufgabeoption**, R 16 Abs. 5 EStR).

Zur Betriebsaufspaltung siehe ausführlich Abschnitt B.7.9.1, zur Betriebsverpachtung mit Aufgabeoption siehe Abschnitt B.7.9.2.

7.6.5 Einnahmen

Zu den Einnahmen aus Vermietung und Verpachtung gehören sämtliche Vermögenszuflüsse, die der Vermieter bzw. Verpächter für die Nutzungsüberlassung erhält (BFH-Urteil vom 01.12.1992, BStBl II 1994, S. 12). Neben der eigentlichen Hauptleistung im Rahmen des Miet- bzw. Pachtverhältnisses, d.h. des Miet- bzw. Pachtzinses, zählen insbesondere die folgenden Positionen zu den Einnahmen aus Vermietung und Verpachtung (siehe auch H 21.2 EStH „Einnahmen"):

- **Umlage der Nebenkosten** (Heizung, Wasser, Müllabfuhr, Grundsteuer etc.) auf die Mieter; Abführungen dieser Nebenkosten an das Versorgungsunternehmen bzw. die Gemeinde sind Werbungskosten,
- **Entgelte für Nebenleistungen** des Vermieters, z.B. Bereitstellung eines Hausmeisters, Überlassung eines Schwimmbades (BFH-Urteil vom 01.08.1978, BStBl II 1979, S. 14),
- **Mietvorauszahlungen**; als Mietvorauszahlungen sind auch Mieterzuschüsse zu den Herstellungskosten der Mietsache oder Mieteraufwendungen für werterhöhende Maßnahmen zu behandeln, für die dem Mieter ein Rückzahlungsanspruch entsteht, der auf die zukünftigen Mietzahlungen angerechnet wird (R 21.5 Abs. 3 EStR);
- **Verzugszinsen** des Mieters,
- **Guthabenzinsen aus Bausparverträgen**, sofern sie in engem zeitlichen Zusammenhang mit dem Erwerb oder Umbau eines Gebäudes stehen (BFH-Urteil vom 09.11.1982, BStBl II 1983, S. 172); dies gilt insbesondere dann, wenn der Bausparvertrag zur Sicherung eines Anschaffungskredits abgetreten wird,
- **Abstandszahlungen**, die ein Mieter für die Entlassung aus einem Mietverhältnis entrichtet (BFH-Urteil vom 11.01.2005, BFH/NV 2005, S. 1044).
- Nach § 4 Nr. 12 UStG ist die Vermietung und Verpachtung von Grundstücken nicht umsatzsteuerpflichtig. Verzichtet der Vermieter jedoch auf die Umsatzsteuerbefreiung (§ 9 Abs. 1 UStG), so stellt die **Umsatzsteuerzahlung des Mieters** eine Einnahme aus Vermietung und Verpachtung dar (BFH-Urteil vom 17.03.1992, BStBl II 1993, S. 17), die Abführung der Umsatzsteuer an das Finanzamt führt zu Werbungskosten. Der Verzicht auf die Umsatzsteuerbefreiung ist möglich, wenn der Mieter bzw. Pächter Unternehmer i.S.d. Umsatzsteuerrechts ist und die Vermietung oder Verpachtung für sein Unternehmen ausgeführt wird. Der Verzicht auf die Steuerbefreiung kann sinnvoll sein, um Vorsteuern, insbesondere aus der Herstellung des Gebäudes, geltend machen zu können.

Zu den Einnahmen aus Vermietung und Verpachtung zählen neben den Zuflüssen, die im Zusammenhang mit einer tatsächlichen Nutzungsüberlassung stehen, gemäß § 24 Nr. 1 Buchst. a EStG auch **Entschädigungen**, die als Ersatz für entgangene oder entgehende Einnahmen gewährt werden, z.B. Entschädigungen für die Nutzung beschlagnahmter Wirtschaftsgüter oder Entschädigungen für die Vorenthaltung der Mietsache nach Vertragsende. Zu beachten ist, dass für Entschädigungen für entgangene oder entgehende Einnahmen bei zusammengeballtem Zufluss die **Tarifermäßigung** des § 34 Abs. 1 EStG gewährt wird (§ 34 Abs. 2 Nr. 2 i.V.m. § 24 Nr. 1 Buchst. a EStG) (siehe Abschnitt B.4.4.4).

Hingegen sind **Substanzwertänderungen**, d.h. Vermögensstammgewinne oder -verluste, im Rahmen der Überschusseinkünfte grundsätzlich steuerlich unbeachtlich. In diesem Sinne sind auch Entschädigungen, die den Vermieter oder Verpächter für einen Substanzverlust kompensieren sollen, nur dann zu den Einnahmen aus Vermietung und Verpachtung zu zählen, wenn sie unmittelbar im Zusammenhang mit der Vermietungstätigkeit stehen, z.B. Entschädigungen für eine übermäßige oder vertragswidrige Beanspruchung der Mietsache durch den Mieter. Entschädigungen, die ein Grundstückseigentümer z.B. für die Wertminderung seines Grundstücks wegen einer Bausperre vom Staat erhält, gehören demgegenüber nicht zu den Einnahmen aus Vermietung und Verpachtung (BFH-Urteil vom 12.09.1985, BStBl II 1986, S. 252), da es an einem unmittelbaren Zusammenhang mit einer Vermietungstätigkeit fehlt.

Keine Einnahmen aus Vermietung und Verpachtung begründet zudem die Entgegennahme einer **Mietkaution**. Auf dem Kautionskonto gutgeschriebene Zinsen sind Zinseinnahmen des Mieters.

Ebenfalls keine Einnahmen aus Vermietung und Verpachtung sind **Zuschüsse** zur Finanzierung von Baumaßnahmen an Gebäuden. Diese Zuschüsse mindern die Herstellungskosten des Gebäudes (BFH-Urteil vom 26.03.1991, BStBl II 1992, S. 999; R 21.5 Abs. 1 EStR).

Einnahmen aus Vermietung und Verpachtung sind gemäß § 8 Abs. 1 EStG im **Zuflusszeitpunkt** anzusetzen, d.h. in dem Zeitpunkt, in dem der Vermieter bzw. Verpächter die tatsächliche wirtschaftliche Verfügungsgewalt erlangt. Bestehen die Einnahmen nicht in Geld, sondern in Sachleistungen, so sind die Bewertungsvorschriften des § 8 Abs. 2 EStG anzuwenden. Zum Zuflussprinzip sowie Ausnahmen vom Zuflussprinzip wird auf Abschnitt B.6.4, zur Bewertung von Sachleistungen auf Abschnitt B.6.1 verwiesen.

Werden **Teile** einer **selbstgenutzten** Wohnung **vorübergehend** vermietet und übersteigen die Einnahmen (nicht Einkünfte!) hieraus nicht 520 € im VZ, kann im Einverständnis mit dem Steuerpflichtigen aus Vereinfachungsgründen von einer Besteuerung abgesehen werden (R 21.2 Abs. 1 EStR).

7.6.6 Werbungskosten

Als Werbungskosten sind diejenigen Aufwendungen abziehbar, die durch die Erzielung von Einnahmen aus Vermietung und Verpachtung veranlasst sind. Für den Abzug der Werbungskosten gilt gemäß §§ 8 Abs. 1, 11 Abs. 1 EStG das Abflussprinzip. Werbungskosten sind grundsätzlich in dem Zeitpunkt anzusetzen, in dem sie tatsächlich abgeflossen sind. Allerdings ist das Abflussprinzip im Hinblick auf die Werbungskosten aus Vermietung und Verpachtung insoweit erheblich eingeschränkt, als die Anschaffungs- bzw. Herstellungskosten der Miet- oder Pachtsache nicht bereits im Abflusszeitpunkt abgezogen werden können. Im Falle von abnutzbaren Wirtschaftsgütern sind die Anschaffungs- oder Herstellungskosten nach den Abschreibungsvorschriften der §§ 7 ff. EStG über den Zeitraum der Nutzung zu verteilen (§ 9 Abs. 1 Nr. 7 EStG). Auf die Vorschriften zur Absetzung für Abnutzung wird ausführlich in Abschnitt B.7.6.8 eingegangen. Die Anschaffungskosten nicht abnutzbarer Wirtschaftsgüter, insbesondere Grund und Boden, wirken sich im Rahmen der Einkünfte aus Vermietung und Verpachtung hingegen nicht aus. Allerdings sind die Anschaffungskosten nicht abnutzbarer Wirtschaftsgüter (sowie die noch nicht als AfA berücksichtigten Anschaffungs- oder Herstellungskosten abnutzbarer Wirtschaftsgüter) im Zeitpunkt der Veräußerung mit dem Veräußerungserlös zu verrechnen, sofern die Veräußerung, z.B. im Rahmen der Frist des § 23 EStG, ausnahmsweise steuerlich beachtlich ist.

Zu den **Werbungskosten** gehören neben der AfA für Anschaffungs- oder Herstellungskosten insbesondere die folgenden Positionen (vgl. auch H 21.2 EStH „Werbungskosten"):

- vom Vermieter abgeführte **Nebenkosten**, z.B. für Heizung, Wasser, Müllabfuhr, Straßenreinigung, Versicherungen, Grundsteuer etc.,
- **Abstandszahlungen an den Mieter** für dessen vorzeitige Räumung einer Wohnung, sofern die Wohnung nicht künftig selbst genutzt werden soll (BFH-Urteil vom 07.07.2005, BStBl II 2005, S. 760),

- **Abschlussgebühren eines Bausparvertrags**, wenn dieser in einem engen wirtschaftlichen Zusammenhang mit dem Erwerb oder Umbau eines Gebäudes steht; der erforderliche Zusammenhang ist regelmäßig gegeben, wenn der Steuerpflichtige bei Abschluss des Bausparvertrags eine konkrete Bauabsicht unter Einsatz sämtlicher Bausparmittel hatte und diese verwirklicht (BFH-Urteil vom 01.10.2002, BStBl II 2003, S. 398),
- **Kosten des Abschlusses von Mietverträgen**, z.B. Maklerprovision, Aufwendungen für Zeitungsinserate,
- **Schuldzinsen** und **sonstige Finanzierungskosten** (z.B. ein Disagio), sofern diese im Zusammenhang mit der Anschaffung oder Herstellung der Mietsache oder der Finanzierung von Werbungskosten stehen; keine Rolle spielt die Besicherung der Schuld.

Beispiel B.223:

A nimmt ein Hypothekendarlehen auf ein gewerblich genutztes Grundstück auf, um das Geld für Reparaturen an einem im Privatvermögen gehaltenen Mietwohngebäude zu verwenden.

Das Darlehen ist für das Mietobjekt aufgenommen, die Zinsen sind daher Werbungskosten bei den Einkünften aus Vermietung und Verpachtung.

- Vorsteuern, sofern der Steuerpflichtige gemäß § 9 UStG zur Umsatzsteuer optiert; ebenfalls Werbungskosten stellt die Abführung der von dem Mieter bzw. Pächter vereinnahmten Umsatzsteuer an das Finanzamt dar,
- Aufwendungen für die Verwaltung der Mietobjekte,
- Erhaltungsaufwendungen.

Besondere Bedeutung für die Einkünfte aus Vermietung und Verpachtung hat die Abgrenzung zwischen **Erhaltungsaufwand** einerseits sowie **anschaffungsnahen Herstellungskosten** und **nachträglichen Herstellungskosten** andererseits. Während Erhaltungsaufwand sofort abzugsfähig ist, können anschaffungsnahe und nachträgliche Herstellungskosten nur im Rahmen von Abschreibungen geltend gemacht werden. Auf diese Abgrenzung wird im nachfolgenden Abschnitt gesondert eingegangen.

Mangels Abflusses keine Werbungskosten sind **ersparte Aufwendungen**, z.B. der Einsatz der eigenen Arbeitskraft zur Reparatur der Mietsache (BFH-Urteil vom 01.10.1985, BStBl II 1986, S. 142).

Auch bei einer vorübergehenden Unterbrechung der Vermietungstätigkeit, z.B. einem vorübergehenden **Leerstand** einer Wohnung, können die durch die Mietsache veranlassten Aufwendungen weiterhin als Werbungskosten angesetzt werden, sofern eine baldige erneute Vermietung beabsichtigt ist (R 21.2 Abs. 3 EStR). Ist das Objekt hingegen zum Verkauf bestimmt, kommt ein Werbungskostenabzug nicht in Betracht.

Auch bereits vor Beginn der Vermietungs- oder Verpachtungstätigkeit abgeflossene Aufwendungen können eventuell als **vorweggenommene Werbungskosten** im Abflusszeitpunkt berücksichtigt werden. Voraussetzung ist ein hinreichend konkreter wirtschaftlicher Zusammenhang mit der späteren Erzielung von Einnahmen aus Vermietung und Verpachtung. Der enge zeitliche Zusammenhang mit der späteren Vermietung ist kein zusätzliches Tatbestandsmerkmal, sondern ein Umstand, der den wirtschaftlichen Zusammenhang offenkundig machen und dessen Nachweis erleichtern kann (BFH-Urteil vom 08.02.1983, BStBl II 1983, S. 554).

Beispiel B.224:

A erwirbt im Jahr 01 ein unbebautes Grundstück. Die Anschaffungskosten finanziert er durch die Aufnahme eines Bankkredits. Ebenfalls noch in 01 beantragt A eine Baugenehmigung zur Errichtung eines Mehrfamilienhauses, das A vermieten will. Die Baugenehmigung wird erst im Jahr 03 erteilt. Die Fertigstellung des Hauses erfolgt in 04.

Da A bereits in 01 den Entschluss zur Vermietung gefasst hatte und diesen Entschluss durch die Beantragung der Baugenehmigung belegen kann, sind die zwischenzeitlich entstandenen Aufwendungen, insbesondere Kreditzinsen und Grundsteuern, als vorweggenommene Werbungskosten aus Vermietung und Verpachtung abzugsfähig.

Ebenso können auch Aufwendungen, die erst nach Beendigung der Vermietungs- oder Verpachtungstätigkeit entstehen, als **nachträgliche Werbungskosten** geltend gemacht werden, sofern sich diese noch auf das vergangene Miet- oder Pachtverhältnis beziehen. Zu denken ist beispielsweise an die Rückzahlung bereits vereinnahmter Mietzinsen auf Grund der Mängelklage eines Mieters oder an Schuldzinsen auf ein Darlehen zur Finanzierung von Werbungskosten, z.B. Erhaltungsaufwand, nach Veräußerung der Mietsache (vgl. *W. Drenseck*, in: L. Schmidt (2010), § 9, Rz. 41; BFH-Urteil vom 16.09.1999, BStBl II 2001, S. 528).

Es sei darauf hingewiesen, dass die originär für die Gewinneinkunftsarten definierten **Abzugsverbote und -beschränkungen** des § 4 Abs. 5 Nrn. 1 – 5, 6b – 8a, 10, 12, Abs. 6 EStG auch im Rahmen der Überschusseinkünfte zu beachten sind (§ 9 Abs. 5 EStG). Bei den Einkünften aus Vermietung und Verpachtung sind insbesondere die Abzugsbegrenzungen des § 4 Abs. 5 Nr. 1 EStG (zu Geschenken), des § 4 Abs. 5 Nr. 6b EStG (zu Aufwendungen für ein häusliches Arbeitszimmer), des § 4 Abs. 5 Nr. 7 EStG (zu unangemessenen Aufwendungen) sowie des § 4 Abs. 5 Nr. 8 EStG (zu Geldbußen) von Bedeutung. Zu den genannten Abzugsbeschränkungen siehe ausführlich Abschnitt B.5.5.

Gemäß § 21 Abs. 1 Satz 2 EStG sind die Vorschriften der **§§ 15a und 15b EStG** sinngemäß auch im Rahmen der Einkünfte aus Vermietung und Verpachtung anzuwenden:

- Werden Vermietungs- oder Verpachtungstätigkeiten, die Einkünfte nach § 21 EStG begründen, von mehreren Personen gemeinschaftlich durchgeführt, und ist die Haftung eines der Beteiligten auf die Höhe der Einlage beschränkt (z.B. als Kommanditist einer vermögensverwaltenden KG), so kann der beschränkt haftende Gesellschafter gemäß § 21 Abs. 1 Satz 2 i.V.m. § 15a EStG Verluste, die seine Haftungseinlage übersteigen, nicht mit seinen übrigen Einkünften ausgleichen. Da der Kommanditist nur mit seiner Einlage haftet, treffen ihn die auf seinen Anteil entfallenden Verluste, die über seine Einlage hinausgehen, d.h. zu einem **negativen Kapitalkonto** führen, bei wirtschaftlicher Betrachtung nicht.
- Gemäß § 21 Abs. 1 Satz 2 i.V.m. § 15b EStG dürfen darüber hinaus Verluste im Zusammenhang mit einem **Steuerstundungsmodell** nicht abgezogen werden.

Für eine ausführliche Darstellung der Verlustausgleichsbeschränkung der §§ 15a und 15b EStG wird auf die Abschnitte B.10.1.4 und B.10.1.5 verwiesen.

7.6.7 Anschaffungs- bzw. Herstellungskosten und Erhaltungsaufwand

Besondere Bedeutung kommt im Rahmen der Einkünfte aus Vermietung und Verpachtung der Abgrenzung zwischen Anschaffungs- bzw. Herstellungskosten und Erhaltungsaufwand zu. Während Anschaffungs- bzw. Herstellungskosten gemäß § 9 Abs. 1 Nr. 7 EStG nach den Abschreibungsvorschriften der §§ 7 ff. EStG über den Zeitraum der Nutzung zu verteilen sind, also nur verzögert zu Werbungskosten werden, ist Erhaltungsaufwand sofort abzugsfähig.

Als Ausgangspunkt der Abgrenzung zwischen Anschaffungs- und Herstellungskosten sowie Erhaltungsaufwand bietet sich die Definition von Anschaffungs- und Herstellungskosten in § 255 HGB an. Danach sind **Anschaffungskosten** Aufwendungen, die geleistet werden, um einen Vermögensgegenstand zu erwerben und ihn in einen betriebsbereiten Zustand zu versetzen. Zu den Anschaffungskosten zählen auch die **Anschaffungsnebenkosten** (z.B. Grunderwerbsteuer, Notargebühren, Maklerkosten) (§ 255 Abs. 1 HGB).

Herstellungskosten sind Aufwendungen für die Herstellung eines Vermögensgegenstandes, für seine Erweiterung oder für eine über seinen ursprünglichen Zustand hinausgehende wesentliche Verbesserung (§ 255 Abs. 2 HGB).

Zu den Begriffen Anschaffungskosten und Herstellungskosten siehe ausführlich Abschnitt B.5.2.3.5.1.

Zwar entfalten handelsrechtliche Vorschriften für die Überschusseinkunftsarten keine unmittelbare Wirkung. Da die Begriffe der Anschaffungs- bzw. Herstellungskosten für die Überschusseinkunftsarten jedoch nicht ausdrücklich gesetzlich geregelt sind, wird auf die Definitionen des § 255 HGB sinngemäß auch für die Einkünfte aus Vermietung und Verpachtung zurückgegriffen (BFH-Urteil vom 09.05.1995, BStBl II 1996, S. 632).

Nachträgliche Herstellungskosten

Aufwendungen, die erst nach der Fertigstellung eines Gebäudes anfallen, sind regelmäßig als Erhaltungsaufwand sofort abzugsfähig. Ausnahmsweise können solche Aufwendungen jedoch nachträgliche Herstellungskosten, sofern eine **Erweiterung** oder **wesentliche Verbesserung** im Sinne von § 255 Abs. 2 Satz 1 HGB vorliegt. Nachträgliche Herstellungskosten liegen danach beispielsweise vor, wenn das Gebäude durch die Aufwendungen

- in seiner Substanz vergrößert wird, z.B. Anbau, Aufstockung um ein Stockwerk, (BFH-Urteil vom 19.06.1991, BStBl II 1992, S. 73),
- eine zusätzliche Komponente hinzugefügt wird (z.B. Einbau eines Fahrstuhls),
- eine wesentliche Verbesserung des Zustands i.S.d. § 255 Abs. 2 HGB eintritt; dies kann bei einer grundlegendenden gebrauchswerterhöhenden Sanierung der Fall sein.

Zu den Begriffen der **Erweiterung** und der **wesentlichen Verbesserung** hat das BMF für den Fall der Gebäudesanierung mit Schreiben vom 18.07.2003 (BStBl I 2003, S. 386) in Anlehnung an die BFH-Urteile vom 12.09.2001 (BStBl II 2003, S. 569, 574) Stellung genommen. Hierzu wird auf die Ausführungen in Abschnitt B.5.2.3.5.1 verwiesen.

Anschaffungsnahe Herstellungskosten

Seit 2004 wird der handelsrechtliche Herstellungskostenbegriff für steuerliche Zwecke durch die Vorschrift des § 6 Abs. 1 Nr. 1a EStG erweitert, die gemäß § 9 Abs. 5 Satz 2 EStG auch bei den Überschusseinkunftsarten anzuwenden ist. Danach zählen zu den steuerlichen Herstellungskosten auch die sog. anschaffungsnahen Herstellungskosten.

Nach § 6 Abs. 1 Nr. 1a EStG sind Aufwendungen für Instandsetzungs- oder Modernisierungsarbeiten, die **innerhalb von drei Jahren** nach der Anschaffung eines Gebäudes durchgeführt werden, noch zu den Herstellungskosten zählen, wenn die Aufwendungen (ohne Umsatzsteuer) **15 % der Anschaffungskosten des Gebäudes übersteigen**. Auch insoweit wird auf die Ausführungen in Abschnitt B.5.2.3.5.1 verwiesen.

Aus Vereinfachungsgründen bestimmt R 21.1 Abs. 2 Satz 2 EStR allerdings, dass Aufwendungen nach der Fertigstellung eines Gebäudes auf Antrag stets als sofort abzugsfähiger Erhaltungsaufwand gelten, wenn die Aufwendungen ohne Umsatzsteuer für die einzelne Baumaßnahme 4.000 € nicht übersteigen.

7.6.8 Abschreibungen

In Durchbrechung des Zu- bzw. Abflussprinzips des § 11 EStG können die Anschaffungs- bzw. Herstellungskosten (einschließlich nachträglicher Herstellungskosten und anschaffungsnaher Herstellungskosten) der vermieteten Gebäude bzw. Gebäudebestandteile nicht bereits im Zahlungszeitpunkt, sondern nur im Rahmen von Abschreibungen während der Nutzungsdauer zu Werbungskosten aus Vermietung und Verpachtung werden. Gemäß § 9 Abs. 1 Nr. 7 EStG sind die originär für die betrieblichen Einkunftsarten definierten Abschreibungsvorschriften der §§ 7 ff., 6 Abs. 2 EStG auch für die Einkünfte aus Vermietung und Verpachtung zu beachten.

Zur Ermittlung der korrekten Absetzungen für Abnutzung bei Gebäuden bzw. Gebäudebestandteilen ist zunächst zu klären, inwieweit diese als einheitliche Wirtschaftsgüter gelten, für die jeweils nur eine einheitliche AfA in Betracht kommt.

Die Eigenständigkeit verschiedener Gebäudeteile richtet sich nach dem konkreten Nutzungs- und Funktionszusammenhang. Nur solche Gebäudeteile, die nicht in einem **einheitlichen Nutzungs- und Funktionszusammenhang** mit dem Gebäude stehen, sind selbständige Wirtschaftsgüter (R 4.2 Abs. 3 Satz 1 EStR). Wie bereits in Abschnitt B.5.2.3.3 dargestellt, gelten als eigenständige Wirtschaftsgüter in diesem Sinne insbesondere

- Betriebsvorrichtungen, d.h. Maschinen und sonstige Vorrichtungen, die zu einer Betriebsanlage gehören (§ 68 Abs. 2 Nr. 2 BewG), z.B. Kühleinrichtungen, Rohrleitungen (BFH-Urteil vom 11.01.1991, BStBl II 1992, S. 5),
- Scheinbestandteile, d.h. Einbauten für vorübergehende Zwecke (§ 95 BGB),
- Ladeneinbauten, z.B. Schaufensteranlagen, Gaststätteneinbauten, sowie
- Mietereinbauten.

Wird ein Gebäude teils eigenbetrieblich, teils fremdbetrieblich, teils zu eigenen und teils zu fremden Wohnzwecken genutzt, so gilt jeder der maximal vier Gebäudeteile auf Grund des unterschiedlichen Nutzungs- und Funktionszusammenhangs als eigenständiges Wirtschaftsgut (R 4.2 Abs. 4 EStR, vgl. auch Abschnitt B.5.2.3.3). Unselbständige Gebäudeteile, für die eine eigenständige AfA nicht in Betracht kommt, sind hingegen z.B. Fahrstühle, Rolltreppen oder Schwimmbäder (H 4.2 Abs. 5 EStH).

Für **Gebäude** kommen die in den folgenden Abschnitten beschriebenen Abschreibungsvorschriften in Betracht.

7.6.8.1 Gebäude-AfA nach § 7 Abs. 4 Satz 1 Nr. 1 EStG

Die Vorschrift des § 7 Abs. 4 Satz 1 Nr. 1 EStG regelt die Abschreibung von sog. **Wirtschaftsgebäuden**. Dies sind Gebäude

- die zu einem Betriebsvermögen gehören,
- nicht Wohnzwecken dienen,
- und für die der Bauantrag nach dem 31.03.1985 gestellt worden ist.

Diese sind linear über einen Zeitraum von 33 ⅓ Jahren, d.h. mit einem jährlichen Abschreibungssatz von 3 % abzuschreiben. Beträgt die tatsächliche Nutzungsdauer weniger als 33 Jahre, so ist über die niedrigere tatsächliche Nutzungsdauer abzuschreiben (§ 7 Abs. 4 Satz 2 EStG, siehe Abschnitt B.7.6.8.3).

Wirtschaftsgebäude, mit deren Herstellung vor dem 01.01.2001 begonnen wurde bzw. die aufgrund eines vor dem 01.01.2001 abgeschlossenen obligatorischen Vertrages angeschafft worden sind, sind hingegen noch für die gesamte Nutzungsdauer linear über einen Zeitraum von 25 Jahren, d.h. mit einem jährlichen Abschreibungssatz von 4 % abzuschreiben (§ 52 Abs. 21b EStG).

Da sich die Abschreibungsvorschrift des § 7 Abs. 4 Satz 1 Nr. 1 EStG nur auf Wirtschaftsgüter des Betriebsvermögens bezieht, kommt ihr im Rahmen der Einkünfte aus Vermietung und Verpachtung allerdings keine Bedeutung zu.

7.6.8.2 Lineare Gebäude-AfA nach § 7 Abs. 4 Satz 1 Nr. 2 EStG

Gebäude, welche die Voraussetzungen des § 7 Abs. 4 Satz 1 Nr. 1 EStG nicht erfüllen, d.h.

- Gebäude des Privatvermögens sowie
- Gebäude des Betriebsvermögens, die Wohnzwecken dienen oder für die der Bauantrag vor dem 01.04.1985 gestellt wurde,

können linear abgeschrieben werden, und zwar

- über einen Zeitraum von 50 Jahren, d.h. mit einem jährlichen Satz von 2 %, wenn sie nach dem 31.12.1924 fertiggestellt wurden (§ 7 Abs. 4 Satz 1 Nr. 2 Buchst. a EStG), bzw.
- über einen Zeitraum von 40 Jahren, d.h. mit einem jährlichen Satz von 2,5 %, wenn sie vor dem 01.01.1925 fertiggestellt wurden (§ 7 Abs. 4 Satz 1 Nr. 2 Buchst. b EStG).

Es sei darauf hingewiesen, dass die auf 2,5 % erhöhte AfA bei einer Fertigstellung vor dem 01.01.1925 auch dann geltend gemacht werden kann, wenn der Erwerb erst nach diesem Datum erfolgt.

Beispiel B.225:

Ein 1920 fertiggestelltes Wohngebäude wird vom Steuerpflichtigen im Kalenderjahr 2011 erworben.

Das Gebäude kann nach § 7 Abs. 4 Satz 1 Nr. 2 Buchst. b EStG linear über 40 Jahre abgeschrieben werden.

Beträgt die tatsächliche Nutzungsdauer weniger als 40 bzw. 50 Jahre, so kann über die niedrigere tatsächliche Nutzungsdauer abgeschrieben werden (§ 7 Abs. 4 Satz 2 EStG, siehe Abschnitt B.7.6.8.3).

7.6.8.3 Lineare Gebäude-AfA nach § 7 Abs. 4 Satz 2 EStG

Ist die tatsächliche Nutzungsdauer, d.h. der Zeitraum, in dem das Gebäude voraussichtlich seiner Zweckbestimmung entsprechend genutzt werden kann (§ 11c Abs. 1 Satz 1 EStDV), geringer als die Abschreibungsdauer des § 7 Abs. 4 Satz 1 EStG von 33, 40 bzw. 50 Jahren, so kann über die geringere tatsächliche Nutzungsdauer abgeschrieben werden. Eine längere Nutzungsdauer als die gesetzliche Fiktion des § 7 Abs. 4 Satz 1 EStG von 33, 40 bzw. 50 Jahren verdrängt diese hingegen nicht. Die kürzere tatsächliche Nutzungsdauer ist anhand besonderer tatsächlicher oder wirtschaftlicher Umstände, insbesondere dem Zustand des Gebäudes, glaubhaft zu machen.

Mit der Verlängerung des Abschreibungszeitraums für Wirtschaftsgebäude ab 2001, dem Auslaufen der degressiven Gebäude-AfA (§7 Abs. 5 EStG) und den steigenden technischen Anforderungen an Gebäude ist die Bedeutung des § 7 Abs. 4 Satz 2 EStG in den letzten Jahren deutlich gestiegen.

Den verschiedenen Methoden der Gebäude-Abschreibung nach § 7 Abs. 4 Sätze 1 und 2 EStG ist gemein, dass im Jahr der Anschaffung bzw. Fertigstellung nur eine zeitanteilige AfA erfolgen kann.

7.6.8.4 Degressive Gebäude-AfA nach § 7 Abs. 5 EStG

Während § 7 Abs. 4 EStG nur eine **lineare** Gebäude-AfA zulässt, erlaubt § 7 Abs. 5 EStG eine beschleunigte **degressive** Abschreibung. Da diese Vorschrift der Anregung der Baukonjunktur dienen sollte, bezieht sie sich im Gegensatz zu § 7 Abs. 4 EStG ausschließlich auf neu hergestellte (sowie bis zum Ende des Jahres der Fertigstellung erworbene) Gebäude.

§ 7 Abs. 5 EStG ist in der Vergangenheit mehrfach geändert worden und enthält nur noch eine Reihe von auslaufenden Regelungen. Für Gebäude, bei denen der Bauantrag nach dem 31.12.2005 gestellt wurde bzw. die aufgrund eines nach dem 31.12.2005 abgeschlossenen obligatorischen Vertrags angeschafft wurden, ist eine degressive AfA nach § 7 Abs. 5 EStG nicht mehr möglich.

Obwohl die degressive AfA des § 7 Abs. 5 EStG für Altfälle auch noch nach 2005 (bis zum Ende der Abschreibungsdauer) Bedeutung hat, soll an dieser Stelle auf eine ausführliche Darstellung sämtlicher Fallgestaltungen verzichtet werden. Beispielhaft wird nur auf die zuletzt auslaufende Regelung in § 7 Abs. 5 Nr. 3 Buchst. c EStG eingegangen. Im Übrigen wird auf den Gesetzestext verwiesen.

Nach § 7 Abs. 5 Nr. 3 Buchst. c EStG können

- in einem EU-/EWR-Mitgliedsstaat belegene Gebäude,
- die vom Steuerpflichtigen hergestellt oder bis zum Ende des Jahres der Fertigstellung angeschafft wurden und
- Wohnzwecken dienen und
- die vom Steuerpflichtigen auf Grund eines nach dem 31.12.2003 und vor dem 01.01.2006 gestellten Bauantrags hergestellt oder auf Grund eines nach dem 31.12.2003 und vor dem 01.01.2006 rechtswirksam abgeschlossenen obligatorischen Vertrages angeschafft wurden,

degressiv über einen Zeitraum von 50 Jahren abgeschrieben werden. Der obligatorische Vertrag, d.h. das schuldrechtliche Verpflichtungsgeschäft, ist zu dem Zeitpunkt rechtswirksam abgeschlossen, in dem es notariell beurkundet ist (§ 311b Abs. 1 BGB).

Die AfA-Sätze betragen

- im Jahr der Fertigstellung sowie den folgenden 9 Jahren: 4 %,
- in den darauf folgenden 8 Jahren: 2,5 %,
- in den darauf folgenden 32 Jahren: 1,25 %.

Im Gegensatz zur linearen AfA nach § 7 Abs. 4 EStG kann im Jahr der Fertigstellung unabhängig vom genauen Zeitpunkt der Fertigstellung eine volle Jahres-AfA geltend gemacht werden.

Die bis zum Veranlagungszeitraum 2010 vorgesehene Beschränkung auf inländische Gebäude verstieß gegen die EU-Kapitalverkehrsfreiheit (EuGH-Urteil vom 15.10.2009, DStR 2009, S. 2186) und wurde durch das Gesetz zur Umsetzung steuerlicher EU-Vorgaben sowie zur Änderung steuerlicher Vorschriften (BGBl I 2010, S. 386) abgeschafft. Die neue Fassung des § 7 Abs. 5 EStG kann auf Antrag gegebenenfalls auch auf Veranlagungszeiträume vor 2010 angewandt werden (§ 52 Abs. 21c EStG).

Die Voraussetzungen der verschiedenen geschilderten Abschreibungsmethoden (§ 7 Abs. 4 und 5 EStG) schließen sich zum Teil nicht aus, so dass der Steuerpflichtige teilweise zwischen mehreren Abschreibungsalternativen wählen konnte.

7.6.8.5 Abschreibung bei nachträglichen Herstellungskosten

Im Falle nachträglicher Herstellungskosten bei Gebäuden, die nach § 7 Abs. 4 oder 5 EStG abgeschrieben werden, beginnt die AfA nicht neu zu laufen (Ausnahme: durch die nachträglichen Herstellungsarbeiten wird das Gebäude so wesentlich verändert, dass es bei objektiver Betrachtung als neues Wirtschaftsgut erscheint, vgl. R 7.3 Abs. 5 EStR). Die bisherige AfA-Methode ist unter Beachtung der nun erhöhten Bemessungsgrundlage weiter anzuwenden. Bei Abschreibung nach § 7 Abs. 4 Satz 1, Abs. 5 EStG ist der Abschreibungssatz auf die ursprünglichen Anschaffungs- oder Herstellungskosten (nicht: Restwert) zuzüglich der nachträglichen Herstellungskosten anzuwenden. Die Abschreibungsdauer verlängert sich damit (H 7.3 EStH).

Beispiel B.226:

Ein zu Beginn des Jahres 01 angeschafftes Gebäude, für das die lineare AfA nach § 7 Abs. 4 Satz 1 Nr. 2 Buchst. a EStG in Anspruch genommen wird, wird im Jahr 24 erweitert. Die ursprünglichen Anschaffungskosten betrugen 200.000 €, die nachträglichen Herstellungskosten im Jahr 24 betragen 100.000 €.

In den Jahren 01 bis 23 wurden Abschreibungen i.H.v. (200.000 · 2 % · 23 =) 92.000 € in Anspruch genommen. Die fortgeschriebenen Anschaffungskosten zum 01.01.24 betragen somit 108.000 €.

Ab dem Jahr 24 können Abschreibungen i.H.v. 2 % der ursprünglichen Anschaffungskosten zuzüglich der nachträglichen Herstellungskosten, d.h. i.H.v. ((200.000 + 100.000) · 2 % =) 6.000 € angesetzt werden. Das Gebäude ist somit vollständig nach weiteren ((108.000 + 100.000) / 6.000 =) 34,67 Jahren abgeschrieben.

Bei Abschreibung nach § 7 Abs. 4 Satz 2 EStG ist der Abschreibungssatz hingegen auf den **Restwert** zuzüglich der nachträglichen Herstellungskosten anzuwenden (H 7.3 EStH).

7.6.9 Teilentgeltliche Überlassung

Beträgt das Entgelt für die Überlassung einer Wohnung zu Wohnzwecken weniger als 56 % der ortsüblichen Marktmiete, so ist die Nutzungsüberlassung in einen entgeltlichen und einen unentgeltlichen Teil aufzuteilen (§ 21 Abs. 2 EStG). Hintergrund dieser Regelung ist der Versuch vieler Steuerpflichtiger, negative Einkünfte aus Vermietung und Verpachtung durch eine Vermietung von Wohnungen an nahe Angehörige zu einer Miete deutlich unter der Marktmiete zu erzielen. Kann durch eine Prognoserechnung für einen Zeitraum von 30 Jahren insgesamt eine Einkünfteerzielungsabsicht nachgewiesen werden, so könnten negative Einkünfte aus Vermietung und Verpachtung in den Anfangsjahren geltend gemacht werden. Dies wird durch § 21 Abs. 2 EStG erschwert.

Die steuerliche Behandlung der Vermietung zu einer Miete unter der ortsüblichen Marktmiete ist in einem zweistufigen Verfahren zu prüfen:

- **1. Stufe: Liegt eine Einkünfteerzielungsabsicht vor?**

  Fehlt es an einer Einkünfteerzielungsabsicht (sog. Liebhaberei), so liegt insgesamt keine steuerbare Tätigkeit vor. Verluste aus einer solchen Tätigkeit können nicht abgezogen werden (vgl. Abschnitt B.3.3).

  Bei Vermietungstätigkeiten kommt es sehr oft in den ersten Jahren durch hohe Finanzierungsaufwendungen zu negativen Einkünften. Durch zunehmende Tilgung des Fremdkapitals und somit sinkende Zinsaufwendungen kommt es aber in späteren Jahren in der Regel zu positiven Einkünften. Für eine Einkünfteerzielungsabsicht reicht es aus, dass über die gesamte Nutzungsdauer ein Totalgewinn angestrebt wird. Die Inkaufnahme von Anfangsverlusten schließt die Einkünfteerzielungsabsicht nicht aus. Der Prognosezeitraum wird von der Finanzverwaltung typisierend mit 30 Jahren angesetzt, d.h. negative Einkünfte aus Vermietung und Verpachtung werden in der Regel anerkannt, wenn der Steuerpflichtige durch eine Prognoserechnung für einen Zeitraum von 30 Jahren ab Erwerb bzw. Herstellung nachweist, dass voraussichtlich insgesamt positive Einkünfte entstehen werden (BMF-Schreiben vom 08.10.2004, BStBl I 2004, S. 933, Tz. 34).

- **2. Stufe: Unterschreitet die Miete 56 % der ortsüblichen Marktmiete?**

  Ist eine Einkünfteerzielungsabsicht (1. Stufe) noch gegeben, beträgt die Miete aber weniger als 56 % der ortsüblichen Marktmiete, so ist die Wohnungsüberlassung in einen entgeltlichen und einen unentgeltlichen Teil aufzuteilen. Werbungskosten können nur angesetzt werden, soweit sie auf den entgeltlichen Teil entfallen. Auszugehen ist von der ortsüblichen Marktmiete für Wohnungen vergleichbarer Art, Lage und Ausstattung. Die ortsübliche Marktmiete umfasst die ortsübliche Kaltmiete zuzüglich der umlagefähigen Kosten (R 21.3 EStR).

Beispiel B.227:

A erwirbt zu Beginn des Jahres 01 eine Wohnung für 100.000 € und vermietet diese für eine monatliche Miete einschließlich Nebenkosten von 250 € an seinen Sohn. Die ortsübliche Marktmiete beträgt 500 €. Dem A entstehen im Zusammenhang mit der Wohnung in 01 Aufwendungen (Abschreibung, Zinsaufwendungen, etc.) von 5.000 €.

Einkünfteerzielungsabsicht bei Berücksichtigung eines Prognosezeitraums von 30 Jahren kann nachgewiesen werden.

Ohne § 21 Abs. 2 EStG ergäben sich negative Einkünfte von 2.000 €:

	Mieteinnahmen 01 (12 · 250 =)	3.000 €
–	Werbungskosten 01	– 5.000 €
=	Einkünfte aus Vermietung und Verpachtung	– 2.000 €

Da die monatliche Miete (250 €) jedoch weniger als 56 % der ortsüblichen Marktmiete (500 €) beträgt, ist die Vermietung in einen entgeltlichen und einen unentgeltlichen Teil aufzuteilen. Nur die auf den entgeltlichen Teil (hier: 50 %) entfallenden Werbungskosten können abgezogen werden:

	Mieteinnahmen 01 (12 · 250 =)	3.000 €
–	Werbungskosten 01 (50 % von 5.000 =)	– 2.500 €
=	Einkünfte aus Vermietung und Verpachtung	500 €

Der Gesetzentwurf eines Steuervereinfachungsgesetzes 2011 vom 02.02.2011 sieht vor, die Grenze des § 21 Abs. 2 EStG entweder ab dem VZ 2011 oder ab dem VZ 2012 von 56 % auf 66 % anzuheben. Zudem soll eine Totalüberschussprognose künftig nicht mehr erforderlich sein. Beträgt das Entgelt bei langfristiger Wohnungsvermietung nicht weniger als 66 % der ortsüblichen Miete, so soll die Wohnungsvermietung per Definition als entgeltlich gelten.

7.6.10 Förderung des vermieteten Wohneigentums

Zur Erhaltung bestehender Bausubstanz (z.B. Baudenkmale), zur Förderung von Modernisierungs- und Sanierungsmaßnahmen im Altbaubereich, zur Anregung der Baukonjunktur sowie zur besonderen Unterstützung des Wohnungsbaus in den neuen Bundesländern wird von staatlicher Seite das vermietete Wohneigentum gefördert. Diese Förderung erfolgt durch erhöhte Abschreibungsmöglichkeiten (§§ 7h, 7i EStG). Direkte staatliche Transfers in Form einer Investitionszulage werden für vermietetes Wohneigentum nach dem Auslaufen des InvZulG 1999 zum 31.12.2004 nicht mehr gewährt.

Erhöhte AfA bei Gebäuden in Sanierungsgebieten und städtebaulichen Entwicklungsbereichen nach § 7h EStG

Gemäß § 7h EStG können für

- (nachträgliche) Herstellungskosten für Modernisierungs- oder Instandsetzungsmaßnahmen im Sinne von § 177 des Baugesetzbuches
- an inländischen Gebäuden, die in einem förmlich festgelegten Sanierungsgebiet oder städtebaulichen Entwicklungsbereich belegen sind (vgl. R 7h EStR, H 7h EStH sowie die BMF-Schreiben vom 10.11.2000 (BStBl I 2000, S. 1513) und 08.11.2004 (BStBl I 2004, S. 1049) zu den länderspezifischen Bescheinigungsrichtlinien),

abweichend von § 7 Abs. 4 oder 5 EStG erhöhte Absetzungen für Abnutzung geltend gemacht werden. Für Maßnahmen, die vor dem 01.01.2004 begonnen wurden, beträgt die AfA im Jahr der Herstellung und in den folgenden neun Jahren jeweils bis zu 10 %. Bei Maßnahmen, die nach dem 31.12.2003 begonnen werden, können im Jahr der Herstellung und in den folgenden sieben Jahren jeweils bis zu 9 % und in den folgenden vier Jahren jeweils bis zu 7 % angesetzt werden.

Erhöhte AfA bei Baudenkmalen nach § 7i EStG

Gemäß § 7i EStG kann für

- (nachträgliche) Herstellungskosten für Baumaßnahmen, die nach Art und Umfang zur Erhaltung des Gebäudes als Baudenkmal oder zu seiner sinnvollen Nutzung erforderlich sind,
- an inländischen Gebäuden, die nach den jeweiligen landesrechtlichen Vorschriften als Baudenkmale gelten (zum Bescheinigungsverfahren siehe R 7i EStR, H 7i EStH),

abweichend von § 7 Abs. 4 oder 5 EStG erhöhte Absetzungen für Abnutzung geltend gemacht werden. Es gelten die gleichen Abschreibungssätze wie nach § 7h EStG (für Maßnahmen, die nach dem 31.12.2003 begonnen werden: 8 · 9 % und 4 · 7 %).

Zudem sieht das EStG eine Reihe weiterer, mittlerweile auslaufender bzw. ausgelaufener Ab-schreibungsmethoden vor, auf die im Rahmen des vorliegenden Bandes nicht ausführlich eingegangen wird:

- erhöhte AfA für Einfamilienhäuser, Zweifamilienhäuser und Eigentumswohnungen, die vor dem 01.01.1987 angeschafft oder hergestellt wurden (§ 7b EStG),
- erhöhte AfA für Baumaßnahmen an Gebäuden zur Schaffung neuer Mietwohnungen, die vor dem 01.01.1996 fertiggestellt worden sind (§ 7c EStG),
- erhöhte AfA für Wohnungen mit Sozialbindung, die vor dem 01.01.1996 fertiggestellt worden sind (§ 7k EStG).

7.6.11 Förderung des selbstgenutzten Wohneigentums

Die Förderung des selbstgenutzten Wohneigentums durch steuerrechtliche Vorschriften ist durch eine höchst wechselvolle Geschichte gekennzeichnet. Bis zum Veranlagungszeitraum 1986 wurde selbstgenutztes Wohneigentum durch eine erhöhte AfA nach § 7b EStG, vom Veranlagungszeitraum 1987 bis zum Veranlagungszeitraum 1995 durch einen Sonderausgabenabzug nach § 10e EStG gefördert. Ab 1996 erfolgte die Förderung außerhalb der Einkommensteuer durch eine direkte Zulage nach den Vorschriften des Eigenheimzulagengesetzes (EigZulG). Nach Abschaffung der Eigenheimzulage zum 01.01.2006 existiert keine allgemeine Förderung mehr für selbstgenutztes Wohneigentum.

Zu beachten sind allerdings noch eine Reihe von Förderungen für bestimmte Sachverhalte, die der Gesetzgeber aus unterschiedlichen Gründen als besonders förderungswürdig erachtet. Zu denken ist insbesondere an die Steuerbegünstigung für zu eigenen Wohnzwecken genutzte Baudenkmale und Gebäude in Sanierungsgebieten und städtebaulichen Entwicklungsbereichen nach § 10f EStG sowie an die Riesterförderung einer selbst genutzten Wohnung nach § 92a EStG. Zudem bestehen eine Reihe weiterer mittlerweile auslaufender Regelungen, auf die nicht im Detail eingegangen werden soll:

- Steuerbegünstigung der unentgeltlich zu Wohnzwecken überlassenen Wohnung im eigenen Haus, wenn der Steuerpflichtige mit der Herstellung vor dem 01.01.1996 begonnen hat (§ 10h EStG),

- Vorkostenabzug bei einer nach dem Eigenheimzulagengesetz begünstigten Wohnung, wenn mit der Herstellung vor dem 01.01.1999 begonnen wurde (§ 10i EStG).

Sonderausgabenabzug nach § 10f EStG

§ 10f EStG knüpft an die Tatbestandsvoraussetzungen der §§ 7h, 7i EStG an. Gemäß § 10f EStG kann für Maßnahmen im Sinne der §§ 7h, 7i EStG an einem zu **eigenen Wohnzwecken** genutzten Gebäude im Kalenderjahr des Abschlusses der Baumaßnahme und den neun folgenden Kalenderjahren jeweils bis zu 9 % der Aufwendungen wie Sonderausgaben abgezogen werden. Bei vor dem 01.01.2004 begonnenen Bauvorhaben können noch jeweils 10 % geltend gemacht werden. Durch den Verweis auf §§ 7h, 7i EStG gilt der Sonderausgabenabzug für (nachträgliche) Herstellungskosten auf Grund von Modernisierungs- oder Instandsetzungsmaßnahmen an Gebäuden in Sanierungsgebieten und städtebaulichen Entwicklungsbereichen sowie für (nachträgliche) Herstellungskosten für Baumaßnahmen, die nach Art und Umfang zur Erhaltung eines Gebäudes als Baudenkmal oder zu seiner sinnvollen Nutzung erforderlich sind (siehe den vorangegangenen Abschnitt).

Voraussetzung für die erhöhte AfA nach § 7h EStG bzw. § 7i EStG ist, dass das Gebäude in einem Betriebsvermögen gehalten wird oder dass es vermietet wird und daher Einkünfte aus Vermietung und Verpachtung begründet. Wird das Gebäude hingegen zu privaten Wohnzwecken genutzt, so kommt ein Abzug als Betriebsausgaben oder Werbungskosten nicht in Frage. Gemäß § 10f EStG kann stattdessen für die genannten Objekte der §§ 7h und 7i EStG ein Sonderausgabenabzug im Jahr der Herstellung und den neun nachfolgenden Jahren von jeweils 9 % der Herstellungskosten geltend gemacht werden.

Jeder Steuerpflichtige kann den Sonderausgabenabzug nach § 10f EStG nur für ein Gebäude (zusammen veranlagte Ehegatten: zwei Gebäude) während seines Lebens in Anspruch nehmen (§ 10f Abs. 3 EStG).

Riesterförderung einer selbst genutzten Wohnung nach § 92a EStG

Zur Riesterförderung einer selbst genutzten Wohnung wird auf Abschnitt B.10.3.2.3.5 verwiesen.

7.7 Sonstige Einkünfte

Die deutsche Einkommensteuer basiert nicht auf einem theoretischen, sondern auf einem enumerativen (aufzählenden) Einkommensbegriff. Nur die in § 2 Abs. 1 i.V.m. §§ 13 – 23 EStG ausdrücklich aufgeführten Einkünfte unterliegen der Steuerpflicht. Unvereinbar mit einem enumerativen Einkommensbegriff wäre eine Einkunftsart „Sonstige Einkünfte", die eine Pufferfunktion für alle denkbaren, bisher nicht erfassten Einkünfte wahrnimmt. Dementsprechend umfassen auch die Sonstigen Einkünfte nur bestimmte, in § 22 Nrn. 1 – 5 EStG abschließend aufgezählte Einkünfte.

Im Einzelnen sind dies

- Einkünfte aus wiederkehrenden Bezügen (§ 22 Nr. 1 EStG),
- Einkünfte aus Unterhaltsleistungen im Rahmen des Wahl-Realsplittings (§ 22 Nr. 1a, § 10 Abs. 1 Nr. 1 EStG),
- Einkünfte aus Versorgungsleistungen, soweit sie beim Zahlungsverpflichteten nach § 10 Abs. 1 Nr. 1a EStG als Sonderausgaben abgezogen werden können (§ 22 Nr. 1b EStG),

- Einkünfte aus Leistungen auf Grund eines schuldrechtlichen Versorgungsausgleichs, soweit sie beim Ausgleichsverpflichteten nach § 10 Abs. 1 Nr. 1b EStG als Sonderausgaben abgezogen werden können (§ 22 Nr. 1c EStG),
- Einkünfte aus privaten Veräußerungsgeschäften (§ 22 Nr. 2, § 23 EStG),
- Einkünfte aus sonstigen Leistungen (§ 22 Nr. 3 EStG),
- Abgeordnetenbezüge (§ 22 Nr. 4 EStG),
- Leistungen aus Altersvorsorgeverträgen, Pensionsfonds, Pensionskassen und Direktversicherungen (§ 22 Nr. 5 EStG).

Auf die Einkünfte wird in den nachfolgenden Abschnitten B.7.7.1 bis B.7.7.8 näher eingegangen.

Die Sonstigen Einkünfte des § 22 EStG sind sowohl gegenüber den Haupteinkunftsarten als auch gegenüber den anderen Nebeneinkunftsarten **subsidiär**, d.h. Einkünfte, die begrifflich sowohl unter die Sonstigen Einkünfte als auch unter eine der anderen Einkunftsarten fallen, sind der jeweils in Frage stehenden anderen Einkunftsart zuzuordnen (§ 22 Nr. 1 Satz 1, Nr. 3 Satz 1, § 23 Abs. 2 EStG). Die Einkünfte aus sonstigen Leistungen i.S.d. § 22 Nr. 3 EStG sind wiederum gegenüber den anderen Sonstigen Einkünften des § 22 Nrn. 1, 1a, 2 und 4 EStG subsidiär (§ 22 Nr. 3 Satz 1 EStG).

7.7.1 Einkünfte aus wiederkehrenden Bezügen

Eine Definition des Begriffs der wiederkehrenden Bezüge findet sich im Gesetz nicht. Finanzverwaltung und Rechtsprechung sind sich allerdings einig, dass nur solche Leistungen durch § 22 Nr. 1 EStG erfasst werden, die mit einer gewissen **Regelmäßigkeit** wiederkehren und die von vornherein auf einem **einheitlichen Entschluss** des Gebers oder einem einheitlichen Rechtsgrund beruhen (BFH-Urteil vom 19.10.1978, BStBl II 1979, S. 133; R 22.1 Abs. 1 Satz 2 EStR). Sie brauchen nicht stets in derselben Höhe geleistet zu werden (R 22.1 Abs. 1 Satz 3 EStR). Voraussetzung für das Vorliegen von Einkünften aus wiederkehrenden Bezügen ist zudem, dass es sich nicht bloß um Kapitalrückzahlungen handelt. Nur Vermögensmehrungen, nicht aber bereits Vermögensumschichtungen begründen Einkünfte aus wiederkehrenden Bezügen. Keine Vermögensmehrungen, sondern nur Vermögensumschichtungen sind insbesondere Kaufpreisraten, da sie nur der Rückzahlung des Kaufpreisdarlehens dienen, vgl. R 22.1 Abs. 1 Satz 1 EStR.

Wiederkehrende Bezüge im Sinne des § 22 Nr. 1 EStG liegen nicht vor, wenn Bezüge **freiwillig**, aufgrund einer freiwillig begründeten Rechtspflicht oder an eine **gesetzlich unterhaltsberechtigte** Person gezahlt werden (§ 22 Nr. 1 Satz 2 EStG).

Zu beachten ist zudem die **Subsidiaritätsvorschrift** des § 22 Nr. 1 Satz 1 EStG. Wiederkehrende Bezüge sind nur dann als Sonstige Einkünfte nach § 22 Nr. 1 EStG zu erfassen, wenn sie nicht bereits zu den übrigen Einkunftsarten des § 2 Abs. 1 Nrn. 1 – 6 EStG gehören.

Beispiel B.228:

- Ein Student erhält von seinem Vater für hervorragende Studienleistungen mehrfach Geldbeträge geschenkt.

  Es handelt sich nicht um wiederkehrende Bezüge, sondern um nicht steuerbare Schenkungen, da sie nicht auf einem einheitlichen Entschluss des Vaters erfolgen, sondern der Entschluss von Fall zu Fall neu getroffen wird.

- Neben den Beträgen, welche den Studienfortschritt honorieren, erhält der Student zur Finanzierung des Studiums von seinem Vater eine regelmäßige Zahlung von 500 € je Monat.

  Bei diesen Zahlungen handelt es sich um Zahlungen an eine gesetzlich unterhaltsberechtigte Person (bzw. um freiwillige Zahlungen, sofern der Unterhaltsanspruch überschritten wird). In beiden Fällen liegen nach § 22 Nr. 1 Satz 2 EStG keine wiederkehrenden Bezüge vor.
- Nicht um wiederkehrende Bezüge, sondern um Einkünfte aus nichtselbständiger Arbeit handelt es sich bei Beamtenpensionen sowie bei Betriebsrenten. In beiden Fällen greift die Subsidiaritätsvorschrift des § 22 Nr. 1 Satz 1 EStG.

In § 22 Nr. 1 Satz 3 Buchst. a EStG sind zwei wesentliche Arten von wiederkehrenden Bezügen dargestellt:

- Renten aus der **gesetzlichen Rentenversicherung**, den landwirtschaftlichen Alterskassen, den berufsständischen Versorgungseinrichtungen und bestimmten privaten Rentenversicherungen (§ 22 Nr. 1 Satz 3 Buchst. a Doppelb. aa EStG),
- **Leibrenten und andere wiederkehrende Leistungen**, die **nicht** unter Doppelbuchst. aa fallen (§ 22 Nr. 1 Satz 3 Buchst. a Doppelb. bb EStG).

7.7.1.1 Renten aus der gesetzlichen Rentenversicherung und vergleichbare Leistungen

Die Besteuerung von Renten aus der gesetzlichen Rentenversicherung wurde durch das Alterseinkünftegesetz (BGBl I 2004, S. 1427) mit Wirkung zum 01.01.2005 völlig neu geregelt. Hintergrund ist ein Urteil des BVerfG vom 06.03.2002 (BStBl II 2002, S. 619), wonach die unterschiedliche Besteuerung von Beamtenpensionen einerseits sowie Renten aus der gesetzlichen Rentenversicherung andererseits nicht mit dem Gleichheitssatz aus Art. 3 Abs. 1 GG vereinbar ist. Nach altem Recht waren Beamtenpensionen als Einkünfte aus nichtselbständiger Arbeit grundsätzlich in voller Höhe steuerpflichtig, während Renten aus der gesetzlichen Rentenversicherung nur in Höhe des sog. Ertragsanteils gemäß § 22 Nr. 1 Satz 3 Buchst. a Satz 3 EStG a.F. steuerpflichtig waren. Bei einem Renteneintrittsalter von 65 Jahren betrug der Ertragsanteil 27 %, d.h. regelmäßig war nur 27 % der Rente aus der gesetzlichen Rentenversicherung steuerpflichtig.

Das Urteil des BVerfG vom 06.03.2002 hat der Gesetzgeber zum Anlass genommen, die Besteuerung von Altersrenten durch Einführung der sog. **„nachgelagerten Besteuerung“** der Besteuerung von Beamtenpensionen anzunähern. Die nachgelagerte Besteuerung basiert auf dem Grundsatz, dass die steuerliche Behandlung der in der **Beitragszeit** geleisteten Rentenversicherungsbeiträge und die steuerliche Behandlung der in der **Auszahlungszeit** erhaltenen Rentenzahlungen nicht unabhängig voneinander beurteilt werden kann. Wenn die Altersrenten steuerpflichtig sind, dann müssen die in „jungen Jahren“ gezahlten Rentenversicherungsbeiträge konsequenterweise bei der Ermittlung des zu versteuernden Einkommens abzugsfähig sein.

Die nachgelagerte Besteuerung besteht daher aus zwei Komponenten:

- Einerseits sind **Beiträge** zu den gesetzlichen Rentenversicherungen (und bestimmten vergleichbaren Versicherungen) als Sonderausgaben abziehbar (§ 10 Abs. 1 Nr. 2 EStG).

- Andererseits sind die **Renten** aus der gesetzlichen Rentenversicherung (und bestimmten vergleichbaren Versicherungen) als Sonstige Einkünfte steuerpflichtig (§ 22 Nr. 1 EStG).

Zwar ist die nachgelagerte Besteuerung zum 01.01.2005 eingeführt worden. Allerdings ist die volle Abzugsfähigkeit der Rentenversicherungsbeiträge sowie die volle Steuerpflicht der Altersrenten nicht sofort in Kraft getreten. Das Gesetz sieht jeweils eine mehrjährige Übergangsregelung bis zur vollen Abzugsfähigkeit der Beiträge bzw. bis zur vollen Steuerpflicht der Renten vor. Zur Übergangsregelung bei der Abzugsfähigkeit der Beiträge wird auf Abschnitt B.8.3.1 zu Sonderausgaben verwiesen.

Der **prozentuale Besteuerungsanteil der Altersrenten** aus der gesetzlichen Rentenversicherung richtet sich nach dem Jahr des **Rentenbeginns** (§ 22 Nr. 1 Satz 3 Buchst. a Doppelb. aa Satz 3 EStG):

Jahr des Rentenbeginns	Besteuerungs-anteil	Jahr des Rentenbeginns	Besteuerungs-anteil
bis 2005	50 %	2023	83 %
2006	52 %	2024	84 %
2007	54 %	2025	85 %
2008	56 %	2026	86 %
2009	58 %	2027	87 %
2010	60 %	2028	88 %
2011	62 %	2029	89 %
2012	64 %	2030	90 %
2013	66 %	2031	91 %
2014	68 %	2032	92 %
2015	70 %	2033	93 %
2016	72 %	2034	94 %
2017	74 %	2035	95 %
2018	76 %	2036	96 %
2019	78 %	2037	97 %
2020	80 %	2038	98 %
2021	81 %	2039	99 %
2022	82 %	ab 2040	100 %

Tabelle B.30: Besteuerungsanteil von Renten aus der gesetzlichen Rentenversicherung

Beispiel B.229:

Der am 20.12.1942 geborene K scheidet zum 31.12.2007 mit Erreichen der Altersgrenze von 65 Jahren aus dem Erwerbsleben aus und bezieht ab dem 01.01.2008 eine Altersrente aus der gesetzlichen Rentenversicherung von monatlich 1.200 €.

Für das Jahr 2008 ergeben sich die Sonstigen Einkünfte wie folgt:

Einnahmen aus der gesetzlichen Rentenversicherung (12 · 1.200 =)	14.400 €
Besteuerungsanteil 56 % bei Rentenbeginn 2008	8.064 €
– Werbungskosten-Pauschbetrag, Nr. 3 EStG	– 102 €
Sonstige Einkünfte	7.962 €

Bei Rentenanpassungen in den Folgejahren bleibt der steuerfreie Teil der Rente in Höhe von (14.400 – 8.064 =) 6.336 € grundsätzlich konstant.

Die nachgelagerte Besteuerung nach § 10 Abs. 1 Nr. 2, § 22 Nr. 1 Satz 3 Buchst. a Doppelb. aa EStG gilt nicht nur für Renten aus der gesetzlichen Rentenversicherung, sondern auch für

- Renten aus **landwirtschaftlichen Alterskassen**,
- Renten aus **berufsständischen Versorgungseinrichtungen**, z.B. für Ärzte, Architekten, Rechtsanwälte, Steuerberater, Wirtschaftsprüfer, ...
- Renten aus **kapitalgedeckten privaten Versicherungen** im Sinne von § 10 Abs. 1 Nr. 2 Buchst. b EStG; Voraussetzung hierfür ist insbesondere, dass
  - der Vertrag nur die Zahlung einer lebenslangen Leibrente (keine Einmalauszahlung) nicht vor Vollendung des 60. Lebensjahres (bei Vertragsabschluss nach dem 31.12.2011: 62. Lebensjahr, § 52 Abs. 24 Satz 1 EStG) oder
  - die ergänzende Absicherung von Berufsunfähigkeit, verminderter Erwerbsfähigkeit oder von Hinterbliebenen vorsieht.

  Die Ansprüche dürfen nicht vererblich, nicht übertragbar, nicht beleihbar und nicht veräußerbar sein. Im Ergebnis muss somit eine weitgehende Annäherung der privaten Rentenversicherung an die Leistungen der gesetzlichen Rentenversicherung erfolgen.

Zur Besteuerung der Altersbezüge hat das BMF mit Schreiben vom 30.01.2008 (BStBl I 2008, S. 390) ausführlich Stellung genommen.

7.7.1.2 Andere Leibrenten und wiederkehrende Leistungen

Die steuerliche Behandlung anderer wiederkehrender Bezüge stellt eine äußerst komplexe Materie dar. Dabei ist von dem Grundsatz auszugehen, dass bei privaten wiederkehrenden Bezügen die Steuerpflicht beim Empfänger sowie die Abzugsfähigkeit beim Leistenden im Sinne eines Korrespondenzprinzips einheitlich zu beurteilen ist (vgl. auch *H. Weber-Grellet*, in: L. Schmidt (2010), § 22, Rz. 56).

Für die steuerliche Behandlung ist insbesondere von Bedeutung,

- ob es sich um eine Rente oder um eine dauernde Last handelt,
- ob es sich bei den wiederkehrenden Leistungen um Versorgungsleistungen, Unterhaltsleistungen oder um wiederkehrende Leistungen im Austausch mit einer Gegenleistung handelt,
- ob im Falle einer Rente eine Leib- oder Zeitrente vorliegt,
- ob im Falle einer Veräußerungsrente Wirtschaftsgüter des Privatvermögens, einzelne Wirtschaftsgüter eines Betriebsvermögens oder ganze Betriebe, Teilbetriebe oder Mitunternehmeranteile veräußert wurden,

- ob im Falle einer Versorgungsrente der Gewährung des Rentenrechts private oder betriebliche Motive zugrunde liegen.

Auf Grund der einheitlichen Beurteilung der Steuerpflicht wiederkehrender Leistungen beim Empfänger sowie der Abzugsfähigkeit beim Leistenden ist eine zusammenhängende Darstellung geboten. Hierzu wird auf die Ausführungen in Abschnitt B.10.2 verwiesen.

7.7.2 Einkünfte aus Unterhaltsleistungen

Sofern geschiedene oder dauernd getrennt lebende Ehegatten dies übereinstimmend beantragen, kann der Unterhaltsgeber die Unterhaltsleistungen bis zur Höhe von 13.805 € im Jahr als Sonderausgaben nach § 10 Abs. 1 Nr. 1 EStG abziehen (siehe Abschnitt B.8.3.3). Der Unterhaltsnehmer hat diesen Betrag in diesem Fall jedoch gemäß § 22 Nr. 1a EStG zu seinen Sonstigen Einkünften zu zählen. Der Antrag kann vom Geber mit Zustimmung des Empfängers jeweils nur für ein Kalenderjahr gestellt werden und ist unwiderruflich. Die Zustimmung des Empfängers ist jedoch auch für die folgenden Kalenderjahre bis auf Widerruf wirksam (§ 10 Abs. 1 Nr. 1 Sätze 3 – 5 EStG). Der Antrag kann auf einen Teilbetrag der Unterhaltsleistungen beschränkt werden (R 10.2 Abs. 1 EStR).

Dieses als Wahl-Realsplitting bezeichnete Vorgehen ist in aller Regel sinnvoll, da der zahlende Teil in den allermeisten Fällen über einen höheren (Grenz-)Steuersatz verfügen dürfte als der Unterhaltsempfänger. Dieser wird sich auf das Wahl-Realsplitting allerdings regelmäßig nur dann einlassen, wenn der Unterhaltsgeber ihm die zusätzliche Steuerzahlung erstattet. Erstattet der leistende Teil dem Unterhaltsempfänger die zusätzlichen Steuerzahlungen, so darf dieser die Zustimmung nicht verweigern (vgl. BGH-Urteil vom 23.05.2007, DB 2007, S. 1636, für die Zustimmung zur Zusammenveranlagung im Jahr der Trennung). Eine solche Steuererstattung ist als steuerlich unbeachtliche Zahlung im Privatvermögen anzusehen.

Der Höchstbetrag von 13.805 € erhöht sich um die für die Absicherung des geschiedenen oder dauernd getrennt lebenden Ehegatten nach § 10 Abs. 1 Nr. 3 EStG aufgewendeten Beträge (Beiträge zu Kranken- und Pflegeversicherungen, § 10 Abs. 1 Nr. 1 Satz 2 EStG).

Beispiel B.230:

A und B sind in 2008 geschieden worden. Für das Kalenderjahr 2010 zahlt A an B monatlich 1.000 € Unterhalt. A verfügt über Einkünfte aus nichtselbständiger Arbeit i.H.v. 50.000 €. B verfügt über keine eigenen Einkünfte. Bei Anwendung des Wahl-Realsplittings ergibt sich folgende Veranlagung für B:

	Empfangene Unterhaltsleistungen	12.000 €
–	Werbungskosten-Pauschbetrag nach § 9a Satz 1 Nr. 3 EStG	– 102 €
=	Sonstige Einkünfte nach § 22 Nr. 1a EStG	11.898 €
–	Sonderausgaben-Pauschbetrag (§ 10c Satz 1 EStG)	– 36 €
=	zu versteuerndes Einkommen	11.862 €
→	Einkommensteuer nach Grundtarif 2010	675 €

B kann die Zustimmung zum Wahl-Realsplitting verweigern, sofern A ihm / ihr die Einkommensteuer i.H.v. 675 € nicht erstattet.

Abzugsfähig als Unterhaltsleistungen sind nur Zahlungen, die der Finanzierung laufender Lebenshaltungskosten des Empfängers dienen. Zu Leistungen im Rahmen des Versorgungsausgleichs bei einer Scheidung siehe Abschnitt B.7.7.4. In das Wahl-Realsplitting können auch als Unterhalt erbrachte Sachleistungen einbezogen werden, beispielsweise der Mietwert der Wohnung bei unentgeltlicher Wohnraumüberlassung (H 10.2 EStH „Unterhaltsleistungen", „Wohnungsüberlassung").

Leistet eine Person Unterhalt an mehrere geschiedene oder dauernd getrennt lebende Ehegatten, so sind die Unterhaltszahlungen an jede Person bis zu einem Betrag von 13.805 € als Sonderausgaben abziehbar (R 10.2 Abs. 3 EStR).

Es sei darauf hingewiesen, dass alternativ zum Abzug von Unterhaltsleistungen an den geschiedenen oder dauernd getrennt lebenden Ehegatten als Sonderausgabe im Rahmen des Wahl-Realsplittings auch der Abzug als **außergewöhnliche Belastung** nach § 33a Abs. 1 EStG in Betracht kommt. In diesem Fall sind die Leistungen beim Empfänger nicht steuerpflichtig. Allerdings sieht § 33a Abs. 1 Satz 1 EStG einen im Vergleich zu § 10 Abs. 1 Nr. 1 EStG erheblich geringeren Höchstbetrag von nur 8.004 € statt 13.805 € vor. Zudem ist der Höchstbetrag von 8.004 € nach § 33a Abs. 1 Satz 5 EStG um eventuelle andere Bezüge des Unterhaltsempfängers zu kürzen (siehe hierzu ausführlich Abschnitt B.8.4.2.1). Wird der Sonderausgabenabzug nach § 10 Abs. 1 Nr. 1 EStG gewählt, so ist ein Abzug als außergewöhnliche Belastung nicht möglich, auch nicht für den das Realsplitting übersteigenden Betrag (BFH-Urteil vom 07.11.2000, BStBl II 2001, S. 338; H 10.2 EStH „Allgemeines").

7.7.3 Einkünfte aus Versorgungsleistungen

Wiederkehrende Leistungen im Zusammenhang mit einer Vermögensübertragung können **Versorgungsleistungen**, **Unterhaltsleistungen** oder wiederkehrende Leistungen im Austausch mit einer Gegenleistung (vergleichbar mit **Kaufpreisraten**) sein.

Die steuerliche Behandlung wiederkehrender Leistungen wird einheitlich in Abschnitt B.10.2 besprochen. Bereits an dieser Stelle sei darauf hingewiesen, dass **lebenslange Versorgungsleistungen** im Zusammenhang mit der Übertragung

- eines land- und forstwirtschaftlichen, selbständigen oder gewerblichen **Betriebs** oder **Teilbetriebs**,
- eines **Mitunternehmeranteils an einer Personengesellschaft**, die für ihre Mitunternehmer Einkünfte aus Land- und Forstwirtschaft, aus selbständiger Arbeit oder aus Gewerbebetrieb begründet,
- eines mindestens **50 % igen Anteils an einer GmbH**, wenn der Übergeber Geschäftsführer war und der Übernehmer diese Tätigkeit nach der Übertragung ebenfalls übernimmt,

im Sinne eines Korrespondenzprinzips bei dem leistenden Teil zu **Sonderausgaben** im Sinne von § 10 Abs. 1 Nr. 1a EStG und beim empfangenden Teil zu **Sonstigen Einkünften** nach § 22 Nr. 1b EStG führen.

Versorgungsleistungen kommen insbesondere bei der Übertragung von Vermögen bei **vorweggenommener Erbfolge** vor. In Abgrenzung zur entgeltlichen Übertragung liegen Versorgungsleistungen dann vor, wenn Leistung und Gegenleistung nicht nach kaufmännischen Gesichtspunkten gegeneinander abgewogen werden, sondern die Höhe der wiederkehrenden Leistungen unabhängig vom Wert des übertragenen Vermögens nach dem Versorgungsbedürfnis des Berechtigten und der wirtschaftlichen Leistungsfähigkeit des

Verpflichteten bemessen wird, siehe Rz. 5 des „**Rentenerlasses**" (BMF-Schreiben vom 11.03.2010, BStBl I 2010, S. 227).

7.7.4 Einkünfte aus einem schuldrechtlichen Versorgungsausgleich

Der Versorgungsausgleich im Rahmen einer Ehescheidung ist zum 01.09.2009 neu geregelt worden. Nach § 1587 BGB findet zwischen den geschiedenen Ehegatten ein Ausgleich von im In- oder Ausland bestehenden Anrechten statt, insbesondere aus der gesetzlichen Rentenversicherung, aus anderen Regelsicherungssystemen wie der Beamtenversorgung oder der berufsständischen Versorgung, aus der betrieblichen Altersversorgung oder aus der privaten Alters- und Invaliditätsvorsorge. Im Ergebnis werden die während der Ehe erworbenen Ansprüche aus den genannten Sicherungssystemen hälftig aufgeteilt.

Das VersAusglG unterscheidet zwischen einem **öffentlich-rechtlichen Ausgleich** durch das Familiengericht (§§ 9 ff. VersAusglG) und einem **schuldrechtlichen Ausgleich** der Betroffenen (§§ 20 ff. VersAusglG, §§ 1587f ff. BGB).

Beim **öffentlich-rechtlichen** Ausgleich erhält der Versorgungsempfänger einen unmittelbaren Anspruch gegen den Versorgungsträger (z.B. den Rentenversicherungsträger). Beim **schuldrechtlichen** Ausgleich ergeben sich hingegen keine Veränderungen im Verhältnis zum Versorgungsträger. Stattdessen erhält ein Ehegatte einen schuldrechtlichen Anspruch auf Zahlung einer Rente gegenüber dem anderen Ehegatten.

Im Falle des schuldrechtlichen Ausgleichs kann der verpflichtete Teil die Leistungen gemäß § 10 Abs. 1 Nr. 1b EStG als **Sonderausgaben** abziehen. Auf der anderen Seite muss der empfangende Teil die Leistungen als **Sonstige Einkünfte** nach § 22 Nr. 1c EStG versteuern.

7.7.5 Einkünfte aus privaten Veräußerungsgeschäften

Grundsätzlich sind Veräußerungsgewinne einkommensteuerlich nur dann relevant, wenn sie im Rahmen einer der betrieblichen Einkunftsarten anfallen. Gewinne aus der Veräußerung von Wirtschaftsgütern des Privatvermögens sind hingegen grundsätzlich steuerlich unbeachtlich. Dies gilt sowohl für Wirtschaftsgüter, die zu privaten Konsumzwecken gehalten werden (z.B. ein selbstgenutztes Eigenheim) als auch für Wirtschaftsgüter, die im Rahmen einer der Überschusseinkunftsarten eingesetzt werden (z.B. im Privatvermögen gehaltene Mietshäuser). Das Einkommensteuergesetz kennt jedoch eine Reihe von Ausnahmen von dem Grundsatz, dass Veräußerungsgewinne im Privatvermögen nicht steuerpflichtig sind (vgl. Abschnitt B.3.3). So unterliegen Gewinne aus der Veräußerung von Wirtschaftsgütern des Privatvermögens als Sonstige Einkünfte i.S.d. § 22 Nr. 2 EStG der Besteuerung, wenn die Veräußerung innerhalb der Fristen des § 23 EStG erfolgt.

Einkünfte i.S.d. § 22 Nr. 2 EStG werden erst seit 1999 als Einkünfte aus **privaten Veräußerungsgeschäften** bezeichnet. Vorher verwendete das Gesetz den Begriff der Einkünfte aus **Spekulationsgeschäften**. Durch die Abkehr von dem Begriff des Spekulationsgeschäfts wurde der Tatsache Rechnung getragen, dass die Spekulationsabsicht für die Einkünfte aus § 22 Nr. 2 i.V.m. § 23 EStG ohne Bedeutung ist. Bei einer Veräußerung innerhalb der Fristen des § 23 EStG liegen Sonstige Einkünfte auch ohne Spekulationsabsicht vor. Eine Veräußerung außerhalb dieser Fristen begründet selbst dann keine Sonstigen Einkünfte, wenn es sich um eine spekulative Transaktion handelt. Die Umbenennung der Spekulationsgeschäfte in private Veräußerungsgeschäfte ändert jedoch nichts daran, dass die Vorschriften des § 22 Nr. 2 i.V.m. § 23 EStG nach wie vor das Ziel verfolgen, Transaktionen im

Privatvermögen die Steuerfreiheit zu versagen, sofern diese lediglich zur Erzielung kurzfristiger Vorteile erfolgen. Die Orientierung an den Fristen des § 23 EStG statt an der Spekulationsabsicht dient lediglich der Vereinfachung.

7.7.5.1 Private Veräußerungsgeschäfte

§ 23 Abs. 1 EStG zählt die privaten Veräußerungsgeschäfte, die zu einer Steuerpflicht im Rahmen der Sonstigen Einkünfte führen können, abschließend auf:

Veräußerung von Grundstücken und grundstücksgleichen Rechten (§ 23 Abs. 1 Nr. 1 EStG)

Steuerpflichtig ist die Veräußerung von Grundstücken und grundstücksgleichen Rechten (insbesondere Erbbaurechten und Mineralgewinnungsrechten) innerhalb von **zehn Jahren** nach der Anschaffung.

Wird ein Grundstück außerhalb der Zehnjahresfrist veräußert, ist jedoch innerhalb dieser Frist ein Gebäude oder ein Gebäudeteil, eine Eigentumswohnung oder eine Außenanlage auf dem Grundstück errichtet, ausgebaut oder erweitert worden, so ist die Veräußerung des Gebäudes, der Außenanlage etc. (nicht jedoch des Grund und Bodens!) ein steuerpflichtiges privates Veräußerungsgeschäft (§ 23 Abs. 1 Nr. 1 Satz 2 EStG). Die Veräußerung des Grundstücks ist in diesem Fall für steuerliche Zwecke in zwei Teilgeschäfte aufzuteilen.

Gemäß § 23 Abs. 1 Nr. 1 Satz 3 EStG ist die Veräußerung von Grundstücken und Gebäuden innerhalb von zehn Jahren nach Anschaffung (bzw. Fertigstellung) allerdings von der Steuerpflicht ausgenommen, wenn das Wirtschaftsgut

- zwischen Anschaffung oder Fertigstellung und Veräußerung ausschließlich zu **eigenen Wohnzwecken** genutzt wurde (§ 23 Abs. 1 Nr. 1 Satz 3 Alt. 1 EStG) oder
- im Jahr der Veräußerung und den beiden vorangegangenen Jahren zu eigenen Wohnzwecken genutzt wurde. Darunter ist ein zusammenhängender Zeitraum innerhalb der letzten drei Kalenderjahre zu verstehen, der jedoch nicht drei volle Jahre umfassen muss. Eine Steuerpflicht besteht demzufolge nicht, wenn ein zunächst vermietetes Gebäude im Jahr der Veräußerung, dem gesamten vorangegangenen Jahr und mindestens einem Tag des vorletzten Jahres selbst genutzt wurde (§ 23 Abs. 1 Nr. 1 Satz 3 Alt. 2 EStG, BMF-Schreiben vom 05.10.2000, BStBl I 2000, S. 1383, Tz. 25).

Beispiel B.231:

Erwerb am	Nutzung zu eigenen Wohnzwecken ab	Veräußerung am	steuerpflichtig?
01.04.01	01.04.01	01.12.10	nein (§ 23 Abs. 1 Nr. 1 Satz 3 Alt. 1 EStG)
01.04.01	01.07.07	01.12.10	nein (§ 23 Abs. 1 Nr. 1 Satz 3 Alt. 2 EStG)

01.04.01	01.07.08	01.12.10	nein (§ 23 Abs. 1 Nr. 1 Satz 3 Alt. 2 EStG), Tz. 25 des BMF-Schreibens vom 05.10.2000
01.04.01	01.07.09	01.12.10	ja

Zur ausführlichen Darstellung der Besteuerung privater Grundstücksveräußerungen nach § 23 EStG sei auf das oben genannte BMF-Schreiben vom 05.10.2000 verwiesen.

Veräußerung von anderen Wirtschaftsgütern (§ 23 Abs. 1 Nr. 2 EStG)

Bei Veräußerung anderer Wirtschaftsgüter als Grundstücken und grundstücksgleichen Rechten tritt eine Steuerpflicht bereits dann ein, wenn zwischen Anschaffung und Veräußerung nicht mehr als **ein Jahr** liegt. Nicht unter die Sonstigen Einkünfte fallen nach der Subsidiaritätsvorschrift des § 23 Abs. 2 EStG allerdings Veräußerungen, die zu Einkünften aus Kapitalvermögen nach § 20 Abs. 2 EStG führen (insbesondere Veräußerung von Anteilen an Kapitalgesellschaften, festverzinslichen Wertpapiere oder Derivaten, siehe Abschnitt B.7.5.2).

Durch das JStG 2010 ist die Vorschrift des § 23 Abs. 1 Nr. 2 EStG zudem insoweit eingeschränkt worden, dass Veräußerungsgeschäfte bei Gegenständen des täglichen Gebrauchs auch innerhalb der Frist von einem Jahr nicht mehr steuerpflichtig sind, wenn die Veräußerung nach dem 13.12.2010 erfolgt. Insbesondere Veräußerungsverluste können demnach künftig bei der Veräußerung von Gegenständen des täglichen Gebrauchs nicht mehr geltend gemacht werden.

Beispiel B.232:

- A ist privater Kunstsammler. Am 05.05.01 erwirbt er ein Gemälde für seine private Sammlung für 50.000 €. Am 12.04.02 erhält er für das Gemälde ein Angebot, das er nicht ablehnen kann, und verkauft es für 80.000 €.

  Der Veräußerungsgewinn von 30.000 € ist nach § 23 Abs. 1 Nr. 2 EStG bei den Sonstigen Einkünften steuerpflichtig, da die Veräußerung innerhalb eines Jahres nach Erwerb erfolgt.

- B erwirbt am 05.05.01 einen gebrauchten Pkw für sein Privatvermögen für 8.000 €. Am 12.04.02 verkauft er den Pkw für 6.000 €.

  Nach bisherigem Recht konnte der Verlust von 2.000 € mit Gewinnen aus anderen privaten Veräußerungsgeschäften ausgeglichen werden (§ 23 Abs. 3 Sätze 7, 8 EStG). Erfolgt die Veräußerung allerdings nach dem 13.12.2010, so ist der Verlust von 2.000 € steuerlich ohne Bedeutung, da ein Gegenstand des täglichen Gebrauchs veräußert wird.

7.7.5.2 Anschaffung bzw. Herstellung

Die Steuerpflicht privater Veräußerungsgewinne nach § 23 EStG setzt voraus, dass die veräußerten Wirtschaftsgüter ursprünglich **angeschafft** wurden. Lediglich im Hinblick auf Gebäude kann auch die Veräußerung eines vom Steuerpflichtigen selbst **hergestellten** Wirtschaftsgutes zu Sonstigen Einkünften nach § 22 Nr. 2 EStG führen (§ 23 Abs. 1 Nr. 1 Satz 2 EStG).

Der Begriff der Anschaffung von Wirtschaftsgütern umfasst neben dem **entgeltlichen Erwerb** (durch Kauf- oder Tauschvertrag oder ein ähnliches Rechtsgeschäft) ausdrücklich auch die Überführung von Wirtschaftsgütern aus einem Betriebsvermögen in das Privatvermögen des Steuerpflichtigen durch **Entnahme** oder **Betriebsaufgabe** (§ 23 Abs. 1 Satz 2 EStG).

Der für die Fristenberechnung maßgebliche **Anschaffungszeitpunkt** ist grundsätzlich der Zeitpunkt der schuldrechtlichen Vereinbarung (obligatorisches Verpflichtungsgeschäft, i.d.R. Kaufvertrag) (vgl. auch *H. Weber-Grellet*, in: L. Schmidt (2010), § 23, Rz. 21; BFH-Urteil vom 13.12.2005, BStBl II 2006, S. 513). Ohne Bedeutung ist hingegen der Zeitpunkt der Eigentumsübertragung (Erfüllungsgeschäft). Im Falle der Herstellung von Gebäuden kommt es auf den Zeitpunkt der Fertigstellung an. Beim unentgeltlichen Erwerb durch Schenkung oder Erbschaft ist für die Fristenberechnung der Anschaffungszeitpunkt des Rechtsvorgängers relevant (§ 23 Abs. 1 Satz 3 EStG).

Anschaffungskosten sind alle Aufwendungen, die erforderlich sind, um das Wirtschaftsgut zu erwerben und in die eigene Verfügungsmacht zu überführen. Neben dem Kaufpreis sind dies insbesondere Notar-, Grundbuch- und Maklergebühren. Auch nachträgliche Herstellungskosten für ein angeschafftes Wirtschaftsgut gehören zu den Anschaffungskosten, nicht jedoch Erhaltungsaufwand. Zur Abgrenzung zwischen nachträglichen Herstellungskosten und Erhaltungsaufwand siehe Abschnitt B.7.6.7. Keine Anschaffungskosten sind hingegen Schuldzinsen und andere Finanzierungskosten.

Im Falle der **Entnahme** von Wirtschaftsgütern aus einem Betriebsvermögen in das Privatvermögen des Steuerpflichtigen gilt der Entnahmewert nach § 6 Abs. 1 Nr. 4 EStG, d.h. der Teilwert, als Anschaffungskosten. Beim **unentgeltlichen Erwerb** durch Schenkung oder Erbschaft sind die Anschaffungskosten des Rechtsvorgängers anzusetzen. Beim **Tausch** entsprechen die Anschaffungskosten dem gemeinen Wert (§ 9 BewG) der hingegebenen Wirtschaftsgüter.

Wird ein abnutzbares Wirtschaftsgut veräußert, das zur Einkunftserzielung im Rahmen der Überschusseinkunftsarten verwendet wurde, so sind die Anschaffungs- oder Herstellungskosten um die AfA zu kürzen, die als Werbungskosten im Rahmen der Überschusseinkunftsarten angesetzt wurden (§ 23 Abs. 3 Satz 4 EStG). Zu denken ist insbesondere an die Veräußerung eines im Privatvermögen gehaltenen Mietobjekts, für das Abschreibungen nach § 7 Abs. 4 EStG als Werbungskosten bei den Einkünften aus Vermietung und Verpachtung geltend gemacht wurden.

Besonderheiten bei der Ermittlung der Anschaffungskosten sind bei **Bezugsrechten**, **Freianteilen** und **jungen Aktien** zu beachten (siehe im Einzelnen BMF-Schreiben vom 20.12.2005, BStBl I 2006, S. 8):

- Erhält ein Aktionär im Rahmen einer Kapitalerhöhung unentgeltliche **Bezugsrechte** auf den Erwerb neuer Aktien, so wird von den alten Anteilen ein Teil der Anschaffungskosten auf die Bezugsrechte abgespalten (BFH-Urteil vom 06.12.1968, BStBl II 1969, S. 105). Die zu ermittelnden Anschaffungskosten des Bezugsrechts verhalten sich zu den historischen Anschaffungskosten der Altanteile wie der Börsenkurs des Bezugsrechts zum Börsenkurs der Altanteile unmittelbar vor der Kapitalerhöhung:

$$\begin{array}{c}\text{Anschaffungskosten}\\ \text{Bezugsrecht}\end{array} = \frac{\begin{array}{c}\text{Anschaffungs-}\\ \text{kosten Altanteile}\end{array} \cdot \begin{array}{c}\text{Kurswert Bezugsrecht vor}\\ \text{Kapitalerhöhung}\end{array}}{\begin{array}{c}\text{Kurswert Altanteile vor}\\ \text{Kapitalerhöhung}\end{array}}$$

- Ein ähnliches Verfahren ist für **Freianteile** (Gratisaktien) vorgesehen. Hier werden die Anschaffungskosten der Altanteile nach dem Verhältnis der Nennwerte auf die Altanteile und die Freianteile aufgeteilt (§ 3 KapErhG):

$$\text{Anschaffungskosten Freianteile} = \frac{\text{Anschaffungskosten Altanteile} \cdot \text{Nennwert Freianteile}}{\text{Nennwert Altanteile}}$$

- Die Anschaffungskosten für **junge Aktien** schließlich werden als Summe des Zahlungsbetrags für die jungen Aktien, der sonstigen Erwerbskosten und der Anschaffungskosten der Bezugsrechte ermittelt.

7.7.5.3 Veräußerung

Eine Veräußerung i.S.d. § 23 Abs. 1 EStG liegt nur vor, wenn ein Wirtschaftsgut **entgeltlich** übertragen wird. **Keine Veräußerungstatbestände** sind insbesondere

- die **Einlage** eines Wirtschaftsguts in das Betriebsvermögen eines Einzelunternehmens, in das Sonderbetriebsvermögen des Steuerpflichtigen bei einer Personengesellschaft oder in das Gesamthandsvermögen einer Personengesellschaft, die ohne Gewährung von Gesellschaftsrechten an der Personengesellschaft und auch ohne sonstige Gegenleistung erfolgt (BMF-Schreiben vom 05.10.2000, BStBl I 2000, S. 1383, Tz. 2),
- die **Zerstörung** oder der **Verlust** eines Wirtschaftsguts.

Allerdings ist zu beachten, dass die **Einlage** eines Wirtschaftsguts in ein Betriebsvermögen nachträglich als Veräußerung zu werten ist, wenn das Wirtschaftsgut innerhalb von zehn Jahren nach seiner Anschaffung aus dem Betriebsvermögen veräußert wird (§ 23 Abs. 1 Satz 5 Nr. 1 EStG). Diese Fiktion erfolgt, um zu vermeiden, dass die Steuerpflicht nach § 23 EStG umgangen wird, indem Wirtschaftsgüter zum Teilwert in ein Betriebsvermögen eingelegt und später (zeitnah) veräußert werden. Der Gewinn ist allerdings nicht rückwirkend im Einlagejahr zu versteuern, sondern erst dann, wenn der Preis für die Veräußerung aus dem Betriebsvermögen zugeflossen ist (§ 23 Abs. 3 Satz 6 EStG).

Beispiel B.233:

A erwirbt im Jahr 01 ein unbebautes Grundstück für 100.000 € für sein Privatvermögen. Im Jahr 06 legt er das Grundstück gemäß § 6 Abs. 1 Nr. 5 EStG zum Teilwert von 150.000 € in das Betriebsvermögen eines von ihm betriebenen gewerblichen Einzelunternehmens ein. Die Einlage erfolgt zum Teilwert, da das Grundstück nicht innerhalb der letzten drei Jahre vor der Einlage angeschafft wurde (§ 6 Abs. 1 Nr. 5 Buchst. a EStG). Da es sich bei der Einlage nicht um einen Veräußerungstatbestand handelt, ist eine Besteuerung des Wertzuwachses (50.000 €) im Rahmen der Einlage zunächst nicht vorzunehmen.

Veräußert A das Grundstück allerdings z.B. im Jahr 08 für 170.000 € aus seinem Betriebsvermögen, so ist einerseits der Wertgewinn im Betriebsvermögens (20.000 €) als Einkünfte aus Gewerbebetrieb zu versteuern. Zudem ist die Einlage in das Betriebsvermögen aus dem Jahr 06 rückwirkend ebenfalls als Veräußerungstatbestand zu werten, da die spätere Veräußerung aus dem Betriebsvermögen innerhalb von zehn Jahren seit Erwerb (im Jahr 01) erfolgt (§ 23 Abs. 1 Satz 5 Nr. 1 EStG). Der Wertgewinn im Privatvermögen (50.000 €) führt somit zu Sonstigen Einkünften im Jahr 08, da in diesem Jahr der Preis für die Veräußerung aus dem Betriebsvermögen zufließt (§ 23 Abs. 3 Satz 6 EStG).

Zudem ist, unabhängig von einer zeitlichen Beschränkung, die **verdeckte Einlage** eines Wirtschaftsguts in eine Kapitalgesellschaft stets als Veräußerungsvorgang zu behandeln, da das Wirtschaftsgut endgültig aus der Zurechnung beim einlegenden Steuerpflichtigen ausscheidet (§ 23 Abs. 1 Satz 5 Nr. 2 EStG).

Bei der **Einbringung** von Wirtschaftsgütern des Privatvermögens in eine Personengesellschaft oder Kapitalgesellschaft **gegen Gewährung von Gesellschaftsrechten** handelt es sich im Gegensatz zu einer Einbringung in das Betriebsvermögen eines Einzelunternehmens nicht um eine Einlage i.S.d. § 6 Abs. 1 Nr. 5 EStG, sondern um einen Veräußerungsvorgang, der von § 23 EStG erfasst wird (Tz. 6 des BMF-Schreibens vom 05.10.2000; BFH-Urteil vom 21.10.1976, BStBl II 1977, S. 145).

Zu beachten ist des Weiteren, dass ein privates Veräußerungsgeschäft i.S.d. § 23 EStG zumindest die wirtschaftliche Identität von angeschafftem und veräußertem Wirtschaftsgut voraussetzt.

Beispiel B.234:

A erwirbt ein einheitliches Grundstück und beantragt die Parzellierung, d.h. die Aufteilung des einheitlichen Grundstücks in mehrere Flurstücke, die unabhängig voneinander veräußert werden können.

Veräußert A nun einzelne Parzellen innerhalb der Zehnjahresfrist des § 23 Abs. 1 Nr. 1 EStG, so liegt insoweit ein privates Veräußerungsgeschäft vor. Die Identitätsbedingung ist erfüllt (BFH-Urteile vom 19.07.1983, BStBl II 1984, S. 26; vom 13.12.2005, BStBl II 2006, S. 513; Tz. 17 des BMF-Schreibens vom 05.10.2000).

Für den Zeitpunkt der Veräußerung ist analog zur Anschaffung der Zeitpunkt der schuldrechtlichen Vereinbarung (**Verpflichtungsgeschäft**) maßgeblich.

Der Gewinn (oder Verlust) aus privaten Veräußerungsgeschäften ist nach dem Wortlaut des § 23 Abs. 3 Satz 1 EStG durch den Unterschied zwischen Veräußerungspreis einerseits und Anschaffungs- oder Herstellungskosten sowie Werbungskosten andererseits gegeben. Er ist gemäß § 11 Abs. 1 EStG im Zuflusszeitpunkt zu versteuern.

	Veräußerungspreis
–	Anschaffungs- oder Herstellungskosten
–	Werbungskosten
=	Gewinn aus privaten Veräußerungsgeschäften

Tabelle B.31: Ermittlung des Gewinns aus privaten Veräußerungsgeschäften nach § 23 Abs. 3 EStG

Werbungskosten sind die vom Veräußerer getragenen, im Zusammenhang mit dem Veräußerungsvorgang angefallenen Aufwendungen, z.B. Makler- oder Notargebühren. Auch Aufwendungen zwischen Anschaffung und Veräußerung können sich ausnahmsweise als Werbungskosten qualifizieren, sofern sie weder mit einer Einkommenserzielung im Zusammenhang stehen (z.B. AfA für ein vermietetes Gebäude), noch mit der Nutzung zu privaten Konsumzwecken. So können ausnahmsweise Erhaltungsaufwendungen Werbungskosten nach § 23 EStG sein, sofern nicht die Erzielung laufender Erträge, sondern die Veräußerungsabsicht im Vordergrund stand (vgl. auch H 23 EStH „Werbungskosten"; BFH-Urteil vom 14.12.2004, BStBl II 2005, S. 343). Ein Pauschbetrag für die Werbungskosten nach § 23 EStG wird nicht gewährt.

Veräußerungspreis ist jede Gegenleistung, die der Veräußerer in Geld oder Geldeswert für das Wirtschaftsgut erhält. Sachleistungen sind mit dem gemeinen Wert anzusetzen.

Die Besteuerung folgt dem **Zuflussprinzip** nach § 11 Abs. 1 EStG. Wird ein Wirtschaftsgut auf **Raten** veräußert, so sind die Anschaffungskosten und Werbungskosten zunächst mit der im ersten Jahr erhaltenen Rate zu verrechnen. Verbleibende Anschaffungskosten sind mit den in Folgejahren erhaltenen Teilbeträgen zu verrechnen.

Beispiel B.235:

A erwirbt am 02.01.01 ein bebautes Grundstück zum Preis von 400.000 €, das er in der Folgezeit vermietet. Die AfA nimmt er nach § 7 Abs. 4 EStG in Anspruch (jährlich 2 % = 8.000 €). Am 31.12.02 verkauft A das Grundstück für 600.000 €. Der Veräußerungspreis wird in zwei Raten entrichtet: 450.000 € noch in 02 sowie 150.000 € in 03. A trägt die Notar- und Grundbuchkosten der Veräußerung von 15.000 €.

Der Veräußerungspreis beträgt 600.000 €, die Anschaffungskosten (vermindert um die AfA) betragen (400.000 – 2 · 8.000 =) 384.000 €, an Werbungskosten sind 15.000 € zu berücksichtigen. Der steuerpflichtige Veräußerungsgewinn beträgt somit 201.000 €:

	Veräußerungspreis	600.000 €
–	Anschaffungskosten (gekürzt um AfA, § 23 Abs. 3 Satz 4 EStG)	– 384.000 €
–	Werbungskosten	– 15.000 €
=	Gewinn aus privaten Veräußerungsgeschäften	201.000 €

Da die Anschaffungs- und Werbungskosten (zusammen 399.000 €) zunächst mit der ersten Rate von 450.000 € verrechnet werden, ist in 02 ein Betrag von 51.000 € und in 03 ein Betrag von 150.000 € zu versteuern.

7.7.5.4 Freigrenze und Verlustausgleich

Gemäß § 23 Abs. 3 Satz 5 EStG sind Gewinne aus privaten Veräußerungsgeschäften steuerfrei, sofern der Saldo von entsprechenden Gewinnen und Verlusten im Kalenderjahr weniger als 600 € beträgt. Der Betrag von 600 € stellt allerdings **keinen Freibetrag**, sondern **eine Freigrenze** dar. Veräußerungsgewinne i.H.v. 599 € sind steuerfrei, Veräußerungsgewinne i.H.v. 601 € sind in voller Höhe steuerpflichtig, nicht nur in Höhe des 600 € übersteigenden Teilbetrags. Haben im Falle zusammen veranlagter Ehegatten beide Partner Einkünfte aus privaten Veräußerungsgeschäften erzielt, so steht jedem Ehegatten die Freigrenze von 600 € zu (H 23 EStH „Freigrenze"). Positive Einkünfte über die Freigrenze hinaus sind aber mit entsprechenden Verlusten des anderen Ehegatten zu verrechnen (BMF-Schreiben vom 05.10.2000, BStBl I 2000, S. 1383, Rz. 41).

Beispiel B.236:

Im März des Jahres 01 erwirbt der unbeschränkt einkommensteuerpflichtige Briefmarkensammler A eine Marke für 5.000 €. Im November desselben Jahres veräußert A die Briefmarke mit Gewinn für 5.500 €. Der entstehende Gewinn von 500 € ist steuerfrei, da er unterhalb der Freigrenze von 600 € liegt (§ 23 Abs. 3 Satz 5 EStG).

Da die Freigrenze auf das Kalenderjahr bezogen ist, wird sie für einen in Raten gezahlten Veräußerungspreis unter Umständen mehrfach gewährt.

Beispiel B.237:

A verkauft die im März 01 für 5.000 € erworbene Briefmarke im November 01 nicht für 5.000 €, sondern für 6.000 €. Der Kaufpreis wird in Höhe von 5.500 € noch in 01 und in Höhe von 500 € in 02 gezahlt. Es entsteht ein Gewinn von je 500 € in den Jahren 01 und 02. Da der Gewinn in beiden Jahren unter der Freigrenze von 600 € liegt, ist er in beiden Jahren steuerfrei.

Ergibt sich für einen Veranlagungszeitraum ein **negativer Saldo** von Gewinnen und Verlusten aus privaten Veräußerungsgeschäften i.S.d. § 23 EStG, so kann dieser Saldo nicht mit positiven anderen Einkünften des Veranlagungszeitraums ausgeglichen werden (§ 23 Abs. 3 Satz 7 EStG). Allerdings kann ein solcher Verlust in den unmittelbar vorangegangenen Veranlagungszeitraum zurückgetragen sowie in die nachfolgenden Veranlagungszeiträume zeitlich unbegrenzt vorgetragen und im Zieljahr mit positiven Einkünften aus privaten Veräußerungsgeschäften nach § 23 EStG, nicht jedoch mit positiven anderen Einkünften, ausgeglichen werden (§ 23 Abs. 3 Satz 8 EStG).

Bis zum 31.12.2013 dürfen **Altverluste** aus privaten Veräußerungsgeschäften nach § 23 EStG zudem mit Veräußerungsgewinnen nach § 20 Abs. 2 EStG bei den Einkünften aus Kapitalvermögen ausgeglichen bzw. in künftige Veranlagungszeiträume vorgetragen werden (§ 20 Abs. 6 Satz 1, § 23 Abs. 3 Sätze 9, 10, § 52a Abs. 11 Satz 11 EStG). Siehe hierzu Abschnitt B.7.5.7.

7.7.6 Einkünfte aus sonstigen Leistungen

Eine Definition der Einkünfte aus sonstigen Leistungen findet sich in § 22 Nr. 3 EStG nicht. Das Gesetz nennt nur beispielhaft Einkünfte aus **gelegentlichen Vermittlungen** und Einkünfte aus der **Vermietung einzelner beweglicher Gegenstände**. Einkünfte aus sonstigen Leistungen können jedoch nicht im Sinne aller sonst denkbaren Einkünfte inter-pretiert werden, da dies dem enumerativen (aufzählenden) Einkommensbegriff im deutschen Einkommensteuerrecht widersprechen würde. Nach der von Rechtsprechung und Finanzverwaltung vertretenen Auffassung ist unter Einkünften aus sonstigen Leistungen vielmehr **jedes Tun, Dulden oder Unterlassen zu verstehen, das Gegenstand eines entgeltlichen Vertrags sein kann und das eine Gegenleistung auslöst, sofern es sich nicht um Veräußerungsvorgänge oder veräußerungsähnliche Vorgänge im privaten Bereich handelt** (H 22.8 EStH „Allgemeines", BFH-Urteile vom 21.09.2004, BStBl II 2005, S. 44; vom 08.05.2008, BStBl II 2008, S. 868). Zudem ist zu beachten, dass die Einkünfte aus sonstigen Leistungen sowohl gegenüber den anderen sechs Einkunftsarten als auch gegenüber den übrigen Einkünften im Rahmen der Sonstigen Einkünfte (§ 22 Nrn. 1, 1a, 2 und 4 EStG) **subsidiär** sind (§ 22 Nr. 3 Satz 1 EStG).

Beispiel B.238:

Die Tätigkeit einer Mietwagenfirma begründet gewerbliche Einkünfte nach § 15 EStG und nicht Einkünfte aus sonstigen Leistungen nach § 22 Nr. 3 EStG, obwohl es sich um Einkünfte aus der Vermietung einzelner beweglicher Gegenstände handelt.

Als Einkünfte aus sonstigen Leistungen kommen neben den in § 22 Nr. 3 EStG beispielhaft aufgezählten Einkünften so heterogene Einkünfte in Betracht wie z.B.

- das Entgelt für die **regelmäßige Mitnahme** eines Arbeitskollegen auf der Fahrt zwischen Wohnung und Arbeitsstätte (BFH-Urteil vom 15.03.1994, BStBl II 1994, S. 516),
- das Entgelt für die **zeitweise Vermietung** eines Wohnmobils an wechselnde Mieter (BFH-Urteil vom 12.11.1997, BStBl II 1998, S. 774),
- das Entgelt für ein vertraglich vereinbartes umfassendes **Wettbewerbsverbot** (BFH-Urteile vom 12.06.1996, BStBl II 1996, S. 516; vom 23.02.1999, BStBl II 1999, S. 590),
- das Entgelt für die **Duldung eines Bauvorhabens** (BFH-Urteil vom 26.10.1982, BStBl II 1983, S. 404),
- **Bestechungsgelder**, die einem Arbeitnehmer von einem Dritten gezahlt worden sind (BFH-Urteil vom 26.01.2000, BStBl II 2000, S. 396),
- **Fernsehpreisgelder**, wenn der Auftritt des Kandidaten und das gewonnene Preisgeld in einem gegenseitigen Leistungsverhältnis stehen (BMF-Schreiben vom 30.05.2008, BStBl I 2008, S. 645, vgl. auch Abschnitt B.3.3).

Weitere Beispiele finden sich in H 22.8 EStH.

§ 22 Nr. 3 Satz 2 EStG sieht eine **Freigrenze** i.H.v. 256 € für Einkünfte aus sonstigen Leistungen vor. Haben im Falle zusammen veranlagter Ehegatten beide Partner Einkünfte aus sonstigen Leistungen erzielt, so steht jedem Ehegatten die Freigrenze von 256 € – jedoch höchstens bis zur Höhe der Einkünfte aus § 22 Nr. 3 EStG – zu (R 22.8 EStR).

Übersteigen die Werbungskosten die Einnahmen aus sonstigen Leistungen, so darf der übersteigende Betrag grundsätzlich nicht mit positiven anderen Einkünften ausgeglichen werden (§ 22 Nr. 3 Satz 3 EStG). Allerdings können negative Einkünfte aus sonstigen Leistungen in den unmittelbar vorangegangenen Veranlagungszeitraum zurückgetragen sowie in die nachfolgenden Veranlagungszeiträume zeitlich unbegrenzt vorgetragen und im Zieljahr mit positiven Einkünften aus sonstigen Leistungen, nicht jedoch mit positiven anderen Ein-künften, ausgeglichen werden (§ 22 Nr. 3 Satz 4 EStG).

7.7.7 Abgeordnetenbezüge

Abgeordnetenbezüge, d.h. Zahlungen auf Grund eines Abgeordnetengesetzes an Bundestags-, Landtags- und Europaabgeordnete, begründen Sonstige Einkünfte nach § 22 Nr. 4 EStG, sofern sie nicht bloße Aufwandsentschädigungen darstellen (diese sind nach § 3 Nr. 12 EStG steuerfrei).

Nach § 22 Nr. 4 Satz 2 EStG wird der Abzug von Werbungskosten vollständig ausgeschlossen, wenn zur Abgeltung der durch das Mandat veranlassten Aufwendungen steuerfreie Aufwandsentschädigungen gezahlt werden (vgl. H 22.9 EStH). Auch Wahlkampfkosten zur Erlangung des Mandats können gemäß § 22 Nr. 4 Satz 3 EStG nicht als Werbungskosten abgezogen werden (BFH-Urteile vom 08.12.1987, BStBl II 1988, S. 435).

7.7.8 Leistungen aus Altersvorsorgeverträgen, Pensionsfonds, Pensionskassen und Direktversicherungen

Seit 2002 wird die private Altersvorsorge (sog. „**Riesterrente**“) durch Gewährung einer **Altersvorsorgezulage** (§§ 83 ff. EStG) bzw. durch einen **Sonderausgabenabzug** für die Altersvorsorgebeiträge (§ 10a EStG) gefördert. Der Gesetzgeber hat in diesem Zusammenhang (ähnlich wie bei der gesetzlichen Rentenversicherung, siehe Abschnitt B.7.7.1.1) das Prinzip der **nachgelagerten Besteuerung** eingeführt: die Altersvorsorgebeiträge werden im Zeitpunkt ihrer Einzahlung (in den Fördergrenzen des § 10a EStG) von der Besteuerung freigestellt. Hierzu korrespondierend unterliegen die resultierenden Altersleistungen in voller Höhe der Besteuerung als Sonstige Einkünfte nach § 22 Nr. 5 EStG.

Die sog. Riesterförderung wird einheitlich in Abschnitt B.10.3.2 besprochen. Zur Steuerpflicht der Altersleistungen als Sonstige Einkünfte siehe Abschnitt B.10.3.2.3.6.

Neben der **privaten Altersvorsorge** („Riesterrente“) sind nach § 22 Nr. 5 EStG auch Leistungen aus bestimmten Instrumenten der **betrieblichen Altersvorsorge** steuerpflichtig, nämlich Leistungen aus

- Pensionsfonds,
- Pensionskassen und
- Direktversicherungen.

Auf die verschiedenen Instrumente der **betrieblichen** Altersvorsorge kann im vorliegenden Band nicht vertiefend eingegangen werden. Hierzu wird auf die einschlägige Literatur verwiesen (z.B. *P. A. Doetsch* et al (2010)).

7.7.9 Werbungskosten-Pauschbetrag

§ 9a Satz 1 Nr. 3 EStG gewährt einen Werbungskosten-Pauschbetrag für die Sonstigen Einkünfte i.H.v. 102 €. Der Pauschbetrag bezieht sich allerdings nicht auf alle Kategorien Sonstiger Einkünfte nach § 22 EStG, sondern nur auf Einkünfte i.S.d. § 22 Nr. 1, 1a, 1b, 1c und 5 EStG, nicht jedoch auf die Nrn. 2, 3 und 4 des § 22 EStG. Er kann nur insoweit geltend gemacht werden, wie Einnahmen vorliegen, die diesen Einkunftsarten zuzurechnen sind (§ 9a Satz 2 EStG). Dabei gilt der Pauschbetrag für die Einkünfte nach § 22 Nrn. 1, 1a, 1b, 1c und 5 EStG insgesamt, also nicht jeweils gesondert für die Nrn. 1, 1a, 1b, 1c und 5. Er wird auch bei zusammenveranlagten Ehegatten jedem Ehegatten gesondert gewährt, sofern und soweit der einzelne Ehegatte über Sonstige Einkünfte nach § 22 Nrn. 1, 1a, 1b, 1c oder 5 EStG verfügt. Für jeden Ehegatten wird entweder der Freibetrag angesetzt oder die höheren tatsächlichen Werbungskosten.

Beispiel B.239:

	Ehemann	**Ehefrau**
Einnahmen aus wiederkehrenden Bezügen	6.000 €	8.000 €
– tatsächliche Werbungskosten	(50 €)	– 250 €
– Werbungskosten-Pauschbetrag	– 102 €	
= Sonstige Einkünfte	5.898 €	7.750 €

7.8 Gemeinsame Vorschriften

Nach § 24 EStG zählen zu den Einkünften i.S.d. § 2 Abs. 1 EStG auch

- Entschädigungen (§ 24 Nr. 1 EStG),
- nachträgliche Einkünfte (§ 24 Nr. 2 EStG) und

- Nutzungsvergütungen für die Inanspruchnahme von Grundstücken für öffentliche Zwecke (§ 24 Nr. 3 EStG).

Hervorzuheben ist, dass die Vorschrift des § 24 EStG keine eigenständige Einkunftsart begründet. Vielmehr stellt § 24 EStG die Steuerpflicht der in den Nrn. 1 – 3 genannten Einkünfte lediglich klar (vgl. z.B. *W. Drenseck*, in: L. Schmidt (2010), § 24, Rz. 2). Entschädigungen, nachträgliche Einkünfte und Nutzungsvergütungen sind bei der Einkunftsart des § 2 Abs. 1 Nrn. 1 – 7 EStG zu erfassen, zu der sie auch ohne die Vorschrift des § 24 EStG gehören würden. Können Entschädigungen, nachträgliche Einkünfte oder Nutzungsvergütungen hingegen keiner bestimmten Einkunftsart zugeordnet werden, so entfällt auch die Anwendbarkeit des § 24 EStG (H 24.1 EStH „Allgemeines“; BFH-Urteil vom 12.06.1996, BStBl II 1996, S. 516). Die Vorschrift des § 24 EStG schafft somit keinen neuen Besteuerungstatbestand.

Eine materielle Bedeutung erlangt § 24 EStG allerdings durch den Verweis des § 34 Abs. 2 Nrn. 2, 3 EStG, der bestimmte Einkünfte des § 24 EStG zu außerordentlichen Einkünften erklärt, für die die Tarifermäßigung des § 34 Abs. 1 EStG anzuwenden ist. Dies gilt für Entschädigungen i.S.d. § 24 Nr. 1 EStG (§ 34 Abs. 2 Nr. 2 EStG) sowie für Nutzungsvergütungen i.S.d. § 24 Nr. 3 EStG (§ 34 Abs. 2 Nr. 3 EStG), nicht jedoch für nachträgliche Einkünfte i.S.d. § 24 Nr. 2 EStG. Für die Anwendung des § 34 EStG ist allerdings in jedem Falle zusätzliche Voraussetzung, dass Einkünfte, die sich bei wirtschaftlicher Betrachtung auf mehrere Veranlagungszeiträume beziehen, zusammengeballt auftreten. Zur Tarifermäßigung des § 34 Abs. 1 EStG siehe ausführlich Abschnitt B.4.4.4.

7.8.1 Entschädigungen (§ 24 Nr. 1 EStG)

Der Tatbestand des § 24 Nr. 1 EStG umfasst tatsächlich geleistete Entschädigungen, die

- als Ersatz für entgangene oder entgehende Einnahmen (§ 24 Nr. 1 Buchst. a EStG),
- für die Aufgabe oder Nichtausübung einer Tätigkeit, für die Aufgabe einer Gewinnbeteiligung oder einer Anwartschaft auf eine solche (§ 24 Nr. 1 Buchst. b EStG) oder
- als Ausgleichszahlungen an Handelsvertreter nach § 89b HGB (§ 24 Nr. 1 Buchst. c EStG)

gewährt worden sind.

Der Entschädigungsbegriff des § 24 Nr. 1 EStG setzt in den Fällen der Buchst. a und b voraus, dass der Steuerpflichtige einen finanziellen Schaden erlitten hat und die Zahlung unmittelbar dazu bestimmt ist, diesen Schaden auszugleichen (R 24.1 EStR). Als Entschädigung kommen nicht nur Geldleistungen, sondern auch Sachleistungen und andere Vorteile, z.B. die Gewährung eines Wohnrechts (BFH-Urteil vom 22.01.1988, BStBl II 1988, S. 525), in Betracht.

Voraussetzung ist nach § 24 Nr. 1 **Buchst. a** EStG ferner, dass der Steuerpflichtige für entgangene oder entgehende Einnahmen entschädigt wird. Zahlungen auf der Vermögensebene reichen demnach nicht aus.

Beispiel B.240:

Während Ersatzleistungen für Mietausfälle einer beschädigten Mietsache unter den Tatbestand des § 24 Nr. 1 Buchst. a EStG fallen, handelt es sich bei dem Ersatz für den Vermögensschaden nicht um Ersatzleistungen nach § 24 Nr. 1 Buchst. a EStG. Ersatzleistungen für Vermögensschäden, die über den Buchwert des beschädigten oder zerstörten Objekts hinausgehen, sind daher im Betriebsvermögen laufende Einnahmen, die nicht nach § 34 EStG begünstigt sind. Im Privatvermögen sind Ersatzleistungen für Vermögensschäden steuerlich unbeachtlich.

Ebenfalls nicht erfasst werden Ersatzleistungen für Personenschäden, z.B. Schmerzensgeld oder Beerdigungskosten. Soweit ein Steuerpflichtiger jedoch für einen unfallbedingten Einnahmeausfall entschädigt wird, greift § 24 Nr. 1 Buchst. a EStG.

Abfindungen wegen Auflösung eines Dienstverhältnisses fallen nur dann unter § 24 Nr. 1 Buchst. a EStG, wenn das Ausscheiden vom Arbeitgeber veranlasst ist (BFH-Urteil vom 22.01.1988, BStBl II 1988, S. 525; H 24.1 EStH „Entschädigung i.S.d. § 24 Nr. 1 Buchst. a EStG"). Die Tarifermäßigung des § 34 Abs. 1 EStG kommt dann grundsätzlich in Betracht.

Wird das Dienstverhältnis mit Willen oder mit Zustimmung des Arbeitnehmers beendet, so qualifizieren sich die Abfindungen als Entschädigungen für die Aufgabe oder Nichtausübung einer Tätigkeit i.S.d. § 24 Nr. 1 Buchst. b EStG (H 24.1 EStH „Entschädigung i.S.d. § 24 Nr. 1 Buchst. b EStG"). Auch in diesem Fall wird die Tarifermäßigung des § 34 Abs. 1 EStG gewährt.

Voraussetzung für die Anwendung des § 24 Nr. 1 **Buchst. b** EStG ist, dass eine Tätigkeit gänzlich unterlassen wird. Lediglich eine Betriebsverlegung fällt somit nicht unter diese Vorschrift (BFH-Urteil vom 28.09.1987, BFH/NV 1988, S. 227). Wesentlicher Anwendungsbereich des § 24 Nr. 1 Buchst. b EStG ist neben einer Abfindung für ein mit Zustimmung des Arbeitnehmers beendetes Dienstverhältnis ein Entgelt für im Arbeitsvertrag bzw. mit Beendigung des Arbeitsverhältnisses vereinbarte Wettbewerbsverbote (BFH-Urteile vom 12.06.1996, BStBl II 1996, S. 516; vom 23.02.1999, BStBl II 1999, S. 590).

7.8.2 Nachträgliche Einkünfte (§ 24 Nr. 2 EStG)

Nachträgliche Einkünfte sind Einkünfte aus einer ehemaligen Tätigkeit oder einem ehemaligen Rechtsverhältnis i.S.d. § 2 Abs. 1 EStG. Erfasst wird offenbar der Fall, dass der Steuerpflichtige die Tätigkeit oder das Rechtsverhältnis aufgegeben hat, ihm aber in einem späteren Veranlagungszeitraum noch Einnahmen daraus zufließen.

Beispiel B.241:

Ein Steuerpflichtiger hat im Vorjahr ein Mietshaus veräußert, aus dem ihm Einkünfte aus Vermietung und Verpachtung erwachsen sind. Im laufenden Jahr wird ihm noch ein aus dem Vorjahr rückständiger Mietbetrag überwiesen. Es liegen nachträgliche Einkünfte aus Vermietung und Verpachtung nach § 21 i.V.m. § 24 Nr. 2 EStG vor.

Beispiel B.242:

Ein Gewerbetreibender veräußert seinen Gewerbebetrieb. Von der Veräußerung sind jedoch die Warenforderungen ausgenommen. Ein Teil der Forderungen war bereits auf Grund eines erhöhten Ausfallrisikos auf den niedrigeren Teilwert gemäß § 6 Abs. 1 Nr. 2 Satz 2 EStG abgeschrieben worden. In dem der Betriebsveräußerung nachfolgenden Veranlagungszeitraum werden die Forderungen in voller Höhe beglichen. Der erwartete Ausfall tritt nicht ein.

Warenforderungen sind notwendiges Betriebsvermögen, das auch nach der Betriebsveräußerung nicht ins Privatvermögen überführt werden kann, sondern als sog. Restbetriebsvermögen verbleibt. Die Zahlung des bereits als Aufwand berücksichtigten

Teils der Forderungen stellt nachträgliche Einkünfte aus Gewerbebetrieb dar (BFH-Urteil vom 09.09.1993, BStBl II 1994, S. 105).

Unerheblich ist, ob die Einnahmen der Person, welche die ehemalige Tätigkeit ausgeübt hat, selbst zufließen oder ob sie dem Rechtsnachfolger dieser Person zufließen (H 24.2 EStH „Rechtsnachfolger"). Hinsichtlich der Bestimmung der Einkunftsart kommt es auf die Rechtsverhältnisse des Rechtsvorgängers an.

Beispiel B.243:

Die Witwe eines Rechtsanwalts zieht nach dessen Tod noch ausstehende Honorare ein. Die Witwe bezieht nachträgliche Einkünfte aus selbständiger Arbeit nach § 18 i.V.m. § 24 Nr. 2 EStG.

Die nachträglichen Einkünfte nach § 24 Nr. 2 EStG ermitteln sich nach den allgemeinen Vorschriften zur Gewinn- bzw. Überschussermittlung, d.h. sie sind durch den Saldo aus nachträglichen Betriebseinnahmen und nachträglichen Betriebsausgaben bzw. den Überschuss der nachträglichen Einnahmen über die nachträglichen Werbungskosten gegeben. Auch negative nachträgliche Einkünfte sind möglich.

Beispiel B.244:

Ein Arbeitnehmer, der das im vorangegangenen Veranlagungszeitraum bezogene Weihnachtsgeld zurückzahlen muss, da das Dienstverhältnis vor dem 01.04. des laufenden Jahres endet, erzielt in diesem Jahr negative nachträgliche Einkünfte aus nichtselbständiger Arbeit.

(Beachte: Die Rückzahlung des Weihnachtsgelds begründet nicht Werbungskosten, sondern negative Einnahmen. Sie ist somit nicht auf den Werbungskosten-Pauschbetrag des § 9a Satz 1 Nr. 1 EStG von 920 € anzurechnen.)

Zwar verweist § 34 Abs. 2 EStG nicht auf § 24 Nr. 2 EStG. Für nachträgliche Einkünfte nach § 24 Nr. 2 EStG kommt eine Tarifermäßigung nach § 34 Abs. 1 EStG somit grundsätzlich nicht in Frage. Werden die nachträglichen Einkünfte allerdings für mehrere Jahre nachträglich gezahlt, so kommt eine Qualifizierung als Vergütung für mehrjährige Tätigkeiten i.S.d. § 34 Abs. 2 Nr. 4 EStG in Betracht. Zu beachten ist allerdings, dass § 34 Abs. 2 Nr. 4 EStG nach herrschender Auffassung grundsätzlich nur für die Überschusseinkunftsarten anzuwenden ist (und nur ausnahmsweise bei den Einkünften aus selbständiger Arbeit, siehe Abschnitt B.4.4.4).

7.8.3 Nutzungsvergütungen (§ 24 Nr. 3 EStG)

Die Vorschrift des § 24 Nr. 3 EStG erfasst

- Nutzungsvergütungen für die Inanspruchnahme von Grundstücken für öffentliche Zwecke,
- Zinsen auf solche Nutzungsvergütungen sowie
- Zinsen auf Entschädigungen, die mit der Inanspruchnahme von Grundstücken für öffentliche Zwecke zusammenhängen.

Der Begriff der Inanspruchnahme von Grundstücken für öffentliche Zwecke ist weit auszulegen. Ein formelles Enteignungsverfahren (und selbst eine drohende Enteignung) ist nicht Voraussetzung (BFH-Urteil vom 21.04.1966, BStBl III 1966, S. 460). Auch die freiwillige

Veräußerung von Grundstücken wird erfasst, sofern der Erwerb öffentlichen Zwecken, z.B. dem Straßenbau oder der Errichtung militärischer Gelände, dient und für den Abschluss des Vertrages zumindest hoheitlicher Druck maßgebend war (BFH-Urteil vom 28.04.1998, BStBl II 1998, S. 560).

Nutzungsvergütungen und Zinsen nach § 24 Nr. 3 EStG sind gemäß § 34 Abs. 2 Nr. 3 EStG nur dann tarifbegünstigt, wenn sie für einen Zeitraum von mehr als drei Jahren nachgezahlt werden. Trotz der Formulierung „soweit" in § 34 Abs. 2 Nr. 3 EStG ist in diesem Fall die gesamte Zahlung begünstigt und nicht nur der Teilbetrag, der auf den drei Jahre übersteigenden Zeitraum entfällt (BFH-Urteil vom 14.03.1985, BStBl II 1985, S. 463).

7.9 Betriebsaufspaltung und Betriebsverpachtung

Oft gelingt es durch unmittelbare Anwendung der Steuergesetze nicht, eine sachgerechte Lösung für die Vielzahl praxisrelevanter Sachverhalte zu finden. Regelt das geschriebene Recht eine bestimmte Situation nicht unmittelbar, so obliegt es der Rechtsprechung, unter Auslegung der bestehenden Gesetze eine Lösung zu erarbeiten. Um trotz der fehlenden gesetzlichen Regelung eine einheitliche und konsistente Behandlung dieser Sachverhalte zu gewährleisten, entwickelt die Rechtsprechung vielfach eigenständige **Rechtsinstitute**, die bei Vorliegen konkreter Tatbestandsmerkmale eine bestimmte Rechtsfolge auslösen.

Auf zwei wichtige Rechtsinstitute, nämlich die **Betriebsaufspaltung** und die **Betriebsverpachtung**, soll in den folgenden Abschnitten B.7.9.1 und B.7.9.2 eingegangen werden. In beiden Fällen geht es um die Abgrenzung zwischen Einkünften aus Vermietung und Verpachtung und gewerblichen Einkünften und somit um einkünfteübergreifende Fragen.

7.9.1 Betriebsaufspaltung

Ohne die Regelungen zur Betriebsaufspaltung könnte ein gewerblich tätiges Einzelunternehmen (oder eine gewerblich tätige Personengesellschaft) steuerliche Vorteile erzielen, wenn es die eigentliche gewerbliche Tätigkeit durch ein **Betriebsunternehmen** in der Rechtsform einer **Kapitalgesellschaft** ausführen lässt und die wesentlichen Betriebsgrundlagen (z.B. Betriebsgrundstücke) an die Kapitalgesellschaft vermietet oder verpachtet.

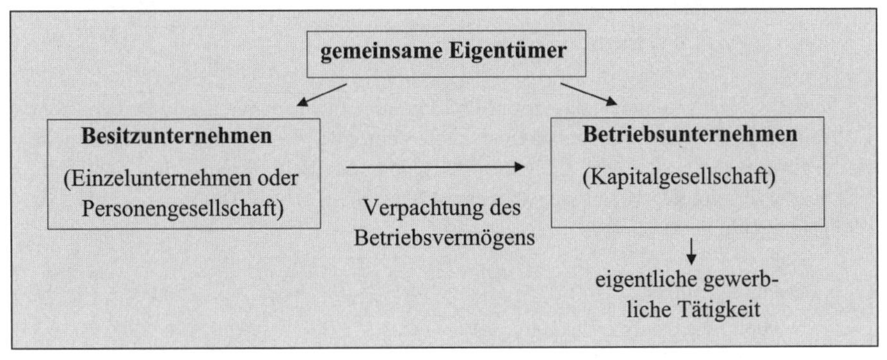

Abbildung B.29: Vereinfachte Darstellung einer Betriebsaufspaltung

Während die Betriebskapitalgesellschaft natürlich gewerbliche Einkünfte erzielt, würde das Besitzunternehmen, da es lediglich vermögensverwaltend tätig wäre, Einkünfte aus Vermietung und Verpachtung erwirtschaften. Ein solches Vorgehen hätte gegenüber der Vereinigung beider Tätigkeiten in einem Unternehmen insbesondere folgende **steuerliche Vorteile**:

- **Keine Gewerbesteuerpflicht**

  Da das Besitzunternehmen keine gewerblichen Tätigkeiten ausführt, unterliegen seine Einkünfte, insbesondere die von dem Betriebsunternehmen abgeführten Miet- oder Pachtzinsen, nicht der Gewerbesteuer. Dieser Vorteil hat mit der Einführung von § 35 EStG (siehe Abschnitt B.7.2.7) allerdings deutlich an Bedeutung verloren.

- **Keine Steuerpflicht von Veräußerungsgewinnen**

  Veräußerungsgewinne sind im Rahmen der Einkünfte aus Vermietung und Verpachtung grundsätzlich nicht steuerpflichtig. Veräußert das Besitzunternehmen die vermieteten oder verpachteten Wirtschaftsgüter, so handelt es sich um einen steuerlich nicht relevanten Vorgang, wenn die zeitlichen Grenzen des § 23 EStG beachtet werden.

Beispiel B.245:

A betreibt eine Druckerei in der Rechtsform eines Einzelunternehmens (Wirtschaftsjahr = Kalenderjahr). Zum Anlagevermögen des Einzelunternehmens gehören Druckmaschinen, für die in 01 Abschreibungen i.H.v. 20.000 € geltend gemacht werden können, sowie ein bebautes Betriebsgrundstück, für das in 01 Abschreibungen i.H.v. 25.000 € geltend gemacht werden können.

Am 30.12.01 veräußert A eine der Druckmaschinen, die er vor mehreren Jahren erworben hatte und die noch über einen Buchwert von 5.000 € verfügt, zum Preis von 12.000 €. Die übrigen Betriebseinnahmen des Jahres 01 belaufen sich auf 250.000 €, die übrigen Betriebsausgaben (ausgenommen die Gewerbesteuer) belaufen sich auf 120.000 €.

	Betriebseinnahmen	250.000 €
–	AfA Druckmaschinen	– 20.000 €
–	AfA Betriebsgebäude	– 25.000 €
–	übrige Betriebsausgaben	– 120.000 €
+	Veräußerungsgewinn	+ 7.000 €
=	Gewinn vor Gewerbesteuer	92.000 €

Alternativ sei angenommen, dass A das Druckereiunternehmen durch eine GmbH, deren alleiniger Gesellschafter er ist, betreiben lässt. Verpachtet A der GmbH das betriebliche Anlagevermögen (§ 21 Abs. 1 Nr. 2 EStG!), d.h. das Betriebsgrundstück sowie die Druckmaschinen, gegen eine angemessene Mietzahlung von 120.000 €, so ergibt sich folgendes Bild für die GmbH:

	Betriebseinnahmen	250.000 €
–	Miet- / Pachtaufwendungen	– 120.000 €
–	übrige Betriebsausgaben	– 120.000 €
=	Gewinn vor Gewerbesteuer	10.000 €

Zudem würde A ohne die Vorschriften zur Betriebsaufspaltung Einkünfte aus Vermietung und Verpachtung erzielen:

Miet- Pachteinnahmen		120.000 €
–	AfA Druckmaschinen	– 20.000 €
–	AfA Betriebsgebäude	– 25.000 €
=	Einkünfte aus Vermietung und Verpachtung	75.000 €

Durch die Verlagerung der Einkünfte auf die private Ebene könnte A ohne die Vorschriften zur Betriebsaufspaltung die Gewerbesteuerzahlung in diesem Beispiel fast vollständig vermeiden (beachte allerdings die Hinzurechnungsvorschrift nach § 8 Nr. 1 Buchst. d, e GewStG, siehe Abschnitt D.5.2.1.1). Zudem wäre der Gewinn aus der Veräußerung der Druckmaschine i.H.v. 7.000 € im Privatvermögen steuerfrei.

Um dieser Konstruktion die steuerliche Vorteilhaftigkeit zu nehmen, wurde das Rechtsinstitut der Betriebsaufspaltung eingeführt. Eine Betriebsaufspaltung liegt vor, wenn ein einheitliches wirtschaftliches Unternehmen in der Form in ein Besitzunternehmen und ein Betriebsunternehmen aufgegliedert ist, dass die Voraussetzungen einer **sachlichen** und **personellen Verflechtung** erfüllt sind (siehe Abschnitt B.7.9.1.2). In diesem Fall wird die Gewerblichkeit der Betriebsgesellschaft der Besitzgesellschaft zugerechnet mit dem Ergebnis, dass diese selbst gewerbliche Einkünfte bezieht. Die Miet- und Pachtzinsen unterliegen damit der Gewerbesteuer und die vermieteten oder verpachteten Wirtschaftsgüter gehören nun einem Betriebsvermögen an, so dass Wertgewinne steuerverstrickt sind (siehe Abschnitt B.7.9.1.3).

7.9.1.1 Formen der Betriebsaufspaltung

Wichtigste Form der Betriebsaufspaltung ist die Aufgliederung eines einheitlichen wirtschaftlichen Unternehmens in ein **Besitzunternehmen** in der Rechtsform eines Einzelunternehmens oder einer Personengesellschaft und ein **Betriebsunternehmen** in der Rechtsform einer Kapitalgesellschaft (**eigentliche Betriebsaufspaltung**). Daneben kennt das deutsche Recht

- die **umgekehrte Betriebsaufspaltung**, bei der das Besitzunternehmen eine Kapitalgesellschaft und das Betriebsunternehmen eine Personengesellschaft ist,
- die **mitunternehmerische Betriebsaufspaltung**, bei der das Besitz- und das Betriebsunternehmen jeweils Personengesellschaften sind, und
- die **kapitalistische Betriebsaufspaltung**, bei der das Besitz- und das Betriebsunternehmen jeweils Kapitalgesellschaften sind.

Im Folgenden wird nur auf die **eigentliche Betriebsaufspaltung** als Grundform der Betriebsaufspaltung eingegangen. Im Übrigen wird auf *J. Kroschel / D. Wellisch*, SteuerStud 1999, S. 400, verwiesen.

Neben der Rechtsform der beteiligten Unternehmen wird die Betriebsaufspaltung nach der Art ihrer Entstehung klassifiziert:

- Eine **echte Betriebsaufspaltung** ist dadurch gekennzeichnet, dass ein bestehendes Unternehmen durch Neugründung einer Betriebsgesellschaft in ein Besitz- und ein Betriebsunternehmen aufgespalten wird. Das bisherige Unternehmen vermietet oder verpachtet wesentliche Betriebsgrundlagen an das neugegründete Betriebsunternehmen und wird dadurch zum Besitzunternehmen.

- Eine **unechte Betriebsaufspaltung** ist hingegen dadurch gekennzeichnet, dass einem bereits bestehenden Unternehmen wesentliche Betriebsgrundlagen von einem personell verbundenen Unternehmen miet- oder pachtweise zur Nutzung überlassen werden.

Die echte und die unechte Betriebsaufspaltung werden steuerlich gleich behandelt.

7.9.1.2 Tatbestandsvoraussetzungen

Eine Betriebsaufspaltung nimmt die Rechtsprechung an (z.B. BFH-Urteil vom 12.11.1985, BStBl II 1986, S. 296; vgl. auch H 15.7 Abs. 4 EStH „Allgemeines“),

- wenn ein Besitzunternehmen eine wesentliche Betriebsgrundlage an ein gewerblich tätiges Betriebsunternehmen zur Nutzung überlässt (**sachliche Verflechtung**) und
- eine oder mehrere Personen zusammen sowohl das Besitzunternehmen als auch das Betriebsunternehmen in dem Sinne beherrschen, dass sie in beiden Unternehmen einen einheitlichen geschäftlichen Betätigungswillen durchsetzen können (**personelle Verflechtung**).

Sachliche Verflechtung

Die sachliche Verflechtung setzt die Überlassung einer wesentlichen Betriebsgrundlage an das Betriebsunternehmen voraus. Die Eigenschaft der wesentlichen Betriebsgrundlage muss im Hinblick auf das Betriebsunternehmen erfüllt sein. Ohne Bedeutung ist, ob es sich für das Besitzunternehmen um eine wesentliche Betriebsgrundlage handelt.

Im Gegensatz zur verwandten **Betriebsverpachtung** (R 16 Abs. 5 EStR; vgl. Abschnitt 7.9.2), die eine Vermietung oder Verpachtung **aller** wesentlichen Betriebsgrundlagen erfordert, ist sachliche Voraussetzung der **Betriebsaufspaltung** nur, dass **mindestens eine** wesentliche Betriebsgrundlage zur Nutzung überlassen wird.

Wesentliche Betriebsgrundlage ist ein Wirtschaftsgut, das nach dem Gesamtbild der wirtschaftlichen Verhältnisse zur Erreichung des Betriebszwecks erforderlich ist und besonderes Gewicht für die Betriebsführung besitzt (**funktionale Betrachtungsweise**, BFH-Urteil vom 18.09.2002, BFH/NV 2003, S. 41). Im Gegensatz zu dem im Rahmen der Betriebsveräußerung des § 16 EStG relevanten Begriff der wesentlichen Betriebsgrundlage (siehe Abschnitt B.5.3.3.1.1) wird kein Wert auf das Vorhandensein hoher stiller Reserven (**quantitative Betrachtungsweise**) gelegt.

Insbesondere ist die notwendige sachliche Verflechtung stets bei der Verpachtung eines ganzen Gewerbebetriebs gegeben. In der Praxis wird eine Betriebsaufspaltung in vielen Fällen dadurch begründet, dass das Besitzunternehmen wesentliche Teile des Anlagevermögens an das Betriebsunternehmen verpachtet bzw. vermietet, während unwesentliche Teile des Anlagevermögens sowie das Umlaufvermögen an das Betriebsunternehmen veräußert werden.

Personelle Verflechtung

Die personelle Voraussetzung der Betriebsaufspaltung ist erfüllt, wenn in beiden Unternehmen ein einheitlicher geschäftlicher Betätigungswille herrscht, d.h. wenn eine Person oder Personengruppe existiert, die in beiden Unternehmen ihren Willen durchsetzen kann. Eine personelle Verflechtung nimmt die Rechtsprechung in den folgenden Fällen an:

- **Beteiligungsidentität**: An beiden Unternehmen sind die gleichen Personen mit identischen Beteiligungsverhältnissen beteiligt.

- **Beherrschungsidentität**: Liegen zwar keine identischen Beteiligungsverhältnisse vor, verfügt eine Person oder Personengruppe aber in beiden Unternehmen über die Mehrheit der Stimmrechte, so wird ein einheitlicher Betätigungswille vermutet, wenn die Beteiligungsverhältnisse nicht extrem konträr sind.

Beispiel B.246:

A, B und C sind am Besitzunternehmen zu je einem Drittel beteiligt. Gesellschafter des Betriebsunternehmens sind A und B zu je 50 %.

Die Voraussetzung der personellen Verflechtung ist gegeben, da A und B zusammen sowohl das Besitz- als auch das Betriebsunternehmen beherrschen.

Eine Betriebsaufspaltung kann auch vorliegen bei **wechselseitiger Mehrheitsbeteiligung** von zwei Personen an Besitz- und Betriebsgesellschaft (BFH-Urteil vom 24.02.2000, BStBl II 2000, S. 417). Einen einheitlichen Betätigungswillen und damit eine Beherrschungsidentität verneint die Rechtsprechung auf Grund extrem konträrer Beteiligungsverhältnisse aber beispielsweise für den Fall einer Beteiligung zweier Personen im Verhältnis 95 : 5 an der Betriebsgesellschaft und im umgekehrten Verhältnis an der Besitzgesellschaft (BFH-Urteil vom 12.10.1988, BStBl II 1989, S. 152), während bei einer Beteiligung von 55 : 45 und 45 : 55 eine Betriebsaufspaltung anerkannt wird (FG Baden-Württemberg, Urteil vom 14.11.1996, EFG 1997, S. 532).

Auch durch **mittelbare Beteiligungen** kann die Beherrschungsidentität grundsätzlich hergestellt werden (vgl. *R. Wacker*, in: L. Schmidt (2010), § 15, Rz. 835; *F. Roser*, EStB 2009, S. 177).

Beispiel B.247:

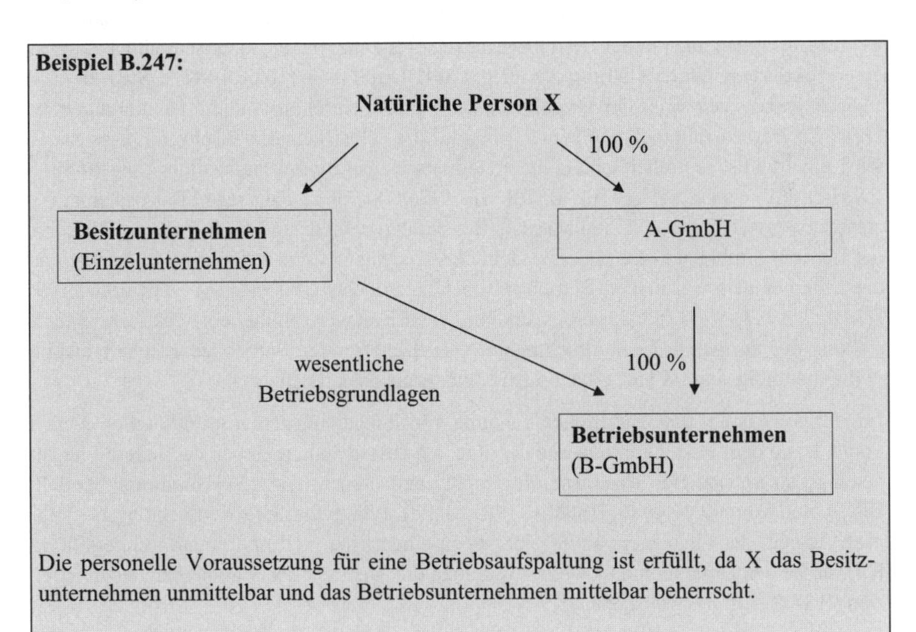

Die personelle Voraussetzung für eine Betriebsaufspaltung ist erfüllt, da X das Besitzunternehmen unmittelbar und das Betriebsunternehmen mittelbar beherrscht.

Beispiel B.248:

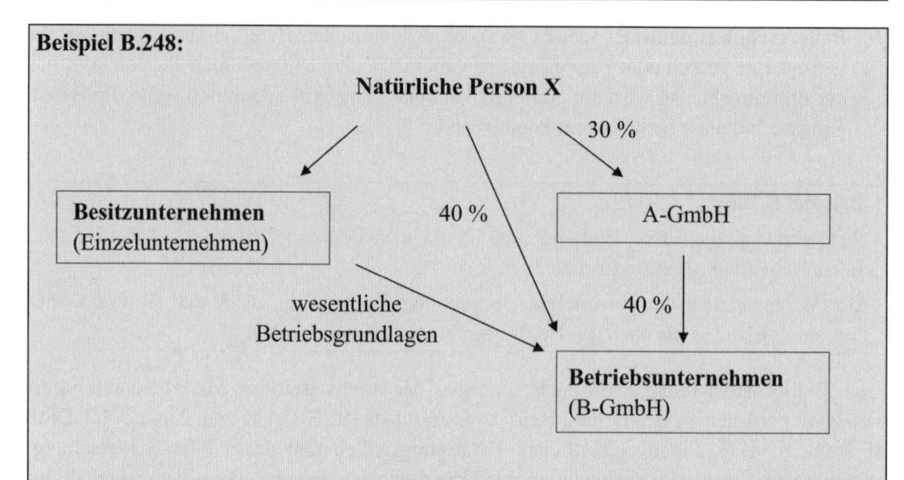

X ist an dem Betriebsunternehmen unmittelbar zu 40 % und mittelbar über die A-GmbH zu weiteren (30 % · 40 % =) 12 %, also insgesamt zu 52 % beteiligt. Da die mittelbare Beteiligung aber nicht durch eine Mehrheitsbeteiligung, sondern durch eine Minderheitsbeteiligung vermittelt wird, ist sie nicht zu berücksichtigen. Es liegt keine Betriebsaufspaltung vor.

Bei der Frage, ob eine mittelbare Beherrschung vorliegt, werden nur Anteile gezählt, die durch Mehrheitsbeteiligungen vermittelt werden.

Die Fähigkeit der das Besitzunternehmen beherrschenden Personen, ihren geschäftlichen Betätigungswillen auch in der Betriebsgesellschaft durchzusetzen, kann schließlich auch auf einer **faktischen Machtstellung** beruhen (BFH-Urteil vom 16.06.1982, BStBl II 1982, S. 662). Ist beispielsweise der Eigentümer des Besitzunternehmens allein fachkundiger Prokurist im Betriebsunternehmen seiner Ehefrau, die selbst keinerlei Fachkenntnisse hat, so wird eine faktische Beherrschung unterstellt und eine Betriebsaufspaltung angenommen (BFH-Urteil vom 29.07.1976, BStBl II 1976, S. 750). Faktische Beherrschung ist anzunehmen, wenn der Alleininhaber des Besitzunternehmens und alleinige Geschäftsführer der Betriebs-GmbH auf Grund der tatsächlichen Machtverhältnisse jederzeit in der Lage ist, die Stimmenmehrheit in der Betriebs-GmbH zu erlangen (BFH-Urteil vom 29.01.1997, BStBl II 1997, S. 437). Allerdings erkennt die Finanzverwaltung eine faktische Machtstellung nur an, wenn die zivilrechtlichen Gesellschafter der Betriebsgesellschaft fachlich völlig unkundig sind (H 15.7 Abs. 6 EStH „Faktische Beherrschung").

Im Übrigen kommt eine Zusammenrechnung von Ehegattenanteilen grundsätzlich nicht in Frage. Ist an dem Besitzunternehmen der eine, am Betriebsunternehmen der andere Ehegatte beteiligt, so ist eine Betriebsaufspaltung nicht anzunehmen (sog. „**Wiesbadener Modell**"; BFH-Urteil vom 09.09.1986, BStBl II 1987, S. 28). Eine personelle Verflechtung liegt aber nach Ansicht der Finanzverwaltung vor, wenn einem Elternteil und einem minderjährigen Kind an beiden Unternehmen jeweils zusammen die Mehrheit der Stimmrechte zuzurechnen sind (R 15.7 Abs. 8 Satz 1 EStR).

7.9.1.3 Rechtsfolgen

Primäre Rechtsfolge der Betriebsaufspaltung ist, dass die Gewerblichkeit der Betriebsgesellschaft der Besitzgesellschaft zugerechnet wird mit dem Ergebnis, dass diese selbst gewerbliche Einkünfte, und nicht Einkünfte aus Vermietung und Verpachtung bezieht. Somit gilt:

- Die Miet- bzw. Pachtzinsen unterliegen beim Besitzunternehmen auch der **Gewerbesteuer**.
- Wertgewinne des vermieteten bzw. verpachteten Wirtschaftsgutes sind **steuerverstrickt**, da das der Betriebsgesellschaft überlassene Wirtschaftsgut nun kein Privatvermögen mehr darstellt, sondern dem Betriebsvermögen der Besitzgesellschaft zuzuordnen ist. Die Veräußerung der vermieteten oder verpachteten Wirtschaftsgüter führt zu einem steuerlichen Veräußerungsgewinn bzw. einem abzugsfähigen Veräußerungsverlust.
- Da das Besitzunternehmen nun gewerbliche Einkünfte bezieht, greift die **Abfärberegelung** des § 15 Abs. 3 Nr. 1 EStG (siehe Abschnitt B.7.2.4). Vermietet beispielsweise eine Besitzpersonengesellschaft ein Grundstück 1 an die Betriebskapitalgesellschaft im Rahmen einer Betriebsaufspaltung und ein weiteres Grundstück 2 an eine dritte Person, ohne dass hier eine Betriebsaufspaltung vorliegt, so färbt die Gewerblichkeit der Vermietung des Grundstücks 1 auf die Vermietung des Grundstücks 2 ab. Auch im Hinblick auf Grundstück 2 besteht die Gewerbesteuerpflicht und Steuerverstrickung.
- Die Zurechnung der Gewerblichkeit der Betriebsgesellschaft zur Besitzgesellschaft gilt auch für Anteile, die auf „**Nur-Besitzgesellschafter**" entfallen, d.h. Gesellschafter, die nur an der Besitzgesellschaft, nicht aber an der Betriebsgesellschaft beteiligt sind. Wenn beispielsweise eine Personengesellschaft, an der die Personen A, B und C beteiligt sind, ein Grundstück im Rahmen einer Betriebsaufspaltung an eine Betriebskapitalgesellschaft vermietet, an der nur A und B beteiligt sind, gilt die Gewerbesteuerpflicht und die Steuerverstrickung auch hinsichtlich des Anteils am vermieteten Grundstück, der C zuzurechnen ist.

Zu den Rechtsfolgen einer Betriebsaufspaltung siehe auch *J. Kroschel / D. Wellisch*, SteuerStud 1999, S. 400.

7.9.1.4 Beginn und Ende der Betriebsaufspaltung

Die Betriebsaufspaltung wird durch die Begründung der sachlichen und personellen Voraussetzungen begonnen und durch ihren Wegfall beendet. Besonderes Augenmerk soll im Folgenden auf das Ende der Betriebsaufspaltung gelegt werden, da es dabei zu besonderen Härten kommen kann.

Wird die Betriebsaufspaltung beendet, so wird die Gewerblichkeit des Betriebsunternehmens nicht mehr dem Besitzunternehmen zugerechnet. Das Besitzunternehmen scheidet somit aus dem Bereich der Gewinneinkunftsarten aus, es kommt zu einer Betriebsaufgabe i.S.d. § 16 Abs. 3 EStG (siehe Abschnitt B.5.3.3.1.2). Wesentliche Rechtsfolge der Betriebsaufgabe ist eine Abschlussbesteuerung der in den Wirtschaftsgütern des Betriebsvermögens enthaltenen stillen Reserven. Aufzudecken sind neben den stillen Reserven in den an das Betriebsunternehmen vermieteten oder verpachteten Wirtschaftsgütern insbesondere auch die stillen Reserven in den Anteilen an dem Betriebsunternehmen, die von den Gesellschaftern des Besitzunternehmens gehalten werden, da diese Anteile dem **Sonderbetriebsvermögen** des Besitzunternehmens zuzurechnen sind (BFH-Urteil vom 16.04.1991, BStBl II 1991, S. 832; H 4.2 Abs. 2 EStH).

Eine Abschlussbesteuerung kann grundsätzlich nur vermieden werden,

- wenn die Besitzgesellschaft schon vor Beendigung der Betriebsaufspaltung selbst gewerblich tätig wird, so dass es auf eine Zurechnung der Gewerblichkeit im Rahmen der Betriebsaufspaltung nicht ankommt, oder
- wenn im Zeitpunkt der Beendigung der Betriebsaufspaltung die Voraussetzungen einer **Betriebsverpachtung** vorliegen. Das Rechtsinstitut der Betriebsverpachtung setzt im Vergleich zur Betriebsaufspaltung allerdings nicht nur die Verpachtung mindestens einer, sondern sämtlicher wesentlicher Betriebsgrundlagen voraus (vgl. den nachfolgenden Abschnitt).

Zu beachten ist, dass die Betriebsaufspaltung nicht nur freiwillig, sondern auch unfreiwillig beendet werden kann. **Freiwillig** beendet wird die Betriebsaufspaltung insbesondere durch

- Auslaufen oder Kündigung der Miet- oder Pachtverträge,
- Veräußerung der vermieteten oder verpachteten Wirtschaftsgüter oder
- Eintritt neuer Gesellschafter in das Besitz- oder Betriebsunternehmen, wenn hierdurch die beherrschende Stellung der bisherigen Gesellschafter entfällt.

Unfreiwillig beendet wird die Betriebsaufspaltung z.B. durch

- Eintritt der Volljährigkeit eines Kindes, dessen Anteile bisher mit den Anteilen der Eltern zusammen gerechnet wurden, oder
- Übergang von vermieteten oder verpachteten wesentlichen Betriebsgrundlagen durch Erbschaft auf eine Person, die nicht an dem Betriebsunternehmen beteiligt ist.

Wird die Betriebsaufspaltung durch den Eintritt der Volljährigkeit eines Kindes beendet, dessen Anteile bisher mit den Anteilen der Eltern zusammengerechnet wurden, so lässt es die Finanzverwaltung zur Vermeidung besonderer Härten allerdings auf Antrag zu, dass die gewerbliche Tätigkeit im Rahmen einer Betriebsverpachtung fortgesetzt wird, auch wenn nicht sämtliche wesentliche Betriebsgrundlagen verpachtet werden (R 16 Abs. 2 Satz 4 EStR).

7.9.2 Betriebsverpachtung

Stellt ein Steuerpflichtiger seine eigene betriebliche Tätigkeit ein und verpachtet seinen Gewerbebetrieb fortan, so ist dies grundsätzlich als Betriebsaufgabe i.S.d. § 16 Abs. 3 EStG (siehe Abschnitt B.5.3.3.1.2) zu werten. Im Zeitpunkt der Einstellung der eigenen gewerblichen Tätigkeit kommt es zu einer Abschlussbesteuerung der im Betriebsvermögen enthaltenen stillen Reserven.

Eine solche Versteuerung stiller Reserven führt jedoch dann zu einer unangemessenen Härte, wenn die betriebliche Tätigkeit nur vorübergehend unterbrochen wird und der Steuerpflichtige eine Fortführung der eigenen betrieblichen Tätigkeit nach dem Ende des Pachtverhältnisses beabsichtigt. Daher gewährt die Finanzverwaltung dem Steuerpflichtigen in diesem Fall ein Wahlrecht, das als Betriebsverpachtung mit Aufgabeoption bezeichnet wird (R 16 Abs. 5 EStR). Er kann den verpachteten Betrieb als fortbestehenden gewerblichen Betrieb behandeln oder sofort oder später die Aufgabe des Betriebs nach § 16 Abs. 3 EStG erklären. Die Behandlung als Betriebsaufgabe setzt eine formlose Erklärung gegenüber dem Finanzamt voraus (R 16 Abs. 5 Satz 5 EStR). Nach dem Gesetzentwurf eines Steuervereinfachungsgesetzes 2011 vom 02.02.2011 ist die Betriebsaufgabe rückwirkend für den vom Steuerpflichtigen gewählten Zeitpunkt anzuerkennen, wenn die Aufgabeerklärung spätestens drei Monate nach diesem Zeitpunkt gegenüber dem Finanzamt abgegeben wird.

7.9.2.1 Tatbestandsvoraussetzungen

Die Ausübung des als Betriebsverpachtung mit Aufgabeoption bezeichneten Wahlrechts ist an folgende Voraussetzungen geknüpft:

- Der Steuerpflichtige muss den **Betrieb im Ganzen verpachten** (R 16 Abs. 5 Satz 1 EStR). Die Verpachtung eines ganzen Betriebs liegt vor, wenn mindestens alle wesentlichen Betriebsgrundlagen verpachtet werden. Wird nur ein Teil der wesentlichen Betriebsgrundlagen verpachtet, während ein anderer Teil veräußert oder ins Privatvermögen überführt wird, so ist zwingend von einer Betriebsaufgabe i.S.d. § 16 Abs. 3 EStG auszugehen. Eine steuerliche Fortführung des gewerblichen Betriebs kann nicht gewählt werden. Welche Wirtschaftsgüter zu den wesentlichen Betriebsgrundlagen gehören, bestimmt sich für Zwecke der Betriebsverpachtung ausschließlich im Sinne einer **funktionalen Betrachtungsweise** (BFH-Urteil vom 11.10.2007, BStBl II 2008, S. 220). Wesentliche Betriebsgrundlagen sind sämtliche Wirtschaftsgüter, die nach ihrer Funktion und ihrer organisatorischen Zusammengehörigkeit die Geschäftsgrundlage des Betriebs bilden, d.h. für die Betriebsfortführung erforderlich sind. Die Höhe der stillen Reserven (**quantitative Betrachtungsweise**) ist **ohne Bedeutung** (vgl. *R. Wacker*, in: L. Schmidt (2010), § 16, Rz. 697).

  Der Verpachtung eines Betriebs im Ganzen steht die Verpachtung eines **Teilbetriebs** gleich (R 16 Abs. 5 Satz 4 EStR). Ein Teilbetrieb ist ein mit einer gewissen Selbständigkeit ausgestatteter, organisch geschlossener Teil des Gesamtbetriebs, der für sich lebensfähig ist (R 16 Abs. 3 Satz 1 EStR; vgl. ausführlich Abschnitt 5.3.3.1.1). Erforderlich für das Verpächterwahlrecht ist in diesem Fall, dass mindestens alle Wirtschaftsgüter, die wesentliche Betriebsgrundlagen des Teilbetriebs darstellen, verpachtet werden.

- Der Verpächter muss die Möglichkeit haben, den vorübergehend eingestellten Betrieb (bzw. Teilbetrieb) nach Beendigung der Betriebsaufspaltung identitätswahrend **wieder aufzunehmen und fortzusetzen** (BFH-Urteil vom 28.08.2003, BStBl II 2004, S. 10). Aus Nachweisgründen kommt es auf die Absicht zu einer späteren Betriebsfortführung nicht an (BFH-Urteil vom 19.03.2009, BStBl II 2009, S. 902). Die Möglichkeit zu einer Betriebsfortführung setzt voraus, dass der Betrieb an einen Pächter verpachtet wird. Wird der Betrieb hingegen auseinandergerissen und verschiedenen Pächtern überlassen, so liegt eine Betriebsaufgabe i.S.d. § 16 Abs. 3 EStG vor.

- Der Betrieb muss vor der Verpachtung **von dem Verpächter bewirtschaftet** worden sein. Hat der Verpächter den Betrieb unentgeltlich erworben (durch Erbschaft oder Schenkung), so reicht es aus, dass der Betrieb vor der Verpachtung von dem Rechtsvorgänger des Verpächters (d.h. von dem Erblasser oder Schenker) bewirtschaftet worden ist. Wird ein Betrieb hingegen entgeltlich erworben und unmittelbar im Anschluss an den Erwerb verpachtet, so kann eine Fortführung des gewerblichen Betriebs nicht gewählt werden (BFH-Urteil vom 20.04.1989, BStBl II 1989, S. 863; H 16 Abs. 5 EStH „Eigenbewirtschaftung“).

Das Wahlrecht der Betriebsverpachtung mit Aufgabeoption wird nicht nur für die Verpachtung eines gewerblichen Betriebs, sondern auch für die Verpachtung eines land- und forstwirtschaftlichen Betriebs (BFH-Urteil vom 28.07.2006, BFH/NV 2006, S. 2073) sowie einer Freiberuflerpraxis (strittig, vgl. *R. Wacker*, in: L. Schmidt (2010), § 16, Rz. 691, § 18, Rz. 215) gewährt.

7.9.2.2 Rechtsfolgen

Liegen die genannten Voraussetzungen vor, so kann der Verpächter den verpachteten Betrieb als fortbestehenden Gewerbebetrieb behandeln oder sofort oder später die Betriebsaufgabe erklären:

- Wird die **Betriebsaufgabe** gewählt, so sind die im Betriebsvermögen enthaltenen stillen Reserven einer Abschlussbesteuerung zu unterwerfen. Zur Ermittlung des Aufgabegewinns nach § 16 Abs. 3 EStG siehe Abschnitt B.5.3.3.1.3. Der Aufgabegewinn ist durch den Freibetrag des § 16 Abs. 4 EStG sowie den ermäßigten Steuersatz des § 34 Abs. 1 bzw. Abs. 3 EStG begünstigt. Die Zahlung der Pachtzinsen im An-chluss an die Betriebsaufgabe führt zu Einkünften aus Vermietung und Verpachtung gemäß § 21 Abs. 1 Nr. 2 EStG. Weder der Aufgabegewinn (A 7.1 Abs. 3 GewStR) noch die Pachtzinseinkünfte unterliegen der Gewerbesteuer.
- Wird der gewerbliche Betrieb hingegen **fortgeführt**, so bleiben die im Betriebsvermögen gebundenen stillen Reserven zunächst unbesteuert. Die Pachteinnahmen begründen Einkünfte aus Gewerbebetrieb nach § 15 EStG, unterliegen jedoch während der Betriebsverpachtung nicht der Gewerbesteuer (A 2.2 GewStR).

  Das Wahlrecht der Betriebsverpachtung mit Aufgabeoption wird auch bei der Verpachtung land- und forstwirtschaftlicher Betriebe und Freiberuflerpraxen gewährt. Wird die Fortführung des Betriebs gewählt, so bezieht der Verpächter allerdings während der Betriebsverpachtung Einkünfte aus Land- und Forstwirtschaft bzw. Einkünfte aus selbständiger Arbeit.

7.9.2.3 Abgrenzung zur Betriebsaufspaltung

Sowohl die Betriebsverpachtung mit Aufgabeoption als auch die verwandte Betriebsaufspaltung setzen die Vermietung oder Verpachtung wesentlicher Betriebsgrundlagen voraus. Die Tatbestände der beiden Rechtsinstitute unterscheiden sich aber wie folgt:

- Während im Falle der Betriebsverpachtung **sämtliche** wesentliche Betriebsgrundlagen miet- oder pachtweise übertragen werden müssen, erfordert eine Betriebsaufspaltung lediglich die Vermietung oder Verpachtung **mindestens einer** für das Betriebsunternehmen wesentlichen Betriebsgrundlage.
- Bei einer Betriebsaufspaltung muss eine **personelle Verflechtung** zwischen Besitz- und Betriebsunternehmen bestehen, d.h. der bzw. die Inhaber des Besitzunternehmens müssen auch im Betriebsunternehmen ihren Willen durchsetzen können. Eine personelle Verflechtung der Unternehmen des Verpächters und des Pächters ist für eine Betriebsverpachtung im Sinne der R 16 Abs. 5 EStR **nicht** erforderlich.

Werden sämtliche Betriebsgrundlagen an ein Unternehmen verpachtet, das mit dem Unternehmen des Verpächters personell verflochten ist (z.B. an eine Personengesellschaft, an welcher der Verpächter mehrheitlich beteiligt ist), so liegen sowohl die Tatbestandsvoraussetzungen der Betriebsaufspaltung als auch der Betriebsverpachtung mit Aufgabeoption vor. In diesem Fall hat das Rechtsinstitut der Betriebsaufspaltung **Vorrang** vor der Betriebsverpachtung, d.h. die Gewerblichkeit des Pächters wird dem Verpächter zugerechnet. Eine Betriebsaufgabe mit der Folge, dass die verpachteten Wirtschaftsgüter ins Privatvermögen des Verpächters wechseln und dieser fortan Einkünfte aus Vermietung und Verpachtung bezieht, kommt nicht in Betracht (BMF-Schreiben vom 17.10.1994, BStBl I 1994, S. 771).

8 Abzüge von der Summe der Einkünfte

Während **Erwerbsaufwendungen** bei der Ermittlung der Einkünfte abzugsfähig sind (als Betriebsausgaben im Rahmen der Gewinneinkunftsarten bzw. als Werbungskosten im Rahmen der Überschusseinkunftsarten), können **Aufwendungen für die Lebensführung** des Steuerpflichtigen gemäß § 12 Nr. 1 EStG grundsätzlich nicht abgezogen werden, da sie nicht der Sphäre der Einkommenserzielung, sondern der Sphäre der Einkommensverwendung zuzurechnen sind. Die Verwendung von Einkommen mindert die Leistungsfähigkeit des Steuerpflichtigen regelmäßig nicht, da dieser aus der Nutzung von Wirtschaftsgütern zu privaten Konsumzwecken einen originären Nutzen zieht. Wird jede eingenommene Geldeinheit im Laufe des Lebens eines Steuerpflichtigen ausgegeben, so würde die Abzugsfähigkeit der Einkommensverwendung ein Lebenseinkommen von Null implizieren. Die Interpretation eines so definierten Einkommensbegriffs als Indikator der Leistungsfähigkeit macht offenbar keinen Sinn.

Eine Reihe von Aufwendungen, die der privaten Lebensführung zuzurechnen sind, lässt das deutsche Einkommensteuerrecht jedoch als Sonderausgaben (§§ 10 – 10c EStG) bzw. als außergewöhnliche Belastungen (§§ 33 – 33b EStG) ausnahmsweise zum Abzug zu. Die Vorschriften der §§ 10 – 10c, 33 – 33b EStG gehen als Spezialnormen der allgemeinen Vorschrift des § 12 Nr. 1 EStG vor.

Außergewöhnliche Belastungen sind Aufwendungen, die zwar der Sphäre der Einkommensverwendung zuzurechnen sind, die aber dennoch die Leistungsfähigkeit des Steuerpflichtigen mindern, da sie dem Steuerpflichtigen zwangsläufig erwachsen und die entsprechenden Aufwendungen der überwiegenden Mehrzahl der Steuerpflichtigen gleicher Einkommens-, Vermögens- und Familienverhältnisse übersteigen. Zu denken ist beispielsweise an Krankheitskosten oder Kosten der Wiederbeschaffung von Hausrat nach einem Brand (R 33.2 Nr. 1 EStR).

Eine systematische Definition des Begriffs der **Sonderausgaben** fällt demgegenüber schwer. Als Sonderausgaben abzugsfähig sind nur diejenigen Aufwendungen, die in den §§ 10 ff. EStG ausdrücklich aufgeführt sind. Darunter fallen so heterogene Aufwendungen wie Unterhaltsleistungen an den geschiedenen Ehepartner, Beiträge zu Renten- und Krankenversicherungen, Kirchensteuern, Berufsausbildungskosten und Spenden. Gemein ist diesen Aufwendungen, dass es sich um Aufwendungen der privaten Lebensführung handelt, die der Gesetzgeber unter wirtschafts- oder sozialpolitischen Gesichtspunkten für besonders förderungswürdig hält und daher in den §§ 10 – 10c EStG zum Abzug zulässt.

Beim Abzug der Ausgaben sind die Erwerbsaufwendungen im Vergleich zu den Sonderausgaben und außergewöhnlichen Belastungen vorrangig (Einleitungssatz des § 10 Abs. 1 EStG, § 33 Abs. 2 Satz 2 EStG). Sie sind bereits bei der Ermittlung der Einkünfte abzuziehen. Außergewöhnliche Belastungen sind wiederum subsidiär im Vergleich zu den Sonderausgaben (§ 33 Abs. 2 Satz 2 EStG).

Beispiel B.249:
Ein Steuerpflichtiger schließt eine Haftpflichtversicherung für ein Kraftfahrzeug ab, das

ausschließlich für gewerbliche Zwecke verwendet wird.
Die Versicherungsbeiträge begründen keine Sonderausgaben i.S.d. § 10 Abs. 1 Nr. 3a EStG, sondern Betriebsausgaben bei den Einkünften aus Gewerbebetrieb.

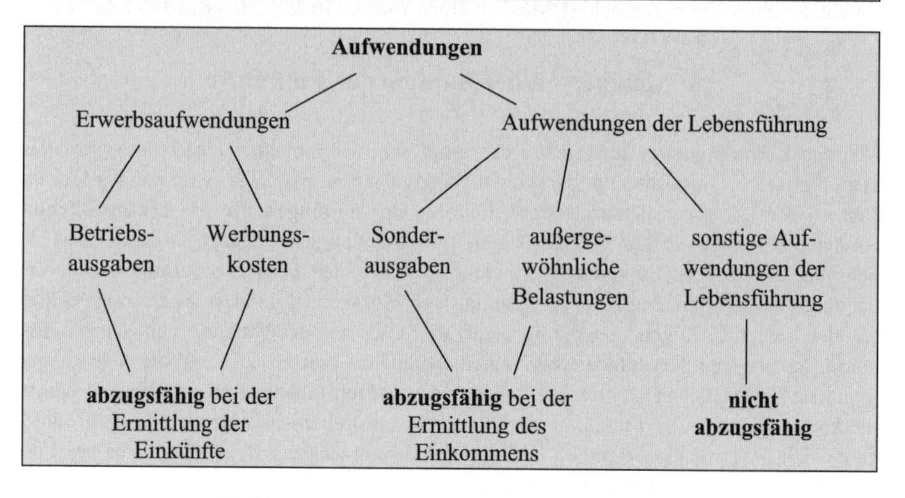

Abbildung B.30: Abzugsfähigkeit von Aufwendungen

Bei der Ermittlung des zu versteuernden Einkommens sind neben Erwerbsaufwendungen, Sonderausgaben und außergewöhnlichen Belastungen weitere im Einkommensteuergesetz genau abgegrenzte Positionen abzugsfähig, die keine konkreten Aufwendungen repräsentieren, sondern der pauschalen Freistellung bestimmter Aufwendungen dienen. Zu nennen sind der Altersentlastungsbetrag des § 24a EStG, der Entlastungsbetrag für Alleinerziehende des § 24b EStG, der Freibetrag für Land- und Forstwirte nach § 13 Abs. 3 EStG, die Freibeträge für Kinder nach § 32 Abs. 6 EStG sowie der Abzugsbetrag des § 46 Abs. 3 EStG. Abzugsfähig sind zudem die Sonderausgaben im weiteren Sinne, d.h. der Verlustabzug des § 10d EStG sowie die Steuerbegünstigungen für Wohnungen, Gebäude, Baudenkmale und schutzwürdige Kulturgüter (§§ 10e – 10i EStG). Die Reihenfolge der Abzüge gibt das folgende Schema wieder:

	Summe der Einkünfte aus jeder der sieben Einkunftsarten
→	ggf. Saldierung
=	**Summe der Einkünfte**
–	Altersentlastungsbetrag (§ 24a EStG), siehe B.8.1
–	Entlastungsbetrag für Alleinerziehende (§ 24b EStG), siehe B.8.2
–	Freibetrag für Land- und Forstwirte (§ 13 Abs. 3 EStG), siehe B.7.1.2
=	**Gesamtbetrag der Einkünfte** (§ 2 Abs. 3 EStG)
–	Verlustabzug (§ 10d EStG), siehe B.10.1.2
–	Sonderausgaben (§§ 10 – 10c, 9c Abs. 2 EStG), siehe B.8.3
–	außergewöhnliche Belastungen (§§ 33 – 33b EStG), siehe B.8.4
–	Steuerbegünstigung für Wohnungen, Gebäude, Baudenkmale und schutzwürdige Kulturgüter (§§ 10e – 10i EStG), Abschnitt B.7.6.11
=	**Einkommen** (§ 2 Abs. 4 EStG)

–	Freibeträge für Kinder (§§ 31, 32 Abs. 6 EStG), siehe B.8.5.2
–	Abzugsbeträge nach § 46 Abs. 3 EStG, § 70 EStDV
=	**zu versteuerndes Einkommen** (§ 2 Abs. 5 EStG)

Tabelle B.32: Ermittlung des zu versteuernden Einkommens

8.1 Altersentlastungsbetrag (§ 24a EStG)

Die Gewährung des Altersentlastungsbetrags dient dem Zweck, die steuerliche Behandlung der verschiedenen Alterseinkünfte einander anzunähern. Das EStG sieht verschiedene Vergünstigungen für unterschiedliche Arten von Alterseinkünften vor:

- Bei den Einkünften aus nichtselbständiger Arbeit wird für **Versorgungsbezüge** (insbesondere Beamtenpensionen und Betriebsrenten) ein **Versorgungsfreibetrag** von 40 %, höchstens 3.000 €, sowie ein **Zuschlag zum Versorgungsfreibetrag** von 900 € gewährt (§ 19 Abs. 2 EStG). Bei einem Versorgungsbeginn ab 2006 werden sowohl der Versorgungsfreibetrag als auch der Zuschlag zum Versorgungsfreibetrag nach und nach abgeschmolzen (Tabelle in § 19 Abs 2 Satz 3 EStG, siehe Abschnitt B.7.4.4).
- Ein **Versorgungsfreibetrag** nach den Vorschriften des § 19 Abs. 2 EStG wird auch für Versorgungsbezüge von **Abgeordneten** gewährt (§ 22 Nr. 4 Satz 4 Buchst. b EStG). Auch hier greift die Abschmelzungsregelung des § 19 Abs. 2 Satz 3 EStG.
- Renten aus der **gesetzlichen Rentenversicherung** (und bestimmten vergleichbaren Versicherungen) sind nach der in § 22 Nr. 1 Satz 3 Buchst. a Doppelb. aa Satz 3 EStG enthaltenen Staffelung nur teilweise steuerpflichtig. Bei Rentenbeginn bis 2005 beträgt der Besteuerungsanteil 50 %, bei Rentenbeginn in 2006 beträgt er 52 % usw., siehe Abschnitt B.7.7.1.1.
- Andere **Leibrenten** sind nur in Höhe des **Ertragsanteils** steuerpflichtig (§ 22 Nr. 1 Satz 3 Buchst. a Doppelb. bb EStG).

Der Altersentlastungsbetrag soll Alterseinkünfte begünstigen, die nicht bereits von den genannten Vorschriften erfasst werden. Um eine doppelte Begünstigung auszuschließen, werden Versorgungsbezüge nach § 19 Abs. 2 oder § 22 Nr. 4 EStG sowie Renten nach § 22 Nr. 1 Satz 3 Buchst. a Doppelb. aa und bb EStG von der Bemessungsgrundlage des Altersentlastungsbetrags ausgenommen.

Altersentlastungsbetrag ist ein bestimmter Prozentsatz (maximal ein bestimmter Höchstbetrag)

- des Bruttoarbeitslohns, d.h. des Arbeitslohns vor Abzug der Werbungskosten, aus aktiver nichtselbständiger Tätigkeit, d.h. ohne Versorgungsbezüge nach § 19 Abs. 2 EStG, zuzüglich
- der positiven Summe der anderen Einkünfte, d.h. der Einkünfte, die nicht Einkünfte aus nichtselbständiger Arbeit sind, mit Ausnahme insbesondere von
  - Leibrenten nach § 22 Nr. 1 Satz 3 Buchst. a EStG und
  - Versorgungsbezügen von Abgeordneten nach § 22 Nr. 4 Satz 4 Buchst. b EStG.

Es sei betont, dass das Gesetz von der positiven Summe der anderen Einkünfte, nicht aber von der Summe der positiven anderen Einkünfte spricht. Negative Einkünfte werden somit

mit positiven Einkünften verrechnet. Eine negative Summe der anderen Einkünfte mindert die Bemessungsgrundlage des Altersentlastungsbetrags allerdings nicht.

Der Altersentlastungsbetrag soll Alterseinkünfte begünstigen, die nicht bereits wie Renten und Pensionen begünstigt besteuert werden (siehe oben). Der Altersentlastungsbetrag hat demnach dann keine Rechtfertigung mehr, wenn in der Endstufe der **nachgelagerten Besteuerung** Renten und Pensionen zu 100 % besteuert werden (zum Übergang zur nachgelagerten Besteuerung durch das Alterseinkünftegesetz ab 2005 siehe Abschnitt B.7.7.1.1). Da die Begünstigungen für Renten und Pensionen bis zum Jahr 2040 nach und nach auslaufen, reduziert sich auch der Altersentlastungsbetrag nach der in § 24a Satz 5 EStG beschriebenen Staffelung wie folgt:

das auf die Vollendung des 64. Lebensjahres folgende Kalenderjahr	Altersentlastungsbetrag	
	in % der Einkünfte	Höchstbetrag
2005	40,0	1.900 €
2006	38,4	1.824 €
2007	36,8	1.748 €
2008	35,2	1.672 €
2009	33,6	1.596 €
2010	32,0	1.520 €
2011	30,4	1.444 €

Tabelle B.33: Altersentlastungsbetrag

In den Folgejahren reduzieren sich der Prozentsatz und der Höchstbetrag weiter bis auf Null ab dem Jahr 2040.

Ein Altersentlastungsbetrag wird Steuerpflichtigen gewährt, die vor Beginn des Veranlagungszeitraums ihr **64. Lebensjahr** vollendet haben (§ 24a Satz 3 EStG). Es sei darauf hingewiesen, dass ein am 1. Januar geborener Steuerpflichtiger das Lebensjahr bereits mit Ablauf des 31. Dezember vollendet (§ 108 Abs. 1 AO i.V.m. §§ 187 Abs. 2 Satz 2, 188 Abs. 2 BGB), also in dem Kalenderjahr, das seinen 64. Geburtstag umfasst, bereits den Altersentlastungsbetrag in Anspruch nehmen kann (*W. Drenseck* in L. Schmidt (2010), § 24a, Rz. 2).

Im Fall der Zusammenveranlagung von Ehegatten sind Voraussetzungen und Höhe des Altersentlastungsbetrags für jeden Ehegatten gesondert zu prüfen. Es kann zum Abzug zweier Altersentlastungsbeträge kommen (§ 24a Satz 4 EStG, BFH-Urteil vom 22.09.1993, BStBl II 1994, S. 107).

Beispiel B.250:

Ein Steuerpflichtiger hat im Jahr 2006 das 64. Lebensjahr vollendet. Im Kalenderjahr 2010 erzielt er Arbeitslohn i.H.v. 14.000 € (darin enthalten: Versorgungsbezüge aus einer früheren Tätigkeit bei einem anderen Arbeitgeber i.H.v. 6.000 €, Jahr des Versorgungsbeginns: 2007), Einkünfte aus Gewerbebetrieb von 500 € und einen Verlust aus Vermietung und Verpachtung von 1.000 €. Er kann Werbungskosten bei den Einkünften aus nichtselbständiger Arbeit i.H.v. 1.200 € geltend machen.

Bemessungsgrundlage des Altersentlastungsbetrags ist nur der Arbeitslohn ohne Versorgungsbezüge i.H.v. 8.000 €. Werbungskosten aus nichtselbständiger Tätigkeit sind nicht abzuziehen. Die Einkünfte aus Vermietung und Verpachtung sowie aus Gewerbebetrieb sind nicht zu berücksichtigen, da sie insgesamt negativ sind. Da der Steuerpflichtige das 64. Lebensjahr in 2006 vollendet hat, beträgt der Altersentlastungsbetrag von (8.000 · 36,8 % =) 2.944 €, höchstens aber 1.748 €.

Arbeitslohn ohne Versorgungsbezüge		8.000 €
+	Versorgungsbezüge	+ 6.000 €
–	Versorgungsfreibetrag nach § 19 Abs. 2 EStG (36,8 % von 6.000 €, maximal 2.760 €)	– 2.208 €
–	Zuschlag zum Versorgungsfreibetrag	– 828 €
–	Werbungskosten	– 1.200 €
=	Einkünfte aus nichtselbständiger Arbeit	9.764 €
+	Einkünfte aus Gewerbebetrieb	+ 500 €
–	Verlust aus Vermietung und Verpachtung	– 1.000 €
=	Summe der Einkünfte	9.264 €
–	Altersentlastungsbetrag nach § 24a EStG (36,8 % von 8.000 €, maximal 1.748 €)	– 1.748 €
=	Gesamtbetrag der Einkünfte	7.516 €

8.2 Entlastungsbetrag für Alleinerziehende (§ 24b EStG)

Alleinstehende Steuerpflichtige können gemäß § 24b EStG einen Entlastungsbetrag von 1.308 € im Kalenderjahr von der Summe der Einkünfte abziehen. Der Freibetrag dient der Abgeltung erhöhter Aufwendungen von Alleinstehenden in pauschaler Form.

Die Voraussetzungen für die Gewährung des Entlastungsbetrags sind:

- Der Steuerpflichtige muss **Kindergeld** oder einen **Freibetrag** nach § 32 Abs. 6 EStG für mindestens ein Kind erhalten (§ 24b Abs. 1 Satz 1 EStG). Zu den Voraussetzungen für die Gewährung von Kindergeld oder Kinderfreibetrag siehe Abschnitt B.8.5.1.
- Der Steuerpflichtige muss **allein stehend** sein. Als allein stehend gelten nach § 24b Abs. 2 EStG Steuerpflichtige, die
  - **nicht** die Voraussetzungen für die Anwendung des **Splitting-Verfahrens** erfüllen (siehe Abschnitt B.4.2) oder **verwitwet** sind **und**
  - **keine Haushaltsgemeinschaft** mit einer anderen **volljährigen Person** bilden, es sei denn, für diese steht dem Steuerpflichtigen Kindergeld oder ein Kinderfreibetrag zu oder es handelt sich um ein Kind des Steuerpflichtigen, das Grundwehrdienst oder Zivildienst ausübt.
- Das Kind muss dem Haushalt des Steuerpflichtigen angehören (§ 24b Abs. 1 Satz 1 EStG). Die Zugehörigkeit zum Haushalt ist anzunehmen, wenn das Kind in der Wohnung des allein stehenden Steuerpflichtigen gemeldet ist (§ 24b Abs. 1 Satz 2 EStG).

Hauptanwendungsfall des § 24b EStG sind somit offenbar unverheiratete Personen mit Kind. Neben diesen kommt der Entlastungsbetrag allerdings auch für Ehegatten in Frage, die die besondere Veranlagung nach § 26c EStG im Veranlagungszeitraum der Eheschließung wählen, wenn sie nicht bzw. noch nicht in Haushaltsgemeinschaft leben (*F. Loschelder* in L. Schmidt (2010), § 24b, Rz. 18). Die Inanspruchnahme des Entlastungsbetrags wird bei der besonderen Veranlagung nach § 26c EStG im Jahr der Eheschließung allerdings mit einem Verzicht auf das Ehegatten-Splitting erkauft (siehe Abschnitt B.4.2).

Ohne Bedeutung ist, ob das Splitting-Verfahren tatsächlich angewendet wird. Der Entlastungsbetrag wird bereits dann nicht gewährt, wenn das Splitting-Verfahren angewendet werden könnte. Bei Anwendung des Verwitweten-Splittings im Jahr nach dem Tod des Ehegatten (§ 32a Abs. 6 Nr. 1 EStG) wird der Entlastungsbetrag allerdings ausnahmsweise gewährt.

8.3 Sonderausgaben (§§ 10 – 10c, 9c Abs. 2 EStG)

Sonderausgaben sind bestimmte, in den §§ 10 ff., 9c Abs. 2 EStG abschließend aufgezählte Kosten der privaten Lebensführung, die in Durchbrechung des in § 12 Nr. 1 EStG normierten Grundsatzes ausnahmsweise das zu versteuernde Einkommen mindern dürfen. Sie werden nach der Ermittlung der Einkünfte sowie nach Abzug des Altersentlastungsbetrags, des Entlastungsbetrags für Alleinerziehende sowie des Freibetrags für Land- und Forstwirte vom Gesamtbetrag der Einkünfte abgezogen (vgl. das Einkommensermittlungsschema in Abschnitt B.3.7). Dabei sind folgende Grundsätze zu beachten:

- Sonderausgaben können angesetzt werden, wenn ihre Höhe gegenüber den Finanzbehörden nachgewiesen wird (BFH-Beschluss vom 27.07.1988, BFH/NV 1990, S. 98). Ein besonderer **Antrag** zum Abzug ist grundsätzlich **nicht** erforderlich. Lediglich Unterhaltszahlungen an den geschiedenen oder dauernd getrennt lebenden Ehegatten (§ 10 Abs. 1 Nr. 1 EStG) können nur abgezogen werden, wenn der Steuerpflichtige dies mit Zustimmung des Empfängers der Leistungen beantragt (siehe ausführlich Abschnitt B.7.7.2).
- Sonderausgaben sind im Vergleich zu den Erwerbsaufwendungen (Betriebsausgaben bzw. Werbungskosten) **subsidiär** (Einleitungssatz zu § 10 Abs. 1 EStG), vgl. das Beispiel B.246 in Abschnitt B.8.
- Sonderausgaben sind grundsätzlich nur solche Aufwendungen, die vom Steuerpflichtigen
    - **selbst geschuldet** (auf Grund einer eigenen vertraglichen oder gesetzlichen Verpflichtung) (BFH-Urteil vom 08.03.1995, BStBl II 1995, S. 637)
    - und **selbst geleistet** werden (BMF-Schreiben vom 07.07.2008, BStBl I 2008, S. 717).

  Freiwillig, d.h. ohne eine Rechtspflicht geleistete Aufwendungen sind keine Sonderausgaben nach § 10 Abs. 1 EStG. Für Spenden nach § 10b EStG gilt dies aber natürlich nicht.

- Für Sonderausgaben gilt das **Abflussprinzip** des § 11 Abs. 2 EStG (H 10.1 EStH „Abzugszeitpunkt"). Sonderausgaben sind grundsätzlich in dem Kalenderjahr anzusetzen, in dem sie geleistet werden, d.h. in dem sie tatsächlich abfließen. Lediglich regelmäßig wiederkehrende Ausgaben, die kurze Zeit vor Beginn oder kurze Zeit nach Ende des Veranlagungszeitraums, zu dem sie wirtschaftlich gehören, geleistet werden, sind im Veranlagungszeitraum der wirtschaftlichen Verursachung anzusetzen (§ 11 Abs. 2 Satz 2 EStG). Als kurze Zeit gilt nach ständiger Rechtsprechung ein Zeitraum von bis zu zehn Tagen (z.B. BFH-Urteil vom 24.07.1986, BStBl II 1987, S. 16). Zum Abflussprinzip des § 11 Abs. 2 EStG siehe auch Abschnitt B.6.4.

Beispiel B.251:
A überweist die Beiträge für eine private Krankenversicherung für den Monat Januar 02 bereits am 28.12.01. Es greift die Vorschrift des § 11 Abs. 2 Satz 2 EStG zur Zurechnung nach der wirtschaftlichen Verursachung, da es sich um eine regelmäßig wiederkehrende Ausgabe handelt, die innerhalb von zehn Tagen vor Jahresende geleistet wird. Die Beiträge begründen Sonderausgaben des Jahres 02.

- Werden geleistete Sonderausgaben in einem späteren Veranlagungszeitraum **erstattet**, so wird der Sonderausgabenabzug des Vorjahres aus Gründen der Praktikabilität nicht rückgängig gemacht. Der Erstattungsbetrag ist vielmehr im Erstattungsjahr mit gleichartigen Sonderausgaben zu verrechnen. Ist im Erstattungsjahr eine Verrechnung mit gleichartigen Sonderausgaben nicht oder nicht in voller Höhe möglich, so ist der Sonderausgabenabzug des Verausgabungsjahres allerdings nachträglich zu mindern (BFH-Urteil vom 07.07.2004, BStBl II 2004, S. 1058; H 10.1 EStH „Abzugshöhe").

Beispiel B.252:
Vom Arbeitslohn des A werden in 02 monatlich 100 € Kirchensteuer einbehalten und an das Finanzamt abgeführt. Zudem erhält A in 02 eine Kirchensteuererstattung für das Jahr 01 i.H.v. 500 € ausbezahlt.

	Kirchensteuerzahlung 02	1.200 €
–	Kirchensteuererstattung in 02 für 01	– 500 €
=	als Sonderausgaben abzugsfähige Kirchensteuer in 02 (§ 10 Abs. 1 Nr. 4 EStG)	700 €

Nach dem Gesetzentwurf eines Steuervereinfachungsgesetzes 2011 vom 02.02.2011 soll ein Erstattungsüberhang künftig auch mit anderen, nicht gleichartigen Sonderausgaben des Erstattungsjahres verrechnet werden können. Ein Erstattungsüberhang bei der Kirchensteuer soll dem Einkommen nach § 2 Abs. 4 EStG hinzugerechnet werden (§ 10 Abs. 4b EStG-Entwurf).

Die §§ 10 – 10b, 9c Abs. 2 EStG erlauben zum Teil einen **unbeschränkten** Abzug von Aufwendungen als Sonderausgaben, zum Teil sehen sie einen **beschränkten** Abzug, d.h. eine betragsmäßige oder einkommensbezogene Höchstgrenze für den Abzug von Aufwendungen als Sonderausgaben vor.

Zu den **unbeschränkt abzugsfähigen Sonderausgaben** gehören

- wiederkehrende Versorgungsleistungen (§ 10 Abs. 1 Nr. 1a EStG),
- Leistungen auf Grund eines schuldrechtlichen Versorgungsausgleichs (§ 10 Abs. 1 Nr. 1b EStG) und
- Kirchensteuern (§ 10 Abs. 1 Nr. 4 EStG).

Beschränkt abzugsfähige Sonderausgaben sind

- Unterhaltsleistungen an den geschiedenen oder dauernd getrennt lebenden Ehegatten (§ 10 Abs. 1 Nr. 1 EStG),

- Beiträge zu Rentenversicherungen (§ 10 Abs. 1 Nr. 2 EStG)
- Beiträge zu Kranken-, Pflege-, Arbeitslosen-, Erwerbs- und Berufsunfähigkeitsversicherungen, zu Unfall- und Haftpflichtversicherungen sowie zu Risikolebensversicherungen (§ 10 Abs. 1 Nr. 3, 3a EStG),
- Ausbildungskosten (§ 10 Abs. 1 Nr. 7 EStG),
- Schulgeldzahlungen (§ 10 Abs. 1 Nr. 9 EStG),
- Beiträge zur zusätzlichen Altersvorsorge (Riester-Rente) (§ 10a Abs. 1 EStG),
- Spenden für gemeinnützige und bestimmte andere Zwecke (§ 10b Abs. 1 EStG),
- Mitgliedsbeiträge und Spenden an politische Parteien (§ 10b Abs. 2 EStG),
- privat bedingte Kinderbetreuungskosten (§ 9c Abs. 2 EStG).

Für einen Teil der Sonderausgaben (nämlich für solche nach § 9c Abs. 2 EStG, § 10 Abs. 1 Nr. 1, 1a, 4, 7, 9, § 10b EStG) wird ein **Sonderausgaben-Pauschbetrag** von insgesamt 36 € gewährt (§ 10c Satz 1 EStG). Bei zusammen veranlagten Ehegatten verdoppelt sich der Betrag auf 72 € (§ 10c Satz 2 EStG). Der recht komplizierte weitere Sonderausgaben-Pauschbetrag für Vorsorgeaufwendungen im Sinne von § 10 Abs. 1 Nr. 2, 3 EStG (§ 10c Abs. 2 – 5 EStG a.F.) ist mit Wirkung zum VZ 2010 aufgehoben worden. **Kein Pauschbetrag** gilt demnach ab 2010 für Leistungen auf Grund eines schuldrechtlichen Versorgungsausgleichs (§ 10 Abs. 1 Nr. 1b EStG), Beiträge zu Rentenversicherungen (§ 10 Abs. 1 Nr. 2 EStG), Beiträge zu Kranken-, Pflege-, Arbeitslosen-, Erwerbs- und Berufsunfähigkeitsversicherungen, zu Unfall- und Haftpflichtversicherungen und zu Risikolebensversicherungen (§ 10 Abs. 1 Nr. 3, 3a EStG) sowie für Beiträge zur zusätzlichen Altersvorsorge nach § 10a EStG.

8.3.1 Altersvorsorgeaufwendungen

Mit der Umsetzung des Alterseinkünftegesetzes zum 01.01.2005 erfolgt ein schrittweiser Übergang zur nachgelagerten Besteuerung von Altersrenten. Renten sind unter den Voraussetzungen des § 22 Nr. 1 Satz 3 Buchst. a Doppelb. aa EStG als Sonstige Einkünfte zu versteuern (siehe Abschnitt B.7.7.1.1), Rentenversicherungsbeiträge können konsequenterweise als Sonderausgaben nach § 10 Abs. 1 Nr. 2 EStG abgezogen werden. Ein Abzug als Sonderausgaben kommt allerdings nur im Rahmen der – recht großzügigen – Höchstbetragsregelung des § 10 Abs. 3 EStG in Betracht.

Neben den Beiträgen zu Rentenversicherungen im Sinne von § 22 Nr. 1 Satz 3 Buchst. a Doppelb. aa EStG (sog. **Basisvorsorgeinstrumenten**), die gemäß § 10 Abs. 1 Nr. 2 EStG als Sonderausgaben abgezogen werden können, sind auch Beiträge zu einer **Zusatzversorgung** (sog. „Riester-Rente") nach § 10a EStG als Sonderausgaben abziehbar. Auch hier erfolgt eine nachgelagerte Besteuerung. Die aus den Riester-Beiträgen resultierenden Altersleistungen werden nach § 22 Nr. 5 EStG als Sonstige Einkünfte (vgl. Abschnitt B.7.7.8) besteuert.

Zur steuerlichen Behandlung der Altersvorsorgeaufwendungen hat das BMF mit Schreiben vom 30.01.2008 Stellung genommen (BStBl I 2008, S. 390).

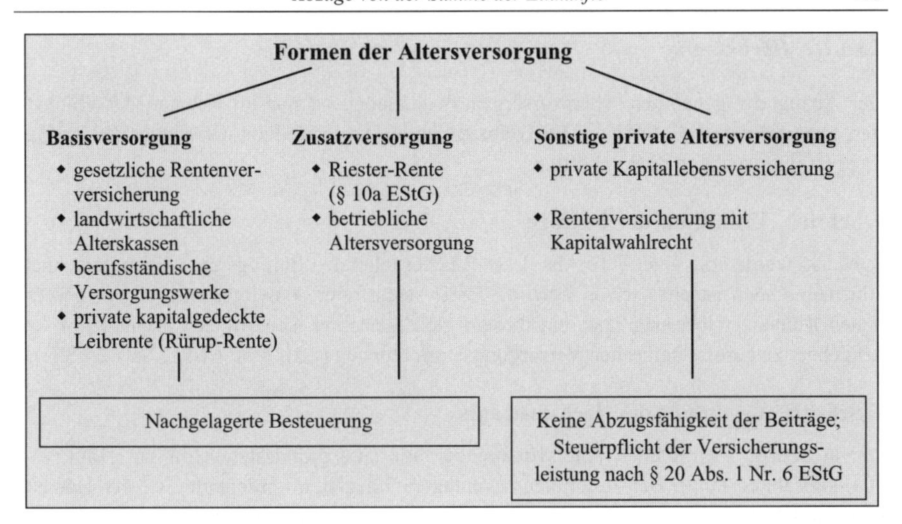

Abbildung B.31: Besteuerung der Altersversorgung (vgl. Djanani et al. (2010), S. 155)

8.3.1.1 Beiträge zur Basisversorgung (§ 10 Abs. 1 Nr. 2 EStG)

8.3.1.1.1 Umfang der Vorsorgeaufwendungen

Als Vorsorgeaufwendungen im Sinne von § 10 Abs. 1 Nr. 2 EStG kommen nur die folgenden (abschließend aufgezählten) Aufwendungen in Frage:

- Beiträge zu den **gesetzlichen Rentenversicherungen**
- Beiträge zu **landwirtschaftlichen Alterskassen**
- Beiträge zu **berufsständischen Versorgungseinrichtungen**, z.B. für Ärzte, Architekten, Rechtsanwälte, Steuerberater, Wirtschaftsprüfer
- Beiträge zu **kapitalgedeckten privaten Versicherungen** (sog. **Rürup-Rente**), wenn
  - der Vertrag nur die Zahlung einer lebenslangen Leibrente (keine Einmalauszahlung) nicht vor Vollendung des 60. Lebensjahres (bei Vertragsabschluss nach dem 31.12.2011: 62. Lebensjahr, § 52 Abs. 24 Satz 1 EStG) oder
  - die ergänzende Absicherung von Berufsunfähigkeit, verminderter Erwerbsfähigkeit oder von Hinterbliebenen vorsieht.

  Die Ansprüche dürfen nicht vererblich, nicht übertragbar, nicht beleihbar und nicht veräußerbar sein. Im Ergebnis muss somit eine weitgehende Annäherung der privaten Rentenversicherung an die Leistungen der gesetzlichen Rentenversicherung erfolgen.

  Die nachgelagerte Besteuerung gilt nur für private Versicherungen, die nach dem 31.12.2004 abgeschlossen wurden (Neuverträge).

Altersleistungen aus den genannten Versicherungen sind nach § 22 Nr. 1 Satz 3 Buchst. a Doppelb. aa EStG als Sonstige Einkünfte steuerpflichtig (siehe Abschnitt B.7.7.1.1).

8.3.1.1.2 Höchstbetrag

Der Abzug der genannten Altersvorsorgeaufwendungen ist nur im Rahmen der **Höchstbetragsregelung** in § 10 Abs. 3 EStG abzugsfähig. Die Ermittlung des abzugsfähigen Betrags erfolgt danach in **drei Schritten**:

1. Schritt: Ermittlung der Beiträge

Zunächst werden die unter § 10 Abs. 1 Nr. 2 EStG fallenden Beiträge zusammen gerechnet. Hinzuzurechnen ist ein nach § 3 Nr. 62 EStG steuerfreier **Arbeitgeberanteil** zur gesetzlichen Rentenversicherung bzw. ein diesem gleichgestellter steuerfreier Zuschuss des Arbeitgebers zu berufsständischen Versorgungseinrichtungen (§ 10 Abs. 1 Nr. 2 Satz 2 EStG).

2. Schritt: Ermittlung des Höchstbetrages

Die in Schritt 1 ermittelten Altersvorsorgebeiträge sind grundsätzlich bis zur Höhe von 20.000 € abzugsfähig. Bei zusammen veranlagten Ehegatten verdoppelt sich der Höchstbetrag auf 40.000 € (§ 10 Abs. 3 Sätze 1, 2 EStG), und zwar unabhängig davon, welcher der Ehegatten den Beitrag geleistet hat (Rz. 27 des BMF-Schreibens vom 30.01.2008, BStBl I 2008, S. 390).

Der Höchstbetrag von 20.000 € bzw. 40.000 € wird gemäß § 10 Abs. 3 Satz 3 EStG bei Personen, die einen Anspruch auf Altersversorgung ganz oder teilweise ohne eigene Beitragsleistung erworben haben, um einen **fiktiven Gesamtversicherungsbeitrag** gekürzt, der dem Arbeitgeber- und Arbeitnehmeranteil zur gesetzlichen Rentenversicherung entspricht. Diese Kürzung ist insbesondere relevant für

- Beamte, Geistliche, Richter, Berufssoldaten,
- beherrschende Gesellschafter-Geschäftsführer einer GmbH oder Vorstandsmitglieder einer AG, die auf Antrag von der Rentenversicherungspflicht befreit sind,
- Abgeordnete, die Sonstige Einkünfte nach § 22 Nr. 4 EStG beziehen und einen Anspruch auf Altersversorgung ganz oder teilweise ohne eigene Beitragsleistung erworben haben.

Der fiktive Gesamtversicherungsbeitrag ergibt sich durch Multiplikation des Bruttoarbeitslohnes mit dem Rentenbeitragssatz. Der Bruttoarbeitslohn ist auf die Beitragsbemessungsgrenze begrenzt. Diese beträgt in 2011 in den alten Bundesländern 66.000 € und in den neuen Bundesländern 57.600 €. Der Rentenbeitragssatz 2011 beläuft sich auf 19,9 %.

3. Schritt: Kürzungen

Auf Grund der schrittweisen Einführung der nachgelagerten Besteuerung wird der in den Schritten 1 und 2 ermittelte Sonderausgabenabzug während eines Übergangszeitraums gekürzt. Im Kalenderjahr 2005 waren 60 % des sich nach Schritt 1 und 2 ergebenden Betrags als Sonderausgaben abzugsfähig (§ 10 Abs. 3 Satz 4 EStG). Von dem so ermittelten Betrag ist allerdings noch der nach § 3 Nr. 62 EStG steuerfreie **Arbeitgeberanteil** zur gesetzlichen Rentenversicherung bzw. ein diesem gleichgestellter steuerfreier Zuschuss des Arbeitgebers zu berufsständischen Versorgungseinrichtungen **abzuziehen** (§ 10 Abs. 3 Satz 5 EStG). Der Satz von 60 % erhöht sich in den Jahren nach 2005 bis zum Jahr 2025 um jährlich 2 Prozentpunkte:

Kalenderjahr	abzugsfähig	Kalenderjahr	abzugsfähig
2005	60 %	2016	82 %
2006	62 %	2017	84 %
2007	64 %	2018	86 %
2008	66 %	2019	88 %
2009	68 %	2020	90 %
2010	70 %	2021	92 %
2011	72 %	2022	94 %
2012	74 %	2023	96 %
2013	76 %	2024	98 %
2014	78 %	ab 2025	100 %
2015	80 %		

Tabelle B.34: Abzugsfähigkeit von Altersvorsorgeaufwendungen

Beispiel B.253:

Der ledige rentenversicherungspflichtige Arbeitnehmer A bezieht in 2010 einen Bruttolohn von 40.000 €. Für A sind demnach Rentenversicherungsbeiträge von (40.000 · 19,9 %) = 7.960 € abgeführt worden (je 3.980 € Arbeitgeber- und Arbeitnehmeranteil). A hat zudem eine private Rentenversicherung abgeschlossen, welche die Voraussetzungen des § 10 Abs. 1 Nr. 2 Buchst. b EStG erfüllt (Beitrag 2010: 1.200 €).

1. Schritt

	Arbeit**nehmer**beitrag zur gesetzl. Rentenversicherung	3.980 €
+	Arbeit**geber**beitrag zur gesetzl. Rentenversicherung	+ 3.980 €
+	Beiträge zu privater kapitalgedeckter Rentenversicherung	+ 1.200 €
=	Beiträge nach § 10 Abs. 1 Nr. 2 EStG	9.160 €

2. Schritt

Beiträge nach § 10 Abs. 1 Nr. 2 EStG	9.160 €
maximal Höchstbetrag	20.000 €

3. Schritt

Beiträge, max. Höchstbetrag	9.160 €	
abzugsfähig in 2010: 70 %		6.412 €
– steuerfreier Arbeitgeberbeitrag zur Rentenversicherung		– 3.980 €
Sonderausgabenabzug		2.432 €

Zusammen mit dem steuerfreien Arbeitgeberanteil werden damit Altersvorsorgeaufwendungen i.H.v. 6.412 € von der Besteuerung freigestellt.

Beispiel B.254:

Der ledige Beamte B bezieht in 2010 Bruttoeinnahmen aus dem Beamtenverhältnis von 50.000 €. B ist als Beamter nicht rentenversicherungspflichtig. Er hat allerdings eine private Rentenversicherung abgeschlossen, welche die Voraussetzungen des § 10 Abs. 1 Nr. 2 Buchst. b EStG erfüllt (Beitrag 2010: 12.000 €).

1. Schritt

Arbeit**nehmer**beitrag zur gesetzl. Rentenversicherung		0 €
+ Arbeit**geber**beitrag zur gesetzl. Rentenversicherung		+ 0 €
+ Beiträge zu privater kapitalgedeckter Rentenversicherung		+ 12.000 €
= Beiträge nach § 10 Abs. 1 Nr. 2 EStG		12.000 €

2. Schritt

Beiträge nach § 10 Abs. 1 Nr. 2 EStG		12.000 €
Maximal Höchstbetrag	20.000 €	
– fiktiver Gesamtversicherungsbeitrag (19,9 % von 50.000 =)	– 9.950 €	
		10.050 €

3. Schritt

Beiträge, max. Höchstbetrag	10.050 €	
abzugsfähig in 2010: 70 %		7.035 €
– steuerfreier Arbeitgeberbeitrag zur Rentenversicherung		– 0 €
Sonderausgabenabzug		7.035 €

8.3.1.1.3 Günstigerprüfung

Durch den Übergang zur nachgelagerten Besteuerung ab 2005 kann es bei manchen Steuerpflichtigen zu einer Schlechterstellung im Vergleich zu der bis 2004 geltenden Rechtslage kommen. Um dies zu vermeiden, ist in einer Übergangszeit von 2005 bis 2019 im Rahmen einer **Günstigerprüfung** zu ermitteln, ob sich nach den bis 2004 geltenden Vorschriften ein höherer Sonderausgabenabzug für die Sonderausgaben nach § 10 Abs. 1 **Nr. 2 Buchst. a**, **Nr. 3** und **Nr. 3a** EStG (insbesondere Beitrage zur gesetzlichen Rentenversicherung, zu Kranken- und Pflegeversicherungen, zu Arbeitslosen- Erwerbs- und Berufsunfähigkeitsversicherungen sowie zu Unfall- und Haftpflichtversicherungen) ergibt (§ 10 Abs. 4a EStG). Auf die Günstigerprüfung soll im Rahmen des vorliegenden Werkes nicht vertiefend eingegangen werden.

8.3.1.2 Beiträge zur Zusatzversorgung (§ 10a EStG)

Seit 2002 wird die private Altersvorsorge (sog. „**Riesterrente**“) durch Gewährung einer **Altersvorsorgezulage** (§§ 83 ff. EStG) bzw. durch einen **Sonderausgabenabzug** für die Altersvorsorgebeiträge (§ 10a EStG) gefördert. Die Riesterförderung wird einheitlich in Abschnitt B.10.3.2 besprochen. Zum Sonderausgabenabzug siehe Abschnitt B.10.3.2.3.2.

8.3.2 Übrige Vorsorgeaufwendungen (§ 10 Abs. 1 Nr. 3, 3a EStG)

Nach § 10 Abs. 1 Nrn. 3 und 3a EStG sind bestimmte Vorsorgeaufwendungen als Sonderausgaben abziehbar, die nicht Altersvorsorgeaufwendungen sind.

8.3.2.1 Umfang der übrigen Vorsorgeaufwendungen

Unter Vorsorgeaufwendungen im Sinne von § 10 Abs. 1 Nrn. 3 und 3a EStG fallen die folgenden Aufwendungen:

- Beiträge zu gesetzlichen oder privaten **Kranken**- und **Pflegeversicherungen**,
- Beiträge zu **Arbeitslosenversicherungen** (gesetzliche Beiträge an die Bundesagentur für Arbeit und an private Arbeitslosenversicherungen),
- Beiträge zu **Erwerbs**- und **Berufsunfähigkeitsversicherungen**,
- Beiträge zu **Unfall**- und **Haftpflichtversicherungen**,
- Beiträge zu **Risikolebensversicherungen**, die nur für den Todesfall eine Leistung vorsehen,
- Beiträge zu Kapitallebensversicherungen, die bis zum 31.12.2004 abgeschlossen wurden (Altverträge).

Enthalten Versicherungen neben den genannten Komponenten auch andere Elemente, so kann der Beitrag nur insoweit als Sonderausgabe abgezogen werden, wie er auf die im Gesetz genannten Versicherungen entfällt.

Beispiel B.255:

- Ein Steuerpflichtiger zahlt 800 € für eine kombinierte Kraftfahrzeugversicherung. Von diesem Betrag entfallen 400 € auf eine Haftpflicht-, 300 € auf eine Kasko- und 100 € auf eine Insassenunfallversicherung.
- Lediglich der auf die Haftpflicht- und Unfallversicherung entfallende Teilbetrag von 500 € kann als Sonderausgabe abgezogen werden (vgl. H 10.5 EStH „Kaskoversicherung“).
- Entsprechendes gilt, wenn eine Familienhaftpflichtversicherung mit einer Hausratversicherung kombiniert ist. Nur der Haftpflichtanteil begründet Sonderausgaben.

8.3.2.2 Höchstbetrag

Bis einschließlich VZ 2009 konnte für sämtliche der oben genannten übrigen Vorsorgeaufwendungen maximal 2.400 € (Selbständige etc.) bzw. 1.500 € (Arbeitnehmer) abgezogen werden. Mit Beschluss vom 13.02.2008 (DStR 2008, S. 604) hat das BVerfG entschieden, dass der Sonderausgabenabzug von Krankenversicherungsbeiträgen den existenznotwendigen Aufwand des Steuerpflichtigen berücksichtigen muss. Ein nur begrenzter Abzug von existenznotwendigen Krankenversicherungsbeiträgen ist nicht verfassungsgemäß.

Das genannte Urteil des BVerfG hat der Gesetzgeber durch das Bürgerentlastungsgesetz mit Wirkung zum VZ 2010 umgesetzt. Seither unterscheidet das Gesetz zwischen **zwei Arten** von übrigen Vorsorgeaufwendungen, nämlich den unbeschränkt abzugsfähigen Kranken- und Pflegeversicherungsbeiträgen nach § 10 Abs. 1 **Nr. 3** EStG und den weiteren übrigen Vorsorgeaufwendungen (§ 10 Abs. 1 **Nr. 3a** EStG), die nur unter Beachtung der Höchstbetragsregel des § 10 Abs. 4 EStG abziehbar sind.

Unbeschränkt als Sonderausgaben **abzugsfähig** nach § 10 Abs. 1 **Nr. 3** EStG sind

- Beiträge (Arbeitnehmeranteil) zur **gesetzlichen Krankenversicherung** (sog. Basiskrankenversicherung),
- Beiträge zu **privaten Krankenversicherungen**, die der Basiskrankenversicherung entsprechen; zu diesem Zweck ist der Beitrag zu einer privaten Krankenversicherung aufzuteilen in den Beitragsteil, der gezahlt wird, um eine in Art, Umfang und Höhe der gesetzlichen Krankenversicherung vergleichbare Leistung zu erhalten, und den Beitragsteil, der für darüber hinausgehende Leistungen gezahlt wird; nur der erste Beitragsteil ist unbeschränkt abziehbar,
- Beiträge zur gesetzlichen Pflegeversicherung.

Den eigenen Aufwendungen gleich gestellt und damit ebenfalls unbeschränkt abzugsfähig sind Beiträge, die im Rahmen einer Unterhaltsverpflichtung geleistet werden, z.B. für mitversicherte Kinder (§ 10 Abs. 1 Nr. 3 Sätze 2, 3 EStG).

Beschränkt abzugsfähig sind demgegenüber die Sonderausgaben nach § 10 Abs. 1 **Nr. 3a** EStG. Hierunter fallen neben Beiträgen zu Arbeitslosenversicherungen, zu Erwerbs- und Berufsunfähigkeitsversicherungen, zu Unfall- und Haftpflichtversicherungen und zu Risikolebensversicherungen auch die Anteile von Kranken- und Pflegeversicherungsbeiträgen, die über die Basisversicherung hinausgehen und daher nicht bereits nach § 10 Abs. 1 Nr. 3 EStG unbeschränkt abzugsfähig sind.

§ 10 Abs. 4 EStG bestimmt für Vorsorgeaufwendungen im Sinne des § 10 Abs. 1 **Nr. 3** und **Nr. 3a** EStG einen Höchstbetrag (ab 2010) von

- **1.900 €** für Steuerpflichtige, die ganz oder teilweise ohne eigene Aufwendungen einen Anspruch auf vollständige oder teilweise Erstattung von Krankheitskosten haben oder für deren Krankenversicherung Leistungen nach § 3 Nr. 9, 14, 57 oder 62 EStG erbracht werden (z.B. Arbeitnehmer, für die der Arbeitgeber steuerfreie Beiträge zur gesetzlichen Krankenversicherung leistet),
- **2.800 €** für die übrigen Steuerpflichtigen (z.B. Selbständige, die für ihre Krankenversicherung in voller Höhe selbst aufkommen müssen).

Bei zusammen veranlagten Ehegatten bestimmt sich der gemeinsame Höchstbetrag aus der Summe der jedem Ehegatten nach den vorstehend beschriebenen Vorschriften zustehenden Höchstbeträgen.

Beispiel B.256:

A und B sind zusammen veranlagte Ehegatten. A ist sozialversicherungspflichtige Arbeitnehmerin, B ist selbständig.

Den Eheleuten steht ein Höchstbetrag von 4.700 € zu (1.900 € für A; 2.800 € für B).

Vorsorgeaufwendungen im Sinne des § 10 Abs. 1 **Nr. 3** EStG sind trotz des genannten Höchstbetrages in jedem Fall unbeschränkt abziehbar. Wird der Höchstbetrag durch die Aufwendungen der Nr. 3 bereits aufgebraucht, sind Aufwendungen im Sinne der **Nr. 3a** somit nicht abzugsfähig. Verbleibt nach Berücksichtigungen von Aufwendungen der Nr. 3 allerdings noch ein nicht ausgeschöpfter Höchstbetrag (z.B. bei Geringverdienern), so kann mit Aufwendungen der Nr. 3a „aufgefüllt" werden.

Beispiel B.257:

Der ledige Selbständige S hat in 2010 Beiträge zur Krankenversicherung (4.000 €, davon: Basissicherung: 3.000 €), Pflegeversicherung (500 €), Haftpflichtversicherung (200 €), Unfallversicherung (100 €) entrichtet.

	Krankenversicherung (Basissicherung)	3.000 €
+	Pflegeversicherung	+ 500 €
=	Beiträge nach § 10 Abs. 1 **Nr. 3** EStG	3.500 €

→ **unbeschränkt abziehbar**, obwohl Höchstbetrag (2.800 €) überschritten

	Krankenversicherung (Basissicherung überschritten)	1.000 €
+	Haftpflichtversicherung	+ 200 €
+	Unfallversicherung	+ 100 €
=	Beiträge nach § 10 Abs. 1 **Nr. 3a** EStG	1.300 €

→ **nicht abziehbar**, da Höchstbetrag (2.800 €) bereits mit den unbeschränkt abziehbaren Aufwendungen der Nr. 3 überschritten

8.3.3 Unterhaltsleistungen

Unterhaltsleistungen an den geschiedenen oder dauernd getrennt lebenden Ehegatten können bis zu einem jährlichen Höchstbetrag von 13.805 € als Sonderausgaben gemäß § 10 Abs. 1 Nr. 1 EStG abgezogen werden, wenn der Unterhaltsgeber dies mit Zustimmung des Unterhaltsnehmers beantragt. Der Unterhaltsnehmer hat diesen Betrag dann zu seinen Sonstigen Einkünften i.S.d. § 22 Nr. 1a EStG zu zählen.

Im Übrigen wird auf die ausführlichere Darstellung in Abschnitt B.7.7.2 zu den Sonstigen Einkünften verwiesen.

8.3.4 Versorgungsleistungen

Lebenslange Versorgungsleistungen im Zusammenhang mit der Übertragung

- eines land- und forstwirtschaftlichen, selbständigen oder gewerblichen **Betriebs** oder **Teilbetriebs,**
- eines **Mitunternehmeranteils an einer Personengesellschaft**, die für ihre Mitunternehmer Einkünfte aus Land- und Forstwirtschaft, aus selbständiger Arbeit oder aus Gewerbebetrieb begründet,
- eines mindestens **50 % igen Anteils an einer GmbH**, wenn der Übergeber als Geschäftsführer tätig war und der Übernehmer diese Tätigkeit nach der Übertragung übernimmt,

können gemäß § 10 Abs. 1 Nr. 1a EStG von dem leistenden Teil als **Sonderausgaben** abgezogen werden. Der empfangende Teil hat diesen Betrag allerdings bei den **Sonstigen Einkünften** nach § 22 Nr. 1b EStG zu versteuern (siehe Abschnitt B.7.7.3).

Versorgungsleistungen kommen insbesondere bei der Übertragung von Vermögen bei **vorweggenommener Erbfolge** vor. Kennzeichnend für Versorgungsleistungen ist, dass die Höhe der wiederkehrenden Bezüge nicht nach kaufmännischen Gesichtspunkten als Gegenleistung für das übertragene Vermögen festgelegt wird, sondern dass in erster Linie die

Leistungsfähigkeit des übernehmenden Teils sowie das Versorgungsbedürfnis des übertragenden Teils berücksichtigt werden.

Da die Besteuerung von wiederkehrenden Bezügen eine höchst komplizierte Materie darstellt, die sowohl von den Verhältnissen des zahlenden Teils als auch von den Verhältnissen des Rentenempfängers abhängt, ist eine einheitliche Darstellung geboten. Insoweit wird auf die Ausführungen in Abschnitt B.10.2 verwiesen.

8.3.5 Leistungen auf Grund eines schuldrechtlichen Versorgungsausgleichs

Beim schuldrechtlichen Versorgungsausgleichs im Rahmen einer Ehescheidung kann der verpflichtete Teil die Leistungen gemäß § 10 Abs. 1 Nr. 1b EStG als **Sonderausgaben** abziehen. Auf der anderen Seite muss der empfangende Teil die Leistungen als **Sonstige Einkünfte** nach § 22 Nr. 1c EStG versteuern. Siehe ausführlicher Abschnitt B.7.7.4 zu den Sonstigen Einkünften.

8.3.6 Kirchensteuer

Im Veranlagungszeitraum tatsächlich gezahlte Kirchensteuern abzüglich eventueller Kirchensteuererstattungen für vorangegangene Veranlagungszeiträume sind gemäß § 10 Abs. 1 Nr. 4 EStG als Sonderausgaben abzugsfähig. Eine betragsmäßige oder einkommensabhängige Begrenzung ist, im Gegensatz zum Spendenabzug nach § 10b EStG, nicht zu beachten.

Kirchensteuer i.S.d. § 10 Abs. 1 Nr. 4 EStG sind Geldzahlungen, die von den als Körperschaften des öffentlichen Rechts anerkannten Religionsgemeinschaften von ihren Mitgliedern auf Grund der Kirchensteuergesetze der Länder erhoben werden (H 10.7 EStH „Kirchensteuern i.S.d. § 10 Abs. 1 Nr. 4 EStG"). Für freiwillige Zahlungen, die an öffentlich-rechtliche Religionsgemeinschaften oder andere religiöse Gemeinschaften entrichtet werden, kommt hingegen nur ein Abzug als Spende nach § 10b EStG in Betracht. Zur Erhebung von Kirchensteuern sind nach den landesrechtlichen Vorschriften insbesondere die römisch-katholische Kirche, die alt-katholische Kirche, die evangelisch-lutherische Kirche, die evangelisch-reformierte Kirche und die jüdischen Gemeinden berechtigt. Die Kirchensteuer wird von Kirchenmitgliedern als Zuschlagsteuer zur Einkommensteuer erhoben und beträgt derzeit in Bayern und Baden-Württemberg 8 %, in den übrigen Bundesländern 9 % der Einkommensteuer.

Grundsätzlich ist die gezahlte Kirchensteuer (abzüglich Erstattungen) abziehbar. Nicht als Sonderausgabe abziehbar ist allerdings die ab 2009 auf die Kapitalertragsteuer mit Abgeltungswirkung (Abgeltungsteuer) als Zuschlag erhobene Kirchensteuer (§ 10 Abs. 1 Nr. 4 Halbs. 2 EStG). Die Kirchensteuer wird bereits in vereinfachter Form auf die Abgeltungsteuer angerechnet (siehe Abschnitt B.7.5.3.3). Damit entfällt die Abzugsfähigkeit als Sonderausgabe.

8.3.7 Berufsausbildungskosten

Aufwendungen für die eigene **Berufsausbildung** sind gemäß § 10 Abs. 1 Nr. 7 EStG bis zu 4.000 € im Kalenderjahr als Sonderausgaben abzugsfähig. Bei zusammen veranlagten Ehegatten gilt der Höchstbetrag von 4.000 € für jeden Ehegatten, sofern beide Ehegatten eine Berufsausbildung vornehmen.

Für den Abzug als Sonderausgaben nach § 10 Abs. 1 Nr. 7 EStG kommen neben Lehrgangs-, Schul- oder Studiengebühren sowie Kosten für Arbeitsmittel und Fachliteratur auch Aufwendungen für ein häusliches Arbeitszimmer, Aufwendungen für Fahrten zwischen Wohnung und Ausbildungsort sowie Mehraufwendungen für Verpflegung und doppelte Haushaltsführung in Betracht. Dabei sind die allgemeinen Vorschriften und Begrenzungen

- des § 4 Abs. 5 Nr. 5 EStG für Verpflegungsmehraufwendungen (siehe Abschnitt B.5.5.6),
- des § 4 Abs. 5 Nr. 6b EStG für häusliche Arbeitszimmer (siehe Abschnitt B.5.5.9),
- des § 9 Abs. 1 Nr. 4, Abs. 2 EStG für Fahrtkosten (siehe Abschnitt B.6.2) sowie
- des § 9 Abs. 1 Nr. 5 EStG für Mehraufwendungen wegen doppelter Haushaltsführung (siehe Abschnitt B.6.2)

zu beachten (§ 10 Abs. 1 Nr. 7 Satz 4 EStG).

Berufsausbildung ist der Erwerb von Grundlagenkenntnissen für einen künftigen, derzeit nicht ausgeübten Beruf, und zwar unabhängig davon, ob es sich um eine erste oder eine weitere Ausbildung handelt (z.B. BFH-Urteil vom 06.03.1992, BStBl II 1992, S. 661). Entscheidend ist die Schulung für einen künftig auszuübenden Beruf, ohne dass ein konkreter Zusammenhang mit einer ernsthaft angestrebten Berufstätigkeit besteht. Besteht ein entsprechender konkreter Zusammenhang mit einem künftig auszuübenden Beruf, dann liegen – vorrangig, vgl. Einleitungssatz zu § 10 Abs. 1 EStG – Betriebsausgaben bzw. Werbungskosten vor. Die Differenzierung geht letztlich auf eine Rechtsprechung des Reichsfinanzhofs zurück, der – ohne weitere Begründung – davon ausging, dass „die Erlangung der für den Lebenskampf notwendigen Kenntnisse und Fertigkeiten grundsätzlich der privaten Lebensführung zugehört, die Aufwendungen hierfür daher nicht abzugsfähig sind" (RFH-Urteil vom 24.06.1937, RStBl 1937, S. 1089). Von dieser Auffassung ist die Rechtsprechung des BFH mittlerweile abgerückt. Es bleibt zwar dabei, dass (als Sonderausgaben nur begrenzt abziehbare) Berufsausbildungskosten vorliegen, wenn kein hinreichender Zusammenhang mit einer späteren Berufsausübung besteht. An den erforderlichen Zusammenhang mit einer späteren Berufstätigkeit werden aber nur geringe Anforderungen gestellt. So begründen bereits Umschulungs- und Qualifizierungsmaßnahmen, welche die Grundlage dafür bilden, von einem Beruf zu einem anderen zu wechseln, in aller Regel Betriebsausgaben bzw. Werbungskosten (BFH-Urteile vom 04.12.2002, BStBl II 2003, S. 403; vom 17.12.2002, BStBl II 2003, S. 407).

Auch **Fortbildungskosten**, die nicht im Zusammenhang mit einem künftigen Beruf, sondern im Rahmen der Ausübung einer gegenwärtigen Tätigkeit entstehen, sind als Betriebsausgaben bzw. Werbungskosten bei der Einkunftsart abzuziehen, mit der sie im wirtschaftlichen Zusammenhang stehen.

Die Vorschrift des § 10 Abs. 1 Nr. 7 EStG ist im Zusammenhang mit § 12 Nr. 5 EStG zu sehen, wonach Aufwendungen für eine **erstmalige** Berufsausbildung und ein **Erst**studium nicht als Betriebsausgaben oder Werbungskosten abgezogen werden können, wenn diese nicht im Rahmen eines Dienstverhältnisses stattfinden. Der BFH hält die Vorschrift des § 12 Nr. 5 EStG für verfassungskonform, da in typisierender Weise bestimmt wird, dass bei einer erstmaligen Berufsausbildung ein hinreichend veranlasster Zusammenhang mit einer bestimmten Erwerbstätigkeit fehlt. Einem Abzug von Aufwendungen als Werbungskosten für ein Erststudium **nach** abgeschlossener Berufsausbildung steht § 12 Nr. 5 EStG nach Auffassung des BFH aber nicht entgegen (BFH-Urteil vom 18.06.2009, DStR 2009, S. 1952).

Können Aufwendungen für eine erstmalige Berufsausbildung oder ein Erststudium nach § 12 Nr. 5 EStG nicht als Betriebsausgaben bzw. Werbungskosten abgezogen werden, so können die Aufwendungen bis zur Höhe von 4.000 € als Sonderausgaben angesetzt werden.

Beispiel B.258:

A absolviert eine Berufsausbildung zum Bankkaufmann. Nebenbei studiert er Wirtschaftswissenschaften an der Fernuniversität Hagen mit dem Studienziel Diplom-Ökonom.

Die Aufwendungen für das Fernstudium können wegen § 12 Nr. 5 EStG nicht als Werbungskosten angesetzt werden. Bis zur Höhe von 4.000 € kommt aber ein Abzug als Sonderausgaben nach § 10 Abs. 1 Nr. 7 EStG in Betracht.

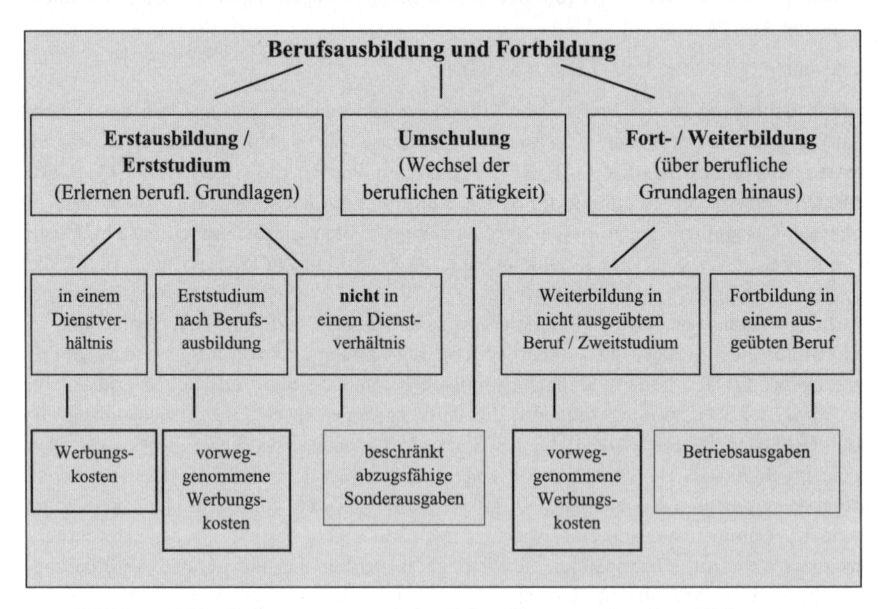

Abbildung B.32: Einkommensteuerliche Behandlung von Berufsausbildungskosten

Regelmäßig wird der Steuerpflichtige eine Anerkennung von Aufwendungen als Betriebsausgaben bzw. Werbungskosten anstreben, da in diesem Fall die Abzugsbegrenzung des § 10 Abs. 1 Nr. 7 EStG auf 4.000 € nicht greift. Zudem können Betriebsausgaben bzw. Werbungskosten auch zu negativen Einkünften führen, die nach den Vorschriften zum Verlustabzug (§ 10d EStG) zurückgetragen bzw. auf künftige Veranlagungszeiträume vorgetragen werden können. Sonderausgaben gehen hingegen beim Verlustabzug verloren, da gemäß § 10d EStG ein negativer Gesamtbetrag der Einkünfte vor- bzw. zurückgetragen werden kann, Sonderausgaben aber erst nach der Ermittlung des Gesamtbetrags der Einkünfte abgezogen werden (§ 2 Abs. 4 EStG, siehe Abschnitt B.3.7).

Im Einzelfall kann jedoch auch umgekehrt ein Interesse an einer Anerkennung von Aufwendungen als Berufsausbildungskosten nach § 10 Abs. 1 Nr. 7 EStG bestehen. Zu denken ist an den Fall eines Arbeitnehmers, bei dem die Werbungskosten aus nichtselbständiger Tätigkeit trotz einer Berücksichtigung der Ausbildungskosten den Arbeitnehmer-Pauschbetrag von 920 € nicht übersteigen. Zu Einzelfragen im Hinblick auf die Abzugsfähigkeit von Berufsausbildungskosten als Sonderausgaben siehe das BMF-Schreiben vom 22.09.2010, BStBl I 2010, S. 721.

8.3.8 Schulgeldzahlungen

Für Kinder, für die der Steuerpflichtige einen Kinderfreibetrag nach § 32 Abs. 6 EStG oder Kindergeld nach § 66 EStG erhält (siehe Abschnitt B.8.5.1), können 30 % der Schulgeldzahlungen für bestimmte staatlich anerkannte Privatschulen als Sonderausgaben nach § 10 Abs. 1 Nr. 9 EStG abgezogen werden. Soweit das Schulgeld als Entgelt für Beherbergung, Betreuung und Verpflegung gezahlt wird, ist es allerdings aus der Bemessungsgrundlage des § 10 Abs. 1 Nr. 9 EStG herauszurechnen. Gemeint sind nur allgemeinbildende Schulen; Hochschulen sind keine Schulen im Sinne der Vorschrift.

Ab 2008 ist der Abzug auf 5.000 € je Kind begrenzt (bis 30 % von 16.667 €).

Erfüllen die Schulgeldzahlungen ausnahmsweise die allgemeine Definition für außergewöhnliche Belastungen in § 33 Abs. 1, 2 EStG, so kann der nicht als Sonderausgaben abziehbare Teilbetrag unter Beachtung der zumutbaren Belastung des § 33 Abs. 3 EStG als außergewöhnliche Belastung abgezogen werden (§ 33 Abs. 2 Satz 2 EStG, siehe Abschnitt B.8.4.1.1).

8.3.9 Spenden

Im Veranlagungszeitraum geleistete Spenden können nach den Vorschriften des § 10b EStG als Sonderausgaben abgezogen werden. Im Hinblick auf die Begrenzung des Spendenabzugs ist zu unterscheiden zwischen

- Spenden für gemeinnützige, mildtätige und kirchliche Zwecke (§ 10b Abs. 1 EStG)
- Zuwendungen an Stiftungen (§ 10b Abs. 1a EStG) sowie
- Zuwendungen an politische Parteien (§ 10b Abs. 2 EStG).

8.3.9.1 Spenden für gemeinnützige, mildtätige und kirchliche Zwecke

Der Spendenabzug für Ausgaben zur Förderung gemeinnütziger, mildtätiger und kirchlicher Zwecke ist ab 2007 auf 20 % des Gesamtbetrags der Einkünfte beschränkt. Ist es für den Steuerpflichtigen günstiger, so ist der abzugsfähige Betrag stattdessen auf 4 ‰ der Summe der Umsätze und der im Kalenderjahr aufgewendeten Löhne und Gehälter begrenzt (§ 10b Abs. 1 Satz 1 EStG).

Die genannten Grenzen sind durch das Gesetz zur Stärkung des bürgerschaftlichen Engagements (BGBl I 2007, S. 2332) deutlich angehoben worden. Bis 2006 waren Spenden nur bis zu 5 % des Gesamtbetrags der Einkünfte bzw. bis zu 2 ‰ der Summe der Umsätze und der im Kalenderjahr aufgewendeten Löhne und Gehälter abziehbar. Bei Spenden für wissenschaftliche, mildtätige und als besonders förderungswürdig anerkannte kulturelle Zwecke erhöhte sich der Satz von 5 % des Gesamtbetrags der Einkünfte allerdings um weitere 5 % auf 10 %.

Gemeinnützige, **mildtätige** und **kirchliche** Zwecke sind in den §§ 52 – 54 AO definiert:

- Eine Körperschaft verfolgt **gemeinnützige Zwecke**, wenn ihre Tätigkeit darauf gerichtet ist, die Allgemeinheit auf materiellem, geistigem oder sittlichem Gebiet selbstlos zu fördern (§ 52 Abs. 1 Satz 1 AO). Als Förderung der Allgemeinheit gelten u.a. (§ 52 Abs. 2 AO):
    - Förderung von Wissenschaft und Forschung,

  - Förderung der Religion,
  - Förderung des öffentlichen Gesundheitswesens, der Jugend- und Altenhilfe,
  - Förderung von Kunst und Kultur,
  - Förderung des Naturschutzes und der Landschaftspflege,
  - Förderung des Tierschutzes,
  - Förderung des Sports.
- Eine Körperschaft verfolgt **mildtätige Zwecke**, wenn ihre Tätigkeit darauf gerichtet ist, Personen selbstlos zu unterstützen,
  - die infolge ihres körperlichen, geistigen oder seelischen Zustands auf die Hilfe anderer angewiesen sind (§ 53 Nr. 1 AO) oder
  - die über Bezüge verfügen, welche die in § 53 Nr. 2 AO genannten Grenzen nicht übersteigen.
- Eine Körperschaft verfolgt **kirchliche Zwecke**, wenn ihre Tätigkeit darauf gerichtet ist, eine Religionsgemeinschaft, die Körperschaft des öffentlichen Rechts ist, selbstlos zu unterstützen,

Voraussetzung für den Spendenabzug ist gemäß § 10b Abs. 1 Satz 2 EStG, dass der Empfänger der Zuwendung

- eine juristische Person des öffentlichen Rechts oder eine öffentliche Dienststelle, z.B. eine Universität oder ein Forschungsinstitut, in einem EU- oder EWR-Staat, oder
- eine nach § 5 Abs. 1 Nr. 9 KStG steuerbefreite Körperschaft ist (oder eine Körperschaft aus einem anderen EU- oder EWR-Staat, die nach § 5 Abs. 1 Nr. 9 KStG steuerbefreit wäre, wenn sie eine inländische Körperschaft wäre).

Ist Empfänger eine ausländische Körperschaft, so beschreiben § 10b Abs. 1 Sätze 3 – 6 EStG weitere Voraussetzungen für den Spendenabzug. Beispielsweise ist Voraussetzung, dass natürliche Personen mit Wohnsitz im Inland gefördert werden oder dass die Tätigkeit des Zuwendungsempfängers neben der Verwirklichung der steuerbegünstigten Zwecke auch zum Ansehen der Bundesrepublik Deutschland beitragen kann (§ 10b Abs. 1 Satz 6 EStG).

Neben **Spenden** können grundsätzlich auch **Mitgliedsbeiträge** an die genannten Einrichtungen abgezogen werden. Nicht abziehbar sind allerdings Mitgliedsbeiträge, sofern diese als Gegenleistung für eine Nutzung der Einrichtungen der Körperschaft für Zwecke der Freizeitgestaltung anzusehen sind, z.B. Mitgliedsbeiträge an Sportvereine oder Kleingartenvereine (§ 10b Abs. 1 Satz 8 EStG).

Voraussetzung für den Spendenabzug ist ferner, dass eine **Zuwendungsbestätigung** vorliegt, die der Empfänger der Spende nach amtlich vorgeschriebenem Vordruck ausgestellt hat (§ 50 Abs. 1 EStDV).

Ausnahmsweise reicht jedoch der **Bareinzahlungsbeleg** oder die **Buchungsbestätigung** eines Kreditinstituts als Spendenbescheinigung aus,

- wenn die Zuwendung zur Linderung der Not in **Katastrophenfällen** dient und innerhalb eines behördlich festgelegten Zeitraumes auf ein für den Katastrophenfall eingerichtetes Sonderkonto einer inländischen juristischen Person des öffentlichen Rechts, einer inländischen öffentlichen Dienststelle oder eines anerkannten Verbandes der freien Wohlfahrtspflege eingezahlt wird (§ 50 Abs. 2 Nr. 1 EStDV) oder

- wenn die Zuwendung den Betrag von **200 €** nicht übersteigt und der Empfänger eine inländische juristische Person des öffentlichen Rechts oder eine inländische öffentliche Dienststelle ist oder der Empfänger eine nach § 5 Abs. 1 Nr. 9 KStG steuerbefreite Körperschaft ist und die Angaben über die Freistellung des Empfängers von der Körperschaftsteuer auf dem Einzahlungsbeleg aufgedruckt sind (§ 50 Abs. 2 Nr. 2 Buchst. a, b EStDV).

Beispiel B.259:

A überweist im Veranlagungszeitraum 01 Spenden an eine mildtätige Körperschaft i.H.v. 25.000 € sowie Mitgliedsbeiträge an einen Sportverein von 200 €. Für die Errichtung einer neuen Turnhalle des Sportvereins spendet er darüber hinaus 7.000 €. Er erzielt in 01 einen Gesamtbetrag der Einkünfte von 150.000 €. A ist Gewerbetreibender. Die Summe der Umsätze und der im Kalenderjahr aufgewendeten Löhne und Gehälter beträgt 600.000 €.

Die Mitgliedsbeiträge für den Sportverein können nach § 10b Abs. 1 Satz 8 Nr. 1 EStG nicht abgezogen werden.

	Spenden für mildtätige Zwecke	25.000 €
+	Spenden für gemeinnützige Zwecke	+ 7.000 €
=	Summe	32.000 €
→	abziehbar nach § 10b Abs. 1 Satz 1 **Nr. 1** EStG:	
	20 % von 150.000 € =	30.000 €
→	alternativ nach § 10b Abs. 1 Satz 1 **Nr. 2** EStG:	
	4 ‰ von 600.000 =	2.400 €

Abzugsfähig als Sonderausgaben nach § 10b Abs. 1 EStG sind Spenden i.H.v. 30.000 €.

Ist der Höchstbetrag nach § 10b Abs. 1 Satz 1 EStG überschritten, so kann der übersteigende Betrag in nachfolgende Veranlagungszeiträume nach den Vorschriften des § 10d EStG zeitlich unbegrenzt **vorgetragen** werden (§ 10b Abs. 1 Sätze 9, 10 EStG). Ein Spendenrücktrag ist hingegen nicht möglich.

Beispiel B.260:

Die nicht abzugsfähigen Spenden von 2.000 € aus dem vorangegangenen Beispiel kann A in den Veranlagungszeitraum 02 vortragen und dort als Sonderausgaben abziehen, sofern sich ein nicht ausgeschöpfter Höchstbetrag ergibt.

Für den Vortrag gelten die Vorschriften des § 10d Abs. 4 EStG entsprechend, d.h. die am Schluss eines jeden Veranlagungszeitraumes verbleibenden Abzugsbeträge sind gesondert festzustellen (§ 10b Abs. 1 Satz 10 EStG).

8.3.9.2 Spenden in den Vermögensstock einer Stiftung

Zusätzlich zu den Höchstbeträgen des § 10b Abs. 1 EStG können auf Antrag des Steuerpflichtigen Spenden in den Vermögensstock einer Stiftung bis zu 1 Mio. € als Sonderausgaben abgezogen werden (§ 10b Abs. 1a EStG). Begünstigt sind sowohl Spenden, die anlässlich der **Neugründung** einer Stiftung erfolgen, als auch **Zustiftungen** in den

Vermögensstock einer bereits bestehenden Stiftung. Der Betrag von 1 Mio. € bezieht sich auf einen Zeitraum von zehn Jahren und kann vom Spender beliebig auf diesen Zeitraum verteilt werden. Der Höchstbetrag von 1 Mio. € gilt auch bei Spenden an mehrere Stiftungen. Die Stiftung muss die Förderung gemeinnütziger, mildtätiger oder kirchlicher Zwecke zum Gegenstand haben (zu den steuerbegünstigten Zwecken siehe den vorangegangenen Abschnitt).

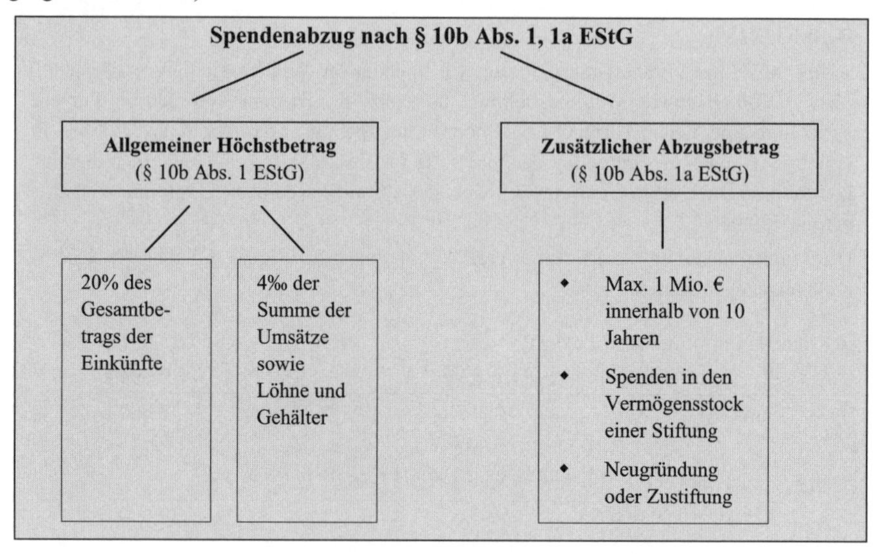

Abbildung B.33: Spendenabzug nach § 10b Abs. 1, 1a EStG (vgl. Djanani et al. (2010), S. 171)

8.3.9.3 Mitgliedsbeiträge und Spenden an politische Parteien

Für Mitgliedsbeiträge und Spenden an politische Parteien sieht das deutsche Einkommensteuerrecht eine zweigeteilte Begünstigung vor:

- **Steuerermäßigung**

  Gemäß § 34g EStG werden Mitgliedsbeiträge und Spenden an **politische Parteien** i.S.d. § 2 ParteienG sowie an **unabhängige Wählervereinigungen** zu 50 % auf die tarifliche Einkommensteuer, vermindert um die sonstigen Steuerermäßigungen, angerechnet. Die tarifliche Einkommensteuer mindert sich jedoch maximal um 825 € (1.650 € für zusammen veranlagte Ehegatten), d.h. es können nur Spenden von maximal 1.650 € (3.300 € für zusammen veranlagte Ehegatten) im Veranlagungszeitraum nach § 34g EStG berücksichtigt werden. Hat der Steuerpflichtige sowohl an politische Parteien als auch an unabhängige Wählervereinigungen geleistet, so kann sich die tarifliche Einkommensteuer **jeweils** um bis zu 825 € (1.650 € für zusammen veranlagte Ehegatten) mindern. Zum Begriff der tariflichen Einkommensteuer siehe Abschnitt B.3.8.

- **Sonderausgabenabzug**

  Der nach Anwendung des § 34g EStG verbleibende Betrag an Beiträgen und Spenden an **politische Parteien** i.S.d. § 2 ParteienG, **nicht** jedoch an unabhängige Wähler-vereinigungen, kann bis zur Höhe von weiteren 1.650 € (bei zusammen veranlagten Ehegatten 3.300 €) als Sonderausgabe abgezogen werden (§ 10b Abs. 2 EStG).

Offenbar ist die (vorrangige) Steuerermäßigung nach § 34g EStG günstiger, da sie im Ergebnis zu einer Erstattung von 50 % der geleisteten Mitgliedsbeiträge und Spenden führt, während sich der Abzug als Sonderausgabe nach § 10b Abs.2 EStG nur in Höhe des individuellen (Grenz-) Steuersatzes (max. 45 %) auswirkt.

Beispiel B.261:

C, ledig, hat in 2010 an die Partei X 3.000 € und an die unabhängige Wählervereinigung Y 5.000 € gespendet. Der Gesamtbetrag der Einkünfte des C beträgt 80.000 €.

	Gesamtbetrag der Einkünfte		80.000 €
	Spende an Partei X	3.000 €	
–	berücksichtigt nach § 34g EStG	–1.650 €	
→	Sonderausgabenabzug nach § 10b EStG	1.350 €	– 1.350 €
=	zu versteuerndes Einkommen		78.650 €
→	Anwendung des Grundtarifs 2010		
=	tarifliche Einkommensteuer		24.861 €
–	Steuerermäßigung nach § 34g Nr. 1 EStG für Spenden an politische Parteien (50 % von 1.650 €)		– 825 €
–	Steuerermäßigung nach § 34g Nr. 2 EStG für Spenden an Wählervereinigungen (50 % von 1.650 €)		– 825 €
=	festzusetzende Einkommensteuer		23.211 €

Die Spende an die Partei X kann vollständig geltend gemacht werden. Die Spende an die Wählervereinigung kann hingegen nur in Höhe des Höchstbetrages nach § 34g Nr. 2 EStG (1.650 €) abgezogen werden. Die Restbetrag von 3.350 € bleibt steuerlich ungenutzt.

8.3.9.4 Sachspenden

§ 10b EStG begünstigt nicht nur **Geldspenden**, sondern auch **Sachspenden**, nicht jedoch die unentgeltliche Überlassung von Nutzungen und Leistungen (z.B. die kostenlose Rechtsberatung einer karitativen Einrichtung durch einen Rechtsanwalt oder die kostenlose Überlassung von Räumlichkeiten an eine solche Einrichtung) (§ 10b Abs. 3 Satz 1 EStG). Dies gilt sowohl für Spenden für gemeinnützige, mildtätige und kirchliche Zwecke nach § 10b Abs. 1 EStG als auch für Spenden an politische Parteien nach § 10b Abs. 2 EStG.

Sachspenden sind grundsätzlich mit dem gemeinen Wert nach § 9 BewG anzusetzen (§ 10b Abs. 3 Satz 3 EStG). Werden Wirtschaftsgüter eines Betriebsvermögens gespendet, so lässt § 6 Abs. 1 Nr. 4 Satz 4 EStG allerdings die Entnahme zum Buchwert zu. Zweck des Buchwertprivilegs ist es, durch einen Verzicht auf die Besteuerung der in den zugewendeten Wirtschaftsgütern enthaltenen stillen Reserven die Bereitschaft zu Sachspenden zu fördern. Da bei einer Entnahme der zu spendenden Wirtschaftsgüter zum Buchwert jedoch gemäß § 10b Abs. 3 Satz 2 EStG auch nur dieser Buchwert und nicht der gemeine Wert beim

Spendenabzug angesetzt werden kann, besteht die Begünstigung im Ergebnis regelmäßig nur in einer Freistellung der stillen Reserven von der Gewerbesteuer.

Ist der gemeine Wert höher als die fortgeführten Anschaffungs- oder Herstellungskosten, so darf der gemeine Wert ab 2009 nur noch angesetzt werden, wenn eine Gewinnrealisierung stattgefunden hat (§ 10b Abs. 3 Satz 4 EStG).

Beispiel B.262:

D spendet einer karitativen Einrichtung ein unbebautes Grundstück, damit darauf ein Seniorenheim errichtet werden kann. Das Grundstück hatte D vor Jahren für 50.000 € erworben. Der gemeine Wert beträgt nun 80.000 €.

Die Spende stellt für D keinen steuerpflichtigen Veräußerungstatbestand dar. Als Spende kann daher nur ein Betrag von 50.000 € abgezogen werden.

8.3.10 Kinderbetreuungskosten

Seit 2006 können Kinderbetreuungskosten unter bestimmten Voraussetzungen zu zwei Dritteln (max. 4.000 € je Kind) abgezogen werden. Von 2006 bis 2008 waren die Vorschriften in §§ 4f, 10 Abs. 1 Nr. 5 und 8 EStG enthalten. Zum VZ 2009 wurden die Vorschriften in § 9c EStG zusammengefasst.

§ 9c EStG unterscheidet zwischen

- **erwerbsbedingten Kinderbetreuungskosten**, die wie *Betriebsausgaben* bzw. *Werbungskosten* bereits bei den Einkünften der jeweiligen Einkunftsart abgezogen werden können (§ 9c Abs. 1 EStG),
- **Kinderbetreuungskosten in bestimmten Zwangslagen**, die als *Sonderausgaben* vom Gesamtbetrag der Einkünfte abgezogen werden können (§ 9c Abs. 2 Sätze 1 – 3 EStG), und
- **privat bedingten Kinderbetreuungskosten**, die ebenfalls als *Sonderausgaben* vom Gesamtbetrag der Einkünfte abgezogen werden können (§ 9c Abs. 2 Satz 4 EStG).

Als Kinderbetreuungskosten kommen in allen Fällen u.a. in Betracht (BMF-Schreiben vom 19.01.2007, BStBl I 2007, S. 184, Rz. 1):

- Aufwendungen für die Unterbringung in **Kindergärten**, **Kindertagesstätten**, **Kinderhorten**, **Kinderkrippen**,
- Aufwendungen für eine **Tagesmutter**.

Keine Kinderbetreuungskosten sind hingegen Aufwendungen für Unterricht (z.B. Nachhilfe), für die Vermittlung besonderer Fähigkeiten (z.B. Computerkurse, Musikunterricht) sowie für Freizeitaktivitäten (z.B. Sportverein) (§ 9c Abs. 3 Satz 1 EStG). Auch Aufwendungen für die Verpflegung des Kindes sind nicht zu berücksichtigen.

Der Steuerpflichtige muss die Aufwendungen durch eine **Rechnung** nachweisen können und er muss den Betrag auf das Konto des Erbringers gezahlt haben (**unbare Zahlung**) (§ 9c Abs. 3 Satz 3 EStG). Als Rechnung gilt auch z.B. der Gebührenbescheid eines öffentlichen Kindergartens oder der mit einer Tagesmutter geschlossene schriftliche Vertrag (Rz. 21 des BMF-Schreibens vom 19.01.2007).

8.3.10.1 Erwerbsbedingte Kinderbetreuungskosten (§ 9c Abs. 1 EStG)

Gemäß § 9c Abs. 1 EStG können Kinderbetreuungskosten zu zwei Dritteln (max. 4.000 € je Kind) **wie** Betriebsausgaben (sog. **fiktive Betriebsausgaben**) bei den Einkünften aus Land- und Forstwirtschaft, selbständiger Arbeit oder Gewerbebetrieb abgezogen werden. Gemäß § 9 Abs. 5 EStG gilt die Vorschrift auch bei den privaten Einkunftsarten, d.h. es kommt insbesondere auch ein Abzug **wie** Werbungskosten bei den Einkünften aus nicht-selbständiger Arbeit in Betracht. Der höchstmögliche Abzugsbetrag von 4.000 € wird bei Kinderbetreuungskosten von 6.000 € im Jahr erreicht.

Das Gesetz nennt die folgenden Voraussetzungen für den Abzug wie Betriebsausgaben bzw. Werbungskosten:

- Die Aufwendungen müssen für ein **Kind** des Steuerpflichtigen entstehen, das zum **Haushalt** des Steuerpflichtigen gehört (§ 9c Abs. 1 Satz 1 EStG).
- Das Kind muss entweder
  - das 14. Lebensjahr noch nicht vollendet haben oder
  - wegen einer vor Vollendung des 25. Lebensjahres eingetretenen körperlichen, geistigen oder seelischen Behinderung außerstande sein, sich selbst zu unterhalten (§ 9c Abs. 1 Satz 2 EStG).
- Die Aufwendungen müssen **wegen einer Erwerbstätigkeit** des Steuerpflichtigen anfallen, d.h.
  - der alleinerziehende Elternteil ist erwerbstätig
  - bzw. bei zusammenlebenden Eltern sind **beide** Eltern erwerbstätig (§ 9c Abs. 1 Satz 2 EStG).

  Nach Auffassung der Finanzverwaltung ist bei einer Arbeitszeit von mindestens 10 Stunden pro Woche von erwerbsbedingten Kinderbetreuungskosten auszugehen. Auch bei einem Minijob oder einer nicht sozialversicherungspflichtigen Tätigkeit können somit erwerbsbedingte Kinderbetreuungskosten vorliegen. Ein Studium oder rein vermögensverwaltende Tätigkeiten sind jedoch keine Erwerbstätigkeit in diesem Sinne (BMF-Schreiben vom 19.01.2007, BStBl I 2007, S. 184, Rz. 23).

Erwerbsbedingte Kinderbetreuungskosten sind wie Betriebsausgaben oder Werbungskosten bei der Einkunftsart abzuziehen, der sie zuzurechnen sind. Sind beide Eltern berufstätig, so können die Eltern die Aufwendungen grundsätzlich der Erwerbstätigkeit des Vaters oder der Mutter zuordnen (oder die Aufwendungen beliebig aufteilen) (Tz. 28, 29 des BMF-Schreibens vom 19.01.2007).

Sind Kinderbetreuungskosten wie Werbungskosten bei den Einkünften aus nichtselbständiger Arbeit zu berücksichtigen, können sie **zusätzlich zum Werbungskosten-Pauschbetrag** abgezogen werden (§ 9a Satz 1 Nr. 1 Buchst. a EStG).

Beispiel B.263:

Herr und Frau A sind zusammen veranlagte Ehegatten. Beide beziehen Einkünfte aus nichtselbständiger Arbeit. Für die achtjährige Tochter der Ehegatten sind in 01 Aufwendungen für einen Kinderhort von 1.500 € entstanden. Die Aufwendungen werden der Ehefrau zugeordnet. Einnahmen und Werbungskosten sind folgender Berechnung zu entnehmen:

Einkünfte aus nichtselbständiger Arbeit Herr A		
Einnahmen	40.000 €	
– Werbungskosten	– 1.500 €	38.500 €
Einkünfte aus nichtselbständiger Arbeit Frau A		
Einnahmen	30.000 €	
– tatsächliche Werbungskosten (500 €)		
– Werbungskosten-Pauschbetrag	– 920 €	
– erwerbsbedingte Kinderbetreuungskosten, **zusätzlich** zum Pauschbetrag abziehbar zwei Drittel von 1.500 €	– 1.000 €	28.080 €
= Summe der Einkünfte		66.580 €

8.3.10.2 Kinderbetreuungskosten in bestimmten Zwangslagen (§ 9c Abs. 2 Sätze 1 – 3 EStG)

Ein alleinerziehende Elternteil, der sich in **Ausbildung** befindet oder körperlich, geistig oder seelisch **behindert** oder **krank** ist, kann zwei Drittel der Kinderbetreuungskosten (max. 4.000 € je Kind) auch dann als Sonderausgaben ansetzen, wenn er nicht erwerbstätig ist.

Gleiches gilt für zusammenlebende Elternteile, wenn beide Elternteile die genannten Voraussetzungen (Ausbildung oder Behinderung oder Krankheit) erfüllen oder nur ein Elternteil diese Voraussetzungen erfüllt und der andere Elternteil erwerbstätig ist.

Als Krankheit gilt ein zusammenhängender Zeitraum von mindestens drei Monaten (§ 9c Abs. 2 Satz 2 EStG).

8.3.10.3 Privat bedingte Kinderbetreuungskosten (§ 9c Abs. 2 Satz 4 EStG)

Liegen weder erwerbsbedingte Kinderbetreuungskosten noch Kinderbetreuungskosten in bestimmten Zwangslagen vor, können zwei Drittel der Kinderbetreuungskosten (max. 4.000 € je Kind) als Sonderausgaben angesetzt werden, allerdings nur für Kinder, die das **3. Lebensjahr vollendet, das 6. Lebensjahr aber noch nicht vollendet** haben.

Typische Anwendungsfälle für privat bedingte Kinderbetreuungskosten sind nicht erwerbstätige Alleinerziehende sowie zusammenlebende Eltern, bei denen nur ein Elternteil erwerbstätig ist.

Beispiel B.264:

Die nicht erwerbstätige alleinerziehende Mutter A hat einen vierjährigen Sohn, der in den Kindergarten geht. Die Aufwendungen für den Kindergarten in 01 betragen 1.700 €, davon 500 € für das Mittagessen. Außerdem fallen Kosten für eine musikalische Früherziehung (700 €) an.

Die Kosten für die Früherziehung sowie das Mittagessen stellen keine Kinderbetreuungskosten dar. Als Sonderausgaben abziehbar sind somit 800 € (zwei Drittel von 1.200 €).

8.3.10.4 Geplante Änderungen durch das Steuervereinfachungsgesetz 2011

Der Gesetzentwurf eines Steuervereinfachungsgesetzes 2011 vom 02.02.2011 sieht erhebliche Änderungen beim Abzug von Kinderbetreuungskosten vor, die entweder ab dem VZ

2011 oder dem VZ 2012 gelten sollen. Danach soll die Differenzierung zwischen erwerbsbedingten und privat bedingten Kinderbetreuungskosten entfallen. Die Regelung soll insgesamt bei den Sonderausgaben (§ 10 Abs. 1 Nr. 5 EStG) angesiedelt werden; § 9c EStG soll entfallen. Der Abzug von Kinderbetreuungskosten soll dadurch erleichtert werden, dass auf die persönlichen Anspruchsvoraussetzungen der Eltern bei der Absetzbarkeit verzichtet wird. Insbesondere soll auf das Erfordernis einer Erwerbstätigkeit beider Eltern verzichtet werden. Künftig sollen zwei Drittel der Aufwendungen, max. 4.000 € je Kind, für Kinder unter 14 Jahren unabhängig davon als Sonderausgaben abzugsfähig sein, ob beide Eltern erwerbstätig sind oder nicht.

8.3.11 Sonderausgaben-Pauschbetrag

Für die Sonderausgaben nach den §§ 9c und 10 Abs. 1 Nrn. 1, 1a, 4, 7 und 9 EStG und nach § 10b EStG wird ein Pauschbetrag i.H.v. 36 € gewährt (§ 10c Satz 1 EStG). Für zusammen veranlagte Ehegatten verdoppelt sich der Sonderausgaben-Pauschbetrag auf 72 € (§ 10c Satz 2 EStG). Weist der Steuerpflichtige für die genannten Sonderausgaben keine höheren Aufwendungen nach, so wird der Pauschbetrag gewährt. Bei Nachweis höherer Sonderausgaben können aber natürlich diese angesetzt werden.

8.4 Außergewöhnliche Belastungen (§§ 33 – 33b EStG)

Neben den Sonderausgaben stellen die außergewöhnlichen Belastungen die zweite wichtige Ausnahme von der Regel des § 12 Nr. 1 EStG dar, wonach Kosten der privaten Lebensführung bei der Ermittlung des zu versteuernden Einkommens grundsätzlich nicht abgezogen werden dürfen.

Indikator der Leistungsfähigkeit ist die Höhe des Einkommens, das für die private Bedürfnisbefriedigung zur Verfügung steht. Entscheidungen der Einkommensverwendung sind für die Bestimmung der Leistungsfähigkeit ohne Bedeutung. Abweichend von diesem Grundsatz ist der Gesetzgeber jedoch der Ansicht, dass bestimmte außergewöhnliche Ereignisse, z.B. Krankheiten oder Naturkatastrophen, die den Steuerpflichtigen stärker belasten als die überwiegende Mehrzahl der Personen in vergleichbaren Lebenssituationen, sehr wohl zu einer Minderung der Leistungsfähigkeit führen können. Aufwendungen, die der Steuerpflichtige auf Grund solcher Ereignisse tätigt, können daher im Sinne der steuerlichen Gleichmäßigkeit und sozialen Gerechtigkeit gemäß §§ 33 – 33b EStG als außergewöhnliche Belastungen von dem Gesamtbetrag der Einkünfte abgezogen werden. Die Vorschriften zu außergewöhnlichen Belastungen sollen Umständen Rechnung tragen, in denen das Existenzminimum auf Grund bestimmter außergewöhnlicher Umstände höher liegt als bei anderen Steuerpflichtigen.

Das deutsche Einkommensteuerrecht unterscheidet **zwei Kategorien** von außergewöhnlichen Belastungen:

Nicht typisierte außergewöhnliche Belastungen

Auf Grund der Vielfalt der Lebenssachverhalte, die eine Minderung der persönlichen Leistungsfähigkeit zur Folge haben können, kann eine abschließende Aufzählung von Einzelfällen dem Prinzip der Gleichmäßigkeit der Besteuerung nicht gerecht werden. § 33 EStG beschreibt daher eine **allgemeine Definition** außergewöhnlicher Belastungen. Die außergewöhnlichen Belastungen des § 33 EStG werden als **nicht typisierte** außergewöhnliche Belastungen bezeichnet.

Typisierte außergewöhnliche Belastungen

Für eine Reihe von häufig vorkommenden außergewöhnlichen Belastungen werden in den §§ 33a – 33b EStG abweichend von den allgemeinen Vorschriften des § 33 EStG besondere Regelungen getroffen. Diese als **typisierte** außergewöhnliche Belastungen bezeichneten Aufwendungen sind:

- Aufwendungen für den **Unterhalt** Dritter (§ 33a Abs. 1 EStG),
- Aufwendungen für die **Berufsausbildung** eines auswärtig untergebrachten, volljährigen Kindes (§ 33a Abs. 2 EStG),
- Aufwendungen für **Behinderte**, **Hinterbliebene** und **Pflegepersonen** (§ 33b EStG).

Die genannten Vorschriften der §§ 33a, 33b EStG zu den typisierten außergewöhnlichen Belastungen sind im Detail recht heterogen. So sieht § 33a Abs. 1 EStG einen **Höchstbetrag** für den Abzug von Aufwendungen für den Unterhalt Dritter vor. Für die Aufwendungen für die Berufsausbildung eines auswärtig untergebrachten, volljährigen Kindes wird nach § 33a Abs. 2 EStG ein **Freibetrag** gewährt, der bei Vorliegen bestimmter Tatbestandsvoraussetzungen vom Gesamtbetrag der Einkünfte abgezogen werden kann. § 33b EStG schließlich sieht für Aufwendungen für Behinderte, Hinterbliebene und Pflegepersonen einen **Pauschbetrag** vor, der abgezogen werden kann, sofern keine höheren tatsächlichen Aufwendungen nachgewiesen werden.

8.4.1 Nicht typisierte außergewöhnliche Belastungen

§ 33 EStG enthält in den Abs. 1 und 2 eine **allgemeine Definition** für außergewöhnliche Belastungen (Abschnitt B.8.4.1.1). Ergänzend wird in Abs. 3 eine **zumutbare Belastung** beschrieben, die der Steuerpflichtige selbst tragen muss (Abschnitt B.8.4.1.3). Erst bei einem Überschreiten der zumutbaren Belastung können außergewöhnliche Belastungen vom Gesamtbetrag der Einkünfte abgezogen werden.

8.4.1.1 Definition

Außergewöhnliche Belastungen liegen nach § 33 Abs. 1 EStG vor, wenn einem Steuerpflichtigen zwangsläufig größere Aufwendungen erwachsen als der überwiegenden Mehrzahl der Steuerpflichtigen gleicher Einkommensverhältnisse, gleicher Vermögensverhältnisse und gleichen Familienstands. Im Einzelnen müssen somit die folgenden **Voraussetzungen** erfüllt sein:

Aufwendungen

Dem Steuerpflichtigen müssen tatsächliche Aufwendungen entstanden sein. Neben Geldzahlungen kommt auch der Abfluss von Sachwerten in Betracht (BFH-Urteil vom 15.03.1991, BFH/NV 1991, S. 669). Einnahmeausfälle, z.B. Verdienstausfälle wegen Krankheit, sind hingegen keine Aufwendungen (BFH-Beschluss vom 18.08.1995, BFH/NV 1996, S. 128). Gleiches gilt für reine Vermögensverluste, z.B. durch Vernichtung oder Beschädigung bei Brand. Allerdings kommt in diesem Fall ein Abzug der Wiederbeschaffungskosten als außergewöhnliche Belastung in Frage (z.B. BFH-Urteil vom 15.02.1974, BStBl II 1974, S. 335; R 33.2 EStR; siehe unten).

Endgültige Belastung

Es gilt das **Abflussprinzip** des § 11 Abs. 2 EStG, d.h. außergewöhnliche Belastungen sind im Zeitpunkt des tatsächlichen Abflusses von Geld oder Sachwerten anzusetzen. Das Abflussprinzip des § 11 Abs. 2 EStG wird allerdings durch das von der Rechtsprechung entwickelte **Belastungsprinzip** eingeschränkt. Danach kommen für den Abzug als außergewöhnliche Belastung nur Aufwendungen in Frage, die den Steuerpflichtigen **endgültig** belasten. Eine nur vorübergehende Belastung reicht für den Abzug als außergewöhnliche Belastung nicht aus (BFH-Urteil vom 30.07.1982, BStBl II 1982, S. 744). Aufwendungen, die einem Steuerpflichtigen in einem nachfolgenden Veranlagungszeitraum ersetzt werden (z.B. Krankenversicherung, Schadensersatz nach einem Unfall), sind daher keine außergewöhnliche Belastung (BFH-Urteil vom 30.06.1999, BStBl II 1999, S. 766; vgl. *F. Loschelder*, in: L. Schmidt (2010), § 33, Rz. 12).

Beispiel B.265:

Der Steuerpflichtige A zahlt am 20.11.01 Arztkosten i.H.v. 5.000 €. Am 01.03.02 erstattet ihm seine Krankenversicherung Kosten i.H.v. 4.000 €. Den verbleibenden Betrag von 1.000 € muss A selbst tragen.

Für den Abzug als außergewöhnliche Belastung in 01 kommt nur ein Betrag i.H.v. 1.000 € in Frage. Das Abflussprinzip des § 11 Abs. 2 EStG wird insoweit durch das von der Rechtsprechung entwickelte Belastungsprinzip außer Kraft gesetzt.

Diese Vorgehensweise steht offenbar im Gegensatz zur Behandlung von Sonderausgaben. Werden im Vorjahr geleistete Sonderausgaben erstattet, so wird hierdurch der Sonderausgabenabzug des Vorjahres aus Gründen der Praktikabilität nicht rückgängig gemacht. Die erstatteten Aufwendungen mindern vielmehr die abzugsfähigen Sonderausgaben im Erstattungsjahr (siehe Abschnitt B.8.3).

Subsidiarität

Für Aufwendungen, die sich begrifflich bereits als **Betriebsausgaben**, **Werbungskosten** oder **Sonderausgaben** qualifizieren, kommt ein Abzug als außergewöhnliche Belastung nicht in Betracht; die außergewöhnlichen Belastungen sind im Vergleich zu diesen Aufwendungen **subsidiär** (§ 33 Abs. 2 Satz 2 EStG).

Beispiel B.266:

Ein Arbeitnehmer erwirbt eine Bildschirmarbeitsbrille. Die Sehbeschwerden sind auf die Tätigkeit am Bildschirm zurückzuführen.

Es handelt sich bei den Krankheitskosten nicht um außergewöhnliche Belastungen, sondern um Werbungskosten bei den Einkünften aus nichtselbständiger Arbeit (BFH-Urteil vom 20.07.2005, BFH/NV 2005, S. 2185).

Eine Ausnahme konstituiert § 33 Abs. 2 Satz 2 Halbsatz 2 EStG allerdings für Aufwendungen i.S.d. § 10 Abs. 1 Nrn. 7, 9 EStG. Übersteigen diese Aufwendungen die Höchstbeträge für Sonderausgaben, so können sie als außergewöhnliche Belastungen abgezogen werden, sofern die weitergehenden Voraussetzungen für außergewöhnliche Belastungen erfüllt sind. Dies gilt

- für Berufsausbildungskosten, die den Höchstbetrag von 4.000 € übersteigen (§ 10 Abs. 1 Nr. 7 EStG), sowie

- für Schulgeldzahlungen, soweit diese den nach § 10 Abs. 1 Nr. 9 EStG als Sonderausgabe abzugsfähigen Teil übersteigen.

Allerdings werden die genannten Kosten nur im Ausnahmefall die weitergehenden Voraussetzungen für außergewöhnliche Belastungen erfüllen. Zu denken ist beispielsweise an Aufwendungen für eine Privatschule, wenn ein Kind wegen einer Behinderung auf den Besuch einer Privatschule mit individueller Förderung angewiesen ist, weil eine geeignete öffentliche Schule nicht zur Verfügung steht (R 33.4 Abs. 2 EStR).

Außergewöhnlicher Charakter

Die Aufwendungen müssen außergewöhnlichen Charakter haben. Nach der Formulierung des § 33 Abs. 1 Satz 1 EStG setzt dies voraus, dass dem Steuerpflichtigen größere Aufwendungen als der überwiegenden Mehrzahl der Steuerpflichtigen gleicher **Einkommensverhältnisse**, gleicher **Vermögensverhältnisse** und gleichen **Familienstands** erwach-sen. Die Formulierung „größere Aufwendungen" ist missverständlich. Nach der Recht-sprechung reicht es nicht aus, dass einzelnen Steuerpflichtigen für Anschaffungen, die ihrer Art nach allgemein üblich sind, höhere Kosten entstehen. Vielmehr muss es sich um be-sondere Aufwendungen handeln, die nur einer Minderheit von Personen erwachsen (H 33.1 – 33.4 EStH „Außergewöhnlich"; BFH-Urteil vom 12.11.1996, BStBl II 1997, S. 387). Aufwendungen für die typische Lebenshaltung, z.B. Miete, Kleidung, Nahrungsmittel und Urlaub, scheiden daher generell aus.

Beispiel B.267:

Ein Steuerpflichtiger muss auf Grund seiner Körperfülle auf einem Urlaubsflug für zwei Sitzplätze bezahlen.

Da Aufwendungen für Urlaubsreisen ihrer Art nach nicht außergewöhnlich sind, kommt ein Abzug nach § 33 EStG nicht in Frage. Dass dem Steuerpflichtigen höhere Aufwendungen als der Mehrzahl der Steuerpflichtigen entstehen, ist ohne Bedeutung.

Zwangsläufigkeit

Die Aufwendungen müssen zwangsläufig entstehen. Aufwendungen entstehen zwangsläufig, wenn es dem Steuerpflichtigen aus **rechtlichen**, **tatsächlichen** oder **sittlichen** Gründen nicht möglich ist, sich ihnen zu entziehen. Dies ist der Fall, wenn die genannten Gründe von außen, d.h. vom Willen des Steuerpflichtigen unabhängig, auf seine Entschließung in einer Weise einwirken, dass er ihnen nicht ausweichen kann (vgl. BFH-Urteil vom 20.04.2006, BStBl II 2007, S. 41). **Rechtliche Gründe** ergeben sich aus gesetzlichen Vorschriften. So sind Aufwendungen, die auf Grund einer gesetzlichen Unterhaltspflicht gegenüber Angehörigen geleistet werden, zwangsläufig. **Tatsächliche Gründe** sind unabwendbare Ereignisse, z.B. Katastrophen, Krankheiten oder Unfälle. **Sittliche Gründe** liegen vor, wenn ein Steuerpflichtiger nach dem Anstandsgefühl aller billig und gerecht denkenden Menschen zu einer Leistung verpflichtet ist, ohne rechtlich verpflichtet zu sein (BFH-Urteil vom 07.12.1962, BStBl III 1963, S. 135). An die sittlichen Gründe werden strenge Maßstäbe gestellt. Die allgemeine sittliche Verpflichtung, in Not geratenen Menschen zu helfen, begründet noch keine Zwangsläufigkeit. Eine solche kann nur angenommen werden, wenn das Unterlassen von Leistungen auf Grund der konkreten Lebenssituation von der Allgemeinheit als derart anstößig empfunden würde, dass die sittliche Pflicht einer Rechtspflicht ähnlich ist. Dies kann im Einzelfall bei Aufwendungen, die durch die persönliche Pflege eines nahen Angehörigen entstehen, gegeben sein (BFH-Urteil vom 22.10.1996, BStBl II 1997, S. 558).

Durch das Tatbestandsmerkmal der Zwangsläufigkeit sollen die disponiblen von den nicht disponiblen Aufwendungen getrennt werden. Nur nicht disponible Aufwendungen mindern die Leistungsfähigkeit des Steuerpflichtigen.

Kein Gegenwert

Sofern der Steuerpflichtige für Aufwendungen einen Gegenwert erhält, kommt ein Abzug außergewöhnlicher Belastungen insoweit grundsätzlich nicht in Betracht (sog. **Gegenwertlehre**, z.B. BFH-Urteil vom 23.01.1976, BStBl II 1976, S. 194). Von einer die Leistungsfähigkeit mindernden, besonderen Härte kann nicht gesprochen werden, wenn der Steuerpflichtige durch die Aufwendungen ein marktfähiges Gut erhält, das über einen nicht nur vorübergehenden Wert verfügt (BFH-Urteil vom 09.04.1965, BStBl III 1965, S. 441).

Beispiel B.268:
Ein Steuerpflichtiger schafft wegen seiner körperlichen Behinderung eine Geschirrspülmaschine an.
Da der Steuerpflichtige für die Aufwendung eine Gegenleistung erhält, die über einen nicht nur vorübergehenden Wert verfügt, ist ein Abzug als außergewöhnliche Belastung nicht möglich (BFH-Urteil vom 21.08.1974, BStBl II 1974, S. 745).

Der BFH hat die Gegenwertlehre allerdings in seiner neueren Rechtsprechung stark eingeschränkt. Auf die Erlangung eines Gegenwertes kommt es danach nicht mehr an, wenn die Aufwendungen stark unter dem Gebot der sich aus der Situation ergebenden Zwangsläufigkeit stehen (BFH-Urteil vom 22.10.2009, DStR 2010, S. 47, zu den Aufwendungen für den behindertengerechten Umbau eines Hauses).

Bereits nach bisheriger Auffassung war die Gegenwerttheorie zudem ohnehin nicht anzuwenden

- für Aufwendungen zur Wiederbeschaffung **existenziell notwendiger Gegenstände** nach einem unabwendbaren Ereignis, z.B. Brand, Hochwasser etc. (R 33.2 EStR; BFH-Urteil vom 15.02.1974, BStBl II 1974, S. 335 m.w.N.),
- für **medizinische Geräte** oder andere Hilfsmittel, die die Auswirkungen körperlicher Schäden mildern sollen, z.B. Brillen, Hörgeräte, Krankenaufzüge (BFH-Urteil vom 09.08.1991, BStBl II 1991, S. 920).

In beiden Fällen können somit auch bloße Vermögensumschichtungen zu außergewöhnlichen Belastungen führen.

Antrag des Steuerpflichtigen

Außergewöhnliche Belastungen werden nur auf Antrag des Steuerpflichtigen berücksichtigt (§ 33 Abs. 1 EStG).

Keine typisierten außergewöhnlichen Belastungen nach § 33a EStG

Ein Abzug als nicht typisierte außergewöhnliche Belastung nach der Vorschrift des § 33 EStG kommt schließlich nur dann in Betracht, wenn die Aufwendung nicht den Tatbestand einer typisierten außergewöhnlichen Belastung nach § 33a EStG erfüllt (§ 33a Abs. 4 EStG; BFH-Beschluss vom 05.12.1996, BFH/NV 1997, S. 394). Hingegen ist § 33 EStG nicht gegenüber § 33b EStG subsidiär. Vielmehr gewährt § 33b EStG nur einen Pauschbetrag für Behinderte, Hinterbliebene und Pflegebedürftige, sofern keine höheren Aufwendungen nach der allgemeinen Vorschrift des § 33 EStG geltend gemacht werden können.

8.4.1.2 Beispiele

Nachdem im vorangegangenen Abschnitt die Voraussetzungen für den Abzug als außergewöhnliche Belastungen nach § 33 EStG behandelt wurden, sollen nun wichtige Beispiele beschrieben werden.

Aufwendungen für die Wiederbeschaffung von existenziell notwendigen Gegenständen

Aufwendungen für die Wiederbeschaffung oder zur Schadensbeseitigung von existenziell notwendigen Gegenständen bei einem unabwendbaren Ereignis können als außergewöhnliche Belastungen geltend gemacht werden. Die Gegenwertlehre (siehe den vorangegangenen Abschnitt) wird insoweit durchbrochen.

Existenziell notwendig sind insbesondere Wohnung, Hausrat und Kleidung, nicht jedoch ein Pkw oder eine Garage (R 33.2 Nr. 1 EStR).

Unabwendbare Ereignisse können z.B. Brand, Hochwasser, Kriegseinwirkung, Vertreibung oder politische Verfolgung sein. Geht von einem Gegenstand eine Gesundheitsgefährdung aus, die beseitigt werden muss (z.B. Schimmelpilzbildung) und die nicht auf ein Verschulden des Steuerpflichtigen, seines Mieters oder einen Baumangel zurückzuführen ist, so geht die Finanzverwaltung ebenfalls von einem unabwendbaren Ereig-nis aus (R 33.2 Nr. 2 EStR).

Die Aufwendungen müssen ihrer Höhe nach **notwendig** und **angemessen** sein und werden nur berücksichtigt, soweit sie den Wert des zerstörten Gegenstandes vor der Einwirkung nicht übersteigen (R 33.2 Nr. 4 EStR).

Bestattungskosten

Bestattungskosten nach dem Tod eines nahen Angehörigen sind außergewöhnliche Belastungen, wenn sie nicht aus dem Nachlass bestritten werden können. Nur unmittelbare Bestattungskosten können angesetzt werden, nicht aber z.B. Kosten für die Bewirtung der Trauergäste oder Aufwendungen für die Trauerkleidung (H 33.1 – 33.4 EStH „Bestattungskosten").

Krankheitskosten

Nach der Rechtsprechung wird zwischen **unmittelbaren Krankheitskosten** und Aufwendungen, die nur **mittelbar** im Zusammenhang mit einer Krankheit stehen, unterschieden.

Stets außergewöhnlich sind **unmittelbare Krankheitskosten**, d.h. Kosten, die zum Zwecke der Heilung oder mit dem Ziel aufgewendet werden, die Krankheit erträglich zu machen (BFH-Urteil vom 09.08.1991, BStBl II 1991, S. 920). Die Zwangsläufigkeit, Notwendigkeit und Angemessenheit der Aufwendungen kann durch Verordnung eines Arztes oder Heilpraktikers für Arzneimittel oder Hilfsmittel geführt werden (R 33.4 Abs. 1 EStR). Ohne Bedeutung ist, ob nur eine kleine Minderheit von Steuerpflichtigen betroffen ist. So können auch harmlose Erkrankungen großer Teile der Bevölkerung, z.B. grippale Infekte, außergewöhnliche Belastungen begründen. Nicht rezeptpflichtige Medikamente und allgemeine Stärkungsmittel können als außergewöhnliche Belastung berücksichtigt werden, wenn sie ärztlich verordnet sind (BFH-Urteil vom 11.01.1991, BFH/NV 1991, S. 386). Auch Hilfsmittel (z.B. Brillen, Zahnprothesen, Hörgeräte) oder Augenlaserbehandlungen können anerkannt werden. Auch spielt die Höhe der Kosten sowie die Ursache der Erkrankung keine Rolle. Auch Kosten für selbstverschuldete Krankheiten, z.B. auf Grund eines Suizidversuchs, können außergewöhnliche Belastungen sein (BFH-Urteil vom 17.07.1981, BStBl II 1981, S. 711).

Bei **nicht anerkannten Heilmethoden** (z.B. Frischzellenbehandlungen) muss die medizinische Notwendigkeit i.d.R. durch ein im Vorhinein ausgestelltes amtsärztliches Attest nachgewiesen werden. Gleiches gilt z.B. auch für Bade- und Heilkuren oder psychotherapeutische Behandlungen (R 33.4 Abs. 1 EStR).

Mittelbare Aufwendungen (sog. **Krankheitsfolgekosten**) werden i.d.R. nicht anerkannt (BFH-Urteil vom 14.10.1997, BFH/NV 1998, S. 448). Dies sind Aufwendungen, die nur gelegentlich oder als Folge einer Krankheit entstehen, z.B. die Verlegung des Wohnortes vom Beschäftigungsort zur Linderung eines chronischen Bronchialasthmaleidens (BFH-Urteil vom 02.12.1981, BStBl II 1982, S. 297).

Ausdrücklich ausgenommen vom Abzug als außergewöhnliche Belastung sind Kosten für **Diätverpflegung** (§ 33 Abs. 2 Satz 3 EStG). Nicht abzugsfähig sind zudem Aufwendungen, die lediglich der **Vorbeugung von Krankheiten oder der Erhaltung der Gesundheit** dienen sollen (z.B. BFH-Urteil vom 17.07.1981, BStBl II 1981, S. 711).

Kosten für **kosmetische Operationen** sind grundsätzlich nicht zwangsläufig. Etwas anderes kann gelten, wenn die Operation auf Grund psychischer Erkrankungen erfolgt (FG Köln, Urteil vom 20.09.1996, EFG 1997, S. 16; BFH-Urteil vom 24.11.2006, BFH/NV 2007, S. 438),

Aufwendungen für eine **künstliche Befruchtung** können außergewöhnliche Belastungen sein. Das gilt auch für ein nicht verheiratetes Paar, wenn eine fest gefügte Partnerschaft vorliegt (BFH-Urteil vom 10.05.2007, BStBl II 2007, S. 871).

Kosten der Ehescheidung

Die unmittelbaren und unvermeidbaren Kosten eines Scheidungsprozesses sind außergewöhnliche Belastungen (H 33.1 – 33.4 EStH „Scheidung“).

8.4.1.3 Zumutbare Belastung

Der Abzug der nicht typisierten außergewöhnlichen Belastungen nach § 33 EStG ist der Höhe nach unbegrenzt. Allerdings soll der Steuerpflichtige entsprechend seiner wirtschaftlichen Leistungsfähigkeit zumindest einen Teil der Aufwendungen selbst tragen, ohne hierfür steuerlich entlastet zu werden. Die Aufwendungen nach § 33 EStG sind daher um die zumutbare Eigenbelastung nach § 33 Abs. 3 EStG zu kürzen. Die Höhe der zumutbaren Eigenbelastung hängt ab von dem Gesamtbetrag der Einkünfte, von der Art der Veranlagung sowie von der Zahl der Kinderfreibeträge. Sie bemisst sich als Prozentsatz des Gesamtbetrags der Einkünfte.

Gesamtbetrag der Einkünfte	≤ 15.340 €	≤ 51.130 €	> 51.130 €
▪ bei Steuerpflichtigen ohne Kinder, die einzeln veranlagt werden	5 %	6 %	7 %
▪ bei Steuerpflichtigen ohne Kinder, die zusammen veranlagt werden	4 %	5 %	6 %

Gesamtbetrag der Einkünfte	≤ 15.340 €	≤ 51.130 €	> 51.130 €
▪ bei Steuerpflichtigen mit einem Kind oder mit zwei Kindern	2 %	3 %	4 %
▪ bei Steuerpflichtigen mit drei oder mehr Kindern	1 %	1 %	2 %

Tabelle B.35: Zumutbare Eigenbelastung nach § 33 Abs. 3 EStG (in Prozent des Gesamtbetrags der Einkünfte)

Zu beachten ist, dass es nur bei Steuerpflichtigen ohne Kinder auf die Art der Veranlagung ankommt. Bei Steuerpflichtigen mit mindestens einem Kind ist die Höhe der zumutbaren Eigenbelastung hingegen unabhängig davon, ob der Steuerpflichtige einzeln oder gemeinsam veranlagt wird.

Zum Gesamtbetrag der Einkünfte im Sinne von § 33 Abs. 3 EStG zählen gemäß § 2 Abs. 5b EStG auch die Einkünfte aus Kapitalvermögen, die der Abgeltungsteuer unterlegen haben und daher in die Einkommensteuerveranlagung nicht einzubeziehen sind. Dies soll aber durch das Steuervereinfachungsgesetz 2011 (Stand: Gesetzentwurf vom 02.02.2011) entweder ab dem VZ 2011 oder dem VZ 2012 geändert werden.

Zur Kritik an der Anrechnung einer zumutbaren Eigenbelastung siehe *K. Tipke* (2003), Bd. 2, S. 831.

Beispiel B.269:

Der Steuerpflichtige A zahlt Kosten für eine umfangreiche Zahnbehandlung von 9.000 €. Seine Krankenversicherung erstattet ihm aber nur 5.000 €. A ist verheiratet und hat ein Kind. Der Gesamtbetrag der Einkünfte der Eheleute beträgt 50.000 €, die Sonderausgaben betragen 5.500 €.

Gesamtbetrag der Einkünfte		50.000 €
– außergewöhnliche Belastungen		
Kosten für Zahnbehandlung	9.000 €	
– von Krankenversicherung erstattet	– 5.000 €	
– zumutbare Belastung (3 % von 50.000 € =)	–1.500 €	– 2.500 €
– Sonderausgaben		–5.500 €
= zu versteuerndes Einkommen		42.000 €

Stehen für einen Steuerpflichtigen mehrere medizinische Behandlungen an (z.B. Zahnbehandlung, Augenlaserbehandlung), so wird es sich aus steuerlicher Sicht anbieten, diese Behandlung, soweit möglich, im selben VZ durchführen zu lassen, damit die zumutbare Belastung nur einmal gegengerechnet wird.

8.4.2 Typisierte außergewöhnliche Belastungen

Für eine Reihe von häufig vorkommenden außergewöhnlichen Belastungen sehen die §§ 33a – 33b EStG besondere Vorschriften vor. Insbesondere werden

- **Höchstbeträge** für den Abzug als außergewöhnliche Belastungen festgelegt (§§ 33a Abs. 1 EStG),
- **Freibeträge** gewährt, die auch ohne den Nachweis tatsächlicher Aufwendungen abgezogen werden können (§ 33a Abs. 2 EStG) oder
- **Pauschbeträge** gewährt, die abgezogen werden können, wenn keine höheren Aufwendungen nachgewiesen werden (§ 33b EStG).

Die Vorschriften der §§ 33a, 33b EStG sind Spezialvorschriften zu § 33 EStG. Die im vorangegangenen Abschnitt geschilderten allgemeinen Tatbestandsvoraussetzungen für den Abzug außergewöhnlicher Belastungen nach § 33 EStG müssen daher auch im Rahmen der §§ 33a, 33b EStG grundsätzlich erfüllt sein, soweit diese keine abweichenden Bestimmungen treffen.

Die **Außergewöhnlichkeit** und die **Zwangsläufigkeit** der Aufwendungen ergeben sich allerdings bereits aus der Typisierung, sie werden vom Gesetzgeber also unterstellt. Eine gesonderte Prüfung der Außergewöhnlichkeit und Zwangsläufigkeit im Rahmen der §§ 33a, 33b EStG ist nicht erforderlich.

Die außergewöhnlichen Belastungen nach §§ 33a, 33b EStG sind **nicht** um die **zumutbare Belastung** des § 33 Abs. 3 EStG zu kürzen.

Entstehen die außergewöhnlichen Belastungen im Sinne des § 33a Abs. 1, Abs. 2 EStG im Zusammenhang mit Personen, die **nicht unbeschränkt steuerpflichtig** sind, so sind die in diesen Vorschriften genannten Beträge zu kürzen, soweit es nach den Verhältnissen im Wohnsitzstaat notwendig und angemessen ist (§§ 33a Abs. 1 Satz 6, Abs. 2 Satz 3 EStG). Zur Berücksichtigung der Verhältnisse im Wohnsitzstaat hat das BMF mit Schreiben vom 06.11.2009 (IV C 4 – S 2285 / 07 / 0005) sämtliche Staaten in **vier Ländergruppen** eingeteilt. Bei Ländern der ersten Gruppe werden die jeweiligen Beträge in voller Höhe gewährt. Bei Ländern der zweiten Gruppe (z.B. Portugal, Tschechische Republik) betragen die jeweiligen Beträge drei Viertel, bei Ländern der dritten Gruppe (z.B. Türkei, Polen) zwei Viertel und bei Ländern der vierten Gruppe (z.B. China, Indien) ein Viertel der Beträge, die für im Inland unbeschränkt steuerpflichtige Personen gelten.

8.4.2.1 Aufwendungen für den Unterhalt Dritter (§ 33a Abs. 1 EStG)

Aufwendungen für den Unterhalt und eine Berufsausbildung Dritter können nach § 33a Abs. 1 EStG bis zu einem Höchstbetrag von 8.004 € als außergewöhnliche Belastungen abgezogen werden, sofern die folgenden **Voraussetzungen** erfüllt sind:

Gesetzliche Unterhaltspflicht

Der Unterhaltsempfänger muss gegenüber dem Steuerpflichtigen oder seinem Ehegatten **gesetzlich unterhaltsberechtigt** sein (§ 33a Abs. 1 Satz 1 EStG). Gesetzlich zur Unterhaltsleistung verpflichtet sind

- Ehegatten (siehe aber unten) (§§ 1360, 1608 BGB),
- geschiedene und dauernd getrennt lebende Ehegatten (§§ 1361, 1569 BGB),
- Verwandte gerader Linie, d.h. Kinder, Enkelkinder etc. und Eltern, Großeltern etc. (§§ 1601, 1589 BGB),
- der Vater eines nichtehelichen Kindes gegenüber der Mutter des Kindes für den in § 1615l BGB genannten Zeitraum sowie

- Partner einer eingetragenen Lebenspartnerschaft (§ 5 LPartG; BFH-Urteil vom 20.07.2006, BStBl II 2006, S. 883).

Unterhaltszahlungen an den unbeschränkt steuerpflichtigen **Ehegatten während des Bestehens** der Ehe sind allerdings keine außergewöhnlichen Belastungen, obwohl auch gegenüber dem Ehegatten gemäß § 1360 BGB eine gesetzliche Unterhaltspflicht besteht. Der Unterhaltspflicht der Ehegatten untereinander wird bereits durch die Möglichkeit zum Splitting nach § 26b EStG ausreichend Rechnung getragen. Unterhaltszahlungen an den Ehegatten können jedoch auch dann nicht als außergewöhnliche Belastungen geltend gemacht werden, wenn nicht das Splittingverfahren, sondern die getrennte Veranlagung gewählt wird (BFH-Beschluss vom 28.11.1988, GrS, BStBl II 1989, S. 164). Ist hingegen das Splitting-Verfahren ausgeschlossen, z.B. wenn der Ehegatte nicht unbeschränkt steuerpflichtig ist, da er im Ausland wohnt, so kann der an den Ehegatten geleistete Unterhalt ausnahmsweise als außergewöhnliche Belastung geltend gemacht werden (BFH-Be-schluss vom 28.11.1988, GrS, BStBl II 1989, S. 164).

Bei Unterhaltszahlungen an den **geschiedenen oder dauernd getrennt lebenden Ehegatten** ist zu beachten, dass nur entweder der Sonderausgabenabzug nach § 10 Abs. 1 Nr. 1 EStG oder der Abzug als außergewöhnliche Belastung nach § 33a Abs. 1 EStG geltend gemacht werden kann (H 10.2 EStH „Allgemeines"; siehe auch Abschnitt B.7.7.2).

Dem gesetzlich Unterhaltsberechtigten gleichgestellt ist gemäß § 33a Abs. 1 Satz 3 EStG eine Person, der zum Unterhalt bestimmte öffentliche Mittel (insbesondere Arbeitslosengeld II und Sozialgeld, SGB II) mit Rücksicht auf die Unterhaltsleistungen des Steuerpflichtigen gekürzt werden. Hierunter fallen insbesondere die Bedarfsgemeinschaften (§ 7 Abs. 3 SGB II).

Kein Anspruch auf Kindergeld / Kinderfreibetrag für die unterhaltsberechtigte Person

Weder der Unterhaltsleistende noch eine andere Person darf Anspruch auf die Freibeträge für Kinder oder Kindergeld für den Unterhaltsempfänger haben (§ 33a Abs. 1 Satz 4 EStG).

Der Gesetzgeber ist offenbar der Ansicht, dass die Unterhaltsverpflichtung durch die Gewährung von Kindergeld bzw. Kinderfreibeträge (siehe Abschnitt B.8.5) bereits hinreichend gewürdigt wird. Trägt der Steuerpflichtige Aufwendungen für die Berufsausbildung eines auswärtig untergebrachten, volljährigen Kindes, für das er Kindergeld bzw. einen Kinderfreibetrag erhält, so kommt neben dem Kindergeld bzw. Kinderfreibetrag nach § 32 Abs. 6 EStG zudem der Freibetrag nach § 33a Abs. 2 EStG in Frage, vgl. den nachfolgenden Abschnitt.

Unterhaltene Person darf kein oder nur geringes Vermögen besitzen

Die unterhaltene Person darf kein oder nur ein geringes Vermögen besitzen (§ 33a Abs. 1 Satz 4 EStG).

Als geringes Vermögen sehen Rechtsprechung und Finanzverwaltung ein Vermögen mit einem gemeinen Wert (Verkehrswert) von bis zu 15.500 € an (BFH-Urteil vom 29.05.2008, BStBl II 2009, S. 361; R 33a.1 Abs. 2 Satz 3 EStR). Auch ertragloses, für einen zukünftigen Unterhalt vorgesehenes Vermögen ist zu berücksichtigen (BFH-Urteil vom 14.08.1997, BStBl II 1998, S. 241). Außer Betracht bleiben allerdings (R 33a.1 Abs. 2 Satz 4 EStR)

- Vermögensgegenstände, deren Veräußerung eine Verschleuderung bedeuten würde,
- Vermögensgegenstände, die einen besonderen persönlichen Wert für den Unterhaltsempfänger haben,

- Vermögensgegenstände, die zum Hausrat des Unterhaltsempfängers gehören, und
- ein angemessenes Hausgrundstück im Sinne von § 90 Abs. 2 Nr. 8 SGB XII, das der Unterhaltsempfänger allein oder zusammen mit Angehörigen, denen es nach seinem Tod weiter als Wohnung dienen soll, bewohnt.

Aufwendungen für den Unterhalt oder die Berufsausbildung

Außergewöhnliche Belastungen nach § 33a Abs. 1 EStG können nur Aufwendungen für den **Unterhalt** oder die **Berufsausbildung** des Empfängers sein.

Der Begriff des **Unterhalts** umfasst nur die laufenden notwendigen Lebenshaltungskosten, insbesondere Aufwendungen für Wohnung, Ernährung, Kleidung, Körperpflege, Hausrat und notwendige Versicherungen (BFH-Urteil vom 19.06.2008, BStBl II 2009, S. 365). Nicht erfasst wird die Anschaffung von Haushaltsgegenständen von nicht unerheblichem Wert (BFH-Urteil vom 30.10.1990, BStBl II 1991, S. 340). Ohne Bedeutung ist, ob die Aufwendungen einmalig oder laufend anfallen und ob der Steuerpflichtige sie freiwillig oder unfreiwillig übernimmt. Unerheblich ist auch, ob mit den Zuwendungen ein einfacher Lebensstil oder gehobene Ansprüche finanziert werden (BFH-Beschluss vom 17.12.1990, BFH/NV 1991, S. 308). Zu den Unterhaltsaufwendungen gehören auch Kosten der Unterbringung in einem Altenheim (H 33a.1 EStH „Personen in einem Altenheim").

Der Begriff der **Berufsausbildung** wird weit ausgelegt. Auch Kosten einer Schulausbildung können außergewöhnliche Belastungen nach § 33a Abs. 1 EStG begründen.

Höchstbetrag von 8.004 €

Aufwendungen für den Unterhalt oder die Berufsausbildung einer dritten Person können pro Kalenderjahr nur bis zu einem Höchstbetrag von 8.004 € (ab 2010) als außergewöhnliche Belastungen nach § 33a Abs. 1 EStG berücksichtigt werden. Aufwendungen, die den Betrag von 8.004 € übersteigen, können auch nicht bei den nicht typisierten außergewöhnlichen Belastungen nach § 33 EStG geltend gemacht werden (§ 33a Abs. 4 EStG).

Hat der Steuerpflichtige für die unterhaltene Person Kranken- oder Pflegeversicherungsbeiträge im Sinne von § 10 Abs. 1 Nr. 3 EStG aufgewandt, erhöht sich der Höchstbetrag um diese Aufwendungen. Dies gilt allerdings nicht, wenn die Beiträge beim Steuerpflichtigen bereits als Sonderausgaben berücksichtigt werden können (§ 33a Abs. 1 Satz 2 EStG).

Der Höchstbetrag kann für jede unterhaltsberechtigte Person geltend gemacht werden. Wird die unterhaltene Person von mehreren Steuerpflichtigen unterstützt, so ist der Höchstbetrag von derzeit 8.004 € entsprechend dem Anteil am Gesamtbetrag der Leistungen auf die einzelnen Unterstützenden aufzuteilen (§ 33a Abs. 1 Satz 7 EStG). Es erfolgt eine monatsgenau Berechnung. Für jeden vollen Kalendermonat, in dem die Voraussetzungen nicht vorgelegen haben, ermäßigt sich der Höchstbetrag von 8.004 € um ein Zwölftel (§ 33a Abs. 3 Satz 1 EStG).

Kürzung um eigene Einkünfte und Bezüge

Hat der Unterhaltsempfänger eigene Einkünfte und Bezüge, so vermindert sich der Höchstbetrag von derzeit 8.004 € um den Betrag, um den diese Einkünfte und Bezüge den Betrag von 624 € im Kalenderjahr übersteigen (§ 33a Abs. 1 Satz 5 EStG).

Einkünfte und Bezüge sind alle Beträge, die zur Bestreitung des Lebensunterhalts oder der Berufsausbildung bestimmt oder geeignet sind. Der Begriff der **Einkünfte** meint grundsätzlich die Summe der Einkünfte i.S.d. § 2 Abs. 1 EStG (BFH-Urteil vom 08.05.1992,

BStBl II 1992, S. 900). **Bezüge** sind alle Einnahmen in Geld oder Geldeswert, die nicht im Rahmen der einkommensteuerlichen Einkunftsermittlung erfasst werden. Hierzu hat das Bundesamt für Finanzen mit der Dienstanweisung zur Durchführung des Familienleistungsausgleichs (DA-FamEStG vom 30.09.2009, BStBl I 2009, S. 1030, Tz. 63.4.2.3.1) Stellung genommen. Zu den schädlichen Bezügen gehören u.a.:

- Lohnersatzleistungen (z.B. Arbeitslosengeld, Krankengeld),
- Elterngeld, soweit dieses den Mindestbetrag je Kind von 300 € übersteigt,
- Renten aus der gesetzlichen Unfallversicherung,
- steuerfrei bleibende Einkünfte nach § 19 Abs. 2 EStG (Versorgungs-Freibetrag und Zuschlag zum Versorgungsfreibetrag),
- bei Wehr- und Zivildienstleistenden der Wehrsold, das Weihnachtsgeld sowie freie Unterkunft und Verpflegung als Sachbezug,
- ausgezahlte Arbeitnehmer-Sparzulagen nach dem 5. VermBG,
- nach § 3b EStG steuerfreie Zuschläge für Sonntags-, Feiertags- und Nachtarbeit,
- steuerfreie Gewinne aus der Veräußerung eines Gewerbebetriebs, land- und forstwirtschaftlichen Betriebs oder selbständigen Betriebs (§ 16 Abs. 4, § 14 i.V.m. § 16 Abs. 4, § 18 Abs. 3 i.V.m. § 16 Abs. 4 EStG),
- Beträge, die auf Grund des Teileinkünfteverfahrens bei der Einkünfteermittlung nicht berücksichtigt werden, d.h. nach § 3 Nr. 40 EStG steuerfreie Einnahmen abzüglich der mit diesen im Zusammenhang stehenden, nach § 3c Abs. 2 EStG steuerlich nicht abzugsfähigen Aufwendungen,
- Kapitalerträge, die der Abgeltungsteuer unterliegen (§ 2 Abs. 5b EStG).

Beispiel B.270:

Der unbeschränkt Steuerpflichtige A bezahlt für den Aufenthalt seines Vaters in einem Altersheim monatlich 1.400 €. Der Vater verfügt über eine monatliche Altersrente von 300 €.

Maximal abzugsfähig nach § 33a Abs. 1 EStG		8.004 €
– eigene Einkünfte und Bezüge des Vaters	3.600 €	
soweit diese 624 € übersteigen	– 624 €	
= Kürzungsbetrag nach § 33a Abs. 1 Satz 5 EStG	2.976 €	– 2.976 €
= außergewöhnliche Belastung nach § 33a Abs. 1 EStG		5.028 €

8.4.2.2 Ausbildungsfreibetrag (§ 33a Abs. 2 EStG)

Steuerpflichtige, denen Aufwendungen für die Berufsausbildung eines **auswärtig untergebrachten volljährigen Kindes** entstehen, können einen Freibetrag nach § 33a Abs. 2 EStG von 924 € vom Gesamtbetrag der Einkünfte abziehen, sofern sie für das Kind Kindergeld nach §§ 62 ff. EStG bzw. einen Kinderfreibetrag nach § 32 Abs. 6 EStG erhalten. Dabei wird der Ausbildungsfreibetrag des § 33a Abs. 2 EStG zusätzlich zum Kindergeld bzw. zum Kinderfreibetrag gewährt. Zu den Voraussetzungen für die Gewährung von Kindergeld bzw. Kinderfreibetrag wird auf Abschnitt B.8.5 verwiesen.

Der Abzug des Freibetrag nach § 33a Abs. 2 EStG ist unabhängig von der tatsächlichen Höhe der geleisteten Aufwendungen. Er kann selbst dann in Ansatz gebracht werden, wenn tatsächlich Aufwendungen in geringerer Höhe entstehen. Eventuelle höhere tatsächliche Aufwendungen sind umgekehrt steuerlich unbeachtlich. Ein Ansatz bei den nicht typisierten außergewöhnlichen Belastungen nach § 33 EStG scheidet aus (§ 33a Abs. 4 EStG).

Selbst wenn Ausbildungskosten entstehen, wird der Ausbildungsfreibetrag nach § 33a Abs. 2 EStG nicht gewährt

- für Kinder über 18 Jahren, die noch im Haushalt des Steuerpflichtigen leben, sowie
- für Kinder unter 18 Jahren.

Werden die Eltern eines Kindes nicht zusammen veranlagt, tragen aber beide zur Ausbildung des Kindes bei und erhalten beide anteilig die Freibeträge für Kinder oder Kindergeld, so steht der Ausbildungsfreibetrag grundsätzlich jedem Ehegatten zur Hälfte zu, eine abweichende Aufteilung ist jedoch auf gemeinsamen Antrag der Eltern möglich (§ 33a Abs. 2 Sätze 4 – 6 EStG).

Der Ausbildungsfreibetrag vermindert sich um **eigene Einkünfte und Bezüge** des Kindes, soweit diese 1.848 € im Kalenderjahr übersteigen (§ 33a Abs. 2 Satz 2 Alt. 1 EStG). Der Begriff der Einkünfte und Bezüge entspricht dem in § 33a Abs. 1 EStG (siehe den vorhergehenden Abschnitt). Erhält das Kind eine Ausbildungshilfe aus öffentlichen Mitteln als **Zuschuss** (z.B. nach dem BAföG), so mindert dieser Zuschuss den Ausbil-dungsfreibetrag in voller Höhe, nicht nur mit dem 1.848 € übersteigenden Betrag (§ 33a Abs. 2 Satz 2 Alt. 2 EStG).

Beispiel B.271:

A studiert Betriebswirtschaftslehre an der Hochschule Zittau / Görlitz. Er erhält Leistungen nach dem BAföG von 150 € monatlich. Davon wird die Hälfte als Darlehen, die andere Hälfte als Zuschuss gewährt. Weitere Einkünfte und Bezüge hat A nicht.

Sofern A volljährig und auswärtig untergebracht ist, können die Eltern folgenden Betrag als außergewöhnliche Belastung abziehen:

maximal abzugsfähig nach § 33a Abs. 2 EStG		924 €
Leistungen nach dem BAföG (12 · 150 € =)	1.800 €	
– davon nicht als Zuschuss, sondern als Darlehen gewährt (50 %)	– 900 €	
Kürzungsbetrag nach § 33a Abs. 2 Satz 2 EStG	900 €	– 900 €
= Ausbildungsfreibetrag nach § 33a Abs. 2 EStG		24 €

Es erfolgt eine monatsgenaue Berechnung. Für jeden vollen Kalendermonat, in dem die Voraussetzungen nicht vorgelegen haben, reduzieren sich die Beträge von 924 € und 1.848 € um ein Zwölftel (§ 33a Abs. 3 Satz 1 EStG).

Beispiel B.272:

B, 20 Jahre, studiert seit dem 01.10.01 Betriebswirtschaftslehre an der Otto-von-Guericke-Universität Magdeburg. Seine Eltern, die in Köln leben, tragen monatlich i.H.v. 600 € zu den Ausbildungskosten bei. In den Monaten Oktober bis Dezember 01 erzielt B aus einer Nebentätigkeit Einnahmen von jeweils 500 €. In den Monaten Januar bis September des Jahres 01 ist er keiner nichtselbständigen Tätigkeit nachgegangen.

Da B das 18. Lebensjahr vollendet hat und auswärtig untergebracht ist, kommt der

Freibetrag des § 33a Abs. 2 EStG i.H.v. 924 € in Betracht. Dieser ist gemäß § 33a Abs. 3 EStG anteilig zu reduzieren, da die Voraussetzungen für den Ausbildungsfreibetrag erst im Laufe des Kalenderjahres eingetreten sind.

maximal abzugsfähig nach § 33a Abs. 2 EStG (924 € · $^3/_{12}$ =)		231 €
Einnahmen aus nichtselbst. Arbeit (3 · 500 € =)	1.500 €	
– Arbeitnehmer-Pauschbetrag	– 920 €	
= eigene Einkünfte und Bezüge des B	580 €	
soweit diese $^3/_{12}$ von 1.848 € übersteigen	– 462 €	
= Kürzungsbetrag nach § 33a Abs. 2 Satz 2 EStG	118 €	– 118 €
Ausbildungsfreibetrag nach § 33a Abs. 2 EStG		113 €

Der Arbeitnehmer-Pauschbetrag des § 9a Nr. 1 EStG ist zeitanteilig auf die Monate aufzuteilen, in denen Einnahmen aus nichtselbständiger Arbeit erzielt werden (BFH-Urteil vom 07.11.2000, BStBl II 2001, S. 702; H 33a.4 EStH „Allgemeines"). Da B nur in den Monaten Einnahmen aus nichtselbständiger Arbeit bezieht, in denen er sich im Studium befindet, kann der Arbeitnehmer-Pauschbetrag bei der Berechnung der eigenen Einkünfte und Bezüge in voller Höhe abgezogen werden. Würde B dagegen während des gesamten Jahres 01 Einnahmen aus unselbständiger Tätigkeit beziehen, so entfiele nur ¼ des Arbeitnehmer-Pauschbetrags auf die Studienmonate. Folglich könnte bei der Berechnung der eigenen Einkünfte und Bezüge nur ein Arbeitnehmer-Pauschbetrag i.H.v. (¼ von 920 € =) 230 € geltend gemacht werden.

8.4.2.3 Pauschbetrag für Behinderte (§ 33b Abs. 1 – 3 EStG)

Anstelle eines Abzugs der tatsächlichen Aufwendungen als nicht typisierte außergewöhnliche Belastungen nach § 33 EStG können Behinderte den **Behinderten-Pauschbetrag** nach § 33b Abs. 1 – 3 EStG in Anspruch nehmen. Der Behinderten-Pauschbetrag deckt nach dem Gesetzeswortlaut Aufwendungen für die Hilfe bei den **gewöhnlichen und regelmäßig wiederkehrenden Verrichtungen des täglichen Lebens**, für die **Pflege** sowie für einen **erhöhten Wäschebedarf** ab (§ 33b Abs. 1 Satz 1 EStG). Es handelt sich um Aufwendungen, die behinderten Menschen erfahrungsgemäß durch ihre Krankheit bzw. Behinderung entstehen und deren alleinige behinderungsbedingte Veranlassung nur schwer nachzuweisen ist. Alle übrigen behinderungsbedingten Aufwendungen (z.B. Kosten für Operationen und Heilbehandlungen, Kuren, Arznei- und Arztkosten) können **zusätzlich** als außergewöhnliche Belastung nach § 33 EStG angesetzt werden (R 33b Abs. 1 Satz 3 EStR).

Alternativ kann auch für die Aufwendungen, die unter § 33b EStG fallen, auf den Pauschbetrag **verzichtet** und der Einzelnachweis nach § 33 EStG gewählt werden. Dies kann im Einzelfall sinnvoll sein, wenn die Aufwendungen die Pauschale des § 33b EStG übersteigen. In diesem Fall ist allerdings die zumutbare Belastung des § 33 Abs. 3 EStG zu berücksichtigen.

Den Behinderten-Pauschbetrag können in Anspruch nehmen

- behinderte Menschen, deren Grad der Behinderung auf **mindestens 50 %** festgestellt ist (§ 33b Abs. 2 Nr. 1 EStG), und

- behinderte Menschen, deren Grad der Behinderung auf **mindestens 25 %** festgestellt ist, wenn **zusätzlich** eine der folgenden Voraussetzungen erfüllt ist:
  - dem Behinderten steht wegen seiner Behinderung nach gesetzlichen Vorschriften eine **Rente** oder andere laufende Bezüge zu (§ 33b Abs. 2 Nr. 2 Buchst. a EStG), z.B. eine Kriegsopferrente nach den Vorschriften des Bundesversorgungsgesetzes (im Einzelnen siehe BFH-Urteil vom 28.09.2000, BFH/NV 2001, S. 435),
  - die Behinderung hat zu einer dauernden **Einbuße der körperlichen Beweglichkeit** geführt (§ 33b Abs. 2 Nr. 2 Buchst. b Alt. 1 EStG) oder
  - die Behinderung beruht auf einer **typischen Berufskrankheit** (§ 33b Abs. 2 Nr. 2 Buchst. b Alt. 2 EStG).

Zum Nachweis der genannten Voraussetzungen siehe § 65 Abs. 1 EStDV.

§ 33b Abs. 3 Satz 2 EStG sieht einen nach dem Grad der Behinderung gestaffelten Pauschbetrag von mindestens 310 € (Grad der Behinderung: 25 – 30 %) und höchstens 1.420 € (Grad der Behinderung: 95 – 100 %) vor. Für **Hilflose** i.S.d. § 33b Abs. 6 Satz 3 EStG und für **Blinde** erhöht sich der Pauschbetrag auf 3.700 € (§ 33b Abs. 3 Satz 3 EStG). Zum Nachweis der Hilflosigkeit bzw. Erblindung siehe § 65 Abs. 2 EStDV.

Obwohl durch den Behinderten-Pauschbetrag Aufwendungen abgegolten werden, die ansonsten als nicht typisierte außergewöhnliche Belastungen nach § 33 EStG angesetzt werden könnten, ist eine **Kürzung** um die **zumutbare Belastung** (§ 33 Abs. 3 EStG) im Rahmen des § 33b EStG **nicht erforderlich**.

Beispiel B.273:

Der Schwerbehinderte S (Grad der Behinderung: 100 %) verfügt in 01 über einen Gesamtbetrag der Einkünfte von 20.000 €. S ist ledig und hat keine Kinder. Er kann für 01 Aufwendungen, die in unmittelbarem Zusammenhang mit seiner Behinderung stehen, von 2.500 € nachweisen.

	Tatsächliche Aufwendungen	2.500 €
–	zumutbare Belastung nach § 33 Abs. 3 EStG (6 % von 20.000 € =)	– 1.200 €
=	außergewöhnliche Belastung nach § 33 EStG	1.300 €

Der Pauschbetrag nach § 33b EStG beträgt 1.420 €. Da der Pauschbetrag die um die zumutbare Belastung gekürzten tatsächlichen Aufwendungen übersteigt, sollte der Pauschbetrag nach § 33b EStG gewählt werden.

Im Falle **gemeinsam veranlagter Ehegatten** kann der Behinderten-Pauschbetrag von beiden Ehegatten in Anspruch genommen werden, sofern beide die entsprechenden Voraussetzungen erfüllen. Der einem Kind zustehende Behinderten-Pauschbetrag kann auf die Eltern übertragen werden, sofern den Eltern Kindergeld bzw. ein Kinderfreibetrag für das Kind zusteht (§ 33b Abs. 5 EStG).

Der Behinderten-Pauschbetrag kann **neben** dem **Hinterbliebenen-Pauschbetrag** (§ 33b Abs. 4 EStG) und dem **Pflege-Pauschbetrag** (§ 33b Abs. 6 EStG) gewährt werden, wenn eine Person die Voraussetzungen für mehrere dieser Pauschbeträge erfüllt (R 33b Abs. 1 Satz 1 EStG).

8.4.2.4 Hinterbliebenen-Pauschbetrag (§ 33b Abs. 4 EStG)

Steuerpflichtige, denen Hinterbliebenenbezüge nach dem Bundesversorgungsgesetz, nach den Vorschriften über die gesetzliche Unfallversicherung oder entsprechenden Vorschriften (vgl. H 33b EStH „Hinterbliebenen-Pauschbetrag") gezahlt werden, können einen **Hinterbliebenen-Pauschbetrag** i.H.v. 370 € abziehen.

Wie im Falle des Behinderten-Pauschbetrags können gemeinsam veranlagte Ehegatten auch den Hinterbliebenen-Pauschbetrag ggf. zweifach in Anspruch nehmen. Der einem Kind zustehende Hinterbliebenen-Pauschbetrag kann auf die Eltern übertragen werden, sofern den Eltern Kindergeld oder ein Kinderfreibetrag für das Kind zusteht. Der Pauschbetrag ist grundsätzlich auf beide Elternteile je zur Hälfte oder auf gemeinsamen Antrag nach einem anderen Verhältnis aufzuteilen (§ 33b Abs. 5 EStG).

8.4.2.5 Pflege-Pauschbetrag (§ 33b Abs. 6 EStG)

Entstehen einem Steuerpflichtigen Aufwendungen auf Grund der Pflege einer Person, so kann er diese unter den Voraussetzungen des § 33 EStG als nicht typisierte außergewöhnliche Belastungen geltend machen. Anstelle des Abzugs nach § 33 EStG gewährt § 33b Abs. 6 EStG einen **Pflege-Pauschbetrag** i.H.v. 924 €. Übersteigt der Pflege-Pauschbetrag die um die zumutbare Belastung geminderten tatsächlichen Aufwendungen, so ist der Ansatz des Pflege-Pauschbetrags günstiger. Die Inanspruchnahme des Pflege-Pauschbetrags ist an folgende Voraussetzungen geknüpft:

- Die zu pflegende Person muss **hilflos** sein, d.h. sie muss für eine Reihe von häufig wiederkehrenden Verrichtungen zur Sicherung ihrer Existenz dauernd fremder Hilfe bedürfen (§ 33b Abs. 6 Satz 3 EStG). Zum Nachweis der Hilflosigkeit siehe § 65 Abs. 2 EStDV.
- Der Pflegende darf für die Dienstleistungen **keine Einnahmen** erhalten (§ 33b Abs. 6 Sätze 1, 2 EStG).
- Der Steuerpflichtige muss die Pflege **im Inland** entweder **in seiner Wohnung oder in der Wohnung des Pflegebedürftigen persönlich** durchführen (§ 33b Abs. 6 Satz 5 EStG).

Wird ein Pflegebedürftiger von mehreren Personen gepflegt, so wird der Pflege-Pauschbetrag gleichmäßig auf diese Personen aufgeteilt (§ 33b Abs. 6 Satz 6 EStG). Pflegt der Steuerpflichtige mehrere Personen, so kann er den Pflege-Pauschbetrag mehrfach in Anspruch nehmen.

8.5 Familienleistungsausgleich

Unter den Begriff des Familienleistungsausgleichs werden die Vorschriften zur Freistellung des **Existenzminimums** von Kindern gefasst (vgl. § 31 Satz 1 EStG sowie die Überschrift zu § 31 EStG). Der Schutz von Ehe und Familie (Art. 6 Abs. 1 GG) erfordert, dass nicht nur das Existenzminimum des Steuerpflichtigen von der Besteuerung freigestellt werden muss (dies geschieht im Wesentlichen durch den Grundfreibetrag des § 32a Abs. 1 Satz 2 Nr. 1 EStG von 8.004 €), sondern auch das Existenzminimum seiner Kinder. Mit Beschluss vom 10.11.1998 (BStBl II 1999, S. 174) hat das BVerfG entschieden, dass das sozialhilferechtlich definierte Existenzminimum eines Kindes die Grenze für das einkommensteuerliche Existenzminimum bildet. Diese Grenze darf zwar über-, aber nicht unterschritten werden.

Die Freistellung des Existenzminimums von Kindern wird durch die Freibeträge für Kinder nach § 32 Abs. 6 EStG (**Kinderfreibetrag** sowie **Betreuungs-, Erziehungs- und Ausbildungsfreibetrag**) oder durch **Kindergeld** nach den §§ 62 ff. EStG bewirkt (§ 31 Satz 1 EStG).

Im Folgenden wird zunächst auf den Kindbegriff des § 32 Abs. 1 – 5 EStG, der sowohl den Vorschriften zu den Freibeträgen nach § 32 Abs. 6 EStG als auch denen zum Kindergeld zugrunde liegt, eingegangen (Abschnitt B.8.5.1). Anschließend werden die verschiedenen Komponenten des Familienleistungsausgleichs, d.h.

- der Kinderfreibetrag nach § 32 Abs. 6 EStG (Abschnitt B.8.5.2),
- der Betreuungs-, Erziehungs- und Ausbildungsfreibetrag nach § 32 Abs. 6 EStG (Abschnitt 8.5.3),
- das Kindergeld nach §§ 62 ff. EStG (Abschnitt B.8.5.4) sowie
- das Verhältnis von Kindergeld zu den Freibeträgen für Kinder (Abschnitt B.8.5.5)

dargestellt.

Bereits an dieser Stelle sei erwähnt, dass das Existenzminimum von Kindern seit 1997 nicht mehr durch Kindergeld **und** einen Kinderfreibetrag (sog. Duales System), sondern durch Kindergeld **oder** die Freibeträge des § 32 Abs. 6 EStG freigestellt wird. Das Finanzamt ermittelt bei der Veranlagung im Rahmen einer **Günstigerprüfung**, ob sich das Kindergeld oder die Freibeträge nach § 32 Abs. 6 EStG günstiger auswirken, ausführlich hierzu siehe Abschnitt B.8.5.5. Das BVerfG hat mit Beschluss vom 06.05.2004 (HFR 2004, S. 692) klargestellt, dass es dem Gesetzgeber freisteht, ob er das Existenzminimum von Kindern durch Kindergeld, steuerliche Freibeträge oder eine Kombination von beidem freistellt.

Darüber hinaus sind Kinder insbesondere im Rahmen einer Vielzahl weiterer steuerlicher Vorschriften von Bedeutung, die an anderer Stelle behandelt werden, z.B.:

- **Alleinerziehende** können einen Entlastungsbetrag von 1.308 € im Kalenderjahr von der Summe der Einkünfte abziehen (§ 24b EStG, siehe Abschnitt B.8.2).
- **Schulgeldzahlungen** können zu 30 % des Entgelts (max. 5.000 €) als Sonderausgaben abgezogen werden (§ 10 Abs. 1 Nr. 9 EStG, siehe Abschnitt B.8.3.8).
- **Kinderbetreuungskosten** können unter den Voraussetzungen des § 9c EStG zu zwei Dritteln der Aufwendungen (max. 4.000 € je Kind) wie Betriebsausgaben / Werbungskosten bzw. als Sonderausgaben abgezogen werden (siehe Abschnitt B.8.3.10).
- Im Hinblick auf die **zumutbare Eigenbelastung** des § 33 Abs. 3 EStG wird zwischen Steuerpflichtigen mit Kindern und Steuerpflichtigen ohne Kinder differenziert (siehe Abschnitt B.8.4.1.3).
- Für Aufwendungen, die einem Steuerpflichtigen für die **Berufsausbildung eines auswärtig untergebrachten, volljährigen Kindes** entstehen, wird ein Freibetrag nach § 33a Abs. 2 EStG gewährt (siehe Abschnitt B.8.4.2.2).
- Die **Altersvorsorgezulage** nach Abschnitt XI EStG (Riester-Förderung) beinhaltet neben der Grundzulage eine für jedes Kind gewährte Kinderzulage (§ 85 EStG, siehe Abschnitt B.10.3.2.3.1).

8.5.1 Kindbegriff

Der einkommensteuerliche Kindbegriff ist durch das Jahressteuergesetz 1996 und das Familienförderungsgesetz vom 22.12.1999 weitgehend harmonisiert worden. Kindergeld, Kinderfreibetrag sowie der Betreuungs-, Erziehungs- und Ausbildungsfreibetrag werden für Kinder gewährt, sofern die Voraussetzungen des § 32 Abs. 1 – 5 EStG erfüllt sind:

- Kinder sind
  - eigene, d.h. **leibliche** oder **adoptierte** Kinder des Steuerpflichtigen (§ 32 Abs. 1 Nr. 1 EStG) oder
  - **Pflegekinder** des Steuerpflichtigen (§ 32 Abs. 1 Nr. 2 EStG).

  Ein Pflegekindschaftsverhältnis setzt voraus, dass das Kind im Haushalt der Pflegeeltern sein Zuhause hat und diese zu dem Kind in einer familienähnlichen, auf längere Dauer angelegten Beziehung wie zu einem eigenen Kind stehen. Beispiele für Pflegekindschaftsverhältnisse sind die Erziehungshilfe in Vollzeitpflege nach §§ 27, 33 SGB VIII sowie die Aufnahme in Adoptionsabsicht (R 32.2 Abs. 1 EStR). Ist ein Pflegekind nach diesen Vorschriften bei den Pflegeeltern zu berücksichtigen, so kommt eine zusätzliche Berücksichtigung bei den leiblichen Eltern nicht in Betracht (§ 32 Abs. 2 Satz 2 EStG).

- Berücksichtigt werden
  - Kinder **unter 18 Jahren** (§ 32 Abs. 3 EStG),
  - Kinder **unter 21 Jahren**, die **arbeitslos** sind, wenn sie über Einkünfte und Bezüge von höchstens 8.004 € verfügen (§ 32 Abs. 4 Satz 1 Nr. 1, Satz 2 EStG),
  - Kinder **unter 25 Jahren**, die
    - für einen Beruf **ausgebildet** werden (§ 32 Abs. 4 Satz 1 Nr. 2 Buchst. a EStG),
    - sich in einer **Übergangszeit** von höchstens vier Monaten zwischen zwei Ausbildungsabschnitten oder zwischen einem Ausbildungsabschnitt und der Ableistung des Wehr- oder Zivildienstes (bzw. denen gleichgestellten Tätigkeiten) befinden (§ 32 Abs. 4 Satz 1 Nr. 2 Buchst. b EStG),
    - **mangels Ausbildungsplatzes** keine Berufsausbildung beginnen oder fortsetzen können (§ 32 Abs. 4 Satz 1 Nr. 2 Buchst. c EStG) oder
    - ein **freiwilliges soziales oder ökologisches Jahr** (bzw. denen gleichgestellte Tätigkeiten) leisten (§ 32 Abs. 4 Satz 1 Nr. 2 Buchst. d EStG),

    wenn sie über Einkünfte und Bezüge von höchstens 8.004 € verfügen,
  - Kinder, die aufgrund einer **körperlichen, geistigen oder seelischen Behinderung** außerstande sind, sich selbst zu unterhalten, sofern die Behinderung vor Vollendung des 25. Lebensjahres eingetreten ist (§ 32 Abs. 4 Satz 1 Nr. 3 EStG). Zur Behinderung und zum Nachweis der Behinderung hat das BMF mit Schreiben vom 22.11.2010 Stellung genommen (Az. IV C 4 – S 2282/07/0006-01).

- Die Altersgrenze von 21 Jahren nach § 32 Abs. 4 Nr. 1 EStG bzw. von 25 Jahren nach § 32 Abs. 4 Nr. 2 Buchst. a und b (nicht jedoch Buchst. c und d!) EStG erhöht sich für Kinder, die **Grundwehrdienst** oder **Zivildienst** (bzw. dem nach § 32 Abs. 5 EStG gleichgestellte Tätigkeiten) geleistet haben, um die Zeitdauer des geleisteten Dienstes (§ 32 Abs. 5 EStG).

Der Begriff der **Einkünfte und Bezüge** umfasst neben den steuerpflichtigen Einkünften des Kindes auch Einnahmen in Geld oder Geldeswert, die nicht im Rahmen der einkommensteuerlichen Einkunftsermittlung erfasst werden (R 32.10 EStR), vgl. ausführlich Abschnitt B.8.4.2.1.

Die Grenze für die eigenen Einkünfte und Bezüge des Kindes ist zuletzt mit Wirkung zum VZ 2010 durch das Bürgerentlastungsgesetz (BGBl I 2009, S. 1959) von 7.680 € auf 8.004 € angehoben worden. Die Bezugsdauer nach § 32 Abs. 4 Nr. 2 EStG ist ab dem VZ 2007 von 27 Jahre auf 25 Jahre abgesenkt worden.

Der Gesetzentwurf eines Steuervereinfachungsgesetzes 2011 vom 02.02.2011 sieht vor, die Einkünfte- und Bezügegrenze für volljährige Kinder entweder ab dem VZ 2011 oder ab dem VZ 2012 abzuschaffen.

Für den Kindbegriff gilt das **Monatsprinzip**. Ein Kind wird berücksichtigt für den Monat, in dem es lebend geboren wird, und für alle nachfolgenden Monate, in denen es die Tatbestände des § 32 Abs. 1 – 5 EStG erfüllt (§ 32 Abs. 3, Abs. 4 Satz 7, Abs. 5 Satz 3 EStG).

8.5.2 Kinderfreibetrag

Für jedes Kind i.S.d. § 32 Abs. 1 – 5 EStG wird jedem unbeschränkt (§ 50 Abs. 1 Satz 3 EStG!) steuerpflichtigen Elternteil gemäß § 32 Abs. 6 Satz 1 Halbsatz 1 EStG ein Freibetrag i.H.v. 2.184 € im Jahr für das sächliche Existenzminimum des Kindes gewährt. Für zusammenveranlagte Ehegatten ergibt sich damit ein Freibetrag i.H.v. 4.368 € pro Jahr und Kind, sofern das Kind zu beiden Ehegatten in einem Kindschaftsverhältnis steht (§ 32 Abs. 6 Satz 2 EStG). Der Freibetrag ermäßigt sich um ein Zwölftel für jeden Kalendermonat, in dem die Voraussetzungen für einen Freibetrag nicht vorgelegen haben (§ 32 Abs. 6 Satz 5 EStG). Der Abzug erfolgt vom Einkommen i.S.d. § 2 Abs. 4 EStG (vgl. das Einkommensermittlungsschema in Abschnitt B.3.7).

Der Kinderfreibetrag ist in den letzten Jahren mehrfach erhöht worden. Bis 2008 belief sich der Kinderfreibetrag auf 1.824 €, in 2009 auf 1.932 € und seit 2010 auf 2.184 €.

Den auf 4.368 € pro Jahr verdoppelten Freibetrag erhalten auch **einzelne Elternteile**,

- wenn der andere Elternteil **verstorben** ist (§ 32 Abs. 6 Satz 3 Nr. 1 Alt. 1 EStG),
- wenn der andere Elternteil **nicht unbeschränkt einkommensteuerpflichtig** ist (§ 32 Abs. 6 Satz 3 Nr. 1 Alt. 2 EStG),
- wenn **der Wohnsitz** des anderen Elternteils **nicht zu ermitteln** ist (R 32.12 Nr. 1 EStR),
- wenn der Vater des Kindes **nicht feststellbar** ist (R 32.12 Nr. 2 EStR),
- wenn der Steuerpflichtige das Kind **alleine adoptiert** hat (§ 32 Abs. 6 Satz 3 Nr. 2 Alt. 1 EStG) oder
- wenn das Kind nur zu dem Steuerpflichtigen in einem **Pflegekindschaftsverhältnis** steht (§ 32 Abs. 6 Satz 3 Nr. 2 Alt. 2 EStG).

Die Gewährung des Kinderfreibetrags ist grundsätzlich unabhängig davon, ob das Kind in dem Haushalt des Steuerpflichtigen lebt und ob der Steuerpflichtige seiner Unterhaltspflicht gegenüber dem Kind nachkommt. Allerdings sieht § 32 Abs. 6 Sätze 6, 7 EStG zwei Ausnahmen von diesem Grundsatz vor:

- Kommt im Falle nicht miteinander verheirateter oder dauernd getrennt lebender Eltern ein Elternteil **seiner Unterhaltspflicht** gegenüber dem Kind **nicht nach**, so wird der ihm zustehende Kinderfreibetrag auf Antrag des anderen Elternteils auf diesen übertragen (§ 32 Abs. 6 Satz 6 EStG).
- Zudem kann der Kinderfreibetrag auf Antrag auch auf einen **Stiefelternteil** oder **Großeltern** übertragen werden, wenn sie das Kind in ihren Haushalt aufgenommen haben (§ 32 Abs. 6 Satz 7 EStG).

Der Kinderfreibetrag wird auch für **im Ausland lebende Kinder** von unbeschränkt Steuerpflichtigen gewährt (z.B. im Ausland lebende Gastarbeiterkinder). Allerdings ist der Kinderfreibetrag gemäß § 32 Abs. 6 Satz 4 EStG auf den Betrag beschränkt, der nach den Verhältnissen des Wohnsitzstaats notwendig und angemessen ist. Dabei erfolgt die Kürzung des Kinderfreibetrags nach den gleichen Grundsätzen wie die Kürzung der Beträge, die für nicht unbeschränkt steuerpflichtige Kinder als außergewöhnliche Belastungen im Sinne von § 33a Abs. 1, Abs. 2 EStG angesetzt werden können. Es sei deshalb auf die Ausführungen des Abschnitts B.8.4.2 verwiesen.

8.5.3 Betreuungs-, Erziehungs- und Ausbildungsfreibetrag

Um den Betreuungs- und Erziehungs- oder Ausbildungsbedarf eines Kindes von der Einkommensteuer freizustellen, wird gemäß § 32 Abs. 6 EStG ein Betreuungs-, Erziehungs- und Ausbildungsfreibetrag gewährt, der Alleinstehenden und Verheirateten gleichermaßen zusteht. Dieser zusätzlich zum Kinderfreibetrag gewährte Freibetrag i.H.v. 1.320 € (bis 2009: 1.080 €) ist ebenfalls vom Einkommen abzuziehen und an die gleichen Voraussetzungen geknüpft, die für die Gewährung eines Kinderfreibetrags erforderlich sind. Es wird daher auf die Ausführungen unter B.8.5.2 verwiesen.

Die Kosten für die Betreuung eines Kindes können zusätzlich zu zwei Drittel der Aufwendungen (max. 4.000 €) wie Betriebsausgaben / Werbungskosten bzw. als Sonderausgaben abgezogen werden, wenn die Voraussetzungen des § 9c EStG erfüllt sind (siehe Abschnitt B.8.3.10). Während der Abzug nach § 9c EStG nur angesetzt werden kann, wenn tatsächliche Kosten nachgewiesen werden, wird der Betreuungs-, Erziehungs- und Ausbildungsfreibetrag nach § 32 Abs. 6 EStG pauschal, d.h. unabhängig von den tatsächlich entstandenen Aufwendungen gewährt. Bei zusammenveranlagten Ehegatten verdoppelt sich der Betreuungs-, Erziehungs- und Ausbildungsfreibetrag, d.h. ihnen wird ein Freibetrag i.H.v. 2.640 € pro Jahr und Kind gewährt, sofern das Kind zu beiden Ehegatten in einem Kindschaftsverhältnis steht (§ 32 Abs. 6 Satz 2 EStG).

Der Betreuungs-, Erziehungs- und Ausbildungsfreibetrag kann in folgenden Fällen übertragen werden:

- Bei minderjährigen Kindern wird der dem Elternteil, in dessen Wohnung das Kind nicht gemeldet ist, zustehende Freibetrag auf Antrag des anderen Elternteils auf diesen übertragen (§ 32 Abs. 6 Satz 6 Halbsatz 2 EStG).
- Zudem kann der Freibetrag auf Antrag auf einen **Stiefelternteil** oder **Großeltern** übertragen werden, wenn sie das Kind in ihren Haushalt aufgenommen haben (§ 32 Abs. 6 Satz 7 EStG).

Die Vorschrift des § 32 Abs. 6 EStG berücksichtigt damit, dass der Betreuungs-, Erziehungs- und Ausbildungsbedarf notwendiger Bestandteil des familiären Existenzminimums ist und daher steuerfrei bleiben muss.

Auch der Betreuungs-, Erziehungs- und Ausbildungsfreibetrag ist bei Kindern, die nicht nach § 1 Abs. 1 oder 2 EStG unbeschränkt steuerpflichtig sind, nur in der Höhe abzuziehen, wie dies nach den Verhältnissen des Wohnsitzstaates des Kindes notwendig und angemessen ist (§ 32 Abs. 6 Satz 4 EStG, siehe hierzu Abschnitte B.8.5.2 und B.8.4.2).

8.5.4 Kindergeld

Anstelle des Kinderfreibetrags sowie des Betreuungs-, Erziehungs- und Ausbildungsfreibetrags wird unbeschränkt Steuerpflichtigen Kindergeld nach den Vorschriften der §§ 62 ff. EStG gewährt, sofern die Steuerersparnis durch die Freibeträge nach § 32 Abs. 6 EStG geringer ist als das Kindergeld (vgl. den nachfolgenden Abschnitt).

Das Kindergeld ist monatlich zu zahlen (§ 66 Abs. 2 EStG). Es beträgt für das erste und zweite Kind jeweils 184 €, für das dritte Kind 190 € sowie für das vierte und jedes weitere Kind 215 € (§ 66 Abs. 1 Satz 1 EStG). Das Kindergeld ist in den vergangenen Jahren mehrfach erhöht worden:

	1. Kind	2. Kind	3. Kind	4. und jedes weitere Kind
2002 – 2008	154 €	154 €	154 €	179 €
2009	164 €	164 €	170 €	195 €
ab 2010	184 €	184 €	190 €	215 €

Tabelle B.36: Entwicklung des Kindergelds

Nur für das Kalenderjahr 2009 wurde zusätzlich zu den oben genannten Beträgen ein Einmalbetrag von 100 € je Kind und Jahr gezahlt (§ 66 Abs. 1 Satz 2 EStG).

Zwar liegt dem Kindergeld derselbe Kindbegriff nach § 32 Abs. 1 – 5 EStG (siehe Abschnitt B.8.5.1) zugrunde wie dem Kinderfreibetrag (§ 63 Abs. 1 Satz 1 Nr. 1, Satz 2 EStG). Zudem kann Kindergeld, ebenso wie der Kinderfreibetrag nach § 32 Abs. 6 Satz 7 EStG, auch für Stiefkinder und Enkel in Anspruch genommen werden, wenn diese im Haushalt des Berechtigten leben (§ 63 Abs. 1 Satz 1 Nrn. 2, 3 EStG).

Zu beachten ist allerdings, dass die Voraussetzungen für die Auszahlung von Kindergeld im Hinblick auf **im Ausland lebende Kinder** von unbeschränkt Steuerpflichtigen (insbesondere Gastarbeiterkinder) enger sind als die Voraussetzungen für die Berücksichtigung eines Kinderfreibetrags. Grundsätzlich wird Kindergeld nur für Kinder gezahlt, die im Inland, in einem EU-Staat oder in einem EWR-Staat leben (§ 63 Abs. 1 Satz 3 EStG). Für Auslandskinder der übrigen Staaten wird nur Kindergeld gezahlt, wenn mit dem betreffenden Staat ein entsprechendes **Sozialabkommen** geschlossen wurde. Solche Abkommen existieren nur für Bosnien-Herzegowina, Kosovo, Marokko, Montenegro, Serbien, die Türkei und Tunesien (vgl. DA-FamEStG vom 30.09.2009, BStBl I 2009, S. 1030, Tz. 63.6.2). In diesem Fall ist das Kindergeld für Auslandskinder auf die im Abkommen vereinbarten Beträge begrenzt.

Im Gegensatz zum Kinderfreibetrag wird das Kindergeld nicht anteilig beiden Eltern gewährt, sondern nur demjenigen ausgezahlt, in dessen Haushalt das Kind lebt (§ 64 Abs. 2 Satz 1 EStG). Im Zweifel bestimmt das Familiengericht auf Antrag den Berechtigten (§ 64 Abs. 2 Satz 3 EStG). Wird einem Elternteil für ein Kind kein Kindergeld ausgezahlt, da das Kind bei dem anderen Ehegatten berücksichtigt wird, so wird es jedoch auch bei diesem

Elternteil als **Zählkind**, d.h. bei der Ermittlung der Ordnungszahl der übrigen Kinder berücksichtigt.

Beispiel B.274:

Ein Berechtigter hat aus einer früheren Beziehung drei Kinder, für die das Kindergeld der Mutter zusteht. Aus seiner jetzigen Beziehung hat der Berechtigte ein weiteres Kind. Die ersten drei Kinder werden bei der Ermittlung der Ordnungszahl für das vierte Kind mitgerechnet. Der Berechtigte erhält daher für das vierte Kind ein Kindergeld von 215 €.

Das Kindergeld wird nur auf Antrag ausgezahlt. Der Antrag ist bei der zuständigen Familienkasse schriftlich zu stellen (§ 67 Satz 1 EStG). Die Familienkasse ist zugleich auszahlende Stelle (§ 70 Abs. 1, § 72 Abs. 1 Satz 2 EStG).

8.5.5 Verhältnis von Kindergeld zu den Freibeträgen für Kinder

Das Existenzminimum von Kindern wird gemäß § 31 Satz 1 EStG **entweder** durch den Abzug der Freibeträge nach § 32 Abs. 6 EStG **oder** durch die Zahlung von Kindergeld freigestellt. Der Steuerpflichtige kann die günstigere der beiden Vorschriften in Anspruch nehmen, d.h. der Abzug der Freibeträge gemäß § 32 Abs. 6 EStG anstelle des Kindergelds kommt in Frage, wenn die Steuerersparnis durch den Kinderfreibetrag sowie den Betreuungs-, Erziehungs- und Ausbildungsfreibetrag höher ist als das Kindergeld. Die Prüfung der für den Steuerpflichtigen günstigeren Alternative erfolgt von Amts wegen. Ein besonderer Antrag des Steuerpflichtigen auf die Gewährung der Freibeträge für Kinder ist nicht erforderlich.

Um eine doppelte Begünstigung durch Freibeträge und Kindergeld zu vermeiden, ist das bereits ausgezahlte Kindergeld bei der Ermittlung der festzusetzenden Einkommensteuer der tariflichen Einkommensteuer hinzuzurechnen, wenn die Freibeträge für Kinder in Anspruch genommen werden (§ 31 Satz 4, § 2 Abs. 6 Satz 3 EStG).

Beispiel B.275:

Die gemeinsam veranlagten Ehegatten A und B haben zwei gemeinsame Kinder unter 18 Jahren, für die ihnen Kindergeld oder die Freibeträge nach § 32 Abs. 6 EStG zustehen. Im Kalenderjahr 2010 hat das Ehepaar ein gemeinsames Einkommen i.S.d. § 2 Abs. 4 EStG i.H.v. 75.000 € bezogen. Das Kindergeld für die beiden Kinder ist den Ehegatten im Laufe des Jahres 2010 durch die Familienkasse ausgezahlt worden.

Kindergeld

Das Kindergeld beträgt (2 · 184 € =) 368 € monatlich, d.h. 4.416 € jährlich. Bei Anwendung des Splitting-Tarifs auf das zu versteuernde Einkommen von 75.000 € ergibt sich eine tarifliche Einkommensteuer von 16.237 €.

Freibeträge für Kinder

	Einkommen im Sinne des § 2 Abs. 4 EStG	75.000 €
–	Kinderfreibetrag (2 · 2.184 =) 4.368 € jährlich pro Kind	– 8.736 €
–	Betreuungs-, Erziehungs- und Ausbildungsfreibetrag (2 · 1.320 =) 2.640 € jährlich pro Kind	– 5.280 €
=	zu versteuerndes Einkommen	60.984 €

→	Anwendung des Splitting-Tarifs	
=	tarifliche Einkommensteuer	11.561 €
+	Kindergeld (§ 2 Abs. 6 Satz 3 EStG)	+ 4.416 €
=	festzusetzende Einkommensteuer	15.977 €

Die Gewährung von Kindergeld (ohne Abzug von Kinderfreibeträgen) führt zu einer höheren steuerlichen Belastung (16.237 €) als die Gewährung der Freibeträge für Kinder, verbunden mit einer Rückzahlung des Kindergelds (15.977 €). Die Freibeträge nach § 32 Abs. 6 EStG werden daher abgezogen.

Im Falle zusammen veranlagter Eltern ist der Abzug der Freibeträge für Kinder günstiger, wenn die Eltern bei Abzug eines Betrages von 7.008 € (= Kinderfreibetrag + Betreuungs-, Erziehungs- und Ausbildungsfreibetrag) je Kind mindestens Steuern in Höhe von 2.208 € (= Kindergeld) sparen, d.h. wenn die Eltern über einen individuellen (Grenz-) Steuersatz von mindestens (2.208 / 7.008 =) 31,5 % verfügen. Nach dem Steuertarif 2010 ist dies ab einem Einkommen von ca. 63.000 € der Fall. Für zusammen veranlagte Eltern mit einem gemeinsamen Einkommen im Sinne des § 2 Abs. 4 EStG von unter 63.000 € sind die Kinderfreibeträge somit ohne Bedeutung. Diese Eltern erhalten (nur) Kindergeld. Bei einem Einkommen von mehr als 63.000 € erhalten die Eltern zunächst eine monatliche Kindergeldzahlung. Zusätzlich erhalten sie im Rahmen der Veranlagung zur Einkommensteuer noch einen Steuervorteil durch den Abzug der Kinderfreibeträge (bei gleichzeitiger Rück-zahlung des Kindergelds).

Verkompliziert wird dieses ohnehin schon recht komplizierte Verfahren dadurch, dass es bei Steuerpflichtigen mit mehreren Kindern möglich ist, dass nur die Kinderfreibeträge für **einige**, nicht aber für **alle** Kinder abgezogen werden. Verfügen zusammen veranlagte Eltern mit zwei Kindern z.B. über ein Einkommen im Sinne des § 2 Abs. 4 EStG von 64.000 €, so ist der Abzug der Kinderfreibeträge (bei gleichzeitiger Rückzahlung des Kindergelds) **für das erste Kind** vorteilhaft, da das Einkommen über 63.000 € liegt. Nach Abzug der Kinderfreibeträge für das erste Kind ergibt sich aber ein verbleibendes Einkommen von weniger als 63.000 €, so dass die Berücksichtigung der Kinderfreibeträge **für das zweite Kind** nicht mehr vorteilhaft ist. Die Günstigerprüfung ist für jedes einzelne Kind, beginnend mit dem ältesten Kind, durchzuführen (R 31 Abs. 1 Satz 1 EStR).

9 Abzüge von der Tariflichen Einkommensteuer

Durch Anwendung des Steuertarifs (Grundtarif oder Splittingtarif) auf das zu versteuernde Einkommen ergibt sich die **Tarifliche Einkommensteuer** (§ 2 Abs. 5 EStG). Die Tarifliche Einkommensteuer ist in einem nachfolgenden Schritt um eine Reihe von **anzurechnenden Positionen** und **Steuerermäßigungen** zu kürzen (siehe auch Abschnitt B.3.8). Im Einzelnen sind dies:

- anzurechnende **ausländische Steuern** (§ 34c Abs. 1 EStG), siehe B.9.1,
- Steuerermäßigung für Beiträge und Spenden an **politische Parteien** (§ 34g EStG), siehe B.9.2,
- Steuerermäßigung bei den Einkünften aus **Gewerbebetrieb** (§ 35 EStG), siehe B.9.3,

- Steuerermäßigung bei Aufwendungen für **haushaltsnahe Beschäftigungsverhältnisse, haushaltsnahe Dienstleistungen und Handwerkerleistungen** (§ 35a EStG), siehe B.9.4,
- Steuerermäßigung bei Belastung mit **Erbschaftsteuer** (§ 35b EStG), siehe B.9.5.

9.1 Anzurechnende ausländische Steuern (§ 34c Abs. 1 EStG)

Da zumeist sowohl der Wohnsitzstaat als auch der Quellenstaat das Besteuerungsrecht für sich in Anspruch nehmen, unterliegen Einkünfte, die einem Steuerpflichtigen aus einem Staat, der nicht sein Wohnsitzstaat ist, zufließen, grundsätzlich in beiden Staaten der Einkommensteuer. Allerdings hat die Bundesrepublik Deutschland mit allen wichtigen Industriestaaten und auch vielen weiteren Staaten Abkommen zur Vermeidung der Doppelbesteuerung (sog. **Doppelbesteuerungsabkommen**, DBA) abgeschlossen (vgl. auch *K. Vogel / M. Lehner* (2008)). Diese Abkommen haben eine Vermeidung der Doppelbesteuerung zum Ziel, indem ein Staat auf die Besteuerung verzichtet (**Freistellungsmethode**) oder die im Ausland erhobene Steuer auf die inländische Steuer anrechnet (**Anrechnungsmethode**).

Im Hinblick auf Einkünfte, die ein im Inland unbeschränkt Steuerpflichtiger in einem Staat erzielt, mit dem kein Doppelbesteuerungsabkommen besteht, sieht § 34c EStG eine Milderung der Doppelbesteuerung durch eine Anrechnung der im Ausland erhobenen Steuer auf die inländische Steuer (**Anrechnungsmethode**, § 34c Abs. 1 EStG) oder durch einen Abzug der ausländischen Steuer von der inländischen Bemessungsgrundlage (**Abzugsmethode**, § 34c Abs. 2 EStG) vor (vgl. *F. Köhler*, FR 1993, S. 489; *S. Köhler*, DStR 2003, S. 1156).

§ 34c Abs. 1 Sätze 2 – 5 Abs. 2 EStG sind entsprechend anwendbar, wenn mit dem ausländischen Staat ein DBA abgeschlossen wurde und in dem DBA die Anrechnungsmethode vereinbart wurde (§ 34c Abs. 6 Satz 2 EStG).

Die Anrechnung nach § 34c Abs. 1 EStG sowie der Abzug von der inländischen Bemessungsgrundlage nach § 34c Abs. 2 EStG sind an folgende Voraussetzungen geknüpft (§ 34c Abs. 1 Satz 1 EStG):

- **Ausländische Einkünfte im Sinne des § 34d EStG**

  Der Steuerpflichtige muss im Ausland Einkünfte im Sinne von § 34d EStG erzielt haben. § 34d EStG beschreibt den **Auslandsbezug**, den die jeweiligen Einkünfte haben müssen. Beispielsweise gelten Einkünfte aus Gewerbebetrieb nach § 34d Nr. 2 Buchst. a EStG insbesondere dann als ausländische Einkünfte, wenn sie durch eine in einem ausländischen Staat belegene **Betriebsstätte** (§ 12 AO) oder durch einen in einem ausländischen Staat tätigen **ständigen Vertreter** (§ 13 AO) erzielt werden.

- **Heranziehung zu einer der deutschen Einkommensteuer entsprechende Steuer**

  Angerechnet werden kann nur eine der deutschen Einkommensteuer entsprechende Steuer. Eine ausländische Steuer entspricht der deutschen Einkommensteuer, wenn sie direkt auf die Besteuerung dieser Einkünfte gerichtet ist (Ertragsteuer). Substanz- und Verkehrsteuern können somit, unabhängig von der Bezeichnung, nicht angerechnet werden. Siehe im Einzelnen die (nicht abschließende) Aufzählung in der Anlage zu R 34c EStR.

- **Festgesetzte und gezahlte und um einen entstandenen Ermäßigungsanspruch gekürzte ausländische Steuer**

  Durch das JStG 2007 ist § 34c Abs. 1 EStG insoweit geändert worden, dass ausländische Einkommensteuern nunmehr auch dann nicht angerechnet werden können, wenn ein Ermäßigungsanspruch besteht, aber nicht geltend gemacht wird.

- **Anrechnungshöchstbetrag**

  Die ausländische Steuer kann maximal bis zur Höhe der deutschen Einkommensteuer angerechnet werden, die auf die Einkünfte aus dem jeweiligen Staat entfällt.

$$\text{Anrechnungshöchstbetrag} = \frac{\text{Ausländische Einkünfte}}{\text{Summe der inländ. und ausländ. Einkünfte}} \cdot \text{deutsche Einkommensteuer}$$

Abbildung B.34: Anrechnungshöchstbetrag nach § 34c Abs. 1 EStG

Stammen Einkünfte aus mehreren ausländischen Staaten, so ist der Anrechnungshöchstbetrag für jeden ausländischen Staat gesondert zu ermitteln (§ 68a Satz 2 EStDV).

Beispiel B.276:

Der ledige Steuerpflichtige A erzielt in 01 Einkünfte aus Gewerbebetrieb von 30.000 € sowie Einkünfte aus Vermietung und Verpachtung von 15.000 €. Sonderausgaben können in Höhe von 8.000 € abgezogen werden. Von den Einkünften aus Vermietung und Verpachtung entfallen 10.000 € auf die Vermietung ausländischen Grundbesitzes. Die im Ausland gezahlte Einkommensteuer beträgt 3.000 € (30 %). Es sei die Anrechnungsmethode anzuwenden.

	Einkünfte aus Gewerbebetrieb		30.000 €
+	Einkünfte aus Vermietung und Verpachtung		+ 15.000 €
=	Summe der Einkünfte		45.000 €
–	Sonderausgaben		– 8.000 €
=	zu versteuerndes Einkommen		37.000 €
→	Anwendung des Grundtarifs (Tarif 2010)		7.944 €
–	ausländische Steuer	3.000 €	
	max. Anrechnungshöchstbetrag (7.944 · (10.000 / 45.000) =)		– 1.765 €
=	Festzusetzende Einkommensteuer		6.179 €

Auf Antrag ist die ausländische Steuer statt der Anrechnung auf die tarifliche Einkommensteuer (**Anrechnungsmethode**, § 34c Abs. 1 EStG) bei der Ermittlung der Einkünfte abzuziehen (**Abzugsmethode**, § 34c Abs. 2 EStG). Die Abzugsmethode kann günstiger sein, wenn eine volle Anrechnung der ausländischen Steuer nicht möglich ist, da der Anrechnungshöchstbetrag überschritten wird. Der Antrag kann für die gesamten Einkünfte und Steuern aus demselben Staat nur **einheitlich** gestellt werden (R 34c Abs. 4 Satz 1 EStR).

Beispiel B.277:

Erfolgt in dem vorhergehenden Beispiel ein Abzug der ausländischen Steuer (3.000 €) bei der Ermittlung der Einkünfte, so ermittelt sich die festzusetzende Einkommensteuer wie folgt:

	Einkünfte aus Gewerbebetrieb	30.000 €
+	Einkünfte aus Vermietung und Verpachtung (15.000 € – 3.000 € ausländische Steuern)	+ 12.000 €
=	Summe der Einkünfte	42.000 €
–	Sonderausgaben	– 8.000 €
=	zu versteuerndes Einkommen	34.000 €
→	Anwendung des Grundtarifs (Tarif 2010)	6.923 €

Offenbar kommt die Abzugsmethode (6.923 €) zu einem ungünstigeren Ergebnis als die Anrechnungsmethode (6.179 €). Der Steuerpflichtige wird daher keinen Antrag nach § 34c Abs. 2 EStG stellen.

9.2 Steuerermäßigung für Spenden an politische Parteien (§ 34g EStG)

Mitgliedsbeiträge und Spenden an politische Parteien können gemäß § 34g EStG zu 50 % auf die tarifliche Einkommensteuer angerechnet werden. Die tarifliche Einkommensteuer mindert sich um maximal 825 € (bzw. 1.650 € für zusammen veranlagte Ehegatten), d.h. genutzt werden können Spenden von 1.650 € (bzw. 3.300 €). Der nach Anwendung des § 34g EStG verbleibende Betrag an Beiträgen und Spenden kann bis zur Höhe von weiteren 1.650 € (bzw. 3.300 €) als Sonderausgabe abgezogen werden (§ 10b Abs. 2 EStG).

Eine ausführlichere Behandlung erfolgt bei den Sonderausgaben (siehe Abschnitt B.8.3.9.3).

9.3 Steuerermäßigung bei den Einkünften aus Gewerbebetrieb (§ 35 EStG)

Die doppelte Belastung gewerblicher Einkünfte mit Einkommensteuer und Gewerbesteuer wird durch die Steuerermäßigung des § 35 EStG gemildert. § 35 EStG sieht eine begrenzte Anrechnung der Gewerbesteuer auf die Einkommensteuer vor.

Eine ausführliche Darstellung der Vorschrift des § 35 EStG erfolgt bei den Einkünften aus Gewerbebetrieb (siehe Abschnitt B.7.2.7).

9.4 Steuerermäßigung bei Aufwendungen für haushaltsnahe Beschäftigungsverhältnisse, haushaltsnahe Dienstleistungen und Handwerkerleistungen (§ 35a EStG)

Seit dem 01.01.2003 werden Beschäftigungsverhältnisse und Dienstleistungen in Privathaushalten durch eine Steuerermäßigung nach § 35a EStG gefördert. Die Vorschrift dient dazu, **Schwarzarbeit** in diesem Bereich **zu bekämpfen**, indem den privaten Haushalten durch die Steuerermäßigung ein Anreiz gegeben wird, Beschäftigungsverhältnisse von Haushaltshilfen anzumelden und Sozialabgaben zu entrichten sowie Handwerkerleistungen nur gegen Rechnung in Anspruch zu nehmen.

Die Vorschrift des § 35a EStG ist seit 2003 mehrfach geändert worden. Zuletzt wurden die Höchstbeträge für die Steuerermäßigung mit Wirkung zum 01.01.2009 deutlich angehoben. Das BMF hat zu den Regelungen des § 35a EStG mit **Anwendungsschreiben** vom 15.02.2010 (BStBl I 2010, S. 140) Stellung genommen.

Die Steuerermäßigung kann für folgende Aufwendungen in Anspruch genommen werden:

Haushaltsnahe Beschäftigungsverhältnisse, bei denen es sich um geringfügige Beschäftigungsverhältnisse handelt (§ 35a Abs. 1 EStG)

Begünstigt sind geringfügige Beschäftigungsverhältnisse im Sinne des § 8a SGB IV. Eine geringfügige Beschäftigung in diesem Sinne liegt vor, wenn das Arbeitsentgelt aus der Beschäftigung regelmäßig im Monat 400 € nicht übersteigt. Der Arbeitgeber (privater Haushalt) hat in diesem Falle pauschale Beiträge zu den Sozialversicherungen sowie pauschale Lohnsteuer zu entrichten.

Bei Aufwendungen für geringfügige haushaltsnahe Beschäftigungsverhältnisse können 20 % der Aufwendungen von der tariflichen Einkommensteuer, vermindert um die sonstigen Steuerermäßigungen, abgezogen werden. Die Ermäßigung beträgt maximal 510 €. Damit sind Aufwendungen von maximal 2.550 € begünstigt.

Im Rahmen von **haushaltsnahen Beschäftigungsverhältnissen** werden Tätigkeiten ausgeübt, die einen engen Bezug zum Haushalt haben. Zu diesen Tätigkeiten gehören u.a.

- die Zubereitung von Mahlzeiten im Haushalt,
- die Reinigung der Wohnung des Steuerpflichtigen,
- die Gartenpflege,
- die Pflege, Versorgung und Betreuung von Kindern sowie von kranken, alten und pflegebedürftigen Personen.

Die Erteilung von Unterricht (z.B. Sprachunterricht) sowie sportliche und andere Freizeitaktivitäten fallen nicht darunter (Rz. 4 des BMF-Schreibens vom 15.02.2010).

Andere haushaltsnahe Beschäftigungsverhältnisse und haushaltsnahe Dienstleistungen, die nicht Handwerkerleistungen sind (§ 35a Abs. 2 EStG)

Erfasst werden haushaltsnahe Beschäftigungsverhältnisse, die nicht geringfügig sind, d.h. steuer- und sozialversicherungspflichtige Beschäftigungsverhältnisse. Begünstigt werden zudem vergleichbare haushaltsnahe Tätigkeiten, die nicht im Rahmen eines Arbeitsverhältnisses erbracht werden, sondern z.B. durch einen selbständigen Fensterputzer, Gärtner oder Pflegedienst.

Begünstigt sind ebenfalls Pflege- und Betreuungsleistungen sowie Aufwendungen, die einem Steuerpflichtigen wegen der Unterbringung in einem Heim oder zur dauernden Pflege erwachsen, soweit darin Kosten enthalten sind, die mit denen einer Hilfe im Haushalt vergleichbar sind (§ 35a Abs. 2 Satz 2 EStG).

Die Steuerermäßigung beträgt 20 % der Aufwendungen, maximal 4.000 €. Damit sind Aufwendungen von maximal 20.000 € begünstigt.

Handwerkerleistungen (§ 35a Abs. 3 EStG)

§ 35a Abs. 3 EStG gilt für alle **handwerklichen Tätigkeiten** für **Renovierungs-, Erhaltungs- und Modernisierungsmaßnahmen**, die in dem Haushalt des Steuerpflichtigen erbracht werden, unabhängig davon, ob es sich um regelmäßig vorzunehmende Renovierungsarbeiten oder kleinere Ausbesserungsarbeiten handelt, die auch durch Mitglieder des privaten Haushalts selbst erledigt werden könnten, oder um Erhaltungs- und Modernisierungsmaßnahmen, die im Regelfall nur von Fachkräften durchgeführt werden. Handwerkliche Tätigkeiten im Rahmen einer Neubaumaßnahme sind nicht begünstigt. Um eine doppelte Förderung zu vermeiden, sind öffentlich geförderte Maßnahmen, für die zinsverbilligte Darlehen oder steuerbefreite Zuschüsse in Anspruch genommen werden, ebenfalls nicht begünstigt (§ 35a Abs. 3 Satz 2 EStG).

Eine beispielhafte Aufzählung begünstigter und nicht begünstigter handwerklicher Tätigkeiten findet sich in Anlage 1 zum BMF-Schreiben vom 15.02.2010. Begünstigt sind beispielsweise:

- Wartung und Reparatur von Elektroanlagen,
- Wartung und Reparatur der Heizung,
- Montageleistungen beim Erwerb neuer Möbel oder einer Einbauküche,
- Leistungen des Schornsteinfegers,
- Arbeiten am Dach, an Bodenbelägen, an der Fassade, an Garagen sowie an Innen- und Außenwänden.

Die Steuerermäßigung beträgt 20 % der Aufwendungen, maximal 1.200 €. Damit sind Aufwendungen von bis zu 6.000 € begünstigt.

Gemeinsame Vorschriften

- **Ort der Tätigkeit** (§ 35a Abs. 4 EStG)

  Die Steuerermäßigung nach § 35a EStG kann nur in Anspruch genommen werden, wenn das Beschäftigungsverhältnis, die Dienstleistung oder die Handwerkerleistung in einem **in der EU** oder **dem EWR** liegenden **Haushalt des Steuerpflichtigen** erbracht wird (§ 35a Abs. 4 Satz 1 Halbs. 1 EStG). Bei Pflege- oder Betreuungsleistungen kann die Leistung auch in dem in der EU oder dem EWR liegenden **Haushalt (bzw. Heim bei Heimunterbringung) der gepflegten oder betreuten Person** erbracht werden (§ 35a Abs. 4 Satz 1 Halbs. 2, Satz 2 EStG).

- **Nachrangigkeit** (§ 35a Abs. 5 Satz 1 EStG)

  Die Steuerermäßigung kann nur für Aufwendungen in Anspruch genommen werden, die sich nicht vorrangig als **Betriebsausgaben**, **Werbungskosten**, **Sonderausgaben** oder **außergewöhnliche Belastungen** qualifizieren (§ 35a Abs. 5 Satz 1 EStG). Die Vorschrift des § 35a EStG ist gegenüber den diesbezüglichen Vorschriften **subsidiär**. **Gemischte Aufwendungen** (z.B. für eine Reinigungskraft, die auch das beruflich genutzte Arbeitszimmer reinigt), sind unter Berücksichtigung des zeitlichen Anteils aufzuteilen (Rz. 27 des BMF-Schreibens vom 15.02.2010). Können die Aufwendungen auch als **außergewöhnliche Belastungen** abgezogen werden (z.B. Beschäftigung einer Hilfe im Haushalt eines Behinderten), so kann für den Teil der Aufwendungen, der die zumutbare Belastung des § 33 Abs. 3 EStG übersteigt, die Steuerermäßigung des § 35a EStG in Anspruch genommen werden (Rz. 28 des BMF-Schreibens vom 15.02.2010).

Nimmt eine pflegebedürftige Person allerdings den **Behinderten-Pauschbetrag** nach § 33b Abs. 1 EStG in Anspruch, schließt dies eine Berücksichtigung der Pflegeaufwendungen nach § 35a EStG aus (Rz. 29 des BMF-Schreibens vom 15.02.2010). **Kinderbetreuungskosten**, die unter § 9c EStG fallen, können nicht zusätzlich nach § 35a EStG begünstigt werden (§ 35a Abs. 5 Satz 1 EStG). Dies gilt auch für den Teil der Aufwendungen, der zwei Drittel der Aufwendungen oder den Höchstbetrag von 4.000 € je Kind übersteigt (Rz. 30 des BMF-Schreibens vom 15.02.2010).

- **Arbeitskosten** (§ 35a Abs. 5 Satz 2 EStG)

Begünstigt nach § 35a Abs. 2 und 3 EStG sind nur **Arbeitskosten**, nicht jedoch Materialkosten. Zu den Arbeitskosten zählen auch die in Rechnung gestellten Maschinen- und Fahrtkosten (Rz. 35 des BMF-Schreibens vom 15.02.2010) sowie die auf die Arbeitskosten entfallende Umsatzsteuer.

Beispiel B.278:

A lässt sein Wohnzimmer neu tapezieren. Der Handwerker stellt eine Rechnung über 2.000 € zuzüglich 380 € Umsatzsteuer. Von diesem Betrag entfällt je die Hälfte auf Material (Tapeten) sowie auf die Arbeitsleistung.

Es handelt sich um eine Handwerkerleistung, die nach § 35a Abs. 3 EStG begünstigt ist. Begünstigt sind aber nur die Arbeitskosten (1.000 €) zuzüglich der darauf entfallenden Umsatzsteuer (190 €). Die Steuerermäßigung beträgt (20 % von 1.190 € =) 238 €.

Bei haushaltsnahen Beschäftigungsverhältnissen (§ 35a Abs. 1 oder 2 EStG) ist der Bruttoarbeitslohn zuzüglich der vom Arbeitgeber getragenen Sozialversicherungsbeiträge und pauschaler Lohnsteuer begünstigt (Rz. 32 des BMF-Schreibens vom 15.02.2010).

- **Rechnung und unbare Zahlung** (§ 35a Abs. 5 Satz 3 EStG)

Bei haushaltsnahen Dienstleistungen nach § 35a Abs. 2 EStG und Handwerkerleistungen nach § 35a Abs. 3 EStG ist Voraussetzung für die Steuerermäßigung, dass der Steuerpflichtige eine **Rechnung** erhalten hat und die Zah-lung **nicht in bar**, sondern **auf das Konto** des Empfängers erfolgt ist (Überweisung, Dauerauftrag, Lastschrifteinzug oder Bareinzahlung). Bis einschließlich VZ 2007 musste die unbare Zahlung durch einen Beleg des Kreditinstitutes nachgewiesen werden, d.h. der Nachweis musste im Rahmen der Steuererklärung beim Finanzamt ein-gereicht werden. Ab 2008 reicht es aus, wenn der Steuerpflichtige die Nachweise auf Verlangen des Finanzamts vorlegen kann.

Werden Leistungen nach § 35a EStG (z.B. Schornsteinfeger oder Wartung der Heizungsanlage) auf den Mieter im Rahmen der Nebenkosten umgelegt, so ist erforderlich, dass die auf den einzelnen Mieter entfallenden Aufwendungen durch eine Bescheinigung des Vermieters (z.B. im Rahmen der Jahresabrechnung) nachgewiesen sind (Rz. 42 des BMF-Schreibens vom 15.02.2010).

- **Haushaltsbezogene Betrachtungsweise** (§ 35a Abs. 5 Satz 4 EStG)

Leben **zwei Alleinstehende in einem Haushalt** zusammen, so können sie die Höchstbeträge insgesamt jeweils nur einmal in Anspruch nehmen (**haushaltsbezogene Betrachtungsweise**). Grundsätzlich kann jeder den hälftigen Abzugshöchstbetrag geltend machen, sofern nicht einvernehmlich eine andere Aufteilung gewählt wird (Rz. 50 des BMF-Schreibens vom 15.02.2010).

- **Mehrfache Inanspruchnahme der Steuerermäßigungen**

  Die Höchstbeträge der Abs. 1, 2 und 3 geltend unabhängig voneinander, d.h. der Steuerpflichtige kann die Steuerermäßigungen nach den einzelnen Absätzen kumulativ in Anspruch nehmen.

- **Anrechnungsüberhang**

  Entsteht bei einem Steuerpflichtigen ein Anrechnungsüberhang, so kann weder die Festsetzung einer negativen Einkommensteuer noch die Feststellung einer rück- oder vortragsfähigen Steuerermäßigung verlangt werden (Rz. 52 des BMF-Schreibens vom 15.02.2010). Ein Anrechnungsüberhang geht somit verloren.

9.5 Steuerermäßigung bei Belastung mit Erbschaftsteuer (§ 35b EStG)

§ 35b EStG sieht für Erbfälle, die nach dem 31.12.2008 eingetreten sind (§ 52 Abs. 50c EStG) eine Anrechnung der Erbschaftsteuer auf die Einkommensteuer vor. Zweck ist die **Vermeidung einer doppelten Belastung** mit Einkommensteuer und Erbschaftsteuer.

Bei der Ermittlung der Bemessungsgrundlage der Erbschaftsteuer sind **latente Einkommensteuerschulden nicht abziehbar**.

Beispiel B.279:

Rechtsanwalt R, der seinen Gewinn durch Einnahmen-Überschuss-Rechnung ermittelt hatte, vererbt seinem Sohn S u.a. Honorarforderungen in Höhe von 100.000 €, die diesem erst im Folgejahr zufließen und einem ESt-Satz von 42 % unterliegen.

Der Erbschaftsteuer unterliegt ein Betrag von 100.000 €, weil das Stichtagsprinzip den Abzug künftiger Verbindlichkeiten ausschließt und die in der Person des Erben entstehende künftige ESt-Schuld dem Grunde und der Höhe nach von dessen Verhältnissen, insbesondere seinen übrigen Einkünften, abhängt (BFH-Urteil vom 05.07.1978, BStBl II 1979, S. 23).

Bei wirtschaftlicher Betrachtung ist der Wert der Erbschaft allerdings um die latente (künftige) Einkommensteuerbelastung reduziert. Statt dies bei der Erbschaftsteuer zu berücksichtigen, wird die Erbschaftsteuer in einem ersten Schritt ohne Abzug der latenten ESt-Belastung ermittelt. In einem zweiten Schritt wird die Erbschaftsteuer nach § 35b EStG auf die Einkommensteuer angerechnet, wenn die Einkünfte im Veranlagungszeitraum des Erbfalles oder einem der vier nachfolgenden Veranlagungszeiträume beim Erben zu versteuern sind. In diesem Fall reduziert sich die Einkommensteuer, die auf die beim Erben zufließenden Einkünfte entfällt, um den in § 35b Satz 2 EStG bestimmten Prozentsatz. Dieser Prozentsatz bestimmt sich nach dem Verhältnis, in dem die festgesetzte Erbschaftsteuer zu dem Betrag steht, der sich ergibt, wenn dem erbschaftsteuerpflichtigen Erwerb die Freibeträge nach §§ 16, 17 ErbStG sowie der steuerfreie Betrag nach § 5 ErbStG hinzugerechnet werden.

Beispiel B.280:

Der Sachverhalt des vorhergehenden Beispiels wird fortgesetzt. Die Erbschaftsteuer ermittelt sich wie folgt:

Honorarforderungen	100.000 €
+ übriges Vermögen	+ 900.000 €
– Freibetrag nach § 16 Abs. 1 Nr. 2 EStG	– 400.000 €
Steuerpflichtiger Erwerb	600.000 €
→ Steuersatz 15 % (§ 19 Abs. 1 ErbStG) = Erbschaftsteuer	90.000 €

Der Prozentsatz der Steuerermäßigung ergibt sich nach dem Verhältnis, in dem die festgesetzte Erbschaftsteuer (90.000 €) zu dem Betrag steht, der sich ergibt, wenn dem erbschaftsteuerpflichtigen Erwerb (600.000 €) der Freibetrag nach § 16 ErbStG (400.000 €) wieder hinzugerechnet wird. Es ergibt sich ein Satz von (90 / (600 + 400) =) 9 %.

Die Ermittlung der festzusetzenden Einkommensteuer des Erben S sei wie folgt gegeben:

Einkünfte aus selbständiger Arbeit (Einzug Honorarforderungen des Erblassers R)	100.000 €
Übrige Einkünfte S	80.000 €
Summe der Einkünfte	180.000 €
– Sonderausgaben	– 10.000 €
Zu versteuerndes Einkommen	170.000 €
→ Anwendung des Steuertarifs (Grundtarif 2010)	63.228 €
– Steuerermäßigung Erbschaftsteuer (§ 35b EStG) (9 % von 63.228 · (100.000 / 180.000)) =	– 3.161 €
Festzusetzende Einkommensteuer	60.067 €

Für weitere Berechnungsbeispiele wird auf *J. Lüdicke / A. Fürwentsches* (DB 2009, S. 12, 17) verwiesen.

10 Sonderprobleme

Im Rahmen des vorliegenden Abschnitts sollen ausgewählte einkommensteuerliche Themenkomplexe behandelt werden, die auf Grund ihrer konzeptionellen und wirtschaftlichen Bedeutung besonders wichtig erscheinen, sich jedoch keinem der vorangegangenen Abschnitte zuweisen lassen bzw. mehrere dieser Abschnitte zugleich betreffen:

- Verlustverrechnung (Abschnitt B.10.1),
- Behandlung wiederkehrender Leistungen (Abschnitt B.10.2),
- Steuerliche Behandlung der Altersvorsorge (Abschnitt B.10.3).

10.1 Verlustverrechnung

Die Einkünfte einer Einkunftsart ermitteln sich als Saldo der Betriebseinnahmen und Betriebsausgaben (im Falle der Gewinneinkunftsarten) bzw. als Saldo der Einnahmen und Werbungskosten (im Falle der Überschusseinkunftsarten). Aus der Definition der Einkünfte als Saldogröße folgt, dass die Einkünfte aus einer Einkunftsart nicht nur positiv, sondern auch negativ sein können. Verluste eines Steuerpflichtigen reduzieren dessen Konsummöglichkeiten und mindern damit seine wirtschaftliche Leistungsfähigkeit. Negative Einkünfte können daher grundsätzlich mit anderen, positiven Einkünften ausgeglichen werden. Das deutsche Einkommensteuerrecht sieht in diesem Zusammenhang eine dreistufige Vorgehensweise vor:

1. Stufe: Interner, horizontaler Verlustausgleich

Zunächst sind Verluste aus einer Einkunftsquelle (z.B. einem Mietshaus im Rahmen der Einkünfte aus Vermietung und Verpachtung) mit positiven Einkünften **anderer Einkunftsquellen derselben Einkunftsart** auszugleichen.

2. Stufe: Externer, vertikaler Verlustausgleich

In einem zweiten Schritt können die negativen Einkünfte aus einer Einkunftsart mit den positiven Einkünften aus den **übrigen Einkunftsarten** ausgeglichen werden.

3. Stufe: Verlustabzug

Verbleibt nach Durchführung des internen und des externen Verlustausgleichs noch ein negativer Gesamtbetrag der Einkünfte, so kann dieser in den unmittelbar vorangegangenen Veranlagungszeitraum **zurückgetragen** sowie in die nachfolgenden Veranlagungszeiträume **zeitlich unbegrenzt vorgetragen** und im Zieljahr mit einem positiven Gesamtbetrag der Einkünfte verrechnet werden (§ 10d EStG).

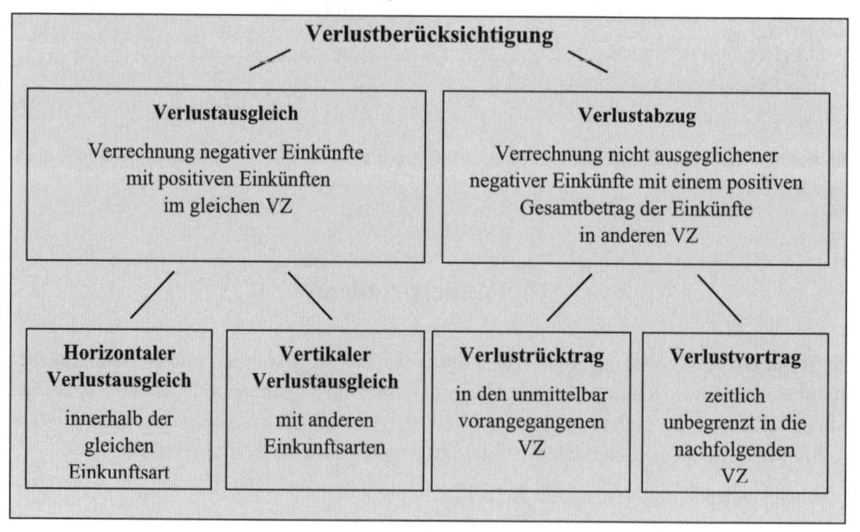

Abbildung B.35: Verlustberücksichtigung

10.1.1 Verlustausgleich

Zunächst ist innerhalb der jeweiligen Einkunftsart ein **interner Verlustausgleich** durchzuführen. Verluste einzelner Einkunftsquellen sind mit positiven Einkünften anderer Einkunftsquellen derselben Einkunftsart auszugleichen. Soweit keine Verlustausgleichsbeschränkungen bei der jeweiligen Einkunftsart bestehen, können negative Einkünfte einer Einkunftsart in einem zweiten Schritt mit positiven Einkünften der übrigen Einkunftsarten ausgeglichen werden (**externer Verlustausgleich**). Der interne Verlust-ausgleich hat dabei Vorrang vor dem externen Verlustausgleich. Verbleiben nach dem (internen und externen) Verlustausgleich noch nicht ausgeglichene Verluste, so stehen diese für den **Verlustrücktrag** sowie den **Verlustvortrag** nach § 10d EStG zur Verfügung (siehe den nachfolgenden Abschnitt).

Allerdings ist sowohl der interne als auch der externe Verlustausgleich einer Reihe von **Beschränkungen** unterworfen:

- **Verluste aus gewerblicher Tierzucht und Tierhaltung**

  Weder ein **interner Verlustausgleich** mit anderen gewerblichen Einkünften noch ein **externer Verlustausgleich** mit anderen Einkunftsarten ist für Verluste aus gewerblicher Tierzucht und Tierhaltung möglich (§ 15 Abs. 4 Satz 1 EStG). Allerdings können solche Verluste mit Gewinnen aus gewerblicher Tierzucht oder Tierhaltung im unmittelbar vorangegangenen und in den nachfolgenden Wirtschaftsjahren verrechnet werden (§ 15 Abs. 4 Satz 2 EStG). Zur Abgrenzung der gewerblichen Tierzucht und Tierhaltung von den Einkünften aus Land- und Forstwirtschaft sei auf die Ausführungen in Abschnitt B.7.1.1 verwiesen.

- **Verluste aus gewerblichen Termingeschäften**

  Verluste aus gewerblichen Termingeschäften können ebenfalls nur mit Gewinnen aus entsprechenden Geschäften desselben Veranlagungszeitraums ausgeglichen bzw. in den unmittelbar vorangegangenen Veranlagungszeitraum zurück- und die nachfolgenden Veranlagungszeiträume vorgetragen und in diesen Jahren mit Gewinnen aus gewerblichen Termingeschäften verrechnet werden (§ 15 Abs. 4 Satz 3 EStG). Das Verlustausgleichsverbot gilt nicht für Termingeschäfte, die der Absicherung von Geschäften des gewöhnlichen Geschäftsverkehrs dienen (§ 15 Abs. 4 Satz 4 Alt. 2 EStG). Bei Termingeschäften, die zum gewöhnlichen Geschäftsbetrieb bei Kredit-instituten, Finanzdienstleistungsinstituten und Finanzierungsunternehmen i.S.d. KWG gehören, gilt das Verlustausgleichsverbot nur, soweit diese Geschäfte der Absicherung von Aktiengeschäften dienen, bei denen der Veräußerungsgewinn nach § 3 Nr. 40 Satz 1 Buchst. a, b EStG oder § 8b Abs. 2 KStG teilweise oder ganz steuerbefreit ist (§ 15 Abs. 4 Satz 4 Alt. 1, Satz 5 EStG).

- **Negative Einkünfte aus Kapitalvermögen**

  Gemäß § 20 Abs. 6 Satz 2 EStG dürfen Verluste aus Kapitalvermögen nicht mit positiven Einkünften aus anderen Einkunftsarten ausgeglichen werden. Verluste aus der Veräußerung von Aktien können zudem nur mit Gewinnen aus der Veräußerung von Aktien ausgeglichen werden (§ 20 Abs. 6 Satz 5 EStG). Verbleibende Verluste können nur im Rahmen eines Verlustvortrags (nicht aber Verlustrücktrags) mit positiven Einkünften aus Kapitalvermögen bzw. mit positiven Einkünften aus der Veräußerung von Aktien in künftigen VZ ausgeglichen werden, siehe ausführlicher Abschnitt B.7.5.7.

- **Verluste aus privaten Veräußerungsgeschäften**

  Nicht von dem internen, wohl aber von dem externen Verlustausgleich ausgeschlossen sind Verluste aus privaten Veräußerungsgeschäften (§ 23 Abs. 3 Satz 7 EStG). Diese dürfen nur mit Gewinnen aus privaten Veräußerungsgeschäften desselben Veranlagungszeitraums ausgeglichen sowie in den unmittelbar vorangegangenen Veranlagungszeitraum zurück- und die nachfolgenden Veranlagungszeiträume vorgetragen und in diesen mit Gewinnen aus privaten Veräußerungsgeschäften verrechnet werden (§ 23 Abs. 3 Satz 8 EStG, vgl. Abschnitt B.7.7.5.4).

Zur Verrechnung von sog. **Altverlusten** (Verluste aus der Veräußerung von vor dem 01.01.2009 für das Privatvermögen erworbenen Wirtschaftsgütern bis zum 31.12.2013) mit Veräußerungsgewinnen nach § 20 Abs. 2 EStG bei den Einkünften aus Kapitalvermögen siehe Abschnitt B.7.5.7.

- **Negative Einkünfte aus sonstigen Leistungen**

  Auch negative Einkünfte aus sonstigen Leistungen i.S.d. § 22 Nr. 3 EStG dürfen nur in den unmittelbar vorangegangenen VZ zurückgetragen und danach zeitlich unbegrenzt vorgetragen und im Zieljahr mit positiven Einkünften aus sonstigen Leistungen verrechnet werden (§ 22 Nr. 3 Sätze 3, 4 EStG, vgl. Abschnitt B.7.7.6).

- **Negative ausländische Einkünfte (§ 2a EStG)**

  Negative ausländische Einkünfte aus einer der in § 2a Abs. 1 EStG aufgezählten Einkunftsquellen dürfen nur mit positiven Einkünften der jeweils selben Art aus demselben Staat ausgeglichen werden (siehe Abschnitt B.10.1.3). Ein Rücktrag in den vorangegangenen Veranlagungszeitraum ist nicht möglich, wohl aber ein Vortrag in die nachfolgenden Veranlagungszeiträume (§ 2a Abs. 1 Satz 3 EStG). Die Ausgleichsbeschränkung gilt nur im Verhältnis zu **Drittstaaten**, nicht aber im Verhältnis zu EU-Staaten. Sie gilt auch nicht im Verhältnis zu EWR-Staaten, sofern diese Auskünfte nach einem Amtshilfeabkommen erteilen.

- **Verluste bei beschränkter Haftung (§ 15a EStG)**

  Verluste eines beschränkt haftenden Gesellschafters einer gewerblichen Mitunternehmerschaft, die zu einem negativen Kapitalkonto des Gesellschafters führen oder ein solches erhöhen, sind nach § 15a EStG vom internen und externen Verlustausgleich ausgeschlossen (siehe Abschnitt B.10.1.4). Sie können nur mit zukünftigen Gewinnen aus derselben Beteiligung verrechnet werden (§ 15a Abs. 2 EStG). § 15a EStG ist sinngemäß auch bei den anderen Gewinneinkunftsarten sowie den Einkünften aus Vermietung und Verpachtung anzuwenden (§§ 13 Abs. 7, 18 Abs. 4 Satz 2, 21 Abs. 1 Satz 2 EStG).

- **Verluste im Zusammenhang mit Steuerstundungsmodellen (§ 15b EStG)**

  Für Einkunftsquellen, die der Steuerpflichtige nach dem 10.11.2005 erworben oder begründet hat, ist zudem § 15b EStG zu beachten. Danach können Verluste aus der Beteiligung an Steuerstundungsmodellen weder mit Einkünften aus Gewerbebetrieb noch mit Einkünften aus anderen Einkunftsarten ausgeglichen werden. Die Verluste mindern aber die positiven Einkünfte, die der Steuerpflichtige in den folgenden Wirtschaftsjahren aus derselben Einkunftsquelle erzielt (§ 15b Abs. 1 EStG) (siehe Abschnitt B.10.1.5).

Der am Schluss eines Veranlagungszeitraums verbleibende Verlustvortrag ist jeweils nach den Vorschriften des § 10d Abs. 4 EStG gesondert festzustellen.

Beispiel B.281:

Der Steuerpflichtige A erzielt in 01 positive Einkünfte aus Gewerbebetrieb (45.000 €), positive Einkünfte aus der Vermietung eines Mietshauses 1 (10.000 €), negative Einkünfte aus der Vermietung eines weiteren Mietshauses 2 (– 15.000 €), einen Gewinn aus einem privaten Veräußerungsgeschäft 1 (5.000 €) sowie einen Verlust aus einem weiteren privaten Veräußerungsgeschäft 2 (– 30.000 €).

Einkünfte aus Gewerbebetrieb		45.000 €
Einkünfte aus Vermietung und Verpachtung		
Mietshaus 1	10.000 €	
Mietshaus 2	– 15.000 €	– 5.000 €
Sonstige Einkünfte		
Privates Veräußerungsgeschäft 1	5.000 €	
Privates Veräußerungsgeschäft 2	(– 30.000 €)	0 €
= Summe der Einkünfte		40.000 €

Sowohl bei den Einkünften aus Vermietung und Verpachtung als auch bei den privaten Veräußerungsgeschäften ist zunächst ein interner Verlustausgleich vorzunehmen. Bei den Einkünften aus Vermietung und Verpachtung steht der Verlust, der beim internen Verlustausgleich nicht genutzt werden kann (5.000 €) uneingeschränkt für den externen Verlustausgleich zur Verfügung. Bei den privaten Veräußerungsgeschäften kann der beim internen Verlustausgleich nicht ausgleichsfähige Verlust (25.000 €) aber nur im Rahmen eines Verlustrück- bzw. -vortrags mit Gewinnen aus privaten Veräußerungsgeschäften im jeweiligen Zieljahr ausgeglichen werden (§ 23 Abs. 3 Satz 8 EStG).

10.1.2 Verlustabzug

Verluste, die nicht im Wege des (internen und externen) Verlustausgleichs mit positiven Einkünften verrechnet werden können (siehe den vorangegangenen Abschnitt), können gemäß § 10d EStG in andere Veranlagungszeiträume zurück- bzw. vorgetragen und im Zieljahr zum Ausgleich mit entsprechenden positiven Einkünften verwendet werden.

10.1.2.1 Grundkonzeption des § 10d EStG

Negative Einkünfte, die bei der Ermittlung des Gesamtbetrags der Einkünfte nicht ausgeglichen werden, können zunächst in den vorangegangenen Veranlagungszeitraum **zurückgetragen** werden. Gemäß § 10d Abs. 1 Satz 1 EStG ist der Verlustrücktrag auf 511.500 € beschränkt; bei zusammen veranlagten Ehegatten verdoppelt sich dieser Betrag auf 1.023.000 €. Auf Antrag des Steuerpflichtigen kann auf den Verlustrücktrag ganz oder teilweise verzichtet werden (§ 10d Abs. 1 Sätze 5, 6 EStG).

Da ein negativer Gesamtbetrag der Einkünfte vor- bzw. zurückgetragen werden kann, gehen Beträge, die erst nach Ermittlung des Gesamtbetrags der Einkünfte im Verlustjahr ab-gezogen werden können (insbesondere Sonderausgaben und außergewöhnliche Belastungen) verloren.

Ein nach dem Verlustrücktrag verbleibender Betrag ist **zeitlich unbegrenzt** in die dem Verlustjahr folgenden Veranlagungszeiträume **vorzutragen**. Auf den Verlustvortrag kann, im Gegensatz zum Verlustrücktrag, nicht nach Wahl des Steuerpflichtigen ganz oder teilweise verzichtet werden. Der am Ende eines Veranlagungszeitraums verbleibende Verlustvortrag ist gesondert festzustellen (§ 10d Abs. 4 EStG).

Der Verlustabzug ist im Zieljahr ausdrücklich vorrangig vor Sonderausgaben, außergewöhnlichen Belastungen und sonstigen Abzugsbeträgen vom Gesamtbetrag der Einkünfte abzuziehen (vgl. das Einkommensermittlungsschema in Abschnitt B.3.7). Sonderausgaben, außergewöhnliche Belastungen sowie der Grundfreibetrag des § 32a Abs. 1 Nr. 1 EStG im Zieljahr gehen dem Steuerpflichtigen somit verloren. Lediglich im Hinblick auf den Verlustrücktrag gilt dies nicht, da der Steuerpflichtige die Höhe des Rücktrags gemäß § 10d Abs. 1 Satz 5 EStG selbst bestimmen kann.

Im Falle des Verlustrücktrages ist ein bereits erlassener Steuerbescheid gegebenenfalls zu ändern. Zu viel gezahlte Steuern sind zu erstatten (§ 10d Abs. 1 Satz 3 EStG).

Zusätzlich muss beachtet werden, dass der Verlustabzug vom Gesamtbetrag der Einkünfte, d.h. erst nach Abzug des Altersentlastungsbetrags (§ 24a EStG), des Entlastungsbetrags für Alleinerziehende (§ 24b EStG) und des Freibetrags für Land- und Forstwirte (§ 13 Abs. 3 EStG), vorzunehmen ist.

Beispiel B.282:

Die alleinerziehende Mutter A erzielt in 01 einen negativen Gesamtbetrag der Einkünfte von 25.000 €. Im Veranlagungszeitraum 02 erzielt sie positive Einkünfte aus Gewerbebetrieb i.H.v. 20.000 €. Über weitere Einkünfte in 02 verfügt A nicht. Zudem kann A gemäß § 24b EStG in 02 einen Entlastungsbetrag für Alleinerziehende i.H.v. 1.308 € geltend machen. Sonderausgaben kann A für 02 i.H.v. 7.500 € nachweisen.

In 02 ergibt sich folgende Veranlagung:

	Einkünfte aus Gewerbebetrieb	20.000 €
–	Entlastungsbetrag für Alleinerziehende	– 1.308 €
=	Gesamtbetrag der Einkünfte	18.692 €
–	Verlustabzug	– 18.692 €
=	zu versteuerndes Einkommen 02	0 €

Zum 31.12.02 ist ein verbleibender Verlustabzug von (25.000 – 18.692 =) 6.308 € festzustellen. Die Sonderausgaben 02 in Höhe von 7.500 € wirken sich zu keinem Zeitpunkt steuermindernd aus, da der Verlustabzug vorrangig vor Sonderausgaben zu berücksichtigen ist und auf den Verlustvortrag (im Gegensatz zum Verlustrücktrag) nicht ganz oder teilweise verzichtet werden kann.

Beispiel B.283:

Der ledige steuerpflichtige B hatte in 01 positive Einkünfte aus Gewerbebetrieb von 30.000 € erzielt. Zudem waren in 01 Sonderausgaben von 7.000 € und außergewöhnliche Belastungen von 2.000 € zu berücksichtigen. In 02 erzielt er negative Einkünfte aus Gewerbebetrieb von 40.000 €. Die Sonderausgaben 02 betragen 6.000 €, die außergewöhnlichen Belastungen 02 betragen 1.000 €.

Rücktragsfähig ist der negative Gesamtbetrag der Einkünfte 02 von 40.000 €. Da die Sonderausgaben und außergewöhnlichen Belastungen 02 erst nach der Ermittlung des Gesamtbetrags der Einkünfte abgezogen werden, gehen sie für den Verlustabzug verloren.

Auf den Verlustrücktrag in das Jahr 01 kann gemäß § 10d Abs. 1 Satz 5 EStG ganz oder teilweise verzichtet werden. Damit die Sonderausgaben (7.000 €), die außergewöhnlichen Belastungen (2.000 €) sowie der Grundfreibetrag in 01 (8.004 €, Tarif 2010) nicht ohne Auswirkung bleiben, sollte in das Jahr 01 höchstens ein Betrag von 12.996 € zurückgetragen werden.

Damit ergibt sich für 01 folgende Veranlagung:

Einkünfte aus Gewerbebetrieb	30.000 €
– Verlustabzug	– 12.996 €
– Sonderausgaben	– 7.000 €
– außergewöhnliche Belastungen	– 2.000 €
= zu versteuerndes Einkommen	8.004 €
→ Anwendung des Grundtarifs 2010: Tarifliche Einkommensteuer	0 €

10.1.2.2 Mindestbesteuerung

Für den Verlustvortrag ist eine **zeitliche Begrenzung nicht vorgesehen**. Ein negativer Gesamtbetrag der Einkünfte kann somit solange als Verlustvortrag vorgetragen werden, bis in einem Vortragsjahr ein entsprechender positiver Gesamtbetrag der Einkünfte zur Verfügung steht. Lediglich eine **Vererbung** des Verlustvortrags ist nach Änderung der Rechtsprechung (BFH-Beschluss vom 17.12.2007, BStBl II 2008, S. 608) für Todesfälle ab dem 13.03.2008 nicht mehr möglich.

Ab 2004 ist der Verlustvortrag allerdings im Rahmen der sog. „**Mindestbesteuerung**" (§ 10d Abs. 2 EStG) **betragsmäßig beschränkt**. Der Verlustabzug in dem einzelnen Vortragsjahr ist danach in zwei Schritten zu prüfen:

1. Schritt:

Ein positiver Gesamtbetrag im Vortragsjahr kann zunächst bis zur Höhe von 1 Mio. € unbeschränkt mit einem Verlustvortrag verrechnet werden. Bei zusammen veranlagten Ehegatten verdoppelt sich dieser Betrag auf 2 Mio. €.

2. Schritt:

Übersteigt der (positive) Gesamtbetrag der Einkünfte im Vortragsjahr 1 Mio. € (bzw. 2 Mio. €), so kann der übersteigende Betrag nur zu 60 % mit einem Verlustvortrag verrechnet werden.

Beispiel B.284:

A, ledig, hat in den Jahren 01 bis 03 einen Verlustvortrag von 4.000.000 € angesammelt. In 04 erzielt er einen positiven Gesamtbetrag der Einkünfte von 700.000 €, in 05 von 1.500.000 €. Die Sonderausgaben 04 und 05 betragen jeweils 10.000 €.

In 04 ergibt sich keine Begrenzung nach § 10d Abs. 2 EStG, da der Gesamtbetrag der Einkünfte den Betrag von 1 Mio. € nicht übersteigt. Zum 31.12.04 verbleibt somit noch ein Verlustvortrag von 3.300.000 €.

In 05 greifen die Vorschriften zur Mindestbesteuerung:

Gesamtbetrag der Einkünfte 05		1.500.000 €
–	Verlustabzug:	
	unbeschränkt abzugsfähig	– 1.000.000 €
	übersteigender Betrag (500.000 €) zu 60 % abzugsfähig	– 300.000 €
–	Sonderausgaben 05	– 10.000 €
=	zu versteuerndes Einkommen	190.000 €
Verlustvortrag 31.12.04		3.300.000 €
–	genutzt in 05	– 1.300.000 €
Verlustvortrag 31.12.05		2.000.000 €

Die Vorschriften zur Mindestbesteuerung sollen sicherstellen, dass ein Steuerpflichtiger mit hohen Verlustvorträgen aus der Vergangenheit, aber mit gegenwärtig hohen positiven Einkünften, wenigstens ein Minimum an Steuern zahlt. Durch die Vorschriften zur Mindestbesteuerung gehen Verlustvorträge nicht verloren, allerdings können die Verlustvorträge erst später genutzt werden (zeitliche Streckung der Verlustnutzung).

10.1.3 Negative ausländische Einkünfte

Unbeschränkt Steuerpflichtige unterliegen i.S.d. Welteinkommensprinzips sowohl mit ihren inländischen wie mit ihren ausländischen Einkünften i.S.d. § 2 Abs. 1 EStG der deutschen Einkommensteuerpflicht. Neben positiven ausländischen Einkünften werden grundsätzlich auch negative ausländische Einkünfte berücksichtigt.

Der Gesetzgeber hat die Verlustverrechnung für ausländische Verluste durch die Einfügung des § 2a EStG zum Veranlagungszeitraum 1983 allerdings stark eingeschränkt. Zweck dieser Vorschrift ist es, Verlustzuweisungsmodellen im Ausland, die für die deutsche Volkswirtschaft keinen erkennbaren Nutzen stiften, die Grundlage zu entziehen (vgl. BT-Drucksache 9/2074, S. 62).

In § 2a Abs. 1 EStG hat der Gesetzgeber einen Katalog von schädlichen Einkunftsquellen aufgenommen, für die grundsätzlich weder ein Verlustausgleich noch ein Verlustabzug nach § 10d EStG möglich ist. Derartige Verluste dürfen grundsätzlich nur mit positiven Einkünften der jeweils selben Art (d.h. derselben Katalognummer des § 2a Abs. 1 EStG) aus demselben Staat verrechnet werden. Verluste, die auf diese Weise in einem Jahr nicht ausgeglichen werden können, sind in zukünftige Veranlagungszeiträume vorzutragen und können im Zieljahr mit positiven Einkünften der jeweils selben Art aus demselben Staat verrechnet werden (§ 2a Abs. 1 Satz 3 EStG). Ein Rücktrag in den vorhergehenden Veranlagungszeitraum ist nicht möglich.

Auf eine Aufzählung und Beschreibung der Katalognummern des § 2a Abs. 1 EStG soll an dieser Stelle verzichtet werden. Hierfür sei beispielsweise auf *O. H. Jacobs* (2011), S. 390 f. verwiesen.

Seit dem JStG 2009 vom 19.12.2008 (BGBl I 2008, S. 2794) gilt das Ausgleichs- und Abzugsverbot des § 2a EStG (auch mit Wirkung für die Vergangenheit, § 52 Abs. 3 Satz 2 EStG) nur noch im Verhältnis zu **Drittstaaten**.

Keine Drittstaaten sind nach § 2a Abs. 2a EStG:

- sämtliche **EU-Staaten**, ohne dass weitere Voraussetzungen erfüllt sein müssten,
- **EWR-Staaten**, wenn ein Amtshilfe- und Auskunftsrecht besteht. Dies betrifft Island, Norwegen und, nachdem der Bundesrat am 09.07.2010 dem Amtshilfeabkommen mit Liechtenstein zugestimmt hat, nun auch Liechtenstein.

Zwar werden von dem Verlustausgleichs- und -abzugsverbot des § 2a Abs. 1 EStG auch Verluste aus einer in einem ausländischen Staat belegenen gewerblichen Betriebsstätte erfasst (§ 2a Abs. 1 Nr. 2 EStG). Ausgenommen von dem Verlustausgleichs- und -abzugsverbot, quasi als Ausnahme von der Ausnahme, sind jedoch gemäß § 2a Abs. 2 EStG Verluste aus einer ausländischen gewerblichen Betriebsstätte, sofern diese ausschließlich oder fast ausschließlich mit bestimmten aktiven Geschäften befasst ist (**Aktivitätsklausel**), nämlich

- der Herstellung oder Lieferung von Waren (außer Waffen),
- der Gewinnung von Bodenschätzen oder
- der Erbringung von Dienstleistungen, ausgenommen Dienstleistungen des Fremdenverkehrs sowie Vermietungs- und Verpachtungsleistungen.

Abschließend sei darauf hingewiesen, dass die Verlustausgleichs- und -abzugsbeschränkung des § 2a Abs. 1 EStG im Hinblick auf Verluste aus einer im Ausland belegenen Betriebsstätte nur dann eine wichtige Wirkung entfaltet, wenn mit dem entsprechenden Staat kein Doppelbesteuerungsabkommen (DBA) abgeschlossen wurde. Da in DBA regelmäßig vereinbart ist, dass Gewinne und Verluste aus einer Betriebsstätte nur im Belegenheitsstaat zu berücksichtigen sind, kommt ein Verlustausgleich bzw. -abzug von Verlusten aus ausländischen Betriebsstätten im Inland unabhängig von § 2a EStG nicht in Frage.

§ 2a EStG schließt nicht nur den Verlustausgleich und Verlustabzug, sondern auch den **negativen Progressionsvorbehalt** im Hinblick auf negative Drittstaateneinkünfte aus. Insoweit wirkt sich § 2a EStG auch im Verhältnis zu Drittstaaten mit DBA aus (*W. Heinicke* in: L. Schmidt (2010), § 2a, Rz. 46).

10.1.4 Verluste bei beschränkter Haftung (§ 15a EStG)

10.1.4.1 Problematik

Nach § 171 Abs. 1 HGB ist die Haftung des Kommanditisten einer KG auf die Höhe seiner Einlage beschränkt. Eine persönliche Haftung des Kommanditisten besteht nur insoweit, wie die gemäß § 162 Abs. 1 HGB ins Handelsregister einzutragende Hafteinlage noch nicht geleistet ist.

Gewinne einer Personengesellschaft werden den Kapitalkonten der Gesellschafter gutgeschrieben, Verluste werden den Kapitalkonten der Gesellschafter belastet. Übersteigen die auf einen Gesellschafter entfallenden Verluste seine Einlage, so wird dies handels- und steuerrechtlich durch ein negatives Kapitalkonto dokumentiert. Die Führung eines negativen Kapitalkontos ist nicht nur für persönlich haftende Gesellschafter, d.h. für Gesellschafter einer OHG sowie Komplementäre einer KG, sondern auch für die Kommanditisten einer KG möglich (BFH-Urteil vom 10.11.1980, BStBl II 1981, S. 164). Während die Gesellschafter einer OHG sowie die Komplementäre einer KG jedoch in unbegrenzter Höhe für Verbindlichkeiten der Gesellschaft haften, zeigt ein negatives Kapitalkonto für einen Kommanditisten einer KG keine Nachschusspflicht oder persönliche Haftungsverpflichtung gegenüber den Gläubigern an. Vielmehr mindert ein negatives Kapitalkonto eines Kommanditisten nur seine Ansprüche auf zukünftige Gewinne. Der Kommanditist kann die Auszahlung künftiger Gewinne erst dann verlangen, wenn die ins Handelsregister eingetragene Hafteinlage wieder erreicht ist (§ 169 Abs. 1 HGB).

Verluste aus einer Einkunftsquelle können grundsätzlich mit Gewinnen aus anderen Einkunftsquellen derselben Einkunftsart (interner Verlustausgleich) sowie mit positiven Einkünften anderer Einkunftsarten (externer Verlustausgleich) ausgeglichen werden. Darüber hinaus ist ein Verlustabzug nach den Vorschriften des § 10d EStG möglich, d.h. ein Verlustrücktrag in den vorhergehenden Veranlagungszeitraum sowie ein Verlustvortrag in die nachfolgenden Veranlagungszeiträume, siehe hierzu ausführlich Abschnitt B.10.1.2.

Die Vorschriften zum Verlustausgleich und Verlustabzug gelten grundsätzlich auch für Verluste aus der Beteiligung als Kommanditist an einer KG. Eine steuerliche Berücksichtigung von Verlusten eines Kommanditisten, die über seine Einlage hinausgehen, d.h. zu einem negativen Kapitalkonto führen, widerspricht jedoch dem Grundsatz der Besteuerung nach der Leistungsfähigkeit, da die Verluste den Kommanditisten auf Grund der fehlenden Haftungsverpflichtung weder rechtlich noch wirtschaftlich belasten. Eine wirtschaftliche Belastung entsteht nur, wenn und soweit in späteren Jahren Gewinne entstehen. § 15a EStG beschränkt daher den Verlustausgleich und Verlustabzug für Kommanditisten auf die Höhe der tatsächlichen Einlage des Kommanditisten zuzüglich einer eventuell noch ausstehenden Hafteinlage.

Vor Einführung des § 15a EStG zum 01.01.1980 hatten sich als Folge der unbegrenzten Abzugsfähigkeit von Kommanditverlusten sog. Verlustzuweisungs- oder Abschreibungsgesellschaften in der Rechtsform einer KG gebildet, deren vordringliches Ziel in der Weiterreichung von Anfangsverlusten an ihre Gesellschafter bestand. Wesentliches Ziel des § 15a EStG ist es, solchen Modellen die steuerliche Grundlage zu nehmen.

Verluste können zwar nur abgezogen werden, wenn zumindest Gewinnerzielungsabsicht vorliegt, und das ausschließliche Ziel, Steuervorteile zu erreichen, stellt keine Gewinnerzielungsabsicht in diesem Sinne dar (§ 15 Abs. 2 Satz 2 EStG). Es reicht für die Ausgleichsfähigkeit von Anfangsverlusten jedoch aus, wenn die Erzielung eines Totalgewinns über die gesamte Lebensdauer des Unternehmens Nebenzweck ist. Da es in den meisten Fällen kaum nachzuweisen ist, dass die Erzielung eines Totalgewinns nicht zumindest Nebenzweck ist, konnten Anfangsverluste von Verlustzuweisungs- oder Abschreibungsgesellschaften vor der Einführung des § 15a EStG in vielen Fällen mit den übrigen Einkünften der Kommanditisten verrechnet werden.

10.1.4.2 Grundkonzeption des § 15a EStG

Aus wirtschaftlicher Sicht entfallen auf den Kommanditisten Verluste maximal bis zur Höhe seiner tatsächlichen Einlage, die seinem Kapitalkonto entspricht, sowie einer eventuell noch ausstehenden Hafteinlage, d.h. der (positiven) Differenz zwischen der ins Handelsregister eingetragenen Hafteinlage und der tatsächlichen Einlage, da der Kommanditist im Falle einer noch ausstehenden Einlage insoweit nachschusspflichtig ist. Aus dieser Einsicht heraus regelt § 15a EStG Folgendes:

- **Beschränkung des Verlustausgleichs und Verlustabzugs** (§ 15a Abs. 1 EStG)

  Ein Verlustausgleich oder ein Verlustabzug ist im Hinblick auf Verluste aus einer Kommanditbeteiligung nur möglich

  - in Höhe des **Kapitalkontos** des Kommanditisten, auch wenn dieses die Hafteinlage übersteigt (§ 15a Abs. 1 Satz 1 EStG) sowie
  - in Höhe einer eventuell **noch ausstehenden Hafteinlage** (§ 15a Abs. 1 Satz 2 EStG), da der Kommanditist insoweit nachschusspflichtig ist. In Höhe einer noch ausstehenden Hafteinlage kann somit ein Verlustausgleich bzw. Verlustabzug auch dann geltend gemacht werden, wenn der Verlust zu einem negativen Kapitalkonto führt oder ein solches erhöht (**erweiterter Verlustausgleich bzw. -abzug**, vgl. R 15a Abs. 3 EStR).

- **Gesonderte Feststellung des verrechenbaren Verlustes** (§ 15a Abs. 4 EStG)

  Ein auf Grund der Vorschrift des § 15a Abs. 1 EStG nicht ausgleichs- bzw. abzugsfähiger Verlust wird gemäß § 15a Abs. 4 EStG jährlich gesondert festgestellt (sog. **verrechenbarer Verlust**).

- **Abzug des verrechenbaren Verlustes von künftigen Gewinnen aus dieser Beteiligung** (§ 15a Abs. 2 EStG)

  Der verrechenbare Verlust kann nur mit zukünftigen Gewinnen aus der Beteiligung ausgeglichen werden. Künftige Gewinne aus der Beteiligung sind somit erst dann steuerpflichtig, wenn und soweit sie den als verrechenbaren Verlust bezeichneten, nach § 15a Abs. 4 EStG gesondert festgestellten Betrag übersteigen (§ 15a Abs. 2 EStG). Eine zeitliche Begrenzung der Verrechnung des verrechenbaren Verlustes mit zukünftigen Gewinnen aus dieser Beteiligung ist nicht vorgesehen. Das Verfahren der gesonderten Feststellung wird durch §§ 179 ff. AO geregelt.

Hingegen enthält § 15a EStG **kein Verlustzurechnungsverbot**. Verluste, die handelsrechtlich auf den Kommanditisten entfallen, werden diesem auch insoweit zugerechnet, wie sie zu einem negativen Kapitalkonto führen; sie sind bei diesem allerdings nur unter Beachtung des § 15a EStG abziehbar. Nicht möglich ist es, die handelsrechtlich auf den Kommanditisten entfallenden Verluste für steuerliche Zwecke dem Komplementär zuzurechnen. Etwas anderes gilt allerdings dann, wenn feststeht, dass keine zukünftigen Gewinne mehr entstehen werden, die zu einem Ausgleich des negativen Kapitalkontos des Kommanditisten verwendet werden könnten, z.B. weil die KG aufgelöst wird, und der Komplementär diese Verluste übernehmen muss. Auf die Behandlung des negativen Kapitalkontos eines Kommanditisten bei der Liquidation einer KG und beim Ausscheiden des Kommanditisten aus der KG wird in Abschnitt B.10.1.4.5 eingegangen.

Beispiel B.285:

Der Kommanditist K ist zu 50 % am Vermögen sowie am Gewinn und Verlust der gewerblichen X-GmbH & Co. KG beteiligt. Er leistet am 01.01. des Jahres 01 die Hafteinlage i.H.v. 25.000 €. Auf K entfällt in 01 und 02 ein Verlust aus dieser Beteiligung i.H.v. je 15.000 € sowie in 03 ein Gewinn i.H.v. 12.500 €.

Das Kapitalkonto des K wird wie folgt fortgeschrieben:

Kapitalkonto zum 01.01.01	25.000 €
– Verlust 01	– 15.000 €
= Kapitalkonto zum 31.12.01	10.000 €

–	Verlust 02	– 15.000 €
=	Kapitalkonto zum 31.12.02	– 5.000 €
+	Gewinn 03	+ 12.500 €
=	Kapitalkonto zum 31.12.03	+ 7.500 €

Den Verlust in 01 kann K in voller Höhe mit seinen übrigen Einkünften ausgleichen. Der Gewinn des Jahres 02 ist hingegen nur i.H.v. 10.000 € ausgleichsfähig, da er i.H.v. 5.000 € zu einem negativen Kapitalkonto führt. In Höhe des nicht ausgleichsfähigen Betrags von 5.000 € ist gemäß § 15a Abs. 4 EStG ein **verrechenbarer Verlust** gesondert festzustellen. Der auf K entfallende Gewinn des Jahres 03 von 12.500 € ist nur insoweit steuerpflichtig, wie er den verrechenbaren Verlust von 5.000 € übersteigt, d.h. nur i.H.v. 7.500 €.

§ 15a Abs. 1 EStG untersagt den Ausgleich bzw. Abzug von Verlusten, soweit diese zu einem negativen Kapitalkonto führen. Dem Begriff des **Kapitalkontos** kommt somit offenbar entscheidende Bedeutung zu. Zum Kapitalkonto im Sinne des § 15a EStG hat das BMF mit Schreiben vom 30.05.1997 (BStBl I 1997, S. 627) ausführlich Stellung genommen. Danach gehören zum Kapitalkonto

- sämtliche Kapitalkonten des Kommanditisten in der **Gesamthandsbilanz** (d.h. neben dem Festkonto für die Hafteinlage auch variable Konten, auf dem freiwillige Einlagen oder laufende Gewinne gutgeschrieben werden) sowie
- eventuelle Kapitalkonten in (positiven oder negativen) **Ergänzungsbilanzen** des Kommanditisten,
- **nicht jedoch** (positive oder negative) Kapitalkonten in für den Kommanditisten zu führenden **Sonderbilanzen** (BFH-Urteil vom 14.05.1991, BStBl II 1992, S. 167; R 15a Abs. 2 EStR).
- **Forderungskonten** (Forderungen des Kommanditisten gegen die KG) zählen ebenfalls **nicht** zum Kapitalkonto, da es sich um Sonderbetriebsvermögen des Gesellschafters handelt. Etwas anderes gilt ausnahmsweise für sog. **Finanzplandarlehen**, d.h. Darlehen des Kommanditisten an die KG, die nach den vertraglichen Bestimmungen während des Bestehens der KG nicht gekündigt werden dürfen und im Falle des Ausscheidens des Kommanditisten mit einem eventuell negativen Kapitalkonto zu verrechnen sind (BFH-Urteil vom 07.04.2005, BStBl II 2005, S. 598; H 15a EStH „Kapitalkonto“).

Zwar schränkt die Vorschrift des § 15a EStG die Gestaltungsmöglichkeiten von Verlustzuweisungs- oder Abschreibungsgesellschaften erheblich ein. Auch mit § 15a EStG verbleibt solchen Gesellschaften jedoch ein gewisser Spielraum. Das Motiv der Zuweisung hoher Anfangsverluste kann eine Investition mit geringer Rendite selbst dann zu einer lohnenden Anlage werden lassen, wenn nur Anfangsverluste bis zur Höhe der Einlage des Kommanditisten ausgleichs- bzw. abzugsfähig sind. In diesem Zusammenhang sei allerdings auf die Vorschrift des **vorrangigen** § 15b EStG hingewiesen, der für Einkunftsquellen gilt, die der Steuerpflichtige nach dem 10.11.2005 erworben hat. Nach dieser Vorschrift dürfen negative Einkünfte aus Steuerstundungsmodellen, denen zwar die Gewinnerzielungsabsicht nicht abgesprochen werden kann, bei denen die Erzielung steuerlicher Vorteile in Form negativer Einkünfte aber im Vordergrund steht, selbst dann nicht mit anderen Einkünften ausgeglichen oder nach § 10d EStG abgezogen werden, wenn

§ 15a EStG dem nicht entgegen stünde. Auf § 15b EStG wird ausführlich in Abschnitt B.10.1.5 eingegangen.

10.1.4.3 Negatives Kapitalkonto durch Entnahmen

§ 15a Abs. 1 Satz 1 EStG schließt den Ausgleich bzw. Abzug von Verlusten aus, soweit durch den Verlust ein negatives Kapitalkonto entsteht oder sich erhöht. Da Verluste dem Kapitalkonto am Ende des Wirtschaftsjahres belastet werden, kommt es für die Ausgleichs- oder Abzugsfähigkeit auf die Höhe des Kapitalkontos am Bilanzstichtag an. Der Stichtagswert des Kapitalkontos kann jedoch durch eine Einlage kurz vor dem Stichtag, kombiniert mit einer Entnahme kurz nach dem Stichtag, manipuliert werden.

Beispiel B.286:

A erwirbt zum 01.01.01 eine Kommanditbeteiligung an der AB-KG gegen Zahlung der Hafteinlage von 100.000 €. Im Wirtschaftsjahr (= Kalenderjahr) 01 entfällt ein Verlust i.H.v. 150.000 € auf A.

Gemäß § 15a Abs. 1 Satz 1 EStG ist der Verlust nur bis zu einem Betrag von 100.000 € ausgleichsfähig, da er i.H.v. 50.000 € zu einem negativen Kapitalkonto führt.

Tätigt A jedoch am 30.12.01 eine Einlage i.H.v. 50.000 €, so wäre der Verlust i.H.v. 150.000 € vollständig ausgleichsfähig, da kein negatives Kapitalkonto entsteht. Entnimmt A am 02.01.02 den zuvor eingelegten Betrag von 50.000 € wieder, so reduziert er das in dem Unternehmen gebundene Risiko nachträglich auf 100.000 €. Da die Hafteinlage von 100.000 € durch die Entnahme nicht angegriffen wird, entsteht keine persönliche Haftungsverpflichtung gegenüber den Gläubigern der Gesellschaft.

Das Beispiel macht deutlich, dass die Verlustausgleichsbegrenzung des § 15a Abs. 1 EStG durch eine **Einlage kurz vor dem Bilanzstichtag**, kombiniert mit einer **Entnahme kurz nach dem Bilanzstichtag**, relativ leicht umgangen werden könnte. Um solchen Gestaltungen vorzubeugen, bestimmt § 15a Abs. 3 EStG, dass im Falle von Entnahmen nach dem Bilanzstichtag der frühere Verlustausgleich bzw. -abzug rückgängig zu machen ist.

Verfahrenstechnisch erfolgt diese Rückgängigmachung jedoch nicht im Jahr der Verlustentstehung, sondern **im Jahr der Entnahme**, indem die Entnahme in Höhe des Betrages, der zu einem negativen Kapitalkonto führt, dem Gewinn des Entnahmejahres hinzugerechnet wird. Dieser hinzuzurechnende Gewinn darf allerdings den ausgleichs- bzw. abzugsfähigen Verlust des Kommanditisten aus dem Wirtschaftsjahr der Entnahme und den letzten zehn Wirtschaftsjahren nicht übersteigen (§ 15a Abs. 3 Satz 2 EStG).

Beispiel B.287:

Es wird an den Sachverhalt des vorangegangenen Beispiels angeschlossen.

Da der Kommanditist A durch die Einlage am 30.12.01 die Entstehung eines negativen Kapitalkontos zum Bilanzstichtag 31.12.01 verhindert hat, ist der Verlust von 150.000 € in 01 vollständig ausgleichsfähig. Allerdings führt die Entnahme am 02.01.02 dazu, dass das Risiko des A aus der Beteiligung nachträglich auf 100.000 € reduziert wird. Gemäß § 15 Abs. 3 EStG erhöht sich daher der Gewinn des A aus der Beteiligung in 02 um den Betrag der Entnahme von 50.000 €. Dieser Betrag ist als **verrechenbarer Verlust** gemäß § 15a Abs. 4 Satz 1 EStG gesondert festzustellen.

Zwar stellt § 15a Abs. 3 EStG sicher, dass durch eine Einlage kurz vor dem Bilanzstichtag, verbunden mit einer Entnahme kurz nach dem Bilanzstichtag das Verlustausgleichsverbot des § 15a Abs. 1 EStG im Ergebnis nicht umgangen werden kann. Da die Korrektur allerdings erst im Jahr der Entnahme und nicht bereits im Verlustjahr erfolgt, ist durch eine solche Kombination von Einlage und Entnahme jedoch eine **zeitliche Verschiebung von Steuerlasten** möglich.

10.1.4.4 Nachträgliche Einlagen

Durch Einlagen kann Verlustausgleichspotential geschaffen werden. Mit Urteilen vom 14.10.2003 (BStBl II 2004, S. 359) und vom 26.06.2007 (BStBl II 2007, S. 934) hatte der BFH entschieden, dass Einlagen zum Ausgleich eines negativen Kapitalkontos, die im Wirtschaftsjahr der Einlage nicht durch ausgleichsfähige Verluste verbraucht werden, zum Ansatz eines **Korrekturpostens** führen, und Verluste nachfolgender Jahre auch dann ausgleichsfähig sind, wenn hierdurch erneut ein negatives Kapitalkonto entsteht.

Mit dem JStG 2009 vom 19.12.2008 (BGBl I 2008, S. 2794) hat der Gesetzgeber auf die genannte BFH-Rechtsprechung reagiert und einen neuen Abs. 1a in § 15a EStG eingefügt, der die Bildung eines Ausgleichspostens mit Wirkung für Einlagen, die nach dem 24.12.2008 getätigt werden (§ 52 Abs. 33 Satz 6 EStG), wieder **ausschließt**. § 15a Abs. 1a EStG stellt sicher, dass bei einem negativen Kapitalkonto Einlagen nur noch insoweit zu einem Verlustausgleichsvolumen führen, als es sich um Verluste des Wirtschaftsjahres der Einlage handelt. Durch nachträgliche Einlagen können somit verrechenbare Verluste der Vorjahre nicht in ausgleichsfähige Verluste umqualifiziert werden. Zudem kann bei einem negativen Kapitalkonto durch Einlagen kein Verlustausgleichsvolumen für zukünftige Wirtschaftsjahre geschaffen werden.

10.1.4.5 Ausscheiden des Kommanditisten oder Liquidation der Gesellschaft

Scheidet ein Gesellschafter aus einer Mitunternehmerschaft durch Veräußerung seines Anteils aus, so liegt eine Betriebsveräußerung nach § 16 Abs. 1 Nr. 2 EStG vor. Die Liquidation einer Mitunternehmerschaft begründet in der Regel eine Betriebsaufgabe nach § 16 Abs. 3 EStG. Zur Betriebsveräußerung bzw. Betriebsaufgabe sei auf die Ausführungen in Abschnitt B.5.3.3.1 verwiesen. An dieser Stelle soll der Hinweis genügen, dass der Gesellschafter den Veräußerungs- bzw. Aufgabegewinn zwar zu versteuern hat, der Veräußerungs- bzw. Aufgabegewinn jedoch im Gegensatz zu einem laufenden Gewinn durch den Freibetrag des § 16 Abs. 4 EStG (siehe Abschnitt B.5.3.3.1) sowie die Tarifermäßigung des § 34 EStG (siehe Abschnitt B.4.4.4) begünstigt ist.

Zur Ermittlung des Veräußerungs- bzw. Aufgabegewinns ist von dem Veräußerungspreis (nach Abzug der Veräußerungskosten) das aufgegebene Kapitalkonto zu subtrahieren (§ 16 Abs. 2 Satz 1, Abs. 3 Satz 1 EStG). Ein negatives Kapitalkonto ist entsprechend zu addieren (§ 52 Abs. 33 Satz 3 EStG). Im Falle eines Kommanditisten mit einem negativen Kapitalkonto ist der Veräußerungs- bzw. Aufgabegewinn jedoch zusätzlich um den verrechenbaren Verlust i.S.d. § 15a Abs. 4 EStG zu kürzen, da dieser den steuerpflichtigen Gewinn nicht gemindert hat (BFH-Urteil vom 26.01.1995, BFH/NV 1995, S. 872).

	Veräußerungserlös bzw. gemeiner Wert der übernommenen Wirtschaftsgüter
–	Veräußerungskosten
+	negatives Kapitalkonto
=	Zwischensumme
–	verrechenbarer Verlust (§ 15a Abs. 4 EStG)
=	Veräußerungs- bzw. Aufgabegewinn nach § 16 EStG

Tabelle B.37: Ermittlung des Veräußerungs- oder Aufgabegewinns in Fällen des § 15a EStG

In vielen Fällen wird das zu addierende negative Kapitalkonto dem zu subtrahierenden verrechenbaren Verlust entsprechen, so dass ein Verzicht auf die Addition des negativen Kapitalkontos sowie den Abzug des verrechenbaren Verlustes zu demselben Ergebnis führen würde. Abweichen können die beiden Größen jedoch beispielsweise für den Fall, dass der Kommanditist die ins Handelsregister eingetragene Hafteinlage nicht vollständig eingezahlt hat.

Beispiel B.288:

K erwirbt zum 01.01.01 eine Kommandit-Beteiligung an der KL-GmbH & Co. KG gegen eine tatsächliche Einlage von 40.000 €. Die ins Handelsregister eingetragene Hafteinlage beträgt 50.000 €. Im Wirtschaftsjahr (= Kalenderjahr) 01 entfällt auf den K ein Verlust von 60.000 €, im Wirtschaftsjahr 02 beträgt der auf K entfallende Verlust 10.000 €. Auf Grund der ungünstigen Ertragslage wird die KL-GmbH & Co. KG bereits zum 31.12.02 wieder aufgelöst. K übernimmt Wirtschaftsgüter aus dem Gesamthandsvermögen mit einem gemeinen Wert von 45.000 €.

Kapitalkonto K 01.01.01	40.000 €
– Verlust 01	– 60.000 €
= Kapitalkonto K 31.12.01	– 20.000 €
ausgleichsfähiger Verlust 01	50.000 €
gesondert festzustellender verrechenbarer Verlust 31.12.01	10.000 €

Der Verlust des Jahres 01 ist insoweit ausgleichsfähig, wie er die tatsächliche Einlage (40.000 €) zuzüglich der noch nicht geleisteten Hafteinlage (10.000 €) nicht übersteigt.

Kapitalkonto K 01.01.02	– 20.000 €
– Verlust 02	– 10.000 €
= Kapitalkonto K 31.12.02	– 30.000 €
ausgleichsfähiger Verlust 02	0 €
verrechenbarer Verlust 31.12.02	20.000 €

Der Verlust des Jahres 02 ist in voller Höhe nicht ausgleichsfähig, da die tatsächliche Einlage zuzüglich der noch nicht geleisteten Hafteinlage bereits durch den Verlust des Jahres 01 überschritten wurde.

	gemeiner Wert der übernommenen Wirtschaftsgüter	45.000 €
+	negatives Kapitalkonto	+ 30.000 €
=	Zwischensumme	75.000 €
–	verrechenbarer Verlust (§ 15a Abs. 4 EStG)	– 20.000 €
=	Aufgabegewinn nach § 16 Abs. 3 EStG	55.000 €

Die Versteuerung des Aufgabegewinns stellt die Einmalversteuerung des Totalgewinns aus der Beteiligung des K an der KL-GmbH & Co. KG sicher. Der Totalgewinn des K ist gegeben durch die Differenz zwischen dem gemeinen Wert der übernommenen Wirtschaftsgüter (45.000 €) und der ursprünglich geleisteten Einlage (40.000 €) und beträgt 5.000 €. Dieser Betrag entspricht dem Saldo aus dem ausgleichsfähigen Verlust in 01 (50.000 €) und dem steuerpflichtigen Aufgabegewinn in 02 (55.000 €). Allerdings wird für den Aufgabegewinn unter den Voraussetzungen des § 16 Abs. 4 EStG ein Freibetrag von 45.000 € gewährt. Zudem ist der Aufgabegewinn durch die Tarifermäßigung des § 34 EStG begünstigt.

Tritt für den ausscheidenden Kommanditisten ein neuer Gesellschafter ein (Gesellschafterwechsel), übernimmt dieser das negative Kapitalkonto des bisherigen Kommanditisten. Der eintretende Kommanditist hat Anschaffungskosten für den Gesellschaftsanteil in Höhe des Kaufpreises. In Höhe der Differenz zwischen Kaufpreis und übernommenem Kapitalkonto sind stille Reserven aufzulösen (R 15a Abs. 6 Satz 3 EStR; vgl. auch Abschnitt B.5.4.4.2). Die Auflösung der stillen Reserven erfolgt regelmäßig in einer **Ergänzungsbilanz**.

Beispiel B.289:

An der ABC-KG sind der Komplementär A zu 60 % sowie die Kommanditisten B und C zu jeweils 20 % beteiligt. C scheidet zum 01.01.02 aus der ABC-KG aus. Für C wird zu diesem Zeitpunkt ein negatives Kapitalkonto ausgewiesen, das sich wie folgt entwickelt hat.

	Kommanditeinlage 01.01.01	10.000 €
–	Verlust 01	– 60.000 €
=	Kapitalkonto 31.12.01	– 50.000 €

Vom Finanzamt wurde folglich ein nur mit späteren Gewinnen **verrechenbarer Verlust** i.H.v. 50.000 € festgestellt.

Den Kommanditanteil des C erwirbt D, wobei D als Gegenleistung lediglich das negative Kapitalkonto des C übernimmt. In dem Betriebsvermögen der KG sind folgende stille Reserven enthalten:

Grund und Boden	80.000 €
Firmenwert	170.000 €

C erzielt einen Veräußerungsgewinn i.H.v. 0 €, da sich der Betrag des negativen Kapitalkontos und der Betrag der noch nicht verrechneten Verluste entsprechen.

Wegfall negatives Kapital	+ 50.000 €
– verrechenbarer Verlust	– 50 000 €
= Veräußerungsgewinn C	0 €

D übernimmt das negative Kapital von 50.000 € in der Hauptbilanz der KG. Da er einen Anteil mit einem Buchwert von – 50.000 € für einen Preis von 0 € übernimmt, sind in diesem Anteil stille Reserven i.H.v. 50.000 € enthalten. Diese sind in einer positiven Ergänzungsbilanz für D aufzudecken:

Aktiva	Ergänzungsbilanz D zum 01.01.02		Passiva
Grund und Boden (20 % von 80.000 =)	16.000	Mehrkapital D	50.000
Firmenwert (20 % von 170.000 =)	34.000		
	50.000		50.000

D weist somit insgesamt ein Kapital von 0 € auf. Dies entspricht dem Risiko, das für ihn in der Beteiligung an der KG gebunden ist. Er hat 0 € investiert und für das negative Kapitalkonto besteht keine Nachschusspflicht. Würde dem negativen Kapitalkonto in der Hauptbilanz kein positives Kapitalkonto in der Ergänzungsbilanz gegenüber stehen, so würde damit ein Kapitaleinsatz des D von – 50.000 € signalisiert werden. Im Falle einer späteren Veräußerung z.B. zum Preis von 10.000 € hätte er dann 60.000 € zu versteuern, obwohl sein tatsächlicher Gewinn nur 10.000 € betragen würde.

Scheidet ein Kommanditist aus, ohne dass für ihn ein neuer Gesellschafter eintritt, so übernehmen die verbleibenden Gesellschafter entsprechend ihrem Beteiligungsverhältnis das negative Kapitalkonto des ausscheidenden Gesellschafters. In Höhe der Abfindungszahlung zuzüglich dem negativen Kapitalkonto werden stille Reserven aufgedeckt (R 15a Abs. 6 Satz 3 EStR).

Beispiel B.290:

Es sei der Sachverhalt des vorhergehenden Beispiels aufgegriffen. Allerdings trete nun kein neuer Gesellschafter in die KG ein.

Für C ergibt sich kein Unterschied im Vergleich zum vorhergehenden Beispiel.

Das negative Kapital von C wird von A und B entsprechend ihrer Beteiligungshöhe im Verhältnis 3 : 1 übernommen. Wie im vorhergehenden Beispiel werden stille Reserven in Höhe von 50.000 € aufgedeckt. Auf die Erstellung von Ergänzungsbilanzen kann verzichtet werden, da A und B von der Auflösung der stillen Reserven gleichmäßig, d.h. entsprechend ihrer Beteiligungshöhe, betroffen sind.

Wird die KG liquidiert, so übernehmen die Komplementäre die negativen Kapitalkonten der Kommanditisten. Sie stehen als vollhaftende Gesellschafter auch für diejenigen Verbindlichkeiten der Gesellschaft mit ihrem Privatvermögen ein, die bisher den Kommanditisten zugerechnet wurden. Da die Komplementäre aufgrund der unbegrenzten Haftungsverpflichtung durch die von den Kommanditisten übernommenen Verlustanteile wirtschaftlich belastet sind, führen die übernommenen Verluste bei den Komplementären zu ausgleichs- bzw. abzugsfähigen Verlusten (§ 52 Abs. 33 Satz 4 EStG, R 15a Abs. 6 Sätze 1, 2 EStR).

Beispiel B.291:

Für die ABC-KG, an welcher A als Komplementär zu 50 % sowie die Kommanditisten B und C zu je 25 % beteiligt sind, wurde folgende Schlussbilanz erstellt:

Aktiva	Schlussbilanz KG		Passiva
Aktiva	210.000	Verbindlichkeiten	450.000
Kapital A (Komplementär)	120.000		
Kapital B (Kommanditist)	60.000		
Kapital C (Kommanditist)	60.000		
	450.000		450.000

Für B und C, die ihre Kommanditeinlage bei Gründung voll eingezahlt hatten, wurde bisher vom Finanzamt jeweils ein nur mit zukünftigen Gewinnen **verrechenbarer Verlust** i.H.v. 60.000 € festgestellt. Die KG wird liquidiert, indem die Aktiva für 220.000 € veräußert werden. Der Erlös wird zur Begleichung der Schulden verwendet. Die darüber hinausgehenden Verbindlichkeiten muss der Komplementär A übernehmen.

Für B und C ergibt sich jeweils folgendes:

Veräußerungsgewinn aus dem Wegfall der negativen Kapitalkonten	+ 60.000 €
– verrechenbarer Verlust	– 60.000 €
= Veräußerungsgewinn	0 €

A werden folgende Verlustanteile anlässlich der Liquidation zusätzlich zugerechnet (R 15a Abs. 6 Satz 2 EStR), die bei ihm ausgleichs- bzw. abzugsfähig sind:

Aufgedeckte stille Reserven bei Veräußerung der Aktiva	10.000 €
– von B "übernommene" Verluste	– 60.000 €
– von C "übernommene" Verluste	– 60.000 €
ausgleichsfähige Verluste A	– 110.000 €

10.1.4.6 Anwendungsbereich des § 15a EStG

Die Regelungen zum Verlustausgleichs- und -abzugsverbot gelten nach der Formulierung des § 15a Abs. 1 – 4 EStG zunächst nur für Kommanditisten einer KG. Der aus Art. 3 Abs. 1 GG abgeleitete Grundsatz der Gleichmäßigkeit der Besteuerung gebietet jedoch, sie sinngemäß auch auf solche Personen anzuwenden, deren rechtliche und tatsächliche Stellung wirtschaftlich der eines Kommanditisten gleichwertig ist (vgl. BR-Drucksache 511/79, S. 17). § 15a Abs. 5 EStG erklärt daher die wesentlichen Vorschriften des § 15a Abs. 1 – 4 EStG auch in Bezug auf andere gewerbliche Unternehmer für anwendbar, soweit deren Haftung der eines Kommanditisten vergleichbar ist. Beispielhaft aufgezählt sind insbesondere:

- **Stille Gesellschafter, die als Mitunternehmer anzusehen sind** (§ 15a Abs. 5 Nr. 1 EStG)

  Unter § 15a Abs. 5 Nr. 1 EStG fällt nur der als Mitunternehmer anzusehende **atypisch** stille Gesellschafter, da § 15a EStG unmittelbar nur für die gewerblichen Einkünfte gilt. Auf den **typisch** stillen Gesellschafter, der Einkünfte aus Kapitalvermögen bezieht, ist § 15a EStG jedoch gemäß § 20 Abs. 1 Nr. 4 Satz 2 EStG ebenfalls anzuwenden (vgl. unten). Zur Abgrenzung zwischen typisch und atypisch stillen Gesellschafter sei auf Abschnitt B.7.2.2 verwiesen. Gemäß § 232 Abs. 2 HGB nimmt der stille Gesellschafter am Verlust nur bis zur Höhe seiner Einlage teil, seine Haftung ist somit der eines Kommanditisten vergleichbar.

- **Gesellschafter einer GbR, sofern diese als Mitunternehmer anzusehen sind** (§ 15a Abs. 5 Nr. 2 EStG)

  Zwar ist der Gesellschafter einer GbR grundsätzlich unbeschränkt zum Nachschuss verpflichtet (§ 735 BGB). Eine dem Kommanditisten vergleichbare Stellung ist jedoch dann anzunehmen, wenn die Inanspruchnahme des Gesellschafters für Schulden der Gesellschaft durch Vertrag ausgeschlossen ist (z.B. durch eine Einzelvereinbarung mit den Gläubigern oder eine versicherungsvertragliche Absicherung) oder nach Art und Weise des Geschäftsbetriebs unwahrscheinlich ist. Letzteres sieht der BFH ausnahmsweise dann als erfüllt an, „wenn die finanzielle Ausstattung der Gesellschaft und deren gegenwärtige und zukünftige Liquidität ... so außergewöhnlich günstig sind, dass die finanzielle Inanspruchnahme [des Gesellschafters] nicht zu erwarten ist“ (BFH-Urteil vom 14.05.1991, BStBl II 1992, S. 164).

- **Gesellschafter einer ausländischen Personengesellschaft, sofern diese als Mitunternehmer anzusehen sind** (§ 15a Abs. 5 Nr. 3 EStG)

Zwar erklärt § 15a Abs. 5 EStG die wesentlichen Vorschriften des § 15a Abs. 1 – 4 EStG auch für andere Unternehmer, deren Haftung der eines Kommanditisten vergleichbar ist, für anwendbar. Ausdrücklich ausgenommen sind jedoch in diesem Fall die Vorschriften zum erweiterten Verlustausgleich des § 15a Abs. 1 Satz 2 EStG. Da für stille Gesellschafter und für Gesellschafter einer GbR keine Hafteinlage ins Handelsregister einzutragen ist, kann der Verlustausgleich nicht auf eine über die tatsächliche Einlage hinausgehende, noch nicht geleistete Hafteinlage nach § 171 Abs. 1 HGB ausgedehnt werden.

Durch den Verweis der §§ 13 Abs. 7, 18 Abs. 4 EStG sind die Vorschriften des § 15a EStG nicht nur bei den Einkünften aus Gewerbebetrieb, sondern auch bei den übrigen Gewinneinkunftsarten, d.h. den **Einkünften aus der Land- und Forstwirtschaft** sowie den **Einkünften aus selbständiger Arbeit**, anzuwenden. Dies gilt gemäß § 20 Abs. 1 Nr. 4 Satz 2 EStG zudem auch für typisch stille Gesellschafter, die **Einkünfte aus Kapitalvermögen** beziehen, sowie gemäß § 21 Abs. 1 Satz 2 EStG für beschränkt haftende Gesellschafter, die aus ihrer Beteiligung **Einkünfte aus Vermietung und Verpachtung** beziehen.

10.1.5 Steuerstundungsmodelle

Als Nachfolgeregelung für den verunglückten § 2b EStG hat der Gesetzgeber mit Wirkung für Steuerstundungsmodelle, denen der Steuerpflichtige nach dem 10.11.2005 beigetreten ist oder für die nach dem 10.11.2005 mit dem Außenvertrieb begonnen wurde (§ 52 Abs. 33a EStG), die Vorschrift des § 15b EStG eingefügt. Danach sind Verluste im Zusammenhang mit Steuerstundungsmodellen weder mit anderen Einkünften aus Gewerbebetrieb noch mit Einkünften aus anderen Einkunftsarten ausgleichsfähig. Die Verluste mindern jedoch positive Einkünfte, die der Steuerpflichtige in künftigen (nicht aber vergangenen) Wirtschaftsjahren aus derselben Einkunftsquelle, d.h. demselben Steuerstundungsmodell, erzielt (§ 15b Abs. 1 EStG).

§ 15b EStG ist auch bei den Einkünften aus Land- und Forstwirtschaft (§ 13 Abs. 7 EStG), selbständiger Arbeit (§ 18 Abs. 4 Satz 2 EStG), Kapitalvermögen (§ 20 Abs. 7 EStG), Vermietung und Verpachtung (§ 21 Abs. 1 Satz 2 EStG) und Sonstigen Einkünften i. S. v. § 22 Nr. 1 EStG (§ 22 Nr. 1 Satz 1 EStG) anzuwenden. Das BMF hat zu § 15b EStG im Anwendungsschreiben vom 17.07.2007 (BStBl I 2007, S. 542) im Detail Stellung genommen.

Zu beachten ist, dass § 15b EStG logisch nur einschlägig ist, wenn im Rahmen des Steuerstundungsmodelles zwar Anfangsverluste entstehen, über die gesamte Laufzeit aber noch von einem Totalgewinn ausgegangen werden kann. Es ist somit eine zweistufige Prüfung vorzunehmen:

1. Stufe: Liegt eine (Total-) Gewinnerzielungsabsicht vor?

Fehlt es an einer Gewinnerzielungsabsicht, so liegt insgesamt keine steuerbare Tätigkeit vor. Verluste aus einer solchen Tätigkeit können schon nach allgemeinen Grundsätzen nicht abgezogen werden (vgl. Abschnitt B.3.3). Werden über die gesamte Laufzeit des Modelles insgesamt Verluste in Kauf genommen, so stellt sich die Frage, ob ein Steuerstundungsmodell im Sinne von § 15b EStG vorliegt, somit gar nicht (Rz. 2 des BMF-Schreibens vom 17.07.2007). Die Anwendung des § 15b EStG ist deshalb auf Fälle beschränkt, in denen einer Verlustphase eine Gewinnphase folgt.

2. Stufe: Liegt ein Steuerstundungsmodell vor?

Vielfach wird eine fehlende Gewinnerzielungsabsicht kaum nachzuweisen sein. Sind in diesen Fällen die Voraussetzungen des § 15b EStG gegeben, d.h. liegt ein Steuerstundungsmodell vor, so können Verluste nur von künftigen Gewinnen aus eben diesem Modell abgezogen werden.

Ein **Steuerstundungsmodell** liegt vor, wenn auf Grund einer **modellhaften Gestaltung** steuerliche Vorteile in Form **negativer Einkünfte** erzielt werden sollen. Dies ist der Fall, wenn dem Steuerpflichtigen auf Grund eines **vorgefertigten Konzepts** die Möglichkeit geboten werden soll, zumindest in der Anfangsphase der Investition Verluste mit übrigen Einkünften zu verrechnen (§ 15b Abs. 2 EStG). Die Verlustverrechnung wird allerdings nur eingeschränkt, wenn innerhalb der Anfangsphase **das Verhältnis der Summe der prognostizierten Verluste zur Höhe des eingesetzten Kapitals 10 % übersteigt** (§ 15b Abs. 3 EStG).

Vorgefertigtes Konzept

Typischerweise wird das Konzept mittels eines **Anlegerprospekts** oder in vergleichbarer Form (z.B. Katalog, Verkaufsunterlagen, Beratungsbögen usw.) vermarktet (Rz. 10 des BMF-Schreibens vom 17.07.2007). Regelmäßig werden **gleichartige Verträge** mit mehreren identischen Vertragsparteien abgeschlossen, z. B. mit demselben Treuhänder, demselben Vermittler, derselben Finanzierungsbank.

In Betracht kommen z.B. Medienfonds, Gamefonds, New Energy Fonds, Lebensversicherungszweitmarktfonds und geschlossene Immobilienfonds (Rz. 7 des BMF-Schreibens vom 17.07.2007).

Zur Sicherung des Steuerspareffekts wird im Rahmen dieser Konzepte typischerweise ein Bündel an besonders zu vergütenden Haupt-, Zusatz- bzw. Nebenleistungen bereitgestellt,

- die geeignet sind, das Risiko des Anlegers zu minimieren,
- die den sofort abziehbaren Aufwand und damit das steuerliche Verlustverrechnungsvolumen erhöhen,
- deren Kosten aber ein an wirtschaftlicher Rentabilität orientierter Anleger nicht tragen würde.

Leistungen in diesem Sinne können beispielsweise Finanzierungsleistungen (Kreditbereitstellung oder Finanzierungsvermittlung), die Gewährung von Mietgarantien und die Verwaltung von Gebäuden sein.

Beispiel B.292:

B ist Initiator und Vertreter einer Wohnungsbaugesellschaft. Er bietet Anteile an dieser Gesellschaft zu gleichen Vertragsbedingungen über Kataloge an und veräußert die Anteile an verschiedene Anleger. Die Wohnungen der Gesellschaft sollen vermietet werden. Neben der Übernahme der Verwaltung der Wohnungen wird den Anlegern eine Mietgarantie eingeräumt, obwohl auf Grund der hohen Nachfrage nach Mietwohnungen nicht mit einem Leerstand der Wohnungen zu rechnen ist. Für diese Leistungen zahlen die Anleger eine jährliche Gebühr.

Bei den Beteiligungsverträgen handelt es sich um identische Leistungsbeziehungen zwischen B und den einzelnen Anlegern. Die Mietgarantie stellt zwar eine Leistung dar, die das Risiko der Anleger reduziert. Sie würde auf Grund der Nachfragesituation jedoch von einem an wirtschaftlicher Rentabilität orientierten Anleger nicht in Anspruch genommen werden.

Diese Aspekte sprechen für das Vorliegen einer modellhaften Gestaltung im Rahmen eines vorgefertigten Konzepts i.S.d. § 15b EStG.

Prognostizierte Verluste / 10 %-Grenze

Die Verlustverrechnung wird durch § 15b EStG nur eingeschränkt, wenn innerhalb der Anfangsphase die prognostizierten Verluste 10 % des eingesetzten Kapitals übersteigen.

Die Anfangsphase i. S. d. § 15b EStG ist der Zeitraum, in dem nach dem zugrunde liegenden Konzept nicht nachhaltig positive Einkünfte erzielt werden, und ist damit im Regelfall identisch mit der Verlustphase. Der Abschluss der Investitionsphase ist zur Bestimmung der Anfangsphase ohne Bedeutung. Die Anfangsphase endet, wenn nach der Prognoserechnung des Konzepts ab einem bestimmten Veranlagungszeitraum dauerhaft und nachhaltig positive Einkünfte erzielt werden (Rz. 15 des BMF-Schreibens vom 17.07.2007).

Maßgeblich für die Berechnung der 10 %-Grenze des § 15b EStG sind die prognostizierten Verluste, nicht jedoch die letztlich tatsächlich erzielten Verluste. Dies bedeutet, dass Aufwendungen, die im Zeitpunkt der Prognose nicht vorhersehbar sind, nicht in die Berechnung einzubeziehen sind (Rz. 16 des BMF-Schreibens vom 17.07.2007).

Die Verlustausgleichsbeschränkung bezieht sich auch auf das Ergebnis eventueller Sonderbilanzen (Rz. 19 des BMF-Schreibens vom 17.07.2007).

Beispiel B.293:

Anleger A beteiligt sich an einem Medienfonds mit einer Einlage von 100.000 €, die er zu 80 % bei seiner Hausbank fremdfinanziert. Die prognostizierten Verluste in der Anfangsphase betragen 90.000 €. Aufgrund unvorhersehbarer Ereignisse steigen die Produktionskosten für den Film um 20 %, so dass A einen Verlust aus dem Gesamthandsvermögen von 108.000 € erzielt. Daneben hat A in der Verlustphase für die Finanzierung Zinsen i. H. v. 15.000 € zu bezahlen (Verlust im Sonderbetriebsvermögen). Der prognostizierte Verlust (90.000 €) beträgt mehr als 10 % der Kapitalbeteiligung (100.000 €). § 15b EStG ist daher anzuwenden.

Der Gesamtverlust aus der Anlage beträgt 123.000 €. Dieser unterliegt in voller Höhe der Verlustverrechnungsbeschränkung.

Typische Fälle von Steuerstundungsmodellen sind

- Gesellschaften in der Rechtsform einer KG oder GmbH & Co. KG
- mit einer geringen Eigenkapitalquote,
- die ihre weitgehend durch Fremdkapitalaufnahme erlangten Mittel in Wirtschaftsgüter investieren, die im Jahr der Anschaffung oder Herstellung bzw. in den unmittelbar folgenden Jahren zu hohen Abschreibungen berechtigen.

  Zu denken ist beispielsweise

  - an die Anschaffung von Gebäuden oder Schiffen, die degressive Abschreibungen oder Sonderabschreibungen erlauben, sowie
  - an die Herstellung von immateriellen Wirtschaftsgütern des Anlagevermögens (z.B. Filmproduktion, Produktion von Computersoftware), die gemäß § 5 Abs. 2 EStG nicht zu aktivieren sind und somit zum Abzug der Produktionskosten im Herstellungsjahr berechtigen.

Solche Gesellschaften erzielen zwar über ihre gesamte Lebensdauer i.d.R. nur einen geringen Gewinn. Stattdessen würden sie **ohne** die Vorschrift des § 15b EStG insbesondere von zwei Komponenten profitieren:

- Die **zeitliche Divergenz** zwischen der steuerlichen Abzugsfähigkeit von Verlusten und der späteren Berücksichtigung von Gewinnen hat **Steuerstundungseffekte**.
- Die Veräußerung der Kommanditbeteiligung ist eine Betriebsveräußerung i.S.d. § 16 Abs. 1 Nr. 2 EStG (siehe ausführlich Abschnitt B.5.3.3.1). Gewinne aus der Veräußerung der Kommanditbeteiligung sind daher durch den **Freibetrag** des § 16 Abs. 4 EStG sowie die **Tarifermäßigung** des § 34 EStG begünstigt.

10.2 Wiederkehrende Leistungen

Bei der steuerlichen Behandlung wiederkehrender Leistungen handelt es sich um eine äußerst schwierige und komplexe Materie. Die besondere Problematik dieses Rechtsgebiets resultiert daraus, dass das Einkommensteuergesetz kein einheitliches Rentenrecht kennt. Das Recht der Renten und der wiederkehrenden Bezüge ist vielmehr durch eine nahezu unüberschaubare Vielzahl von Fallgestaltungen gekennzeichnet, die jeweils unterschiedliche steuerliche Rechtsfolgen implizieren. So können Renten und andere wiederkehrende Leistungen **beim Empfänger** Einkünfte aus wiederkehrenden Bezügen nach § 22 Nr. 1 EStG, Einkünfte aus Unterhaltsleistungen i.S.d. § 22 Nr. 1a EStG, Einkünfte aus

Versorgungsleistungen nach § 22 Nr. 1b EStG, Betriebseinnahmen nach §§ 4, 5 EStG, Einnahmen im Rahmen einer Überschusseinkunftsart gemäß § 8 Abs. 1 EStG oder steuerlich unbeachtliche Kapitalrückzahlungen sein. Auf der Seite **des Leistenden** kann es sich um Sonderausgaben nach § 10 Abs. 1 Nrn. 1, 1a oder 1b EStG, um Betriebsausgaben nach § 4 Abs. 4 EStG, um Werbungskosten i.S.d. § 9 Abs. 1 Nr. 1 EStG oder um steuerlich unbeachtliche Kapitalrückzahlungen handeln. Erschwert wird die Darstellung zudem dadurch, dass die Behandlung wiederkehrender Leistungen in vielen Bereichen noch nicht durch höchstrichterliche Rechtsprechung abgesichert ist und Rechtsprechung und Verwaltungsmeinung daher noch im Fluss sind. Zum gegenwärtigen Stand der Verwaltungsmeinung hat das BMF im **Rentenerlass** vom 11.03.2010 (BStBl I 2010, S. 227) Stellung genommen.

In den nachfolgenden Abschnitten werden zunächst die verschiedenen Formen wiederkehrender Leistungen abgegrenzt (Abschnitt B.10.2.1). Im Anschluss daran werden die für die steuerliche Behandlung von wiederkehrenden Bezügen grundlegenden Begriffe des Barwerts sowie des Tilgungs- und Ertragsanteils geklärt (Abschnitt B.10.2.2). Schließlich werden die steuerlichen Auswirkungen der in der Praxis wichtigsten Sachverhalte dargestellt (Abschnitt B.10.2.3).

10.2.1 Formen wiederkehrender Leistungen

Im Rahmen der vorliegenden Abhandlung soll als **wiederkehrende Leistung** eine Leistung in Geld oder Geldeswert verstanden werden, die

- in **gleicher** oder **wechselnder** Höhe
- mit einer gewissen **Regelmäßigkeit** wiederkehrt und
- auf Grund eines **einheitlichen Entschlusses** oder eines **einheitlichen Rechtsgrundes** gewährt wird (vgl. *H. Weber-Grellet*, in: L. Schmidt (2010), § 22, Rz. 6 ff.; R 22.1 Abs. 1 EStR).

Ohne Bedeutung für die allgemeine Begriffsbestimmung ist somit,

- ob eine Mindestdauer vereinbart ist,
- ob der leistende Teil zur Leistung verpflichtet ist oder freiwillig leistet,
- ob es sich um Zahlungen handelt, die in festen Zeitabständen in jeweils gleicher Höhe wiederkehren, sowie
- ob den Leistungen ein eigenständiges (Renten-) Stammrecht, das zivilrechtlich losgelöst von dem wirtschaftlichen Grundgeschäft zu betrachten ist, zugrunde liegt.

Allerdings spielen diese Kriterien für die steuerliche Behandlung der wiederkehrenden Leistungen eine Rolle.

Beispiel B.294:

- A erhält monatlich eine Rente i.H.v. 750 € aus der gesetzlichen Rentenversicherung. Die Zahlungen werden jährlich an die Lohnentwicklung der rentenversicherungspflichtig Beschäftigten angepasst.
  Trotz der wechselnden Höhe der Zahlungen handelt es sich um wiederkehrende Leistungen.
- B ist testamentarisch verpflichtet, seinem Neffen C monatlich eine Studienbeihilfe von 200 € zu zahlen.

Die testamentarische Verpflichtung stellt einen einheitlichen Rechtsgrund dar. Es liegt eine wiederkehrende Leistung vor.

- D zahlt seiner Nichte E für gute Studienleistungen in unregelmäßigen Abständen Geldbeträge in wechselnder Höhe.

  Da die Zahlungen von dem Studienerfolg abhängen, erfolgen sie nicht auf Grund eines einheitlichen Entschlusses. Der Entschluss wird bei jeder Zahlung neu getroffen. Es liegen keine wiederkehrenden Leistungen vor.

Die wiederkehrenden Leistungen (auf der Seite des Zahlungsempfängers spricht man von wiederkehrenden Bezügen) können in Renten, dauernde Lasten und Kaufpreisraten eingeteilt werden (vgl. *H. Weber-Grellet* in: L. Schmidt (2010), § 22, Rz. 6). Die folgende Abbildung gibt diese Einteilung wieder:

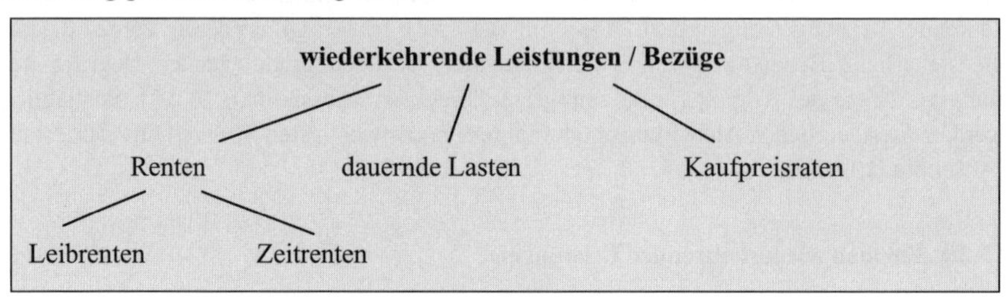

Abbildung B.36: Einteilung wiederkehrender Leistungen

Bei Zahlungen, die keine wiederkehrenden Leistungen im Sinne der vorstehenden Definition sind, ist im Hinblick auf jede einzelne Zahlung nach den allgemeinen einkommensteuerlichen Vorschriften zu entscheiden, ob es sich um eine steuerpflichtige Einnahme für den Empfänger bzw. eine abzugsfähige Ausgabe für den Leistenden handelt.

10.2.1.1 Renten

Zivilrechtlich wird unter einer **Leibrente** im Sinne der §§ 759 – 761 BGB ein einheitlich nutzbares, von dem Grundgeschäft unabhängiges Stammrecht verstanden, dessen Erträge aus fortlaufend wiederkehrenden gleichmäßigen Leistungen in Geld oder vertretbaren Sachen bestehen, und dessen Laufzeit an das Leben einer oder mehrerer natürlicher Personen geknüpft ist. Ursprünglich wurde der zivilrechtliche Rentenbegriff auch auf das Steuerrecht übertragen (BFH-Urteil vom 29.03.1962, BStBl III 1962, S. 304). Mittlerweile wird jedoch ganz überwiegend die Auffassung vertreten, dass der steuerliche Rentenbegriff eine vom Zivilrecht abweichende, eigenständige Bedeutung trägt (BFH-Beschluss vom 15.07.1991, BStBl II 1992, S. 78; H 22.3 EStH „Begriff der Leibrente"). Insbesondere ist ein einheitlich nutzbares, von dem Grundgeschäft unabhängiges Stammrecht als Grundlage der Rentenzahlungen nicht mehr erforderlich. Nach neuerer Rechtsauffassung ist eine Rente im steuerlichen Sinne durch folgende Tatbestandsvoraussetzungen gekennzeichnet:

- Die Rente wird durch einen **einheitlichen Verpflichtungsgrund** eingeräumt.

  Die Rente muss sich aus einem einheitlichen Gesamtanspruch herleiten. Leistungen, die zwar regelmäßig wiederkehren, aber stets im Zusammenhang mit einer konkreten Gegenleistung stehen, sind keine Renten (z.B. Miet-, Zins- und Lohnzahlungen). Nicht erforderlich ist hingegen, dass die Renten auf Grund einer Leibrentenverpflichtung im zivilrechtlichen Sinne beruhen.

- Die Rentenleistungen müssen **regelmäßig wiederkehren**.

  Erforderlich ist, dass die Rentenzahlungen in gleichbleibenden Zeitabständen, z.B. monatlich oder jährlich, wiederkehren. Ein Zahlungsverzug des Gläubigers beeinflusst das Merkmal der Regelmäßigkeit allerdings nicht.

- Die Rentenleistungen müssen stets in **gleicher Höhe** erfolgen.

  Die Voraussetzung der gleichbleibenden Höhe ist jedoch nicht eng auszulegen. Keine Rente liegt vor, wenn die Zahlungen so wesentlichen Schwankungen unterliegen können, dass eine einigermaßen zuverlässige Bestimmung der zu erwartenden jährlichen Leistungen nicht mehr möglich ist (BFH-Urteil vom 10.10.1963, BStBl III 1963, S. 592), z.B. Zahlungen in Abhängigkeit vom Gewinn oder Umsatz. Unbedeutende Schwankungen der Rentenzahlungen, z.B. da die Rente jährlich mit der Inflationsrate oder der durchschnittlichen Nettolohnsteigerung angepasst wird, stehen der Klassifizierung als Rente nicht entgegen.

- Die Rente wird in **Geld** oder **vertretbaren** Sachen geleistet.

  Vertretbare Sachen sind bewegliche Sachen, die im Wirtschaftsverkehr nach Zahl, Maß oder Gewicht bestimmt werden (§ 91 BGB). Keine Rente begründet somit die kostenlose Gewährung von Wohnraum.

- Die Laufzeit der Rente ist abhängig vom Leben einer oder mehrerer natürlicher Personen (**Leibrente**) oder beträgt in der Regel mindestens zehn Jahre (**Zeitrente**).

Die Voraussetzung der mindestens zehnjährigen Laufzeit einer Zeitrente (BFH-Urteil vom 07.08.1959, BStBl III 1959, S. 463) erklärt sich daraus, dass bei einer kürzeren Laufzeit der für eine Rente typische Versorgungsgedanke in aller Regel fehlen wird. Eine feste Grenze von zehn Jahren wird allerdings in der neueren Literatur nicht mehr gefordert (*H. Weber-Grellet* in: L. Schmidt (2010), § 22, Rz. 20).

Als Leibrenten i.S.d. steuerlichen Rentenbegriffs kommen außer den sog. **echten Leibrenten** auch **abgekürzte** oder **verlängerte Leibrenten** in Betracht:

- Die **echte Leibrente** wird für die Lebenszeit einer oder mehrerer natürlicher Personen gewährt (z.B. bis zum Tod des längerlebenden Ehegatten).
- Eine **abgekürzte Leibrente** ist eine Rente, die für die Lebenszeit einer (oder mehrerer) natürlicher Personen, höchstens jedoch für einen festgelegten Zeitraum gewährt wird.

Beispiel B.295:

Rente auf Lebenszeit, **höchstens** aber für zwölf Jahre. Stirbt der Berechtigte vor Ablauf von zwölf Jahren, so enden die Rentenzahlungen mit seinem Tod. Lebt der Berechtigte länger als zwölf Jahre, so enden die Rentenzahlungen mit Ablauf von zwölf Jahren.

  Die Befristung muss grundsätzlich einen Zeitraum von mindestens zehn Jahren umfassen (H 22.4 EStH „Leibrente, abgekürzt“).

- Eine **verlängerte Leibrente** wird auf die Lebenszeit einer (oder mehrerer) natürlicher Personen, mindestens jedoch für einen festgelegten Zeitraum gewährt.

Beispiel B.296:

Rente auf Lebenszeit, **mindestens** aber für zwölf Jahre. Stirbt der Berechtigte vor Ablauf von zwölf Jahren, so erfolgen die weiteren Rentenzahlungen bis zum Ablauf von zwölf Jahren an die Erben des Berechtigten. Stirbt der Berechtigte erst nach Ablauf von zwölf Jahren, so enden die Rentenzahlungen mit seinem Tod.

Unschädlich für die Annahme einer Leibrente ist es, wenn vereinbart ist, dass die Rentenzahlungen unter bestimmten Voraussetzungen (z.B. Wiederverheiratung des Berechtigten) früher als mit dem Tod des Berechtigten enden (BFH-Urteil vom 05.12.1980, BStBl II 1981, S. 265).

10.2.1.2 Dauernde Lasten

Der Begriff der dauernden Last ist im Gesetz nicht näher definiert. Die Rechtsprechung hat die folgenden Tatbestandsmerkmale herausgearbeitet:

- Wie Renten müssen auch dauernde Lasten auf einem **einheitlichen Verpflichtungsgrund** beruhen.

  Dieser kann auf einer gesetzlichen Vorschrift (z.B. Schadensersatzpflicht nach § 823 BGB), einem privatrechtlichen Vertrag oder einer testamentarischen Verfügung beruhen.

- Die Laufzeit der dauernden Last ist wie im Falle einer Rente **abhängig vom Leben einer oder mehrerer natürlicher Personen** oder beträgt in der Regel **mindestens zehn Jahre** (BFH-Urteil vom 04.04.1989, BStBl II 1989, S. 779).

- Dauernde Lasten sind Leistungen, die **mehrfach wiederkehren**.

  Nicht erforderlich ist, dass die Leistungen regelmäßig und stets in gleicher Höhe erfolgen. Beispielsweise können auch Zahlungen, deren Höhe vom Gewinn oder Umsatz eines Unternehmens abhängt, dauernde Lasten sein.

- Eine dauernde Last besteht in **Geld** oder **Sachleistungen**.

  Eine Beschränkung auf vertretbare Sachen, wie im Falle von Renten, ist nicht gegeben. So können beispielsweise auch Naturalleistungen (z.B. kostenlose Verpflegung) dauernde Lasten sein. Keine dauernde Last ist hingegen die Gewährung von Nutzungsrechten, z.B. die unentgeltliche Überlassung einer Wohnung.

Offenbar werden an dauernde Lasten somit weniger strenge Anforderungen als an Renten gestellt.

Beispiel B.297:

Vater V überträgt seinen land- und forstwirtschaftlichen Betrieb auf seinen Sohn S, der ihm als Gegenleistung eine jährliche, gewinnabhängige Zahlung bis zum Lebensende verspricht.

Auf Grund der fehlenden Gleichmäßigkeit der Zahlungen kommt eine Rente nicht in Betracht. Die Zahlungen von S an V begründen dauernde Lasten.

10.2.1.3 Kaufpreisraten

Ob wiederkehrende Zahlungen, die im Zusammenhang mit Veräußerungsgeschäften stehen, als Kaufpreisraten anzusehen sind, richtet sich nach den Motiven des Zahlungsaufschubs. Erfolgt der Zahlungsaufschub mit dem Ziel, dem Erwerber die Finanzierung des Kaufs zu erleichtern, so handelt es sich um Kaufpreisraten. Steht hingegen der Versorgungsgedanke im Vordergrund, dienen die Zahlungen also beispielsweise dem Ziel, dem Verkäufer eines Unternehmens den Lebensunterhalt im Ruhestand zu sichern, so handelt es sich um Versorgungsleistungen (Renten oder dauernde Lasten). Zur steuerlichen Behandlung von Kaufpreisraten und Versorgungsleistungen siehe Abschnitt B.10.2.3.

10.2.2 Barwert, Tilgungsanteil, Ertragsanteil

Die steuerrechtliche Behandlung von wiederkehrenden Leistungen erfordert teilweise die Ermittlung des Barwerts sowie des Tilgungs- und Ertragsanteils der Leistungen. Die Ermittlung dieser Größen wird im vorliegenden Abschnitt dargestellt.

Der **Barwert** einer wiederkehrenden Leistung ist der Zeitwert der zukünftigen Zahlungen zu einem bestimmten Stichtag. Zukünftige Zahlungen sind auf diesen Stichtag **abzuzinsen**. Bei der Ermittlung des Barwerts ist wie folgt zu differenzieren:

Zahlungen in gleichbleibender Höhe mit *fester Laufzeit*

Der Barwert gleichbleibender wiederkehrender Leistungen mit fester Laufzeit ergibt sich grundsätzlich aus Anlage 9a zum BewG (§ 13 Abs. 1 BewG, Tz. 77 des BMF-Schreibens vom 11.03.2010, BStBl I 2010, S. 227):

Beispiel B.298:

Der Barwert einer 15-jährigen Zeitrente beträgt das 10,314-fache der jährlichen Rentenzahlung.

Die Barwerte der Anlage 9a sind nach finanzmathematischen Methoden unter Zugrundelegung

- eines Zinssatzes von 5,5 % sowie
- einer jährlichen mittelschüssigen (Mittelwert zwischen vor- und nachschüssiger) Zahlungsweise

errechnet worden.

Die einzelnen Zahlungen lassen sich aufteilen

- in einen **Tilgungsanteil**, der die Rückzahlung des Barwerts repräsentiert, sowie
- in einen **Ertrags- oder Zinsanteil**, der die Verzinsung des Barwerts repräsentiert.

Der Tilgungsanteil einer Periode errechnet sich als Differenz des Barwerts am Ende der Periode und zu Beginn der Periode. Der Ertragsanteil ist gegeben durch die Differenz zwischen den laufenden Zahlungen der Periode und dem Tilgungsanteil (Rz. 79 des BMF-Schreibens vom 11.03.2010).

Beispiel B.299:

A verrentet sein Vermögen zum 01.01.01 gegen eine feste monatliche Zahlung i.H.v. 500 €, die für einen Zeitraum von zwölf Jahren zu erbringen ist.

Gemäß Anlage 9a zum BewG beträgt der Barwert der wiederkehrenden Leistung zum 01.01.01 (6.000 · 8,856 =) 53.136 €. Zum 01.01.02 beträgt der Barwert nur noch (6.000 · 8,315 =) 49.890 €. Der Tilgungsanteil beträgt somit (53.136 – 49.890 =) 3.246 €, der Ertragsanteil (6.000 – 3.246 =) 2.754 €. Es ergibt sich folgende Tilgungsreihe in den ersten vier Jahren:

	Barwert 1.1.	Barwert 31.12.	Tilgungsanteil	Ertragsanteil
01:	6.000 · 8,856 = 53.136	6.000 · 8,315 = 49.890	53.136 – 49.890 = 3.246	6.000 – 3.246 = 2.754
02:	6.000 · 8,315 = 49.890	6.000 · 7,745 = 46.470	49.890 – 46.470 = 3.420	6.000 – 3.420 = 2.580
03:	6.000 · 7,745 = 46.470	6.000 · 7,143 = 42.858	46.470 – 42.858 = 3.612	6.000 – 3.612 = 2.388
04:	6.000 · 7,143 = 42.858	6.000 · 6,509 = 39.054	42.858 – 39.054 = 3.804	6.000 – 3.804 = 2.196

Zahlungen in gleichbleibender Höhe *bis zum Lebensende einer natürlichen Person*

Der Barwert von gleichbleibenden Zahlungen bis zum Lebensende einer natürlichen Person kann nach § 14 Abs. 1 BewG nach einem Vervielfältiger des Jahresbetrags der wiederkehrenden Zahlung ermittelt werden. Die ab dem 01.01.2010 anzuwendenden Vervielfältiger hat das BMF mit dem Schreiben vom 01.10.2009 (BStBl I 2009, S. 1168) veröffentlicht.

Beispiel B.300:

Der Barwert einer Leibrente für eine 72-jährige männliche Person entspricht dem 8,960-fachen der jährlichen Rentenzahlung.

Die Barwerte des BMF-Schreibens vom 01.10.2009 sind nach versicherungsmathematischen Methoden unter Zugrundelegung

- eines Zinssatzes von 5,5 %,
- der Sterbetafel für die Bundesrepublik Deutschland 2006/2008 sowie
- einer jährlichen mittelschüssigen (Mittelwert zwischen vor- und nachschüssiger) Zahlungsweise

errechnet worden.

Abweichend davon kann der Barwert nach versicherungsmathematischen Grundsätzen unter Zugrundelegung

- einer neueren Sterbetafel sowie
- der tatsächlichen Zahlungsweise (z.B. nachschüssige Zahlungsweise)

errechnet werden (vgl. Rz. 69 des BMF-Schreibens vom 11.03.2010, BStBl I 2010, S. 227).

Die Höhe des Tilgungsanteils ermittelt sich erneut als Barwertdifferenz.

Beispiel B.301:

A erwirbt das gewerbliche Unternehmen von B zum 01.01.01 gegen eine Leibrente von jährlich 50.000 €. B ist weiblich und zu Beginn der Rentenzahlungen 58 Jahre alt.

Der Barwert der Leibrente zum 01.01.01 beträgt gemäß BMF-Schreiben vom 01.10.2009 (50.000 · 14,154 =) 707.700 €. Am 01.01.02 beträgt der Barwert nur noch (50.000 · 13,935 =) 696.750 €. Die Barwertdifferenz von (707.700 – 696.750 =) 10.950 € stellt den Tilgungsanteil der in 01 erfolgten Zahlungen dar. Der verbleibende Betrag von (50.000 – 10.950 =) 39.050 € ist der Ertragsanteil.

Bei privaten Leibrenten will der Gesetzgeber dem Steuerpflichtigen die beschriebenen versicherungsmathematischen Berechnungen allerdings nicht zumuten. Der Ertragsanteil bestimmt sich daher für die gesamte Dauer der Rente nach dem in § 22 Nr. 1 Satz 3 Buchst. a Doppelb. bb Satz 4 EStG genannten Prozentsatz (Tz. 71 des BMF-Schreibens vom 11.03.2010).

Beispiel B.302:

Hat der Berechtigte einer Leibrente zu Beginn der Rentenzahlungen das 72. Lebensjahr vollendet, so beträgt der Ertragsanteil während der gesamten Laufzeit der Rente 13 % der jährlichen Rentenzahlung.

Eine Unterscheidung zwischen männlichen und weiblichen Personen sieht § 22 Nr. 1 Satz 3 Buchst. a Doppelb. bb Satz 4 EStG im Gegensatz zu der Tabelle im BMF-Schreiben vom 01.10.2009 nicht vor.

Ist allerdings ausnahmsweise die Bestimmung des Barwerts im privaten Bereich erforderlich, z.B. da dieser den zur Ermittlung des privaten Veräußerungsgewinns nach § 23 EStG benötigten Veräußerungspreis darstellt (siehe Abschnitt B.10.2.3.2.2), so ist erneut nach der Tabelle im BMF-Schreiben vom 01.10.2009 zu verfahren.

Zur Bestimmung des Barwerts, des Tilgungs- sowie des Ertragsanteils

- von abgekürzten und verlängerten Leibrenten sowie
- von Zahlungen in wechselnder Höhe (z.B. Zahlungen in Abhängigkeit vom Gewinn oder Umsatz eines Unternehmens)

wird an dieser Stelle nicht eingegangen.

10.2.3 Steuerliche Behandlung wiederkehrender Leistungen

10.2.3.1 Grundsatz

Wiederkehrende Bezüge hat der Empfänger grundsätzlich als Sonstige Einkünfte i.S.d. § 22 Nr. 1 EStG anzusetzen, und zwar unabhängig davon, ob es sich um Renten oder dauernde Lasten handelt. Die wiederkehrenden Leistungen **sind in voller** Höhe als Sonstige Einkünfte zu erfassen. Dies gilt allerdings nicht für Leibrenten, die gemäß § 22 Nr. 1 Satz 3 Buchst. a **Doppelb. aa** EStG nur in Höhe des Besteuerungsanteils (im Falle von Renten aus der gesetzlichen Rentenversicherung und bestimmten gleichgestellten Renten, siehe Abschnitt B.7.7.1.1) bzw. gemäß § 22 Nr. 1 Satz 3 Buchst. a **Doppelb. bb** EStG in Höhe des

Ertragsanteils (im Falle anderer Renten) steuerpflichtig sind. Der Ertragsanteil gemäß § 22 Nr. 1 Satz 3 Buchst. a Doppelb. bb EStG hängt von dem Alter des Rentenempfängers bei Beginn der Rente ab und ändert sich während der gesamten Dauer der Rentenzahlungen nicht.

Nicht einschlägig ist § 22 Nr. 1 EStG allerdings in den folgenden Fällen:

- **Die Einkünfte aus wiederkehrenden Bezügen gehören zu den in § 2 Abs. 1 Nrn. 1 – 6 EStG bezeichneten Einkunftsarten.**

  Die Einkünfte aus wiederkehrenden Bezügen nach § 22 Nr. 1 EStG sind sowohl gegenüber den Gewinneinkunftsarten als auch gegenüber den Überschusseinkunftsarten **subsidiär** (§ 22 Nr. 1 Satz 1 EStG).

  Sind wiederkehrende Bezüge einer Gewinneinkunftsart zuzurechnen (z.B. Veräußerung eines Betriebsgrundstücks gegen eine Leibrente), so ist die Leibrentenforderung mit ihrem Barwert als Wirtschaftsgut des Betriebsvermögens anzusetzen. In den Jahren der Rentenlaufzeit ist (im Ergebnis) der Ertragsanteil der Rente, d.h. die Barwertdifferenz, eine steuerpflichtige Betriebseinnahme.

  Sind wiederkehrende Bezüge einer Überschusseinkunftsart zuzurechnen, so sind sie in voller Höhe Einnahmen der entsprechenden Einkunftsart. Beispielsweise sind Renten, die auf Grund einer betrieblichen Pensionszusage geleistet werden, in voller Höhe (nachträgliche) Einkünfte aus nichtselbständiger Arbeit (BFH-Urteil vom 21.10.1996, BStBl II 1997, S. 127).

- **Die Bezüge werden freiwillig, auf Grund einer freiwillig begründeten Rechtspflicht oder gegenüber einer gesetzlich unterhaltsberechtigten Person geleistet.**

  Da der Geber freiwillige Leistungen, Leistungen auf Grund einer freiwillig begründeten Rechtspflicht sowie Leistungen an eine gesetzlich unterhaltsberechtigte Person gemäß § 12 Nr. 2 EStG nicht einkommensmindernd geltend machen kann, brauchen diese Leistungen gemäß § 22 Nr. 1 Satz 2 EStG beim Empfänger nicht versteuert zu werden.

10.2.3.2 Einzelfälle

Hinsichtlich der steuerlichen Behandlung von wiederkehrenden Leistungen ist zu unterscheiden zwischen

- **Zuwendungsleistungen**, d.h. Leistungen, die nicht im Zusammenhang mit einer Gegenleistung stehen (Abschnitt B.10.2.3.2.1) und
- Leistungen, die **im Zusammenhang mit der Übertragung von Vermögenswerten** stehen. Hierbei ist zu differenzieren zwischen
  - wiederkehrenden Leistungen im Zusammenhang mit einer **entgeltlichen** Vermögensübertragung (Abschnitt B.10.2.3.2.2) und
  - **Versorgungsleistungen**, d.h. Leistungen im Rahmen der vorweggenommenen Erbfolge, bei denen nicht die Gleichwertigkeit von Leistung und Gegenleistung, sondern die Versorgung des Zahlungsempfängers im Vordergrund steht (Abschnitt B.10.2.3.2.3).

10.2.3.2.1 Zuwendungsleistungen

Freiwillige Zuwendungen, Zuwendungen auf Grund einer freiwillig begründeten Rechtspflicht sowie Zuwendungen an eine gesetzlich unterhaltsberechtigte Person sind gemäß § 12 Nr. 2 EStG ausdrücklich vom Abzug von der einkommensteuerlichen Bemessungsgrundlage ausgeschlossen. Entsprechend braucht der Zahlungsempfänger diese Leistungen gemäß § 22 Nr. 1 Satz 2 EStG auch nicht zu versteuern. Die Nichtsteuerbarkeit nur bei unbeschränkter Steuerpflicht des Gebers ist durch das JStG 2009 gestrichen worden.

Beispiel B.303:

Ein Steuerpflichtiger verspricht seiner 70-jährigen Mutter schriftlich (§ 761 BGB), ihr bis zum Lebensende eine monatliche Zahlung von 1.000 € zukommen zu lassen. Eine Gegenleistung erbringt die Mutter nicht.

Es liegt ein Leibrentenversprechen vor, das eine Rechtspflicht zur Leistung begründet. Dennoch kann der Geber die Leistungen gemäß § 12 Nr. 2 EStG nicht steuerlich geltend machen. Folgerichtig braucht die Empfängerin die Leistungen auch nicht zu versteuern (§ 22 Nr. 1 Satz 2 EStG).

Der Grundsatz, dass wiederkehrende Leistungen, die ohne konkrete Gegenleistung erbracht werden, weder beim Geber noch beim Empfänger steuerlich beachtlich sind, wird jedoch durch folgende Ausnahmen durchbrochen:

- Sofern **geschiedene** oder **dauernd getrennt lebende Ehegatten** dies übereinstimmend beantragen, kann der Unterhaltsgeber die Unterhaltsleistungen bis zur Höhe von 13.805 € im Jahr als Sonderausgaben nach § 10 Abs. 1 Nr. 1 EStG abziehen. Der Unterhaltsempfänger hat diesen Betrag in diesem Fall jedoch gemäß § 22 Nr. 1a EStG zu seinen Sonstigen Einkünften zu zählen. Zum Wahl-Realsplitting siehe ausführlich Abschnitt B.7.7.2.
- Leistungen auf Grund eines **schuldrechtlichen Versorgungsausgleichs** im Rahmen einer **Ehescheidung** können vom Leistenden nach § 10 Abs. 1 Nr. 1b EStG als Sonderausgaben abgezogen werden. Der Empfänger hat die Leistungen als Sonstige Einkünfte nach § 22 Nr. 1c EStG zu versteuern, siehe Abschnitt B.7.7.4.
- Das Abzugsverbot des § 12 Nr. 2 EStG gilt nicht für betriebliche Leistungen. In diesem Fall hat der Empfänger die Leistungen, entgegen dem Wortlaut des § 22 Nr. 1 Satz 2 EStG zu seinen Sonstigen Einkünften i.S.d. § 22 Nr. 1 EStG zu zählen.

Beispiel B.304:

Ein Unternehmen vergibt im Rahmen der Öffentlichkeitsarbeit mehrjährige Stipendien an begabte Studenten.

Das Unternehmen kann die Zahlungen als Betriebsausgaben abziehen. Der Empfänger muss die Leistungen im Gegenzug allerdings zu seinen Sonstigen Einkünften i.S.d. § 22 Nr. 1 Satz 3 Buchst. b EStG zählen.

10.2.3.2.2 Wiederkehrende Leistungen im Zusammenhang mit einer entgeltlichen Vermögensübertragung

Eine entgeltliche Vermögensübertragung liegt vor, wenn die Beteiligten Leistung und Gegenleistung nach kaufmännischen Gesichtspunkten gegeneinander abgewogen haben und zumindest subjektiv von der Gleichmäßigkeit der Leistungen ausgehen durften (Rz. 5 des „**Rentenerlasses**", BMF-Schreiben vom 11.03.2010, BStBl I 2010, S. 227). Im Hinblick auf die Vermögensübertragung gegen wiederkehrende Leistungen ist somit von einer Entgeltlichkeit auszugehen, wenn der Wert des übertragenen Vermögensgegenstandes nach dem Willen von Käufer und Verkäufer dem Barwert der wiederkehrenden Leistungen entsprechen sollte.

Übertragung von Privatvermögen

Wird ein Wirtschaftsgut des ertragbringenden Privatvermögens (z.B. ein vermietetes Wohnhaus) oder des ertraglosen Privatvermögens (z.B. ein selbstgenutztes Einfamilienhaus) gegen wiederkehrende Leistungen veräußert, so entspricht der Veräußerungspreis dem **Barwert** der wiederkehrenden Leistungen. Dieser ist grundsätzlich nach Anlage 9a zum BewG (im Falle einer festen Laufzeit) bzw. nach der Tabelle im BMF-Schreiben vom 01.10.2009, BStBl I 2009, S. 1168 (im Falle einer an das Leben einer natürlichen Person gebundenen Laufzeit), zu ermitteln. Allerdings kann der Barwert abweichend hiervon nach versicherungsmathematischen Methoden unter Zugrundelegung einer anderen als mittelschüssigen Zahlungsweise sowie einer neueren Sterbetafel als der Sterbetafel für die Bundesrepublik Deutschland 2006/2008 ermittelt werden (Rz. 69, 77 des „Rentenerlasses" vom 11.03.2010).

Der Veräußerungspreis (zuzüglich der Kosten des Erwerbs) stellt beim Erwerber die Anschaffungskosten des Objekts dar. Die Anschaffungskosten bilden gegebenenfalls die Bemessungsgrundlage für die AfA. Beim Verkäufer ist der Veräußerungspreis zur Ermittlung eines eventuellen Veräußerungsgewinns bzw. -verlusts relevant, sofern ein solcher im Privatvermögen ausnahmsweise steuerlich beachtlich ist:

- Gewinne aus der Veräußerung von **Anteilen an Kapitalgesellschaften i.S.d. § 17 EStG** sind vollständig im Veranlagungszeitraum der Veräußerung zu erfassen (Rz. 74 des „Rentenerlasses" vom 11.03.2010).
- Im Falle von **privaten Veräußerungsgeschäften nach § 23 EStG** ist zunächst der Tilgungsanteil der wiederkehrenden Leistungen mit den Anschaffungskosten des veräußerten Objekts zu verrechnen. Sobald die Summe der Tilgungsanteile die Anschaffungskosten des veräußerten Wirtschaftsgutes übersteigt, sind die Tilgungsanteile aller nachfolgenden wiederkehrenden Leistungen in voller Höhe als Gewinn aus privaten Veräußerungsgeschäften anzusetzen (Rz. 74 des „Rentenerlasses" vom 11.03.2010). Siehe auch das folgende Beispiel.

Darüber hinaus hat der Zahlungsempfänger den in den wiederkehrenden Leistungen enthaltenen **Ertragsanteil** zu **versteuern**, und zwar

- als **Sonstige Einkünfte** i.S.d. § 22 Nr. 1 Satz 3 Buchst. a Doppelb. bb EStG, sofern es sich bei den wiederkehrenden Leistungen um eine **Leibrente** handelt, bzw.
- als **Einkünfte aus Kapitalvermögen** nach § 20 Abs. 1 Nr. 7 EStG in den **übrigen Fällen**, insbesondere bei dauernden Lasten (Rz. 75 des „Rentenerlasses" vom 11.03.2010).

Der Geber kann den Ertragsanteil als **Werbungskosten** abziehen, sofern das erworbene Wirtschaftsgut dem ertragbringenden Privatvermögen zuzurechnen ist (BFH-Urteil vom 09.02.1994, BStBl II 1995, S. 47). Handelt es sich bei dem erworbenen Wirtschaftsgut hingegen um ein Wirtschaftsgut des ertraglosen Privatvermögens, so kann der Ertragsanteil nicht steuerlich genutzt werden (vgl. BFH-Urteil vom 25.11.1992, BStBl II 1996, S. 666).

Tilgungs- und Ertragsanteil sind im Falle von wiederkehrenden Leistungen, die auf das Leben einer natürlichen Person abstellen, nach § 22 Nr. 1 Satz 3 Buchst. a Doppelb. bb EStG zu ermitteln (Rz. 71, 75 des „Rentenerlasses" vom 11.03.2010). Im Falle von wiederkehrenden Leistungen, die für einen festen Zeitraum gewährt werden, ermittelt sich der Tilgungsanteil als Barwertdifferenz (Rz. 79 des „Rentenerlasses" vom 11.03.2010).

Beispiel B.305:

A, männlich, 59 Jahre, veräußert zum 31.12.05 ein vermietetes Wohnhaus gegen eine monatliche Leibrente i.H.v. 2.500 € an B. A hatte das Objekt am 01.01.01 zum Preis von 300.000 € erworben und seither nach § 7 Abs. 4 EStG bis auf 270.000 € abgeschrieben. Veräußerungskosten seien nicht zu berücksichtigen.

Der Ertragsanteil der jährlichen Rentenzahlungen beträgt gemäß § 22 Nr. 1 Satz 3 Buchst. a Doppelb. bb EStG (2.500 · 12 · 23 % =) 6.900 €, der Tilgungsanteil beträgt (30.000 – 6.900 =) 23.100 €.

Steuerliche Behandlung beim Verkäufer A

Da die Veräußerung innerhalb der Zehnjahresfrist des § 23 Abs. 1 Nr. 1 EStG erfolgt, hat A einen Gewinn aus privaten Veräußerungsgeschäften zu versteuern. Der Tilgungsanteil i.H.v. 23.100 € ist dazu zunächst erfolgsneutral mit den fortgeschriebenen Anschaffungskosten des veräußerten Objekts von 270.000 € zu verrechnen. Die Tilgungsanteile der ersten elf Jahre, d.h. der Jahre 06 bis 16, sind vollständig steuerfrei, der Tilgungsanteil des Jahres 17 ist i.H.v. 15.900 € steuerfrei (11 · 23.100 + 15.900 = 270.000 €). I.H.v. 7.200 € stellt der Tilgungsanteil des Jahres 17 einen steuerpflichtigen Gewinn aus privaten Veräußerungsgeschäften dar. Alle nachfolgenden Tilgungsanteile der Jahre 18, 19 etc. sind in voller Höhe von jeweils 23.100 € steuerpflichtige Gewinne aus privaten Veräußerungsgeschäften.

Den Ertragsanteil i.H.v. jährlich 6.900 € hat A als Sonstige Einkünfte nach § 22 Nr. 1 EStG zu versteuern.

Steuerliche Behandlung beim Erwerber B

B hat den Barwert der wiederkehrenden Leistungen als Anschaffungskosten des Wohnhauses anzusetzen. Der Barwert beträgt nach der Tabelle im BMF-Schreiben vom 01.10.2009, BStBl I 2009, S. 1168: (2.500 · 12 · 12,845 =) 385.350 €. Den Tilgungsanteil der wiederkehrenden Leistungen i.H.v. 23.100 € kann B steuerlich nicht nutzen, da die Zahlung insoweit nur die Vermögensebene betrifft. Den Ertragsanteil i.H.v. 6.900 € kann B als Werbungskosten bei den Einkünften aus Vermietung und Verpachtung abziehen.

Übertragung von Betriebsvermögen

Auch bei der Veräußerung von Wirtschaftsgütern des Betriebsvermögens entspricht der Veräußerungspreis dem Barwert der wiederkehrenden Leistungen. Der Erwerber hat in dieser Höhe eine Verbindlichkeit zu passivieren, der Veräußerer eine Forderung zu aktivieren. Die Forderung bzw. Verbindlichkeit ist bei den Beteiligten zu den folgenden Bilanzstichtagen jeweils neu zu bewerten. In Höhe der Barwertdifferenz (= Tilgungsanteil) sind die einzelnen Zahlungen erfolgsneutral mit der Forderung bzw. Verbindlichkeit zu verrechnen. Der Ertragsanteil ist beim leistenden Teil als Betriebsausgabe und beim Empfänger als Betriebseinnahme anzusetzen.

Stirbt der Berechtigte, so hat der Verpflichtete in Höhe der passivierten Verbindlichkeit eine Betriebseinnahme und der Berechtigte in Höhe der aktivierten Forderung eine Betriebsausgabe.

Beispiel B.306:

A, weiblich, 56 Jahre, veräußert ein betriebliches Grundstück zum 01.01.01 gegen eine jährliche Leibrente von 50.000 € an B. Das Grundstück wird zu diesem Zeitpunkt im Betriebsvermögen der A mit einem Buchwert von 400.000 € geführt. Am 31.12.02 verstirbt A.

Der Barwert der Leibrente zum 01.01.01 beträgt nach der Tabelle im BMF-Schreiben vom 01.10.2009, a.a.O.: (50.000 · 14,565 =) 728.250 €. Am 31.12.01 beträgt der Barwert noch (50.000 · 14,364 =) 718.200 €, am 31.12.02 beträgt er (50.000 · 14,154 =) 707.700 €.

Buchung bei der Verkäuferin A

01.01.01:	Leibrentenforderung	728.250	
	an Grundstück		400.000
	an sonstige Erträge		328.250
01:	Bank	50.000	
	an Leibrentenforderung (Tilgung)		10.050
	an Zinserträge		39.950
02:	Bank	50.000	
	an Leibrentenforderung (Tilgung)		10.500
	an Zinserträge		39.500
31.12.02:	sonstiger Aufwand	707.700	
	an Leibrentenforderung		707.700

Buchung beim Erwerber B

01.01.01:	Grundstück	728.250	
	an Leibrentenverbindlichkeit		728.250
01:	Leibrentenverbindlichkeit	10.050	
	Zinsaufwand	39.950	
	an Bank		50.000
02:	Leibrentenverbindlichkeit	10.500	
	Zinsaufwand	39.500	
	an Bank		50.000
31.12.02:	Leibrentenverbindlichkeit	707.700	
	an sonstiger Ertrag		707.700

Ermittelt der Erwerber seinen Gewinn nach § 4 Abs. 3 EStG, so gewährt R 4.5 Abs. 4 Satz 4 EStR ein Wahlrecht. Statt der vorstehend beschriebenen Vorgehensweise kann der Erwerber die einzelnen Leistungen in voller Höhe mit dem Barwert der wiederkehrenden Leistungen verrechnen bis die Summe der einzelnen Leistungen den Barwert erreicht. Die nachfolgenden wiederkehrenden Leistungen sind dann in voller Höhe als Betriebsausgaben anzusetzen.

Beispiel B.307:

Ermittelt der Erwerber B im vorangegangenen Beispiel seinen Gewinn nach § 4 Abs. 3 EStG, so sind folgende Vorgehensweisen möglich:

- Er kann die einzelnen Leistungen, wie im vorhergehenden Beispiel, in Höhe des Tilgungsanteils mit der Leibrentenverbindlichkeit verrechnen und den Ertragsanteil als Betriebsausgabe abziehen.
- Alternativ kann B die Rentenzahlungen in voller Höhe von jährlich 50.000 € mit der Leibrentenverbindlichkeit verrechnen. In diesem Fall ist die Leibrentenverbindlichkeit zum 31.12.02 noch mit (728.250 – 2 · 50.000 =) 628.250 € anzusetzen. Nur in dieser Höhe hat B einen sonstigen Ertrag. Stirbt A nicht am 31.12.02, so sind die Zahlungen der Jahre 03 bis 14 noch in voller Höhe und die Zahlungen des Jahres 15 i.H.v. 28.250 € erfolgsneutral mit der Leibrentenverbindlichkeit zu verrechnen. Im Jahr 15 hat B eine Betriebsausgabe i.H.v. 21.750 € und in allen nachfolgenden Jahren bis zum Tod der A in voller Höhe der jährlichen Zahlungen von 50.000 €.

Veräußert ein Steuerpflichtiger seinen **ganzen Betrieb**, einen **Teilbetrieb** oder einen **Mitunternehmeranteil** gegen wiederkehrende Leistungen, so gewährt die Finanzverwaltung ebenfalls ein Wahlrecht (R 16 Abs. 11 EStR):

- Der Veräußerer kann den Veräußerungsgewinn **sofort versteuern**. In diesem Fall werden die Vergünstigungen der §§ 16 Abs. 4, 34 Abs. 1 bzw. Abs. 3 EStG gewährt. Zusätzlich hat der Veräußerer in diesem Fall die in den einzelnen wiederkehrenden Leistungen enthaltenen Ertragsanteile als Sonstige Einkünfte nach § 22 Nr. 1 Satz 3 Buchst. a Doppelb. bb EStG zu versteuern.
- Alternativ kann der Veräußerer den Kapitalanteil, der in den einzelnen wiederkehrenden Leistungen enthalten ist, zunächst **erfolgsneutral** mit dem steuerlichen Kapitalkonto des aufgegebenen Betriebsvermögens verrechnen. In diesem Fall entsteht ein Gewinn erst dann, wenn die Kapitalanteile das steuerliche Kapitalkonto übersteigen. Von diesem Zeitpunkt an hat der Veräußerer die Kapitalanteile in voller Höhe als nachträgliche Betriebseinnahmen nach § 24 Nr. 2 EStG anzusetzen, für die der Freibetrag nach § 16 Abs. 4 EStG sowie die Tarifermäßigung des § 34 Abs. 1 bzw. Abs. 3 EStG nicht in Frage kommen. Der in den wiederkehrenden Leistungen enthaltene Zinsanteil stellt bereits im Zeitpunkt des Zuflusses nachträgliche Betriebseinnahmen dar.

Beispiel B.308:

A, männlich, 62 Jahre, veräußert im Jahr 01 seinen Gewerbebetrieb, der zum Veräußerungszeitpunkt über ein steuerliches Kapitalkonto von 2.370.000 € verfügt, gegen eine jährliche Leibrente von 250.000 €. Veräußerungskosten entstehen nicht.

R 16 Abs. 11 EStR gewährt A folgendes Wahlrecht:

- A kann den Barwert der Leibrente von (12,063 · 250.000 =) 3.015.750 € als Veräußerungserlös berücksichtigen. Es entsteht ein nach §§ 16 Abs. 4, 34 Abs. 1 EStG begünstigter Veräußerungsgewinn i.H.v. (3.015.750 – 2.370.000 =) 645.750 €. Von den einzelnen Rentenzahlungen hat A in diesem Fall vom ersten Jahr an den Ertragsanteil von 21 % als Sonstige Einkünfte nach § 22 Nr. 1 EStG zu versteuern (21 % von 250.000 = 52.500 €).
- Stattdessen kann B im Veräußerungszeitpunkt auf die Berücksichtigung eines Veräußerungsgewinns verzichten. In diesem Fall ist zunächst nur der Zinsanteil als Sonstige Einkünfte nach § 22 Nr. 1 EStG zu versteuern (jährlich 21 % von

250.000 = 52.500 €). Der Ertragsanteil von jährlich (250.000 – 52.500 =) 197.500 € ist erfolgsneutral mit dem aufgegebenen Kapitalkonto zu verrechnen. Die ersten zwölf Jahresbeträge (12 · 197.500 = 2.370.000) sind erfolgsneutral. Alle weiteren Kapitalanteile sind vollständig steuerpflichtige nachträgliche Einnahmen aus Gewerbebetrieb.

10.2.3.2.3 Versorgungsleistungen

Der Begriff der **vorweggenommenen Erbfolge** bezeichnet die Vermögensübertragung unter Lebenden mit Rücksicht auf die künftige Erbfolge, bei der sich der übertragende Teil typischerweise einen Teil der Erträge des übergebenen Vermögens vorbehält, die in Form von wiederkehrenden Leistungen an ihn zu entrichten sind (Rz. 3 des BMF-Schreibens vom 11.03.2010; BFH-Beschluss vom 15.07.1991, BStBl II 1992, S. 78). Dabei steht nicht die Gleichwertigkeit von Leistung und Gegenleistung, sondern die Versorgung des Empfängers der wiederkehrenden Leistungen im Vordergrund. Der Barwert der wiederkehrenden Leistungen ist in diesen Fällen zumeist erheblich niedriger als der Wert des übergehenden Vermögens.

Gemäß § 10 Abs. 1 Nr. 1a EStG kann der leistende Teil, d.h. der Übernehmer des Vermögens, die Versorgungsleistungen in voller Höhe (nicht nur in Höhe des Ertragsanteils) als **Sonderausgaben** abziehen. Der empfangende Teil, d.h. der Übergeber des Vermögens, muss die Versorgungsleistung in diesem Fall als **Sonstige Einkünfte** nach § 22 Nr. 1b EStG versteuern. Da der empfangende Teil in der Regel über einen niedrigeren individuellen Steuersatz als der leistende Teil verfügen wird, ist diese Behandlung für die Beteiligten in der Regel vorteilhaft. Dieses **Versorgungsprivileg**, d.h. die Abzugsfähigkeit nach § 10 Abs. 1 Nr. 1a EStG in Verbindung mit der Steuerpflicht nach § 22 Nr. 1b EStG, ist an folgende Voraussetzungen geknüpft:

- **Leibrente**

  Die wiederkehrenden Leistungen werden lebenslang, d.h. in Form einer Leibrente, gezahlt. Bei verlängerten und abgekürzten Leibrenten (siehe Abschnitt B.10.2.1.1) werden keine Versorgungsleistungen angenommen; die Besteuerung folgt in diesen Fällen nach den Grundsätzen für wiederkehrende Leistungen im Austausch mit einer Gegenleistung (Rz. 56 des „Rentenerlasses").

- **Unbeschränkte Steuerpflicht**

  Der Empfänger der wiederkehrenden Leistungen muss unbeschränkt steuerpflichtig sein. Gemäß § 1a Abs. 1 Nr. 1a EStG kann der Sonderausgabenabzug nach § 10 Abs. 1 Nr. 1a EStG ausnahmsweise auch dann erfolgen, wenn der Empfänger nicht unbeschränkt steuerpflichtig ist. Voraussetzung ist dann allerdings, dass der Vermögensübernehmer Staatsangehöriger eines EU- oder EWR-Staates und nach § 1 Abs. 1 oder Abs. 3 EStG unbeschränkt steuerpflichtig ist.

- **Begünstigtes Vermögen**

  Das Versorgungsprivileg gilt nur bei Übergabe

  - eines land- und forstwirtschaftlichen, gewerblichen oder selbständigen **Betriebs** oder **Teilbetriebs**,

- eines **Mitunternehmeranteils** an einer Personengesellschaft, die eine land- und forstwirtschaftliche, gewerbliche oder selbständige Tätigkeit im Sinne der §§ 13, 15 Abs. 1 Satz 1 Nr. 1 oder § 18 Abs. 1 EStG ausübt, oder
- eines **Anteils von mindestens 50 % an einer GmbH** (einschließlich Unternehmergesellschaft), wenn der Übergeber als Geschäftsführer tätig war und der Übernehmer diese Tätigkeit nach der Übertragung wahrnimmt.

Ein **Teilbetrieb** im Sinne des § 10 Abs. 1 Nr. 1a EStG liegt vor, wenn ein mit einer gewissen Selbständigkeit ausgestatteter, organisch geschlossener Teil des Gesamtbetriebs übertragen wird, der für sich betrachtet alle Merkmale eines Betriebs aufweist und für sich lebensfähig ist. Der Teilbetrieb muss bereits vor der Vermögensübertragung als solcher existiert haben (Rz. 13 des „Rentenerlasses" vom 11.03.2010).

Nach Auffassung der Finanzverwaltung ist die Übertragung **gewerblich infizierter** Personengesellschaften nach § 15 Abs. 3 Nr. 1 EStG, **nicht** aber die Übertragung **gewerblich geprägter** Personengesellschaften nach § 15 Abs. 3 Nr. 2 EStG begünstigt (Rz. 9, 10 des „Rentenerlasses" vom 11.03.2010).

- **Unentgeltlichkeit**

Bei der Vermögensübertragung im Zusammenhang mit Versorgungsleistungen soll der Übernehmer des Vermögens zumindest teilweise eine unentgeltliche Zuwendung erhalten. Bei einer Vermögensübertragung an Angehörige spricht eine widerlegbare Vermutung dafür, dass die wiederkehrenden Leistungen unabhängig vom Wert des übertragenen Vermögens nach dem Versorgungsbedürfnis des Berechtigten und nach der wirtschaftlichen Leistungsfähigkeit des Verpflichteten bemessen worden sind. Diese Vermutung ist widerlegt, wenn die Beteiligten Leistung und Gegenleistung nach kaufmännischen Gesichtspunkten gegeneinander abgewogen haben (Rz. 5 des „Rentenerlasses" vom 11.03.2010). Ist der Barwert der wiederkehrenden Leistungen erheblich niedriger als der Verkehrswert des übertragenen Vermögens, so wird in aller Regel von Versorgungsleistungen auszugehen sein.

- **Ausreichend Ertrag bringendes Vermögen**

Nach Auffassung der Finanzverwaltung liegen Versorgungsleistungen nur vor, wenn Vermögen übertragen wird, das ausreichend Ertrag bringt, um die Versorgung des Übergebers zumindest zu einem Teil zu sichern (Rz. 26 des „Rentenerlasses" vom 11.03.2010).

Ausreichend Ertrag bringendes Vermögen ist dadurch gekennzeichnet, dass die jährlichen Versorgungsleistungen aus dem Ertrag des Vermögens geleistet werden können, d.h. wenn nach überschlägiger Berechnung die wiederkehrenden Leistungen nicht höher sind als der langfristig erzielbare Ertrag des Vermögens (Rz. 27 des „Rentenerlasses" vom 11.03.2010).

Nach Rz. 29 des „Rentenerlasses" besteht zum Zwecke einer Beweiserleichterung eine widerlegbare Vermutung, dass ausreichend Ertrag bringendes Vermögen vorliegt, wenn der Betrieb, Teilbetrieb, Mitunternehmeranteil oder die GmbH vom Erwerber tatsächlich fortgeführt wird. Die Vermutung kann durch mehrjährige Verluste oder im Verhältnis zu den wiederkehrenden Leistungen geringe Gewinne widerlegt werden.

Greift die Beweiserleichterung nicht, so gilt als Ertrag der steuerpflichtige Gewinn. Abschreibungen sowie außerordentliche Aufwendungen, z.B. größere Erhaltungsaufwendungen, die nicht jährlich üblicherweise anfallen, sind dem Ertrag wieder hinzuzurechnen. Bei Übertragung eines GmbH-Anteils mindert das Gesellschafter-Geschäftsführergehalt den Gewinn nicht (Rz. 32 des „Rentenerlasses“ vom 11.03.2010). Zur Vereinfachung erlaubt es die Finanzverwaltung, wenn der Ertrag auf der Basis der Verhältnisse im Jahr der Vermögensübergabe und der beiden vorangegangenen Jahre geschätzt wird (Rz. 34 des „Rentenerlasses“ vom 11.03.2010). Reicht der durchschnittliche jährliche Ertrag im Zeitpunkt der Vermögensübergabe nicht aus, kann der Übernehmer nachweisen, dass für die Zukunft ausreichend hohe Nettoerträge zu erwarten sind. Hiervon ist regelmäßig auszugehen, wenn die durchschnittlichen Erträge des Jahres der Vermögensübertragung und der beiden folgenden Jahre ausreichen, um die wiederkehrenden Leistungen zu erbringen (Rz. 35 des „Rentenerlasses“ vom 11.03.2010).

Beispiel B.309:

Vater V überträgt im August 03 im Rahmen der vorweggenommenen Erbfolge einen gewerblichen Betrieb mit einem Verkehrswert von 800.000 € auf seinen Sohn S, der sich im Gegenzug verpflichtet, jährlich einen Betrag von 24.000 € an V bis zu dessen Lebensende zu zahlen.

Die Einkünfte aus Gewerbebetrieb betrugen 19.000 € in 01, 24.000 € in 02 sowie 17.000 € in 03. Bei der Ermittlung der Einkünfte aus Gewerbebetrieb wurde AfA i.H.v. je 15.000 € abgezogen.

Die durchschnittlichen Einkünfte aus Gewerbebetrieb im Jahr der Vermögensübergabe und den beiden vorangegangenen Jahren betragen ((19.000 + 24.000 + 17.000) / 3 =) 20.000 €. Wird die AfA wieder hinzugerechnet, so ergibt sich ein durchschnittlicher Ertrag von 35.000 €. Da die wiederkehrenden Leistungen i.H.v. 24.000 € aus diesem Ertrag erbracht werden können, handelt es sich um ein ausreichend Ertrag bringendes Vermögen.

Liegen die genannten Voraussetzungen für Versorgungsleistungen im Rahmen der vorweggenommenen Erbfolge nach den genannten Kriterien vor, so ist eine **unentgeltliche Vermögensübertragung** anzunehmen. Die im Zusammenhang mit der Vermögensübergabe zugesagten wiederkehrenden Leistungen sind weder Veräußerungsentgelt noch Anschaffungskosten (Rz. 3 des „Rentenerlasses“ vom 11.03.2010; BFH-Beschluss vom 05.07.1990, BStBl II 1990, S. 847). Vielmehr richtet sich die Übertragung der Vermögenswerte nach § 6 Abs. 3 EStG. Nach dieser Vorschrift hat der übernehmende Teil das übertragene Betriebsvermögen mit seinen bisherigen Buchwerten anzusetzen, ohne dass stille Reserven aufzudecken wären.

Wird **privates Vermögen** übertragen (z.B. privater Grundbesitz, Wertpapiervermögen) oder erfüllt das übertragene Vermögen nicht die oben genannten Voraussetzungen, so ist von wiederkehrenden Leistungen im Austausch mit einer Gegenleistung auszugehen (Rz. 21 des „Rentenerlasses“ vom 11.03.2010). Zur steuerlichen Behandlung siehe Abschnitt B.10.2.3.2.2.

10.3 Steuerliche Behandlung der Altersvorsorge

Die Altersvorsorge wird in der Bundesrepublik Deutschland (neben den berufsständischen Versorgungswerken) von **drei Säulen** getragen – der gesetzlichen Rentenversicherung, der betrieblichen Altersvorsorge und der privaten Altersvorsorge. Dabei dient die gesetzliche

Rentenversicherung (siehe Abschnitt B.10.3.1) der Grundversorgung im Alter. Durch betriebliche und / oder private Altersvorsorgemaßnahmen (zusätzliche Altersvorsorge, siehe Abschnitt B.10.3.2) kann eine zusätzliche Absicherung für das Alter erreicht werden.

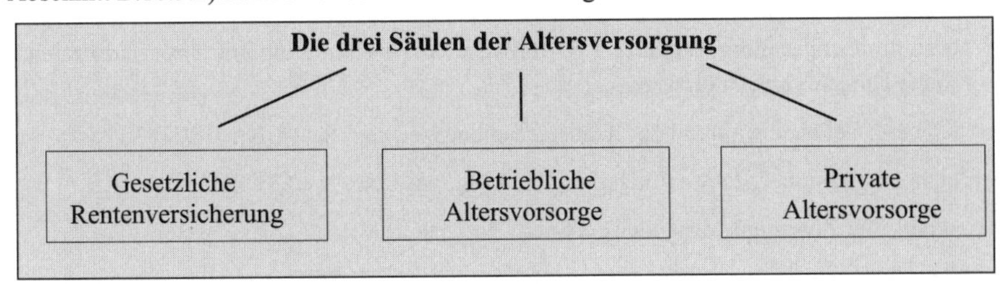

Abbildung B.37: Säulen der Altersversorgung

Die gesetzliche Rentenversicherung ist nach dem Umlageverfahren finanziert, d.h. die Ausgaben eines Kalenderjahres werden grundsätzlich durch die Einnahmen des gleichen Kalenderjahres gedeckt (§ 153 SGB VI). Somit finanzieren die Beitragszahler eines Jahres die Renten der Leistungsempfänger dieses Jahres. In den nächsten Jahren wird der Alterslastquotient, definiert als Verhältnis zwischen den Personen, die mindestens 60 Jahre alt sind und den Personen, die mindestens 20, höchstens jedoch 59 Jahre alt sind, stetig ansteigen. Während in 2006 noch 45 Ältere auf 100 Erwerbsfähige kamen, werden es in 2030 bereits 71 und in 2050 sogar 78 Ältere (ab 60 Jahren) sein, die auf 100 Erwerbsfähige (20 bis 59 Jahre) kommen werden. Damit steigt auch das Verhältnis zwischen Rentenempfängern und Beitragszahlern – auf einen Rentenempfänger entfallen immer weniger Beitragszahler. Aufgrund dieser Entwicklung wäre das derzeitige Niveau der Ren-ten aus der gesetzlichen Rentenversicherung zukünftig nur durch einen stetigen Anstieg der Beitragssätze aufrecht zu erhalten. Da ein derartiger Anstieg aus wirtschafts- und sozial-politischen Gründen nicht vertretbar ist, wird ein Absinken dieser Renten unumgänglich.

Soll die Minderung der gesetzlichen Renten nicht zu einer Minderung des Alterseinkommens führen, ist eine verstärkte zusätzliche Altersvorsorge unabdingbar. Aus diesem Grund wurde mit dem Gesetz zur Reform der gesetzlichen Rentenversicherung und zur Förderung eines kapitalgedeckten Altersvorsorgevermögens (Altersvermögensgesetz, AVmG) eine verstärkte Förderung der zusätzlichen Altersvorsorge ab 2002 geregelt.

10.3.1 Gesetzliche Rentenversicherung

Die Vorschriften zur gesetzlichen Rentenversicherung (GRV) sind im VI. Buch des Sozialgesetzbuches (SGB VI) enthalten. Auf eine umfassende Erläuterung der einzelnen Regelungen wird an dieser Stelle verzichtet (siehe hierzu beispielsweise *R. Kreikebohm* (2008)). Es soll nachfolgend lediglich darauf eingegangen werden,

- welche Personen in der GRV versichert sind (siehe Abschnitt B.10.3.1.1),
- wie hoch die Beiträge zur GRV sind und wie sie steuerlich behandelt werden (siehe Abschnitt B.10.3.1.2),
- wie die Rentenleistungen besteuert werden (siehe Abschnitt B.10.3.1.3).

10.3.1.1 Versicherte in der GRV

Es ist zwischen **Pflichtversicherten** und **freiwillig Versicherten** zu unterscheiden.

In der GRV **pflichtversichert** sind insbesondere

- Arbeitnehmer, Auszubildende und in anerkannten Werkstätten tätige Behinderte (§ 1 SGB VI),
- bestimmte selbständig Tätige (§ 2 SGB VI), z.B. selbständig tätige Lehrer und Erzieher sowie Künstler und Publizisten,
- Kindererziehende während der Kindererziehungszeit (§ 3 Satz 1 Nr. 1 SGB VI),
- nicht erwerbsmäßig tätige Pflegepersonen (§ 3 Satz 1 Nr. 1a SGB VI),
- Wehr- und Zivildienstleistende (§ 3 Satz 1 Nr. 2 SGB VI),
- Bezieher von Lohnersatzleistungen (§ 3 Satz 1 Nr. 3 SGB VI), d.h. Personen, die Krankengeld, Verletztengeld, Versorgungskrankengeld, Übergangsgeld oder Arbeitslosengeld beziehen, sofern diese im letzten Jahr, das dem Beginn des Bezugs der Lohnersatzleistungen voran ging, sozialversicherungspflichtig waren,
- Bezieher von Vorruhestandsgeld (§ 3 Satz 1 Nr. 4 SGB VI) sowie
- geringfügig Beschäftigte i.S.d. § 8 Abs. 1 SGB IV, die auf eine Versicherungsfreiheit nach § 5 Abs. 2 SGB VI verzichten.

Zudem können Personen, die nicht versicherungspflichtig sind und das 16. Lebensjahr vollendet haben, **freiwillig** in der GRV versichert werden (§ 7 Abs. 1 Satz 1 SGB VI).

10.3.1.2 Beiträge zur GRV und deren Besteuerung

Der Beitrag zur GRV errechnet sich als Prozentsatz der **Beitragsbemessungsgrundlage**. Eine Beitragspflicht erlischt allerdings insoweit, wie die Einnahmen eines Versicherten als Beitragsbemessungsgrundlage die **Beitragsbemessungsgrenze** überschreiten (§ 157 SGB VI).

Die Höhe des Beitragssatzes ist gemäß § 158 SGB VI so festzusetzen, dass die voraussichtlichen Beitragseinnahmen ausreichen, um die voraussichtlichen Ausgaben des auf die Festsetzung folgenden Kalenderjahres zu decken. Im Jahr 2011 beträgt der Beitragssatz 19,9 %. Dieser wird bei Personen, die gegen Arbeitsentgelt beschäftigt werden, je zur Hälfte vom Arbeitnehmer und vom Arbeitgeber aufgebracht (§ 168 Abs. 1 Nr. 1 SGB VI).

Beitragsbemessungsgrundlage der GRV sind die **beitragspflichtigen Einnahmen** (§ 161 Abs. 1 SGB VI). Bei Personen, die gegen Arbeitsentgelt beschäftigt werden, ist das Arbeitsentgelt beitragspflichtige Einnahme (§ 162 Nr. 1 SGB VI). Zum Arbeitsentgelt gehören alle laufenden oder einmaligen Einnahmen aus einer Beschäftigung (§ 14 Abs. 1 SGB IV). Dabei sind sowohl Bar- als auch Sachbezüge zu berücksichtigen. Maßgebend ist das jeweilige Bruttoentgelt. Die Beitragsbemessungsgrundlage deckt sich somit weitgehend mit den steuerbaren Einnahmen aus nichtselbständiger Arbeit.

Die monatliche Beitragsbemessungsgrenze errechnet sich nach den Vorschriften der §§ 159, 275a SBG VI und liegt derzeit (2011) bei 5.500 € (= 66.000 € p.a.) in den alten Bundesländern und 4.800 € (= 57.600 € p.a.) in den neuen Bundesländern. Dabei ist nicht entscheidend, ob der Arbeitnehmer seinen Wohnsitz in den alten oder den neuen Bundesländern hat, sondern ob die Einnahmen in den alten oder in den neuen Bundesländern erzielt werden (§ 228a SGB VI).

Beispiel B.310:

Arbeitnehmer A wohnt in Hannover und ist in Magdeburg bei Arbeitgeber B beschäftigt. Er bezieht im Jahr 2011 ein monatliches Bruttoentgelt i.H.v. 5.000 €.

A erzielt Einnahmen aus einer Beschäftigung in Magdeburg. Somit ist die Beitragsbemessungsgrenze der neuen Bundesländer maßgeblich. Für die Berechnung der Beiträge zur GRV wird daher ein monatliches Bruttoentgelt von 4.800 € berücksichtigt. Der monatliche Beitrag zur GRV beträgt (19,9 % von 4.800 =) 955,20 €. Dabei haben A und B jeweils die Hälfte dieses Betrages, d.h. jeweils (9,95 % von 4.800 =) 477,60 €, zu tragen.

Beitragssatz und Beitragsbemessungsgrenze zur GRV haben sich wie folgt entwickelt:

Jahr	Beitragssatz	Beitragsbemessungsgrenze (Monat)	
		Alte Bundesländer	Neue Bundesländer
2005	19,5 %	5.200 €	4.400 €
2006	19,5 %	5.250 €	4.400 €
2007	19,9 %	5.250 €	4.550 €
2008	19,9 %	5.300 €	4.500 €
2009	19,9 %	5.400 €	4.550 €
2010	19,9 %	5.500 €	4.650 €
2011	19,9 %	5.500 €	4.800 €

Tabelle B.38: Beitragssatz und Beitragsbemessungsgrenze in der GRV

Für den Arbeitgeber stellen die von ihm geleisteten Beiträge zur GRV Betriebsausgaben dar, die vollständig steuerlich abzugsfähig sind. Für die Arbeitnehmer sind die Arbeitnehmeranteile grundsätzlich steuerbar, da sie aus den steuerbaren Gehältern und Löhnen i.S.d. § 19 EStG zu entrichten sind. Allerdings können die Beiträge als Vorsorgeaufwendungen (§ 10 Abs. 1 Nr. 2 Buchst. a EStG) in begrenzter Höhe nach § 10 Abs. 3 EStG abgezogen werden (siehe Abschnitt B.8.3.1).

10.3.1.3 Besteuerung der Altersleistungen

Beim Eintritt in das gesetzliche Rentenalter werden die Ansprüche an die GRV durch Auszahlung einer Leibrente verwirklicht. Die Altersrente wurde bisher regelmäßig nach Vollendung des 65. Lebensjahres, künftig nach Vollendung des 67. Lebensjahres, ausgezahlt. Die Regelaltersgrenze von bisher 65 Lebensjahren wird beginnend mit dem Geburtsjahrgang 1947 ab 2012 zunächst in Ein-Monats-, von 2024 an in Zwei-Monats-Schritten, angehoben, so dass dann für Versicherte ab Jahrgang 1964 die Regelaltersgrenze von 67 Jahren gilt:

Jahrgang	Gesetzliches Rentenalter	Jahrgang	Gesetzliches Rentenalter
bis 1946	65 Jahre	1956	65 Jahre 10 Monate
1947	65 Jahre 1 Monat	1957	65 Jahre 11 Monate
1948	65 Jahre 2 Monate	1958	66 Jahre 0 Monate

Jahrgang	Gesetzliches Rentenalter	Jahrgang	Gesetzliches Rentenalter
1949	65 Jahre 3 Monate	1959	66 Jahre 2 Monate
1950	65 Jahre 4 Monate	1960	66 Jahre 4 Monate
1951	65 Jahre 5 Monate	1961	66 Jahre 6 Monate
1952	65 Jahre 6 Monate	1962	66 Jahre 8 Monate
1953	65 Jahre 7 Monate	1963	66 Jahre 10 Monate
1954	65 Jahre 8 Monate	ab 1964	67 Jahre
1955	65 Jahre 9 Monate		

Tabelle B.39: Regelaltersgrenze in der GRV

Die Höhe der Rente errechnet sich nach den Vorschriften der §§ 63 ff. SGB VI.

Die Rentenzahlungen stellen Sonstige Einkünfte im Sinne von § 22 Nr. 1 EStG dar und werden nur in Höhe eines Besteuerungsanteils, der sich aus § 22 Nr. 1 Satz 3 Buchst. a Doppelb. aa EStG ergibt, besteuert. Der Besteuerungsanteil ist vom Jahr des Rentenbeginns abhängig und ändert sich während der gesamten Dauer der Rentenzahlungen nicht (vgl. Abschnitt B.7.7.1.1).

Die steuerpflichtigen Renteneinkünfte werden gemäß § 9a Nr. 3 EStG durch einen Werbungskosten-Pauschbetrag i.H.v. 102 € gemindert, sofern nicht höhere Werbungskosten nachgewiesen werden (vgl. Abschnitt B.7.7.9).

Beispiel B.311:

A bezieht ab dem Jahr 2009 eine Rente aus der GRV. Die Summe der Rentenzahlungen in 2010 beträgt 12.000 €. Im Zeitpunkt seines erstmaligen Rentenbezugs hat A sein 65. Lebensjahr vollendet.

Bei Rentenbezug ab 2009 beträgt der Besteuerungsanteil laut § 22 Nr. 1 Satz 3 Buchst. a Doppelb. aa EStG 58 %. Unter der Annahme, dass die von A nachgewiesenen Werbungskosten den Werbungskosten-Pauschbetrag von 102 € nicht übersteigen, hat A im Jahr 2010 ((58 % von 12.000) – 102 =) 6.858 € als Sonstige Einkünfte zu versteuern.

10.3.2 Riester-Förderung der zusätzlichen Altersvorsorge

In der GRV Versicherte, die zusätzlich zur gesetzlichen Rentenversicherung für ihr Alter vorsorgen wollen, können über ihren Arbeitgeber (**betriebliche Altersvorsorge**) oder in eigener Person (**private Altersvorsorge**) zusätzliche Altersvorsorgeverträge abschließen.

Durch das Altersvermögensgesetz, welches zum 01.01.2002 in Kraft getreten ist, kommt es zu einer verstärkten Förderung der zusätzlichen Altersvorsorge (sog. Riester-Förderung). Zentrales Element der Förderung ist die Gewährung eines **Sonderausgabenabzugs** für Aufwendungen zur zusätzlichen Altersvorsorge bzw. die alternative Gewährung einer **Altersvorsorgezulage**, wenn diese den steuerlichen Vorteil des Sonderausgabenabzugs übersteigt. Diese alternativen Begünstigungen gelten sowohl für Altersvorsorgebeiträge, die in ein betriebliches Altersvorsorgemodell eingezahlt werden, als auch für solche Altersvorsorgebeiträge, die im Rahmen eines privaten Altersvorsorgevertrages geleistet werden.

Aufgrund ihrer zentralen Bedeutung wird dieser Förderung besondere Aufmerksamkeit gewidmet.

Zur Riester-Förderung hat das BMF mit Anwendungsschreiben vom 20.01.2009 (BStBl I 2009, S. 273) Stellung genommen.

10.3.2.1 Kreis der Begünstigten

Die zusätzliche Altersvorsorge wird primär mit dem Ziel gefördert, dass die Kürzung der gesetzlichen Renten (sowie der Beamtenpensionen) nicht automatisch zu einem Rückgang des Alterseinkommens führt, sondern durch zusätzliche Vorsorgemaßnahmen kompensiert wird. Begünstigte der Förderung durch § 10a bzw. Abschnitt XI EStG sind deshalb insbesondere die Personen, die in der GRV pflichtversichert sind, sowie Beamte. Für diese Personen soll ein Anreiz geschaffen werden, zusätzlich zur GRV eine freiwillige kapitalgedeckte Altersvorsorge aufzubauen.

Zum Kreis der Begünstigten gehören insbesondere

- **Pflichtversicherte** in der **gesetzlichen Rentenversicherung** (§ 10a Abs. 1 Satz 1 Halbsatz 1 EStG, siehe im Einzelnen Abschnitt B.10.3.1.1),
- Empfänger von Besoldung nach dem Bundesbesoldungsgesetz oder einem Landesbesoldungsgesetz, d.h. **Beamte**, **Richter** sowie **Berufs- und Zeitsoldaten** (§ 10a Abs. 1 Satz 1 Nr. 1 EStG i.V.m. § 1 Abs. 1 BBesG),
- Versicherungspflichtige nach dem Gesetz über die Alterssicherung der **Landwirte** (§ 10a Abs. 1 Satz 3 EStG),
- **Arbeitslose**, deren Leistungen auf Grund der Anrechnung von Einkommen und Vermögen ruht (§ 10a Abs. 1 Satz 3 EStG).

Beschränkt Steuerpflichtige sind von der Förderung ausgeschlossen (§ 50 Abs. 1 Satz 3 EStG). Eine detaillierte Aufzählung der Begünstigten findet sich in den Anlagen 1 und 2 des BMF-Schreibens vom 20.01.2009 (BStBl I 2009, S. 273).

Bei **Ehegatten** sind die persönlichen Fördervoraussetzungen grundsätzlich jeweils getrennt zu prüfen. Die in Abschnitt XI EStG geregelte Altersvorsorgezulage wird gemäß § 79 Satz 2 EStG aber grundsätzlich auch dann beiden Ehegatten zugestanden, wenn nur einer der beiden Ehegatten die persönlichen Fördervoraussetzungen des § 10a EStG erfüllt. Gefordert wird hierfür lediglich, dass die Voraussetzungen des § 26 Abs. 1 EStG für eine Zusammenveranlagung (siehe Abschnitt B.4.2) vorliegen und ein Altersvorsorgevertrag besteht, der auf den Namen des Ehegatten lautet, der nicht die persönlichen Fördervoraussetzungen des § 10a EStG erfüllt. Dagegen steht der Sonderausgabenabzug nach § 10a EStG nur den Personen zu, die dem geförderten Personenkreis angehören. Ist nur einer der Ehegatten den geförderten Personengruppen zuzurechnen, so darf auch nur dieser Ehegatte den Sonderausgabenabzug in Anspruch nehmen. Allerdings können in diesem Fall die Altersvorsorgebeiträge des nicht abzugsberechtigten Ehegatten sowie die diesem zustehenden Altersvorsorgezulagen – dem Grunde nach – mit beim abzugsberechtigten Ehegatten als Sonderausgabe abgezogen werden (§ 10a Abs. 3 EStG). Der Gesetzgeber begründet diese Förderung beider Ehegatten damit, dass beide von der Absenkung der Altersbezüge des einen Ehegatten betroffen seien und deshalb beiden die Möglichkeit gegeben werden soll, eine eigenständige zusätzliche Altersvorsorge aufzubauen.

Beispiel B.312:

A und B erfüllen die Voraussetzungen für eine Zusammenveranlagung gemäß § 26 Abs. 1 EStG. A ist selbständiger Handwerker. B ist als Hausfrau tätig.

Da keiner der Ehegatten die Fördervoraussetzungen des § 10a EStG erfüllt, kann keiner der Ehegatten eine Altersvorsorgezulage beanspruchen.

Angenommen, B nimmt nun eine geringfügige Beschäftigung i.S.d. § 8 Abs. 1 SGB IV auf und verzichtet auf die Versicherungsfreiheit nach § 5 Abs. 2 SGB VI. Dann erfüllt B die persönlichen Fördervoraussetzungen des § 10a EStG. Hieraus folgt gemäß § 79 Satz 2 EStG, dass nicht nur B, sondern auch A eine Altersvorsorgezulage erhalten kann, sofern ein auf seinen Namen lautender Altersvorsorgevertrag abgeschlossen wird.

10.3.2.2 Begünstigte Anlageformen

Gefördert werden sowohl die **private** als auch die **betriebliche** Altersvorsorge.

10.3.2.2.1 Private Altersvorsorge

Durch die Altersvorsorgezulage des Abschnitts XI EStG bzw. den Sonderausgabenabzug nach § 10a EStG werden Beiträge gefördert, die von anspruchsberechtigten Personen (siehe den vorhergehenden Abschnitt) in einen Altersvorsorgevertrag geleistet werden, der auf den Namen des Anspruchsberechtigten lautet und nach § 5 des Altersvorsorgeverträge-Zertifizierungsgesetzes (AltZertG) zertifiziert ist (§ 82 bzw. § 10a Abs. 1 Satz 1 i.V.m. § 82 EStG). **Zertifizierende Behörde** ist das Bundeszentralamt für Steuern (§ 3 Abs. 1 AltZertG). Es entscheidet per Verwaltungsakt über eine Zertifizierung sowie deren Rücknahme bzw. Widerruf (§ 3 Abs. 2 AltZertG). Dazu wird festgestellt, ob ein Altersvorsorgevertrag die – nachfolgend beschriebenen – Voraussetzungen des § 1 Abs. 1, 1a und 2 AltZertG erfüllt. Das Bundeszentralamt für Steuern prüft jedoch weder, ob der Alters-vorsorgevertrag wirtschaftlich tragfähig und die in ihm enthaltene Zusage des Anbieters erfüllbar ist, noch ob die Vertragsbedingungen zivilrechtlich wirksam sind (§ 2 Abs. 3 AltZertG).

§ 1 Abs. 1, 1a und 2 AltZertG enthält einen umfangreichen Katalog von Kriterien, denen ein Altersvorsorgevertrag genügen muss, damit ihm eine Zertifizierung erteilt werden kann. Der Altersvorsorgevertrag soll

- **ein hohes Maß an Sicherheit gewährleisten.**

  Der Anbieter muss garantieren, dass zu Beginn der Auszahlungsphase mindestens die eingezahlten Altersvorsorgebeiträge für die Leistungen in der Auszahlungsphase zur Verfügung stehen (§ 1 Abs. 1 Satz 1 Nr. 3 AltZertG). Hiervon können Beiträge ausgenommen werden, die auf eine im Altersvorsorgevertrag eingeschlossene Zusatzversicherung zur Absicherung verminderter Erwerbsfähigkeit, Dienstunfähigkeit und eine Hinterbliebenenabsicherung entfallen, soweit diese Beiträge 15 % der Gesamtbeiträge nicht übersteigen.

- **einen kontinuierlichen Aufbau des Altersvorsorgevermögens sicherstellen.**

  Die (natürliche) Person, die den Vertrag abschließt, erbringt in der Ansparphase laufend freiwillige Altersvorsorgebeiträge. Eine monatlich oder jährlich gleichbleibende Höhe der Beiträge wird jedoch nicht gefordert.

- **im Alter eine lebenslange Versorgung garantieren.**

  Aus dem Altersvorsorgevertrag dürfen (Alters-)Leistungen erst dann erbracht werden, wenn der Vertragspartner das 60. Lebensjahr vollendet hat oder dieser Altersleistungen aus der GRV, nach dem Gesetz über die Alterssicherung der Landwirte bzw. aufgrund beamten- oder soldatenversorgungsrechtlicher Regelungen bezieht. Leistungen aus einer Zusatzversicherung zur Absicherung verminderter Erwerbsfähigkeit oder Dienstunfähigkeit können gezahlt werden, wenn der Vertragspartner eine Rente wegen verminderter Erwerbsfähigkeit aus der GRV, nach dem Gesetz über die Alterssicherung der Landwirte oder nach beamten- oder soldatenversorgungsrechtlichen Regelungen erhält (§ 1 Abs. 1 Satz 1 Nr. 2 AltZertG).

  Die Auszahlung der Altersleistung hat grundsätzlich als lebenslange monatliche Leibrente zu erfolgen, deren Höhe geschlechtsunabhängig berechnet wird. Eine bis zu 30-prozentige Teilauszahlung bei Rentenbeginn ist zulagenunschädlich möglich. Die Höhe der monatlichen Leibrentenzahlungen kann gleich bleiben oder steigen. Alternativ kann jedoch ein Auszahlungsplan mit anschließender lebenslanger Teilkapitalverrentung vereinbart werden. Dabei muss der Auszahlungsplan monatlich gleichbleibende oder steigende Auszahlungen bis zur Vollendung des 85. Lebensjahres vorsehen. Zudem ist ein Teil des zur Verfügung stehenden Kapitals in eine Rentenversicherung einzubringen, aus der dem Vertragspartner nach vollendetem 85. Lebensjahr eine gleichbleibende oder steigende lebenslange Leibrente gezahlt wird, deren erste monatliche Rate mindestens so hoch ist wie die letzte monatliche Auszahlung aus dem Auszahlungsplan. Anbieter und Vertragspartner können jeweils vereinbaren, dass bis zu zwölf Monatsrenten in einer Auszahlung zusammengefasst werden (§ 1 Abs. 1 Satz 1 Nrn. 4 AltZertG).

- **eine hohe Transparenz von Kosten und Anlageerfolg zusagen.**

  Der Anbieter ist verpflichtet, den Vertragspartner jährlich schriftlich über die Verwendung der Altersvorsorgebeiträge, das bisher gebildete Kapital, die Abschluss-, Verwaltungs- und Vertriebskosten sowie die erwirtschafteten Erträge zu informieren (§ 7 Abs. 4 AltZertG).

- **ein langfristiges Interesse des Anbieters an der Pflege seiner Kunden sichern.**

  Die in Ansatz gebrachten Abschluss- und Vertriebskosten sind als Prozentsatz von den Altersvorsorgebeiträgen abzuziehen oder über einen Zeitraum von mindestens fünf Jahren in gleichmäßigen Jahresbeiträgen einzufordern (§ 1 Abs. 1 Satz 1 Nr. 8 AltZertG). Wäre es möglich, bereits bei Vertragsabschluss einen Großteil der entstehenden Verwaltungskosten in Rechnung zu stellen, hätte der Anbieter in den Folgejahren nur noch ein gemindertes Interesse an einer Pflege seiner Kunden.

Die in den Altersvorsorgevertrag eingezahlten Beiträge, die Erträge des gebildeten Kapitals und die Veräußerungsgewinne können insbesondere angelegt werden in

- Banksparplänen,
- Privaten Rentenversicherungen,
- Fondsgebundenen Rentenversicherungen,
- Fondssparplänen.

Gefördert wird auch der **Erwerb von selbstgenutzten Immobilien** (Eigenheimrente, sog. „Wohn-Riester", § 92a EStG, § 1 Abs. 1a AltZertG, siehe Abschnitt B.10.3.2.3.5) gefördert.

Schließlich ist dem Vertragspartner im Altersvorsorgevertrag ein Anspruch darauf einzuräumen, während der Ansparphase

- den Vertrag ruhen zu lassen (§ 1 Abs. 1 Satz 1 Nr. 10 Buchst. a AltZertG),
- den Vertrag mit einer Frist von drei Monaten zum Quartalsende zu kündigen, um das gebildete Kapital auf einen anderen – auch auf seinen Namen lautenden – Altersvorsorgevertrag übertragen zu lassen (§ 1 Abs. 1 Satz 1 Nr. 10 Buchst. b AltZertG), oder
- mit einer Frist von drei Monaten zum Quartalsende die teilweise oder vollständige Auszahlung des gebildeten Kapitals für eine Verwendung i.S.d. § 92a EStG (Ver-wendung zur Anschaffung oder Herstellung von eigenen Wohnzwecken dienendem Wohneigentum, siehe Abschnitt B.10.3.2.3.5) zu verlangen (§ 1 Abs. 1 Satz 1 Nr. 10 Buchst. c AltZertG).

Während sich die Anforderungen des § 1 Abs. 1 AltZertG auf die Vertragsgestaltung an sich beziehen, regelt § 1 Abs. 2 AltZertG, welche Institutionen zertifizierungsfähige Altersvorsorgeverträge anbieten können. Danach kommen als Anbieter im Wesentlichen Lebensversicherungsunternehmen, Kreditinstitute, Bausparkassen und Kapitalanlagegesellschaften in Betracht. Auf die durch das AltZertG anerkannten Institutionen und die jeweils für die Anerkennung erforderlichen Voraussetzungen soll an dieser Stelle nicht im Detail eingegangen werden.

Werden Altersvorsorgebeiträge nach § 10a bzw. Abschnitt XI EStG gefördert, so werden die mit diesen Beiträgen erwirtschafteten Erträge im Zeitpunkt ihrer Entstehung grundsätzlich beim Altersvorsorgesparer nicht besteuert. Allerdings unterliegen die späteren Altersleistungen in voller Höhe der Besteuerung (siehe Abschnitt B.10.3.2.3.6).

10.3.2.2.2 Betriebliche Altersvorsorge

Gefördert wird auch die betriebliche Altersvorsorge. Eine Zertifizierung ist in diesem Fall nicht erforderlich. Begünstigt sind die Altersvorsorgebeiträge, wenn die Beiträge aus dem individuell versteuerten Arbeitslohn des Arbeitnehmers geleistet werden. Die Zahlungen müssen in einen **Pensionsfonds**, eine **Pensionskasse** oder eine **Direktversicherung** geleistet werden (§ 82 Abs. 2 EStG). Für den Zulageberechtigten muss, wie bei der privaten Altersvorsorge, eine lebenslange Altersversorgung i.S.d. § 1 Abs. 1 Nr. 4 AltZertG gewährleistet sein.

Pensionskassen

Pensionskassen sind rechtsfähige Versorgungseinrichtungen, die dem Arbeitnehmer oder seinen Hinterbliebenen für ihre Leistungen einen Rechtsanspruch gewähren (§ 1b Abs. 3 Satz 1 BetrAVG). Sie können sowohl für die Versorgung der Belegschaft eines Unternehmens (Betriebs- oder Firmenpensionskasse) als auch für mehrere verbundene (Konzernpensionskasse) oder voneinander unabhängige Unternehmen (Gruppenpensionskasse) eingerichtet sein. Pensionskassen können öffentlich-rechtlich oder privatrechtlich organisiert sein. Öffentlich-rechtliche Pensionskassen dienen der Versorgung von Arbeitnehmern im öffentlichen Dienst und werden als Zusatzversorgungseinrichtungen oder Zusatzversorgungsanstalten bezeichnet.

Die Versorgung erfolgt im Wege der Lebensversicherung. Die Arbeitnehmer sind zugleich Mitglied der Pensionskasse, versicherte Person und Versicherungsnehmer. Sie erwerben unmittelbare Ansprüche an die Pensionskasse. Aufgrund ihres Versicherungscharakters unterliegen die Pensionskassen der Versicherungsaufsicht nach dem Versicherungsaufsichtsgesetz (VAG) (§ 1 Abs. 1 VAG).

Die Leistungen aus der Pensionskasse werden i.d.R. durch Zuwendungen des Arbeitgebers finanziert. Die Arbeitnehmer können jedoch zur Finanzierung beitragen, indem sie mit dem Arbeitgeber vereinbaren, künftige Entgeltansprüche in Altersvorsorgebeiträge umzuwandeln. Im Versorgungsfall werden die Leistungen regelmäßig in Form einer Rente erbracht. Möglich ist aber auch eine Kapitalauszahlung, eine Riester-Förderung erfolgt dann allerdings nicht.

Pensionsfonds

Die Definition eines Pensionsfonds findet sich in § 112 des Versicherungsaufsichtsgesetzes (VAG). Bei den Pensionsfonds handelt es sich – ebenso wie bei den Pensionskassen – um rechtsfähige Versorgungseinrichtungen, die dem Arbeitnehmer oder dessen Hinterbliebenen einen Rechtsanspruch auf Leistungen einräumen (§ 1b Abs. 3 Satz 1 BetrAVG, § 112 Abs. 1 Satz 1 Nr. 3, Satz 2 VAG) und der Versicherungsaufsicht nach dem Versicherungsaufsichtsgesetz unterliegen (§ 1 Abs. 1 VAG). Pensionsfonds können in der Rechtsform der Aktiengesellschaft oder der des Pensionsfondsvereins auf Gegenseitigkeit gegründet werden (§ 113 Abs. 2 Nr. 3 VAG). Ein Pensionsfonds kann Altersversorgungsleistungen sowohl nur für Arbeitnehmer eines Arbeitgebers als auch für Arbeitnehmer verschiedener Arbeitgeber erbringen (§ 112 Abs. 1 Satz 1 Nr. 1 VAG).

Die Finanzierung dieser Altersleistungen erfolgt regelmäßig durch Zuführungen des Arbeitgebers. Jedoch ist es auch bei einer Altersvorsorge über Pensionsfonds möglich, dass künftige Entgeltansprüche des Arbeitnehmers in Altersvorsorgebeiträge umgewandelt werden und sich der Arbeitnehmer somit an der Finanzierung beteiligt. Die Auszahlung der Altersleistungen aus dem Pensionsfonds hat in jedem Fall als lebenslange Altersrente zu erfolgen (§ 112 Abs. 1 Satz 1 Nr. 4 VAG). Damit ist im Unterschied zu den anderen gesetzlich vorgesehenen Durchführungswegen der betrieblichen Altersversorgung eine Leistungserbringung in Form einer einmaligen Kapitalzahlung oder als Ratenzahlung nicht möglich.

Direktversicherung

Bei der Direktversicherung handelt es sich um eine Lebensversicherung, die der Arbeitgeber auf das Leben seines Arbeitnehmers abschließt und aus der der Arbeitnehmer bzw. seine Hinterbliebenen ganz oder zum Teil bezugsberechtigt sind (§ 1b Abs. 2 Satz 1 BetrAVG). Dabei erwirbt der Arbeitnehmer gegenüber dem Versicherer einen Rechtsanspruch auf Versorgung (vgl. BFH-Urteil vom 16.04.1999, BStBl II 2000, S. 408).

10.3.2.3 Förderung durch Altersvorsorgezulage und Sonderausgabenabzug

Nachfolgend werden die Förderung durch Altersvorsorgezulage (Abschnitt B.10.3.2.3.1) und die Förderung durch Sonderausgabenabzug (Abschnitt B.10.3.2.3.2) zunächst unabhängig voneinander beschrieben.

10.3.2.3.1 Förderung durch Altersvorsorgezulage

Die Altersvorsorgezulage (§ 83 EStG) setzt sich aus einer **Grundzulage** (§ 84 EStG) und einer **Kinderzulage** (§ 85 EStG) zusammen und ist zu beantragen. Der Antrag ist nach amtlich vorgeschriebenem Vordruck bis zum Ablauf des zweiten Kalenderjahres, das auf das Beitragsjahr folgt, bei dem Anbieter einzureichen, an den die Altersvorsorgebeiträge geleistet wurden (§ 89 Abs. 1 Satz 1 EStG). Der Anbieter übermittelt die Vertragsdaten, die erforderlichen Informationen über den Zulageberechtigten (z.B. Anzahl der Kinder) sowie die Höhe der geleisteten Altersvorsorgebeiträge an die Deutsche Rentenversicherung Bund (§ 89 Abs. 2 i.V.m. § 81 EStG). Von dort werden die Zulagen an den Anbieter gezahlt, der diese wiederum den begünstigten Altersvorsorgeverträgen gutschreibt (§ 90 Abs. 2 EStG).

Die **Grundzulage** erhält jeder Zulageberechtigte (siehe Abschnitt B.10.3.2.1). Die **Kinderzulage** wird dem Zulageberechtigten zusätzlich für jedes Kind gezahlt, für das er Kindergeld erhält (zur Gewährung von Kindergeld siehe Abschnitt B.8.5).

Beitragsjahr	Grundzulage	Kinderzulage
2002 und 2003	38 €	46 €
2004 und 2005	76 €	92 €
2006 und 2007	114 €	138 €
ab 2008	154 €	185 € (300 € für nach dem 31.12.2007 geborene Kinder)

Tabelle B.40: Grundzulage und Kinderzulage

Die Grundzulage erhöht sich für das erste nach dem 31.12.2007 beginnende Beitragsjahr einmalig auf 200 € für Zulageberechtigte, die zu Beginn des Beitragsjahres das 25. Lebensjahr noch nicht vollendet haben (**Berufseinsteiger-Bonus**, § 84 Sätze 2, 3 EStG).

Die Kinderzulage wird grundsätzlich der Mutter zugerechnet. Die Eltern können jedoch beantragen, dass die Kinderzulagen dem Vater zugeordnet werden (§ 85 Abs. 2 Satz 1 EStG). Der Antrag ist für jedes Beitragsjahr neu zu stellen. Ein einmal gestellter Antrag kann für ein abgelaufenes Beitragsjahr nicht zurückgenommen werden (§ 85 Abs. 2 Satz 2 EStG).

Beispiel B.313:

Ein Ehepaar hat drei Kinder. Für die Kinder 2 und 3 besteht in 2010 Anspruch auf Kindergeld bzw. die Freibeträge nach § 32 Abs. 6 EStG. Kind 3 wurde nach dem 31.12.2007 geboren. Beide Ehegatten sind in der GRV pflichtversichert.

Beide Ehegatten gehören zum geförderten Personenkreis und sind zulageberechtigt. Beide erhalten die jährliche Grundzulage. Zudem wird für die Kinder 2 und 3 eine Kinderzulage gezahlt. Vorausgesetzt, dass die – nachfolgend erläuterten – Mindesteigenbeiträge geleistet werden, errechnet sich für das Jahr 2010 die Altersvorsorgezulage wie folgt:

Grundzulage Ehemann	154 €
Grundzulage Ehefrau	154 €

Kinderzulage Kind 2	185 €
Kinderzulage Kind 3	300 €
Altersvorsorgezulage	793 €

Die Altersvorsorgezulage wird nur dann in voller Höhe gezahlt, wenn ein Mindestbetrag an begünstigten Altersvorsorgebeiträgen geleistet wird. Wird dieser geforderte Mindesteigenbeitrag unterschritten, wird die Zulage – dem Verhältnis der geleisteten Altersvorsorgebeiträge zum Mindesteigenbeitrag entsprechend – gekürzt (§ 86 Abs. 1 Sätze 1, 6 EStG). Ohne eine solche Kürzung würde ein Anreiz geschaffen, eine Altersvorsorgezulage zu beantragen, ohne tatsächlich eigene Beiträge zur Altersvorsorge leisten zu wollen. Eine staatliche Grundrente ist jedoch nicht beabsichtigt.

Der **Mindesteigenbeitrag** beläuft sich gemäß § 86 Abs. 1 Satz 2 EStG ab dem Jahr 2008 auf 4 % (maximal 2.100 €) der im jeweils vorangegangenen Kalenderjahr

- erzielten beitragspflichtigen Einnahmen i.S.d. SGB VI bzw.
- bezogenen Besoldung und Amtsbezüge.

Der so ermittelte Mindesteigenbeitrag (max. 2.100 €) ist um die Altersvorsorgezulage (Grundzulage und Kinderzulage) zu vermindern (§ 86 Abs. 1 Satz 2 EStG).

Mindestens ist ein Sockelbetrag von 60 € als Eigenbeitrag zu leisten (§ 86 Abs. 1 Sätze 4, 5 EStG).

Beispiel B.314:

A und B sind zusammen veranlagte Ehegatten mit drei (vor 2008 geborenen) Kindern, für die ihnen Kindergeld zusteht. A ist in der GRV pflichtversichert, B ist nicht berufstätig. Im Jahr 2009 hat A beitragspflichtige Einnahmen i.S.d. SGB VI i.H.v. 22.000 €.

Der Mindesteigenbetrag des A in 2010 ergibt sich wie folgt:

4 % der beitragspflichtigen Einnahmen des Vorjahres (4 % von 22.000 =)	880 €
– Grundzulage Ehemann	– 154 €
– Grundzulage Ehefrau	– 154 €
– Kinderzulagen (3 · 185 € =)	– 555 €
Zwischensumme	17 €
mindestens Sockelbetrag	60 €

Beispiel B.315:

X ist ledig, kinderlos und in der GRV pflichtversichert. Im Jahr 2009 hat X beitragspflichtige Einnahmen i.S.d. SGB VI i.H.v. 60.000 €. In 2010 leistet X begünstigte Altersvorsorgebeiträge i.H.v. 1.200 €. Der Höchstbetrag des Sonderausgabenabzugs nach § 10a EStG beträgt 2.100 € (§ 10a Abs. 1 Satz 1 EStG).

X hat Anspruch auf die Grundzulage und keinen Anspruch auf Kinderzulagen. Die ungekürzte Grundzulage im Jahr 2010 beträgt 154 €. X erhält sie, sofern die von ihm geleisteten (begünstigten) Altersvorsorgebeiträge den geforderten Mindesteigenbeitrag nicht unterschreiten.

Der Mindesteigenbeitrag errechnet sich wie folgt:

4 % der beitragspflichtigen Einnahmen des Vorjahres (4 % von 60.000 =)	2.400 €	
Höchstbetrag des Sonderausgabenabzugs gemäß § 10a Abs. 1 Satz 1 EStG	2.100 €	
Niedrigerer Wert		2.100 €
– zustehende (ungekürzte) Zulage		– 154 €
Mindesteigenbeitrag		1.946 €

Der für X maßgebliche Mindesteigenbeitrag beträgt somit 1.946 €.

Die Höhe der von X im Jahr 2010 geleisteten (begünstigten) Altersvorsorgebeiträge (1.200 €) liegt unter dem geforderten Mindesteigenbeitrag. X erhält somit eine gekürzte Grundzulage i.H.v. ($^{1200}/_{1946} \cdot 154 =$) 94,96 €.

Bei Ehegatten ist hinsichtlich der Berechnung der Mindesteigenbeiträge danach zu differenzieren, ob beide Ehegatten **unmittelbar zulageberechtigt** sind oder ob nur ein Ehegatte zum Kreis der nach § 10a EStG begünstigten Personen gehört und der andere Ehegatte lediglich einen **mittelbaren Zulageanspruch** nach § 79 Satz 2 EStG besitzt (vgl. Abschnitt B.10.3.2.1).

Sind beide Ehegatten **unmittelbar zulageberechtigt**, ist die Mindesteigenbeitragsberechnung für jeden Ehegatten separat durchzuführen.

Beispiel B.316:

Herr C und Frau D sind zusammen veranlagte Ehegatten mit zwei (vor 2008 geborenen) Kindern, für die ihnen Kindergeld zusteht. C und D sind beide in der GRV pflichtversichert. Im Jahr 2009 hat C beitragspflichtige Einnahmen i.S.d. SGB VI i.H.v. 30.000 €, D i.H.v. 5.000 €. Ein Antrag nach § 85 Abs. 2 Satz 1 EStG, die Kinderzulagen Herrn C zuzuordnen, wurde für das Jahr 2010 nicht gestellt.

Mindesteigenbeitrag für Herrn C

4 % der beitragspflichtigen Einnahmen des Vorjahres (4 % von 30.000 =)	1.200 €	
Höchstbetrag des Sonderausgabenabzugs gemäß § 10a Abs. 1 Satz 1 EStG	2.100 €	
Niedrigerer Wert		1.200 €
– zustehende (ungekürzte) Zulage		– 154 €
Mindesteigenbeitrag		1.046 €

Der für Herrn C maßgebliche Mindesteigenbeitrag beträgt somit 1.046 €.

Mindesteigenbeitrag für Frau D

4 % der beitragspflichtigen Einnahmen des Vorjahres (4 % von 5.000 =)	200 €	
Höchstbetrag des Sonderausgabenabzugs gemäß § 10a Abs. 1 Satz 1 EStG	2.100 €	

Niedrigerer Wert	200 €
– Grundzulage	– 154 €
– 2 Kinderzulagen	– 370 €
Zwischensumme	0 €
mindestens Sockelbetrag	60 €

Ist nur ein Ehegatte unmittelbar zulageberechtigt, so ist die Berechnung des Mindesteigenbeitrages nur für diesen Ehegatten durchzuführen. Der andere Ehegatte hat gemäß § 86 Abs. 2 Satz 1 EStG dann Anspruch auf eine ungekürzte Zulage, wenn der unmittelbar zulageberechtigte Ehegatte seinen Mindesteigenbeitrag leistet. Daraus folgt, dass auch die Zulage des nur mittelbar berechtigten Ehegatten gekürzt wird, wenn der unmittelbar zulageberechtigte Ehegatte den von ihm geforderten Mindesteigenbeitrag unterschreitet. Bei der Berechnung des Mindesteigenbeitrags des unmittelbar zulageberechtigten Ehegatten ist die den Ehegatten insgesamt zustehende Zulage zu berücksichtigen.

Da die Höhe der Zulage, die der nur mittelbar zulageberechtigte Ehegatte erhält, nicht von der Höhe der von ihm geleisteten Beiträge, sondern allein von der Höhe der Beiträge des unmittelbar zulageberechtigten Ehegatten abhängt, ist der Fall denkbar, dass der nur mittelbar zulageberechtigte Ehegatte selbst gar keine Beiträge in den auf ihn lautenden Altersvorsorgevertrag einzahlt, sondern dieser Vertrag allein durch die Altersvorsorgezulagen finanziert wird.

Beispiel B.317:

Es sei der Sachverhalt des vorhergehenden Beispiels aufgegriffen. Frau D sei nun jedoch nicht berufstätig.

Frau D gehört nun zwar nicht zum unmittelbar geförderten Personenkreis, sie ist jedoch aufgrund der Regelung des § 79 Satz 2 EStG ebenfalls zulageberechtigt. Eine Mindesteigenbeitragsberechnung ist nur noch für Herrn C durchzuführen. Dabei sind bei der Ermittlung von Höchst- und Sockelbetrag auch die Zulagen zu berücksichtigen, die Frau A zustehen.

Mindesteigenbeitrag für Herrn C

4 % der beitragspflichtigen Einnahmen des Vorjahres (4 % von 30.000 =)	1.200 €	
Höchstbetrag des Sonderausgabenabzugs gemäß § 10a Abs. 1 Satz 1 EStG	2.100 €	
Niedrigerer Wert		1.200 €
– Grundzulage Herr C		– 154 €
– Grundzulage Frau D		– 154 €
– 2 Kinderzulagen		– 370 €
Mindesteigenbeitrag		522 €

Der maßgebliche Mindesteigenbeitrag für Herrn C beträgt nunmehr 522 €. Sofern C diesen Eigenbeitrag leistet, erhalten sowohl C als auch D die Altersvorsorgezulage von 154 € (Herr C) bzw. 524 € (Frau D).

Der **Antrag auf Zulage** ist bis zum Ablauf des zweiten Kalenderjahres, das auf das Beitragsjahr folgt, bei dem Anbieter einzureichen, an den die Altersvorsorgebeiträge geleistet worden sind (§ 89 Abs. 1 Satz 1 EStG). Der Anbieter hat die Daten an die zentrale Stelle (Deutsche Rentenversicherung Bund, § 81 EStG) zu übermitteln. Der Zulage-berechtigte kann aber auch den Anbieter seines Vertrages schriftlich bevollmächtigen, die Zulage für ihn zu beantragen (§ 89 Abs. 1a EStG). Die zentrale Stelle veranlasst die Aus-zahlung an den Anbieter zu Gunsten des Zulageberechtigten. Der Anbieter hat dem Zulage-berechtigten jährlich eine Bescheinigung nach § 92 EStG zu erteilen.

Zahlt ein Zulageberechtigter Altersvorsorgebeiträge in mehrere Altersvorsorgeverträge, so kann er in dem beim Anbieter einzureichenden Antrag bestimmen, auf welchen Vertrag bzw. auf welche Verträge die Altersvorsorgezulage überwiesen werden soll (§ 89 Abs. 1 Satz 2 EStG). Dabei werden jedoch **höchstens zwei Altersvorsorgeverträge** berücksichtigt. Beantragt der Zulageberechtigte die Zulage für mehr als zwei Verträgen, wird die Zulage nur den zwei Verträgen mit den höchsten Altersvorsorgebeiträgen gutgeschrieben (§ 89 Abs. 1 Satz 3 EStG). Auch bei der Feststellung, ob der Mindesteigenbeitrag geleistet wurde, sind dann nur die Beiträge zu berücksichtigen, die in diese beiden Verträge eingezahlt wurden (§ 87 Abs. 1 Satz 2 EStG). Die gewährte Zulage ist entsprechend dem Verhältnis der in die beiden Verträge eingezahlten Beträge aufzuteilen (§ 87 Abs. 1 Satz 3 EStG).

10.3.2.3.2 Förderung durch Sonderausgabenabzug

Gemäß § 10a EStG sind Aufwendungen, die für die zusätzliche Altersvorsorge erbracht werden, beschränkt als Sonderausgaben abzugsfähig. Die Höhe des in den einzelnen Jahren zulässigen Sonderausgabenabzugs wird durch § 10a Abs. 1 Satz 1 EStG ab dem Veranlagungszeitraum 2008 auf 2.100 € jährlich begrenzt.

Zu den abzugsfähigen Aufwendungen i.S.d. § 10a EStG gehören zum einen die **Altersvorsorgebeiträge** i.S.d. § 82 EStG, d.h. Altersvorsorgebeiträge, die der Abzugsberechtigte (siehe Abschnitt B.10.3.2.1) in einen auf seinen Namen lautenden, nach § 5 AltZertG zertifizierten Altersvorsorgevertrag (siehe Abschnitt B.10.3.2.2) selbst aus seinem Einkommen geleistet hat. Zum anderen ist auch die **Altersvorsorgezulage** (siehe Abschnitt B.10.3.2.3.1) als Sonderausgabe nach § 10a Abs. 1 Satz 1 EStG abzugsfähig. Allerdings können nicht wie bei der Berechnung des Mindesteigenbeitrags die ungekürzten Zulagen nach §§ 84, 85 EStG, sondern nur die nach Abschnitt XI EStG zustehenden, d.h. ggf. gekürzten Zulagen abgezogen werden.

Sind beide **Ehegatten** unmittelbar zulageberechtigt, so gilt der Höchstbetrag von 2.100 € für jeden Ehegatten (§ 10a Abs. 3 Satz 1 EStG). Gehört bei verheirateten Steuerpflichtigen nur ein Ehegatte zum unmittelbar geförderten Personenkreis, so ist der andere Ehegatte zwar nicht abzugsberechtigt, jedoch (mittelbar) zulageberechtigt (siehe Abschnitt B.10.3.2.1). In diesem Fall können die Altersvorsorgebeiträge, die der mittelbar zulageberechtigte Ehegatte leistet, und die ihm zustehende Altersvorsorgezulage beim abzugsberechtigten Ehegatten im Rahmen seiner Begrenzung als Sonderausgaben i.S.d. § 10a Abs. 1 Satz 1 EStG geltend gemacht werden (§ 10a Abs. 3 Satz 2 EStG). Der Höchstbetrag von 2.100 € verdoppelt sich in diesem Fall jedoch nicht (Rz. 67 des BMF-Schreibens vom 20.01.2009, BStBl I 2009, S. 273).

Beispiel B.318:

Es sei erneut der Sachverhalt des vorhergehenden Beispiels aufgegriffen. Herr C hat als unmittelbar Zulageberechtigter einen Altersvorsorgevertrag abgeschlossen, auf den er in 2010 den Mindesteigenbeitrag von 522 € eingezahlt hat. Zudem wurde dem Vertrag die ihm zustehende Grundzulage von 154 € gutgeschrieben.

Frau D hat ebenfalls einen Altersvorsorgevertrag abgeschlossen, auf den sie keinen Eigenbeitrag geleistet hat. Dem Vertrag wurde nur die Grundzulage von 154 € sowie zwei Kinderzulagen von insgesamt 370 € gutgeschrieben.

Nur Herr C ist abzugsberechtigt i.S.d. § 10a EStG. Als Sonderausgaben für die zusätzliche Altersvorsorge kann er geltend machen:

Geleistete Altersvorsorgebeiträge Herr C	522 €
Altersvorsorgezulage Herr C	154 €
Geleistete Altersvorsorgebeiträge Frau D	0 €
Altersvorsorgezulage Frau D	524 €
Sonderausgaben i.S.d. § 10a Abs. 1 Satz 1 EStG (max. 2.100 €)	1.200 €

10.3.2.3.3 Günstigerprüfung

Nach § 10a Abs. 2 EStG erfolgt die Förderung **entweder** durch die Gewährung eines *Sonderausgabenabzugs* **oder** durch die Zahlung einer *Altersvorsorgezulage* – je nachdem, welche der beiden Alternativen für den Geförderten günstiger ist. Dabei wird die Zulage in jedem Fall – d.h. unabhängig davon, ob die Zulage oder der Sonderausgabenabzug günstiger ist – gezahlt. Im Rahmen der Veranlagung wird dann von Amts wegen eine **Günstigerprüfung** vorgenommen. Kommt das Finanzamt im Rahmen dieser Günstigerprüfung zu dem Ergebnis, dass der Anspruch auf die Zulage günstiger ist, scheidet der Sonderausgabenabzug aus. Im umgekehrten Fall wird der Sonderausgabenabzug gewährt und die Zulage der ermittelten tariflichen Einkommensteuer hinzugerechnet. Im Ergebnis wird die Zulage in diesem Fall durch eine höhere Einkommensteuer wieder zurückgezahlt.

Das Verfahren der Günstigerprüfung entspricht der Günstigerprüfung im Rahmen des Familienleistungsausgleichs (Kindergeld vs. Freibeträge für Kinder, siehe auch Abschnitt B.8.5.5). Das Einkommensteuergesetz sieht somit seit 2002 zwei Günstigerprüfungen vor. Dies macht es erforderlich, zu klären, welche Werte bei der jeweils anderen Prüfung anzusetzen sind.

Bei der Günstigerprüfung nach § 10a Abs. 2 EStG sind die Freibeträge nach § 32 Abs. 6 EStG nicht zu berücksichtigen, selbst wenn sie nach der Günstigerprüfung im Rahmen des Familienleistungsausgleichs tatsächlich gewährt werden. Umgekehrt sind bei der Günstigerprüfung im Rahmen des Familienleistungsausgleichs (§ 31 EStG) die Beträge nach § 10a EStG immer als Sonderausgaben abzuziehen (*H. Weber-Grellet* in: L. Schmidt (2010), § 10a, Rz. 25).

Beispiel B.319:

Ehegatten, die beide unmittelbar begünstigt sind, haben im Jahr 2010 ein zu versteuerndes Einkommen von 145.000 € (ohne Sonderausgabenabzug nach § 10a EStG). Sie haben mit den Beiträgen von 2.400 € (Ehemann) und 900 € (Ehefrau) zu Gunsten ihrer Verträge mehr als die erforderlichen Mindesteigenbeiträge gezahlt und daher für das Beitragsjahr 2010 jeweils einen Zulageanspruch von 154 €.

Ehemann

Eigenbeitrag	2.400 €
davon gefördert (2.100 € – 154 € =)	1.946 €
+ Zulage	154 €
abziehbare Sonderausgaben	2.100 €

Ehefrau

Eigenbeitrag	900 €
davon gefördert (2.100 € – 154 €, maximal 900 € =)	900 €
+ Zulage	154 €
abziehbare Sonderausgaben	1.054 €

Alternative 1: Sonderausgabenabzug

zu versteuerndes Einkommen (ohne § 10a EStG)	145.000 €
– Sonderausgabenabzug § 10a EStG Ehemann	– 2.100 €
– Sonderausgabenabzug § 10a EStG Ehefrau	– 1.054 €
= zu versteuerndes Einkommen	141.846 €
→ Anwendung des Steuertarifs (Splittingtarif 2010)	43.231 €
+ Altersvorsorgezulage (2 · 154 € =)	+ 308 €
= Festzusetzende Einkommensteuer	43.539 €

Alternative 2: Altersvorsorgezulage

zu versteuerndes Einkommen (ohne § 10a EStG)	145.000 €
– Sonderausgabenabzug § 10a EStG Ehemann	0 €
– Sonderausgabenabzug § 10a EStG Ehefrau	0 €
= zu versteuerndes Einkommen	145.000 €
→ Anwendung des Steuertarifs (Splittingtarif 2010)	44.556 €
+ Altersvorsorgezulage	+ 0 €
= Festzusetzende Einkommensteuer	44.556 €

Alternative 1 ist günstiger, das Finanzamt wird daher eine Einkommensteuer von 43.539 € festsetzen.

Ist der Sonderausgabenabzug günstiger, wird der über den Zulageanspruch hinausgehende steuerliche Vorteil des Sonderausgabenabzugs **gesondert festgestellt** und der zentralen Stelle (Deutsche Rentenversicherung Bund) mitgeteilt (§ 10a Abs. 4 Satz 1 EStG). Werden (begünstigte) Altersvorsorgebeiträge in mehrere Altersvorsorgeverträge eingezahlt, so ist dieser zusätzliche Steuervorteil gemäß § 10a Abs. 4 Satz 2 EStG den einzelnen Altersvorsorgeverträgen in dem Verhältnis zuzurechnen, in dem in sie eingezahlte Altersvorsorgebeiträge als Sonderausgabe i.S.d. § 10a Abs. 1 EStG berücksichtigt werden.

Beispiel B.320:

Y zahlt im Jahr 2010 insgesamt Altersvorsorgebeiträge i.H.v. 4.000 €. Dabei zahlt er jeweils 2.000 € in die Verträge 1 und 2. Y beantragt, die Altersvorsorgezulage (154 €) auf beide Verträge zu verteilen und beide Verträge für den Sonderausgabenabzug des § 10a EStG zu berücksichtigen. Y unterliege einem Steuersatz von 42 %.

Die Altersvorsorgezulage wird gemäß § 87 Abs. 1 Satz 3 EStG auf die beiden Verträge – im Verhältnis der in diese Verträge eingezahlten Beiträge – verteilt. Somit wird in die Verträge 1 und 2 jeweils eine Zulage i.H.v. 77 € eingezahlt. Der geforderte Mindesteigenbeitrag wird durch die in die Verträge 1 und 2 gezahlten Beiträge nicht unterschritten, somit wird die Zulage zunächst in voller Höhe gewährt.

Als Sonderausgaben können somit – dem Grunde nach – abgezogen werden:

Vertrag	1	2	Summe
Altersvorsorge**beiträge**	2.000 €	2.000 €	4.000 €
Altersvorsorge**zulage**	77 €	77 €	154 €
Summe	2.077 €	2.077 €	4.154 €

Gemäß § 10a Abs. 1 Satz 1 EStG sind jedoch nur Sonderausgaben i.H.v. 2.100 € abziehbar. Dieser Sonderausgabenabzug ist den einzelnen Verträgen entsprechend dem Verhältnis der Altersvorsorgebeiträge zuzurechnen. Die Zurechnung zu den Verträgen 1 und 2 erfolgt somit im Verhältnis 2.000 : 2.000. So ist den Verträgen 1 und 2 jeweils ein Sonderausgabenabzug i.H.v. jeweils 1.050 € zuzuweisen.

Bei einem Steuersatz von 42 % beträgt der steuerliche Vorteil des Sonderausgabenabzugs (42 % von 2.100 € =) 882 €; der über den Zulageanspruch hinausgehende Vorteil (882 – 154 =) 728 €. Dieser zusätzliche Steuervorteil ist den einzelnen Verträgen im gleichen Verhältnis zuzurechnen wie der Sonderausgabenabzug. Den Verträgen 1 und 2 ist somit jeweils ein zusätzlicher Steuervorteil von 364 € zuzurechnen.

Es stellt sich die Frage, weshalb es von Bedeutung ist, welchem Altersvorsorgevertrag der Sonderausgabenabzug und der steuerliche Vorteil zuzurechnen sind. Während die Zurechnung der Zulage zu den einzelnen Altersvorsorgeverträgen unmittelbar zu einer Erhöhung des in den jeweiligen Altersvorsorgeverträgen angesparten Vorsorgekapitals führt, hat die Zurechnung von Sonderausgabenabzug und Steuervorteil zu einem Altersvorsorgevertrag zunächst keine Auswirkung auf das angesparte Vorsorgekapital. Die Zurechnung eines Sonderausgabenabzugs zu einem Altersvorsorgevertrag wirkt sich jedoch auf die steuerliche Behandlung der aus diesem Altersvorsorgevertrag resultierenden Altersleistungen aus. Die Altersleistungen, die auf Beiträge zurückzuführen sind, die durch den Sonderausgabenabzug des § 10a Abs. 1 EStG oder durch die Altersvorsorgezulage des Abschnitt XI EStG gefördert wurden, sind nach § 22 Nr. 5 EStG zu versteuern (siehe Abschnitt B.10.3.2.3.6). Die Zurechnung des gesondert festzustellenden Steuervorteils zu einem Altersvorsorgevertrag ist beispielsweise dann von Bedeutung, wenn das in einem Altersvorsorgevertrag angesparte Altersvorsorgevermögen schädlich verwendet wird (vgl. Abschnitt B.10.3.2.3.4) – in diesem Fall sind die auf das schädlich verwendete Vermögen entfallenden Steuervorteile und die auf diesen Betrag entfallenden Zulagen zurückzuzahlen. Da der Steuervorteil nach § 10a Abs. 4 EStG der Differenz zwischen dem gesamten Steuervorteil des Sonderausgabenabzugs und der Zulage entspricht, wird entweder die Zulage zurückgefordert oder der gesamte durch den Sonderausgabenabzug erlangte Steuervorteil.

10.3.2.3.4 Schädliche Verwendung von Altersvorsorgevermögen

Die an eine Förderung nach § 10a bzw. Abschnitt XI EStG geknüpften Voraussetzungen betreffen nicht nur die Einzahlungsphase (Ansparphase), sondern auch die Auszahlungsphase (Leistungsphase). Wird die Förderung nach § 10a bzw. Abschnitt XI EStG (in der Einzahlungsphase) gewährt und erfolgt die spätere Auszahlung anders als in den Fördervoraussetzungen festgeschrieben, so liegt eine schädliche Verwendung von Altersvorsorgevermögen vor.

Eine **schädliche Verwendung** liegt gemäß § 93 Abs. 1 Satz 1 EStG dann vor, wenn das Altersvorsorgevermögen nicht unter den Voraussetzungen des § 1 Abs. 1 Satz 1 Nrn. 4 und

10 Buchst. c AltZertG (siehe Abschnitt B.10.3.2.2) ausgezahlt wird. Eine Auszahlung ist nur dann „unschädlich", wenn sie als lebenslange Leibrente, in Form eines Auszahlungsplans mit anschließender Teilkapitalverrentung oder als Zwischenentnahme zur Anschaffung oder Herstellung von selbstgenutztem Wohneigentum (siehe Abschnitt B.10.3.2.3.5) erfolgt. Auch unschädlich ist die Übertragung des Altersvorsorgevermögens von einem Altersvorsorgevertrag auf einen anderen, auf den Namen derselben Person lautenden Altersvorsorgevertrag (§ 93 Abs. 2 Satz 1 EStG i.V.m. § 1 Abs. 1 Satz 1 Nr. 10 Buchst. b AltZertG).

Liegt eine schädliche Verwendung von Altersvorsorgevermögen vor – beispielsweise durch Auszahlung des Altersvorsorgevermögens als Einmalkapital – , so sind die auf das ausgezahlte Altersvorsorgevermögen entfallenden Zulagen und nach § 10a Abs. 4 EStG gesondert festgestellten Beträge (durch die Gewährung des Sonderausgabenabzugs eintretende, über den Zulageanspruch hinausgehende Steuerermäßigungen, siehe Abschnitt B.10.3.2.3.3, zurückzuzahlen (§ 93 Abs. 1 Satz 1 EStG). Der Rückzahlungsbetrag wird auch dann fällig, wenn der Zulageberechtigte verstirbt und das angesammelte Kapital ausgezahlt wird (§ 93 Abs. 1 Satz 2 EStG). Eine Rückzahlungsverpflichtung besteht jedoch nicht für den Teil der Zulage, der auf Altersvorsorgevermögen entfällt, das der Finanzierung einer Hinterbliebenenabsicherung dient, wenn dieses Altersvorsorgevermögen als Hinterbliebenenrente ausgezahlt wird (§ 93 Abs. 1 Satz 4 Buchst. a EStG). Die Verpflichtung zur Rückzahlung entfällt auch dann, wenn im Fall des Todes des Zulageberechtigten das Kapital nicht ausgezahlt, sondern auf einen auf den Namen des Ehegatten lautenden Altersvorsorgevertrag übertragen wird und die Ehegatten im Zeitpunkt des Todes die Voraussetzungen für eine Zusammenveranlagung gemäß § 26 Abs. 1 EStG erfüllt hatten (§ 93 Abs. 1 Satz 4 Buchst. c EStG).

Durch § 95 Abs. 1 EStG werden einer schädlichen Verwendung von Altersvorsorgevermögen die Fälle gleichgestellt, in denen der Zulageberechtigte seinen Wohnsitz oder gewöhnlichen Aufenthalt **in einen Staat außerhalb der EU sowie des EWR verlegt**. Der Sonderausgabenabzug sowie die Zulage gehen somit nachträglich verloren, wenn der Steuerpflichtige sich der unbeschränkten Steuerpflicht in Deutschland und damit der nachgelagerten Besteuerung nach § 22 Nr. 5 EStG (siehe Abschnitt B.10.3.2.3.6) entzieht. Ursprünglich sah § 95 EStG a.F. eine schädliche Verwendung generell bei einer Aufgabe der unbeschränkten Steuerpflicht vor. Soweit Wegzugsfälle in einen anderen EU-Staat betroffen sind, war diese Regelung jedoch europarechtswidrig (EuGH-Urteil vom 10.09.2009, DStR 2009, S. 1954) und ist daher durch Gesetz vom 08.04.2010 (BGBl I 2010, S. 386) geändert worden.

Allerdings ist es bei einer schädlichen Verwendung nach § 95 EStG möglich, den Rückzahlungsbetrag bis zum Beginn der Auszahlungsphase stunden zu lassen (§ 95 Abs. 2 Satz 1 EStG). Die Stundung ist zu verlängern, wenn der Rückzahlungsbetrag mit mindestens 15 % der Leistungen aus dem Altersvorsorgevertrag getilgt wird (§ 95 Abs. 2 Satz 2 EStG)

10.3.2.3.5 Eigenheimrentenmodell („Wohn-Riester")

Gefördert wird auch der **Erwerb von selbstgenutzten Immobilien** (Eigenheimrente, sog. „Wohn-Riester", § 92a EStG, § 1 Abs. 1a AltZertG). Diese Form der Förderung wurde durch die Änderungen des Eigenheimrentengesetzes ab dem 01.01.2008 erheblich ausgeweitet.

Das **Eigenheimrentenmodell** besteht aus **zwei Förderansätzen**:

1. Förderansatz: Unschädliche Entnahme

Zum einen kann das in einem Altersvorsorgevertrag gebildete Kapital gemäß § 92a Abs. 1 Satz 1 EStG *bis zu 75 %* oder *zu 100 %*

- bis zum Beginn der Auszahlungsphase unmittelbar für die **Anschaffung** oder **Herstellung** einer **selbst genutzten Wohnung,**
- zu Beginn der Auszahlungsphase zur **Entschuldung einer selbst genutzten Wohnung** oder
- bis zum Beginn der Auszahlungsphase unmittelbar für den Erwerb von Pflichtanteilen an einer Genossenschaft für die Selbstnutzung einer Genossenschaftswohnung entnommen werden.

Eine Pflicht zur Rückzahlung des entnommenen Betrags besteht, anders als vor dem Eigenheimrentengesetz, nicht mehr. Die Entnahme vor Anschaffung oder Herstellung einer Wohnung muss in einem unmittelbaren zeitlichen Zusammenhang mit der Anschaffung oder Herstellung erfolgen. Davon ist auszugehen, wenn innerhalb von einem Monat vor der Beantragung der Entnahme und bis zu zwölf Monate nach der Auszahlung des Altersvorsorgekapitals entsprechende Aufwendungen für die Anschaffung oder Herstellung der Wohnung entstanden sind (Rz. 157a des BMF-Schreibens vom 20.01.2009, BStBl I 2009, S. 273).

Als Beginn der Auszahlungsphase gilt der vom Zulageberechtigten und Anbieter vereinbarte Zeitpunkt, der zwischen der Vollendung des 60. und des 68. Lebensjahres des Berechtigten liegen muss (§ 92a Abs. 2 Satz 5 EStG).

2. Förderansatz: Tilgungsleistungen als Altersvorsorgebeiträge

Zum anderen werden Tilgungsleistungen zur Tilgung eines Darlehens für die Anschaffung oder Herstellung einer begünstigten Wohnimmobilie als Altersvorsorgebeiträge (also wie Beiträge zu einem Riester-Sparvertrag) steuerlich gefördert (§ 82 Abs. 1 Satz 1 Nr. 2 EStG i.V.m. § 1 Abs. 1a AltZertG). Voraussetzung ist aber, dass die Tilgungsleistungen auf einen eigenen zertifizierten Darlehensvertrag gezahlt werden, der eine Darlehenstilgung bis spätestens zum 68. Lebensjahr vorsehen muss (§ 1 Abs. 1a Satz 2 AltZertG). Die Tilgungsförderung gilt nur, wenn das Darlehen für eine **nach dem 31.12.2007** vorgenommene Anschaffung oder Herstellung einer begünstigten Wohnung oder für einen nach dem 31.12.2007 liegenden Erwerb von Pflichtanteilen an einer Genossenschaft für die Selbstnutzung einer Genossenschaftswohnung verwendet wird. Es gibt drei mögliche Formen von begünstigten Darlehensverträgen: den reinen Darlehensvertrag, eine Kombination aus einem Sparvertrag mit einer Darlehensoption (typischerweise ein Bausparvertrag) oder ein Vorfinanzierungsdarlehen (typischerweise ein Bausparkombivertrag).

Nachgelagerte Besteuerung

Die nachgelagerte Besteuerung wird durch ein **Wohnförderkonto** sichergestellt, auf dem der Entnahmebetrag, die geförderten Tilgungsleistungen und die hierfür gewährten Zulagen verbucht und addiert werden (§ 92a Abs. 2 Satz 1 EStG). Als Ausgleich für die vorzeitige Nutzung des Altersvorsorgekapitals und zur Gleichstellung mit anderen Riester-Produkten wird der in das Wohnförderkonto eingestellte Betrag in der Ansparphase am Ende eines jeden Jahres um 2 % erhöht (§ 92a Abs. 2 Satz 3 EStG; fiktive Verzinsung).

Zu Beginn der Auszahlungsphase wird der aktuelle Stand des Wohnförderkontos durch die Anzahl der Jahre bis zum 85. Lebensjahr des Förderberechtigten geteilt (§ 92a Abs. 2 Satz 5 EStG). Diesen Teilbetrag muss der Förderberechtigte dann jedes Jahr als Sonstige Einkünfte versteuern (§ 22 Nr. 5 Satz 4 EStG).

Alternativ zu dieser Besteuerung kann der Förderberechtigte auch einen Antrag auf eine Einmalbesteuerung stellen. Dann werden in dem Jahr, in dem die Auszahlungsphase beginnt, 70 % vom aktuellen Stand des Wohnförderkontos dem zu versteuernden Einkommen des Förderberechtigten hinzugerechnet (§ 22 Nr. 5 Satz 5, § 92a Abs. 2 Satz 6 EStG).

10.3.2.3.6 Besteuerung der Altersleistungen nach § 22 Nr. 5 EStG

Mit dem Altersvermögensgesetz wurde neben § 10a und Abschnitt XI mit Wirkung zum VZ 2002 auch § 22 Nr. 5 neu in das Einkommensteuergesetz aufgenommen. Nach § 22 Nr. 5 Satz 1 EStG sind Leistungen, die auf durch § 10a bzw. Abschnitt XI EStG geförderte Altersvorsorgebeiträge zurückzuführen sind, in voller Höhe zu versteuern. Der Gesetzgeber realisiert hiermit das Prinzip der **nachgelagerten Besteuerung**: Die Altersvorsorgebeiträge werden im Zeitpunkt ihrer Einzahlung (in den Fördergrenzen des § 10a EStG) von der Besteuerung freigestellt. Hierzu korrespondierend unterliegen die resultierenden Altersleistungen in voller Höhe der Besteuerung.

Beispiel B.321:

Z zahlt ab dem Jahr 2002 jährlich Beiträge in einen zertifizierten Altersvorsorgevertrag ein. Die Höhe der in den einzelnen Jahren eingezahlten Beiträge entspricht dabei der für das jeweilige Jahr geltenden Fördergrenze des § 10a EStG.

Da die von Z eingezahlten Altersvorsorgebeiträge die Fördergrenze des § 10a EStG in keinem Jahr überschreiten, ist die aus dem Altersvorsorgevertrag resultierende Altersleistung in voller Höhe auf geförderte Altersvorsorgebeiträge zurückzuführen. Die Leistungen aus dem Altersvorsorgevertrag unterliegen somit in voller Höhe der Besteuerung nach § 22 Nr. 5 EStG.

Nicht immer wird der soeben dargestellte Fall vorliegen. Es ist vielmehr auch denkbar, dass nur ein Teil der eingezahlten Altersvorsorgebeiträge gefördert wird. Ursachen dafür können sein:

- Es werden jährlich oder in einzelnen Jahren Beiträge in den Altersvorsorgevertrag eingezahlt, deren Höhe über der Fördergrenze des § 10a EStG liegt.
- In einzelnen Jahren erfüllt der Einzahlende nicht die persönlichen Fördervoraussetzungen des § 10a bzw. Abschnitt XI EStG (siehe Abschnitt B.10.3.2.1), jedoch werden auch in diesen Jahren (nicht geförderte) Beiträge in den Altersvorsorgevertrag eingezahlt.

Beispiel B.322:

Y zahlt über einen Zeitraum von 25 Jahren Beiträge i.H.v. jährlich 500 € in einen zertifizierten Altersvorsorgevertrag ein. Von diesen 25 Jahren ist Y 20 Jahre als Arbeitnehmerin in der GRV pflichtversichert. In den anderen 5 Jahren ist Y als Hausfrau tätig und auch nicht mittelbar zulageberechtigt.

Es werden nur die Beiträge durch § 10a bzw. Abschnitt XI EStG gefördert, die in den 20 Jahren eingezahlt werden, in denen Y in der GRV pflichtversichert ist. Die übrigen Beiträge werden dagegen nicht gefördert.

- Ein vor dem 01.01.2002 bestehender Altersvorsorgevertrag wird zum 01.01.2002 (oder zu einem späteren Zeitpunkt) zertifiziert. Somit werden nur die Beiträge, die nach dem Zertifizierungszeitpunkt in den Vertrag eingezahlt wurden (im Rahmen der Fördergrenzen des § 10a EStG) durch § 10a bzw. Abschnitt XI EStG gefördert.

Wurde nur ein Teil der Altersvorsorgebeiträge gefördert, so werden Leistungen, die aus nicht geförderten Altersvorsorgebeiträgen resultieren, im Falle von **lebenslangen Renten** (einschließlich Berufsunfähigkeits-, Erwerbsminderungs- und Hinterbliebenenrenten) nur mit dem Ertragsanteil nach § 22 Nr. 1 Satz 3 Buchst. a Doppelb. bb EStG erfasst (§ 22 Nr. 5 Satz 2 Buchst. a EStG; siehe auch Abschnitt B.10.2.3.1).

§ 9a Nr. 3 EStG gewährt einen **Werbungskosten-Pauschbetrag** von 102 €. Der Pauschbetrag gilt insgesamt für die Einkünfte aus § 22 Nrn. 1, 1a, 1b, 1c und 5 EStG. Soweit keine höheren Werbungskosten nachgewiesen werden, wird für diese Einkünfte somit ein Pauschbetrag i.H.v. 102 € abgezogen.

Beispiel B.323:

X zahlt ab dem Jahr 2002 Beiträge in einen zertifizierten Riester-Renten-Vertrag. Während der gesamten Einzahlungsphase erfüllt X die persönlichen Fördervoraussetzungen des § 10a EStG. Die Höhe der jährlich eingezahlten Beiträge bemisst X nach der jeweils geltenden Fördergrenze – er zahlt (einschließlich der Altersvorsorge-zulage) jeweils das 1,2-fache des in § 10a EStG festgeschriebenen Förderhöchstbetra-ges in den Vertrag. Die Auszahlung des angesparten Altersvorsorgekapitals beginnt, nachdem X das 65. Lebensjahr vollendet hat. Er erhält dann eine monatliche Leibrente i.H.v. 300 €.

$^{10}/_{12}$ der Beträge, die X in seinen Vertrag einzahlt, werden durch § 10a EStG gefördert. Daraus folgt, dass $^{10}/_{12}$ der Rente, d.h. pro Jahr ($^{10}/_{12}$ · 12 Monate · 300 €/Monat =) 3.000 €, nach § 22 Nr. 5 Satz 1 EStG und damit in voller Höhe besteuert werden. $^{2}/_{12}$ der Rente (jährlich 600 €) unterliegen der Ertragsanteilsbesteuerung nach § 22 Nr. 1 Satz 3 Buchst. a Doppelb. bb EStG. Bei einem Renteneintrittsalter von 65 Jahren beträgt der jährlich zu versteuernde Ertragsanteil der Rente (18 % von $^{2}/_{12}$ · 12 Monate · 300 €/Monat =) 108 €. Kann X keine höheren Werbungskosten nachweisen, so wird bei der Ermittlung der Einkünfte jährlich der Werbungskosten-Pauschbetrag des § 9a Nr. 3 EStG i.H.v. 102 € abgezogen.

Jährliche Leibrente		3.600 €	
davon:	Steuerpflichtig nach § 22 Nr. 5 Satz 1 EStG		3.000 €
	Steuerpflichtig nach § 22 Nr. 1 Satz 3 EStG mit Ertragsanteil		108 €
	Nicht steuerpflichtig: Tilgungsanteil	492 €	
–	Werbungskosten-Pauschbetrag		– 102 €
=	Sonstige Einkünfte		3.006 €

Wird Altersvorsorgevermögen **schädlich verwendet** oder verlegt der Zulageberechtigte seinen Wohnsitz oder gewöhnlichen Aufenthalt **in einen Staat außerhalb der EU sowie des EWR** (vgl. Abschnitt B.10.3.2.3.4), so wird durch § 22 Nr. 5 Satz 3 EStG eine Besteuerung der Erträge, die durch das Altersvorsorgevermögen erwirtschaftet wurden, sichergestellt. In diesen Fällen wird das ausgezahlte, geförderte Altersvorsorgevermögen abzüglich der in den Altersvorsorgevertrag eingezahlten Altersvorsorgezulagen in Höhe des Ertragsanteils besteuert (§ 22 Nr. 5 Satz 3 i.V. m. Satz 2 EStG). Darüber hinaus sind die Zulagen und die gemäß § 10a Abs. 4 EStG gesondert festgestellten Steuervorteile zurückzuzahlen (§ 93 Abs. 1 Satz 1 EStG).

C. Körperschaftsteuer

1 Stellung der Körperschaftsteuer im Steuersystem

Die neben der Einkommensteuer zweite wichtige Säule des deutschen Ertragsteuerrechts ist die Körperschaftsteuer. Während der Einkommensteuer nur natürliche Personen unterliegen, besteuert die Körperschaftsteuer das Einkommen der juristischen Personen (sowie bestimmter weiterer Rechtsträger, siehe Abschnitt C.2.1). Sie wird daher auch als **Einkommensteuer der juristischen Personen** bezeichnet.

Im Sinne der in Abschnitt A.5 beschriebenen Klassifikationen handelt es sich bei der Körperschaftsteuer um eine **Ertragsteuer**, die den Zufluss von Vermögen bei juristischen Personen besteuert. Die Körperschaftsteuer ist eine **direkte Steuer**, da das Steuersubjekt, d.h. diejenige Person, die die Steuer schuldet, und der Steuerdestinatar, d.h. diejenige Person, die die Steuer nach dem Willen des Gesetzgebers wirtschaftlich tragen soll, identisch sind. Die Körperschaftsteuer ist des Weiteren eine **Personensteuer**, da im Rahmen des Steuertatbestands die Erfassung der persönlichen Leistungsfähigkeit des Steuersubjekts im Vordergrund steht. Während die Einkommensteuer auf Grund der Abziehbarkeit von Vorsorgeaufwendungen und bestimmten zwangsläufig entstehenden Belastungen sowie der Anwendung eines progressiven Tarifs in besonderem Maße dem Leistungsfähigkeitsprinzip verpflichtet ist, erschöpft sich der Einfluss des Leistungsfähigkeitsprinzips bei der Körperschaftsteuer weitgehend in der Anwendung eines positiven (Grenz-) Steuersatzes, d.h. in dem Grundsatz, dass ein höheres Einkommen eine höhere Leistungsfähigkeit indiziert und daher mit einer höheren Steuer belegt werden sollte. Schließlich ist die Körperschaftsteuer eine **Gemeinschaftsteuer**; das Aufkommen fließt gemäß Art. 106 Abs. 3 Satz 2 GG dem Bund und den Ländern je zur Hälfte zu (vgl. Abschnitt A.6.2).

Rechtsgrundlage für die Erhebung der Körperschaftsteuer ist das **Körperschaftsteuergesetz** (KStG), das durch die **Körperschaftsteuer-Durchführungsverordnung** (KStDV) sowie die **Körperschaftsteuer-Richtlinien** (KStR) ergänzt wird. Die Körperschaftsteuer-Durchführungsverordnung wurde von der Finanzverwaltung auf Grund der gesetzlichen Ermächtigung in § 33 KStG erlassen und ist wie das Körperschaftsteuergesetz unmittelbar geltendes Recht. Um eine einheitliche Anwendung des Körperschaftsteuerrechts durch die Finanzverwaltung zu gewährleisten, hat das Bundesfinanzministerium zudem mit den Körperschaftsteuer-Richtlinien Verwaltungsanweisungen erlassen, in denen Zweifels- und Auslegungsfragen, die von allgemeiner Bedeutung sind, behandelt werden (vgl. R 1 Abs. 1 Satz 1 KStR). Zu beachten ist allerdings, dass Verwaltungsanweisungen im Gegensatz zu Gesetzen und Verordnungen nur intern die Finanzverwaltung binden, nicht jedoch den Steuerpflichtigen oder die Finanzgerichte. Auf Grund der allgemeinen Anwendung durch die Finanzbehörden stellen die Körperschaftsteuer-Richtlinien jedoch trotzdem eine wichtige Informationsquelle dar.

Im Hinblick auf die Ermittlung der körperschaftsteuerlichen Bemessungsgrundlage, die wie im Einkommensteuerrecht als Einkommen bezeichnet wird, verweist § 8 Abs. 1 KStG auf die Vorschriften des Einkommensteuerrechts. Die Vorschriften des Körperschaftsteuergesetzes können somit als Spezialvorschriften zu den allgemeinen Regelungen des

Einkommensteuergesetzes angesehen werden. Die Vorschriften des Einkommensteuergesetzes (sowie der Einkommensteuer-Durchführungsverordnung und der Einkommensteuer-Richtlinien) gelten also auch im Rahmen des Körperschaftsteuerrechts, sofern das Körperschaftsteuergesetz keine abweichende Vorschrift enthält oder die Vorschriften des Einkommensteuergesetzes ihrem Wesen nach nur für natürliche Personen gelten können (z.B. Splitting-Verfahren, Kinderfreibeträge).

Im Gegensatz zum Einkommensteuerrecht wird im Rahmen des Körperschaftsteuerrechts kein progressiver, sondern ein linearer Tarif angewendet. Seit dem Veranlagungszeitraum 2008 beträgt der Steuersatz einheitlich 15 % (vorher: 25 %). Auf thesaurierte (einbehaltene) und ausgeschüttete Gewinne wird seit 2001 derselbe Steuersatz angewandt. Vor dem Veranlagungszeitraum 2001 galt ein gespaltener Körperschaftsteuertarif, welcher zwischen ausgeschütteten und thesaurierten Gewinnen differenzierte.

Eine besondere Problematik ergibt sich für das Körperschaftsteuerrecht aus der Tatsache, dass Kapitalgesellschaften Gewinne ausschütten. Ausgeschüttete Gewinne stellen beim Anteilseigner Einkünfte aus Kapitalvermögen i.S.d. § 20 Abs. 1 Nr. 1 EStG dar und sind somit im Ergebnis sowohl bei der Kapitalgesellschaft als auch beim Anteilseigner steuerbar.

Mit dem zum 01.01.1977 eingeführten körperschaftsteuerlichen Anrechnungsverfahren wurde eine doppelte Belastung ausgeschütteter Gewinne beseitigt. Durch eine Anrechenbarkeit der Körperschaftsteuer der ausschüttenden Gesellschaft auf die Einkommensteuer- bzw. Körperschaftsteuerschuld des Anteilseigners wurde sichergestellt, dass Gewinne, die an natürliche Personen (als unmittelbare oder mittelbare Eigentümer jeder Gesellschaft) ausgeschüttet werden, letztlich exakt mit dem persönlichen Einkommensteuersatz des Anteilseigners belastet wurden.

Mit dem Steuersenkungsgesetz (Gesetz zur Senkung der Steuersätze und zur Reform der Unternehmensbesteuerung vom 23.10.2000, BGBl I 2000, S. 1433) wurde das **körperschaftsteuerliche Anrechnungsverfahren** durch das sogenannte **Halbeinkünfteverfahren** ersetzt. Beim Halbeinkünfteverfahren unterliegen die Gewinne der Körperschaften einer definitiv wirkenden Körperschaftsteuerbelastung i.H.v. 25 % (ab 2008: 15 %), d.h. diese Körperschaftsteuer ist beim Gesellschafter nicht anrechenbar. Eine doppelte steuerliche Belastung soll dadurch vermieden werden, dass die von natürlichen Personen bezogenen Gewinnausschüttungen und gleichzusetzenden Vermögensmehrungen auf der Ebene der Gesellschafter nur zur Hälfte der Besteuerung unterliegen. Mit Hilfe dieser pauschalen Methode will der Gesetzgeber erreichen, dass die Gesamtbelastung der Gewinne mit Körperschaft- und Einkommensteuer im Regelfall nicht höher ist als die Einkommensteuerbelastung, die sich ergäbe, wenn der Gesellschafter den Gewinn unmittelbar erzielen würde.

Zum VZ 2009 wurde der Besteuerungsanteil von ausgeschütteten Gewinnen bei natürlichen Personen als Anteilseigner von 50 % auf 60 % erhöht. Seither spricht man nicht mehr vom Halbeinkünfteverfahren, sondern vom **Teileinkünfteverfahren**. Die auf die Kapitaleinkünfte zu entrichtende Kapitalertragsteuer wird im Halbeinkünfte- bzw. Teileinkünfteverfahren auf die Einkommensteuer des Anteilseigners angerechnet.

Ebenfalls ab 2009 ist die Kapitalertragsteuer für natürliche Personen, die ihre Anteile im **Privatvermögen** halten, als **Abgeltungsteuer** ausgestaltet, d.h. die Einkommensteuer des Anteilseigners ist durch die Kapitalertragsteuer abgegolten; im Rahmen der Veranlagung zur Einkommensteuer werden die Dividenden nicht mehr berücksichtigt. Die Kapitalertragsteuer (Abgeltungsteuer) beträgt 25 %. Für natürliche Personen, die ihre Anteile im **Betriebsvermögen** halten, gilt das **Teileinkünfteverfahren** hingegen weiter.

2 Persönliche und sachliche Steuerpflicht

Vorschriften, die sich auf das Steuersubjekt beziehen, werden unter dem Begriff der **persönlichen Steuerpflicht** zusammengefasst. Vorschriften, die im Zusammenhang mit der Ermittlung der steuerpflichtigen Bemessungsgrundlage stehen, werden von dem Begriff der **sachlichen Steuerpflicht** erfasst. Die Einteilung der Vorschriften in eine persönliche und eine sachliche Steuerpflicht folgt der Systematik des Körperschaftsteuergesetzes, das in den §§ 1 – 6 Vorschriften zur persönlichen und in den §§ 7 – 22 Vorschriften zur sachlichen Steuerpflicht beschreibt.

2.1 Persönliche Steuerpflicht

Natürliche Personen unterliegen gemäß § 1 Abs. 1 EStG der Einkommensteuer, während **juristische Personen** gemäß § 1 Abs. 1 KStG körperschaftsteuerpflichtig sind. **Personengesellschaften** sind hingegen weder nach dem Einkommensteuergesetz noch nach dem Körperschaftsteuergesetz Steuersubjekt. Ihr Gewinn fällt jedoch nicht in einen steuerfreien Raum, sondern wird den Gesellschaftern der Personengesellschaft anteilig unmittelbar zugerechnet und unterliegt bei diesen der Einkommensteuer, sofern es sich bei dem Gesellschafter um eine natürliche Person handelt. Ist beispielsweise eine natürliche Person an einer gewerblichen Personengesellschaft beteiligt, so hat dieser Gesellschafter die an-teilig auf ihn entfallenden Gewinne der Personengesellschaft gemäß § 15 Abs. 1 Nr. 2 EStG als Einkünfte aus Gewerbebetrieb zu versteuern. Ist hingegen eine juristische Person an einer Personengesellschaft beteiligt, so unterliegen die anteiligen Gewinne des Gesellschafters bei diesem der Körperschaftsteuer.

Analog zum Einkommensteuergesetz kennt das Körperschaftsteuergesetz eine **unbeschränkte** (§ 1 KStG) und eine **beschränkte** (§ 2 KStG) **Steuerpflicht**. Im Gegensatz zum Einkommensteuerrecht wird jedoch nicht nur die Steuerpflicht ausländischer Steuersubjekte mit ihren inländischen Einkünften (§ 2 Nr. 1 KStG), sondern auch die Steuerpflicht bestimmter, in § 2 Nr. 2 KStG beschriebener, inländischer Körperschaften als beschränkte Steuerpflicht bezeichnet. Zudem konstituiert § 5 KStG eine **partielle Steuerpflicht**. Danach sind die in § 5 Abs. 1 Nr. 1 – 23 KStG persönlich oder sachlich von der Steuerpflicht befreiten Körperschaften unter noch zu erörternden Voraussetzungen mit bestimmten Einkünften doch körperschaftsteuerpflichtig, z.B. nach § 5 Abs. 2 Nr. 1 EStG mit ihren inländischen Einkünften, die dem Steuerabzug unterliegen (siehe im Einzelnen Abschnitt C.2.1.4).

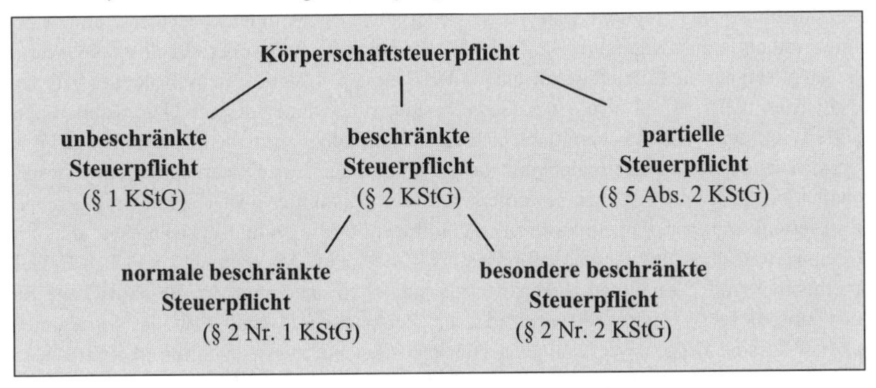

Abbildung C.1: Arten der Körperschaftsteuerpflicht

Es sei darauf hingewiesen, dass im Rahmen der persönlichen Körperschaftsteuerpflicht die zivilrechtliche Rechtsform eines Rechtsträgers maßgeblich ist. Für eine wirtschaftliche Betrachtungsweise lässt das Körperschaftsteuerrecht keinen Raum. Dies gilt selbst dann, wenn Zweck der Rechtsformwahl die Erzielung von Steuerersparnissen ist (BFH-Urteil vom 17.10.1951, BStBl III 1951, S. 223). Die Rechtsprechung des Bundesfinanzhofes hält weder einen steuerlichen Durchgriff durch die Kapitalgesellschaft noch eine körperschaftliche Behandlung von Personengesellschaften mit dem Prinzip der Rechtssicherheit für vereinbar:

- Zwar mag eine Kapitalgesellschaft, insbesondere im Fall der **Einmann-GmbH**, bei wirtschaftlicher Betrachtung als „alter ego" ihres Inhabers anzusehen sein. Indizien hierfür mögen die Bestellung des Alleingesellschafters zum Geschäftsführer oder die Vermischung von Gesellschafts- und Gesellschaftervermögen sein. Die Zwischenschaltung einer Kapitalgesellschaft zwischen die natürliche Person und den Rechtsverkehr ist jedoch steuerlich in jedem Fall zu beachten (BFH-Urteil vom 05.03.1969, BStBl II 1969, S. 350). Ein Durchgriff durch das körperschaftliche Rechtskleid kommt nicht in Betracht.

- Umgekehrt ist auch der Fall denkbar, dass im Hinblick auf eine Personengesellschaft bei wirtschaftlicher Betrachtung die körperschaftlichen Elemente überwiegen. Zu denken ist beispielsweise an den Fall der **Publikums-KG** oder der **GmbH & Co. KG**, deren einziger persönlich haftender Gesellschafter eine GmbH ist. Auch in diesen Fällen folgt die steuerrechtliche Einordnung ausschließlich der zivilrechtlichen Rechtsformwahl. Sowohl die Publikums-KG als auch die GmbH & Co. KG unterliegen nicht der Körperschaftsteuer (BFH-Beschluss vom 25.06.1984, BStBl II 1984, S. 751). Die Einkünfte der Gesellschaft sind vielmehr anteilig unmittelbar ihren Gesellschaftern zuzurechnen und bei diesen nach dem Einkommensteuergesetz oder dem Körperschaftsteuergesetz zu versteuern.

Eine Abkehr von der strengen Orientierung an der zivilrechtlich gewählten Rechtsform sah der am 09.02.2000 von der Bundesregierung veröffentlichte Referentenentwurf zum Steuersenkungsgesetz vor. Mit dem sog. **Optionsmodell** sollte Gesellschaftern von Personengesellschaften und Einzelunternehmern die Möglichkeit eingeräumt werden, sich wie eine Kapitalgesellschaft besteuern zu lassen (§ 4a KStG i.d.F. des Entwurfs zum StSenkG). Das Ziel des Optionsmodells bestand darin, steuerliche Belastungsunterschiede, die in der Rechtsform begründet sind, zu beseitigen. Das Wahlrecht sollte Steuerpflichtigen mit Einkünften aus Gewerbebetrieb, aus selbständiger Arbeit und aus Land- und Forstwirtschaft, die ihren Gewinn durch Vermögensvergleich ermitteln, offen stehen.

Die Ausübung der Option wäre, aus steuerlicher Sicht, gleichbedeutend mit einer Umwandlung in eine Kapitalgesellschaft. Der Einzelunternehmer oder Gesellschafter würde als Anteilseigner qualifiziert. Gewinne unterlägen auf Unternehmensebene der Körperschaftsteuer i.H.v. 15 % sowie der Gewerbesteuer. Gewinne, die im Unternehmen thesauriert werden, würden damit nicht mehr unmittelbar mit dem persönlichen Einkommensteuersatz des Unternehmers belastet. Erst an den Einzelunternehmer bzw. Gesellschafter ausgeschüttete Gewinne unterlägen als Einkünfte aus Kapitalvermögen der Besteuerung mit der Abgeltungsteuer. Schuldrechtliche Leistungsbeziehungen, d.h. ein Arbeitsvertrag über eine Geschäftsführertätigkeit oder ein „Mietvertrag" zwischen Einzelunternehmer und Einzelunternehmen würden steuerlich anerkannt. Im Ergebnis hätte die Ausübung dieses Wahlrechts bewirkt, dass die Personengesellschaft bzw. das Einzelunternehmen für steuerliche Zwecke in jeder Hinsicht – beispielsweise auch für erbschaftsteuerliche Belange – wie eine Kapitalgesellschaft behandelt werden würde.

Dieses Optionsmodell wurde nicht in die endgültige Fassung des Steuersenkungsgesetzes vom 23.10.2000 (BGBl I 2000, S. 1460) übernommen. Erst einige Jahre später hat der Gesetzgeber das Ziel einer Annäherung an eine rechtsformneutrale Besteuerung wieder aufgegriffen. Zum VZ 2008 wurde § 34a EStG durch das Unternehmenssteuerreformgesetz (BGBl I 2007, S. 1912) eingefügt, wonach Einzelunternehmer und Gesellschafter von Personengesellschaften einen Sondersteuersatz für nicht entnommene Gewinne von 28,25 % in Anspruch nehmen können. Bei einer späteren Entnahme kommt es allerdings zu einer Nachsteuer von 25 %. Bei Ausübung dieses Wahlrechtes werden thesaurierte Gewinne von Einzelunternehmen und Personengesellschaften einer ähnlichen Steuerlast unterworfen, wie nicht ausgeschüttete Gewinne von Kapitalgesellschaften (vgl. Abschnitt B.4.4.5).

2.1.1 Unbeschränkte Körperschaftsteuerpflicht

Unbeschränkt körperschaftsteuerpflichtig sind gemäß § 1 Abs. 1 KStG

- **Kapitalgesellschaften** (§ 1 Abs. 1 Nr. 1 KStG, siehe 2.1.1.1),
- Genossenschaften (§ 1 Abs. 1 Nr. 2 KStG, siehe 2.1.1.2),
- Versicherungs- und Pensionsfondsvereine auf Gegenseitigkeit (§ 1 Abs. 1 Nr. 3 KStG, siehe 2.1.1.3),
- sonstige juristische Personen des privaten Rechts (§ 1 Abs. 1 Nr. 4 KStG, siehe 2.1.1.4),
- nichtrechtsfähige Vereine, Anstalten, Stiftungen und andere Zweckvermögen des privaten Rechts (§ 1 Abs. 1 Nr. 5 KStG, siehe 2.1.1.5),
- Betriebe gewerblicher Art von juristischen Personen des öffentlichen Rechts (§ 1 Abs. 1 Nr. 6 KStG, siehe 2.1.1.6),

sofern sie ihre **Geschäftsleitung** oder ihren **Sitz** im Inland haben. Die Aufzählung ist abschließend (R 2 Abs. 1 KStR).

Ort der **Geschäftsleitung** ist nach § 10 AO der Mittelpunkt der geschäftlichen Oberleitung, d.h. der Ort, an dem die im gewöhnlichen Geschäftsverkehr erforderlichen Entscheidungen von einigem Gewicht getroffen werden, d.h. die laufende Geschäftsführung (Tagesgeschäfte) (BFH-Urteil vom 30.01.2002, BFH/NV 2002, S. 1128). Da § 10 AO auf den Mittelpunkt der geschäftlichen Oberleitung abstellt, kann sich die Geschäftsleitung begrifflich nicht an mehreren Orten befinden. Befinden sich die Leitungsorte bei **dezentralisierter Geschäftsführung** im In- und Ausland, so ist der Ort zu ermitteln, wo sich in organisatorischer und wirtschaftlicher Hinsicht der bedeutungsvollste Teil befindet (*E. Kalbfleisch* in: Ernst & Young, § 1 KStG, Rz. 17).

Sitz ist gemäß § 11 AO der durch Gesetz, Gesellschaftsvertrag oder Satzung bestimmte Ort. Während es für die Bestimmung des Ortes der Geschäftsleitung auf die tatsächlichen Verhältnisse ankommt, handelt es sich bei dem Sitz um ein rechtliches Merkmal. Zur Bestimmung eines Sitzes durch Gesellschaftsvertrag bzw. Satzung sind die AG (§ 23 Abs. 3 Nr. 1 AktG), die KGaA (§ 278 Abs. 3 i.V.m. § 23 Abs. 3 Nr. 1 AktG), die GmbH (§ 3 Abs. 1 Nr. 1 GmbHG), die Genossenschaft (§ 6 Nr. 1 GenG), der VVaG (§ 18 Abs. 1 VAG) und der eV (§ 57 Abs. 1 BGB) verpflichtet.

Die unbeschränkte Körperschaftsteuerpflicht erstreckt sich gemäß § 1 Abs. 2 KStG i.S.d. **Welteinkommensprinzips** und analog zur unbeschränkten Einkommensteuerpflicht (siehe Abschnitt B.2.2) auf sämtliche in- und ausländische Einkünfte i.S.d. § 2 Abs. 1 EStG. Das inländische Besteuerungsrecht kann allerdings durch DBA eingeschränkt sein.

2.1.1.1 Kapitalgesellschaften

Kapitalgesellschaften i.S.d. § 1 Abs. 1 Nr. 1 KStG sind insbesondere die **Europäische Aktiengesellschaft (Societas Europeaen, SE)**, die **AG**, die **KGaA** und die **GmbH** (einschließlich **Unternehmergesellschaft, UG**). Die Kapitalgesellschaften bilden die wichtigste Gruppe der körperschaftsteuerpflichtigen Rechtsgebilde. Mehr als 90 % des gesamten Körperschaftsteueraufkommens wird von diesen Gesellschaften erbracht.

2.1.1.2 Genossenschaften

Unter den Tatbestand des § 1 Abs. 1 Nr. 2 KStG fallen neben den eingetragenen Genossenschaften auch nichtrechtsfähige Vereine, bei denen unter Beachtung sämtlicher Umstände des Einzelfalls die genossenschaftlichen Merkmale überwiegen (R 2 Abs. 4 Satz 3 KStR).

In der Praxis kommen Genossenschaften insbesondere als Volksbanken, Spar- und Darlehenskassen, Konsumgenossenschaften, landwirtschaftliche Absatzgenossenschaften und Wohnungsbaugenossenschaften vor. Keine Genossenschaften i.S.d. § 1 Abs. 1 Nr. 2 KStG sind öffentlich-rechtliche Gebilde, die den Namen Genossenschaft tragen. Diese Rechtsgebilde können nur als Betriebe gewerblicher Art nach § 1 Abs. 1 Nr. 6 KStG der Körperschaftsteuer unterliegen.

Zu beachten ist, dass eine Reihe unbeschränkt steuerpflichtiger Genossenschaften durch § 5 Abs. 1 KStG von der Körperschaftsteuer befreit sind (vgl. § 5 Abs. 1 Nrn. 10 und 14 KStG sowie Abschnitt C.2.1.4).

2.1.1.3 Versicherungs- und Pensionsfondsvereine auf Gegenseitigkeit

Unbeschränkt steuerpflichtig nach § 1 Abs. 1 Nr. 3 KStG sind die Versicherungs- und Pensionsfondsvereine auf Gegenseitigkeit. Die Steuerpflicht beginnt mit der aufsichtsbehördlichen Erlaubnis zum Geschäftsbetrieb (R 2 Abs. 4 Satz 4 KStR).

Von der Körperschaftsteuer befreit ist gemäß § 5 Abs. 1 Nr. 15 KStG der Pensions-Sicherungs-Verein VVaG. Dieser ist Träger der gesetzlichen Insolvenzsicherung im Rahmen der betrieblichen Altersversorgung (§ 14 BetrAVG). Zudem sind kleinere Versicherungsvereine auf Gegenseitigkeit unter den Voraussetzungen des § 5 Abs. 1 Nr. 4 KStG von der Körperschaftsteuer befreit.

2.1.1.4 Sonstige juristische Personen des privaten Rechts

Nach der Auffangvorschrift des § 1 Abs. 1 Nr. 4 KStG sind sämtliche juristische Personen des privaten Rechts, die nicht schon durch § 1 Abs. 1 Nrn. 1 – 3 KStG erfasst werden, unbeschränkt körperschaftsteuerpflichtig. Die Einordnung unter eine der Nrn. 1 – 3 des § 1 Abs. 1 KStG geht der Vorschrift des § 1 Abs. 1 Nr. 4 KStG somit vor. Juristische Personen des privaten Rechts, die nicht bereits durch § 1 Abs. 1 Nrn. 1 – 3 KStG erfasst werden, sind der **rechtsfähige Verein** sowie die **rechtsfähige Stiftung**.

Die rechtsfähigen Vereine lassen sich wiederum einteilen in

- **nicht wirtschaftliche Vereine**, die ihre Rechtsfähigkeit durch Eintragung ins Vereinsregister erlangen (§ 21 BGB) und

- **wirtschaftliche Vereine**, die ihre Rechtsfähigkeit durch staatliche Verleihung erlangen (§ 22 BGB).

Zur Entstehung einer **rechtsfähigen Stiftung** sind das Stiftungsgeschäft und die Anerkennung durch die zuständige Behörde des Landes erforderlich, in dem die Stiftung ihren Sitz haben soll (§ 80 Abs. 1 BGB).

2.1.1.5 Nichtrechtsfähige Vereine, Anstalten, Stiftungen und andere Zweckvermögen des privaten Rechts

Unbeschränkt körperschaftsteuerpflichtig nach § 1 Abs. 1 Nr. 5 KStG sind die nichtrechtsfähigen Vereine, Anstalten, Stiftungen und anderen Zweckvermögen des privaten Rechts.

Diese sind jedoch gemäß § 3 Abs. 1 KStG nur dann körperschaftsteuerpflichtig, wenn ihr Einkommen nicht unmittelbar bei ihren Anteilseignern der Einkommensteuer oder der Körperschaftsteuer unterliegt. Unmittelbar bei den Anteilseignern zu versteuern sind die Einkünfte der Mitunternehmerschaften i.S.d. § 15 Abs. 1 Nr. 2 EStG (siehe Abschnitt B.7.2.2). Die Vorschrift des § 3 Abs. 1 KStG stellt damit klar, dass § 1 Abs. 1 Nr. 5 KStG im Verhältnis zu § 15 Abs. 1 Nr. 2 EStG subsidiär ist. Die anerkannten Mitunternehmerschaften (OHG, KG, GmbH & Co. KG, GbR, Partnerschaftsgesellschaft, stille Gesellschaft, stille Unterbeteiligung) sind somit nicht körperschaftsteuerpflichtig.

Von praktischer Bedeutung ist in diesem Zusammenhang vor allem die Abgrenzung des **nichtrechtsfähigen Vereins** von der GbR. Im Gegensatz zur GbR ist der nichtrechtsfähige Verein des § 54 BGB insbesondere dadurch gekennzeichnet, dass Mitglieder nicht für Verbindlichkeiten haften und keinen Anspruch auf eine Verteilung laufender Gewinne haben. Der Fortbestand des Vereins ist zudem unabhängig von dem Ausscheiden oder dem Tod einzelner Mitglieder.

Nichtrechtsfähige Anstalten haben im privaten Recht keine eigenständige Bedeutung.

Nichtrechtsfähige Stiftungen sind Stiftungen (vgl. §§ 80 – 88 BGB), die nicht staatlich genehmigt sind. Als Stiftung wird eine verselbständigte Vermögensmasse bezeichnet, über die der Träger der Stiftung (Fiduziar) nicht frei, sondern nur im Rahmen des Stiftungszweckes verfügen darf.

Als andere Zweckvermögen des privaten Rechts haben in der Praxis insbesondere Sammelvermögen i.S.d. § 1914 BGB Bedeutung, d.h. selbständige Vermögensmassen, die durch öffentliche Sammlung für einen vorübergehenden Zweck entstanden sind.

Beispiel C.1:

Ein Fernsehsender ruft zu Spenden zur Linderung der Erdbebenfolgen in Indien auf. Die Spenden laufen auf einem Sonderkonto ein und werden bis zu ihrer Verwendung verzinslich angelegt.

Es entsteht ein Zweckvermögen. Die von diesem Zweckvermögen erwirtschafteten Zinsen stellen grundsätzlich körperschaftsteuerpflichtiges Einkommen dar.

Als weiterer Anwendungsfall des § 1 Abs. 1 Nr. 5 KStG ist die Vermögensmasse zu nennen, die an ein bereits gezeugtes, aber noch nicht geborenes Kind (*nasciturus*) vererbt wird. Die Leibesfrucht ist zwar grundsätzlich nicht rechtsfähig i.S.d. § 1 BGB („Die Rechtsfähigkeit des Menschen beginnt mit der Vollendung der Geburt"), jedoch ausnahmsweise erbrechtsfähig gemäß § 1923 Abs. 2 BGB. Da Subjekt der unbeschränkten Einkommensteuerpflicht des § 1 EStG ebenfalls nur der Mensch von der Geburt bis zum Tod ist, unterliegen

Vermögensmehrungen (z.B. Zinserträge oder Mieteinnahmen), die zwischen dem Tod des Erblassers und der Geburt des Erben entstehen, weder beim Erblasser noch beim Erben der Einkommensteuerpflicht. Allerdings ist die Erbmasse in dieser Zeit wohl als Zweckvermögen i.S.d. § 1 Abs. 1 Nr. 5 KStG anzusehen. Die Vermögenserträge unterliegen somit der Körperschaftsteuer.

2.1.1.6 Betriebe gewerblicher Art von juristischen Personen des öffentlichen Rechts

Die juristischen Personen des öffentlichen Rechts können eingeteilt werden in

- **öffentlich-rechtliche Körperschaften** (z.B. Gebietskörperschaften, öffentlich-rechtliche Berufsverbände sowie Religionsgemeinschaften, denen der Status einer öffentlich-rechtlichen Körperschaft verliehen wurde),
- **öffentlich-rechtliche Anstalten** (z.B. Rundfunkanstalten, Sparkassen) sowie
- **öffentlich-rechtliche Stiftungen**.

Juristische Personen des öffentlichen Rechts sind nicht unbeschränkt steuerpflichtig. Dies würde dem Zweck der Steuererhebung, welcher insbesondere in der Finanzierung von hoheitlichen Tätigkeiten liegt, widersprechen. Werden juristische Personen des öffentlichen Rechts jedoch nicht hoheitlich tätig, sondern unterhalten sie einen Betrieb gewerblicher Art, so ist dieser Betrieb gemäß § 1 Abs. 1 Nr. 6 KStG unbeschränkt körperschaftsteuerpflichtig. Die Besteuerung gewerblicher Betriebe der öffentlichen Hand ist aus wettbewerbspolitischen Gründen geboten. Betätigt sich die öffentliche Hand privatwirtschaftlich, so steht sie in Konkurrenz mit privaten Unternehmungen. Eine Befreiung von der Körperschaftsteuer würde ihnen einen wettbewerbsverzerrenden Vorteil einräumen.

Abgesehen von der unbeschränkten Steuerpflicht mit ihren Betrieben gewerblicher Art sind juristische Personen des öffentlichen Rechts auch selbst beschränkt steuerpflichtig nach § 2 Nr. 2 KStG, wenn sie Einkünfte erzielen, die dem Steuerabzug unterliegen (siehe Abschnitt C.2.1.3.2).

Betriebe gewerblicher Art (BgA) sind nach § 4 Abs. 1 KStG alle

Einrichtungen,	Die Tätigkeit muss, um sich als Betrieb gewerblicher Art zu qualifizieren, innerhalb der juristischen Person über eine gewisse wirtschaftliche Selbständigkeit verfügen, die sich in einer besonderen Leitung, einem geschlossenen Geschäftskreis oder einer buchmäßigen Trennung ausdrücken kann (BFH-Urteile vom 13.03.1974, BStBl II 1974, S. 391; vom 26.05.1977, BStBl II 1977, S. 813).
die einer nachhaltigen	Der Begriff der Nachhaltigkeit entspricht dem einkommensteuerlichen Begriff des § 15 Abs. 2 EStG. Danach ist eine Tätigkeit nachhaltig, wenn sie auf längere Dauer ausgerichtet ist, d.h. zumindest mit der Absicht einer regelmäßigen Wiederholung ausgeübt wird (siehe Abschnitt B.7.2.1).
wirtschaftlichen Tätigkeit	Der Begriff der wirtschaftlichen Tätigkeit steht im Gegensatz zu den hoheitlichen Aufgaben des Staates.

	Betriebe, die überwiegend der Ausübung öffentlicher Gewalt dienen **(Hoheitsbetriebe),** gehören nicht zu den Betrieben gewerblicher Art (§ 4 Abs. 5 KStG).
zur Erzielung von Einnahmen	Nicht erforderlich ist eine Gewinnerzielungsabsicht, d.h. die Absicht, einen Totalerfolg über die gesamte Lebensdauer des Betriebs zu erzielen (§ 4 Abs. 1 Satz 2 KStG). Auch ein mit dauernden Verlusten operierender Betrieb kann steuerpflichtig i.S.d. § 1 Abs. 1 Nr. 6 KStG sein.
außerhalb der Land- und Forstwirtschaft dienen und	Durch die Vorschrift des § 1 Abs. 1 Nr. 6 KStG sollen diejenigen Einrichtungen der öffentlichen Hand erfasst werden, die das äußere Erscheinungsbild eines Gewerbebetriebs haben (BFH-Urteil vom 22.09.1976, BStBl II 1976, S. 793).
die sich innerhalb der Gesamtbetätigung der juristischen Person wirtschaftlich herausheben.	Die Finanzverwaltung sieht einen Jahresumsatz i.S.d. § 1 Abs. 1 Nr. 1 UStG von mehr als 30.678 € als Anhaltspunkt für eine Tätigkeit, welche die Wettbewerbssituation von privaten Unternehmen in einem solchen Umfang beeinträchtigt, das eine Befreiung dieser Tätigkeit von der Körperschaftsteuerpflicht nicht mehr hinnehmbar ist (R 6 Abs. 5 KStR).

Betriebe gewerblicher Art der öffentlichen Hand sind beispielsweise städtische Wasser-, Gas- und Elektrizitätswerke, öffentliche Verkehrs- und Hafenbetriebe (§ 4 Abs. 3 KStG), städtische Badeanstalten sowie Sparkassen.

Eine juristische Person des öffentlichen Rechts ist mit jedem Betrieb gewerblicher Art getrennt steuerpflichtig. Ein Ausgleich von Verlusten einzelner Betriebe mit Gewinnen anderer Betriebe ist grundsätzlich nicht möglich (BFH-Urteile vom 13.03.1974, BStBl II 1974, S. 391). Der Gesetzgeber erlaubt aber eine Zusammenfassung verschiedener Betriebe gewerblicher Art in den folgenden Fällen:

- **Gleichartige Betriebe** (§ 4 Abs. 6 Nr. 1 KStG), z.B. Krankenhäuser und Pflegeheime, Hallen- und Freibäder (R 7 Abs. 1 Satz 1 KStR).
- Betriebe, bei denen nach dem Gesamtbild der Verhältnisse eine **enge wechselseitige technisch-wirtschaftliche Verflechtung** von einigem Gewicht besteht (§ 4 Abs. 6 Nr. 2 KStG).

  Eine solche wechselseitige technisch-wirtschaftliche Beziehung ist beispielsweise bei einem städtischen Heizkraftwerk und einem Schwimmbad gegeben, wenn der Ausgleich eines Überdrucks im Kraftwerk durch die Erwärmung des Wassers im Schwimmbad herbeigeführt wird. Eine einseitige Beziehung, wie die Lieferung von Wasser oder Strom, reicht hingegen nicht aus (vgl. z.B. BFH-Beschluss vom 16.01.1967, BStBl III 1967, S. 240; BFH-Urteil vom 19.05.1967, BStBl III 1967, S. 510).
- **Betriebe, die der Versorgung der Bevölkerung mit Wasser, Gas, Elektrizität oder Wärme, dem öffentlichen Verkehr oder Hafenverkehr dienen**, können auch dann zusammengefasst werden, wenn sie nicht wechselseitig technisch-wirtschaftlich verflochten sind (§ 4 Abs. 6 Nr. 3 KStG).

In der Praxis von besonderer Bedeutung ist die Zusammenfassung von Versorgungsbetrieben (z.B. Stadtwerken) und Verkehrsbetrieben in einem BgA (sog. **kommunaler Querverbund**), um einen steuerlichen Verlustausgleich zwischen ty-pischerweise verlustträchtigen Verkehrsbetrieben mit rentablen Versorgungsbetrieben zu er-möglichen.

2.1.1.7 Zusammenfassende Darstellung

Während natürliche Personen der Einkommensteuer unterliegen (§ 1 Abs. 1 EStG), sind juristische Personen des privaten Rechts körperschaftsteuerpflichtig (§ 1 Abs. 1 Nrn. 1 – 4 KStG). Juristische Personen des öffentlichen Rechts sind unbeschränkt körperschaftsteuerpflichtig nur insoweit, wie sie einen gewerblichen Betrieb unterhalten (§ 1 Abs. 1 Nr. 6 KStG).

Im Hinblick auf diejenigen Rechtsgebilde, die nicht über den Status einer juristischen Person verfügen, ist zwischen Mitunternehmerschaften i.S.d. § 15 Abs. 1 Nr. 2 EStG und nichtrechtsfähigen Vereinen und Zweckvermögen i.S.d. § 1 Abs. 1 Nr. 5 KStG zu unterscheiden. Während Letztere unbeschränkt körperschaftsteuerpflichtig sind, sind die Einkünfte der Mitunternehmerschaften anteilig unmittelbar den Anteilseignern zuzurechnen und bei diesen nach dem Einkommensteuergesetz oder Körperschaftsteuergesetz zu versteuern.

Die vorangegangenen Ausführungen zur unbeschränkten Körperschaftsteuerpflicht werden durch das folgende Schaubild zusammengefasst:

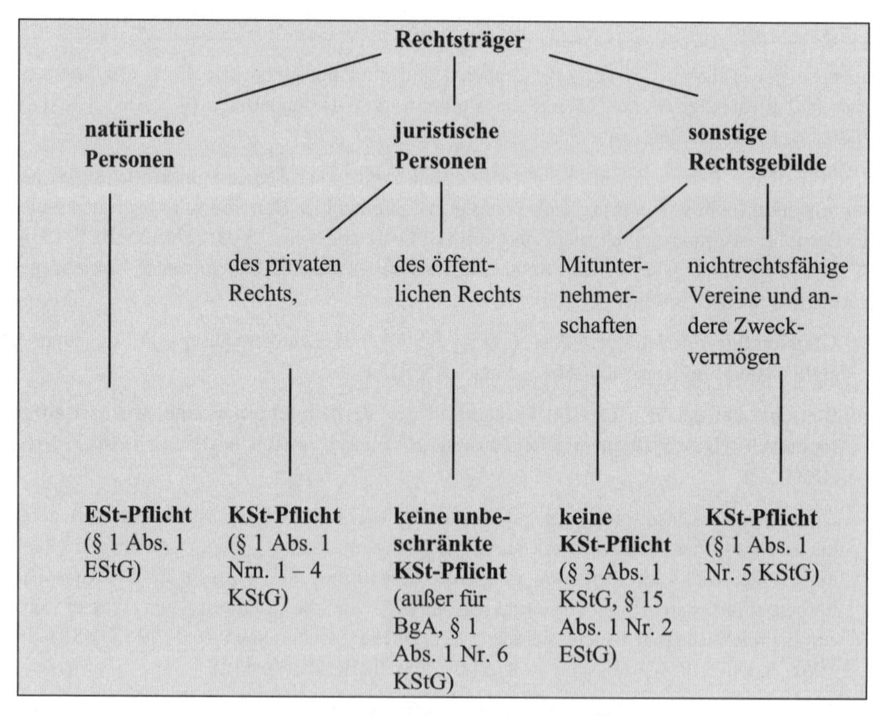

Abbildung C.2: Steuerpflicht der einzelnen Rechtsträger

2.1.2 Unbeschränkte Steuerpflicht ausländischer Kapitalgesellschaften

Unproblematisch ist die Einordnung ausländischer Kapitalgesellschaften, die **weder** über **Sitz noch** Ort der **Geschäftsleitung** im Inland verfügen. Diese sind nach dem Wortlaut des § 1 Abs. 1 KStG **nicht unbeschränkt körperschaftsteuerpflichtig**. Sie können allerdings beschränkt steuerpflichtig nach § 2 Nr. 1 KStG sein, wenn sie inländische Einkünfte erzielen.

Schwieriger ist hingegen die Einordnung ausländischer Gesellschaften, die ihre **Geschäftsleitung ins Inland** verlegt haben. Die unbeschränkte Körperschaftsteuerpflicht solcher ausländischer Gesellschaften ist in einem zweistufigen Verfahren zu prüfen:

1. Schritt: Liegt nach deutschem Recht eine rechtsfähige juristische Person vor?

Nach bisheriger Auffassung der Rechtsprechung ist für ausländische Gesellschaften die **Sitztheorie** anzuwenden. Danach sind ausländische Gesellschaften mit Verwaltungssitz (entspricht Geschäftsleitung) im Inland nur dann als rechtsfähige juristische Personen zu behandeln, wenn sie sich in ein inländisches öffentliches Register haben eintragen lassen. Dies gilt selbst dann, wenn die nach ausländischem Recht gegründete Gesellschaft im Ausland rechtsfähig ist. Eine Einordnung in § 1 Abs. 1 Nr. 1 KStG setzt nämlich eine (nach inländischem Recht!) rechtsfähige Kapitalgesellschaft voraus. Nach ausländischem Recht gegründete Gesellschaften mit Geschäftsleitung im Inland, die im Inland nicht in ein öffentliches Register eingetragen sind, können somit nicht körperschaftsteuerpflichtig nach § 1 Abs. 1 Nr. 1 KStG sein.

Mit Urteil vom 05.11.2002 („Überseering-Urteil", EuGHE 2002, S. 9919) hat der EuGH entschieden, dass Gesellschaften im Anwendungsbereich der europäischen Niederlassungsfreiheit gem. Art. 43, 48 EU-Vertrag im Aufnahmestaat in dem Maße rechtsfähig sind, als sich dies aus dem Recht ihres Gründungsstaates ergibt. Für Kapitalgesellschaften aus anderen EU-und EWR-Staaten gilt somit die **Gründungstheorie**. Kapitalgesellschaften aus anderen EU-Staaten gelten damit im Inland als rechtsfähige Kapitalgesellschaften. Hingegen gilt die Sitztheorie für Nicht-EU/EWR-Gesellschaften weiter. Solche Kapitalgesellschaften mit Geschäftsleitung in Deutschland sind in Deutschland als Personengesellschaften zu behandeln (BGH-Urteil vom 27.10.2008, BB 2009, S. 14). Der BGH wendet die Gründungstheorie zudem unter Berufung auf den mit den USA geschlossenen Freundschaftsvertrag vom 29.10.1954 (BGBl II 1956, S. 487) auch auf die USA an (BGH-Urteil vom 23.04.2002, BB 2002, S. 1227).

2. Schritt: Ist die ausländische Gesellschaft nach einem Rechtstypenvergleich mit einer deutschen Kapitalgesellschaft vergleichbar?

Ist die ausländische Gesellschaft in ihrem rechtlichen Aufbau einer der in § 1 Abs. 1 Nr. 1 KStG genannten Rechtssubjekte des deutschen Rechts vergleichbar (Typenvergleich), so ist sie im Anwendungsbereich der Gründungstheorie (EU/EWR-Staaten, USA) körperschaftsteuerpflichtig nach § 1 Abs. 1 Nr. 1 KStG und im Anwendungsbereich der Sitztheorie (Nicht-EU/EWR-Staaten) körperschaftsteuerpflichtig als nichtrechtsfähiges Gebilde i.S.d. § 1 Abs. 1 Nr. 5 KStG:

„Eine im Ausland gegründete Gesellschaft, die wie eine deutsche Kapitalgesellschaft strukturiert ist, kann der unbeschränkten Körperschaftsteuerpflicht nach § 1 Abs. 1 Nr. 5, § 3 Abs. 1 KStG auch dann unterliegen, wenn sie ihre Geschäftsleitung im Inland hat und deshalb nach deutschem internationalen Privatrecht nicht rechtsfähig ist" (BFH-Urteil vom 23.06.1992, BStBl II 1992, S. 972).

Ist die ausländische Gesellschaft hingegen bei wirtschaftlicher Betrachtung eher einer deutschen Personengesellschaft vergleichbar, so kommt eine Körperschaftsteuerpflicht nicht in Betracht. Vielmehr sind die Einkünfte dieser Gesellschaft unmittelbar bei den Gesellschaftern nach § 15 Abs. 1 Nr. 2 EStG zu versteuern.

Eine Aufstellung der ausländischen Rechtsformen, die einer inländischen Rechtsform i.S.d. § 1 Abs. 1 Nr. 1 KStG in ihrer rechtlichen Ausgestaltung entsprechen, findet sich in Tabellen 1 und 2 des BMF-Schreibens vom 24.12.1999 (BStBl I 1999, S. 1076).

Beispiel C.2:

Eine nach kanadischem Recht gegründete Corporation verlegt den Ort der Geschäftsleitung nach Düsseldorf. Eine Eintragung in das deutsche Handelsregister erfolgt nicht. Die Corporation verfügt in Deutschland nach der Sitztheorie nicht über den Status einer rechtsfähigen Kapitalgesellschaft, da die Gesellschaft nicht in ein inländisches öffentliches Register eingetragen ist. Eine Qualifizierung als Kapitalgesellschaft i.S.d. § 1 Abs. 1 Nr. 1 KStG kommt somit nicht in Betracht. Da die kanadische Corporation jedoch in ihrer rechtlichen Ausgestaltung einer Kapitalgesellschaft i.S.d. § 1 Abs. 1 Nr. 1 KStG entspricht, ist die Corporation als nichtrechtsfähige Personenvereinigung nach § 1 Abs. 1 Nr. 5 KStG im Inland unbeschränkt körperschaftsteuerpflichtig.

Im Gegensatz zu den inländischen Kapitalgesellschaften kann eine ausländische Kapitalgesellschaft, die im Inland wegen fehlender Registereintragung nicht als rechtsfähige Kapitalgesellschaft zu behandeln ist, Einkünfte aus sämtlichen Einkunftsarten beziehen (vgl. Abschnitt C.4.3). Die Umqualifizierung nach § 8 Abs. 2 KStG, wonach alle Einkünfte von unbeschränkt Steuerpflichtigen nach § 1 Abs. 1 **Nr. 1 – 3** KStG als Einkünfte aus Gewerbebetrieb zu behandeln sind, greift nicht. Die vorstehenden Ausführungen zur unbeschränkten Körperschaftsteuerpflicht auslän-discher Kapitalgesellschaften werden durch Abbildung C.3 zusammengefasst:

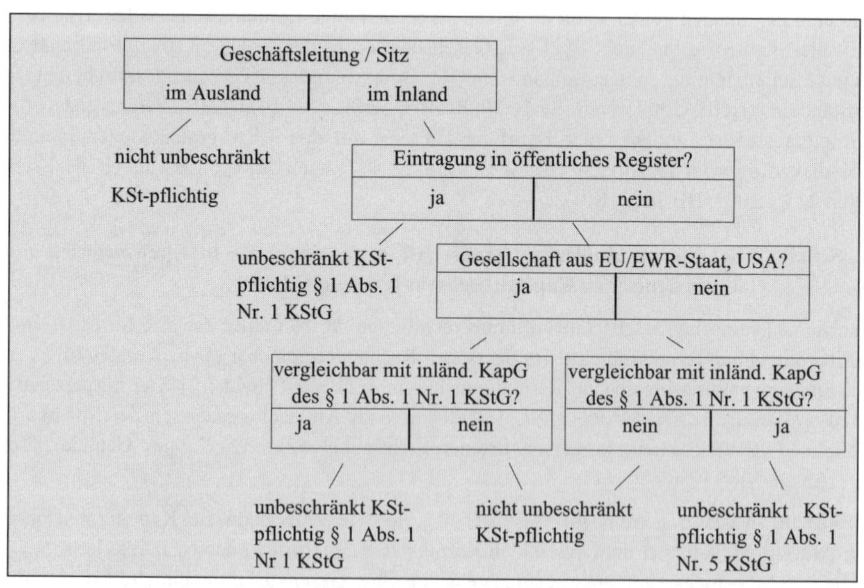

Abbildung C.3: Unbeschränkte Körperschaftsteuerpflicht ausländischer Kapitalgesellschaften

2.1.3 Beschränkte Körperschaftsteuerpflicht

Die beschränkte Steuerpflicht unterscheidet sich von der unbeschränkten Steuerpflicht dadurch, dass nicht alle, sondern nur bestimmte Einkünfte der Besteuerung unterliegen. § 2 KStG unterscheidet **zwei Arten** der beschränkten Körperschaftsteuerpflicht, nämlich

- die beschränkte Steuerpflicht mit inländischen Einkünften gemäß § 2 Nr. 1 KStG (**normale beschränkte Steuerpflicht**, siehe Abschnitt C.2.1.3.1) sowie
- die beschränkte Steuerpflicht für Einkünfte, die dem Steuerabzug unterliegen gemäß § 2 Nr. 2 KStG (**besondere beschränkte Steuerpflicht**, siehe Abschnitt C.2.1.3.2).

2.1.3.1 Beschränkte Steuerpflicht nach § 2 Nr. 1 KStG

Während die unbeschränkte Körperschaftsteuerpflicht i.S.d. Welteinkommensprinzips sämtliche in- und ausländische Einkünfte des Steuerpflichtigen erfasst, orientiert sich die beschränkte Steuerpflicht des § 2 Nr. 1 KStG am Territorialitätsprinzip. Körperschaften, Personenvereinigungen und Vermögensmassen, die weder Sitz noch Geschäftsleitung im Inland haben, sind mit ihren inländischen Einkünften i.S.d. § 49 Abs. 1 EStG körperschaftsteuerpflichtig. Die beschränkte Körperschaftsteuerpflicht des § 2 Nr. 1 KStG entspricht somit im Grundsatz der beschränkten Einkommensteuerpflicht des § 1 Abs. 4 EStG (vgl. Abschnitt B.2.2).

Die beschränkte Steuerpflicht des § 2 Nr. 1 KStG erfasst sämtliche ausländische Körperschaften, Personenvereinigungen und Vermögensmassen, die über inländische Einkünfte i.S.d. § 49 Abs. 1 EStG verfügen. Im Gegensatz zur unbeschränkten Steuerpflicht des § 1 Abs. 1 KStG wird der Anwendungsbereich von § 2 Nr. 1 KStG nicht durch eine abschließende Aufzählung eingeschränkt. Daher kann z.B. auch eine ausländische juristische Person des öffentlichen Rechts mit ihren inländischen Einkünften i.S.d. § 49 Abs. 1 EStG beschränkt körperschaftsteuerpflichtig sein.

Beispiel C.3:

Der syrische Staat ist Eigentümer eines Wohnhauses in Berlin, das er an syrische Staatsangehörige vermietet.

Syrien unterliegt mit den Mieteinnahmen (inländische Einkünfte i.S.d. § 49 Abs. 1 Nr. 6 EStG) der beschränkten Körperschaftsteuerpflicht nach § 2 Nr. 1 KStG. Eine inländische juristische Person des öffentlichen Rechts wäre mit den Mieteinnahmen hingegen weder unbeschränkt steuerpflichtig nach § 1 Abs. 1 KStG noch beschränkt steuerpflichtig nach § 2 KStG.

Die im Inland belegenen Einkunftsquellen, die die beschränkte Steuerpflicht auslösen, sind in § 49 Abs. 1 EStG abschließend aufgezählt. Die Einkunftsarten des § 49 Abs. 1 EStG entsprechen grundsätzlich den in Abschnitt B.7 beschriebenen sieben Einkunftsarten des § 2 Abs. 1 EStG. Allerdings sind jeweils **zusätzliche Anknüpfungspunkte zum Inland** erforderlich. Insbesondere unterliegen gewerbliche Einkünfte grundsätzlich nur dann der beschränkten Steuerpflicht, wenn dafür eine **Betriebsstätte** (§ 12 AO; vgl. *J. Kroschel*, in: Ernst & Young, § 49 EStG, Rz. 123 ff. m.w.N) im Inland unterhalten wird oder ein **ständiger Vertreter** (§ 13 AO; vgl. *J. Kroschel*, in: Ernst & Young, § 49 EStG, Rz. 163 ff. m.w.N.) im Inland bestellt ist.

Bei der Prüfung, ob die zusätzlichen Anknüpfungspunkte zum Inland nach § 49 Abs. 1 EStG erfüllt sind, ist von dem Grundsatz der **isolierenden Betrachtungsweise** des § 49 Abs. 2

EStG auszugehen. Danach bleiben im Ausland gegebene Besteuerungsmerkmale außer Betracht, soweit bei ihrer Berücksichtigung inländische Einkünfte nach § 49 Abs. 1 EStG nicht angenommen werden könnten (vgl. BFH-Urteil vom 04.03.1970, BStBl II 1970, S. 428).

Beispiel C.4:

Eine ausländische Kapitalgesellschaft vermietet ein im Inland belegenes Grundstück. Dieses Grundstück gehört zum Betriebsvermögen einer gewerblichen Betriebsstätte, welche die Kapitalgesellschaft im Ausland unterhält.

Da das Grundstück in einer gewerblichen Betriebsstätte gehalten wird, begründet die Vermietung gewerbliche Einkünfte. Somit sind die zusätzlichen Anknüpfungspunkte zum Inland für gewerbliche Einkünfte (§ 49 Abs. 1 Nr. 2 EStG) zu prüfen. Mangels Betriebsstätte oder ständigem Vertreter im Inland unterliegen die gewerblichen Einkünfte nicht der beschränkten Steuerpflicht im Inland.

Nach der isolierenden Betrachtungsweise des § 49 Abs. 2 EStG sind jedoch im Ausland gegebene Besteuerungsmerkmale außer Betracht zu lassen, wenn dadurch inländische Einkünfte nach § 49 Abs. 1 EStG nicht angenommen werden könnten. Wird außer Betracht gelassen, dass das Grundstück zu einer im Ausland belegenen gewerblichen Betriebsstätte gehört, so liegen Einkünfte aus Vermietung und Verpachtung vor. In diesem Fall sind die zusätzlichen Anknüpfungspunkte zum Inland für Einkünfte aus Vermietung und Verpachtung (§ 49 Abs. 1 Nr. 6 EStG) zu prüfen. Da das Grundstück im Inland belegen ist, sind die Voraussetzungen des § 49 Abs. 1 Nr. 6 EStG erfüllt. Die Einkünfte aus der Vermietung des Grundstücks unterliegen somit der beschränkten Steuerpflicht im Inland (BFH-Urteil vom 18.12.1974, BStBl II 1975, S. 464).

Abkommen zur Vermeidung der Doppelbesteuerung gehen als völkerrechtliche Vereinbarungen i.S.d. § 2 AO der inländischen Besteuerung allerdings vor. Dadurch wird das Besteuerungsrecht des inländischen Fiskus, abweichend von § 2 Nr. 1 KStG i.V.m. § 49 EStG, in vielen Fällen eingeschränkt oder ausgeschlossen.

Nach § 50 Abs. 1 Satz 1 EStG können beschränkt Steuerpflichtige nur diejenigen Erwerbsaufwendungen abziehen, die mit den inländischen Einkünften in wirtschaftlichem Zusammenhang stehen.

2.1.3.2 Beschränkte Steuerpflicht nach § 2 Nr. 2 KStG

Körperschaften, Personenvereinigungen und Vermögensmassen, die nicht nach § 1 Abs. 1 KStG unbeschränkt körperschaftsteuerpflichtig und auch nicht nach § 2 Nr. 1 KStG beschränkt körperschaftsteuerpflichtig sind, unterliegen der Körperschaftsteuer mit ihren inländischen Einkünften, von denen ein Steuerabzug vorzunehmen ist (§ 2 Nr. 2 KStG). Die Steuerpflicht gilt gemäß § 32 Abs. 1 Nr. 2 KStG mit dem Steuerabzug als abgegolten, d.h. es erfolgt keine Veranlagung.

Einziger Anwendungsfall der beschränkten Körperschaftsteuerpflicht nach § 2 Nr. 2 KStG sind die inländischen juristischen Personen des öffentlichen Rechts, insbesondere die Gebietskörperschaften, ggf. mit ihren unselbständigen Untergliederungen (vgl. *E. Kalbfleisch*, in: Ernst & Young, § 2, Rz. 32). Inländische juristische Personen des öffentlichen Rechts sind nur insoweit unbeschränkt steuerpflichtig, wie sie einen Betrieb gewerblicher Art unterhalten (§ 1 Abs. 1 Nr. 6 KStG, siehe Abschnitt 2.1.1.6). Beziehen diese Personen jedoch, ohne einen Betrieb gewerblicher Art zu unterhalten, Einkünfte, die dem Steuerabzug unterliegen, so sind sie bezüglich dieser Einkünfte beschränkt steuerpflichtig gemäß § 2 Nr. 2 KStG. Dem Steuerabzug unterliegen

- Einkünfte aus **Kapitalvermögen**, die der Kapitalertragsteuer nach § 43 EStG unterliegen (siehe Abschnitt B.7.5.3),
- **Aufsichtsratsvergütungen**, die der Abzugsteuer nach § 50a Abs. 1 Nr. 4 EStG unterliegen (siehe Abschnitt B.4.5.2.2), sowie
- Einkünfte aus **künstlerischen, sportlichen, artistischen etc. Tätigkeiten** im Inland, **deren Verwertung** im Inland sowie Einkünfte, die aus Vergütungen für die **Überlassung von Rechten** herrühren, und die der Abzugsteuer nach § 50a Abs. 1 Nr. 1 – 3 EStG unterliegen (siehe Abschnitt B.4.5.2.2).

Die Besteuerung der inländischen juristischen Personen des öffentlichen Rechts kann somit wie folgt zusammengefasst werden (in Anlehnung an *D. Siegers*, in: E. Dötsch / W. Jost / A. Pung / G. Witt, § 2, Rz. 207):

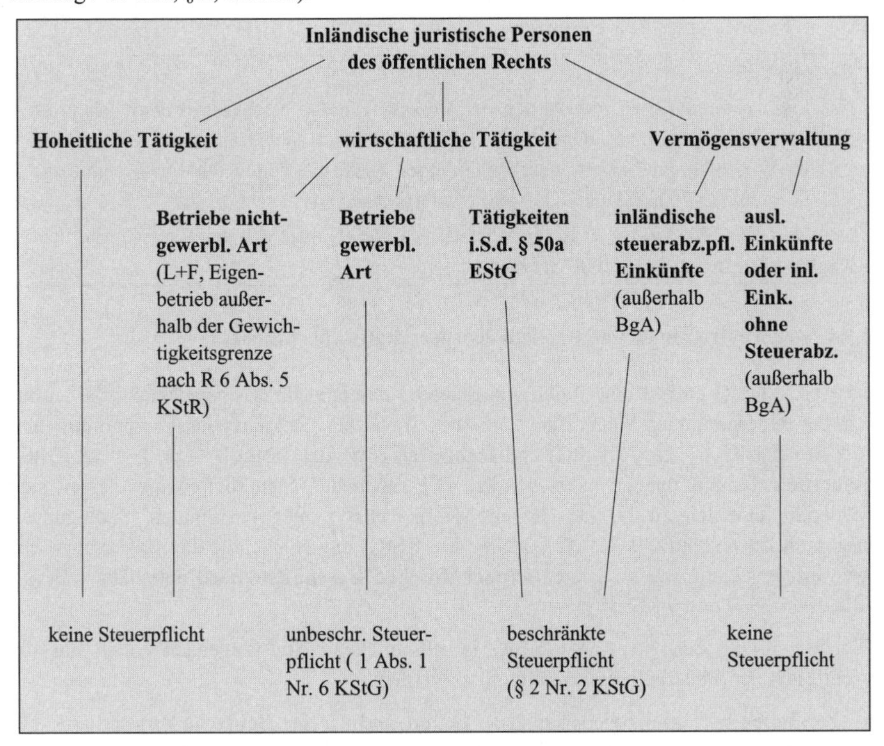

Abbildung C.4: Körperschaftsteuerpflicht inländischer juristischer Personen des öffentlichen Rechts

Verschiedene Vorschriften haben jedoch, abweichend von §§ 43, 50a EStG, eine Ermäßigung der Abzugsteuer für beschränkt Steuerpflichtige i.S.d. § 2 Nr. 2 KStG zur Folge:

- Bei inländischen juristischen Personen des öffentlichen Rechts ist keine Kapitalertragsteuer nach § 43 Abs. 1 Satz 1 Nrn. 4, 6, 7 und 8 bis 12 sowie Satz 2 EStG abzuziehen (§ 44a Abs. 4 Satz 1 Nr. 2 EStG). Von der Abzugsteuer befreit sind somit insbesondere:

- Gewinnanteile von ausländischen Kapitalgesellschaften (insbesondere Dividenden),
- Zinsen aus sonstigen Kapitalforderungen i.S.d. § 20 Abs. 1 Nr. 7 EStG (siehe Abschnitt B.7.5.1.5).

- Bei einer inländischen Stiftung des öffentlichen Rechts, die ausschließlich und unmittelbar gemeinnützigen oder mildtätigen Zwecken dient, ist bei bestimmten Kapitalerträgen kein Kapitalertragsteuerabzug vorzunehmen (§ 44a Abs. 7 Nr. 2 EStG).
- Gleiches gilt für juristische Personen, die ausschließlich und unmittelbar kirchlichen Zwecken dienen (§ 44a Abs. 7 Nr. 3 EStG).
- Bei den übrigen inländischen juristischen Personen des öffentlichen Rechts ist der Abzug nur zu drei Fünfteln vorzunehmen bzw. sind zwei Fünftel der Kapitalertragsteuer zu erstatten (§ 44a Abs. 8 Nr. 2 EStG).

Voraussetzung für die genannten Vergünstigungen ist in jedem Fall, dass die Kapitalerträge nicht im Rahmen eines Betriebs gewerblicher Art anfallen.

Beispiel C.5:

Das Land Niedersachsen hält Aktien der Volkswagen AG. Die Gesellschaft leistet an das Bundesland eine Dividendenzahlung. Nach Abzug der Kapitalertragsteuer von 250.000 € (25 %) auf einen auszuschüttenden Gewinn von 1.000.000 € zahlt die Volkswagen AG 750.000 € an das Land Niedersachsen aus.

Gemäß § 44a Abs. 8 Nr. 2 EStG wird dem Land Niedersachsen zwei Fünftel der Kapitalertragsteuer (= 100.000 €) erstattet.

2.1.4 Steuerbefreiungen und partielle Körperschaftsteuerpflicht

§ 5 Abs. 1 KStG enthält eine Reihe von Steuerbefreiungen für Körperschaften, die ansonsten der unbeschränkten Steuerpflicht unterliegen würden. Es kann zwischen **persönlichen** (§ 5 Abs. 1 Nrn. 1 – 2a, 15 KStG) und **sachlichen** (§ 5 Abs. 1 Nrn. 3 – 14, 16 – 23 KStG) **Steuerbefreiungen** unterschieden werden. Die sachlichen Steuerbefreiungen lassen sich wiederum einteilen in solche, die die Körperschaft unter bestimmten Bedingungen insgesamt freistellen (z. B. § 5 Abs. 1 Nrn. 4, 6 KStG) und solche, die die Körperschaft nur insoweit freistellen, wie sie keinen **wirtschaftlichen Geschäftsbetrieb** unterhält (z. B. § 5 Abs. 1 Nrn. 5, 7 und 9 KStG).

Die Aufzählung des § 5 Abs. 1 KStG ist abschließend. Im Folgenden sollen nur die wichtigsten der Steuerbefreiungen aufgeführt werden:

- Persönlich von der Körperschaftsteuer befreit sind u.a. die **Deutsche Bundesbank**, die **Kreditanstalt für Wiederaufbau** (§ 5 Abs. 1 Nr. 2 KStG) und die **Bundesanstalt für vereinigungsbedingte Sonderaufgaben** (§ 5 Abs. 1 Nr. 2a KStG).
- Berufsverbände ohne öffentlich-rechtlichen Charakter, d.h. insbesondere die **Gewerkschaften**, sind von der Körperschaftsteuer befreit, soweit sie keinen wirtschaftlichen Geschäftsbetrieb unterhalten (§ 5 Abs. 1 Nr. 5 KStG).
- **Politische Parteien** i.S.d. § 2 des Parteiengesetzes sind gleichfalls von der Körperschaftsteuer befreit, soweit sie keinen wirtschaftlichen Geschäftsbetrieb unterhalten (§ 5 Abs. 1 Nr. 7 KStG).

- Körperschaften, die nach ihrer Satzung und nach ihrer tatsächlichen Geschäftsführung ausschließlich und unmittelbar **gemeinnützigen, mildtätigen oder kirchlichen Zwecken** dienen, sind ebenfalls von der Körperschaftsteuer befreit, soweit sie keinen wirtschaftlichen Geschäftsbetrieb unterhalten (§ 5 Abs. 1 Nr. 9 KStG i.V.m. §§ 51 bis 68 AO).

Ein **wirtschaftlicher Geschäftsbetrieb** ist gemäß § 14 AO

- eine selbständige nachhaltige Tätigkeit,
- durch die Einnahmen oder andere wirtschaftliche Vorteile erzielt werden und
- die über den Rahmen einer Vermögensverwaltung hinausgeht.

Eine Gewinnerzielungsabsicht ist nicht erforderlich. Wirtschaftliche Geschäftsbetriebe sind zudem gemäß § 2 Abs. 3 GewStG auch gewerbesteuerpflichtig.

Beispiel C.6:

Ein nach § 5 Abs. 1 Nr. 9 KStG steuerbefreiter Verein gibt eine Vereinszeitschrift heraus und erzielt Einnahmen aus Anzeigen in dieser Zeitschrift.

Im Hinblick auf das Anzeigengeschäft liegt ein wirtschaftlicher Geschäftsbetrieb vor. Die Einkünfte aus diesem Geschäft unterliegen daher der Körperschaftsteuer (BFH-Urteil vom 28.11.1961, BStBl III 1962, S. 73; FG Saarland, Urteil vom 11.11.1987, EFG 1988, S. 135).

Sowohl die sachlichen als auch die persönlichen Steuerbefreiungen können nach § 5 Abs. 2 KStG eingeschränkt sein. § 5 Abs. 2 KStG nennt im Einzelnen die folgenden Einschränkungen:

- **Partielle KSt-Pflicht mit steuerabzugspflichtigen Einkünften**

  Gemäß § 5 Abs. 2 Nr. 1 KStG sind inländische Einkünfte, die dem Steuerabzug unterliegen, von der Steuerbefreiung ausgenommen. Die grundsätzlich nach § 5 Abs. 1 KStG steuerbefreiten Körperschaften sind insoweit **partiell körperschaftsteuerpflichtig**. Nach § 32 Abs. 1 Nr. 1 KStG ist die Körperschaftsteuer mit dem Steuerabzug abgegolten, d.h. es erfolgt keine Veranlagung. Die Belastung durch partielle Körperschaftsteuerpflicht wird mittels folgender Vorschriften gemindert:

  - Von der Kapitalertragsteuer befreit sind Kapitalerträge nach § 43 Abs. 1 Satz 1 Nrn. 4, 6, 7 und 8 bis 12 sowie Satz 2 EStG (§ 44a Abs. 4 Nr. 1 EStG), d.h. insbesondere Gewinnanteile von ausländischen Kapitalgesellschaften sowie Zinsen aus sonstigen Kapitalforderungen i.S.d. § 20 Abs. 1 Nr. 7 EStG,
  - Bei einer gemeinnützigen Körperschaft i.S.d. § 5 Abs. 1 Nr. 9 KStG wird die Kapitalertragsteuer nicht erhoben bzw. erstattet (§ 44a Abs. 7 Nr. 1 EStG).
  - Bei den übrigen partiell körperschaftsteuerpflichtigen Rechtssubjekten wird die Kapitalertragsteuer **nur zu drei Fünfteln** erhoben bzw. zwei Fünftel werden erstattet (§ 44a Abs. 8 Nr. 1 EStG).

  Voraussetzung für die genannten Vergünstigungen ist, dass die Kapitalerträge nicht im Rahmen eines wirtschaftlichen Geschäftsbetriebs anfallen.

- **Keine Steuerbefreiung für ausländische Körperschaften**

  Gemäß § 5 Abs. 2 Nr. 2 KStG gelten die Steuerbefreiungen des § 5 Abs. 1 KStG nicht für beschränkt Steuerpflichtige i.S.d. § 2 Nr. 1 KStG, d.h. nicht für ausländische Körperschaften mit inländischen Einkünften (mit Ausnahme von bestimmten gemeinnützigen Körperschaften aus anderen EU- und EWR-Staaten).

- **Partielle KSt-Pflicht für die ausschüttungsbedingte KSt-Erhöhung bei Ausschüttung von Altgewinnen**

  Unbeschränkt Steuerpflichtige i.S.d. § 1 Abs. 1 Nrn. 1, 2 KStG, d.h. Kapitalgesellschaften sowie Genossenschaften, wurden nach der grundsätzlich bis zum 31.12.2000 geltenden Fassung des Körperschaftsteuergesetzes (§§ 27, 43 KStG a.F.) in das körperschaftsteuerliche Anrechnungsverfahren einbezogen (siehe Abschnitt C.5.2). Dies galt selbst dann, wenn die Körperschaft nach § 5 Abs. 1 KStG von der Körperschaftsteuer befreit war. Bei einer Ausschüttung der Gewinne war gemäß § 27 Abs. 1 KStG a.F. die Ausschüttungsbelastung von 30 % herzustellen (§ 5 Abs. 2 Nr. 2 KStG a.F.). Die Steuerbefreiungen galten somit im Rahmen des körperschaftsteuerlichen Anrechnungsverfahrens nur so lange, wie eine Ausschüttung nicht erfolgte.

  Auch die Übergangsvorschriften, die im Zusammenhang mit der Einführung des Teileinkünfteverfahrens stehen, bewirken für diesen Kreis von Steuerpflichtigen ausschüttungs-bedingte Körperschaftsteuererhöhungen, soweit Altgewinne ausgeschüttet werden (§ 38 Abs. 2 KStG, siehe Abschnitt C.5.4.2). Gemäß § 5 Abs. 2 Nr. 3 KStG sind diese Körperschaftsteuererhöhungen auch dann vorzunehmen, wenn die Ausschüttung durch eine Gesellschaft erfolgt, die nach § 5 Abs. 1 KStG steuerbefreit ist.

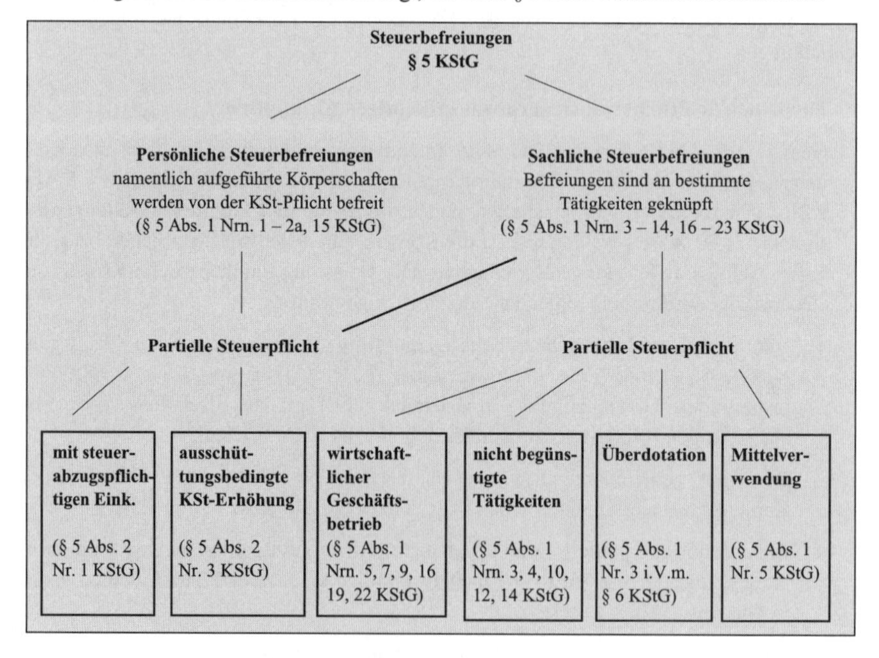

Abbildung C.5: Steuerbefreiungen nach § 5 KStG und partielle KSt-Pflicht

2.1.5 Beginn der Steuerpflicht

Zivilrechtlich sind juristische Personen zu den folgenden Zeitpunkten entstanden:

- Kapitalgesellschaften: Eintragung ins Handelsregister,
- Genossenschaften: Eintragung ins Genossenschaftsregister,
- VVaG: Erteilung der Erlaubnis zum Geschäftsbetrieb durch die Aufsichtsbehörde,
- eingetragene Vereine: Eintragung ins Vereinsregister,
- rechtsfähige Stiftungen: staatliche Genehmigung.

Eine Übertragung der zivilrechtlichen Vorschriften zur Entstehung einer juristischen Person auf den Beginn der unbeschränkten Steuerpflicht würde nicht den wirtschaftlichen Gegebenheiten entsprechen. So kann etwa eine Kapitalgesellschaft bereits vor der Eintragung ins Handelsregister ihre wirtschaftliche Tätigkeit aufnehmen und aus dieser Tätigkeit Einkünfte erzielen. Der Beginn der Körperschaftsteuerpflicht knüpft daher nicht an die zivilrechtlichen Bestimmungen zum Zeitpunkt der Entstehung einer juristischen Person an.

Im Körperschaftsteuergesetz finden sich jedoch keine Vorschriften zum Zeitpunkt des Beginns der unbeschränkten Steuerpflicht. Die Finanzverwaltung hat diese Regelungslücke in R 2 Abs. 4 KStR, H 2 KStH „Beginn der Steuerpflicht" geschlossen:

Kapitalgesellschaften

Die Gründung einer Kapitalgesellschaft stellt einen mehrstufigen Vorgang dar. Zivilrechtlich entstehen Kapitalgesellschaften mit der Eintragung ins Handelsregister (§ 41 AktG, § 11 GmbHG). Vor der zivilrechtlichen Entstehung durch Registereintragung sind die Vorgründungsgesellschaft und die Vorgesellschaft zu unterscheiden.

Die **Vorgründungsgesellschaft** beginnt mit dem Beschluss der Gründer, eine Gesellschaft zu errichten und endet mit dem Abschluss des notariellen Gesellschaftsvertrags (§ 23 AktG, § 2 GmbHG), siehe H 2 KStH „Vorgründungsgesellschaft". In der Regel hat die Vorgründungsgesellschaft nur die Gründung der juristischen Person vorzubereiten und tritt im Außenverhältnis kaum in Erscheinung. Die Vorgründungsgesellschaft besitzt regelmäßig die Rechtsform einer GbR (vgl. BFH-Urteil vom 08.11.1989, BStBl II 1990, S. 91) und unterliegt als solche nicht der Körperschaftsteuer. Erzielte Einkünfte werden einheitlich und gesondert festgestellt und den Gründern als Mitunternehmern i.S.d. § 15 Abs. 1 Nr. 2 EStG unmittelbar zugerechnet (§ 180 Abs. 1 Nr. 2 Buchst. a AO; vgl. BFH-Urteil vom 08.11.1989, BStBl II 1990, S. 91).

Der Begriff der **Vorgesellschaft** bezeichnet die errichtete, aber noch nicht eingetragene juristische Person und bezieht sich somit auf den Zeitraum zwischen dem Abschluss des formgültigen Gesellschaftsvertrags und der Handelsregistereintragung. Obwohl die Vorgesellschaft noch keine juristische Person ist, werden die Vorgesellschaft und die nachfolgend entstehende juristische Person als einheitliches Rechtssubjekt behandelt, das der Körperschaftsteuer unterliegt. Die Vorgesellschaft unterliegt jedoch nur dann der Körperschaftsteuerpflicht, wenn sie die geschäftliche Tätigkeit aufnimmt, d.h. nach außen hin in Erscheinung tritt (BFH-Urteile vom 13.03.1981, BStBl II 1981, S. 600; vom 08.11.1989, BStBl II 1990, S. 91). Die Einzahlung und Verwaltung der Stammeinlagen reicht zur Begründung der Steuerpflicht nicht aus (BFH-Urteil vom 08.04.1960, BStBl III 1960, S. 319). Die **„unechte Vorgesellschaft"** wird wie eine Vorgründungsgesellschaft behandelt, d.h. eine Körperschaftsteuerpflicht entsteht nicht. Eine unechte Vorgesellschaft liegt vor, wenn die Gründer nicht die Absicht haben, die Eintragung ins Handelsregister zu erreichen, oder wenn auf Grund von Eintragungshindernissen (z.B. bei Formmängeln des Gesellschaftsvertrags) die Vorgesellschaft zum Dauerzustand wird. Die Einkünfte der unechten Vorgesellschaft sind einheitlich und gesondert festzustellen und den Gesellschaftern unmittelbar zuzurechnen (H 2 KStH „Unechte Vorgesellschaft"; BFH-Urteile vom 08.04.1960, BStBl III 1960, S. 319; vom 11.04.1973, BStBl II 1973, S. 568).

Mit der Registereintragung schließlich ist die juristische Person zivilrechtlich entstanden. Die Einkünfte unterliegen fortan unabhängig von der Aufnahme der geschäftlichen Tätigkeit der Körperschaftsteuerpflicht.

Beginn und Ende der persönlichen Steuerpflicht können wie folgt zusammenfassend dargestellt werden (vgl. *C. Grefe* (2010), S. 277):

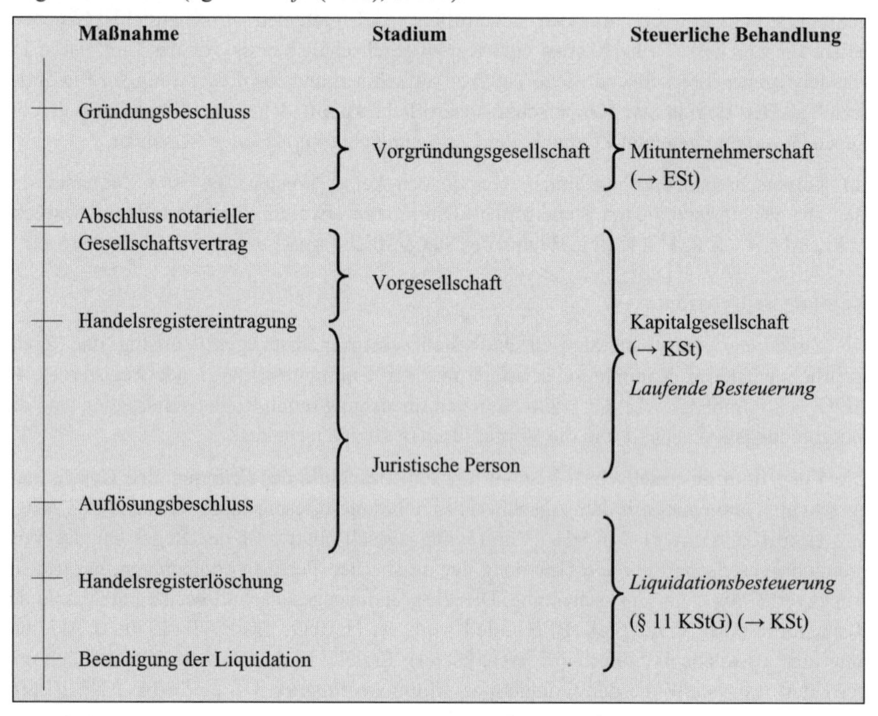

Abbildung C.6: Beginn und Ende der persönlichen Steuerpflicht

Genossenschaften

Die Steuerpflicht beginnt bei Genossenschaften nicht erst mit Erlangung der Rechtsfähigkeit durch Eintragung in das Genossenschaftsregister, sondern erstreckt sich auch auf die mit Abschluss des Statuts (§ 5 GenG) errichtete **Vorgenossenschaft** (R 2 Abs. 4 Satz 1 KStR).

Eingetragene Vereine

Für eingetragene Vereine sind die für Kapitalgesellschaften und Genossenschaften geltenden Grundsätze sinngemäß anzuwenden (R 2 Abs. 4 Satz 2 KStR).

Versicherungsvereine auf Gegenseitigkeit

Beim VVaG beginnt die Steuerpflicht mit der aufsichtsbehördlichen Erlaubnis zum Geschäftsbetrieb (R 2 Abs. 4 Satz 4 KStR).

Andere juristische Personen des privaten Rechts

Bei anderen juristischen Personen des privaten Rechts (z.B. Stiftungen) beginnt die Steuerpflicht durch staatliche Anerkennung, Genehmigung oder Verleihung (R 2 Abs. 4 Satz 4 KStR).

Nichtrechtsfähige Gebilde

Die Körperschaftsteuerpflicht nichtrechtsfähiger Vereine, Anstalten und Stiftungen und anderer Zweckvermögen des privaten Rechts (§ 1 Abs. 1 Nr. 5 KStG) beginnt bei Errichtung, Feststellung der Satzung oder Aufnahme einer geschäftlichen Tätigkeit (R 2 Abs. 4 Satz 5 KStR).

Betriebe gewerblicher Art

Juristische Personen des öffentlichen Rechts schließlich werden mit ihren Betrieben gewerblicher Art (§ 1 Abs. 1 Nr. 6 KStG) mit der Aufnahme der wirtschaftlichen Tätigkeit unbeschränkt steuerpflichtig (R 2 Abs. 4 Satz 6 KStR).

2.1.6 Ende der Steuerpflicht

Zivilrechtlich endet die Rechtsfähigkeit einer juristischen Person mit der Löschung in dem jeweiligen Register (Handelsregister, Genossenschaftsregister bzw. Vereinsregister) bzw. mit der Rücknahme der staatlichen Genehmigung.

Die Körperschaftsteuerpflicht endet hingegen nicht bereits mit dem Erlöschen der juristischen Person, sondern erst mit dem Eintritt des spätesten der folgenden Zeitpunkte:

- tatsächliche Beendigung der wirtschaftlichen Tätigkeit (FG Baden-Württemberg, Urteil vom 26.04.1990, EFG 1990, S. 540),
- Beendigung der Liquidation, d.h. Verflüssigung der Vermögenswerte, Tilgung der Schulden und Verteilung des verbliebenen Vermögens an die Eigentümer,
- Ablauf des **Sperrjahres** nach der Bekanntmachung der Auflösung einer GmbH (§ 73 GmbHG), einer AG (§ 272 AktG), einer KGaA (§ 278 Abs. 3 AktG i.V.m. § 272 AktG) oder eines Vereins (§ 51 BGB). Das Sperrjahr soll den Gläubigern der Gesellschaft Zeit geben, ihre Ansprüche geltend zu machen.

Die Besteuerung in dem Zeitraum zwischen der Auflösung der juristischen Person und dem Ende der Körperschaftsteuerpflicht (Liquidationszeitraum) regelt § 11 KStG (**Liquidationsbesteuerung**, vgl. hierzu die Ausführungen in Abschnitt C.6.1).

2.2 Sachliche Steuerpflicht

Die Körperschaftsteuer bemisst sich – wie die Einkommensteuer – nach dem zu versteuernden Einkommen (§ 7 Abs. 1 KStG). Das **zu versteuernde Einkommen** ist das Einkommen i.S.d. § 8 Abs. 1 KStG, vermindert um die Freibeträge der §§ 24, 25 KStG (§ 7 Abs. 2 KStG).

Einkommen i.S.d. § 8 Abs. 1 KStG	
–	Freibeträge nach §§ 24, 25 KStG (siehe Abschnitt C.3.4)
=	**zu versteuerndes Einkommen** (§ 7 Abs. 2 KStG)

Tabelle C.1: Zu versteuerndes Einkommen nach § 7 Abs. 2 KStG

Nach § 8 Abs. 1 KStG ermittelt sich das Einkommen grundsätzlich nach den Vorschriften des Einkommensteuergesetzes, sofern diese nicht

durch besondere Vorschriften im Körperschaftsteuergesetz ersetzt werden oder	Beispielsweise wird die einkommensteuerliche Vorschrift zum Spendenabzug (§ 10b EStG) durch die Vorschrift des § 9 Abs. 1 Nr. 2 KStG ersetzt (siehe Abschnitt C.4.1.1.2).
ausschließlich auf natürliche Personen zugeschnitten sind.	Ausschließlich auf natürliche Personen zugeschnitten sind z.B. die Vorschriften über • Sonderausgaben (§§ 10, 10a, 10c EStG), • außergewöhnliche Belastungen (§§ 33 – 33b EStG), • den Altersentlastungsbetrag (§ 24a EStG), • den Entlastungsbetrag für Alleinerziehende (§ 24b EStG) und • die Kinder-, Betreuungs-, Erziehungs- und Ausbildungsfreibeträge (§ 32 Abs. 6 EStG).

Die im Rahmen des Körperschaftsteuerrechts anwendbaren Vorschriften des Einkommensteuergesetzes sind in R 32 KStR aufgelistet.

Gemäß § 8 Abs. 1 Satz 1 KStG sind auch die Vorschriften des § 2 Abs. 1 – 4 EStG im Körperschaftsteuerrecht anzuwenden. Körperschaften können daher grundsätzlich Einkünfte aus **sämtlichen Einkunftsarten** des Einkommensteuerrechts beziehen. Lediglich Einkünfte aus nichtselbständiger Arbeit (§ 19 EStG), Einkünfte aus Unterhalts- und Versorgungsleistungen (§ 22 Nrn. 1a – 1c EStG) sowie Sonstige Einkünfte gemäß § 22 Nr. 4 EStG (Abgeordnetenbezüge) kommen für Körperschaften nicht in Betracht. Die Ermittlung der Einkünfte, der Summe der Einkünfte, des Gesamtbetrags der Einkünfte und des Einkommens folgt den in Kapitel B beschriebenen Vorschriften des Einkommensteuergesetzes. Somit sind insbesondere auch die verschiedenen einkommensteuerlichen **Begrenzungen der Verlustverrechnung** zu beachten, d.h. die Beschränkung der Verlustverrechnung z.B. für Verluste aus gewerblicher Tierzucht oder Tierhaltung (§ 15 Abs. 4 Sätze 1, 2 EStG), Verluste aus gewerblichen Termingeschäften (§ 15 Abs. 4 Sätze 3 – 5 EStG), Verluste aus Kapitalvermögen (§ 20 Abs. 6 Sätze 2 – 6 EStG), für Verluste aus privaten Veräußerungsgeschäften (§ 23 Abs. 3 Satz 7 EStG), für ausländische Verluste (§ 2a EStG), für Verluste aus Steuerstundungsmodellen (§ 15b EStG) und Verluste des beschränkt haftenden Gesellschafters einer Personengesellschaft (§ 15a EStG). Zu den Verlustausgleichsbeschränkungen des EStG siehe ausführlich Abschnitt B.10.1.1. Ebenfalls an-wendbar sind der **Sparer-Pauschbetrag** des § 20 Abs. 9 EStG und der Werbungskosten-Pauschbetrag des § 9a Nr. 3 EStG für die Sonstigen Einkünfte (vgl. R 32 Abs. 2 Satz 2 KStR).

Abweichend von den Regelungen des Einkommensteuergesetzes bestimmt § 8 Abs. 2 KStG, dass für unbeschränkt Steuerpflichtige im Sinne des § 1 Abs. 1 **Nrn. 1 – 3** KStG sämtliche Einkünfte als **Einkünfte aus Gewerbebetrieb** zu behandeln sind. Damit entfalten sämtliche Vorschriften, die sich auf eine der übrigen Einkunftsarten beziehen, keine Wirkung. So können beispielsweise der Sparer-Pauschbetrag des § 20 Abs. 9 EStG für die Einkünfte aus Kapitalvermögen und der Werbungskosten-Pauschbetrag des § 9a Nr. 3 EStG für die Sonstigen Einkünfte nicht in Anspruch genommen werden.

Da sich die Umqualifizierung in gewerbliche Einkünfte nach § 8 Abs. 2 KStG nur auf unbeschränkt Steuerpflichtige im Sinne des § 1 Abs. 1 **Nrn. 1 – 3** KStG bezieht, können unbeschränkt Steuerpflichtige im Sinne des § 1 Abs. 1 **Nrn. 4, 5** KStG (insbesondere rechtsfähige und nichtrechtsfähige Vereine und Stiftungen) sowie **beschränkt Steuerpflichtige** Einkünfte aus sämtlichen Einkunftsarten beziehen. Steuerpflichtige i.S.d. § 1 Abs. 1 **Nr. 6** KStG, d.h. Betriebe gewerblicher Art von juristischen Personen des öffentlichen Rechts, können bereits begrifflich nur Einkünfte aus Gewerbebetrieb beziehen (vgl. H 33 KStH „Einkunftsart"), so dass sich die Frage der Umqualifizierung nach § 8 Abs. 2 KStG nicht stellt (BFH-Urteil vom 30.11.1989, BStBl II 1990, S. 246).

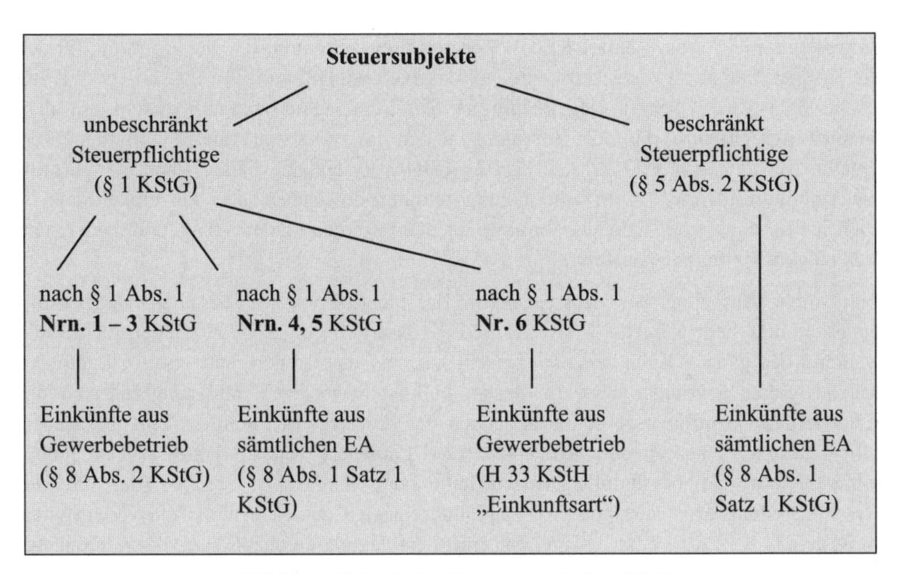

Abbildung C.7: Einkunftsarten nach dem KStG

In der Praxis sind die unbeschränkt Steuerpflichtigen im Sinne des § 1 Abs. 1 Nrn. 1 – 3 KStG (insbesondere die Kapitalgesellschaften nach Nr. 1) von weit überwiegendem Interesse. Die nachfolgenden Ausführungen beziehen sich daher schwerpunktmäßig auf Steuerpflichtige, die gemäß § 8 Abs. 2 KStG nur Einkünfte aus Gewerbebetrieb erzielen.

Zu beachten ist, dass § 8 Abs. 2 KStG keine neue Einkunftsart schafft, sondern nur eine **Umqualifizierung** von Einkünften bestimmt (BFH-Urteil vom 04.03.1970, BStBl II 1970, S. 470). Voraussetzung für die Anwendung des § 8 Abs. 2 KStG ist somit, dass überhaupt Einkünfte im Sinne von § 2 EStG vorliegen. Auch für Steuerpflichtige im Sinne von § 1 Abs. 1 Nrn. 1 – 3 KStG sind nur diejenigen Einnahmen und Aufwendungen zu berücksichtigen, die grundsätzlich unter eine der Einkunftsarten des Einkommensteuergesetzes fallen.

Beispiel C.7:

Eine GmbH betreibt ein Gestüt, das nicht nach betriebswirtschaftlichen Gesichtspunkten geführt wird. Es entstehen ständig Verluste.

Bei dem Gestüt handelt es sich – wie bei einer einkommensteuerlichen Liebhaberei, die keiner der sieben Einkunftsarten des Einkommensteuergesetzes zugeordnet werden kann – auch körperschaftsteuerlich um eine nicht steuerbare Tätigkeit. Einnahmen daraus sind keine Betriebseinnahmen, Aufwendungen keine Betriebsausgaben (vgl. BFH-Urteil vom 04.03.1970, BStBl II 1970, S. 470).

3 Festsetzung und Erhebung der Körperschaftsteuer

3.1 Zeitliche Erfassung der Einkünfte

Die Regelungen zur zeitlichen Erfassung der Einkünfte entsprechen weitgehend denen des Einkommensteuergesetzes. Die Körperschaftsteuer ist wie die Einkommensteuer eine **Jahressteuer** (§ 7 Abs. 3 Satz 1 KStG). **Veranlagungszeitraum**, d.h. der Zeitraum, für den die Körperschaftsteuer festgesetzt wird, ist das **Kalenderjahr** (§ 31 Abs. 1 Satz 1 KStG i.V.m. § 25 Abs. 1 EStG). Regelmäßig ist der Veranlagungszeitraum zudem mit dem **Ermittlungszeitraum**, d.h. dem Zeitraum, für den das zu versteuernde Einkommen zu ermitteln ist, identisch (§ 7 Abs. 3 Satz 2 KStG). In einigen Fällen kann der Ermittlungszeitraum allerdings vom Veranlagungszeitraum abweichen, d.h. das Einkommen ist zunächst für einen vom Kalenderjahr abweichenden Zeitraum zu ermitteln, und dann einem Veranlagungszeitraum zuzuweisen.

Eine solche Ausnahme von dem Grundsatz der Identität von Veranlagungs- und Ermittlungszeitraum sieht § 7 Abs. 3 Satz 3 KStG für den Fall vor, dass die Steuerpflicht nicht während des ganzen Kalenderjahres besteht, z.B. da die Körperschaft erst im Laufe des Kalenderjahres gegründet wird. In diesem Fall ist zwar der Veranlagungszeitraum das Kalenderjahr, Ermittlungszeitraum ist jedoch der (kürzere) Zeitraum, in dem die Steuerpflicht besteht. Wechselt eine Körperschaft im Laufe des Kalenderjahres von der unbeschränkten in die beschränkte Steuerpflicht oder umgekehrt, z.B. da der Ort der Geschäftsleitung einer ausländischen Kapitalgesellschaft zurück ins Ausland verlegt wird, so ist gemäß § 32 Abs. 2 Nr. 1 KStG nur eine Veranlagung durchzuführen: die während der beschränkten Steuerpflicht erzielten Einkünfte sind in die Veranlagung zur unbeschränkten Steuerpflicht einzubeziehen. Diese Regelung entspricht der einkommensteuerlichen Vorschrift des § 2 Abs. 7 Satz 3 EStG.

Für Steuerpflichtige, die nach den Vorschriften des Handelsgesetzbuches zur Führung von Büchern verpflichtet sind, d.h. für Steuerpflichtige i.S.d. § 1 Abs. 1 Nrn. 1 – 3 KStG, ist der Gewinn nach dem handelsrechtlichen Wirtschaftsjahr zu ermitteln (§ 7 Abs. 4 Satz 1 KStG). Weicht das Wirtschaftsjahr vom Kalenderjahr ab, so gilt der Gewinn als in dem Veranlagungszeitraum bezogen, in dem das Wirtschaftsjahr endet (§ 7 Abs. 4 Satz 2 KStG). Die erstmalige Entscheidung der Körperschaft über ihr Wirtschaftsjahr ist auch für steuerliche Zwecke zu akzeptieren. Eine spätere Umstellung des Wirtschaftsjahres

- vom Kalenderjahr auf ein abweichendes Wirtschaftsjahr sowie
- von einem abweichenden Wirtschaftsjahr auf ein anderes abweichendes Wirtschaftsjahr

ist gemäß § 7 Abs. 4 Satz 3 KStG nur im Einvernehmen mit dem Finanzamt möglich. Eine Umstellung von einem abweichenden Wirtschaftsjahr auf das Kalenderjahr ist hingegen auch ohne Einverständnis des Finanzamtes möglich. Das Finanzamt wird eine Umstellung des Wirtschaftsjahres regelmäßig dann ablehnen, wenn sie lediglich der Erzielung einer Steuerpause dienen soll.

Beispiel C.8:

Eine GmbH wählt bei Geschäftsbeginn 01.01.01 das Kalenderjahr als Wirtschaftsjahr. Im Januar 02 entschließt sie sich, jeweils zum 31.01. abzuschließen, erstmals zum 31.01.02.

Würde die Umstellung des Wirtschaftsjahres akzeptiert, so wäre im Veranlagungszeitraum 02 nur der Gewinn des Wirtschaftsjahres 01.01. – 31.01.02 zu versteuern. Der Gewinn des Wirtschaftsjahres 01.02.02 – 31.01.03 wäre hingegen dem Veranlagungszeitraum 03 zuzuweisen, da das Wirtschaftsjahr in diesem Veranlagungszeitraum endet. Das Finanzamt wird der Umstellung des Wirtschaftsjahres daher nur zustimmen, wenn gewichtige, in der Organisation des Betriebs gelegene Gründe angeführt werden können (H 4a EStH „Zustimmungsbedürftige Umstellung des Wirtschaftsjahres“; BFH-Urteil vom 09.01.1974, BStBl II 1974, S. 238).

3.2 Veranlagung zur Körperschaftsteuer

Regelmäßige Erhebungsform der Körperschaftsteuer ist die Veranlagung. Die Körperschaftsteuer wird nach Ablauf des Veranlagungszeitraums für diesen Zeitraum in einem förmlichen Verfahren durch das Finanzamt festgesetzt. Veranlagungszeitraum ist das Kalenderjahr (§ 31 Abs. 1 KStG i.V.m. § 25 Abs. 1 EStG).

Eine Veranlagung entfällt jedoch ausnahmsweise in den Fällen, in denen die Körperschaftsteuer durch einen **Steuerabzug** erhoben wird und das Gesetz eine **Abgeltungswirkung** des Steuerabzugs vorsieht.

Im Wege des **Steuerabzugs** werden erhoben

- die Kapitalertragsteuer des § 43 EStG,
- bei beschränkt Steuerpflichtigen die Abzugsteuer des § 50a Abs. 1 Nrn. 1 – 3 EStG für Einkünfte aus künstlerischen, sportlichen, artistischen oder ähnlichen Darbietungen im Inland oder durch deren Verwertung im Inland, sowie für Einkünfte aus der Nutzungsüberlassung von Rechten,
- bei beschränkt Steuerpflichtigen die Abzugsteuer für Aufsichtsratsvergütungen des § 50a Abs. 1 Nr. 4 EStG.

§ 32 Abs. 1 Nrn. 1, 2 KStG zählt die Sachverhalte auf, in denen eine **Abgeltungswirkung** des Steuerabzugs besteht:

- Gemäß § 32 Abs. 1 Nr. 1 KStG ist die Körperschaftsteuerpflicht für partiell Steuerpflichtige i.S.d. § 5 Abs. 2 Nr. 1 KStG mit dem Steuerabzug abgegolten.

  Partiell steuerpflichtig sind Körperschaften, die gemäß § 5 Abs. 1 KStG von der Steuerpflicht befreit sind, mit denjenigen Einkünften, die dem Steuerabzug unterliegen (siehe ausführlich Abschnitt C.2.1.4).

- Gemäß § 32 Abs. 1 Nr. 2 KStG ist die Körperschaftsteuerpflicht für beschränkt Steuerpflichtige mit dem Steuerabzug abgegolten, wenn die Einkünfte nicht in einem inländischen gewerblichen oder land- und forstwirtschaftlichen Betrieb angefallen sind.

  Die Abgeltungswirkung des § 32 Abs. 1 Nr. 2 KStG greift sowohl für beschränkt Steuerpflichtige i.S.d. § 2 Nr. 1 KStG, d.h. für Steuerpflichtige, die weder ihre Geschäftsleitung noch ihren Sitz im Inland haben (vgl. Abschnitt C.2.1.3.1), als auch für beschränkt Steuerpflichtige i.S.d. § 2 Nr. 2 KStG, d.h. für inländische juristische Personen des öffentlichen Rechts, die Einkünfte beziehen, die dem Steuerabzug unterliegen (vgl. Abschnitt C.2.1.3.2).

Beispiel C.9:

Kapitalgesellschaft X mit Sitz und Geschäftsleitung im Ausland unterhält eine gewerbliche Betriebsstätte im Inland. Im Betriebsvermögen der inländischen Betriebsstätte werden Anteile an der inländischen Y-AG gehalten.

Schüttet die inländische Y-AG Gewinne an die ausländische Kapitalgesellschaft X aus, so ist die Körperschaftsteuer für diese empfangenen Gewinnausschüttungen nicht durch die einbehaltene Kapitalertragsteuer abgegolten. Da die Anteile an der Y-AG in einer inländischen Betriebsstätte gehalten werden, ist wegen § 32 Abs. 1 Nr. 2 KStG eine Veranlagung vorzunehmen.

Kommt eine Abgeltungswirkung nach § 32 Abs. 1 Nrn. 1 – 2 KStG nicht in Frage, so wird die Abzugsteuer auf die Körperschaftsteuerschuld des Steuerpflichtigen angerechnet.

3.3 Steuersatz

Die Körperschaftsteuer verfügt im Gegensatz zur Einkommensteuer nicht über einen progressiven Tarifverlauf, sondern über einen linearen Steuersatz. Seit dem Veranlagungszeitraum 2008 beträgt der Steuersatz der Körperschaftsteuer 15 % (§ 23 Abs. 1 KStG), von 2001 bis 2007 betrug er 25 %. In 2003 war der Steuersatz zur Finanzierung der zusätzlichen Kosten der Flut im August 2002 einmalig auf 26,5 % erhöht.

Bis zum Veranlagungszeitraum 2000 sah das KStG einen gespaltenen Körperschaftsteuertarif vor. So belief sich der Steuersatz für thesaurierte (einbehaltene) Gewinne in den VZ 1999 und 2000 auf 40 %. Wurden Gewinne ausgeschüttet, war hingegen die Ausschüttungsbelastung i.H.v. 30 % herzustellen.

Die Entwicklung des Körperschaftsteuersatzes sowie (für VZ bis 2000) des Ausschüttungssatzes gibt folgende Tabelle wieder:

	Steuersatz (bis 2000: für thesaurierte Gewinne)	**Ausschüttungssatz**
1977 – 1989	56 %	36 %
1990 – 1993	50 %	36 %
1994 – 1998	45 %	30 %
1999 – 2000	40 %	30 %
2001 – 2002	25 %	–

	Steuersatz (bis 2000: für thesaurierte Gewinne)	**Ausschüttungssatz**
2003	26,5 %	–
2004 – 2007	25 %	–
ab 2008	15 %	–

Tabelle C.2: Entwicklung des Steuersatzes der KSt

3.4 Freibeträge und Tarifermäßigungen

§ 24 KStG gewährt Steuerpflichtigen, deren Leistungen beim Empfänger keine Einkünfte aus Kapitalvermögen i.S.d. § 20 Abs. 1 Nrn. 1, 2 EStG begründen, d.h. Steuerpflichtigen i.S.d. § 1 Abs. 1 Nrn. 3 – 6 KStG, einen jährlichen Freibetrag i.H.v. 5.000 € (seit 2009, vorher: 3.835 €). Der Freibetrag des § 24 KStG kommt somit in Betracht für

- Versicherungsvereine auf Gegenseitigkeit (§ 1 Abs. 1 Nr. 3 KStG),
- sonstige juristischen Personen des privaten Rechts, insbesondere rechtsfähige Vereine und rechtsfähige Stiftungen (§ 1 Abs. 1 Nr. 4 KStG),
- nichtrechtsfähige Vereine, Anstalten, Stiftungen und andere Zweckvermögen des privaten Rechts (§ 1 Abs. 1 Nr. 5 KStG) sowie
- Betriebe gewerblicher Art von juristischen Personen des öffentlichen Rechts (§ 1 Abs. 1 Nr. 6 KStG).

Der Zweck der Vorschrift besteht zum einen darin, bei kleineren Körperschaften Härten zu vermeiden, die sich aus dem einkommensunabhängigen Körperschaftsteuersatz ergeben können. Zum anderen dient die Freibetragsregelung der Entlastung der Finanzverwaltung in Bagatellfällen.

Erwerbs- und Wirtschaftsgenossenschaften sowie Vereine, deren Tätigkeit sich auf den Betrieb der Land- und Forstwirtschaft beschränkt und die die weiteren Voraussetzungen des § 25 Abs. 1 Nrn. 1, 2 KStG erfüllen, gewährt § 25 KStG in den ersten zehn Jahren ihres Bestehens anstelle des Freibetrags nach § 24 KStG einen erhöhten Freibetrag i.H.v. jährlich 15.000 €.

Die Freibeträge nach den §§ 24 und 25 KStG dürfen höchstens bis zur Höhe des Einkommens abgezogen werden, d.h. ein negatives Einkommen darf durch sie nicht entstehen. Die Freibeträge sind erst nach einem eventuellen Verlustabzug nach § 10d EStG abzusetzen (R 29 Abs. 1 KStR).

Darüber hinaus können die einkunftsartbezogenen Freibeträge, Freigrenzen und Werbungskosten-Pauschbeträge des Einkommensteuergesetzes genutzt werden, sofern die Körperschaft Einkünfte aus der jeweiligen Einkunftsart bezieht und die Vorschrift des Einkommensteuergesetzes nicht ausschließlich auf natürliche Personen zugeschnitten ist. In Frage kommen insbesondere die folgenden Freigrenzen und Pauschbeträge:

- Sparer-Pauschbetrag des § 20 Abs. 9 EStG für die Einkünfte aus Kapitalvermögen,
- Freigrenze des § 22 Nr. 3 Satz 2 EStG für die Einkünfte aus sonstigen Leistungen,

- Freigrenze des § 23 Abs. 3 Satz 5 EStG für Einkünfte aus privaten Veräußerungsgeschäften,
- Werbungskosten-Pauschbetrag des § 9a Nr. 3 für Sonstige Einkünfte.

Es sei darauf hingewiesen, dass sämtliche dieser Freigrenzen und Pauschbeträge nicht von Steuerpflichtigen im Sinne des § 1 Abs. 1 Nr. 1 – 3 KStG (insbesondere Kapitalgesellschaften) in Anspruch genommen werden können, da diese Steuerpflichtigen gemäß § 8 Abs. 2 KStG ausschließlich Einkünfte aus Gewerbebetrieb beziehen.

Nicht in Frage kommt die Anwendung des Freibetrags nach § 16 Abs. 4 EStG für Gewinne aus einer Veräußerung oder Aufgabe eines Gewerbebetriebs, da dieser ausschließlich auf natürliche Personen zugeschnitten ist. Entsprechendes gilt für die Freibeträge bei Veräußerung oder Aufgabe eines land- und forstwirtschaftlichen Betriebes (§ 14 EStG) sowie eines selbständigen Betriebes (§ 18 Abs. 3 EStG), da die §§ 14, 18 Abs. 3 EStG durch den Verweis auf § 16 Abs. 4 EStG ebenfalls nur natürliche Personen betreffen.

Nicht zu gewähren ist zudem die Tarifermäßigung für außerordentliche Einkünfte nach § 34 EStG (siehe Abschnitt B.4.4.4). Der Zweck des § 34 EStG besteht in einer Milderung der durch den progressiven Einkommensteuertarif ausgelösten Härten bei einer gebündelten Aufdeckung stiller Reserven, die sich über mehrere Jahre gebildet haben. Da die Körperschaftsteuer nicht über einen progressiven, sondern über einen linearen Tarif verfügt, erübrigt sich eine Progressionsmilderung.

4 Einkommensermittlung

Im folgenden Abschnitt C.4.1 werden die allgemeinen Vorschriften zur Einkommensermittlung dargestellt. Auf Besonderheiten der Einkommensermittlung, die bei buchführungspflichtigen Körperschaften (d.h. bei Steuerpflichtigen im Sinne des § 1 Abs. 1 Nrn. 1 – 3 KStG) bzw. bei nicht buchführungspflichtigen Körperschaften (d.h. bei Steuerpflichtigen im Sinne des § 1 Abs. 1 Nrn. 4 – 6 KStG) zu beachten sind, wird in den Abschnitten C.4.2 und C.4.3 eingegangen.

4.1 Allgemeine Vorschriften

Bemessungsgrundlage der Körperschaftsteuer ist das zu versteuernde Einkommen (§ 7 Abs. 1 KStG). In Anlehnung an R 29 Abs. 1 KStR kann die Ermittlung des zu versteuernden Einkommens vereinfacht wie folgt dargestellt werden:

Summe der Einkünfte aus den Einkunftsarten	
→	ggf. Saldierung
=	**Summe der Einkünfte**
–	Spenden (§ 9 Abs. 1 Nr. 2 KStG), siehe C.4.1.1.2
+	zuzurechnendes Einkommen von Organgesellschaften (§ 14 KStG), siehe C.7.2.2
=	**Gesamtbetrag der Einkünfte** (§ 2 Abs. 3 EStG)
–	Verlustabzug (§ 10d EStG, § 8c KStG), siehe C.7.1.2
=	**Einkommen** (§ 2 Abs. 4 EStG)

–	Freibetrag für bestimmte Körperschaften (§ 24 KStG), siehe C.3.4
–	Freibetrag für Erwerbs- und Wirtschaftsgenossenschaften sowie Vereine, die Land- und Forstwirtschaft betreiben (§ 25 KStG), siehe C.3.4
=	**zu versteuerndes Einkommen** (§ 2 Abs. 5 EStG)

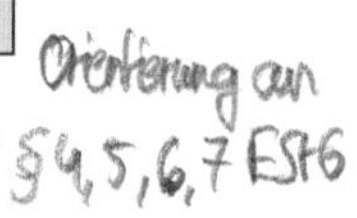

Tabelle C.3: Ermittlung des zu versteuernden Einkommens

Allerdings enthält der Zweite Teil des Körperschaftsteuergesetzes (§§ 7 – 22 KStG) von den einkommensteuerlichen Regelungen abweichende Sondervorschriften zur Einkommensermittlung, die zu beachten sind. Dabei handelt es sich um Vorschriften

- zum Betriebsausgabenabzug für Zinsaufwendungen (§ 8a KStG, „Zinsschranke"),
- zur Beteiligung an anderen Körperschaften und Personenvereinigungen (§ 8b KStG),
- zum Verlustabzug bei Körperschaften (§ 8c KStG),
- zu abziehbaren Aufwendungen (§ 9 KStG),
- zu nichtabziehbaren Aufwendungen (§ 10 KStG),
- zur Liquidationsbesteuerung (§ 11 KStG),
- zur Verlegung der Geschäftsleitung ins Ausland (§ 12 KStG),
- zur körperschaftsteuerlichen Organschaft (§§ 14 – 19 KStG)

sowie um Sondervorschriften für

- Versicherungsunternehmen, Pensionsfonds, Bausparkassen (§§ 20 – 21b KStG) und
- Genossenschaften (§ 22 KStG).

Die körperschaftsteuerlichen Vorschriften zu den abziehbaren und nichtabziehbaren Aufwendungen (§§ 9, 10 KStG) sind Gegenstand der nachfolgenden Abschnitte C.4.1.1 und C.4.1.2. Die Vorschrift des § 8a KStG regelt Besonderheiten im Körperschaftsteuerrecht zur Abzugsbeschränkung von Zinsaufwendungen („Zinsschranke"). Um eine einheitliche Darstellung zu erreichen, ist § 8a KStG bereits im Kapitel zur Einkommensteuer mitbehandelt worden (Abschnitt B.5.5.18.9). Die Steuerbefreiungsvorschrift des § 8b KStG ist im Rahmen des Teileinkünfteverfahrens von zentraler Bedeutung. Aus diesem Grund wird sie nicht an dieser Stelle, sondern im Zusammenhang mit dem Teileinkünfteverfahren dargestellt (siehe Abschnitte C.5.3.3.2 und C.5.3.5.2.2). Auf die aperiodischen Tatbestände der Liquidation und der Verlegung ins Ausland (§§ 11, 12 KStG) wird in den Abschnitten C.6.1 und C.6.2 näher eingegangen. Die Regelungen zur körperschaftsteuerlichen Organschaft (§§ 14 – 19 KStG) werden neben den Besonderheiten der körperschaftsteuer-lichen Verlustverrechnung (§ 8c KStG) als Sonderprobleme des Körperschaftsteuerrechts in Abschnitt C.7 abgehandelt. Auf eine Darstellung der besonderen Vorschriften für Versicherungsunternehmen, Pensionsfonds, Bausparkassen und Genossenschaften (§§ 20 – 22 KStG) wird auf Grund der fehlenden allgemeinen Bedeutung im Rahmen der vorliegenden Arbeit verzichtet.

4.1.1 Abziehbare Aufwendungen

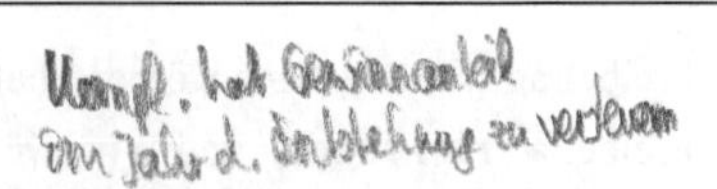

4.1.1.1 Gewinnanteile der persönlich haftenden Gesellschafter einer KGaA (§ 9 Abs. 1 Nr. 1 KStG)

Die KGaA ist eine Mischform zwischen Aktiengesellschaft und Kommanditgesellschaft, bei der mindestens ein Gesellschafter als Komplementär den Gesellschaftsgläubigern unbeschränkt haftet und die übrigen Gesellschafter an dem in Aktien zerlegten Grundkapital als Kommanditaktionäre beteiligt sind, ohne persönlich zu haften.

Die KGaA ist gemäß § 1 Abs. 1 Nr. 1 KStG unbeschränkt körperschaftsteuerpflichtig, sofern sie Geschäftsleitung oder Sitz im Inland hat. Gewinnausschüttungen der KGaA an die Kommanditaktionäre werden für steuerliche Zwecke wie Gewinnausschüttungen einer AG an ihre Aktionäre behandelt, d.h. für die Kommanditaktionäre stellen die auf sie entfallenden Gewinnausschüttungen Einkünfte aus Kapitalvermögen gemäß § 20 Abs. 1 Nr. 1 EStG dar.

Würden auch die auf die Komplementäre entfallenden Gewinnanteile nach dem Körperschaftsteuergesetz besteuert, trüge dies nicht der Tatsache Rechnung, dass die KGaA rechtssystematisch zwischen der Aktiengesellschaft und der Kommanditgesellschaft einzuordnen ist und die Rechtsstellung der Komplementäre einer KGaA eher mit der Rechtsstellung der Komplementäre einer KG als mit der Rechtsstellung der Aktionäre einer AG vergleichbar ist. Daher bestimmt § 15 Abs. 1 Nr. 3 EStG, dass

- die Gewinnanteile, die ein persönlich haftender Gesellschafter einer KGaA auf seine Einlage als Komplementär erhält, und
- die Vergütungen, die der persönlich haftende Gesellschafter von der Gesellschaft für
  - seine Tätigkeit im Dienste der Gesellschaft (insbesondere Geschäftsführertätigkeit),
  - die Hingabe von Darlehen sowie
  - die Überlassung von Wirtschaftsgütern

bezieht, beim Gesellschafter zu den Einkünften aus Gewerbebetrieb zählen.

Um eine doppelte Besteuerung dieser Einkünfte – beim Gesellschafter und bei der Gesellschaft – zu vermeiden, sind die genannten Einkünfte, die beim persönlich haftenden Gesellschafter einer KGaA zu Einkünften aus Gewerbebetrieb führen, gemäß § 9 Abs. 1 Nr. 1 KStG von dem körperschaftsteuerlichen Gewinn der KGaA zu subtrahieren. Zwar sind nach dem Wortlaut des § 9 Abs. 1 Nr. 1 KStG nur die Gewinnanteile, die ein persönlich haftender Gesellschafter einer KGaA auf seine Einlage als Komplementär erhält (= nicht auf das in Kommanditaktien zerlegte Grundkapital gemachte Einlagen), sowie die Vergütungen, die er für die Geschäftsführung bezieht, abzuziehen. Da § 9 Abs. 1 Nr. 1 KStG jedoch den Sinn hat, die bei der Einkommensbesteuerung des persönlich haftenden Gesellschafters zu erfassenden Einkünfte auf der Ebene der Kapitalgesellschaft von der Körperschaftsteuer freizustellen, ist die Vorschrift des § 9 Abs. 1 Nr. 1 KStG weit auszulegen. Auch Vergütungen des persönlich haftenden Gesellschafters für Tätigkeiten im Dienste der Gesellschaft außerhalb der Geschäftsführung, für die Darlehenshingabe sowie für die Überlassung von Wirtschaftsgütern mindern den körperschaftsteuerlichen Gewinn der KGaA (vgl. *H. Woitschell*, in: Ernst & Young, § 9, Rz. 17).

Die Gewinnanteile von persönlich haftenden Gesellschaftern einer KGaA nach § 9 Abs. 1 Nr. 1 KStG sind in dem Einkommensermittlungsschema (siehe den vorangegangenen

Abschnitt) bereits bei der Ermittlung der Einkünfte aus Gewerbebetrieb abzuziehen (R 47 Abs. 2 KStR).

4.1.1.2 Spendenabzug (§ 9 Abs. 1 Nr. 2 KStG)

Spenden für gemeinnützige, mildtätige und kirchliche Zwecke sind im Einkommensteuerrecht innerhalb der Grenzen des § 10b EStG abzugsfähig (siehe Abschnitt B.8.3.9.1). Der Spendenabzug des § 10b EStG erfolgt **nach** der Ermittlung der Einkünfte aus den einzelnen Einkunftsarten im Rahmen der Sonderausgaben. Als Sonderausgaben werden Kosten der privaten Lebensführung bezeichnet, die gemäß §§ 10 – 10b EStG ausnahmsweise abzugsfähig sind. Da Körperschaften nur über eine betriebliche und nicht auch über eine private Sphäre verfügen, kommt ein Abzug von Sonderausgaben nicht in Betracht. § 10b EStG ist somit nicht anzuwenden. Sollen auch Körperschaften Spenden abziehen können, ist eine spezielle körperschaftsteuerliche Regelung, die § 10b EStG ersetzt, erforderlich. Eine solche Vorschrift findet sich in § 9 Abs. 1 Nr. 2 KStG. Hier werden Spenden – innerhalb bestimmter Grenzen – zu abzugsfähigen Aufwendungen erklärt.

Die Regelungen des § 9 Abs. 1 Nr. 2 KStG entsprechen weitgehend den einkommensteuerlichen Regelungen des § 10b EStG (siehe Abschnitt B.8.3.9). Abzugsfähig sind Ausgaben zur Förderung steuerbegünstigter Zwecke im Sinne der §§ 52 – 54 AO, d.h. gemeinnütziger, mildtätiger und kirchlicher Zwecke. Der Spendenabzug ist ab 2007 auf 20 % des Einkommens beschränkt (vor 2007: 5 %). Als Einkommen in diesem Sinne gilt das Einkommen vor dem Spendenabzug des § 9 Abs. 1 Nr. 2 KStG und vor dem Verlustabzug des § 10d EStG (§ 9 Abs. 2 Satz 1 KStG).

Ist es für den Steuerpflichtigen günstiger, so ist der abzugsfähige Betrag ab 2007 auf 4 ‰ der Summe der Umsätze und der im Kalenderjahr aufgewendeten Löhne und Gehälter beschränkt (vor 2007: 2 ‰).

Zuwendungen, welche die genannten Höchstbeträge (20 % des Einkommens und 4 ‰ der Summe der Umsätze und der im Kalenderjahr aufgewendeten Löhne und Gehälter) übersteigen, können in die folgenden Veranlagungszeiträume vorgetragen und in diesen abgezogen werden, sofern nicht ausgeschöpfte Höchstbeträge vorhanden sind (§ 9 Abs. 1 Nr. 2 Satz 3 KStG).

Neben **Spenden** können grundsätzlich auch **Mitgliedsbeiträge** für die genannten Zwecke abgezogen werden. Nicht abziehbar sind allerdings z.B. Mitgliedsbeiträge an Sportvereine oder Körperschaften zur Förderung der Heimatpflege (§ 9 Abs. 1 Nr. 2 Satz 2 EStG).

Vergleicht man die einkommensteuerlichen Regelungen zum Spendenabzug mit den körperschaftsteuerlichen Vorschriften, so sind folgende Unterschiede festzustellen:

- Bei der Bemessung des Höchstbetrags der abzugsfähigen Spenden (20 %-Grenze) ist nach § 10b Abs. 1 Satz 1 EStG der Gesamtbetrag der Einkünfte maßgebend; nach § 9 Abs. 1 Nr. 2 Satz 1, Abs. 2 Satz 1 KStG dagegen das Einkommen vor Spendenabzug und vor Verlustabzug nach § 10d EStG.
- **Sachspenden** sind im Einkommensteuerrecht grundsätzlich mit dem gemeinen Wert (§ 10b Abs. 3 Satz 3 EStG), im Körperschaftsteuerrecht hingegen grundsätzlich mit dem Teilwert anzusetzen (§ 9 Abs. 2 Satz 3 KStG i.V.m. § 6 Abs. 1 Nr. 4 Satz 1 EStG). Bei Spenden an gemeinnützige Organisationen i.S.d. § 5 Abs. 1 Nr. 9 KStG ist allerdings wie im Einkommensteuerrecht auch im Körperschaftsteuerrecht (§ 9 Abs. 1 Nr. 2 Satz 3 KStG i.V.m. § 6 Abs. 1 Nr. 4 Satz 4 EStG) eine Bewertung zum Buchwert zulässig.

- Während § 10b Abs. 1a EStG zusätzlich den begrenzten Abzug von Zuwendungen in den Vermögensstock einer **Stiftung** zulässt, enthält das Körperschaftsteuerrecht keine analoge Regelung.
- § 10b Abs. 2 EStG erlaubt einen begrenzten Abzug von **Spenden an politische Parteien**. Im Rahmen des Körperschaftsteuerrechts können Spenden an politische Parteien seit dem 01.01.1994 nicht mehr abgezogen werden (§ 8 Abs. 1 Satz 1 KStG i.V.m. § 4 Abs. 6 EStG).

Beispiel C.10:

Eine GmbH leistet im Kalenderjahr (= Wirtschaftsjahr) 01 folgende Spenden:

15.02.01:	Spende an politische Partei	4.000 €
16.05.01:	Spende für gemeinnützige Zwecke	75.000 €
25.07.01:	Spende für kirchliche Zwecke	6.000 €

Das Einkommen im Veranlagungszeitraum 01 beträgt nach Abzug sämtlicher Spenden 180.000 €. Ein Verlustabzug nach § 10d EStG ist nicht zu beachten. In 01 wurden Umsätze von 1.500.000 € getätigt sowie Löhne und Gehälter von 250.000 € gezahlt.

Die Spende an die politische Partei ist nicht abzugsfähig. Die Spenden für gemeinnützige und kirchliche Zwecke sind im Rahmen der Grenzen des § 9 Abs. 1 Nr. 2 Satz 1 KStG abzugsfähig.

Einkommen nach Spendenabzug		180.000 €
+ sämtliche Spenden		85.000 €
= Einkommen vor Spendenabzug (§ 9 Abs. 2 Satz 1 KStG)		265.000 €
Ermittlung der abzugsfähigen Spenden (max. 81.000 €):		
Höchstbetrag des § 9 Abs. 1 Nr. 2 Satz 1 Nr. 1 KStG: (20 % von 265.000 =)	53.000 €	
Höchstbetrag des § 9 Abs. 1 Nr. 2 Satz 1 Nr. 2 KStG: (4 ‰ von (1.500.000 + 250.000) =)	7.000 €	
Abzugsfähige Spenden		– 53.000 €
= Einkommen		212.000 €

4.1.2 Nicht abziehbare Aufwendungen

§ 10 KStG führt verschiedene nicht abziehbare Aufwendungen auf:

- Aufwendungen für die Erfüllung satzungsmäßiger Zwecke (§ 10 Nr. 1 KStG), siehe C.4.1.2.1,
- Personensteuern und die Umsatzsteuer auf Entnahmen und verdeckte Gewinnausschüttungen (§ 10 Nr. 2 KStG), siehe Abschnitt C.4.1.2.2,
- Geldstrafen (§ 10 Nr. 3 KStG), siehe Abschnitt C.4.1.2.3,
- Hälfte der Aufsichtsratsvergütungen (§ 10 Nr. 4 KStG), siehe Abschnitt C.4.1.2.4.

Aus der Formulierung „Nichtabziehbar sind auch" im Einleitungssatz des § 10 KStG ist zu schließen, dass es sich hierbei um keine abschließende Aufzählung handelt. Vielmehr gelten die Abzugsverbote der §§ 4 Abs. 5 – 7, 4h EStG gemäß § 8 Abs. 1 Satz 1 KStG auch im Körperschaftsteuerrecht. Für den Bereich der Körperschaftsteuer sind von den Abzugsverboten des Einkommensteuerrechts insbesondere die Folgenden von Bedeutung:

- Aufwendungen für Geschenke an Personen, die nicht Arbeitnehmer des Steuerpflichtigen sind, sofern diese 35 € je Empfänger und Wirtschaftsjahr übersteigen (§ 4 Abs. 5 Nr. 1 EStG),
- Aufwendungen für die Bewirtung von Personen aus geschäftlichem Anlass, soweit sie 70 % der angemessenen Aufwendungen übersteigen (§ 4 Abs. 5 Nr. 2 EStG),
- Aufwendungen für Gästehäuser (§ 4 Abs. 5 Nr. 3 EStG),
- Aufwendungen für Jagd, Fischerei, Segeljachten, Motorjachten oder ähnliche Zwecke (§ 4 Abs. 5 Nr. 4 EStG),
- Geldbußen, Ordnungsgelder oder Verwarnungsgelder (§ 4 Abs. 5 Nr. 8 EStG),
- Zinsen auf hinterzogene Steuern (§ 4 Abs. 5 Nr. 8a EStG),
- Ausgleichszahlungen von Organgesellschaften an außenstehende Anteilseigner im Rahmen körperschaftsteuerlicher Organschaftsverhältnisse (§ 4 Abs. 5 Nr. 9 EStG, zur körperschaftsteuerlichen Organschaft siehe Abschnitt C.7.2),
- Bestechungs- und Schmiergelder (§ 4 Abs. 5 Nr. 10 EStG),
- Gewerbesteuer und darauf entfallende Nebenleistungen (§ 4 Abs. 5b EStG),
- Aufwendungen zur Förderung staatspolitischer Zwecke (§ 4 Abs. 6 EStG),
- Zinsaufwendungen im Rahmen der Vorschriften zur sog. „Zinsschranke" (§ 4h EStG); Besonderheiten im Körperschaftsteuerrecht enthält § 8a KStG. Zur Zinsschranke siehe Abschnitt B.5.5.18.

Für eine ausführliche Beschreibung der einzelnen Abzugsverbote wird auf Abschnitt B.5.5 verwiesen.

Werden (Teil-)Beträge nicht abziehbarer Aufwendungen später erstattet, so sind diese konsequenterweise nicht zu den steuerpflichtigen Einnahmen zu zählen. Zu denken ist beispielsweise an die Erstattung nicht abziehbarer Steuern oder an die Rückzahlung einer Geldstrafe.

4.1.2.1 Aufwendungen zur Erfüllung satzungsmäßiger Zwecke (§ 10 Nr. 1 KStG)

Gemäß § 10 Nr. 1 KStG sind Aufwendungen für die Erfüllung von Zwecken, die durch Stiftungsgeschäft, Satzung oder sonstige Verfassung des Steuerpflichtigen vorgeschrieben sind, nicht abziehbar. In dieser Vorschrift kommt der Gedanke zur Geltung, Aufwendungen der Einkommensverwendung nicht zum Abzug zuzulassen. Die Aufwendungen zur Erfüllung satzungsmäßiger Zwecke können als Pendant zu den nach § 12 Nr. 1 EStG nicht abzugsfähigen privaten Lebensführungskosten natürlicher Personen angesehen werden.

Beispiel C.11:

i) Eine gemeinnützige Stiftung überweist satzungsgemäß Geldbeträge an ein Waisenhaus.

ii) Ein Verein, der in Erfüllung seines Vereinszwecks auf eine kostendeckende Miete verzichtet, kann den daraus resultierenden Ausgabenüberschuss nicht als negative

Einkünfte aus Vermietung und Verpachtung geltend machen (BFH-Urteil vom 02.05.1974, BStBl II 1974, S. 549).

Ohne Bedeutung für das Abzugsverbot des § 10 Nr. 1 KStG ist es, ob die Aufwendungen beim Empfänger steuerpflichtig oder steuerfrei sind.

Beispiel C.12:

Satzungsmäßiger Zweck einer Stiftung ist die Vergabe von Stipendien an Hochbegabte. Selbst wenn das Stipendium beim Empfänger einkommensteuerpflichtig ist, da die Voraussetzungen des § 3 Nr. 44 EStG nicht erfüllt sind, kann die Stiftung die Aufwendungen nicht abziehen.

4.1.2.2 Nichtabziehbare Steuern (§ 10 Nr. 2 KStG)

Gemäß § 10 Nr. 2 KStG ist die Körperschaftsteuer selbst nicht von ihrer eigenen Bemessungsgrundlage abzugsfähig. Dies gilt auch für die Kapitalertragsteuer als Erhebungsform der Körperschaftsteuer. Ebenfalls ausdrücklich nicht abgezogen werden dürfen die übrigen Personensteuern, d.h. der Solidaritätszuschlag (BFH-Urteil vom 09.11.1994, BStBl II 1995, S. 305), die Erbschaft- und Schenkungsteuer (BFH-Urteil vom 14.09.1994, BStBl II 1995, S. 207) sowie die Vermögensteuer, sofern eine solche in Zukunft wieder erhoben werden sollte. Abziehbar sind hingegen diejenigen Steuern, die nicht als Personensteuern, sondern als Objektsteuern ausgestaltet sind, z.B. die Grundsteuer, die Grunderwerbsteuer, die Kfz-Steuer, die Energiesteuer und die Umsatzsteuer. Zur Unterscheidung zwischen Personen- und Objektsteuern wird auf Abschnitt A.5.3 verwiesen. Die Gewerbesteuer zählt zwar ebenfalls zu den Objektsteuern, der Abzug ist aber wegen § 8 Abs. 1 Satz 1 KStG i.V.m. § 4 Abs. 5b EStG ausgeschlossen.

Obwohl die Umsatzsteuer keine Personensteuer ist, schließt § 10 Nr. 2 KStG auch die Umsatzsteuer auf Entnahmen i.S.d. § 3 Abs. 1b UStG ausdrücklich vom Abzug aus. Das Umsatzsteuer-Abzugsverbot gilt für Gegenstände, die für außerunternehmerische Zwecke entnommen werden. Auch ausgeschlossen vom Abzug ist die Umsatzsteuer auf Umsätze, die verdeckte Gewinnausschüttungen sind, und die Vorsteuerbeträge auf nicht abzugsfähige Betriebsausgaben.

Von dem Abzugsverbot des § 10 Nr. 2 KStG werden auch Nebenleistungen, die auf die nichtabziehbaren Steuern entfallen, erfasst, z.B. Säumniszuschläge (§ 240 AO), Verspätungszuschläge (§ 152 AO), Zwangsgelder (§ 329 AO), Zinsen (§§ 233 – 237 AO) sowie Kosten der Vollstreckung (§§ 337 – 345 AO), vgl. R 48 Abs. 2 KStR.

§ 10 Nr. 2 KStG kann offenbar als das körperschaftsteuerliche Pendant zu § 12 Nr. 3 EStG angesehen werden. Die Vorschrift des § 10 Nr. 2 KStG ist erforderlich, da die Personensteuern bei Kapitalgesellschaften handelsrechtlich Betriebsausgaben sind (§ 275 Abs. 2 Nr. 18 HGB; vgl. BFH-Urteil vom 15.12.1976, BStBl II 1977, S. 220). Ohne eine entsprechende Vorschrift im Körperschaftsteuergesetz wäre ein Abzug dieser Steuern durch das Prinzip der Maßgeblichkeit der Handelsbilanz für die Steuerbilanz (§ 5 Abs. 1 Satz 1 EStG) möglich.

4.1.2.3 Geldstrafen und ähnliche Rechtsnachteile (§ 10 Nr. 3 KStG)

§ 10 Nr. 3 KStG verbietet den Abzug von Geldstrafen und sonstigen Rechtsfolgen vermögensrechtlicher Art, bei denen der Strafcharakter überwiegt. Diese Vorschrift entspricht inhaltlich § 12 Nr. 4 EStG für den Bereich der Einkommensteuer (siehe Abschnitt B.3.5). Wären Geldstrafen und ähnliche Rechtsnachteile abzugsfähig, so könnten diese auf Grund der verminderten Steuerlast teilweise auf den Fiskus abgewälzt werden.

Zwar sind Geldstrafen nach deutschem Strafrecht gegenüber juristischen Personen nicht möglich. Gegen juristische Personen können jedoch sonstige Rechtsfolgen vermögensrechtlicher Art, bei denen der Strafcharakter überwiegt, verhängt werden, sofern die strafbewehrte Handlung von einem vertretungsberechtigten Organ der juristischen Person vorgenommen wurde (§ 75 StGB). In Betracht kommt insbesondere die Einziehung von Gegenständen nach § 74 StGB (vgl. R 49 KStR). Nicht unter das Abzugsverbot fallen die mit den Rechtsnachteilen zusammenhängenden Verfahrenskosten, insbesondere Gerichts-, Gutachter- und Anwaltskosten (R 49 Satz 5 KStR; BFH-Beschluss vom 21.11.1983, BStBl II 1984, S. 160).

Das Abzugsverbot des § 10 Nr. 3 KStG gilt auch für solche Aufwendungen mit Strafcharakter, die von einer ausländischen Behörde verhängt wurden, es sei denn, die ausländische Geldstrafe verletzt wesentliche Grundsätze der deutschen Rechtsordnung (BFH-Urteil vom 31.07.1991, BStBl II 1992, S. 85). Die Vorschrift des § 10 Nr. 3 KStG wird ergänzt durch § 4 Abs. 5 Nr. 8 EStG, wonach auch Geldbußen, Ordnungsgelder und Verwarnungsgelder nicht als Betriebsausgaben abgezogen werden können.

4.1.2.4 Hälfte der Aufsichtsratsvergütungen (§ 10 Nr. 4 KStG)

Gemäß § 10 Nr. 4 KStG ist von den Vergütungen an Personen, die mit der Überwachung der Geschäftsführung beauftragt sind, die Hälfte vom Abzug ausgeschlossen.

Überwachungsorgane sind insbesondere der Aufsichtsrat einer AG, KGaA oder GmbH sowie der Verwaltungsrat einer öffentlich-rechtlichen Einrichtung, z.B. einer Sparkasse. Zwingend über einen Aufsichtsrat verfügen die AG und die KGaA gemäß § 95 AktG, die Genossenschaft gemäß § 36 GenG sowie der VVaG gemäß § 35 VAG. Die GmbH kann gemäß § 52 GmbHG freiwillig einen Aufsichtsrat bestellen. Für eine GmbH mit mehr als 500 Arbeitnehmern schreibt § 1 Abs. 1 Nr. 3 des Drittelbeteiligungsgesetzes allerdings zwingend einen Aufsichtsrat vor.

Die Aufzählung im Gesetz ist aber nur beispielhaft. Auch Vergütungen an Mitglieder anderer Organe, die mit der Überwachung der Geschäftsführung betraut sind, fallen unter das hälftige Abzugsverbot des § 10 Nr. 4 KStG. Beispielsweise kann durch Gesell-schaftsvertrag eine Kontrollbefugnis auf ein anderes Gesellschaftsorgan, z.B. einen Beirat, übertragen werden. Entscheidend ist allein, ob der Empfänger der Leistungen eine Überwachungsfunktion ausübt.

Das Ziel des Abzugsverbot des § 10 Nr. 4 KStG besteht in einer Begrenzung der Höhe der Aufsichtsratsvergütungen auf angemessene Beträge (vgl. BT-Drucksache 7/5310, S. 8). Diese Auffassung des Gesetzgebers lässt sich aber wohl nur mit sehr einseitigen Vorurteilen gegenüber Aufsichtsräten erklären. In der Literatur wird das Abzugsverbot des § 10 Nr. 4 KStG daher zu Recht einhellig abgelehnt (vgl. *P. Velten* in: Ernst & Young, § 10, Rz. 102 m.w.N.).

4.2 Besonderheiten bei buchführungspflichtigen Körperschaften

Bei unbeschränkt Steuerpflichtigen im Sinne von § 1 Abs. 1 Nrn. 1 – 3 KStG sind gemäß § 8 Abs. 2 KStG sämtliche Einkünfte als Einkünfte aus Gewerbebetrieb zu behandeln. Die Steuerpflichtigen i.S.d. § 1 Abs. 1 Nrn. 1 – 3 KStG, d.h. insbesondere die AG, die KGaA, die GmbH, die Genossenschaft und der VVaG, sind verpflichtet, nach den Vorschriften des Handelsgesetzbuches Bücher zu führen (vgl. Abschnitt B.5.2.2).

Besonderheiten der Gewinnermittlung resultieren bei buchführungspflichtigen Steuerpflichtigen daraus, dass sie ihren Gewinn durch Betriebsvermögensvergleich nach § 5 EStG zu ermitteln haben. Gemäß § 5 Abs. 1 Satz 1 EStG ist der Gewinn nach den handelsrechtlichen Vorschriften zu ermitteln, sofern diesen nicht steuerrechtliche Vor-schriften ausdrücklich entgegen stehen. Ausgangspunkt der Gewinnermittlung von buch-führungspflichtigen Steuerpflichtigen ist daher der handelsrechtliche Bilanzgewinn bzw. Bilanzverlust. Aus dem handelsrechtlichen Bilanzgewinn bzw. -verlust errechnet sich das zu versteuernde Einkommen nach dem folgenden Schema:

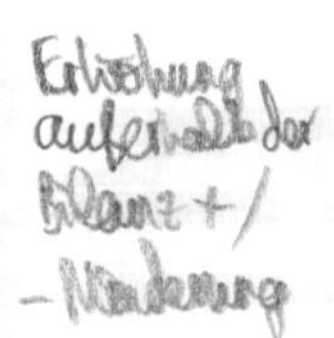

	Handelsrechtlicher Bilanzgewinn bzw. Bilanzverlust
+	Einstellung in Gewinn- oder Kapitalrücklagen
–	Entnahmen aus Gewinn- oder Kapitalrücklagen
+	Verlustvortrag des Vorjahres
–	Gewinnvortrag des Vorjahres
=	**handelsrechtliches Jahresergebnis**
+/–	Korrekturen durch Anpassungen an die Steuerbilanz (§ 60 Abs. 2 EStDV)
=	**Steuerbilanzergebnis** (siehe Abschnitt C.4.2.1)
+	verdeckte Gewinnausschüttungen (§ 8 Abs. 3 Satz 2 KStG, siehe Abschnitt C.5.5)
+	nicht abziehbare Aufwendungen (siehe Abschnitt C.4.1.2) ◆ für satzungsmäßige Zwecke (§ 10 Nr. 1 KStG) ◆ nicht abziehbare Steuern einschließlich Nebenleistungen (§ 10 Nr. 2 KStG) ◆ Geldstrafen (§ 10 Nr. 3 KStG) ◆ Hälfte der Aufsichtsratsvergütungen (§ 10 Nr. 4 KStG) ◆ Zinsaufwendungen („Zinsschranke", § 8a KStG, § 4h EStG) ◆ sonstige nicht abziehbare Aufwendungen (§ 4 Abs. 5 – 7 EStG, § 160 AO)
–	Erstattungen nicht abziehbarer Aufwendungen
–	steuerfreie Einnahmen nach § 3 EStG, abzüglich der damit in unmittelbarem Zusammenhang stehenden Ausgaben gemäß § 3c Abs. 1 EStG (siehe Abschnitte B.3.4, B.3.5)
–	steuerfreie Einnahmen bei Beteiligung an anderen Körperschaften gemäß § 8b KStG, (siehe Abschnitt C.5.3.3.2)
–	steuerfreie Investitionszulage (§ 13 Satz 1 InvZulG 2010)
+	sämtliche Spenden (siehe Abschnitt C.4.1.1.2)
–	abzugsfähige Spenden (§ 9 Abs. 1 Nr. 2 KStG, siehe Abschnitt C.4.1.1.2)
–/+	Gewinnabführungen / Verlustübernahmen auf Grund einer Organschaft (siehe Abschnitt C.7.2)
+/–	zuzurechnendes Einkommen von Organgesellschaften (siehe Abschnitt C.7.2)
=	**Gesamtbetrag der Einkünfte**

–	Verlustabzug (§ 10d EStG, § 8c KStG, siehe Abschnitt C.7.1)
=	**Einkommen**
–	Freibetrag für bestimmte Körperschaften (§§ 24, 25 KStG, siehe Abschnitt C.3.4)
=	**zu versteuerndes Einkommen** (§ 2 Abs. 5 EStG)

Tabelle C.4: Ermittlung des zu versteuernden Einkommens

4.2.1 Steuerbilanzergebnis

Kapitalgesellschaften sind als Formkaufleute i.S.d. § 6 HGB gemäß §§ 238 ff. HGB zur Führung von Büchern und zur Erstellung von Handelsbilanzen verpflichtet. Das Ergebnis der handelsrechtlichen Gewinnermittlung wird als **Jahresüberschuss** bzw. **Jahresfehlbetrag** bezeichnet. Wie bereits im vorangegangenen Abschnitt skizziert, ist diese Posi-tion aus dem handelsrechtlichen Bilanzgewinn bzw. -verlust wie folgt zu ermitteln:

	Handelsrechtlicher Bilanzgewinn bzw. Bilanzverlust
+	Einstellung in Gewinn- oder Kapitalrücklagen
–	Entnahmen aus Gewinn- oder Kapitalrücklagen
+	Verlustvortrag des Vorjahres
–	Gewinnvortrag des Vorjahres
=	**handelsrechtlicher Jahresüberschuss bzw. Jahresfehlbetrag**

Tabelle C.5: Ermittlung des handelsrechtlichen Jahresergebnisses

Zum Verständnis ist es hilfreich, sich die verschiedenen handelsrechtlichen Eigenkapitalpositionen von Kapitalgesellschaften zu vergegenwärtigen. Das Eigenkapital einer Kapitalgesellschaft setzt sich gemäß § 266 Abs. 3 HGB wie folgt zusammen:

I.	Gezeichnetes Kapital
II.	Kapitalrücklage
III.	Gewinnrücklagen
IV.	Gewinnvortrag / Verlustvortrag
V.	Jahresüberschuss / Jahresfehlbetrag

Tabelle C.6: Zusammensetzung des handelsrechtlichen Eigenkapitals

Als **Gezeichnetes Kapital** wird das in Stammeinlagen der Gesellschafter geteilte Stammkapital einer GmbH bzw. das in Aktien geteilte Grundkapital einer AG bezeichnet. Die **Kapitalrücklage** umfasst die in § 272 Abs. 2 HGB aufgeführten Positionen, insbesondere das Ausgabeaufgeld bei der Emission von Anteilen. In die **Gewinnrücklagen** werden die in den vergangenen Jahren akkumulierten, (noch) nicht ausgeschütteten Gewinne eingestellt. Als **Gewinn- bzw. Verlustvortrag** wird ein nicht verwendeter Restgewinn bzw. -verlust der Vorjahresrechnung bezeichnet. Der **Jahresüberschuss bzw. Jahresfehlbetrag** schließlich ist das Ergebnis der Gewinn- und Verlustrechnung des jeweiligen Wirtschaftsjahres.

Der Jahresabschluss kann jedoch auch unter **vollständiger** oder **teilweiser Verwendung** des Jahresergebnisses aufgestellt werden (§ 268 Abs. 1 Satz 1 HGB), sofern der Beschluss der zuständigen Organe (Gesellschafterversammlung der GmbH (§ 46 Nr. 1 GmbHG) bzw. Vorstand und Aufsichtsrat der AG (§§ 170 Abs. 2, 172 AktG)) bereits erfolgt ist. In diesem Fall kann der Jahresüberschuss ganz oder teilweise in die Gewinnrücklagen eingestellt werden (§§ 268 Abs. 1, 270 Abs. 2 HGB). Wird die Bilanz unter teilweiser Verwendung des Jahresergebnisses aufgestellt, so tritt an die Stelle der Bilanzpositionen „Jahresüberschuss bzw. Jahresfehlbetrag" und „Gewinnvortrag bzw. Verlustvortrag" der Posten „Bilanzgewinn bzw. Bilanzverlust" (§ 268 Abs. 1 Satz 2 HGB). Anknüpfungspunkt der Besteuerung bleibt jedoch auch in diesem Fall der Jahresüberschuss bzw. -fehlbetrag. Da diese Position in der Handelsbilanz jedoch nicht ausgewiesen wird, muss eine Rückrechnung nach obigem Schema vorgenommen werden.

Beispiel C.13:

Die Handelsbilanz der X-GmbH weist zum 31.12.02 folgendes Bild auf:

Aktiva	Handelsbilanz X-GmbH		Passiva
Aktiva	4.000.000	Gezeichnetes Kapital	100.000
		Gewinnrücklagen	2.000.000
		Bilanzgewinn	915.000
		Verbindlichkeiten	985.000
	4.000.000		4.000.000

Aus dem Ergebnis des Jahres 02 wurden 250.000 € in die Gewinnrücklagen eingestellt. Der Gewinnvortrag aus 01 i.H.v. 27.000 € wurde aufgelöst.

Handelsrechtlicher Bilanzgewinn	915.000 €
+ Einstellung in Gewinnrücklagen 02	+ 250.000 €
– Auflösung Gewinnvortrag 01	– 27.000 €
= Handelsrechtlicher Jahresüberschuss 02	1.138.000 €

Nach dem Maßgeblichkeitsprinzip des § 5 Abs. 1 Satz 1 EStG ist die Handelsbilanz auch für die steuerrechtliche Gewinnermittlung heranzuziehen, soweit nicht steuerrechtliche Vorschriften im Einzelfall eine abweichende Bilanzierung erlauben oder vorschreiben. Die Anwendung unterschiedlicher Ansatz- und Bewertungsvorschriften im Handels- und Steuerrecht kann zu Differenzen zwischen Handelsbilanzgewinn und Steuerbilanzgewinn führen (vgl. auch Abschnitt B.5.2.3.2). Im Folgenden sollen beispielhaft nur einige Vorschriften, die zu Abweichungen zwischen handels- und steuerrechtlicher Gewinnermittlung führen können, genannt werden:

- Unterschiede bei den **Ansatzvorschriften**:
  - § 249 Abs. 1 Satz 1 HGB schreibt die Bildung von Rückstellungen für drohende Verluste aus schwebenden Geschäften vor. Für steuerliche Zwecke dürfen solche Rückstellungen hingegen nicht gebildet werden (§ 5 Abs. 4a EStG).

- Rückstellungen für die Verpflichtung zur schadlosen Verwertung radioaktiver Reststoffe sind ebenso nur handelsrechtlich, nicht jedoch steuerlich zu bilden (§ 5 Abs. 4b Satz 2 EStG).
- Rückstellungen für die Verpflichtung zur Zahlung einer Jubiläumszuwendung dürfen steuerlich nur gebildet werden, wenn das Dienstverhältnis mindestens zehn Jahre bestanden hat, das Dienstjubiläum das Bestehen eines Dienstverhältnisses von mindestens 15 Jahren voraussetzt und die Zusage schriftlich erteilt worden ist (§ 5 Abs. 4 EStG).
- Selbst geschaffene immaterielle Vermögensgegenstände des Anlagevermögens dürfen handelsrechtlich (§ 248 Abs. 2 HGB), nicht jedoch steuerlich (§ 5 Abs. 2 EStG) angesetzt werden.

Unterschiede bei den **Bewertungsvorschriften**:

- Rückstellungen sind handelsrechtlich in Höhe des nach vernünftiger kaufmännischer Beurteilung notwendigen Erfüllungsbetrages anzusetzen (§ 253 Abs. 1 Satz 2 HGB). Künftige Preis- und Kostensteigerungen sind somit zu berücksichtigen. Steuerlich dürfen künftige Preis- und Kostensteigerungen hingegen nicht berücksichtigt werden (§ 6 Abs. 1 Nr. 3a Buchst. f EStG).
- Rückstellungen für Verpflichtungen sind gemäß § 6 Abs. 1 Nr. 3a Buchst. e EStG steuerlich mit einem Zinssatz von 5,5 % abzuzinsen. Handelsrechtlich hat hingegen eine Abzinsung mit dem ihrer Restlaufzeit entsprechenden durchschnittlichen Marktzinssatz der vergangenen sieben Jahre zu erfolgen (§ 253 Abs. 2 Satz 1 HGB).

Zwar sind die Steuerpflichtigen i.S.d. § 1 Abs. 1 Nrn. 1 – 3 KStG als Kaufleute zur Erstellung einer Handelsbilanz verpflichtet. Eine Verpflichtung zur Erstellung einer Steuerbilanz besteht jedoch nicht. Wird keine Steuerbilanz erstellt, so ist allerdings gemäß § 60 Abs. 2 Satz 1 EStDV außerhalb der Handelsbilanz ein Korrekturposten zur Anpassung an die steuerliche Gewinnermittlung zu bilden:

Handelsrechtlicher Jahresüberschuss
+/– Korrekturen gemäß § 60 Abs. 2 Satz 1 EStDV
= **Steuerbilanzergebnis**

Tabelle C.7: Steuerbilanzergebnis

Das Steuerbilanzergebnis ergibt sich somit entweder unmittelbar aus der Steuerbilanz (§ 60 Abs. 2 Satz 2 EStDV) oder entspricht, falls keine Steuerbilanz aufgestellt wurde, dem handelsrechtlichen Jahresüberschuss zuzüglich bzw. abzüglich eines Korrekturpostens nach § 60 Abs. 2 Satz 1 EStDV.

Beispiel C.14:

Die X-GmbH aus Beispiel C.13 hat für 01 zwar eine Handelsbilanz, jedoch keine Steuerbilanz aufgestellt. Bei der Ermittlung des handelsrechtlichen Jahresüberschusses von 1.138.000 €

- wurden selbst geschaffene immaterielle Vermögensgegenstände des Anlagevermögens (Patente) in Höhe von 80.000 € aktiviert, die steuerlich nach § 5 Abs. 2 EStG nicht angesetzt werden dürfen,
- wurde eine Rückstellung für drohende Verluste aus schwebenden Geschäften nach § 249 Abs. 1 Satz 1 HGB i.H.v. 6.000 € gebildet, die nach § 5 Abs. 4a EStG für

steuerliche Zwecke nicht zulässig ist.

	Handelsrechtlicher Jahresüberschuss	1.138.000 €
+	Korrekturposten gemäß § 60 Abs. 2 Satz 1 EStDV (– 80.000 + 6.000 =)	– 74.000 €
=	Jahresüberschuss laut Steuerbilanz	1.064.000 €

4.2.2 Gesellschaftsrechtliche Einlagen

Vermögensmehrungen auf gesellschaftsrechtlicher Grundlage sind nicht steuerbar (BFH-Beschluss vom 26.10.1987, BStBl II 1988, S. 348). Dies gilt für alle Kapitalzuführungen der Gesellschafter, die durch das Gesellschaftsverhältnis veranlasst sind (BFH-Urteil vom 14.11.1984, BStBl II 1985, S. 227). Hierzu gehören

- handelsrechtliche Einlagen bei Gründung der Gesellschaft oder bei Kapitalerhöhungen (einschließlich einem eventuellen Aufgeld),
- Nachschüsse nach § 26 GmbHG sowie
- verdeckte Einlagen.

Da Einlagen auch im Handelsbilanzgewinn grundsätzlich nicht enthalten sind, ist eine Korrektur des Handelsbilanzgewinns insoweit nicht erforderlich. Eine Ausnahme kann sich für verdeckte Einlagen ergeben.

Eine **verdeckte Einlage** liegt vor, wenn ein Anteilseigner seiner Gesellschaft, ohne dazu gesellschaftsrechtlich verpflichtet zu sein, einen Vermögensvorteil zuwendet, der sich in einer Vermehrung der Aktiva oder einer Verminderung der Schulden niederschlägt. Verdeckte Einlagen erhöhen das Einkommen nicht (§ 8 Abs. 3 Satz 3 KStG). Ist eine verdeckte Einlage handelsrechtlich erfolgswirksam geworden, so ist der körperschaftsteuerliche Gewinn um diesen Betrag zu korrigieren.

Beispiel C.15:

Der Gesellschafter einer Einmann-GmbH erlässt seiner Gesellschaft ein Darlehen i.H.v. 500.000 €. Die GmbH verbucht den Schulderlass als betrieblichen Ertrag.

Der Schulderlass ist als verdeckte Einlage zu werten (BFH-Urteil vom 29.05.1968, BStBl III 1968, S. 722). Der Handelsbilanzgewinn ist zur Ermittlung des steuerlichen Gewinns um diesen Betrag zu vermindern.

Obwohl Einlagen steuerfrei sind, können **Aufwendungen zur Erzielung von Einlagen**, z.B. Kosten der Ausgabe von Gesellschaftsanteilen, als Betriebsausgaben abgezogen werden (vgl. BT-Drucksache 10/336, S. 28). § 3c Abs. 1 EStG, welcher bestimmt, dass Ausgaben, die mit steuerfreien Einnahmen in unmittelbarem wirtschaftlichen Zusammenhang stehen, nicht als Betriebsausgaben abgezogen werden dürfen, greift nicht. Bei Vermögensmehrungen auf gesellschaftsrechtlicher Ebene handelt es sich nicht um steuerfreie, d.h. steuerbare, aber auf Grund besonderer Vorschriften steuerbefreite Einnahmen, sondern vielmehr um nicht steuerbare Einnahmen, da sie nicht unter eine der sieben Einkunftsarten des Einkommensteuergesetzes subsumiert werden können.

Gründungskosten einer Kapitalgesellschaft sind hingegen grundsätzlich als Aufwendungen der Gesellschafter anzusehen; in diesem Fall liegen aus steuerlicher Sicht Anschaffungsnebenkosten der Beteiligung aus Sicht des Gesellschafters vor, die sich erst bei einer Veräußerung der Anteile einkünftemindernd auswirken können (vgl. *B. Lang* in: Ernst & Young, § 8, Rz. 1195). Trägt ausnahmsweise die Gesellschaft die Aufwendungen, so liegt eine verdeckte Gewinnausschüttung (siehe Abschnitt 5.5) an die Gesellschafter vor. Es ist allerdings zivilrechtlich möglich, die Kostentragungspflicht auf die Gesellschaft zu verlagern. Nach der Rechtsprechung des BGH ist auf Grund der Vorschrift des § 26 Abs. 2 AktG, die als Ausdruck eines allgemeinen Rechtsgedankens auch für die GmbH gilt, aus Gründen des Gläubigerschutzes in der Satzung offen zu legen, wie weit das gezeichnete Kapital durch Gründungskosten vorbelastet ist (BGH-Urteil vom 20.02.1989, GmbHR 1989, S. 250). Ist die Übernahme des Gründungsaufwands durch die Gesellschaft in der Satzung vorgesehen, so handelt es sich nicht um eine verdeckte Gewinnausschüttung, sondern um abzugsfähige Betriebsausgaben der Gesellschaft (BFH-Urteile vom 11.10.1989, BStBl II 1990, S. 89; vom 11.02.1997, BFH/NV 1997, S. 711).

Als Einlagen kommen neben Geldeinlagen auch **Sacheinlagen** in Betracht. Nicht einlagefähig sind hingegen Nutzungen (**keine Nutzungseinlagen**), da es sich nicht um einen bilanzierungsfähigen Vermögensvorteil handelt (H 40 KStH „Nutzungsvorteile"); BFH-Urteil vom 26.10.1987, BStBl II 1988, S. 348).

Verdeckte Einlagen sind mit dem **Teilwert** zu bewerten (R 40 Abs. 4 KStR). Verzichtet ein Gesellschafter z.B. auf eine nicht mehr voll werthaltige Forderung gegenüber seiner Gesellschaft, so liegt nur in Höhe des werthaltigen Teils eine verdeckte Einlage vor. In Höhe des nicht werthaltigen Teils kommt es zu einem außerordentlichen Ertrag bei der Gesellschaft (BFH-Beschluss vom 08.06.1997, GrS, BStBl II 1998, S. 307; *B. Lang* in: Ernst & Young, § 8, Rz. 541.1; H 40 KStH „Forderungsverzicht").

Beispiel C.16:

Eine GmbH ist in Liquiditätsschwierigkeiten. Aus diesem Grund verzichtet der zu 100 % beteiligte Gesellschafter schriftlich auf die Rückzahlung eines Gesellschafterdarlehens von 500.000 €. Auf Grund der angespannten Situation der GmbH war das Darlehen nur noch zu 20 % werthaltig, d.h. der Teilwert betrug 100.000 €.

In Höhe von 100.000 € liegt eine verdeckte Einlage vor. Im Übrigen (400.000 €) hat die GmbH in der Steuerbilanz einen außerordentlichen Ertrag zu buchen.

4.3 Besonderheiten bei nicht buchführungspflichtigen Körperschaften

Während bei Steuerpflichtigen, die handelsrechtlich zur Führung von Büchern verpflichtet sind, gemäß § 8 Abs. 2 KStG sämtliche Einkünfte als Einkünfte aus Gewerbebetrieb zu behandeln sind, können nicht zur Buchführung verpflichtete Steuerpflichtige Einkünfte aus sämtlichen Einkunftsarten (mit Ausnahme von Einkünften aus nichtselbständiger Arbeit nach § 19 EStG, und Sonstigen Einkünften nach § 22 Nrn. 1a, 1c und 4 EStG) beziehen. Nicht zur Führung von Büchern verpflichtet sind die Steuerpflichtigen i.S.d. § 1 Abs. 1 Nrn. 4 – 6 KStG, d.h.

- rechtsfähige Vereine und Stiftungen (§ 1 Abs. 1 Nr. 4 KStG),
- nichtrechtsfähige Vereine, Anstalten, Stiftungen und andere Zweckvermögen des privaten Rechts (§ 1 Abs. 1 Nr. 5 KStG) und
- Betriebe gewerblicher Art von juristischen Personen des öffentlichen Rechts (§ 1 Abs. 1 Nr. 6 KStG).

Allerdings können Betriebe gewerblicher Art von juristischen Personen des öffentlichen Rechts bereits begrifflich nur Einkünfte aus Gewerbebetrieb beziehen (vgl. H 33 KStH

„Einkunftsart"), so dass sich die Frage der Umqualifizierung nach § 8 Abs. 2 KStG nicht stellt (BFH-Urteil vom 30.11.1989, BStBl II 1990, S. 246).

Da die nicht zur Führung von Büchern verpflichteten Körperschaftsteuersubjekte nicht nur Einkünfte aus Gewerbebetrieb, sondern Einkünfte aus sämtlichen Einkunftsarten beziehen können, sind auch die besonderen Regelungen für die einzelnen Einkunftsarten, z.B. in Bezug auf Freibeträge und Pauschbeträge, zu beachten. So kann beispielsweise der Sparer-Pauschbetrag des § 20 Abs. 9 EStG bei den Einkünften aus Kapitalvermögen geltend gemacht werden.

Die besonderen körperschaftsteuerlichen Vorschriften des § 9 KStG zu abziehbaren Aufwendungen und des § 10 KStG zu nicht abziehbaren Aufwendungen (siehe Abschnitte C.4.1.1 und 4.1.2) sind allerdings auch von nicht zur Buchführung verpflichteten Steuerpflichtigen zu beachten. Besondere Vorschriften für nicht zur Buchführung verpflichtete Steuerpflichtige sind im Körperschaftsteuergesetz festgeschrieben für:

- Gewinne von Betrieben gewerblicher Art aus **mittelbarer Beteiligung** über juristische Personen des öffentlichen Rechts (§ 8b Abs. 6 Satz 2 KStG, siehe Abschnitt C.4.3.1),
- Steuerfreie **Mitgliederbeiträge** (§ 8 Abs. 5 KStG, siehe Abschnitt C.4.3.2).

4.3.1 Gewinne von Betrieben gewerblicher Art aus mittelbarer Beteiligung über juristische Personen des öffentlichen Rechts (§ 8b Abs. 6 Satz 2 KStG)

Gewinnausschüttungen von Körperschaften unterliegen einerseits einer definitiven Belastung mit 15 % Körperschaftsteuer auf der Ebene der ausschüttenden Körperschaft und andererseits beim Anteilseigner einer nochmaligen Besteuerung, sofern dieser eine natürliche Person ist. Um die Aufzehrung der Gewinne mit Körperschaftsteuer zu vermeiden, bestimmt § 8b Abs. 1 und 2 KStG allerdings, dass Leistungen i.S.d. § 20 Abs. 1 Nrn. 1, 2, 9, 10 Buchst. a EStG (Ausschüttungen bzw. Vermögensübertragungen von Körperschaften, Personenvereinigungen und Vermögensmassen i.S.d. § 1 Abs. 1 Nrn. 1 – 6 KStG, vgl. Abschnitte B.7.5.1.1 und B.7.5.1.7) sowie Gewinne aus der Veräußerung von Anteilen an diesen Körperschaften, Personenvereinigungen und Vermögensmassen beim Anteilseigner von der Körperschaftsteuer freigestellt werden, wenn dieser selbst eine steuerpflichtige Körperschaft ist (zu den Regelungen des § 8b Abs. 1, 2 KStG siehe Abschnitt C.5.3.3.2).

Ist eine juristische Person des öffentlichen Rechts unmittelbar an einer Körperschaft, Personenvereinigung oder Vermögensmasse beteiligt und werden die Bezüge und Gewinne aus dieser Beteiligung im Rahmen eines Betriebs gewerblicher Art erfasst, so sind diese Bezüge und Gewinne nach § 8b Abs. 1, 2 KStG i.V.m. § 20 EStG folglich steuerfrei. Ist die juristische Person des öffentlichen Rechts jedoch nur mittelbar über eine andere juristische Person des öffentlichen Rechts beteiligt und werden die Beteiligungserträge bei der die Beteiligung vermittelnden Person nicht im Rahmen eines Betriebs gewerblicher Art erfasst, so stellen die Bezüge und Gewinne aus dieser mittelbaren Beteiligung keine Leistungen i.S.d. § 20 Abs. 1 Nrn. 1, 2, 9, 10 Buchst. a EStG dar. § 8b Abs. 6 Satz 2 KStG stellt jedoch klar, dass auch für diese Bezüge und Gewinne die Vorschriften des § 8b KStG gelten und sie damit steuerfrei sind.

Würden die Bezüge bei der die Beteiligung vermittelnden juristischen Person des öffentlichen Rechts im Rahmen eines Betriebs gewerblicher Art erfasst, so sind die zwischen den Betrieben gewerblicher Art weitergeleiteten Gewinne bereits nach § 8b Abs. 1 KStG i.V.m. § 20 Abs. 1 Nr. 10 EStG steuerbefreit (siehe Abschnitt C.5.3.3.2).

Beispiel C.17:

Der Landkreis X (= juristische Person des öffentlichen Rechts) ist mittelbar über einen Giroverband an einer Landesbank beteiligt. Die Beteiligungserträge werden beim Giroverband nicht im Rahmen eines Betriebs gewerblicher Art erfasst, beim Landkreis X im Rahmen der Kreissparkasse X (= Betrieb gewerblicher Art).

Die Bezüge und Gewinne aus dieser Beteiligung, die auf den Landkreis X entfallen und im Rahmen der Kreissparkasse X erfasst werden, sind gemäß § 8b Abs. 6 Satz 2 KStG steuerfrei.

4.3.2 Steuerfreiheit von Mitgliederbeiträgen (§ 8 Abs. 5 KStG)

Satzungsgemäße Beiträge, die eine Körperschaft von ihren Mitgliedern erhebt, sind gemäß § 8 Abs. 5 KStG bei der Körperschaft steuerfrei. Aufwendungen, die in einem unmittelbaren wirtschaftlichen Zusammenhang mit den steuerfreien Beiträgen stehen, können allerdings konsequenterweise nicht als Betriebsausgaben oder Werbungskosten abgezogen werden (§ 3c Abs. 1 EStG). Wesentliche Anwendungsfälle des § 8 Abs. 5 KStG sind der rechtsfähige sowie der nichtrechtsfähige Verein. Daneben kann allerdings auch die Satzung einer Genossenschaft Mitgliederbeiträge vorsehen.

Beispiel C.18:

Die Satzung eines Sportvereins sieht monatliche Mitgliedsbeiträge i.H.v. 20 € vor. Darüber hinaus hat ein neues Mitglied nach der Satzung ein einmaliges „Eintrittsgeld" i.H.v. 50 € zu entrichten.

Sowohl die monatlichen Mitgliedsbeiträge als auch das einmalige „Eintrittsgeld" sind bei dem Verein nach § 8 Abs. 5 KStG steuerfrei. Gemäß § 3c Abs. 1 EStG können die Kosten, die im unmittelbaren Zusammenhang mit dem Eintritt in den Verein stehen, nicht abgezogen werden.

Die Steuerbefreiung nach § 8 Abs. 5 KStG ist an die folgenden Voraussetzungen geknüpft (vgl. R 42 KStR):

- Steuerfrei sind nur Beiträge, die von Mitgliedern der Körperschaft entrichtet werden.
- Die Beiträge müssen von den Mitgliedern in ihrer Eigenschaft als Mitglieder erhoben werden. Leistungen, die als Gegenleistung für bestimmte Leistungen der Körperschaft erhoben werden, z.B. Mitgliedsbeiträge an Lohnsteuerhilfevereine, sind nicht steuerfrei nach § 8 Abs. 5 KStG (BFH-Urteil vom 28.06.1989, BStBl II 1990, S. 550).
- Die Mitgliedsbeiträge müssen auf Grund der Satzung erhoben werden. Dabei muss die Satzung die Höhe der Mitgliedsbeiträge nicht selbst festschreiben. Es genügt, wenn die Satzung ein Organ bestimmt, welches die Höhe der Beiträge festsetzt (R 42 Abs. 2 KStR).

5 Einkommensverwendung von Körperschaften

5.1 Problematik und historischer Überblick

Das von einer Körperschaft erzielte Einkommen unterliegt grundsätzlich der Körperschaftsteuer. Verwendet die Körperschaft das (mit Körperschaftsteuer belastete) Einkommen für eine Gewinnausschüttung, so stellt diese beim Anteilseigner eine steuerbare Einnahme dar. Hält der Anteilseigner die Anteile im Privatvermögen, so gehören die ausgeschütteten Gewinne zu den Einkünften aus Kapitalvermögen. Werden die Anteile dagegen in einem Betriebsvermögen gehalten, so stellen die ausgeschütteten Gewinne betriebliche Einnahmen dar. Die von einer Körperschaft an ihre Anteilseigner ausgeschütteten Gewinne unterliegen somit prinzipiell einer **doppelten Besteuerung** (auf Ebene der Körperschaft und auf Ebene des Anteilseigners). Überlegungen zur Milderung bzw. Vermeidung dieser Doppelbelastung haben die Entwicklung des deutschen Körperschaftsteuerrechts entscheidend geprägt.

Die Besteuerung des Einkommens juristischer Personen wurde zunächst durch spezielle Vorschriften innerhalb der Einkommensteuergesetze der Einzelstaaten geregelt. Die Gewinne wurden sowohl auf der Ebene der Körperschaft als auch nach erfolgter Ausschüttung auf der Ebene des Anteilseigners der Besteuerung unterzogen. Seit der Einführung des reichseinheitlichen Körperschaftsteuergesetzes vom 30.03.1920 (RGBl 1920, S. 393) wird die Besteuerung des Einkommens juristischer Personen durch ein eigenes Gesetz geregelt. In den Folgejahren wurde auf thesaurierte Gewinne eine Körperschaftsteuer i.H.v. 10 % und auf ausgeschüttete Gewinne ein Zuschlag von bis zu 10 % erhoben.

Nach dem Zweiten Weltkrieg betrug der Körperschaftsteuersatz zunächst für ausgeschüttete und thesaurierte Gewinne einheitlich 50 %. Ausgeschüttete Gewinne unterlagen auf Gesellschafterebene erneut der Besteuerung, eine Beseitigung der Doppelbelastung fand nicht statt. In der Folgezeit stieg der Steuersatz bis auf 65 % an. Im Falle der Ausschüttung konnte sich eine kumulierte Belastung mit Körperschaftsteuer und Einkommensteuer von über 90 % ergeben. Eine Entlastung für ausgeschüttete Gewinne war nicht vorgesehen.

Zum Zweck der Milderung der Doppelbelastung wurde 1953 ein gespaltener Körperschaftsteuertarif eingeführt (Gesetz vom 24.06.1953, BGBl I 1953, S. 413). Ausschüttungen wurden mit einem Steuersatz von 30 % belastet, thesaurierte Gewinne (seit 1955) mit 45 %. Eine Anrechnung der Ausschüttungsbelastung beim Anteilseigner war nicht vorgesehen. Eine weitere Milderung der Doppelbelastung bewirkte die Steuerreform von 1958 (Gesetz vom 18.07.1958, BGBl I 1958, S. 473), wonach der Steuersatz für ausgeschüttete Gewinne auf 15 % gesenkt, der Steuersatz für thesaurierte Gewinne auf 51 % erhöht wurde. Trotz der Steuersatzermäßigungen für ausgeschüttete Gewinne verblieb eine steuerliche Doppelbelastung, die weiterhin den Gegenstand kritischer Auseinandersetzungen bildete. Hauptansatzpunkt der Kritik war die fehlende Rechtsformneutralität für Unternehmen. Während bei Einzelunternehmen und Personengesellschaften die Gewinne nur beim Anteilseigner, d.h. nur einmal besteuert wurden, wurden Gewinne von Körperschaften sowohl bei der Gesellschaft als auch beim Anteilseigner besteuert.

Mit dem Körperschaftsteuerreformgesetz vom 31.08.1976 (BGBl I 1976, S. 2597) wurde das Körperschaftsteuerrecht vollkommen umstrukturiert. Die Doppelbelastung wurde durch die Einführung eines **Vollanrechnungssystems** ab dem Veranlagungszeitraum 1977 vollständig beseitigt, indem ausgeschüttete Gewinne durch Anrechnung der Körperschaftsteuer im Ergebnis nur mit der Steuer des Anteilseigners belastet wurden. Die Steuersätze für ausgeschüttete und thesaurierte Gewinne betrugen zunächst 36 % bzw. 56 %. Zum Veranlagungszeitraum 1990 wurde der Steuersatz für thesaurierte Gewinne auf 50 % gesenkt. Seit 1994 galt ein Steuersatz von 30 % für ausgeschüttete und ein Steuersatz von 45 % für einbehaltene Gewinne. Zum 01.01.1999 schließlich wurde der Thesaurierungssatz auf 40 % gesenkt. Der Steuersatz für ausgeschüttete Gewinne (zuletzt: 30 %) war jedoch nur vorläufiger Natur. Durch eine Einbeziehung der Dividende in die Veranlagung beim Anteilseigner sowie eine Anrechnung der Ausschüttungsbelastung erfolgte letztlich eine Besteuerung mit dem persönlichen Steuersatz des Anteilseigners.

Kernstück der Unternehmenssteuerreform 2000/2001 war die Abschaffung des körperschaftsteuerlichen Vollanrechnungssystems und die Einführung des sog. **Halbeinkünfteverfahrens**. Damit erfolgt eine Rückkehr zu einem Körperschaftsteuersystem mit einer zweifachen Belastung der Gewinne. Die gesetzlichen Regelungen des Halbeinkünfteverfahrens sind Bestandteil des zum 01.01.2001 in Kraft getretenen Steuersenkungsgesetzes (BGBl I 2000, S. 1433). Das Halbeinkünfteverfahren findet nicht nur bei der Besteuerung von Gewinnausschüttungen Anwendung, sondern grundsätzlich auch bei der Veräußerung von Anteilen an Kapitalgesellschaften sowie bei der Wertaufholung des Ansatzes von Beteiligungen an Kapitalgesellschaften. Im Rahmen des Halbeinkünfteverfahrens wurden Gewinne auf Ebene der Körperschaft zunächst mit einem Satz von 25 % besteuert. Bei einer Ausschüttung kam es beim Anteilseigner zu einer erneuten Besteuerung. Ausgeschüttete Gewinne waren beim Anteilseigner zur Hälfte steuerpflichtig.

Der Körperschaftsteuersatz wurde zum VZ 2008 von 25 % auf 15 % gesenkt. Ab 2009 wurde der Besteuerungsanteil beim Anteilseigner um 10 % von 50 % auf 60 % angehoben. Seither spricht man nicht mehr vom Halbeinkünfteverfahren, sondern vom **Teileinkünfteverfahren.**

Für den Systemwechsel vom Anrechnungsverfahren zum Halbeinkünfte- bzw. Teileinkünfteverfahren wurden Übergangsregelungen erlassen, welche in einem Übergangszeitraum von bis zu 16 Jahren, d.h. bis einschließlich VZ 2017, Anwendung finden. Da diese Übergangsregelungen an das Anrechnungsverfahren anknüpfen, ist ein Grundverständnis des Anrechnungsverfahrens erforderlich. Aus diesem Grund werden nachfolgend zunächst das **Anrechnungsverfahren** (siehe Abschnitt C.5.2) und das **Teileinkünfteverfahren** (siehe Abschnitt C.5.3) dargestellt. Im Anschluss daran wird auf die **Übergangsregelungen** eingegangen (siehe Abschnitt C.5.4).

Seit dem VZ 2009 schließlich verfügt die Kapitalertragsteuer für natürliche Personen, die ihre Anteile im Privatvermögen halten, über eine Abgeltungswirkung, d.h. die Einkommensteuer des Anteilseigners ist mit der Kapitalertragsteuer abgegolten; die Dividenden werden daher im Rahmen der Einkommensteuerveranlagung des Anteilseigners nicht mehr erfasst. Auf die Abgeltungsteuer wird ebenfalls in Abschnitt C.5.3 eingegangen. Für natürliche Personen, die ihre Anteile im Betriebsvermögen halten, gilt hingegen weiterhin das Teileinkünfteverfahren.

Schließlich soll das für die Wirtschaftspraxis überaus wichtige Problem **verdeckter Gewinnausschüttungen** aufgegriffen werden (siehe Abschnitt C.5.5).

5.2 Körperschaftsteuerliches Anrechnungsverfahren (bis 2000)

Da das von 1977 bis 2000 geltende körperschaftsteuerliche Anrechnungsverfahren heute nur noch im Rahmen der bis 2017 anzuwendenden Übergangsvorschriften (siehe Abschnitt

C.5.4) relevant ist, soll im Folgenden eine verkürzte Darstellung genügen.

Das körperschaftsteuerliche Anrechnungsverfahren bezeichnet

- die Herstellung der Ausschüttungsbelastung für ausgeschüttete Gewinne auf Gesellschaftsebene (Abschnitt C.5.2.1) sowie
- die Anrechnung der Ausschüttungsbelastung auf die Einkommensteuer bzw. Körperschaftsteuer der Anteilseigner (Abschnitt C.5.2.2).

5.2.1 Herstellung der Ausschüttungsbelastung

Ausschüttungen im Rahmen des Anrechnungsverfahrens wurden aus in der Vergangenheit gebildeten Rücklagen vorgenommen, die entweder steuerfrei gebildet wurden (z.B. erhaltene Investitionszulagen nach dem Investitionszulagengesetz) oder auf denen eine Körperschaftsteuerbelastung von (zuletzt) grundsätzlich 40 % ruhte.

Damit bei einer späteren Ausschüttung noch festgestellt werden konnte, mit welchem KSt-Satz die ausgeschütteten Beträge vorbelastet waren, hatte die Körperschaft ihr Eigenkapital zu gliedern (**Gliederungsrechnung**). So wurden die mit 40 % belasteten Rücklagen in die Eigenkapitalposition „EK 40“ eingestellt, steuerfrei gebildete Rücklagen wurden in das „EK 0“ eingestellt. Auf die weitere Untergliederung der Position „EK 0“ in die Unterpositionen „EK 01“ bis „EK 04“ soll an dieser Stelle nicht eingegangen werden.

Wären Gewinne ausgeschüttet worden, ohne dass dabei eine einheitliche Ausschüttungsbelastung hergestellt worden wäre, so hätte sich die Ausschüttung, die einem Anteilseigner in einem Jahr zufloss, aus verschiedenen Komponenten, auf denen jeweils eine andere Körperschaftsteuerbelastung ruht, zusammensetzen können. Die Ermittlung der Einkünfte und der anrechenbaren Körperschaftsteuer wäre für den Anteilseigner oftmals kaum überschaubar gewesen.

Nach § 27 Abs. 1 KStG a.F. hatte die Gesellschaft deshalb auf die ausgeschütteten Beträge eine einheitliche Tarifbelastung von 30 % herzustellen. Der Anteilseigner konnte somit davon ausgehen, dass auf allen erhaltenen Gewinnausschüttungen eine Körperschaftsteuerbelastung von 30 % ruht. Wurde aus der Eigenkapitalposition „EK 0“ ausgeschüttet, so war im Zeitpunkt der Ausschüttung (grundsätzlich) eine Körperschaftsteuer von 30 % nachzuerheben (sog. **Körperschaftsteuererhöhung**). Wurde aus dem „EK 40“ aus-geschüttet, so wurde der Körperschaft eine Körperschaftsteuer von 10 %-Punkten zurück-erstattet (sog. **Körperschaftsteuerminderung**). Auf dem beim Anteilseigner ankommenden Ausschüttungsbetrag lastete folglich stets eine Ausschüttungsbelastung von 30 %.

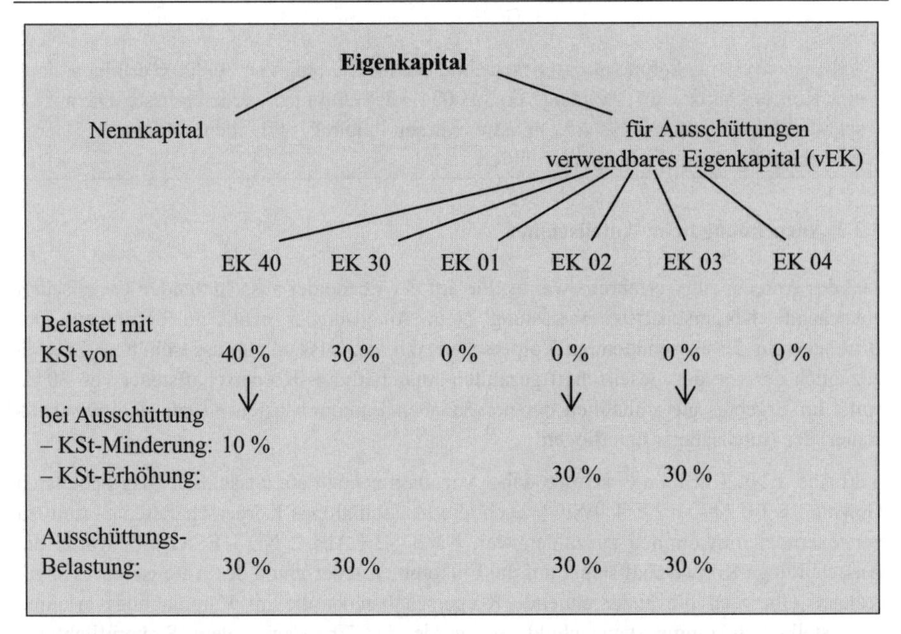

Abbildung C.8: Gliederungsrechnung und Herstellung der Ausschüttungsbelastung

Auf die Besonderheiten bei der Ausschüttung aus dem EK 01 und dem EK 04 soll an dieser Stelle nicht eingegangen werden.

Wurde die Ausschüttungsbelastung hergestellt, so minderte oder erhöhte sich die Körperschaftsteuer um den Unterschiedsbetrag zwischen Tarifbelastung und der Ausschüttungsbelastung von 30 %.

Die Körperschaftsteuer

- wurde **gemindert**, sofern die Tarifbelastung höher war als die Ausschüttungsbelastung. Eine Körperschaftsteuer-Minderung erfolgte somit in den Fällen, in denen aus dem EK 40 ausgeschüttet wurde.
- wurde **erhöht**, wenn die Tarifbelastung niedriger war als die Ausschüttungsbelastung. Eine Körperschaftsteuer-Erhöhung erfolgte für Fälle, in denen aus dem EK 02 bzw. dem EK 03 ausgeschüttet wurde.

Beispiel C.19:

Zum Zwecke der Gewinnausschüttung wurde dem EK 40 ein Teilbetrag i.H.v. 60.000 € entnommen. Dieser resultierte aus einem steuerpflichtigen Einkommen von 100.000 €, von dem 40 % Körperschaftsteuer abgezogen wurden.

Die Körperschaftsteuerbelastung im Ausschüttungsfall beträgt jedoch nur 30 %, d.h. 30.000 €. Es erfolgte somit eine Körperschaftsteuerminderung von 10.000 €, der Kapitalgesellschaft wurde im Ergebnis für den Zeitpunkt der Ausschüttung Körperschaftsteuer von 10.000 € erstattet.

Beispiel C.20:

Dem unbelasteten EK 02 (oder EK 03) wurde ein Teilbetrag i.H.v. 100.000 € entnom-

men.
Aus diesem Betrag konnte nur eine tatsächliche Ausschüttung von 70.000 € erfolgen, da eine Körperschaftsteuer-Erhöhung von 30.000 € vorgenommen werden musste. Die ausschüttende Kapitalgesellschaft musste diesen Betrag für den Zeitpunkt der Ausschüttung an das Finanzamt abführen.

5.2.2 Anrechnung beim Anteilseigner

Ziel des Anrechnungsverfahrens war es, die auf der Ebene der ausschüttenden Gesellschaft entstehende Körperschaftsteuerbelastung beim Anteilseigner exakt zu beseitigen. Der Bruttogewinn der ausschüttenden Körperschaft, d.h. der tatsächlich ausgeschüttete Gewinn zuzüglich der von der Gesellschaft gezahlten Ausschüttungs-Körperschaftsteuer von 30 %, sollte im Ergebnis ausschließlich der persönlichen Einkommensteuer (bzw. Körperschaftsteuer) der Anteilseigner unterliegen.

§ 20 Abs. 1 Nr. 3 EStG a.F. schrieb daher vor, dass neben dem tatsächlich ausgeschütteten Gewinn (§ 20 Abs. 1 Nr. 1 EStG) auch die Ausschüttungs-Körperschaftsteuer zum zu versteuernden Einkommen zu zählen war. Nach § 36 Abs. 2 Nr. 3 EStG a.F. wurde die Ausschüttungs-Körperschaftsteuer auf die Einkommensteuerschuld des Anteilseigners angerechnet. Überstieg die anzurechnende Körperschaftsteuer die im Veranlagungsverfahren festgestellte Einkommensteuerschuld, so wurde der Überschuss dem Steuerpflichtigen gemäß § 36 Abs. 4 Satz 2 EStG ausgezahlt.

War der Ausschüttungsempfänger eine Körperschaft, so wurde die Ausschüttungs-Körperschaftsteuer auf die Körperschaftsteuerschuld des Anteilseigners angerechnet.

Beispiel C.21:

A ist Aktionär der B-AG. A hält die Aktien in seinem Privatvermögen. Im Juni 2000 wurde A für seine Aktien die Dividende für 1999 i.H.v. 3.675 € (nach ordnungsgemäßem Abzug der gesetzlichen Kapitalertragsteuer von 25 %) auf seinem Bankkonto gutgeschrieben.

1. In welcher Höhe erzielte A Einnahmen i.S.d. § 20 EStG a.F.?
2. In welcher Höhe war eine Anrechnung von Ausschüttungs-Körperschaftsteuer und Kapitalertragsteuer auf die Einkommensteuer des A vorzunehmen?

zu 1: Einnahmen gemäß § 20 Abs. 1 Nr. 1 EStG a.F.

	Ausgezahlte Netto-Dividende	3.675 €
+	Einbehaltene Kapitalertragsteuer ($^1/_3$ von 3.675 € =) (nicht abzugsfähig gemäß § 12 Nr. 3 EStG)	+ 1.225 €
=	Bar-Dividende gemäß § 20 Abs. 1 Nr. 1 EStG a.F.	4.900 €
+	Einnahmen gemäß § 20 Abs. 1 Nr. 3 EStG a.F. anrechenbare Körperschaftsteuer ($^3/_7$ von 4.900 € =)	2.100 €
=	Einnahmen aus Kapitalvermögen (Brutto-Dividende)	7.000 €

zu 2: Anrechnung auf die Einkommensteuer

Auf die Einkommensteuer waren bei A anzurechnen:

• Kapitalertragsteuer gemäß § 36 Abs. 2 Nr. 2 EStG	1.225 €
• Körperschaftsteuer gemäß § 36 Abs. 2 Nr. 3 EStG a.F.	2.100 €
Insgesamt anzurechnen	3.325 €

Unterlag A beispielsweise einem persönlichen Einkommensteuersatz von 40 %, so hatte er auf die Einnahmen von 7.000 € eine Einkommensteuer von 2.800 € zu zahlen. Auf diesen Betrag wurden Kapitalertragsteuer und Körperschaftsteuer von insgesamt 3.325 € angerechnet, so dass A im Rahmen seiner Einkommensteuerveranlagung per Saldo 525 € erstattet wurden. Im Ergebnis wurde die Brutto-Dividende, d.h. der ursprünglich von der Körperschaft erzielte Gewinn, von 7.000 € nach Ausschüttung exakt mit dem persönlichen Steuersatz des Anteilseigners A (40 % = 2.800 €) belastet.

5.3 Teileinkünfteverfahren

5.3.1 Grundsatz

Im Rahmen des Teileinkünfteverfahrens erfolgt eine doppelte Besteuerung sowohl auf Ebene der Körperschaft als auch Ebene des Anteilseigners:

1. Besteuerung auf Ebene der Körperschaft

Von Körperschaften erwirtschaftete Gewinne werden auf Körperschaftsebene gemäß § 23 Abs. 1 KStG mit einem einheitlichen Steuersatz von 15 % (ab 2008; vorher: 25 %) belastet und dies unabhängig davon, ob diese Gewinne im Unternehmen einbehalten oder an die Anteilseigner ausgeschüttet werden. Bemessungsgrundlage für die Körperschaftsteuer ist nach § 7 Abs. 1 KStG das zu versteuernde Einkommen (vgl. Abschnitt C.2.2).

2. Besteuerung auf Ebene des Anteilseigners

Die Besteuerung auf Ebene des Anteilseigners hängt davon ab, ob der Anteilseigner eine natürliche Person oder eine Körperschaft ist. Ist Anteilseigner eine natürliche Person, so ist zu differenzieren, ob die Anteile im Privatvermögen oder im Betriebsvermögen gehalten werden.

Zunächst hat die ausschüttende Kapitalgesellschaft von dem Ausschüttungsbetrag grundsätzlich für Rechnung des Anteilseigners eine Kapitalertragsteuer von 25 % einzubehalten (§ 43 Abs. 1 Nr. 1, § 43a Abs. 1 Nr. 1 EStG).

Bei **natürlichen Personen**, die ihre Anteile im **Privatvermögen** halten, ist die Einkommensteuer mit der Kapitalertragsteuer von 25 % abgegolten (Abgeltungsteuer). Eine Einbeziehung in die Veranlagung zur Einkommensteuer erfolgt grundsätzlich nicht.

Bei **natürlichen Personen**, die ihre Anteile im **Betriebsvermögen** halten, ist das Teileinkünfteverfahren anzuwenden. Die Ausschüttung ist zu 40 % steuerfrei (§ 3 Nr. 40 Buchst. d EStG). Die verbleibenden 60 % der Einkünfte sind bei den Einkünften aus Land- und Forstwirtschaft, Gewerbebetrieb oder selbständiger Arbeit nach dem persönlichen Steuertarif des Anteilseigners zu versteuern. Die Kapitalertragsteuer wird auf die Einkommensteuer des Anteilseigners angerechnet.

Bei **Körperschaften** schließlich ist die empfangene Gewinnausschüttung im Ergebnis zu 95 % steuerfrei und nur zu 5 % steuerpflichtig (§ 8b Abs. 1, 5 KStG). Die Kapitalertragsteuer wird auf die Körperschaftsteuer des Anteilseigners angerechnet.

Eine ausführliche Darstellung erfolgt in Abschnitt C.5.3.5.2.

5.3.2 Zeitliche Anwendung

Der Zeitpunkt, in dem die empfangene Gewinnausschüttung beim Anteilseigner als Einkünfte erfasst wird, hängt davon ab, ob der Anteilseigner die Beteiligung, aus der die Gewinnausschüttung zufließt, im Privatvermögen oder im Betriebsvermögen hält.

Beteiligung im Privatvermögen

Werden die Anteile im Privatvermögen gehalten, so stellen die Gewinnausschüttungen beim Anteilseigner Einkünfte aus Kapitalvermögen gemäß § 20 Abs. 1 Nr. 1 EStG dar. Sie sind gemäß § 11 Abs. 1 EStG im Veranlagungszeitraum des Zuflusses zu versteuern.

Beteiligung im Betriebsvermögen

Werden die Anteile hingegen im Betriebsvermögen gehalten, so sind die Gewinnausschüttungen auf Grund der Subsidiarität der Einkünfte aus Kapitalvermögen gegenüber den Gewinneinkünften (§ 20 Abs. 8 EStG) den Einkünften aus Gewerbebetrieb, Land- und Forstwirtschaft bzw. selbständiger Arbeit zuzuordnen.

Die zeitliche Erfassung hängt in diesem Fall von der Gewinnermittlungsmethode ab:

- Wird der Gewinn durch **Einnahmen-Überschuss-Rechnung** (§ 4 Abs. 3 EStG) ermittelt, so gilt das Zuflussprinzip des § 11 Abs. 1 EStG, d.h. die Gewinnausschüttungen sind im Veranlagungszeitraum des Zuflusses zu versteuern.
- Wird der Gewinn hingegen durch **Betriebsvermögensvergleich** ermittelt, so sind die Einnahmen und Ausgaben in dem Wirtschaftsjahr zu erfassen, zu dem sie bei wirtschaftlicher Betrachtung gehören. Dies ist nicht etwa das Wirtschaftsjahr, für das die Ausschüttung erfolgt, sondern das Wirtschaftsjahr, in dem die Ausschüttung beschlossen wird, da mit dem Ausschüttungsbeschluss das Gläubigerrecht zu aktivieren ist (BFH-Beschluss vom 07.08.2000, GrS, BStBl II 2000, S. 632).

Beispiel C.22:

Die ausschüttende C-AG hat das Kalenderjahr als Wirtschaftsjahr. An der C-AG sind beteiligt: die natürliche Person A, die ihren Anteil im Betriebsvermögen hält (Einnahmen-Überschuss-Rechner), sowie die B-GmbH, deren Wirtschaftsjahr jeweils am 30.06. eines Kalenderjahres endet. Am 01.12. des Jahres 02 beschließt die C-AG die Gewinnausschüttung für das Wirtschaftsjahr 01.01.01 – 31.12.01. Die Ausschüttung erfolgt am 15.01.04.

Die B-GmbH hat die Einkünfte im Wirtschaftsjahr des Ausschüttungsbeschlusses, d.h. im Wirtschaftsjahr 02/03 zu erfassen. Da das Einkommen im Falle eines vom Kalenderjahr abweichenden Wirtschaftsjahres dem Veranlagungszeitraum zuzuweisen ist, in dem das Wirtschaftsjahr endet (§ 7 Abs. 4 Satz 2 KStG), wirkt sich die Ausschüttung auf das Einkommen im Veranlagungszeitraum 03 aus.

A hat die Gewinnausschüttung hingegen im Jahr des Zuflusses, d.h. im Veranlagungszeitraum 04, zu versteuern.

5.3.3 Anwendungsbereich

Zunächst ist für das Teileinkünfteverfahren der persönliche und sachliche Anwendungsbereich zu klären. Es geht hierbei um die Fragen,

- welche Bezüge und Vermögensmehrungen durch § 3 Nr. 40 EStG zu 40% bzw. durch § 8b KStG zu 95 % steuerfrei gestellt werden (**sachlicher Anwendungsbereich**).
- bei wem diese Bezüge und Vermögensmehrungen steuerfrei gestellt werden (**persönlicher Anwendungsbereich**).

5.3.3.1 Persönlicher und sachlicher Anwendungsbereich des § 3 Nr. 40 EStG

§ 3 Nr. 40 EStG zählt abschließend die Einnahmen auf, die unter die 40 % ige Steuerbefreiung fallen. Diese Steuerbefreiungen werden gewährt, sofern nicht die Ab-geltungswirkung der Kapitalertragsteuer nach § 43 Abs. 5 Satz 1 EStG greift. Die **wichtigsten Anwendungsbereiche** des § 3 Nr. 40 EStG sind im Folgenden genannt:

- Die Kapitaleinkünfte zählen wegen der Subsidiaritätsvorschrift des § 20 Abs. 8 EStG zu den Einkünften aus Land- und Forstwirtschaft, Gewerbebetrieb, selbständiger Arbeit oder Vermietung und Verpachtung.
- Der Steuerpflichtige beantragt die Günstigerprüfung nach § 32d Abs. 6 EStG.

Zu weiteren Fällen, in denen die Kapitalertragsteuer keine Abgeltungswirkung entfaltet und daher im Rahmen der Veranlagung die Steuerbefreiung zu 40 % nach § 3 Nr. 40 EStG greift, siehe Abschnitt B.7.5.3.2

Bei beschränkt Steuerpflichtigen ist die Steuerbefreiung zu 40 % ebenfalls nur dann einschlägig, wenn der Steuerpflichtige mit den Einkünften der Veranlagung unterliegt und die Steuerschuld nicht bereits mit der Abführung der Kapitalertragsteuer abgegolten ist. Dies ist insbesondere dann der Fall, wenn die Einkünfte im Rahmen eines inländischen Betriebs angefallen sind (§ 50 Abs. 2 EStG).

Nachfolgend seien die wichtigsten Steuerbefreiungen des § 3 Nr. 40 EStG genannt:

- **Offene und verdeckte Gewinnausschüttungen** von Kapitalgesellschaften und Erwerbs- und Wirtschaftsgenossenschaften sind zu 40 % steuerfrei (§ 3 Nr. 40 Buchst. d i.V.m. § 20 Abs. 1 Nr. 1 EStG).
- Bei Ausschüttungen auf Grund einer **Kapitalherabsetzung** oder nach **Auflösung** einer unbeschränkt steuerpflichtigen Kapitalgesellschaft oder Genossenschaft entstehen dem Anteilseigner Einnahmen i.S.d. § 20 Abs. 1 Nr. 2 EStG, soweit diese Ausschüttungen aus den sonstigen Rücklagen i.S.d. § 28 Abs. 1 Satz 1 KStG, d.h. aus Rücklagen, die keine Einlagen der Anteilseigner sind, erfolgen. Dies gilt auch für sonstige Rücklagen, die in Nennkapital umgewandelt wurden. Auch diese Einnahmen fallen unter die 40 % ige Steuerbefreiung (§ 3 Nr. 40 Buchst. e i.V.m. § 20 Abs. 1 Nr. 2 EStG).
- Bei Beteiligungen an juristischen Personen i.S.d. § 1 Abs. 1 Nrn. 3 bis 5 KStG, d.h. an
  - Versicherungs- und Pensionsfondsvereinen auf Gegenseitigkeit (§ 1 Abs. 1 Nr. 3 KStG),
  - sonstigen juristischen Personen des privaten Rechts (§ 1 Abs. 1 Nr. 4 KStG) und
  - nichtrechtsfähigen Vereinen, Anstalten, Stiftungen und anderen Zweckvermögen des privaten Rechts (§ 1 Abs. 1 Nr. 5 KStG)

  erfolgen zwar grundsätzlich keine Ausschüttungen an die Anteilseigner, jedoch Vermögensübertragungen an die hinter diesen Körperschaften stehenden Gewährsträger und Personen. Diese Vermögensübertragungen sind bei wirtschaftlicher Betrachtung mit

Gewinnausschüttungen vergleichbar und führen beim Empfänger zu Einnahmen i.S.d. § 20 EStG. Auch sie fallen unter die 40 % ige Steuerbefreiung (§ 3 Nr. 40 Buchst. d i.V.m. § 20 Abs. 1 Nr. 9 EStG).

- Zu 40 % steuerfrei sind auch Gewinne aus der **Veräußerung von Anteilen** an Kapitalgesellschaften und Genossenschaften sowie Steuerpflichtigen i.S.v. § 1 Abs. 1 Nrn. 3 bis 5 KStG (§ 3 Nr. 40 Buchst. a EStG). Zudem fallen auch Gewinne aus der Entnahme von Anteilen dieser Gesellschaften, aus der Veräußerung oder Entnahme von Anteilen an Organgesellschaften sowie Gewinne aus einer Wertaufholung unter die Steuerbefreiung. Verluste sind entsprechend zu 40 % nicht abzugsfähig (§ 3c Abs. 2 EStG).
- Die 40 % ige Steuerbefreiung für Veräußerungsgewinne gilt auch für die Veräußerung von im Privatvermögen gehaltenen Anteilen an Kapitalgesellschaften, sofern es sich um **Beteiligungen i.S.d. § 17 EStG**, d.h. um Beteiligungen von mindestens 1 %, handelt (§ 3 Nr. 40 Buchst. c EStG). Verluste sind entsprechend zu 40 % nicht abzugsfähig (§ 3c Abs. 2 EStG).
- Auch Einnahmen aus der Veräußerung von **Dividendenscheinen** und sonstigen Ansprüchen i.S.d. § 20 Abs. 2 Satz 1 Nr. 2 Buchst. a EStG sind zu 40 % von der Steuer befreit (§ 3 Nr. 40 Buchst. g EStG).
- Schließlich wird die 40 % ige Steuerbefreiung auch für den Gewinn aus der Veräußerung bzw. Aufgabe eines Betriebs i.S.d. § 16 Abs. 2 und 3 EStG gewährt, soweit dieser auf die Veräußerung von Anteilen an Kapitalgesellschaften und Erwerbs- und Wirtschaftsgenossenschaften entfällt (§ 3 Nr. 40 Buchst. b EStG).

Abschließend sei betont, dass insbesondere die Steuerbefreiungen, die sich auf Gewinnausschüttungen und Vermögensmehrungen aus der Beteiligung an Kapitalgesellschaften beziehen, nicht danach differenzieren, ob es sich um inländische oder ausländische Kapitalgesellschaften handelt. Die Steuerfreistellung erfolgt grundsätzlich auch im Verhältnis zu ausländischen Kapitalgesellschaften.

5.3.3.2 Persönlicher und sachlicher Anwendungsbereich des § 8b KStG

§ 8b Abs. 1, 2 KStG zählt die Vermögensmehrungen von Körperschaften auf, die steuerfrei sind. Diese Steuerbefreiungen werden allen Anteilseignern gewährt, die der Körperschaftsteuerpflicht unterliegen. Ob die Anteilseigner unbeschränkt oder beschränkt steuerpflichtig sind, ist zunächst unerheblich. Bei beschränkt Steuerpflichtigen, bei denen die Kapitalertragsteuer Abgeltungswirkung entfaltet, gilt die Steuerbefreiung nach § 8b KStG allerdings nicht. Abgeltungswirkung entfaltet die Kapitalertragsteuer grundsätzlich, wenn die Beteiligungserträge nicht in einer inländischen Betriebsstätte entstehen.

Die wichtigsten Steuerbefreiungen sind im Folgenden aufgezählt:

- § 8b Abs. 1 KStG befreit **offene und verdeckte Gewinnausschüttungen** von Kapitalgesellschaften und Genossenschaften (§ 8b Abs. 1 Satz 1 KStG i.V.m. § 20 Abs. 1 Nr. 1 EStG) sowie die mit Gewinnausschüttungen vergleichbaren Einnahmen aus Leistungen der juristischen Personen i.S.d. § 1 Abs. 1 Nrn. 3 bis 5 KStG (§ 8b Abs. 1 Satz 1 KStG i.V.m. § 20 Abs. 1 Nr. 9 EStG, vgl. Abschnitt 5.3.3.1) und der nicht von der Körperschaftsteuer befreiten Betriebe gewerblicher Art (§ 8b Abs. 1 Satz 1 KStG i.V.m. § 20 Abs. 1 Nr. 10 Buchst. a EStG) von der Steuer.
- Ebenfalls von der Steuer befreit sind Bezüge, die auf Grund einer **Kapitalherabsetzung** oder nach der **Auflösung** einer unbeschränkt steuerpflichtigen Kapitalgesellschaft oder

Genossenschaft anfallen. Soweit es sich hierbei um die Ausschüttung von sonstigen Rücklagen oder die Rückzahlung von Nennkapital, das durch die Umwandlung von sonstigen Rücklagen gebildet wurde, handelt, erfolgt die Befreiung nach § 8b Abs. 1 Satz 1 KStG. Soweit Rückzahlungen von Nennkapital und Beträgen des steuerlichen Einlagekontos erfolgen, stützt sich die Befreiung auf § 8b Abs. 2 KStG. Schließlich erfasst § 8b Abs. 1 KStG die Einnahmen aus der Veräußerung von Dividendenscheinen und sonstigen Ansprüchen i.S.d. § 20 Abs. 2 Satz 1 Nr. 2 Buchst. a EStG (§ 8b Abs. 1 Satz 5 KStG).

- § 8b Abs. 2 KStG befreit **Gewinne aus der Veräußerung** von Anteilen an Kapitalgesellschaften, Genossenschaften und den anderen in § 20 Abs. 1 Nrn. 9, 10 Buchst. a EStG genannten Körperschaften. Dies gilt auch, wenn Anteile an einer Kapitalgesellschaft veräußert werden, die Organgesellschaft ist. Zudem führen Betriebsvermögensmehrungen aus dem Ansatz einer Beteiligung an einer Kapitalgesellschaft oder Genossenschaft mit dem höheren Wert auf Grund einer steuerlichen Wertaufholung nicht zu einer Erhöhung des steuerlichen Gewinns, soweit die vorangegangene Teilwertabschreibung steuerlich nicht berücksichtigt wurde.

Erneut sei vermerkt, dass insbesondere im Hinblick auf steuerfreie Einnahmen, die sich auf Anteile an Kapitalgesellschaften beziehen, nicht danach differenziert wird, ob es sich um inländische oder ausländische Gesellschaften handelt. Auch die Höhe der Beteiligung ist ohne Bedeutung.

Die Steuerbefreiungen des § 8b KStG gelten auch, wenn die genannten Bezüge dem Körperschaftsteuerpflichtigen im Rahmen des Gewinnanteils aus einer **Mitunternehmerschaft** zugerechnet werden (§ 8b Abs. 6 Satz 1 KStG).

Beispiel C.23:

Die X-GmbH ist Komplementärin der X-GmbH & Co. KG. Die X-GmbH & Co. KG bezieht aus einer Beteiligung an der Z-AG Dividenden.

Die Gewinne der X-GmbH & Co. KG, die auf die X-GmbH entfallen, sind bei der X-GmbH insoweit nach § 8b KStG von der Körperschaftsteuer befreit, wie sie auf die von der Z-AG bezogenen Dividenden zurückzuführen sind.

Die Regelung dient offenbar dem Zweck, eine mehrfache körperschaftsteuerliche Belastung von Gewinnen zu vermeiden.

Die Steuerbefreiungen des § 8b KStG gelten schließlich auch für Bezüge und Gewinne, die einem **Betrieb gewerblicher Art** einer juristischen Person des öffentlichen Rechts zufließen, wenn diese an der leistenden Gesellschaft mittelbar über andere juristische Personen des öffentlichen Rechts beteiligt ist (§ 8b Abs. 6 Satz 2 KStG). In diesem Fall gehören die Beteiligungserträge des Betriebs gewerblicher Art nicht zu den nach § 8b Abs. 1 KStG befreiten Einnahmen i.S.d. § 20 Abs. 1 Nrn. 1, 2, 9, 10 Buchst. a EStG. Es bedurfte deshalb einer Klarstellung, dass auch für diese Beteiligungserträge die Regelungen des § 8b KStG gelten (vgl. Abschnitt C.4.3.1).

Bereits an dieser Stelle sei darauf hingewiesen, dass gemäß § 8b Abs. 3, 5 KStG jeweils 5 % der steuerfreien Einnahme als Ausgaben gelten, die nicht als Betriebsausgaben abgezogen werden dürfen. Im Ergebnis sind die Einnahmen nach § 8b Abs. 1, 2 KStG somit nur zu 95 % steuerfrei und zu 5 % steuerpflichtig (im Einzelnen siehe Abschnitt C.5.3.5.2.2).

5.3.4 Gliederung des Eigenkapitals

Unter dem körperschaftsteuerlichen Anrechnungsverfahren wurde auf Gewinnausschüttungen die Ausschüttungsbelastung von 30 % hergestellt. Um die steuerliche Vorbelastung der für Ausschüttungen verwendeten Beträge zu kennen, war eine umfangreiche Gliederungsrechnung notwendig, die das verwendbare Eigenkapital nach seiner steuerlichen Belastung differenzierte (siehe Abschnitt C.5.2.1).

Unter dem Teileinkünfteverfahren ist bei Ausschüttungen grundsätzlich keine Ausschüttungsbelastung herzustellen. Einbehaltene und ausgeschüttete Gewinne unterliegen einem einheitlichen Steuersatz von derzeit 15 %. Eine Gliederung des Eigenkapitals, welche nach der Höhe der steuerlichen Belastung differenziert, erübrigt sich daher.

Dadurch vereinfacht sich die Gliederung des (steuerlichen) Eigenkapitals erheblich. Es wird nunmehr zwischen Nennkapital und Rücklagen unterschieden, wobei die Rücklagen sich aus dem steuerlichen Einlagekonto (§ 27 Abs. 1 Satz 1 KStG) sowie dem ausschüttbaren Gewinn (§ 27 Abs. 1 Satz 5 KStG) zusammensetzen.

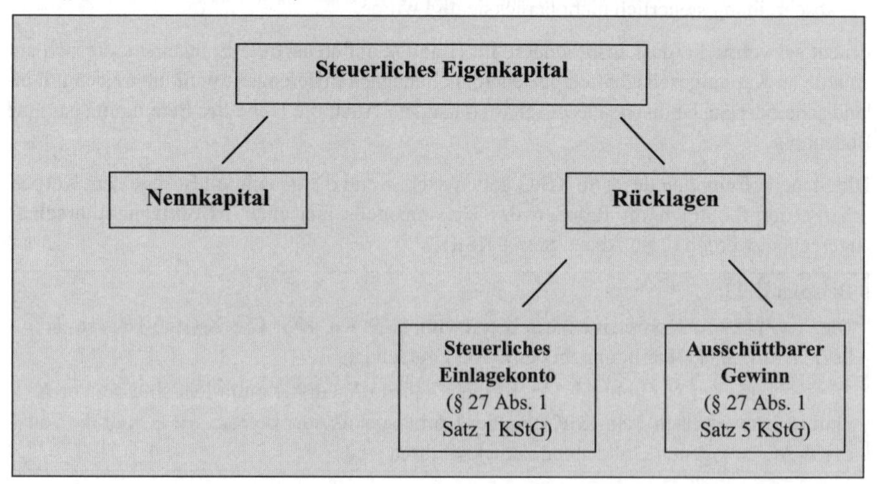

Abbildung C.9: Gliederung des steuerlichen Eigenkapitals

Nennkapital

Nennkapital ist das gesellschaftsrechtlich gebundene Eigenkapital der Gesellschaft, d.h. das Stammkapital einer GmbH (§ 5 GmbHG) bzw. das Grundkapital einer AG oder KGaA (§ 6 AktG).

Steuerliches Einlagekonto

Zur Anwendung der Vorschriften zum steuerlichen Einlagekonto hat das BMF ausführlich mit Schreiben vom 04.06.2003 Stellung genommen (BStBl I 2003, S. 366).

In das steuerliche Einlagekonto werden Einlagen der Gesellschafter eingestellt, die nicht in das Nennkapital geleistet werden (§ 27 Abs. 1 Satz 1 KStG). Hierunter fällt insbesondere ein bei der Ausgabe von Gesellschaftsanteilen erhobenes Ausgabeagio.

Das steuerliche Einlagekonto ist allerdings nicht mit der handelsrechtlichen Kapitalrücklage im Sinne des § 272 Abs. 2 HGB gleichzusetzen, da neben dem Aufgeld (Agio) bei der Ausgabe von Gesellschaftsanteilen z.B. auch verdeckte Einlagen (siehe Abschnitt C.4.2.2) einzubeziehen sind, die handelsrechtlich Ertrag darstellen und somit in den Gewinnrücklagen enthalten sind.

Bei dem steuerlichen Einlagekonto handelt es sich um einen für steuerliche Zwecke außerhalb der handelsrechtlichen Buchführung fortzuschreibenden Betrag. Der Bestand des steuerlichen Einlagekontos ist zum Schluss eines jeden Wirtschaftsjahres auszuweisen und gesondert festzustellen (§ 27 Abs. 1 Satz 2, Abs. 2 KStG).

Das Erfordernis der Fortschreibung eines steuerlichen Einlagekontos ergibt sich daraus, dass Ausschüttungen, die aus dem steuerlichen Einlagekonto erfolgen, bei wirtschaftlicher Betrachtung nicht als Gewinnausschüttungen anzusehen sind, sondern als Kapitalrückzahlungen. Solche Ausschüttungen sind daher beim Anteilseigner nicht zu den Einkünften aus Kapitalvermögen im Sinne von § 20 Abs. 1 Nr. 1 EStG zu zählen (vgl. § 20 Abs. 1 Nr. 1 Satz 3 EStG). Vielmehr mindern sie die Anschaffungskosten der Anteile und wirken sich daher grundsätzlich erst bei Veräußerung durch einen höheren Veräußerungsgewinn aus. Um sicherzustellen, dass auf Gesellschafterebene keine Versteuerung zurückgezahlter Einlagen erfolgt, müssen die nicht in das Nennkapital geleisteten Einlagen (insbesondere Agio und verdeckte Einlagen) gesondert erfasst und bei Rückgewähr entsprechend bescheinigt werden.

Ausschüttbarer Gewinn

Der ausschüttbare Gewinn ergibt sich gemäß § 27 Abs. 1 Satz 5 KStG wie folgt (vgl. auch Tz. 14 des BMF-Schreibens vom 04.06.2003, BStBl I 2003, S. 366):

Eigenkapital laut Steuerbilanz	
–	Nennkapital
–	Bestand des steuerlichen Einlagekontos
=	**Ausschüttbarer Gewinn**

Tabelle C.8: Ausschüttbarer Gewinn nach § 27 Abs. 1 Satz 5 KStG

In den ausschüttbaren Gewinn wird zum einen der steuerpflichtige Gewinn der Körperschaft, gemindert um die tarifliche Körperschaftsteuer i.H.v. derzeit 15 %, eingestellt. Zum anderen fließen in den ausschüttbaren Gewinn auch Bezüge, die steuerfrei oder nicht steuerbar sind. Dazu gehören

- ausländische Einkünfte (abzüglich im Ausland gezahlter Steuer), die auf Grund eines DBA von der deutschen Körperschaftsteuer befreit sind,
- steuerfreie Einkommenszugänge (beispielsweise nach § 8b KStG steuerfreie Beteiligungserträge) und nicht zum Einkommen gehörende Vermögensmehrungen aus inländischen Quellen (beispielsweise Investitionszulagen nach dem InvZulG).

Der Bestand des ausschüttbaren Gewinns wird selbst nicht festgestellt. Der ausschüttbare Gewinn ergibt sich indirekt als Differenz zwischen dem steuerlichen Eigenkapital einerseits und dem Nennkapital und dem gesondert festzustellenden Bestand des steuerlichen Einlagekontos andererseits.

Die folgende Abbildung gibt einen Überblick über die Zusammensetzung des ausschüttbaren Gewinns:

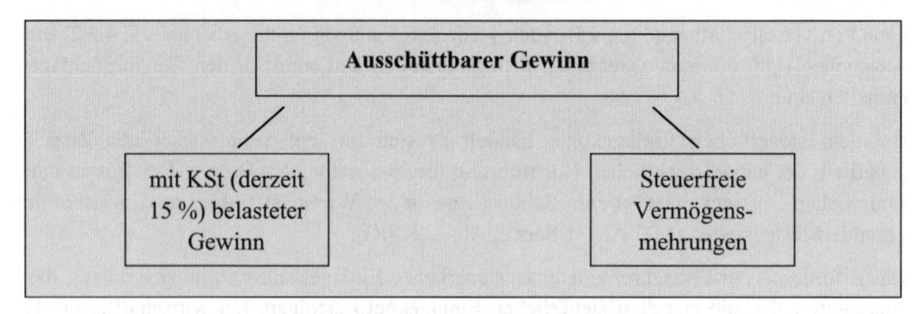

Abbildung C.10: Zusammensetzung des ausschüttbaren Gewinns

Zum **Sonderausweis** des § 28 Abs. 1 Satz 3 KStG wird auf Abschnitt C.5.3.7 verwiesen.

5.3.5 Ausschüttungen

Wie im vorangegangenen Abschnitt beschrieben, setzt sich das Eigenkapital aus dem Nennkapital und den Rücklagen zusammen. Die Rücklagen bestehen wiederum aus dem ausschüttbaren Gewinn sowie dem steuerlichen Einlagekonto.

Ausschüttungen erfolgen regelmäßig aus dem ausschüttbaren Gewinn. Übersteigt eine Ausschüttung allerdings den ausschüttbaren Gewinn, so wird der Betrag aus dem steuerlichen Einlagekonto entnommen. Im Folgenden wird geklärt, in welcher Reihenfolge und Höhe die einzelnen Eigenkapitalpositionen als für eine Ausschüttung verwendet gelten (Abschnitt C.5.3.5.1). Zudem wird die steuerliche Behandlung beim Anteilseigner erläutert (Abschnitt C.5.3.5.2).

Das Nennkapital kann nicht ausgeschüttet, jedoch an die Anteilseigner zurückgezahlt werden. Abschnitt C.5.3.7 widmet sich der Frage, wie die Rückzahlung von Nennkapital steuerlich behandelt wird. Insbesondere wird dabei der Fall betrachtet, dass Nennkapital zurückgezahlt wird, welches durch Umwandlung von Rücklagen gebildet wurde.

5.3.5.1 Reihenfolge der Verwendung

Die Verwendungsreihenfolge ergibt sich aus § 27 Abs. 1 Sätze 3, 4 KStG. Danach mindern Leistungen der Gesellschaft nur dann das steuerliche Einlagekonto, wenn keine ausschüttbaren Gewinne zur Verfügung stehen.

Ausschüttungen erfolgen somit vorrangig aus dem Bestand des **ausschüttbaren Gewinns**. Verrechnet werden sie mit dem Bestand des ausschüttbaren Gewinns, der am Ende des der Ausschüttung vorangehenden Wirtschaftsjahres vorhanden war und indirekt aus den festgestellten Teilbeträgen des steuerlichen Eigenkapitals zu ermitteln ist.

Ausschüttungen aus dem **steuerlichen Einlagekonto** haben wirtschaftlich gesehen den Charakter von Kapitalrückzahlungen und begründen deshalb beim Anteilseigner auch keine Einnahmen nach § 20 EStG (§ 20 Abs. 1 Nr. 1 Satz 3 EStG, vgl. Abschnitt B.7.5.1.1). Vielmehr mindern sie die Anschaffungskosten der Anteile und wirken sich daher grundsätzlich erst bei Veräußerung durch einen höheren Veräußerungsgewinn aus. Im Rahmen des § 17 EStG kann auch ohne Veräußerung ein Veräußerungserlös fingiert werden, wenn die Rückzahlungen aus dem steuerlichen Einlagekonto die Anschaffungskosten der Anteile übersteigen (§ 17 Abs. 4 Satz 1 EStG).

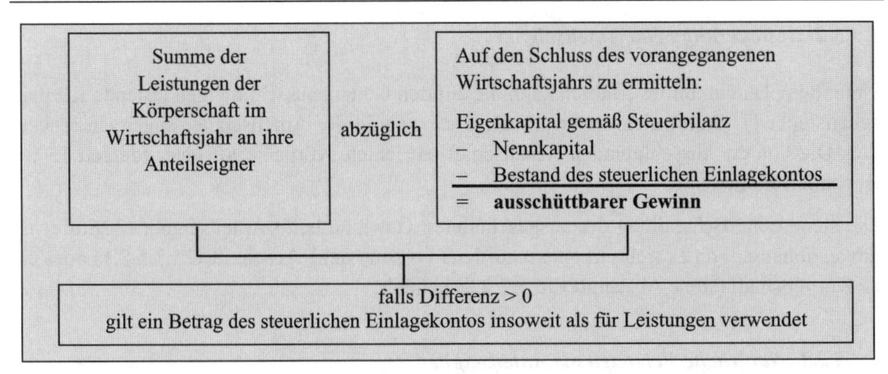

Abbildung C.11: Ermittlung der Leistungen aus dem steuerlichen Einlagekonto

Beispiel C.24:

Die Z-AG (Wirtschaftsjahr = Kalenderjahr) erbringt in 03 an ihre Anteilseigner Leistungen i.H.v. 200.000 €. Zum 31.12.02 sind folgende Bestände vorhanden bzw. festgestellt worden:

Eigenkapital laut Steuerbilanz:	600.000 €
Nennkapital:	200.000 €
Bestand des steuerlichen Einlagekontos:	300.000 €

Der Betrag, der aus dem steuerlichen Einlagekonto für die Leistungen in 03 als verwendet gilt, ergibt sich als:

Leistungen in 03		200.000 €
Eigenkapital gemäß Steuerbilanz	600.000 €	
– Nennkapital	– 200.000 €	
– Bestand steuerliches Einlagekonto	– 300.000 €	
= ausschüttbarer Gewinn	100.000 €	– 100.000 €
Betrag der Leistung aus dem steuerlichen Einlagekonto		100.000 €

Die leistende Körperschaft hat ihren Anteilseignern die Höhe des Betrages, der dem steuerlichen Einlagekonto für Leistungen entnommen wurde, zu bescheinigen (§ 27 Abs. 3 KStG). Beim Anteilseigner bleibt dieser Teil der Ausschüttung steuerfrei. Ist die Minderung des Einlagekontos **zu niedrig** bescheinigt worden, so bleibt die Verwendung laut Bescheinigung unverändert (§ 27 Abs. 5 Satz 1 KStG). Die Bescheinigung wirkt insoweit definitiv. Selbst dann, wenn sich beispielsweise im Rahmen einer späteren Betriebsprüfung herausstellt, dass für die Leistung keine ausschüttbaren Gewinne zur Verfügung gestanden haben, erhöht sich der als verwendet geltende Betrag des steuerlichen Einlagekontos nicht. Hierdurch wird ausgeschlossen, dass Betriebsprüfungen zu Änderungen der Verwendungsfiktion für vorangegangene Zeiträume führen. Ist dem Anteilseigner bis zum Tag der Bekanntgabe des Feststellungsbescheids keine Verwendung des steuerlichen Einlagekontos bescheinigt worden, so gilt ein Betrag von 0 € als bescheinigt (§ 27 Abs. 5 Satz 2 KStG). Wird andererseits eine **zu hohe** Minderung des steuerlichen Einlagekontos bescheinigt, so ist die Bescheinigung nicht definitiv. Vielmehr kann die auf den überhöht ausgewiesenen Betrag der Einlagenrückgewähr entfallende Kapitalertragsteuer durch Haftungsbescheid ge-genüber der Körperschaft geltend gemacht werden (§ 27 Abs. 5 Satz 4 KStG).

5.3.5.2 Besteuerung beim Anteilseigner

Unter dem Teileinkünfteverfahren kann die auf den Gewinnausschüttungen lastende Körperschaftsteuer (1. Stufe) nicht mehr auf die Steuerschuld der Anteilseigner angerechnet werden. Die von der ausschüttenden Gesellschaft entrichtete Körperschaftsteuer (derzeit 15 %) ist somit definitiv.

Die steuerliche Behandlung der ausgeschütteten Gewinne beim Anteilseigner (2. Stufe) ist davon abhängig, ob es sich um eine natürliche Person (siehe Abschnitt C.5.3.5.2.1) oder eine Körperschaft (siehe Abschnitt C.5.3.5.2.2) handelt.

5.3.5.2.1 Natürliche Personen als Anteilseigner

Ist Anteilseigner eine natürliche Person, so ist wiederum danach zu differenzieren, ob die Anteile im **Privatvermögen** oder im **Betriebsvermögen** gehalten werden:

Fall 1: Ausschüttung an natürliche Personen, die ihre Anteile im Privatvermögen halten

Erfolgt die Ausschüttung an natürliche Personen, die die Anteile im Privatvermögen halten, so erfolgt eine Besteuerung mit der Abgeltungsteuer von 25 % (zuzüglich Solidaritätszuschlag, vgl. Abschnitt B.7.5.3). Mit der Abgeltungsteuer ist die Einkommensteuer dann abgegolten (§ 43 Abs. 5 Satz 1 EStG). Die Abgeltungsteuer bezieht sich auf die Bruttoeinnahmen (= Dividende). Werbungskosten können nicht abgezogen werden (§ 20 Abs. 9 Satz 1 EStG).

Beispiel C.25:

A ist zu 10 % an der inländischen X-AG beteiligt und hält die Anteile im **Privatvermögen**. Die X-AG erzielt in 2010 ein zu versteuerndes Einkommen von 100.000 €. Gewerbesteuerliche Hinzurechnungen und Kürzungen sind nicht zu beachten. In 2011 schüttet die X-AG den nach Steuern verbleibenden Gewinn 2010 an ihre Anteilseigner aus.

1. Ebene: Kapitalgesellschaft (X-AG)

	Gewinn vor Steuern	100.000 €
–	Körperschaftsteuer, 15 %	– 15.000 €
–	Solidaritätszuschlag (5,5 % von 15.000 =)	– 825 €
–	Gewerbesteuer (100.000 · 3,5 % · 400 % =)	– 14.000 €
=	Gewinn nach Steuern	70.175 €

2. Ebene: Anteilseigner (Herr A)

	Dividende (Einkünfte aus Kapitalvermögen, § 20 Abs. 1 Nr. 1 EStG), 10 % von 70.175 €	7.017 €
–	Kapitalertragsteuer (Abgeltungsteuer), 25 %	– 1.754 €
–	Solidaritätszuschlag (5,5 % von 1.754 =)	– 96 €
=	Nettodividende	5.167 €

Im Ergebnis bleibt von dem auf A entfallenden Gewinn der X-AG (10.000 €) nach Steuern noch eine Nettodividende von 5.167 € übrig. Dies entspricht einer gesamten

Steuerbelastung von 48,33 %.

Sofern A über einen geringeren persönlichen Steuersatz als 25 % verfügt, kann er die **Veranlagungsoption** wählen. In diesem Fall erhält er im Rahmen seiner Einkommensteuerveranlagung im Ergebnis die Differenz zwischen 25 % und seinem persönlichen Steuersatz erstattet (siehe Abschnitt B.4.4.6).

Erfolgt eine Ausschüttung aus dem **steuerlichen Einlagekonto**, so führen diese nicht zu Einkünften aus Kapitalvermögen. Kapitalertragsteuer fällt insoweit nicht an. Der Betrag der Ausschüttung aus dem steuerlichen Einlagekonto ist vielmehr erfolgsneutral mit den Anschaffungskosten der Anteile zu verrechnen. Die Ausschüttung aus dem steuerlichen Einlagekonto wirkt sich somit erst bei einer Veräußerung der Anteile durch einen höheren, nach § 20 Abs. 2 Nr. 1 oder § 17 EStG steuerpflichtigen Veräußerungsgewinn aus. Im Rahmen des § 17 EStG kann allerdings auch ohne Veräußerung ein Veräußerungserlös fingiert werden, wenn die Rückzahlungen aus dem steuerlichen Einlagekonto die Anschaffungskosten der Anteile übersteigen (§ 17 Abs. 4 Satz 1 EStG).

Fall 2: Ausschüttung an natürliche Personen, die ihre Anteile im Betriebsvermögen halten

Werden die Anteile im Betriebsvermögen gehalten, so ist das Teileinkünfteverfahren anzuwenden. 40 % der Gewinnausschüttung sind gemäß § 3 Nr. 40 Buchst. d EStG steuerfrei. Die verbleibenden 60 % zählen zu den Einkünften aus Land- und Forstwirtschaft, Gewerbebetrieb oder selbständiger Arbeit. Betriebsausgaben, die im Zusammenhang mit den Einnahmen stehen, dürfen gemäß § 3c Abs. 2 EStG ebenfalls nur zu 60 % abgezogen werden.

Beispiel C.26:

An der X-AG aus dem vorhergehenden Beispiel ist B ebenfalls zu 10 % beteiligt. B hält die Anteile allerdings nicht im Privatvermögen, sondern im **Betriebsvermögen** eines gewerblichen Einzelunternehmens. Er hat einen persönlichen Einkommensteuersatz von 42 %.

2. Ebene: Anteilseigner (Herr B)

Dividende (Einkünfte aus Gewerbebetrieb, § 20 Abs. 8 Satz 1 EStG), 10 % von 70.175 €		7.017 €
– Kapitalertragsteuer, 25 %		- 1.754 €
– Solidaritätszuschlag (5,5 % von 1.754 =)		– 96 €
= Nettodividende		5.167 €
Dividende (Einkünfte aus Gewerbebetrieb)	7.017 €	7.017 €
– 40 % steuerfrei nach § 3 Nr. 40 Buchst. d EStG	– 2.807 €	
Steuerpflichtig	4.210 €	
→ Einkommensteuer (42 % von 4.210 =)		- 1.768 €
→ Solidaritätszuschlag (5,5 % von 1.768 =)		– 97 €
Dividende nach Steuern		5.152 €

Die Kapitalertragsteuer wird auf die Einkommensteuer angerechnet, so dass es im Rahmen der Einkommensteuerveranlagung im Ergebnis zu einer Nachzahlung von (1.768 - 1.754 =) 14 € Einkommensteuer und (97 – 96 =) 1 € Solidaritätszuschlag kommt.

Im Ergebnis bleibt von dem auf B entfallenden Gewinn der X-AG (10.000 €) noch eine Dividende nach Steuern von 5.152 € übrig. Dies entspricht einer gesamten Steuerbelastung von 48,48 %.

Bei einem persönlichen Steuersatz von 42 % (Spitzensteuersatz ohne „Reichensteuer“) unterscheidet sich die steuerliche Belastung von Dividenden im Betriebsvermögen offenbar nur wenig von der steuerlichen Belastung im Privatvermögen. Bei einem persönlichen Steuersatz unterhalb des Satzes von 42 % ist jedoch das Betriebsvermögen günstiger. Dies gilt in besonderem Maße, wenn Aufwendungen im Zusammenhang mit den Dividenden entstanden sind (z.B. Zinsaufwendungen bei Fremdfinanzierung der Anteile), da diese Aufwendungen im Privatvermögen nicht, im Betriebsvermögen hingegen zu 60 % abgezogen werden können.

Die Steuerfreistellung zu 40 % gilt unabhängig davon, ob die Beteiligung zum Betriebsvermögen eines Einzelunternehmens oder einer Mitunternehmerschaft gehört, soweit an der Mitunternehmerschaft natürliche Personen beteiligt sind.

Beispiel C.27:

Herr A sowie die B-GmbH sind Gesellschafter der AB-OHG. Zum Betriebsvermögen der AB-OHG gehört eine Beteiligung an der X-GmbH. Die X-GmbH schüttet einen Gewinn i.H.v. 10.000 € an die AB-OHG aus.

Die Gewinnausschüttung führt bei der OHG zu einer Betriebseinnahme. Für Gesellschafter A sind seine anteiligen betrieblichen Gewinne, soweit sie auf die Gewinnausschüttung der X-GmbH entfallen, nur zu 60 % steuerpflichtig. Für die B-GmbH ist die anteilige Gewinnausschüttung im Ergebnis nur zu 5 % steuerpflichtig (§ 8b Abs. 1, 5 KStG).

A sowie die B-GmbH können den jeweils auf sie entfallenden Teilbetrag der Kapitalertragsteuer auf ihre Einkommensteuer bzw. Körperschaftsteuer anrechnen.

§ 3 Nr. 40 EStG spricht ausdrücklich von einer 40 % igen Steuerfreistellung der Einnahmen. Um aus den Einnahmen die steuerpflichtigen Einkünfte zu ermitteln, sind die Einnahmen um die Betriebsausgaben zu kürzen. Um zu verhindern, dass die Aufwendungen, die im Zusammenhang mit den durch § 3 Nr. 40 EStG zu 40 % von der Einkommensteuer befreiten Einnahmen stehen, vollständig steuerlich geltend gemacht werden, hat der Gesetzgeber § 3c Abs. 2 in das Einkommensteuergesetz aufgenommen. Danach dürfen Betriebsausgaben, die mit Einnahmen im Sinne von § 3 Nr. 40 EStG in wirtschaftlichem Zusammenhang stehen, nur zu 60 % abgezogen werden und zwar unabhängig davon, in welchem Veranlagungszeitraum die Einnahmen anfallen (§ 3c Abs. 2 Satz 1 EStG). Damit werden durch das 40 % ige Abzugsverbot auch Aufwendungen erfasst, die nicht in dem Veranlagungszeitraum entstehen, in denen die Einnahmen anfallen, sondern in früheren oder späteren Veranlagungszeiträumen.

Mit Urteil vom 25.06.2009 (BStBl II 2010, S. 220) hatte der BFH entschieden, dass das Abzugsverbot zu 40 % nicht greift, wenn in **keinem** Veranlagungszeitraum Einnahmen anfallen. Nachdem die Finanzverwaltung auf dieses Urteil zunächst mit einem Nichtanwendungserlass reagiert hatte (BMF-Schreiben vom 15.02.2010, BStBl I 2010, S. 181), hat sich die Finanzverwaltung mit BMF-Schreiben vom 28.06.2010 (DStR 2010, S. 1337) der Auffassung des BFH doch angeschlossen. Mit Wirkung zum VZ 2011 hat der Gesetz-geber durch das JStG 2010 (BGBl I 2010, S. 1768) allerdings die alte Verwaltungsauffassung durch die Einfügung eines neuen Satzes 2 in § 3c Abs. 2 EStG wiederher-gestellt. Danach reicht für das Abzugsverbot zu 40 % bereits die Absicht zur Erzielung von Betriebsvermögensmehrungen oder Einnahmen im Sinne des § 3 Nr. 40 EStG aus.

Beispiel C.28:

A hält Aktien an der inländischen X-AG in einem gewerblichen Betriebsvermögen. In 02 vereinnahmt A eine Dividende i.H.v. 10.000 €. In 01 hat die X-AG keine Gewinnausschüttung vorgenommen. Für Depotverwaltung und Teilnahme an der Hauptversammlung sind A in 01 Aufwendungen i.H.v. 400 € und in 02 i.H.v. 600 € entstanden.

A hat in 02 steuerpflichtige Einnahmen gemäß § 20 Abs. 1 Nr. 1 i.V.m. § 3 Nr. 40 Buchst. d EStG i.H.v. (10 000 · 60 % =) 6.000 €. Sowohl die Aufwendungen in 01 als auch die in 02 stehen mit den bezogenen Dividenden in wirtschaftlichem Zusammenhang. Sie können daher nur zu 60 % als Betriebsausgaben abgezogen werden (§ 3c Abs. 2 EStG). A erzielt somit in 01 einen Verlust in Höhe (400 · 60 % =) 240 € und hat in 02 steuerpflichtige Einkünfte i.S.d. § 20 Abs. 1 Nr. 1 EStG i.H.v. (6.000 – (600 · 60 %) =) 5.640 €.

Kein wirtschaftlicher Zusammenhang mit steuerfreien Einnahmen ist gegeben, wenn fremdübliche Konditionen vereinbart wurden. Gewährt der Anteilseigner beispielsweise seiner Kapitalgesellschaft ein Darlehen zu fremdüblichen Konditionen, so sind eventuelle Teilwertabschreibungen auf die Darlehensforderung in voller Höhe abzuziehen, § 3c Abs. 2 EStG greift nicht (BMF-Schreiben vom 08.11.2010, Az. IV C 6 – S 2128/07/10001).

Es sei an dieser Stelle angemerkt, dass das 40 % ige Abzugsverbot von Aufwendungen kritisch zu beurteilen ist, da der Zweck der 40 % igen Steuerbefreiung des § 3 Nr. 40 EStG darin zu sehen ist, den Anteilseigner trotz der Vorbelastung der Gewinnausschüttungen mit Körperschaftsteuer in eine Situation zu versetzen, in der der auszuschüttende Gewinn insgesamt in etwa seiner Einkommensteuerbelastung unterliegt. Es soll eine pauschale (indirekte) Anrechnung erfolgen. Das 40 % ige Abzugsverbot für Aufwendungen wider-spricht diesem Grundgedanken. Da diese Aufwendungen in voller Höhe entstanden sind, sollten sie auch in voller Höhe abzugsfähig sein. Eine vergleichbare Kritik ergibt sich für die Behandlung von Aufwendungen, wenn eine Körperschaft Anteilseigner an einer gewinnausschüttenden Körperschaft ist (vgl. Abschnitt C.5.3.5.2.2).

Erfolgt eine Ausschüttung aus dem **steuerlichen Einlagekonto**, so fällt diese nicht unter das Teileinkünfteverfahren (BFH-Urteil vom 06.10.2009, BFH/NV 2010, S. 248). Der Betrag der Ausschüttung aus dem steuerlichen Einlagekonto ist erfolgsneutral mit den Anschaffungskosten der Anteile zu verrechnen. Nur wenn die Anschaffungskosten gänzlich aufgebraucht sind, entsteht eine Betriebseinnahme, für die dann das Teileinkünfteverfahren gilt.

5.3.5.2.2 Körperschaften als Anteilseigner

Ist der Anteilseigner eine Körperschaft, so bleiben empfangene Gewinnausschüttungen gemäß § 8b Abs. 1 KStG steuerfrei. Ausschüttungen werden auf Ebene des Anteilseigners somit nur besteuert, wenn es sich bei dem Anteilseigner um eine natürliche Person handelt. Andernfalls käme es bei mehrstufigen Beteiligungsverhältnissen zu einem Kaskadeneffekt – der ausgeschüttete Gewinn würde auf jeder Beteiligungsebene erneut steuerlich belastet und damit gemindert. Durch § 8b Abs. 1 KStG soll verhindert werden, dass Gewinne durch mehrmalige Belastung mit Körperschaftsteuer aufgezehrt werden.

Nach Auffassung des Gesetzgebers folgt aus der Steuerfreiheit von empfangenen Gewinnausschüttungen, dass Aufwendungen, die in einem unmittelbaren wirtschaftlichen Zusammenhang mit den steuerfreien Einnahmen stehen, nicht abzugsfähig sein dürfen. Da die Höhe der Aufwendungen, die mit den steuerfreien Gewinnausschüttungen im Zusammenhang stehen, im Einzelfall nur schwer zu ermitteln sein dürfte, gelten nach § 8b Abs. 5 KStG pauschal 5 % der steuerfrei vereinnahmten Gewinnausschüttungen als nicht abzugsfähige Betriebsausgaben. Dies gilt auch dann, wenn tatsächlich überhaupt keine Beteiligungsaufwendungen oder umgekehrt deutlich höhere Beteiligungsaufwendungen als 5 % entstanden sind. Die Abzugsbegrenzung des § 8b Abs. 5 KStG geht als *lex specialis* dem allgemeinen Abzugsverbot des § 3c EStG vor.

Im Ergebnis führt die Regelung des § 8b Abs. 5 KStG dazu, dass die tatsächlich entstandenen Beteiligungsaufwendungen in voller Höhe abzugsfähig sind, die Gewinnausschüttung jedoch nur in Höhe von 95 % steuerfrei ist – in Höhe von 5 % unterliegt sie der Besteuerung.

Beispiel C.29:

An der X-AG aus Beispiel C.25 ist zudem die C-GmbH zu 80 % beteiligt.

2. Ebene: Anteilseigner (C-GmbH)

Dividende (Einkünfte aus Gewerbebetrieb, § 8 Abs. 2 KStG), 80 % von 70.175 €		56.140 €
– Kapitalertragsteuer, 25 %		– 14.035 €
– Solidaritätszuschlag (5,5 % von 14.035 =)		– 772 €
= Nettodividende		41.333 €
Dividende (Einkünfte aus Gewerbebetrieb)	56.140 €	56.140 €
– 95 % steuerfrei nach § 8b Abs. 1, 5 KStG	– 53.333 €	
Steuerpflichtig	2.807 €	
→ Körperschaftsteuer (15 % von 2.807 =)		– 421 €
→ Solidaritätszuschlag (5,5 % von 421 =)		– 23 €
Dividende nach Steuern		55.696 €

Die Kapitalertragsteuer wird auf die Körperschaftsteuer angerechnet, so dass es im Rahmen der Körperschaftsteuerveranlagung der C-GmbH im Ergebnis zu einer Erstattung von (14.035 – 421 =) 13.614 € Körperschaftsteuer und (772 – 23 =) 749 € Solidaritätszuschlag kommt.

Zu beachten ist, dass die Dividende (100 %!) zudem mit Gewerbesteuer belastet wird, wenn eine Beteiligung von weniger als 15 % besteht (§ 8 Nr. 5, § 9 Nr. 2a GewStG, siehe Abschnitte D.5.2.1.3 und D.5.2.2.3).

5.3.5.2.3 Kapitalertragsteuer

Gewinnausschüttungen und vergleichbare Leistungen von inländischen Körperschaften unterliegen der Kapitalertragsteuer (§ 43 Abs. 1 Satz 1 Nrn. 1, 7a – 7c EStG). Die ausschüttende Gesellschaft hat die Kapitalertragsteuer einzubehalten und an das zuständige Finanzamt abzuführen (§ 44 Abs. 1 Satz 3 EStG). Dabei beträgt der Kapitalertragsteuersatz grundsätzlich 25 % (§ 43a Abs. 1 Nr. 1 i.V.m. § 43 Abs. 1 Satz 1 Nrn. 1, 7a EStG). Lediglich bei Leistungen von Betrieben gewerblicher Art im Sinne von § 20 Abs. 1 Nr. 10 Buchst. a, b EStG gilt ein Kapitalertragsteuersatz von 15 % (§ 43a Abs. 1 Nr. 2 i.V.m. § 43 Abs. 1 Satz 1 Nrn. 7b, 7c EStG). Gemäß § 43 Abs. 1 Satz 3 EStG ist der Steuerabzug ungeachtet der §§ 3 Nr. 40 EStG, 8b KStG vorzunehmen, d.h. die Kapitalertragsteuer ist auch von den Teilen der Ausschüttung einzubehalten, die beim Anteilseigner steuerfrei gestellt werden.

Bei Anteilseignern, die mit ihren Einkünften der Veranlagung zur Einkommensteuer oder Körperschaftsteuer unterliegen, ist die Kapitalertragsteuer eine Form der Vorauszahlung von Einkommensteuer oder Körperschaftsteuer. Sie kann in vollem Umfang angerechnet werden (§ 36 Abs. 2 Satz 1 Nr. 2 Satz 1 EStG). Dies gilt auch für den Teil der Kapitalertragsteuer, der auf Bezüge entfällt, die nach § 3 Nr. 40 EStG oder § 8b KStG von der Steuer befreit sind und somit bei der Ermittlung des Einkommens außer Ansatz bleiben.

Beispiel C.30:

A hält in seinem gewerblichen Betriebsvermögen Aktien der inländischen X-AG. Er erhält eine Gewinnausschüttung vor Kapitalertragsteuer (Dividende) i.H.v. 3.000 €. A unterliegt einem persönlichen Einkommensteuersatz von 30 %.

Der Dividendenzufluss von 3.000 € begründet eine Einnahme aus Gewerbebetrieb, die einer Kapitalertragsteuer i.H.v. 25 % unterliegt (§ 43a Abs. 1 Nr. 1 EStG i.V.m. § 43 Abs. 1 Satz 1 Nr. 1, Abs. 4 EStG) und nach § 3 Nr. 40 Buchst. d EStG zu 40 % von der Einkommensteuer befreit ist.

Solidaritätszuschlag sei nicht zu berücksichtigen.

	Dividende	3.000 €
–	Kapitalertragsteuer, 25 %	– 750 €
=	Nettodividende (an A ausgezahlt)	2.250 €

	Dividende	3.000 €	
–	steuerfrei gemäß § 3 Nr. 40 Buchst. d EStG (40 % von 3.000) =	– 1.200 €	
=	steuerpflichtig	1.800 €	
	festzusetzende Einkommensteuer, die hierauf entfällt (30 %)		540 €
–	anzurechnende Kapitalertragsteuer		– 750 €
=	zu erstattende Einkommensteuer		210 €

Für natürliche Person, welche die Anteile im Privatvermögen halten, ist die Kapitalertragsteuer hingegen mit **Abgeltungswirkung** ausgestaltet. Die Dividenden werden grundsätzlich nicht in die Einkommensteuerveranlagung einbezogen. Entsprechend kann auch keine Anrechnung der Kapitalertragsteuer auf die Einkommensteuer erfolgen.

Auch für beschränkt steuerpflichtige Anteilseigner, die die Anteile der ausschüttenden Gesellschaft nicht im Betriebsvermögen einer inländischen Betriebsstätte halten, gilt die Steuerpflicht auf Dividenden mit dem Abzug der Kapitalertragsteuer grundsätzlich als abgegolten. Die eigentlich nach § 3 Nr. 40 EStG zu 40 % bzw. nach § 8b KStG zu 95 % steuerfreien Gewinnausschüttungen werden im Ergebnis doch steuerlich belastet.

5.3.6 Veräußerungsgewinne und -verluste sowie Teilwertabschreibungen

Nach § 8b Abs. 2 Satz 1 KStG sind **Gewinne aus der Veräußerung** von Anteilen an Kapitalgesellschaften, Genossenschaften und den anderen in § 20 Abs. 1 Nrn. 9, 10 Buchst. a EStG genannten Körperschaften steuerfrei. Dies gilt auch, wenn Anteile an einer Kapitalgesellschaft veräußert werden, die Organgesellschaft ist. Gemäß § 8b Abs. 3 Satz 1 KStG gelten allerdings 5 % des Veräußerungsgewinns als Ausgaben, die nicht als Betriebsausgaben abgezogen werden dürfen. Im Ergebnis sind somit nur **95 % des Veräußerungsgewinns steuerfrei, 5 % sind steuerpflichtig**.

Veräußerungsverluste sowie **Abschreibungen auf den niedrigeren Teilwert** dürfen das Einkommen andererseits nicht mindern (§ 8b Abs. 3 Satz 3 KStG). Ist eine nicht abziehbare Teilwertabschreibung vorgenommen worden, so ist eine spätere **Wertaufholung** zu 95 % steuerfrei (§ 8b Abs. 2 Satz 3, Abs. 3 Satz 1 KStG).

Beispiel C.31:

Die M-AG ist zu 75 % an der T-GmbH beteiligt. Die Anschaffungskosten der Beteiligung betragen 500.000 €. Auf Grund von Liquiditätsschwierigkeiten bei der T-GmbH nimmt die M-AG in 01 eine Teilwertabschreibung der Beteiligung nach § 6 Abs. 1 Nr. 2 Satz 2 EStG von 50 % (= 250.000 €) vor.

In 04 hat sich die Situation der T-GmbH wieder verbessert. Die M-AG nimmt eine Wertaufholung vor, es erfolgt eine Zuschreibung von 250.000 € nach § 6 Abs. 1 Nr. 2 Satz 3 EStG.

Die Teilwertabschreibung in 01 ist in voller Höhe (250.000 €) nicht abziehbar (§ 8b Abs. 3 Satz 3 KStG). Die Wertaufholung in 04 ist dagegen nur zu 95 % (237.500 €) steuerfrei, 5 % (12.500 €) sind steuerpflichtig (§ 8b Abs. 2 Satz 3, Abs. 3 Satz 1 KStG).

Es sei darauf hingewiesen, dass in der Steuerbilanz ein **Wahlrecht** zur Teilwertabschreibung besteht. Zur Vermeidung einer begrenzten Steuerpflicht bei einer möglichen späteren Wertaufholung wird es sich in der Regel empfehlen, auf eine Teil-wertabschreibung in der Steuerbilanz zu verzichten.

Zu den nicht abziehbaren Gewinnminderungen zählen auch Teilwertabschreibungen auf **Darlehensforderungen**, wenn der Darlehensgeber zu mehr als 25 % unmittelbar oder mittelbar am Grundkapital der Körperschaft, der das Darlehen gewährt wurde, beteiligt ist (§ 8b Abs. 3 Satz 4 KStG).

Beispiel C.32:

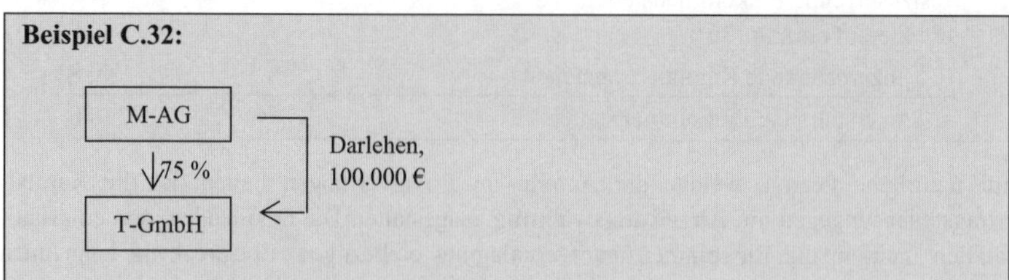

Da die T-GmbH in Liquiditätsschwierigkeiten geraten ist, nimmt die M-AG eine Teilwertabschreibung auf die Darlehensforderung in Höhe von 50.000 € vor.

Gemäß § 8b Abs. 3 Satz 4 KStG darf diese Teilwertabschreibung das Einkommen der zu mehr als 25 % beteiligten M-AG nicht mindern, ist also dem Einkommen außerbilanziell wieder hinzuzurechnen.

Um Umgehungen zu vermeiden, sind Teilwertabschreibungen auf Darlehen auch dann nicht abziehbar, wenn das Darlehen nicht von dem zu mehr als 25 % beteiligten Gesellschafter selbst, sondern von einer diesem Gesellschafter nahe stehenden Person gewährt wurde (§ 8b Abs. 3 Satz 5 KStG).

Beispiel C.33:

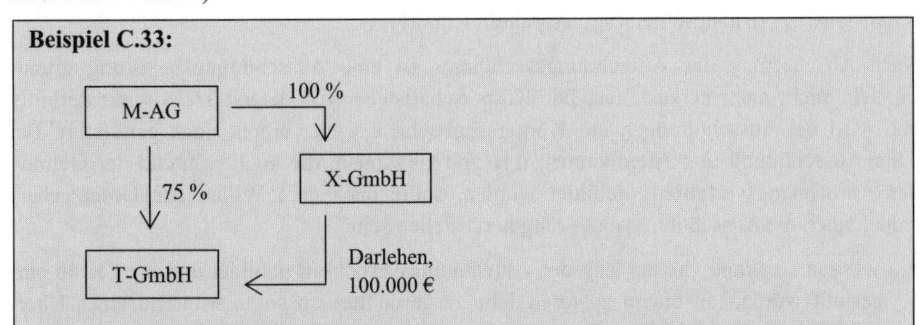

Nunmehr wird das Darlehen nicht von dem zu mehr als 25 % beteiligten Gesellschafter (M-AG), sondern von einer der M-AG nahe stehenden Person (X-GmbH) gewährt. Nimmt die X-GmbH eine Teilwertabschreibung auf die Darlehensforderung vor, so ist der daraus resultierende Aufwand nicht abziehbar.

5.3.7 Rückzahlung von Nennkapital

Wird Nennkapital an den Anteilseigner zurückgezahlt (z.B. im Rahmen einer Kapitalherabsetzung), so handelt es sich dabei nicht um eine steuerbare Ausschüttung, die beim Anteilseigner zu Einkünften führen würde. Die Rückzahlung von Nennkapital wird stattdessen mit den Anschaffungskosten der Anteile verrechnet.

Werden ausschüttbare Gewinne in Nennkapital umgewandelt (Kapitalerhöhung aus Gesellschaftsmitteln) und später an den Anteilseigner ausgezahlt, würden sie ohne Sonderbehandlung nicht als Einkünfte erfasst. Um diese Besteuerungslücke zu schließen, wurde die Vorschrift des § 28 KStG eingeführt.

Danach sind Beträge des Nennkapitals, die aus einer Umwandlung von ausschüttbaren Gewinnen (= Rücklagen, mit Ausnahme des steuerlichen Einlagekontos) resultieren, getrennt auszuweisen und gesondert festzustellen (§ 28 Abs. 1 Satz 3 KStG, sog. „**Sonderausweis**"). Im Falle einer Rückzahlung (Auskehrung) von Nennkapital ist zunächst dieser gesondert ausgewiesene Betrag zu mindern (§ 28 Abs. 2 Satz 1 KStG). Soweit eine Nennkapitalrückzahlung zur Minderung dieses Sonderausweises führt, gilt sie als Gewinnausschüttung, die beim Anteilseigner zu Einnahmen im Sinne von § 20 Abs. 1 Nr. 2 EStG führt (§ 28 Abs. 2 Satz 2 KStG).

5.4 Übergangsregelungen

Wie in Abschnitt C.5.1 dargestellt wurde, ist das körperschaftsteuerliche Anrechnungsverfahren zum Veranlagungszeitraum 2001 durch das Halbeinkünfteverfahren (ab 2009: Teileinkünfteverfahren) abgelöst worden.

Bei Ausschüttungen im Rahmen des körperschaftsteuerlichen Anrechnungsverfahrens war die Ausschüttungsbelastung von 30 % herzustellen. Bei Ausschüttungen aus der Eigenkapitalposition „EK 40" (vorbelastet mit 40 % Körperschaftsteuer) war somit eine Körperschaftsteuerminderung von 10 %-Punkten zu berücksichtigen, d.h. die ausschüttende

Körperschaft bekam für das Ausschüttungsjahr Körperschaftsteuer in dieser Höhe erstattet. Bei Ausschüttungen aus der Eigenkapitalposition „EK 02“ (nicht vorbelastet mit Körperschaftsteuer) war umgekehrt eine Körperschaftsteuererhöhung von 30 % vorzunehmen, d.h. die ausschüttende Körperschaft hatte im Ergebnis für das Ausschüttungsjahr Körperschaftsteuer nachzuentrichten (vgl. Abschnitt C.5.2.1).

Nach Abschaffung des Anrechnungsverfahrens ist eine Ausschüttungsbelastung grundsätzlich nicht mehr herzustellen. Die Körperschaftsteuer von derzeit 15 % wirkt definitiv und wird bei Ausschüttungen auf Körperschaftsebene weder erhöht noch gemindert. Bei einer Ausschüttung von Altgewinnen, d.h. von Gewinnen, die noch während der Geltung des Anrechnungsverfahrens gebildet wurden, sollte nach dem Willen des Gesetzgebers jedoch noch die Ausschüttungsbelastung herzustellen sein:

- Werden Gewinne, die zur Zeit des Anrechnungsverfahrens gebildet und ins **EK 40** eingestellt wurden, in einem späteren Jahr ausgeschüttet, so sollte während eines Übergangszeitraums noch die **Körperschaftsteuerminderung** von 10 %-Punkten gewährt werden.
- Werden entsprechend Gewinne, die während des Anrechnungsverfahrens ins **EK 02** eingestellt wurden, später ausgeschüttet, so sollte während eines Übergangszeitraums noch eine **Körperschaftsteuererhöhung** von 30 % zu berücksichtigen sein.

Zur Durchführung der Körperschaftsteuererhöhung und Körperschaftsteuerminderung bei Ausschüttung von Altgewinnen waren gemäß § 36 Abs. 1 KStG auf den Schluss des Wirtschaftsjahres, in dem das alte Körperschaftsteuerrecht letztmalig anzuwenden war, die Endbestände des verwendbaren Eigenkapitals (insbesondere EK 40 und EK 02) zu ermitteln.

5.4.1 Körperschaftsteuerminderung und Körperschaftsteuerguthaben

Wie in Abschnitt C.5.2.1 zum körperschaftsteuerlichen Anrechnungsverfahren dargestellt wurde, kam es im alten System bei einer Ausschüttung aus dem EK 40 durch die Herstellung der Ausschüttungsbelastung zu einer Körperschaftsteuerminderung i.H.v. $^{10}/_{60}$ des aus dem EK 40 entnommenen Betrages. Damit dieses Körperschaftsteuerminderungspotential mit dem Wegfall des körperschaftsteuerlichen Anrechnungsverfahrens nicht verloren ging, war auf den Schluss des Wirtschaftsjahres, für das erstmals das neue Körperschaftsteuerrecht anzuwenden war, das vorhandene Körperschaftsteuerguthaben zu ermitteln (§ 37 Abs. 1 Satz 1 KStG). Das Körperschaftsteuerguthaben war analog zum Körperschaftsteuerminderungsbetrag im Rahmen des körperschaftsteuerlichen Anrechnungsverfahrens zu ermitteln. Es errechnete sich als $^{10}/_{60}$ des festgestellten Endbestands an EK 40 (§ 37 Abs. 1 Satz 2 KStG).

Beispiel C.34:

Bei der S-AG (Wirtschaftsjahr = Kalenderjahr) ergab sich als Ergebnis der Umgliederung nach § 36 KStG folgendes Ergebnis:

Endbestand des EK 40, festgestellt zum 31.12.2000 (§ 36 Abs. 7 KStG):	600.000 €
Körperschaftsteuerguthaben, festgestellt zum 31.12.2001 (§ 37 Abs. 1 KStG):	100.000 €

Der Endbestand des EK 40 von 600.000 € resultierte aus einem Einkommen vor KSt von 1.000.000 €, abzüglich der KSt-Tarifbelastung von 40 %. Soll die Tarifbelastung bei einer Ausschüttung auf 30 % gesenkt werden, so ergibt sich ein Körperschaftsteuerguthaben von 100.000 € (= $^{10}/_{60}$ von 600.000).

Das Verfahren zur Körperschaftsteuerminderung (= Erstattung des Körperschaftsteuerguthabens) ist im Übergangszeitraum seit 2001 mehrfach geändert worden:

Körperschaftsteuerminderung (Ausschüttungen bis zum 11.04.2003)

Nach Einführung des Halbeinkünfteverfahrens war zunächst vorgesehen, dass Gewinnausschüttungen, die innerhalb einer Übergangsfrist erfolgen, zu einer Körperschaftsteuerminderung führen. Wurde ein positiver Endbestand an EK 40 und somit ein Körperschaftsteuerguthaben festgestellt, so kam es bei der ausschüttenden Körperschaft zu einer Minderung der Körperschaftsteuer, sofern

- eine offene Gewinnausschüttung vorgenommen wurde (§ 37 Abs. 2 Satz 1 KStG); im Falle verdeckter Gewinnausschüttungen konnte die Körperschaft ihr Körperschaftsteuerminderungspotential nicht nutzen;
- diese Ausschüttung während der Übergangszeit von 15 Jahren erfolgte (§ 37 Abs. 2 Satz 3 KStG).

Es bestand somit eine Verwendungsfiktion dahingehend, dass der Bestand an EK 40 als zuerst für Ausschüttungen verwendet galt.

Das Körperschaftsteuerguthaben minderte sich jeweils um $^{1}/_{6}$ der Gewinnausschüttung (§ 37 Abs. 2 Satz 1 KStG). Dieser Betrag war auch gleichzeitig der Körperschaftsteuerminderungsbetrag. Die Realisierung des Körperschaftsteuerguthabens führte zu einer Minderung der Körperschaftsteuerbelastung des Veranlagungszeitraums, in dem das Wirtschaftsjahr endete, in welchem die Gewinnausschüttung erfolgte (§ 37 Abs. 2 Satz 3 KStG).

Der (Rest-)Bestand des Körperschaftsteuerguthabens war zum Ende jedes Wirtschaftsjahres des Übergangszeitraumes fortzuschreiben und gesondert festzustellen (§ 37 Abs. 2 Satz 4 KStG). Falls nach Ablauf des 15-jährigen Übergangszeitraums ein noch nicht verbrauchtes Körperschaftsteuerguthaben vorhanden sein sollte, sollte der Restguthabenbetrag verfallen.

Beispiel C.35:

Es sei an den Sachverhalt des vorhergehenden Beispiels angeknüpft, d.h. die S-AG hat aus ihrem Endbestand an EK 40 (600.000 €) ein Körperschaftsteuerguthaben i.H.v. 100.000 € ermittelt. In 2002 erwirtschaftete die S-AG einen Gewinn i.H.v. 200.000 € und schüttet für 2001 einen Gewinn von 90.000 € aus.

		KSt in 2002	KSt-Guthaben
KSt-Guthaben am 31.12.2001			100.000 €
Gewinn 2002	200.000 €		
darauf zu entrichtende KSt (25 %) in 2002		50.000 €	
Realisierung von KSt-Guthaben		– 15.000 €	– 15.000 €
Verbleibende KSt-Belastung in 2002		35.000 €	
Verbleibendes KSt-Guthaben 31.12.2002			85.000 €

Moratorium (Ausschüttungen vom 12.04.2003 bis zum 31.12.2005)

Der Gesetzgeber war offenbar davon ausgegangen, dass sich die Realisierung des KSt-Guthabens einigermaßen gleichmäßig auf den 15-jährigen Übergangszeitraum verteilen würde. Zur Überraschung des Gesetzgebers waren die Körperschaften in Deutschland jedoch an einer sehr raschen Realisierung des Guthabens interessiert. Sehr große Teile des KSt-Guthabens wurden bereits in den ersten beiden Jahren des Übergangszeitraums durch Ausschüttungen (teilweise im Rahmen von Schütt-aus-Hol-zurück-Verfahren) realisiert. Dies führte in 2001 sogar zu einem negativen Körperschaftsteueraufkommen in Deutschland.

Der Gesetzgeber hat daraufhin durch das Steuervergünstigungsabbaugesetz (BStBl I 2003, S. 321) die Notbremse gezogen und ein sog. **Moratorium** eingeführt (§ 37 Abs. 2a KStG). Danach konnte das KSt-Guthaben durch Gewinnausschüttungen vom 12.04.2003 bis zum 31.12.2005 nicht mehr realisiert werden. Das KSt-Guthaben wurde in diesem Zeitraum eingefroren. Zugleich wurde der ursprüngliche Übergangszeitraum von 15 Jahren um die Dauer des Moratoriums auf 18 Jahre verlängert.

Körperschaftsteuerminderung mit Höchstbetrag (Ausschüttungen in 2006)

Für Gewinnausschüttungen, die nach dem 31.12.2005 erfolgten, betrug die KSt-Minderung wie vorher $^1/_6$ der Gewinnausschüttung, sie war aber auf einen jährlichen Höchstbetrag begrenzt. Die maximale KSt-Minderung pro Jahr ergab sich, indem das noch nicht verbrauchte KSt-Guthaben durch die verbliebenen Jahre bis zum Ende des Übergangs-zeitraumes geteilt wurde (§ 37 Abs. 2a Nr. 2 KStG).

Der Übergangszeitraum sollte grundsätzlich mit dem VZ 2019 enden. In 2006 waren somit noch 14 Jahre des Übergangszeitraums übrig. Somit war die KSt-Minderung in 2006, entsprechende Gewinnausschüttungen vorausgesetzt, auf $^1/_{14}$ des zum 31.12.2005 festgestellten KSt-Guthabens begrenzt.

Beispiel C.36:

Zum 31.12.2005 ist für die T-GmbH ein KSt-Guthaben von 420.000 € festgestellt worden. In 2006 schüttet die T-GmbH einen Gewinn von 240.000 € aus.

Die KSt-Minderung beträgt $^1/_6$ der Gewinnausschüttung ($^1/_6$ von 240.000 = 40.000 €), ist jedoch auf $^1/_{14}$ des KSt-Guthabens ($^1/_{14}$ von 420.000 = 30.000 €) begrenzt. Zum 31.12.2006 verbleibt somit noch ein KSt-Guthaben von (420.000 – 30.000 =) 390.000 €.

Ratierliche Auszahlung des Körperschaftsteuerguthabens in den Jahren 2008 bis 2017

Bereits nach nur einem Jahr ist die Realisierung des KSt-Guthabens erneut modifiziert worden. Das KSt-Guthaben ist grundsätzlich letztmals auf den 31.12.2006 festzustellen (§ 37 Abs. 4 Satz 1 KStG). Dieser Betrag wird **ausschüttungsunabhängig** innerhalb eines zehnjährigen Zeitraums von 2008 bis 2017 ausgezahlt (§ 37 Abs. 5 Satz 1 KStG). Die Auszahlung erfolgt in zehn gleichen Raten jeweils zum 30. September eines Jahres (d.h. vom 30.09.2008 bis 30.09.2017, § 37 Abs. 5 Satz 4 KStG).

Beispiel C.37:

Für die T-GmbH aus dem vorhergehenden Beispiel wird zum 31.12.2006 ein KSt-Guthaben von 390.000 € festgestellt. Dieser Betrag wird in zehn gleichen Raten von je 39.000 € in den Jahren 2008 bis 2017, erstmals zum 30.09.2008, ausbezahlt.

Der Anspruch gegen den Fiskus entsteht mit Ablauf des 31.12.2006 (§ 37 Abs. 5 Satz 2 KStG) und ist in der Handels- und Steuerbilanz als Forderung gegen das Finanzamt anzusetzen und abzuzinsen. Ein Ertrag aus dem erstmaligen Ansatz sowie der Aufzinsung in den nachfolgenden Jahren ist steuerfrei (§ 37 Abs. 7 KStG, BMF-Schreiben vom 14.01.2008, BStBl I 2008, S. 280).

5.4.2 Körperschaftsteuererhöhung

Auch die Durchführung der Körperschaftsteuererhöhung ist während des Übergangszeitraums geändert worden:

Körperschaftsteuererhöhung (Ausschüttungen bis 31.12.2006)

Eine Körperschaftsteuererhöhung für Ausschüttungen war während der 18-jährigen Übergangszeit vorzunehmen, wenn die ausschüttende Gesellschaft über einen positiven Bestand des nicht mit Körperschaftsteuer belasteten EK 02 verfügte und der Ausschüttungsbetrag den um das EK 02 verminderten ausschüttbaren Gewinn (vgl. Abschnitt C.5.3.4) überstieg. Dies ergibt sich aus § 38 Abs. 1 Sätze 4, 5 i.V.m. § 27 Abs. 1 Satz 5 KStG.

Beispiel C.38:

Die R-AG (Wirtschaftsjahr = Kalenderjahr) schüttet in 2006 eine Dividende von 200.000 € an ihre Anteilseigner aus. Zum 31.12.2005 beträgt das Eigenkapital laut Steuerbilanz 500.000 €, das gezeichnete Kapital 100.000 € und auf dem steuerlichen Einlagekonto befinden sich 160.000 €. Zudem hat die R-AG einen gesondert festgestellten und fortgeschriebenen Teilbetrag des EK 02 i.H.v. 75.000 € ausgewiesen.

Gewinnausschüttungen in 2006		200.000 €
Eigenkapital gemäß Steuerbilanz	500.000 €	
– Nennkapital	– 100.000 €	
– Bestand steuerliches Einlagekonto	– 160.000 €	
= ausschüttbarer Gewinn	240.000 €	
– EK 02	– 75.000 €	
	165.000 €	– 165.000 €
Betrag der Ausschüttung, für den EK 02 als verwendet gilt		35.000 €

Die Körperschaftsteuer erhöht sich gemäß § 38 Abs. 2 Satz 1 KStG um $^3/_7$ der Ausschüttung, für die ein Betrag aus dem EK 02 als verwendet gilt ($^3/_7$ von 35.000 = 15.000 €).

Nach Ablauf des 18-jährigen Übergangszeitraums sollten Ausschüttungen aus dem EK 02 nicht mehr zu einer Körperschaftsteuererhöhung führen (§ 38 Abs. 2 Satz 3 KStG).

Ratierliche Nachzahlung des Körperschaftsteuererhöhungsbetrags in den Jahren 2008 bis 2017

Ähnlich wie die Auszahlung des Körperschaftsteuerguthabens ist auch die Nachzahlung des Körperschaftsteuererhöhungsbetrages in ein ratierliches Nachzahlungssystem unabhängig von Ausschüttungen umgestaltet worden. Das EK 02 ist letztmalig zum 31.12.2006 festgestellt worden (§ 38 Abs. 4 Satz 1 KStG). Der KSt-Erhöhungsbetrag beträgt 3 % des auf den 31.12.2006 ermittelten Endbetrags des EK 02 (§ 38 Abs. 5 Satz 1 KStG). Er ist begrenzt auf den Betrag, der sich nach bisherigem Recht bei einer fiktiven Vollausschüttung des Eigenkapitals zum 31.12.2006 als KSt-Erhöhung ergeben würde (§ 38 Abs. 5 Satz 2 KStG). Diese Begrenzung führt dazu, dass insbesondere für überschuldete Körperschaften kein KSt-Erhöhungsbetrag zu ermitteln ist.

Der so ermittelte KSt-Erhöhungsbetrag ist in zehn gleichen Jahresraten in den Jahren 2008 bis 2017, jeweils am 30. September, an das Finanzamt zu zahlen (§ 38 Abs. 6 Sätze 1, 5 KStG).

Auf Antrag kann der Erhöhungsbetrag vorzeitig in einer Summe bezahlt werden, wobei eine Abzinsung mit einem Zinssatz von 5,5 % der noch nicht fälligen Jahresbeträge vorzunehmen ist (§ 38 Abs. 7 KStG).

Der KSt-Erhöhungsbetrag entsteht am 01.01.2007 (§ 38 Abs. 6 Satz 3 KStG). Er ist daher erstmals in der Handels- und Steuerbilanz zum 31.12.2007 (bei Wirtschaftsjahr = Kalenderjahr) als Verbindlichkeit gegenüber dem Finanzamt zu passivieren. In der Handelsbilanz ist ab 2010 eine Abzinsung mit dem durchschnittlichen Marktzins der vergangenen sieben Geschäftsjahre vorzunehmen (§ 253 Abs. 2 HGB i.d.F. des BilMoG). In der Steuerbilanz ist demgegenüber eine Abzinsung mit 5,5 % vorzunehmen (§ 6 Abs. 1 Nr. 3 EStG). Ein Aufwand aus dem erstmaligen Ansatz des Erhöhungsbetrages sowie der späteren Aufzinsung ist bei der Ermittlung des zu versteuernden Einkommens nicht abziehbar (§ 38 Abs. 10 i.V.m. § 37 Abs. 7 KStG).

5.5 Verdeckte Gewinnausschüttungen

Ziel einer Kapitalgesellschaft ist es, Gewinne zu erzielen und die Gesellschafter an diesen Gewinnen durch Ausschüttungen oder Wertsteigerungen der Gesellschaftsanteile partizipieren zu lassen.

Eine Gewinnausschüttung stellt eine Verteilung des Einkommens der Gesellschaft an ihre Gesellschafter dar. Da es nach § 8 Abs. 3 Satz 1 KStG für die Einkommensermittlung ohne Bedeutung ist, ob das Einkommen verteilt wird, dürfen Gewinnausschüttungen das Einkommen nicht mindern.

Gewinne werden i.d.R. offen, d.h. auf Grund eines Gesellschafterbeschlusses ausgeschüttet. Vielfach gewährt jedoch die Gesellschaft ihren Gesellschaftern Vorteile, die nicht durch einen Gesellschafterbeschluss gedeckt sind – sog. **verdeckte Gewinnausschüttungen** (z.B. überhöhte Gehaltszahlungen an den Geschäftsführer, der zugleich Gesellschafter ist). Würden verdeckte Gewinnausschüttungen das Einkommen mindern, so könnte die Steuer auf diesem Wege umgangen werden. § 8 Abs. 3 Satz 2 KStG stellt daher klar, dass auch verdeckte Gewinnausschüttungen das Einkommen nicht mindern dürfen.

Nachfolgend wird zunächst erläutert, was unter einer verdeckten Gewinnausschüttung zu verstehen ist, welche Grundfälle verdeckter Gewinnausschüttungen existieren und wie verdeckte Gewinnausschüttungen, die nicht in Form von Geldzahlungen erfolgen, zu bewerten sind (Abschnitt C.5.5.1).

In Anschluss daran wird dargestellt, zu welchen steuerlichen Auswirkungen verdeckte Gewinnausschüttungen, sofern sie „aufgedeckt" werden, auf Ebene der ausschüttenden Gesellschaft (Abschnitt C.5.5.2.1) und auf Ebene des Gesellschafters (Abschnitt C.5.5.2.2) führen.

5.5.1 Begriff und Grundfälle

Im Gesetzestext findet sich keine Definition der verdeckten Gewinnausschüttung. Diese Gesetzeslücke schließt R 36 Abs. 1 KStR in Übereinstimmung mit der Rechtsprechung des Bundesfinanzhofes (z.B. BFH-Urteile vom 22.02.1989, BStBl II 1989, S. 475; vom 11.10.1989, BStBl II 1990, S. 89).

Danach ist eine **verdeckte Gewinnausschüttung**

- eine Vermögensminderung oder verhinderte Vermögensmehrung,
- die durch das Gesellschaftsverhältnis veranlasst ist,
- sich auf die Höhe des Einkommens auswirkt und
- nicht auf einem den gesellschaftsrechtlichen Vorschriften entsprechenden Gewinnverteilungsbeschluss beruht (d.h. keine offene Gewinnausschüttung darstellt).

Ob die Zuwendung durch das Gesellschaftsverhältnis veranlasst ist, ist durch einen Fremdvergleich zu entscheiden. Die Zuwendung gilt als durch das Gesellschaftsverhältnis veranlasst, wenn sie einem Nichtgesellschafter bei Anwendung der Sorgfalt eines ordentlichen und gewissenhaften Geschäftsführers unter sonst gleichen Umständen nicht gewährt worden wäre (H 36 KStH „Veranlassung durch das Gesellschaftsverhältnis", BFH-Urteile vom 11.02.1987, BStBl II 1987, S. 461; vom 29.04.1987, BStBl II 1987, S. 733; vom 17.05.1995, BStBl II 1996, S. 204). Die Zuwendung muss nicht an den Gesellschafter selbst erfolgen. Verdeckte Gewinnausschüttungen können auch Zuwendungen an dem Gesellschafter nahe stehende Personen sein.

Es lassen sich **vier Grundfälle** von verdeckten Gewinnausschüttungen unterscheiden:

- Eine Kapitalgesellschaft erwirbt von ihrem Gesellschafter Wirtschaftsgüter, die aktiviert werden, gegen unangemessen hohes Entgelt.
- Eine Kapitalgesellschaft nutzt Leistungen, Dienste, Kapital oder Wirtschaftsgüter des Gesellschafters gegen unangemessen hohes Entgelt.
- Eine Kapitalgesellschaft überträgt oder veräußert Wirtschaftsgüter unentgeltlich oder gegen unangemessen niedriges Entgelt an den Gesellschafter.
- Eine Kapitalgesellschaft überlässt dem Gesellschafter Leistungen, Dienste, Kapital oder Wirtschaftsgüter unentgeltlich oder gegen unangemessen niedriges Entgelt zur Nutzung.

Verdeckte Gewinnausschüttungen sind z.B. durch die folgenden typischen Sachverhalte gegeben:

- Ein Gesellschafter erhält für seine Vorstands- oder Geschäftsführertätigkeit ein unangemessen hohes Gehalt (BFH-Urteil vom 28.06.1989, BStBl II 1989, S. 854) oder unangemessen hohe Pensionszusagen (BFH-Urteil vom 25.05.1988, BFH/NV 1989, S. 195).
- Eine Gesellschaft vergibt ein zinsloses oder niedrigverzinsliches Darlehen an einen Gesellschafter (BFH-Urteil vom 23.06.1981, BStBl II 1982, S. 245).
- Eine Gesellschaft übernimmt die Schuld oder eine sonstige Verpflichtung eines Gesellschafters ohne Gegenleistung (BFH-Urteil vom 19.05.1982, BStBl II 1982, S. 631).

Während offene Gewinnausschüttungen in aller Regel in einer Geldzuwendung bestehen, sind verdeckte Gewinnausschüttungen vielfach durch die Gewährung von Dienstleistungen oder die Übertragung von Wirtschaftsgütern gekennzeichnet. Für diese Fälle müssen Regelungen bestehen, wie verdeckte Gewinnausschüttungen auf Gesellschaftsebene und Gesellschafterebene zu bewerten sind.

- Im Körperschaftsteuergesetz findet sich keine Regelung zur Bewertung verdeckter Gewinnausschüttungen auf Gesellschaftsebene. Daher greift § 9 Abs. 1 BewG, wonach der **gemeine Wert** zu Grunde zu legen ist (H 37 KStH „Hingabe von Wirtschaftsgütern"). Der gemeine Wert ist gemäß § 9 Abs. 2 BewG der Preis, der im gewöhnlichen Geschäftsverkehr nach der Beschaffenheit des Wirtschaftsgutes bei einer Veräußerung zu erzielen wäre.
- Beim Empfänger der verdeckten Gewinnausschüttung ist diese gemäß § 8 Abs. 2 EStG nach dem **zugeflossenen Vorteil** zu bewerten, d.h. nach dem um übliche Preisnachlässe geminderten üblichen Endpreis am Abgabeort.

Da der gemeine Wert auf den im gewöhnlichen Geschäftsverkehr erzielbaren Preis ohne Betrachtung des Abgabeortes abzielt, kann die Bewertung einer verdeckten Gewinnausschüttung beim Gesellschafter und bei der Gesellschaft in Ausnahmefällen voneinander abweichen.

5.5.2 Steuerliche Auswirkungen

Wird eine verdeckte Gewinnausschüttung vorgenommen und vom Steuerpflichtigen erklärt oder von der Finanzverwaltung (z.B. im Rahmen einer Außenprüfung) festgestellt, so ergeben sich die folgenden steuerlichen Auswirkungen:

Ebene der Kapitalgesellschaft:

1. Einkommenswirkung (siehe Abschnitt C.5.5.2.1)

Ebene des Gesellschafters:

2. Besteuerung i.d.R. als Einkünfte aus Kapitalvermögen – ggf. durch Umqualifizierung von Einkünften – Steuererhebung durch Kapitalertragsteuer (Abgeltungsteuer) (siehe Abschnitt C.5.5.2.2)

5.5.2.1 Einkommenswirkung

Gemäß § 8 Abs. 3 Satz 2 KStG ist das Einkommen der Gesellschaft außerhalb der Bilanz um den Wert der verdeckten Gewinnausschüttung zu erhöhen, sofern die verdeckte Gewinnausschüttung den Gewinn gemindert hat (siehe das Einkommensermittlungsschema in Abschnitt C.4.2).

Löst eine verdeckte Gewinnausschüttung Umsatzsteuer auf den Eigenverbrauch nach § 3 Abs. 1b, 9a UStG aus, so zählt auch diese zur verdeckten Gewinnausschüttung. Eine zusätzliche Hinzurechnung nach § 10 Nr. 2 KStG unterbleibt (R 37 KStR).

5.5.2.2 Steuerliche Behandlung der verdeckten Gewinnausschüttung beim Anteilseigner

Die steuerliche Behandlung der verdeckten Gewinnausschüttungen ist davon abhängig, ob es sich bei dem Anteilseigner um eine **natürliche Person** (Abschnitt C.5.5.2.2.1) oder eine **Körperschaft** (Abschnitt C.5.5.2.2.2) handelt.

5.5.2.2.1 Natürliche Personen als Anteilseigner

Vermögensmehrungen aus verdeckten Gewinnausschüttungen, die beim Anteilseigner bereits in einer anderen Einkunftsart erfasst wurden, werden umqualifiziert in

- Einkünfte aus Kapitalvermögen, wenn die Anteile im **Privatvermögen** gehalten werden (§ 20 Abs. 1 Nr. 1 Satz 2 EStG),
- Einkünfte aus Land- und Forstwirtschaft, Gewerbebetrieb oder selbständiger Arbeit, wenn die Anteile im **Betriebsvermögen** gehalten werden (§ 20 Abs. 8 Satz 1 EStG).

So werden überhöhte Vergütungen an den Gesellschafter-Geschäftsführer von Einkünften aus nichtselbständiger Arbeit (§ 19 EStG) in Einkünfte aus Kapitalvermögen (bzw. Einkünfte aus einer betrieblichen Einkunftsart) umqualifiziert. Entsprechendes gilt für überhöhte Mieteinnahmen oder Darlehenszinsen.

- **Natürliche Person hält Anteile im Privatvermögen**

  Hält die natürliche Person die Anteile im Privatvermögen, so ist die verdeckte Gewinnausschüttung, genauso wie eine offene Gewinnausschüttung, als Einkünfte aus Kapitalvermögen zu behandeln. Die Besteuerung beim Anteilseigner erfolgt nach den allgemeinen Grundsätzen, d.h. die Körperschaft hat Kapitalertragsteuer (25 %) einzubehalten und die Kapitalertragsteuer hat für den Anteilseigner Abgeltungswirkung.

- **Natürliche Person hält Anteile im Betriebsvermögen**

  Hält die natürliche Person die Anteile im Betriebsvermögen, so ist das Teileinkünfteverfahren anwendbar. Die verdeckte Gewinnausschüttung ist daher gemäß § 3 Nr. 40 Buchst. d EStG zu 40 % von der Einkommensteuer befreit.

Bei isolierter Betrachtung der Einkommensteuer erhält der Anteilseigner somit durch die Umqualifizierung einer Leistungsvergütung (z.B. einer überhöhten Geschäftsführer-Vergütung oder eines überhöhten Mietzinses) in eine Gewinnausschüttung in der Regel einen Vorteil. Im Privatvermögen erfolgt die Besteuerung mit dem Abgeltungsteuersatz von 25 % anstelle des regelmäßig höheren (Grenz-) Steuersatzes des Anteilseigners. Im Betriebsvermögen erfolgt eine Steuerbefreiung von 40 % der verdeckten Gewinnausschüttung.

Diese isolierte Betrachtung der Einkommensteuer berücksichtigt allerdings nicht, dass die verdeckte Gewinnausschüttung bereits auf Gesellschaftsebene mit Körperschaftsteuer, Solidaritätszuschlag und Gewerbesteuer von ca. 30 % belastet wird, Leistungsvergütungen hingegen bei der Körperschaft als Betriebsausgaben den steuerlichen Gewinn mindern. Für die steuerliche Belastung des Anteilseigners sind jedoch beide Ebenen relevant, da er die Körperschaft nur als Organisationsform zur Erzielung von unternehmerischen Einkünften einsetzt.

Beispiel C.39:

A ist Gesellschafter und Geschäftsführer der A-GmbH (Wirtschaftsjahr = Kalenderjahr). Bei einer Betriebsprüfung in 04 wird festgestellt, dass die A-GmbH in 01 ein um 25.000 € zu hohes Geschäftsführergehalt an A gezahlt hat. A unterliegt in 01 einem persönlichen Einkommensteuersatz (einschl. SolZ) von 40 %.

Die überhöhte Gehaltszahlung ist durch das Gesellschaftsverhältnis begründet. Es liegt daher eine verdeckte Gewinnausschüttung i.H.v. 25.000 € vor. A hält die Anteile im **Privatvermögen**.

Behandlung bei A:

Das Gehalt wurde in 01 bei A als Einkünfte aus nichtselbständiger Arbeit besteuert.

	Einkünfte aus nichtselbständiger Arbeit	25.000 €
–	Einkommensteuer, SolZ (40 %)	– 10.000 €
=	Einkommen nach Steuern	15.000 €

Die Feststellung der verdeckten Gewinnausschüttung bewirkt die Umqualifizierung der Einkünfte aus nichtselbständiger Arbeit in Einkünfte aus Kapitalvermögen, die mit der Abgeltungsteuer von 25 % zuzüglich Solidaritätszuschlag belastet werden.

	Einkünfte aus Kapitalvermögen	25.000 €
–	Kapitalertragsteuer (25 %)	– 6.250 €
–	Solidaritätszuschlag (5,5 %)	– 344 €
=	Einkommen nach Steuern	18.406 €

Behandlung bei der A-GmbH:

Die verdeckte Gewinnausschüttung erhöht das Einkommen der A-GmbH im Jahr 01 um 25.000 €. Die steuerliche Gesamtbelastung (KSt + SolZ + GewSt) betrage 30 %. Die verdeckte Gewinnausschüttung führt somit unmittelbar zu einer Mehrbelastung von (30 % von 25.000 =) 7.500 €.

Um 25.000 € an A ausschütten zu können, muss die A-GmbH allerdings einen Gewinn vor Steuern von 25.000 € / (1 – 0,3) = 35.714 € erzielen. Die Steuerbelastung auf diesen Gewinn beträgt (30 % von 35.714 =) 10.714 €, so dass nach Steuern ein ausschüttbarer Gewinn von (35.714 – 10.714 =) 25.000 € verbleibt. Es wird somit insgesamt ein Gewinn (vor Steuern) i.H.v. 35.714 € benötigt, um eine verdeckte Gewinnausschüttung von 25.000 € finanzieren zu können.

Vergleich der Steuerbelastung (Gesellschafts- und Gesellschafterebene):

Die Leistungsvergütung wird nur bei A besteuert. Sie unterliegt dem persönlichen Einkommensteuersatz des A von 40 % (= 10.000 €).

Bei der Ermittlung der steuerlichen Belastung der verdeckten Gewinnausschüttung sind die von A zu entrichtende Kapitalertragsteuer zuzüglich Solidaritätszuschlag i.H.v. 6.594 € sowie die Steuerbelastung auf Gesellschaftsebene von 10.714 € auf den für die verdeckte Gewinnausschüttung erforderlichen Gewinn zu berücksichtigen. Bezogen auf den für die verdeckte Gewinnausschüttung erforderlichen Gewinn ergibt sich eine Steuerbelastung von ((6.594 € + 10.714 €) / 35.714 € =) 48,5 %.

Bei einem persönlichen Einkommensteuersatz des Gesellschafters von 40 % ergibt sich somit durch die Umqualifizierung in eine verdeckte Gewinnausschüttung eine steuerliche Mehrbelastung von 8,5 % - Punkten.

Beispiel C.40:

Nun sei angenommen, dass der Gesellschafter A aus dem vorhergehenden Beispiel die Anteile nicht im Privatvermögen, sondern in einem gewerblichen **Betriebsvermögen** hält.

Behandlung bei A:

Das Gehalt wird nunmehr in Einkünfte aus Gewerbebetrieb umqualifiziert. Die Besteuerung erfolgt nach dem Teileinkünfteverfahren:

	Einnahmen (überhöhtes Gehalt)	25.000 €	25.000 €
–	steuerfrei nach § 3 Nr. 40 Buchst. d EStG (40 %)	– 10.000 €	
=	Einkünfte aus Gewerbebetrieb	15.000 €	
–	Einkommensteuer, SolZ (40 % von 15.000 €)		– 6.000 €
=	Einkommen nach Steuern		19.000 €

Behandlung bei der A-GmbH:

Bei der A-GmbH ergibt sich kein Unterschied im Vergleich zu dem vorhergehenden Beispiel. Die Steuerbelastung auf den für die verdeckte Gewinnausschüttung erforderlichen Gewinn beträgt 10.714 €.

Vergleich der Steuerbelastung (Gesellschafts- und Gesellschafterebene):

Die gesamte Steuerbelastung auf den für die verdeckte Gewinnausschüttung erforderlichen Gewinn auf Gesellschafts- und Gesellschafterebene beträgt (6.000 + 10.714 =) 16.714 €. Bezogen auf den für die verdeckte Gewinnausschüttung erforderlichen Gewinn ergibt sich somit eine Steuerbelastung von (16.714 / 35.714 € =) 46,8 %.

Tabelle C.9 gibt die steuerliche Mehrbelastung durch die Umqualifizierung einer Leistungsvergütung in eine verdeckte Gewinnausschüttung für alternative Einkommensteuersätze des Anteilseigners wieder (Steuerbelastung auf Gesellschaftsebene: 30 %; keine Gewerbesteuerpflicht beim Anteilseigner wegen Beteiligung von mindestens 15 %, § 8 Nr. 5 GewStG).

Einkommensteuersatz (auf **Leistungsvergütungen** unmittelbar anwendbar)	42 %	40 %	30 %	20 %	0%
Dividendenbelastung auf Gesellschafts- und Gesellschafterebene nach dem **Teileinkünfteverfahren**	47,6 %	46,8 %	42,6 %	38,4 %	30,0 %

Dividendenbelastung auf Gesellschafts- und Gesellschafterebene bei **Abgeltungsteuer**	48,5 %	48,5 %	48,5 %	44,8 %	30,0 %
steuerliche Mehrbelastung durch Umqualifizierung in vGA **(Teileinkünfteverfahren)**	5,6 %	6,8 %	12,6 %	18,4 %	30,0 %
steuerliche Mehrbelastung durch Umqualifizierung in vGA **(Abgeltungsteuer)**	6,5 %	8,5 %	18,5 %	24,8 %	30,0 %

Tabelle C.9: Leistungsvergütung vs. verdeckte Gewinnausschüttung: Vergleich der steuerlichen Belastung

Zusammenfassend lässt sich feststellen, dass der Nachteil von verdeckten Gewinnausschüttungen im Vergleich zu Leistungsvergütungen immer geringer wird, desto höher der persönliche Steuersatz des Anteilseigners ist.

5.5.2.2.2 Körperschaft als Anteilseigner

Ist der Anteilseigner eine Körperschaft, stellt die verdeckte Gewinnausschüttung gemäß § 8b Abs. 1 KStG i.V.m. § 20 Abs. 1 Nr. 1 EStG eine steuerfreie Einnahme dar.

Im Ergebnis resultiert aus der Umqualifizierung einer Leistungsvergütung in eine verdeckte Gewinnausschüttung eine Verschiebung der Körperschaftsteuerlast von der empfangenden zur ausschüttenden Körperschaft. Bei der ausschüttenden Körperschaft erhöht sich das steuerpflichtige Einkommen gemäß § 8 Abs. 3 Satz 2 KStG um die verdeckte Gewinnausschüttung, bei der empfangenden Körperschaft mindert sich das steuerpflichtige Einkommen um den Betrag der Leistungsvergütung. Eine geringe Mehrbelastung der verdeckten Gewinnausschüttung ergibt sich allerdings dadurch, dass die verdeckte (wie auch die offene) Gewinnausschüttung gemäß § 8b Abs. 5 KStG im Ergebnis nur zu 95 % steuerfrei ist.

6 Liquidation und Verlegung ins Ausland

Wird eine Kapitalgesellschaft liquidiert, so ist zunächst ein Liquidationsgewinn zu ermitteln und zu versteuern. Das am Ende des Liquidationszeitraums vorhandene Vermögen wird an die Anteilseigner der Gesellschaft verteilt. Dieser Zufluss ist bei den Anteilseignern grundsätzlich steuerbar.

Bei der Verlegung einer Körperschaft ins Ausland erfolgt zwar keine Verteilung des Gesellschaftsvermögens an die Anteilseigner. Jedoch hat – bei Verlegung in einen Nicht-EU/EWR-Staat – eine zur Liquidationsbesteuerung analoge Besteuerung der stillen Reser-ven zu erfolgen.

6.1 Liquidation von Kapitalgesellschaften

Die Eliminierung einer Kapitalgesellschaft stellt einen mehrstufigen Vorgang dar. Zu unterscheiden ist zwischen der zivilrechtlichen Auflösung der Gesellschaft und der Auseinandersetzung der Gesellschafter über das Betriebsvermögen.

Die Auflösungsgründe sind für die AG in § 262 AktG und für die GmbH in § 60 GmbHG aufgeführt. Die wichtigsten Auflösungsgründe sind

- Zeitablauf,
- Beschluss der Hauptversammlung / Gesellschafterversammlung,
- Eröffnung des Insolvenzverfahrens,
- Rechtskraft des Beschlusses, durch den die Eröffnung des Insolvenzverfahrens mangels Masse abgelehnt wird.

Die genannten Vorschriften beschreiben jedoch lediglich, unter welchen Voraussetzungen eine Kapitalgesellschaft aufgelöst werden kann. Sie geben keinen Hinweis darauf, wie mit den im Zeitpunkt der Auflösung vorhandenen Vermögensgegenständen und Schulden der Gesellschaft zu verfahren ist.

Diesbezügliche Vorschriften enthalten die §§ 264 ff. AktG für die AG bzw. §§ 64 ff. GmbHG für die GmbH. Nach der Auflösung der Gesellschaft findet die Auseinandersetzung der Gesellschafter über das Vermögen statt. Als Formen der Auseinandersetzung kann unterschieden werden zwischen

- der Liquidation und
- dem Insolvenzverfahren.

Der Begriff der **Liquidation** bezeichnet die planmäßige Verflüssigung der Vermögenswerte der Gesellschaft mit dem Ziel, aus dem Erlös die Gläubiger zu befriedigen und den eventuell verbleibenden Rest an die Gesellschafter zu verteilen.

Die Durchführung eines **Insolvenzverfahrens** ist dem gleichen Ziel gewidmet. Allerdings erfolgt sie nicht planmäßig, sondern auf Grund eines Eröffnungsantrages, für den ein Eröffnungsgrund gegeben sein muss (§§ 13, 16 InsO). Antragsberechtigt sind die Gläubiger und der Schuldner (§ 13 Abs. 1 Satz 2 InsO). Eröffnungsgründe sind die **Zahlungsunfähigkeit** des Schuldners oder, sofern der Schuldner eine juristische Person ist, die **Überschuldung** (§§ 17, 19 InsO). Bei **drohender Zahlungsunfähigkeit** kann ebenfalls ein Insolvenzverfahren eröffnet werden; antragsberechtigt ist in diesem Fall allerdings nur der Schuldner (§ 18 InsO).

Während der Beginn der Körperschaftsteuerpflicht gesetzlich nicht geregelt ist und diese Lücke daher durch Rechtsprechung und Anweisungen der Finanzverwaltung interpretiert werden musste (siehe Abschnitt C.0), enthält § 11 KStG Vorschriften zum Ende der Körperschaftsteuerpflicht.

Voraussetzungen für das Ende der Körperschaftsteuerpflicht ist der Eintritt des spätesten der folgenden Zeitpunkte:

- tatsächliche Beendigung der wirtschaftlichen Tätigkeit,
- Beendigung der Liquidation.

Im Falle einer GmbH (§ 73 GmbHG), einer AG (§ 272 AktG), einer KGaA (§ 278 Abs. 3 i.V.m. § 272 AktG) sowie eines Vereins (§ 51 BGB) besteht eine Körperschaftsteuerpflicht zudem für ein **Sperrjahr** nach der Bekanntmachung der Auflösung (R 51 Abs. 2 KStR). Das Sperrjahr gibt den Gläubigern der Gesellschaft Zeit, ihre Ansprüche geltend zu machen.

Die Körperschaftsteuerpflicht endet nicht

- mit Einstellung des Betriebs und anschließender Veräußerung des Anlagevermögens, ohne dass die Gesellschaft im Handelsregister gelöscht worden ist. In diesem Falle liegt keine Liquidation vor, da eine Liquidation die Verflüssigung von Vermögenswerten **nach** Auflösung der Gesellschaft bezeichnet.
- wenn die Gesellschaft zwar im Handelsregister gelöscht, die Abwicklung aber nicht ernsthaft betrieben wird.

Die Besteuerung des Liquidationsgewinns folgt dem Gedanken, dass bisher unversteuerte Gewinne, d.h. im Betriebsvermögen akkumulierte stille Reserven, nicht durch eine Überführung ins Privatvermögen endgültig der Versteuerung entkommen dürfen. Sie werden daher im Rahmen einer Schlussbesteuerung der Körperschaftsteuer unterworfen. Zudem kann der Liquidationsgewinn Gewinne umfassen, die während des Abwicklungszeitraums durch eine beschränkte Weiterführung des Betriebs entstehen.

Der steuerpflichtige Liquidationsgewinn ermittelt sich durch einen **eigenständigen Vermögensvergleich** nach § 11 KStG, der nicht dem Betriebsvermögensvergleich nach § 5 EStG entspricht.

Ermittlungszeitraum des Liquidationsgewinns ist nicht das Kalenderjahr bzw. ein abweichendes Wirtschaftsjahr, sondern ein gesonderter **Besteuerungszeitraum** (§ 11 Abs. 1 Satz 1 KStG). Dieser beginnt im Zeitpunkt der Auflösung, wobei der Beschluss zur Auflösung grundsätzlich sofort wirksam wird (BFH-Urteil vom 09.03.1983, BStBl II 1983, S. 433; H 51 KStG „Beginn der Liquidation"). Wird die Auflösung im Laufe eines Wirtschaftsjahres beschlossen, so erlaubt die Finanzverwaltung die Bildung eines Rumpfwirtschaftsjahres, welches vom Schluss des vorangegangenen Wirtschaftsjahres bis zur Auflösung reicht und nicht in den Besteuerungszeitraum nach § 11 KStG einzubeziehen ist (R 51 Abs. 1 Satz 2 KStR). Der Besteuerungszeitraum der Abwicklung endet grundsätzlich mit dem Abschluss der Verteilung des Gesellschaftsvermögens und kann auch mehr als 12 Monate umfassen. Der Besteuerungszeitraum soll allerdings drei Jahre nicht übersteigen (§ 11 Abs. 1 Satz 2 KStG). Übersteigt der Zeitraum der Abwicklung drei Jahre, sind die danach beginnenden weiteren Besteuerungszeiträume grundsätzlich jeweils auf ein Jahr begrenzt (R 51 Abs. 1 Satz 6 KStR).

Der im Zeitraum der Abwicklung erzielte Gewinn unterliegt gemäß § 11 Abs. 1 Satz 1 i.V.m. § 23 Abs. 1 KStG der tariflichen Körperschaftsteuer. Kommt es während des mehrjährigen Abwicklungszeitraumes zu Änderungen des Steuertarifs, so ist der Steuertarif anzuwenden, der zum Ende des Abwicklungszeitraumes gilt.

Beispiel C.41:

Die X-AG hat einen Liquidationszeitraum vom 01.12.2006 bis zum 30.06.2008. Zum 01.01.2008 wurde der KSt-Satz von 25 % auf 15 % gesenkt.

Am Ende des Liquidationszeitraums beträgt der tarifliche Körperschaftsteuersatz 15 %. Mit diesem Körperschaftsteuersatz ist der Liquidationsgewinn zu besteuern.

Der Liquidationsgewinn bestimmt sich nach § 11 Abs. 2 KStG als Differenz zwischen

- dem Abwicklungs-Endvermögen (§ 11 Abs. 3 KStG) und
- dem Abwicklungs-Anfangsvermögen (§ 11 Abs. 4 KStG).

	Abwicklungs-Endvermögen (bewertet mit gemeinem Wert)
–	nicht der KSt unterliegende Vermögensmehrungen
+	verdeckte Vermögensverteilung (§ 8 Abs. 3 KStG)
+	nicht abziehbare Aufwendungen (§§ 8a, 10 KStG, §§ 4 Abs. 5, 4h EStG)
=	**Steuerliches Abwicklungs-Endvermögen** (§ 11 Abs. 3 KStG)
	Abwicklungs-Anfangsvermögen (bewertet mit dem Buchwert)
–	Gewinnausschüttungen für Wirtschaftsjahre vor der Auflösung
=	**Steuerliches Abwicklungs-Anfangsvermögen** (§ 11 Abs. 4 KStG)
	Steuerliches Abwicklungs-Endvermögen
–	**Steuerliches Abwicklungs-Anfangsvermögen**
=	**Vorläufiger steuerlicher Abwicklungsgewinn**
+	Wert eigener Anteile
+	bei der Ermittlung abgezogene Spenden
–	abziehbare Spenden nach § 9 Abs. 1 Nr. 2 KStG
–	Verlustabzug (§ 10d EStG)
=	**Steuerlicher Abwicklungsgewinn (Liquidationsgewinn)**

Tabelle C.10: Ermittlung des steuerlichen Abwicklungsgewinns

Abwicklungs-Anfangsvermögen ist das Betriebsvermögen, das am Schluss des letzten dem Abwicklungszeitraum vorangegangenen Wirtschaftsjahrs vorhanden war (§ 11 Abs. 4 Satz 1 KStG). Maßgebend ist der Buchwert der letzten Steuerbilanz. Da es sich bei Gewinnausschüttungen nicht um abzugsfähige Betriebsausgaben, sondern um eine Gewinnverteilung handelt, dürfen sie den Liquidationsgewinn nicht mindern. Deshalb ist das Abwicklungs-Anfangsvermögen um Gewinnausschüttungen, die im Abwicklungszeitraum für ein vorangegangenes Wirtschaftsjahr vorgenommen werden, zu kürzen (§ 11 Abs. 4 Satz 3 KStG).

Abwicklungs-Endvermögen ist das zur Verteilung kommende Vermögen, d.h. das Vermögen, das nach Veräußerung aller Vermögenswerte und Begleichung aller Schulden verbleibt. Werden Wirtschaftsgüter nicht veräußert, sondern an Gesellschafter verteilt, so sind diese mit dem gemeinen Wert (§ 9 BewG) zu bewerten. Das Abwicklungs-Endvermögen ist um steuerfreie Vermögensmehrungen, die im Abwicklungszeitraum zugeflossen sind (z.B. Investitionszulagen nach dem Investitionszulagengesetz), zu kürzen (§ 11 Abs. 3 KStG). Abziehbare Aufwendungen (§ 9 KStG), die im Abwicklungszeitraum angefallen sind, mindern das Abwicklungs-Endvermögen. Nichtabziehbare Aufwendungen, die während des Abwicklungszeitraumes das Abwicklungs-Endvermögen gemindert haben, sind diesem wieder hinzuzurechnen. Dies gilt insbesondere für eine Körperschaftsteuervorauszahlung (§§ 10 Nr. 2, 31 Abs. 1 KStG, § 37 Abs. 1 EStG). Das Abwicklungs-Endvermögen ist darüber hinaus um verdeckte Gewinnausschüttungen, die zu einer Vermögensminderung geführt haben und die während des Abwicklungszeitraumes erfolgt sind, zu erhöhen. Werden Gesellschaftern während der Liquidationsphase Vorteile zugewendet, die einem fremden Dritten nicht gewährt würden, so sind die daraus resultierenden Gewinnminderungen dem Abwicklungsgewinn hinzuzurechnen. Zu einer derartigen Vorteilsgewährung kommt es z.B., wenn Sachwerte zu einem unter dem gemeinen Wert liegenden Preis an einen Gesellschafter übertragen werden.

Da eine Kapitalgesellschaft im Rahmen der Liquidation ihr gesamtes Vermögen veräußert oder an ihre Anteilseigner ausschüttet, liegt zwar grundsätzlich eine Betriebsveräußerung bzw. Betriebsaufgabe i.S.d. § 16 Abs. 1 bzw. 3 EStG vor (vgl. BFH-Urteil vom 08.05.1991, BStBl II 1992, S. 437). Der Freibetrag nach § 16 Abs. 4 EStG ist jedoch an das Lebensalter des Steuerpflichtigen geknüpft und somit für Kapitalgesellschaften nicht anwendbar. Auch die Tarifermäßigungen des § 34 Abs. 1 und 3 EStG sind nicht anwendbar, da sie der Milderung von Härten dienen, die durch den progressiven Einkommensteuertarif entstehen (siehe Abschnitt B.4.4.4). Da die Körperschaftsteuer jedoch durch einen linearen Tarifverlauf gekennzeichnet ist, können durch eine geballte Versteuerung stiller Reserven keine ungerechtfertigten Härten entstehen. Der Veräußerungs- bzw. Aufgabegewinn ist auch nicht von der Gewerbesteuer befreit (§ 4 Abs. 1 GewStDV).

Beispiel C.42:

Die S-GmbH (Wirtschaftsjahr = Kalenderjahr) ist durch Beschluss des Alleingesellschafters A gemäß § 60 Abs. 1 Nr. 2 GmbHG zum 01.10.06 aufgelöst worden. Vom 01.01.06 bis 30.09.06 wurde ein Rumpfwirtschaftsjahr gebildet. Die Liquidation war zum 30.06.09 beendet. Im Abwicklungszeitraum wurde keine Ausschüttungen für Wirtschaftsjahre vor der Auflösung vorgenommen.

Das Abwicklungs-Endvermögen zum 30.06.09 beträgt 800.000 €. Hierin ist die Nachzahlung einer nicht steuerbaren Investitionszulage von 32.000 € enthalten. Zudem wurde im Abwicklungszeitraum eine Körperschaftsteuervorauszahlung i.H.v. 40.000 € auf die Schlussverteilung gezahlt und als Aufwand behandelt. Das steuerliche Abwicklungs-Anfangsvermögen zum 30.09.06 beträgt 708.000 €.

Abwicklungs-Endvermögen	800.000 €
– steuerfreie Investitionszulage	– 32.000 €
+ Körperschaftsteuervorauszahlung (nicht abziehbar)	+ 40.000 €
= steuerliches Abwicklungs-Endvermögen	808.000 €
– steuerliches Abwicklungs-Anfangsvermögen	– 708.000 €
Liquidationsgewinn	100.000 €
→ körperschaftsteuerliche Tarifbelastung: 15 %	15.000 €

Der Liquidationsgewinn wird grundsätzlich durch die tarifliche Körperschaftsteuer von 15 % definitiv belastet. Bei Liquidationen, die nach dem 31.12.2006 beginnen, ist der **KSt-Erhöhungsbetrag** nach § 38 KStG (siehe Abschnitt C.5.4.2) in einer Summe an dem 30. September fällig, der auf den Zeitpunkt der Erstellung der Liquidationseröffnungsbilanz folgt (§ 38 Abs. 8 KStG). Der **KSt-Minderungsbetrag** des § 37 KStG (siehe Abschnitt C.5.4.1) wird hingegen unverändert ratierlich in den Jahren von 2008 bis 2017 ausgezahlt.

Besteuerung der Auskehrung beim Anteilseigner

Beim Anteilseigner ist danach zu differenzieren, ob Nennkapital / steuerliches Einlagekonto einerseits oder ausschüttbarer Gewinn andererseits verteilt wird.

Die Verteilung des **ausschüttbaren Gewinns** (siehe Abschnitt C.5.3.4) führt bei den Anteilseignern zu Einnahmen i.S.d. § 20 Abs. 1 Nr. 2 EStG. Diese Einnahmen sind

- gemäß § 3 Nr. 40 Buchst. e EStG zu 40 % steuerfrei, sofern der Anteilseigner eine **natürliche Person** ist und die Anteile im **Betriebsvermögen** hält,
- mit der Kapitalertragsteuer mit Abgeltungswirkung (25 %) zu belasten, sofern der Anteilseigner eine **natürliche Person** ist und die Anteile im **Privatvermögen** hält,
- nach § 8b Abs. 1, 5 KStG zu 95 % von der Steuer befreit, sofern der Anteilseigner eine **Körperschaft** ist.

Die Auskehrung des **Nennkapitals** und der Beträge auf dem **steuerlichen Einlagekonto** stellt dagegen eine Kapitalrückzahlung dar, die nicht unter § 20 Abs. 1 EStG fällt. Diese Beträge sind mit den Anschaffungskosten der Anteile zu saldieren. Erneut ist danach zu differenzieren, ob der Anteilseigner eine natürliche Person oder eine Körperschaft ist:

- Ist der Anteilseigner eine **natürliche Person** und hält die Anteile im **Betriebsvermögen**, so ist ein Gewinn gemäß § 3 Nr. 40 Buchst. a, § 3c Abs. 2 EStG zu 40 % steuerfrei, ein Verlust entsprechend zu 40 % nicht abzugsfähig.
- Ist der Anteilseigner eine **natürliche Person** und hält die Anteile im **Privatvermögen**, so ist der Gewinn bzw. Verlust bei den Einkünften aus Kapitalvermögen zu erfassen (§ 20 Abs. 2 Satz 1 Nr. 1 i.V.m. Satz 2 EStG). Die Steuererhebung erfolgt durch Kapitalertragsteuerabzug mit Abgeltungswirkung (§ 43 Abs. 1 Nr. 9 EStG). Handelt es sich hingegen um Anteile nach § 17 EStG, d.h. war der Gesellschafter zu einem Zeitpunkt innerhalb der letzten fünf Jahre zu mindestens 1 % an der Körperschaft beteiligt, so gilt wie im Betriebsvermögen das Teileinkünfteverfahren (§ 17 Abs. 4 Satz 1, § 3 Nr. 40 Buchst. c EStG, siehe auch Abschnitt B.7.2.5.5).
- Ist der Anteilseigner eine **Körperschaft** so ist ein Gewinn nach § 8b Abs. 2 Satz 3, Abs. 3 Satz 1 KStG zu 95 % von der Steuer befreit. Ein eventueller Verlust kann nicht abgezogen werden (§ § 8b Abs. 3 Satz 2 KStG).

Regelmäßig ist die Auskehrung somit aufzuteilen in Kapitalerträge einerseits und Kapitalrückzahlungen andererseits, die einer unterschiedlichen steuerlichen Behandlung unterliegen können.

Beispiel C.43:

Es sei der Sachverhalt des vorhergehenden Beispiels fortgeführt. A erhält am 30.06.09 eine Auskehrung der S-GmbH von 825.000 €:

	Abwicklungs-Endvermögen	800.000 €
–	Körperschaftsteuer für Liquidationszeitraum	– 15.000 €
+	Körperschaftsteuervorauszahlung	+ 40.000 €
=	Auskehrung	825.000 €

Alleingesellschafter A hatte die Anteile vor vielen Jahren für 200.000 € erworben. Im Zusammenhang mit der Auflösung entstehen ihm Kosten von 5.000 €. Die Anteile zählten zum Privatvermögen des A. Das steuerliche Einlagekonto der S-GmbH beträgt 300.000 €, das Stammkapital 50.000 €.

Soweit für die Auskehrung Stammkapital oder Beträge des steuerlichen Einlagekontos als verwendet gelten, handelt es sich um Kapitalrückzahlungen. Diese sind zur Ermittlung eines Veräußerungsgewinns im Sinne von § 17 EStG den Anschaffungskosten der Beteiligung gegenüberzustellen:

Rückzahlung Stammkapital	50.000 €
Rückzahlung aus dem steuerlichen Einlagekonto	300.000 €
– Anschaffungskosten	– 200.000 €
– Veräußerungskosten	– 5.000 €
= Veräußerungsgewinn i.S.d. § 17 EStG	145.000 €
– 40 % steuerfrei gemäß § 3 Nr. 40 Buchst. c, § 3c Abs. 2 EStG	– 58.000 €
= Steuerpflichtiger Veräußerungsgewinn nach § 17 EStG	87.000 €
→ Besteuerung im Rahmen der Veranlagung	

Soweit für die Auskehrung ausschüttbarer Gewinn als verwendet gilt, handelt es sich um Gewinnausschüttungen i.S.d. § 20 Abs. 1 Nr. 2 EStG. Die Besteuerung erfolgt im Gegensatz zu dem Gewinn nach § 17 EStG nicht durch Veranlagung; vielmehr ist die Besteuerung durch die Kapitalertragsteuer von 25 % abgegolten.

Auskehrung	825.000 €
– Rückzahlung aus dem steuerlichen Einlagekonto	– 300.000 €
– Rückzahlung des Stammkapitals	– 50.000 €
= Auskehrung ausschüttbarer Gewinn	475.000 €
→ Steuerpflicht durch Kapitalertragsteuer (25 %) abgegolten	

6.2 Entstrickung von Wirtschaftsgütern

Werden Wirtschaftsgüter eines inländischen Betriebsvermögens ins Ausland überführt, so werden stille Reserven der deutschen Steuerhoheit entzogen. Die „Verstrickung" der stillen Reserven mit dem deutschen Steuerrecht wird gelöst.

Durch das SEStEG (BStBl I 2007, S. 4) wurde in § 4 Abs. 1 Satz 3 EStG und § 12 Abs. 1 KStG ein allgemeiner Entstrickungstatbestand geschaffen. Dadurch soll die Besteuerung der in Deutschland entstandenen stillen Reserven beim grenzüberschreitenden Transfer von Wirtschaftsgütern sichergestellt werden.

Überführung von Wirtschaftsgütern ins Ausland (§ 12 Abs. 1 KStG)

Nach § 12 Abs. 1 Satz 1 KStG steht es einer Veräußerung gleich, wenn das Besteuerungsrecht der Bundesrepublik Deutschland hinsichtlich des Gewinns aus der Veräußerung eines Wirtschaftsgutes ausgeschlossen oder beschränkt wird (sog. **Entstrickung** stiller Reserven). Das deutsche Besteuerungsrecht wird ausgeschlossen, wenn das Wirtschaftsgut in eine Betriebsstätte in einem DBA-Staat übertragen wird, mit dem die Freistellungsmethode vereinbart ist. Eine Beschränkung des deutschen Besteuerungsrechts erfolgt bei Übertragung in einen DBA-Staat mit Anrechnungsmethode sowie bei Übertragung in einen Nicht-DBA-Staat (in letzterem Fall erfolgt ebenfalls eine Anrechnung der ausländischen Steuer nach §§ 34c EStG, 26 KStG, vgl. auch BMF-Schreiben vom 20.05.2009, BStBl I 2009, S. 671). Diese Verwaltungsauffassung wurde im Rahmen des Jahressteuergesetzes 2010 (BGBl I 2010, S. 1768) durch § 12 Abs. 1 Satz 2 KStG (und § 4 Abs. 1 Satz 5 EStG) kodifiziert. In diesem Fall ist das Wirtschaftsgut im Entstrickungszeitpunkt mit dem gemeinen Wert anzusetzen (§ 12 Abs. 1 Halbsatz 1 KStG).

Gemäß § 12 Abs. 1 Satz 1 Halbsatz 2 KStG i.V.m. § 4g EStG kann bei Wirtschaftsgütern des Anlagevermögens in Höhe der Differenz zwischen dem Buchwert und dem gemeinen Wert im Entstrickungszeitpunkt auf Antrag des Steuerpflichtigen ein Ausgleichsposten gebildet werden, soweit das Wirtschaftsgut einer Betriebsstätte desselben Steuerpflichtigen in einem anderen EU-Staat zuzuordnen ist. Der Ausgleichsposten ist im Wirtschaftsjahr der Bildung und in den folgenden vier Wirtschaftsjahren zu je einem Fünftel gewinnerhöhend aufzulösen (§ 4g Abs. 2 Satz 1 EStG). Die Vorschrift des § 4g EStG führt somit zu einer zeitlich gestreckten Versteuerung der stillen Reserven. Wenn das Wirtschaftsgut vor Ablauf der fünf Jahre aus dem Betriebsvermögen des Steuerpflichtigen ausscheidet, ist ein verbleibender Ausgleichsposten aber in diesem Zeitpunkt vollständig gewinnerhöhend aufzulösen (§ 4g Abs. 2 Satz 2 EStG).

Verlegung einer Körperschaft ins Ausland (§ 12 Abs. 3 KStG)

Eine besondere Form der Entstrickung stellt die Verlegung der Geschäftsleitung oder des Sitzes ins Ausland dar. Entfällt die unbeschränkte Steuerpflicht einer Körperschaft durch die Verlegung ihrer Geschäftsleitung oder ihres Sitzes in einen Nicht-EU/EWR-Staat, so ist gemäß § 12 Abs. 3 KStG eine Besteuerung der stillen Reserven analog zur Liquidationsbesteuerung des § 11 KStG vorzunehmen, wobei an die Stelle des zu verteilenden Vermögens der gemeine Wert des vorhandenen Vermögens tritt.

Zu beachten ist, dass die unbeschränkte Körperschaftsteuerpflicht gemäß § 1 Abs. 1 KStG voraussetzt, dass sich der Sitz oder die Geschäftsleitung der Körperschaft, Personenvereinigung oder Vermögensmasse im Inland befinden. Verlegt eine Kapitalgesellschaft mit Sitz und Geschäftsleitung im Inland nur den Sitz oder nur die Geschäftsleitung ins Ausland, so wird keine Beendigung der unbeschränkten Körperschaftsteuerpflicht bewirkt. Befindet sich dagegen nur der Sitz bzw. nur die Geschäftsleitung einer unbeschränkt steuerpflichtigen Körperschaft im Inland, dann scheidet diese aus der unbeschränkten Körperschaftsteuerpflicht aus, sofern sie ihren Sitz bzw. ihre Geschäftsleitung ins Ausland verlegt. Eine gleichzeitige Verlegung des gesamten Betriebes, die ein völliges Ausscheiden aus der inländischen Besteuerung zur Folge hätte, ist für die Anwendung von § 12 Abs. 1 KStG nicht erforderlich.

Beispiel C.44:

Eine schweizerische AG hat ihre Geschäftsleitung sowie eine Produktions-Betriebsstätte in Deutschland. Zum Ende des Jahres 01 verlegt die Gesellschaft ihre Geschäftsleitung in die Schweiz.

Bis Ende 01 war die schweizerische AG in Deutschland unbeschränkt steuerpflichtig, da sie ihre Geschäftsleitung in Deutschland hatte. Mit der Verlegung der Geschäftsleitung in die Schweiz endet die unbeschränkte Steuerpflicht in Deutschland. Die AG ist ab diesem Zeitpunkt nur noch beschränkt körperschaftsteuerpflichtig mit dem in der deutschen Produktionsbetriebsstätte erzielten Gewinn (§ 49 Abs. 1 Nr. 2 Buchst. a EStG).

Da die Verlegung der Geschäftsleitung zu einer Beendigung der unbeschränkten Steuerpflicht führt, greift § 12 Abs. 3 KStG. Die Gesellschaft ist mit der Verlegung der

Geschäftsleitung als liquidiert anzusehen. Es kommt zu einer Besteuerung der stillen Reserven. Dies gilt unabhängig davon, dass die schweizerische AG noch eine Betriebsstätte in Deutschland hat, mit der sie beschränkt steuerpflichtig bleibt (vgl. *B. Jäger / F. Lang* (2009), S. 628).

Durch die Bewertung des Vermögens mit dem gemeinen Wert wird verhindert, dass die im Inland akkumulierten stillen Reserven durch eine Verlegung des Unternehmens ins Ausland der inländischen Steuerpflicht entgehen. Ein Firmen- oder Geschäftswert ist nur anzusetzen, soweit er entgeltlich erworben wurde. Ein originärer Firmenwert ist hingegen nicht zu erfassen (BFH-Urteil vom 14.02.1978, BStBl II 1979, S. 99; vgl. auch BMF-Schreiben vom 15.08.1984, BStBl I 1984, S. 461).

Der **Verlegungsgewinn** ist durch Gegenüberstellung von Verlegungs-Anfangsvermögen und Verlegungs-Endvermögen zu ermitteln (§ 12 Abs. 3 Satz 1 i.V.m. § 11 Abs. 2 KStG). Verlegungs-Anfangsvermögen ist das Vermögen am Schluss des der Verlegung vorangehenden Wirtschaftsjahrs. Verlegungs-Endvermögen ist das Vermögen am Ende der tatsächlichen Verlegung. Der Verlegungsgewinn ergibt sich nach folgendem Schema:

Summe der gemeinen Werte der Vermögensgegenstände im Zeitpunkt der Verlegung	
–	steuerfreie Vermögensmehrungen im Gewinnermittlungszeitraum (§ 12 Abs. 3 i.V.m. § 11 Abs. 3 KStG)
=	**Verlegungs-Endvermögen**
Buchwert des Betriebsvermögens am Schluss des der Verlegung vorangegangenen Wirtschaftsjahres	
–	Gewinnausschüttungen, die innerhalb des Verlegungszeitraumes für frühere Wirtschaftsjahre vorgenommen werden
=	**Verlegungs-Anfangsvermögen**
Verlegungs-Endvermögen	
–	**Verlegungs-Anfangsvermögen**
+	bei der Ermittlung abgezogene Spenden
–	abziehbare Spenden nach § 9 Abs. 1 Nr. 2 KStG
+	nicht abziehbare Aufwendungen (§§ 8a, 10 KStG, §§ 4 Abs. 5, 4h EStG)
+	verdeckte Gewinnausschüttungen (§ 8 Abs. 3 KStG)
–	Verlustabzug (§ 10d EStG)
=	**Verlegungsgewinn**

Tabelle C.11: Ermittlung des Verlegungsgewinns

Der Verlegungsgewinn ist mit der tariflichen Körperschaftsteuer (15 %) zu belasten.

Beispiel C.45:

Eine Aktiengesellschaft mit Sitz in der Schweiz und Ort der Geschäftsleitung in Deutschland verlegt den Ort der Geschäftsleitung zum 01.01.02 in die Schweiz.

Die Schlussbilanz der deutschen Betriebsstätte der AG zum 31.12.01 ergibt folgendes Bild:

Aktiva	Schlussbilanz 31.12.01		Passiva
Aktiva	400.000	Nennkapital	100.000
(gemeiner Wert: 600.000)		Rücklagen	300.000
	400.000		400.000

Das Verlegungs-Anfangsvermögen am 31.12.01 beträgt 400.000 €. Das Verlegungs-Endvermögen beträgt 600.000 €. Es entsteht ein Verlegungsgewinn i.H.v. 200.000 €, der einer Körperschaftsteuerbelastung von 30.000 € (15 %) unterliegt.

7 Sonderprobleme

Im Rahmen dieses Abschnitts soll auf zwei Sonderprobleme eingegangen werden, die aufgrund ihrer konzeptionellen und wirtschaftlichen Bedeutung besonders wichtig erscheinen, nämlich auf

- die Behandlung von Verlusten (Abschnitt C.7.1) und
- die Behandlung von körperschaftsteuerlichen Organschaften (Abschnitt C.7.2).

7.1 Behandlung von Verlusten

7.1.1 Verlustausgleich und Verlustabzug

Nach § 8 Abs. 1 KStG ermittelt sich das körperschaftsteuerliche Einkommen nach den Vorschriften des Einkommensteuergesetzes, sofern diese nicht durch Vorschriften des Körperschaftsteuergesetzes eingeschränkt oder ersetzt werden. Abgesehen von der Einschränkung des Verlustabzugs nach § 10d EStG durch § 8c KStG (siehe Abschnitt C.7.1.2) sind die einkommensteuerlichen Vorschriften zum Verlustausgleich und Verlust-abzug grundsätzlich auch im Rahmen des Körperschaftsteuerrechts anwendbar (vgl. auch R 29 Abs. 1 KStR).

Analog zum Einkommensteuerrecht erfolgt somit auch im Körperschaftsteuerrecht eine Verlustverrechnung in drei Schritten. Verluste sind zwingend in folgender Reihenfolge zu verrechnen:

1. Horizontaler, interner Verlustausgleich
2. Vertikaler, externer Verlustausgleich
3. Verlustabzug

Horizontaler, interner Verlustausgleich

Verluste einzelner Einkunftsquellen sind zunächst mit positiven Einkünften anderer Einkunftsquellen derselben Einkunftsart auszugleichen.

Vertikaler, externer Verlustausgleich

Im zweiten Schritt sind Verluste aus einer Einkunftsart mit Gewinnen aus den übrigen Einkunftsarten auszugleichen. Da unbeschränkt steuerpflichtige Körperschaften im Sinne des § 1 Abs. 1 Nrn. 1 – 3 KStG gemäß § 8 Abs. 2 KStG ausschließlich Einkünfte aus

Gewerbebetrieb beziehen, hat der externe Verlustausgleich nur für Steuerpflichtige im Sinne des § 1 Abs. 1 Nr. 4 – 6 KStG, d.h. insbesondere rechtsfähige und nichtrechtsfähige Vereine und Stiftungen, Bedeutung.

Zu den **Ausnahmen** vom internen und externen Verlustausgleich kann auf die Ausführungen im Bereich der Einkommensteuer verwiesen werden (Abschnitt B.10.1.1).

Verlustabzug

Wie im Einkommensteuerrecht kann der negative Gesamtbetrag der Einkünfte von einem positiven Gesamtbetrag der Einkünfte anderer Veranlagungszeiträume abgezogen werden. Abweichungen zu dem nach dem Einkommensteuergesetz abzugsfähigen Verlust ergeben sich durch unterschiedliche Vorschriften zur Ermittlung des Gesamtbetrags der Einkünfte. So beinhaltet das Körperschaftsteuergesetz abweichende Vorschriften über die Abzugsfähigkeit bzw. Nichtabzugsfähigkeit von Aufwendungen (§§ 9, 10 KStG).

Zu beachten ist, dass im Körperschaftsteuerrecht Spenden zur Förderung gemeinnütziger, mildtätiger und kirchlicher Zwecke gemäß § 9 Abs. 1 Nr. 2 KStG bei der Ermittlung des Gesamtbetrags der Einkünfte abzugsfähig sind und somit einen eventuellen körperschaftsteuerlichen Verlustvortrag, der auf einen negativen Gesamtbetrag der Einkünfte abstellt, erhöhen. Im Gegensatz dazu sind Spenden im Einkommensteuerrecht erst nach der Ermittlung des Gesamtbetrags der Einkünfte als Sonderausgaben gemäß § 10b EStG abzugsfähig. Sie führen somit nicht zu einer Erhöhung des Verlustvortrags. Körperschaften sind daher im Verlustfall im Hinblick auf den Abzug von Spenden besser gestellt als natürliche Personen.

Verluste können gemäß § 10d EStG, der nach § 8 Abs. 1 Satz 1 KStG auch im Körperschaftsteuerrecht anzuwenden ist, bis zu einem Betrag von 511.500 € pro Verlustjahr auf den vorhergehenden Veranlagungszeitraum zurück- und dann zeitlich unbegrenzt vorgetragen werden. Bis zu einem Gesamtbetrag der Einkünfte von 1.000.000 € (im Jahr des Verlustabzugs) ist der Verlustvortrag auch betragsmäßig nicht begrenzt. Übersteigt der Gesamtbetrag der Einkünfte allerdings diesen Sockelbetrag, ist ein darüber hinausgehender Verlustabzug nur in Höhe von 60 % des übersteigenden Betrags möglich (Mindestbesteuerung gemäß § 10d Abs. 2 Satz 1 EStG). Gemäß § 10d Abs. 1 Satz 5 EStG kann der Steuerpflichtige beantragen, auf den Verlustrücktrag zu verzichten. Werden Verluste vorgetragen, so sind sie in dem nächsten, dem Verlustjahr folgenden Ver-anlagungszeitraum, in dem Gewinne entstehen, mit diesen zu verrechnen. Es kann somit nicht in einzelnen Jahren auf den Verlustvortrag verzichtet werden, mit dem Ziel, den Verlustvortrag erst in späteren Jahren geltend zu machen.

7.1.2 Einschränkung des Verlustabzugs

Verluste sollen nach dem Willen des Gesetzgebers nur bei derjenigen Person abgezogen werden können, die den Verlust erlitten hat. Im Einkommensteuerrecht ist dies unproblematisch. Im Körperschaftsteuerrecht sind jedoch Fälle eines „**Mantelkaufs**" denkbar, in denen eine nahezu vermögenslose GmbH oder AG, deren wesentliche „Vermögensposition" ein steuerlicher Verlustabzug ist, veräußert wird. Ein solcher Handel mit leeren „Verlustmänteln" soll nach den Vorstellungen des Gesetzgebers nicht möglich sein.

Vorschriften zum Untergang des Verlustabzugs in Mantelkauffällen waren bisher in § 8 Abs. 4 KStG a.F. vorgesehen. Danach konnte eine Körperschaft einen Verlustabzug nach § 10d EStG nur unter der Voraussetzung vornehmen, dass sie **nicht nur rechtlich**, **sondern auch wirtschaftlich** mit der Körperschaft identisch ist, die den Verlust erlitten hat. Da sich diese Vorschrift in der Praxis wegen verschiedener Umgehungsstrategien nicht bewährt hat, hat der Gesetzgeber die Vorschrift durch das Unternehmenssteuerreformgesetz (BStBl I 2007, S. 630) ab dem VZ 2008 durch § 8c KStG ersetzt. Nach § 8c KStG geht ein steuerlicher Verlustabzug mit Wirkung für die Zukunft verloren, wenn innerhalb eines Zeitraums von fünf Jahren mehr als 50 % der Anteile an der Körperschaft übertragen werden. Bei einer Übertragung von mehr als 25 % aber nicht mehr als 50 % innerhalb von fünf Jahren geht der Verlustabzug nicht vollständig, aber immerhin anteilig verloren.

Obwohl § 8 Abs. 4 KStG durch das Unternehmenssteuerreformgesetz mit Wirkung zum VZ 2008 aufgehoben wurde, ist die Vorschrift nach § 34 Abs. 6 Satz 3 KStG in einem Übergangszeitraum bis zum VZ 2012 weiter anzuwenden, so dass eine Darstellung im vorliegenden Band noch geboten ist.

In Abschnitt C.7.1.2.1 erfolgen zunächst allgemeine Ausführungen zur **rechtlichen Identität**. Fraglich ist insbesondere, ob ein Verlustabzug in Umwandlungsfällen (Form-wechsel, Verschmelzung, Spaltung) auf den Rechtsnachfolger übergeht. Abschnitt C.7.1.2.2 beschäftigt sich dann mit der alten Mantelkaufregelung des **§ 8 Abs. 4 KStG a.F.**, die im Übergangszeitraum bis 2012 neben § 8c KStG weiter zu beachten ist. Abschnitt C.7.1.2.3 schließlich geht auf die neue Vorschrift des **§ 8c KStG** ein.

7.1.2.1 Rechtliche Identität

Probleme können auftreten, wenn die Gesellschaft, die den Verlust geltend machen will, aus der Gesellschaft, die den Verlust erlitten hat, durch eine Umwandlung i.S.d. Umwandlungsgesetzes hervorgegangen ist.

Im Falle einer nur **formwechselnden Umwandlung** i.S.d. Fünften Buches des Umwandlungsgesetzes (§§ 190 ff. UmwG; z.B. Formwechsel einer GmbH in eine AG) ist eine rechtliche Identität gegeben und ein Abzug von Verlusten, die vor dem Formwechsel entstanden sind, daher möglich (BFH-Urteil vom 19.08.1958, BStBl III 1958, S. 468).

Wird dagegen eine Körperschaft auf eine Personengesellschaft formwechselnd umgewandelt oder geht das Vermögen einer Körperschaft auf eine natürliche Person über, so ist auf Grund der ausdrücklichen Vorschriften der §§ 4 Abs. 2 Satz 2, 9 Satz 1 UmwStG keine rechtliche Identität gegeben. Es ist somit nicht möglich, dass ein körperschaftsteuerlicher Verlustvortrag einkommensteuerlich genutzt wird.

Bei **Verschmelzungen** einer Körperschaft auf eine andere Körperschaft i.S.d. Zweiten Buches des Umwandlungsgesetzes (§§ 2 ff. UmwG) sowie **Aufspaltungen, Abspaltungen oder Ausgliederungen** auf eine andere Körperschaft i.S.d. Dritten Buches des Umwandlungsgesetzes (§§ 123 ff. UmwG) ist § 12 Abs. 3 Halbsatz 2 UmwStG einschlägig, der auf § 4 Abs. 2 UmwStG verweist. Ein Übergang des Verlustvortrags ist daher ebenfalls nicht möglich.

7.1.2.2 Identität von rechtlicher und wirtschaftlicher Identität (§ 8 Abs. 4 KStG a.F.)

Unter einem Mantelkauf ist der Kauf einer weitgehend abgewickelten, aber rechtlich noch bestehenden Körperschaft zu verstehen, bei dem ausschließlich das Ziel verfolgt wird, einen vorhandenen Verlustvortrag steuerlich zu nutzen. Durch die Vorschrift des § 8 Abs. 4 KStG sollte einem Handel mit Verlustvorträgen entgegengewirkt werden.

Vor Einfügung des § 8 Abs. 4 KStG war ein Verlustabzug auch im Falle eines Mantelkaufs im Regelfall möglich (vgl. BFH-Urteile vom 29.10.1986, BStBl II 1987, S. 308; vom 29.10.1986, BStBl II 1987, S. 310). Ein Verlustvortrag entfiel erst bei einem Erlöschen der zivilrechtlichen Rechtsfähigkeit der Körperschaft, d.h. bei einer Löschung der Körperschaft im Handelsregister, oder dadurch, dass die Gesellschaft gänzlich vermögenslos wurde.

Seit dem 01.01.1990 ist die Möglichkeit des Verlustabzugs durch § 8 Abs. 4 KStG, der neben einer **rechtlichen** auch eine **wirtschaftliche Identität** forderte, erheblich eingeschränkt worden.

Zu § 8 Abs. 4 KStG hatte das BMF mit Anwendungsschreiben vom 16.04.1999 (BStBl I 1999, S. 455) Stellung genommen.

Rechtliche Identität

Zur rechtlichen Identität wird auf die Ausführungen in dem vorangegangenen Abschnitt verwiesen.

Auf § 12 Abs. 3 Satz 2 UmwStG a.F., der eine Nutzung des Verlustvortrags in Verschmelzungs- und Spaltungsfällen unter bestimmten Voraussetzungen erlaubt hatte, soll an dieser Stelle nicht im Detail eingegangen werden. Nach § 12 Abs. 3 Satz 2 UmwStG a.F. konnte die übernehmende Körperschaft den Verlustvortrag grundsätzlich nutzen, sofern der Betrieb oder Betriebsteil, der den Verlust verursacht hat, in einem nach dem Gesamtbild der wirtschaftlichen Verhältnisse vergleichbaren Umfang in den folgenden fünf Jahren fortgeführt wurde.

Wirtschaftliche Identität

Eine wirtschaftliche Identität wurde nach § 8 Abs. 4 Satz 2 KStG i.V.m. Tz. 1 des BMF-Schreibens vom 16.04.1999 (BStBl I 1999, S. 455) insbesondere dann nicht angenommen, wenn die folgenden Tatbestandsmerkmale erfüllt waren:

1) Es sind mehr als 50 % der Anteile der Kapitalgesellschaft übertragen worden.	Unerheblich ist, ob die Übertragung entgeltlich oder unentgeltlich vorgenommen wird. Während der Anteilsübergang durch Erbfall nicht zum Verlust der wirtschaftlichen Identität führt, ist ein Übergang im Rahmen der vorweggenommenen Erbfolge für das Kriterium der wirtschaftlichen Identität schädlich (Tz. 4 des BMF-Schreibens vom 16.04.1999). Unerheblich ist, auf wie viele Erwerber oder Erwerbsvorgänge sich die übertragenen Anteile verteilen (Tz. 5 des BMF-Schreibens vom 16.04. 1999). Schädlich ist die Übertragung von mehr als 50 % der Anteile, wenn diese innerhalb eines Zeitraums von fünf Jahren erfolgt (Tz. 6 des BMF-Schreibens vom 16.04.1999, **Erster Fünfjahreszeitraum).**
2) Die Kapitalgesellschaft führt ihren Geschäftsbetrieb mit überwiegend neuem Betriebsvermögen fort bzw. nimmt ihn mit überwiegend neuem	Die Zuführung von neuem Betriebsvermögen führte bis zum VZ 2007 zu einem Verlust der wirtschaftlichen Identität, wenn das innerhalb von fünf Jahren nach dem schädlichen Anteilseignerwechsel über Einlagen und Fremdmittel zugeführte bzw. finan-

Betriebsvermögen wieder auf.	zierte Aktivvermögen das im Zeitpunkt der Anteilsübertragung vorhandene Aktivvermögen überstieg (Tz. 9, 12 des BMF-Schreibens vom 16.04.1999, **Zweiter Fünfjahreszeitraum**). Mit Urteil vom 14.03.2006 hat der BFH jedoch die enge Fünfjahresfrist gekippt (BStBl II 2007, S. 602). Der BFH fordert das Vorliegen eines Gesamtplans, der in der Regel nur innerhalb wesentlich kürzerer Zeiträume angenommen werden kann. In Reaktion darauf hat das BMF den maßgeblichen Zeitraum auf zwei Jahre verkürzt (BMF-Schreiben vom 14.03.2007, BStBl I 2007, S. 624).

Durch die Vorschrift des § 8 Abs. 4 KStG a.F. sollte jedoch lediglich verhindert werden, dass Verlustvorträge veräußert werden. Eine Behinderung der Sanierung eines verlustträchtigen Unternehmens durch einen neuen Eigentümer sollte hingegen nicht Ziel steuerrechtlicher Vorschriften sein. Nach den oben geschilderten Kriterien zur wirtschaftlichen Identität würde ein Verlustabzug jedoch auch in Sanierungsfällen vielfach nicht möglich sein. Aus diesem Grund wurde mit Wirkung zum 01.01.1997 die Vorschrift des § 8 Abs. 4 Satz 3 KStG a.F. (Sanierungsklausel) eingefügt. Danach führte die Zuführung neuen Betriebsvermögens – entgegen den obigen Ausführungen zur wirtschaftlichen Identität – dann nicht zu einem Versagen des Verlustabzugs,

• **wenn die Zuführung des neuen Betriebsvermögens allein der Sanierung des Geschäftsbetriebs dient, der den Verlustabzug verursacht hat,**	Allein der Sanierung dient das zugeführte neue Betriebsvermögen, sofern die Kapitalgesellschaft sanierungsbedürftig ist. Bei der Zuführung von Betriebsvermögen darf der für das Fortbestehen des Geschäftsbetriebs notwendige Umfang nicht wesentlich überschritten werden (BMF-Schreiben v. 16.04.1999, BStBl I 1999, S. 455, Tz. 14). Zwar muss die Sanierung nach der Formulierung des § 8 Abs. 4 Satz 3 KStG a.F. alleiniger Zweck sein. Der Nebenzweck, den Verlustvortrag zu retten, muss jedoch erlaubt sein, da ein solcher immer vorhanden sein dürfte und § 8 Abs. 4 Satz 3 KStG a.F. somit ansonsten keinen Anwendungsbereich hätte.
• **und die Körperschaft den Geschäftsbetrieb in einem nach dem Gesamtbild der wirtschaftlichen Verhältnisse vergleichbaren Umfang in den folgenden fünf Jahren fortführt.**	Entscheidend ist der Umfang, den der Geschäftsbetrieb im Durchschnitt während der Verlustphase gehabt hat. Diese Phase endet spätestens mit dem Verlust der wirtschaftlichen Identität. Für den Verlustabzug schädlich ist es nach Ansicht der Finanzverwaltung, wenn bis zum Ende eines fünf Jahre umfassenden Fortführungszeitraumes der verlustverursachende Geschäftsbetrieb um mehr als die Hälfte seines Umfanges abgeschmolzen wird (BMF-Schreiben vom 16.04.1999, Tzn. 15, 16, 21; **Dritter Fünfjahreszeitraum**). Als Kriterien dafür, dass der Geschäftsbetrieb in einem vergleichbaren Umfang fortgeführt wird,

können unter Würdigung der Gesamtumstände z.B. der Umsatz, das Auftragsvolumen, das Aktivvermögen und die Anzahl der Arbeitnehmer herangezogen werden (BMF-Schreiben vom 16.04.1999, Tz. 17).

Die Formulierung „nach dem Gesamtbild der wirtschaftlichen Verhältnisse vergleichbaren Umfang" macht deutlich, dass eine starre Identität nicht gefordert wird. Eine natürliche unternehmerische Fortentwicklung innerhalb der nächsten fünf Jahre nimmt dem Geschäftsbetrieb nicht die wirtschaftliche Identität.

Auch nach der Streichung des § 8 Abs. 4 KStG und der Einführung des § 8c KStG zum VZ 2008 ist die alte Vorschrift des § 8 Abs. 4 KStG weiter anzuwenden, wenn mehr als die Hälfte der Anteile innerhalb eines Zeitraums von fünf Jahren übertragen werden, der vor dem 01.01.2008 begonnen hat, und der Verlust der wirtschaftlichen Identität vor dem 01.01.2013 eintritt (§ 34 Abs. 6 Satz 3 KStG).

Beispiel C.46:

Im Dezember 2007 und im Dezember 2009 wurden je 50 % der Anteile an der sanierungsbedürftigen A-GmbH veräußert. Die Sanierung umfasst planmäßig die Jahre 2010 bis 2011. Bis Ende 2011 wird überwiegend neues Betriebsvermögen zugeführt.

Da der schädliche Anteilseignerwechsel vor dem 01.01.2008 begonnen hat, ist § 8 Abs. 4 KStG a.F. in einem Übergangszeitraum bis Ende 2012 weiter anzuwenden. Der Verlust der wirtschaftlichen Identität tritt mit der Zuführung neuen Betriebsvermögens Ende 2011 ein. In diesem Zeitpunkt geht der Verlustabzug verloren.

7.1.2.3 Einschränkung des Verlustabzugs bei Anteilsübertragungen (§ 8c KStG)

§ 8c KStG findet erstmals auf Anteilsübertragungen nach dem 31.12.2007 Anwendung (§ 34 Abs. 7b KStG). Das BMF hat Einzelheiten zur Anwendung im Schreiben vom 04.07.2008 geregelt (BStBl I 2008, S. 736).

7.1.2.3.1 Grundsatz

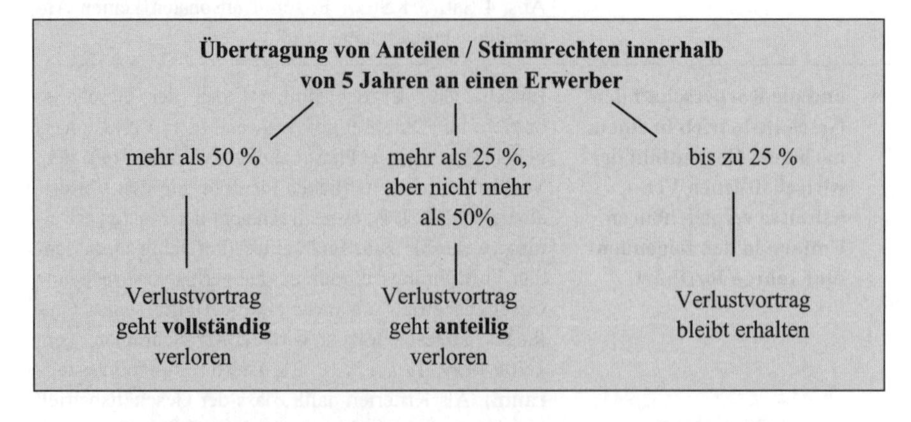

Abbildung C.12: Untergang von Verlustvorträgen nach § 8c KStG

Werden innerhalb von fünf Jahren mehr als 50 % der Anteile **oder** der Stimmrechte an einer Körperschaft an **einen** Erwerber übertragen, so gehen bis zu diesem Zeitpunkt nicht ausgeglichene oder abgezogene Verluste **vollständig** unter. Werden mehr als 25 % aber nicht mehr als 50 % der Anteile oder der Stimmrechte an einer Körperschaft an einen Erwerber übertragen, so gehen die Verluste **anteilig** unter (§ 8c Abs. 1 Satz 1 KStG).

7.1.2.3.2 Schädlicher Beteiligungserwerb

§ 8c KStG setzt eine Übertragung von Anteilen an **einen** Erwerber voraus. Werden Anteile nicht an einen, sondern an mehrere Erwerber übertragen, ist § 8c KStG nicht einschlägig.

Beispiel C.47:

Zum 31.12.01 verfügt die A-GmbH über einen Verlustvortrag von 800.000 €. Die Anteile gehörten bisher zu 100 % Herrn A. Am 15.11.01 veräußerte A 25 % der Anteile an B. Am 01.01.02 veräußert A weitere 10 % an B sowie 20 % an C.

Am 15.11.01 gehen noch keine Verluste unter, da noch nicht **mehr** als 25 % der Anteile an einen Erwerber übertragen wurden. Am 01.01.02 werden weitere 10 % an B übertragen. Damit sind innerhalb von 5 Jahren 35 % an B übertragen worden. Der Verlustvortrag geht zu 35 % (= 280.000 €) unter. Es verbleibt ein Verlustvortrag von 520.000 €. Die Übertragung an C ist zunächst unbeachtlich, da noch nicht mehr als 25 % an C übertragen wurden.

§ 8c KStG setzt einen schädlichen Beteiligungserwerb innerhalb eines Zeitraums von fünf Jahren durch Personen **eines Erwerberkreises** voraus. Den Erwerberkreis bildet der Erwerber gemeinsam mit ihm nahe stehenden Personen (§ 8c Abs. 1 Satz 1 KStG) und Personen, die mit ihm oder den nahe stehenden Personen gleichgerichtete Interessen haben (§ 8c Abs. 1 Satz 3 KStG).

Beispiel C.48:

Angenommen, die Erwerber B und C im vorhergehenden Beispiel sind Eheleute.

In diesem Fall werden innerhalb von fünf Jahren 55 % an **einen** Erwerber (und diesem nahe stehende Personen) übertragen. Der Verlustvortrag geht zum 01.01.02 vollständig unter.

Beziehungen, die ein „**Nahestehen**" begründen können, können familienrechtlicher, gesellschaftsrechtlicher, schuldrechtlicher oder rein tatsächlicher Art sein. Ehegatten können als nahe stehende Personen angesehen werden (Rz. 25 des BMF-Schreibens vom 04.07.2008, BStBl I 2008, S. 736; H 36 KStH „Nahestehende Person").

Von einer Erwerbergruppe mit **gleich gerichteten Interessen** ist regelmäßig auszugehen, wenn eine Abstimmung zwischen den Erwerbern stattgefunden hat (Rz. 27 des BMF-Schreibens vom 04.07.2008).

Verluste gehen nicht nur bei einer unmittelbaren, sondern auch bei einer **mittelbaren** Übertragung von Anteilen unter (§ 8c Abs. 1 Satz 1 KStG).

Beispiel C.49:

An der T-GmbH (Verlustgesellschaft) ist die M-GmbH zu 51 % beteiligt. Der Alleingesellschafter der M-GmbH, Herr M, veräußert seine Beteiligung an der M-GmbH.

Da 51 % der Anteile an der T-GmbH mittelbar übertragen werden, gehen die Verlustvorträge der T-GmbH vollständig unter.

Der unmittelbare Erwerb von Anteilen ist auch dann schädlich, wenn sich mittelbar keine Änderung der Beteiligungsquote ergibt (Rz. 11 des BMF-Schreibens vom 04.07.2008).

Beispiel C.50:

An der T-GmbH (Verlustgesellschaft) ist die M-GmbH zu 51 % beteiligt. Die M-GmbH überträgt ihre Anteile an der T-GmbH auf ihren Alleingesellschafter, Herrn M.

Obwohl Herr M bereits vor der Übertragung zu 51 % mittelbar an der T-GmbH beteiligt war, kommt es durch die unmittelbare Übertragung von 51 % auf einen Erwerber (Herrn M) zu einem Untergang der Verlustvorträge der T-GmbH.

Neben der Übertragung von Anteilen können auch **vergleichbare Sachverhalte** zu einem Untergang von Verlustvorträgen führen (§ 8c Abs. 1 Satz 1 KStG). Vergleichbare Sachverhalte können z.B. sein (Rz. 7 des BMF-Schreibens vom 04.07.2008):

- Stimmrechtsvereinbarungen,
- der Erwerb von eigenen Anteilen, wenn sich hierdurch die Beteiligungsverhältnisse ändern,
- Kapitalerhöhungen (§ 8c Abs. 1 Satz 4 KStG) und Kapitalherabsetzungen, wenn sich hierdurch die Beteiligungsverhältnisse ändern.

Beispiel C.51:

- An der AB-GmbH (Verlustgesellschaft) sind A und B zu je 50 % beteiligt. Am 01.01.02 wird ein Stimmrechtsbindungsvertrag geschlossen, wonach sich A verpflichtet, in der Gesellschafterversammlung nicht gegen B zu stimmen.

  Da 50 % der Stimmrechte übertragen werden, gehen Verlustvorträge zu 50 % unter.
- An dem Stammkapital der CD-GmbH von 50.000 € sind C und D zu jeweils 50 % beteiligt. Im Rahmen einer Kapitalerhöhung wird das Stammkapital auf 75.000 € erhöht. Die neuen Anteile übernimmt E.

  Durch die Kapitalerhöhung ändern sich die Anteilsverhältnisse in der Form, dass nun E zu 1/3 beteiligt ist. Die Verluste der CD-GmbH gehen zu 1/3 unter.

Für den Untergang von Verlusten reicht es aus, dass **entweder** Stimmrechte **oder** Anteile am gezeichneten Kapital übertragen werden (§ 8c Abs. 1 Satz 1 KStG).

Beispiel C.52:

Das Grundkapital einer AG entfällt zu 70 % auf Stammaktien und zu 30 % auf stimmrechtslose Vorzugsaktien. Innerhalb von fünf Jahren werden an einen Erwerber

- 30 %-Punkte der Vorzugsaktien übertragen: Untergang der Verlustvorträge zu 30 %, da 30 % des gezeichneten Kapitals übertragen werden;
- 21 %-Punkte der Stammaktien übertragen: Untergang der Verlustvorträge zu 30 %, da 30 % der Stimmrechte (21/70) übertragen werden.

7.1.2.3.3 Fünfjahresfrist

Zur Ermittlung des schädlichen Beteiligungserwerbs werden alle Erwerbe durch den Erwerberkreis innerhalb von fünf Jahren zusammengefasst. Durch diese Vorschrift soll eine Umgehung der Rechtsfolgen des § 8c KStG durch eine Veräußerung in mehreren Schritten ausgeschlossen werden.

Der Fünfjahreszeitraum beginnt mit dem ersten unmittelbaren oder mittelbaren Beteiligungserwerb. Zu diesem Zeitpunkt muss noch kein Verlust der späteren Verlustgesellschaft vorhanden sein.

Beispiel C.53:

Zum 01.03.01 werden 20 % der Anteile an der C-GmbH auf D übertragen. Weitere 20 % werden am 01.01.06 auf D übertragen. Die C-GmbH erzielt in 01 bis 04 Gewinne. In 05 erzielt sie einen Verlust von 300.000 €. Davon können 40.000 € nach 04 zurückgetragen werden.

Der Fünfjahreszeitraum beginnt am 01.03.01. Da innerhalb des Fünfjahreszeitraums 40 % der Anteile an einen Erwerber übertragen werden, gehen 40 % der Verluste zum 01.01.06 unter, d.h. 40 % von 260.000 € = 104.000 €.

7.1.2.3.4 Unterjähriger Beteiligungserwerb

Erfolgt der schädliche Beteiligungserwerb während eines laufenden Wirtschaftsjahres, unterliegt auch ein bis zu diesem Zeitpunkt erzielter Verlust der Verlustabzugsbeschränkung nach § 8c KStG. Der Verlust des gesamten Wirtschaftsjahres, in dem das schädliche Ereignis eingetreten ist, ist grundsätzlich zeitanteilig aufzuteilen. Die Körperschaft kann allerdings eine andere, wirtschaftlich begründete Aufteilung darlegen, z.B. bei Saisonbetrieben (Rz. 31, 32 des BMF-Schreibens vom 04.07.2008).

Beispiel C.54:

Der Verlustvortrag der E-GmbH zum 31.12.01 beträgt 500.000 €. Am 30.04.02 werden 60 % der Anteile an einen Erwerber übertragen. Der Verlust des Jahres 02 beträgt weitere 120.000 €.

Zum 30.04.02 geht der Verlustvortrag von 500.000 € unter. Ebenso geht der anteilig bis zum 30.04. des Übertragungsjahres entstandene Verlust (4/12 von 120.000 = 40.000 €) unter. Zum 31.12.02 ist somit ein Verlustvortrag von 80.000 € festzustellen.

7.1.2.3.5 Konzernklausel (§ 8c Abs. 1 Satz 5 KStG)

Mit Wirkung für Beteiligungserwerbe nach dem 31.12.2009 hat der Gesetzgeber mit dem Wachstumsbeschleunigungsgesetz (BGBl I 2009, S. 3950) in § 8c KStG eine Konzernklausel eingefügt (§ 8c Abs. 1 Satz 5 KStG, zur Anwendung siehe § 34 Abs. 7b Satz 2 KStG). Danach liegt ein schädlicher Beteiligungserwerb nicht vor, wenn an dem übertragenden und dem übernehmenden Rechtsträger dieselbe Person zu jeweils 100 % unmittelbar oder mittelbar beteiligt ist. Durch diese Vorschrift sollen konzerninterne Umstrukturierungen entlastet werden.

Beispiel C.55:

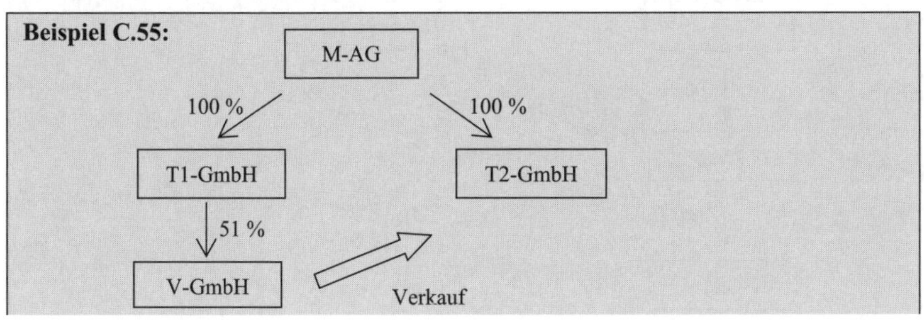

Die Anteile an der Verlustgesellschaft (V-GmbH) werden von der T1-GmbH auf die T2-GmbH übertragen. Da sowohl an der übertragenden Gesellschaft (T1-GmbH) als auch an der übernehmenden Gesellschaft (T2-GmbH) dieselbe Person (M-AG) jeweils zu 100 % beteiligt ist, ist der Erwerb durch die T2-GmbH unschädlich.

Allerdings erfasst die Konzernklausel nicht sämtliche konzerninternen Umstrukturierungen. Überträgt etwa im obigen Beispiel die M-AG ihre Beteiligung an der T1-GmbH auf die T2-GmbH, greift die Konzernklausel nicht (es sei denn, an der M-AG ist eine einzelne Person zu 100 % beteiligt).

7.1.2.3.6 Abzug der Verluste in Höhe der stillen Reserven (§ 8c Abs. 1 Sätze 6 – 8 KStG)

Ebenfalls für Beteiligungserwerbe nach dem 31.12.2009 wurden die Sätze 6 – 8 in § 8c Abs. 1 KStG eingefügt. Danach bleiben bei einem schädlichen Beteiligungserwerb künftig Verluste bis zur Höhe der stillen Reserven erhalten.

Bei einem schädlichen Beteiligungserwerb von mehr als 25 %, aber nicht mehr als 50 % (quotaler Verlustuntergang) ergibt sich die Höhe der zu berücksichtigenden stillen Reserven als Differenz zwischen dem auf die erworbenen Anteile entfallenden Eigenkapital laut Steuerbilanz und dem gemeinen Wert der erworbenen Anteile. Bei einem schädlichen Beteiligungserwerb von mehr als 50 % (vollständiger Verlustuntergang) ergibt sich die Höhe der zu berücksichtigenden stillen Reserven als Differenz zwischen dem gesamten Eigenkapital laut Steuerbilanz und dem gemeinen Wert der gesamten Anteile:

Beteiligungserwerb > 25 % bis 50 %	**Beteiligungserwerb > 50 %**
Gemeiner Wert der *erworbenen* Anteile	Gemeiner Wert der *gesamten* Anteile
– auf die *erworbenen* Anteile entfallendes EK laut Steuerbilanz	– *gesamtes* EK laut Steuerbilanz
= **Stille Reserven**	= **Stille Reserven**

Tabelle C.12: Ermittlung der stillen Reserven nach § 8c Abs. 1 Satz 7 KStG

Zu berücksichtigen sind nur stille Reserven, die im Inland steuerpflichtig sind (§ 8c Abs. 1 Satz 7 KStG). Nicht zu berücksichtigen sind demnach insbesondere stille Reserven in Beteiligungen an (inländischen und ausländischen) Tochtergesellschaften, da diese stillen Reserven nach § 8b Abs. 2 KStG steuerfrei sind.

Beispiel C.56:

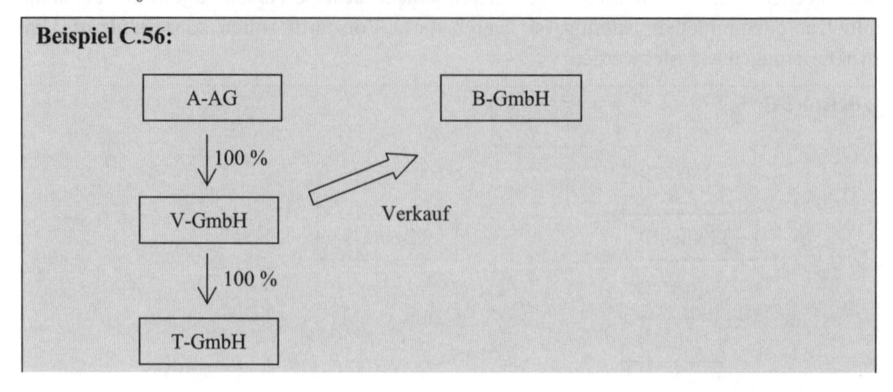

Die A-AG veräußert 100 % der Anteile an der V-GmbH für 2.000.000 € an die B-GmbH. Die V-GmbH hat Verlustvorträge von 2.000.000 € und ein Eigenkapital von 800.000 €. Mit dem Kaufpreis von 2.000.000 € sind auch stille Reserven in den Anteilen der T-GmbH von 700.000 € abgegolten.

	Gemeiner Wert der Anteile (= Kaufpreis)	2.000.000 €
–	Eigenkapital laut Steuerbilanz	– 800.000 €
=	stille Reserven	1.200.000 €
–	stille Reserven in den Anteilen an der T-GmbH	– 700.000 €
=	maßgebliche stille Reserven für Erhaltung der Verluste	500.000 €

Auf Grund des schädlichen Beteiligungserwerbs von mehr als 50 % gehen die Verlustvorträge der V-GmbH (2.000.000 €) grundsätzlich nach § 8c Abs. 1 Satz 1 KStG verloren. Gemäß § 8c Abs. 1 Satz 6 KStG bleiben die Verlustvorträge aber in Höhe der stillen Reserven (500.000 €) erhalten. Somit gehen nur Verlustvorträge in Höhe von 1.500.000 € verloren.

7.1.2.3.7 Sanierungsklausel (§ 8c Abs. 1a KStG)

Mit dem Bürgerentlastungsgesetz (BGBl I 2009, S. 1959) hat der Gesetzgeber die Verlustabzugsbeschränkung des § 8c KStG durch Einführung einer zeitlich befristeten Sanierungsklausel teilweise entschärft (§ 8c Abs. 1a KStG). Danach sollten Beteiligungserwerbe in 2008 und 2009 unschädlich sein, wenn die Beteiligung zum Zwecke der Sanierung erfolgt. Durch das Wachstumsbeschleunigungsgesetz (BGBl I 2009, S. 3950) wurde die zeitliche Befristung aufgehoben.

Die Europäische Kommission hat allerdings mit Beschluss vom 24.02.2010 (BStBl I 2010, S. 482) wegen der Sanierungsklausel (§ 8c Abs. 1a KStG) ein Vertragsverletzungsverfahren gegen die Bundesrepublik Deutschland eingeleitet. Nach Auffassung der EU-Kommission stellt die Sanierungsklausel eine **unzulässige staatliche Beihilfe** dar.

Mit Schreiben vom 30.04.2010 (BStBl I 2010, S. 488) hat das BMF daraufhin bekannt gegeben, dass die Sanierungsklausel bis zu einem abschließenden Beschluss der EU-Kommission **nicht mehr anzuwenden** ist.

Am 26.01.2011 schließlich hat die EU-Kommission im Rahmen des Vertragsverletzungsverfahrens entschieden, dass die Sanierungsklausel nicht vereinbar mit den europäischen Beihilferegelungen ist. Die Bundesrepublik Deutschland wurde aufgefordert, die auf Grund der Sanierungsklausel zu Unrecht gewährten „Beihilfen" von den betroffenen Unternehmen zurückzufordern und die Sanierungsklausel künftig nicht mehr anzuwenden. Nach Auffassung der EU-Kommission verschafft die Sanierungsklausel angeschlagenen Unter-nehmen und möglicherweise ihren Käufern einen unzulässigen finanziellen Vorteil, da der Staat auf Steuerzahlungen verzichtet, die einem gesunden Unternehmen bei gleichem Sachverhalt in Rechnung gestellt worden wäre. Die Bundesregierung hat im März 2011 daraufhin beschlossen, gegen den Beschluss der EU-Kommission eine Nichtigkeitsklage vor dem EuGH zu erheben.

Obwohl § 8c Abs. 1a KStG demnach (zumindest zunächst) nicht mehr anzuwenden ist, soll im Folgenden noch eine kurze Darstellung erfolgen. Immerhin handelt es sich um ein interessantes Lehrbeispiel dafür, dass jede nationalstaatliche Vorschrift stets mit europäischem Recht abgeglichen werden muss.

Nach § 8c Abs. 1a Satz 1 KStG ist ein Beteiligungserwerb zum Zwecke der **Sanierung** des Geschäftsbetriebs der Körperschaft unschädlich. Sanierung ist gemäß § 8c Abs. 1a Satz 2 KStG eine Maßnahme, die darauf gerichtet ist,

- die Zahlungsunfähigkeit oder Überschuldung zu verhindern oder zu beseitigen und
- zugleich die wesentlichen Betriebsstrukturen zu erhalten.

1. Voraussetzung: Verhinderung der Zahlungsunfähigkeit oder Überschuldung

Grundvoraussetzung für die Sanierungsklausel ist, dass der Anteilserwerb zu einem Zeitpunkt erfolgt, zu dem die Zahlungsunfähigkeit oder Überschuldung zumindest droht oder bereits eingetreten ist. Erfolgt die Anteilsübertragung bereits vor der Krise, ist die Sanierungsklausel nicht anzuwenden (OFD Rheinland-Pfalz vom 30.03.2010, DStR 2010, S. 929, Rz. 4).

Zahlungsunfähigkeit liegt vor, wenn die Gesellschaft nicht in der Lage ist, die bestehenden Zahlungsverpflichtungen im Zeitpunkt der Fälligkeit zu erfüllen. Eine **Überschuldung** ist gegeben, wenn das Vermögen der Gesellschaft die bestehenden Verbindlichkeiten nicht mehr deckt.

Die Körperschaft trägt die Beweislast für das Vorliegen der Sanierungsvoraussetzungen. Sie muss Unterlagen vorlegen, wonach sowohl

- die Ursache für die eingetretene Krise in objektiv nachvollziehbarer Weise und
- die konkreten zur Bewältigung der Krise getroffenen Maßnahmen dargelegt werden (Rz. 5 der Vfg. der OFD Rheinland-Pfalz).

Die Körperschaft muss **sanierungsfähig** sein und die ergriffenen Maßnahmen müssen **geeignet** sein, eine Sanierung herbeizuführen. Denkbare Maßnahmen sind z.B.

- die Übernahme von Bürgschaften,
- die Gewährung von Darlehen,
- die Bereitstellung kurzfristiger Liquidität,
- die Erhöhung des Kapitals.

2. Voraussetzung: Erhalt der wesentlichen Betriebsstrukturen

Der Körperschaft stehen gemäß § 8c Abs. 1a Satz 3 KStG **drei Optionen** zur Verfügung, um die Erhaltung der wesentlichen Betriebsstrukturen nachzuweisen:

- Es wird eine *Betriebsvereinbarung* mit Arbeitsplatzregelung abgeschlossen und von der Körperschaft befolgt **oder**
- die *Lohnsumme* innerhalb von fünf Jahren nach dem Beteiligungserwerb unterschreitet nicht 400 % der Ausgangslohnsumme (= durchschnittliche Lohnsumme der letzten fünf vor dem Beteiligungserwerb endenden Wirtschaftsjahre) **oder**
- der Körperschaft wird durch *Einlagen* innerhalb von 12 Monaten nach dem Beteiligungserwerb wesentlich neues Betriebsvermögen (= mindestens 25 % des in der Steuerbilanz zum Schluss des vorangehenden Wirtschaftsjahres enthaltenen Aktivvermögens) zugeführt. Wird nur ein Teil der Körperschaft erworben, muss nur der entsprechende Anteil an Aktivvermögen zugeführt werden.

Beispiel C.57:

Am 01.01.06 werden 100 % der Anteile der A-GmbH von einem Investor erworben. Die Lohnsumme der Wirtschaftsjahre 01 bis 05 beträgt insgesamt 5 Mio. €, so dass sich eine Ausgangslohnsumme (durchschnittliche Lohnsumme der letzten fünf vor dem Beteiligungserwerb endenden Wirtschaftsjahre) von 1 Mio. € ergibt.

Damit die Sanierungsklausel greift, d.h. Verlustvorträge durch den Beteiligungserwerb nicht verloren gehen, muss die Lohnsumme der Wirtschaftsjahre 06 bis 10 insgesamt mindestens 4 Mio. € (400 % der Ausgangslohnsumme von 1 Mio. €) betragen.

Beispiel C.58:

Zum 31.12.01 verfügt die B-GmbH über ein Aktivvermögen von 500.000 €. Eine Kapitalerhöhung zum 01.01.02 führt zu einem Beteiligungserwerb eines Investors von 70 %.

Da nur 70 % erworben werden, müssen nur (70 % von 25 % =) 17,5 % des Aktivvermögens als neues Betriebsvermögen zugeführt werden (17,5 % von 500.000 = 87.500 €).

7.2 Körperschaftsteuerliche Organschaft

Eine wirtschaftlich einheitliche Unternehmung, deren einzelne Glieder in der Form rechtlich selbständiger Kapitalgesellschaften geführt werden, wird als Organschaft bezeichnet.

Im Steuerrecht existiert keine umfassende Organtheorie, die den geschilderten Sachverhalt einer einheitlichen Behandlung unterwerfen würde. So stellte beispielsweise das Vermögensteuerrecht allein auf die rechtliche Selbständigkeit ab, d.h. es existierten keine Vorschriften zur Organschaft. Hingegen wird eine wirtschaftlich unselbständige Kapitalgesellschaft im Umsatzsteuerrecht unter bestimmten Voraussetzungen nicht als Unternehmer und damit nicht als Träger steuerbarer Umsätze angesehen. Im Ertragsteuerrecht werden die für selbständige Rechtspersonen geltenden Bestimmungen auf Organschaften in modifizierter Form angewendet. Dabei haben sich die im Bereich der Körperschaftsteuer geltenden Vorschriften für eine lange Zeit von den Regelungen des Gewerbesteuerrechts unterschieden. Inzwischen sind sie vereinheitlicht.

Durch das Steuersenkungsgesetz vom 23.10.2000 (BGBl I 2000, S. 1433) kam es – neben dem Übergang vom Anrechnungsverfahren zum Halbeinkünfteverfahren – zu weiteren Änderungen des Körperschaftsteuerrechts. So wurden auch die Voraussetzungen, die zur Begründung einer körperschaftsteuerlichen Organschaft führen, vereinfacht.

Ein körperschaftsteuerlicher Organkreis umfasst mindestens zwei rechtlich selbständige Gebilde, nämlich ein beherrschendes Unternehmen (**Organträger**) und ein beherrschtes Unternehmen (**Organgesellschaft**). Während es sich bei der Organgesellschaft um eine Kapitalgesellschaft mit Geschäftsleitung und Sitz im Inland handeln muss, kann jedes gewerbliche Unternehmen Organträger sein (§§ 14, 17 KStG).

Sind die Voraussetzungen einer Organschaft erfüllt, so wird das Einkommen der Organgesellschaft dem Organträger zugerechnet und bei diesem besteuert. Der wesentliche Vorteil für den Steuerpflichtigen besteht im Regelfall darin, dass durch diese Vorgehensweise Verluste eines Unternehmens mit Gewinnen des anderen Unternehmens ausgeglichen werden können.

7.2.1 Voraussetzungen

Im Einzelnen müssen folgende Voraussetzungen für eine körperschaftsteuerliche Organschaft erfüllt sein:

Organgesellschaft

Gemäß § 14 Abs. 1 Satz 1 KStG kann eine **Europäische Gesellschaft**, eine **Aktiengesellschaft** sowie eine **Kommanditgesellschaft auf Aktien** mit Geschäftsleitung und Sitz im Inland Organgesellschaft sein. § 17 KStG erweitert den Kreis der möglichen Organgesellschaften auf andere Kapitalgesellschaften, insbesondere die **GmbH**.

Während es für die unbeschränkte Steuerpflicht nach § 1 Abs. 1 KStG bereits ausreicht, wenn die Kapitalgesellschaft Geschäftsleitung **oder** Sitz im Inland hat, fordern §§ 14, 17 KStG für die Organgesellschaft eine doppelte Inlandsanbindung (Geschäftsleitung **und** Sitz im Inland). Damit soll eine bessere Nachprüfbarkeit der Voraussetzungen der Organschaft ermöglicht werden.

Organträger

Organträger kann jedes gewerbliche Unternehmen im Inland sein (§ 14 Abs. 1 Satz 1 KStG), d.h. neben **Kapitalgesellschaften** insbesondere auch **gewerbliche Einzelunternehmen** und **gewerbliche Mitunternehmerschaften**. Als Organträger in Betracht kommen gemäß § 14 Abs. 1 Satz 1 Nr. 2 KStG:

- unbeschränkt steuerpflichtige, nicht nach § 5 KStG steuerbefreite **Körperschaften** mit Geschäftsleitung im Inland,
- unbeschränkt steuerpflichtige **natürliche Personen**, die ein gewerbliches Unternehmen betreiben,
- **Personengesellschaften** mit Geschäftsleitung im Inland, die als Mitunternehmerschaft anzusehen sind und eine **originär** gewerbliche Tätigkeit ausüben (also nicht nach § 15 Abs. 3 Nr. 2 EStG lediglich gewerblich geprägt sind). Eine nur geringfügige eigene gewerbliche Tätigkeit reicht nach Auffassung der Finanzverwaltung nicht aus (BMF-Schreiben vom 10.11.2005, BStBl I 2005, S. 1038).

Gemäß § 18 KStG kann auch ein **ausländisches** gewerbliches Unternehmen Organträger sein, das im Inland mit einer im Handelsregister eingetragenen Zweigniederlassung beschränkt steuerpflichtig ist. Voraussetzung ist, dass der Gewinnabführungsvertrag (siehe unten) unter der Firma der Zweigniederlassung abgeschlossen ist und die für die finanzielle Eingliederung (siehe unten) notwendige Beteiligung zum Betriebsvermögen der Zweigniederlassung gehört.

Bis zum Veranlagungszeitraum 2002 waren auch sogenannte **Mehrmütterorganschaften** möglich. Mit dem Begriff der Mehrmütterorganschaft wurde der Fall bezeichnet, dass sich mehrere Obergesellschaften (z.B. zwei GmbHs) zu einer GbR oder einer anderen Personengesellschaft zusammenschließen, um die einheitliche Willensbildung gegenüber einer Organgesellschaft zu ermöglichen. Die Anteile an der Organgesellschaft werden allerdings nicht von der Personengesellschaft, sondern von den Obergesellschaften gehalten. Die finanzielle Eingliederung (siehe unten) der Organgesellschaft war somit nicht im Verhältnis zum Organträger (zwischengeschaltete Personengesellschaft), sondern im Verhältnis zu den dahinter stehenden Obergesellschaften erfüllt.

Ab dem Veranlagungszeitraum 2003 ist die Mehrmütterorganschaft durch das Steuervergünstigungsabbaugesetz (BGBl. I 2003, S. 660) abgeschafft worden. Gemäß § 14 Abs. 1 Satz 1 Nr. 2 Satz 3 KStG muss die finanzielle Eingliederung im Verhältnis zur Personengesellschaft selbst erfüllt sein.

Finanzielle Eingliederung

Eine körperschaftsteuerliche Organschaft setzt voraus, dass die Organgesellschaft finanziell in das Unternehmen des Organträgers eingegliedert ist (§ 14 Abs. 1 Nr. 1 Satz 1 KStG).

Eine finanzielle Eingliederung ist nach § 14 Abs. 1 Nr. 1 KStG gegeben, wenn der Organträger unmittelbar oder mittelbar über die Mehrheit der Stimmrechte an der Organgesellschaft verfügt. Die Mehrheit der Stimmrechte muss ununterbrochen während des gesamten Wirtschaftsjahres der Organgesellschaft gegeben sein. Dabei werden der unmittelbaren Beteiligung die mittelbaren Beteiligungen hinzugerechnet, sofern jede Beteiligung an der vermittelnden Gesellschaft die Stimmrechtsmehrheit gewährleistet, d.h. sofern die Höhe der Beteiligung an der vermittelnden Gesellschaft 50 % übersteigt.

Beispiel C.59:

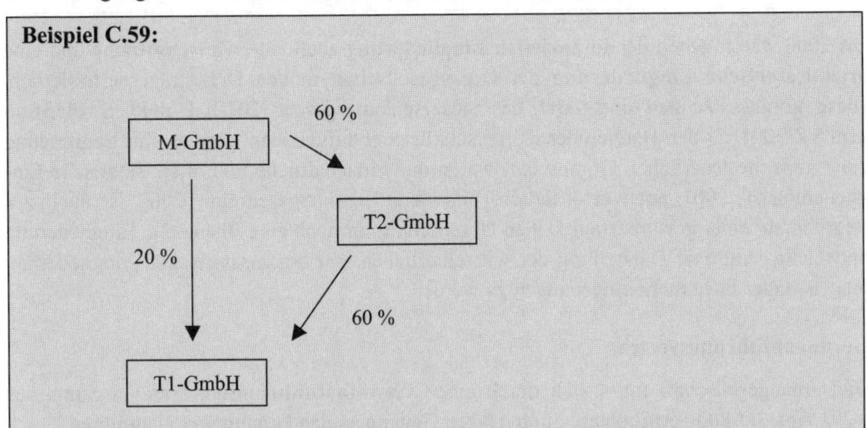

Die M-GmbH ist zu 20 % an der T1-GmbH und zu 60 % an der T2-GmbH beteiligt. Zudem ist die T2-GmbH zu 60 % an der T1-GmbH beteiligt.

Die T2-GmbH ist finanziell eingegliedert, da die M-GmbH unmittelbar über die Mehrheit der Stimmrechte verfügt.

Zudem liegt eine finanzielle Eingliederung der T1-GmbH in die M-GmbH vor. Die M-GmbH ist an der T2-GmbH (vermittelnde Gesellschaft) zu 60 % und damit mehrheitlich beteiligt. Durch die Addition von unmittelbarer Beteiligung (20 %) und mittelbarer Beteiligung (60 % · 60 % = 36 %) ergibt sich eine Gesamtbeteiligungshöhe von 56 %.

Nach Verwaltungsauffassung (R 57 KStR) soll es bei mittelbaren Beteiligungen nur auf die „durchgerechnete" Beteiligung ankommen (in obigem Beispiel: 20 % unmittelbar + 60 % von 60 % mittelbar = 56 %). Nach Literaturmeinung (z.B. *E. Dötsch et al.* (2009), S. 302) ist hingegen die gesamte Quote der vermittelnden Gesellschaft dem Organträger zuzurechnen, wenn er an der vermittelnden Gesellschaft mehrheitlich beteiligt ist. In obigem Beispiel ergäbe sich dann: 20 % unmittelbar + 60 % mittelbar = 80 %.

Beispiel C.60:

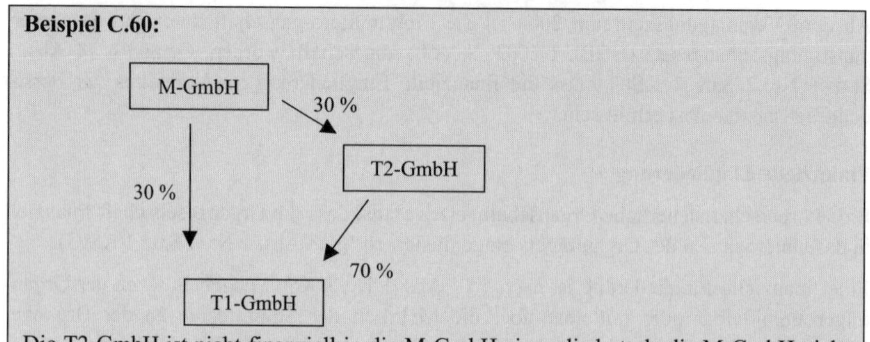

Die T2-GmbH ist nicht finanziell in die M-GmbH eingegliedert, da die M-GmbH nicht über die Mehrheit der Stimmrechte verfügt.

Die T1-GmbH ist zwar finanziell in die T2-GmbH eingegliedert, nicht jedoch in die M-GmbH. M ist nur zu 30 % unmittelbar an T1 beteiligt. Die mittelbare Beteiligung ist nicht zu berücksichtigen, da M an T2 nicht mehrheitlich beteiligt ist.

Bis 2000 waren neben der **finanziellen Eingliederung** auch eine **wirtschaftliche** und eine **organisatorische Eingliederung** der Organgesellschaft in den Organträger erforderlich. Diese Voraussetzungen sind durch das Steuersenkungsgesetz (BGBl I 2000, S. 1433) ab dem VZ 2001 für den Bereich der Körperschaftsteuer aufgehoben worden. Zur Begründung einer gewerbesteuerlichen Organschaft waren die wirtschaftliche und organisatorische Eingliederung in 2001 noch erforderlich. Seit dem Erhebungszeitraum 2002 ist auch zur Begründung einer gewerbesteuerlichen Organschaft nur noch eine finanzielle Eingliederung notwendig. Auf eine Darstellung der wirtschaftlichen und organisatorischen Eingliederung braucht daher nicht mehr eingegangen zu werden.

Gewinnabführungsvertrag

Die Organgesellschaft muss sich durch einen **Gewinnabführungsvertrag** im Sinne des § 291 Abs. 1 AktG verpflichten, ihren ganzen Gewinn an den Organträger abzuführen.

Ein Gewinnabführungsvertrag nach § 291 Abs. 1 AktG beinhaltet

- für die Organgesellschaft die Verpflichtung den **gesamten Gewinn** an den Organträger **abzuführen**,
- für den Organträger die Verpflichtung den **gesamten Verlust** der Organgesellschaft zu **übernehmen**.

Da der Gewinnabführungsvertrag auch die Verpflichtung zur Verlustübernahme beinhaltet, handelt es sich entgegen der gesetzlichen Bezeichnung in § 291 AktG eigentlich eher um einen **Ergebnisabführungsvertrag**. Bei wirtschaftlicher Betrachtung übt die Organgesellschaft ihre Tätigkeit für Rechnung des Organträgers aus.

Zwar gilt § 291 AktG unmittelbar nur für die AG und die KGaA. Wegen § 17 KStG muss jedoch auch mit einer GmbH als Organgesellschaft ein Gewinnabführungsvertrag abgeschlossen werden, welcher § 291 AktG entspricht.

Die vertraglich vorgesehene **Gewinnabführung** darf nicht den in § 301 AktG genannten Betrag überschreiten. Danach kann eine Gesellschaft höchstens den ohne Gewinnabführung entstehenden Jahresüberschuss, vermindert um einen Verlustvortrag aus dem Vorjahr, den gemäß § 300 AktG in die gesetzliche Rücklage einzustellenden Betrag und den nach § 268 Abs. 8 HGB ausschüttungsgesperrten Betrag, abführen. Wurden während der Dauer des

Gewinnabführungsvertrages Beträge in andere Gewinnrücklagen eingestellt, so können auch diese als Gewinn an den Organträger abgeführt werden (§ 301 AktG bzw. § 17 Satz 2 Nr. 1 KStG i.V.m. § 301 AktG).

Die Organgesellschaft darf Beträge aus dem Jahresüberschuss nur insoweit in die Gewinnrücklagen mit Ausnahme der gesetzlichen Rücklage einstellen, als dies bei vernünftiger kaufmännischer Beurteilung wirtschaftlich begründet ist (§ 14 Abs. 1 Satz 1 Nr. 4 KStG). Die Organgesellschaft braucht einen konkreten Anlass, um andere Gewinnrücklagen zu bilden. Gründe können z.B. eine geplante Betriebsverlegung, Werkserneuerung oder Kapazitätsausweitung sein. Ein konkreter Anlass kann aber auch darin liegen, dass die Organgesellschaft zur Verbesserung ihrer Eigenkapitalstruktur besondere Risiken trägt, die sie möglicherweise nicht abdecken könnte, wenn sie ihre Jahresüberschüsse vollständig an den Organträger ausschütten würde (vgl. R 60 Abs. 5 Nr. 3 KStR; BFH-Urteil vom 29.10.1980, BStBl II 1981, S. 336).

Der Organträger muss sich zudem verpflichten, jeden bei der Organgesellschaft entstehenden **Jahresfehlbetrag auszugleichen**. Dies gilt, soweit er nicht dadurch ausgeglichen wird, dass den anderen Gewinnrücklagen Beträge entnommen werden, die während der Vertragsdauer in sie eingestellt wurden (§ 302 AktG bzw. § 17 Satz 2 Nr. 2 KStG i.V.m. § 302 AktG).

Der Gewinnabführungsvertrag muss auf **mindestens fünf Jahre** abgeschlossen sein und während seiner gesamten Geltungsdauer durchgeführt werden (§ 14 Abs. 1 Satz 1 Nr. 3 KStG). Notwendig ist, dass er bis zum Ablauf des Wirtschaftsjahres der Organgesellschaft, in dem er erstmals gelten soll, abgeschlossen und durch seine Eintragung ins Handelsregister wirksam wird (§ 14 Abs. 1 Satz 2 KStG).

Bei **vorzeitiger Beendigung** des Vertrags vor Ablauf der fünf Jahre durch Kündigung oder Aufhebung wird das Organschaftsverhältnis grundsätzlich von Anfang an, d.h. auch **rückwirkend**, nicht anerkannt. Eine vorzeitige Beendigung des Gewinnabführungsvertrags durch Kündigung ist nur dann unschädlich, wenn ein wichtiger Grund die Kündigung rechtfertigt. Ein wichtiger Grund kann insbesondere in der Veräußerung oder Einbringung der Organbeteiligung, der Verschmelzung, Spaltung oder Liquidation des Organträgers oder der Organgesellschaft gesehen werden (R 60 Abs. 6 KStR).

7.2.2 Einkommenszurechnung

Sind die geschilderten Voraussetzungen erfüllt, so ist gemäß § 14 KStG das Einkommen der Organgesellschaft dem Organträger zuzurechnen. Zu diesem Zweck ist in einem ersten Schritt das Einkommen der Organgesellschaft so zu ermitteln, als wäre sie nicht nur rechtlich, sondern auch wirtschaftlich (und somit steuerlich) selbständig. Allerdings gibt es Durchbrechungen dieses Grundsatzes:

- So ist ein **Verlustabzug** nach § 10d EStG bei der Organgesellschaft gemäß § 15 Satz 1 Nr. 1 KStG nicht möglich. Eventuelle vororganschaftliche Verlustvorträge der Organgesellschaft sind während der Dauer des Organschaftsverhältnisses **eingefroren**.
- Zudem ist auf der Ebene der Organgesellschaft die **Steuerbefreiungsvorschrift des § 8b KStG** nicht anzuwenden, d.h. Bezüge, Gewinne und Gewinnminderungen aus der Beteiligung an Körperschaften sind bei der Ermittlung des Einkommens der Organgesellschaft – ebenso wie die damit in unmittelbarem wirtschaftlichen Zusammenhang stehenden Beteiligungsaufwendungen – zunächst in voller Höhe zu berücksichtigen (§ 15 Satz 1 Nr. 2 KStG). Erst bei der Ermittlung des Einkommens des Organträgers

sind auf diese Beträge die Steuerbefreiungsvorschriften der §§ 3 Nr. 40 EStG, 8b KStG bzw. die Vorschriften des § 3c EStG zur Beschränkung der steuerlichen Berücksichtigung von Aufwendungen, die im Zusammenhang mit steuerfreien Einnahmen stehen, anzuwenden. Damit wird erreicht, dass die Beteiligungserträge der Organgesellschaft so behandelt werden, als hätte sie der Organträger selbst bezogen. Handelt es sich bei dem Organträger nicht um eine Körperschaft, sondern um eine natürliche Person, so werden sie gemäß § 3 Nr. 40 EStG nur zu 40 % von der Steuer befreit. Da-gegen würden sie ohne die Regelung des § 15 Satz 1 Nr. 2 KStG bei der Einkom-mensermittlung der Organgesellschaft, die immer eine Kapitalgesellschaft ist, stets ge-mäß § 8b KStG zu 95 % befreit.

- Die Vorschriften zur Nichtabzugsfähigkeit von Zinsaufwendungen („**Zinsschranke**", § 4h EStG) sind nicht auf der Ebene der Organgesellschaft, sondern erst auf Ebene des Organträgers zu berücksichtigen. Organträger und Organgesellschaft gelten als ein Betrieb im Sinne des § 4h EStG (§ 15 Satz 1 Nr. 3 KStG).

Das so ermittelte Einkommen der Organgesellschaft wird dann in einem zweiten Schritt in die einkommensteuerliche bzw. körperschaftsteuerliche Bemessungsgrundlage des Organträgers einbezogen.

Beispiel C.61:

Die OG-GmbH ist Organgesellschaft der OT-AG (Organträger). Sie hat einen Jahresüberschuss vor Gewinnabführung i.H.v. 200.000 € in ihrer Bilanz ausgewiesen und diesen Betrag auf Grund eines mit dem Organträger bestehenden Gewinnabführungsvertrages im gleichen Jahr diesem gutgeschrieben.

Die OT-AG weist (unter Einschluss des Ertrags aus der Gewinnabführung der OG-GmbH) in ihrer Bilanz einen Jahresüberschuss von 900.000 € aus. Im Aufwand der OG-GmbH ist eine nichtabzugsfähige Betriebsausgabe i.S.d. § 4 Abs. 5 EStG i.H.v. 10.000 € enthalten. Zudem wurde der Jahresüberschuss der OG-GmbH durch Gewinne aus einer Beteiligung an der X-AG um 20.000 € erhöht.

OG-GmbH (Organgesellschaft):

	Jahresüberschuss vor Berücksichtigung der Gewinnabführung	200.000 €
+	nichtabzugsfähige Aufwendungen	+ 10.000 €
=	Einkommen	210.000 €

Die Steuerbefreiung nach § 8b KStG aus der Beteiligung an der X-AG ist auf Ebene der Organgesellschaft nicht anzuwenden, d.h. der Bilanzgewinn ist bei der Ermittlung des Einkommens der OG-GmbH nicht um die Beteiligungserträge zu mindern.

OT-AG (Organträger):

	Jahresüberschuss	900.000 €
–	darin enthaltener Ertrag aus der Gewinnübernahme der OG-GmbH	– 200.000 €
=	Jahresüberschuss ohne Berücksichtigung der Gewinnabführung	700.000 €

+	Einkommenszurechnung nach § 14 KStG	+ 210.000 €
–	steuerfreie Beteiligungserträge nach § 8b KStG (95 % von 20.000 €)	– 19.000 €
=	Einkommen	891.000 €

Das Einkommen der Organgesellschaft ist dem Organträger in dem Veranlagungszeitraum zuzurechnen, in dem die Organgesellschaft dieses Einkommen erzielt hat und es ohne die Zurechnungsvorschrift des § 14 KStG selbst zu versteuern hätte. Weichen die Wirtschaftsjahre von Organgesellschaft und Organträger voneinander ab, so kann die Minderung des Gewinns des Organträgers um die von der Organgesellschaft abgeführten Gewinne zum Zwecke der Einkommensermittlung des Organträgers in einem anderen Veranlagungszeitraum erfolgen als die Hinzurechnung des Einkommens der Organgesellschaft (BFH-Urteil vom 29.10.1974, BStBl II 1975, S. 126).

Beispiel C.62:

Die X-AG (Wirtschaftsjahr: 01.07. – 30.06) ist Organgesellschaft der Y-AG (Wirtschaftsjahr: 01.04. – 31.03.). Die X-AG führt ihren im Wirtschaftsjahr 01/02 erzielten Gewinn zum 30.06.02 an die Y-AG ab.

Das steuerliche Einkommen der X-AG des Wirtschaftsjahres 01/02 ist der Y-AG bei der Ermittlung des im Veranlagungszeitraum 02 zu versteuernden Einkommens hinzuzurechnen. Im Veranlagungszeitraum 02 versteuert die Y-AG ihr Einkommen aus dem Wirtschaftsjahr 01.04.01 – 31.03.02 und das Einkommen der X-AG des Wirtschaftsjahres 01.07.01 – 30.06.02.

Die Gewinnabführung der X-AG an die Y-AG erhöht den bilanziellen Gewinn der Y-AG allerdings erst im Wirtschaftsjahr 02/03. Die Minderung des Bilanzgewinns der Y-AG um die Gewinnabführung des Wirtschaftsjahres 01/02 erfolgt somit bei der Ermittlung des Einkommens des Wirtschaftsjahres 02/03, welches im Veranlagungszeitraum 03 zu versteuern ist.

Da Organträger und Organgesellschaft ihr Einkommen zunächst trotz Organschaft selbständig zu ermitteln haben und erst in einem zweiten Schritt das Einkommen der Organgesellschaft dem Organträger zugerechnet wird, sind Gewinne und Verluste bei Vertragsbeziehungen zwischen beiden Gesellschaften weiterhin möglich. Es erfolgt keine Zwischenergebniskonsolidierung, wie bei der Erstellung des handelsrechtlichen Konzernabschlusses nach § 304 HGB.

7.2.3 Ausgleichszahlungen

Durch Abschluss des Gewinnabführungsvertrages verpflichtet sich die Organgesellschaft, ihren ganzen Gewinn an den Organträger abzuführen (§ 291 Abs. 1 Satz 1 AktG). Hierdurch verlieren eventuelle Minderheitsgesellschafter ihren Anspruch auf Dividenden. Daher muss der Gewinnabführungsvertrag einen angemessenen Ausgleich für die außenstehenden Gesellschafter vorsehen (§ 304 Abs. 1 Satz 1 AktG). Als **Ausgleichszahlung** ist mindestens die jährliche Zahlung des Betrags zuzusichern, der nach der bisherigen Ertragslage der Gesellschaft und ihren künftigen Ertragsaussichten voraussichtlich als durchschnittlicher Gewinnanteil verteilt werden könnte (§ 304 Abs. 2 Satz 1 AktG). Die Ausgleichszahlung ist im Vorhinein als fester Betrag festzulegen (sog. „**Garantiedividende**"). In der Praxis bereitet die einvernehmliche Bestimmung der Ausgleichszahlung vielfach erhebliche Probleme.

Ausgleichszahlungen sind aus Sicht der Körperschaft Einkommensverwendung, die den Gewinn nicht mindern dürfen (§ 4 Abs. 5 Nr. 9 EStG). Dies gilt auch dann, wenn die Ausgleichszahlung nicht von der Organgesellschaft, sondern vom Organträger geleistet wird (R 65 Abs. 1 Satz 1 KStR). Aus Sicht der Minderheitsgesellschafter sind die Ausgleichszahlungen Einkünfte aus Kapitalvermögen nach § 20 Abs. 1 Nr. 1 EStG.

Die Organgesellschaft hat die Ausgleichszahlung selbst zu versteuern. Dies gilt auch dann, wenn die Ausgleichszahlung vom Organträger geleistet worden ist oder die Organgesellschaft über ein negatives Einkommen verfügt. Bei einem KSt-Satz von 15 % verbleibt bei einem Gewinn von 100 eine Ausgleichszahlung von 85. Daher bestimmt § 16 KStG, dass die Organgesellschaft $^{20}/_{17}$ (= $^{100}/_{85}$) der geleisteten Ausgleichszahlung als eigenes Einkommen zu versteuern hat.

Beispiel C.63:

Die M-AG (Organträger) ist zu 80 % an der T-GmbH (Organgesellschaft) beteiligt. In 01 entrichtet die T-GmbH Ausgleichszahlungen an die Minderheitsgesellschafter von 34.000 €. Die Gewinnabführung an die M-AG beläuft sich auf 100.000 €. Weitere nicht abzugsfähige Betriebsausgaben sind bei der T-GmbH in Höhe von 1.000 € zu berücksichtigen.

T-GmbH (Organgesellschaft):

	Handelsrechtlicher Jahresüberschuss	0 €
+	als Aufwand abgezogene Verpflichtung aus Gewinnabführ.	+ 100.000 €
+	als Aufwand abgezogene Ausgleichszahlung, § 4 Abs. 5 Nr. 9 EStG	+ 34.000 €
+	Körperschaftsteuer für Ausgleichszahlung	+ 6.000 €
+	weitere nichtabzugsfähige Aufwendungen	+ 1.000 €
=	Einkommen	141.000 €
→	von der Organgesellschaft zu versteuern ($^{20}/_{17}$ von 34.000 =)	40.000 €
→	dem Organträger (M-AG) zuzurechnen	101.000 €

7.2.4 Verlustausgleich in Organschaftsfällen

Ein wichtiger Vorteil der Organschaft besteht darin, dass sich zusätzliche Verlustausgleichsmöglichkeiten ergeben. Da das auf Ebene der Organgesellschaft ermittelte Einkommen dem Organträger zugerechnet wird, können Verluste, die beim Organträger oder der Organgesellschaft entstehen, mit den Gewinnen des jeweils anderen (Organschafts-) Unternehmens verrechnet werden.

Hieraus können Zins- und Liquiditätsvorteile resultieren, da Verluste tendenziell früher steuerlich geltend gemacht werden können. Hat eine Kapitalgesellschaft, die nicht Organgesellschaft ist, in einem Veranlagungszeitraum Verluste erzielt, denen im vorhergehenden Veranlagungszeitraum keine entsprechenden Gewinne gegenüberstehen (Verlustrücktrag), so können diese Verluste nur mit späteren Gewinnen, d.h. zeitlich verzögert geltend ge-macht werden. Ist die Kapitalgesellschaft hingegen Organgesellschaft, so können diese Ver-luste mit Gewinnen des Organträgers verrechnet werden.

Ebenso werden Gewinne von Tochtergesellschaften, die keine Organgesellschaften sind, mit Körperschaftsteuer belastet, und zwar auch dann, wenn die Muttergesellschaft Verluste erzielt. Bei einer Organschaft werden die Verluste der Mutter sofort ausgeglichen, sie müssen nicht vorgetragen werden. Die Tochter hat keine Körperschaftsteuer abzuführen. Es ergibt sich erneut ein Liquiditäts- und Zinsvorteil für den Organkreis.

7.2.5 Vor- und Nachteile des Organschaftsverhältnisses

Die wichtigsten steuerlichen **Vorteile** einer Organschaft sind im Folgenden aufgezählt:

- Zusätzliche Verlustverrechnungsmöglichkeiten im Konzern (siehe vorangegangener Abschnitt).
- Verdeckte Gewinnausschüttungen zwischen Mutter- und Tochtergesellschaft werden als vorweggenommene Gewinnabführung beurteilt und haben daher keine negative Wirkung.
- Gewinnabführungen im Rahmen einer Organschaft unterliegen – im Gegensatz zu Gewinnausschüttungen – nicht der Kapitalertragsteuer; innerhalb des Organkreises wird hierdurch ein Liquiditätsvorteil erzielt.
- Keine Hinzurechnung von Finanzierungsentgelten nach § 8 Nr. 1 GewStG (siehe Abschnitt D.5.2.1.1) bei Finanzierung innerhalb des Organkreises (z.B. Darlehen von Mutter- an Tochtergesellschaft).
- Größerer Saldierungskreis bei Anwendung der Zinsschranke nach § 4h EStG (siehe Abschnitt B.5.5.18).
- Vermeidung der Abzugsverbote nach § 3c Abs. 2 EStG, § 8b Abs. 5 KStG, die auf organschaftliche Gewinnabführungen nicht anwendbar sind; damit gelingt es insbesondere, die 5 % ige Steuerpflicht von Gewinnausschüttungen nach § 8b Abs. 5 KStG zu vermeiden.

Folgende **Nachteile** sind dem gegenüber zu stellen:

- Die Freigrenze von 3 Mio. € (§ 4h Abs. 2 Satz 1 Buchst. a EStG) bei Anwendung der Zinsschranke wird im Organkreis nur einmal gewährt.
- Eventuelle vororganschaftliche Verlustvorträge der Organgesellschaft werden während der Dauer der Organschaft eingefroren und sind in dieser Zeit nicht nutzbar (§ 15 Satz 1 Nr. 1 KStG); dies gilt auch für einen gewerbesteuerlichen Verlustvortrag (§ 10a Satz 3 GewStG).
- Bei Anwendung der Vorschriften zur Mindestbesteuerung (§ 10d Abs. 2 EStG, siehe Abschnitt B.10.1.2.2) kann der unbeschränkt abziehbare Verlust von 1 Mio. € nur insgesamt einmal in Anspruch genommen werden.
- Neben den steuerlichen Nachteilen ist zu beachten, dass der Organträger durch den Abschluss des Gewinnabführungsvertrages im Ergebnis unbeschränkt für Verluste der Organgesellschaft haften muss.

Schließlich ist zu beachten, dass die steuerliche Belastung des Organeinkommens davon abhängig ist, ob es sich bei dem Organträger um eine natürliche Person, eine Körperschaft oder eine Personengesellschaft handelt. Da das Einkommen der Organgesellschaft dem Organträger unmittelbar zugerechnet wird, kann sich die ertragsteuerliche Belastung des Einkommens durch die Bildung eines Organschaftsverhältnisses ändern.

Ist der Organträger eine **natürliche Person**, so wird der Gewinn des Organkreises unmittelbar dem Einzelunternehmer zugerechnet und dessen persönlichem Einkommensteuersatz unterworfen. In Folge des Einkommensteuertarifs kann daraus eine steuerliche Belastung von bis zu 45 % (Spitzensteuersatz der ESt gemäß § 32a Abs. 1 EStG) resultieren. Ohne ein Organschaftsverhältnis würde der mit 15 % vorbelastete Gewinn nach Aus-schüttung zu 60 % der Einkommensteuerbelastung des Einzelunternehmers unterliegen (Teileinkünfteverfahren).

Ist der Organträger eine **Kapitalgesellschaft**, so führt die körperschaftsteuerliche Organschaft zu keiner abweichenden Tarifbelastung, da sowohl die Organgesellschaft als auch der Organträger dem einheitlichen Körperschaftsteuersatz von 15 % unterliegen. Allerdings entfällt bei einer Organschaft die Besteuerung von 5 % der Gewinnaus-schüttungen (§ 8b Abs. 5 KStG).

Ist der Organträger eine **Personengesellschaft**, so wird der Gewinn des Organkreises unmittelbar den einzelnen Mitunternehmern zugerechnet. In Abhängigkeit davon, ob es sich bei den Mitunternehmern um natürliche Personen oder Kapitalgesellschaften handelt, gelten die vorstehenden Ausführungen zu natürlichen Personen bzw. Kapitalgesellschaften als Organträger entsprechend.

D. Gewerbesteuer

1 Stellung der Gewerbesteuer im Steuersystem

Im Sinne der in Abschnitt A.5 beschriebenen Klassifikationen ist die Gewerbesteuer eine **Ertragsteuer**, die den Zufluss von Vermögen bei natürlichen Personen, Personengesellschaften und Körperschaften besteuert. Es handelt sich um eine **direkte Steuer**, da das Steuersubjekt, d.h. diejenige Person, die die Steuer schuldet, und der Steuerdestinatar, d.h. diejenige Person, die die Steuer nach dem Willen des Gesetzgebers wirtschaftlich tragen soll, identisch sind. Die Gewerbesteuer ist nach § 3 Abs. 2 AO eine **Realsteuer**. Ihr Auf-kommen fließt gemäß Art. 106 Abs. 6 Satz 1 GG den **Gemeinden** zu. Nach Art. 106 Abs. 6 Satz 4 GG i.V.m. § 6 Gemeindefinanzreformgesetz haben die Gemeinden jedoch eine Umlage an Bund und Land weiterzuleiten (siehe ausführlich Abschnitt A.6.2).

Im Gegensatz zur Einkommensteuer und zur Körperschaftsteuer, die als Personensteuern ausgestaltet sind, ist die Gewerbesteuer eine **Objektsteuer**, da nicht die Erfassung der persönlichen Leistungsfähigkeit des Steuersubjekts im Vordergrund steht, sondern vielmehr die wirtschaftliche Leistungsfähigkeit eines Objekts, nämlich die des Gewerbebetriebs, besteuert wird. Die persönlichen Verhältnisse des Steuerpflichtigen, z.B. Familienstand, Alter, Zahl der Kinder, sind daher ohne Bedeutung. Die Höhe der Steuerlast knüpft mit dem Gewerbeertrag an ein Merkmal des Gewerbebetriebs an, das als Indikator der Leistungsfähigkeit des Gewerbebetriebs angesehen werden kann. Es kann aber auf Grund der fehlenden Berücksichtigung der persönlichen Verhältnisse des Unternehmers nur bedingt als Indikator der Leistungsfähigkeit dieser Person dienen.

Rechtsgrundlage für die Erhebung der Gewerbesteuer ist das Gewerbesteuergesetz. Da zur Ermittlung der Bemessungsgrundlage Gewerbeertrag gemäß § 7 Satz 1 GewStG von dem einkommensteuerlichen oder körperschaftsteuerlichen Gewinn aus Gewerbebetrieb auszugehen ist, sind im Rahmen des Gewerbesteuerrechts auch die entsprechenden Vorschriften des Einkommensteuergesetzes sowie des Körperschaftsteuergesetzes relevant. Für die Ermittlung des Gewinns aus Gewerbebetrieb wird auf Abschnitt B.5 im Rahmen der Ausführungen zum Einkommensteuerrecht verwiesen. Die für Gewerbesteuerzwecke vorzunehmenden Modifikationen des Gewinns aus Gewerbebetrieb (Hinzurechnungen und Kürzungen) werden in Abschnitt D.5.2 beschrieben.

Ergänzt wird das Gewerbesteuergesetz durch die Gewerbesteuer-Durchführungsverordnung (GewStDV), die von der Finanzverwaltung auf Grund der gesetzlichen Ermächtigung des § 35c GewStG erlassen wurde und wie das Gewerbesteuergesetz unmittelbar geltendes Recht ist. Um eine einheitliche Anwendung des Gewerbesteuerrechts durch die Finanzverwaltung sicherzustellen, hat der Bundesfinanzminister zudem mit den Gewerbesteuerrichtlinien (GewStR) Verwaltungsanweisungen erlassen, in denen Zweifelsfragen und Auslegungsfragen von allgemeiner Bedeutung behandelt werden. Zu beachten ist allerdings, dass Verwaltungsanweisungen – im Gegensatz zu Gesetzen und Verordnungen – nur intern die Finanzverwaltung binden, nicht jedoch den Steuerpflichtigen oder die Finanzgerichte. Auf Grund der allgemeinen Anwendung durch die Finanzbehörden stellen die Gewerbesteuerrichtlinien jedoch trotzdem eine wichtige Informationsquelle dar.

2 Reformbestrebungen

Die Gewerbesteuer war in den vergangenen Jahren wiederholt Gegenstand grundlegender Reformen.

Bis einschließlich 1997 setzte sich die Gewerbesteuer aus zwei Komponenten zusammen, nämlich der Gewerbeertragsteuer und der Gewerbekapitalsteuer. Durch das Gesetz zur Fortsetzung der Unternehmenssteuerreform vom 29.10.1997 (BGBl I 1997, S. 2590) ist die **Gewerbekapitalsteuer** mit Wirkung zum Erhebungszeitraum 1998 **abgeschafft** worden. Seitdem ist der Gewerbeertrag einzige Besteuerungsgrundlage der Gewerbesteuer (§ 6 Satz 1 GewStG).

Seit dem Veranlagungszeitraum 2001 wird die doppelte Belastung gewerblicher Einkünfte mit Einkommensteuer und Gewerbesteuer durch die Steuerermäßigung des § 35 EStG gemildert. § 35 EStG erlaubt für natürliche Personen eine **Anrechnung** der Gewerbesteuer auf die Einkommensteuer.

Seit dem Veranlagungszeitraum 2008 zählt die Gewerbesteuer zu den **nicht abzugsfähigen Betriebsausgaben** (§ 4 Abs. 5b EStG). Vorher konnte die Gewerbesteuer als Betriebsausgabe von der Bemessungsgrundlage der Einkommensteuer bzw. Körperschaftsteuer sowie von ihrer eigenen Bemessungsgrundlage abgezogen werden.

Ebenfalls ab 2008 wurde die Hinzurechnungsvorschrift des § 8 Nr. 1 GewStG völlig neu gefasst. Nach altem Recht waren **Zinsen** für bestimmte langfristige Schulden (sog. **Dauerschulden**) für Zwecke der Gewerbesteuer nur zu 50 % abzugsfähig, d.h. 50 % waren dem Gewerbeertrag nach § 8 Nr. 1 GewStG wieder hinzuzurechnen. Ab 2008 sind nur noch 25 % hinzuzurechnen. Allerdings wurde die Hinzurechnungsvorschrift auf sämtliche Zinsen (nicht nur Dauerschuldzinsen) sowie auf Zinsäquivalente in Mieten, Pachten und Lizenzgebühren ausgedehnt.

Trotz dieser begrenzten Reformen wird an der Gewerbesteuer nach wie vor erhebliche Kritik geübt. Die Kritikpunkte beziehen sich in erster Linie auf die Ungleichbehandlung von gewerblichen Unternehmen, die durch die Gewerbesteuer zusätzlich belastet werden, und land- und forstwirtschaftlichen bzw. freiberuflichen Unternehmen, deren Gewinne nicht der Gewerbesteuer unterliegen. Es ist nicht einzusehen, wieso ein gewerbliches Unternehmen über eine besondere, zusätzliche Leistungsfähigkeit verfügen sollte, die eine im Vergleich zu land- und forstwirtschaftlichen und freiberuflichen Unternehmen höhere Steuerbelastung rechtfertigen würde. Im Vorfeld der Unternehmenssteuerreform 2000/2001 wurde daher wiederholt die Frage aufgeworfen, ob eine Reform der Gewerbesteuer oder die Abschaffung der Gewerbesteuer sinnvoller ist (vgl. z.B. *M. Wosnitza*, BB 1996, S. 1465). Hierzu hat sich der Gesetzgeber jedoch noch nicht durchringen können. Zwar sieht die im Rahmen des Steuersenkungsgesetzes zum Veranlagungszeitraum 2001 neu eingeführte Vorschrift des § 35 EStG eine Steuerermäßigung gewerblicher Einkünfte durch eine Gewerbesteueranrechnung vor (vgl. ausführlich Abschnitt B.7.2.7). Damit wird jedoch nicht die steuerliche Belastung gewerbesteuerpflichtiger Unternehmen, sondern die persönliche Steuerlast gewerblicher Einzel- und Mitunternehmer gemindert. Mit der Einführung des § 35 EStG strebt der Gesetzgeber vordergründig eine rechtsformneutrale Ertragsbesteuerung an. Indem er die Steuerermäßigung auf im Gewerbebetrieb eines Einzel- oder Mitunternehmers erwirtschaftete gewerbliche Einkünfte beschränkt, trägt er der Tatsache Rechnung, dass der gewerbliche Gewinn von Körperschaften seit 2001 deutlich geringer besteuert wird als der Gewinn von natürlichen Personen (KSt-Satz von derzeit 15 % im Vergleich zum ESt-Spitzensatz von 45 %). Darüber hinaus soll durch § 35 EStG sichergestellt werden, dass gewerbliche Einkünfte natürlicher Personen nicht (erheblich) stärker als Einkünfte aus selbständiger Arbeit (§ 18 EStG) und als Einkünfte aus Land- und Forstwirtschaft (§ 13 EStG) belastet werden.

Auch nach dem Steuersenkungsgesetz sollte aber über folgende Argumente nachgedacht werden, die für eine Abschaffung oder Reform der Gewerbesteuer sprechen:

Keine rechtsformneutrale Besteuerung

Unter Berücksichtigung der Gewerbesteueranrechnung nach § 35 EStG und Zugrundelegung eines Gewerbesteuerhebesatzes von 400 % ergibt sich in 2011 für die gewerblichen Einkünfte von Einzel- bzw. Mitunternehmern, die dem aktuellen Spitzensteuersatz der Einkommensteuer von 45 % unterliegen, eine steuerliche Gesamtbelastung von 47,4 % (bei Vernachlässigung von Kirchensteuer). Im Vergleich dazu werden Kapitalgesellschaften, die ihre Gewinne thesaurieren, nur mit 29,8 % steuerlich belastet (Körperschaftsteuer, Solidaritätszuschlag und Gewerbesteuer). Im Falle der Vollausschüttung der Gewinne an Anteilseigner, die der Abgeltungsteuer unterliegen, erhöht sich die steuerliche Gesamtbelastung auf 48,3 %. Bei Ausschüttungen an unbeschränkt körperschaftsteuerpflichtige Anteilseigner kommt es in Folge der zu 95 % steuerfreien Vereinnahmung weitergeschütteter Gewinne gemäß § 8b Abs. 1 KStG zu einer steuerlichen Belastung von 30,4 %.

Daraus wird einerseits ersichtlich, dass die Regelung des § 35 EStG zu keiner rechtsformneutralen Besteuerung führt, da Kapitalgesellschaften und die dahinter stehenden Personen einer anderen Ertragsteuerbelastung unterliegen als gewerbliche Einzel- bzw. Mitunternehmer, die ihre Einkünfte mit dem Spitzensteuersatz der Einkommensteuer zu versteuern haben. Dieses Problem wird durch das Wahlrecht, nicht entnommene Gewinne im Bereich der Einkommensteuer mit einem ermäßigten Satz zu versteuern (§ 34a EStG, siehe Abschnitt B.4.4.5) zwar gemildert, aber nicht vollständig beseitigt.

Keine Gleichbehandlung von gewerblichen Einkünften mit anderen Einkünften

Ausgehend vom einkommensteuerlichen Spitzensteuersatz von 45 % wird eine vollständige Entlastung um die Gewerbesteuer nur bei einem Gewerbesteuerhebesatz bis 380 % erreicht. Bei darüber liegenden Gewerbesteuerhebesätzen unterliegen gewerbliche Einzel- und Mitunternehmer auch weiterhin einer höheren Ertragsteuerlast als Freiberufler sowie Land- und Forstwirte.

Die Auswirkung des § 35 EStG auf die Ertragsteuergesamtbelastung unter Berücksichtigung unterschiedlicher Gewerbesteuerhebesätze veranschaulicht folgende Tabelle.

Hebesatz	Ertragsteuerbelastung
bis 380 %	46,7 %
400 %	47,4 %
450 %	49,2 %
500 %	50,9 %

Tabelle D.1: Ertragsteuerbelastung in Abhängigkeit vom Hebesatz bei einem Einkommensteuersatz von 45 %

Vereinfachung des Steuerrechts

Durch eine Abschaffung der Gewerbesteuer käme es zu einer erheblichen Vereinfachung des Steuerrechts, da die Modifikationen des einkommensteuerlichen bzw. körperschaftsteuerlichen Gewinns aus Gewerbebetrieb (§§ 8, 9 GewStG) zur Ermittlung der Bemessungsgrundlage der Gewerbesteuer entfallen würden.

Finanzierungsquelle der Gemeinden

Es ist allerdings zu beachten, dass die Gewerbesteuer eine der wichtigsten Finanzierungsquellen der Gemeinden darstellt. Bei einer Abschaffung der Gewerbesteuer müsste für die Gemeinden ein angemessener Ausgleich, z.B. durch eine höhere Beteiligung an dem Aufkommen der Einkommensteuer, geschaffen werden.

Gemäß Art. 28 Abs. 2 Satz 3 GG haben die Gemeinden ein Recht auf eine wirtschaftskraftbezogene Steuerquelle, deren Steuersatz sie im Rahmen der Hebesatzautonomie selbst festlegen können. Mit der Hebesatzautonomie im Rahmen der Gewerbesteuer wird den Gemeinden ein Instrument in die Hand gegeben, mit dessen Hilfe sie mit anderen Gemeinden um die Ansiedlung gewerblicher Unternehmen konkurrieren können. Eine Abschaffung der Gewerbesteuer müsste somit mit der Einführung einer Hebesatzautonomie der Gemeinden in Bezug auf eine andere Steuer oder mit einer Grundgesetzänderung einhergehen.

Allgemeine Unternehmenssteuer

Die genannten Argumente legen eine Umgestaltung der Gewerbesteuer in eine allgemeine Unternehmenssteuer nahe, die von allen Unternehmen, also auch von Land- und Forstwirten und Freiberuflern, erhoben wird (vgl. auch *Kommission zur Reform der Unternehmensbesteuerung*, BB 1999, S. 1188). Das Aufkommen dieser Unternehmenssteuer sollte unverändert den Gemeinden zustehen, eventuell nach Abzug einer an Land und Bund abzuführenden Umlage. Den Gemeinden ist das Recht einzuräumen, die Höhe dieser Steuer in Form von Hebesätzen selbst festzulegen. Aus Vereinfachungsgründen sollte die Unternehmenssteuer – ohne Beachtung von Hinzurechnungen und Kürzungen – als Zuschlag zur Einkommen- bzw. Körperschaftsteuer erhoben werden.

3 Persönliche und sachliche Steuerpflicht

Der Tatbestand einer jeden Steuer setzt sich aus Vorschriften zum Steuersubjekt sowie zum Steuerobjekt zusammen. Als **Steuersubjekt** wird diejenige Person bezeichnet, die die Steuer schuldet. **Steuerobjekt** ist die Handlung, die das Steuersubjekt durchführen muss, um eine Steuerpflicht auszulösen (vgl. auch Abschnitt A.4).

Während bei der Einkommensteuer und der Körperschaftsteuer die Erfassung der persönlichen Leistungsfähigkeit des Steuersubjekts im Vordergrund steht, dominieren bei der Gewerbesteuer die Vorschriften zum Steuerobjekt. Steuerobjekt der Gewerbesteuer ist das Betreiben eines gewerblichen Unternehmens im Inland. Wer ein solches Unternehmen betreibt, unterliegt der Gewerbesteuer, ist also Steuersubjekt der Gewerbesteuer, und zwar grundsätzlich unabhängig von seiner Rechtsform oder persönlichen Anknüpfungspunkten im Inland (z.B. Wohnsitz, Ort der Geschäftsleitung).

3.1 Persönliche Steuerpflicht

Steuerschuldner der Gewerbesteuer ist der **Unternehmer**, d.h. derjenige, für dessen Rechnung das gewerbliche Unternehmen betrieben wird (§ 5 Abs. 1 Sätze 1, 2 GewStG). Offenbar wird nicht auf das Außenverhältnis, sondern das Innenverhältnis abgestellt, also nicht darauf, wer nach außen, Dritten gegenüber, als Unternehmer in Erscheinung tritt, sondern darauf, wer die Erfolge und Misserfolge des Unternehmens tatsächlich wirtschaftlich trägt. Unternehmer können somit insbesondere auch geschäftsunfähige Personen und beschränkt geschäftsfähige Personen sein, sofern ein gewerbliches Unternehmen für Rechnung dieser Personen betrieben wird.

In der Regel ist Steuerschuldner der Gewerbesteuer diejenige Person,

- die Eigentümer des gewerblichen Unternehmens ist,
- die ins Handelsregister eingetragen ist und
- der die Gewerbeerlaubnis erteilt worden ist.

Keines dieser Merkmale ist jedoch Wesensmerkmal des gewerbesteuerlichen Unternehmerbegriffs (vgl. BFH-Urteil vom 24.02.1971, BStBl II 1971, S. 339). Es kommt allein darauf an, wer die Erfolge und Risiken des Unternehmens trägt.

Beispiel D.1:

A betreibt ein gewerbliches Unternehmen als Treuhänder für Rechnung und Gefahr des Minderjährigen B. Die Gewerbeerlaubnis ist dem A erteilt und ins Handelsregister ist ebenfalls A als Inhaber des Unternehmens eingetragen.

Steuerschuldner der Gewerbesteuer ist nicht der Treuhänder A, sondern der Treugeber B (vgl. auch § 39 Abs. 2 Nr. 1 Satz 2 AO).

Juristische Personen, insbesondere die **Kapitalgesellschaften** AG, GmbH und KGaA, verfügen über eine eigene Rechtsfähigkeit. Sie betreiben ein Gewerbe daher nicht für Rechnung ihrer Gesellschafter, sondern für eigene Rechnung und sind somit selbst Unternehmer i.S.d. § 5 Abs. 1 Satz 1 GewStG. Ein Durchgriff durch die juristische Person kommt nicht in Betracht.

Wird ein Gewerbe in der Rechtsform einer **Personengesellschaft** betrieben, so ist für einkommensteuerliche Zwecke jeder Gesellschafter (Mit-) Unternehmer, sofern er Mitunternehmerinitiative entfaltet und ein Mitunternehmerrisiko trägt (vgl. beispielsweise BFH-Beschluss vom 25.06.1984, BStBl II 1984, S. 751; siehe Abschnitt B.7.2.2). Die Personengesellschaft ist nicht selbst einkommensteuerpflichtig. Vielmehr werden die Gewinne den Mitunternehmern anteilig zugerechnet und unterliegen bei diesen der Einkommensteuer (bzw. Körperschaftsteuer). Schuldner der Gewerbesteuer ist hingegen gemäß § 5 Abs. 1 Satz 3 GewStG ausdrücklich die Personengesellschaft selbst, die das Gewerbe betreibt.

Zwar ist auch die Europäische Wirtschaftliche Interessenvereinigung (EWIV) eine Personengesellschaft, die gemäß § 5 Abs. 1 Satz 3 GewStG selbst als Steuerschuldner der Gewerbesteuer anzusehen wäre. Allerdings darf das Ergebnis der Tätigkeit einer EWIV nach Art. 40 EWIV-VO nicht bei der Gesellschaft, sondern nur bei den Mitgliedern der EWIV besteuert werden. Entsprechend bestimmt § 5 Abs. 1 Satz 4 GewStG, dass die Mitglieder der EWIV Gesamtschuldner der Gewerbesteuer sind. Gegen die Gesamtschuldner kann gemäß § 155 Abs. 3 AO ein zusammengefasster Steuerbescheid ergehen, in dem die

Mitglieder der EWIV als Schuldner der Gewerbesteuer aufzuführen sind (vgl. R 5.2 GewStR).

Besonderheiten sind zudem für **stille Gesellschaften** zu beachten. Der typisch stille Gesellschafter, dessen gesellschaftsrechtliche Stellung weitgehend der Grundstruktur der §§ 230 ff. HGB folgt, ist kein Mitunternehmer, sondern bezieht einkommensteuerlich Einkünfte aus Kapitalvermögen nach § 20 Abs. 1 Nr. 4 EStG (vgl. Abschnitt B.7.5.1.2). Gewerbesteuerpflichtig ist entsprechend auch nur der Inhaber des Gewerbebetriebs, an dem die stille Beteiligung besteht, nicht aber die stille Gesellschaft selbst. Hingegen ist der atypisch stille Gesellschafter, der entgegen der Grundstruktur der §§ 230 ff. HGB auch über ein Mitbestimmungsrecht verfügt sowie an den stillen Reserven und am Verlust der Gesellschaft beteiligt ist, Mitunternehmer i.S.d. § 15 Abs. 1 Nr. 2 EStG (vgl. beispielsweise BFH-Urteil vom 06.07.1995, BStBl II 1996, S. 269). Dennoch ist nach Auffassung der Rechtsprechung nicht die stille Gesellschaft als solche, sondern erneut nur der Inhaber des Gewerbebetriebs, an dem die stille Beteiligung besteht, Schuldner der Gewerbesteuer (BFH-Urteil vom 12.11.1985, BStBl II 1986, S. 311; vgl. auch R 5.1 Abs. 2 GewStR).

Begründen zwei Gesellschaften eine **Organschaft**, so gilt die Organgesellschaft als Betriebsstätte des Organträgers (§ 2 Abs. 2 Satz 2 GewStG). Der Gewerbeertrag der Organgesellschaft ist dem Gewerbeertrag des Organträgers hinzuzurechnen. Die Gewerbesteuer des Organkreises wird einheitlich gegen den Organträger festgesetzt (siehe Abschnitt D.6.2).

Geht ein gewerbliches Unternehmen im Ganzen auf einen anderen Unternehmer über, so ist der bisherige Unternehmer bis zum Zeitpunkt des Übergangs, der andere Unternehmer von diesem Zeitpunkt an Steuerschuldner (§ 5 Abs. 2 GewStG). Der im Ganzen übergehende Gewerbebetrieb gilt als im Zeitpunkt des Übergangs durch den bisherigen Unternehmer eingestellt und durch den anderen Unternehmer neu gegründet (§ 2 Abs. 5 GewStG). Damit erlöschen sowohl die sachliche Steuerpflicht des bisherigen Unternehmens als auch die persönliche Steuerpflicht des bisherigen Unternehmers.

Wird ein Gewerbebetrieb als Ganzes **verpachtet**, so trägt der Pächter das Unternehmerrisiko und ist somit als Unternehmer i.S.d. § 5 Abs. 1 Satz 1 GewStG anzusehen (BFH-Urteil vom 13.11.1963, BStBl III 1964, S. 124; vgl. auch R 2.2 GewStR). Zwar verfügt der Verpächter im Einkommensteuerrecht über ein als Betriebsverpachtung mit Aufgabeoption bezeichnetes Wahlrecht (siehe Abschnitt B.7.9.2),

- ob er den Verpachtungsvorgang als Betriebsaufgabe i.S.d. § 16 Abs. 3 EStG behandeln will, mit der Folge, dass die Wirtschaftsgüter des Betriebs unter Aufdeckung stiller Reserven in sein Privatvermögen überführt werden und die Pachteinnahmen fortan Einkünfte aus Vermietung und Verpachtung darstellen, oder
- ob er das Betriebsvermögen während des Zeitraums der Verpachtung fortführen will und damit Einkünfte aus Gewerbebetrieb erzielt.

Unabhängig von der einkommensteuerlichen Entscheidung des Verpächters ist aber nur der Pächter gewerbesteuerpflichtig. Auch wenn der Verpächter sich für eine Fortführung des Betriebsvermögens entscheidet und somit Einkünfte aus Gewerbebetrieb bezieht, unterliegen diese bei ihm nicht der Gewerbesteuer (R 2.2 Satz 2 GewStR).

Ist hingegen der Tatbestand einer Betriebsaufspaltung gegeben (siehe Abschnitt B.7.9.1), so unterliegen auch die Pachtzinsen, die das Betriebsunternehmen an das Besitzunternehmen entrichtet, beim Besitzunternehmen der Gewerbesteuer.

§ 3 GewStG enthält schließlich eine abschließende Aufzählung von Unternehmen, die **persönlich von der Gewerbesteuer befreit** sind. Zu nennen sind beispielsweise

- das Bundeseisenbahnvermögen, die Monopolverwaltungen des Bundes sowie die staatlichen Lotterieunternehmen und die zugelassenen öffentlichen Spielbanken (§ 3 Nr. 1 GewStG),
- die Deutsche Bundesbank, die Kreditanstalt für Wiederaufbau sowie die Aufbaubanken und Investitionsbanken der einzelnen Bundesländer (§ 3 Nr. 2 GewStG),
- die Bundesanstalt für vereinigungsbedingte Sonderaufgaben (§ 3 Nr. 3 GewStG),
- Körperschaften, Personenvereinigungen und Vermögensmassen, die ausschließlich und unmittelbar gemeinnützigen, mildtätigen oder kirchlichen Zwecken dienen (§ 3 Nr. 6 GewStG); unterhalten diese allerdings einen wirtschaftlichen Geschäftsbetrieb, so ist die Steuerfreiheit insoweit ausgeschlossen,
- rechtsfähige Pensions-, Sterbe-, Kranken- und Unterstützungskassen, soweit diese nach § 5 Abs. 1 Nr. 3 KStG auch von der Körperschaftsteuer befreit sind (§ 3 Nr. 9 GewStG),
- Krankenhäuser, Altenheime und Pflegeheime unter den in § 3 Nr. 20 GewStG genannten Voraussetzungen.

3.2 Sachliche Steuerpflicht

Gegenstand der Gewerbesteuer ist jeder **stehende Gewerbebetrieb**, soweit er im Inland betrieben wird (§ 2 Abs. 1 Satz 1 GewStG). § 35a GewStG dehnt die Anwendung auf im Inland betriebene **Reisegewerbebetriebe** aus.

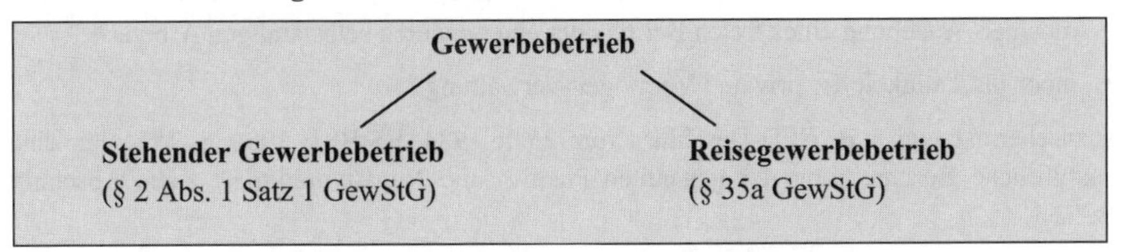

Abbildung D.1: Sachliche Gewerbesteuerpflicht

§ 35a Abs. 2 Satz 1 GewStG definiert den Begriff des **Reisegewerbes** als Gewerbebetrieb, dessen Inhaber nach den Vorschriften der Gewerbeordnung (GewO) einer Reisegewerbekarte bedarf. Ohne Bedeutung ist somit offenbar, ob der Inhaber des Reisegewerbes tatsächlich über eine Reisegewerbekarte verfügt. Es kommt allein auf das Erfordernis an. Ein Gewerbetreibender benötigt gemäß § 55 GewO eine Reisegewerbekarte, sofern er selbst ohne vorhergehende Bestellung außerhalb seiner gewerblichen Niederlassung (oder ohne eine gewerbliche Niederlassung zu haben) Leistungen anbietet oder unterhaltende Tätigkeiten als Schausteller ausübt. § 55a GewO zählt allerdings eine Reihe von Ausnahmen von dem Erfordernis einer Reisegewerbekarte auf. Keine Reisegewerbekarte benötigt beispielsweise, wer gelegentlich auf Messen und Ausstellungen Waren anbietet (§ 55a Abs. 1 Nr. 1 GewO) oder wer Versicherungsverträge oder Bausparverträge vermittelt oder abschließt (§ 55a Abs. 1 Nr. 6 GewO).

Als **stehender Gewerbebetrieb** gilt demgegenüber jeder Gewerbebetrieb, der kein Reisegewerbe ist (§ 1 GewStDV). Wird im Rahmen eines einheitlichen Gewerbebetriebs sowohl ein stehendes Gewerbe als auch ein Reisegewerbe betrieben, so ist der Betrieb in vollem Umfang als stehendes Gewerbe zu behandeln (§ 35a Abs. 2 Satz 2 GewStG). Von einem einheitlichen Gewerbe wird man allerdings nur dann ausgehen können, wenn beide Tätigkeiten wirtschaftlich, finanziell und organisatorisch so eng zusammenhängen, dass wenigstens eine der Tätigkeiten ohne die andere Tätigkeit nicht möglich ist.

Reisegewerbebetriebe werden für Zwecke der Gewerbesteuer grundsätzlich wie stehende Gewerbe behandelt. Der einzige Unterschied zwischen beiden besteht darin, dass die Vorschriften zur Zerlegung (§§ 28 ff. GewStG, siehe Abschnitt D.4.4) auf Reisegewerbe nicht anzuwenden sind (§ 35a Abs. 3, 4 GewStG).

3.2.1 Gewerbebetrieb

Sowohl die Steuerpflicht als stehendes Gewerbe nach § 2 Abs. 1 Satz 1 GewStG als auch die Steuerpflicht als Reisegewerbe nach § 35a GewStG setzt voraus, dass ein Gewerbebetrieb unterhalten wird. Einen eigenständigen Gewerbebegriff kennt das Gewerbesteuerrecht allerdings nicht. Vielmehr verweist § 2 Abs. 1 Satz 2 GewStG in diesem Zusammenhang auf den einkommensteuerlichen Gewerbebegriff. Einen Gewerbebetrieb i.S.d. § 15 Abs. 2 EStG begründet jede

- selbständige,
- nachhaltige Tätigkeit,
- die mit Gewinnerzielungsabsicht und
- unter Beteiligung am allgemeinen wirtschaftlichen Verkehr

betrieben wird, sofern die Tätigkeit

- weder als Ausübung von Land- und Forstwirtschaft,
- noch als Ausübung eines freien Berufs oder einer anderen selbständigen Arbeit,
- noch als Tätigkeit der privaten Vermögensverwaltung

anzusehen ist (vgl. z.B. BFH-Beschluss vom 25.06.1984, BStBl II 1984, S. 751). Für eine ausführliche Beschreibung der genannten Positiv- und Negativmerkmale siehe Abschnitt B.7.2.1.

Durch die Anknüpfung des Gewerbesteuerrechts an das Einkommensteuergesetz besteht zwar eine inhaltliche Identität des Gewerbebegriffs in beiden Rechtsgebieten. Die Entscheidung im Rahmen der Einkommensteuerveranlagung ist jedoch nicht bindend für das Gewerbesteuerverfahren. Verfahrensrechtlich sind die beiden Besteuerungsvorgänge selbständig.

Beispiel D.2:

A ist Eigentümer mehrerer Mietshäuser und hat in den vergangenen Jahren mehrfach Objekte veräußert und hinzuerworben. Nach der Drei-Objekte-Theorie (BMF-Schreiben vom 26.03.2004, BStBl I 2004, S. 434; siehe Abschnitt B.7.6.4) müsste die Tätigkeit des A als gewerbliche Tätigkeit klassifiziert werden. Im Rahmen der Einkommensteuerveranlagung des A hat das Finanzamt die Einkünfte jedoch trotz Kenntnis sämtlicher rechtserheblicher Tatsachen als Einkünfte aus Vermietung und Verpachtung anstatt als Einkünfte aus Gewerbebetrieb behandelt. Der Einkommensteuerbescheid ist bestandskräftig. Für das Gewerbesteuerverfahren ist das Finanzamt an diese Entscheidung nicht gebunden.

Im Einzelnen unterscheidet § 2 Abs. 1 – 3 GewStG drei Formen des Gewerbebetriebs:

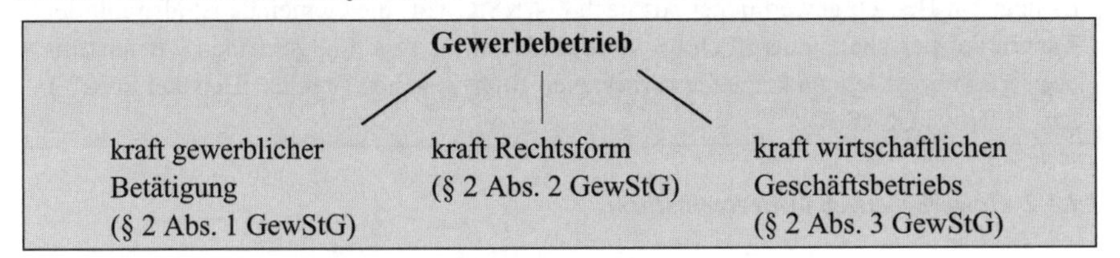

Abbildung D.2: Formen des Gewerbebetriebs

3.2.1.1 Gewerbebetrieb kraft gewerblicher Betätigung

Einzelunternehmen und Personengesellschaften, die ein Gewerbe i.S.d. § 15 Abs. 2 EStG betreiben, d.h. die im vorangegangenen Abschnitt genannten vier Positiv- und drei Negativmerkmale erfüllen, sind gemäß § 2 Abs. 1 Satz 2 GewStG auch für gewerbesteuerliche Zwecke als Gewerbebetrieb zu verstehen. Man spricht in diesem Fall von einem **Gewerbebetrieb kraft gewerblicher Betätigung**.

Ist eine Personengesellschaft **auch** gewerblich i.S.d. § 15 Abs. 2 EStG tätig, so begründen auch die übrigen, nicht originär gewerblichen Tätigkeiten der Personengesellschaft Einkünfte aus Gewerbebetrieb (vgl. Abschnitt B.7.2.4). Gemäß § 2 Abs. 1 Satz 2 GewStG i.V.m. § 15 Abs. 3 Nr. 1 EStG färben die gewerblichen Aktivitäten auch im Gewerbesteuerrecht auf die nicht originär gewerblichen Tätigkeiten ab. Die Personengesellschaft ist in diesem Fall mit sämtlichen Tätigkeiten gewerbesteuerpflichtig kraft gewerblicher Betätigung (sog. **Abfärbetheorie**). Zur **Geprägetheorie** siehe den nachfolgenden Abschnitt D.3.2.1.2.

Schließlich sind auch **Betriebe der öffentlichen Hand** kraft gewerblicher Betätigung gewerbesteuerpflichtig, wenn sie sich

- als Betrieb gewerblicher Art i.S.d. § 4 KStG und
- als Gewerbebetrieb i.S.d. § 15 Abs. 2 EStG darstellen (R 2.1 Abs. 6 GewStR).

Im Gegensatz zur Körperschaftsteuerpflicht nach § 2 Abs. 1 Nr. 6 i.V.m. § 4 KStG ist das Vorliegen eines Betriebs gewerblicher Art somit nur eine notwendige, nicht aber eine hinreichende Voraussetzung für eine Gewerbesteuerpflicht von Unternehmen der öffentlichen Hand.

Der Begriff des Betriebs gewerblicher Art (siehe Abschnitt C.2.1.1.6) dient der Abgrenzung der wirtschaftlichen von der hoheitlichen Tätigkeit der öffentlichen Hand. Betriebe gewerblicher Art sind Einrichtungen der öffentlichen Hand, die nachhaltigen wirtschaftlichen Tätigkeiten zur Erzielung von Einnahmen außerhalb der Land- und Forstwirtschaft dienen und sich innerhalb der Gesamtbetätigung der juristischen Person wirtschaftlich herausheben (§ 4 Abs. 1 Satz 1 KStG). Die Absicht, Gewinne zu erzielen, sowie eine Teilnahme am allgemeinen wirtschaftlichen Verkehr sind für einen Betrieb gewerblicher Art und somit auch für eine Körperschaftsteuerpflicht der öffentlichen Hand nicht erforderlich (§ 4 Abs. 1 Satz 2 KStG). Hingegen sind Betriebe der öffentlichen Hand nur dann gewerbesteuerpflichtig, wenn sie auch die Voraussetzungen der Gewinnabsicht sowie der Verkehrsbeteiligung erfüllen (vgl. R 2.1 Abs. 6 GewStR).

Beispiel D.3:

Ein Landkreis betreibt eine Kantine, die nur für die Mitarbeiter der Kreisverwaltung zugänglich ist.

Es liegt ein Betrieb gewerblicher Art nach § 4 KStG vor, die Gemeinde ist also mit der Kantine körperschaftsteuerpflichtig. Mangels Beteiligung am allgemeinen wirtschaftlichen Verkehr ist jedoch keine Gewerbesteuerpflicht gegeben (vgl. das Beispiel in R 2.1 Abs. 6 Satz 2 GewStR).

3.2.1.2 Gewerbebetrieb kraft Rechtsform

Die Tätigkeit der **Kapitalgesellschaften** (insbesondere Europäische Gesellschaft, AG, GmbH und KGaA), der Genossenschaften sowie der Versicherungs- und Pensions-fondsvereine auf Gegenseitigkeit gilt gemäß § 2 Abs. 2 GewStG stets und in vollem Umfang als Gewerbebetrieb (vgl. BFH-Urteil vom 22.08.1990, BStBl II 1991, S. 250). Dies gilt auch dann, wenn die Gesellschaft neben originär gewerblichen Tätigkeiten auch andere Tätigkeiten betreibt und selbst dann, wenn die Gesellschaft überhaupt keine Tätigkeit i.S.d. § 15 Abs. 2 EStG betreibt. Im Gegensatz zu Einzelunternehmen und Personengesellschaften ist die Gewerbesteuerpflicht (wie auch die Körperschaftsteuerpflicht, vgl. § 8 Abs. 2 KStG) von Kapitalgesellschaften somit nicht an eine bestimmte Art der Tätigkeit geknüpft.

Beispiel D.4:

Die E&Y GmbH ist eine Wirtschaftsprüfungsgesellschaft.

Zwar handelt es sich bei der Tätigkeit des Wirtschaftsprüfers nicht um eine originär gewerbliche Tätigkeit, sondern um eine freiberufliche Tätigkeit, die zu Einkünften aus selbständiger Arbeit führt (§ 18 Abs. 1 Nr. 1 EStG). Wird die Tätigkeit aber von einer Kapitalgesellschaft betrieben, so liegen nach § 8 Abs. 2 KStG, § 2 Abs. 2 GewStG gewerbliche Tätigkeiten vor. Die GmbH ist sowohl KSt- als auch GewSt-pflichtig.

Des Weiteren erzielt auch eine **Personengesellschaft**, die keine originär gewerbliche Tätigkeit betreibt, einkommensteuerlich in vollem Umfang Einkünfte aus Gewerbebetrieb, sofern ausschließlich eine oder mehrere Kapitalgesellschaften persönlich haftende Gesellschafter sind und nur diese oder Personen, die nicht Gesellschafter sind, zur Geschäftsführung befugt sind (§ 15 Abs. 3 Nr. 2 EStG, sog. **gewerbliche Prägung**). Durch den Verweis des § 2 Abs. 1 Satz 2 GewStG wird auch für gewerblich geprägte Personengesellschaften eine Gewerbesteuerpflicht begründet. Da diese unabhängig von der Tätigkeit ist, wird auch der Fall der gewerblich geprägten Personengesellschaft als Gewerbebetrieb kraft Rechtsform bezeichnet.

Es sei an dieser Stelle erneut darauf hingewiesen, dass sich sowohl die Abfärbetheorie des § 15 Abs. 3 Nr. 1 EStG als auch die Geprägetheorie des § 15 Abs. 3 Nr. 2 EStG nur auf solche Einkünfte beziehen, für die zumindest Einkünfteerzielungsabsicht besteht (vgl. Abschnitt B.7.2.4).

3.2.1.3 Gewerbebetrieb kraft wirtschaftlichen Geschäftsbetriebs

Gemäß § 2 Abs. 3 GewStG unterliegen zudem die juristischen Personen des Privatrechts, die nicht in § 2 Abs. 2 GewStG aufgezählt sind (insbesondere eingetragene Vereine und rechtsfähige Stiftungen), sowie die nichtrechtsfähigen Vereine der Gewerbesteuer, allerdings nur insoweit, wie sie einen wirtschaftlichen Geschäftsbetrieb unterhalten, der nicht der Land- und Forstwirtschaft zuzurechnen ist.

Der Begriff des wirtschaftlichen Geschäftsbetriebs ergibt sich aus § 14 AO. Nach dieser Vorschrift ist ein wirtschaftlicher Geschäftsbetrieb gekennzeichnet durch eine

- selbständige,
- nachhaltige Tätigkeit,
- durch die Einnahmen oder andere wirtschaftliche Vorteile erzielt werden sollen und
- die über den Rahmen einer Vermögensverwaltung hinausgeht.

Im Gegensatz zum Gewerbebetrieb gehören somit weder eine Gewinnerzielungsabsicht noch die Teilnahme am allgemeinen wirtschaftlichen Verkehr zu den Voraussetzungen des wirtschaftlichen Geschäftsbetriebs (vgl. R 2.1 Abs. 5 Satz 6 GewStR).

Beispiel D.5:

Ein ins Vereinsregister eingetragener Mieterverein berät seine Mitglieder entgeltlich. Das Honorar ist allerdings so bemessen, dass in der Regel lediglich die Kosten der Beratung abgedeckt werden.

Die Beratungstätigkeit des Vereins begründet einen wirtschaftlichen Geschäftsbetrieb, da Gewinnerzielungsabsicht und Verkehrsteilnahme nicht erforderlich sind.

3.2.2 Inländischer Gewerbebetrieb

Stehende Gewerbebetriebe unterliegen gemäß § 2 Abs. 1 GewStG nur insoweit der Gewerbesteuer, wie sie im Inland betrieben werden. Eine entsprechende Vorschrift findet sich in § 35a Abs. 1 GewStG für Reisegewerbebetriebe. Ohne Bedeutung ist somit, ob der Inhaber des Unternehmens im Inland oder im Ausland ansässig ist. Beispielsweise unterliegt ein im Inland betriebenes Gewerbe auch dann der Gewerbesteuer, wenn der Inhaber weder über einen Wohnsitz noch einen gewöhnlichen Aufenthalt im Inland verfügt. Umgekehrt ist ein im Ausland von einem Steuerinländer betriebenes Gewerbe nicht gewerbesteuerpflichtig.

Stehende Gewerbebetriebe werden im Inland betrieben, sofern im Inland eine Betriebsstätte unterhalten wird (§ 2 Abs. 1 Satz 3 GewStG). Wird ein Gewerbe teilweise im Inland und teilweise im Ausland betrieben, so werden nur die im Inland befindlichen Betriebsstätten der Besteuerung unterworfen (R 2.8 Abs. 1 Satz 2 GewStR; § 9 Nr. 3 Satz 1 GewStG; vgl. Abschnitt D.5.2.2.5). Eine **Betriebsstätte** ist gemäß § 12 Satz 1 AO jede feste Geschäftseinrichtung oder Anlage, die der Tätigkeit des Unternehmens dient. Beispielhaft nennt § 12 Satz 2 AO u.a. die Stätte der Geschäftsleitung, Zweigniederlassungen, Geschäftsstellen, Fabrikationsstätten, Warenlager sowie Ein- oder Verkaufsstellen. Erforderlich ist, dass in der Einrichtung oder Anlage dauernd Tätigkeiten vollzogen werden, die dem Gewerbebetrieb unmittelbar dienen. Ob die Tätigkeiten im Einzelnen kaufmännischer oder technischer Art sind, ist unerheblich, auch bloße Hilfstätigkeiten reichen aus (R 2.9 Abs. 3 Sätze 1, 2 GewStR). Die Tätigkeiten brauchen nicht von dem Unternehmer selbst oder in seinem Namen von seinen Arbeitnehmern durchgeführt werden, sondern können auch von einem **ständigen Vertreter** ausgeübt werden (R 2.9 Abs. 4 Satz 2 GewStR). Als ständiger Vertreter wird eine Person bezeichnet, die nachhaltig die Geschäfte eines Unternehmens besorgt und dabei dessen Sachweisungen unterliegt (§ 13 Satz 1 AO), z.B. ein Handelsvertreter i.S.d. § 84 HGB. Auch rein mechanische Anlagen, z.B. Verkaufsautomaten, können Betriebsstätten sein (R 2.9 Abs. 3 Satz 4 GewStR). Keine Betriebsstätten sind hingegen beispielsweise Anlagen oder Einrichtungen, die ausschließlich Wohn- oder Erholungszwecken des Inhabers oder der Arbeitnehmer des Unternehmens dienen.

Beispiel D.6:

A ist Inhaber eines Bäckereiunternehmens. Standort der Produktion ist Chomutov (Tschechische Republik). Verkaufsstätten unterhält A außer in der Tschechischen Republik auch in einigen grenznahen Gemeinden Sachsens.

Verkaufsstätten sind Betriebsstätten i.S.d. § 12 AO. Mit den in Deutschland befindlichen Betriebsstätten unterliegt A der Gewerbesteuer.

Reisegewerbebetriebe brauchen nicht über Betriebsstätten zu verfügen. Anknüpfungspunkt der Gewerbesteuerpflicht bildet bei ihnen der Mittelpunkt der gewerblichen Tätigkeit.

Beispiel D.7:

B betreibt von seiner Wohnung in Luxemburg aus ein Reisegewerbe. Er ist zu diesem Zweck außer in Luxemburg auch in Frankreich und Deutschland unterwegs.

Mittelpunkt der gewerblichen Tätigkeit ist Luxemburg als Ausgangspunkt des Reisegewerbes. Die Tätigkeit des B ist daher in Deutschland nicht gewerbesteuerpflichtig.

3.2.3 Mehrheit von Betrieben

Wie sich der Formulierung „jeder ... Gewerbebetrieb" in § 2 Abs. 1 GewStG entnehmen lässt, ist der einzelne Gewerbebetrieb Steuerobjekt der Gewerbesteuer. Keine Ausführungen finden sich im Gesetz allerdings zu der Frage, ob verschiedene gewerbesteuerpflichtige Tätigkeiten eines Gewerbetreibenden stets einen einheitlichen Gewerbebetrieb bilden bzw. unter welchen Voraussetzungen verschiedene Tätigkeiten eines Steuerpflichtigen als jeweils eigenständige Gewerbebetriebe anzusehen sind. Diese Lücke füllt R 2.4 der Gewerbesteuerrichtlinien auf der Basis der einschlägigen Rechtsprechung.

Die gewerbliche Tätigkeit von **Personengesellschaften** bildet stets einen einheitlichen Gewerbebetrieb, und zwar selbst dann, wenn sich die Gesellschaft in mehreren, völlig unterschiedlichen Geschäftsbereichen betätigt (BFH-Urteil vom 25.06.1996, BStBl II 1997, S. 202; R 2.4 Abs. 3 Satz 1 GewStR). Gleiches gilt für Steuerpflichtige i.S.d. § 2 Abs. 2 GewStG, d.h. für **Kapitalgesellschaften**, Erwerbs- und Wirtschaftsgenossenschaften sowie Versicherungsvereine auf Gegenseitigkeit (BFH-Urteil vom 10.02.1989, BStBl II 1989, S. 467; R 2.4 Abs. 4 Satz 1 GewStR). Die gewerbesteuerpflichtige Tätigkeit der unter § 2 Abs. 3 GewStG fallenden **sonstigen juristischen Personen des privaten Rechts** und der **nichtrechtsfähigen Vereine** bildet selbst dann in vollem Umfang einen einheitlichen Gewerbebetrieb, wenn von ihnen mehrere wirtschaftliche Geschäftsbetriebe unterhalten werden (§ 8 GewStDV; R 2.4 Abs. 4 Sätze 2, 3 GewStR).

Weniger eindeutig ist hingegen die Behandlung der gewerbesteuerpflichtigen Tätigkeit von **natürlichen Personen**:

- **Mehrere Betriebe verschiedener Art**

  Hat ein Steuerpflichtiger mehrere Betriebe verschiedener Art, so ist grundsätzlich jeder Betrieb für sich zu besteuern. R 2.4 Abs. 1 Satz 1 GewStR nennt beispielhaft den Fall, dass ein Steuerpflichtiger eine Maschinenfabrik sowie eine Spinnerei betreibt.

  Es ist aber ausnahmsweise ein einheitlicher Gewerbebetrieb anzunehmen, wenn ein Gewerbetreibender in derselben Gemeinde verschiedene gewerbliche Tätigkeiten ausübt und die verschiedenen Betriebszweige nach der Verkehrsauffassung und den Betriebsverhältnissen als Teil eines Gewerbebetriebs anzusehen sind (z.B. Gastwirtschaft und Fleischerei). Argumente für einen einheitlichen Gewerbebetrieb sind beispielsweise eine gemeinsame Buchführung, gemeinsame Bankkonten, die Subventionierung des einen Geschäftsbereichs durch den anderen, gleiche Räumlichkeiten oder gleiche Arbeitskräfte.

Beispiel D.8:

- A betreibt ein Tabakwarengeschäft, in das eine Lottoannahmestelle integriert ist. Auf Grund des engen organisatorischen Zusammenhangs wird man einen einheitlichen Gewerbebetrieb annehmen müssen.
- B betreibt eine Bäckerei sowie in getrennten Räumlichkeiten eine Konditorei. Zwar wird die Konditorei von der Bäckerei beliefert, hat jedoch darüber hinaus auch andere Lieferanten. Beide Unternehmen verfügen über unterschiedliches Personal sowie eine jeweils eigenständige Buchführung.

  Es liegt ein Grenzfall vor. Da die Argumente für eine Eigenständigkeit überwiegen, wird man von zwei unterschiedlichen Gewerbebetrieben ausgehen müssen.

- **Mehrere Betriebe gleicher Art**

Hat ein Gewerbetreibender mehrere Betriebe der gleichen Art, ist zu prüfen, ob diese Betriebe eine wirtschaftliche Einheit darstellen. Die Vermutung spricht bei der Vereinigung mehrerer gleichartiger Betriebe in der Hand eines Unternehmers, insbesondere, wenn sie sich in derselben Gemeinde befinden, für das Vorliegen eines einheitlichen Gewerbebetriebs. Auch wenn die Betriebe sich in verschiedenen Gemeinden befinden, kann ein einheitlicher Gewerbebetrieb vorliegen, wenn die wirtschaftlichen Beziehungen sich über die Grenzen der politischen Gemeinden hinaus erstrecken. Betriebe sind als gleichartig anzusehen, wenn sie sachlich, insbesondere wirtschaftlich, finanziell oder organisatorisch zusammenhängen (R 2.4 Abs. 2 GewStR).

Bei der Beurteilung mehrerer Betriebe gleicher Art sind somit im Ergebnis die gleichen Kriterien zu Grunde zu legen, wie bei mehreren Betrieben verschiedener Art. Lediglich der Ausgangspunkt der Argumentation ist ein anderer. Während bei Betrieben verschiedener Art grundsätzlich von unterschiedlichen Gewerbebetrieben ausgegangen wird, sofern nicht ein enger finanzieller, wirtschaftlicher und organisatorischer Zusammenhang begründet werden kann, werden Betriebe gleicher Art grundsätzlich als einheitliches Gewerbe angesehen, sofern nicht das Fehlen eines solchen Zusammenhangs nachgewiesen wird. Je „gleichartiger" die in Frage stehenden Tätigkeiten sind, desto eher ist ein einheitlicher Gewerbebetrieb anzunehmen.

Beispiel D.9:

A betreibt zwei Kfz-Werkstätten in derselben Gemeinde. Beide Unternehmen verfügen zwar über unterschiedliche Arbeitskräfte, jedoch über eine einheitliche Buchhaltung.

Beide Unternehmen stellen einen einheitlichen Gewerbebetrieb dar.

Bei getrennter Buchführung mag jedoch die Grenze zu verschiedenen Gewerbebetrieben überschritten sein (siehe auch BFH-Urteil vom 25.04.1989, BFH/NV 1990, S. 261).

- **Mehrere Betriebe verschiedener Personen**

Auch mehrere Unternehmen in den Händen verschiedener Personen können ausnahmsweise als einheitlicher Gewerbebetrieb zu werten sein, sofern sich aus dem Zusammenwirken der Inhaber bei Berücksichtigung aller Umstände des Einzelfalls ergibt, dass die Unternehmen organisatorisch, wirtschaftlich und finanziell zusammenhängen.

Beispiel D.10:

Die Eheleute M und F sind Eigentümer verschiedener Mietobjekte. Einige der Objekte gehören M, andere F, wieder andere sind gemeinsames Eigentum von M und F. Die Gewerblichkeit der Vermietungstätigkeit ist auf Grund der ständigen Umschichtung von Mietobjekten unstrittig. Es ist unter Berücksichtigung sämtlicher Umstände des Einzelfalls zu prüfen, ob nur ein Gewerbebetrieb vorliegt, oder ob die Tätigkeiten der Eheleute drei voneinander verschiedene Gewerbebetriebe (des M, der F sowie von M und F gemeinsam) begründen (vgl. auch BFH-Urteil vom 23.02.1977, BStBl II 1977, S. 552).

Liegen mehrere Gewerbebetriebe, d.h. mehrere Steuergegenstände vor, so ist für jeden einzelnen Gewerbebetrieb eine Gewerbesteuererklärung abzugeben und die Gewerbesteuer festzusetzen.

Erstreckt sich ein einheitlicher Gewerbebetrieb **auf verschiedene Gemeinden**, so hat eine **Zerlegung**, d.h. eine Aufteilung der gewerbesteuerlichen Bemessungsgrundlage auf die verschiedenen Gemeinden, zu erfolgen (siehe Abschnitt D.4.4). Bei Annahme mehrerer Gewerbebetriebe, die in jeweils unterschiedlichen Gemeinden liegen, kann hingegen auf eine Zerlegung verzichtet werden.

Zudem wird der Freibetrag des § 11 Abs. 1 Satz 3 Nr. 1 GewStG in Höhe von 24.500 € (siehe Abschnitt D.4.2.2) für jeden einzelnen Gewerbebetrieb, d.h. beim Vorliegen mehrerer Gewerbebetriebe mehrfach, gewährt. Der Gewerbetreibende hat daher im Regelfall ein Interesse an einer Anerkennung mehrerer Unternehmen als unterschiedliche Gewerbebetriebe.

3.2.4 Beginn und Ende der sachlichen Steuerpflicht

Beginn und Ende der sachlichen Steuerpflicht sind im Gewerbesteuergesetz nicht ausdrücklich geregelt. Aus der allgemeinen Regel des § 2 Abs. 1 GewStG, wonach die sachliche Steuerpflicht das Bestehen eines Gewerbebetriebs voraussetzt, lässt sich aber folgern, dass die Steuerpflicht mit der Aufnahme einer gewerblichen Tätigkeit beginnt und mit deren Aufgabe endet:

- Für **Einzelgewerbetreibende** und **Personengesellschaften**, die einen Gewerbebetrieb kraft gewerblicher Betätigung unterhalten, **beginnt** der Gewerbebetrieb in dem Moment, in dem die unter 3.2.1 geschilderten vier positiven und drei negativen Merkmale vorliegen (BFH-Urteil vom 26.03.1985, BStBl II 1985, S. 433). Bloße Vorbereitungshandlungen zur Aufnahme einer gewerblichen Tätigkeit, z.B. die Anmietung eines Geschäftslokals, das erst hergerichtet werden muss, oder die Errichtung eines Betriebsgebäudes, begründen die Gewerbesteuerpflicht noch nicht (BFH-Urteil vom 22.11.1994, BStBl II 1995, S. 900; R 2.5 Abs. 1 Satz 2 GewStR). Ohne Bedeutung ist zudem der Zeitpunkt der Eintragung ins Handelsregister (R 2.5 Abs. 1 Satz 3 GewStR).

  Die Gewerbesteuerpflicht **endet** entsprechend mit der tatsächlichen Einstellung der gewerblichen Tätigkeit (R 2.6 Abs. 1 Satz 1 GewStR). Die Liquidation zählt nicht mehr zum Gewerbebetrieb. Eine nur vorübergehende Unterbrechung (z.B. bei Saisonbetrieben) beendet die Steuerpflicht hingegen nicht (§ 2 Abs. 4 GewStG). Wird ein Gewerbebetrieb im Ganzen verpachtet, so beendet dies die Gewerbesteuerpflicht des Verpächters (vgl. Abschnitt D.3.1).

- **Gewerblich geprägte Personengesellschaften** beziehen unabhängig von ihrer Tätigkeit Einkünfte aus Gewerbebetrieb, sofern eine Einkünfteerzielungsabsicht vorliegt (§ 2 Abs. 1 Satz 2 GewStG i.V.m. § 15 Abs. 3 Nr. 2 EStG). Die Gewerbesteuerpflicht **beginnt** in dem Zeitpunkt, in dem die mit Einkünfteerzielungsabsicht betriebene Tätigkeit tatsächlich in Gang gesetzt wird. Bloße Vorbereitungshandlungen führen erneut noch nicht zur Aufnahme der gewerblichen Tätigkeit (BFH-Urteil vom 22.11.1994, BStBl II 1995, S. 900).

  Die Gewerbesteuerpflicht gewerblich geprägter Personengesellschaften **endet** in dem Zeitpunkt, in dem die mit Einkünfteerzielungsabsicht betriebene Tätigkeit tatsächlich aufgegeben wird.

- Bei den Steuerpflichtigen nach § 2 Abs. 2 GewStG (**Kapitalgesellschaften**, **Genossenschaften**, **Versicherungsvereine auf Gegenseitigkeit**) begründet jede Tätigkeit einen Gewerbebetrieb. Die Gewerbesteuerpflicht **beginnt** daher bei Kapitalgesellschaften grundsätzlich bereits mit der Eintragung ins Handelsregister, bei Genossenschaften mit der Eintragung ins Genossenschaftsregister und bei Versicherungsvereinen auf Gegenseitigkeit mit der aufsichtsbehördlichen Erlaubnis zum Geschäftsbetrieb (R 2.5 Abs. 2 Satz 1 GewStR). Betätigen sich diese Unternehmen allerdings schon vorher, so beginnt die Gewerbesteuerpflicht mit der Aufnahme jeglicher nach außen gerichteter Geschäftstätigkeit (R 2.5 Abs. 2 Satz 3 GewStR).

  Die Steuerpflicht von Kapitalgesellschaften und anderen Steuerpflichtigen nach § 2 Abs. 2 GewStG **endet** mit der Aufgabe jeglicher Tätigkeit. Dies ist nach R 2.6 Abs. 2 GewStR erst dann der Fall, wenn das Vermögen an die Gesellschafter verteilt ist. Liquidationshandlungen unterliegen somit, im Gegensatz zu Einzelunternehmen und Personengesellschaften, der Gewerbesteuerpflicht.

- Für die Steuerpflichtigen nach § 2 Abs. 3 GewStG, d.h. die **übrigen juristischen Personen des Privatrechts** sowie die **nichtrechtsfähigen Vereine**, beginnt die sachliche Steuerpflicht mit der Aufnahme eines wirtschaftlichen Geschäftsbetriebs i.S.d. § 14 AO und endet mit der tatsächlichen Einstellung desselben (R 2.5 Abs. 3, R 2.6 Abs. 3 GewStR).

4 Festsetzung und Erhebung der Gewerbesteuer

4.1 Erhebungszeitraum

Die Gewerbesteuer ist eine veranlagte Steuer, d.h. sie wird für einen bestimmten Zeitraum nach dessen Ablauf durch die Finanzverwaltung festgesetzt. Während dieser Zeitraum im Einkommen- und Körperschaftsteuerrecht als Veranlagungszeitraum bezeichnet wird, hat der Gesetzgeber für das Gewerbesteuerrecht den Begriff **Erhebungszeitraum** gewählt (§ 14 Satz 1 GewStG).

Erhebungszeitraum ist gemäß § 14 Satz 2 GewStG das Kalenderjahr. Besteht die Gewerbesteuerpflicht allerdings nicht während des gesamten Kalenderjahres, weil z.B. das Gewerbe erst im Laufe des Jahres aufgenommen wird, so tritt an die Stelle des Kalenderjahres der Zeitraum der sachlichen Steuerpflicht (§ 14 Satz 3 GewStG).

Verfügt der Steuerpflichtige über ein vom Kalenderjahr abweichendes Wirtschaftsjahr, so gilt der Gewerbeertrag als in dem Erhebungszeitraum bezogen, in dem das Wirtschaftsjahr endet. Das Gewerbesteuerrecht folgt insoweit der Vorgehensweise des Einkommensteuer- und Körperschaftsteuerrechts (§ 4a Abs. 2 Nr. 2 EStG; § 7 Abs. 4 Satz 2 KStG, § 10 Abs. 2 GewStG).

Im Falle eines Unternehmerwechsels gilt der Gewerbebetrieb im Zeitpunkt des Übergangs als durch den bisherigen Unternehmer eingestellt und durch den anderen Unternehmer neu gegründet (§ 2 Abs. 5 GewStG). Für das Jahr des Unternehmerwechsels bestehen zwei selbständige Gewerbebetriebe als Besteuerungsobjekte.

4.2 Ermittlung der Gewerbesteuer

4.2.1 Gewerbeertrag

Ausgangswert bei der Ermittlung der Gewerbesteuer ist der für einkommensteuerliche bzw. körperschaftsteuerliche Zwecke ermittelte Gewinn aus Gewerbebetrieb (§ 7 GewStG). Dieser ist allerdings um die **Hinzurechnungen** des § 8 GewStG sowie die **Kürzungen** des § 9 GewStG zu modifizieren und sodann auf volle 100 € **abzurunden** (§ 11 Abs. 1 Satz 3 Halbsatz 1GewStG).

Gewinn aus Gewerbebetrieb, ermittelt nach den Vorschriften des EStG bzw. KStG (§ 7 Satz 1 GewStG)	
+	Hinzurechnungen nach § 8 GewStG (siehe Abschnitt D.5.2.1)
–	Kürzungen nach § 9 GewStG (siehe Abschnitt D.5.2.2)
=	**Gewerbeertrag** (abzurunden auf volle 100 €, § 11 Abs. 1 Satz 3 GewStG)

Tabelle D.2: Ermittlung des Gewerbeertrags

4.2.2 Freibetrag

Der so ermittelte Gewerbeertrag ist gemäß § 11 Abs. 1 Satz 3 Halbsatz 2 GewStG um einen Freibetrag zu kürzen. Der Freibetrag beträgt

- 24.500 € für natürliche Personen und Personengesellschaften (§ 11 Abs. 1 Satz 3 Nr. 1 GewStG) und
- 5.000 € für
  - Steuerpflichtige i.S.d. § 2 Abs. 3 GewStG, d.h. insbesondere für eingetragene Vereine, rechtsfähige Stiftungen des privaten Rechts und nichtrechtsfähige Vereine,
  - juristische Personen des öffentlichen Rechts, die mit einem Betrieb gewerblicher Art der Gewerbesteuerpflicht unterliegen (z.B. Sparkassen) sowie
  - bestimmte nach § 3 GewStG von der Gewerbesteuer grundsätzlich befreite Unternehmen, soweit die Befreiung – z.B. auf Grund der Unterhaltung eines wirtschaftlichen Geschäftsbetriebs – nicht greift (§ 11 Abs. 1 Satz 3 Nr. 2 GewStG).

Kein Freibetrag wird somit den Steuerpflichtigen nach § 2 Abs. 2 GewStG, d.h. Kapitalgesellschaften (AG, GmbH, KGaA), Erwerbs- und Wirtschaftsgenossenschaften und Versicherungsvereinen auf Gegenseitigkeit, gewährt.

Da der einzelne Gewerbebetrieb Steuergegenstand der Gewerbesteuer ist (§ 2 Abs. 1 Satz 1 GewStG), können Steuerpflichtige, die mehrere Gewerbebetriebe unterhalten, den Freibetrag für jeden Gewerbebetrieb geltend machen. Wie sich aus den Darstellungen in Abschnitt D.3.2.3 ergibt, kommt die mehrfache Nutzung der Freibeträge im Ergebnis jedoch nur für Einzelgewerbetreibende in Betracht.

Der Freibetrag ist auch dann in voller Höhe zu gewähren, wenn die Betriebseröffnung oder Betriebsschließung im Laufe des Kalenderjahres erfolgt (R 11.1 Satz 2 GewStR). Kommt es innerhalb eines Erhebungszeitraums durch einen Unternehmerwechsel zu einem Wechsel des Steuerschuldners von Einzelunternehmen zu Personengesellschaft oder umgekehrt, so will die Finanzverwaltung den Freibetrag allerdings nicht doppelt gewähren, sondern entsprechend der Dauer der jeweiligen persönlichen Steuerpflicht auf die Steuerschuldner aufteilen (R 11.1 Satz 3 GewStR).

4.2.3 Steuermesszahl

Der nach Abzug des Freibetrags nach § 11 Abs. 1 Satz 3 GewStG verbleibende Betrag ist mit der Steuermesszahl des § 11 Abs. 2 GewStG von 3,5 % zu multiplizieren.

Die Steuermesszahl ist zum Erhebungszeitraum 2008 durch das Unternehmenssteuerreformgesetz (BGBl I 2007, S. 1912) von 5 % auf 3,5 % gesenkt worden. Gleichzeitig sind die gestaffelten Steuermesszahlen bis zu einer Bemessungsgrundlage von 48.000 € aufgehoben worden. Die Senkung der Steuermesszahl auf 3,5 % ist im Zusammenhang mit der gleichzeitigen Abschaffung der Abzugsfähigkeit der Gewerbesteuer als Betriebsausgabe (§ 4 Abs. 5b EStG) zu sehen, wodurch sich der Entlastungseffekt reduziert.

Das Ergebnis der Multiplikation von Bemessungsgrundlage und Steuermesszahl wird als Steuermessbetrag bezeichnet (§ 11 Abs. 1 Satz 1 GewStG).

4.2.4 Hebesatz

Durch Anwendung des gemeindespezifischen Hebesatzes auf den Steuermessbetrag ergibt sich die Gewerbesteuerschuld eines Gewerbebetriebs. Der Hebesatz, den die Gemeinden im Rahmen ihrer durch Art. 106 Abs. 6 Satz 2, Art. 28 Abs. 2 Satz 3 GG garantierten Hebesatzautonomie festlegen, bewegt sich in der Praxis zumeist zwischen 300 % und 500 %. Im Jahr 2009 lag der durchschnittliche Hebesatz in Deutschland bei 387 %.

Im Folgenden sind die Hebesätze beispielhaft für ausgewählte Städte aufgeführt:

	2008	**2010**
Berlin	410 %	410 %
Bremen	440 %	440 %
Dortmund	450 %	468 %
Dresden	450 %	450 %
Düsseldorf	445 %	440 %
Essen	470 %	490 %

	2008	2010
Frankfurt am Main	460 %	460 %
Hamburg	470 %	470 %
Leipzig	460 %	460 %
Magdeburg	450 %	450 %
München	490 %	490 %
Stuttgart	420 %	420 %
Wolfsburg	360 %	360 %

Tabelle D.3: Hebesätze ausgewählter Städte in den Erhebungszeiträumen 2008 und 2010

Seit 2004 muss der Hebesatz einer Gemeinde mindestens 200 % betragen (§ 16 Abs. 4 Satz 2 GewStG). Damit wollte der Gesetzgeber Gewerbesteueroasen, wie die Gemeinde Norderfriedrichskoog, austrocknen, die seit Jahren einen Hebesatz von 0 % hatten.

Der Beschluss über die **Festsetzung** oder **Änderung** des Hebesatzes muss von der Gemeinde bis zum 30. Juni eines Kalenderjahres mit Wirkung vom Beginn dieses Kalenderjahres gefasst werden. Nach dem 30. Juni kann nur eine Senkung, aber keine Erhöhung mit Rückwirkung zum Jahresbeginn beschlossen werden (§ 16 Abs. 3 GewStG).

Eine Gemeinde kann nur einen **einheitlichen Hebesatz** festsetzen. Eine Differenzierung, z.B. nach Stadtteilen oder nach Art des Gewerbes, ist nicht zulässig. Lediglich nach einer Gebietsreform kann die Landesregierung des betroffenen Bundeslandes als Bestandsschutz für die von der Änderung betroffenen Gebiete einer Gemeinde für eine bestimmte Zeit verschiedene Hebesätze zulassen (§ 16 Abs. 4 Satz 3 GewStG).

4.2.5 Zusammenfassung

Die Ermittlung der Gewerbesteuer lässt sich schematisch wie folgt zusammenfassen:

	Gewinn aus Gewerbebetrieb, ermittelt nach den Vorschriften des Einkommensteuergesetzes bzw. Körperschaftsteuergesetzes (§ 7 Satz 1 GewStG)
+	Hinzurechnungen nach § 8 GewStG (siehe D.5.2.1)
–	Kürzungen nach § 9 GewStG (siehe D.5.2.2)
–	Verlustvortrag (siehe D.6.1)
=	**Gewerbeertrag** (abzurunden auf volle 100 €, § 11 Abs. 1 Satz 3 GewStG)
–	Freibetrag nach § 11 Abs. 1 Satz 3 GewStG
=	Zwischensumme
→	Multiplikation mit Steuermesszahl (3,5 %, § 11 Abs. 2 GewStG)
=	Steuermessbetrag
→	Anwendung des gemeindespezifischen Hebesatzes (§ 16 GewStG)
=	Gewerbesteuer

Tabelle D.4: Ermittlung der Gewerbesteuer

Beispiel D.11:

A betreibt als Einzelunternehmer ein Lebensmittelgeschäft in München. Für den Veranlagungszeitraum 2010 wurde nach den Vorschriften des Einkommensteuergesetzes ein Gewinn aus Gewerbebetrieb i.H.v. 84.542 € ermittelt. Der Saldo aus den Hinzurechnungen und Kürzungen der §§ 8, 9 GewStG beträgt + 11.816 €, der Hebesatz von München beträgt 490 %.

	Gewinn aus Gewerbebetrieb	84.542 €
+	Saldo aus Hinzurechnungen und Kürzungen (§§ 8, 9 GewStG)	+ 11.816 €
=	Gewerbeertrag	96.358 €
→	abzurunden auf volle 100 € (§ 11 Abs. 1 Satz 3 GewStG)	96.300 €
–	Freibetrag (§ 11 Abs. 1 Satz 3 Nr. 1 GewStG)	– 24.500 €
=	Zwischensumme	71.800 €
→	Multiplikation mit Steuermesszahl (3,5 %, § 11 Abs. 2 GewStG)	
=	Steuermessbetrag	2.513 €
→	Multiplikation mit Hebesatz (490 %)	
=	Gewerbesteuer	12.313 €

4.3 Veranlagung zur Gewerbesteuer

An dem Verfahren zur Festsetzung der Gewerbesteuer sind das örtlich zuständige Finanzamt und die Gemeinde beteiligt. Das Finanzamt erlässt auf Grund der Gewerbesteuererklärung des Steuerpflichtigen den Gewerbesteuermessbescheid (§ 184 AO). In diesem entscheidet es über (vgl. FG Rheinland-Pfalz, Urteil vom 04.02.1981, EFG 1981, S. 640)

- die sachliche Steuerpflicht des Gewerbebetriebs,
- die persönliche Steuerpflicht des Unternehmers,
- den Gewerbesteuermessbetrag sowie
- die Hebeberechtigung einer bestimmten Gemeinde.

Der Gewerbesteuermessbescheid ist dem Steuerpflichtigen bekannt zu geben (§ 122 AO). Er ist zudem der Gemeinde mitzuteilen (§ 184 Abs. 3 AO). Das Finanzamt beschränkt sich im Rahmen der Ermittlung der Gewerbesteuerschuld auf die Berechnung des Gewerbesteuermessbetrags. Die Anwendung des Hebesatzes hierauf obliegt der Gemeinde (§ 16 Abs. 1 GewStG), die dem Steuerpflichtigen die Höhe der Gewerbesteuerschuld durch den Gewerbesteuerbescheid mitteilt.

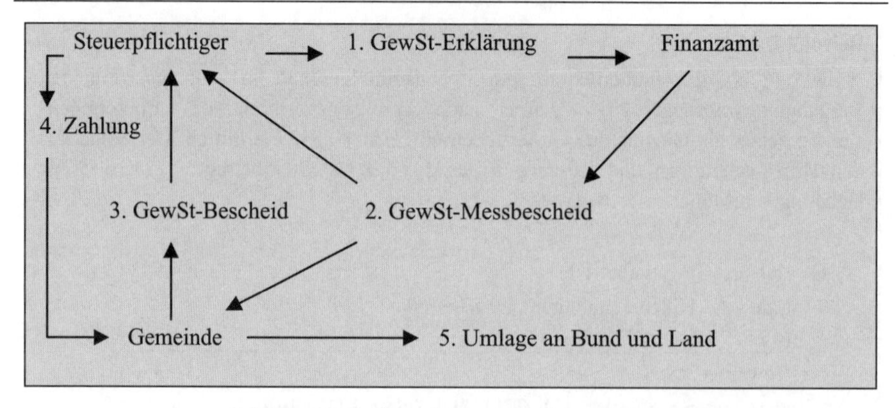

Abbildung D.3: Veranlagung zur Gewerbesteuer

Gemäß § 19 Abs. 1 Satz 1 GewStG hat der Steuerpflichtige jeweils am 15. Februar, am 15. Mai, am 15. August und am 15. November Vorauszahlungen auf die Gewerbesteuerschuld des laufenden Erhebungszeitraums zu leisten. Weicht bei einem Gewerbebetrieb das Wirtschaftsjahr vom Kalenderjahr ab, so sind die Vorauszahlungen für einen Erhebungszeitraum während des Wirtschaftsjahres zu entrichten, das in diesem Erhebungszeitraum endet (§ 19 Abs. 1 Satz 2 GewStG). Diese Regelung gilt jedoch nur, wenn der Gewerbebetrieb erst nach dem 31.12.1985

- gegründet worden ist oder
- infolge des Wegfalls einer Befreiungsvorschrift in die Steuerpflicht eingetreten ist oder
- sein Wirtschaftsjahr auf einen vom Kalenderjahr abweichenden Zeitraum umgestellt hat (§ 19 Abs. 1 Satz 3 GewStG).

Beispiel D.12:

Ein Gewerbetreibender ermittelt seinen Gewinn jeweils für den Zeitraum vom 01.07. bis zum 30.06.

Die Gewerbesteuervorauszahlungen für den Erhebungszeitraum 02 sind am 15.08.01, am 15.11.01, am 15.02.02 sowie am 15.05.02 zu leisten (vgl. R 19.1 GewStR).

Jede Vorauszahlung beträgt grundsätzlich ein Viertel der Gewerbesteuer, die sich bei der letzten Veranlagung ergeben hat (§ 19 Abs. 2 GewStG). Kann der Steuerpflichtige allerdings glaubhaft machen, dass die voraussichtliche Gewerbesteuerschuld niedriger ist als die Steuer der letzten Veranlagung, so kann die Gemeinde die Vorauszahlungen an die voraussichtliche Steuerschuld anpassen (§ 19 Abs. 3 GewStG; R 19.2 GewStR). Die einzelne Vorauszahlung ist auf den nächsten vollen Betrag in Euro abzurunden und wird nur festgesetzt, wenn sie mindestens 50 € beträgt (§ 19 Abs. 5 GewStG).

4.4 Zerlegung

Das Gewerbesteueraufkommen steht, abgesehen von der an Bund und Land abzuführenden Umlage (siehe Abschnitt A.6.2), der Gemeinde zu. Im Falle von **Reisegewerbebetrieben** ist dies die Gemeinde, in welcher sich der Mittelpunkt der gewerblichen Tätigkeit befindet (§ 35a Abs. 3 GewStG). Eine Aufteilung der Gewerbesteuer auf verschiedene Gemeinden kommt im Falle von Reisegewerbebetrieben grundsätzlich nicht in Betracht. Wird der Mittelpunkt der gewerblichen Tätigkeit allerdings im Laufe eines Jahres in eine andere Gemeinde verlegt, so ist der Steuermessbetrag gemäß § 35a Abs. 4 GewStG nach den zeitlichen Anteilen auf die beteiligten Gemeinden aufzuteilen („zu zerlegen"). Der Mittelpunkt der gewerblichen Tätigkeit befindet sich in der Gemeinde, von der aus (nicht in der!) die gewerbliche Tätigkeit vorwiegend ausgeübt wird (§ 35 Abs. 1 Satz 1 GewStDV). Dies ist i.d.R. die Wohnsitzgemeinde des Reisegewerbetreibenden (§ 35 Abs. 1 Satz 2 GewStDV). Ausnahmsweise kann Mittelpunkt der gewerblichen Tätigkeit jedoch auch eine andere Gemeinde sein, z.B. wenn der Reisegewerbetreibende die gewerbliche Tätigkeit von einem Büro oder einem Warenlager aus ausübt, das nicht in seiner Wohnsitzgemeinde belegen ist (§ 35 Abs. 1 Satz 3 GewStDV).

Im Falle von **stehenden Gewerbebetrieben** steht die Gewerbesteuer der Gemeinde zu, in welcher der Steuerpflichtige eine Betriebsstätte unterhält (§ 4 Abs. 1 Satz 1 GewStG).

- Werden Betriebsstätten in mehreren Gemeinden unterhalten,
- erstreckt sich eine Betriebsstätte über mehrere Gemeinden oder
- wird eine Betriebsstätte innerhalb des Erhebungszeitraums von einer Gemeinde in eine andere Gemeinde verlegt,

so steht das Heberecht sämtlichen der beteiligten Gemeinden zu (§§ 4 Abs. 1 Satz 2, 28 Abs. 1 GewStG). In diesem Fall ist der Gewerbesteuermessbetrag auf die verschiedenen Gemeinden zu **zerlegen**. Jede Gemeinde wendet in einem nachfolgenden Schritt den von ihr festgelegten Hebesatz auf den ihr zustehenden Teil des Steuermessbetrags an. Die Zerlegung folgt den Vorschriften der §§ 28 – 34 GewStG. Das Finanzamt teilt die Zerlegung des Steuermessbetrags den betroffenen Gemeinden sowie dem Steuerpflichtigen mit (Zerlegungsbescheid, §§ 185 – 190 AO). Auf der Grundlage des Steuermessbescheids sowie des Zerlegungsbescheids erlassen die Gemeinden den Gewerbesteuerbescheid, der dem Steuerpflichtigen bekannt zu geben ist (§ 122 AO). Insgesamt ergehen in diesem Fall also **drei Bescheide**:

- Der **Gewerbesteuer-Messbescheid** bezieht sich auf den gesamten Gewerbebetrieb mit all seinen Betriebsstätten. In diesem Bescheid legt das Finanzamt den Gewerbesteuermessbetrag fest.
- Im **Zerlegungsbescheid** teilt das Finanzamt den Gewerbesteuermessbetrag auf die beteiligten Gemeinden auf.
- In dem **Gewerbesteuerbescheid** schließlich setzen die betroffenen Gemeinden die Gewerbesteuer auf der Grundlage des Gewerbesteuer-Messbescheids und des Zerlegungsbescheids fest.

Im Hinblick auf den Zerlegungsmaßstab ist zu differenzieren zwischen

(1) der Unterhaltung von Betriebsstätten in mehreren Gemeinden sowie

(2) der Verlegung einer Betriebsstätte im Laufe des Erhebungszeitraums von einer Gemeinde in eine andere und

(3) der Unterhaltung einer Betriebsstätte, die sich auf mehrere Gemeinden erstreckt.

In den beiden erstgenannten Fällen ist § 29 GewStG (**Zerlegung nach dem Verhältnis der Arbeitslöhne**) einschlägig, im letztgenannten Fall kommt § 30 GewStG (**Zerlegung nach Lage der örtlichen Verhältnisse**) zur Anwendung.

Zerlegung nach dem Verhältnis der Arbeitslöhne

Unterhält ein Gewerbebetrieb Betriebsstätten in mehreren Gemeinden oder wird eine Betriebsstätte im Laufe des Erhebungszeitraums von einer Gemeinde in eine andere verlegt, so ist das **Verhältnis der Arbeitslöhne**, die an die bei den Betriebsstätten der einzelnen Gemeinden beschäftigten Arbeitnehmer gezahlt werden, Zerlegungsmaßstab (§ 29 Abs. 1 Nr. 1 GewStG).

Als Arbeitslohn gilt grundsätzlich die an Arbeitnehmer gezahlte Entlohnung, sofern und soweit diese bei dem Arbeitnehmer zu Einnahmen aus nichtselbständiger Arbeit nach § 19 Abs. 1 Nr. 1 EStG führt (§ 31 Abs. 1 Satz 1 GewStG). Abweichend von diesem Grundsatz sind die folgenden Besonderheiten zu beachten:

- **Zuschläge** für Sonntags-, Feiertags- und Nachtarbeit sind selbst dann als Arbeitslohn zu berücksichtigen, wenn sie gemäß § 3b EStG ganz oder teilweise steuerfrei sind (§ 31 Abs. 1 Satz 2 GewStG).
- Nicht zu den Arbeitslöhnen gehören Vergütungen, die an Personen gezahlt werden, die sich in der **Berufsausbildung** befinden (§ 31 Abs. 2 GewStG). Neben Personen, die einen gesetzlichen Ausbildungsberuf erlernen, gilt dies auch für Hochschulpraktikanten (R 31.1 Abs. 2 Satz 3 GewStR).
- Ebenfalls nicht zum Arbeitslohn zählen nach dem Gewinn berechnete, einmalige Vergütungen wie **Boni** oder **Tantiemen** (§ 31 Abs. 4 Satz 1 GewStG). Gewinnabhängige Vergütungen werden zumeist an Mitglieder der Geschäftsleitung gezahlt. Zweck dieser Vorschrift ist es, eine Bevorzugung der Gemeinde, in der sich die Geschäftsleitung des Unternehmens befindet, zu vermeiden.
- Die pro Erhebungszeitraum für den einzelnen Arbeitnehmer anzusetzenden Arbeitslöhne sind **auf 50.000 € beschränkt** (§ 31 Abs. 4 Satz 2 GewStG). Ziel ist es erneut, eine Bevorzugung der Gemeinde, in der sich die Geschäftsleitung des Unternehmens befindet, zu vermeiden.
- Bei **Einzelunternehmen** und **Personengesellschaften** ist zudem für den Unternehmer bzw. die Mitunternehmer insgesamt ein pauschaler Betrag von 25.000 € anzusetzen (§ 31 Abs. 5 GewStG). Einzel- und Mitunternehmer beziehen keine Einkünfte aus nichtselbständiger Arbeit nach § 19 EStG, sondern Einkünfte aus Gewerbebetrieb i.S.d. § 15 EStG. Eine Nichtberücksichtigung dieser Personen würde jedoch insbesondere bei kleinen Unternehmen zu einer verzerrten Darstellung der Leistungsfähigkeit von Betriebsstätten führen. Man denke beispielsweise an den Fall, dass der Unternehmer in einer Betriebsstätte allein tätig ist, während in einer anderen Betriebsstätte nur Angestellte beschäftigt werden (vgl. R 31.1 Abs. 6 GewStR).

Erstreckt sich die Tätigkeit eines Arbeitnehmers auf mehrere Betriebsstätten, so ist der Arbeitslohn in voller Höhe der Betriebsstätte zuzurechnen, in der sich der Mittelpunkt der Tätigkeit befindet (vgl. *H.-W. Stäuber*, in: E. Lenski / W. Steinberg, § 31, Anm. 26). Beispielsweise ist der Arbeitslohn eines Geschäftsführers, der auch auswärtige Betriebsstätten zu beaufsichtigen hat, ausschließlich der Betriebsstätte zuzurechnen, in der sich die Geschäftsleitung befindet.

Beispiel D.13:

A ist Inhaber und Geschäftsleiter eines Bäckereiunternehmens, das neben der eigenen Verkaufsstelle auch Warenhäuser in einem größeren Einzugsgebiet beliefert. Im Erhebungszeitraum 01 erzielt A einen gewerblichen Gewinn i.H.v. 174.500 €. Hinzurechnungen und Kürzungen nach §§ 8, 9 GewStG seien nicht zu berücksichtigen. A betreibt drei Betriebsstätten: die Backstube in Gemeinde X, eine Verkaufsstelle in Gemeinde Y sowie die Unternehmensleitung in Gemeinde Z. In den einzelnen Betriebsstätten werden folgende Arbeitnehmer beschäftigt:

Backstube X:	zwei Arbeitnehmer X1 und X2, Bruttogehalt je 20.000 €;
Verkaufsstelle Y:	Arbeitnehmer Y1, Bruttogehalt 27.500 €,
	Arbeitnehmer Y2, Bruttogehalt 17.500 €,
	zusätzlich ein Auszubildender Y3, Bruttogehalt 7.500 €;
Geschäftsleitung Z:	Arbeitnehmer Z1, Bruttogehalt 60.000 €,
	Arbeitnehmer Z2, Bruttogehalt 25.000 €.

Zusätzlich beschäftigt A eine Aushilfskraft U, die als Krankheits- und Urlaubsvertretung in sämtlichen Betriebsstätten eingesetzt wird. U wurde in 01 zu 30 % in der Backstube X, zu 60 % in der Verkaufsstelle Y und zu 10 % in der Geschäftsleitung Z eingesetzt und erzielte ein Bruttogehalt von 15.000 €.

Der Hebesatz der Gemeinde X beträgt 400 %, in den Gemeinden Y und Z ist ein Hebesatz von jeweils 420 % festgesetzt.

Zur Ermittlung des Zerlegungsmaßstabs sind bei den einzelnen Betriebsstätten Arbeitslöhne in folgender Höhe zu berücksichtigen:

Backstube X:	
Arbeitnehmer X1	20.000 €
Arbeitnehmer X2	20.000 €
Summe	40.000 €
Verkaufsstelle Y:	
Arbeitnehmer Y1	27.500 €
Arbeitnehmer Y2	17.500 €
Auszubildender Y3 (nicht zu berücksichtigen, § 31 Abs. 2 GewStG)	0 €
Aushilfskraft U (vollständig der Betriebsstätte Y zuzurechnen, da sich hier der Mittelpunkt ihrer Tätigkeit befindet)	15.000 €
Summe	60.000 €
Geschäftsleitung Z:	
Arbeitnehmer Z1 (auf 50.000 € begrenzt, § 31 Abs. 4 Satz 2 GewStG)	50.000 €
Arbeitnehmer Z2	25.000 €
Einzelunternehmer A (pauschale Berücksichtigung nach § 31 Abs. 5 GewStG)	25.000 €
Summe	100.000 €

Somit entfällt der Steuermessbetrag zu (40 / 200 =) 20 % auf die Gemeinde X, zu (60 / 200 =) 30 % auf die Gemeinde Y und zu (100 / 200 =) 50 % auf die Gemeinde Z.

Gewinn aus Gewerbebetrieb			174.500 €
–	Freibetrag nach § 11 Abs. 1 Nr. 1 GewStG		– 24.500 €
=	Zwischensumme		150.000 €
→	Multiplikation mit Steuermesszahl (3,5 %, § 11 Abs. 2 GewStG)		
=	Steuermessbetrag		5.250 €
davon entfällt auf			
•	Gemeinde X: 5.250 € · 20 % =	1.050 €	
	multipliziert mit Hebesatz (400 %)		4.200 €
•	Gemeinde Y: 5.250 € · 30 % =	1.575 €	
	multipliziert mit Hebesatz (420 %)		6.615 €
•	Gemeinde Z: 5.250 € · 50 % =	2.625 €	
	multipliziert mit Hebesatz (420 %)		11.025 €
=	Gewerbesteuer		21.840 €

Zerlegung nach Lage der örtlichen Verhältnisse

Erstreckt sich eine Betriebsstätte auf mehrere Gemeinden, so lässt sich die dargestellte Aufteilung nach dem Verhältnis der Arbeitslöhne, die auf die Betriebsstätten in den verschiedenen Gemeinden entfallen, nicht anwenden. § 30 GewStG schreibt für diesen Fall eine Aufteilung auf die beteiligten Gemeinden „nach der Lage der örtlichen Verhältnisse unter Berücksichtigung der durch das Vorhandensein der Betriebsstätte erwachsenden Gemeindelasten" vor. Innerhalb dieses Grundsatzes sind im Einzelfall konkrete Zerlegungs-maßstäbe zu finden, die eine den tatsächlichen Verhältnissen entsprechende Zerlegung er-möglichen. Dabei wird zu berücksichtigen sein, welche Fläche des Gemeindebezirks nach Umfang und Wert durch die Betriebsstätte beansprucht wird, sowie in welchen Gemeinden die Arbeitnehmer wohnhaft sind und somit Gemeindelasten in Form von Investitionen in Wohnraum, Schulen sowie Straßenbau hervorrufen (z.B. BFH-Beschluss vom 28.10.1964, BStBl III 1965, S. 113; BFH-Urteil vom 28.10.1987, BStBl II 1988, S. 292; vgl. *H.-W. Stäuber*, in: E. Lenski / W. Steinberg, § 30, Anm. 26).

Zerlegung in besonderen Fällen

Kommt die Zerlegung nach dem Verhältnis der Arbeitslöhne (§ 29 GewStG) oder nach Lage der örtlichen Verhältnisse (§ 30 GewStG) zu einem offenbar unbilligen Ergebnis, so ist gemäß § 33 GewStG nach einem anderen, sachlich geeigneteren Maßstab zu zerlegen (vgl. auch BFH-Urteil vom 17.02.1993, BStBl II 1993, S. 679). Allerdings ist § 33 GewStG eng auszulegen und nur in extremen Ausnahmefällen, in denen die Unangemessenheit der Zerlegung nach § 29 oder § 30 GewStG in besonderem Maße augenscheinlich ist, anzu-wenden (BFH-Urteile vom 24.01.1968, BStBl II 1968, S. 185; vom 24.05.2006, BFH/NV 2007, S. 270). Zu denken ist beispielsweise an den Fall, dass in einer Betriebsstätte von erheblicher Bedeutung ausschließlich Leiharbeiter eingesetzt werden und dadurch der Gemeinde, in der die Betriebsstätte belegen ist, das Gewerbesteueraufkommen vollständig entgehen würde.

5 Ermittlung des Gewerbeertrags

5.1 Gewinn aus Gewerbebetrieb

Ausgangswert bei der Ermittlung des Gewerbeertrags ist der nach den Vorschriften des Einkommensteuer- bzw. Körperschaftsteuergesetzes ermittelte Gewinn aus Gewerbebetrieb (§ 7 Satz 1 GewStG). Dieser ist in einem zweiten Schritt um die **Hinzurechnungen** des § 8 GewStG sowie die **Kürzungen** des § 9 GewStG zu modifizieren.

Gewinn aus Gewerbebetrieb, ermittelt nach den Vorschriften des EStG bzw. KStG	
+	Hinzurechnungen nach § 8 GewStG (siehe Abschnitt D.5.2.1)
–	Kürzungen nach § 9 GewStG (siehe Abschnitt D.5.2.2)
=	**Gewerbeertrag** (abzurunden auf volle 100 €, § 11 Abs. 1 Satz 3 GewStG)

Tabelle D.5: Ermittlung des Gewerbeertrags

Zwar ist der nach den einkommensteuerlichen bzw. körperschaftsteuerlichen Vorschriften ermittelte Gewinn aus Gewerbebetrieb gemäß § 7 GewStG Ausgangswert zur Ermittlung des Gewerbeertrags. Zu diesem Grundsatz sind jedoch eine Reihe von Besonderheiten und Ausnahmen zu beachten:

- Die Veranlagung zur Gewerbesteuer ist **verfahrensrechtlich unabhängig** von der Veranlagung zur Einkommensteuer bzw. Körperschaftsteuer (BFH-Urteil vom 27.04.1961, BStBl III 1961, S. 281; R 7.1 Abs. 2 GewStR). Der nach den einkom-mensteuerlichen bzw. körperschaftsteuerlichen Vorschriften ermittelte Gewinn aus Gewerbebetrieb ist daher nicht ungeprüft für Gewerbesteuerzwecke zu übernehmen. Sind beispielsweise bei der Veranlagung zur Einkommensteuer Einkünfte eines Gewerbetreibenden fälschlicherweise als Einkünfte aus selbständiger Arbeit behandelt worden, so ist das Finanzamt an diese Entscheidung im Rahmen der Veranlagung zur Gewerbesteuer nicht gebunden.
- Die Gewerbesteuer soll die objektive Ertragskraft eines Gewerbebetriebs besteuern. Als Indikator für diese wird der **laufende Gewinn** aus Gewerbebetrieb angesehen (so bereits RFH-Urteil vom 21.05.1940, RStBl 1940, S. 667). Daher sind gemäß R 7.1 Abs. 3 GewStR im Einklang mit der Rechtsprechung insbesondere die folgenden Positionen nicht zu berücksichtigen:
  - Gewinne aus der Veräußerung oder Aufgabe eines ganzen Betriebs oder Teilbetriebs nach § 16 EStG, siehe Abschnitt B.5.3.3.1 (R 7.1 Abs. 3 Nr. 1 GewStR),
  - Gewinne aus der Veräußerung eines ganzen Mitunternehmeranteils, soweit der Gewinn auf eine natürliche Person als unmittelbar beteiligten Mitunternehmer entfällt (Umkehrschluss aus § 7 Satz 2 GewStG, vgl. R 7.1 Abs. 3 Satz 4 GewStR),
  - Gewinne aus der Veräußerung einer Beteiligung an einer Kapitalgesellschaft i.S.d. § 17 EStG, siehe Abschnitt B.7.2.5 (R 7.1 Abs. 3 Nr. 2 GewStR).
  - Einkünfte nach § 24 EStG, d.h. Entschädigungen, Einkünfte aus einer ehemaligen gewerblichen Tätigkeit und Nutzungsvergütungen für die Inanspruchnahme von Grundstücken für öffentliche Zwecke, siehe Abschnitt B.7.8, sofern sie im Rahmen

der Beendigung oder nach Beendigung der gewerblichen Tätigkeit anfallen (R 7.1 Abs. 3 Nr. 3 GewStR).

- Die Verlustausgleichs- und -abzugsbegrenzungen des § 15 Abs. 4 EStG (zu Verlusten aus gewerblicher Tierzucht und Tierhaltung sowie Verlusten aus Termingeschäften, siehe Abschnitt B.10.1), des § 15a EStG (zu Verlusten bei beschränkter Haftung, siehe Abschnitt B.10.1.4) und des § 15b EStG (zu Verlusten aus Steuerstundungsmodellen, siehe Abschnitt B.10.1.5) sind nicht anzuwenden (R 7.1 Abs. 3 Nrn. 4 – 6 GewStR).

- Zum Gewerbeertrag einer Personengesellschaft gehören auch **Sondervergütungen** i.S.d. § 15 Abs. 1 Satz 1 Nr. 2 EStG, d.h. Vergütungen, die ein Gesellschafter von der Gesellschaft für seine Tätigkeit im Dienst der Gesellschaft, für die Hingabe von Darlehen oder für die Überlassung von Wirtschaftsgütern erhält (BFH-Urteil vom 06.07.1978, BStBl II 1978, S. 647). Ebenso zum Gewerbeertrag der Personengesellschaft gehören Gewinne in der **Sonderbilanz** oder **Ergänzungsbilanz** eines Gesellschafters, insbesondere Gewinne aus der Veräußerung von Wirtschaftsgütern des Sonderbetriebsvermögens (BFH-Urteil vom 06.11.1980, BStBl II 1981, S. 220). Verluste in einer Sonderbilanz oder Ergänzungsbilanz mindern entsprechend den Gewerbeertrag.

Beispiel D.14:

Der Steuerbilanzgewinn der A&B-OHG für den Erhebungszeitraum 01 wird mit 90.000 € angegeben. An der OHG sind A und B zu je 50 % beteiligt. Gewinnmindernd gebucht wurde das Gehalt an den geschäftsführenden Gesellschafter A i.H.v. 40.000 € sowie der Mietaufwand für einen vom Gesellschafter B angemieteten Lkw i.H.v. 6.000 €. B kann für den Lkw Abschreibungen i.H.v. 7.000 € geltend machen.

	Herr A	**Herr B**
Steuerbilanzgewinn OHG von 90.000 € entfällt zu je 50 % auf A und B	45.000 €	45.000 €
+ Sonderbetriebseinnahme A	40.000 €	
+ Sonderbetriebseinnahme B		6.000 €
– Sonderbetriebsausgabe B		– 7.000 €
		– 1.000 €
= Gewinn aus Gewerbebetrieb	85.000 €	44.000 €

A hat in seiner Einkommensteuererklärung einen Gewinn aus Gewerbebetrieb i.H.v. 85.000 €, B i.H.v. 44.000 € anzusetzen. Zum gewerbesteuerpflichtigen Gewerbeertrag der Personengesellschaft zählt sowohl der Gewinn aus der Gesamthandsbilanz der OHG (90.000 €) als auch die Sonderbetriebseinnahme des A (40.000 €) sowie der Verlust aus der Sonderbilanz des B (– 1.000 €); es ergibt sich ein Betrag von 129.000 € (vor Berücksichtigung von Hinzurechnungen und Kürzungen nach §§ 8, 9 GewStG und dem Freibetrag des § 11 Abs. 1 Satz 3 GewStG).

A und B selbst sind hingegen nicht gewerbesteuerpflichtig.

- Die Einkünfte von Kapitalgesellschaften, Genossenschaften sowie Versicherungsvereinen auf Gegenseitigkeit gelten stets und in voller Höhe als Einkünfte aus Gewerbebetrieb (§ 8 Abs. 2 KStG). Die genannten Gesellschaften unterliegen daher mit sämtlichen Einkünften der Gewerbesteuer. Dies gilt selbst dann, wenn die Gesellschaft keine originär gewerbliche Tätigkeit ausübt, z.B. eine Rechtsanwalts-GmbH.
- Die übrigen körperschaftsteuerpflichtigen Rechtssubjekte (insbesondere eingetragene Vereine, rechtsfähige Stiftungen und nichtrechtsfähige Vereine) können Einkünfte aus sämtlichen Einkunftsarten beziehen. Sie unterliegen nur mit ihren gewerblichen Einkünften der Gewerbesteuer.

5.2 Hinzurechnungen und Kürzungen

Zur Ermittlung des Gewerbeertrags ist der einkommen- oder körperschaftsteuerliche Gewinn aus Gewerbebetrieb um bestimmte Hinzurechnungen und Kürzungen zu modifizieren. Die Hinzurechnungen sind in § 8 GewStG, die Kürzungen in § 9 GewStG abschließend aufgezählt. Die Vornahme der einzelnen Hinzurechnungen und Kürzungen verfolgt verschiedene Ziele:

- Die Gewerbesteuer soll als Objektsteuer die objektive Ertragskraft des Gewerbebetriebs erfassen. Durch die Hinzurechnungen und Kürzungen soll der Ertrag ermittelt werden, der sich ergibt, wenn man den Betrieb losgelöst von den Beziehungen zu seinem Inhaber betrachtet (z.B. BVerfG-Beschluss vom 13.05.1969, BStBl II 1969, S. 424). Insbesondere soll der Gewerbeertrag weitgehend unabhängig davon sein, ob der Betrieb mit eigenem oder fremdem Kapital bzw. mit eigenen oder gemieteten / gepachteten Anlagegütern arbeitet.
- Der Gewerbeertrag soll nur einmal mit Gewerbesteuer belastet werden. Auch eine Doppelbelastung mit Gewerbesteuer und Grundsteuer soll vermieden werden.
- Im Falle einer Vermietung oder Verpachtung von Anlagegütern soll eine angemessene Verteilung der Gewerbesteuer auf die Gemeinden, in denen sich die Gewerbebetriebe befinden, erfolgen.
- Nur der im Inland erzielte Gewerbeertrag soll der Gewerbesteuer unterliegen.

Allerdings ist anzumerken, dass bezüglich der Hinzurechnungen und Kürzungen ein krasses Missverhältnis zwischen Aufwand an gesetzlichen Bestimmungen, Verwaltungsvorschriften und Sekundärliteratur und den durch die §§ 8 und 9 GewStG bewirkten Steuermehr- bzw. -mindereinnahmen besteht. Der Gesetzgeber sollte eine Aufhebung der Vorschriften zu Hinzurechnungen und Kürzungen erwägen.

5.2.1 Hinzurechnungen zum Gewinn aus Gewerbebetrieb

Die in § 8 Nrn. 1 – 12 GewStG abschließend aufgezählten Positionen sind dem Gewinn aus Gewerbebetrieb wieder hinzuzurechnen, sofern sie bei der Ermittlung dieser Größe abgezogen wurden (Einleitungssatz zu § 8 GewStG). Die Hinzurechnungen des § 8 GewStG haben somit im Ergebnis den Charakter eines Abzugsverbots. Die in der Vorschrift genannten Betriebsausgaben, die bei der Ermittlung der einkommen- oder körperschaftsteuerlichen Bemessungsgrundlage abzugsfähig sind, dürfen den Gewerbeertrag nicht mindern.

5.2.1.1 Finanzierungsentgelte (§ 8 Nr. 1 GewStG)

Durch das Unternehmenssteuerreformgesetz (BGBl I 2007, S. 1912) wurden die bisherigen Regelungen in § 8 Nr. 1 – 3, 7 GewStG a.F. zur Hinzurechnung von Entgelten für die Nutzung von Betriebskapital durch die Regelung des § 8 Nr. 1 GewStG n.F. ersetzt. Die Änderungen sind erstmals für den Erhebungszeitraum 2008 anzuwenden (§ 36 Abs. 5a GewStG).

Nach **altem Recht** waren folgende Hinzurechnungen vorzunehmen:

- Zinsen für bestimmte langfristige Darlehen (sog. **Dauerschuldentgelte**) waren dem Gewerbeertrag zu 50 % hinzuzurechnen. Im Ergebnis waren Dauerschuldentgelte somit nur zu 50 % abzugsfähig (§ 8 Nr. 1 GewStG a.F.).
- Renten und dauernde Lasten, die wirtschaftlich mit der **Gründung** oder dem **Erwerb** des Betriebs, eines Teilbetriebs oder eines Anteils am Betrieb zusammenhängen, waren dem Gewerbeertrag in voller Höhe hinzuzurechnen (§ 8 Nr. 2 GewStG a.F.).
- Gewinnanteile eines **typisch stillen Gesellschafters**, die bei dem stillen Gesellschafter als Einkünfte aus Kapitalvermögen nicht der Gewerbesteuer unterliegen, waren dem Gewerbeertrag ebenfalls in voller Höhe hinzuzurechnen (§ 8 Nr. 3 GewStG a.F.).
- Schließlich waren dem Gewerbeertrag 50 % der **Miet- und Pachtaufwendungen** für die Benutzung der nicht in Grundbesitz bestehenden fremden Wirtschaftsgüter des Anlagevermögens hinzuzurechnen (§ 8 Nr. 7 GewStG a.F.).

Der Zweck dieser Hinzurechnungen bestand darin, dass die Gewerbesteuer als Objektsteuer die objektive Ertragskraft des Gewerbebetriebs erfassen soll. Insbesondere soll der Gewerbeertrag grundsätzlich unabhängig davon sein, ob der Betrieb mit eigenem oder fremdem Kapital bzw. mit eigenen oder gemieteten / gepachteten Anlagegütern arbeitet. Da beispielsweise auch langfristige Zinsen im Betrieb des Darlehensnehmers erwirtschaftet werden müssen, wird auch insoweit die Infrastruktur in der Gemeinde des Darlehensnehmers (z.B. durch Bau von Schulen, Straßen etc.) belastet. Um eine angemessene Verteilung zu erreichen, wurden daher 50 % der Dauerschuldentgelte dem Gewerbeertrag wieder hinzugerechnet. Zu einer korrespondierenden Kürzung beim Darlehensgeber, die hier konsequenterweise erfolgen müsste, hat sich der Gesetzgeber hingegen nicht durchringen können. Im Ergebnis dominierte somit eher der fiskalische Effekt der Hinzurechnungsvorschriften als das Ziel einer angemessenen Verteilung von Steueraufkommen auf die beteiligten Gemeinden. Daran hat sich allerdings auch ab 2008 nichts geändert.

Die bisherigen Hinzurechnungsvorschriften des § 8 Nr. 1 – 3, 7 GewStG hat der Gesetzgeber aus verschiedenen Gründen als unbefriedigend angesehen. So hat sich die Abgrenzung zwischen langfristigen Kreditbeziehungen („Dauerschulden“) und kurzfristigen Finanzierungsinstrumenten als schwierig erwiesen, z.B. im Hinblick auf formal kurzfristige Instrumente, die aber faktisch über langfristigen Finanzierungscharakter verfügten. Des Weiteren war kaum einzusehen, wieso einige langfristige Finanzierungsentgelte zu 50 %, andere jedoch zu 100 % hinzuzurechnen waren. Außerdem wurden bestimmte Entgelte mit Finanzierungscharakter (z.B. Finanzierungsanteile in Miet- und Pachtaufwendungen für Grundbesitz sowie in Lizenzen) überhaupt nicht hinzugerechnet.

Die genannten Nachteile bzw. Probleme der bisherigen Hinzurechnungsvorschriften hat der Gesetzgeber mit dem neuen § 8 Nr. 1 GewStG zu lösen versucht. In § 8 Nr. 1 GewStG n.F. werden die bisher in § 8 Nr. 1 – 3, 7 GewStG enthaltenen Hinzurechnungstatbestände zusammengefasst und erweitert. Im Vergleich zum bisherigen Recht sind nicht mehr 50 % von Finanzierungsentgelten, sondern nur noch 25 % hinzuzurechnen. Dafür werden aber nicht nur Dauerschuldentgelte, sondern auch Entgelte für kurzfristige Schulden sowie Finanzierungsanteile in anderen Instrumenten (Mieten, Pachten und Lizenzen) von der 25 % igen Hinzurechnung erfasst. Zur Entlastung kleinerer Unternehmen wird zudem ab 2008 ein Freibetrag von 100.000 € gewährt. Eine Hinzurechnung erfolgt nur, soweit die Finanzierungsentgelte insgesamt 100.000 € im Erhebungszeitraum übersteigen.

Die Hinzurechnungsvorschrift des § 8 Nr. 1 GewStG kann wie folgt zusammengefasst werden:

Hinzurechnung nach § 8 Nr. 1 GewStG

	Finanzierungsanteil
Entgelte für Schulden, Renten und dauernde Lasten, Gewinnanteile stiller Gesellschafter	100 %
Mieten, Pachten, Leasingraten bewegliche Wirtschaftsgüter	20 %
Mieten, Pachten, Leasingraten unbewegliche Wirtschaftsgüter	50 % *
Lizenzen	25 %

* ab 2010, vorher: 65 %

Summe der Finanzierungsanteile
– Freibetrag 100.000 €
= Zwischensumme
davon 25 %
= Hinzurechnung nach § 8 Nr. 1 GewStG

Abbildung D.4: Hinzurechnung nach § 8 Nr. 1 GewStG ab 2008

Beispiel D.15:

Die Y-GmbH erzielt in 01 Einkünfte aus Gewerbebetrieb von 4.000.000 €. Bei der Ermittlung dieses Betrags wurden abgezogen:

- Zinsen für langfristige Darlehen 250.000 €
- Zinsen Kontokorrent 40.000 €
- Miete für Betriebsgebäude 140.000 €
- Miete für Maschinen 60.000 €

Einkünfte aus Gewerbebetrieb laut KStG		4.000.000 €
+ Hinzurechnung nach § 8 Nr. 1 GewStG		
• Zinsen 290.000 € · 100 % =	290.000 €	
• Mieten unbewegliche WG 140.000 € · 50 % =	70.000 €	

• Mieten bewegliche WG		
60.000 € · 20 % =	12.000 €	
	372.000 €	
– Freibetrag	– 100.000 €	
	272.000 €	
davon 25 %		+ 68.000 €
= Gewerbeertrag		4.068.000 €

Entgelte für Schulden (§ 8 Nr. 1 Buchst. a GewStG)

Dem Gewinn aus Gewerbebetrieb wieder hinzuzurechnen sind 25 % der Entgelte für Schulden. Ohne Bedeutung ist, ob es sich um Entgelte für kurz- oder langfristige Schulden handelt und für welchen Zweck die Schulden aufgenommen wurden.

Entgelte für Schulden können sämtliche Gegenleistungen für die Überlassung von Fremdkapital sein, unabhängig von der Bezeichnung dieser Entgelte. Zu den Entgelten für Schulden zählen sowohl Zinsen zu einem festen oder variablen Zinssatz als auch Vergütungen für partiarische Darlehen, Genussrechte und Gewinnobligationen sowie ein Disagio (R 8.1 Abs. 1 Sätze 1 – 4 GewStR). Als Entgelt für Schulden zählt auch eine Vorfälligkeitsentschädigung, die für die vorzeitige Rückzahlung eines Kredits geleistet wird (vgl. BFH-Urteil vom 25.02.1999, BStBl II 1999, S. 473). Bei Bankkrediten sind die laufenden Sondervergütungen (z.B. Provisionen, Garantieentgelte), die neben den Zinsen vereinbart sind, in der Regel ebenfalls zu den Entgelten für Schulden zu zählen (R 8.1 Abs. 1 Satz 5 GewStR). Bereitstellungsprovisionen werden hingegen nicht für die Über-lassung von Fremdkapital gezahlt und unterliegen daher nicht der Hinzurechnung (R 8.1 Abs. 1 Satz 7 GewStR). Auch die mit den Schulden zusammenhängenden Geld-beschaffungskosten, Verwaltungskosten, Depotgebühren und Währungsverluste sind keine hinzurechnungspflichtigen Entgelte (R 8.1 Abs. 1 Satz 9 GewStR).

Renten und dauernde Lasten (§ 8 Nr. 1 Buchst. b GewStG)

Ebenfalls zu 25 % hinzuzurechnen sind Renten und dauernde Lasten. Pensionszahlungen an Arbeit-nehmer zählen für Zwecke der Hinzurechnungen ausdrücklich nicht zu den dauernden Lasten (§ 8 Nr. 1 Buchst. b Satz 2 GewStG). Im Übrigen ist es ohne Bedeutung, aus welchem Rechtsgrund die Rente oder dauernde Last gezahlt wird. Ohne Bedeutung ist auch, ob die Rente oder dauernde Last beim Empfänger zum Gewerbeertrag zählt.

Für eine ausführliche Definition von Renten und dauernden Lasten wird auf die Abschnitte B.10.2.1.1 und B.10.2.1.2 verwiesen. An dieser Stelle soll der Hinweis genügen, dass der Begriff der Rente Leistungen kennzeichnet, die regelmäßig wiederkehren und stets in der gleichen Höhe erfolgen, während sich dauernde Lasten hiervon im Wesentlichen dadurch unterscheiden, dass ihre Höhe variabel sein kann. Beispielsweise sind wiederkehrende Leistungen, deren Höhe vom Gewinn oder Umsatz eines Unternehmens abhängt, keine Renten, sondern dauernde Lasten.

Beispiel D.16:

A veräußert seinen Gewerbebetrieb an die natürliche Person B. Als Gegenleistung wird vereinbart, dass B an A bis zu dessen Lebensende einen festen jährlichen Betrag i.H.v. 18.000 € zahlt. Der Wert des übergehenden Gewerbebetriebs und der Wert der Rentenverpflichtung sind nach kaufmännischen Gesichtspunkten abgewogen.

Es liegt eine (Veräußerungs-) Rente vor.

Es sei darauf hingewiesen, dass Renten und dauernde Lasten beim Belasteten grundsätzlich zu passivieren sind. Die einzelnen Zahlungen sind in einen Tilgungsanteil und einen Zinsanteil aufzuspalten. Während der Tilgungsanteil der einzelnen Zahlungen erfolgsneutral mit der passivierten Rentenschuld bzw. dauernden Last verrechnet wird, stellt der Zinsanteil eine Betriebsausgabe dar (vgl. ausführlich Abschnitt B.10.2.2). Da nur der Zinsanteil gewinnmindernd berücksichtigt wird, bezieht sich die Hinzurechnungsvorschrift des § 8 Nr. 1 Buchst. b GewStG nur auf diese Größe (R 8.1 Abs. 2 GewStR).

Beispiel D.17:

A, männlich, 63 Jahre, veräußert sein gewerbliches Unternehmen zum 01.01.01 an B. Als Gegenleistung wird vereinbart, dass B an A eine Leibrente i.H.v. jährlich 18.000 € zahlt.

Der Barwert der Leibrente zum 01.01.01 beträgt nach der im BMF-Schreiben vom 01.10.2009 (BStBl I 2009, S. 1168) enthaltenen Tabelle (18.000 · 11,784 =) 212.112 €. Diesen Betrag hat der Erwerber B zu passivieren.

Am 31.12.01 beträgt der Barwert nur noch (18.000 · 11,502 =) 207.036 €. Der Tilgungsanteil der Zahlungen des Jahres 01 beträgt somit (212.112 – 207.036 =) 5.076 €, der Zinsanteil beträgt (18.000 – 5.076 =) 12.924 €. Die Rentenzahlungen in 01 verbucht B wie folgt:

Leibrentenverbindlichkeit	5.076		
Zinsaufwand	12.924		
		an Bank	18.000

Da nur der Zinsanteil (12.924 €) gewinnmindernd berücksichtigt wird, ist auch nur in Höhe von (12.924 € · 25 % =) 3.231 € eine Hinzurechnung nach § 8 Nr. 1 Buchst. b GewStG vorzunehmen.

Gewinnanteile des stillen Gesellschafters (§ 8 Nr. 1 Buchst. c GewStG)

Nach § 8 Nr. 1 Buchst. c GewStG sind dem Gewerbeertrag 25 % der Gewinnanteile eines stillen Gesellschafters hinzuzurechnen. Einlagen eines stillen Gesellschafters verfügen bei wirtschaftlicher Betrachtung über den Charakter langfristigen Fremdkapitals. Da die Gewerbesteuer die objektive Ertragskraft eines Gewerbebetriebs unabhängig von seiner Finanzierungsstruktur besteuern soll, sind die Gewinnanteile des stillen Gesellschafters bei der Hinzurechnung zu berücksichtigen.

Allerdings ist zu beachten, dass die Hinzurechnungsvorschrift des § 8 Nr. 1 Buchst. c GewStG nicht für die Gewinnanteile des atypisch stillen Gesellschafters, sondern nur für Gewinnanteile des typisch stillen Gesellschafters gilt (BFH-Urteil vom 15.12.1992, BStBl II 1994, S. 702):

- Vergütungen an den **typisch stillen Gesellschafter**, dessen Rechtsstellung an der Grundstruktur der §§ 230 ff. HGB orientiert ist, kann der Gewerbetreibende als Betriebsausgaben abziehen. Der typisch stille Gesellschafter bezieht mit diesen Vergütungen nicht Einkünfte aus Gewerbebetrieb, sondern Einkünfte aus Kapitalvermögen gemäß § 20 Abs. 1 Nr. 4 EStG (siehe Abschnitt B.7.5.1.2). Da die Gewinnanteile des typisch stillen Gesellschafters somit bei diesem nicht der Gewerbesteuer unterliegen, sind sie dem Gewerbeertrag des Betriebs, an dem die stille Beteiligung besteht, zu 25 % hinzuzurechnen.

Ausnahmsweise unterliegen die Einkünfte des typisch stillen Gesellschafters allerdings dann der Gewerbesteuer, wenn dieser selbst ein gewerbliches Unternehmen betreibt und er die stille Beteiligung im Betriebsvermögen dieses Unternehmens hält (vgl. die Subsidiaritätsvorschrift des § 20 Abs. 8 EStG). Auch in diesem Fall ist eine Hinzurechnung zum Gewerbeertrag des Unternehmens, an dem die stille Beteiligung besteht, vorzunehmen, da § 8 Nr. 1 Buchst. c GewStG im Gegensatz zu § 8 Nr. 3 GewStG alter Fassung keine entsprechende Ausnahme vorsieht.

- Der **atypisch stille Gesellschafter**, der entgegen der Grundstruktur der §§ 230 ff. HGB auch an den stillen Reserven beteiligt wird und über ein Mitbestimmungsrecht verfügt, ist hingegen Mitunternehmer i.S.d. § 15 Abs. 1 Nr. 2 EStG. Er bezieht somit Einkünfte aus Gewerbebetrieb (siehe Abschnitt B.7.2.2). Eine besondere Hinzurechnung der Gewinnanteile des atypisch stillen Gesellschafters erübrigt sich, da die auf einen Mitunternehmer entfallenden Gewinne auf der Ebene der Mitunternehmerschaft der Gewerbesteuer unterliegen (BFH-Urteil vom 12.11.1985, BStBl II 1986, S. 311).

Unter die Hinzurechnungsvorschrift des § 8 Nr. 1 Buchst. c GewStG fallen auch die Gewinnanteile eines Unterbeteiligten, z.B. die Gewinnanteile eines typisch stillen Unterbeteiligten, der an einem Mitunternehmeranteil beteiligt ist (BFH-Urteil vom 08.10.1970, BStBl II 1971, S. 59).

Beispiel D.18:

A und B sind an der A&B-OHG zu je 50 % beteiligt. An dem Anteil des A ist C zu 50 % als typisch Stiller unterbeteiligt. Er hält die Beteiligung im Privatvermögen. Die OHG erzielt in 01 einen Gewinn vor Auszahlung des Gewinnanteils an C i.H.v. 80.000 €.

Von dem Gewinn der OHG des Jahres 01 i.H.v. 80.000 € erhält C ein Viertel, d.h. 20.000 €. Dieser Betrag wird zu Lasten des Kapitalkontos des A gebucht. Da es sich bei der Unterbeteiligung um eine typisch stille Beteiligung handelt, ist der Gewinnanteil des C vom einheitlich und gesondert festzustellenden Gewinn der OHG abzugsfähig und stellt Einkünfte aus Kapitalvermögen des C dar. Für Zwecke der Gewerbesteuer ist der Gewinnanteil des C dem Gewinn aus Gewerbebetrieb allerdings gemäß § 8 Nr. 1 Buchst. c GewStG zu 25 % (= 5.000 €) wieder hinzuzurechnen.

Entfallen auf den stillen Gesellschafter Verluste, so kommt es zu einer negativen Hinzurechnung (R 8.1 Abs. 3 Sätze 2, 3 GewStR).

Mieten, Pachten und Leasingraten für bewegliche Wirtschaftsgüter (§ 8 Nr. 1 Buchst. d GewStG)

Gemäß § 8 Nr. 1 Buchst. d GewStG zählen 20 % der Miet- und Pachtzinsen (einschließlich Leasingraten) für die Benutzung von beweglichen Wirtschaftsgütern des Anlagevermögens zu den Entgelten, die zu 25 % hinzuzurechnen sind. Im Ergebnis sind somit (20 % · 25 % =) 5 % dieser Beträge hinzuzurechnen (bei Vernachlässigung des Freibetrags von 100.000 €).

Die Hinzurechnungsvorschrift des § 8 Nr. 1 Buchst. d GewStG folgt der Logik, dass auch in Mieten, Pachten und Leasingraten bei wirtschaftlicher Betrachtung ein Zinsanteil enthalten ist. Es soll keinen Unterschied machen, ob ein Gewerbetreibender eine Anlage mietet oder fremdfinanziert kauft. Da beim fremdfinanzierten Kauf die Zinsen auf das Darlehen der Hinzurechnung unterliegen, soll auch der entsprechende, in den Mieten enthaltene Zinsanteil zu 25 % hinzugerechnet werden.

Die Höhe des Zinsanteils hängt u.a. von der Laufzeit des Miet-, Pacht- oder Leasingvertrags ab. Eine exakte Ermittlung unterbleibt, der Zinsanteil wird mit 20 % pauschaliert.

Mieten, Pachten und Leasingraten für unbewegliche Wirtschaftsgüter (§ 8 Nr. 1 Buchst. e GewStG)

Bei unbeweglichen Wirtschaftsgütern wird der in Mieten, Pachten und Leasingraten enthaltene Zinsanteil mit 50 % pauschaliert. Der höhere Zinsanteil folgt daraus, dass die Laufzeit des Miet-, Pacht- oder Leasingvertrags bei unbeweglichen Wirtschaftsgütern in der Regel deutlich länger ist als bei beweglichen Wirtschaftsgütern. Im Ergebnis sind somit (50 % · 25 % =) 12,5 % dieser Beträge hinzuzurechnen (bei Vernachlässigung des Freibetrags von 100.000 €).

Der Zinsanteil des § 8 Nr. 1 Buchst. e GewStG ist mit Wirkung zum VZ 2010 nach massiven Protesten der Leasinglobby von 65 % auf 50 % abgesenkt worden.

Konzessionen und Lizenzen (§ 8 Nr. 1 Buchst. f GewStG)

Schließlich enthalten auch Aufwendungen für die zeitliche Überlassung von Rechten (insbesondere Konzessionen und Lizenzen) bei wirtschaftlicher Betrachtung einen Zinsanteil. Dieser wird pauschal mit 25 % angenommen. Im Ergebnis sind folglich (25 % · 25 % =) 6,25 % der Lizenzen und Konzessionen hinzuzurechnen (bei Vernachlässigung des Freibetrags von 100.000 €).

5.2.1.2 Gewinnanteile persönlich haftender Gesellschafter einer KGaA (§ 8 Nr. 4 GewStG)

Ebenfalls dem Gewinn aus Gewerbebetrieb hinzugerechnet werden gemäß § 8 Nr. 4 GewStG die Gewinnanteile, die auf persönlich haftende Gesellschafter einer KGaA entfallen.

Bei der KGaA handelt es sich um eine Mischform zwischen Aktiengesellschaft und Kommanditgesellschaft, bei der mindestens ein Gesellschafter als Komplementär den Gesellschaftsgläubigern unbeschränkt haftet und die übrigen Gesellschafter an dem in Aktien zerlegten Grundkapital als Kommanditaktionäre beteiligt sind, ohne persönlich zu haften.

Während die Kommanditaktionäre mit ihren Gewinnausschüttungen Einkünfte aus Kapitalvermögen nach § 20 Abs. 1 Nr. 1 EStG beziehen, erzielt der persönlich haftende Gesellschafter Einkünfte aus Gewerbebetrieb gemäß § 15 Abs. 1 Nr. 3 EStG. Dies gilt, wie im Falle von Mitunternehmern einer Personengesellschaft, auch für Vergütungen, die der Komplementär von der Gesellschaft für seine Tätigkeit im Dienste der Gesellschaft (insbesondere Geschäftsführertätigkeit), für die Hingabe von Darlehen oder für die Überlassung von Wirtschaftsgütern erhält (siehe Abschnitt B.7.2.3).

Um eine doppelte Besteuerung dieser Einkünfte beim Gesellschafter und bei der Gesellschaft zu vermeiden, sind die genannten Einkünfte, die beim persönlich haftenden Gesellschafter einer KGaA zu Einkünften aus Gewerbebetrieb führen, gemäß § 9 Abs. 1 Nr. 1 KStG von dem körperschaftsteuerlichen Gewinn der KGaA zu subtrahieren. Zwar sind nach dem Wortlaut des § 9 Abs. 1 Nr. 1 KStG nur die Gewinnanteile, die ein persönlich haftender Gesellschafter einer KGaA auf seine Einlage als Komplementär erhält, sowie die Vergütungen, die er für die Geschäftsführung bezieht, abzuziehen. Nach allgemeiner Auffassung mindern jedoch auch Vergütungen des persönlich haftenden Gesellschafters für Tätigkeiten im Dienste der Gesellschaft außerhalb der Geschäftsführung, für die Darlehenshingabe sowie für die Überlassung von Wirtschaftsgütern den körperschaftsteuerlichen Gewinn der KGaA (vgl. die Ausführungen in Abschnitt C.4.1.1.1).

Da auch die Gewinnanteile des persönlich haftenden Gesellschafters mit der objektiven Ertragskraft des Unternehmens erwirtschaftet werden, ist der körperschaftsteuerliche Abzug des § 9 Abs. 1 Nr. 1 KStG durch § 8 Nr. 4 GewStG für Gewerbesteuerzwecke rückgängig zu machen. Nach der Formulierung des § 8 Nr. 4 GewStG sind

- die Gewinnanteile, die ein persönlich haftender Gesellschafter einer KGaA auf seine Einlage als Komplementär (= nicht auf das Grundkapital gemachte Einlagen) erhält, sowie
- die Vergütungen, die der persönlich haftende Gesellschafter von der Gesellschaft für seine Geschäftsführungstätigkeit erhält,

dem Gewinn aus Gewerbebetrieb wieder hinzuzurechnen. Erneut werden Vergütungen des persönlich haftenden Gesellschafters für Tätigkeiten im Dienste der Gesellschaft außerhalb der Geschäftsführung, für die Darlehenshingabe sowie für die Überlassung von Wirtschaftsgütern nicht erwähnt. Während die teleologische Auslegung des § 9 Abs. 1 Nr. 1 KStG jedoch ergibt, dass sich der Abzug von der körperschaftsteuerlichen Bemessungsgrundlage auch auf diese Positionen erstrecken muss, da ansonsten eine doppelte Besteuerung dieser Positionen erfolgen würde, sind Finanzverwaltung und Literatur im Hinblick auf § 8 Nr. 4 GewStG anderer Auffassung. Obwohl Vergütungen des persönlich haftenden Gesellschafters für Tätigkeiten im Dienste der Gesellschaft außerhalb der Geschäftsführung, für die Darlehenshingabe sowie für die Überlassung von Wirt-schaftsgütern den körperschaftsteuerlichen Gewinn der KGaA mindern, sind diese Positionen **nicht** nach § 8 Nr. 4 GewStG wieder hinzuzurechnen (vgl. R 8.2 Satz 4 GewStR; *H.-W. Stäuber*, in: E. Lenski / W. Steinberg, § 8 Nr. 4, Anm. 14). Allerdings kommt eine Hinzurechnung zu 25 % als Finanzierungsentgelt nach § 8 Nr. 1 GewStG in Betracht, sofern die in Abschnitt D.5.2.1.1 beschriebenen Voraussetzungen erfüllt sind.

Beispiel D.19:

Die A-KGaA erzielt in 01 – vor Abzug eines Geschäftsführergehalts (40.000 €) sowie von Darlehenszinsen (150.000 €) an den persönlich haftenden Gesellschafter B – einen Gewinn i.H.v. 400.000 €. Der persönlich haftende Gesellschafter B ist zudem als Kommanditaktionär zu 10 % am Grundkapital der A-KGaA beteiligt.

Das Geschäftsführergehalt sowie die Darlehenszinsen führen bei B zu Einkünften aus Gewerbebetrieb gemäß § 15 Abs. 1 Nr. 3 EStG i.H.v. 190.000 €. Die Beteiligung als Kommanditaktionär ist insoweit ohne Bedeutung. Werden die Gewinne, die auf die Kommanditbeteiligung entfallen, an den B ausgeschüttet, so bezieht B mit diesen Ausschüttungen Einkünfte aus Kapitalvermögen.

Nach teleologischer Auslegung des § 9 Abs. 1 Nr. 1 KStG sind zur Vermeidung einer doppelten steuerlichen Erfassung neben dem ausdrücklich erwähnten Geschäftsführergehalt auch die Darlehenszinsen vom Gewinn der KGaA abzuziehen.

	Gewinn der KGaA vor Abzug der an B entrichteten Vergütungen	400.000 €
–	Geschäftsführergehalt	– 40.000 €
–	Darlehenszinsen	– 150.000 €
=	Gewinn aus Gewerbebetrieb A-KGaA	210.000 €

Zur Ermittlung der gewerbesteuerlichen Bemessungsgrundlage schließlich ist das Geschäftsführergehalt (nicht jedoch die Darlehenszinsen!) dem Gewinn aus Gewerbebetrieb gemäß § 8 Nr. 4 GewStG wieder hinzuzurechnen. Die Darlehenszinsen sind, soweit der Freibetrag von 100.000 € überschritten ist, gemäß § 8 Nr. 1 GewStG hinzuzurechnen.

	Gewinn aus Gewerbebetrieb A-KGaA		210.000 €
+	Geschäftsführergehalt (§ 8 Nr. 4 GewStG)		+ 40.000 €
+	Darlehenszinsen	150.000 €	
	– Freibetrag	– 100.000 €	
	Zwischensumme	50.000 €	
	davon 25 %		+ 12.500 €
=	Gewerbeertrag A-KGaA		262.500 €

5.2.1.3 Streubesitzdividenden (§ 8 Nr. 5 GewStG)

Dividenden und den Dividenden gleichgestellte Bezüge aus Anteilen an Körperschaften sind

- gemäß § 3 Nr. 40 EStG bei der Einkommensteuer zu 40 % steuerfrei, sofern es sich beim Anteilseigner um eine natürliche Person handelt, der die Anteile im Betriebsvermögen hält;
- gemäß § 8b Abs. 1 KStG bei der Körperschaftsteuer in voller Höhe steuerfrei, sofern es sich bei dem Anteilseigner um eine Körperschaft handelt.

Für eine Auflistung und Erläuterung des sachlichen Anwendungsbereichs der Steuerbefreiungen nach § 3 Nr. 40 EStG und § 8b KStG sei auch auf die Ausführungen der Abschnitte C.5.3.3.1 und C.5.3.3.2 verwiesen.

Andererseits sollen Ausgaben, die im wirtschaftlichen Zusammenhang mit diesen steuerbefreiten Einnahmen stehen, nach dem Willen des Gesetzgebers nicht abzugsfähig sein:

- Ausgaben, die im wirtschaftlichen Zusammenhang mit Einnahmen stehen, die nach § 3 Nr. 40 EStG zu 40 % steuerfrei sind, sind bei der Einkommensteuer nur zu 60 % abzugsfähig sind (§ 3c Abs. 2 EStG, vgl. auch Abschnitt C.5.3.5.2.1).
- Im Bereich der Körperschaftsteuer gelten 5 % der empfangenen Dividende als Ausgaben, die nicht als Betriebsausgaben abgezogen werden dürfen (§ 8b Abs. 5 KStG). Im Ergebnis ist die Dividende daher nur zu 95 % steuerfrei (vgl. Abschnitt C.5.3.5.2.2).

§ 8 Nr. 5 GewStG verfolgt nun das Ziel, die Gewerbesteuerausfälle durch diese im Rahmen der Unternehmenssteuerreform 2000/2001 gewährten Steuerfreistellungen zu begrenzen. Deshalb sind bei der Ermittlung des Gewerbeertrags die nach § 3 Nr. 40 EStG und § 8b Abs. 1 KStG steuerbefreiten Einnahmen – nach Abzug der mit ihnen im Zusammenhang stehenden Ausgaben, soweit diese nach § 3c EStG bzw. § 8b Abs. 5 KStG nicht abzugsfähig waren – dem Gewinn aus Gewerbebetrieb hinzuzurechnen. Eine Hinzurechnung der ebenfalls nach §§ 3 Nr. 40 EStG, 8b KStG steuerbefreiten Gewinne aus der Veräußerung von Beteiligungen an Körperschaften ist hingegen nicht vorzunehmen.

Beispiel D.20:

A hält Aktien der inländischen X-AG im Betriebsvermögen seines gewerblichen Einzelunternehmens. A erhält eine Dividende i.H.v. 2.000 €. Ihm entstehen Beteiligungsaufwendungen i.H.v. 300 €.

Bei der Ermittlung des einkommensteuerlichen Gewinns des A aus Gewerbebetrieb sind Dividende und Beteiligungsaufwendungen jeweils zu 60 % einzubeziehen, d.h. der Gewinn aus Gewerbebetrieb erhöht sich durch die Beteiligung an der X-AG um (60 % · 2.000 – 60 % · 300 =) 1.020 €.

Bei der Ermittlung des Gewerbeertrags ist nach § 8 Nr. 5 GewStG der Gewinn aus Gewerbebetrieb um die Dividendeneinnahmen zu erhöhen und die Beteiligungsaufwendungen zu mindern, die bei der Ermittlung des Gewinns aus Gewerbebetrieb außer Ansatz blieben. Dem Gewinn aus Gewerbebetrieb ist somit ein Betrag i.H.v. (40 % · 2.000 – 40 % · 300 =) 680 € hinzuzurechnen. Im Ergebnis unterliegt somit die gesamte Dividende abzüglich der Beteiligungsaufwendungen i.H.v. 1.700 € der Gewerbesteuer.

Die Hinzurechnung nach § 8 Nr. 5 GewStG entfällt allerdings, wenn der Gewerbetreibende zu Beginn des Erhebungszeitraums zu mindestens 15 % am Nennkapital der Körperschaft, von der die nach § 3 Nr. 40 EStG bzw. § 8b Abs. 1 KStG steuerbefreiten Einnahmen bezogen werden, beteiligt ist (§ 8 Nr. 5 i.V.m. § 9 Nrn. 2a, 7 GewStG, gewerbesteuerliches **Schachtelprivileg**). Somit werden durch die Hinzurechnungsvorschrift des § 8 Nr. 5 GewStG nur Streubesitzdividenden gewerbesteuerlich belastet. Dabei muss die mindestens 15 % ige Beteiligung bei Anteilen an inländischen Körperschaften (nur) zu Beginn des jeweiligen Erhebungszeitraums bestanden haben, bei Anteilen an ausländischen Körperschaften dagegen ununterbrochen seit Beginn des Erhebungszeitraums.

5.2.1.4 Anteile am Verlust einer Mitunternehmerschaft (§ 8 Nr. 8 GewStG)

Anteile am Verlust einer in- oder ausländischen OHG, KG oder anderen gewerblichen Mitunternehmerschaft sind dem Gewerbeertrag des Mitunternehmers wieder hinzuzurechnen (§ 8 Nr. 8 GewStG).

Zweck dieser Regelung ist es, eine doppelte Nutzung von Verlusten gewerblicher Mitunternehmerschaften zu vermeiden. Einerseits ist die Personengesellschaft selbst gewerbesteuerpflichtig (§ 5 Abs. 1 Satz 3 GewStG). Andererseits ist der Gewinn bzw. Verlust der Personengesellschaft Bestandteil des nach den Vorschriften des Einkommensteuer- bzw. Körperschaftsteuergesetzes zu ermittelnden Gewinns aus Gewerbebetrieb des Anteilseigners, der nach § 7 GewStG der Ermittlung des Gewerbeertrags zu Grunde zu legen ist.

Beispiel D.21:

Die A-GmbH ist als Kommanditist zu 50 % am Gewinn und Verlust der B-OHG beteiligt. Die B-OHG erzielt in 01 einen gewerblichen Verlust i.H.v. 100.000 €, der zur Hälfte auf die A-GmbH entfällt. Die A-GmbH erzielt aus ihren übrigen Tätigkeiten in 01 einen Gewinn i.H.v. 300.000 €.

Personengesellschaften sind selbst weder einkommensteuerpflichtig noch körperschaftsteuerpflichtig. Der Gewinn der B-OHG wird für einkommensteuerliche bzw. körperschaftsteuerliche Zwecke vielmehr anteilig unmittelbar bei ihren Anteilseignern als Einkünfte aus

Gewerbebetrieb erfasst. Somit ergibt sich bei der A-GmbH für 01 ein körperschaftsteuerpflichtiger Gewinn von 250.000 €:

	Gewinn A-GmbH aus den übrigen Tätigkeiten	300.000 €
–	auf die A-GmbH entfallender Verlust der B-OHG	– 50.000 €
=	Gewinn aus Gewerbebetrieb A-GmbH	250.000 €

Gewerbesteuerpflichtig ist hingegen nicht nur die A-GmbH, sondern gemäß § 5 Abs. 1 Satz 3 GewStG auch die B-OHG als eigenständiges Steuersubjekt. Um zu vermeiden, dass der Verlust der B-OHG einerseits von der A-GmbH und andererseits über die Bildung eines Verlustvortrags nach § 10a GewStG auch von der B-OHG selbst genutzt werden kann (sofern und soweit in zukünftigen Jahren wieder positive Gewinne aus Gewerbebetrieb entstehen), schreibt § 8 Nr. 8 GewStG eine Hinzurechnung zum Gewerbeertrag der A-GmbH vor:

	Gewinn aus Gewerbebetrieb A-GmbH laut KStG	250.000 €
+	Hinzurechnung nach § 8 Nr. 8 GewStG	+ 50.000 €
=	Gewerbeertrag A-GmbH	300.000 €

Sind Anteile am **Verlust** einer gewerblichen Mitunternehmerschaft beim Anteilseigner dem Gewerbegewinn wieder hinzuzurechnen, so müssen Anteile am **Gewinn** einer gewerblichen Mitunternehmerschaft mit einer identischen Begründung wieder abgezogen werden. Zu der entsprechenden Kürzungsvorschrift des § 9 Nr. 2 GewStG siehe Abschnitt D.5.2.2.2.

5.2.1.5 Spenden (§ 8 Nr. 9 GewStG)

Des Weiteren haben körperschaftsteuerpflichtige Rechtssubjekte dem Gewinn aus Gewerbebetrieb Spenden i.S.d. § 9 Abs. 1 Nr. 2 KStG wieder hinzuzurechnen (§ 8 Nr. 9 GewStG).

Sowohl im Einkommensteuerrecht als auch im Körperschaftsteuerrecht sind Spenden für gemeinnützige, mildtätige und kirchliche Zwecke unter den in § 10b EStG bzw. § 9 Abs. 1 Nr. 2 KStG genannten Voraussetzungen und Grenzen abzugsfähig (siehe hierzu die Abschnitte B.8.3.9 und C.4.1.1.2). Im Einkommensteuerrecht erfolgt der Abzug nach der Ermittlung der Einkünfte aus den einzelnen Einkunftsarten im Rahmen der Sonderausgaben (zum Einkommensermittlungsschema siehe Abschnitt B.3.7). Die Einkünfte aus Gewerbebetrieb mindern sich somit nicht. Da Körperschaften nur über eine betriebliche und nicht auch über eine private Sphäre verfügen, kommt ein Abzug von Sonderausgaben nicht in Frage. Bei Körperschaften werden Spenden daher gemäß § 9 Abs. 1 Nr. 2 KStG zu abzugsfähigen Betriebsausgaben erklärt. Die Einkünfte aus Gewerbebetrieb sind somit um die abziehbaren Spenden reduziert.

Ohne entsprechende Korrekturvorschriften hätte die Anknüpfung der Gewerbesteuer an die Einkünfte aus Gewerbebetrieb (§ 7 GewStG) offenbar zur Folge, dass Spenden die gewerbesteuerliche Bemessungsgrundlage nur bei Körperschaften, nicht jedoch bei natürlichen Personen mindern. Um eine solche Ungleichbehandlung auszuschließen, macht § 8 Nr. 9 GewStG zunächst den körperschaftsteuerlichen Spendenabzug rückgängig. Spenden, die bei der Ermittlung der Einkünfte aus Gewerbebetrieb einer Körperschaft gemäß § 9 Abs. 1 Nr. 2 KStG abgezogen werden konnten, sind wieder hinzuzurechnen. In einem zweiten Schritt ist ein für sämtliche Steuersubjekte der Gewerbesteuer einheitlicher Spendenabzug gemäß § 9 Nr. 5 GewStG vorzunehmen (siehe Abschnitt D.5.2.2.6).

5.2.1.6 Ausschüttungsbedingte Teilwertabschreibungen auf Anteile an Körperschaften (§ 8 Nr. 10 GewStG)

Schüttet eine Körperschaft Gewinne an einen Anteilseigner aus, und hält dieser die Anteile in einem gewerblichen Betriebsvermögen, so erhöht die Gewinnausschüttung den gewerblichen Gewinn des Anteilseigners. Zugleich mindert sich durch die Gewinnausschüttung jedoch der Wert der Anteile, so dass gegebenenfalls eine Abschreibung auf den niedrigeren Teilwert gemäß § 6 Abs. 1 Nr. 2 Satz 2 EStG in Betracht kommt. Der Gewinnerhöhung durch die Ausschüttung steht in diesem Fall eine Gewinnminderung durch die Teilwertabschreibung gegenüber. Außer durch eine Teilwertabschreibung kann der ausschüttungsbedingte Wertverlust der Anteile auch durch eine Veräußerung oder Entnahme der Anteile oder bei Auflösung oder Kapitalherabsetzung der Körperschaft realisiert werden.

Unter dem Teileinkünfteverfahren sind Gewinnausschüttungen und ausschüttungsbedingte Wertverluste der Beteiligung an Körperschaften

- bei Anteilseignern, die Körperschaften sind, körperschaftsteuerlich nicht zu berücksichtigen (§§ 8b Abs. 1, 3 KStG);
- bei Anteilseigner, die natürliche Personen sind und die Anteile in einem Betriebsvermögen halten, nur zu 60 % zu berücksichtigen (§ 3 Nr. 40, 3c Abs. 2 EStG).

Wurden Gewinnausschüttungen bei der Ermittlung des (einkommensteuerlichen) Gewinns aus Gewerbebetrieb berücksichtigt, so sind diese bei der Ermittlung des Gewerbeertrags gemäß § 9 Nrn. 2a, 7 und 8 GewStG abzusetzen, sofern sie aus Beteiligungen an inländischen und ausländischen Körperschaften resultieren, an denen der Steuerpflichtige zu mindestens 15 % beteiligt ist (siehe Abschnitte D.5.2.2.3 und D.5.2.2.7). Steuersystematisch nicht gerechtfertigt wäre es allerdings, wenn der Anteilseigner zwar einerseits die Gewinnausschüttungen nicht der Gewerbesteuer unterwerfen müsste, andererseits jedoch die ausschüttungsbedingte Wertminderung der Anteile gewerbesteuermindernd ansetzen könnte. Die Vorschrift des § 8 Nr. 10 GewStG bestimmt daher, dass dem gewerblichen Gewinn ausschüttungsbedingte Gewinnminderungen hinzuzurechnen sind, die

- durch den Ansatz des niedrigeren Teilwerts (§ 8 Nr. 10 Buchst. a GewStG) oder
- durch Veräußerung oder Entnahme des Anteils oder bei Auflösung oder Kapitalherabsetzung der Körperschaft (§ 8 Nr. 10 Buchst. b GewStG)

realisiert wurden, sofern der Gewerbeertrag nach § 9 Nrn. 2a, 7 oder 8 GewStG um die Gewinnausschüttung zu kürzen ist.

Da Verluste aus dem Ansatz des niedrigeren Teilwerts nur im Rahmen des Einkommensteuerrechts abzugsfähig sind (zu 60 %, § 3c Abs. 2 EStG), nicht jedoch im Körperschaftsteuerrecht (§ 8b Abs. 3 Satz 3 KStG), hat § 8 Nr. 10 KStG nur für natürliche Personen und Mitunternehmerschaften Bedeutung.

Soweit die Teilwertabschreibung auf andere Umstände zurückzuführen ist (z.B. Verluste der Körperschaft) ist § 8 Nr. 10 GewStG nicht anzuwenden (R 8.6 Satz 3 GewStR).

Beispiel D.22:

A hält im Betriebsvermögen seines Einzelunternehmens einen 20 % igen Anteil an der B-AG. Diese schüttet in 01 einen Gewinn i.H.v. 100.000 € an A aus. Der Teilwert der Beteiligung von A an der B-AG am 01.01.01 betrug 1.500.000 €. Bis zum 31.12.01 sinkt der Teilwert der Beteiligung ausschüttungsbedingt auf 1.400.000 €. 60 % der Gewinnausschüttung stellt für A eine steuerpflichtige Betriebseinnahme dar, d.h. der einkommensteuerpflichtige Gewinn aus Gewerbebetrieb erhöht sich um 60.000 €. Zugleich kommt eine ausschüttungsbedingte Teilwertabschreibung nach § 6 Abs. 1 Nr. 2 Satz 2 EStG i.H.v. 100.000 € in Betracht, sofern es sich um eine voraussichtlich dauernde Wertminderung handelt. Jedoch wirkt diese Teilwertab-schreibung nur zu 60 % (60.000 €) gewinnmindernd (§ 3c Abs. 2 EStG).

Gemäß § 9 Nr. 2a GewStG (vgl. Abschnitt D.5.2.2.3) ist der einkommensteuerpflichtige Gewinn des Einzelunternehmens zur Ermittlung der gewerbesteuerpflichtigen Bemessungsgrundlage um die aus der Gewinnausschüttung resultierende Gewinnerhöhung von 60.000 € zu kürzen, da es sich um eine Beteiligung von mindestens 15 % handelt. Ist der einkommensteuerpflichtige Gewinn durch eine ausschüttungsbedingte Teilwertabschreibung nach § 6 Abs. 1 Nr. 2 Satz 2 EStG um 60.000 € gemindert worden, so ist dieser Betrag gemäß § 8 Nr. 10 GewStG bei der Ermittlung des Gewerbeertrags wieder hinzuzurechnen.

Mit Wirkung zum Erhebungszeitraum 1999 ist der Anwendungsbereich des § 8 Nr. 10 GewStG auf Gewinnabführungen innerhalb einer Organschaft ausgeweitet worden. Ist eine Kapitalgesellschaft Organgesellschaft im Verhältnis zu einem anderen gewerblichen Unternehmen (dem Organträger), so sind Gewinne der Kapitalgesellschaft nicht bei dieser, sondern beim Organträger der Gewerbesteuer zu unterwerfen. Zu den Voraussetzungen einer Organschaft nach § 2 Abs. 2 Satz 2 GewStG sei auf die Ausführungen des Abschnitts D.6.2.1 verwiesen. Könnte der Organträger (natürliche Person oder Mitunternehmerschaft) nun Teilwertabschreibungen, die auf organschaftliche Gewinnabführungen der Organgesellschaft zurückzuführen sind, über § 3c Abs. 2 EStG auch gewerbesteuerlich zu 60 % geltend machen, so könnte eine Gewerbeversteuerung des Gewinns der Organgesellschaft zu 60 % umgangen werden, da die Teilwertabschreibung den dem Organträger zugerechneten Gewinn insoweit neutralisiert. Körperschaftsteuerlich sind hingegen Teilwertabschreibungen auf Organgesellschaften nicht abzugsfähig (§ 8b Abs. 3 Satz 3 KStG), so dass die Hinzurechnung nach § 8 Nr. 10 GewStG nur bei natürlichen Personen oder Mitunternehmerschaften als Organträger greift.

5.2.1.7 Ausländische Steuern (§ 8 Nr. 12 GewStG)

Der unbeschränkten Einkommensteuerpflicht bzw. Körperschaftsteuerpflicht unterliegen sowohl inländische als auch ausländische Einkünfte des Steuerpflichtigen. Da unbeschränkt Steuerpflichtige mit ihren ausländischen Einkünften regelmäßig auch im ausländischen Staat der beschränkten Steuerpflicht unterliegen, kann es zu einer doppelten Besteuerung dieser ausländischen Einkünfte kommen. Besteht kein Doppelbesteuerungsabkommen zur Vermeidung dieser steuerlichen Doppelbelastung, so kommt § 34c EStG zur Anwendung. Gemäß § 34c Abs. 1 EStG können ausländische Steuern auf die inländische Einkommen- bzw. Körperschaftsteuer angerechnet oder gemäß § 34c Abs. 2, 3 EStG – die deutsche Steuerbemessungsgrundlage mindernd – von den ausländischen Einkünften abgezogen werden.

Gemäß § 9 GewStG ist der Gewerbeertrag jedoch um verschiedene im Ausland erzielte gewerbliche Gewinne zu kürzen:

- Gewinnanteile an einer ausländischen Mitunternehmerschaft (§ 9 Nr. 2 GewStG, siehe Abschnitt D.5.2.2.2),
- Gewinne eines inländischen Unternehmens, die auf eine ausländische Betriebsstätte entfallen (§ 9 Nr. 3 GewStG, siehe Abschnitt D.5.2.2.5),
- Gewinnanteile bestimmter ausländischer Kapitalgesellschaften, an denen der Steuerpflichtige zu mindestens 15 % beteiligt ist (§ 9 Nrn. 7, 8 GewStG, siehe Abschnitt D.5.2.2.7).

Diese Gewinne können somit zwar der inländischen Einkommen- bzw. Körperschaftsteuer unterliegen, nicht jedoch der Gewerbesteuer. Konsequenterweise dürfen ausländische Steuern auf diese Gewinne die Bemessungsgrundlage der Gewerbesteuer nicht mindern. Es wäre ungerechtfertigt, wenn ausländische Gewinne in Höhe des Bruttobetrags, d.h. vor Abzug der ausländischen Steuer, nach § 9 GewStG gekürzt werden, und zudem die ausländische Steuer bei der Ermittlung des Gewerbeertrags nochmals abgezogen werden könnte. § 8 Nr. 12 GewStG bestimmt daher, dass der Gewerbeertrag um ausländische Steuern zu erhöhen ist,

- sofern diese ausländischen Steuern gemäß § 34c Abs. 2, 3 EStG oder nach einem Doppelbesteuerungsabkommen bei der Ermittlung der Einkünfte aus Gewerbebetrieb abgezogen wurden und
- sofern diese ausländischen Steuern auf Gewinnanteile entfallen, die bei der Ermittlung des Gewerbeertrags außer Ansatz bleiben oder nach § 9 GewStG gekürzt werden.

Hingegen sind ausländische Steuern, die nach § 34c Abs. 1 EStG auf die Einkommensteuer oder Körperschaftsteuer angerechnet werden, nicht hinzuzurechnen, da diese Steuern nicht den Gewinn aus Gewerbebetrieb gemindert haben.

5.2.2 Kürzungen vom Gewinn aus Gewerbebetrieb

Die vom einkommensteuerpflichtigen oder körperschaftsteuerpflichtigen Gewinn aus Gewerbebetrieb abzuziehenden Beträge sind in § 9 Nrn. 1 – 8 GewStG abschließend aufgezählt.

5.2.2.1 Grundbesitz (§ 9 Nr. 1 GewStG)

Gemäß § 9 Nr. 1 GewStG ist der Gewinn aus Gewerbebetrieb um 1,2 % des Einheitswerts des zum Betriebsvermögen gehörenden und nicht von der Grundsteuer befreiten Grundbesitzes zu kürzen. Als Einheitswert im Sinne dieser Vorschrift gilt nach § 121a BewG ein Betrag i.H.v. 140 % des auf den Wertverhältnissen vom 01.01.1964 beruhenden Einheitswerts. Bei Betriebsgrundstücken im Beitrittsgebiet sind davon abweichend die Einheitswerte 1935 mit den in § 133 BewG genannten Sätzen anzusetzen (R 9.1 Abs. 2 Satz 3 GewStR):

- Mietwohngrundstücke mit 100 % des Einheitswerts 1935,
- Geschäftsgrundstücke mit 400 % des Einheitswerts 1935,
- gemischt genutzte Grundstücke, Einfamilienhäuser und sonstige bebaute Grundstücke mit 250 % des Einheitswerts 1935,
- unbebaute Grundstücke mit 600 % des Einheitswerts 1935.

Beispiel D.23:

A betreibt in Hamburg ein Einzelhandelsgeschäft auf einem eigenen Grundstück. Der Einheitswert 1964 des Grundstücks beträgt umgerechnet 50.000 €.

Gemäß § 9 Nr. 1 GewStG ist der Gewerbeertrag des A um (50.000 · 140 % · 1,2 % =) 840 € zu kürzen.

Zweck der Kürzungsvorschrift des § 9 Nr. 1 GewStG ist es, eine Doppelbelastung des zum Betriebsvermögen gehörenden Grundbesitzes mit den Realsteuern Grundsteuer und Gewerbesteuer zu vermeiden (vgl. Gesetzesbegründung, RStBl. 1937, S. 696).

Zur Bewertung des Grundstücks wird, wie geschildert, auf die Vorschriften des Bewertungsgesetzes zurückgegriffen. Auf den Wert, mit dem das Grundstück in der Steuerbilanz des Gewerbetreibenden geführt wird, kommt es somit nicht an.

Die Zugehörigkeit eines Grundstücks zum Betriebsvermögen ist gemäß § 20 Abs. 1 Satz 1 GewStDV grundsätzlich nach den einkommen- bzw. körperschaftsteuerlichen Vorschriften zu entscheiden (vgl. hierzu R 4.2 EStR). Eine Ausnahme hiervon sieht allerdings R 9.1 Abs. 1 Satz 4 GewStR vor. Zwar brauchen Grundstücksteile von untergeordnetem Wert, d.h. eigenbetrieblich genutzte Grundstücksteile, deren Wert nicht mehr als ein Fünftel des gemeinen Werts des gesamten Grundstücks und nicht mehr als 20.500 € beträgt (z.B. ein betrieblich genutztes Arbeitszimmer im Einfamilienhaus), für Zwecke der Einkommensteuer nicht als Betriebsvermögen behandelt zu werden (§ 8 EStDV). Die Kürzung nach § 9 Nr. 1 GewStG ist jedoch auch in diesem Fall durchzuführen.

Die Frage, ob der Grundbesitz zum Betriebsvermögen des Unternehmers gehört, ist grundsätzlich nach dem Stand zu **Beginn des Kalenderjahres** zu beurteilen (§ 20 Abs. 1 Satz 2 GewStDV). Dieses Stichtagsprinzip gilt auch, wenn die Steuerpflicht eines Gewerbebetriebs erst im Laufe eines Kalenderjahres beginnt. Für den Erhebungszeitraum, in dem die Gewerbesteuerpflicht eintritt, kommt in diesem Fall keine Kürzung nach § 9 Nr. 1 Satz 1 GewStG in Betracht (vgl. *H.-W. Stäuber*, in: E. Lenski / W. Steinberg, § 9 Nr. 1, Anm. 69; R 9.1 Abs. 1 Satz 11 GewStR). Allerdings wird in der Literatur auch die Meinung vertreten, dass eine anteilige Kürzung zugelassen werden sollte, wenn bei einem während des Jahres eröffneten Betrieb dem Betriebsinhaber ein Grundstück bereits bewertungsmäßig zuzurechnen war (vgl. *P. Glanegger / G. Güroff / M. Peuker* (2009), § 9 Nr. 1, Rz. 13). Dieser Ansicht kann entgegengehalten werden, dass damit Gewerbebetriebe benachteiligt würden, die im Laufe des Jahres Grundbesitz erwerben. Um eine Gleichbehandlung zu garantieren, ist daher dem Stichtagsprinzip zuzustimmen.

Ist nur ein Teil eines Grundstücks einkommen- bzw. körperschaftsteuerlich zum Betriebsvermögen zu zählen, da z.B. der übrige Teil des Grundstücks eigenen Wohnzwecken des Steuerpflichtigen dient, so ist der Einheitswert des gesamten Grundstücks grundsätzlich nach dem Verhältnis der Jahresrohmiete nach § 79 BewG auf die einzelnen Gebäudeteile **aufzuteilen** (§ 20 Abs. 2 GewStDV, R 9.1 Abs. 1 Sätze 7 – 9 GewStR).

Beispiel D.24:

A betreibt auf einem ihm gehörenden Grundstück in Bochum ein gewerbliches Unternehmen. Einige Räume, die nicht für das gewerbliche Unternehmen benötigt werden, vermietet A privat. Die Jahresrohmiete beträgt für den vermieteten Teil 35.000 €. Für die gewerblich genutzten Räume ist nach § 79 Abs. 2 BewG statt der (nicht vorhandenen) tatsächlichen Jahresrohmiete die übliche Jahresrohmiete anzusetzen. Diese soll bei 70.000 € liegen. Der Einheitswert 1964 des Grundstücks beträgt 240.000 €.

Der Einheitswert ist gemäß R 9.1 Abs. 1 Satz 8 GewStR nach dem Verhältnis der Jahresrohmiete aufzuteilen. Auf den gewerblich genutzten Teil entfällt somit ein Einheitswert von (240.000 · $^2/_3$ =) 160.000 €. Der Gewerbeertrag ist gemäß § 9 Nr. 1 GewStG um (160.000 · 140 % · 1,2 % =) 2.688 € zu kürzen.

Eine **erweiterte Kürzung** sieht § 9 Nr. 1 Sätze 2 – 6 GewStG für **Grundstücksunternehmen** vor, d.h. für Unternehmen, deren Tätigkeit sich beschränkt auf

- die Verwaltung und Nutzung eigenen Grundbesitzes,
- die Verwaltung und Nutzung eigenen Kapitalvermögens,

- die Betreuung von Wohnungsbauten und
- die Errichtung und Veräußerung von Einfamilienhäusern, Zweifamilienhäusern und Eigentumswohnungen; bei der Errichtung und Veräußerung von Eigentumswohnungen ist die Errichtung und Veräußerung von Teileigentum unschädlich, wenn das Gebäude zu mehr als zwei Dritteln Wohnzwecken dient.

Bei diesen Unternehmen wird auf Antrag anstelle der Kürzung um 1,2 % des Einheitswerts nach § 9 Nr. 1 Satz 1 GewStG eine Kürzung um den Teil des Gewerbeertrags vorgenommen, **der auf die Verwaltung und Nutzung des eigenen Grundbesitzes entfällt**. Im Ergebnis sind somit Unternehmen, deren Tätigkeit sich auf die Verwaltung und Nutzung eigenen Grundbesitzes beschränkt, vollständig von der Gewerbesteuer freigestellt. Nicht möglich ist allerdings eine Kürzung um den Gewerbeertrag, der auf die anderen erlaubten Tätigkeiten entfällt, d.h. die Verwaltung von Kapitalvermögen, die Betreuung von Wohnungsbauten und die Errichtung und Veräußerung von Einfamilienhäusern, Zweifamilienhäusern und Eigentumswohnungen. Diese Tätigkeiten haben somit den Charakter von unschädlichen Tätigkeiten, d.h. erlaubten, aber nicht kürzungsfähigen Tätigkeiten. Belastet eine vermögensverwaltende GmbH zur Absicherung eines privaten Darlehens eines ihrer Gesellschafter ihren Grundbesitz mit einer Grundschuld und erhält die GmbH für die Übernahme dieser dinglichen Haftung eine Provision, so wird dieser GmbH eine erweiterte Kürzung nicht versagt (BFH-Urteil vom 13.08.1997, BStBl II 1998, S. 270).

Die erweiterte Kürzung nach § 9 Nr. 1 Sätze 2 – 6 GewStG kann nicht in Anspruch genommen werden, wenn die Grundstücksverwaltung über den Rahmen einer Vermögensverwaltung hinausgeht und gewerblichen Charakter annimmt. Dies gilt beispielsweise für das Besitzunternehmen einer Betriebsaufspaltung (BFH-Urteil vom 22.02.2005, BFH/NV 2005, S. 1624). Die in § 9 Nr. 1 Satz 2 GewStG verwendeten Begriffe „Verwaltung" und „Nutzung" entsprechen dem einkommensteuerrechtlichen Begriff der „Vermögensverwaltung" (vgl. BFH-Urteil vom 13.08.1997, BStBl II 1998, S. 270). Für die Abgrenzung zwischen vermögensverwaltender und gewerblicher Tätigkeit sind somit die für das Einkommensteuerrecht entwickelten Grundsätze zur Abgrenzung zwischen den gewerblichen Einkünften und den Einkünften aus Vermietung und Verpachtung anwendbar, insbesondere die Drei-Objekte-Theorie. Nach der Drei-Objekte-Theorie ist die Grenze von der Vermögensverwaltung zur gewerblichen Tätigkeit überschritten, wenn, verkürzt gesprochen, innerhalb eines Zeitraums von fünf Jahren mehr als drei Objekte veräußert werden (siehe ausführlich Abschnitt B.7.6.4.1). Ist diese Grenze nicht überschritten, so dürfen sogar Veräußerungsgewinne in die Kürzung miteinbezogen werden (BFH-Urteil vom 29.04.1987, BStBl II 1987, S. 603).

Beispiel D.25:

Die A-GmbH ist Eigentümerin mehrerer Gebäude und Eigentumswohnungen, die sie an verschiedene Personen vermietet. Die Vermietung ist als vermögensverwaltende Tätigkeit anzusehen. In 01 erzielt die A-GmbH einen körperschaftsteuerpflichtigen Gewinn i.H.v. 300.000 €. Dieser entfällt i.H.v. 280.000 € auf die Vermietungstätigkeiten und i.H.v. 20.000 € auf die Verwaltung von Kapitalvermögen.

Zwar erzielt die GmbH gemäß § 8 Abs. 2 EStG ausschließlich Einkünfte aus Gewerbebetrieb. Da die Vermietungstätigkeit jedoch originär vermögensverwaltend und nicht gewerblich ist, kann der Gewerbeertrag, der auf die Verwaltung des Grundvermögens entfällt, gekürzt werden.

	Einkünfte aus Gewerbebetrieb laut KStG	300.000 €
–	Kürzung nach § 9 Nr. 1 Satz 2 GewStG	– 280.000 €
=	Gewerbeertrag	20.000 €

5.2.2.2 Anteile am Gewinn einer Mitunternehmerschaft (§ 9 Nr. 2 GewStG)

Anteile am Gewinn einer in- oder ausländischen OHG, KG oder anderen gewerblichen Mitunternehmerschaft sind vom Gewerbeertrag des Mitunternehmers abzuziehen, wenn die Gewinnanteile bei der Ermittlung des gewerblichen Gewinns des Mitunternehmers angesetzt worden sind (§ 9 Nr. 2 GewStG).

Personengesellschaften sind gemäß § 5 Abs. 1 Satz 3 GewStG eigenständige Steuersubjekte der Gewerbesteuer. Für Zwecke der Einkommensteuer bzw. Körperschaftsteuer ist der Gewinn der Personengesellschaft allerdings dem Gewinn aus Gewerbebetrieb des Anteilseigners zuzurechnen. Um eine doppelte gewerbesteuerliche Erfassung des Gewinns von inländischen Mitunternehmerschaften – bei der Mitunternehmerschaft selbst und beim Anteilseigner – zu vermeiden, sind Anteile am Gewinn einer Mitunternehmerschaft vom Gewerbeertrag des Anteilseigners wieder zu subtrahieren (§ 9 Nr. 2 GewStG), Anteile am Verlust entsprechend wieder hinzuzurechnen (§ 8 Nr. 8 GewStG, siehe Abschnitt D.5.2.1.4).

Im Sinne der Systematik der Gewerbesteuer sollten Gewinne nur einmal mit Gewerbesteuer belastet werden, und zwar bei dem Unternehmen, das den Gewinn auf Grund der eigenen Ertragskraft erwirtschaftet. Dies ist die gewinnerzielende Personengesellschaft und nicht der Anteilseigner. Anteile am Gewinn ausländischer Personengesellschaften sind wieder zu subtrahieren, da nur inländische Gewerbeerträge der Steuer unterliegen sollen (vgl. auch Abschnitt D.5.2.2.5).

5.2.2.3 Anteile am Gewinn einer inländischen Kapitalgesellschaft (§ 9 Nr. 2a GewStG)

Werden Anteile an einer Kapitalgesellschaft in einem gewerblichen Betriebsvermögen gehalten, so begründen Gewinnausschüttungen der Kapitalgesellschaft unter den Einschränkungen der §§ 3 Nr. 40 EStG, 8b KStG beim Anteilseigner Einkünfte aus Gewerbe-betrieb, die über § 7 GewStG grundsätzlich auch der Gewerbesteuer unterliegen. Allerdings bestimmt § 9 Nr. 2a GewStG, dass Gewinnausschüttungen

- einer nicht steuerbefreiten inländischen Kapitalgesellschaft,
- einer Kredit- oder Versicherungsanstalt des öffentlichen Rechts,
- einer Erwerbs- oder Wirtschaftsgenossenschaft oder
- einer Unternehmensbeteiligungsgesellschaft i.S.d. § 3 Nr. 23 GewStG

beim Anteilseigner bei der Ermittlung des Gewerbeertrags wieder abzuziehen sind, sofern sie den gewerblichen Gewinn des Steuerpflichtigen erhöht haben und der Ausschüttungsempfänger zu Beginn des Erhebungszeitraums zu mindestens 15 % an der ausschüttenden Körperschaft beteiligt war.

Eine doppelte gewerbesteuerliche Erfassung ausgeschütteter Gewinne wird somit nur bei einer mindestens 15 % igen Beteiligung vermieden. Ausgeschüttete Gewinne auf geringere Beteiligungen unterliegen bei der ausschüttenden Gesellschaft und nach § 8 Nr. 5 GewStG (vgl. Abschnitt D.5.2.1.3) auch beim Empfänger der Gewerbesteuer. Diese Regelung steht offenbar im Gegensatz zu der Vorschrift des § 9 Nr. 2 GewStG (siehe Abschnitt D.5.2.2.2), die für Beteiligungen an Personengesellschaften eine doppelte Erfassung unabhängig von der Höhe der Beteiligung vermeidet.

Steuersystematisch fragwürdig ist allerdings die Einbeziehung von Unternehmensbeteiligungsgesellschaften i.S.d. Gesetzes über Unternehmensbeteiligungsgesellschaften (UBGG), da diese bereits nach § 3 Nr. 23 GewStG von der Gewerbesteuer befreit sind (so auch *H.-W. Stäuber*, in: E. Lenski / W. Steinberg, § 9 Nr. 2a, Anm. 10, 18). Durch die Kürzung beim Ausschüttungsempfänger wird erreicht, dass diese Gewinne in keinem Fall der Gewerbesteuer unterliegen.

Die Kürzungsvorschrift des § 9 Nr. 2a GewStG erfasst nur inländischen Anteilsbesitz. Für Beteiligungen an ausländischen Gesellschaften sind die besonderen Regelungen des § 9 Nrn. 7, 8 GewStG (siehe Abschnitt D.5.2.2.7) zu beachten.

5.2.2.4 Gewinne aus Anteilen an einer KGaA (§ 9 Nr. 2b GewStG)

Persönlich haftende Gesellschafter einer KGaA werden für einkommensteuerliche Zwecke wie Mitunternehmer an einer OHG oder KG behandelt. Gewinnanteile der KGaA, die auf persönlich haftende Gesellschafter entfallen, sind gemäß § 15 Abs. 1 Nr. 3 EStG als Einkünfte aus Gewerbebetrieb beim Gesellschafter zu versteuern. Um eine doppelte Erfassung – auf Gesellschaftsebene und beim Komplementär – zu vermeiden, kann die KGaA die auf den Komplementär entfallenden Gewinne gemäß § 9 Abs. 1 Nr. 1 KStG von ihrem Gewinn aus Gewerbebetrieb abziehen.

Die Gewerbesteuer folgt dem Grundsatz, dass gewerbliche Gewinne bei dem Unternehmen besteuert werden sollten, das diese Gewinne mit seiner objektiven Ertragskraft erwirtschaftet hat. Da auch die Gewinnanteile des persönlich haftenden Gesellschafters einer KGaA von der Gesellschaft erwirtschaftet wurden, wird der körperschaftsteuerliche Abzug des § 9 Abs. 1 Nr. 1 KStG durch § 8 Nr. 4 GewStG für Gewerbesteuerzwecke rückgängig gemacht (siehe Abschnitt D.5.2.1.2). Um nun jedoch eine doppelte gewerbesteuerliche Belastung bei der KGaA und bei ihrem Komplementär zu vermeiden, müssen die der KGaA nach § 8 Nr. 4 GewStG hinzugerechneten Gewinnanteile umgekehrt beim persönlich haftenden Gesellschafter wieder abgezogen werden. Dies sieht § 9 Nr. 2b GewStG vor.

5.2.2.5 Ausländische Gewinne (§ 9 Nr. 3 GewStG)

Gemäß § 9 Nr. 3 Satz 1 GewStG ist der Gewerbeertrag um den Teil zu kürzen, der auf eine im Ausland belegene Betriebsstätte eines inländischen Unternehmens entfällt.

Die Vorschrift des § 9 Nr. 3 GewStG hat nur deklaratorische Bedeutung. Bereits aus den Vorschriften des § 2 Abs. 1 GewStG zur sachlichen Steuerpflicht ergibt sich, dass Gewerbeerträge, die auf ausländische Betriebsstätten entfallen, bei der Ermittlung der gewerbesteuerlichen Bemessungsgrundlage nicht zu berücksichtigen sind (vgl. dazu BFH-Urteil vom 28.03.1985, BStBl II 1985, S. 405). Nach § 2 Abs. 1 Satz 1 GewStG unterliegen Unternehmen nur insoweit der Gewerbesteuer, wie sie im Inland betrieben werden. Im Inland betrieben wird ein Gewerbebetrieb gemäß § 2 Abs. 1 Satz 3 GewStG nur insoweit, wie für ihn im Inland eine Betriebsstätte unterhalten wird. Zum Begriff der Betriebsstätte wird auf Abschnitt D.3.2.2 verwiesen.

Die Aufteilung des Gewerbeertrags auf in- und ausländische Betriebsstätten ist durch eine getrennte Buchführung für die einzelnen Betriebsstätten vorzunehmen. Dabei ist von der Annahme auszugehen, dass die ausländische Betriebsstätte ihre Tätigkeit als selbständiges

Unternehmen ausführt (BFH-Urteil vom 28.03.1985, BStBl II 1985, S. 405). Insbesondere sind Geschäftsbeziehungen zwischen in- und ausländischen Betriebsstätten zu Konditionen abzurechnen, die auch zwischen fremden Dritten vereinbart worden wären (sog. *arm's length* Prinzip). Für Einzelheiten wird auf den Betriebsstättenerlass des Bundesfinanzministeriums vom 24.12.1999 verwiesen (BStBl I 1999, S. 1076).

Ist der Teil des Gewerbeertrags, der auf eine im Ausland belegene Betriebsstätte entfällt, nicht aus der Buchführung festzustellen, so muss er unter Beachtung sämtlicher Umstände des Einzelfalls geschätzt werden.

Besondere Vorschriften enthält § 9 Nr. 3 Sätze 2 – 5 GewStG für Unternehmen, die den Betrieb von Handelsschiffen im internationalen Verkehr zum Gegenstand haben. In diesem Fall gelten grundsätzlich 80 % des Gewerbeertrags als auf eine nicht im Inland belegene Betriebsstätte entfallend.

5.2.2.6 Spendenabzug (§ 9 Nr. 5 GewStG)

Im Körperschaftsteuerrecht sind **Spenden für gemeinnützige, mildtätige und kirchliche Zwecke** gemäß § 9 Abs. 1 Nr. 2 KStG bei der Ermittlung des Gewinns aus Gewerbebetrieb abzugsfähig (siehe Abschnitt C.4.1.1.2). Dieser Abzug würde sich auch im Gewerbesteuerrecht auswirken, da der Gewerbeertrag auf die Gewinnermittlung nach dem KStG Bezug nimmt (§ 7 GewStG). Im Einkommensteuerrecht sind Spenden hingegen nicht bereits bei der Ermittlung der Einkünfte aus Gewerbebetrieb, sondern erst in einem nachfolgenden Schritt im Rahmen der Sonderausgaben abzugsfähig (§ 10b EStG, siehe Abschnitt B.8.3.9.1). Spenden wären daher für Gewerbesteuerzwecke nicht abzugsfähig.

Um Körperschaften und natürliche Personen hinsichtlich des gewerbesteuerlichen Spendenabzugs gleich zu behandeln, wird gemäß § 8 Nr. 9 GewStG zunächst der körper-schaftsteuerliche Spendenabzug des § 9 Abs. 1 Nr. 2 KStG rückgängig gemacht (siehe Abschnitt D.5.2.1.5). In einem zweiten Schritt erfolgt ein für sämtliche Gewerbesteuerpflichtige einheitlicher Spendenabzug nach § 9 Nr. 5 GewStG.

Der Spendenabzug des § 9 Nr. 5 GewStG orientiert sich weitgehend an dem einkommensteuerlichen Spendenabzug des § 10b EStG sowie dem körperschaftsteuerlichen Spendenabzug des § 9 Abs. 1 Nr. 2 KStG. Abzugsfähig sind gemäß § 9 Nr. 5 GewStG aus den Mitteln des Gewerbebetriebs geleistete Ausgaben zur Förderung gemeinnütziger, mildtätiger und kirchlicher Zwecke. Der Spendenabzug hierfür ist auf 20 % des um die Hinzurechnungen nach § 8 Nr. 9 GewStG erhöhten Gewinns aus Gewerbebetrieb beschränkt. Ist es für den Steuerpflichtigen günstiger, so ist der abzugsfähige Betrag stattdessen auf 4 ‰ der Summe der Umsätze und der im Wirtschaftsjahr aufgewendeten Löhne und Gehälter beschränkt. Überschreiten die Spenden die genannten Höchstsätze, können sie in folgende Erhebungszeiträume vorgetragen und in diesen abgezogen werden, wenn nicht ausgeschöpfte Höchstbeträge bestehen (§ 9 Nr. 5 Satz 2 GewStG).

Zusätzlich können Einzelunternehmen und Personengesellschaften, wie im Einkommensteuerrecht, eine Kürzung um **Spenden in den Vermögensstock einer Stiftung** geltend machen (§ 9 Nr. 5 Satz 3 GewStG). Wegen der Einzelheiten siehe die Ausführungen in Abschnitt B.8.3.9.2 zu der inhaltsgleichen Vorschrift des § 10b Abs. 1a EStG.

Unterschiede zwischen dem gewerbesteuerlichen Spendenabzug und dem einkommen- bzw. körperschaftsteuerlichen Spendenabzug ergeben sich insbesondere daraus, dass Personengesellschaften eigenständige Steuersubjekte der Gewerbesteuer sind. Spenden von Personengesellschaften sind daher bei der Gesellschaft selbst und nicht anteilig bei den

Gesellschaftern abzuziehen. Die Einhaltung der einkommensabhängigen Höchstbeträge wird für gewerbesteuerliche Zwecke auf der Ebene der Gesellschaft, für einkommensteuerliche Zwecke auf der Ebene der Anteilseigner geprüft. Verfügt die Gesellschaft beispielsweise über einen geringen Gewerbeertrag, die einzelnen Anteilseigner jedoch über ein hohes zu versteuerndes Einkommen, so kann es sein, dass Spenden der Personengesellschaft gewerbesteuerlich nur zum Teil, einkommensteuerlich aber vollständig abzugsfähig sind.

Darüber hinaus sind folgende Unterschiede zwischen dem gewerbesteuerlichen Spendenabzug und dem einkommen- bzw. körperschaftsteuerlichen Spendenabzug zu nennen:

- Während die Höhe der Spenden im Einkommensteuerrecht für das Kalenderjahr zu ermitteln ist, kommt es im Gewerbesteuerrecht (wie auch im Körperschaftsteuerrecht) auf das Wirtschaftsjahr an.
- Die für die Abzugsbegrenzung relevanten Umsätze sowie Löhne und Gehälter sind sowohl im Einkommen- wie im Körperschaftsteuerrecht für das Kalenderjahr zu ermitteln (§ 10b Abs. 1 Satz 1 EStG; § 9 Abs. 1 Nr. 2 Satz 1 KStG), im Gewerbesteuerrecht hingegen für das Wirtschaftsjahr (§ 9 Nr. 5 Satz 1 GewStG).
- Einen Abzug für Parteispenden sieht nur das Einkommensteuerrecht (§ 10b Abs. 2 EStG), nicht jedoch das Körperschaft- und Gewerbesteuerrecht vor.

Beispiel D.26:

Die X-AG erzielt im Wirtschaftsjahr 01.07.01 – 30.06.02 einen körperschaftsteuerlichen Gewinn vor Spendenabzug i.H.v. 200.000 €. Die Gesellschaft hat im Wirtschaftsjahr 01/02 verschiedene Spenden für gemeinnützige Zwecke i.H.v. insgesamt 50.000 € geleistet. Die Summe der Umsätze sowie Löhne und Gehälter betrug 900.000 € in jedem Monat des Kalenderjahres 01 sowie 1.000.000 € in jedem Monat des Kalenderjahres 02.

Körperschaftsteuer 02

	Gewinn vor Spendenabzug		200.000 €
–	Spendenabzug (§ 9 Abs. 1 Nr. 2 KStG):		
	20 % von 200.000 € =	40.000 €	
	oder 4 ‰ von 12 · 1.000.000 € =	48.000 €	– 48.000 €
=	Gewinn aus Gewerbebetrieb		152.000 €

Gewerbesteuer 02

	Gewinn aus Gewerbebetrieb lt. KStG		152.000 €
+	Hinzurechnung des körperschaftsteuerlichen Spendenabzugs (§ 8 Nr. 9 GewStG)		+ 48.000 €
=	Zwischensumme		200.000 €
–	gewerbesteuerlicher Spendenabzug (§ 9 Nr. 5 GewStG):		
	20 % von 200.000 € =	40.000 €	
	oder 4 ‰ von 11.400.000 € =	45.600 €	– 45.600 €
=	Gewerbeertrag		154.400 €

Im Gegensatz zur Veranlagung zur Körperschaftsteuer sind die Umsätze sowie Löhne und Gehälter nicht für das Kalenderjahr 02, sondern für das Wirtschaftsjahr 01/02 zu ermitteln (6 · 900.000 + 6 · 1.000.000 = 11.400.000).

5.2.2.7 *Gewinne aus Beteiligungen an ausländischen Tochtergesellschaften (§ 9 Nrn. 7, 8 GewStG)*

Der Gewinn aus Gewerbebetrieb ist des Weiteren gemäß § 9 Nr. 7 GewStG um die Gewinne aus Anteilen an einer ausländischen Kapitalgesellschaft zu kürzen, sofern

- die Gewinnanteile bei der Ermittlung des Gewinns (§ 7 GewStG) angesetzt wurden, d.h. soweit die Gewinnanteile nicht nach § 8b KStG bzw. § 3 Nr. 40 EStG freigestellt wurden,
- der Steuerpflichtige an der ausländischen Kapitalgesellschaft seit Beginn des Erhebungszeitraums ununterbrochen zu mindestens 15 % beteiligt ist (Tochtergesellschaft) und
- die ausländische Kapitalgesellschaft ihre Bruttoerträge ausschließlich oder fast ausschließlich erzielt aus
  - aktiven Tätigkeiten i.S.d. § 8 Abs. 1 Nrn. 1 – 6 AStG. Dies sind (mit verschiedenen Ausnahmen, auf die an dieser Stelle nicht eingegangen werden soll):
    - land- und forstwirtschaftliche Tätigkeiten (§ 8 Abs. 1 Nr. 1 AStG),
    - die Herstellung, Bearbeitung, Verarbeitung oder Montage von Sachen, die Erzeugung von Energie sowie das Aufsuchen und die Gewinnung von Bodenschätzen (§ 8 Abs. 1 Nr. 2 AStG),
    - der Betrieb von Kreditinstituten und Versicherungsunternehmen (§ 8 Abs. 1 Nr. 3 AStG),
    - der Handel (§ 8 Abs. 1 Nr. 4 AStG),
    - Dienstleistungen (§ 8 Abs. 1 Nr. 5 AStG),
    - die Vermietung und Verpachtung (§ 8 Abs. 1 Nr. 6 AStG).
  - Beteiligungen an anderen Gesellschaften, an deren Nennkapital sie ununterbrochen seit mindestens 12 Monaten zu mindestens einem Viertel beteiligt ist. Voraussetzung ist, dass diese Gesellschaften ihre Bruttoerträge ausschließlich oder fast ausschließlich aus Tätigkeiten im Sinne von § 8 Abs. 1 Nrn. 1 – 6 AStG beziehen und
    - diese Gesellschaften Geschäftsleitung und Sitz im gleichen Land wie die Tochtergesellschaft haben oder
    - die Tochtergesellschaft die Beteiligungen im wirtschaftlichen Zusammenhang mit einer unter § 8 Abs. 1 Nrn. 1 – 6 AStG fallenden Tätigkeit hält.

Im Gesetz nicht geregelt ist, was unter „fast ausschließlich" zu verstehen ist. In Anlehnung an A 76 Abs. 9 Satz 2 KStR wird man die Bedingung als erfüllt ansehen können, wenn die Bruttoerträge aus aktiven Tätigkeiten und Beteiligungen mindestens 90 % aller Bruttoerträge ausmachen.

Vor Einführung des § 8b KStG hatte die Vorschrift des § 9 Nr. 7 GewStG insbesondere für Körperschaften, die ausländische Tochtergesellschaften haben, Bedeutung. Durch § 8b KStG werden Gewinne aus der Beteiligung an Kapitalgesellschaften bei der Ermittlung des kör-perschaftsteuerlichen Gewinns nicht mehr berücksichtigt. Somit findet § 9 Nr. 7 GewStG nunmehr nur noch bei Anteilseignern Anwendung, die natürliche Personen sind und die Anteile in einem gewerblichen Betriebsvermögen halten.

Ebenso zu kürzen sind Gewinne aus Anteilen an einer ausländischen Gesellschaft, die nach einem Doppelbesteuerungsabkommen befreit sind, und zwar unabhängig davon, ob die ausländische Gesellschaft aktive Tätigkeiten im Sinne des AStG durchführt (§ 9 Nr. 8 GewStG). Beträgt die Mindestbeteiligungsquote für die Befreiung nach dem Doppelbesteuerungsabkommen mehr als 15 %, so reicht für die gewerbesteuerliche Kürzung eine Beteiligungsquote von mindestens 15 %.

6 Sonderprobleme

Im Rahmen des vorliegenden Abschnitts werden ausgewählte gewerbesteuerliche Themenkomplexe behandelt, die sich keinem der vorangegangenen Abschnitte zuweisen lassen bzw. mehrere dieser Abschnitte zugleich betreffen:

- Behandlung von Verlusten (Abschnitt D.6.1),
- gewerbesteuerliche Organschaft (Abschnitt D.6.2).

6.1 Gewerbeverluste

Das Gewerbesteuerrecht folgt, wie auch das Einkommen- und Körperschaftsteuerrecht, dem Grundsatz der Abschnittsbesteuerung. Die Steuer wird nachträglich für einen Zeitraum von jeweils zwölf Monaten festgesetzt. Eine kompromisslose Umsetzung des Prinzips der Abschnittsbesteuerung könnte jedoch zur Entstehung einer Steuerschuld führen, obwohl eine objektive Leistungsfähigkeit nicht vorhanden ist. So hätte ein Steuerpflichtiger, der zwar in einem einzelnen Jahr einen Gewinn, per Saldo über mehrere Jahre hinweg jedoch einen Verlust erzielt, trotz der insgesamt negativen Ertragslage in dem einzelnen Gewinnjahr Steuern zu entrichten.

Um eine solche Verletzung des Leistungsfähigkeitsgedankens zu vermeiden, wird der Grundsatz der Abschnittsbesteuerung sowohl im Gewerbesteuerrecht, wie auch im Einkommensteuerrecht (siehe Abschnitt B.10.1.2) und im Körperschaftsteuerrecht (siehe Abschnitt C.7.1.1) durch die Vorschriften zum Verlustabzug durchbrochen. Gewerbeverluste können gemäß § 10a GewStG zeitlich unbegrenzt auf die nachfolgenden Erhebungszeiträume vorgetragen werden. Ein Rücktrag ist hingegen, anders als im Einkommensteuer- und Körperschaftsteuerrecht, nicht zulässig.

Der Verlustvortrag ist gemäß § 10a Satz 2 GewStG seit 2004, analog zum Einkommensteuer- und Körperschaftsteuerrecht, durch die sog. Mindestbesteuerung eingeschränkt (vgl. Abschnitt B.10.1.2.2 zum Einkommensteuerrecht). Danach kann ein positiver Gewerbeertrag nur bis zur Höhe von 1 Mio. € unbeschränkt durch einen gewerbe-steuerlichen Verlustvortrag gekürzt werden. Der 1 Mio. € übersteigende Gewerbeertrag kann nur zu 60 % durch einen Verlustvortrag gekürzt werden.

6.1.1 Voraussetzungen für den Verlustabzug

Für den Verlustabzug wird eine **Unternehmensidentität** und eine **Unternehmeridentität** gefordert.

Unternehmensidentität

Aus dem Objektcharakter der Gewerbesteuer folgt, dass der Verlustabzug nur von dem Gewerbebetrieb geltend gemacht werden kann, der den Verlust erzielt hat (**Grundsatz der Unternehmensidentität**). Der im Verlustabzugsjahr bestehende Gewerbebetrieb ist mit dem Gewerbebetrieb, der im Jahr der Verlustentstehung bestanden hat, identisch, wenn unter Berücksichtigung des Gesamtbilds der Verhältnisse ein wirtschaftlicher, organisatorischer und finanzieller Zusammenhang zwischen beiden besteht (BFH-Urteile vom 14.09.1993, BStBl II 1994, S. 764; vom 27.01.1994, BStBl II 1994, S. 477). Argumente, die für einen solchen Zusammenhang sprechen können, sind die Art der Tätigkeit, der Kunden- und Lieferantenkreis, die Arbeitnehmerschaft, die Geschäftsleitung, Ort und Zahl der Betriebsstätten sowie Umfang und Zusammensetzung des Aktivvermögens (R 10a.2 Satz 3 GewStR). Zwar steht der Unternehmensgleichheit eine betriebsbedingte Anpassung der gewerblichen Betätigung an veränderte wirtschaftliche Verhältnisse nicht entgegen (BFH-Urteil vom 12.01.1983, BStBl II 1983, S. 425; R 10a.2 Satz 5 GewStR). Die Grenze zu einem anderen Gewerbebetrieb ist aber in jedem Fall überschritten, wenn eine völlig andere Art der Betätigung aufgenommen wird.

Beispiel D.27:

Eine OHG gibt ihren verlustbringenden Wein- und Spirituosenhandel auf und betätigt sich in der Folgezeit als Immobilienmakler.

Eine Unternehmensgleichheit kann nicht begründet werden. Gewerbeverluste aus dem Betrieb des Wein- und Spirituosenhandels können nicht auf die Tätigkeit als Immobilienmakler vorgetragen werden (BFH-Urteil vom 01.12.1960, BStBl III 1961, S. 65).

Werden zwei Gewerbebetriebe vereinigt (z.B. Verschmelzung zweier Personengesellschaften), so ist es für die Unternehmensgleichheit entscheidend, dass die Identität jedes Betriebs innerhalb der Gesamttätigkeit des vereinigten Betriebs gewahrt bleibt. Dies ist der Fall, wenn die Geschäftstätigkeit jedes eingebrachten Betriebs im Rahmen des aufnehmenden Betriebs in wirtschaftlicher, finanzieller und organisatorischer Hinsicht fort-gesetzt wird (BFH-Urteil vom 14.09.1993, BStBl II 1994, S. 764; R 10a.2 Sätze 3, 4 GewStR).

Unternehmeridentität

Nach dem Objektsteuerprinzip dürfte die Abzugsfähigkeit von Gewerbeverlusten nur an das Fortbestehen des Gewerbebetriebs, der den Verlust erzielt hat, geknüpft werden, nicht jedoch daran, dass die Person oder Personengruppe, die das Gewerbe betreibt, unverändert bleibt. In Durchbrechung dieses Prinzips bestimmt § 10a Satz 8 GewStG, dass ein Unternehmerwechsel bei fortbestehendem Gewerbebetrieb zur Versagung des gewerbe-steuerlichen Verlustabzugs führt (**Grundsatz der Unternehmeridentität**).

Nach dem Grundsatz der Unternehmergleichheit kann der Verlustabzug nur in Anspruch genommen werden, wenn die Person, die den Verlustabzug in Anspruch nehmen will, den Gewerbeverlust zuvor in eigener Person erlitten hat (R 10a.3 Abs. 1 Satz 1 GewStR). Ein Unternehmerwechsel bewirkt somit, dass der Abzug des im übergegangenen Unternehmen entstandenen Verlustes entfällt, auch wenn das Unternehmen als solches von dem neuen Inhaber unverändert fortgeführt oder mit einem eigenen Unternehmen vereinigt wird (R 10a.3 Abs. 1 Sätze 2, 3 GewStR).

Beispiel D.28:

A betreibt ein Schreibwarengeschäft als Einzelunternehmen. Zum 31.12.01 verkauft er das Unternehmen an B, der den Laden unverändert fortführt.

Mangels Unternehmeridentität geht ein eventueller gewerbesteuerlicher Verlustvortrag zum 31.12.01 unter.

Soweit Mitunternehmerschaften betroffen sind, ist § 10a Satz 4 GewStG einschlägig. Danach ist der Verlustvortrag bei einer Mitunternehmerschaft den Mitunternehmern entsprechend dem sich aus dem Gesellschaftsvertrag ergebenden allgemeinen Gewinnverteilungsschlüssel zuzurechnen. Bei Personengesellschaften und anderen Mitunternehmerschaften sind Träger des Rechts auf den Verlustabzug somit die einzelnen Mitunternehmer (R 10a.3 Abs. 3 Satz 1 GewStR).

Die Berücksichtigung eines Gewerbeverlustes bei Mitunternehmerschaften setzt voraus, dass bei der Gesellschaft im Entstehungsjahr ein negativer und im Abzugsjahr ein positiver Gewerbeertrag vorliegt; in die Ermittlung dieser Beträge sind Sonderbetriebsausgaben und Sonderbetriebseinnahmen einzubeziehen. Kommt es in einem folgenden Erhebungszeitraum mit positivem Gewerbeertrag zu einer Minderung des Fehlbetrages, so vermindern sich die den einzelnen Mitunternehmern zuzurechnenden Anteile entsprechend ihrem nach dem allgemeinen Gewinnverteilungsschlüssel im Abzugsjahr (§ 10a Satz 5 GewStG) zu bemessenden Anteil am Gewerbeertrag (R 10a.3 Abs. 3 Sätze 2 – 4 GewStR).

Bei gleichem Gesellschafterbestand und gleicher Beteiligungsquote bleibt das Gesamtergebnis im Verlustentstehungsjahr und im Abzugsjahr maßgebend; eine gesellschafterbezogene Berechnung kann unterbleiben. Aufgrund der Personenbezogenheit des Verlustabzugs nach § 10a GewStG können sich jedoch Auswirkungen in den Fällen des Wechsels im Gesellschafterbestand und bei Änderung der Beteiligungsquote ergeben. Bei einer Änderung der Beteiligungsquote ist der den Mitunternehmern im Verlustentstehungsjahr nach § 10a Satz 4 GewStG zugerechnete Anteil am Fehlbetrag insgesamt, jedoch gemäß § 10a Satz 5 GewStG nur von dem jeweiligen Anteil am gesamten Gewerbeertrag abziehbar, der entsprechend dem sich aus dem Gesellschaftsvertrag ergebenden Gewinnverteilungsschlüssel des Abzugsjahres auf den jeweiligen Mitunternehmer entfällt (R 10a.3 Abs. 3 Sätze 6 – 8 GewStR).

Für den Wechsel im Gesellschafterbestand gilt z.B. Folgendes:

Ausscheiden eines Gesellschafters aus einer Personengesellschaft

Beim Ausscheiden eines Gesellschafters aus einer Personengesellschaft entfällt der Verlustabzug gemäß § 10a GewStG anteilig in der Höhe, in der der Fehlbetrag dem ausscheidenden Gesellschafter nach § 10a Sätze 4 und 5 GewStG zuzurechnen ist (R 10a.3 Abs. 3 Satz 9 Nr. 1 GewStR).

Beispiel D.29:

An der ABC-OHG sind A, B und C zu je einem Drittel beteiligt. Die OHG verfügt über einen vortragsfähigen Gewerbeverlust i.H.v. 120.000 € aus dem Wirtschaftsjahr = Kalenderjahr 01. Zum 31.12.01 scheidet C aus der OHG aus, der Anteil des C wächst den verbleibenden Gesellschaftern an (§ 738 BGB).

In Höhe von 40.000 € verfällt der Gewerbeverlust der OHG.

Eintritt in eine bestehende Personengesellschaft

Tritt ein Gesellschafter in eine bestehende Personengesellschaft ein, ist der vor dem Eintritt des neuen Gesellschafters entstandene Fehlbetrag im Sinne des § 10a GewStG weiterhin insgesamt, jedoch nur von dem Betrag abziehbar, der von dem gesamten Gewerbeertrag entsprechend dem sich aus dem Gesellschaftsvertrag ergebenden Gewinnverteilungsschlüssel auf die bereits vorher beteiligten Gesellschafter entfällt (R 10a.3 Abs. 3 Satz 9 Nr. 2 GewStR).

Beispiel D.30:

An der AB-OHG sind A und B je zur Hälfte beteiligt. Die OHG verfügt über einen vortragsfähigen Gewerbeverlust i.H.v. 1.000.000 € aus dem Wirtschaftsjahr = Kalenderjahr 01. Zum 01.01.02 tritt C in die nunmehr als ABC-OHG firmierende Gesellschaft ein. A und B sind zu je 40 %, C ist zu 20 % an der ABC-OHG beteiligt, die in 02 einen Gewerbeertrag i.H.v. 600.000 € erzielt.

Der Gewerbeverlust von 1.000.000 € kann in voller Höhe von der ABC-OHG genutzt werden. Er kann allerdings jeweils nur mit dem auf A und B entfallenden Anteil des Gewerbeertrags (= 80 %) verrechnet werden. In 02 kann somit ein Gewerbeverlust i.H.v. (80 % von 600.000 =) 480.000 € genutzt werden, der Gewerbeertrag nach Verlustabzug beträgt 120.000 €. In den Erhebungszeitraum 03 kann ein Gewerbeverlust von 520.000 € vorgetragen werden.

Veräußerung eines Mitunternehmeranteils

Veräußert ein Gesellschafter seinen Mitunternehmeranteil, so sind die vorstehend beschriebenen Grundsätze für das Ausscheiden sowie für den Eintritt eines Gesellschafters zugleich zu beachten (R 10a.3 Abs. 3 Satz 9 Nr. 3 GewStR).

Beispiel D.31:

An der AB-OHG sind A zu 60 % und B zu 40 % beteiligt. Die OHG verfügt über einen vortragsfähigen Gewerbeverlust i.H.v. 200.000 € aus dem Wirtschaftsjahr = Kalenderjahr 01. Zum 01.01.02 veräußert B seinen Anteil an C. Die nunmehr als AC-OHG firmierende Gesellschaft erzielt in 02 einen Gewerbeertrag i.H.v. 150.000 €.

Der Gewerbeverlust von 200.000 € geht in Höhe des auf B entfallenden Anteils (40 %) unter. Die AC-OHG kann somit nur noch einen Gewerbeverlust von 120.000 € nutzen. In 02 kann dieser nur mit dem auf A entfallenden Teil des Gewerbeertrags (= 60 %) verrechnet werden. In 02 kann somit ein Gewerbeverlust i.H.v. (60 % von 150.000 =) 90.000 € genutzt werden. Der Gewerbeertrag nach Verlustabzug beträgt 60.000 €. In den Erhebungszeitraum 03 kann ein Gewerbeverlust von 30.000 € vorgetragen werden.

Ausscheiden aller Gesellschafter bis auf einen

Wird nach dem Ausscheiden von Gesellschaftern aus einer Personengesellschaft der Gewerbebetrieb von einem Gesellschafter fortgeführt, kann dieser vom Gewerbeertrag des Einzelunternehmens einen verbleibenden Fehlbetrag der Gesellschaft insoweit abziehen, als dieser Betrag gemäß § 10a Sätze 4, 5 GewStG auf ihn entfällt. Dies gilt auch, wenn der den Gewerbebetrieb fortführende Gesellschafter eine Kapitalgesellschaft ist, sowie in den Fällen der Verschmelzung einer Personengesellschaft auf einen Gesellschafter (R 10a.3 Abs. 3 Satz 9 Nr. 4 GewStR).

Eintritt in ein Einzelunternehmen

Wird ein Einzelunternehmen nach Eintritt einer Person als Personengesellschaft fortgeführt, so kann der in dem Einzelunternehmen entstandene Gewerbeverlust in voller Höhe von der Personengesellschaft übernommen werden. Allerdings kann dieser nur zum Ausgleich des Teils des Gewerbeertrags der Personengesellschaft verwendet werden, der anteilig auf den bisherigen Einzelunternehmer entfällt (BFH-Beschluss vom 03.05.1993, BStBl II 1993 II, S. 616).

Beispiel D.32:

Einzelunternehmer A bringt sein Unternehmen zum 01.01.02 in die AB-OHG ein, an der er zu 50 % beteiligt ist. Im Wirtschaftsjahr = Kalenderjahr 01 war im Einzelunternehmen des A ein Gewerbeverlust i.H.v. 200.000 € entstanden. Im Erhebungszeitraum 02 erzielt die AB-OHG einen Gewerbeertrag vor Verlustabzug von 70.000 €.

Die AB-OHG kann den im Einzelunternehmen des A entstandenen Gewerbeverlust in voller Höhe übernehmen. Allerdings kann dieser nur mit dem auf den A entfallenden Teil des Gewerbeertrags der AB-OHG (50 %) verrechnet werden. Der Gewerbeertrag der AB-OHG in 02 nach Verlustabzug beträgt somit 35.000 €, der auf 03 vortragsfähige Gewerbeverlust beträgt 165.000 €.

Einbringung des Betriebs einer Personengesellschaft

Bei der Einbringung des Betriebes einer Personengesellschaft in eine andere Personengesellschaft besteht die für den Verlustabzug erforderliche Unternehmeridentität, soweit die Gesellschafter der eingebrachten Gesellschaft auch Gesellschafter der aufnehmenden Gesellschaft sind. Entsprechendes gilt bei der Verschmelzung zweier Personengesellschaften. Die Unternehmeridentität bleibt auch erhalten bei der formwechselnden Umwandlung einer Personengesellschaft in eine andere Personengesellschaft (z.B. OHG in KG). Wird eine Personengesellschaft im Wege der Verschmelzung oder des Formwechsels in eine Kapitalgesellschaft umgewandelt, besteht keine Unternehmeridentität mit der Folge, dass die Kapitalgesellschaft den bei der Personengesellschaft entstandenen Gewerbeverlust nicht abziehen kann (R 10a.3 Abs. 3 Satz 9 Nr. 5 GewStR).

Realteilung

Liegen bei der Realteilung einer Personengesellschaft die Voraussetzungen der Unternehmensidentität vor, kann jeder Inhaber eines aus der Realteilung hervorgegangenen Teilbetriebs vom Gewerbeertrag dieses Unternehmens den vortragsfähigen Fehlbetrag der Personengesellschaft nur insoweit abziehen, als ihm dieser nach § 10a Sätze 4 und 5 GewStG zuzurechnen war. Es kann jedoch höchstens der Teil des Fehlbetrages abgezogen werden, der dem übernommenen Teilbetrieb tatsächlich zugeordnet werden kann (R 10a.3 Abs. 3 Satz 9 Nr. 7 GewStR). Zum Begriff der Realteilung siehe Abschnitt B.5.4.6.3.1.

Beispiel D.33:

An der AB-OHG sind A und B zu je 50 % beteiligt. Die OHG verfügt über einen vortragsfähigen Gewerbeverlust i.H.v. 200.000 € aus dem Wirtschaftsjahr = Kalenderjahr 01. Zum 01.01.02 wird die OHG real geteilt. A übernimmt den Teilbetrieb I, B den Teilbetrieb II. Aus der Buchführung der OHG ergibt sich, dass der Gewerbeverlust i.H.v. 120.000 € in Teilbetrieb I und i.H.v. 80.000 € in Teilbetrieb II entstanden ist.

A und B können grundsätzlich einen Anteil von 50 % des Gewerbeverlustes, d.h. jeweils einen Teilbetrag von 100.000 € übernehmen. Allerdings ist der übertragbare Gewerbeverlust auf den Betrag beschränkt, der dem einzelnen Teilbetrieb zuzuordnen ist. A kann somit einen Gewerbeverlust i.H.v. 100.000 €, B jedoch nur einen Gewerbeverlust i.H.v. 80.000 € übernehmen. I.H.v. 20.000 € verfällt der Gewerbeverlust der AB-OHG.

Doppelstöckige Personengesellschaften

Bei der Beteiligung einer Personengesellschaft (Obergesellschaft) an einer anderen Personengesellschaft (Untergesellschaft) sind nicht die Gesellschafter der Obergesellschaft, sondern ist die Obergesellschaft als solche Gesellschafterin der Untergesellschaft. Ein Gesellschafterwechsel bei der Obergesellschaft hat daher ungeachtet des § 15 Abs. 1 Satz 1 Nr. 2 Satz 2 EStG keinen Einfluss auf einen vortragsfähigen Gewerbeverlust bei der Untergesellschaft (R 10a.3 Abs. 3 Satz 9 Nr. 8 GewStR).

Unterjähriger Gesellschafterwechsel

Bei einem unterjährigen Gesellschafterwechsel ist der Gewerbeertrag der Mitunternehmerschaft für den gesamten Erhebungszeitraum einheitlich zu ermitteln, sodass nach dem Gesellschafterwechsel entstandene Verluste mit vor dem Gesellschafterwechsel entstandenen Gewinnen und umgekehrt zu verrechnen sind. Die Rechtsfolgen des § 10a GewStG treten bei unterjährigen Änderungen der Unternehmeridentität auf den je-weiligen Zeitraum vor und nach dem Gesellschafterwechsel ein. Die für diese Zwecke erforderliche Aufteilung des einheitlich ermittelten positiven oder negativen Gewerbeertrags hat zeitanteilig zu erfolgen, sofern dies nicht zu offensichtlich unzutreffenden Ergebnissen führt (R 10a.3 Abs. 3 Satz 9 Nr. 9 GewStR).

Kapitalgesellschaften

Bei Kapitalgesellschaften führt ein Gesellschafterwechsel hingegen nicht zu einer Versagung oder Reduzierung der vortragsfähigen Gewerbeverluste (vgl. auch BFH-Urteil vom 29.10.1986, BStBl II 1987, S. 310).

Auf die Behandlung eines gewerbesteuerlichen Verlustvortrags bei Umwandlungsfällen (Formwechsel, Verschmelzung, Spaltung) soll an dieser Stelle nicht eingegangen werden. Es sei auf R 10a.3 Abs. 4 GewStR verwiesen.

6.1.2 Der Gewerbeverlust

Nach der Formulierung des § 10a GewStG wird der Gewerbeertrag um die Fehlbeträge gekürzt, die sich bei der Ermittlung des Gewerbeertrags für die vorausgegangenen Erhebungszeiträume nach den Vorschriften der §§ 7 – 10 GewStG ergeben haben. Vortragsfähig ist somit ein negativer Gewerbeertrag, der sich nach den Hinzurechnungen des § 8 GewStG und nach den Kürzungen des § 9 GewStG ergibt. Gemäß § 10a Satz 6 GewStG ist die Höhe des vortragsfähigen Fehlbetrags – analog zum Einkommensteuer- und Körperschaftsteuerrecht – durch das Finanzamt gesondert festzustellen. Zum Verfahren der ge-sonderten Feststellung siehe §§ 179 ff. AO.

Der Gewerbeverlust ist von Amts wegen von einem positiven Gewerbeertrag nachfolgender Jahre abzuziehen, eines Antrags des Steuerpflichtigen bedarf es nicht. Der Verlustabzug ist bis zur Höhe des positiven Gewerbeertrags (nach Hinzurechnungen und Kürzungen) durchzuführen. Dies gilt auch dann, wenn der Gewerbeertrag durch den Verlustabzug unter den Freibetrag des § 11 Abs. 1 Satz 3 Nr. 1 GewStG von 24.500 € für Einzelunternehmen und Personengesellschaften sinkt und es daher insoweit nicht zu einer Gewerbesteuerersparnis kommt. Der Steuerpflichtige verfügt über kein Wahlrecht, auf den Verlustabzug in einem Vortragsjahr ganz oder teilweise zugunsten nachfolgender Jahre zu verzichten.

Beispiel D.34:

Im Wirtschaftsjahr = Kalenderjahr 01 ergibt sich für das Einzelunternehmen des A folgende Veranlagung zur Gewerbesteuer:

	Gewinn aus Gewerbebetrieb 01	75.000 €
+	Hinzurechnungen nach § 8 GewStG	+ 30.000 €
–	Kürzungen nach § 9 GewStG	– 115.000 €
=	Gewerbeverlust 01	– 10.000 €

Der Gewerbeverlust von 10.000 € ist gemäß § 10a Satz 6 GewStG gesondert festzustellen. In 02 ergibt sich folgendes Bild:

	Gewinn aus Gewerbebetrieb 02	85.000 €
+	Hinzurechnungen nach § 8 GewStG	+ 30.000 €
–	Kürzungen nach § 9 GewStG	– 95.000 €
=	Gewerbeertrag vor Verlustabzug	20.000 €
–	Verlustabzug	– 10.000 €
=	Gewerbeertrag 02	10.000 €

Obwohl der Gewerbeertrag vor Verlustabzug den Freibetrag von 24.500 € nicht übersteigt und sich daher in 02 auch ohne den Verlustabzug keine Gewerbesteuerschuld ergeben hätte, wird der Verlustvortrag vollständig aufgebraucht.

Zwar ist Ausgangspunkt der Ermittlung des vortragsfähigen Gewerbeverlusts gemäß § 7 GewStG der Gewinn (bzw. Verlust) aus Gewerbebetrieb. Dennoch ist der Verlustvortrag nach § 10a GewStG i.d.R. nicht mit dem einkommensteuerlichen Verlustvortrag nach § 10d EStG identisch. Unterschiede ergeben sich insbesondere aus den folgenden Gründen:

- Der vortragsfähige Gewerbeverlust ergibt sich, indem der einkommensteuerliche Gewinn oder Verlust aus Gewerbebetrieb um die Hinzurechnungen und Kürzungen der §§ 8, 9 GewStG modifiziert wird. Somit kann sich beispielsweise selbst dann ein Gewerbeverlust ergeben, wenn einkommensteuerlich ein Gewinn aus Gewerbebetrieb vorliegt.

Beispiel D.35:

Im Wirtschaftsjahr = Kalenderjahr 01 ergibt sich für das Einzelunternehmen des A folgende Veranlagung zur Gewerbesteuer:

	Gewinn aus Gewerbebetrieb	60.000 €
+	Hinzurechnungen nach § 8 GewStG	+ 20.000 €
–	Kürzungen nach § 9 GewStG	– 90.000 €
=	Gewerbeverlust	– 10.000 €

- Der Verlustabzug nach § 10d EStG erfolgt erst nach dem Verlustausgleich, d.h. dem Ausgleich negativer Einkünfte aus Gewerbebetrieb mit positiven Einkünften aus den anderen Einkunftsarten (siehe Abschnitt B.10.1.1). Ein Verlustausgleich kommt im Rahmen des Gewerbesteuerrechts hingegen nicht in Betracht.

Beispiel D.36:

A verfügt über positive Einkünfte aus Vermietung und Verpachtung i.H.v. 70.000 € sowie über negative Einkünfte aus einem gewerblichen Einzelunternehmen i.H.v. 50.000 €. Hinzurechnungen und Kürzungen nach den §§ 8, 9 GewStG sind nicht erforderlich.

Für gewerbesteuerliche Zwecke wird der Gewerbeverlust i.H.v. 50.000 € vorgetragen. Für einkommensteuerliche Zwecke verbleibt nach dem Verlustausgleich der Einkünfte aus Gewerbebetrieb mit den Einkünften aus Vermietung und Verpachtung hingegen kein negativer Gesamtbetrag der Einkünfte, der nach § 10d EStG vorgetragen werden könnte.

- Schließlich können sich Unterschiede zwischen gewerbesteuerlichem und einkommensteuerlichem Verlustvortrag dadurch ergeben, dass nach § 10d EStG auch ein begrenzter Verlustrücktrag in den unmittelbar vorhergehenden Veranlagungszeitraum möglich ist, während das Gewerbesteuerrecht die Möglichkeit eines Verlustrücktrags nicht kennt (zur Begründung der fehlenden Rücktragsmöglichkeit im Gewerbesteuerrecht siehe BFH-Urteil vom 09.11.1990, BFH/NV 1991, S. 766).

6.1.3 Mindestbesteuerung

Ab 2004 ist der Verlustvortrag im Rahmen der sog. „**Mindestbesteuerung**" (§ 10a Satz 2 GewStG) **betragsmäßig beschränkt**. Der Verlustabzug in dem einzelnen Vortragsjahr ist danach in zwei Schritten zu prüfen:

1. Schritt:

Ein positiver Gewerbeertrag im Vortragsjahr kann zunächst bis zur Höhe von 1 Mio. € unbeschränkt mit einem Verlustvortrag verrechnet werden.

2. Schritt:

Übersteigt der (positive) Gewerbeertrag im Vortragsjahr 1 Mio. €, so kann der übersteigende Betrag nur zu 60 % mit einem Verlustvortrag verrechnet werden.

Die Vorschriften zur Mindestbesteuerung entsprechen inhaltlich § 10d Abs. 2 EStG, so dass insoweit auf die Ausführungen zur Einkommensteuer in Abschnitt B.10.1.2.2 verwiesen werden kann.

6.1.4 Entsprechende Anwendung des § 8c KStG

§ 10a Satz 10 GewStG erklärt § 8c KStG für Anteilsübertragungen nach dem 31.12.2007 auch im Gewerbesteuerrecht für entsprechend anwendbar. Werden innerhalb von fünf Jahren mehr als 50 % der Anteile **oder** der Stimmrechte an einer Körperschaft an **einen** Erwerber übertragen, so gehen bis zu diesem Zeitpunkt nicht ausgeglichene oder abgezogene Verluste **vollständig** unter. Werden mehr als 25 % aber nicht mehr als 50 % der Anteile oder der Stimmrechte an einer Körperschaft an einen Erwerber übertragen, so gehen die Verluste **anteilig** unter (§ 8c Abs. 1 Satz 1 KStG). Im Einzelnen kann auf die Ausführungen in Abschnitt C.7.1.2.3 verwiesen werden.

Gemäß § 10a Satz 10 Halbsatz 2 GewStG ist § 8c KStG auch für den Gewerbeverlust einer Mitunternehmerschaft entsprechend anzuwenden, wenn an der Mitunternehmerschaft eine

Körperschaft entweder unmittelbar oder mittelbar über andere Mitunternehmerschaften beteiligt ist.

Beispiel D.37:

Die B-GmbH ist zu 100 % am Kapital der A-GmbH & Co. KG beteiligt. Die KG verfügt zum 31.12.01 über einen vortragsfähigen Gewerbeverlust von 250.000 €. Zum 01.01.02 veräußert die B-GmbH 60% ihrer Beteiligung an C.

Da mehr als 50 % innerhalb von fünf Jahren übertragen werden, geht der vortragsfähige Gewerbeverlust der Personengesellschaft vollständig verloren.

6.2 Gewerbesteuerliche Organschaft

Die Tätigkeit der Kapitalgesellschaften, d.h. der AG, der KGaA und der GmbH, gilt gemäß § 2 Abs. 2 Satz 1 GewStG stets und in vollem Umfang als Gewerbebetrieb. Grundsätzlich ist die Kapitalgesellschaft eigenständiges Steuersubjekt der Gewerbesteuer.

Unter bestimmten Voraussetzungen gilt eine Kapitalgesellschaft allerdings als Betriebsstätte eines anderen Unternehmens (§ 2 Abs. 2 Satz 2 GewStG). Die Kapitalgesellschaft wird dann als **Organgesellschaft** oder als Organ bezeichnet, das andere Unternehmen als **Organträger**. Das Verhältnis zwischen Organträger und Organ wird als gewerbesteuerliche **Organschaft** bezeichnet. Ein Organschaftsverhältnis liegt nur vor, wenn die einzelnen, nachfolgend erläuterten Voraussetzungen während des gesamten Wirtschaftsjahres der Organgesellschaft erfüllt sind.

6.2.1 Voraussetzungen der gewerbesteuerlichen Organschaft

Bis einschließlich 2001 stimmten die Voraussetzungen für eine körperschaftsteuerliche Organschaft nicht mit den Voraussetzungen für eine gewerbesteuerliche Organschaft überein. Insbesondere verlangte das Gewerbesteuerrecht im Gegensatz zu § 14 KStG keinen Gewinnabführungsvertrag. Es war daher möglich, dass eine Kapitalgesellschaft für gewerbesteuerliche Zwecke, nicht jedoch für körperschaftsteuerliche Zwecke Organgesellschaft eines anderen Unternehmens war. Diese wenig befriedigende Rechtslage wurde durch das Unternehmenssteuerfortentwicklungsgesetz (BGBl I 2001, S. 3858) mit Wirkung zum Erhebungszeitraum 2002 geändert. Ab 2002 liegt eine gewerbesteuerliche Organschaft genau dann vor, wenn eine körperschaftsteuerliche Organschaft vorliegt (§ 2 Abs. 2 Satz 2 GewStG).

Die Voraussetzungen für eine körperschaftsteuerliche Organschaft wurden ausführlich in Abschnitt C.7.2.1 erläutert. Es wird deshalb an dieser Stelle auf eine erneute Beschreibung verzichtet.

6.2.2 Einkommenszurechnung

Die Organgesellschaft gilt im Gewerbesteuerrecht gemäß § 2 Abs. 2 Satz 2 GewStG als Betriebsstätte des Organträgers. Diese Betriebsstättenfiktion bedeutet aber nicht, dass Organträger und Organgesellschaft als einheitliches Unternehmen anzusehen sind. Der Gewerbeertrag ist vielmehr für jedes Unternehmen getrennt zu ermitteln (BFH-Urteil vom 18.09.1996, BStBl II 1997, S. 181; R 2.3 Abs. 1 Sätze 3, 4 GewStR). Eine einheitliche Ermittlung des Gewerbeertrags von Organträger und Organgesellschaft, z.B. auf der Grundlage einer Konzernbilanz, kommt nicht in Betracht. Um den Gewerbeertrag des

Organkreises zu ermitteln, wird der Gewerbeertrag der Organgesellschaft erst bei dieser berechnet und dann in einem zweiten Schritt dem Organträger zugerechnet. Verfügen Organträger und Organgesellschaft über unterschiedliche Wirtschaftsjahre, so sind die Gewerbeerträge derjenigen Wirtschaftsjahre zusammenzurechnen, die in demselben Erhebungszeitraum enden. Auf der Basis des zusammengerechneten Gewerbeertrags ist die Gewerbesteuer des Organkreises einheitlich gegen den Organträger festzusetzen.

Bei der Ermittlung der Gewerbeerträge von Organträger und Organgesellschaft unterbleiben allerdings Hinzurechnungen, sofern diese zu einer doppelten Belastung innerhalb des Organkreises führen würden. Ebenso unterbleiben Kürzungen, die zu einer zweifachen Entlastung von der Gewerbesteuer führen würden. Zu nennen sind insbesondere:

- Die Hinzurechnung von Finanzierungsentgelten nach § 8 Nr. 1 GewStG unterbleibt, wenn es sich um Zinsen für Schulden zwischen Gesellschaften desselben Organkreises handelt. Da diese Zinsen bereits im Gewerbeertrag des Gläubigers enthalten sind, würde eine Hinzurechnung nach § 8 Nr. 1 GewStG beim Schuldner zu einer doppelten Besteuerung innerhalb des Organkreises führen (BFH-Urteil vom 23.10.1974, BStBl II 1975, S. 46).
- Eine Korrektur ist auch geboten, wenn der Gewerbeertrag der Organgesellschaft negativ ist und der Organträger deshalb Teilwertabschreibungen auf seine Beteiligung an der Organgesellschaft vornimmt. Wäre die Teilwertabschreibung für Gewerbesteuerzwecke anzuerkennen, so würde sich der Gewerbeverlust der Organgesellschaft zweifach auswirken. Es wird insoweit eine Identität der Verluste der Organgesellschaft mit dem Wertverlust der Beteiligung vermutet (BFH-Urteil vom 06.11.1985, BStBl II 1986, S. 73) (vgl. auch die verwandte Problematik in Abschnitt D.5.2.1.6).

Verfügt die Organgesellschaft über vororganschaftliche Gewerbeverluste, so können diese während der Dauer der Organschaft nicht genutzt werden (§ 10a Satz 3 GewStG). Vororganschaftliche Verlustvorträge sind während der Dauer der Organschaft eingefroren, können aber nach deren Beendigung gegebenenfalls wieder genutzt werden.

Literaturverzeichnis

I. Kommentare und Erläuterungsbücher

G. Bauch / A. Oestreicher, Handels- und Steuerbilanzen, Einschließlich der Systematik betrieblicher Ertrags- und Substanzsteuern und der Vermögensaufstellung, 5. Aufl., Recht und Wirtschaft, Heidelberg 1993

H.-W. Bayer, Grundbegriffe des Steuerrechts, 4. Aufl., Metzner, Neuwied u.a. 1992

E. Biergans, Einkommensteuer, Systematische Darstellung und Kommentar, 6. Aufl., Oldenbourg, München u.a. 1992

D. Birk, Das Leistungsfähigkeitsprinzip als Maßstab der Steuernormen, Ein Beitrag zu den Grundfragen des Verhältnisses zwischen Steuerrecht und Verfassungsrecht, Deubner, Köln 1983

D. Birk, Steuerrecht, 13. Aufl., Müller, Heidelberg u.a. 2010/2011

W. Blümich, Einkommensteuer, Körperschaftsteuer, Gewerbesteuer, Kommentar, Loseblatt, Vahlen, München

A. Bordewin / J. Brandt (Hrsg.), Kommentar zum Einkommensteuergesetz: EStG, Loseblatt, Müller, Heidelberg u.a.

A. Bordewin / N. Tonner, Leasing im Steuerrecht, Müller, 5. Aufl., Heidelberg 2008

D. Bös / B. Felderer, The Political Economy of Progressive Taxation, Springer, Berlin u.a. 1989

D. J. Brauner / A. Lauterbach (Hrsg.), Berufsziel Steuerberater / Wirtschaftsprüfer 2010, 9. Aufl., Wissenschaft & Praxis, 2009

F. Breyer, Ökonomische Theorie der Alterssicherung, Vahlen, München 1990

D. Brümmerhoff, Finanzwissenschaft, 9. Aufl., Oldenbourg, München u.a. 2007

Deutsche Bundesbank, Monatsberichte der Deutschen Bundesbank, Frankfurt am Main 2010

C. Djanani / G. Brähler / C. Lösel, Ertragsteuern, UTB, 4. Aufl., Stuttgart 2010

P. A. Doetsch / T. Hagemann / S. Oecking / R. Reichenbach, Betriebliche Altersversorgung – ein praktischer Leitfaden, Rudolf Haufe, 3. Aufl., München 2010

E. Dötsch / I. Franzen / W. Sädtler / H. Sell / W. Zenthöfer, Körperschaftsteuer, Schäffer-Poeschel, 15. Aufl., Stuttgart 2009

E. Dötsch / W. Jost / A. Pung / G. Witt (Hrsg.), Die Körperschaftsteuer, Kommentar zum Körperschaftsteuergesetz, Umwandlungssteuergesetz und zu den einkommensteuerrechtlichen Vorschriften der Anteilseignerbesteuerung, Loseblatt, Schäffer-Poeschel, Stuttgart

G. H. Engelhardt, Verhaltenslenkende Wirkungen der Einkommensteuer, Duncker & Humblot, Berlin 1968

Ernst & Young GmbH (Hrsg.), Kommentar zum Körperschaftsteuergesetz, Loseblatt, Stollfuß, Bonn

R. Federmann, Bilanzierung nach Handelsrecht, Steuerrecht und IAS/IFRS: Gemeinsamkeiten, Unterschiede und Abhängigkeiten, 12. Aufl., E. Schmidt, Berlin 2010

S. E. Franke, Entwicklung und Begründung der Einkommensbesteuerung, Wissenschaftliche Buchgesellschaft, Darmstadt 1981

G. Frotscher / E. Maas (Hrsg.), Körperschaftsteuergesetz, Umwandlungssteuergesetz: KStG, UmwStG, Kommentar, Loseblatt, Haufe, Freiburg im Breisgau

D. von Gehlen, Die Abgrenzung von Liebhaberei und einkommensteuerlich relevanter Betätigung aus betriebswirtschaftlicher Sicht, Eul, Bergisch Gladbach u.a. 1989

P. Glanegger / G. Güroff, Gewerbesteuergesetz (GewStG), Kommentar, 7. Aufl., Beck, München 2009

C. Grefe, Unternehmenssteuern, 13. Aufl., Kiehl-Verlag, Herne 2010

S. Grotherr / C. Herfort / G. Strunk, Internationales Steuerrecht, 3. Aufl., Fleischer, Achim 2010

L. Haberstock / V. Breithecker / R. Klapdor, Einführung in die Betriebswirtschaftliche Steuerlehre, 15. Aufl., E. Schmidt, Berlin 2010

A. Haufler, Taxation in a Global Economy, Cambridge University Press, Cambridge u.a. 2001

M. Heinhold, Besteuerung der Gesellschaften: Rechtsformen und ihre steuerliche Behandlung, 2. Aufl., Verlag Neue Wirtschaftsbriefe, Herne 2010

C. Herrmann / G. Heuer / A. Raupach, Einkommensteuer- und Körperschaftsteuergesetz, Kommentar, Loseblatt, O. Schmidt, Köln

B. Heuermann / K. Wagner / E. Schmidt, Lohnsteuer, Handbuch des gesamten Lohnsteuerrechts, Loseblatt, Vahlen, München

M. A. Hofbauer / P. Kupsch / G. Scherrer (Hrsg.), Bonner Handbuch Rechnungslegung, Loseblatt, Stollfuß, Bonn

S. Homburg, Steuerrecht für Ökonomen, Vahlen, München 1996

S. Homburg, Allgemeine Steuerlehre, 6. Aufl., Vahlen, München 2010

J. Hundsdoerfer, Die einkommensteuerliche Abgrenzung von Einkommenserzielung und Konsum, Habilitationsschrift, Deutscher Universitäts-Verlag, Wiesbaden 2002

O. H. Jacobs (Hrsg.), Unternehmensbesteuerung und Rechtsform, Handbuch zur Besteuerung deutscher Unternehmen, 4. Aufl., Beck, München 2009

O. H. Jacobs (Hrsg.), Internationale Unternehmensbesteuerung, Deutsche Investitionen im Ausland, Ausländische Investitionen im Inland, 7. Aufl., Beck, München 2011

B. Jäger / F. Lang, Körperschaftsteuer, 18. Aufl., Erich-Fleischer-Verlag, Achim 2009

T. Kaligin, Die Betriebsaufspaltung : ein Leitfaden für die Rechts-, Steuer- und Wirtschaftspraxis, 7. Aufl., Schmidt, 2011

B. Kaminski / G. Strunk, Grundlagen der Besteuerung unternehmerischer Tätigkeiten, 2. Aufl., Gabler, Wiesbaden 2007

P. Kirchhof, Besteuerungsgewalt und Grundgesetz, Athenaeum, Frankfurt am Main 1973

P. Kirchhof, Besteuerung im Verfassungsstaat, Mohr Siebeck, Tübingen 2000

P. Kirchhof / H. Söhn / R. Mellinghoff (Hrsg.), Einkommensteuergesetz, Kommentar, Loseblatt, Müller, Heidelberg u.a.

J. Kirschbaum / R. Volk, Lohnsteuer, 15. Aufl., Fleischer, Achim 2010

B. Knobbe-Keuk, Bilanz- und Unternehmenssteuerrecht, 9. Auflage, O. Schmidt, Köln 1993

R. König / A. Maßbaum / C. Sureth, Besteuerung und Rechtsformwahl, 4. Aufl., Neue Wirtschafts-Briefe, Herne u.a. 2009

K. Korn u.a. (Hrsg.), Einkommensteuergesetz, Kommentar, Loseblatt, Stollfuß, Bonn u.a.

R. Kreikebohm (Hrsg.), Sozialgesetzbuch, gesetzliche Rentenversicherung, SBG VI, Kommentar, 3. Aufl., Beck, München 2008

J. Kroschel / J. Richter, Auswirkungen des BilMoG auf die Handels- und Steuerbilanz von kleinen und mittleren Unternehmen, Logos Verlag, Berlin 2010

H. Kußmaul, Nutzungsrechte an Grundstücken in Handels- und Steuerbilanz, S + W Steuer- und Wirtschaftsverlag, Hamburg 1987

H. Kußmaul, Betriebswirtschaftliche Steuerlehre, 6. Aufl., Oldenbourg, München u.a. 2010

F. Lademann, Kommentar zum Körperschaftsteuergesetz, Loseblatt, Boorberg, Stuttgart u.a.

F. Lademann, Kommentar zum Einkommensteuergesetz, Loseblatt, Boorberg, Stuttgart u.a.

J. Lange, Personengesellschaften im Steuerrecht, 7. Aufl., Neue Wirtschafts-Briefe, Herne u.a. 2008

E. Lenski / W. Steinberg, Kommentar zum Gewerbesteuergesetz, Loseblatt, O. Schmidt, Köln

E. Littmann / H. Bitz / H. Pust (Hrsg.), Das Einkommensteuerrecht, Kommentar zum Einkommensteuergesetz, Loseblatt, Schäffer-Poeschel, Stuttgart

J. Lüdicke (Hrsg.), Unternehmensteuerrecht: Gründung, Finanzierung, Umstrukturierung, Übertragung, Liquidation, Beck, München 2008

H. Meffert / N. Krawitz (Hrsg.), Unternehmensrechnung und -besteuerung, Grundfragen und Entwicklungen, Gabler, Wiesbaden 1998

D. E. Meyer-Scharenberg, Einkommensteuerliche Behandlung des Nießbrauchs und anderer Nutzungsüberlassungen, Neue Wirtschafts-Briefe, Herne u.a. 1984

J. M. Mössner / S. F. Seeger (Hrsg.), Körperschaftsteuergesetz, Kommentar, Loseblatt, Neue Wirtschafts-Briefe, Herne u.a.

G. Niemeier / K.-P. Schlierenkämper / G. Schnitter / W. Wendt, Einkommensteuer, 22. Aufl., Erich Fleischer Verlag, Achim 2009

H. Richter, Handbuch der Rentenbesteuerung, Renten, Raten, wiederkehrende Bezüge, Nießbrauch, Nutzungsrechte, Loseblatt, Müller, Heidelberg

G. Rose, Einführung in den Beruf des Steuerberaters, 2. Aufl., O. Schmidt, Köln 1995

G. Rose / C. Watrin, Ertragsteuern: Einkommensteuer, Körperschaftsteuer, Gewerbesteuer, 19. Aufl., Schmidt, Berlin 2009

W. Scheffler, Ertrag-, Substanz- und Verkehrsteuern, 11. Aufl., Müller, Heidelberg u.a. 2009

W. Scheffler, Steuerbilanz, 6. Aufl., Müller, Heidelberg u.a. 2010

L. Schmidt (Hrsg.), Einkommensteuergesetz (EStG), Kommentar, 29. Aufl., Beck, München 2010

J. Schmitt / R. Hörtnagl / R.-C. Stratz, Umwandlungsgesetz, Umwandlungssteuergesetz, 5. Aufl., Beck, München 2009

C. B. Schmitz, Besteuerung von Abfindungen und Entschädigungen bei Beendigung oder Änderung des Arbeitsverhältnisses, O. Schmidt, Köln 1997

D. Schneeloch, Betriebswirtschaftliche Steuerlehre, Bd. 1, Besteuerung, 5. Aufl., Vahlen, München 2008

D. Schneeloch, Betriebswirtschaftliche Steuerlehre, Bd. 2, Betriebliche Steuerpolitik, 3. Aufl., Vahlen, München 2009

D. Schneider, Steuerbilanzen, Rechnungslegung als Messung steuerlicher Leistungsfähigkeit, Gabler, Wiesbaden 1978

D. Schneider, Investition, Finanzierung und Besteuerung, 7. Aufl., Gabler, Wiesbaden 1992

D. Schneider, Steuerlast und Steuerwirkung: Einführung in die steuerliche Betriebswirtschaftslehre, Oldenbourg, München u.a. 2002

W. Schönfeld / J. Plenker, Lexikon für das Lohnbüro 2011, Rehm, Heidelberg u.a. 2011

E. Schult, Betriebswirtschaftliche Steuerlehre, Einführung, 4. Aufl., Oldenbourg, München u.a. 2002

T. Siegel, Steuerwirkungen und Steuerpolitik in der Unternehmung, Physica, Würzburg u.a. 1982

T. Siegel / P. Bareis, Strukturen der Besteuerung, betriebswirtschaftliches Arbeitsbuch Steuerrecht, 4. Aufl., Oldenbourg, München u.a. 2004

H.-W. Sinn, Capital Income Taxation and Resource Allocation, North Holland, Amsterdam u.a. 1987

G. Söffing (Hrsg.), Besteuerung der Mitunternehmer, 5. Aufl., Neue Wirtschafts-Briefe, Herne u.a. 2005

G. Söffing, Die Betriebsaufspaltung: Formen, Voraussetzungen, Rechtsfolgen, 4. Aufl., Neue Wirtschafts-Briefe, Herne u.a. 2010

M. Streck (Hrsg.), Körperschaftsteuergesetz mit Nebengesetzen, Kommentar, 7. Aufl., Beck, München 2008

K. Tipke, Die Steuerrechtsordnung, Bd. 1, 2. Aufl., O. Schmidt, Köln 2000a

K. Tipke, Besteuerungsmoral und Steuermoral, Westdeutscher Verlag, Wiesbaden 2000b

K. Tipke, Die Steuerrechtsordnung, Bd. 2, 2. Aufl., O. Schmidt, Köln 2003

K. Tipke / J. Lang, Steuerrecht, 20. Aufl., O. Schmidt, Köln 2010

C. Treisch, Existenzminimum und Einkommensbesteuerung: Dogmengeschichte, Analyse der Besteuerungsprinzipien und Regelungsvorschlag, Shaker, Aachen 1999

H. Ueberschär, Finanzmonopole in der EG unter besonderer Berücksichtigung des deutschen Branntweinmonopols, wvb Wissenschaftlicher Verlag, Berlin 2008

K. Vogel / M. Lehner, Doppelbesteuerungsabkommen (DBA), Kommentar, 5. Aufl., Beck, München 2008

F. W. Wagner / H. Dirrigl, Die Steuerplanung der Unternehmung, Fischer, Stuttgart u.a. 1980

R. Wallenhorst / R. Halaczinsky, Die Besteuerung gemeinnütziger Vereine, Stiftungen und der juristischen Personen des öffentlichen Rechts: Handbuch für Beratung und Praxis, 6. Aufl., Vahlen, München 2009

W. R. Walz, Steuergerechtigkeit und Rechtsanwendung, v. Decker, Heidelberg 1980

H. Weber-Grellet, Steuerbilanzrecht, Beck, München 1996

M. Wehrheim, Grundzüge der Unternehmensbesteuerung, 2. Aufl., Vahlen, München 2008

M. Wehrheim, Einkommensteuer und Steuerwirkungslehre, 3. Aufl., Gabler, Wiesbaden 2009

A. J. Weichenrieder, Besteuerung und Direktinvestition, Mohr Siebeck, Tübingen 1995

D. Wellisch, Finanzwissenschaft II, Theorie der Besteuerung, Vahlen, München 2000

D. Wellisch, Theory of public finance in a federal state, Cambridge University Press, Cambridge u.a. 2000

D. Wellisch / S.-O. Lenz / K. Thiele / R. Gahl, Besteuerung der Altersvorsorge: Ein internationaler Vergleich, Nomos, Baden-Baden 2008

G. Wöhe / H. Kußmaul, Grundzüge der Buchführung und Bilanztechnik, 7. Aufl., Vahlen, München 2010

M. Wrede, Ökonomische Theorie des Steuerentzuges, Steuervermeidung, -umgehung und -hinterziehung, Physica, Heidelberg 1993

W. Zenthöfer / G. Leben, Körperschaftsteuer, Gewerbesteuer, 15. Aufl., Schäffer-Poeschel, Stuttgart 2010

W. Zenthöfer / D. Schulze zur Wiesche, Einkommensteuer, 10. Aufl., Schäffer-Poeschel, Stuttgart 2009

R. Zimmermann / J. Hottmann / S. Kiebele / J. Schaeberle / D. Völkel, Die Personengesellschaft im Steuerrecht, 10. Aufl., Fleischer, Achim 2009

H. Zitzelsberger, Grundlagen der Gewerbesteuer, eine steuergeschichtliche, rechtsvergleichende, steuersystematische und verfassungsrechtliche Untersuchung, O. Schmidt, Köln 1990

II. Einzeldarstellungen

U. Albert, Auswirkungen des Beschlusses des Großen BFH-Senats zum Aufteilungs- und Abzugsverbot, FR 2010, S. 220

W. Althammer, Steuern und Gerechtigkeit, Einige Bemerkungen zum Problem einer ökonomischen Theorie der Gerechtigkeit, in: J. Wahl (Hrsg.), Steuerpolitik vor neuen Aufgaben, Transfer, Regensburg 1991, S. 105

V. Arnold, Steuergerechtigkeit und internationaler Steuerwettbewerb um Direktinvestitionen, in: W. Gaertner (Hrsg.), Methodische Ansätze, Probleme der Steuer- und Verteilungsgerechtigkeit, Ordnungsfragen, Duncker & Humblot, Berlin 2000, S. 93

P. Bareis, Transparenz bei der Einkommensteuer – Zur systemgerechten Behandlung sog. "notwendiger Privatausgaben", StuW 1991, S. 38

P. Bareis, Existenzminimum, Bemessungsgrundlage und Tarifstruktur der Einkommensteuer, FR 1991, S. 405

P. Bareis, Begründungsmängel in den Beschlüssen des Bundesverfassungsgerichts zum Kinderlastenausgleich, DStR 1991, S. 1164

P. Bareis, "Kinderlast", Steuertarif und Besteuerung nach der Leistungsfähigkeit – Forderungen aus der Rechtsprechung des BVerfG, DStR 1991, S. 1399 (Teil I), S. 1434 (Teil II)

P. Bareis, Die Anforderungen an den Einkommensteuertarif in der Diskussion, WiSt 1997, S. 7

P. Bareis, Die Systematisierung der Einkommensteuer, in: K.-D. Henke (Hrsg.), Zur Zukunft der Staatsfinanzierung, Europäische Schriften zu Staat und Wirtschaft, Band 1, Nomos, Baden-Baden 1999, S. 87

P. Bareis, Die Einkommensteuer in der sozialen Marktwirtschaft, in: H. Küng / C. Trautmann / B. Leibinger (Hrsg.), Auf sicherem Fundament, Deutsche Verlags-Anstalt, Stuttgart 1999, S. 240

P. Bareis, Leistungsfähigkeit, Existenzminimum, Progression und Staatshaushalt, Diskussion des Beitrags von Michael Wosnitza und Corinna Treisch, DBW 1999, S. 555

P. Bareis, Ordnungsgemäße Buchführung für verdeckte Gewinnausschüttung anstelle "außerbilanzieller Korrekturen", DB 2010, S. 2637

M. Barthel, Steuergestaltungen mit Hilfe der Mindestbesteuerung, DStR 2001, S. 1582

H. Becker, Die Besteuerung von Betriebsstätten, DB 1989, S. 10

S. Behrens, Neuregelung der Besteuerung der Einkünfte aus Kapitalvermögen ab 2009 nach dem Regierungsentwurf eines Unternehmensteuerreformgesetzes vom 14.3.2007, BB 2007, S. 1025

D. Besendorfer / H. Bonin / B. Raffelhüschen, Reformbedarf der sozialen Alterssicherung bei alternativen demographischen Prognosen, Hamburger Jahrbuch für Wirtschafts- und Gesellschaftspolitik 2000, S. 105

E. Biergans, Überlegungen zur Zurechnung latenter Einkünfte im Einkommensteuerrecht, FR 1982, S. 525

D. Birk, Steuergerechtigkeit und Transfergerechtigkeit – Zum Problem der Einwirkungen der Transferleistungen auf die gerechte Steuerverteilung –, ZRP 1979, S. 221

D. Birk, Gleichheit und Gesetzmäßigkeit der Besteuerung, Zum Stellenwert zweier Grundprinzipien in der Steuerreform 1990, StuW 1989, S. 212

D. Birk, Liebhaberei im Ertragssteuerrecht, BB 2009, S. 860

H. Bitz, Steuerpflicht von Immobilienveräußerungen – Abgrenzung zwischen Spekulationsgewinnen und gewerblichem Grundstückshandel, DStR 1999, S. 792

C. B. Blankart, Besteuerungshoheit und Zentralisierung, Ein Vergleich zwischen Deutschland und der Schweiz, Schweizer Monatshefte 2000, Heft 3, S. 21

W. Blumers, Die Europarechtswidrigkeit der Betriebsstättenzurechnung im Betriebsstättenerlass, DB 2006, S. 856

C. Bock, Sind hybride Finanzinstrumente vorteilhaft gegenüber klassischen Finanzierungsformen? Eine Unternehmenssimulation unter Berücksichtigung der Steuerbelastung, StuW 2010, S. 321

A. Bohn / N. Herzig, Das Wachstumsbeschleunigungsgesetz als Umsetzung des Sofortprogramms der Koalitionsparteien zum Unternehmensteuerrecht, DStR 2009, S. 2341

A. Bohn / T. Loose, Ausgewählte Zweifelsfragen bei der Anwendung des EBITDA-Vortrags, DStR 2011, S. 241

A. Bolik / M. Ortmann-Babel / C. Fuest, Beurteilung von Zinsschranke, Verlustverrechnungsbeschränkung und steuerpolitischen Zukunftserwartungen aus Unternehmenssicht, DStR 2010, S. 1865

D. Bös / G. Tillmann, Equitability and Income Taxation, in: D. Bös / B. Felderer (Hrsg.), The Political Economy of Progressive Taxation, Springer, Berlin u.a. 1989, S. 75

D. Bös / G. Tillmann, An Economist's View of Equitable Taxation, in: D. Bös / B. Felderer (Hrsg.), The Political Economy of Progressive Taxation, Springer, Berlin u.a. 1989, S. 107

C. Brehm, Die Einkünfteerzielungsabsicht bei den Einkünften aus Vermietung und Verpachtung, SteuerStud 2009, S. 127

V. Breithecker / U. Zisowski, Die gewerbliche Prägung nach § 15 Abs. 3 Nr. 2 EStG, BB 1998, S. 508

F. Breyer / M. Kolmar, Are National Pension Systems Efficient if Labor is (Im)perfectly Mobile?, JPubEcon 2002, S. 347

L. Bublitz, Steuerrechtliche Fragen bei der Enteignung privater und betrieblicher Grundstücke, BB 1982, S. 1869

W. Buchholz / K. A. Konrad, Risiko und Steuern, in: N. Andel (Hrsg.), Probleme der Besteuerung III, Duncker & Humblot, Berlin 2000, S. 63

W. Buchholz / W. Wiegard, Einfache Wahrheiten über intertemporal neutrale Besteuerung, in: J. Wahl (Hrsg.), Steuerpolitik vor neuen Aufgaben, Transfer, Regensburg 1991, S. 11

M. Bünning, Steuer- und handelsbilanzielle Gestaltungsmöglichkeiten bei der Übertragung von Vermögensgegenständen auf Personengesellschaften, BB 2010, S. 2357

T. Bürkle / A. Knebel, Bilanzierung von Beteiligungen an Personengesellschaften, DStR 1998, S. 1067

D. Cansier, Steuern und Investitionsrisiko, in: D. Cansier / D. Kath (Hrsg.), Öffentliche Finanzen, Kredit und Kapital, Duncker & Humblot, Berlin 1985, S. 255

D. Cansier, Cash-Flow-Steuern: Neue Wege der Unternehmensbesteuerung?, Wirtschaftsdienst 1989, S. 252

D. Cansier / D. Wellisch, Steuerwirkungen nach dem neoklassischen Investitionsmodell, StuW 1989, S. 158

D. Cansier / D. Wellisch, Betriebsteuer und intertemporale Neutralität, StuW 1991, S. 179

M. Cordes, Gewerbesteueranrechnung: Begrenzung auf die tatsächlich zu zahlende Gewerbesteuer bei mehreren unternehmerischen Engagements, DStR 2010, S. 1416

N. Dautzenberg, Abzugsfähigkeit von Beitragszahlungen für Auslandsversicherungen als Sonderausgaben, NWB, Fach 3, S. 8771

N. Dautzenberg, Die Problematik der Grenzgängerregelungen nach dem Schumacker-Urteil des Europäischen Gerichtshofes, BB 1995, S. 2397

N. Dautzenberg / R. Heyeres, Die steuerliche Behandlung des nicht-mitunternehmerischen Gesellschafters, BB 1994, S. 903

R. Demuth, Die Abfärbe- und Infektionswirkung des § 15 Abs. 3 Nr. 1 EStG, KöSDI 2005, S. 14487

A. Dennisen / M. P. Scheunemann, Änderungen im Unternehmenssteuerrecht durch das Jahressteuergesetz 2010, BB 2011, S. 220

A. Dennisen / M. P. Scheunemann / S. Behrens, Steuerliche Änderungen durch das Wachstumsbeschleunigungsgesetz, BB 2010, S. 23

M. Dietel, Bilanzierung von Anteilen an Personengesellschaften in Handels- und Steuerbilanz, DStR 2002, S. 2140

M. Dietrich / M. Krakowiak, Deutschland - Ein Steuerparadies für Kapitalgesellschaften?, DStR 2009, S. 661

M. Dietrich / K. Schönemann, Betriebsaufgabe versus Betriebsverpachtung – eine ökonomische Betrachtung, DStR 2011, S. 231

H. Dörfler / A. Fellinger / A. Reichl, Kleine Schritte, große Wirkung – Vorschläge zur Fortentwicklung des § 34a EStG, Beihefter zu DStR 29 2009, S. 69

K.-D. Drüen, Die Sanierungsklausel des § 8c KStG als europarechtswidrige Beihilfe - Anmerkungen zur Beihilfeentscheidung der EU-Kommission vom 26. 1. 2011, DStR 2011, S. 289

K.-D. Drüen, Rechtsformneutralität der Unternehmensbesteuerung als verfassungsrechtlicher Imperativ?, GmbHR 2008, S. 393

A. Düll / G. Fuhrmann / M. Eberhard, Unternehmenssteuerreform 2001: Die Neuregelung des § 6 Abs. 5 Satz 3 EStG – sog. Wiedereinführung des Mitunternehmererlasses, DStR 2000, S. 1713

D. Dürrschmidt, „Europäisches Steuerrecht" nach Lissabon, NJW 2010, S. 2086

U. Ebert, Einige Überlegungen zur Familienbesteuerung, in: W. Gaertner (Hrsg.), Methodische Ansätze, Probleme der Steuer- und Verteilungsgerechtigkeit, Ordnungsfragen, Duncker & Humblot, Berlin 2000, S. 115

U. Ebert / P. J. Lambert, Combined income taxes and tax-benefit systems, Economic Record 1999, S. 397

G. Ege, Beschränkte Steuerpflicht – Systematik und aktuelle Entwicklungen, DStR 2010, S. 1205

W. Eggert / B. Genser, Is Tax Harmonization Useful?, ITAX 2001, S. 511

T. Ehmcke, Die nichtabziehbaren Aufwendungen der Gesellschaft, DStJG 1997, S. 257

G. Eismann, Anmerkung zum Beschluss des BVerfG vom 06.07.2010 (Abzugsverbot für Arbeitszimmeraufwendungen teilweise verfassungswidrig), NJW 2010, S. 2647

R. Elschen, Steuerliche Gerechtigkeit – unzulässiger oder unzulänglicher Forschungsgegenstand der Steuerwissenschaften?, StuW 1988, S. 1

R. Elschen, Entscheidungsneutralität, Allokationseffizienz und Besteuerung nach der Leistungsfähigkeit – oder: Gibt es ein gemeinsames Fundament der Steuerwissenschaften?, StuW 1991, S. 99

R. Elschen, Managementanreize und steuerpolitische Optimierung, DBW 1995, S. 303

G. H. Engelhardt, Der Beitrag der Finanzpsychologie zu einer rationalen Steuerpolitik, in: W. Rippe / H.-P. Haarland (Hrsg.), Wirtschaftstheorie als Verhaltenstheorie, Duncker & Humblot, Berlin 1969, S. 85

Ernst & Young, Wissenschaftlicher Beirat, Grundsätzliche Überlegungen zu einem T-Modell zur Tarifbegünstigung des nicht entnommenen Gewinns bei Personenunternehmen, BB 2005, S. 1653

C. Esser, Der „linear-progressive" Mittelstandsbauch – Wie sich die Einkommensteuerbelastung verselbstständigen konnte, DStR 2009, S. 821

R. Ettlich, Die gesonderte Feststellung des verbleibenden Verlustvortrags zur Einkommensteuer, DB 2009, S. 18

M. Falkner, Die Einkunftserzielungsabsicht im Spannungsfeld von Dogmatik und Praxis, DStR 2010, S. 788

H. Fehr, Privatization of Public Pensions in Germany, Who Gains and How much?, JfNS 1999, S. 674

H. Fehr, Pension Reform during the Demographic Transition, SJE 2000, S. 419

H. Fehr / H. Jess, Effizienz- und Verteilungswirkungen einer nachgelagerten Besteuerung von Renten, Schmollers Jahrbuch 2001, S. 561

L. P. Feld / G. Kirchgässner, Vor- und Nachteile des internationalen Steuerwettbewerbs, in: W. Müller / O. Fromm / B. Hansjürgens (Hrsg.), Regeln für den europäischen Systemwettbewerb, Steuern und soziale Sicherungssysteme, Metropolis, Marburg 2001, S. 21

A. Ferdinand / D. Hallebach, Abgeltungsteuer – Die wesentlichen Neuerungen bei der Besteuerung von Kapitalerträgen ab dem 1.1.2009, SteuerStud 2010, S. 115

R. Finkbeiner, Verlustvortrag nach § 10a GewStG bei wechselnden Gesellschaftern einer Personenhandelsgesellschaft, BB 1997, S. 230

F. Fischer, Überblick über das Bürgerentlastungsgesetz – Neuordnung beim Abzug von Vorsorgeaufwendungen, SteuerStud 2010, S. 201

M. Fischer, Die Besteuerung der KGaA und ihrer Gesellschafter, DStR 1997, S. 1519

P. Fischer, Die vorweggenommene Erbfolge nach dem "Rentenerlaß" des BMF vom 23. Dezember 1996, Stbg 1997, S. 2001

C. Folkers, Die Inzidenz allgemeiner Vermögen- und Kapitaleinkommensteuern, FinanzArchiv 1982, S. 306

C. Folkers, Zu einer positiven Theorie der Steuerreform, in: K.-H. Hansmeyer (Hrsg.), Staatsfinanzierung im Wandel, Duncker & Humblot, Berlin 1983, S. 189

G. Förster, Steuerliche Gefahren bei der Aufnahme neuer Gesellschafter in eine neue freiberufliche Einzelpraxis, DStR 1995, S. 1693

G. Förster, Vertrauensschutz bei der Veräußerung von Anteilen i. S. des § 17 EStG - Konsequenzen des BVerfG-Beschlusses vom 7.7.2010 und des BMF-Schreibens vom 20.12.2010, DB 2011, S. 259

J. Förster, Begrenzte Abziehbarkeit der Altersvorsorgeaufwendungen: verfassungsgemäß trotz aller Bedenken, DStR 2010, S. 137

C.-C. Freidank, Handels- und steuerrechtliche Rechnungslegung von Personengesellschaften, in: C.-C. Freidank / J. S. Tanski (Hrsg.), Management-Handbuch Accounting, Controlling & Finance, Vahlen, München, 3. Ergänzungslieferung 2006, Teil V.2, S. 1

C.-C. Freidank / P. Velte, Quo vadis Maßgeblichkeitsprinzip? Eine Analyse aus rechtshistorischer, steuersystematischer und betriebswirtschaftlicher Sicht, StuW 2010, S. 185

C.-C. Freidank / P. Velte, Wahlrechte im Rahmen der handels- und steuerrechtlichen Herstellungskosten, StuW 2010, S. 356

G. Frotscher, Die körperschaftsteuerliche Übergangsregelung nach dem Steuersenkungsgesetz, BB 2000, S. 228

J. Frey / N. Mückl, Konzeption und Systematik der Änderung beim Verlustabzug (§ 8c KStG) – Chancen und Risiken für die Gestaltungspraxis, GmbHR 2010, S. 71

D. Gebert / J. Fingerhuth, Die Verlegung des Ortes der Geschäftsleitung ins Ausland – Steuerliche Fallstricke im Licht aktueller gesellschaftsrechtlicher Entwicklungen, IStR 2009, S. 445

G. Geberth, Die Hinzurechnungen bei der Gewerbesteuer – steuerunsystematisch und verzichtbar - Anmerkungen zum Kommunalmodell zur „Reform" der Gewerbesteuer, DStR 2011, S. 151

H. Gemmel / P. Hoffmann-Fölkersamb, Die Abgeltungsteuer – Ein neues System der Besteuerung von Kapitaleinkünften und Veräußerungsgewinnen, NWB, Fach 3, S. 14695

B. Genser, Do International Tax Relations Impede a Shift Towards Expenditure Taxation?, in: M. Rose (Hrsg.), Heidelberg Congress on Taxing Consumption, Springer, Berlin u.a. 1990, S. 513

B. Genser, Patterns of Tax Arbitrage and Decentralized Tax Autonomy, in: D. Pines / E. Sadka / I. Zilcha (Hrsg.), Topics in Public Economics, Cambridge University Press, Cambridge u.a. 1998, S. 262

B. Genser / A. Haufler, Harmonization of Corporate Income Taxation, Aussenwirtschaft 1999, S. 319

B. Genser / A. Haufler / P. B. Sørensen, Indirect Taxation in an Integrated Europe, Is there a Way of Avoiding Trade Distortions Without Sacrificing National Tax Autonomy?, Journal of Economic Integration 1995, S. 178

S. Goebel / G. Jenet / V. Franke, Anwendungsfragen beim Ausgleichsposten gemäß § 4g EStG, IStR 2010, S. 235

L. Gramlich / C. Treisch, Korrespondenzprinzip, Unterhaltszahlungen und Einkommensbegriff, DB 1997, S. 2349

M. Groh, Fragen zum Abzinsungsgebot, DB 2007, S. 2275

S. Grotherr, Zur gegenwärtigen Bedeutung der Organschaft in der Konzernsteuerplanung, BB 1993, S. 1986

S. Grotherr, Der Abschluss eines Gewinnabführungsvertrages als (un-)verzichtbares Tatbestandsmerkmal der körperschaftsteuerlichen Organschaft, FR 1995, S. 1

S. Grotherr, Die Reformdiskussion über das steuerliche Organschaftskonzept in der Bundesrepublik Deutschland, in: W. Gassner / M. Lang / W. Wiesner (Hrsg.), Besteuerung von Unternehmensgruppen, Linde, Wien 1998, S. 233

S. Grotherr, Gewerbesteuerliche Auswirkungen der mit steuerfreien Dividenden im Zusammenhang stehenden nicht abzugsfähigen Betriebsausgaben, BB 2001, S. 597

S. Grotherr, Sonder- und Ergänzungsbilanzen, steuerrechtliche, in: C.-C. Freidank / L. Lachnit / J. Tesch (Hrsg.), Vahlens Großes Auditing Lexikon, München 2007, S. 1254

D. Grützner, Überlegungen zur Inanspruchnahme der Vergünstigungen nach § 7g EStG n.F., StuB 2008, S. 332

H. Grziwotz, Die Liquidation von Kapitalgesellschaften, Genossenschaften und Vereinen, DStR 1992, S. 1404

H. Gschwendtner, Verlustausgleich und Steuerpflicht bei Personengesellschaften im Gewerbesteuerrecht, Anmerkungen zum BFH-Urteil vom 14.09.1993, VIII R 84/90, DStR 1994, S. 1109

M. Günkel, Die Besteuerung von Abfindungen an beschränkt Steuerpflichtige, IStR 2009, S. 889

G. Gunsenheimer, Abzug von Aufwendungen aufgrund einer doppelten Haushaltsführung und Auswärtstätigkeit, SteuerStud 2010, S. 12

J. Hackmann, Die Bestimmung des steuerrechtlichen Einkommensbegriffs aus finanzwissenschaftlicher Sicht, in: K.-H. Hansmeyer (Hrsg.), Staatsfinanzierung im Wandel, Duncker & Humblot, Berlin 1983, S. 661

J. Hackmann, Zur Vereinbarkeit von Besteuerungsneutralität und Realisationsprinzip: die Auflösung eines Steuerparadoxons, StuW 1987, S. 146

J. Hackmann, Die einkommensteuerliche Berücksichtigung des Existenzminimums, Einige kritische Anmerkungen anläßlich der Entscheidung des Bundesverfassungsgerichts zur Verfassungswidrigkeit des Grundfreibetrags und ein Lösungsvorschlag, BB-Beilage 19/1994, S. 1

L. Haegert, Zu einer verfassungsgemäßen Besteuerung von Beamtenpensionen und Sozialrenten im Lichte nachweisbarer, als Beiträge zu ihrer Altersversorgung zu wertender Besoldungsrückstände von Beamten, in: R. Elschen / T. Siegel / F. W. Wagner (Hrsg.), Unternehmenstheorie und Besteuerung, Gabler, Wiesbaden 1995, S. 267

L. Haegert, Keine signifikante Beeinträchtigung der Investitionsbereitschaft durch neue AfA-Tabellen, BB 2002, S. 615

L. Haegert / R. Kramm, Die Bedeutung des steuerlichen Verlustrücktrags für die Rentabilität und das Risiko von Investitionen, zfbf 1977, S. 203

J. Hageböke, Zum Konkurrenzverhältnis von DBA-Schachtelprivileg und § 8b KStG, IStR 2009, S. 473

K. D. Hahne / S. Köhler, BMF-Schreiben zur Anwendung der steuerlichen Zinsschranke und zur Gesellschafter-Fremdfinanzierung bei Kapitalgesellschaften - Wichtige Verwaltungsregelungen, strittige Punkte und offene Fragen nach dem BMF-Schreiben vom 4.7.2008, DStR 2008, S. 1505

A. Hart / L. P. Feld / W. W. Pommerehne, Steuerhinterziehung und ihre Kontrolle in unterschiedlichen politischen Systemen, Homo oeconomicus 1997, S. 469

S. Hartrott / S. Raster, Zur „Modellhaftigkeit" im Sinne des § 15b EStG, BB 2011, S. 343

A. Haufler, Factor Taxation, Income Distribution, and Capital Market Integration, SJE 1997, S. 425

A. Haufler, Perspectives of Corporate Taxation and Taxation of Interest Income in the EU, Fiscal Studies 1999, S. 133

H. Haupt, Das Investitionszulagengesetz 2010 – der Anfang vom Ende der Investitionszulage, DStR 2009, S. 1070

H. Haupt, Die außergewöhnliche Belastung in der Krise, DStR 2010, S. 960

C. Hebeler, Verlustanteile aus der Beteiligung an Personengesellschaften in den Bilanzen einer Kapitalgesellschaft, BB 1998, S. 206

F. Hechtner, Die Anrechnung ausländischer Steuern im System der Schedule nach den Änderungen durch das JStG 2009, BB 2009, S. 76

F. Hechtner, Die Änderung der Einkommensteuertarife 2009/2010 durch das zweite Konjunkturpaket, DStZ 2009, S. 233

F. Hechtner, Kritische Anmerkungen zum BMF-Schreiben - Steuerermäßigung bei Einkünften aus Gewerbebetrieb gemäß § 35 EStG - Gesetzesänderung per Verwaltungsanweisung?, BB 2009, S. 1556.

F. Hechtner / T. Siegel, Grenzsteuersätze im Tarifgeflecht der §§ 32a, 32b und 34 Abs. 1 EStG – Sinkende Einkommensteuer bei steigendem Einkommen möglich, DStR 2010, S. 1593

S. van Heek, Die Thesaurierungsbegünstigung nach § 34a EStG – Innovation oder halbherziger Versuch einer Revitalisierung?, SteuerStud 2010, S. 503

J. Hennrichs, Bilanzgestützte Kapitalerhaltung, HGB-Jahresabschluss und Maßgeblichkeitsprinzip – Dinosaurier der Rechtsgeschichte?, StuW 2005, S. 256

N. Herzig, Die Steuerbelastung verdeckter Gewinnausschüttungen auf der Gesellschaftsebene, FR 1977, S. 237

N. Herzig, Das Maßgeblichkeitsprinzip – eine zukunftsträchtige Konzeption?, in: K. Küting / C.-P. Weber (Hrsg.), Wertorientierte Konzernführung, Kapitalmarktorientierte Rechnungslegung und integrierte Unternehmenssteuerung, Schäffer-Poeschel, Stuttgart 2000, S. 57

N. Herzig, Die Organschaft im Umbruch, Beihefter zu DStR 30 2010, S. 61

N. Herzig / S. Briesemeister, Systematische und Grundsätzliche Anmerkungen zur Einschränkung der steuerlichen Verlustnutzung, DStR 1999, S. 1377

N. Herzig / S. Briesemeister, Zusammenwirken verrechnungsbeschränkender Normen – Qualifikations- und Reihenfolgekonflikte bei der Verlustverrechnung, DB 1999, S. 1470

N. Herzig / S. Briesemeister, Steuerliche Konsequenzen des BilMoG – Deregulierung und Maßgeblichkeit, DB 2009, S. 926

N. Herzig / S. Briesemeister, Steuerliche Konsequenzen der Bilanzrechtsmodernisierung für Ansatz und Bewertung, DB 2009, S. 976

N. Herzig / G. Förster / U. Förster, Gewerbesteuerlicher Verlustvortrag bei Wechseln im Gesellschafterbestand und Umstrukturierung von Personengesellschaften, DStR 1996, S. 1025

N. Herzig / W. Kessler, Die begrenzte Steuerrechtsfähigkeit von Personenmehrheiten nach dem Beschluß des Großen Senats des BFH vom 25.6.1984, DB 1985, S. 2476 (Teil I), S. 2528 (Teil II)

N. Herzig / W. Kessler, Tatbestandsmerkmale und Anwendungsbereich des Gepräge-Gesetzes, DStR 1986, S. 451

N. Herzig / B. Liekenbrock, Zum EBITDA-Vortrag der Zinsschranke, DB 2010, S. 690

N. Herzig / U. Lochmann, Steuersenkungsgesetz: Die Steuerermäßigung für gewerbliche Einkünfte bei der Einkommensteuer in der endgültigen Regelung, DB 2000, S. 1728

N. Herzig / U. Rieck, Die Rückstellung für drohende Verluste aus schwebenden Geschäften im Steuerrecht, Übergangsfragen und Grundsätzliches, BB 1998, S. 311

R. Heurung / B. Engel / P. Seidel, Das DBA-Schachtelprivileg in Körperschaft- und Gewerbesteuer, DB 2010, S. 1551

R. Heurung / K. Wagener, Weitere Zulassungserleichterungen zum Steuerberater-Examen, StuB 1999, S. 168

J. Hey, Unternehmenssteuerreform: das Konzept der Sondertarifierung des § 34a EStG-E, DStR 2007, S. 925

J. Hoffmann / S. Leible, Cartesio – fortgeltende Sitztheorie, grenzüberschreitender Formwechsel und Verbot materiellrechtlicher Wegzugsbeschränkungen, BB 2009, S. 58

W.-D. Hoffmann, Die Bilanzierung von Beteiligungen an Personengesellschaften, BB-Beilage 2/1988, S. 1

W.-D. Hoffmann, Liquidationsbesteuerung, StuB 2010, S. 409

J. Holthaus, Nationale Behandlung der nach DBA steuerfreien Einkünfte nach dem JStG 2009, DStZ 2009, S. 188

S. Homburg, Zur Steuerfreistellung des Existenzminimums: Grundfreibetrag oder Abzug von der Bemessungsgrundlage?, FinanzArchiv 1995, S. 182

S. Homburg, Progressionsvorbehalt und Grundentlastung, BB 1995, S. 849

S. Homburg, Das einkommensteuerliche Ehegattensplitting, StuW 2000, S. 261

S. Homburg, Die unheimliche Nummer Sechs – Eine Entscheidung zum Ausgleich grenzüberschreitender Konzernverluste, IStR 2010, S. 246

U. Höreth / B. Schiegl / L. Zipfel, Wesentliche Änderungen der Steuergesetze durch das Unternehmenssteuerfortentwicklungsgesetz (UntStFG), BB 2002, S. 485

W. Horn, Mehrere Betriebe eines Unternehmers als selbständige Gewerbebetriebe, BB 1984, S. 134

J. Hottmann, Der Investitionsabzugsbetrag nach § 7g EStG - Anmerkung zum BMF-Schreiben vom 8.5. 2009, DStR 2009, S. 1236

H. Houben / R Maiterth, Optimale Nutzung und Wirkungen von § 34a EStG, StuW 2008, S. 228

O. Hubertus / L. Lüdemann, Gewerbesteueroptimierung durch Anwendung des sog. Treuhandmodells, BB 2010, S. 2474

J. Hundsdoerfer, Tariffantasien des Gesetzgebers und der optimale Steuerbilanzgewinnpfad, StuW 2000, S. 18

U. Hutter, Karenzentschädigung für eine umfassende Wettbewerbsenthaltung als Entschädigung i.S. von § 24 Nr. 1 b EStG, Zugleich eine Besprechung des BFH-Urteils vom 12.6.1996 XI R 43/94, DStZ 1996, S. 641

J. Ihlau, Daueraufgabe Steuerreform: Auf der Suche nach Effizienz und Gerechtigkeit, in: Wirtschafts- und Sozialpolitisches Forschungs- und Beratungszentrum der Friedrich-Ebert-Stiftung, Abteilung Wirtschaftspolitik (Hrsg.), Steuerreformen in Deutschland im europäischen Kontext, Bonn 1999, S. 32

O. H. Jacobs, Die Stellung der Personengesellschaft im Handels- und Steuerrecht und ihre Konsequenzen für die Bilanzierung von Beteiligungen an Personengesellschaften, in: H. Kofler / O. H. Jacobs (Hrsg.), Rechnungswesen und Besteuerung der Personengesellschaften, Linde, Wien 1991, S. 13

O. H. Jacobs, Steuerliche Vorteilhaftigkeit des Einsatzes von Eigen- oder Fremdkapital bei der internationalen Konzernfinanzierung, StuW 1996, S. 26

O. H. Jacobs / W. Scheffler, Wirtschaftsgut, in: K. Chmielewicz / M. Schweitzer (Hrsg.), Handwörterbuch des Rechnungswesens, Schäffer-Poeschel, Stuttgart 1992, S. 1977

E. Janeba / W. Peters, Tax evasion, tax competition and the gains from nondiscrimination: The case of interest taxation in Europe, The Economic Journal 1999, S. 93

C. Jehke / C. Pitzal, Teilabzugsverbot gemäß § 3c Abs. 2 EStG bei einnahmenlosen Beteiligungen und kein Ende?, DStR 2010, S. 1163

W. F. Jost, Wirtschaftlicher Geschäftsbetrieb und § 2 Abs. 3 GewStG als Kriterium für die körperschaftsteuerliche Einkunftsart bei nicht buchführungspflichtigen Körperschaften?, Zum BFH-Urteil vom 28.6.1989 I R 86/85, DB 1991, S. 518

H. Kahle, Europarechtliche Einflüsse auf den Maßgeblichkeitsgrundsatz, StuW 2001, S. 126

H Kahle / S. Ziegler, Betriebsstättenbegriff - Grundfragen und aktuelle Entwicklungen, DStZ 2009, S. 834

H. Kahle, Steuerliche Gewinnermittlung unter dem Einfluss der IAS/IFRS, IRZ 2006, S. 87

B. Kaminski, Ausgewählte Überlegungen zur Rechtsformwahl nach der Unternehmensteuerreform 2008, StuB 2008, S. 3

B. Kaminski, Neue Probleme mit § 5 Abs. 1 EStG i. d. F. des BilMoG auf Grund des BMF-Schreibens vom 12.3.2010, DStR 2010, S. 771

B. Kämmerer, Abgeltungsteuer und das Verbot des Werbungskostenabzugs - Dargestellt am Beispiel der Besteuerung von fremdfinanzierten Lebensversicherungen, DStR 2010, S. 27

M. Kempermann, Nicht gezahlte Einlagen, zurückgezahlte Aufgelder und falsch bezeichnete Kapitalkonten - Die neuere Rechtsprechung zu § 15a EStG, DStR 2008, S. 1917

A. Kerpf / M. Paukstadt, Der neue Anwendungserlass zur Abgeltungsteuer - Darstellung praxisrelevanter Sachverhalte des BMF-Schreibens vom 22.12.2009, DStR 2010, S. 678

W. Kessler / T. Fritz / C. Gastl, Ertragsteuerliche Behandlung wirtschaftlicher Betätigungen von juristischen Personen des öffentlichen Rechts, BB 2001, S. 961

W. Kessler / A. Pfuhl / B. Grether, Die Thesaurierungsbegünstigung nach § 34a EStG in der steuerlichen (Beratungs-) Praxis - Ergebnisse einer onlinebasierten Umfrage, DB 2011, S. 185

W. Kessler / T. Teufel, Die klassische Betriebsaufspaltung nach der Unternehmenssteuerreform, BB 2001, S. 17

B. Keuk, Die Realteilung des Vermögens von Personengesellschaften (I. Teil), DB 1972, S. 598

D. Kiesewetter, Für wen lohnt sich die Riester-Rente?, FB 2002, S. 101

P. Kirchhof, Steuergleichheit, StuW 1984, S. 297

P. Kirchhof, Die Steuerrechtsordnung als Wertordnung, StuW 1996, S. 3

P. Kirchhof, Die verfassungsrechtliche Rechtfertigung der Steuern, in: P. Kirchhof u.a. (Hrsg.), Steuern im Verfassungsstaat, Beck, München 1996, S. 27

P. Kirchhof, Ehe- und familiengerechte Gestaltung der Einkommenssteuer, NJW 2000, S. 2792

B. Knobbe-Keuk, Der Wechsel von der beschränkten zur unbeschränkten Körperschaftsteuerpflicht und vice versa, StuW 1990, S. 372

F. Köhler, Anrechnung und Abzug ausländischer Steuern vom Einkommen nach § 34c Abs. 1 und 3 EStG, FR 1993, S. 489

S. Köhler, Aktuelles Beratungs-Know-How Internationales Steuerrecht, DStR 2003, S. 1156

Kommission zur Reform der Unternehmensbesteuerung, Brühler Empfehlungen zur Reform der Unternehmensbesteuerung, BB 1999, S. 1188

K. Konrad, Capital formation, risk taking and taxation, Public Finance 1991, S. 252

K. Konrad / W. F. Richter, Capital income taxation and risk spreading with adverse selection, CJE 1995, S. 617

L. Korezkij, Anrechnung der Gewerbesteuer nach § 35 EStG, BB 2001, S. 333 (Teil I), S. 389 (Teil II)

A. Körner, Ent- und Verstrickung, IStR 2009, S. 741

A. Kortendick / C. Peters, Die Steuerermäßigung nach § 35 EStG bei negativen Einkünften, DB 2011, S. 76

E. Koskela / R. Schöb, Optimal Factor Income Taxation in the Presence of Unemployment, Journal of Public Economic Theory 2002, S. 387

E. Koskela / R. Schöb, Why Governments Should Tax Mobile Capital in the Presence of Unemployment, Contributions in Economic Analysis & Policy 2002, Article 1

G. Kraft / A. Bräuer, Einbringung von Wirtschaftsgütern des Privatvermögens in das Gesamthandsvermögen einer Mitunternehmerschaft ein privates Veräußerungsgeschäft i.S. des § 23 Abs. 1 EStG?, DStR 1999, S. 1603

A. Kratzsch, Vermögensübertragungen gegen wiederkehrende Leistungen, NWB 2010, S. 1964

C. Krebs / W. Scheffler, Einfluss der Besteuerung von privaten Dividenden, Veräußerungsgewinnen und Zinsen auf die Unternehmensfinanzierung, IStR 2010, S. 859

J. Kroschel / D. Wellisch, Besteuerung außerordentlicher Einkünfte nach dem Steuerentlastungsgesetz 1999/2000/2002, BB 1998, S. 2550

J. Kroschel / D. Wellisch, Mitunternehmerische Betriebsaufspaltung bei Schwesterpersonengesellschaften, DStZ 1999, S. 167

J. Kroschel / D. Wellisch, Das Rechtsinstitut der Betriebsaufspaltung, Zum Stand der Rechtsprechung, SteuerStud 1999, S. 400

J. Kroschel / D. Wellisch, Die steuerliche Behandlung von Ausgleichszahlungen bei Einbringungen in bzw. Realteilungen von Personengesellschaften, StuB 1999, S. 629

J. Kroschel / D. Wellisch, Steuersystematische Überlegungen zu § 35 EStG, BB 1999, S. 2533

H. W. Kruse, Die Einkommensteuer und die Leistungsfähigkeit des Steuerpflichtigen, in: R. Wendt / W. Höfling / U. Karpen (Hrsg.), Staat, Wirtschaft, Steuern, Müller, Heidelberg 1996, S. 793

S. Kudert / S. Große, Beschränkte versus fiktiv unbeschränkte Steuerpflicht – Eine Entscheidungshilfe für die Option nach § 1 Abs. 3 EStG, IStR 1999, S. 737

K. P. Künkele / C. Zwirner, BilMoG: Handelsrechtliche Reform mit steuerlichen Konsequenzen?, DStR 2009, S. 1277

H. Kußmaul / E. Huwer, Die Widerspruchslosigkeit der bilanziellen Differenzierung zwischen Anlage- und Umlaufvermögen – Ein Widerspruch?, DStR 2010, S. 2471

H. Kußmaul / S. Meyering, BilMoG-Regierungsentwurf: Wen entlastet § 241a HGB-E?, DB 2008, S. 1445

H. Kußmaul / A. Pfirmann / S. Meyering /R. Schäfer, Ausgewählte Anwendungsprobleme der Zinsschranke, BB 2008, S. 135

H. Kußmaul / D. Weiler, Bilanzsteuerliche Abschreibungswahlrechte für sog. "Geringwertige Wirtschaftsgüter", GmbHR 2011, S. 169

S. Kusterer, Überlegungen zur Besteuerung des persönlich haftenden Gesellschafters einer Kommanditgesellschaft auf Aktien, DStR 2008, S. 484

K. Küting / H. Kessler, Einige Bemerkungen zum Verhältnis von Imparitätsprinzip und Besteuerung nach der Leistungsfähigkeit, StuB 2000, S. 21

K. Küting / C. Zwirner, Zunehmende Bedeutung und Indikationsfunktion latenter Steuern in der Unternehmenspraxis, BB 2005, S. 1553

B. Lang, Körperschaftsteuererhöhung und -minderung bei offenen und verdeckten Gewinnausschüttungen während der fünfzehnjährigen Übergangszeit, DB 2001, S. 2110

J. Lang, Liebhaberei im Einkommensteuerrecht – Grundsätzliches zur Abgrenzung einkommensteuerbarer Einkünfte, StuW 1981, S. 223

J. Lang, Zur Subjektfähigkeit von Personengesellschaften im Einkommensteuerrecht, in: A. Raupach / A. Uelner (Hrsg.), Ertragsbesteuerung, Zurechnung – Ermittlung – Gestaltung, Beck, München 1993, S. 291

J. Lang, Die Bemessungsgrundlage der Einkommensteuer, in: K. Tipke / N. Bozza (Hrsg.), Die Besteuerung von Einkommen, Duncker & Humblot, Berlin 2000, S. 123

J. Lang, Die Einkommensteuer aus juristischer Sicht, in: P. Kirchhof / M. J. M. Neumann (Hrsg.), Freiheit, Gleichheit, Effizienz, Ökonomische und verfassungsrechtliche Grundlagen der Steuergesetzgebung, Frankfurter Institut – Stiftung Marktwirtschaft und Politik, Bad Homburg 2001, S. 37

J. Lang, Prinzipien und Systeme der Besteuerung von Einkommen, in: I. Ebling (Hrsg.), Besteuerung von Einkommen, O. Schmidt, Köln 2001, S. 49

J. Lang, Konkretisierungen und Restriktionen des Leistungsfähigkeitsprinzips, in: W. Drenseck / R. Seer (Hrsg.), Festschrift für Heinrich Wilhelm Kruse zum 70. Geburtstag, O. Schmidt, Köln 2001, S. 313

J. Lang / R. Seer, Die persönliche Zurechnung von Einkünften bei Treuhandverhältnissen, FR 1992, S. 637

J. Lang / R. Seer, Der Betriebsausgabenabzug im Rahmen eines wirtschaftlichen Geschäftsbetriebes gemeinnütziger Körperschaften, FR 1994, S. 521

M. Lehmann / F. J. Marx, Das sanfte Ende der Betriebsaufspaltung, FR 1989, S. 505

C. Lendewig / J. Jaschke, Die Erneuerung der allgemeinen Entstrickungsvorschriften durch das JStG 2010, StuB 2011, S. 90

U. Ley, Die Ermittlung von Über- und Unterentnahmen i. S. des § 4 Abs. 4a EStG bei Mitunternehmerschaften, Ansatz einer vereinfachten Ermittlung der Überentnahme, DStR 2001, S. 1005

U. Ley, Die Anwendung von § 15a EStG auf doppelstöckige Personengesellschaften, DStR 2004, S. 1498

U. Ley, Gesellschafterkonten im Lichte der grundlegenden BFH-Entscheidung vom 16. 10. 2008, IV R 98/06, DStR 2009, S. 613

I. van Lishaut, Steuersenkungsgesetz: Mitunternehmerische Einzelübertragungen i.S. des § 6 Abs. 5 Satz 3 ff. EStG n. F., DB 2000, S. 1784

I. van Lishaut / P. Schumacher / A. Heinemann, Besonderheiten der Zinsschranke bei Personengesellschaften, DStR 2008, S. 2341

J. Lohaus, Zur außerbetrieblichen Sphäre der Kapitalgesellschaft, StuW 1989, S. 358

J.-A. Lohr / A. Görges, Probleme und Zukunft der Organschaft DB 2010, S. 2576

R. Lüdeke, Kinderkosten, umlagefinanzierte Rentenversicherung, Staatsverschuldung und intergenerative Einkommensverteilung, Kinderbezogene Alternativen zum heutigen gesetzlichen Alterssicherungssystem, in: G. Kleinhenz (Hrsg.), Soziale Ausgestaltung der Marktwirtschaft, die Vervollkommnung einer "Sozialen Marktwirtschaft" als Daueraufgabe der Ordnungs- und Sozialpolitik, Duncker & Humblot, Berlin 1995, S. 151

R. Lüdeke, Familienbesteuerung in Deutschland, Der besondere grundgesetzliche Schutz der Ehe, das Ehegattensplitting und die Kinderfreibeträge, in: B. Jans / A. Habisch / E. Stutzer (Hrsg.), Familienwissenschaftliche und familienpolitische Signale, Vector, Grafschaft 2000, S. 155

L. Lüdemann / O. Hubertus, Gewerbesteueroptimierung durch Anwendung des sog. Treuhandmodells, BB 2010, S. 2474

J. Lüdicke, Probleme der Besteuerung beschränkt Steuerpflichtiger im Inland, DStR 2008, Beilage Heft 17, S. 25

J. Lüdicke, Die mangelnde Abstimmung von Steuerabzug nach § 50a EStG i.d.F. des JStG 2009 und beschränkter Steuerpflicht, IStR 2009, S. 206

J. Lüdicke / A. Fürwentsches, Das neue Erbschaftsteuerrecht, DB 2009, S. 12

C. Korn, Ausgaben und Verluste bei Anteilen an Kapitalgesellschaften in Teileinkünfteverfahren und Abgeltungsteuer, DStR 2009, S. 2509

R. Maiterth / B. Semmler, Kritische Anmerkungen zur geplanten Substitution des körperschaftsteuerlichen Anrechnungssystems durch das so genannte "Halbeinkünfteverfahren" im Zuge des Steuersenkungsgesetzes, BB 2000, S. 1377

F. J. Marx, Ergänzungsbilanzen bei schenkweise begründeten Kommanditgesellschaften, FR 1991, S. 3

F. J. Marx, Steuerliche Ergänzungsbilanzen – Anwendungsbereich, Ermittlungsproblematik und Gestaltungsaspekte aus Sicht der Betriebswirtschaftlichen Steuerlehre –, StuW 1994, S. 191

W. Mathiak, Rechtsprechung zum Bilanzsteuerrecht, DStR 1989, S. 661

L. Mayer, Steuerbilanzielle Behandlung von Mehrwerten bei Erwerb einer Beteiligung an einer doppelstöckigen Personengesellschaft – Anwendung der Spiegelbildmethode in der Steuerbilanz, DB 2003, S. 2034

K. Meier, Bilanzierung betrieblicher Versorgungsverpflichtungen nach dem BilMoG, BB 2009, S. 998

W. Mellwig, Steuerarbitrage bei Leasingverträgen, in: R. Elschen / T. Siegel / F. W. Wagner (Hrsg.), Unternehmenstheorie und Besteuerung, Gabler, Wiesbaden 1995, S. 419

B. Meyer / J. Ball, (Zweifelhafte) Zweifelsfragen zu § 7g EStG, FR 2009, S. 641

B. Meyer / J. Ball, Zeitliche Begrenzung des Verlustabzugs nach dem Jahressteuergesetz 2010, DStR 2011, S. 345

D. E. Meyer-Scharenberg, Gewerblicher Grundstückshandel: Neuer Erlaß, neue Rechtsprechung, BB 1991, S. 955

D. E. Meyer-Scharenberg, "Liebhabereitest" am Beispiel der fremdfinanzierten Rentenversicherung nach dem BFH-Urteil vom 15.12.1999, S R 23/95, DStR 2000, S. 670

S. Meyering, Ermittlung der Anschaffungskosten im Rahmen der Bewertung gemäß § 6 Abs. 1 Nr. 7 EStG, DStR 2008, S. 1008

S. Meyering, Denkanstöße zu den Anschaffungskosten und ihre Ermittlung, StuW 2009, S. 42

W. Mitschke, Das Bilanzrecht unter der Herrschaft des BilMoG: Ein Überblick über die wichtigsten Fragen, FR 2010, S. 214

C. Möller / H. Lay, Die körperschaftsteuerliche Organschaft, SteuerStud 2010, S. 644

A. Musil, Abzugsbeschränkungen bei der Abgeltungssteuer als steuersystematisches und verfassungsrechtliches Problem, FR 2010, S. 149

A. Th. Nacke, Referentenentwurf zum Steuervereinfachungsgesetz 2011, DB 2011, S. 132

N. Neu, Einkünfteinfektion nach § 15 Abs. 3 Nr. 1 EStG – genügt der Obstkarren?, DStR 1995, S. 1893

B. Neufang, Betrieblicher Schuldzinsenabzug: Praktische Umsetzung des § 4 Abs. 4a, BB 2006, S. 855

U. Niehus, Fortführung von Ergänzungsbilanzen, StuW 2002, S. 116

W. Niermann, Die Neuregelung der betrieblichen Altersversorgung durch das Altersvermögensgesetz (AVmG) aus steuerlicher Sicht, DB 2001, S. 1380

K. Offerhaus, Neue Steuerrechtsfragen zur Entschädigung von Arbeitnehmern bei Auflösung des Dienstverhältnisses, DStZ 1996, S. 108

K. Offerhaus, Im Dienstvertrag vereinbarte Abfindung oder Entschädigung nicht steuerbegünstigt?, DB 2000, S. 396

M. Orth, Gewerbeverlustvortrag nach einem Gesellschafterwechsel in Personengesellschaften, DB 1994, S. 1313

M. Ortmann-Babel / A. Bolik, Bilanzierung geringwertiger Wirtschaftsgüter – Wachstumsbeschleunigungsgesetz, StuB 2010, S. 56

H. Ott, Vermögensübertragung gegen Versorgungsleistungen nach den Änderungen durch das JStG 2008, StuB 2008, S. 587

H.-J. Papier, Steuerrecht im Wandel - verfassungsrechtliche Grenzen der Steuerpolitik, DStR 2007, S. 973

B. Paus, Zur Verfassungsmäßigkeit der Gewerbesteuer, NWB, Fach 5, S. 1467

H.-J. Pezzer, Das Aufteilungsverbot ist aufgegeben; wie geht es weiter? – Eine erste Einschätzung des Beschlusses vom 21. 9. 2009, BFH 21.09.2009 Aktenzeichen GrS 1/06, DStR 2010, S. 93

J. Pitzke / J. Wißborn, Bilanzsteuerliche Behandlung geringwertiger Wirtschaftsgüter und des Sammelpostens, NWB 2010, S. 3522

S. Plambeck, Anpassungsbedarf für Gewerbesteuerklauseln bei Personengesellschaften aufgrund Nichtabzugsfähigkeit der Gewerbesteuer seit UntStRefG 2008, DStR 2010, S. 1553

J. Plenker / H.-W. Schaffhausen, Steuerermäßigung für haushaltsnahe Beschäftigungsverhältnisse, haushaltsnahe Dienstleistungen und Handwerkerleistungen ab 2009, DB 2009, S. 191

H. Plewka, Die Entwicklung des Steuerrechts, NJW 2011, S. 579

H. Pollak, Die Besteuerung des Einkommen aus ökonomischer Sicht, in: P. Kirchhof / M. J. M. Neumann (Hrsg.), Freiheit, Gleichheit, Effizienz, ökonomische und verfassungsrechtliche Grundlagen der Steuergesetzgebung, Frankfurter Institut – Stiftung Marktwirtschaft und Politik, Bad Homburg 2001, S. 49

R. Portner, Neue Vergütungsregeln für Manager - Welche Folgen ergeben sich daraus für die Besteuerung?, DStR 2010, S. 577

U. Prinz, Besteuerung der Personengesellschaften – unpraktikabel und realitätsfremd?, FR 2010, S. 736

U. Prinz, Materielle Maßgeblichkeit handelsrechtlicher GoB - ein Konzept für die Zukunft im Steuerbilanzrecht?, DB 2010, S. 2069

M. Prinz, Droht in Deutschland ein zigfaches Scheitern steuerlicher Organschaften?, DStR 2010, S. 1512

R. Püttner, Geringwertige Wirtschaftsgüter ab 2010 – „Neuregelung" nach dem Wachstumsbeschleunigungsgesetz, BBK 2010, S. 66

M. Puke, Berufe rund um das Steuerrecht, SteuerStud 2000, S. 411

B. Raffelhüschen, Aging, Fiscal Policy and Social Insurances: A European Perspective, in: A. Auerbach / R. Lee (Hrsg.), Demographic Change and Fiscal Policy, Cambridge University Press, Cambridge u.a. 2001, S. 202

B. Rätke, Zinsschranke – Was bringt der neue EBITDA-Vortrag?, BBK 2010, S. 317

I. Rauch, Splittingverfahren für eingetragene Lebenspartnerschaften, DStR 2006, S. 1823

H. G. Rautenberg / L. Korezkij, Gewerblicher Grundstückshandel oder privates Veräußerungsgeschäft, BB 1999, S. 2589

W. Reiß, Bruchteilsgemeinschaften und gewerblicher Grundstückshandel, FR 1992, S. 353

W. Reiß, Die einkommensteuerliche Behandlung der Realteilung gewerblich tätiger Personengesellschaften, StuW 1995, S. 199

W. Reiß, Bilanzierung von Beteiligungen an Personengesellschaften – Replikat zu Bürkle/Knebel, DStR 1998, 1067 ff.–, DStR 1998, S. 1887

A. Reislhuber / F. Bacmeister, Weitere ausgewählte Aspekte des neuen BMF-Anwendungsschreibens zur Abgeltungsteuer, DStR 2010, S. 684

H. Richter, Wettbewerbsklausel bei Betriebs- und Praxisveräußerung, DStR 1997, S. 1318

W. F. Richter, A Normative Justification of Progressive Taxation: How to Compromise on Nash and Kalai-Smorodinsky, in: O. Moeschlin / D. Pallaschke (Hrsg.), Game theory and mathematical economics, North-Holland, Amsterdam 1981, S. 241

W. F. Richter, From Ability to Pay to Concepts of Equal Sacrifice, JPubEcon 1983, S. 211

W. F. Richter, Das Johansson-Samuelson-Theorem bewertungsneutraler Abschreibung langlebiger Wirtschaftsgüter bei Einkommensbesteuerung, FinanzArchiv 1986, S. 435

W. F. Richter, Einkommensteuerliche Freistellung unvermeidbarer Privatausgaben, in: R. Elschen / T. Siegel / F. W. Wagner (Hrsg.), Unternehmenstheorie und Besteuerung, Gabler, Wiesbaden 1995, S. 455

A. Risthaus, Einkommensteuerliche Behandlung von Vorsorgeaufwendungen und Altersbezügen, DB 2010, S. 2304

M. Ritzrow, Vermietung von Ferienwohnungen – Fragen der Liebhaberei (Teil 1), EStB 2010, S. 19

M. Robisch, Gewerbesteuerlicher Verlustvortrag, BB 1994, S. 1683

T. Rödder, Wann ist die Begründung eines Organschaftsverhältnisses sinnvoll?, Stbg 1998, S. 291

T. Rödder / S. Simon, Folge der Änderung der gewerblichen Organschaftsvoraussetzungen für die steuerrechtliche Beurteilung von Steuerumlagen im Konzern, DB 2002, S. 496

T. Rödder / J. Hageböke / I. Stangl, Zur Anwendung der Zinsschranke bei der KGaA und ihrem persönlich haftenden Gesellschafter, DB 2009, S. 1561

E. Röder, Das Rechtsinstitut der Vermögensübertragung gegen Versorgungsleistungen nach dem JStG 2008, DB 2008, S. 146

M. Rodi, Das Kassenstaatsprinzip im nationalen und internationalen Steuerrecht, RIW 1992, S. 484

M. Rogall, Thesaurierungsbegünstigung – Regelungslücken bei der Organschaft und der doppelstöckigen Personengesellschaft, DStR 2008, S. 429

T. Rohler, Neuausrichtung der Maßgeblichkeit durch das BMF-Schreiben vom 12.3.2010 – Neue Spielregeln für die Steuerbilanz, GmbH-StB 2010, S. 229

J. Röhner, Verlustausgleich bei außerordentlichen Einkünften, BB 2001, S. 1126

M. Rose, Plädoyer für ein konsumbasiertes Steuersystem, in: M. Rose (Hrsg.), Konsumorientierte Neuordnung des Steuersystems, Springer, Berlin u.a. 1991, S. 7

F. Roser, Mittelbare Betriebsaufspaltung, EStB 2009, S. 177

W. Salzberger / M. R. Theisen, Beschränkung des Abzugs von Schmiergeldzahlungen, DB 1996, S. 396

M. Schaden / D. Käshammer, Die Neuregelung des § 8 a KStG im Rahmen der Zinsschranke, BB 2007, S. 2259

E. Schaefer, Das Handelsrechtsreformgesetz nach dem Abschluss des parlamentarischen Verfahrens, DB 1998, S. 1269

S. Schanz / T. Kollruss / L. Zipfel, Zur Vorteilhaftigkeit der Thesaurierungsbegünstigung für Personenunternehmen: Stand der Diskussion und Beispiele, DStR 2008, S. 1702

W. Scheffler, Verbreiterung der Bemessungsgrundlage, Was bleibt von Rückstellungen in der Steuerbilanz, StuB 2000, S. 489 (Teil I), S. 541 (Teil II)

W. Scheffler, Leasing nach dem Eurowings-Urteil des Europäischen Gerichtshofs und vor der Unternehmenssteuerreform, DB 2000, S. 735

W. Scheffler, Hinzurechnung von Leasingraten nach der Unternehmensteuerreform 2008: Verlust des Leasingvorteils und Verzerrungen durch Pauschalierung, BB 2007, S. 874

W. Scheffler / T. Edinger, Vorteilhaftigkeit der Überlassung eines Firmenfahrzeugs an einen Arbeitnehmer zur privaten Nutzung, StuB 1999, S. 1127

R. P. Schenke / M. Risse, Das Maßgeblichkeitsprinzip nach dem Bilanzrechtsmodernisierungsgesetz, DB 2009, S. 1957

W. Scherf, Das Ehegattensplitting ist kein Steuervorteil, Wirtschaftsdienst 1999, S. 27

M. Schlagheck, Das steuerliche Einlagekonto nach dem SEStEG, StuB 2007, S. 810

M. Schmidt-Leithoff / R. Baumert, Die ertragsteuerliche Belastung der Betriebsaufspaltung nach der Unternehmensteuerreform 2008, DStR 2008, S. 888

D. Schmidtmann, Anwendung des Durchschnittssteuersatzes und des Progressionsvorbehalts beim Zusammentreffen mit schedular besteuerten Einkünften, DStR 2010, S. 2418

U. Schmiel, § 8c KStG in der Kritik: Ungleichmäßigkeit der Besteuerung durch Verlustverrechnungsbeschränkung beim Mantelkauf und anderen Anteilsübertragungen, BB 2010, S. 151

M. Schmitt, Die neue Besteuerung der Kapitalerträge - Systemwechsel hin zur Abgeltungssteuer, Stbg. 2009, S. 55

D. Schneeloch, Steuerplanersiche Überlegungen zur Betriebsaufspaltung, DStR 1991, S. 955 (Teil I), S. 994 (Teil II)

D. Schneider, Theorie und Praxis der Unternehmensbesteuerung, zfbf 1967, S. 206

D. Schneider, Sieben Thesen zum Verhältnis von Handels- und Steuerbilanz, DB 1970, S. 1697

D. Schneider, Gewinnermittlung und steuerliche Gerechtigkeit, zfbf 1971, S. 352

D. Schneider, Maßgeblichkeit der Handelsbilanz für die Steuerbilanz und Besteuerung nach der Leistungsfähigkeit, BB 1978, S. 1577

D. Schneider, Steuergerechtigkeit durch Regelungen gegen Steuervermeidung – ein "Gefangenendilemma" des Steuerrechts, StuW 1985, S. 345

D. Schneider, Steuerfreie Kapitalbildung in dreistelliger Milliardenhöhe durch Pensionsrückstellungen?, DB 1989, S. 889

D. Schneider, Steuervermeidung – ein Kavaliersdelikt?, DB 1997, S. 485

D. Schneider, Das einkommensteuerliche Existenzminimum, Kein Problem alternativer Leistungsfähigkeitskonzeptionen, sondern ein Tarif- und Transferproblem, DBW 1999, S. 351

D. Schneider, Steuervereinfachung durch Rechtsformneutralität?, DB 2004, S. 1517

S. Schneider, Berufsausbildung: Werbungskosten oder Sonderausgaben?, NWB 2009, S. 3332

U. H. Schneider, Sollten Leistungsfähigkeitsprinzip und Steuergrenzen in die Verfassung aufgenommen werden?, StuW 1994, S. 58

W. Schön, Zum Stande der Lehre vom Sonderbetriebsvermögen, DStR 1993, S. 185

W. Schön, Zurück in die Zukunft? Gesellschafter-Fremdfinanzierung im Lichte der EuGH-Rechtsprechung, IStR 2009, S. 882

J. Schönfeld, Neues zum DBA-Schachtelprivileg oder: Was bleibt von § 8 Nr. 5 GewStG und § 8b Abs. 5 KStG bei grenzüberschreitenden Dividenden? - – zugleich Anmerkung zu BFH vom 19.5.2010, I R 62/09, IStR 2010, S. 658

U. Schreiber, Die Angleichung der steuerlichen Gewinnermittlung in der Europäischen Gemeinschaft, in: F. W. Wagner (Hrsg.), Ökonomische Analyse des Bilanzrechts, Entwicklungslinien und Perspektiven, Verlagsgruppe Handelsblatt, Düsseldorf u.a. 1993, S. 139

U. Schreiber, Gewinnermittlung und Besteuerung der Einkommen, StuW 2002, S. 105

U. Schreiber / H. Kahle, Periodisierung, in: W. Ballwieser / A. G. Coenenberg / K. Wysocki (Hrsg.), Handwörterbuch der Rechnungslegung und Prüfung, 3. Aufl., Schäffer-Poeschel, Stuttgart 2002

K. Schuck / P. Faller, Probleme der parallelen Anwendung von Zinsschranke und gewerbesteuerlichen Hinzurechnungen in der Organschaft, DB 2010, S. 2186

J. Schulze-Osterloh, Verdeckte Gewinnausschüttungen im Grenzgebiet zwischen Handels- und Steuerrecht, StuW 1994, S. 131

R. Schumacher, Mehrheit von Gewerbebetrieben einer natürlichen Person im Gewerbesteuerrecht, StuW 1987, S. 111

C. Seidl, Die steuerliche Berücksichtigung des Existenzminimums: tarifliche Nullzone, Freibetrag, oder Steuerabsetzbetrag?, StuW 1997, S. 142

T. Siegel, Auseinanderfallen von Steuerentstehung und Steuerzahlung bei der Steuerbilanzplanung, ZfB 1980, S. 377

T. Siegel, Die systemgerechte körperschaftsteuerliche Behandlung nichtabziehbarer Ausgaben, BB 1988, S. 1013

T. Siegel, Das Realisationsprinzip als allgemeines Periodisierungsprinzip?, BFuP 1994, S. 1

T. Siegel, Ertragsteuern, in: W. Busse von Colbe (Hrsg.), Lexikon des Rechnungswesens, 4. Aufl., Oldenbourg, München u.a. 1994, S. 234

T. Siegel, Herstellungskosten und Grundsätze ordnungsmäßiger Buchführung, in: R. Elschen / T. Siegel / F. W. Wagner (Hrsg.), Unternehmenstheorie und Besteuerung, Gabler, Wiesbaden 1995, S. 635

T. Siegel, Rückstellungen, Teilwertabschreibungen und Maßgeblichkeitsprinzip, StuB 1999, S. 195

T. Siegel, Existenzminimum und Leistungsfähigkeit, Diskussion des Beitrags von Michael Wosnitza und Corinna Treisch, DBW 1999, S. 558

T. Siegel, Rückstellungen in der Steuerbilanz und Leistungsfähigkeitsprinzip, Auch eine Stellungnahme zu Küting/Kessler, StuB 2000 S. 21 ff., StuB 2000, S. 29

T. Siegel, Die Beziehung zwischen steuerlich abzulehnenden Drohverlustrückstellungen und gebotenen Teilwertabschreibungen, Zum Abschied von einer lieb gewonnenen Steuerpause, StuB 2000, S. 564

T. Siegel, Splitting: Notwendiger Effekt oder fragwürdiger Vorteil?, BFuP 2001, S. 271

T. Siegel, Plädoyer für eine systemkonforme Reform der Gewerbesteueranrechnung nach § 35 EStG, BB 2001, S. 701

T. Siegel, Eine „halbe Fiktionstheorie" als Wurzel der Fehlbehandlung verdeckter Gewinnausschüttungen, BB 2010, S. 3122

T. Siegel / M. Schmidt, Allgemeine Bewertungsgrundsätze, in: E. Castan u.a. (Hrsg.), Beck'sches Handbuch der Rechnungslegung, Band 1, Loseblatt, Beck, München, Teil B 161

W. Siegle, Die Behandlung geringwertiger Wirtschaftsgüter ab 2010, DStR 2010, S. 1068

O. Siegmund / M. Ungemach, Einkünfteerzielungsabsicht bei der Vermietung von Gewerbeimmobilien – Verschärfung oder Klarstellung der bisherigen Rechtsprechung?, NWB 2010, S. 3806

J. Sigloch, Grundlagen der Besteuerung, in: K.-W. Schulte (Hrsg.), Immobilienökonomie, Rechtliche Grundlage, 2. Aufl., Oldenbourg, München u.a. 2006, S. 697

H.-W. Sinn, Capital Income Taxation, Depreciation Allowances and Economic Growth: A Perfect Foresight General Equilibrium Model, JE 1981, S. 295

H.-W. Sinn, Systeme der Kapitaleinkommensbesteuerung, Ein allokationstheoretischer Vergleich, in: D. Bös / M. Rose / C. Seidl (Hrsg.), Beiträge zur neueren Steuertheorie, Springer, Berlin u.a. 1984, S. 209

H.-W. Sinn, Wachstums- und beschäftigungsneutrale Kapitaleinkommensbesteuerung, in: H. Siebert (Hrsg.), Intertemporale Allokation, Lang, Frankfurt am Main u.a. 1984, S. 259

H.-W. Sinn, Alternativen zur Einkommensteuer, in: Arbeitsgemeinschaft Deutscher Wirtschaftswissenschaftlicher Forschungsinstitute (Hrsg.), Steuersystem und wirtschaftliche Entwicklung, Duncker & Humblot, Berlin 1987, S. 11

H.-W. Sinn, The Policy of Tax Cut Cum Base Broadening: Implications for International Capital Movements, in: M. Neumann / K. Roskamp (Hrsg.), Public Finance and Performance of Enterprises, Wayne State University Press, Detroit 1989, S. 153

H.-W. Sinn, Tax Harmonization and Tax Competition in Europe, EER 1990, S. 489

H.-W. Sinn, Taxation and the Cost of Capital: The 'Old' View, the 'New' View, and Another View, Tax Policy and the Economy 1991, S. 25

H.-W. Sinn, The Vanishing Harberger Triangle, JPubEcon 1991, S. 271

H.-W. Sinn, Taxation and the Birth of Foreign Subsidiaries, in: H. Herberg / N.V. Long (Hrsg.), Trade, Welfare, and Economic Policies, Essays in Honor of Murray C. Kemp, Michigan University Press, Ann Arbor 1993, S. 325

H.-W. Sinn, Deutschland im Steuerwettbewerb, JfNS 1997, S. 672

C. Sistermann / J. Brinkmann, Wachstumsbeschleunigungsgesetz: Die Änderungen bei der Mantelkaufregelung - Entschärfung der Verlustabzugsbeschränkungen durch Konzernklausel und Verschonung in Höhe der stillen Reserven, DStR 2009, S. 2633

G. Söffing, Verlustabzug nach § 10a GewStG bei mehrstöckigen Personengesellschaften, DB 1994, S. 1488

C. Spengel, Wettbewerbswirkungen der Köperschaftsteuer in Europa – Analyse und Reformvorschläge, DBW 1998, S. 348

C. Spengel, Bilanzrechtsmodernisierung – Zukunft der Steuerbilanz, FR 2009, S. 101

C. Spengel / M. Rogall, Abzinsung von Rückstellungen in der Steuerbilanz, BB 2000, S. 1234

C. Spengel / A. Oestreicher, Gemeinsame (konsolidierte) Körperschaftsteuerbemessungsgrundlage in der EU und Umsetzungsfragen, DStR 2009, S. 773

S. Spiegelberger, Die Renaissance der vorweggenommenen Erbfolge, DStR 2004, S. 1105

S. Spiegelberger / E. Wälzholz, Die Übertragung und Besteuerung stiller Reserven in der Mitunternehmerschaft, DStR 2001, S. 1093

W. Spindler, Einkünfteerzielungsabsicht bei Vermietung und Verpachtung, DB 2007, S. 185

D. Steck, Abzugsfähigkeit der Kosten eines Erststudiums nach den BFH-Urteilen vom 18. 6. 2009 - eine kritische Würdigung der Entscheidungen, DStZ 2010, S. 194

M. R. Theisen, Die Liebhaberei – Ein Problem des Steuerrechts und der Betriebswirtschaftslehre, StuW 1999, S. 255

K. Tipke, Steuerrecht – Chaos, Konglomerat oder System?, StuW 1971, S. 2

K. Tipke, Sollten Leistungsfähigkeitsprinzip und Steuergrenzen in die Verfassung aufgenommen werden?, Stellungnahme zu einem Plädoyer von Prof. U.H. Schneider, StuW 1994, S. 58

C. Treisch, Grundsatzfragen der steuerlichen Behandlung des Existenzminimums aus ökonomischer Sicht, BuW 2001, S. 410

A. Tulloch / D. Wellisch, Die Bedeutung von Ergebnisverteilungsabreden für die Gesellschafter von vermögensverwaltenden Personengesellschaften, DStR 1999, S. 1093

S. Viskorf, Anwendung des § 6 Abs. 1 Nr. 3 EStG auf Kaufpreisverbindlichkeiten, DB 2006, S. 1231

S. Vossel / N. Herzig, Paradigmenwechsel bei latenten Steuern nach dem BilMoG, BB 2009, S. 1174

R. Wacker, Realteilung im Ertragsteuerrecht – Grundlagen und Gestaltungsmöglichkeiten –, NWB, Fach 3, S. 10669

F. W. Wagner, Die zeitliche Erfassung steuerlicher Leistungsfähigkeit, in: H. Hax / W. Kern / H.-H. Schröder (Hrsg.), Zeitaspekte in betriebswirtschaftlicher Theorie und Praxis, Schäffer-Poeschel, Stuttgart 1988, S. 262

F. W. Wagner, Neutralität und Gleichmäßigkeit als ökonomische und rechtliche Kriterien steuerlicher Normkritik, StuW 1992, S. 2

F. W. Wagner, Eine Einkommensteuer muß eine konsumorientierte Besteuerung sein, in: C. Smekal / R. Sendlhofer / H. Winner (Hrsg.), Einkommen versus Konsum, Physica, Heidelberg 1999, S. 15

F. W. Wagner, Zinsbesteuerung in Form einer definitiven Abgeltungsteuer?, in: H. Mayer (Hrsg.), Unternehmensbesteuerung – Perspektiven der Besteuerung, Boorberg, Stuttgart u.a. 2000, S. 81

F. W. Wagner, Nachgelagerte Rentenbesteuerung – Bruch oder Vervollkommnung der Steuersystematik?, BB 2002, Heft 13, S. I

F. W. Wagner / M. Hör, Das Verhältnis der gegenwärtigen effektiven Steuerbelastung zur Steuerbelastungsobergrenze des Bundesverfassungsgerichts, DB 1996, S. 585

F. W. Wagner / R. Nonnenmacher, Die Abfindung bei der Ausschließung aus einer Personengesellschaft, ZGR 1981, S. 674

F. W. Wagner / M. Schlecht, Zur steuerlichen Behandlung lästiger Gesellschafter, StuW 1985, S. 109

G. Wagner-Jung, Änderungen in den BMF-Schreiben zur Vorsorgepauschale ab 2010 sowie zu Vorsorgeaufwendungen und Altersbezügen, DStR 2010, S. 2497

M. Walter, Bilanzierung von Aktienoptionsplänen in Handels- und Steuerbilanz - einheitliche Behandlung unabhängig von der Art der Unterlegung, DStR 2006, S. 1101

K. Warnke, Die neue Maßgeblichkeit der Handelsbilanz für die Steuerbilanz – BMF: Auswirkungen des BilMoG für die steuerrechtliche Gewinnermittlung, EStB 2010, S. 340

G. Weber, Die Abgrenzung zwischen Erwerbs- und Privatsphäre nach dem Veranlassungsprinzip, StuW 2009, S. 184

H. Weber-Grellet, Abfindungen und Entschädigungen in Vergangenheit, Gegenwart und Zukunft, DStR 1993, S. 261

M. Wehrheim, Die Betriebsaufspaltung im Spannungsfeld zwischen wirtschaftlicher Einheit und rechtlicher Selbständigkeit, BB 2001, S. 913

A. J. Weichenrieder, Fighting international tax avoidance: the case of Germany, Fiscal Studies 1996, S. 37

A. J. Weichenrieder, Anti-tax-avoidance provisions and the size of foreign direct investment, ITAX 1996, S. 67

D. Wellisch, Steuerliche Förderung der privaten und betrieblichen Altersvorsorge und Rentenbesteuerung, StuW 2001, S. 271

D. Wellisch / M. Näth, Die Nachteile der Riester-geförderten betrieblichen Altersvorsorge – Oder: Warum werden Riester-Verträge nicht angenommen?, BB 2003, S. 333

D. Wellisch / S.-O. Lenz, Die Riester-Rente im Lichte des Gemeinschaftsrechts - Lösungsansätze zur Sicherung einer Einmalbesteuerung, IStR 2008, S. 489

H. Wendland, Einkunftsart und Abschreibungsmöglichkeiten bei der Vermietung von Sachinbegriffen, DB 1992, S. 1699

R. Wendt, Zur Vereinbarkeit der Gewerbesteuer mit dem Gleichheitssatz und dem Prinzip der Besteuerung nach der Leistungsfähigkeit, BB 1987, S. 1257

W. Wiegard, Merkliche versus unmerkliche Steuern, Eine Bestandsaufnahme, in: D. Bös / M. Rose / C. Seidl (Hrsg.), Beiträge zur neueren Steuertheorie, Springer, Berlin u.a. 1984, S. 1

W. Wiegard, Besteuerungsabhängige Präferenzen und Umbau des Steuersystems nach dem Kriterium der Merklichkeit, in: D. Bös / M. Rose / C. Seidl (Hrsg.), Beiträge zur neueren Steuertheorie, Springer, Berlin u.a. 1984, S. 14

W. Wiegard, Direkte versus indirekte Besteuerung, Einfluß des Steuersystems auf die wirtschaftliche Entwicklung, in: Arbeitsgemeinschaft Deutscher Wirtschaftswissenschaftlicher Forschungsinstitute (Hrsg.), Steuersystem und wirtschaftliche Entwicklung, Duncker & Humblot, Berlin 1987, S. 55

W. Wiegard, Nachgelagerte Besteuerung von Alterseinkünften, Das trojanische Pferd der Befürworter einer Konsumsteuer, ifo Schnelldienst 21/2000, S. 8

C. Willkommen / U. Hohage, Der Gewinnabführungsvertrag und die ertrag-steuerliche Organschaft im GmbH-Konzern, BB 2011, S. 224

G. Winands, Das Steuererfindungsrecht der Gemeinden, JuS 1986, S. 942

R. Windisch, Globalisierung, Systemwettbewerb und Steuerpolitik, in: N. Andel (Hrsg.), Probleme der Besteuerung II, Duncker & Humblot, Berlin 1999, S. 127

C. A. Winhard, Das Ehegattensplitting - Ein Dauerbrenner der steuerpolitischen Diskussion, DStR 2006, S. 1729

M. Wosnitza, Die Besteuerung von Ehegatten und Familien – Zur ökonomischen Rechtfertigung eines Realsplittings, StuW 1996, S. 123

M. Wosnitza, Konsequenzen der BVerfG-Beschlüsse vom 22. 6. 1995 für die Diskussion um die Reform der Gewerbeertragsteuer, BB 1996, S. 1465

M. Wrede, Should Commuting Expenses Be Tax Deductible?, A Welfare Analysis, Journal of Urban Economics 2001, S. 80

U. Zisowski, Rechtsfähigkeit und Steuerrechtsfähigkeit von Personengesellschaften, SteuerStud 1998, S. 495

C. Zwirner, Neues BMF-Schreiben unterstreicht die Bedeutung einer eigenständigen Steuerbilanzpolitik - BMF-Schreiben vom 12.3.2010 zur Maßgeblichkeit der handelsrechtlichen GoB für die steuerliche Gewinnermittlung, DStR 2010, S. 591

C. Zwirner / K. P. Künkele, Steuerbilanzpolitik: Ausweitung der Möglichkeiten durch das BilMoG, DStR 2010, S. 2263

Sachverzeichnis